POLITICS AND SOCIETY IN CONTEMPORARY FRANCE (1789–1971)

POLITICS AND SOCIETY IN CONTEMPORARY FRANCE (1789–1971)

A DOCUMENTARY HISTORY

ERIC CAHM

*Lecturer in French Studies
and in the Graduate School of Contemporary European Studies
University of Reading*

Distributed in the United States by
CRANE, RUSSAK & COMPANY, INC.
52 Vanderbilt Avenue
New York, New York 10017

GEORGE G. HARRAP & CO. LTD
London   Toronto   Wellington   Sydney

Samford University Library

First published in Great Britain 1972
by GEORGE G. HARRAP & CO. LTD
182–184 High Holborn, London, WC1V 7AX

© *Eric Cahm* 1972

All rights reserved. No part of this
publication may be reproduced in any
form or by any means without the prior
permission of George G. Harrap & Co. Ltd

ISBN 0 245 50328 5

Composed in Imprint and printed by
William Clowes & Sons Limited, London, Colchester and Beccles
Made in Great Britain

Annex
301. 592

JN
2451
.C27
1972

FOREWORD

Si la lecture des textes originaux n'est pas l'illustration et le but dernier de l'histoire littéraire, celle-ci ne procure plus qu'une connaissance stérile et sans valeur... Aller au texte, rejeter la glose et le commentaire, voilà, ne l'oublions pas, par où la Renaissance fut excellente et efficace.

G. Lanson, *Histoire de la littérature française*,
(2nd ed.) (Hachette, 1895), p. vii.

Lanson's advice is today generally followed in the teaching of French literature; the object of this book is to facilitate a textual approach to the teaching of contemporary French history.

No apology is made for presenting the texts in French: an increasing number of students of French, in universities, polytechnics and schools, are today being offered courses on aspects of contemporary French history; in any case, a sound reading knowledge of French should be a *sine qua non* for all students of French history.

The texts are grouped, in chronological order, under subject-headings. It is hoped that this arrangement will make for the maximum of clarity in exposition: the study of problems rather than periods, long ago recommended by Lord Acton, should allow the broad lines of historical development to stand out clearly.

It is of course artificial to isolate one problem from another, even for the purposes of exposition. Attention is therefore drawn to the inter-relations between the various problems, by a system of cross-references in the introductory essays.

The conception of contemporary history underlying the selection and presentation of the texts is a simple one, namely that the evolution of a particular society, such as that of France, is an indivisible object of study, requiring a *simultaneous* approach to each of its major problems. In the case of France, these problems would appear to include that of her political institutions and the clash of ideologies, as well as problems raised by class-conflict, the impact of industry and the Church on modern society, and the inter-relations between education, state and society.

The approach to each individual problem is a contemporary one; emphasis is laid on the most recent period down to May 1968 and the death of General de Gaulle, so that the vantage point is predominantly that of the present. At the same time, the documents set out to illustrate the institutional and ideological foundations of contemporary France, dating back to the first decades of the Third Republic and earlier. The first section is entirely devoted to the political

73-05041

and social divisions of nineteenth-century France, and, while not claiming to form a *history* of this period — which would, for example, have involved reproducing all the constitutions introduced between 1814 and 1875 — attempts to bring out the elements of continuity between the divisions of nineteenth-century France and those of the present.

Such an approach to the study of contemporary France must necessarily be inter-disciplinary. It implies the breaking down of the subject divisions between history and social studies, between politics, economics and sociology, and even between the study, within these disciplines, of institutions and of ideologies.

Some risks are undoubtedly involved in any historical study of the immediate past: the unavailability of texts, the impossibility of detachment, and the lack of historical perspective. By sheer chance, however, General de Gaulle's death occurred more or less as this book was completed, thus providing an approximate *terminus ad quem*. In any case, the book should demonstrate that many basic texts are in fact available for immediate study from the outset, and if their ultimate significance is not yet entirely clear, the fact that they are presented in the context of their historical antecedents should help the reader to make as much sense of them as possible.

In this connection, a word of explanation is needed in regard to the apparatus that has been provided. The introductory essays are designed for the reader with little or no previous knowledge of the subject of the book as a whole, or with no specialised knowledge of a particular problem. It is hoped that the essays, whether used in the context of lecture courses or not, will allow the reader to *aller au texte* with as little delay as possible. Teachers, and others looking for a more extended treatment than has been possible in the inevitably rather schematic essays, can follow each problem up through the bibliography provided. The essays, of course, are meant to do no more than provide a broad preliminary framework for the non-specialist reader. It is quite clear that the texts will not be used to full advantage by students without the provision of such essays; specialists will not need to read them, and my purpose will have been well served if all readers move quickly on to the texts themselves, which, I believe, offer the shortest path to a grasp of some of the basic issues in contemporary French history. Study of the texts should make it unnecessary for students to rely for too long on second-hand judgments in the essays — or anywhere else.

The book has, I believe, a special relevance to the period into which we are moving in higher education. As "Epistémon" remarked in his short book on the May revolution at Nanterre (*Ces idées qui ont ébranlé la France* (Fayard, 1968)):

> Désormais les étudiants ne tiendront pour vrai que ce dont ils auront fait la découverte eux-mêmes. C'est en ce sens que j'ai parlé d'une seconde Renaissance. L'autorité de l'expérience se substitue à celle des Anciens. (p. 108)

One of my own students remarked to me recently that the provision of documents on contemporary France in the course of my teaching made it possible to check whether what I said in lectures was "really true". One cannot but applaud this spirit!

I have, throughout, been conscious of the particular needs of students of

73-05043

French: hence the glossaries to each section, which provide full coverage of the specialised vocabulary. Students working on a whole section would be well advised to study *all* the words listed in the appropriate glossary before embarking on the texts.[1] Translations of those words given without explanation can be found in Part I of *Harrap's New Shorter French and English Dictionary*.

In conclusion, I hope I may be excused for remarking that no writer has so well stigmatised the approach to historical study against which this book is a reaction as Charles Péguy:

> Or l'idée moderne, la méthode moderne revient essentiellement à ceci: étant donnée une œuvre, étant donné un texte, comment le connaissons-nous; commençons par ne point saisir le texte; surtout gardons-nous bien de porter la main sur le texte; et d'y jeter les yeux; cela, c'est la fin; si jamais on y arrive; commençons par le commencement, ou plutôt, car il faut être complet, commençons par le commencement du commencement; le commencement du commencement, c'est, dans l'immense, dans la mouvante, dans l'universelle, dans la totale réalité très exactement le point de connaissance ayant quelque rapport au texte qui est le plus éloigné du texte; que si même on peut commencer par un point de connaissance totalement étranger au texte, absolument incommunicable, pour de là passer par le chemin le plus long possible au point de connaissance ayant quelque rapport au texte qui est le plus éloigné du texte, alors nous obtenons le couronnement même de la méthode scientifique, nous fabriquons un chef-d'œuvre de l'esprit moderne...
>
> Telle est non point la caricature et la contrefaçon des méthodes historiques modernes, mais leur mode même... il faut avoir épuisé l'infinité du détail pour arriver au sujet; et dans le sujet même il faut, par multipartition, avoir épuisé une infinité du détail...
>
> Épuiser l'indéfinité, l'infinité du détail dans la connaissance de tout le réel, c'est la haute, c'est la divine, c'est la folle ambition, et qu'on le veuille ou non c'est l'infinie faiblesse d'une méthode que je suis bien forcé de nommer de son nom scolaire la méthode discursive... la méthode intuitive passe en général pour surhumaine, orgueilleuse, mystérieuse, agnosticiste; et l'on croit que la méthode discursive est humaine, modeste, claire et distincte, scientifique; je démontrerai au contraire, un jour que nous essaierons d'éprouver plus profondément nos méthodes, qu'en histoire c'est la méthode discursive qui est surhumaine, orgueilleuse, mystérieuse, agnosticiste; et que c'est la méthode intuitive qui est humaine, modeste, claire et distincte autant que nous le pouvons, scientifique.

Zangwill (1904)

READING, 1970.   E.   C.

---

[1] If the texts are used as a basis for discussion classes in French, students can be asked, as a preliminary exercise, to come to the class prepared to explain selected words in French.

EDITORIAL NOTE

Wherever feasible, the texts have been carefully collated with the original: in this case, a full reference to the source used has been given. Sources have been reproduced faithfully, down to the punctuation, except in the rare cases where this would have led to real eccentricity. Spellings such as "*élémens*" have been modernised, and a standard layout adopted for acts and decrees, etc.

Where the texts have already been established beyond reasonable doubt by modern editors, their text and layout have been followed scrupulously.

ACKNOWLEDGEMENTS

The author wishes to record his especial thanks to Professor Norman Hampson, who read the whole text of the introductory essays in an early draft; individual essays were read by Mr Geoffrey Denton, Dr John Flower, Professor J. P. Mayer, Mr William Pickles, M. Antoine Prost and Madame Madeleine Rebérioux. The generosity of all these colleagues and friends, in taking such pains to detect errors, omissions and illogicalities has been particularly helpful. The responsibility for errors, and for the opinions expressed in the essays is, of course, entirely the author's own.

His thanks are due to the following, for suggesting or supplying texts: Dr Percy Allum, M. Jean Bastaire, Dr Flower, Miss Anne P. Kerr, Madame Rebérioux, Mr Richard Sibley, Mr Neville Waites, Mr Geoffrey Warner; Centre National des Indépendants et Paysans, Confédération Française Démocratique du Travail, *La France Moderne*, Ligue Française de l'Enseignement, Mouvement Républicain Populaire, Parti Communiste Français, Parti Républicain Radical et Radical-Socialiste, Parti Socialiste S.F.I.O., Union pour la Nouvelle République.

For permission to reproduce copyright material he is grateful to the following publishers and authors:

Éditions Albin Michel (*L'Étrange Défaite* by Marc Bloch — see pp. 395–396); Calmann-Lévy, Éditeur (*La Révolution silencieuse* by M. Debatisse — see pp. 370–373); Les Éditions du Cerf (*La France, pays de mission?* by H. Godin and Y. Daniel — see pp. 647–649); Librairie Armand Colin (*Le Mode de vie des familles bourgeoises françaises 1873–1953* by M. Perrot — see pp. 388–394); Les Éditions Denoël (*Le Réveil de la France* by Jean-Jacques Servan-Schreiber — see p. 381; *L'Ouvrier d'aujourd'hui* by A. Andrieux and J. Lignon — see pp. 427–432; M. Maurice Duverger (*Partis politiques et classes sociales en France* — see pp. 112–114); 'L'Éducation', Paris (see pp. 577–578); 'Fraternité française', Limoges (see p. 350); Éditions Gallimard (*À l'Échelle humaine* by Léon Blum — see pp. 397–398; *Éléments d'une doctrine radicale* by Alain — see pp. 394–395); Éditions Gallimard and Professor J. P. Mayer, University of Reading (*Souvenirs* by A. de Tocqueville — see pp. 61–63): Éditions Bernard Grasset (*Tableau des partis en France* by A. Siegfried — see pp. 97–102; *Visites aux paysans du centre* by D. Halévy — see pp. 364–366); Librairie Hachette (*La Province* by F. Mauriac — see p. 364); Professor Stanley Hoffmann, Harvard University (*Le Mouvement Poujade* — see pp. 349–350); René Julliard, Éditeur (*O.A.S. parle* — see pp. 350–352; *Gouverner c'est choisir. III. — La Politique et la Vérité* — see pp. 491–493; François Maspero, Éditeur (*Le droit à l'insoumission* — see pp.

192–194); Ministère de l'Éducation Nationale, École Pratique des Hautes Études, VIe Section, Sciences Économiques et Sociales, Sorbonne (*Le Crédit Lyonnais de 1863 à 1882: Les Années de formation d'une banque de dépôts* by J. Bouvier — *see* p. 387); Ministère de l'Éducation Nationale, Institut Pédagogique National (*La Réforme de L'Enseignement — see* pp. 562–566); Les Éditions de Minuit (*La Raison d'État* by P. Vidal-Naquet — *see* pp. 177–179; *Les prêtres ouvriers — see* pp. 652–655); Monsieur Jean Dubois and *Le Monde* (*see* pp. 404–409); Les Éditions Ouvrières (*Les Homme des temps qui viennent* by P. Bleton — *see* pp. 401–404; *Essai sur la condition ouvrière 1900–1950* by M. Collinet — *see* pp. 420–427); *Le Mouvement social — see* pp. 510–512); Librairie Plon (*Scènes et doctrines du nationalisme* by Maurice Barrès — *see* pp. 344–346; *Mémoires de guerre III. Le Salut 1944–1946* by Charles de Gaulle — *see* pp. 496–499; *Le socialisme trahi* by A. Philip — *see* pp. 102–105 and 398–401); Presses Universitaires de France (*Politique* by Alain — *see* pp. 155–157; *Sociologie de la campagne française* by H. Mendras — *see* pp. 366–369; *La Barrière et le niveau* by E. Goblot — *see* pp. 558–560); Éditions du Seuil (*Histoire de la bourgeoisie en France*, vol. II: *Les Temps Modernes* by R. Pernoud — *see* pp. 384–387; *Les socialistes* by A. Philip — *see* pp. 433–434; *La nouvelle classe ouvrière* by S. Mallet — *see* pp. 432–433; *Un ouvrier parle: enquête* by J. Minces — *see* pp. 435–438); M. Jacques Soustelle (*see* pp. 331–332); *Les Temps Modernes*, Paris (*see* pp. 106–112); Monsieur Georges Vedel (*see* pp. 172–177).

Finally, it is a pleasure to thank Mr Charles Johnson for the unfailing courtesy and consideration he showed during the period the book was being seen through the press.

CONTENTS

SECTION I

POLITICAL AND SOCIAL DIVISIONS IN FRANCE SINCE THE REVOLUTION OF 1789

Outline of Nineteenth Century Political and Social Divisions . . 3
Introduction 5
Bibliography 23
Glossary 24

THE REVOLUTIONARY HERITAGE OF THE LEFT
The *Déclaration des Droits de l'Homme et du Citoyen* 1789 . . 29
The *Déclaration de Paix au Monde* 1790:
  1. Speech by the curé Jallet in the National Assembly, 16th May. 30
  2. Decree of 22nd May 31
The Constitution of 1793 32

THE SOCIAL, ADMINISTRATIVE AND LEGAL FRAMEWORK OF POST-REVOLUTIONARY FRENCH SOCIETY
The *Loi Le Chapelier* 1791 39
The Division and Administration of the National Territory: Act of 28 Pluviôse an VIII (1800) 40
Principles of the *Code Civil* 1800 42

THE RIGHT IN THE EARLY NINETEENTH CENTURY
The Political and Social Ideology of the Former Privileged Classes before 1830:
  1. Hatred of the French Revolution 46
  2. The divine origin of human society and the civilising power of religion 46
  3. The defence of monarchy and aristocracy 48

THE CENTRE IN THE NINETEENTH CENTURY
The *Status Quo* after the Revolution:
  1. The *Charte constitutionnelle* of 1814 51
  2. Control of the press: act of 21st October 1814 . . . 54
  3. The restriction of voting rights: acts of 5th February 1817 and 19th April 1831 55
The Persistence of Social Inequality 1849 55
The Social Ideology of the *Grande Bourgeoisie* in the Nineteenth Century 57
The Political Ideology of the *Grande Bourgeoisie* in the Nineteenth Century:
  1. Political inequality 59
  2. The leading rôle of the *Grande Bourgeoisie* 60

Tocqueville's Verdict on the *Grande Bourgeoisie* before 1848 . . 61
The Growing Class-Division between Bourgeoisie and Working Class:
   1. The gulf between employer and workman 61
   2. Tocqueville's view in 1847 63
   3. His speech to the Chamber of Deputies, 27th January 1848 . 64
Bonapartism: The *Discours de Bordeaux* 1852 65
The Liberal Opposition in 1864: the '*Libertés Nécessaires*' of Thiers 66
Opportunism in the 1880s:
   1. Gambetta's speech at Le Neubourg, 4th September 1881 . 67
   2. Ferry's speech at Bordeaux, 30th August 1885 . . . 68

THE LEFT IN THE NINETEENTH CENTURY
Socialism in 1839: Louis Blanc 71
The Origins of Radicalism: Ledru-Rollin's Address to the Electors
   of the Sarthe 1841 73
The Demand for Secularisation 1850 75
The Programme of the Working-Class Élite: the *Manifeste des
Soixante Ouvriers de la Seine* 1864 77
The Programme of the Left at the End of the Second Empire: the
Manifeste de Belleville 1869 82

POLITICAL AND SOCIAL DIVISIONS SINCE 1870
The *Moyenne Bourgeoisie* enters the Political Scene: Gambetta on
'*La Couche Nouvelle*' 1872 84
Marxian Socialism: the Le Havre Programme of the *Parti Ouvrier
Français* 1880 84
Radicalism in 1881: Clemenceau's Election Programme . . . 86
The Beginnings of Reformist Socialism: Possibilism 1881–1882:
   1. The Possibilists' reply to Marxist accusations that they were
   watering down the Le Havre programme 1881 . . . 88
   2. Programme adopted at the Saint-Étienne congress of the *Parti
   Ouvrier Socialiste Révolutionnaire* 1882 88
The Quest for Socialist Unity: Millerand's Saint-Mandé Speech
   1896 89
The Exacerbation of France's Political and Social Divisions at the
   Time of the Dreyfus Affair:
   1. The growth of antisemitism: Drumont's *La France Juive*
   1886 90
   2. The Army High Command denounced: Zola's *J'Accuse* January
   1898 91
   3. The Assumptionists against Dreyfus, February 1898 . . 93
   4. The Army against the Republic 1899 94
   5. The real issue, as seen by Charles Péguy 1910 . . . 95
Political and Social Divisions in the Early Twentieth Century . 97

POLITICAL AND SOCIAL DIVISIONS SINCE 1945
Class-Conflict since the Second World War 102
Left and Right-Wing Political Attitudes 1954 106
Social Class and Political Attitudes 1955 112

SECTION II

THE DEMOCRATIC FRAMEWORK FROM THE THIRD TO THE FIFTH REPUBLIC

Chronology of Political Régimes since 1870 117
Introduction 119
Bibliography 142
Glossary 143

The *Loi du Septennat* 1873 149
The Constitution of the Third Republic 1875:
   1. Constitutional act of 25th February 149
   2. Senate act of 24th February 150
Scrutin d'Arrondissement 1875 150
The Struggle for Ministerial Responsibility 1877:
   1. MacMahon's defiance of the majority: message of 18th May . 151
   2. His submission: message after autumn elections . . . 152
Freedom of the Press: The Act of 1881 153
Freedom of Association: The Act of 1901 154
The Radical Ideology of the Third Republic 1910 . . . 155
Democratic Idealism 1910 157
Scrutin de Liste 1919 158
Constitutional Acts of Vichy 1940 159
The Electoral System 1945–1946:
   1. Ordinance of 17th August 1945 160
   2. Act of 5th October 1946 162
The Constitution of the Fourth Republic 1946 163
The Introduction of *Apparentements* 1951 167
Investiture Speech of M. Mendès France 1954 169
The Verdict of a Jurist on the Fourth Republic 1956 . . . 172
The Use of Torture in Algeria: Maître Garçon's Report to the Commission on the Rights and Freedoms of the Individual 1957 . 177
De Gaulle and the Republican Tradition 1958 179
The Constitution of the Fifth Republic 1958 180
The Electoral System of the Fifth Republic 1958:
   1. Ordinance of 13th October on parliamentary elections . . 187
   2. Ordinance of 7th November on the composition and powers of the National Assembly 188
The Presidential Sector: De Gaulle announces his Self-Determination Policy for Algeria 1959 189
Objection to Military Service during the Algerian War: the *Manifeste des 121* 1960 192
Censorship during the Algerian War: Statement by the Minister of Information 1960 194
The Election of the President by Universal Suffrage 1962–1964:
   1. General de Gaulle's television and radio broadcast of 20th September 1962 195

2. Revised text of articles 6 and 7 of the Constitution of the Fifth Republic 1962 197
3. Decree of 14th March 1964 governing the election of the President of the Republic 197
The Constitutional Relationship between President and Prime Minister 1964:
    1. General de Gaulle's press-conference of 31st January . . 199
    2. The issue debated in Parliament 201
Changes in the Electoral System 1966 204
The Opposition Parties and the Constitution 1966–1967:
    1. The Communist Party 205
    2. The *Fédération de la Gauche* 205
The Fifth Republic Saved 1968 206
De Gaulle on Participation 1968 207
M. Pompidou on the Constitution and the Presidency 1969 . . 208
The "*Loi Anti-casseurs*" 1970 209
A Gaullist defence of Parliament 1971 210

SECTION III

THE POLITICAL FORCES SINCE 1900

Chronology of the Major Party Groups in the Twentieth Century . 212
Bibliography of Works dealing with more than One Party . . . 213
Glossary 214

COMMUNISM AND THE *GAUCHISTES*
Introduction 218
Bibliography 232
The Twenty-one Conditions 1920 233
Traditional Doctrine Re-stated: the Revised Communist Party Statutes 1964 235
Co-Existence with the Socialist Party 1967 237
The Peaceful Changeover to Socialism 1967 237
Roger Garaudy on the Students and the Working Class 1968 . 240
The *Manifeste de Champigny* 1968 243
Roger Garaudy's Speech at the 19th Communist Party Congress 1970 247
The Violence of the Maoists 1970 252

DEMOCRATIC SOCIALISM
Introduction 253
Bibliography 261
Democratic Socialism 1901 262
The Socialist Unity Pact 1905 264
Léon Blum Breaks with Communism at the Tours Congress 1920 . 265
The Drift from Socialism 1962 266
The New Socialist Party 1969 267

RADICALISM
Introduction 270
Bibliography 275

Radicalism: the 1907 Programme 276
M. Mendès France Attempts to Reform the Radical Party 1955 . 281
The Radical Manifesto 1970 284

THE POPULAR FRONT
The Demands of the *Rassemblement Populaire* (Popular Front)
1936 290

CHRISTIAN DEMOCRACY
Introduction 295
Bibliography 299
Programme of the *Parti Démocrate Populaire* 1924 . . . 300
First Manifesto of the M.R.P. 1944 300
Christian Democrat Pluralism 304
The M.R.P. 1963 304
M. Lecanuet and the Beginnings of the *Centre Démocrate* 1965 . 305

CONSERVATIVE REPUBLICANISM
Introduction 308
Bibliography 311
Programme of the *Fédération Républicaine* 1932 . . . 312
The *Centre National des Indépendants* 1954:
    1. M. Pinay's speech at 1st Congress 313
    2. Motions passed at 1st Congress 314
M. Giscard d'Estaing and the *Républicains Indépendants* 1966 . 315

GAULLISM
Introduction 317
Bibliography 324
...Une certaine idée de la France 325
General de Gaulle's London Broadcast 1940 326
General de Gaulle as Spokesman for France 1940 . . . 327
The *Discours de Bayeux* 1946 327
The R.P.F. 1948 331
De Gaulle's Hostility to the Parties 1958–1962:
    1. General de Gaulle's radio broadcast of 13th June 1958 . . 332
    2. His television and radio broadcast of 7th November 1962 . 333
The Ideal of National Independence 1965 334
The Gaullist Economic Programme 1966 337

NATIONALISM AND THE EXTREME RIGHT
Introduction 338
Bibliography 341
The Integral Nationalism of Charles Maurras 1900 . . . 342
La Terre et les Morts: The Nationalism of Maurice Barrès 1902 . 344
A Tract from 6th February 1934 346
The Political and Social Principles of Pétain 1940 . . . 346
Poujadism 1953–1955:
    1. Poujadist membership leaflet 349
    2. Poujade attacks Edgar Faure and the parliamentary system . 350
The O.A.S. 1961 350

SECTION IV

SOCIETY AND SOCIAL CLASS SINCE 1830

Population Growth in France (millions); Percentage employed in the
  Three Sectors; Socio-Professional Distribution of the Working
  Population 354
Glossary 355

THE PEASANTS

Introduction 359
Bibliography 363
  The Peasant's Bondage to the Soil and Nature . . . 364
  Traditional Individualism 1910 364
  The Family Holding and Family Organisation . . . 366
  The "Silent Revolution" Discovered by a Young Farmer c. 1950 . 370

THE BOURGEOISIE AND CADRES

Introduction 374
Bibliography 383
  Traditional Ideals of the Bourgeoisie in the Nineteenth Century . 384
  Henri Germain Describes the Accumulation of Capital in Banking
    1874 387
  Habits of Saving and Spending under the Third Republic 1873–1913 388
  The Directing Rôle of the Grande Bourgeoisie 1910 . . 394
  Bourgeoisie and Working Class Between the Two World Wars . 395
  The Bourgeoisie in Decline in the 1930s 397
  Change among Bourgeois Groups since 1945 . . . 398
  The Way of Life of the Cadres c. 1956 401
  Divisions among the Cadres after May 1968 . . . 404

THE PEUPLE AND THE WORKING CLASS

Introduction 410
Bibliography 418
  The Habits of the Industrial Working Class 1840 . . . 419
  The Growth of Unskilled Work in the Twentieth Century . 420
  The Coming of the Ouvrier Spécialisé 421
  Attitudes to the Monotony of Work 423
  The Quest for Compensations 425
  The Continued Subordination of the Working Class c. 1960 . 427
  The Worker and Contemporary Society c. 1960 . . . 429
  The "New Working Class" c. 1963 432
  Working-Class Conservatism 1967 433
  May 1968 as seen by a Member of the Working Class . . 435

SECTION V

INDUSTRY AND SOCIETY: ECONOMIC GROWTH, TRADE UNIONISM AND SOCIAL WELFARE

Chronology 440
Introduction 443

Bibliography 469
Glossary 471
The Liberal View of the Worker 1836 . . . 474
The Reality of Working-Class Conditions as seen by Villermé c. 1835 475
Act Legalising Trade Unions 1884 476
Industrial Accidents Act 1898 477
The *Charte d'Amiens* 1906 478
The Matignon Agreement 1936:
   1. Text of the agreement 479
   2. Jouhaux's broadcast 481
The Social Legislation of the Popular Front 1936:
   1. Holidays with pay: act of 20th June 481
   2. The forty-hour week: act of 21st June 482
   3. Collective bargaining: act of 24th June . . . 483
The *Code de la Famille* 1939:
   1. *Rapport au Président de la République Française* . . 484
   2. Text 485
The *Manifeste des Douze* 1940 487
The Economic and Social Programme of the Resistance 1944 . . 491
Letter of Resignation of M. Mendès France 1945 . . . 492
Ordinance on *Comités d'Entreprise* 1945 . . . 495
Ordinance on Social Security 1945 497
M. Monnet's Economic Planning Proposals 1945 . . . 497
Generalisation of Social Security 1946 . . . 500
Family Allowances 1946 500
Act on Trade Union Rights 1956 502
Statutes of the C.F.D.T. 1964 502
The Debate on the Economy 1965 505
Act on *Comités d'Entreprise* 1966 508
The C.F.D.T. in May 1968 510
The Students of the Sorbonne on Workers' Self-Management, May
   1968 511
Act on Trade Union Rights 1968 513

SECTION VI

THE EDUCATIONAL SYSTEM

Growth in School Population and Student numbers 1949–1969 . . 517
Chronology 518
Introduction 519
Bibliography 534
Glossary 535
Condorcet's Educational Ideal 1792 539
The Napoleonic Organisation of *L'Université*:
   1. The education act of 11 floréal, an X (1802) . . . 539
   2. The act of 10th May 1806.. 540
   3. The decree of 17th March 1808 540

The Guizot Education Act 1833:
  1. *Exposé des motifs* 542
  2. Text of act 543
The *Loi Falloux* 1850 544
Free, Secular and Compulsory Primary Education 1880–1883:
  1. Ferry's speech of 13th July 1880 in the *Chambre des Députés* . 547
  2. His speech of 23rd December 1880 in the *Chambre des Députés* 547
  3. 1881 education act 549
  4. Ferry's speech of 10th June 1881 in the Senate . . . 549
  5. His speech of 2nd July 1881 in the Senate 549
  6. The official circular on the teaching of morality in the *cours moyen* from the age of nine to eleven 1883 550
  7. Ferry's speech of 16th March 1882 in the Senate . . . 550
  8. 1882 education act 551
  9. Ferry's letter to the primary school teachers 1883 . . 552
Civic Instruction c. 1882: *Le Tour de la France par deux Enfants* . 553
Catholic Primary Education: The Act of 1886 554
The Banning of the Teaching Orders: The Act of 1904 . . 555
Religious Instruction and the School Timetable 1905 . . . 556
Pastoral Letter of the French Church Hierarchy on Secular Education
1909 556
The Latin Question 1925 558
Papal Encyclical *Divini Illius Magistri* 1929 560
The Educational Legislation of Vichy:
  1. The lifting of the ban on the teaching orders 1940 . . 561
  2. Church school subsidies 1941 561
The Langevin-Wallon Plan 1947 562
Declaration of the *États Généraux de la France Laïque* 1949 . . 566
The *Loi Marie* 1951 567
The *Loi Barangé* 1951 567
The Berthoin Reform 1959:
  1. *Exposé des motifs* of decree 568
  2. Text of ordinance raising the school-leaving age . . . 571
  3. Text of decree 572
The *Loi Debré* 1959 575
University Revolution May 1968 577
M. Edgar Faure's Speech on Educational Reform July 1968 . . 579
The *Loi d'Orientation* 1968 587

SECTION VII

CHURCH, STATE AND SOCIETY

Church attendance in the 1960s 593
Chronology 594
Introduction:
  The Coming of *Laïcité* 597
  The Church, Democracy and the Working Class 603

Bibliography 616
Glossary 618
  The *Concordat* 1801 621
  Liberal Catholicism 1830:
    1. Freedom 622
    2. The separation of Church and State 623
    3. The demand for freedom of association for the working class . 624
  Church Teaching on the Two Powers 1885 625
  Pope Leo XIII on Social Catholicism 1891 626
  Pope Leo XIII on the Church and the Republic 1892 . . 630
  Laïcisme 1905 632
  La Laïcité de l'État: The Separation Act 1905:
    1. Text of act 633
    2. Papal condemnation 1906 635
  Official Recognition of *Laïcisme* after the Separation 1906:
    1. Viviani's speech in the *Chambre des Députés* 8th November 1906   636
    2. Péguy's attack on governmental *laïcisme*, November 1906 . 637
  Act Governing Religious Services 1907 637
  Act Governing Public Meetings 1907 638
  Papal Condemnation of *Le Sillon* 1910. 639
  The Church Condemns the *Action Française*: The *Réquisitoire de Bor-*
    deaux of Cardinal Andrieu 1926 640
  Pope Pius XI on the Church and Socialism 1931 . . . 643
  The French Catholics and the Spanish Civil War 1937 . . 646
  The French Hierarchy and Pétain 1941 646
  The Church and De-Christianisation: *La France, Pays de Mission?*
    1943 647
  Catholic Resistance to Deportation 1943 . . . 650
  The French Bishops, *Laïcité* and *Laïcisme* 1945 . . . 650
  The Ending of the Worker-Priest Experiment 1954:
    1. Reasons given by the hierarchy for the decision . . 652
    2. The dissidents' reply 654
  Statement by the Assembly of Cardinals and Archbishops of France
    on the Algerian Problem 1960 655
  Papal Encyclical *Mater et Magistra* 1961 656
  Pope John XXIII and Human Rights 1963 658
  The *Prêtres au Travail* 1965 662
  Letter of 100 Priests 1968 662
  Motion on Authority Passed by *Échanges et Dialogue* Meeting 1969 . 665
  Statement by French Hierarchy 1969 666
INDEX 669

SECTION I

Political and Social Divisions
in France
since the Revolution of 1789

OUTLINE OF NINETEENTH-CENTURY POLITICAL AND SOCIAL DIVISIONS

1815–1870

The Right (representing the nobility and Church)

Ultras. Programme: rejection of the French Revolution and all its works; demand for a return to the *Ancien Régime* through the re-assertion of authority in State and Church. Support for absolute monarchy, Roman Catholic domination in State and society, and the restoration of the privileges of the nobility.

The Centre (representing the grande bourgeoisie)

Orleanists or Liberals. Programme: compromise between the *Ancien Régime* and the Revolution on the basis of the *Charte* of 1814. Monarchy with powers limited by a Parliament elected on a narrow suffrage by the wealthy *grande bourgeoisie*. For the majority of the people: civil liberties granted by the monarchy, but no political rights. Religious freedom for all, but equal State protection for all religions.

Bonapartists. Programme: a further compromise between *Ancien Régime* and Revolution. Plebiscitary authoritarian régime based on universal suffrage.

The Left (representing the rest of the bourgeoisie and the working class)

Republicans. Programme: completion of the unfinished work of the French Revolution; demand for a Republic, universal suffrage, and the secularisation of State and society culminating in the separation of Church and State. A diversity of socialist ideas circulating among writers, intellectuals and revolutionary agitators, and affecting left-wing Republicans without, in this period, ever becoming totally distinct from Republicanism. On the revolutionary extreme Left, socialism and a demand for the total suppression of religion.

1870–1900

The Right

Monarchists. Programme: restoration of monarchy. Hostility to the idea that governments should be responsible to an Assembly elected by universal suffrage. Demand for increase of Catholic influence e.g. on education.

Bonapartists. Programme: Bonapartist restoration.

Orleanists. Programme: as before 1870, but now decidedly pro-Catholic.

The Centre

Opportunists. Programme: defence of the Republican and religious *status quo* after the passing of the press and education laws.

3

The Left

Radicals. Programme: rapid progress towards completion of the old Republican programme, especially by means of the separation of Church and State. Strong anticlericalism. Continued hesitancy over socialism.

Socialists. Reformist: aimed at the capture of political power by parliamentary means, followed by the introduction of socialism. Anticlerical.

Revolutionary: demanded overthrow of bourgeois Republic by proletarian insurrection, followed by economic expropriation of the bourgeoisie and introduction of socialism. Indifferent to religious questions or, in some cases, violently hostile to religion.

INTRODUCTION

EVER since 1789, French society has been deeply divided, and the divisions to which the French Revolution gave birth have continued, right down to the present day, to reflect fundamental differences of view about the nature of the society that should replace that of the *Ancien Régime*.

Ancien Régime society was based on three associated aristocratic principles, namely authority, hierarchy, and national supremacy. Since 1789, Frenchmen have never been able to agree as to how far these principles should be replaced by the democratic ones of the Revolution: liberty, equality, and fraternity.

The aristocratic principles of the *Ancien Régime* underlay all its institutions, political, social and economic. In all spheres, there were distinctions based on birth, which placed some individuals above others. Thus in politics before 1789 the authority of the monarchy, though subject to serious inroads in practice from the *parlements* and the nobility, remained in theory complete, the only permissible attitude of the subject being unquestioning submission to the royal government. Political dissent was severely repressed by a system of censorship which led to the burning of Voltaire's *Lettres Philosophiques*, which talked of "régler le pouvoir des rois en leur résistant", and of Rousseau's *Contrat Social*, which put forward theories of democracy.

Royal authority was associated with divine authority in the prevalent theory of the Divine Right of Kings. Louis XIV himself had declared: "Celui qui a donné des rois aux hommes a voulu qu'on les respectât comme ses lieutenants, se réservant à lui seul le droit d'examiner leur conduite. La volonté de Dieu est que quiconque est né sujet obéisse sans discernement." In foreign affairs, the assertion of the supremacy over foreign powers of the French crown, "la première de la chrétienté," as Louis put it, led him into warlike policies aiming at national expansion. "S'agrandir est la plus digne et la plus agréable occupation des souverains," he remarked. Thus France was to be set above other nations, just as the king and the nobility were set above other Frenchmen, in keeping with the aristocratic principle of distinction.

Social authority — that is, authority over France's religious and intellectual life — still lay very largely in the hands of the clergy. The Roman Catholic Church aimed at complete religious uniformity, notably through the "conversion", often forcible, of the Protestant Huguenots. As the organ of an official State religion, the Catholic Church was able to ensure that uniformity was imposed by law through the censorship of the theologians of the Sorbonne. The censors' writ ran throughout French intellectual life. And the Church controlled all existing educational institutions. While the Church's social authority was undoubtedly on the wane after 1760, religious dissent by the Huguenots and

5

intellectual dissent by writers and scientists were seriously curtailed until the Revolution.

Economic authority, under the feudal system, had been in the hands of both clergy and nobility. The class-structure of feudalism had been based on a rigid system of stratification, all Frenchmen being divided into three orders — clergy, nobility, and Third Estate. By 1789, though the rigid divisions between the three orders had largely broken down in practice, and the most successful members of the bourgeoisie were already enjoying positions of wealth and economic independence — often through land ownership — the bulk of the peasantry, who formed the great majority of the population, remained in economic subjection to the owners of seigneurial rights. The persistence of the "feudal" social relationship between the privileged minority owning seigneurial rights and the mass of the peasantry meant that many of the clergy and nobility, as *seigneurs*, remained in a position to levy tithes and feudal dues, and thereby to impose very heavy burdens on the productive activities of the peasants; at the same time, the old nobility were increasingly monopolising the highest State offices, to the exclusion of the newer nobles and bourgeoisie.

Despite the growing economic independence of part of the bourgeoisie, French society in 1789 was thus still largely dominated politically and socially by the monarchy, nobility and Church. These forces combined to achieve order on earth through the repression of the human propensity towards freedom. They tended to look on freedom in terms of Christian pessimism, as an expression of the sinful nature of Man since the Fall. Man ought not, they held, to look for happiness on earth; what might seem to be the sufferings of most men's temporal lives were irremediable parts of the condition of Fallen Man. Men ought, rather, to look for redemption from sin and happiness in Paradise, which could be attained by complete submission to the powers-that-be, as the expressions of secular and spiritual authority. Resistance to authority was ultimately tantamount to resistance to the divine order, and it was for this reason that it merited such severe punishment.

The authoritarianism of the *Ancien Régime* was the expression, in political, social and economic terms, of an essentially religious view of man.

Closely associated with the principle of authority was that of a hierarchy based on birth. Politically, Frenchmen were either born into the hereditary royal family, and thus destined by birth to rule, or born irrevocably as subjects. Economically, they were born either as victims or as beneficiaries of the crushing burden of seigneurial dues on land, though the old social hierarchy, insofar as it affected the bourgeoisie, was, as we have seen, already breaking down. Finally, the idea of French national supremacy presupposed a hierarchy between France and other nations.

The rejection of the principles of authority, hierarchy and national supremacy by the men of the 1789 Revolution led to the adoption of opposite principles: the celebrated trio of liberty, equality and fraternity. These revolutionary principles were first expressed in four measures: the *Déclaration des Droits de l'Homme* (1789), the "abolition of feudalism" (1789), the *Déclaration de Paix au Monde* (1790), and the abolition of the monarchy (1792).

The principle of liberty — political, social and economic — was at the heart of these measures. Men, the *Déclaration* of 1789 asserted, in defiance of the

Ancien Régime, were not born subjects, but free and equal in rights (article 1, *see* p. 29). That is to say, men were born free and equal individuals, endowed, simply as human beings, with rights which it was the very purpose of government to recognise and guarantee (article 2). Men were no longer to be constrained to seek redemption from sin in Heaven through submission to authority, but were to be set free to create a more perfect social order, as a means to happiness on earth. The improvement of their lot was no longer to come through an *inner* spiritual reform leading to redemption, but through *external* reforms in society. The religious conception of man was thus giving way to a temporal conception. The view of the revolutionaries of 1789, that it is possible to achieve a degree of happiness for men on earth through changes in society, has remained a central part of the left-wing view of man (*see* pp. 106 ff.); the Right, on the other hand, has remained convinced that the individual can best improve his chances of salvation by a change — spiritual or moral — which can only take place within himself (*see* p. 106).

In political terms, for the men of 1789, liberty meant liberation from the authority of the monarchy, so that the people could play a democratic part in their own government; political authority was to stem henceforward from the nation at large, not from the monarchy as the lieutenant of God on earth (*Déclaration*, article 3). The people were to take part in framing legislation, and give their consent to taxation (articles 6 and 14).

Socially, freedom of religious belief was to be guaranteed, as well as freedom of expression generally (articles 10 and 11).

In economic terms, the peasantry were to be freed from seigneurial burdens by the "abolition of feudalism", and the bourgeoisie given access to the highest offices in the State (*see* article 6).

The principle of social equality was also partially introduced through the conception of equality before the law. What remained of the old legal stratification into three feudal orders was swept away, and replaced by a system in which the law only recognised a single homogeneous national society, in which all citizens enjoyed equal legal status (article 6). Social distinctions were, in future, to be based not on birth but on "common utility" (article 1).

However, as the last relics of "feudal" social and economic privilege were removed during the Revolution, the economic supremacy of the wealthiest members of the bourgeoisie became complete; this class, while still engaged in a struggle for power with the monarchy, nobility and Church, was already setting its face against the extension of political and economic equality to the French people as a whole. With the final abolition of seigneurial rights in 1793, a measure which chiefly affected the peasants, and which the bourgeois revolutionaries had only carried out because of peasant pressure, the old struggle in the economic sphere against the privileged orders was rapidly overtaken by a newer struggle: that between the wealthy land-owning bourgeoisie and the rest of society. While claiming to have secured economic freedom for *all* Frenchmen in the struggle against the forces of "feudalism", this section of the bourgeoisie was in fact in the process of acquiring for itself a monopoly of economic power.

The struggle of all the revolutionaries against the economic forces of "feudalism" became no more than a convenient political myth to disguise the ambitions of the wealthy bourgeoisie to dominate French society and so re-assert the conception of social hierarchy.

Thus, in 1789, their right to own and make productive use of their property without "interference" from feudalism was proclaimed, in accordance with the new principle of economic freedom: "economic freedom", however, also required that the more immediate threat from the less wealthy be countered. Except in the case of the direst national emergency, private property, according to the *Déclaration*, was to remain inviolable (article 17, *see* p. 30). The Jacobins and their intellectual heirs have never gone further in the direction of economic equality than to hope that property should eventually be distributed more evenly throughout society. During the revolutionary period, the demand for full economic equality was only raised briefly by Babeuf in 1794, and his conspiracy was quickly crushed. Political equality, in the shape of universal suffrage, was itself feared by the wealthy bourgeoisie as a threat to property, and while it was included in the paper Constitution of 1793, which also provided for the other demands of the French people as a whole, such as economic and social security (*see* p. 33), this Constitution remained a dead letter.

Resistance to the Revolution by the monarchy did, however, lead to its abolition, and to the establishment, in 1792, of the First Republic. It was seldom seriously believed after this time that democracy was compatible with the continued existence of the monarchy, so that Republicanism became a fundamental feature of the revolutionary tradition.

The principle of the fraternity of all mankind was expressed in the *Déclaration de Paix au Monde* of 1790 (*see* p. 30), in which the right of offensive war was denied to the monarchy on the ground that the ultimate right to decide questions of peace and war must lie with the nation at large. The idea of the fraternity of all mankind stemmed from the conception of human equality: all human beings were members of the same group, the human race, and were equally endowed with reason and conscience. In respect of these common characteristics, men were identical at all times and in all places. The rights of men as human beings were applicable not merely to Frenchmen but to all mankind. The revolutionary creed therefore developed into a message to be brought by France to the nations around her.

The resistance of monarchic Europe to the principles of the Revolution soon led, however, not to peace, but to war. The revolutionary mission of France came to be seen by Frenchmen as a mission to free from tyranny, by force of arms if necessary, the oppressed peoples of the rest of Europe. The sense of a democratic mission combined with patriotic fervour to create a new doctrine — nationalism — which implied the assertion of the right of all peoples to govern themselves. Nationalism was to become a further feature of the revolutionary tradition in France, and it has remained a prominent, if incongruous, part of the programme of movements of the left, which have prided themselves at the same time on an internationalism stemming from the revolutionary ideal of fraternity.

It was under the stress of the revolutionary war that Napoleon I came to power. He succeeded, however, in consolidating much of the work of the Revolution. In his religious settlement, the *Concordat* of 1801 (*see* pp. 598 and 621), in his setting up of a centralised educational system (*see* pp. 519 and 539 ff.), in his introduction of the *Code Civil* (*see* p. 42), and in his labour legislation, which confirmed the economic subordination of the working class provided for in the *loi*

Le Chapelier (*see* p. 39), Napoleon sought practical compromises between those features of the *Ancien Régime* and of the Revolution which seemed most worth preserving. One of the most important of these was the provision of the *Concordat* that the Church lands confiscated at the Revolution were not to be restored.

He aimed, too, at a compromise between the antagonistic political and social forces of *Ancien Régime* and Revolution: he himself determined to maintain the balance between them by means of an authoritarian plebiscitary régime, drawing, where necessary, on the talents of both camps.

It was in this way that many of the achievements of the Revolution became permanent, although of course at the price of arresting any further progress in extending its work.

Napoleon inaugurated the Bonapartist tradition in France, which embodies the one sure device for governing the country despite its deep divisions: authoritarian institutions, superimposed on a ceasefire arrangement between the conflicting forces of the Revolution and those of the past. As Maurice Duverger has put it, Bonapartism, "au lieu de rejeter les extrêmes... feint de les associer à l'œuvre commune. Cela suppose qu'ils renoncent à leurs objectifs et à leurs méthodes, chacun d'eux paralysant l'autre. Les réactionnaires empêchent la révolution, les révolutionnaires la réaction."[1]

Napoleon's other great achievement was the administrative framework he provided for the whole of post-revolutionary French society, in the act of 28 pluviôse an VIII (*see* p. 40). This act has ever since formed the basis of French administration, which has become, since the Revolution, the chief permanent force for cohesion in a deeply divided society.

Since the time of the Bourbon Restoration in 1815, which closed the period of revolution and war, the conflict between the principles of the *Ancien Régime* and those of 1789 has remained a fundamental feature of the political, social and economic structure of France.

In the political and social sphere there has been a party division into Left, Centre and Right. The Left, since 1815, has consisted, in each period, of those who have thought the political and social work of the Revolution incomplete in their time, and who have sought to pursue the revolutionary struggle against authority and hierarchy, so as to establish more democratic political and social structures, and reduce or remove clerical influence, both in politics and society.

The Centre, which has dominated French political life, has been made up of those who have, on the other hand, believed the work of the Revolution to be complete in their time. The aim of the Centre has been to defend the political and social *status quo* both against reaction, and against those who have sought to extend and complete the democratic system, and secularise State and society still further.

The Right, finally, has represented reaction: those on the Right have aimed, ideally, at a return to the *Ancien Régime*. Since this has not been possible since 1815, they have in practice looked for a reversion to as authoritarian and hierarchical a society as possible; the Church has been, for the most part, their natural ally.

In the economic sphere, on the other hand, there has appeared a division, which already existed in the Revolution, between the "bourgeoisie", in fact the

[1] *La Démocratie sans le peuple* (Seuil, 1967), p. 153.

wealthiest bourgeoisie, known since the nineteenth century as the *grande bourgeoisie*, and the other groups in society. The *grande bourgeoisie* consolidated their economic power during the Revolution, and had wrested political and social power from the old feudal classes by 1830. The other groups in French society, at that time known as the *peuple*, increasingly pressed, during the nineteenth century, for their share in the fruits of revolution, of which they felt they had been cheated since 1789.

During the nineteenth century, furthermore, the industrial revolution was creating a new group, the industrial working class, to complicate the picture of France's divisions. The class-conflicts arising out of the Revolution were becoming overlaid, in the middle of the nineteenth century, by a conflict between, on the one hand, the owners of industrial capital — and property-owners generally — and on the other the propertyless proletariat. However, until 1880, party divisions on the whole still corresponded to the older political, social and economic divisions bequeathed to France by the 1789 Revolution.

The Right, who were known as the *Ultras* (i.e. ultra-royalists), stood for counter-revolution and a return to the absolute authority of monarchy and Church (*see* p. 46 ff.). They believed, too, in the fundamental nature of national divisions, and rejected the universal conception of Man as an unreal abstraction created by the Revolution. As Joseph de Maistre remarked: "La Constitution de 1795, tout comme ses aînées, est faite pour l'homme. Or il n'y a point d'homme dans le monde. J'ai vu dans ma vie des Français, des Italiens, des Russes etc.; mais quant à l'homme je déclare ne l'avoir rencontré de ma vie; s'il existe c'est bien à mon insu".[1] They enjoyed a brief tenure of power in the decade before the Revolution of 1830, but were then displaced by the Centre.

It was the Centre, known as the Liberals or Orleanists, who remained politically dominant until 1848. Their central position in politics was an expression of their desire for the preservation of the *status quo* on the basis of a compromise between the *Ancien Régime* and the Revolution; their doctrine was known as that of the "juste milieu". They stood essentially for adherence to the *Charte constitutionnelle* of 1814 (*see* p. 51 ff.), which in fact reflected the compromise position arrived at in French society at the end of the revolutionary period. The monarchy was restored; but its constitutional powers were to be limited. On the other hand, the power of the people was also to be limited: voting rights were to remain restricted to the wealthy, and universal suffrage was to be indefinitely delayed (*see* pp. 55 and 59 ff.). Internationally, France, under the direct influence of Louis-Philippe, aimed at peace based on a prudent respect for the rights of other nations.

The Bonapartism of Napoleon III may be regarded as another version of the Centre, being an attempt at compromise, this time between political and social conservatism on the one hand, and economic progress, universal suffrage and the courting of the working class on the other. Napoleon III sought to appeal simultaneously to Right and Left, and the strong nationalist element in his version of Bonapartism helped it to achieve this result, since nationalism appealed to both conservatives and left-wingers. The net effect of the régime of the Second Empire was, however, distinctly right-wing, as was evidenced by the reduction

---

[1] Quoted in J. Touchard and others: *Histoire des idées politiques* (P.U.F., 1965), II, pp. 542–543.

of parliamentary institutions to agencies of the government, and by the encouragement given by the régime to clericalism.

In the nineteenth century the Left were known as Republicans or radicals. They were obliged to organise clandestinely at first in secret societies. This was because of the discredit into which revolutionary ideas had fallen through memories of the Terror. The common objective of such groups was to continue the work of the Revolution until political democracy could be firmly established by the introduction of a Republic and universal suffrage. The Republican groups were also the heirs of the democratic nationalism that had sprung from the revolutionary wars: at the time of the 1848 Revolution, Michelet and Quinet called once again for the liberation of the oppressed peoples. Republicans aimed, finally, at a secularisation of French society which would bring to an end at last France's social domination by the Church. The success of the Left in the 1848 Revolution was a brief one: rural conservatism and the electoral manœuvres of the Right deprived universal suffrage of any revolutionary effect, and the Second Republic gave way to a conservative régime, then to the Second Empire. Though a revival of the Left took place in the 1860s, the Left did not finally come into its own until some years after the establishment of the Third Republic.

The correlation between these political divisions and the class-divisions of the nineteenth century was a close one.

The *Ultras* of the Right represented the old "feudal" classes of clergy and nobility, defeated at the Revolution, but aiming, as far as possible, at the restoration of their former domination of French society and the return of their confiscated wealth.

The Orleanists of the Centre represented the *grande bourgeoisie*, the class of large landowners, and later increasingly of large capitalists, with whom were associated leading members of the civil service and the professions (*see* p. 55). Guizot and his kind constituted a ruling class from 1830 to 1880. As he himself put it:

> La politique que nous soutenions et pratiquions... avait son principal point d'appui dans l'influence prépondérante des classes moyennes[1]... Les classes moyennes, sans aucun privilège ni limite dans l'ordre civil, et incessamment ouvertes, dans l'ordre politique, au mouvement ascendant de la nation tout entière, étaient à nos yeux les meilleurs organes et les meilleurs gardiens des principes de 1789, de l'ordre social comme du gouvernement constitutionnel, de la liberté politique, du progrès comme de la stabilité.
>
> A la suite de plusieurs élections générales... l'influence prépondérante des classes moyennes avait amené, dans les Chambres et dans le pays, la formation d'une majorité qui approuvait la politique dont je viens de rappeler les caractères... Selon la pente naturelle du gouvernement représentatif et libre, elle était devenue le parti conservateur de la politique antirévolutionnaire et libéral dont elle avait, depuis 1831, voulu et secondé le succès.
>
> *Mémoires pour servir à l'histoire de mon temps*
> (Michel Lévy Frères, 1858–67), VIII, p. 552

The *grande bourgeoisie* controlled not only the political system, but also the economy and society at large. They stood, economically and socially as well as

[1] I.e. the *grande bourgeoisie*. The intermediary position of the *classes moyennes* was a fiction, since the *grande bourgeoisie* were already an élite.

politically, for a compromise between the *Ancien Régime* and the Revolution. Their economic independence had been consolidated by 1789 and the Empire; they now aimed to defend their gains, seeing no reason to disturb the new *status quo* by extending economic freedom to their employees. For they regarded "economic freedom" as implying their own freedom to fix the wages and conditions of their employees without any hindrance from workers' organisations, which remained illegal according to the provisions of the Napoleonic labour legislation: article 291 of the *Code Pénal* (1810) stated:

> Nulle association de plus de vingt personnes dont le but sera de se réunir tous les jours ou à certains jours marqués pour s'occuper d'objets religieux, littéraires, politiques ou autres, ne pourra se former qu'avec l'agrément du gouvernement, et sous les conditions qu'il plaira à l'autorité publique d'imposer à la société.

while articles 414 and 415 forbade combination by the workers for the purposes of a strike, etc. In the social sphere, the *grande bourgeoisie*, while maintaining freedom of conscience, had done no more than reduce Catholicism from being the sole State religion to being one of a number of versions of Christianity, enjoying equal protection by the State;[1] they regarded "social freedom" therefore as implying freedom for all forms of Christianity. The monopoly of a single religion had been broken down, but in the moral sphere, the *grande bourgeoisie* took "social freedom" as implying their right to impose their own ideas on society, and to repress by censorship any notion that the influence of religion on society must be removed (cf. p. 56 ff.). They set out, in fact, through the State education system, to impose on society their own view of man, which was expressed via the eclectic philosophy of Victor Cousin. From the time of the July Monarchy, eclecticism developed into a form of State philosophy, in which the traditional moral ideas of the *Ancien Régime* — free will, duty, the spirituality of the soul and the existence of God — which had formerly been established on a religious basis were restored on a semi-secular basis. According to eclecticism, these traditional moral truths could be arrived at by the human mind, simply by observation of its own workings. Thus the rules of right behaviour, as they appeared to the *grande bourgeoisie*, were to become the standard moral code. According to D. Parodi:

> Sous la Restauration et la monarchie de Juillet, se constitue et domine bientôt une manière de philosophie d'État, faite en quelque sorte à l'image de la bourgeoisie censitaire: philosophie qui prétend restaurer, en les laïcisant, les idées morales traditionnelles... et qui, sans abandonner les résultats acquis par la Révolution de 89, veut fixer les règles du bon ordre intellectuel et moral, fondement et garantie du bon ordre social et politique. C'est l'éclectisme de Victor Cousin.
>
> *La philosophie contemporaine en France* (Alcan, 1919), pp. 21–22.

Society was still, after all, to be governed by traditional morality, and the *grande bourgeoisie* set themselves up as its guardians, against the moral dangers they believed to be inherent in the secular view of man propounded by the left-wing heirs of the Revolution.

[1] Cf. the *Charte* of 1814, article 5 (*see* p. 52). The same article re-appeared in the *Charte* of 1830.

After they came to power in 1830, therefore, the *grande bourgeoisie* reaffirmed the hierarchical distinction which they saw between themselves and the rest of the people. Political inequality (*see* p. 59) and economic and social inequality (*see* p. 55) became their watchwords, and they soon appeared to be taking up a position on the Right. As early as 1833, they began to align themselves with the Church and the forces of social authority. Anti-clericalism, which, as we have seen, was never more than half-hearted with them, gave way to a desire for an alliance with the Church against the defeated nobility, and freedom was granted to Catholic primary education. Catholic education came to play an increasing rôle, especially after 1850, side by side with the State system, which was itself only partially freed from the influence of religion. The *grande bourgeoisie* were, too, closely associated, in the 1850s, with the authoritarian Second Empire.

This shift to the Right, on the part of the *grande bourgeoisie*, helped to bring about a re-definition of the Left in economic and social terms more extreme than those of the *Déclaration des Droits de l'Homme*.

Socially, the nineteenth-century Left represented at first the *peuple*, i.e. the alliance of the *moyenne* and *petite bourgeoisie* and the growing working class, who were intent on pressing on the *grande bourgeoisie* their political demands for a Republic and universal suffrage, which they saw as the essential means to economic and social liberation. Economic liberation primarily concerned the workers: they sought economic security, the right to organise, denied to them by articles 415 and 416 of the Penal Code, and the right to education. They shared with the *moyenne* and *petite bourgeoisie*, however, the latter's opposition to social authority, and their demand that the influence of religion over society should be removed by the secularisation of education, and by the separation of Church and State. It is noteworthy that a revolutionary socialist like Blanqui saw the Church as no less an enemy of the workers than the bourgeoisie: his attitude was a characteristic one among the French working class before 1880.

The alliance between part of the bourgeoisie and the workers, though an uneasy one, remained intact until 1848. In other words, the Left, at this stage, had not yet become divided into a Republican and a socialist wing; it was only later that the distinction emerged between Republicans, who regarded economic change as strictly subordinate to the extension of political rights, and socialists, who aimed above all at economic change and saw political reform simply as a means to this end. The socialist Left was only to emerge stage by stage, as the growth of the working class made the economic conflict between proletariat and bourgeoisie increasingly prominent. In the 1840s the leaders of the Left, such as Ledru-Rollin (*see* p. 73) and Louis Blanc (*see* p. 71), differed only marginally as to the relative importance of their political and economic aims: Ledru-Rollin talked of "passer par la question politique pour arriver à l'amélioration sociale", while, for Louis Blanc, "le socialisme ne saurait être fécondé que par le souffle de la politique". Thinkers such as Saint-Simon and Fourier, it is true, looked primarily towards an economic rather than a political re-organisation of society, but they did not attract popular support on a large scale, and they believed that the working class and the industrialists could work together in opposition to the politicians and other non-productive members of society. "Il y a," Saint-Simon asserted, "un sentiment d'union, de compagnonnage, si on veut, qui lie entre eux tous les membres de la classe industrielle, de manière que les derniers

2

ouvriers des manufactures de MM. Perrier, Ternaux ou Gros d'Avilliers se regardent comme compagnons de leurs chefs".

Saint-Simon's attacks on idleness, and his insistence that all men had a duty to work, reflected the fact that he still based his hopes for change on the alliance of the productive classes, "*les industriels*", against the idle privileged classes and the landed bourgeoisie. He warned the *industriels*: "les intérêts des propriétaires de terres non cultivateurs sont opposés aux vôtres et se confondent avec ceux de la noblesse." 1848 was to mark the end of such hopes. A gulf was now appearing, as a result of the industrial revolution, between all the owners of property — i.e. the whole of the bourgeoisie — and the workers. By 1848, Tocqueville could see clearly the nature of the new economic conflict which was bidding fair to replace the existing one between the *grande bourgeoisie* and the rest of society (*see* p. 61). It was this new conflict that was later to occupy a central place in the thinking of French socialists, as they came under the influence of Marx after 1880.

The new conflict came out into the open in the June days of 1848. In the face of working-class insurrection, the bourgeoisie as a whole rallied to a government which was ready to resist the workers' economic demands. The June days, Tocqueville wrote, were "moins une lutte politique qu'un combat de classe". The old bourgeois fear of property redistribution thus led to a new split between the propertied bourgeoisie on the one hand and the propertyless workers on the other.

At the same time, the bourgeoisie grasped at Catholicism as an ideal bulwark for property against the working class. After June 1848, as La Gorce put it, "la peur de la Révolution domina la peur des Jésuites". The Catholic revival among the *grande bourgeoisie* now therefore spread more widely into the bourgeois ranks: after the passing of the *loi Falloux* in 1850 in the wake of the revolutionary crisis, Catholic secondary education was largely freed from State control (*see* p. 544), and increasing numbers of the children even of the anticlerical bourgeoisie came under clerical influence. Catholicism, under the Second Empire and Third Republic, was to recover something of its old place as a bastion of the social order. Meanwhile, the anticlerical intellectuals and leaders of the Republican opposition became increasingly imbued with the rather narrow positivism Littré had inherited from Comte. Did not Gambetta declare that Comte was "le plus grand penseur du XIXe siècle"?

The new social division based on economics which was to split the economic from the political and social Left, and socialism from Republicanism, has continued ever since to complicate the older alignment between the dominant *grande bourgeoisie* (and its successors) and the rest of French society. The new division, which has given the Left an increasingly socialist and economic flavour since 1848, has, however, been slow to supersede the older one as an exclusive determinant of political attitudes, and slow to lose its religious overtones.

Thus, in the period up to 1880, the élite of the working class remained faithful, to a considerable extent, to the old political and social programme of the Republicans. Some, certainly, followed Proudhon when he asserted that the working class must assert itself as a force distinct from the bourgeoisie and declared: "il faut avant tout qu'elle sorte de tutelle et qu'elle agisse désormais par elle-même et pour elle-même". The Proudhonian workers aimed at economic emancipation through their own economic organisations, such as mutual credit societies; the later transition to trade-unionism was a natural development from this. Others among the workers, however, after responding for a time to the blandishments of Napoleon III, allied themselves once more with the Republican opposition when the Left began to revive early in the 1860s. They now began to seek special political representation for the working class, as a means to the achievement of their economic objectives within a Republican framework (*see* p. 77). Here, Republicanism was still seen as the natural means to economic and social liberation. The new concern with the distribution of property, which first appeared in 1848, had not yet seriously disrupted the old political and social divisions that went back to 1789.

This can again be seen in the programme of the Left in 1869, as outlined by Gambetta in the *Manifeste de Belleville* (*see* p. 82), which still looked upon political change in the direction of Republicanism and secularisation as primordial, and economic changes as secondary consequences.

However, the coming of the Third Republic, and the subsequent accession to power of the Republican Left, were accompanied by the reinforcement of the new political division over property, and a more permanent split on the Left.

Under the Third Republic the Left consisted, in the first place, of the Republicans, who, having been in opposition until the fall of the Second Empire, were now to be instrumental in introducing the new political system. About 1880, however, when the Republican régime was firmly established, the Republican Left began to divide. The more right-wing elements, known as the Opportunists, restricted themselves to cautious development towards democracy: they called for prudence and realism so as to "rassurer les intérêts et rallier les esprits". Gambetta declared, at the time of the 1881 elections, that France's problems must be dealt with one by one (*see* p. 67). Ferry echoed this theme in 1885 (*see* p. 69). The Radicals, on the other hand, under Clemenceau, who now represented the most left-wing element among the Republicans, demanded rapid progress towards the full implementation of the remainder of the old left-wing programme — that is, complete democratisation and the separation of Church and State. The most advanced Radicals, with their demand for social welfare measures and a degree of State intervention in the economy, were not far removed from socialism. They regarded themselves, indeed, as socialists, hence the term *radical-socialiste*. It was for this reason that the working class in this period still gave their support to the Radicals. The Opportunists were now moving into the Centre and were being denounced by the Radicals as turncoats (*see* p. 86).

From the early 1890s until the early twentieth century, the Left thus came to consist of the Radicals, as the most advanced wing of the old political and social Left, and a new element, the socialists properly so called, representing the economic Left.

Socialism became an active force politically in this period, gaining its first major parliamentary successes in the elections of 1893. A section of the working class now finally repudiated any idea that it should express itself politically through Republican party organisation — i.e. through Radicalism. It decided to adopt independent action by a party of the working class as its method, and the capture of political power as its first aim, as a prelude to the taking over by society of the means of production. A transfer of property from the bourgeoisie to society at large, brought about by the working class acting on behalf of that society: here was the essence of socialism. The economic issue between the working class and the bourgeoisie had now at last become the central point of a political programme. The re-definition of the Left in economic terms, which had been brought about by the industrial revolution and the growth of capitalism, was apparently complete.

Socialism was from the first divided within its own camp. The Marxist revolutionaries of the *Parti Ouvrier Français*, under Jules Guesde, believed that the objectives of socialism could be attained at one stroke by a working-class insurrection. The Guesdists maintained that all struggles other than that of the working class against the bourgeoisie were irrelevant to the objectives of socialism: therefore the traditional struggle of the Left for democracy and against clericalism was of no concern to the workers. The democratic Republic itself was no more than an instrument for the class-domination of the bourgeoisie (*see* p. 84). The various reformist groups, of which the first to break away from the Guesdists, in 1882, were the Possibilists (*see* p. 88) and whose ideas were finally crystallised by Jean Jaurès, believed, for their part, in a gradual process of development towards socialism which would take place within bourgeois society. They came to believe in democratic processes, and therefore remained closer to the Radicals, with whom they were prepared to ally themselves. The reformist socialists held that the working class should organise itself through its own democratic party, ready to take part in the processes of parliamentary democracy (cf. p. 89). "La démocratie", Jaurès affirmed, "donne des garanties aux deux classes, tout en se prêtant à l'action du prolétariat vers un ordre nouveau." At the end of the process of development of bourgeois society towards socialism, a decisive social transformation would take place, and socialism itself would be introduced by democratic means, since there would, in the end, be a majority in society in favour of it (*see* p. 262).

In the last two decades of the nineteenth century, the Centre was represented by the Opportunists, who had come to stand for the new Republican *status quo*. After the initial enthusiasm of the first years of power, when press and education laws laid the foundation of the democratic society for which they had long been working, the Opportunists lost their enthusiasm for change, and developed the characteristic conservatism of a ruling party. Moderation was again the keynote of the Centre in foreign policy under Ferry, in contrast to the more nationalistic attitude of Clemenceau and the Radicals. The initiative in continuing the work of the Revolution had thus by now passed to the Radicals and socialists. To defend the régime against the Boulangist threat was the only remaining progressive task of the Opportunists in the 1880s. From 1893 their successors, the *progressistes*, under such leaders as Casimir-Périer, attempted to continue governing from the Centre, in opposition both to the conservative Right and to the Radical and socialist Left. On the one hand, the education acts (*see* pp. 547–552) were declared sacrosanct, but on the other the warfare against the Church was declared at an end when Spuller, the *ministre des cultes*, spoke of an *esprit nouveau* in 1894. This policy was not successful. The rightward drift continued, and the conservative Republicans did not find a viable political stance until Méline's government began a policy of concessions to Catholicism. A permanent conjunction of conservative Republicanism with the forces of social authority was only delayed by the Dreyfus Affair (*see* below).

Despite the decline of monarchism and Bonapartism in the years after the Republic became firmly established, traditional doctrines re-appeared in new forms on the authoritarian Right. Nationalist feelings were once again expressed after 1870, in reaction against the national humiliation at defeat by Prussia. In 1882 Déroulède, the poet of *La Revanche*, founded the Ligue des Patriotes.

And while nationalism was still linked with both Left and Right in the early days of the Republic, and Déroulède, for example, had notable Republican supporters, from the time of the Dreyfus Affair the term nationalism became a monopoly of the Right.

The Dreyfus Affair was sparked off after a miscarriage of justice, when Alfred Dreyfus, a Jewish officer, was condemned for espionage by a military court in 1894. The campaign to clear his name, which was at its height from 1897 to 1899, divided French society, intensifying every aspect of the century-long conflict between Left and Right. The Dreyfusards included many Republicans and a number of socialists, as well as anti-clericals, anti-militarists and writers and intellectuals, all of whom saw a threat to the régime and to the rule of law in the coalition against Dreyfus of the supporters of the High Command. The public campaign in favour of Dreyfus was sparked off by *J'accuse*, Zola's cele-brated open letter to the President of the Republic, which appeared in *L'Aurore* in January 1898 (*see* p. 91).

While the Dreyfusards attacked the placing of the High Command beyond the reach of normal processes of law, the anti-Dreyfusards began an onslaught on the régime. The fact that Dreyfus was a Jew encouraged antisemitism among the anti-Dreyfusards: that the ground was already fertile had been shown by the success of Drumont's *La France Juive* some years earlier (*see* p. 90). Many Catholics shared the antisemitism of the Right. And Déroulède now hoped for a military coup against the corrupt Republic (*see* p. 94). It was in this context that the "new" nationalism emerged. Tinged with antisemitism, the nationalism of the Right was insistent on a return to a more or less authoritarian régime, which would provide firm internal government and the vigorous defence policy which the Right believed France lacked. The Dreyfus Affair thus saw a clash between two conceptions of the nation, the traditional nationalism of the Left, which identified France with the ideals of the French Revolution, and the nation-alism of the Right, which emphasised patriotism and national continuity. The members of the *Ligue de la Patrie Française*, when it was constituted in 1899, declared themselves resolved to "travailler, dans les limites de leur devoir professionnel, à maintenir, en les conciliant avec le progrès des idées et des mœurs, les traditions de la Patrie française... Et de fortifier l'esprit de solidarité qui doit relier entre elles, à travers le temps, toutes les générations d'un grand peuple." Péguy perceived at once the right-wing character of the "new" nation-alism. The founders of the League, he declared, were calling for an end to agita-tion, and for the restoring of national unity among all Frenchmen in an atmos-phere of reconciliation. In fact, their idea of the nation, as he saw clearly, represented not so much a new doctrine as a return to the classic themes of counter-revolution. He later analysed the whole clash admirably in *Notre Jeunesse* (*see* p. 95). And while Maurice Barrès retained his allegiance to the Republic, Charles Maurras took the reversal of the principles of the French Revolution to its logical conclusion and began a campaign for a return to monarchy (*see* p. 342).

Hopes had risen, at the beginning of the 1890s, for a reconciliation between the Catholics and the Republic. The so-called *Ralliement* of the Catholics was heralded by Cardinal Lavigerie's Algiers toast of 1890 (*see* p. 606). Pope Leo XIII called on Catholics, in his encyclical *Au milieu des sollicitudes* of 1892 (*see* p. 630), to accept the Republican régime. And in 1894, as we have seen, the *ministre des cultes*, Spuller, spoke of an *esprit nouveau* (*see* p. 607). At this time, the Republicans in Parliament were forced into a closer association with the Catholics. But once again the Dreyfus Affair dashed these hopes: it was marked by a virulently anti-Republican campaign by the Assumptionists through their newspaper *La Croix* (*see* p. 93); even moderate Catholics supported the High Command against the Dreyfusards.

The revival of hostility among right-wingers and Catholics to the Republican régime remained a characteristic feature of French politics as a whole for long after the Dreyfus case and, indeed, until the Second World War and after.

And a new and more intense wave of anticlericalism on the Left was seen in the campaigns of the Radicals against the religious orders, which followed their coming to power in 1902, after the Republican triumph at the end of the Dreyfus crisis. By 1902, the old Radical programme of democratisation and secularisation was far advanced towards complete realisation: the post-Dreyfus campaign against the rôle of the religious orders in French education was among the last major achievements of the Radicals. Displaced on the Left by the socialists, they, in their turn, moved into the Centre, as the Opportunists had done before them (*see* p. 270). They became the new defenders of the political *status quo*, and the new party of government. When their old programme was fully realised with the separation of Church and State in 1905, they had little left to work for. Their former zeal for social welfare and State intervention in the economy had waned, and those on the party's right wing occupied henceforward a right-of-centre position in French politics. The left wing of the Radical party continued, it is true, to include a minority who were prepared to compromise with socialism on the issue of private property, but right down to the Fifth Republic the party as a whole has hesitated to move too far towards socialism. As the attack on property became increasingly crucial in the twentieth century as a distinguishing mark of the Left, the centre of gravity of the Radical party has moved more and more towards the Right.

The Left in the twentieth century, on the other hand, became identified with socialism. The two wings of the socialist movement finally divided into two parties at Tours in 1920. The revolutionary socialists formed the Communist Party (*see* p. 219 ff.) and the democratic socialists the S.F.I.O. (*see* p. 253 ff.).

Apart from the Radicals, who, as we have seen, were drifting towards the Right, the Centre in the twentieth century has also included a group of Republicans, the *Alliance Démocratique*, descended from Waldeck-Rousseau, and the Christian democrats (*see* p. 253 ff.). The latter first emerged politically in the *Parti Démocrate Populaire* between the two World Wars as the consequence of the final acceptance by some Catholics of the Republican régime. After 1945, the M.R.P., and its more recent successor the *Centre Démocrate*, have continued in the same tradition. The M.R.P., which was strongly democratic and close to socialism at the end of the war, later moved into a centre position and towards identification with the régime of the Fourth Republic.

Gaullism, which dates from 1940, is, like Bonapartism, a hybrid phenomenon of the Centre. It has attempted to appeal simultaneously to Left and Right, through the combination of a plebiscitary form of democracy and the promise of economic and social reform, which are 'left-wing' features, and political and social authoritarianism, which appeal to the Right. Once again, the tone of moderate nationalism has been one which has had a chance of success with both Left and Right. And once again, the net effect has been distinctly right-wing (*see* p. 317 ff.).

On the Right, in the twentieth century, there have been a number of conservative Republican groups such as the *Féderation Républicaine* before the Second World War, and the *Centre National des Indépendants*, under the Fourth Republic (*see* p. 308 ff.). They aimed at a somewhat authoritarian Republic, pursuing a vigorous foreign and defence policy. They remained closer than the Radicals to the absolute rights of private property; they differed from them, and from the *Alliance Démocratique*, in that by now they had gone over to support for Catholicism. They came close, in short, to reverting to most of the themes of the nineteenth-century Right, though these were now expressed in Republican guise.

On the extreme Right, anti-Republican groups persisted in the twentieth century. In the 1930s, the *Action Française* of Maurras (*see* p. 338) was accompanied by Jacques Doriot's P.P.F. (Parti Populaire Français), which came close to Fascism; while in post-war France the extreme Right was represented by Poujadism (*see* p. 349) and the O.A.S. (*see* p. 350). The extreme Right has been characterised by the violence of its tone, and by its opposition both to the Republic and to communism.

Class divisions in the twentieth century are more difficult to correlate with party divisions than those of the nineteenth century. It is clear, however, that at the beginning of the Third Republic the establishment of a Republican régime coincided with the emergence of the *moyenne bourgeoisie* as a political force. Gambetta welcomed them in 1872 as a "couche nouvelle" (*see* p. 84). The new class, including doctors, lawyers and teachers, now began to compete for political and social ascendancy with the *grande bourgeoisie*. At the end of the decade, their capture of the main centres of political power — Chamber of Deputies, Senate, and Presidency of the Republic — marked the real birth of the democratic Republic in France. But in economic and social life, in banking and industry, in the civil service, in the armed forces and diplomacy, and even in the professions themselves, power remained largely in the hands of the *grande bourgeoisie* who made up the anti-democratic élite denounced by Alain, the conscience of Radicalism, in the years before the First World War (*see* p. 394). The strength of anti-democratic forces in French society was revealed at the time of the Dreyfus Affair (*see* p. 93 ff.), but the purges which took place when the Radicals came to power in 1902 did not extend far beyond the army. It was not until the 1930s that the position of the *grande bourgeoisie* was finally eroded (*see* p. 396).

For the *progressistes* and the Radicals themselves, when they came to power and moved into the political Centre as parties of government, became identified each in their turn with economic and social authority. The association of Radicalism with the defence of property has already been noted; in the social sphere, it is noteworthy that the only form of authority that the Radicals actively combated was the authority of the Church over education. The leadership and the right wing of Radicalism thus acquired some of the attributes of a ruling class. At the end of the Third Republic, Radicalism was closely identifiable with the bourgeoisie, which the socialist leader Léon Blum still saw as the ruling class (*see* p. 379). So, *a fortiori*, were the more conservative groups.

Socialism, on the other hand, was broadly identifiable with the working class, which had now become *the* subordinate class in French society.

The party and class-divisions of the Third Republic, which were so much determined by the issue of property, began to be modified after the Second World War. At the Liberation, the Left, which included not only the Socialists and the Communists but also, for a time, the M.R.P., could still be defined in terms of opposition to the rule of the bourgeoisie and a determination, through nationalisation, to transfer property in the form of major industries to the control of society at large.

But a new social hierarchy was emerging, based no longer exclusively on gradations of property-ownership but rather on gradations of authority and income. A new industrial ruling class began to appear, in place of the *grande bourgeoisie*, as ownership by the State or an anonymous mass of shareholders began slowly to supersede ownership by the individual bourgeois family. A new élite of highly-trained technocrats, sometimes owning little or no property of their own initially, emerged to take control of nationalised industry and large private firms. They were assimilated, in function at least, to the old *grande bourgeoisie*, being placed at the top of the industrial hierarchy. Lower down the hierarchy, the managers and executives in large concerns became more numerous. These managerial salary-earners have become known as the *cadres* (*see* p. 380 ff.).

At the same time, a new political ruling class emerged, made up of the élites of the various parties (*see* p. 113). In the new social structure the individual's position in the political, social and economic hierarchies was determined by the degree of authority exercised, and the level of salary attained. Class-conflicts therefore, in post-war France, increasingly divided those in all areas of society with more or less managerial rôles and higher incomes from those who were hierarchically subordinate to them. The middle groups pressed their claims on the top managers of French society, while the lower groups, including the working class, pressed theirs on the middle groups. During most of the post-war period, class-conflict was expressed in terms of the material demands of the hierarchically subordinate groups for higher levels of salaries and wages (cf. p. 102 ff.).

In the social upheaval of 1968, however, there appeared for the first time a challenge to the authority of those at the top of the various hierarchies. The demand for *autogestion*, that is, self-management, emerged among workers in a number of areas in French society, notably in education and the professions. The fundamental nature of the class-conflicts in modern French industrial society now emerged clearly; such conflicts are no longer solely concerned with the distribution of property, but increasingly with the distribution of managerial authority as well as material rewards (*see* p. 380 ff.).

In the context of this post-war social structure, the implementation, in the immediate post-war period, of some of the socialist programme of the Left, through the nationalisation of major industries, had not led to the fulfilment of any of the hopes that had been placed in it. The emergence of the new technocratic and managerial class, and the restriction of authority within the parties to narrow élites, meant that the working class, and all those with no managerial function, remained in a subordinate position in society (cf. p. 427).

The parties of the Left themselves, as well as the M.R.P., had shifted to the Right after 1947, mainly under the threat of the Cold War. The M.R.P. had lost its left-wing character, and the S.F.I.O. had drifted further and further towards acceptance of the political and economic *status quo* in post-war France: it accepted the political system of the Fourth Republic, and moved at the same time towards acceptance of an economic system that was only partly in the hands of the State. It thus gave up, to an increasing extent, its belief in the ultimate objective of socialism. It began to move, in short, into the rôle of a party of government, and as such, indeed, was seen by some as a successor to the Radicals. The Communist Party was in permanent opposition from 1947. It remained for much longer hostile to bourgeois democracy, as it still described the Fourth Republic, and determined, in the long run, to bring about wholesale transfers of property into collective ownership. In the short term, however, it demonstrated its own conservatism by setting up as the defender of the economic interests of stagnant social groups. After 1964, it began a slow process of integration into the political and social structure of existing society.

In the years between 1947 and 1958, power had been exercised by Centre groups, into which category, as we have seen, the S.F.I.O. was now moving. A succession of governments of the Centre or Centre Right attempted to administer the post-war *status quo*.

The inability of the existing Centre groups to solve the Algerian problem, however, had led to their temporary eclipse, and to the establishment of the Fifth Republic, under the influence of the hybrid Centre ideology of Gaullism. Gaullism represented a further attempt to govern France from the Centre, this time through an *ad hoc* coalition of the forces of Left and Right on a national platform. There was, under the Fifth Republic, an increasing attempt by de Gaulle, as a gesture to the left, to give the French some sense, at least, of political participation through referenda, and, from 1962, through the election of the President by universal suffrage. De Gaulle consistently appealed to the nation at large over the heads of the élites of the old political parties, who, he asserted, with some justification, as we have seen, did not represent the nation (*see* p. 332). And there was an attempt to present a left-wing economic policy for Gaullism: profit-sharing and worker participation (*see* p. 319). But these democratic aspects of Gaullism had been offset by de Gaulle's increasing concentration of the executive authority of the State in his own hands (*see* pp. 136 and 199), and by the association of the régime, in practice, with both economic and social authority. There was a close association, even an overlap in terms of personalities, between Gaullist governments and the technocratic controllers of industry. Retention of State control of education, television and radio, too, maintained a socially authoritarian climate. Gaullism, therefore, while attempting to realise, through presidential democracy, the left-wing aspiration of the French for participation in the running of their own affairs, in practice remained associated with economic and social authoritarianism. This is the explanation of the growing opposition to de Gaulle, leading up to the upheaval of 1968: the government found itself overwhelmed by an avalanche of demands, not only for higher salaries and wages but also for participation in decision-making in all areas of society, not least in politics.

The 1968 revolt against authority marked a revival of the Left, if the Left be understood as it has been defined above — i.e., in terms of the struggle against political, economic, and social authority set going by the Revolution of 1789 and the Industrial Revolution. This was the first left-wing revival since that which occurred during the Second World War and petered out in 1946–47. There was, by 1968, no strictly left-wing party remaining, apart from the P.S.U. (Parti Socialiste Unifié), a small break-away party which left the S.F.I.O. in 1958 (see p. 257). The economic Left, in the shape of the Socialists and Communists, had largely completed its shift to the Centre, so that even the Communist Party in 1968 presented itself as a party of government, and both Socialists and Communists were seeking chiefly to administer the *status quo* in the form of a somewhat democratised political system and an economy with rather more public ownership.

The Left, in 1969–1970, existed institutionally only in the form of the P.S.U. and in the tiny Trotskyist movement of M. Krivine; to what extent the new demand for the dismantling of authoritarian structures throughout society would be further articulated politically remained to be seen. If the existing parties of the "Left"[1] were to assimilate the new ideas more fully than they had done since 1968, then they might return to the Left. If the last hundred years or so of French history suggested anything, however, it was that new forces would have to emerge, to give the ideas circulating at the end of the sixties only in an extreme revolutionary form, in a congeries of politically impotent *groupuscules*, a more coherent political focus and a non-revolutionary form less likely to evoke fear on the Right and incredulity among the workers. The development of the C.F.D.T. after 1968 (see p. 468) was an indication of the political potentialities of non-party forces which were not mesmerised, like the *gauchistes*, by the objectives and forms of organisation of nineteenth- and early twentieth-century revolutionaries. The Left, meanwhile, in all its forms, remained weak and disunited, and for as long as so many French men and women remained broadly satisfied with society in its present form, Gaullism, as the management of the post-1968 *status quo* — with minor adjustments — could continue to govern with the support of the broad mass of moderate conservative opinion (see pp. 321–322).

[1] The socialists and communists were now known as the "Left" and the revolutionaries as the "Extreme Left". Just as under the Third Republic the "Left" groups had moved towards the Centre and conservatism, while clinging to the progressive label.

BIBLIOGRAPHY

ALAIN: *Éléments d'une doctrine radicale* (Gallimard, 1925).

L. BLANC: *Organisation du travail* (5th ed.) (Au Bureau de la Société de l'Industrie Fraternelle, 1848).

L. CAHEN AND A. MATHIEZ: *Les lois françaises de 1815 à nos jours* (Alcan, 1919). Texts.

A. COBBAN: *The Social Interpretation of the French Revolution* (Cambridge, 1964).

G. DUBY and R. MANDROU: *Histoire de la civilisation française*, vol. II: *XVIIᵉ–XXᵉ siècle* (Colin, 1958).

G. DUPEUX: *La société française (1789–1960)* (Colin, 1964), Collection 'U'.

M. DUVERGER: *La Démocratie sans le peuple* (Seuil, 1967).

F. GUIZOT: *De la démocratie en France* (Victor Masson, 1849).

J. IMBERT, G. SAUTEL AND M. BOULET-SAUTEL: *Histoire des institutions et des faits sociaux* (P.U.F., 1956). Documents.

G. LEFEBVRE: *La Révolution française* (6th ed.) (P.U.F., 1968).

G. LEFRANC: *Le mouvement socialiste sous la Troisième République* (Payot, 1963).

R. GIRARDET: *Le nationalisme français 1871–1914* (Colin, 1966), Collection 'U'. Documents.

R. KEDWARD: *The Dreyfus Affair* (Longmans, 1965). Documents.

J. LHOMME: *La grande bourgeoisie au pouvoir 1830–1880* (P.U.F., 1960).

K. MARX: *The Communist Manifesto; The class-struggles in France; The eighteenth Brumaire of Louis Bonaparte.*

D. PARODI: *La philosophie contemporaine en France* (Alcan, 1919).

R. PERNOUD: *Histoire de la bourgeoisie en France*, vol. II (Seuil, 1962).

P.-J. PROUDHON: *Œuvres choisies. Textes présentés par Jean Bancal* (Gallimard, 1967).

R. RÉMOND: *La Droite en France de la première restauration à la Vᵉ République* (3rd ed.) (Aubier-Montaigne, 1968). With documents.

G. DE RUGGIERO: *The History of European Liberalism*, trans. R. G. Collingwood (Beacon Press, 1959).

PH. SAGNAC: *La formation de la société française moderne*, 2 vols. (P.U.F., 1945–1946).

H. DE SAINT-SIMON: *Textes choisis*, ed. J. Dautry (Éditions Sociales, 1951).

A. THIERS: *De la propriété* (Paulin, Lheureux, 1848).

D. THOMSON: *Democracy in France since 1870* (5th ed.) (O.U.P., 1969).

A. DE TOCQUEVILLE: *De la Démocratie en Amérique. Les grands thèmes*, ed. J. P. Mayer (Gallimard, 1968).

O. VOILLIARD, G. CABOURDIN, F.-G. DREYFUS AND R. MARX: *Documents d'histoire contemporaine* (4th ed.), vol. I: 1776–1850, vol. II: 1851–1967 (Colin, 1969), Collection 'U'.

G. WEILL: *Histoire du mouvement social en France 1852–1924* (Alcan, 1924).

GLOSSARY

accuser un ministre, to impeach a minister.

l'adjoint

l'adjudication (publique)

l'anticléricalisme, see *le cléricalisme*.

l'appareil, administrative structure, e.g. *appareil bureaucratique*.

l'appropriation collective, taking into collective ownership.

l'aristocratie, sometimes = government by the aristocracy.

l'aristocratie foncière, landed aristocracy.

l'armée active, forces under the colours in peacetime.

prendre un arrêté

l'artisan

l'Assemblée Nationale, Parliament (since 1946 = the Lower House only) (*see* p. 164).

l'assiette de l'impôt

l'atelier social, producer co-operative.

la barricade

le bien-être (social), (social) well-being.

les biens dits de mainmorte, property in mortmain.

la bourgeoisie, before the Revolution, the class of those who had built up a degree of wealth through their own productive efforts in trade and industry (as opposed to the aristocracy, who lived in idleness on unearned income). In the nineteenth century, became identified with the propertied class (as opposed to the proletariat, who owned nothing but their labour-power). Subdivided into the *grande*, *moyenne* and *petite bourgeoisie*, according to the amount of property owned. The *grande bourgeoisie* also constituted a ruling class from 1830 (*see* p. 11).

le brevet d'imprimerie, printing licence.

les cadres, those placed in the upper and middle ranks of a military, political or business organisation, i.e. above the rank and file, and thus enjoying, to varying degrees, a managerial rôle. Subdivided into *cadres supérieurs, cadres moyens* and *cadres subalternes*.

la caisse de retraite, pension fund.

la candidature ouvrière, candidature of a worker in an election with the aim of putting the working-class viewpoint.

le canton

le capital, les capitaux

le cautionnement, caution-money which the government under the Second Empire required the owners of newpapers dealing with political and economic affairs to deposit with the Treasury.

le centre, used of politicians whose standpoint is intermediate between that of the reactionaries and progressives of the day.

la Chambre des députés

la Chambre des pairs

la charte constitutionnelle

le chômage, chômeur

la circonscription

le citoyen actif, citizen enjoying political rights.

la classe ouvrière

les classes dirigeantes

le cléricalisme, the belief that the Church should play a leading rôle in politics and
    society.

le Code civil

le collège électoral, all those entitled to vote in an election, sometimes so called to
    distinguish them from the whole population, when some of the population
    are excluded from the voting.

le commerçant

les commettants

le compagnon

la commune

le communisme

le communiste

la concurrence

la concussion

la consommation

le contentieux

le contre-maître

la contribution

la convention collective

la corporation, guild

le corps législatif

la cote

le culte, often simply = religion.

le cumul des fonctions publiques

le curé

la délégation

le délégué syndical, shop steward.

déléguer à

le député

le dirigeant, leader.

la division du travail

le domaine national

le droit des gens, international law.

la droite, the Right, i.e. reactionaries.

l'électeur de droit, elector legally entitled to vote.

l'électeur inscrit, elector whose name appears on register.

l'élu, person elected to office.

l'emploi

les enchères

l'enseignement primaire

l'entrepreneur de travaux publics

l'épargne

l'état civil

l'expropriation

le fonctionnaire

la fortune

les franchises municipales, the local government and other rights of municipalities.

le Front Populaire, the Popular Front (alliance of Communists, Socialists, and sometimes, as in 1936, Radicals).

la gauche, the Left, i.e. progressives.

la grande voirie

l'impôt (foncier), (land) tax.

l'industriel

l'instituteur

l'instruction (publique)

le journalier

la laïcité de l'État, laïque or secular character of the State (*see* p. 597).

laïque or *laïc*, secular, or neutral as between religious sects.

la lèse-nation, treason against the nation.

le livret, registration book, which all workers were obliged to carry in the nineteenth century.

la lutte de classe

le mandat

le marxisme

la milice

les milieux d'affaires

les mœurs

la monarchie

la municipalité

l'octroi

l'ordonnance

l'ouvrier

le pair

la pairie

le parti (communiste, libéral, radical, socialiste, etc.).

le pasteur

le patron

le pays coutumier, region under customary law.

le pays de droit écrit, region under written law.

la peine de mort

la perception

le peuple, term formerly used to denote the majority of any nation, a group made up of those not enjoying great wealth or power.

plébéien

le positiviste, one who believes that the ultimate reasons for phenomena are unknowable, and that all that can be known is what is manifested to the senses.

le pouvoir exécutif

le pouvoir législatif

le pouvoir temporel

le procès-verbal

le procureur

le projet de loi

le prolétariat, class of those owning no property and employed in industry.

la propriété foncière, landed property.

la propriété immobilière, non-movable property, real estate.

le prud'homme, member of industrial conciliation tribunal.

la puissance législative

radical, fundamental, or pertaining to radicalism, the most left-wing form of Republicanism.

ratifier

rendre un décret
renouveler par moitié, to renew one half at a time.
la république, régime headed not by a king, but e.g. by a president.
la restauration, restoration of the Bourbon monarchy.
la revendication (material) demand.
le revenu
le sabotage
le sacerdoce
la sainte ampoule, Holy Ampulla used at royal coronations.
le salariat, salarié, wage-earning class, wage-earner.
le scrutin de liste
les secours publics
le socialiste
le secteur public, publicly-owned part of the economy.
le secteur privé, privately-owned part of the economy.
la sécurité sociale
la société de crédit mutuel
la souveraineté, decision-making power in the State in the last resort.
le suffrage universel, universal suffrage (which gave voting rights from 1848 to all
    men over 21 who had not lost their civil and political rights).
le sujet, i.e. of a monarch.
le syndic
le syndicat
le Tiers-État
le timbre, stamp-duty on a newspaper.
le tribun
le tribunal de police
les voies de fait
le volontariat d'un an, period of one year's voluntary military service.

THE REVOLUTIONARY HERITAGE
OF THE LEFT

THE *DÉCLARATION DES DROITS DE L'HOMME ET DU CITOYEN* 1789

Les représentants du peuple français, constitués en Assemblée nationale, considérant que l'ignorance, l'oubli ou le mépris des droits de l'homme sont les seules causes des malheurs publics et de la corruption des gouvernements, ont résolu d'exposer, dans une déclaration solennelle, les droits naturels, inaliénables et sacrés de l'homme, afin que cette déclaration, constamment présente à tous les membres du corps social, leur rappelle sans cesse leurs droits et leurs devoirs; afin que les actes du pouvoir législatif et ceux du pouvoir exécutif, pouvant être à chaque instant comparés avec le but de toute institution politique, en soient plus respectés; afin que les réclamations des citoyens, fondées désormais sur des principes simples et incontestables, tournent toujours au maintien de la Constitution et au bonheur de tous.

En conséquence, l'Assemblée nationale reconnaît et déclare, en présence et sous les auspices de l'Être Suprême, les droits suivants de l'Homme et du Citoyen.

Article premier. Les hommes naissent et demeurent libres et égaux en droits. Les distinctions sociales ne peuvent être fondées que sur l'utilité commune.

Art. 2. Le but de toute association politique est la conservation des droits naturels et imprescriptibles de l'homme. Ces droits sont la liberté, la propriété, la sûreté, et la résistance à l'oppression.

Art. 3. Le principe de toute souveraineté réside essentiellement dans la Nation. Nul corps, nul individu ne peut exercer d'autorité qui n'en émane expressément.

Art. 4. La liberté consiste à pouvoir faire tout ce qui ne nuit pas à autrui: ainsi, l'exercice des droits naturels de chaque homme n'a de bornes que celles qui assurent aux autres membres de la société la jouissance de ces mêmes droits. Ces bornes ne peuvent être déterminées que par la loi.

Art. 5. La loi n'a le droit de défendre que les actions nuisibles à la société. Tout ce qui n'est pas défendu par la loi ne peut être empêché, et nul ne peut être contraint à faire ce qu'elle n'ordonne pas.

Art. 6. La loi est l'expression de la volonté générale. Tous les citoyens ont droit de concourir personnellement, ou par leurs représentants, à sa formation. Elle doit être la même pour tous, soit qu'elle protège, soit qu'elle punisse. Tous les citoyens étant égaux à ses yeux, sont également admissibles à toutes dignités, places et emplois publics, selon leur capacité, et sans autre distinction que celle de leurs vertus et de leurs talents.

Art. 7. Nul homme ne peut être accusé, arrêté ni détenu que dans les cas déterminés par la loi, et selon les formes qu'elle a prescrites. Ceux qui sollicitent, expédient, exécutent ou font exécuter des ordres arbitraires, doivent être punis; mais tout citoyen appelé ou saisi en vertu de la loi, doit obéir à l'instant: il se rend coupable par la résistance.

Art. 8. La loi ne doit établir que des peines strictement et évidemment nécessaires, et nul ne peut être puni qu'en vertu d'une loi établie et promulguée antérieurement au délit, et légalement appliquée.

Art. 9. Tout homme étant présumé innocent jusqu'à ce qu'il ait été déclaré coupable, s'il est jugé indispensable de l'arrêter, toute rigueur qui ne serait pas nécessaire pour s'assurer de sa personne, doit être sévèrement réprimée par la loi.

Art. 10. Nul ne doit être inquiété pour ses opinions, même religieuses, pourvu que leur manifestation ne trouble pas l'ordre public établi par la loi.

Art. 11. La libre communication des pensées et des opinions est un des droits les plus précieux de l'homme; tout citoyen peut donc parler, écrire, imprimer librement, sauf à répondre de l'abus de cette liberté dans les cas déterminés par la loi.

Art. 12. La garantie des droits de l'homme et du citoyen nécessite une force publique; cette force est donc instituée pour l'avantage de tous, et non pour l'utilité particulière de ceux auxquels elle est confiée.

Art. 13. Pour l'entretien de la force publique, et pour les dépenses d'administration, une contribution commune est indispensable: elle doit être également répartie entre tous les citoyens, en raison de leurs facultés.

Art. 14. Tous les citoyens ont le droit de constater, par eux-mêmes ou par leurs représentants, la nécessité de la contribution publique, de la consentir librement, d'en suivre l'emploi, et d'en déterminer la quotité, l'assiette, le recouvrement et la durée.

Art. 15. La société a le droit de demander compte à tout agent public de son administration.

Art. 16. Toute société dans laquelle la garantie des droits n'est pas assurée, ni la séparation des pouvoirs déterminée, n'a point de constitution.

Art. 17. La propriété étant un droit inviolable et sacré, nul ne peut en être privé, si ce n'est lorsque la nécessité publique, légalement constatée, l'exige évidemment, et sous la condition d'une juste et préalable indemnité.

THE *DÉCLARATION DE PAIX AU MONDE*
1790

1. Speech by the curé Jallet in the National Assembly, 16th May

Avant d'examiner si la Nation Française doit déléguer le droit de faire la guerre, il serait bon de rechercher si les Nations ont elles-mêmes ce droit.

Toute agression injuste est contraire au droit naturel; une Nation n'a pas plus de droit d'attaquer une autre Nation, qu'un individu d'attaquer un autre individu. Une Nation ne peut donc donner à un roi le droit d'agression qu'elle n'a pas: le principe doit surtout être sacré pour les Nations libres. Que toutes les Nations soient libres comme nous voulons l'être, il n'y aura plus de guerre; les princes seront plus que des rois, quand ils ne seront plus des despotes. Il est digne de l'Assemblée nationale de France de déclarer ces principes, et de les apprendre aux Nations même qui nous ont appris à être libres.

Le droit d'examiner si les motifs d'une guerre sont justes, doit-il être attribué au roi? Celui de conclure des alliances et de faire la paix doit-il lui être confié? Ces droits sont une portion de la souveraineté, ils résident essentiellement dans la Nation; elle doit en conserver l'exercice, si elle veut être toujours libre, si elle veut être toujours juste. Je propose le projet de décret suivant: «L'Assemblée nationale déclare que le droit de guerre défensive appartient à toutes les Nations; que celui de guerre offensive n'étant pas de droit naturel, ne peut appartenir à aucune. En conséquence, elle confie au roi l'emploi de la force publique pour la défense du royaume. Les négociations destinées à prévenir une rupture ou à faire un traité de paix ou d'alliance, ne pourront être commencées par le roi sans le consentement de l'Assemblée nationale. Le comité de constitution sera chargé de présenter un plan qui contienne le développement des principes du présent décret.»

Moniteur universel, no. 138 (18 mai 1790)

2. Decree of 22nd May.

L'Assemblée nationale décrète comme articles constitutionnels:

1° Le droit de la paix et de la guerre appartient à la Nation. La guerre ne pourra être décidée que par un décret de l'Assemblée nationale, qui sera rendu sur la proposition formelle et nécessaire du roi, et qui sera sanctionné par lui;

2° Le soin de veiller à la sûreté extérieure du royaume, de maintenir ses droits et ses possessions, est délégué, par la constitution, au roi; lui seul peut entretenir des relations politiques au dehors, conduire les négociations, en choisir les agents, faire des préparatifs de guerre proportionnés à ceux des États voisins, distribuer les forces de terre et de mer, ainsi qu'il le jugera convenable, et en régler la direction en cas de guerre;

3° Dans le cas d'hostilités imminentes ou commencées, d'un allié à soutenir, d'un droit à conserver par la force des armes, le roi sera tenu d'en donner, sans aucun délai, la notification au corps législatif, et d'en faire connaître les causes et les motifs; et si le corps législatif est en vacance, il se rassemblera sur-le-champ;

4° Sur cette notification, si le corps législatif juge que les hostilités commencées sont une agression coupable de la part des ministres, ou de quelques autres agents du pouvoir exécutif, l'auteur de cette agression sera poursuivi comme coupable de lèse-Nation; l'Assemblée nationale déclarant à cet effet que la Nation Française renonce à entreprendre aucune guerre dans la vue de faire des conquêtes, et qu'elle n'emploiera jamais ses forces contre la liberté d'aucun Peuple;

5° Sur la même notification, si le corps législatif décide que la guerre ne doit pas être faite, le pouvoir exécutif sera tenu de prendre, sur-le-champ, des mesures pour faire cesser ou prévenir toute hostilité, les ministres demeurant responsables des délais;

6° Toute déclaration de guerre sera faite en ces termes: *de la part du roi et au nom de la Nation;*

7° Pendant tout le cours de la guerre, le corps législatif pourra requérir le pouvoir exécutif de négocier la paix, et le pouvoir exécutif sera tenu de déférer à cette réquisition;

8° A l'instant où la guerre cessera, le corps législatif fixera le délai dans lequel les troupes mises sur pied au-dessus du pied de paix, seront congédiées, et l'armée réduite à son état permanent; la solde desdites troupes ne sera continuée que jusqu'à la même époque, après laquelle, si les troupes extraordinaires restent rassemblées, le ministre sera responsable et poursuivi comme criminel de lèse-Nation;

9° Il appartiendra au roi d'arrêter et de signer, avec les puissances étrangères, toutes les conventions nécessaires au bien de l'État; et les traités de paix, d'alliance et de commerce ne seront exécutés qu'autant qu'ils auront été ratifiés par le corps législatif.

Moniteur universel, no. 143 (23 mai 1790)

THE CONSTITUTION OF 1793

Déclaration des Droits de l'Homme et du Citoyen

Le peuple français, convaincu que l'oubli et le mépris des droits naturels de l'homme sont les seules causes des malheurs du monde, a résolu d'exposer, dans une déclaration solennelle, ces droits sacrés et inaliénables, afin que tous les citoyens pouvant comparer sans cesse les actes du gouvernement avec le but de toute institution sociale, ne se laissent jamais opprimer et avilir par la tyrannie, afin que le peuple ait toujours devant les yeux les bases de sa liberté et de son bonheur; le magistrat la règle de ses devoirs; le législateur l'objet de sa mission.

En conséquence, il proclame, en présence de l'Être suprême, la déclaration suivante des droits de l'homme et du citoyen.

Article premier. Le but de la société est le bonheur commun. Le gouvernement est institué pour garantir à l'homme la jouissance de ses droits naturels et imprescriptibles.

Art. 2. Ces droits sont l'égalité, la liberté, la sûreté, la propriété.

Art. 3. Tous les hommes sont égaux par la nature et devant la loi.

Art. 4. La loi est l'expression libre et solennelle de la volonté générale; elle est la même pour tous, soit qu'elle protège, soit qu'elle punisse; elle ne peut ordonner que ce qui est juste et utile à la société; elle ne peut défendre que ce qui lui est nuisible.

Art. 5. Tous les citoyens sont également admissibles aux emplois publics. Les peuples libres ne connaissent d'autres motifs de préférence, dans leurs élections, que les vertus et les talents.

Art. 6. La liberté est le pouvoir qui appartient à l'homme de faire tout ce qui ne nuit pas aux droits d'autrui: elle a pour principe la nature; pour règle la justice; pour sauvegarde la loi; sa limite morale est dans cette maxime: *Ne fais pas à un autre ce que tu ne veux pas qu'il te soit fait.*

Art. 7. Le droit de manifester sa pensée et ses opinions, soit par la voie de la presse, soit de toute autre manière, le droit de s'assembler paisible-ment, le libre exercice des cultes, ne peuvent être interdits. La nécessité d'énoncer ces droits suppose ou la présence ou le souvenir récent du despotisme.

Art. 8. La sûreté consiste dans la protection accordée par la société à chacun de ses membres pour la conservation de sa personne, de ses droits et de ses propriétés.

Art. 9. La loi doit protéger la liberté publique et individuelle contre l'oppression de ceux qui gouvernent.

Art. 10. Nul ne doit être accusé, arrêté ni détenu, que dans les cas déterminés par la loi et selon les formes qu'elle a prescrites. Tout citoyen, appelé ou saisi par l'autorité de la loi, doit obéir à l'instant; il se rend coupa-ble par la résistance.

Art. 11. Tout acte exercé contre un homme hors des cas et sans les formes que la loi détermine, est arbitraire et tyrannique; celui contre lequel on voudrait l'exécuter par la violence a le droit de le repousser par la force.

Art. 12. Ceux qui solliciteraient, expédieraient, signeraient, exécuteraient ou feraient exécuter des actes arbitraires, sont coupables, et doivent être punis.

Art. 13. Tout homme étant présumé innocent jusqu'à ce qu'il ait été déclaré coupable, s'il est jugé indispensable de l'arrêter, toute rigueur qui ne serait pas nécessaire pour s'assurer de sa personne doit être sévèrement réprimée par la loi.

Art. 14. Nul ne doit être jugé et puni qu'après avoir été entendu ou légalement appelé, et qu'en vertu d'une loi promulguée antérieurement au délit. La loi qui punirait des délits commis avant qu'elle existât serait une tyrannie; l'effet rétroactif donné à la loi serait un crime.

Art. 15. La loi ne doit décerner que des peines strictement et évidemment nécessaires: les peines doivent être proportionnées au délit et utiles à la société.

Art. 16. Le droit de propriété est celui qui appartient à tout citoyen de jouir et de disposer à son gré de ses biens, de ses revenus, du fruit de son travail et de son industrie.

Art. 17. Nul genre de travail, de culture, de commerce, ne peut être interdit à l'industrie des citoyens.

Art. 18. Tout homme peut engager ses services, son temps; mais il ne peut se vendre, ni être vendu; sa personne n'est pas une propriété aliénable. La loi ne reconnaît point de domesticité; il ne peut exister qu'un engagement de soins et de reconnaissance, entre l'homme qui travaille et celui qui l'emploie.

Art. 19. Nul ne peut être privé de la moindre portion de sa propriété, sans son consentement, si ce n'est lorsque la nécessité publique légalement constatée l'exige, et sous la condition d'une juste et préalable indemnité.

Art. 20. Nulle contribution ne peut être établie que pour l'utilité générale. Tous les citoyens ont le droit de concourir à l'établissement des contributions, d'en surveiller l'emploi, et de s'en faire rendre compte.

Art. 21. Les secours publics sont une dette sacrée. La société doit la subsistance aux citoyens malheureux, soit en leur procurant du travail, soit en assurant les moyens d'exister à ceux qui sont hors d'état de travailler.

Art. 22. L'instruction est le besoin de tous. La société doit favoriser de tout son pouvoir les progrès de la raison publique, et mettre l'instruction à la portée de tous les citoyens.

Art. 23. La garantie sociale consiste dans l'action de tous, pour assurer à chacun la jouissance et la conservation de ses droits; cette garantie repose sur la souveraineté nationale.

Art. 24. Elle ne peut exister, si les limites des fonctions publiques ne sont pas clairement déterminées par la loi, et si la responsabilité de tous les fonctionnaires n'est pas assurée.

Art. 25. La souveraineté réside dans le peuple; elle est une et indivisible, imprescriptible et inaliénable.

Art. 26. Aucune portion du peuple ne peut exercer la puissance du peuple entier; mais chaque section du souverain assemblée doit jouir du droit d'exprimer sa volonté avec une entière liberté.

Art. 27. Que tout individu qui usurperait la souveraineté soit à l'instant mis à mort par les hommes libres.

Art. 28. Un peuple a toujours le droit de revoir, de réformer et de changer sa constitution. Une génération ne peut assujétir à ses lois les générations futures.

Art. 29. Chaque citoyen a un droit égal de concourir à la formation de la loi et à la nomination de ses mandataires ou de ses agents.

Art. 30. Les fonctions publiques sont essentiellement temporaires; elles ne peuvent être considérées comme des distinctions ni comme des récompenses, mais comme des devoirs.

Art. 31. Les délits des mandataires du peuple et de ses agents ne doivent jamais être impunis. Nul n'a le droit de se prétendre plus inviolable que les autres citoyens.

Art. 32. Le droit de présenter des pétitions aux dépositaires de l'autorité publique ne peut, en aucun cas, être interdit, suspendu ni limité.

Art. 33. La résistance à l'oppression est la conséquence des autres droits de l'homme.

Art. 34. Il y a oppression contre le corps social lorsqu'un seul de ses membres est opprimé. Il y a oppression contre chaque membre lorsque le corps social est opprimé.

Art. 35. Quand le gouvernement viole les droits du peuple, l'insurrection est, pour le peuple et pour chaque portion du peuple, le plus sacré des droits et le plus indispensable des devoirs.

Acte Constitutionnel

De la République

Article premier. La République française est une et indivisible.

De la distribution du Peuple

Art. 2. Le peuple français est distribué, pour l'exercice de sa souveraineté, en assemblées primaires de cantons.

Art. 3. Il est distribué, pour l'administration et pour la justice, en départements, districts, municipalités.

De l'état des Citoyens

Art. 4. Tout homme né et domicilié en France, âgé de vingt et un ans accomplis; — Tout étranger âgé de vingt et un ans accomplis, qui, domicilié en France depuis une année, — Y vit de son travail, — Ou acquiert une propriété, — Ou épouse une Française, — Ou adopte un enfant, — Ou nourrit un vieillard; — Tout étranger enfin, qui sera jugé par le corps législatif avoir bien mérité de l'humanité, — Est admis à l'exercice des droits de citoyen français.

De la Souveraineté du Peuple

Art. 7. Le peuple souverain est l'universalité des citoyens français.

Art. 8. Il nomme immédiatement ses députés.

Art. 9. Il délègue à des électeurs le choix des administrateurs, des arbitres publics, des juges criminels et de cassation.

Art. 10. Il délibère sur les lois.

Des Assemblées primaires

Art. 11. Les assemblées primaires se composent des citoyens domiciliés depuis six mois dans chaque canton.

Art. 12. Elles sont composées de deux cents citoyens au moins, de six cents au plus, appelés à voter.

Art. 13. Elles sont constituées par la nomination d'un président, de secrétaires, de scrutateurs.

Art. 14. Leur police leur appartient.

Art. 15. Nul n'y peut paraître en armes.

Art. 16. Les élections se font au scrutin, ou à haute voix, au choix de chaque votant.

Art. 19. Les suffrages sur les lois sont donnés par *oui* et par *non*.

Art. 20. Le vœu de l'assemblée primaire est proclamé ainsi: *Les citoyens réunis en assemblée primaire de... au nombre de... votants, votent pour ou votent contre, à la majorité de...*

De la Représentation nationale

Art. 21. La population est la seule base de la représentation nationale.

Art. 22. Il y a un député en raison de quarante mille individus.

Art. 23. Chaque réunion d'assemblées primaires, résultant d'une population de 39 000 à 41 000 âmes, nomme immédiatement un député.

Art. 24. La nomination se fait à la majorité absolue des suffrages.

Art. 25. Chaque assemblée fait le dépouillement des suffrages, et envoie un commissaire pour le recensement général, au lieu désigné comme le plus central.

Art. 29. Chaque député appartient à la nation entière.

Art. 32. Le peuple français s'assemble tous les ans, le premier mai, pour les élections.

Art. 33. Il y procède quel que soit le nombre des citoyens ayant droit d'y voter.

Des Assemblées électorales

Art. 37. Les citoyens réunis en assemblées primaires nomment un électeur à raison de 200 citoyens, présents ou non; deux depuis 301 jusqu'à 400; trois depuis 501 jusqu'à 600.

Art. 38. La tenue des assemblées électorales, et le mode des élections sont les mêmes que dans les assemblées primaires.

Du Corps législatif

Art. 39. Le corps législatif est un, indivisible et permanent.

Art. 40. Sa session est d'un an.

Art. 41. Il se réunit le premier juillet.

Art. 42. L'Assemblée nationale ne peut se constituer, si elle n'est composée au moins de la moitié des députés, plus un.

Tenue des séances du Corps législatif

Art. 45. Les séances de l'Assemblée nationale sont publiques.

Art. 46. Les procès-verbaux de ses séances seront imprimés.

Art. 47. Elle ne peut délibérer si elle n'est composée de deux cents membres au moins.

Art. 48. Elle ne peut refuser la parole à ses membres, dans l'ordre où ils l'ont réclamée.

Art. 49. Elle délibère à la majorité des présents.

Art. 50. Cinquante membres ont le droit d'exiger l'appel nominal.

Des fonctions du Corps législatif

Art. 53. Le corps législatif propose des lois, et rend des décrets.

Art. 54. Sont compris sous le nom général de *loi*, les actes du corps législatif, concernant: — La législation civile et criminelle; — L'administration générale des revenus et des dépenses ordinaires de la République; — Les domaines nationaux; — Le titre, le poids, l'empreinte et la dénomination des monnaies; — La nature, le montant et la perception des contributions; — La déclaration de guerre; — Toute nouvelle distribution générale du territoire français; — L'instruction publique; — Les honneurs publics à la mémoire des grands hommes.

Art. 55. Sont désignés sous le nom particulier de *décret*, les actes du corps législatif, concernant: — L'établissement annuel des forces de terre et de mer; — La permission ou la défense du passage des troupes étrangères sur le territoire français; — L'introduction des forces navales étrangères dans les ports de la République; — Les mesures de sûreté et de tranquillité générales; — La distribution annuelle et momentanée des secours et travaux publics; — Les ordres pour la fabrication des monnaies de toute espèce; — Les dépenses imprévues et extraordinaires; — Les mesures locales et particulières à une administration, à une commune, à un genre de travaux publics; — La défense du territoire; — La ratification des traités; — La nomination et la destitution des commandants en chef des armées; — La poursuite de la responsabilité des membres du conseil, des fonctionnaires publics; — L'accusation des prévenus de complots contre la sûreté générale de la République; — Tout changement dans la distribution partielle du territoire français; — Les récompenses nationales.

De la formation de la Loi

Art. 56. Les projets de loi[1] sont précédés d'un rapport.

Art. 57. La discussion ne peut s'ouvrir, et la loi ne peut être provisoirement arrêtée que quinze jours après le rapport.

Art. 58. Le projet est imprimé et envoyé à toutes les communes de la République, sous ce titre: *Loi proposée.*

Art. 59. Quarante jours après l'envoi de la loi proposée, si dans la moitié des départements, plus un, le dixième des assemblées primaires de chacun d'eux, régulièrement formées, n'a pas réclamé, le projet est accepté et devient *loi.*

Art. 60. S'il y a réclamation, le corps législatif convoque les assemblées primaires.[2]

De l'intitulé des Lois et des Décrets

Art. 61. Les lois, les décrets, les jugements et tous les actes publics sont intitulés: *Au nom du peuple français, l'an... de la République Française.*

Du Conseil exécutif

Art. 62. Il y a un conseil exécutif composé de vingt-quatre membres.

Art. 63. L'assemblée électorale de chaque département nomme un candidat. Le corps législatif choisit, sur la liste générale, les membres du conseil.

Art. 64. Il est renouvelé par moitié à chaque législature, dans les derniers mois de sa session.

Art. 65. Le conseil est chargé de la direction et de la surveillance de l'administration générale; il ne peut agir qu'en exécution des lois et des décrets du corps législatif.

[1] *Projets de loi,* unlike *décrets,* are thus submitted by the legislature to the decision of the whole people.

[2] In order to take a vote; see article 19.

Des relations du Conseil exécutif avec le Corps législatif

Art. 75. Le conseil exécutif réside auprès du corps législatif; il a l'entrée et une place séparée dans le lieu de ses séances.

Art. 76. Il est entendu toutes les fois qu'il a un compte à rendre.

Art. 77. Le corps législatif l'appelle dans son sein, en tout ou en partie, lorsqu'il le juge convenable.

Des Conventions nationales

Art. 115. Si dans la moitié des départements, plus un, le dixième des assemblées primaires de chacun d'eux, régulièrement formées, demande la revision de l'acte constitutionnel, ou le changement de quelques-uns de ses articles, le corps législatif est tenu de convoquer toutes les assemblées primaires de la République, pour savoir s'il y a lieu à une convention nationale.

THE SOCIAL, ADMINISTRATIVE AND LEGAL FRAMEWORK OF POST-REVOLUTIONARY FRENCH SOCIETY

THE *LOI LE CHAPELIER* 1791

Article premier. L'anéantissement de toutes les espèces de corporations des citoyens du même état et profession étant une des bases fondamentales de la constitution française, il est défendu de les rétablir de fait, sous quelque prétexte et quelque forme que ce soit.

Art. 2. Les citoyens d'un même état ou profession, les entrepreneurs, ceux qui ont boutique ouverte, les ouvriers et compagnons d'un art quelconque, ne pourront, lorsqu'ils se trouveront ensemble, se nommer ni président, ni secrétaires, ni syndics, tenir des registres, prendre des arrêtés ou délibérations, former des règlements sur leurs prétendus intérêts communs.

Art. 4. Si, contre les principes de la liberté et de la constitution, des citoyens attachés aux mêmes professions, arts et métiers, prenaient des délibérations, ou faisaient entre eux des conventions tendant à refuser de concert ou à n'accorder qu'à un prix déterminé le secours de leur industrie ou de leurs travaux, lesdites délibérations et conventions, accompagnées ou non du serment, sont déclarées inconstitutionnelles, attentatoires à la liberté et à la déclaration des droits de l'homme, et de nul effet; les corps administratifs et municipaux seront tenus de les déclarer telles. Les auteurs, chefs et instigateurs qui les auront provoquées, rédigées ou présidées, seront cités devant le tribunal de police, à la requête du procureur de la commune, condamnés chacun en cinq cents livres d'amende, et suspendus pendant un an de l'exercice de tous droits de citoyen actif, et de l'entrée dans les assemblées primaires.

Art. 6. Si lesdites délibérations ou convocations, affiches apposées, lettres circulaires, contenaient quelques menaces contre les entrepreneurs, artisans, ouvriers, ou journaliers étrangers qui viendraient travailler dans le lieu, ou contre ceux qui se contenteraient d'un salaire inférieur, tous auteurs, instigateurs et signataires des actes ou écrits, seront punis d'une amende de mille livres chacun, et de trois mois de prison.

Art. 7. Ceux qui useraient de menaces ou de violences contre les ouvriers usant de la liberté accordée par les lois constitutionnelles au travail et à l'industrie, seront poursuivis par la voie criminelle et punis suivant la rigueur des lois, comme perturbateurs du repos public.

Art. 8. Tous attroupements composés d'artisans, ouvriers, compagnons, journaliers ou excités par eux contre le libr exercicee de l'industrie et du travail, appartenant à toute sorte de personnes, et sous toute espèce de conditions convenues de gré à gré, ou contre l'action de la police et l'exécution des jugements rendus en cette matière, ainsi que contre les enchères et adjudications publiques de diverses entreprises, seront tenus pour attroupements séditieux, et, comme tels, ils seront dissipés par les dépositaires de la force publique, sur les réquisitions légales qui leur en seront faites, et punis selon toute la rigueur des lois sur les auteurs, instigateurs et chefs desdits attroupements, et sur tous ceux qui auront commis des voies de fait et des actes de violence.

> J. B. Duvergier, ed., *Collection complète des lois, décrets, ordonnances, règlements...* (Guyot et Scribe, 1834), III, p. 22

THE DIVISION AND ADMINISTRATION OF THE NATIONAL TERRITORY: ACT OF 28 PLUVIÔSE AN VIII   1800

Titre Premier
Division du Territoire

Article premier. Le territoire européen de la République sera divisé en départements et en arrondissements communaux, conformément au tableau annexé à la présente loi.

Titre II
Administration

§ 1er *Administration de département*

Art. 2. Il y aura, dans chaque département, un préfet, un conseil de préfecture, et un conseil général de département, lesquels rempliront les fonctions exercées maintenant par les administrations et commissaires de département...

Art. 3. Le préfet sera chargé seul de l'administration.

Art. 4. Le conseil de préfecture prononcera, Sur les demandes de particuliers, tendant à obtenir la décharge ou la réduction de leur cote de contributions directes; Sur les difficultés qui pourraient s'élever entre les entrepreneurs de travaux publics et l'administration, concernant le sens ou l'exécution des clauses de leurs marchés; Sur les réclamations des particuliers qui se plaindront de torts et dommages procédant du fait personnel des entrepreneurs et non du fait de l'administration; Sur les demandes et contestations concernant les indemnités dues aux particuliers, à raison des terrains pris ou fouillés pour la confection des chemins, canaux et autres ouvrages publics; Sur les difficultés qui pourront s'élever en matière de grande voirie; Sur les demandes qui seront présentées par les communautés des villes, bourgs ou villages, pour être autorisées à plaider; Enfin, sur le contentieux des domaines nationaux.

Art. 6. Le conseil général de département s'assemblera chaque année: l'époque de sa réunion sera déterminée par le Gouvernement; la durée de sa session ne pourra excéder quinze jours. Il nommera un de ses membres pour président, un autre pour secrétaire. Il fera la répartition des contributions directes entre les arrondissements communaux du département. Il statuera sur les demandes en réduction faites par les conseils d'arrondissement, les villes, bourgs et villages. Il déterminera, dans les limites fixées par la loi, le nombre de centimes additionnels dont l'imposition sera demandée pour les dépenses de département. Il entendra le compte annuel que le préfet rendra de l'emploi des centimes additionnels qui auront été destinés à ces dépenses. Il exprimera son opinion sur l'état et les besoins du département, et l'adressera au ministre de l'intérieur.

§ 2. *Administration communale*

Art. 8. Dans chaque arrondissement communal, il y aura un sous-préfet, et un conseil d'arrondissement composé de onze membres.

Art. 9. Le sous-préfet remplira les fonctions exercées maintenant par les administrations municipales et les commissaires de canton, à la réserve de celles qui sont attribuées ci-après au conseil d'arrondissement et aux municipalités.

§ 3. *Municipalités*

Art. 12. Dans les villes, bourgs et autres lieux pour lesquels il y a maintenant un agent municipal et un adjoint, et dont la population n'excédera pas 2 500 habitants, il y aura un maire et un adjoint; dans les villes ou bourgs de 2 500 à 5 000 habitants, un maire et deux adjoints; dans les villes de 5 000 habitants à 10 000, un maire, deux adjoints et un commissaire de police; dans les villes dont la population excédera 10 000 habitants, outre le maire, deux adjoints et un commissaire de police, il y aura un adjoint par 20 000 habitants d'excédant, et un commissaire par 10 000 d'excédant.

Art. 13. Les maires et adjoints rempliront les fonctions administratives exercées maintenant par l'agent municipal et l'adjoint: relativement à la police et à l'état civil, ils rempliront les fonctions exercées maintenant par les administrations municipales de canton, les agents municipaux et adjoints.

§ 4. *Des nominations*

Art. 18. Le premier Consul nommera les préfets, les conseillers de préfecture, les membres des conseils généraux de département, le secrétaire général de préfecture, les sous-préfets, les membres des conseils d'arrondissement, les maires et adjoints des villes de plus de 5 000 habitants, les commissaires généraux de police et préfet de police dans les villes où il en sera établi.

Art. 19. Les membres des conseils généraux de département, et ceux des conseils d'arrondissements communaux, seront nommés pour trois ans: ils pourront être continués.

Art 20. Les préfets nommeront et pourront suspendre de leurs fonctions les membres des conseils municipaux; ils nommeront et pourront suspendre les maires et adjoints dans les villes dont la population est au-dessous de 5 000 habitants. Les membres des conseils municipaux seront nommés pour trois ans: ils pourront être continués.

Bulletin des lois de la République française, 3ᵉ série
(De l'Imprimerie de la République, Brumaire an IX),
I, no. 17, pp. 1–7

PRINCIPLES OF THE *CODE CIVIL*   1800

De bonnes lois civiles sont le plus grand bien que les hommes puissent donner et recevoir; elles sont la source des mœurs, le *palladium* de la propriété, et la garantie de toute paix publique et particulière: si elles ne fondent pas le gouvernement, elles le maintiennent; elles modèrent la puissance, et contribuent à la faire respecter, comme si elle était la justice même. Elles atteignent chaque individu, elles se mêlent aux principales actions de sa vie, elles le suivent partout; elles sont souvent l'unique morale du peuple, et toujours elles font partie de sa liberté: enfin, elles consolent chaque citoyen des sacrifices que la loi politique lui commande pour la cité, en le protégeant, quand il le faut, dans sa personne et dans ses biens, comme s'il était, lui seul, la cité tout entière. Aussi, la rédaction du Code civil a d'abord fixé la sollicitude du héros que la nation a établi son premier magistrat, qui anime tout par son génie, et qui croira toujours avoir à travailler pour sa gloire, tant qu'il lui restera quelque chose à faire pour notre bonheur.
. . . .

Les lois ne sont pas de purs actes de puissance; ce sont des actes de sagesse, de justice et de raison. Le législateur exerce moins une autorité qu'un sacerdoce. Il ne doit point perdre de vue que les lois sont faites pour les hommes, et non les hommes pour les lois; qu'elles doivent être adaptées au caractère, aux habitudes, à la situation du peuple pour lequel elles sont faites; qu'il faut être sobre de nouveautés en matière de législation, parce que s'il est possible, dans une institution nouvelle, de calculer les avantages que la théorie nous offre, il ne l'est pas de connaître tous les inconvénients que la pratique seule peut découvrir; qu'il faut laisser le bien, si on est en doute du mieux; qu'en corrigeant un abus, il faut encore voir les dangers de la correction même; qu'il serait absurde de se livrer à des idées absolues de perfection, dans des choses qui ne sont susceptibles que d'une bonté relative; qu'au lieu de changer les lois, il est presque toujours plus utile de présenter aux citoyens de nouveaux motifs de les aimer; que l'histoire nous offre à peine la promulgation de deux ou trois bonnes lois dans l'espace de plusieurs siècles; qu'enfin, *il n'appartient de proposer des changements, qu'à ceux qui sont assez heureusement nés pour pénétrer, d'un coup de génie, et par une sorte d'illumination soudaine, toute la constitution d'un état.*
. . . .

Il ne faut point de lois inutiles; elles affaibliraient les lois nécessaires; elles compromettraient la certitude et la majesté de la législation. Mais un grand État comme la France, qui est à la fois agricole et commerçant, qui renferme tant de professions différentes, et qui offre tant de genres divers d'industrie, ne saurait comporter des lois aussi simples que celles d'une société pauvre ou plus réduite.

. . . .

Dans les États despotiques, où le prince est propriétaire de tout le territoire, où tout le commerce se fait au nom du chef de l'État et à son profit, où les particuliers n'ont ni liberté, ni volonté, ni propriété, il y a plus de juges et de bourreaux que de lois : mais partout où les citoyens ont des biens à conserver et à défendre; partout où ils ont des droits politiques et civils; partout où l'honneur est compté pour quelque chose, il faut nécessairement un certain nombre de lois pour faire face à tout. Les diverses espèces de biens, les divers genres d'industrie, les diverses situations de la vie humaine, demandent des règles différentes. La sollicitude du législateur est obligée de se proportionner à la multiplicité et à l'importance des objets sur lesquels il faut statuer. De là, dans les Codes des nations policées, cette prévoyance scrupuleuse *qui multiplie les cas particuliers, et semble faire un art de la raison même.*

Nous n'avons donc pas cru devoir simplifier les lois, au point de laisser les citoyens sans règle et sans garantie sur leurs plus grands intérêts.

Nous nous sommes également préservés de la dangereuse ambition de vouloir tout régler et tout prévoir. Qui pourrait penser que ce sont ceux même auxquels un code paraît toujours trop volumineux, qui osent prescrire impérieusement au législateur la terrible tâche de ne rien abandonner à la décision du juge?

. . . .

Un code, quelque complet qu'il puisse paraître, n'est pas plutôt achevé, que mille questions inattendues viennent s'offrir au magistrat. Car les lois, une fois rédigées, demeurent telles qu'elles ont été écrites. Les hommes, au contraire, ne se reposent jamais; ils agissent toujours: et ce mouvement, qui ne s'arrête pas, et dont les effets sont diversement modifiés par les circonstances, produit, à chaque instant, quelque combinaison nouvelle, quelque nouveau fait, quelque résultat nouveau.

Une foule de choses sont donc nécessairement abandonnées à l'empire de l'usage, à la discussion des hommes instruits, à l'arbitrage des juges.

L'office de la loi est de fixer, par de grandes vues, les maximes générales du droit; d'établir des principes féconds en conséquences, et non de descendre dans le détail des questions qui peuvent naître sur chaque matière.

C'est au magistrat et au jurisconsulte, pénétrés de l'esprit général des lois, à en diriger l'application.

De là, chez toutes les nations policées, on voit toujours se former, à côté du sanctuaire des lois, et sous la surveillance du législateur, un dépôt de maximes, de décisions et de doctrine qui s'épure journellement par la pratique et par le choc des débats judiciaires, qui s'accroît sans cesse de toutes les connaissances acquises, et qui a constamment été regardé comme le vrai supplément de la législation.

On fait à ceux qui professent la jurisprudence le reproche d'avoir multiplié les subtilités, les compilations et les commentaires. Ce reproche peut être fondé. Mais dans quel art, dans quelle science ne s'est-on pas exposé à le mériter?

. . . .

Forcer le magistrat de recourir au législateur, ce serait admettre le plus funeste des principes; ce serait renouveler parmi nous la désastreuse législation des rescrits. Car, lorsque le législateur intervient pour prononcer sur des affaires nées et vivement agitées entre particuliers, il n'est pas plus à l'abri des surprises que les tribunaux. On a moins à redouter l'arbitraire réglé, timide et circonspect d'un magistrat qui peut être réformé, et qui est soumis à l'action en forfaiture, que l'arbitraire absolu d'un pouvoir indépendant qui n'est jamais responsable.

. . . .

Il nous a paru utile de commencer nos travaux par un livre préliminaire, *Du droit et des lois en général.*

Le droit est la raison universelle, la suprême raison fondée sur la nature même des choses. Les lois sont ou ne doivent être que le droit réduit en règles positives, en préceptes particuliers.

Le droit est moralement obligatoire; mais par lui-même il n'emporte aucune contrainte; il dirige, les lois commandent; il sert de *boussole*, et les lois de *compas*.

Les divers peuples entre eux ne vivent que sous l'empire du droit; les membres de chaque cité sont régis, comme hommes, par le droit, et comme citoyens, par des lois.

Le droit naturel et le droit des gens ne diffèrent point dans leur substance, mais seulement dans leur application. La raison, en tant qu'elle gouverne indéfiniment tous les hommes, s'appelle *droit naturel*; et elle est appelée *droit des gens*, dans les relations de peuple à peuple.

Si l'on parle d'un droit des gens naturel et d'un droit des gens positif, c'est pour distinguer les principes éternels de justice que les peuples n'ont point faits, et auxquels les divers corps de nations sont soumis comme les moindres individus, d'avec les capitulations, les traités et les coutumes qui sont l'ouvrage des peuples.

. . . .

Après avoir rédigé le livre préliminaire du *droit et des lois en général*, nous avons passé aux objets que les lois civiles sont chargées de définir et de régler.

La France, autrefois divisée en *pays coutumiers* et en *pays de droit écrit*, était régie, en partie par des *coutumes*, et en partie par le *droit écrit*. Il y avait quelques ordonnances royales communes à tout l'empire.

Depuis la révolution, la législation française a subi, sur des points importants, des changements considérables. Faut-il écarter tout ce qui est nouveau? Faut-il dédaigner tout ce qui est ancien?

. . . .

Nous avons respecté, dans les lois publiées par nos assemblées nationales sur les matières civiles, toutes celles qui sont liées aux grands changements opérés dans l'ordre politique, ou qui, par elles-mêmes, nous ont paru évidemment préférables à des institutions usées et défectueuses. Il faut changer, quand la plus funeste de toutes les innovations serait, pour ainsi dire, de ne pas innover. On ne doit point céder à des préventions aveugles. Tout ce qui est ancien a été nouveau. L'essentiel est d'imprimer, aux institutions nouvelles, ce caractère de permanence et de stabilité qui puisse leur garantir le droit de devenir anciennes.

Nous avons fait, s'il est permis de s'exprimer ainsi, une transaction entre le droit écrit et les coutumes, toutes les fois qu'il nous a été possible de concilier leurs dispositions, ou de les modifier les unes par les autres, sans rompre l'unité du système, et sans choquer l'esprit général. Il est utile de conserver tout ce qu'il n'est pas nécessaire de détruire: les lois doivent ménager les habitudes, quand ces habitudes ne sont pas des vices. On raisonne trop souvent comme si le genre humain finissait et commençait à chaque instant, sans aucune sorte de communication entre une génération et celle qui la remplace. Les générations, en se succédant, se mêlent, s'entre-lacent et se confondent. Un législateur isolerait ses institutions de tout ce qui peut les naturaliser sur la terre, s'il n'observait avec soin les rapports naturels qui lient toujours, plus ou moins, le présent au passé, et l'avenir au présent, et qui font qu'un peuple, à moins qu'il ne soit exterminé, ou qu'il ne tombe dans une dégradation pire que l'anéantissement, ne cesse jamais, jusqu'à un certain point, de se ressembler à lui-même. Nous avons trop aimé, dans nos temps modernes, les changements et les réformes; si, en matière d'institutions et de lois, les siècles d'ignorance sont le théâtre des abus, les siècles de philosophie et de lumière ne sont que trop souvent le théâtre des excès.

. . . .

Telles sont les principales bases d'après lesquelles nous sommes partis dans la rédaction du projet de Code civil. Notre objet a été de lier les mœurs aux lois, et de propager l'esprit de famille, qui est si favorable, quoi qu'on en dise, à l'esprit de cité. Les sentiments s'affaiblissent en se généralisant: il faut une prise naturelle pour pouvoir former des liens de convention. Les vertus privées peuvent seules garantir les vertus publiques; et *c'est par la petite patrie, qui est la famille, que l'on s'attache à la grande;* ce sont les bons pères, les bons maris, les bons fils qui font les bons citoyens. Or, il appartient essentiellement aux institutions civiles de sanctionner et de protéger toutes les affections honnêtes de la nature. Le plan que nous avons tracé de ces institutions remplira-t-il le but que nous nous sommes proposé? Nous demandons quelque indulgence pour nos faibles travaux, en faveur du zèle qui les a soutenus et encouragés. Nous resterons au-dessous, sans doute, des espérances honorables que l'on avait conçues du résultat de notre mission; mais ce qui nous console, c'est que nos erreurs ne sont point irréparables; une discussion solennelle, une discussion éclairée les corrigera; et la nation française, qui a su conquérir la liberté par les armes, saura la conserver et l'affermir par les lois.

Signé: PORTALIS, TRONCHET, BIGOT-PRÉAMENEU, MALEVILLE.

P. A. FENET, *Recueil complet des travaux préparatoires du Code civil*
(Videcoq, 1836), I, pp. 465–470; 474–475; 476–477; 480–482; 522–523

THE RIGHT IN THE EARLY
NINETEENTH CENTURY

THE POLITICAL AND SOCIAL IDEOLOGY
OF THE FORMER PRIVILEGED CLASSES
BEFORE 1830

1. Hatred of the French Revolution.

Or, ce qui distingue la révolution française, et ce qui en fait un *événement* unique dans l'histoire, c'est qu'elle est *mauvaise* radicalement; aucun élément de bien n'y soulage l'œil de l'observateur: c'est le plus haut degré de corruption connu; c'est la pure impureté.

Dans quelle page de l'histoire trouvera-t-on une aussi grande quantité de vices agissant à la fois sur le même théâtre? Quel assemblage épouvantable de bassesse et de cruauté! quelle profonde immoralité! quel oubli de toute pudeur!

....

...comment croire à la durée d'une liberté qui commence par la gangrène? ou, pour parler plus exactement, comment croire que cette liberté puisse naître (car elle n'existe point encore) et que du sein de la corruption la plus dégoûtante puisse sortir cette forme de gouvernement qui se passe de vertus moins que toutes les autres? Lorsqu'on entend ces prétendus républicains parler de liberté et de vertu, on croit voir une courtisane fanée, jouant les airs d'une vierge avec une pudeur de carmin...

La révolution française... était un certain délire inexplicable, une impétuosité aveugle, un mépris scandaleux de tout ce qu'il y a de respectable parmi les hommes; une atrocité d'un nouveau genre, qui plaisantait de ses forfaits; surtout une prostitution impudente du raisonnement et de tous les mots faits pour exprimer des idées de justice et de vertu.

J. DE MAISTRE, *Considérations sur la France*,
Œuvres complètes (Vitte, 1884–87),
I, pp. 50–52

2. The divine origin of human society and the civilising power of religion.

(*a*) Tout nous ramène donc à la règle générale: *L'homme ne peut faire une constitution, et nulle constitution légitime ne saurait être écrite.* Jamais on n'a écrit, jamais on n'écrira *a priori* le recueil des lois fondamentales qui doivent constituer une société civile ou religieuse. Seulement, lorsque la société se trouve déjà constituée, sans qu'on puisse dire comment, il est possible de faire déclarer ou expliquer par écrit certains articles particuliers; mais presque toujours ces déclarations sont l'effet ou la cause de très grands maux, et toujours elles coûtent aux peuples plus qu'elles ne valent.

> J. DE MAISTRE, *Essai sur le principe*
> *générateur des constitutions, Œuvres*
> *complètes, op. cit., I, p. 265*

(*b*) Mais puisque toute constitution est divine dans son principe, il s'ensuit que l'homme ne peut rien dans ce genre à moins qu'il ne s'appuie sur Dieu, dont il devient alors l'instrument. Or, c'est une vérité à laquelle le genre humain en corps n'a cessé de rendre le plus éclatant témoignage. Ouvrons l'histoire, qui est la politique expérimentale, nous y verrons constamment le berceau des nations environné de prêtres, et la Divinité toujours appelée au secours de la faiblesse humaine. La fable, bien plus vraie que l'histoire ancienne, pour des yeux préparés, vient encore renforcer la démonstration. C'est toujours un oracle qui fonde les cités; c'est toujours un oracle qui annonce la protection divine et les succès du héros fondateur. Les Rois surtout, chefs des empires naissants, sont constamment désignés et presque *marqués* par le ciel de quelque manière extraordinaire. Combien d'hommes légers ont ri de la *sainte ampoule*, sans songer que la sainte ampoule est un hiéroglyphe, et qu'il ne s'agit que de savoir lire!

> *ibid.*, pp. 266–268

(*c*) Jamais les nations n'ont été civilisées que par la religion. Aucun autre instrument connu n'a de prise sur l'homme sauvage. Sans recourir à l'antiquité, qui est très décisive sur ce point, nous en voyons une preuve sensible en Amérique. Depuis trois siècles nous sommes là avec nos lois, nos arts, nos sciences, notre civilisation, notre commerce et notre luxe: qu'avons-nous gagné sur l'état sauvage? Rien. Nous détruisons ces malheureux avec le fer et l'eau-de-vie; nous les repoussons insensiblement dans l'intérieur des déserts, jusqu'à ce qu'enfin ils disparaissent entièrement, victimes de nos vices autant que de notre cruelle supériorité.

> *ibid.*, pp. 269–270

(*d*) Non seulement la création n'appartient point à l'homme, mais il ne paraît pas que notre puissance, *non assistée*, s'étende jusqu'à changer en mieux les institutions établies. S'il y a quelque chose d'évident pour l'homme, c'est l'existence de deux forces opposées qui se combattent sans relâche dans l'univers. Il n'y a rien de bon que le mal ne souille et n'altère; il n'y a rien de mal que le bien ne comprime et n'attaque, en poussant sans cesse vers un état plus parfait. Ces deux forces sont présentes partout. On les voit également dans la végétation des plantes, dans la génération des animaux, dans la formation des langues, dans celle des empires (deux choses inséparables), etc. Le pouvoir humain ne s'étend peut-être qu'à ôter ou à combattre le mal pour en dégager le bien et lui rendre le pouvoir de germer suivant sa nature. Le célèbre Zanotti a dit: *Il est difficile de changer les choses en mieux.* Cette pensée cache un très grand sens sous l'apparence d'une extrême simplicité. Elle s'accorde parfaitement avec une autre pensée d'*Origène*, qui vaut seule un beau livre. *Rien*, dit-il, *ne peut changer en mieux parmi les hommes*, INDIVINEMENT.[1] Tous les hommes ont le sentiment de cette vérité, mais sans être en état de s'en rendre compte. De là cette aversion machinale de tous les bons esprits pour les innovations. Le mot de *réforme*, en lui-même et avant tout examen, sera toujours suspect à la sagesse, et l'expérience de tous les siècles justifie cette sorte d'instinct. On sait trop quel a été le fruit des plus belles spéculations dans ce genre.

ibid., pp. 277–279

3. The defence of monarchy and aristocracy.

(*a*) On peut dire en général que tous les hommes naissent pour la monarchie. Ce gouvernement est le plus ancien et le plus universel. Avant l'époque de Thésée, il n'est pas question de république dans le monde; la démocratie surtout est si rare et si passagère, qu'il est permis de n'en pas tenir compte. Le gouvernement monarchique est si naturel, que les hommes l'identifient sans s'en apercevoir avec la souveraineté; ils semblent convenir tacitement qu'il n'y a pas de véritable *souverain* partout où il n'y a pas de roi. J'en ai donné quelques exemples qu'il serait aisé de multiplier.

Cette observation est surtout frappante dans tout ce qu'on a dit pour ou contre la question qui fait l'objet du premier livre de cet ouvrage. Les adversaires de l'origine divine en veulent toujours aux *rois* et ne parlent que de *rois*. Ils ne veulent pas croire que l'autorité des rois vienne de Dieu; mais il ne s'agit point de *royauté* en particulier; il s'agit de *souveraineté* en général. Oui, toute souveraineté vient de Dieu; sous quelque forme qu'elle existe, elle n'est point l'ouvrage de l'homme. Elle est une, absolue, et inviolable de sa nature. Pourquoi donc s'en prend-on à la royauté, comme si les inconvénients dont on s'appuie pour combattre ce système n'étaient pas les mêmes dans toute espèce de gouvernement? C'est que, encore une fois, la royauté est le *gouvernement naturel*, et qu'on la confond avec la souveraineté dans le discours ordinaire, en faisant abstraction des autres gouvernements, comme on néglige l'exception en énonçant une règle générale.

J. DE MAISTRE, *Étude sur la souveraineté*,
ibid., pp. 424–425

(*b*) La monarchie est une aristocratie *centralisée*. Dans tous les temps et dans tous les lieux l'aristocratie commande. Quelque forme qu'on donne aux gouvernements, toujours la naissance et les richesses se placent au premier rang, et nulle part elles ne règnent plus durement que là où leur empire n'est pas fondé sur la loi. Mais, dans la monarchie, le roi est le centre de cette aristocratie: c'est bien elle qui commande, comme partout; mais elle commande au nom du roi, ou, si l'on veut, c'est le roi éclairé par les lumières de l'aristocratie.

. . . .

Mais, en évitant toujours les exagérations, on peut assurer que le gouvernement d'un seul est celui où les vices du souverain influent le moins sur les peuples gouvernés.

[1] Without divine intervention.

On a dit dernièrement, à l'ouverture du Lycée républicain de Paris, une vérité bien remarquable:

«Dans les gouvernements absolus, les fautes du maître ne peuvent guère tout perdre à la fois, parce que sa volonté seule ne peut pas tout faire; mais un gouvernement républicain est obligé d'être essentiellement raisonnable et juste, parce que la volonté générale, une fois égarée, entraîne tout.»

Cette observation est de la plus grande justesse: il s'en faut infiniment que la volonté du roi fasse tout dans la monarchie. Elle est censée tout faire, et c'est le grand avantage de ce gouvernement; mais, dans le fait, elle ne sert guère qu'à centraliser les conseils et les lumières. La religion, les lois, les coutumes, l'opinion, les privilèges des ordres et des corps contiennent le souverain et l'empêchent d'abuser de sa puissance; il est même bien remarquable que les rois sont accusés bien plus souvent de manquer de volonté que d'en abuser. C'est toujours le conseil du prince qui régit.

Mais l'aristocratie *pyramidale* qui administre l'État dans les monarchies a des caractères particuliers qui méritent toute notre attention.

Dans tous les pays et dans tous les gouvernements possibles, les grands emplois appartiendront toujours (sauf exception) à l'aristocratie, c'est-à-dire à la noblesse et à la richesse le plus souvent réunies. Aristote, en disant que la chose *doit être ainsi*, énonce un axiome politique dont le simple bon sens et l'expérience de tous les âges ne permettent pas de douter. Ce privilège de l'aristocratie est réellement une loi naturelle.

Or, c'est un des grands avantages du gouvernement monarchique que l'aristocratie y perd, autant que la nature des choses le permet, tout ce qu'elle peut avoir d'offensant pour les classes inférieures. Il est important d'en pénétrer les raisons.

Cette espèce d'aristocratie est légale; c'est une pièce intégrante du gouvernement, tout le monde le sait, et elle n'éveille dans l'esprit de personne l'idée de l'usurpation et de l'injustice. Dans les républiques au contraire, la distinction des personnes existe comme dans les monarchies; mais elle est plus dure et plus insultante, parce qu'elle n'est point l'ouvrage de la loi, et que l'opinion du peuple la regarde comme une insurrection habituelle contre le principe de l'égalité admis par la Constitution.

. . . .

Dès que l'influence de l'aristocratie héréditaire est inévitable (l'expérience de tous les siècles ne laisse aucun doute sur ce point), ce qu'on peut imaginer de mieux, pour ôter à cette influence ce qu'elle peut avoir de trop fatigant pour l'orgueil des classes inférieures, c'est qu'elle n'établisse point une barrière insurmontable entre les familles de l'État, et qu'aucune d'elles ne soit humiliée par une distinction dont elle ne peut jamais jouir.

Or c'est précisément le cas d'une monarchie assise sur de bonnes lois. Il n'y a point de famille que le mérite de son chef ne puisse faire passer du second ordre dans le premier, indépendamment même de cette agrégation flatteuse, où, avant qu'elle n'ait acquis par le temps l'influence qui en fait le prix, tous les emplois de l'État, ou du moins une foule d'emplois, sont placés sur la route du mérite, pour lui tenir lieu des distinctions héréditaires et pour l'en rapprocher.

Samford University Library

Ce mouvement d'ascension général qui pousse toutes les familles vers le souverain et qui remplit constamment tous les vides que laissent celles qui s'éteignent; ce mouvement, dis-je, entretient une émulation salutaire, anime la flamme de l'honneur, et tourne toutes les ambitions particulières vers le bien de l'État.

Et cet ordre de choses paraîtra encore plus parfait, si l'on songe que l'aristocratie de la naissance et des emplois, déjà rendue très douce par le droit qui appartient à toute famille et à tout individu de jouir à son tour des mêmes distinctions, perd encore tout ce qu'elle pourrait avoir de trop offensant pour les conditions inférieures, par la suprématie universelle du monarque devant laquelle nul citoyen n'est plus puissant que l'autre; l'homme du peuple, qui se trouve trop petit lorsqu'il se compare à un grand seigneur, se compare lui-même au souverain, et ce titre de *sujet* qui les soumet l'un et l'autre à la même puissance et à la même justice est une espèce d'égalite qui endort les souffrances inévitables de l'amour-propre.

ibid., pp. 430–435

THE CENTRE IN THE NINETEENTH CENTURY

THE *STATUS QUO* AFTER THE REVOLUTION

1. The *Charte constitutionnelle* of 1814.

[The *Charte* was granted by Louis XVIII, who addresses the French people in the preamble:]

La divine Providence, en nous rappelant dans nos États après une longue absence, nous a imposé de grandes obligations. La paix était le premier besoin de nos sujets: nous nous en sommes occupés sans relâche; et cette paix si nécessaire à la France comme au reste de l'Europe, est signée. Une charte constitutionnelle était sollicitée par l'état actuel du royaume, nous l'avons promise, et nous la publions. Nous avons considéré que, bien que l'autorité tout entière résidât en France dans la personne du Roi, nos prédécesseurs n'avaient point hésité à en modifier l'exercice, suivant la différence des temps; que c'est ainsi que les communes ont dû leur affranchissement à Louis le Gros, la confirmation et l'extension de leurs droits à Saint-Louis et à Philippe le Bel; que l'ordre judiciaire a été établi et développé par les lois de Louis XI, de Henri II et de Charles IX; enfin, que Louis XIV a réglé presque toutes les parties de l'administration publique par différentes ordonnances dont rien encore n'avait surpassé la sagesse. — Nous avons dû, à l'exemple des Rois nos prédécesseurs, apprécier les effets des progrès toujours croissants des lumières, les rapports nouveaux que ces progrès ont introduits dans la société, la direction imprimée aux esprits depuis un demi-siècle, et les graves altérations qui en sont résultées: nous avons reconnu que le vœu de nos sujets pour une Charte constitutionnelle était l'expression d'un besoin réel; mais en cédant à ce vœu, nous avons pris toutes les précautions pour que cette Charte fût digne de nous et du peuple auquel nous sommes fiers de commander. Des hommes sages, pris dans les premiers corps de l'État, se sont réunis à des commissaires de notre Conseil, pour travailler à cet important ouvrage. — En même temps que nous reconnaissions qu'une constitution libre et monarchique devait remplir l'attente de l'Europe éclairée, nous avons dû nous souvenir aussi que notre premier devoir envers nos peuples était de conserver, pour leur propre intérêt, les droits et les prérogatives de notre couronne. Nous avons espéré qu'instruits par l'expérience, ils seraient convaincus que l'autorité suprême peut seule donner aux institutions qu'elle établit, la force, la permanence et la majesté dont elle est elle-même revêtue; qu'ainsi, lorsque la sagesse des Rois s'accorde librement avec le vœu des peuples, une charte constitutionnelle peut être de longue durée; mais que, quand la violence arrache des concessions à la faiblesse du Gouvernement, la liberté publique n'est pas moins en danger que le trône même. Nous avons enfin cherché les principes de la Charte constitutionnelle dans le caractère français, et dans les monuments vénérables des siècles passés. Ainsi, nous avons vu dans le renouvellement de la pairie une institution vraiment nationale, et qui doit lier tous les souvenirs à toutes les espérances, en réunissant les temps anciens et les temps modernes. — Nous avons remplacé, par la Chambre des Députés, ces anciennes assemblées des Champs de Mars et de Mai, et ces Chambres du Tiers-État, qui ont si souvent donné tout à la fois des preuves de zèle pour les intérêts du peuple, de fidélité et de respect pour l'autorité des Rois. En cherchant ainsi à renouer la chaîne des temps, que de funestes écarts avaient interrompue, nous avons effacé de notre souvenir, comme nous voudrions qu'on pût les effacer de l'histoire, tous les maux qui ont affligé la patrie durant notre absence. Heureux de nous retrouver au sein de la grande famille, nous n'avons su répondre à l'amour dont nous recevons tant de témoignages, qu'en prononçant des paroles de paix et de consolation. Le vœu le plus cher à notre cœur, c'est que tous les Français vivent en frères, et que jamais aucun souvenir amer ne trouble la sécurité qui doit suivre l'acte solennel que nous leur accordons aujourd'hui. — Sûrs de nos intentions, forts de notre conscience, nous nous engageons, devant l'assemblée qui nous écoute, à être fidèles à cette Charte constitutionnelle, nous réservant d'en jurer le maintien, avec une nouvelle solennité, devant les autels de celui qui pèse dans la même balance les rois et les nations. — A CES CAUSES — NOUS AVONS volontairement, et par le libre exercice de notre autorité royale, ACCORDÉ ET ACCORDONS, FAIT CONCESSION ET OCTROI à nos sujets, tant pour nous que pour nos successeurs, et à toujours, de la Charte constitutionnelle qui suit:

Droit public des Français

Article premier. Les Français sont égaux devant la loi, quels que soient d'ailleurs leurs titres et leurs rangs.

Art. 2. Ils contribuent indistinctement, dans la proportion de leur fortune, aux charges de l'État.

Art. 3. Ils sont tous également admissibles aux emplois civils et militaires.

Art. 4. Leur liberté individuelle est également garantie, personne ne pouvant être poursuivi ni arrêté que dans les cas prévus par la loi, et dans la forme qu'elle prescrit.

Art. 5. Chacun professe sa religion avec une égale liberté, et obtient pour son culte la même protection.

Art. 6. Cependant la religion catholique, apostolique et romaine est la religion de l'État.

Art. 7. Les ministres de la religion catholique, apostolique et romaine, et ceux des autres cultes chrétiens, reçoivent seuls des traitements du Trésor royal.

Art. 8. Les Français ont le droit de publier et de faire imprimer leurs opinions, en se conformant aux lois qui doivent réprimer les abus de cette liberté.

Art. 9. Toutes les propriétés sont inviolables, sans aucune exception de celles qu'on appelle *nationales*,[1] la loi ne mettant aucune différence entre elles.

Art. 10. L'État peut exiger le sacrifice d'une propriété, pour cause d'intérêt public légalement constaté, mais avec une indemnité préalable.

Art. 11. Toutes recherches des opinions et votes émis jusqu'à la restauration, sont interdites. Le même oubli est commandé aux tribunaux et aux citoyens.

Art. 12. La conscription est abolie. Le mode de recrutement de l'armée de terre et de mer est déterminé par une loi.

Formes du Gouvernement du Roi

Art. 13. La personne du Roi est inviolable et sacrée. Ses ministres sont responsables. Au Roi seul appartient la puissance exécutive.

Art. 14. Le Roi est le chef suprême de l'État, il commande les forces de terre et de mer, déclare la guerre, fait les traités de paix, d'alliance et de commerce, nomme à tous les emplois d'administration publique, et fait les règlements et ordonnances nécessaires pour l'exécution des lois et la sûreté de l'État.

Art. 15. La puissance législative s'exerce collectivement par le Roi, la Chambre des Pairs, et la Chambre des Députés des départements.

Art. 16. Le Roi propose la loi.

Art. 17. La proposition de la loi est portée, au gré du Roi, à la Chambre des Pairs ou à celle des Députés, excepté la loi de l'impôt, qui doit être adressée d'abord à la Chambre des Députés.

Art. 18. Toute loi doit être discutée et votée librement par la majorité de chacune des deux chambres.

Art. 19. Les chambres ont la faculté de supplier le Roi de proposer une loi sur quelque objet que ce soit, et d'indiquer ce qu'il leur paraît convenable que la loi contienne.

De la Chambre des Pairs

Art. 24. La Chambre des Pairs est une portion essentielle de la puissance législative.

Art. 27. La nomination des Pairs de France appartient au Roi. Leur nombre est illimité: il peut en varier les dignités, les nommer à vie ou les rendre héréditaires, selon sa volonté.

De la Chambre des Députés des départements

Art. 35. La Chambre des Députés sera composée des députés élus par les collèges électoraux dont l'organisation sera déterminée par des lois.

[1] I.e. property formerly belonging to the clergy and the *émigré* nobles, which had been confiscated by the State at the Revolution, and sold to the bourgeoisie and peasants.

Art. 38. Aucun député ne peut être admis dans la Chambre, s'il n'est âgé de quarante ans, et s'il ne paie une contribution directe de mille francs.

Art. 46. Aucun amendement ne peut être fait à une loi, s'il n'a été proposé ou consenti par le Roi, et s'il n'a été renvoyé et discuté dans les bureaux.

Art. 47. La Chambre des Députés reçoit toutes les propositions d'impôts; ce n'est qu'après que ces propositions ont été admises, qu'elles peuvent être portées à la Chambre des Pairs.

Art. 48. Aucun impôt ne peut être établi ni perçu, s'il n'a été consenti par les deux Chambres et sanctionné par le Roi.

Art. 49. L'impôt foncier n'est consenti que pour un an. Les impositions indirectes peuvent l'être pour plusieurs années.

Art. 50. Le Roi convoque chaque année les deux Chambres; il les proroge, et peut dissoudre celle des Députés des départements; mais, dans ce cas, il doit en convoquer une nouvelle dans le délai de trois mois.

Des Ministres

Art. 54. Les ministres peuvent être membres de la Chambre des Pairs ou de la Chambre des Députés. Ils ont en outre leur entrée dans l'une ou l'autre chambre, et doivent être entendus quand ils le demandent.

Art. 55. La Chambre des Députés a le droit d'accuser les ministres, et de les traduire devant la Chambre des Pairs, qui seule a celui de les juger.

Art. 56. Ils ne peuvent être accusés que pour fait de trahison ou de concussion. Des lois particulières spécifieront cette nature de délits, et en détermineront la poursuite.

De l'Ordre judiciaire

Art. 68. Le Code civil et les lois actuellement existantes qui ne sont pas contraires à la présente Charte, restent en vigueur jusqu'à ce qu'il y soit légalement dérogé.

2. Control of the press: act of 21st October 1814.

Titre Ier
DE LA PUBLICATION DES OUVRAGES

Article premier. Tout écrit de plus de vingt feuilles d'impression pourra être publié librement et sans examen ou censure préalable.

Art. 3. A l'égard des écrits de vingt feuilles et au-dessous non désignés en l'article précédent, le directeur général de la librairie à Paris, et les préfets dans les départements, pourront ordonner, selon les circonstances, qu'ils soient communiqués avant l'impression.

Art. 4. Le directeur général de la librairie fera examiner par un ou plusieurs censeurs, choisis entre ceux que le Roi aura nommés, les écrits dont il aura requis la communication, et ceux que les préfets lui auront adressés.

Art. 5. Si deux censeurs au moins jugent que l'écrit est un libelle diffamatoire, ou qu'il peut troubler la tranquillité publique, ou qu'il est contraire à la Charte constitutionnelle, ou qu'il blesse les bonnes mœurs, le directeur général de la librairie pourra ordonner qu'il soit sursis à l'impression.

Art. 9. Les journaux et écrits périodiques ne pourront paraître qu'avec l'autorisation du Roi.

Bulletin des lois du royaume de France, 5ᵉ série
(Imprimerie Royale, 1815), II, pp. 313–314

3. The restriction of voting rights: acts of 5th February 1817 and 19th April 1831.

(a) *Article premier.* Tout Français jouissant des droits civils et politiques, âgé de trente ans accomplis, et payant trois cents francs de contributions directes, est appelé à concourir à l'élection des députés du département où il a son domicile politique.

(b) *Article premier.* Tout Français jouissant des droits civils et politiques, âgé de vingt-cinq ans accomplis et payant deux cents francs de contributions directes, est électeur, s'il remplit d'ailleurs les autres conditions fixées par la présente loi.

THE PERSISTENCE OF SOCIAL INEQUALITY   1849

Le fait essentiel et caractéristique de la société civile en France, c'est l'unité de lois et l'égalité de droits.

Toutes les familles, toutes les propriétés, tous les travaux sont régis par les mêmes lois et possèdent ou confèrent les mêmes droits civils.

Point de privilèges, c'est-à-dire point de lois ni de droits civils particuliers pour telles ou telles familles, telles ou telles propriétés, tels ou tels travaux. C'est un fait nouveau et immense dans l'histoire des sociétés humaines.

Au milieu de ce fait cependant, au sein de cette unité et de cette égalité civile, existent évidemment des diversités et des inégalités nombreuses, considérables, que l'unité de lois et l'égalité de droits civils ne préviennent et ne détruisent point.

Dans la propriété, foncière ou immobilière, terre ou capital, il y a des riches et des pauvres. Il y a la grande, la moyenne et la petite propriété.

Que les grands propriétaires soient moins nombreux et moins riches, que les moyens et les petits propriétaires soient plus nombreux et plus puissants qu'ils n'étaient autrefois ou qu'ils ne sont ailleurs, cela n'empêche pas que la différence ne soit réelle, et assez grande pour créer, dans l'ordre civil, des situations sociales profondément diverses et inégales.

Je passe des situations fondées sur la propriété à celles qui se fondent sur le travail, sur tous les genres de travail, depuis le travail intellectuel le plus élevé jusqu'au travail manuel le plus vulgaire. Là aussi je rencontre le même fait. Là aussi la diversité et l'inégalité naissent et se maintiennent au sein des lois identiques et des droits égaux.

Dans les professions qu'on appelle libérales et qui vivent d'intelligence et de science, parmi les avocats, les médecins, les savants et les lettrés de toute sorte, quelques-uns s'élèvent au premier rang, attirent à eux les affaires et les succès, acquièrent le renom, la richesse, l'influence; d'autres suffisent laborieusement aux nécessités de leur famille et aux convenances de leur position; beaucoup d'autres végètent obscurément dans un malaise oisif.

Un fait mérite même d'être remarqué. Depuis que toutes les professions sont également accessibles à tous, depuis que le travail est libre et régi pour tous par les mêmes lois, le nombre des hommes qui, dans les professions libérales, s'élèvent au premier rang, n'est pas sensiblement augmenté. Il ne paraît pas qu'il y ait aujourd'hui plus de grands jurisconsultes, de grands médecins, de savants et de lettrés du premier ordre qu'il n'y en avait jadis. Ce sont les existences de second ordre et la multitude obscure et oisive qui se sont multipliées; comme si la Providence ne permettait pas aux lois humaines d'influer, dans l'ordre intellectuel, sur l'étendue et la magnificence de ses dons.

Dans les autres professions, là où le travail est surtout matériel et manuel, là aussi il y a des situations diverses et inégales. Les uns, par l'intelligence et la bonne conduite, se créent un capital et entrent dans la voie de l'aisance et du progrès. Les autres, ou bornés, ou paresseux, ou déréglés, restent dans la condition étroite et précaire des existences fondées uniquement sur le salaire.

Ainsi, dans toute l'étendue de notre société civile, au sein du travail comme au sein de la propriété, les diversités et l'inégalité des situations se produisent ou se maintiennent, et coexistent avec l'unité de lois et l'égalité de droits.

Comment en serait-il autrement? Qu'on examine toutes les sociétés humaines de tous les lieux et de tous les temps: à travers la variété de leur organisation, de leur gouvernement, de leur étendue, de leur durée, des genres et des degrés de leur civilisation, on trouvera, dans toutes, trois types de situation sociale, toujours les mêmes au fond, quoique sous des formes très diverses, et diversement distribués:

Des hommes vivant du revenu de leurs propriétés, foncières ou mobilières, terres ou capitaux, sans chercher à les accroître par leur propre travail;

Des hommes appliqués à exploiter et à accroître, par leur propre travail, les propriétés, foncières ou mobilières, terres ou capitaux de tout genre qu'ils possèdent;

Des hommes vivant de leur travail, sans terres ni capitaux.

Ces diversités, ces inégalités dans la situation sociale des hommes ne sont point des faits accidentels ou spéciaux à tel ou tel temps, à tel ou tel pays; ce sont des faits universels qui se produisent naturellement dans toute société humaine, au milieu des circonstances et sous l'empire des lois les plus différentes.

Et plus on y regardera de près, plus on se convaincra que ces faits sont dans une intime liaison et dans une profonde harmonie d'une part avec la nature de l'homme qu'il nous appartient de connaître, de l'autre avec les mystères de sa destinée qu'il nous est donné seulement d'entrevoir.

[F.] GUIZOT, *De la Démocratie en France*
(Victor Masson, 1849), pp. 73–78

THE SOCIAL IDEOLOGY OF THE *GRANDE BOURGEOISIE* IN THE NINETEENTH CENTURY

Nous avons vécu et agi, de 1840 à 1848, en présence et sous le feu de plusieurs idées que je voudrais résumer et caractériser aujourd'hui, à la lumière des épreuves qu'elles ont subies et de mes propres épreuves dans l'arène où je les ai rencontrées.

Le droit universel des hommes au pouvoir politique; — le droit universel des hommes au bien-être social; — l'unité et la souveraineté démocratiques substituées à l'unité et à la souveraineté monarchiques; — la rivalité entre le peuple et la bourgeoisie succédant à la rivalité entre la bourgeoisie et la noblesse; — la science de la nature et le culte de l'humanité mis à la place de la foi religieuse et du culte de Dieu: telles étaient les idées que, sous des noms divers, républicains, démocrates, socialistes, communistes, positivistes, des partis politiques, des groupes philosophiques, des associations secrètes, des écrivains isolés, tous adversaires du gouvernement établi, prenaient pour maximes fondamentales et travaillaient ardemment à propager.

Je n'ai garde d'entrer ici dans l'examen théorique de ces idées; je ne veux que marquer leur caractère commun et la cause essentielle de leur fatale influence sur notre société et notre temps. Elles ont toutes ce vice radical que, contenant une parcelle de vérité, elles l'isolent, l'enflent et l'exagèrent au point d'en faire sortir une énorme et détestable erreur.

Sans nul doute, ce doit être le but et c'est le résultat naturel des bonnes institutions sociales d'élever progressivement un plus grand nombre d'hommes à ce degré d'intelligence et d'indépendance qui les rend capables et dignes de participer à l'exercice du pouvoir politique; mais entre ce principe de gouvernement libre et le suffrage universel donné pour loi première et fondamentale aux sociétés humaines, quel abîme! Quel oubli d'un nombre infini de faits, de droits, de vérités qui réclament à juste titre, dans l'organisation sociale, leur place et leur part!

Que ce soit le devoir du gouvernement de venir en aide aux classes les moins favorisées du sort, de les soulager dans leurs misères et de les seconder dans leur effort ascendant vers les bienfaits de la civilisation, rien n'est plus évident ni plus sacré; mais établir que c'est des vices de l'organisation sociale que découlent toutes les misères de tant de créatures, et imposer au gouvernement la charge de les en garantir et de répartir équitablement le bien-être, c'est ignorer absolument la condition humaine, abolir la responsabilité inhérente à la liberté humaine, et soulever les mauvaises passions par les fausses espérances.

M. Royer-Collard disait en 1822: «Je conviens que la démocratie coule à pleins bords dans la France telle que les siècles et les événements l'ont faite. Il est vrai que, dès longtemps, l'industrie et la propriété ne cessant de féconder, d'accroître, d'élever les classes moyennes, elles ont abordé les affaires publiques; elles ne se sentent coupables ni de curiosité ni de hardiesse d'esprit pour s'en occuper; elles savent que ce sont leurs affaires. Voilà notre démocratie telle que je la vois et la conçois; oui, elle coule à pleins bords dans notre belle France plus que jamais favorisée du ciel. Que d'autres s'en affligent ou s'en courroucent; pour moi, je rends grâces à la Providence de ce qu'elle a appelé aux bienfaits de la civilisation un plus grand nombre de ses créatures.» La vérité coule à pleins bords dans ces belles paroles; mais conclure, du grand fait ainsi résumé, que la démocratie est maintenant le seul élément, le seul maître de la société, que nul pouvoir n'est légitime ni salutaire s'il n'émane d'elle, et qu'elle a toujours droit de défaire comme elle a seule droit de faire les gouvernements, c'est méconnaître frivolement la diversité des situations et des droits qui coexistent naturelle- ment, bien qu'à des degrés inégaux, dans toute société; c'est substituer l'insolence et la tyrannie du nombre à l'insolence et à la tyrannie du privi- lège; c'est introniser, sous le nom et le manteau de la démocratie, tantôt l'anarchie, tantôt le despotisme.

Comme toutes les associations d'hommes que rapproche une situation semblable, les classes moyennes[1] ont leurs défauts, leurs erreurs, leur part d'imprévoyance, d'entêtement, de vanité, d'égoïsme, et c'est une œuvre facile de les signaler; mais c'est une œuvre calomnieuse d'attribuer à ces imperfections une portée qu'elles n'ont point et de les grossir outre mesure pour en faire sortir, entre la bourgeoisie et le peuple, une rivalité, une hostilité active et profonde, analogue à celle qui a existé longtemps entre la bourgeoisie et la noblesse. La bourgeoisie moderne ne dément point son histoire; c'est au nom et au profit de tous qu'elle a conquis les droits qu'elle possède et les principes qui prévalent dans notre ordre social; elle n'exerce et ne réclame aucune domination de classe, aucun privilège exclusif; dans le vaste espace qu'elle occupe au sein de la société, les portes sont toujours ou- vertes, les places ne manquent jamais à qui sait et veut entrer. On dit souvent, et avec raison, que l'aristocratie anglaise a eu le mérite de savoir s'étendre et se rajeunir en se recrutant largement dans les autres classes, à mesure que celles-ci grandissaient autour d'elle. Ce mérite appartient encore bien plus complètement et plus infailliblement à la bourgeoisie française; c'est son essence même et son droit public; née du peuple, elle puise et s'alimente incessamment à cette même source qui coule et monte sans cesse. La diversité des situations et les velléités des passions subsistent et subsisteront toujours; elles sont le fruit naturel du mouvement social et de la liberté; mais c'est une grossière erreur de se prévaloir de ces observations morales sur la nature et la société humaines pour en induire, entre la bourgeoisie et le peuple, une guerre politique qui n'a point de motifs sérieux ni légitimes: «L'infanterie est la nation des camps», disait le général Foy; mais il n'en concluait pas qu'elle fût en hostilité naturelle et permanente contre la cava- lerie, l'artillerie, le génie et l'état-major.

Que dirai-je d'une autre idée encore obscure et presque inaperçue en 1840, maintenant montée sur la scène et en train de faire du bruit et de se répandre? Il est vrai: à côté du bien et de l'honneur qu'elles ont fait aux sociétés humaines, la foi religieuse et l'influence ecclésiastique ont été souvent une source d'erreur et d'oppression; elles ont tantôt égaré, tantôt entravé la pensée et la liberté humaines; maintenant l'esprit scientifique et

---

[1] i.e. the *grande bourgeoisie*.

libéral s'est affranchi de leur joug, et, à son tour, il rend à l'humanité d'immenses services qui ne seront pas non plus sans mélange d'erreur et de mal. Que concluent de cette évolution sociale M. Auguste Comte et ses disciples? Que les croyances et les influences religieuses ont fait leur temps, qu'elles ne sont plus qu'une dépouille usée, une ruine inhabitable, un débris stérile; au lieu du monde fantastique et impénétrable de la théologie et de la métaphysique, le monde réel, disent-ils, s'est ouvert et se livre à l'homme; la connaissance de la nature a tué le surnaturel; la science occupera désormais le trône de la religion; Dieu fait homme sera remplacé par l'homme fait Dieu. Peut-on méconnaître et mutiler plus étrangement l'humanité et l'histoire? Peut-on descendre et s'enfermer dans un horizon plus étroit et plus dénué de toute grande lumière sur les grands problèmes et les grands faits qui préoccupent invinciblement l'esprit humain?

[F.] GUIZOT, *Mémoires pour servir à l'histoire de mon temps* (Michel Lévy Frères, 1858–67), VI, pp. 345–350

THE POLITICAL IDEOLOGY OF THE *GRANDE BOURGEOISIE* IN THE NINETEENTH CENTURY

1. Political inequality.

Sans doute, il y a des droits universels, des droits égaux pour tous, des droits qui sont inhérents à l'humanité et dont aucune créature humaine ne peut être dépouillée sans iniquité et sans désordre. C'est l'honneur de la civilisation moderne, d'avoir dégagé ses droits de cet amas de violences et des résultats de la force sous lesquels ils avaient été longtemps enfouis, et de les avoir rendus à la lumière. C'est l'honneur de la révolution française d'avoir proclamé et mis en pratique ce résultat de la civilisation moderne.

Je n'entreprendrai pas ici l'énumération de ces droits universels, égaux pour tous; je veux dire seulement qu'à mon avis ils se résument dans ces deux-ci: dans le droit de ne subir, de la part de personne, une injustice quelconque, sans être protégé contre elle par la puissance publique; et ensuite dans le droit de disposer de son existence individuelle selon sa volonté et son intérêt, en tant que cela ne nuit pas à l'existence individuelle d'un autre.

Voilà les droits personnels, universels, égaux pour tous. De là, l'égalité dans l'ordre civil et dans l'ordre moral.

Mais les droits politiques seraient-ils de cette nature? Messieurs, les droits politiques, ce sont des pouvoirs sociaux; un droit politique, c'est une portion du Gouvernement: quiconque l'exerce, décide non seulement de ce qui le regarde personnellement, mais de ce qui regarde la société ou une portion de la société. Il ne s'agit donc pas là d'existence personnelle, de liberté individuelle; il ne s'agit pas de l'humanité en général, mais de la société, de son organisation, des moyens de son existence. De là suit que les droits politiques ne sont point universels, égaux pour tous; ils sont spéciaux, limités, et je n'ai point besoin de grandes preuves pour le démontrer. Consultez l'expérience du monde; de nombreuses classes d'individus, des femmes, des mineurs, des domestiques, la grande majorité des hommes sont partout privés des droits politiques; et non seulement ceux-là en sont privés, mais des conditions, des garanties ont été partout et de tout temps attachées aux droits politiques, comme preuve ou présomption de la capacité nécessaire pour les exercer dans l'intérêt de la société, qui est la sphère que ces droits concernent, et sur laquelle ils agissent.

Bien loin donc que l'égalité soit le principe des droits politiques, c'est l'inégalité qui [en] est le principe; les droits politiques sont nécessairement inégaux, inégalement distribués.

C'est là un fait qu'attestent et consacrent toutes les constitutions du Monde. La limite de cette inégalité peut varier à l'infini; les droits politiques s'étendent ou se resserrent selon une multitude de circonstances différentes. Mais l'inégalité demeure toujours leur principe; et quiconque parle d'égalité en matière de droits politiques confond deux choses essentiellement distinctes et différentes, l'existence individuelle et l'existence sociale, l'ordre civil et l'ordre politique, la liberté et le gouvernement.

En matière de liberté, il y a des droits universels, des droits égaux; en matière de gouvernement, il n'y a que des droits spéciaux, limités, inégaux.

Moniteur universel, no. 279 (6 octobre 1831)

2. The leading rôle of the *grande bourgeoisie*.

M. GUIZOT

M'avez-vous entendu dire où elle[1] commençait, où elle finissait? Je m'en suis soigneusement abstenu; je ne l'ai distinguée ni d'aucune classe supérieure, ni des classes inférieures; j'ai simplement exprimé le fait général qu'il existe, au sein d'un grand pays comme la France, une classe qui n'est pas vouée au travail manuel, qui ne vit pas de salaires, qui a de la liberté et du loisir dans la pensée, qui peut consacrer une partie considérable de son temps et de ses facultés aux affaires publiques, qui a non seulement la fortune nécessaire pour une pareille œuvre, mais qui a en même temps les lumières, l'indépendance, sans lesquelles cette œuvre ne peut être accomplie.

. . . .

Lorsque, par le cours des temps, cette limite sera déplacee, lorsque les lumières, les progrès de la richesse, toutes les causes qui changent l'état de la société auront appelé un plus grand nombre d'hommes et des classes plus nombreuses, la capacité politique, la limite variera. C'est là la perfection de notre gouvernement, que les droits politiques, limités de leur nature à ceux qui sont capables de les exercer, peuvent s'étendre à mesure que la capacité s'étend; et telle est en même temps l'admirable vertu de notre gouvernement, qu'il provoque sans cesse l'extension de cette capacité, qu'il va semant de tous les côtés les lumières politiques, l'intelligence des questions politiques, en sorte qu'au moment même où il assigne une limite aux droits politiques, à ce moment il travaille à déplacer cette limite, à l'étendre, à la reculer, et à élever ainsi la nation entière.

Comment pouvez-vous croire, comment quelqu'un dans cette chambre a-t-il pu croire qu'il me fût entré dans l'esprit de constituer la classe moyenne d'une manière étroite, privilégiée, d'en refaire quelque chose qui ressem-

---

[1] The *classe moyenne* — i.e. the *grande bourgeoisie*.

blât aux anciennes aristocraties? Mais, permettez-moi de le dire, j'aurais abdiqué les opinions que j'ai soutenues toute ma vie, j'aurais abandonné la cause que j'ai constamment défendue, l'œuvre à laquelle, depuis six ans, j'ai eu l'honneur de travailler sous vos yeux et par vos mains.

Quand je me suis appliqué à répandre dans le pays les lumières de tous les genres, quand j'ai cherché à élever ces classes laborieuses, ces classes qui vivent de salaire, à la dignité de l'homme, à leur donner les lumières dont elles avaient besoin pour leur situation, c'était une provocation continuelle de ma part, de la part du Gouvernement tout entier, à acquérir des lumières plus grandes, à monter plus haut; c'était le commencement de cette œuvre de civilisation, de ce mouvement ascendant, universel, qu'il est dans la nature de l'homme de souhaiter avec ardeur. Je repousse donc...ces accusations de système étroit, étranger à la masse de la nation.

Moniteur universel, nos. 125 and 126 (5 et 6 mai 1837)

TOCQUEVILLE'S VERDICT ON THE *GRANDE BOURGEOISIE* BEFORE 1848

Dans ce monde politique ainsi composé et ainsi conduit, ce qui manquait le plus, surtout vers la fin, c'était la vie politique elle-même. Elle ne pouvait guère naître ni se soutenir dans le cercle légal que la constitution avait tracé; l'ancienne aristocratie était vaincue, le peuple était exclu. Comme toutes les affaires se traitaient entre les membres d'une seule classe, suivant ses intérêts, à son point de vue, on ne pouvait trouver de champ de bataille où de grands partis pussent se faire la guerre. Cette singulière homogénéité de position, d'intérêt, et, par conséquent, de vues qui régnait dans ce que M. Guizot avait appelé le pays légal,[1] ôtait aux débats parlementaires toute originalité et toute réalité, partant toute passion vraie. J'ai passé dix ans de ma vie dans la compagnie de très grands esprits, qui s'agitaient constamment sans pouvoir s'échauffer et qui employaient toute leur perspicacité à découvrir des sujets de dissentiments graves sans en trouver.

. . . .

Le pays était alors divisé en deux parts ou plutôt en deux zones inégales: dans celle d'en haut, qui seule devait contenir toute la vie politique de la nation, il ne régnait que langueur, impuissance, immobilité, ennui; dans celle d'en bas, la vie politique, au contraire, commençait à se manifester, par des symptômes fébriles et irréguliers que l'observateur attentif pouvait aisément saisir.

A. DE TOCQUEVILLE, *Souvenirs*, ed. Luc Monnier, in
Œuvres complètes, ed. J. P. Mayer (Gallimard,
1951–64), XII, pp. 34–35

THE GROWING CLASS-DIVISION BETWEEN BOURGEOISIE AND WORKING CLASS

1. The gulf between employer and workman.

Quand un artisan se livre sans cesse et uniquement à la fabrication d'un seul objet, il finit par s'acquitter de ce travail avec une dextérité singulière.

[1] Made up of those enjoying political rights.

Mais il perd, en même temps, la faculté générale d'appliquer son esprit à la direction du travail. Il devient chaque jour plus habile et moins industrieux, et l'on peut dire qu'en lui l'homme se dégrade à mesure que l'ouvrier se perfectionne.

Que doit-on attendre d'un homme qui a employé vingt ans de sa vie à faire des têtes d'épingles? et à quoi peut désormais s'appliquer chez lui cette puissante intelligence humaine, qui a souvent remué le monde, sinon à rechercher le meilleur moyen de faire des têtes d'épingles!

Lorsqu'un ouvrier a consumé de cette manière une portion considérable de son existence, sa pensée s'est arrêtée pour jamais près de l'objet journalier de ses labeurs; son corps a contracté certaines habitudes fixes dont il ne lui est plus permis de se départir. En un mot, il n'appartient plus à lui-même, mais à la profession qu'il a choisie. C'est en vain que les lois et les mœurs ont pris soin de briser autour de cet homme toutes les barrières et de lui ouvrir de tous côtés mille chemins différents vers la fortune; une théorie industrielle plus puissante que les mœurs et les lois l'a attaché à un métier, et souvent à un lieu qu'il ne peut quitter. Elle lui a assigné dans la société une certaine place dont il ne peut sortir. Au milieu du mouvement universel, elle l'a rendu immobile.

A mesure que le principe de la division du travail reçoit une application plus complète, l'ouvrier devient plus faible, plus borné et plus dépendant. L'art fait des progrès, l'artisan rétrograde. D'un autre côté, à mesure qu'il se découvre plus manifestement que les produits d'une industrie sont d'autant plus parfaits et d'autant moins chers que la manufacture est plus vaste et le capital plus grand, des hommes très riches et très éclairés se présentent pour exploiter des industries qui, jusque-là, avaient été livrées à des artisans ignorants ou malaisés. La grandeur des efforts nécessaires et l'immensité des résultats à obtenir les attirent.

Ainsi donc, dans le même temps que la science industrielle abaisse sans cesse la classe des ouvriers, elle élève celle des maîtres.

Tandis que l'ouvrier ramène de plus en plus son intelligence à l'étude d'un seul détail, le maître promène chaque jour ses regards sur un plus vaste ensemble, et son esprit s'étend en proportion que celui de l'autre se resserre. Bientôt il ne faudra plus au second que la force physique sans l'intelligence; le premier a besoin de la science, et presque du génie pour réussir. L'un ressemble de plus en plus à l'administrateur d'un vaste empire, et l'autre à une brute.

Le maître et l'ouvrier n'ont donc ici rien de semblable, et ils diffèrent chaque jour davantage. Ils ne se tiennent que comme les deux anneaux extrêmes d'une longue chaîne. Chacun occupe une place qui est faite pour lui, et dont il ne sort point. L'un est dans une dépendance continuelle, étroite et nécessaire de l'autre, et semble né pour obéir, comme celui-ci pour commander.

Qu'est-ce ceci, sinon de l'aristocratie?

Les conditions venant à s'égaliser de plus en plus dans le corps de la nation, le besoin des objets manufacturés s'y généralise et s'y accroît, et le bon marché qui met ces objets à la portée des fortunes médiocres, devient un plus grand élément de succès.

Il se trouve donc chaque jour que des hommes plus opulents et plus éclairés consacrent à l'industrie leurs richesses et leurs sciences et cherchent, en ouvrant de grands ateliers et en divisant strictement le travail, à satisfaire les nouveaux désirs qui se manifestent de toutes parts.

Ainsi, à mesure que la masse de la nation tourne à la démocratie, la classe particulière qui s'occupe d'industrie devient plus aristocratique. Les hommes se montrent de plus en plus semblables dans l'une et de plus en plus différents dans l'autre, et l'inégalité augmente dans la petite société en proportion qu'elle décroît dans la grande.

> A. DE TOCQUEVILLE, *De la Démocratie en Amérique*,
> in *Œuvres, papiers et correspondances*, ed. J. P.
> Mayer (Gallimard, 1951), I, 2, pp. 164–166

2. Tocqueville's view in 1847.

Le temps viendra où le pays se trouvera de nouveau partagé entre deux grands partis. La Révolution française, qui a aboli tous les privilèges et détruit tous les droits exclusifs, en a partout laissé subsister un, celui de la propriété. Il ne faut pas que les propriétaires se fassent illusion sur la force de leur situation, ni qu'ils s'imaginent que le droit de propriété est un rempart infranchissable parce que, nulle part jusqu'à présent, il n'a été franchi, car notre temps ne ressemble à aucun autre. Quand le droit de propriété n'était que l'origine et le fondement de beaucoup d'autres droits, il se défendait sans peine ou plutôt, il n'était pas attaqué; il formait alors comme le mur d'enceinte de la société dont tous les autres droits étaient les défenses avancées; les coups ne portaient pas jusqu'à lui; on ne cherchait même pas sérieusement à l'atteindre. Mais aujourd'hui que le droit de propriété n'apparaît plus que comme le dernier reste d'un monde aristocratique détruit, lorsqu'il demeure seul debout, privilège isolé au milieu d'une société nivelée, qu'il n'est plus à couvert derrière beaucoup d'autres droits plus contestables et plus haïs, son péril est plus grand; c'est à lui seul maintenant à soutenir chaque jour le choc direct et incessant des opinions démocratiques...

...Bientôt, ce sera entre ceux qui possèdent et ceux qui ne possèdent pas que s'établira la lutte politique; le grand champ de bataille sera la propriété, et les principales questions de la politique rouleront sur des modifications plus ou moins profondes à apporter au droit des propriétaires. Nous reverrons alors les grandes agitations publiques et les grands partis.

Comment les signes précurseurs de cet avenir ne frappent-ils pas tous les regards? Croit-on que ce soit par hasard, par l'effet d'un caprice passager de l'esprit humain, qu'on voit apparaître de tous côtés ces doctrines singulières, qui portent des noms divers, mais qui toutes ont pour principal caractère la négation du droit de propriété, qui, toutes, du moins, tendent à limiter, à amoindrir, à énerver son exercice? Qui ne reconnaît là le dernier symptôme de cette vieille maladie démocratique du temps dont peut-être la crise approche?

> *Souvenirs*, op. cit., pp. 36–37

3. His speech to the Chamber of Deputies, 27th January 1848.

On dit qu'il n'y a point de péril, parce qu'il n'y a pas d'émeute; on dit que, comme il n'y a pas de désordre matériel à la surface de la société, les révolutions sont loin de nous.

Messieurs, permettez-moi de vous dire, avec une sincérité complète, que je crois que vous vous trompez. Sans doute, le désordre n'est pas dans les faits, mais il est entré bien profondément dans les esprits. Regardez ce qui se passe au sein de ces classes ouvrières, qui, aujourd'hui, je le reconnais, sont tranquilles. Il est vrai qu'elles ne sont pas tourmentées par les passions politiques proprement dites, au même degré où elles ont été tourmentées jadis; mais, ne voyez-vous pas que leurs passions, de politiques, sont devenues sociales? Ne voyez-vous pas qu'il se répand peu à peu dans leur sein des opinions, des idées, qui ne vont point seulement à renverser telles lois, tel ministère, tel gouvernement, mais la société même, à l'ébranler sur les bases sur lesquelles elle repose aujourd'hui? Ne voyez-vous pas que, peu à peu, il se dit dans leur sein que tout ce qui se trouve au-dessus d'elles est incapable et indigne de les gouverner; que la division des biens faite jusqu'à présent dans le monde est injuste; que la propriété repose sur des bases qui ne sont pas les bases équitables? Et ne croyez-vous pas que, quand de telles opinions prennent racine, quand elles se répandent d'une manière presque générale, quand elles descendent profondément dans les masses, elles amènent tôt ou tard, je ne sais pas quand, je ne sais comment, mais elles amènent tôt ou tard les révolutions les plus redoutables?

Telle est, messieurs, ma conviction profonde; je crois que nous nous endormons à l'heure qu'il est sur un volcan; j'en suis profondément convaincu...

. . . .

Eh! messieurs, s'il est juste d'avoir cette préoccupation patriotique dans tous les temps, à quel point n'est-il pas plus juste encore de l'avoir dans le nôtre? Est-ce que vous ne ressentez pas, messieurs, par une sorte d'intuition instinctive qui ne peut pas se discuter, s'analyser peut-être, mais qui est certaine, que le sol tremble de nouveau en Europe? Est-ce que vous n'apercevez pas... que dirai-je? un vent de révolutions qui est dans l'air? Ce vent, on ne sait où il naît, d'où il vient, ni, croyez-le bien, qui il enlève: et c'est dans de pareils temps que vous restez calmes en présence de la dégradation des mœurs publiques, car le mot n'est pas trop fort.

Je parle ici sans amertume, je vous parle, je crois, même sans esprit de parti; j'attaque des hommes contre lesquels je n'ai pas de colère; mais enfin je suis obligé de dire à mes antagonistes et à mon pays ce qui est ma conviction profonde et arrêtée. Eh bien! ma conviction profonde et arrêtée, c'est que les mœurs publiques se dégradent, c'est que la dégradation des mœurs publiques vous amènera, dans un temps court, prochain peut-être, à des révolutions nouvelles. Est-ce donc que la vie des rois tient à des fils plus fermes et plus difficiles à briser que celle des autres hommes? Est-ce que vous avez, à l'heure où nous sommes, la certitude d'un lendemain? Est-ce que vous savez ce qui peut arriver en France d'ici à un an, à un mois, à un jour peut-être? Vous l'ignorez; mais, ce que vous savez, c'est que la tempête est à l'horizon, c'est qu'elle marche sur vous; vous laisserez-vous prévenir par elle?

Moniteur universel, no. 28 (28 janvier 1848)

BONAPARTISM: THE *DISCOURS DE BORDEAUX*   1852

Messieurs,

L'invitation de la chambre et du tribunal de commerce de Bordeaux, que j'ai acceptée avec empressement, me fournit l'occasion de remercier votre grande cité de son accueil si cordial, de son hospitalité si pleine de magnificence, et je suis bien aise aussi, vers la fin de mon voyage, de vous faire part des impressions qu'il m'a laissées.

Le but de ce voyage, vous le savez, était de connaître par moi-même nos belles provinces du midi, d'approfondir leurs besoins. Il a, toutefois, donné lieu à un résultat beaucoup plus important.

En effet, je le dis avec une franchise aussi éloignée de l'orgueil que d'une fausse modestie, jamais peuple n'a témoigné d'une manière plus directe, plus spontanée, plus unanime, la volonté de s'affranchir des préoccupations de l'avenir, en consolidant dans la même main un pouvoir qui lui est sympathique. C'est qu'il connaît, à cette heure, et les trompeuses espérances dont on le berçait et les dangers dont il était menacé. Il sait qu'en 1852 la société courait à sa perte, parce que chaque parti se consolait d'avance du naufrage général par l'espoir de planter son drapeau sur les débris qui pourraient surnager. Il me sait gré d'avoir sauvé le vaisseau en arborant seulement le drapeau de la France.

Désabusé d'absurdes théories, le peuple a acquis la conviction que les réformateurs prétendus n'étaient que des rêveurs, car il y avait toujours inconséquence, disproportion entre leurs moyens et les résultats promis.

Aujourd'hui la France m'entoure de ses sympathies, parce que je ne suis pas de la famille des idéologues. Pour faire le bien du pays, il n'est pas besoin d'appliquer de nouveaux systèmes; mais de donner, avant tout, confiance dans le présent, sécurité dans l'avenir. Voilà pourquoi la France semble vouloir revenir à l'empire.

Il est néanmoins une crainte à laquelle je dois répondre. Par esprit de défiance, certaines personnes se disent: l'empire, c'est la guerre. Moi je dis: l'empire, c'est la paix.

C'est la paix, car la France la désire, et, lorsque la France est satisfaite, le monde est tranquille. La gloire se lègue bien à titre d'héritage, mais non la guerre. Est-ce que les princes qui s'honoraient justement d'être les petits-fils de Louis XIV ont recommencé ses luttes? La guerre ne se fait pas par plaisir, elle se fait par nécessité; et, à ces époques de transition où partout, à côté de tant d'éléments de prospérité, germent tant de causes de mort, on peut dire avec vérité: Malheur à celui qui, le premier, donnerait en Europe le signal d'une collision dont les conséquences seraient incalculables!

J'en conviens, cependant, j'ai, comme l'empereur, bien des conquêtes à faire. Je veux, comme lui, conquérir à la conciliation les partis dissidents et ramener dans le courant du grand fleuve populaire les dérivations hostiles qui vont se perdre sans profit pour personne.

Je veux conquérir à la religion, à la morale, à l'aisance, cette partie encore si nombreuse de la population qui, au milieu d'un pays de foi et de croyance, connaît à peine les préceptes du Christ; qui, au sein de la terre la plus fertile du monde, peut à peine jouir de ses produits de première nécessité.

Nous avons d'immenses territoires incultes à défricher, des routes à ouvrir, des ports à creuser, des rivières à rendre navigables, des canaux à terminer, notre réseau de chemins de fer à compléter. Nous avons, en face de Marseille, un vaste royaume à assimiler à la France. Nous avons tous nos grands ports de l'ouest à rapprocher du continent américain par la rapidité de ces communications qui nous manquent encore. Nous avons partout enfin des ruines à relever, de faux dieux à abattre, des vérités à faire triompher.

Voilà comment je comprendrais l'empire, si l'empire doit se rétablir. Telles sont les conquêtes que je médite, et vous tous qui m'entourez, qui voulez, comme moi, le bien de notre patrie, vous êtes mes soldats.

Moniteur universel, no. 286 (12 octobre 1852)

THE LIBERAL OPPOSITION IN 1864: THE '*LIBERTÉS NÉCESSAIRES*' OF THIERS

[*His speech to the Corps Législatif, 11th January 1864.*]

Pour moi, messieurs, il y a cinq conditions qui constituent ce qui s'appelle le nécessaire en fait de liberté. La première est celle qui est destinée à assurer la sécurité du citoyen. Il faut que le citoyen repose tranquillement dans sa demeure, parcoure toutes les parties de l'État, sans être exposé à aucun acte arbitraire. Pourquoi les hommes se mettent-ils en société? Pour assurer leur sécurité. Mais, quand ils se sont mis à l'abri de la violence individuelle, s'ils tombaient sous les actes arbitraires du pouvoir destiné à les protéger, ils auraient manqué leur but. Il faut que le citoyen soit garanti contre la violence individuelle et contre tout acte arbitraire du pouvoir. Ainsi, quant à cette liberté qu'on appelle la liberté individuelle, je n'y insisterai pas; c'est bien celle-ci qui mérite le titre d'incontestable et d'indispensable.

Mais, quand les citoyens ont obtenu cette sécurité, cela ne suffit pas. S'il s'endormait dans une tranquille indolence, cette sécurité, il ne la conserverait pas longtemps. Il faut que le citoyen veille sur la chose publique. Pour cela, il faut qu'il y pense, et il ne faut pas qu'il y pense seul, car il n'arriverait ainsi qu'à une opinion individuelle; il faut que ses concitoyens y pensent comme lui, il faut que tous ensemble échangent leurs idées et arrivent à cette pensée commune qu'on appelle l'opinion publique; et cela n'est possible que par la presse. Il faut donc qu'elle soit libre, mais, lorsque je dis liberté, je ne dis pas impunité. De même que la liberté individuelle du citoyen existe à la condition qu'il n'aura pas provoqué la vindicte de la loi, la liberté de la presse est à cette condition que l'écrivain n'aura ni outragé l'honneur des citoyens, ni troublé le repos du pays . (*Marques d'approbation.*)

Ainsi, pour moi, la seconde liberté nécessaire, c'est cette liberté d'échange dans les idées qui crée l'opinion publique. Mais, lorsque cette opinion se produit, il ne faut pas qu'elle soit un vain bruit, il faut qu'elle ait un résultat. Pour cela il faut que des hommes choisis viennent l'apporter ici, au centre de l'État, — ce qui suppose la liberté des élections, — et, par liberté des électeurs, je n'entends pas que le Gouvernement, qui est chargé de veiller aux lois, n'ait pas là un rôle; que le Gouvernement, qui est composé de citoyens, n'ait pas une opinion: je me borne à dire qu'il ne faut pas qu'il puisse dicter les choix et imposer sa volonté dans les élections. Voilà ce que j'appelle la liberté électorale.

Enfin, messieurs, ce n'est pas tout: quand ces élus sont ici, mandataires de l'opinion publique, chargés de l'exprimer, il faut qu'ils jouissent d'une liberté complète; il faut qu'ils puissent à temps,... — veuillez bien, messieurs, apprécier la portée de ce que je dis là, — il faut qu'ils puissent à temps apporter un utile contrôle à tous les actes du pouvoir. Il ne faut pas que ce contrôle arrive trop tard et qu'on n'ait que des fautes irréparables à déplorer. C'est là la liberté de la représentation nationale, sur laquelle je m'expliquerai tout à l'heure, et cette liberté est, selon moi, la quatrième des libertés nécessaires.

Enfin vient la dernière, — je ne dirai pas la plus importante, elles sont toutes également importantes, — mais la dernière, dont le but est celui-ci: c'est de faire que l'opinion publique, bien constatée ici à la majorité, devienne la directrice des actes du Gouvernement. (*Bruit.*)

Messieurs, les hommes, pour arriver à cette liberté, ont imaginé deux moyens, la république et la monarchie.

Dans la république, le moyen est bien simple: on fait changer le chef de l'État tous les quatre, six ou huit ans, suivant le texte de la Constitution.

Eh bien, les partisans de la monarchie ont voulu, eux aussi, être aussi libres que sous la république; et quel moyen ont-ils imaginé? C'est, au lieu de faire porter l'effort de l'opinion publique sur le Chef de l'État, de le faire porter sur les dépositaires de son autorité, d'établir le débat non pas avec le Souverain, mais avec les dépositaires de son autorité, de manière que, le Souverain ne changeant pas, la permanence du pouvoir étant assurée, quelque chose change: la politique, et qu'ainsi s'accomplisse ce beau phénomène du pays placé sous un monarque qui reste au-dessus de nos débats, du pays se gouvernant lui-même par sa propre pensée et par sa propre opinion. (*Mouvement prolongé en sens divers.*)

Moniteur universel, no. 12 (12 janvier 1864)

OPPORTUNISM IN THE 1880s

1. Gambetta's speech at Le Neubourg, 4th September 1881.

La République, inaugurée au mois de février 1875, d'une façon légale et parlementaire, a accompli la première partie de sa tâche, qui était de rendre incontestée son autorité sur toute la surface du territoire. Si la République, après s'être affermie à l'intérieur, s'est fait reconnaître et respecter au dehors, elle a aujourd'hui une autre tâche que le pays a marquée d'une façon nette et précise: il faut qu'elle fasse pour ceux qui ont eu confiance en

elle sur toute l'étendue du pays, il faut qu'elle fasse honneur à ses engagements; il faut qu'elle apporte dans le cercle des pouvoirs publics, aussi bien
que dans les diverses branches de l'administration générale de l'État, la
moyenne des réformes qui sont réclamées par l'opinion. (*Vive adhésion.* —
Applaudissements.)... Messieurs, l'ère des difficultés n'est pas close. Les
difficultés se déplacent; ces difficultés, dont nous avons eu raison et dont
nous avons triomphé, c'était le renversement du pouvoir personnel, c'était
l'épuration de l'administration, c'était la reprise de l'autorité légitime du
pouvoir séculier et civil sur les empiètements de l'esprit ecclésiastique
(*Longs applaudissements et bravos*); c'était la refonte et le remaniement
complet d'une législation séculière. Ces choses sont faites maintenant: il faut
aller plus loin; il faut marquer encore un pas en avant; il faut fournir une
seconde étape sur la route du progrès républicain. (*Adhésion générale et
bravos.*) Mais il faut aussi bien se garder de vouloir tenter tout à la fois.
Oh! je sais bien qu'on a fait des programmes très étendus, très complexes,
très variés. Si l'on prenait ces programmes et qu'on les mît à la suite les uns
des autres et qu'on voulût les appliquer, je demanderais ce qu'on laisserait
à faire au vingt-et-unième siècle. (*Rires et marques d'approbation.*) Je ne crois
pas, Messieurs, que ce soit là le sentiment de la France. Elle ne demande pas
que toutes ces questions posées soient résolues: elle demande qu'on prenne
une question, qu'on s'y attelle, qu'on l'étudie, qu'on la formule en projet de
loi et qu'on la résolve enfin dans la législation. (*C'est cela! Très bien! très bien!
Applaudissements.*) Quand une question sera résolue, la suivante se posera
et, par les mêmes procédés d'examen, de volonté et de ténacité, on résoudra
la seconde; puis on passera à la troisième. (*Nouveaux applaudissements.*)

Si l'on veut aborder toutes les questions à résoudre et si l'on veut que le
programme à réaliser en un certain temps comprenne toutes les questions,
on aboutira à l'impuissance, à la division, à la confusion et, prenez-y garde!
à la lassitude du pays. (*Vive approbation et applaudissements.*)
. . . .

Croyez bien qu'il y aurait grand péril à se porter trop en avant de l'opinion... la sagesse consiste à faire tous les jours quelque chose, mais surtout
à s'abstenir de vouloir tout faire à la fois. (*Marques nombreuses d'approbation
et bravos.*)
. . . .

Ce qui a fait dans toutes les campagnes, du Nord au Midi, le succès du
régime républicain, ce qui a amené l'adhésion, tous les jours grandissante,
de ces masses rurales, de ces petits propriétaires, de ces bourgeois, de ces
ouvriers sans lesquels vous ne pouvez vivre et gouverner, contre lesquels vous
ne pouvez ni vivre ni gouverner, ce qui a fait naître leur confiance, c'est que depuis dix ans l'ordre a régné non seulement dans la rue, mais dans les esprits...

J. REINACH, ed., *Discours et plaidoyers politiques de
M. Gambetta* (Charpentier, 1881–84), IX,
pp. 461–463; 465–466

2. Ferry's speech at Bordeaux, 30th August 1885.

Je voudrais que le programme que vous rédigerez ne fût pas le plan d'une
société idéale, d'une république parfaite, mais d'une politique se limitant

dans le temps comme dans l'espace; je voudrais que ce programme se bornât à indiquer les réformes réalisables dans la prochaine législature. (*Oui, oui, c'est cela! — Bravos répétés.*) Cette manière d'agir vaudra mieux pour l'électeur qu'il est temps, en vérité, de ne plus traiter comme un enfant que l'on berce avec des contes et des rêveries politiques, pour l'électeur qu'il faut placer en face de la réalité vivante et de la vérité sociale. (*Applaudissements unanimes.*)

. . . .

Je voudrais, en second lieu, qu'en rédigeant les programmes, on ne se préoccupât pas exclusivement de la circonscription ou du département auxquels on les présente. Je voudrais que, dans nos comités, on fût bien pénétré de la solidarité intime et profonde qui relie toutes les parties du pays...

. . . .

Je crois pouvoir adresser ces conseils particulièrement aux esprits généreux de cette démocratie urbaine qui a tant fait pour l'éclosion de la défense de l'idée républicaine. Je la supplie de ne jamais oublier qu'elle parle, qu'elle agit, qu'elle vote en présence de la grande démocratie rurale, qui est l'arbitre suprême de nos destinées. (*Assentiment général et applaudissements.*) Oui, Messieurs, n'oubliez jamais qu'il y a dans ce pays de France, dans ce pays de suffrage universel, une force qui fait et qui défait, qui lie et qui délie, et qui s'appelle le suffrage universel des campagnes. (*Applaudissements prolongés.*)

Je sais bien que ce suffrage universel des campagnes a fait de grands progrès depuis quinze ans...

Vous le savez, vous tous qui avez collaboré à la conquête républicaine de cette vieille terre de France, vous tous qui, jour par jour, pas à pas, avez amené la démocratie rurale aux doctrines républicaines. (*Salves d'applaudissements.*)

Vous êtes les témoins des progrès accomplis, mais n'oubliez jamais que, si le suffrage universel des campagnes est entré avec confiance, avec résolution dans la voie républicaine, il y est entré avec ses facultés propres, avec son tempérament circonspect et, pour dire le mot, conservateur.

N'oubliez pas, n'oubliez jamais que, si le paysan français s'est attaché passionnément à la cause de la Révolution française, c'est qu'elle lui a donné la possession incontestée et souveraine de cette terre sur laquelle il avait peiné pendant des siècles, qu'il avait fécondée de ses sueurs et dont il était déjà le maître en fait, sinon en droit, à la veille de 89! (*Applaudissements répétés.*)

C'est par esprit de conservation, par amour de la stabilité que le paysan français est devenu le plus ferme appui de la Révolution française. C'est encore par esprit de conservation qu'il s'est détaché du second empire; c'est encore l'esprit de conservation, bien entendu et bien compris, qui l'a détourné de la monarchie. C'est ce même esprit de conservation qui lui a dicté son attitude en présence des retours de réaction du 24 Mai et du 16 Mai, et qui nous a dotés d'un ordre politique stable et incontesté.

Nous avons conquis le suffrage universel des campagnes: gardons-le bien, ne l'inquiétons pas, ne le lassons pas!...

...C'est là une force immense et sur laquelle repose la sécurité de notre société, que cette population de petits propriétaires, si nombreux qu'ils constituent à eux seuls la majorité du nombre dans la nation.

C'est par là que notre édifice social est le plus solide de toute l'Europe, le mieux abrité contre les révolutions sociales. (*Applaudissements répétés.*) Les populations des campagnes sont le fond même de la société française: elles ne constituent pas seulement un immense réservoir de labeur et d'épargne; elles sont encore un réservoir d'hommes, et c'est en plongeant leurs racines dans ces couches profondes que la bourgeoisie, les ouvriers des villes et ceux même qui s'appelaient autrefois les classes dirigeantes se renouvellent incessamment. De là sortent nos soldats, nos instituteurs, nos commerçants, nos industriels: c'est, pour notre société, une base solide, et, pour la République, une assise en granit que ce suffrage universel des paysans! (*Double salve d'applaudissements et bravos prolongés.*)

J. FERRY, Discours et opinions, ed. Robiquet
(Colin, 1893-98), VII, pp. 39-42

THE LEFT IN THE NINETEENTH CENTURY

SOCIALISM IN 1839: LOUIS BLANC

...Ajoutons que, pour donner à la réforme politique de nombreux adhérents parmi le peuple, il est indispensable de lui montrer le rapport qui existe entre l'amélioration, soit morale, soit matérielle, de son sort et un changement de pouvoir. C'est ce qu'ont fait, dans tous les temps, les véritables amis du peuple ou ses vengeurs. C'est ce que firent jadis à Rome ceux qui, émus d'une pitié sainte à la vue des débiteurs pauvres trop cruellement persécutés, entraînèrent la multitude sur le mont Aventin. C'est ce que faisait l'immortel Tiberius Gracchus, lorsque, dénonciateur convaincu des usurpations de l'aristocratie romaine, il criait aux pâles vainqueurs du monde: «On vous appelle les maîtres de l'univers, et vous n'avez pas une pierre où vous puissiez reposer votre tête.» C'est ce que fit en 1647 le pêcheur Masaniello, lorsqu'au milieu de la ville de Naples affamée par les orgies du vice-roi, il poussa le cri: «Point de gabelles!» C'est ce que firent enfin, il y a cinquante ans, ces philosophes fanatiques, ces vaillants soldats de la pensée, qui ne périrent à la tâche que parce qu'ils étaient venus trop tôt. A qui prétend le conduire, le peuple a droit de demander où on le mène. Il ne lui est arrivé que trop souvent déjà de s'agiter pour des mots, de combattre dans les ténèbres, de s'épuiser en dévouements dérisoires, et d'inonder de son sang, répandu au hasard, la route des ambitieux, tribuns de la veille, que le lendemain saluait oppresseurs!

Mais s'il est nécessaire de s'occuper d'une réforme sociale, il ne l'est pas moins de pousser à une réforme politique. Car si la première est le *but*, la seconde est le *moyen*. Il ne suffit pas de découvrir des procédés scientifiques, propres à inaugurer le principe d'association et à organiser le travail suivant les règles de la raison, de la justice, de l'humanité, il faut se mettre en état de réaliser le principe qu'on adopte et de féconder les procédés fournis par l'étude. Or, le pouvoir, c'est la force organisée. Le pouvoir s'appuie sur des chambres, sur des tribunaux, sur des soldats, c'est-à-dire sur la triple puissance des lois, des arrêts et des baïonnettes. Ne pas le prendre pour instrument, c'est le rencontrer comme obstacle.

. . . .

Maintenant, est-il vrai, comme M. de Lamartine n'a pas craint de l'affirmer dans un récent manifeste, est-il vrai que cette conception «consiste à s'emparer, au nom de l'État, de la propriété et de la souveraineté des industries et du travail, à supprimer tout libre arbitre dans les citoyens qui possèdent, qui vendent, qui achètent, qui consomment, à créer ou à distribuer arbitrairement les produits, à établir des maximum, à régler les salaires, à substituer en tout l'État propriétaire et industriel aux citoyens dépossédés»?

A Dieu ne plaise que nous ayons jamais rien proposé de semblable! Et si c'est nous que M. de Lamartine a prétendu réfuter, il est probable qu'il ne nous a pas fait l'honneur de nous lire. Ainsi qu'on le verra plus bas, nous demandons que l'État, — lorsqu'il sera démocratiquement constitué, — crée des ateliers sociaux, destinés à remplacer graduellement et sans secousse les ateliers individuels; nous demandons que les ateliers sociaux soient régis par des statuts réalisant le principe d'association et ayant forme et puissance de la loi. Mais, une fois fondé et mis en mouvement, l'atelier social se suffirait à lui-même et ne relèverait plus que de son principe; les travailleurs associés se choisiraient librement, après la première année, des administrateurs et des chefs; ils feraient entre eux la répartition des bénéfices; ils s'occuperaient des moyens d'agrandir l'entreprise commencée... Où voit-on qu'un pareil système ouvre carrière à l'arbitraire et à la tyrannie? L'État fonderait l'atelier social, il lui donnerait des lois, il en surveillerait l'exécution, pour le compte, au nom et au profit de tous; mais là se bornerait son rôle: un tel rôle est-il, peut-il être tyrannique?

. . . .

Mais nous faisons intervenir l'État, du moins au point de vue de l'initiative, dans la réforme économique de la société? Mais nous avons pour but avoué de miner la concurrence, de soustraire l'industrie au régime du *laissez-faire et du laissez-passer*? Sans doute; et, loin de nous en défendre, nous le proclamons à voix haute. Pourquoi? Parce que nous voulons la liberté.

Oui, la liberté! Voilà ce qui est à conquérir; mais la liberté vraie, la liberté pour tous, cette liberté qu'on chercherait en vain partout où ne se trouvent pas l'égalité et la fraternité, ses sœurs immortelles.

. . . .

C'est donc au nom, c'est pour le compte de la liberté, que nous demandons la réhabilitation du principe d'autorité. Nous voulons un gouvernement fort, parce que, dans le régime d'inégalité où nous végétons encore, il y a des faibles qui ont besoin d'une force sociale qui les protège. Nous voulons un gouvernement qui intervienne dans l'industrie, parce que là où l'on ne prête qu'aux riches, il faut un banquier social qui prête aux pauvres. En un mot, nous invoquons l'idée du pouvoir, parce que la liberté de l'avenir doit être une vérité.

Qu'on ne s'y trompe pas, du reste; cette nécessité de l'intervention des gouvernements est relative; elle dérive uniquement de l'état de faiblesse, de misère, d'ignorance, où les précédentes tyrannies ont plongé le peuple. Un jour, si la plus chère espérance de notre cœur n'est pas trompée, un jour viendra où il ne sera plus besoin d'un gouvernement fort et actif, parce qu'il n'y aura plus dans la société de classe inférieure et mineure. Jusque-là, l'établissement d'une autorité tutélaire est indispensable. Le socialisme ne saurait être fécondé que par le souffle de la politique.

L. BLANC, *Organisation du travail*, 5th ed.
(Au Bureau de la Société de l'Industrie
Fraternelle, 1848), pp. 13–20

THE ORIGINS OF RADICALISM: LEDRU-ROLLIN'S ADDRESS TO THE ELECTORS OF THE SARTHE   1841

Messieurs,

En répondant à votre appel, en venant à vous, je vous dois compte de ma foi politique.

Cette foi vive, inébranlable, je la puise à la fois dans mon cœur et dans ma raison.

Dans mon cœur qui me dit, à la vue de tant de misères dont sont assaillies les classes pauvres, que Dieu n'a pas pu vouloir les condamner à des douleurs éternelles, à un ilotisme sans fin.

Dans ma raison qui répugne à l'idée qu'une société puisse imposer au citoyen des obligations, des devoirs, sans lui départir, en revanche, une portion quelconque de souveraineté.

La souveraineté du peuple, tel est, en effet, le grand principe qu'il y a près de cinquante années, nos pères ont proclamé.

Mais cette souveraineté, qu'est-elle devenue? Reléguée dans les formules d'une constitution, elle a disparu du domaine des faits.

Pour nos pères, le peuple c'était la nation tout entière, chaque homme jouissant d'une part égale de droits politiques, comme Dieu lui a fait une part égale d'air et de soleil.

Aujourd'hui, le peuple, c'est un troupeau conduit par quelques privilégiés comme vous, comme moi, messieurs, qu'on nomme électeurs, puis par quelques autres, plus privilégiés encore, qu'on salue du titre de député.

Et si ce peuple, qui n'est point représenté, se lève pour revendiquer ses droits, on le jette dans les cachots.

S'il s'associe pour ne pas périr de misère et défendre son salaire insuffisant, on le jette dans les cachots.

Si, comme à Lyon, dans les jours de funèbre mémoire, il écrit sur son étendard: «Du pain ou la mort», on le mitraille, et l'on calomnie ses restes mutilés.[1]

Et à ces cris de désespoir, on entend quelques voix parties de la tribune répondre: Peuple, que veux-tu, que demandes-tu? n'es-tu point souverain, peuple, n'es-tu point roi? Insultante dérision, misérable ironie! le peuple roi! Ils l'appelaient roi aussi, les Pharisiens d'une autre époque, ce Révélateur d'une religion nouvelle, qui venait prêcher aux hommes l'égalité et la fraternité. Ils l'appelaient roi, mais en le flagellant, en le couronnant d'épines, en lui jetant à la face l'injure et le blasphème. Le peuple, messieurs, c'est l'*Ecce homo* des temps modernes; mais soyez convaincus que sa résurrection est proche; il descendra aussi de sa croix pour demander compte de leurs œuvres à ceux qui l'auront trop longtemps méconnu.

[1] During the rising of the Lyon silk-weavers in 1831, 30,000 workers had demonstrated carrying banners with the slogan: "Vivre en travaillant ou mourir en combattant." This was the first major demonstration by the French working class in defence of its standard of living.

Voilà, messieurs, le peuple, le voilà tel que nous l'a fait le gouvernement représentatif.

C'est dire assez que ce système déshonoré, rongé par la corruption, a fait son temps, et qu'il faut le changer, à peine de subir une violente révolution.

Et pour le changer, messieurs, la réforme électorale est le premier pas à faire: sans elle tout progrès pacifique est impossible. Cette réforme, il la faut radicale. Que tout citoyen soit électeur, que le député soit l'homme de la nation, non de la fortune; qu'il soit désigné pour sa vertu.

Mais la réforme électorale, que serait-elle, si elle n'aboutissait qu'à une transformation du régime représentatif? un vain mot, un changement de gouvernants, d'état-major! Le pays exige davantage. De grandes questions ont été posées et peuvent être résolues; de grandes souffrances se sont révélées et demandent satisfaction! La régénération politique ne peut donc être qu'un acheminement et un moyen d'arriver à de justes améliorations sociales.

C'est par cette tendance fraternelle et sympathique, messieurs, c'est à ce point de vue élevé de l'amour du peuple que le parti démocratique se distingue surtout et profondément des autres partis éclos de la révolution de Juillet.

. . . .

Pour ces partis surannés ou bâtards, le peuple n'est donc qu'un mot, c'est le comparse de la pompe théâtrale, c'est l'esclavage antique escortant le char du triomphateur.

Pour nous, messieurs, le peuple c'est tout. Soulager ses misères, ses douleurs, voilà notre but. Passer par la question politique pour arriver à l'amélioration sociale, telle est, je le répète, la marche qui caractérise le parti démocratique en face des autres partis.

Et la première, la plus capitale des réformes, messieurs: c'est la revision de l'impôt. La révolution de 89 en a proclamé l'égalité, mais la pratique donne ici à la théorie le démenti le plus cruel. Direct ou indirect, l'impôt écrase surtout les classes pauvres; son assiette et la proportion dans laquelle il est réparti doivent donc être changées.

La plus pesante des charges, celle du service militaire, l'impôt du sang, comme on l'appelle, n'atteint que les enfants du peuple.[1] Le remplacement crée au profit des riches un odieux privilège, il énerve les classes aisées, il affaiblit l'armée. En l'abolissant, on doublera les forces vives et productrices de la nation, on la rendra plus compacte et plus redoutable vis-à-vis de l'étranger qui la menace sans cesse. A côté de l'armée active se placera naturellement une réserve exercée qui au premier signal volera sous les drapeaux.

Il est, messieurs, une autre question d'une plus haute gravité encore, d'où dépend l'avenir des sociétés modernes, la question des salaires.

Quel est, en effet, celui de nous qui, en parcourant nos cités manufacturières, nos grands centres de population, ne s'est senti profondément ému, ému jusqu'aux larmes, à l'aspect de ces hommes privés de toutes jouissances, et trouvant à peine dans le salaire d'un travail sans relâche de

---

[1] The wealthy were able to purchase their exemption.

quoi satisfaire à leurs plus impérieux besoins? de ces jeunes filles gagnant six sous par jour, et réduites à chercher dans une prostitution froide et systématique le complément à la nourriture qui leur manque? de ces enfants faibles et languissants, condamnés à trouver avant l'âge, dans un travail au-dessus de leurs forces, ce pain que le père ne saurait leur procurer? de ces vieillards trahis par les ans, et à qui on n'assure un asile qu'après les avoir flétris par la prison?

Eh bien, messieurs, en présence de ces plaies honteuses de notre société, en présence de ces intérêts si légitimes et si sacrés, que fait le gouvernement représentatif?

Dans la Chambre, et pour ne parler que de la dernière session, on s'occupe de l'adresse d'abord. A cette époque semble naître, chaque année, une lueur d'espérance; mais ce ne sont que des vanités menteuses, que des ambitions privées qui s'agitent et s'entrechoquent. Le projet toujours si menaçant, finit par un compliment de plus en plus servile pour le pouvoir.

. . . .

Voilà toute cette session! Et pendant tant de longs jours, qu'a-t-on fait pour le peuple, pour cette partie du peuple manquant de tout, couverte de haillons, qui se presse sur le seuil et frappe à la porte? Licteurs! faites place à ses maîtres, le budget n'est-il point voté? chacun des sénateurs n'y a-t-il pas pris part? ne s'est-il point gorgé pour soi ou pour les siens? Licteurs, faites faire place, que les maîtres du monde aillent prendre aux champs quelque repos pour ce qu'ils n'ont point fait.

. . . .

Et la presse, n'a-t-elle point été traquée de toutes parts? Pour ces lettres surtout dont on ne cherche même plus l'auteur, pour ces lettres qui n'ont laissé qu'une impression, mais mystérieuse, universelle, redoutable, née du rapprochement entre la diplomatie lâche et perfide qu'on y exalte et la politique suivie depuis dix ans, n'a-t-elle point, victorieuse de cette lutte, été reprise en vertu des lois de septembre, de ces lois impies, parricides, portées par ceux-là mêmes qui avaient vécu de la presse, qui l'avaient indignement exploitée, et qui l'ont enchaînée d'autant plus sûrement qu'ils connaissaient mieux tous les secrets de ses ressources et de sa puissance?

. . . .

LEDRU-ROLLIN, *Profession de foi faite devant les électeurs de la Sarthe...* (*Juillet 1841*), in *Discours politiques et écrits divers* (Germer Baillière, 1879), I, pp. 1-8

THE DEMAND FOR SECULARISATION   1850

Lorsqu'une religion longtemps maîtresse d'un peuple cesse d'être la religion de l'État, qu'est-ce que cela veut dire? Ce changement s'opère-t-il seulement par hasard? Non, certes; il signifie que telle religion a cessé d'être l'âme de tel État, qu'elle a perdu l'intelligence de ce qu'il réclame. Si, de plus, la marche de tous les événements atteste que la société civile entre dans une voie et l'Église dans une autre, si l'organisation laïque

s'éloigne de plus en plus de l'organisation ecclésiastique, il arrive nécessairement que la science des choses humaines et la science des choses divines,
qui n'en faisaient qu'une seule, se séparent.

Comment le sacerdoce qui n'a pas su garder la direction de la société
civile pourrait-il être dépositaire du principe d'éducation nécessaire à
cette société? Que pourrait-il lui enseigner, puisqu'il n'a pas eu la science
nécessaire pour rester son conseil et son guide? Elle va dans une direction,
lui dans une autre. Il peut bien l'accuser de s'être soustraite à son esprit;
il peut, du rivage où il reste immobile, la suivre, de loin, dans les tempêtes
où elle s'engage; mais il n'a plus ni le secret, ni la science de ce monde civil;
il s'est laissé enlever le gouvernail!

De cette contradiction violente entre la science des dogmes particuliers
et la science des choses humaines, il s'ensuit que le sacerdoce peut s'attribuer
la première, mais qu'il a perdu toute autorité pour enseigner la seconde; et
dans cette observation se trouve contenu le seul système d'enseignement
qui se concilie avec les droits de tous.

Qui ne voit, en effet, qu'aucun des clergés officiels ne peut aujourd'hui
donner à la fois la science des choses divines et humaines, et que la doctrine
de chacun d'eux en particulier serait la dissolution de la France, telle que le
temps l'a faite? L'enseignement catholique pourrait-il maintenir la société
actuelle? Si tout était ordonné sur son principe, que deviendrait l'égalité
des cultes? Il ne peut la professer sans apostasier, ni la renverser sans renverser l'ordre civil. Est-ce le judaïsme qui satisfera aux conditions sociales?
Personne ne le pense. Le protestantisme est moins éloigné de ces conditions,
il appartient au monde moderne. Mais qui songe néanmoins à convertir la
France au protestantisme? Personne. Il n'est donc aucun des cultes officiels
qui puisse devenir l'âme, la doctrine, le principe enseignant de la société.

Un peuple qui se soustrait à la domination exclusive d'une Église affirme,
autant qu'il est en lui, qu'aucun sacerdoce ne possède la vérité sociale à
l'exclusion des autres. Par cette révolution, la plus grande qui puisse se
consommer chez lui, l'ancienne religion, obligée de partager l'autorité avec
ses adversaires, descend au rang d'une secte. La société admettant également
toutes les croyances, les repoussant également comme direction exclusive,
déclare par là que l'esprit nouveau qui habite en elle est l'opposé de l'esprit
sectaire. Par cela seul que nulle des religions positives ne peut renfermer les
religions opposées, chacune d'elles se trouve incapable de fournir à la
société nouvelle son principe d'éducation; et ce que ne peut faire aucune
secte en particulier, elles le peuvent encore moins faire toutes ensemble.
Le catholicisme, le protestantisme, le judaïsme, et, si vous le voulez encore,
le mahométisme, ne peuvent, par leur mélange, produire le principe de
concorde, d'alliance, sur lequel la société française veut se reposer, en
communion avec l'humanité entière.

Qui enseignera à cette nation à vivre d'un esprit étranger à toute secte?
Est-ce la secte? De cela résulte évidemment que le lien de la société actuelle
est indépendant de chacun des cultes et des dogmes particuliers, puisque
s'ils étaient seuls en présence, chacun d'eux étant inconciliable avec les
autres, la guerre religieuse serait permanente. Tant que ces cultes ont été
les maîtres du monde civil, ils se sont combattus sans relâche. Si au-

jourd'hui il y a trêve entre eux, c'est qu'au-dessus d'eux est l'esprit général de la société qui les oblige à une paix apparente.

E. QUINET, *L'enseignement du peuple*, in *Œuvres politiques* (Van Meenen, Brussels, 1860), I, pp. 203–205

THE PROGRAMME OF THE WORKING-CLASS ÉLITE: THE *MANIFESTE DES SOIXANTE OUVRIERS DE LA SEINE*   1864

Au 31 mai 1863, les travailleurs de Paris, plus préoccupés du triomphe de l'opposition que de leur intérêt particulier, votèrent la liste publiée par les journaux.[1] Sans hésiter, sans marchander leur concours, inspirés par leur dévouement à la liberté, ils en donnèrent une preuve nouvelle, éclatante, irréfutable. Aussi la victoire de l'opposition fut-elle complète, telle qu'on la désirait ardemment, mais certes plus imposante que beaucoup n'osaient l'espérer.

Une candidature ouvrière fut posée, il est vrai, mais défendue avec une modération que tout le monde fut forcé de reconnaître. On ne mit en avant, pour la soutenir, que des considérations secondaires, et de parti pris, en face d'une situation exceptionnelle qui donnait aux élections générales un caractère particulier; ses défenseurs s'abstinrent de poser le vaste problème du paupérisme. Ce fut avec une grande réserve de propagande et d'arguments que le prolétariat tenta de se manifester: le prolétariat, cette plaie de la société moderne, comme l'esclavage et le servage furent celles de l'antiquité et du moyen âge. Ceux qui agirent ainsi avaient prévu leur défaite, mais ils crurent bon de poser un premier jalon. Une pareille candidature leur semblait nécessaire pour affirmer l'esprit profondément démocratique de la grande cité.

Aux prochaines élections, la situation ne sera plus la même. Par l'élection de neuf députés, l'opposition libérale a obtenu, à Paris, une large satisfaction. Quels qu'ils fussent, choisis dans les mêmes conditions, les nouveaux élus n'ajouteraient rien à la signification du vote du 31 mai: quelle que soit leur éloquence, elle n'ajouterait guère à l'éclat que jette aujourd'hui la parole habile et brillante des orateurs de l'opposition. Il n'est pas un point du programme démocratique dont nous ne désirions comme elle la réalisation. Et, disons-le une fois pour toutes, nous employons ce mot: *Démocratie*, dans son sens le plus radical et le plus net.

Mais si nous sommes d'accord en politique, le sommes-nous en économie sociale? Les réformes que nous désirons, les institutions que nous demandons la liberté de fonder, sont-elles acceptées par tous ceux qui représentent au Corps législatif le parti libéral? Là est la question, le nœud gordien de la situation.

Un fait démontre, d'une façon péremptoire et douloureuse, les difficultés de la position des ouvriers.

---

[1] i.e. they threw in their lot with the Republicans at the elections.

4

Dans un pays dont la Constitution repose sur le suffrage universel, dans un pays où chacun invoque et prône les principes de 89, nous sommes obligés de *justifier* des candidatures ouvrières, de dire minutieusement, longuement, les *comment*, les *pourquoi*, et cela pour éviter, non seulement les accusations injustes des timides et des conservateurs à outrance, mais encore les craintes et les répugnances de nos amis.

Le suffrage universel nous a rendus majeurs politiquement, mais il nous reste encore à nous émanciper socialement. La liberté que le Tiers État sut conquérir avec tant de vigueur et de persévérance, doit s'étendre en France, pays démocratique, à tous les citoyens. Droit politique égal implique nécessairement un égal droit social. On a répété à satiété : il n'y a plus de classes ; depuis 89, tous les Français sont égaux devant la loi.

Mais nous qui n'avons d'autre propriété que nos bras ; nous qui subissons tous les jours les conditions légitimes ou arbitraires du capital ; nous qui vivons sous des lois exceptionnelles, telles que la loi sur les coalitions[1] et l'article 1781,[2] qui portent atteinte à nos intérêts en même temps qu'à notre dignité, il nous est bien difficile de croire à cette affirmation.

Nous qui, dans un pays où nous avons le droit de nommer des députés, n'avons pas toujours le moyen d'apprendre à lire ; nous qui, faute de pouvoir nous réunir, nous associer librement, sommes impuissants pour organiser l'instruction professionnelle, et qui voyons ce précieux instrument du progrès industriel devenir le privilège du capital, nous ne pouvons nous faire cette illusion.

Nous dont les enfants passent souvent leurs plus jeunes ans dans le milieu démoralisant et malsain des fabriques, ou dans l'apprentissage, qui n'est guère encore aujourd'hui qu'un état voisin de la domesticité ; nous dont les femmes désertent forcément le foyer pour un travail excessif, contraire à leur nature et détruisant la famille ; nous qui n'avons pas le droit de nous entendre pour défendre pacifiquement notre salaire, pour nous assurer contre le chômage, nous affirmons que l'égalité écrite dans la loi n'est pas dans les mœurs, et qu'elle est encore à réaliser dans les faits. Ceux qui, dépourvus d'instruction et de capital, ne peuvent résister par la liberté et la solidarité à des exigences égoïstes et oppressives, ceux-là subissent fatalement la domination du capital : leurs intérêts restent subordonnés à d'autres intérêts.

Nous le savons, les intérêts ne se réglementent point ; ils échappent à la loi ; ils ne peuvent se concilier que par des conventions particulières, mobiles et changeantes comme ces intérêts eux-mêmes. Sans la liberté donnée à tous, cette conciliation est impossible. Nous marcherons à la conquête de nos droits pacifiquement, légalement, mais avec énergie et persistance. Notre affranchissement montrerait bientôt les progrès réalisés dans l'esprit des classes laborieuses, de l'immense multitude qui végète dans

---

[1] Combination by the workers for the purposes of a strike, etc., was a punishable offence according to articles 415 and 416 of the Penal Code ; these articles were repealed in May 1864.

[2] Article 1781 of the Civil Code laid down that in labour disputes the testimony of the employer, not the employee, should be accepted on wage-rates and the sums paid in any period.

ce qu'on appelle le prolétariat, et que, pour nous servir d'une expression plus juste, nous appellerons le *salariat*.

A ceux qui croient voir s'organiser la résistance, la grève, aussitôt que nous revendiquons la liberté, nous disons: Vous ne connaissez pas les ouvriers; ils poursuivent un but bien autrement grand, bien autrement fécond que celui d'épuiser leurs forces dans des luttes journalières où, des deux côtés, les adversaires ne trouveraient, en définitive, que la ruine pour les uns et la misère pour les autres.

Le Tiers État disait: Qu'est-ce que le Tiers État? rien! Que doit-il être? tout! Nous ne dirons pas: Qu'est-ce que l'ouvrier? rien! Que doit-il être? tout! Mais nous dirons: la bourgeoisie, notre aînée en émancipation, sut, en 89, absorber la noblesse et détruire d'injustes privilèges; il s'agit pour nous, non de détruire les droits dont jouissent justement les classes moyennes, mais de conquérir la même liberté d'action. En France, pays démocratique par excellence, tout droit politique, toute réforme sociale, tout instrument de progrès ne peut rester le privilège de quelques-uns. Par la force des choses, la nation qui possède inné l'esprit d'égalité tend irrésistiblement à en faire le patrimoine de tous.

Tout moyen de progrès qui ne peut s'étendre, se vulgariser de manière à concourir au bien-être général, en descendant jusqu'aux dernières couches de la société, n'est point complètement démocratique, car il constitue un privilège. La loi doit être assez large pour permettre à chacun, isolément ou collectivement, le développement de ses facultés, l'emploi de ses forces, de son épargne et de son intelligence, sans qu'on puisse y apporter d'autre limite que la liberté d'autrui, et non son intérêt.

Qu'on ne nous accuse point de rêver lois agraires,[1] égalité chimérique qui mettrait chacun sur le lit de Procuste, partage, maximum, impôt forcé, etc., etc. Non! il est grand temps d'en finir avec ces calomnies propagées par nos ennemis et adoptées par les ignorants. La liberté du travail, le crédit, la solidarité, voilà nos rêves. Le jour où ils se réaliseront, pour la gloire et la prospérité d'un pays qui nous est cher, il n'y aura plus ni bourgeois, ni prolétaires, ni patrons, ni ouvriers. Tous les citoyens seront égaux en droits.

Mais, nous dit-on, toutes ces réformes dont vous avez besoin, les députés élus peuvent les demander comme vous, mieux que vous; ils sont les représentants de tous et par tous nommés.

Eh bien! nous répondrons: Non! Nous ne sommes pas représentés, et voilà pourquoi nous posons cette question des candidatures ouvrières. Nous savons qu'on ne dit pas candidatures industrielles, commerciales, militaires, journalistes, etc.; mais la chose y est, si le mot n'y est pas. Est-ce que la très grande majorité du Corps législatif n'est pas composée de grands propriétaires, industriels, commerçants, de généraux, de journalistes, etc., etc., etc., qui votent silencieusement, ou qui ne parlent que dans les bureaux, et seulement sur des questions dont ils ont la spécialité?

Un très petit nombre prennent la parole sur les questions générales. Certes, nous pensons que les ouvriers élus, devraient et pourraient défendre

---

[1] i.e. laws providing for redistribution of land to the poorer classes.

les intérêts généraux de la démocratie, mais lors même qu'ils se borneraient à défendre les intérêts particuliers de la classe la plus nombreuse, quelle spécialité!!! Ils combleraient une lacune au Corps législatif, où le travail manuel n'est pas représenté. Nous qui n'avons à notre service aucun de ces moyens, la fortune, les relations, les fonctions publiques, la publicité, nous sommes bien forcés de donner à nos candidatures une dénomination claire et significative, et d'appeler, autant que nous le pouvons, les choses par leur nom.

Nous ne sommes point représentés, car, dans une séance récente du Corps législatif, il y eut une manifestation unanime de sympathies en faveur de la classe ouvrière, mais aucune voix ne s'éleva pour formuler comme nous les entendons, avec modération mais avec fermeté, nos aspirations, nos désirs et nos droits.

Nous ne sommes pas représentés, nous qui refusons de croire que la misère soit d'institution divine. La charité, vertu chrétienne, a radicalement prouvé et reconnu elle-même son impuissance en tant qu'institution sociale.

Sans doute, au bon vieux temps, au temps du droit divin, quand, imposés par Dieu, les rois et les nobles se prétendaient les pères et les aînés du peuple, quand le bonheur et l'égalité étaient relégués dans le ciel, la charité devait être une institution sociale.

Au temps de la souveraineté du peuple, du suffrage universel, elle n'est plus, ne peut plus être qu'une vertu privée. Hélas! les vices et les infirmités de la nature humaine laisseront toujours à la fraternité un assez vaste champ pour s'exercer; mais la misère *imméritée*, celle qui, sous forme de maladie, de salaire insuffisant, de chômage, enferme l'immense majorité des hommes laborieux, de bonne volonté, dans un cercle fatal où ils se débattent en vain: cette misère-là, nous l'attestons énergiquement, peut disparaître, et elle disparaîtra. Pourquoi cette distinction n'a-t-elle pas été faite par personne? Nous ne voulons pas être des clients ni des assistés; nous voulons devenir des égaux; nous repoussons l'aumône; nous voulons la justice.

Non, nous ne sommes pas représentés, car personne n'a dit que l'esprit d'antagonisme s'affaiblissait tous les jours dans les classes populaires. Éclairés par l'expérience, nous ne haïssons pas les hommes, mais nous voulons changer les choses. Personne n'a dit que la loi sur les coalitions n'était plus qu'un épouvantail, et qu'au lieu de faire cesser le mal, elle le perpétuait en fermant toute issue à celui qui se croit opprimé.

Non, nous ne sommes pas représentés, car dans la question des chambres syndicales,[1] une étrange confusion s'est établie dans l'esprit de ceux qui les recommandaient. Suivant eux, la chambre syndicale serait composée de patrons et d'ouvriers, sorte de prud'hommes professionnels, arbitres chargés de décider au jour le jour, sur les questions qui surgissent. Or, ce que nous demandons, c'est une chambre composée exclusivement d'ouvriers, élus par le suffrage universel, une chambre du Travail, pourrions-nous dire par analogie avec la chambre de Commerce, et on nous répond par un tribunal.

Non, nous ne sommes pas représentés car personne n'a dit le mouvement considérable qui se manifeste dans les classes ouvrières pour organiser leur crédit. Qui sait aujourd'hui que trente-cinq sociétés de crédit mutuel

---

[1] Later to be called *syndicats* — i.e. trade-unions.

fonctionnent obscurément dans Paris? Elles contiennent des germes féconds; mais ils auraient besoin, pour leur éclosion complète, du soleil de la liberté.

En principe, peu de démocrates intelligents contestent la légitimité de nos réclamations, et aucun ne nous dénie le droit de les faire valoir nous-mêmes.

L'opportunité, la capacité des candidats, l'obscurité probable de leurs noms, puisqu'ils seraient choisis parmi les travailleurs exerçant leur métier au moment du choix (et cela pour bien préciser le sens de leur candidature), voilà les questions qu'on soulève pour conclure que notre projet est irréalisable, et que du reste la publicité nous ferait défaut.

D'abord nous maintenons que, après douze ans de patience, le moment opportun est venu; nous ne saurions admettre qu'il faille attendre les prochaines élections générales, c'est-à-dire six ans encore.

. . . .

Examinons la situation actuelle sans amertume et sans prévention. Que veut la bourgeoisie démocratique, que nous ne voulions comme elle avec la même ardeur? Le suffrage universel dégagé de toute entrave? Nous le voulons. La liberté de la presse, de réunion, régies par le droit commun? Nous les voulons. La séparation complète de l'Église et de l'État, l'équilibre du budget, les franchises municipales? Nous voulons tout cela.

Eh bien, sans notre concours, la bourgeoisie obtiendra ou conservera difficilement ces droits, ces libertés, qui sont l'essence d'une société démocratique.

Que voulons-nous plus spécialement qu'elle, ou du moins plus énergiquement, parce que nous y sommes plus intéressés? L'instruction primaire, gratuite et obligatoire, et la liberté du travail.

L'instruction développe et fortifie le sentiment de la dignité de l'homme, c'est-à-dire la conscience de ses droits et de ses devoirs. Celui qui est éclairé fait appel à la raison, et non à la force, pour réaliser ses désirs.

Si la liberté du travail ne vient servir de contrepoids à la liberté commerciale, nous allons voir se constituer une aristocratie financière. Les petits bourgeois, comme les ouvriers, ne seront bientôt plus que ses serviteurs. Aujourd'hui, n'est-il pas évident que le crédit, loin de se généraliser, tend, au contraire, à se concentrer dans quelques mains? Et la Banque de France ne donne-t-elle pas un exemple de contradiction flagrante de tout principe économique? Elle jouit tout à la fois du monopole d'émettre du papier-monnaie et de la liberté d'élever sans limites le taux de l'intérêt.

Sans nous, nous le répétons, la bourgeoisie ne peut rien asseoir de solide; sans son concours, notre émancipation peut être retardée longtemps encore.

Unissons-nous donc pour un but commun: le triomphe de la vraie démocratie.

Propagées par nous, appuyées par elle, les candidatures ouvrières seraient la preuve vivante de l'union sérieuse, durable des démocrates, sans distinction de classes ni de position. Serons-nous abandonnés? Serons-nous forcés de poursuivre isolément le triomphe de nos idées? Espérons que non, dans l'intérêt de tous.

Résumons-nous pour éviter tout malentendu: La signification essentiellement politique des candidatures ouvrières serait celle-ci:

Fortifier, en la complétant, l'action de l'opposition libérale. Elle a demandé, dans les termes les plus modestes, le *nécessaire* des libertés. Les ouvriers députés demanderaient le *nécessaire* des réformes économiques.

Tel est le résumé sincère des idées générales émises par les ouvriers dans la période électorale qui précéda le 31 mai...

L'Opinion Nationale (17 février 1864)

THE PROGRAMME OF THE LEFT AT THE END OF THE SECOND EMPIRE: THE *MANIFESTE DE BELLEVILLE*   1869

[*This was Gambetta's programme in the 1869 elections.*]

Cahier de mes Électeurs

Citoyens,

Au nom du suffrage universel, base de toute organisation politique et sociale, donnons mandat à notre député d'affirmer les principes de la démocratie radicale et de revendiquer énergiquement:

L'application la plus radicale du suffrage universel, tant pour l'élection des maires et conseillers municipaux, sans distinction de localité, que pour l'élection des députés;

La répartition des circonscriptions effectuée sur le nombre réel des électeurs de droit, et non sur le nombre des électeurs inscrits;

La liberté individuelle désormais placée sous l'égide des lois, et non soumise au bon plaisir et à l'arbitraire administratifs;

L'abrogation de la loi de sûreté générale;

La suppression de l'article 75 de la Constitution de l'an VIII[1] et la responsabilité directe de tous les fonctionnaires[2];

Les délits politiques de tout ordre déférés au jury;

La liberté de la presse dans toute sa plénitude, débarrassée du timbre et du cautionnement;

La suppression des brevets d'imprimerie et de librairie;

La liberté de réunion sans entraves *et sans pièges*, avec la faculté de discuter toute matière religieuse, philosophique, politique et sociale;

L'abrogation de l'art. 291 du Code pénal[3];

La liberté d'association pleine et entière;

La suppression du budget des cultes et la séparation des Églises et de l'État;

L'instruction primaire laïque, gratuite et obligatoire, avec concours entre les intelligences d'élite pour l'admission aux cours supérieurs, également gratuits;

La suppression des octrois, la suppression des gros traitements et des cumuls, et la modification de notre système d'impôts;

[1] "Les agents du gouvernement, autres que les ministres, ne peuvent être poursuivis pour des faits relatifs à leurs fonctions, qu'en vertu d'une décision du conseil d'état: en ce cas, la poursuite a lieu devant les tribunaux ordinaires."

[2] Cf. p. 9.

[3] *See* p. 12.

La nomination de tous les fonctionnaires publics par l'élection;

La suppression des armées permanentes, cause de ruine pour les finances et les affaires de la nation, source de haines entre les peuples et de défiances à l'intérieur;

L'abolition des privilèges et monopoles, que nous définissons par ces mots: *Prime à l'oisiveté*;

Les réformes économiques, qui touchent au problème social, dont la solution, quoique subordonnée à la transformation politique, doit être constamment étudiée et recherchée au nom du principe de justice et d'égalité sociale. Ce principe généralisé et appliqué peut seul en effet faire disparaître l'antagonisme social et réaliser complètement notre formule: *Liberté, égalité, fraternité*.

Réponse au Cahier de mes Électeurs

Citoyens électeurs,

Ce mandat, je l'accepte;

A ces conditions, je serai particulièrement fier de vous représenter, parce que cette élection se sera faite conformément aux véritables principes du suffrage universel;

Les électeurs auront librement choisi leur candidat;

Les électeurs auront déterminé le programme politique de leur mandataire;

Cette méthode me paraît à la fois conforme au droit et à la tradition des premiers jours de la Révolution française.

Donc j'adhère librement à mon tour à la déclaration de principes et à la revendication des droits dont vous me donnez commission de poursuivre la réclamation à la tribune.

Comme vous, je pense qu'il n'y a d'autre souverain que le peuple, et que le suffrage universel, instrument de cette souveraineté, n'a de valeur, n'oblige et ne fonde qu'à la condition d'être radicalement libre.

La plus urgente des réformes doit donc être de l'affranchir de toute tutelle, de toute entrave, de toute pression, de toute corruption;

Comme vous, je pense que le suffrage universel, une fois maître, suffirait à opérer toutes les destructions que réclame votre programme, et à fonder toutes les libertés, toutes les institutions dont nous poursuivons ensemble l'avènement.

Comme vous, je pense que la France, siège d'une démocratie indestructible, ne rencontrera la liberté, la paix, l'ordre, la justice, la prospérité matérielle et la grandeur morale que dans le triomphe des principes de la Révolution française.

Comme vous, je pense qu'une démocratie régulière et loyale est, par excellence, le système politique qui réalise le plus promptement et le plus sûrement l'émancipation morale et matérielle du plus grand nombre, et assure le mieux l'égalité sociale dans les lois, dans les faits et dans les mœurs.

Mais, comme vous aussi, j'estime que la série progressive de ces réformes sociales dépend absolument du régime et de la réforme politiques, et c'est pour moi un axiome en ces matières, que la forme emporte et résout le fond...

L'Avenir National (15 mai 1869)

POLITICAL AND SOCIAL DIVISIONS
SINCE 1870

THE *MOYENNE BOURGEOISIE* ENTERS THE POLITICAL SCENE: GAMBETTA ON '*LA COUCHE NOUVELLE*'   1872

N'ont-ils pas vu apparaître, depuis la chute de l'empire, une génération neuve, ardente, quoique contenue, intelligente, propre aux affaires, amoureuse de la justice, soucieuse des droits généraux? Ne l'ont-ils pas vue faire son entrée dans les conseils municipaux, s'élever, par degrés, dans les autres conseils électifs du pays, réclamer et se faire sa place, de plus en plus grande, dans les luttes électorales? N'a-t-on pas vu apparaître, sur toute la surface du pays, — et je tiens infiniment à mettre en relief cette génération nouvelle de la démocratie, — un nouveau personnel politique électoral, un nouveau personnel du suffrage universel? N'a-t-on pas vu les travailleurs des villes et des campagnes, ce monde du travail à qui appartient l'avenir, faire son entrée dans les affaires politiques? N'est-ce pas l'avertissement caractéristique que le pays — après avoir essayé bien des formes de gouvernement — veut enfin s'adresser à une autre couche sociale pour expérimenter la forme républicaine?

Oui! je pressens, je sens, j'annonce la venue et la présence, dans la politique, d'une couche sociale nouvelle qui est aux affaires depuis tantôt dix-huit mois, et qui est loin, à coup sûr, d'être inférieure à ses devancières.

L. Gambetta, *Discours prononcé à Grenoble le 26 septembre 1872* (Leroux, 1872), pp. 18–20

MARXIAN SOCIALISM: THE LE HAVRE PROGRAMME OF THE *PARTI OUVRIER FRANÇAIS*   1880

Considérant,

Que l'émancipation de la classe productrice est celle de tous les êtres humains sans distinction de sexe ni de race;

Que les producteurs ne sauraient être libres qu'autant qu'ils seront en possession des moyens de production (terres, usines, navires, banques, crédit, etc.);

Qu'il n'y a que deux formes sous lesquelles les moyens de production peuvent leur appartenir:

1° La forme individuelle qui n'a jamais existé à l'état de fait général et qui est éliminée de plus en plus par le progrès industriel;

2° La forme collective dont les éléments matériels et intellectuels sont constitués par le développement même de la société capitaliste;

Considérant,
Que cette appropriation collective ne peut sortir que de l'action révolutionnaire de la classe productive — ou prolétariat — organisée en parti politique distinct;

Qu'une pareille organisation doit être poursuivie par tous les moyens dont dispose le prolétariat, y compris le suffrage universel transformé ainsi d'instrument de duperie qu'il a été jusqu'ici en instrument d'émancipation;

Les travailleurs socialistes français, en donnant pour but à leurs efforts l'expropriation politique et économique de la classe capitaliste et le retour à la collectivité de tous les moyens de production, ont décidé, comme moyen d'organisation et de lutte, d'entrer dans les élections avec les revendications immédiates suivantes:

A. *Partie politique:*
1° Abolition de toutes les lois sur la presse, les réunions et les associations et surtout de la loi contre l'Association internationale des Travailleurs. — Suppression du livret, cette mise en carte de la classe ouvrière, et de tous les articles du Code établissant l'infériorité de l'ouvrier vis-à-vis du patron et l'infériorité de la femme vis-à-vis de l'homme;

2° Suppression du budget des cultes et retour à la nation «des biens dits de mainmorte, meubles et immeubles, appartenant aux corporations religieuses» (décret de la Commune du 2 avril 1871), y compris toutes les annexes industrielles et commerciales de ces corporations;

3° Suppression de la Dette publique;

4° Abolition des armées permanentes et armement général du peuple;

5° La Commune maîtresse de son administration et de sa police.

B. *Partie économique:*
1° Repos d'un jour par semaine ou interdiction légale pour les employeurs de faire travailler plus de six jours sur sept. — Réduction légale de la journée de travail à huit heures pour les adultes. — Interdiction du travail des enfants dans les ateliers privés au-dessous de quatorze ans; et, de quatorze à dix-huit ans, réduction de la journée de travail à six heures;

2° Surveillance protectrice des apprentis par les corporations ouvrières;

3° Minimum légal des salaires, déterminé, chaque année, d'après le prix local des denrées, par une commission de statistique ouvrière;

4° Interdiction légale aux patrons d'employer des ouvriers étrangers à un salaire inférieur à celui des ouvriers français;

5° Égalité de salaire à travail égal pour les travailleurs des deux sexes;

6° Instruction scientifique et professionnelle de tous les enfants mis pour leur entretien à la charge de la société, représentée par l'État et la commune;

7° Mise à la charge de la société des vieillards et des invalides du travail;

8° Suppression de toute immixtion des employeurs dans l'administration des caisses ouvrières de secours mutuels, de prévoyance, etc., restituées à la gestion exclusive des ouvriers;

9° Responsabilité des patrons en matière d'accidents, garantie par un cautionnement versé par l'employeur dans les caisses ouvrières, et proportionné au nombre des ouvriers employés et aux dangers que présente l'industrie;

10° Intervention des ouvriers dans les règlements spéciaux des divers ateliers; suppression du droit usurpé par les patrons de frapper d'une pénalité quelconque leurs ouvriers sous forme d'amendes ou de retenues sur les salaires (décret de la Commune du 27 avril 1871);

11° Annulation de tous les contrats ayant aliéné la propriété publique (banques, chemins de fer, mines, etc.), et l'exploitation de tous les ateliers de l'État confiée aux ouvriers qui y travaillent;

12° Abolition de tous les impôts indirects et transformation de tous les impôts directs en un impôt progressif sur les revenus dépassant 3 000 fr. —Suppression de l'héritage en ligne collatérale et de tout héritage en ligne directe dépassant 20 000 francs.

J. Guesde and P. Lafargue, Le Programme du parti ouvrier (H. Oriol, 1883), pp. 1–5

RADICALISM IN 1881: CLEMENCEAU'S ELECTION PROGRAMME

Letter to Clemenceau from the Radical committee of the 18th arrondissement *of Paris —*

Les partisans plus ou moins avoués de la politique d'ajournement systématique et de compromis, confiants dans l'injurieuse prédiction de M. Jules Ferry vous annonçant la défaite de la politique que vous représentez, sont déjà au milieu de nous, organisés pour la lutte.

Leurs comités sont formés, leur candidat est choisi, et ils osent tenter, avec les complicités du dehors, de rompre l'unité politique du dix-huitième arrondissement.

Nous pensons que l'audace de cette tentative et les circonstances dans lesquelles elle se produit nous imposent le devoir de vous offrir la candidature dans les deux circonscriptions du collège dont vous êtes le député. En l'acceptant, vous permettrez à l'ensemble de vos commettants d'affirmer avec éclat qu'ils sont restés, comme vous, fidèles aux mêmes principes, et vous nous aiderez à décourager des entreprises dirigées contre la politique que nous voulons continuer de servir.

Salut et fraternité.

Le Comité des deux circonscriptions du dix-huitième arrondissement

CAHIER DES ÉLECTEURS

Article premier. Revision de la Constitution. Suppression du Sénat et de la présidence de la République. Ratification de la Constitution par le peuple.

Art. 2. Liberté individuelle, liberté de la presse, de réunion, d'association, garanties par la Constitution. Abrogation de la loi contre l'Association
Internationale des Travailleurs.[1]

Art. 3. Séparation des Églises et de l'État. Suppression du budget des
cultes. Retour à la nation des biens dits de mainmorte. Soumission de tous
les citoyens, sans distinction, au droit commun.

Art. 4. Droit de l'enfant à l'instruction intégrale. Instruction laïque,
gratuite et obligatoire.

Art. 5. Réduction du service militaire. Service militaire obligatoire pour
tous les citoyens. Suppression du volontariat d'un an. Liberté de conscience dans l'armée. Substitution progressive des milices nationales aux
armées permanentes.

Art. 6. Justice gratuite et égale pour tous. Magistrature élective et temporaire. Revision des Codes dans le sens démocratique. Abolition de la peine
de mort.

Art. 7. Souveraineté du suffrage universel. Scrutin de liste. Diminution
de la durée du mandat. Rétribution des fonctions électives. Responsabilité
personnelle et pécuniaire des fonctionnaires. Assimilation du mandat politique au mandat civil. Interdiction du cumul des fonctions publiques.

Art. 9. Autonomie communale. La commune maîtresse de son administration, de ses finances, de sa police, dans les limites compatibles avec l'unité
nationale.

Art. 10. Revision des contrats ayant aliéné la propriété publique: Mines,
canaux, chemins de fer, etc.

Art. 11. Réforme de l'assiette de l'impôt. Suppression des octrois et des
taxes de consommation. Impôt progressif sur le capital ou sur le revenu.

Art. 13. Rétablissement du divorce.

Art. 14. Réduction de la durée légale du travail à la journée. Interdiction
du travail des enfants au-dessous de quatorze ans dans les ateliers, mines,
usines, manufactures. L'établissement de Caisses de retraite pour les vieillards et les invalides du travail.

Art. 15. Revision de la loi sur les prud'hommes. Extension de leurs
attributions. Abolition du Livret. Responsabilité des patrons en matière
d'accidents, garantie par voie d'assurance. Intervention des ouvriers dans
l'établissement et l'application des règlements d'atelier.

Art. 16. Reconnaissance de la personnalité civile des syndicats ouvriers.
Participation des syndicats ouvriers aux adjudications publiques. Crédit
au travail.

Clemenceau's reply—

Je m'adresse... à l'ensemble de ceux qui m'ont fait, à deux reprises,
l'honneur de me choisir pour leur représentant, et je sollicite d'eux le
renouvellement de mon mandat législatif.

Je leur demande de dire s'ils veulent dévier de la ligne politique qu'ils
m'ont tracée et que j'ai suivie aussi fidèlement qu'il a été en moi.

Je leur demande de dire s'ils entendent continuer de revendiquer les
réformes radicales dans l'ordre politique et social, ou s'ils se résignent à

---

[1] The First International.

passer sous le joug de cette politique personnelle qui énerve le parti républicain et le livre aux dissensions intestines.

. . . .

Qu'est-ce, en effet, que votre programme, sinon l'énoncé sommaire des réformes par lesquelles le parti républicain s'est toujours proposé de détruire le principe monarchique si vivace dans nos institutions, afin de préparer la grande transformation sociale qui sera le couronnement de la Révolution française.

Ce programme, je l'accepte, car c'est celui de la démocratie républicaine tout entière. C'est le drapeau de 1869 qui fut, en face de l'Empire triomphant, planté par vous sur les hauteurs de Belleville et de Montmartre, en signe de défi mortel. Le pays tout entier tressaillit d'abord à cet excès d'audace: puis, à l'heure du péril, c'est là qu'il vint se rallier.

Citoyens, dans Montmartre le drapeau flotte encore où vous l'avez planté: vous ne le laisserez pas abattre.

Vive la République démocratique et sociale !

G. CLEMENCEAU
La Justice (14 août 1881)

THE BEGINNINGS OF REFORMIST SOCIALISM: POSSIBILISM   1881–1882

1. The Possibilists' reply to Marxist accusations that they were watering down the Le Havre programme.

Je préfère abandonner le «tout à la fois» pratiqué jusqu'ici et qui généralement aboutit au «rien du tout», fractionner le but idéal en plusieurs étapes sérieuses, immédiatiser en quelque sorte quelques-unes de nos revendications pour les rendre enfin possibles, au lieu de me fatiguer sur place à marquer le pas, ou, comme dans le conte de Barbe-Bleue, de rester perché sur toutes les tours de l'Utopie et ne jamais rien voir venir de concret et de palpable.

P. BROUSSE, 'Encore l'union socialiste', *Le Prolétaire*
(19 novembre 1881)

2. Programme adopted at the Saint-Étienne congress of the *Parti Ouvrier Socialiste Révolutionnaire*, 1882.

Considérant,

Que l'émancipation des travailleurs doit être l'œuvre des travailleurs eux-mêmes;

Que les efforts des travailleurs pour conquérir leur émancipation ne doivent pas tendre à constituer de nouveaux privilèges, mais à réaliser pour tous l'égalité et, par elle, la véritable liberté;

Que l'assujettissement du travailleur au détenteur du capital est la source de toute servitude politique, morale et matérielle;

Que, pour cette raison, l'émancipation économique des travailleurs est le grand but auquel doit être subordonné tout mouvement politique;

Que tous les efforts faits jusqu'ici ont échoué, faute de solidarité entre les ouvriers des diverses professions dans chaque pays, et d'une union fraternelle entre les travailleurs des diverses contrées;

Que l'émancipation des travailleurs n'est pas un problème simplement local ou national, qu'au contraire ce problème intéresse toutes les nations civilisées, sa solution étant nécessairement subordonnée à leurs concours théorique et pratique;

Pour ces raisons:

Le Parti ouvrier socialiste révolutionnaire français déclare:

1° Que le but final qu'il poursuit est l'émancipation complète de tous les êtres humains, sans distinction de sexe, de race et de nationalité;

2° Que cette émancipation ne sera en bonne voie de réalisation que lorsque, par la socialisation des moyens de produire, on s'acheminera vers une société communiste dans laquelle «chacun donnant selon ses forces, recevra selon ses besoins»;

3° Que pour marcher dans cette voie, il est nécessaire de maintenir, par le fait historique de la distinction des classes, un parti politique distinct en face des diverses nuances des partis politiques bourgeois;

4° Que cette émancipation ne peut sortir que de l'action révolutionnaire, et qu'il y a lieu de poursuivre *comme moyen* la conquête des pouvoirs publics dans la commune, le département et l'État...

S. HUMBERT, *Les possibilistes* (Rivière, 1911),
pp. 11–12

THE QUEST FOR SOCIALIST UNITY: MILLERAND'S SAINT-MANDÉ SPEECH   1896

Citoyens, de tous les champs de bataille où la France socialiste a rencontré la réaction capitaliste, le même cri a jailli: Union! Trêve aux querelles d'école, oubli des dissensions intestines! Contre l'ennemi commun, un seul cœur, un seul esprit, une seule action!

. . . .

...c'est une loi de l'évolution sociologique que tous les moyens de production et d'échange passent de la forme de propriété individuelle à celle de propriété capitaliste... au fur et à mesure que se constituent ces immenses propriétés capitalistes qui, sous leur rayonnement, dessèchent et tuent la petite propriété, la propriété individuelle... au fur et à mesure la propriété sociale se substitue à la propriété capitaliste.

Et voici que, me semble-t-il, je touche du doigt le trait caractéristique du programme socialiste.

N'est pas socialiste, à mon avis, quiconque n'accepte pas la substitution nécessaire et progressive de la propriété sociale à la propriété capitaliste. C'est dire qu'il ne saurait s'agir seulement de la transformation de ces trois catégories de moyens de production et d'échange qu'on peut qualifier de classiques: le crédit ou la banque, les transports par voie ferrée, les exploitations minières. Voici à côté d'elles, pour prendre un exemple qui ne saurait souffrir de discussion, une industrie qui incontestablement est mûre dès à présent pour l'appropriation sociale, parce que monopolisée en quelques mains, rapportant à ses exploiteurs des profits énormes, caractérisée à la fois par le perfectionnement de son machinisme et par la concentration intense de ses capitaux, elle est toute désignée pour fournir une matière féconde et facile à l'exploitation sociale: j'entends parler des raffineries de sucre. ...est-ce que déjà, en mettant la main sur la distribution de l'eau, de la lumière, de la force motrice, sur l'organisation des transports, sur le service en commun des machines agricoles, nombre de petites collectivités urbaines et rurales n'ont pas, dans leur sphère, substitué la propriété sociale à la propriété capitaliste?

. . . .

Notre éminent ami Gabriel Deville... disait... avec autant de force que de précision, que ce n'était point d'une minorité en révolte, mais de la majorité consciente que nous pouvions tenir la transformation sociale. Recourir à la force, et pour qui, et contre qui? Républicains avant tout, nous ne nourrissons point l'idée folle de faire appel au prestige illusoire d'un prétendant ou au sabre d'un dictateur pour faire triompher nos doctrines.

Nous ne nous adressons qu'au suffrage universel; c'est lui que nous avons l'ambition d'affranchir économiquement et politiquement. Nous ne réclamons que le droit de le persuader...

Non, pour réaliser les réformes immédiates susceptibles de soulager le sort de la classe ouvrière et de la rendre ainsi plus apte à conquérir elle-même son émancipation, pour commencer, dans les conditions déterminées par la nature des choses, la socialisation des moyens de production, il est nécessaire et suffisant au parti socialiste de poursuivre par le suffrage universel la conquête des pouvoirs publics.

A. MILLERAND, *Le socialisme réformiste français*
(G. Bellais, 1903), pp. 21–32

THE EXACERBATION OF FRANCE'S POLITICAL AND SOCIAL DIVISIONS AT THE TIME OF THE DREYFUS AFFAIR

1. The growth of antisemitism: Drumont's *La France Juive*, 1886.

Taine a écrit la *Conquête jacobine*. Je veux écrire la *Conquête juive*.

A l'heure actuelle, le Jacobin, tel que nous l'a décrit Taine, est un personnage du passé égaré au milieu de notre époque; il a cessé d'être dans le mouvement, comme on dit. Le temps n'est plus que nous ont dépeint les Goncourt, où «ce que l'architecture a de merveilles, ce que la terre a de magnificences, le palais et ses splendeurs, la terre et ses richesses, la forêt et ses ombres étaient les jetons de cette Académie de sang: — la Convention.»

. . . .

La seule ressource du Jacobin, en dehors de ce qu'il nous extorque par le budget, est de se mettre en condition chez Israël, d'entrer comme administrateur dans quelque compagnie juive où on lui fera sa part.

Le seul auquel la Révolution ait profité est le Juif. Tout vient du Juif; tout revient au Juif.

Il y a là une véritable conquête, une mise à la glèbe de toute une nation par une minorité infime mais cohésive, comparable à la mise à la glèbe des Saxons par les soixante mille Normands de Guillaume le Conquérant.

Les procédés sont différents, le résultat est le même. On retrouve ce qui caractérise la conquête : tout un peuple travaillant pour un autre qui s'approprie, par un vaste système d'exploitation financière, le bénéfice du travail d'autrui. Les immenses fortunes juives, les châteaux, les hôtels juifs ne sont le fruit d'aucun labeur effectif, d'aucune production, ils sont la prélibation d'une race dominante sur une race asservie.

Il est certain, par exemple, que la famille de Rothschild, qui possède ostensiblement trois milliards rien que pour la branche française, ne les avait pas quand elle est arrivée en France ; elle n'a fait aucune invention, elle n'a découvert aucune mine, elle n'a défriché aucune terre ; elle a donc prélevé ces trois milliards sur les Français sans leur rien donner en échange.

. . . .

Certaines de ces affaires, dont les actions valent aujourd'hui zéro, et qui n'ont pu être lancées que par des moyens frauduleux, sont évidemment de pures et simples escroqueries.

Ce détournement énorme de l'argent acquis par les travailleurs ne s'en est pas moins accompli avec une impunité absolue.

. . . .

Aujourd'hui, grâce au Juif, l'argent auquel le monde chrétien n'attachait qu'une importance secondaire et n'assignait qu'un rôle subalterne est devenu tout puissant. La puissance capitaliste concentrée dans un petit nombre de mains gouverne à son gré toute la vie économique des peuples, asservit le travail et se repaît de gains iniques acquis sans labeur.

. . . .

Or, presque tous les journaux et tous les organes de publicité en France étant entre les mains des Juifs ou dépendant d'eux indirectement, il n'est pas étonnant que l'on nous cache soigneusement la signification et la portée de l'immense mouvement antisémitique qui s'organise partout.

. . . .

En tous cas, il m'a paru intéressant et utile de décrire les phases successives de cette *Conquête juive*, d'indiquer comment, peu à peu, sous l'action juive, la vieille France s'est dissoute, décomposée, comment à ce peuple désintéressé, heureux, aimant, s'est substitué un peuple haineux, affamé d'or et bientôt mourant de faim.

. . . .

Chacun a le pressentiment d'un immense écroulement et s'efforce de fixer un trait de ce qui a été, se hâte de noter ce qui demain ne sera plus qu'un souvenir.

Ce qu'on ne dit pas, c'est la part qu'a l'envahissement de l'élément juif, dans la douloureuse agonie d'une si généreuse nation, c'est le rôle qu'a joué, dans la destruction de la France, l'introduction d'un corps étranger dans un organisme resté sain jusque-là.

E. DRUMONT, *La France Juive. Essai d'histoire contemporaine* (Marpon & Flammarion [1886]), I, pp. v–xvii

2. The Army High Command denounced: Zola's *J'Accuse*, January 1898.

...Je le répète avec une certitude plus véhémente : la vérité est en marche, et rien ne l'arrêtera. C'est d'aujourd'hui seulement que l'affaire commence, puisque aujourd'hui seulement les positions sont nettes: d'une part, les coupables qui ne veulent pas que la lumière se fasse; de l'autre, les justiciers qui donneront leur vie pour qu'elle soit faite. Quand on enferme la vérité sous terre, elle s'y amasse, elle y prend une force telle d'explosion, que, le jour où elle éclate, elle fait tout sauter avec elle. On verra bien si l'on ne vient pas de préparer, pour plus tard, le plus retentissant des désastres.

Mais cette lettre est longue, monsieur le Président, et il est temps de conclure.

J'accuse le lieutenant-colonel du Paty de Clam d'avoir été l'ouvrier diabolique de l'erreur judiciaire, en inconscient, je veux le croire, et d'avoir ensuite défendu son œuvre néfaste, depuis trois ans, par les machinations les plus saugrenues et les plus coupables.

J'accuse le général Mercier de s'être rendu complice, tout au moins par faiblesse d'esprit, d'une des plus grandes iniquités du siècle.

J'accuse le général Billot d'avoir eu entre les mains les preuves certaines de l'innocence de Dreyfus et de les avoir étouffées, de s'être rendu coupable de ce crime de lèse-humanité et de lèse-justice, dans un but politique et pour sauver l'état-major compromis.

J'accuse le général de Boisdeffre et le général Gonse de s'être rendus complices du même crime, l'un sans doute par passion cléricale, l'autre peut-être par cet esprit de corps qui fait des bureaux de la guerre l'arche sainte, inattaquable.

J'accuse le général de Pellieux et le commandant Ravary d'avoir fait une enquête scélérate, j'entends par là une enquête de la plus monstrueuse partialité, dont nous avons, dans le rapport du second, un impérissable monument de naïve audace.

J'accuse les trois experts en écritures, les sieurs Belhomme, Varinard et Couard, d'avoir fait des rapports mensongers et frauduleux, à moins qu'un examen médical ne les déclare atteints d'une maladie de la vue et du jugement.

J'accuse les bureaux de la guerre d'avoir mené dans la presse, particulièrement dans l'*Éclair* et dans l'*Écho de Paris*, une campagne abominable, pour égarer l'opinion et couvrir leur faute.

J'accuse enfin le premier conseil de guerre d'avoir violé le droit, en condamnant un accusé sur une pièce restée secrète, et j'accuse le second conseil de guerre d'avoir couvert cette illégalité, par ordre, en commettant à son tour le crime juridique d'acquitter sciemment un coupable.

En portant ces accusations, je n'ignore pas que je me mets sous le coup des articles 30 et 31 de la loi sur la presse du 29 juillet 1881, qui punit les délits de diffamation. Et c'est volontairement que je m'expose.

Quant aux gens que j'accuse, je ne les connais pas, je ne les ai jamais vus, je n'ai contre eux ni rancune ni haine. Ils ne sont pour moi que des entités, des esprits de malfaisance sociale. Et l'acte que j'accomplis ici n'est qu'un moyen révolutionnaire pour hâter l'explosion de la vérité et de la justice.

Je n'ai qu'une passion, celle de la lumière, au nom de l'humanité qui a tant souffert et qui a droit au bonheur. Ma protestation enflammée n'est que le cri de mon âme. Qu'on ose donc me traduire en cour d'assises, et que l'enquête ait lieu au grand jour!

J'attends.

Veuillez agréer, monsieur le Président, l'assurance de mon profond respect.

É. ZOLA, 'J'Accuse...!', *L'Aurore* (13 janvier 1898)

3. The Assumptionists against Dreyfus, February 1898.

On va lire l'étonnant procès qui éclate aujourd'hui comme un duel entre l'armée et le syndicat juif appuyé «par la triplice et l'inévitable anglo-saxon».

Sans doute, c'est la patrie en danger qui s'insurge contre l'ennemi déjà répandu sur le territoire; mais il faut être aveugle pour ne pas reconnaître le prodigieux changement qui amène aujourd'hui une lutte, déclarée impossible en cette fin de siècle, entre la France catholique et la France juive, protestante et libre-penseuse.

Oh! certainement, les vainqueurs des Loges ne croyaient pas que des questions catholiques pussent encore passionner la France avachie.

Cependant les Loges juives avaient déjà éprouvé, en ces derniers temps, une stupéfaction de la résistance imprévue des Congrégations.

Les juifs, en imaginant les lois fiscales, croyaient qu'ils écrasaient des insectes impuissants, et le Christ vit encore, après qu'ils l'ont scellé sous la grosse pierre.

Néanmoins, la lutte dans la presse, sur la place publique, contre la libre-pensée, était bien impossible.

Le très immonde Zola avait outragé notre Sauveur sous les formes les plus horribles, donnant son Nom divin à d'immondes personnages; il avait écrit *Lourdes* contre la Vierge Immaculée, *Rome* contre l'Église, et l'opinion publique l'avait acclamé, payant au poids de l'or jusqu'aux expressions qu'on n'avait jamais imprimées qu'au dictionnaire selon l'ordre alphabétique.

Les juifs avaient admiré ce géant de l'opinion qui piétinait le Christ, la Vierge et l'Église en soulevant des applaudissements, et ils avaient acheté à grands prix sa plume et son fumier.

Que pouvions-nous contre toute la presse? tout le fonctionnarisme? toute la finance? et le suffrage?

Au retour de Terre Sainte où l'on avait médité de notre faiblesse au pied de la Croix, sur le Calvaire délaissé et outragé, nous fûmes étonnés de trouver à Marseille un magasin juif pillé; des dépêches nous annonçaient que les Algériens, peu dévots, écrivaient sur leurs devantures: *Maison catholique: Ici, il y a des chrétiens et pas de juifs*, etc.

Le soir même, à propos de la question juive et alors que Jaurès disait que l'état-major n'était qu'une jésuitière, les députés se livraient à un pugilat qui n'avait rien des jeux olympiques. Un gavroche (il est vrai qu'il n'est pas plus académicien que M. Zola), s'écriait avec franchise: «Ils se sont ... une «peignée».

Le monde financier juif, qui tient tous les personnages du théâtre politique avec des ficelles d'or, voyait ses pantins se tordre, on ne parlait plus que de s'émanciper.

Juifs et protestants sont enfin réputés dangereux par le peuple; celui-ci

n'écoute plus les politiques en vogue, pas même Zola le glorieux ordurier;
les événements tournent si singulièrement, que ces infidèles et hérétiques
ont dû attaquer l'armée et que celle-ci, en se défendant des soufflets les plus
retentissants, entame ce soir le procès contre les ennemis reconnus du
Christ et de l'Église. Elle s'appuie sur la France catholique.

C'est donc la libre-pensée, couronnée hier et avocate des juifs, des
protestants et de tous les ennemis de la France, qui est sur la sellette de
Zola et l'armée est obligée, malgré elle, d'ouvrir le feu.

L'incendie ne va pas s'éteindre.

LE MOINE (V. DE P. BAILLY), 'Feu Ouvert',
La Croix (8 février 1898)

4. The Army against the Republic, 1899.

«Vive l'Armée!» Que d'éloges et de blâmes dans ces deux mots! Vive
l'Armée qui se sacrifie! l'Armée qui souffre, l'Armée qui veille! Vive ce
qu'il y a, à l'heure actuelle, de meilleur et de plus pur dans notre France:
l'esprit d'abnégation, l'esprit de discipline, l'esprit de solidarité, l'esprit de
patrie! Ce cri unique, qui a retenti depuis le champ de manœuvre de la
revue jusqu'à la porte des casernes, n'était-il pas en même temps la condamnation et la flétrissure de tous ces politiciens de bas étage, quel que soit
le rang auquel ils sont montés?

A quoi bon crier: A bas les ministres! A bas les présidents! A bas les
Panamistes! A bas les Dreyfusards! A bas les Parlementaires et le Parlementarisme! les corrupteurs et les corrompus!

Est-ce que ces deux mots-là ne disent pas tout ce qu'il y a à dire: «Vive
l'Armée!»?

Oh! oui, vive l'Armée! qui est notre dernier honneur, notre dernier
recours, notre suprême sauvegarde.

Modeste et résignée comme elle l'est, peut-être ne comprend-elle pas tout
ce que le Peuple met en elle d'espoir national et de foi patriotique? Peut-
être a-t-elle besoin de se sentir encore plus sûre d'être en communion
d'idées avec la foule des bons Français? Car, Dieu merci! nous sommes
encore la foule.

Pour nous aider à secouer le joug des sectes et des coteries, peut-être
hésite-t-elle encore à franchir le Rubicon dérisoire qu'a tracé pour elle une
Constitution usurpatrice de tous les pouvoirs et violatrice de tous les droits?
Que nos cris d'hier, que vos acclamations de tout à l'heure, que mon discours
d'aujourd'hui la rassurent et l'éclairent. Le Peuple est avec elle: qu'elle soit
avec le Peuple!

Je ne lui fais pas l'injure de lui conseiller de marcher avec nous pour se
venger, elle; je lui demande, je la supplie de venger la Nation, de servir et
de sauver la République qu'on déshonore, la France qu'on tue.

Vous qui comptez des amis sinon des parents parmi nos officiers, dites-
leur bien ces choses, faites-les leur bien comprendre. Que si quelqu'un des
grands chefs nous oppose le respect de la Constitution et de la Loi, parlez-
lui du respect de la Patrie, du salut du Peuple, — lois suprêmes! — Rappe-
lez-lui, rappelez à tous ceux qui feignent de l'oublier, qu'il n'y a jamais eu
de révolution sans entente de la Nation et de l'Armée.

Cette révolution peut être tardive ou immédiate. Mais pourquoi la vouloir tardive?

Car enfin, même quand l'Armée doit finir par marcher avec le Peuple, si elle ne commence pas par le suivre, elle commence par en recevoir et par lui rendre des coups de fusil. Et, des deux côtés, il y a mort d'hommes, mort de Français. Est-ce là la conception généreuse de ceux qui me reprochent de vouloir établir par avance l'union du Peuple et de l'Armée?

Il n'est aucune autre issue à la crise que nous traversons. C'est de l'union que je préconise que naîtra la liberté; c'est le seul dénouement possible, rapide, tutélaire et non sanglant. Nos admirables soldats sont depuis vingt ans les gendarmes des parlementaires contre la France, il est temps qu'ils deviennent les gendarmes de la France contre les Parlementaires.

P. Déroulède, speech to the Ligue des Patriotes, 16th July 1899

5. The real issue, as seen by Charles Péguy, 1910.

En réalité la véritable situation des gens que nous avions devant nous était pendant longtemps non pas de dire et de croire Dreyfus coupable, mais de croire et de dire qu'innocent ou coupable on ne troublait pas, on ne bouleversait pas, on ne *compromettait* pas, on ne risquait pas pour un homme, pour un seul homme, la vie et le salut d'un peuple, l'énorme salut de tout un peuple. On sous-entendait: le salut *temporel*. Et précisément notre mystique chrétienne culminait si parfaitement, si exactement avec notre mystique française, avec notre mystique patriotique dans notre mystique dreyfusiste que ce qu'il faut bien voir, et ce que je dirai, ce que je mettrai dans mes confessions, *c'est que nous ne nous placions pas moins qu'au point de vue du salut éternel de la France*. Que disions-nous en effet? Tout était contre nous, la sagesse et la loi, j'entends la sagesse humaine, la loi humaine. Ce que nous faisions était de l'ordre de la folie ou de l'ordre de la sainteté, qui ont tant de ressemblances, tant de secrets accords, pour la sagesse humaine, pour un regard humain. Nous allions, nous étions contre la sagesse, contre la loi. Contre la sagesse humaine, contre la loi humaine. Voici ce que je veux dire. Qu'est-ce que nous disions en effet. Les autres disaient: Un peuple, tout un peuple est un énorme assemblage des intérêts, des droits les plus légitimes. Les plus sacrés. Des milliers, des millions de vies en dépendent, dans le présent, dans le passé, (dans le futur), des milliers, des millions, des centaines de millions de vies le constituent, dans le présent, dans le passé, (dans le futur), (des millions de mémoires), et par le jeu de l'histoire, par le dépôt de l'histoire la garde d'intérêts incalculables. De droits légitimes, sacrés, incalculables. Tout un peuple d'hommes, tout un peuple de familles; tout un peuple de droits, tout un peuple d'intérêts, légitimes; tout un peuple de vies; toute une race; tout un peuple de mémoires; toute l'histoire, toute la montée, toute la poussée, tout le passé, tout le futur, toute la promesse d'un peuple et d'une race; tout ce qui est inestimable, incalculable, d'un prix infini, parce que ça ne se fait qu'une fois, parce que ça ne s'obtient qu'une fois, parce que ça ne se recommencera jamais; parce que c'est une réussite, unique; un peuple, et notamment,

nommément ce peuple-ci, qui est d'un prix unique; ce vieux peuple; un
peuple n'a pas le droit, et le premier devoir, le devoir étroit d'un peuple est
de ne pas exposer tout cela, de ne pas s'exposer pour un homme, quel qu'il
soit, quelque légitimes que soient ses intérêts ou ses droits. Quelque sacrés
même. Un peuple n'a jamais le droit. On ne perd point une cité, une cité
ne se perd point pour un (seul) citoyen. C'était le langage même et du
véritable civisme et de la sagesse, c'était la sagesse même, la sagesse antique.
C'était le langage de la raison. A ce point de vue il était évident que Dreyfus
devait se dévouer pour la France; non pas seulement pour le repos de la
France mais pour le salut même de la France, qu'il exposait. Et s'il ne
voulait pas se dévouer lui-même, dans le besoin on devait le dévouer. Et
nous que disions-nous. Nous disions une seule injustice, un seul crime, une
seule illégalité, surtout si elle est officiellement enregistrée, confirmée, une
seule injure à l'humanité, une seule injure à la justice et au droit, surtout si
elle est universellement, légalement, nationalement, commodément acceptée, un seul crime rompt et suffit à rompre tout le pacte social, tout le contrat
social, une seule forfaiture, un seul déshonneur suffit à perdre, d'honneur, à
déshonorer tout un peuple. C'est un point de gangrène, qui corrompt tout
le corps. Ce que nous défendons, ce n'est pas seulement notre honneur. Ce
n'est pas seulement l'honneur de tout notre peuple, dans le présent, c'est
l'honneur historique de notre peuple, tout l'honneur historique de toute
notre race, l'honneur de nos aïeux, l'honneur de nos enfants. Et plus nous
avons de passé, plus nous avons de mémoire, (plus ainsi, comme vous le
dites, nous avons de responsabilité), plus ainsi aussi ici nous devons la
défendre ainsi. Plus nous avons de passé derrière nous, plus (justement) il
nous faut le défendre ainsi, le garder pur. *Je rendrai mon sang pur comme je
l'ai reçu.* C'était la règle et l'honneur et la poussée cornélienne, la vieille
poussée cornélienne. C'était la règle et l'honneur et la poussée chrétienne.
Une seule tache entache toute une famille. Elle entache aussi tout un peuple.
Un seul point marque l'honneur de toute une famille. Un seul point marque
aussi l'honneur de tout un peuple. Un peuple ne peut pas rester sur une
injure, subie, exercée, sur un crime, aussi solennellement, aussi définitivement endossé. L'honneur d'un peuple est d'un seul tenant.

Qu'est-ce à dire, à moins de ne pas savoir un mot de français, sinon que
nos adversaires parlaient le langage de la raison d'État, qui n'est pas seulement le langage de la raison politique et parlementaire, du méprisable
intérêt politique et parlementaire, mais beaucoup plus exactement, beaucoup
plus haut qui est le langage, le très respectable langage de la continuité, de
la continuation temporelle du peuple et de la race, *du salut temporel du peuple
et de la race.* Ils n'allaient pas à moins. Et nous par un mouvement chrétien
profond, par une poussée très profonde révolutionnaire et ensemble traditionnelle de christianisme, suivant en ceci une tradition chrétienne des
plus profondes, des plus vivaces, des plus dans la ligne, dans l'axe et au
cœur du christianisme, nous nous n'allions pas à moins qu'à nous élever je
ne dis pas (jusqu') à la conception mais à la passion, mais au souci d'un
salut éternel, du salut éternel de ce peuple, nous n'atteignions pas à moins
qu'à vivre dans un souci constant, dans une préoccupation, dans une angoisse
mortelle, éternelle, dans une anxiété constante du salut éternel de notre

peuple, du salut éternel de notre race. Tout au fond nous étions les hommes du salut éternel et nos adversaires étaient les hommes du salut temporel. Voilà la vraie, la réelle division de l'affaire Dreyfus. Tout au fond nous ne voulions pas que la France fût constituée en état de péché mortel.

C. Péguy, *Notre Jeunesse, Cahiers de la Quinzaine*, XI, 12 (17 juillet 1910), pp. 208–212

POLITICAL AND SOCIAL DIVISIONS IN THE EARLY TWENTIETH CENTURY

L'essentiel de notre politique se discute autour de principes, dont l'application éventuelle se fera ensuite au milieu d'une quasi-indifférence. Voilà pourquoi, selon l'observation de M. Robert de Jouvenel, qui s'y connaissait, «les lois sont, aux yeux des législateurs, des choses moins sérieuses que les ordres du jour». C'est aussi pourquoi les partis se disputent avec tant d'âpreté l'exclusivité des grands hommes disparus et jusqu'à des gloires nationales qui, ailleurs, feraient l'unanimité. Si nous ne savons pas très bien quel groupe patronnerait aujourd'hui Vercingétorix, nul n'ignore dans quel parti l'Église a enrôlé Jeanne d'Arc. Elle a été proprement soufflée aux républicains, si bien qu'actuellement une carte des drapeaux arborés, le jour de sa fête annuelle, fournirait une topographie fort exacte du cléricalisme à Paris. Les disputes municipales sur les noms de rues sont encore plus drôles. Voter, dans une atmosphère d'excitation, qu'on inscrira sur les murs: «Boulevard du Maréchal-Foch», «place Anatole-France» ou «rue Ferrer», c'est opposer les unes aux autres des conceptions de la vie, de la politique, de l'homme, qui dénotent, chez les militants en furie, une belle capacité de représentation intellectuelle. Après quoi du reste on va pacifiquement au café et, sauf une plaque bleue sur quelques murs, rien n'est changé.

La division des partis ou plus exactement des tendances se fait donc sur des conceptions de la vie qui s'opposent, sur la réaction instinctive de chacun à l'égard de tel ou tel ordre social qu'il préfère ou déteste. Il y a deux lignes de partage essentielles. La première sépare les adversaires et les partisans de la Révolution française: dans ce cas, la lutte est pour ou contre l'ancien régime. La seconde résulte de l'intrusion de la grande production capitaliste dans le système individualiste né du XVIIIe siècle: et c'est alors la liberté, l'individualisme, hier forces d'avant-garde maintenant devenues conservatrices, qui se défendent contre le collectivisme. Jusqu'à 1848, la première question était à peu près seule en cause, mais depuis lors la seconde est venue s'enchevêtrer avec elle, sans du reste l'évincer de l'ordre du jour. La présence simultanée de cette double préoccupation, dans les mêmes partis, les mêmes groupes et jusque chez les mêmes individus, crée dans la politique française un imbroglio permanent. Nous aurons donc à envisager les partis selon qu'ils sont issus de la Révolution française ou de la poussée croissante de l'industrie. Mais cette analyse n'aura pas raison d'une confusion parfois inextricable.

Un siècle et demi après la déclaration des droits de l'homme, la Révolution française n'est nullement l'objet d'une adhésion unanime. Il ne s'agit pas de république ou de monarchie, c'est beaucoup plus profond. Léon Bourgeois l'avait bien compris quand, au lendemain du boulangisme, il répondait à certains royalistes disposés à se rapprocher du régime: «Vous êtes ralliés à la République, ce n'est rien. Acceptez-vous la Révolution?» Admettre l'esprit de 1789, voilà, entre la gauche et la droite, la démarcation essentielle. Mais elle laisse à droite beaucoup plus de gens qu'on ne croirait à première vue: en dehors du peuple proprement dit, le nombre des «purs» est même étonnamment limité.

La Révolution affirme que la souveraineté vient du peuple, d'en bas, non d'en haut. Il y a donc une égalité, pour ainsi dire métaphysique, de tous les citoyens. Ce n'est ni le communisme car on veut rester distinct, ni l'égalité réelle car on connaît la vie; c'est en fin de compte une affirmation intransigeante et jalouse de la dignité théorique de chacun, et sentez-vous ici passer toute la passion de Rousseau? Vous la trouverez intacte chez Alain, quand il fait dire à un artisan de village: «Je veux bien qu'il y ait des riches qui usent la route avec leurs autos, mais je ne veux pas qu'ils se disent les maîtres... et enfin, puisque l'inégalité est partout, je veux que l'égalité soit affirmée bien haut.» S'il en est ainsi c'est donc le peuple, c'est-à-dire le suffrage universel, qui doit imposer sa volonté et inspirer la politique de la nation. Point de vue banal mais — attention! — qui mène fort loin, car en l'admettant vous repoussez implicitement soit le gouvernement des autorités sociales, soit le droit d'intervention de l'Église dans les affaires de l'État: vous déterminez ainsi, par cette simple résistance aux prétentions de ses adversaires, le domaine propre de la Révolution.

Qu'est-ce que ces autorités sociales dont parlent les doctrinaires, mais que le peuple ne connaît certainement pas sous ce nom? Essentiellement ceux qui prétendent, ou du moins estiment même sans le dire, que leur fortune, leur naissance, surtout l'union de l'une et de l'autre, sont en soi des titres à la direction sociale et politique de la nation. Autrefois c'était le roi, la noblesse, le haut clergé; ce sont aujourd'hui la noblesse assise sur la grande propriété foncière, les dynasties patronales, les corps de hauts fonctionnaires pourvus d'une tradition, le capital organisé, les salons... Il s'agit parfois de culture transmise héréditairement, mais non pas d'intelligence individuelle, valeur plébéienne. Quand M. Thibaudet évoque la rivalité du *boursier* et de l'*héritier*, Burdeau ou Lagneau contre Barrès, c'est bien le peuple et les autorités sociales qu'il oppose. Or celles-ci n'ont pas l'esprit de 1789. La fortune, la naissance sont perpétuellement candidates au gouvernement des hommes; elles font parfois semblant de le solliciter comme une délégation, mais au fond elles méprisent cette délégation: un instinct qui vient du plus lointain passé les pousse à toujours vouloir remettre le peuple en tutelle, elles se jugent de droit divin. «Il n'est pas d'exemple, écrit Alain, d'un salon où l'on accepte tout simplement la souveraineté populaire», et c'est strictement vrai.

Avec l'Église la querelle est plus complexe parce qu'elle se complique de doctrine, ce qui est sérieux dans un pays où les militants politiques sont des doctrinaires. L'Église ne peut évidemment reconnaître l'indépendance complète de la société politique à son égard: en fait elle admettra, à titre empirique, un pouvoir temporel indépendant et même n'importe quel pouvoir temporel, mais il faudra que la délégation vienne d'en haut, non d'en bas, c'est-à-dire que le pouvoir ait Dieu pour origine. Tout naturellement, dans ces conditions, l'Église penche pour les gouvernements d'autorité: théoriquement, la souveraineté populaire, la laïcité de l'État sont, à ses yeux, choses abominables, et, en fait de doctrine, on ne voit pas bien quelle réconciliation pourrait survenir entre son point de vue et celui de la laïcité révolutionnaire. Il n'est dès lors pas étonnant que, du moins en France, elle se soit traditionnellement associée aux autorités sociales contre les forces de la gauche. Aussi a-t-elle beau déborder de beaucoup les aristocraties de la naissance et de la fortune, comprendre parmi ses dirigeants plus d'hommes du peuple que d'hommes du monde, constituer pour les petites gens la plus magnifique agence de protection individuelle et familiale, gêner même à l'occasion plus d'un radical par sa hardiesse en matière sociale, aucun militant de gauche n'a encore appris à croire que l'Église puisse sincèrement travailler pour la République.

Ici l'anticléricalisme marque donc une frontière, frontière si importante qu'elle constitue sans doute la ligne de partage dominante de toute notre politique. Quand les pentes se déterminent, à droite ou à gauche, soit dans les circonscriptions soit à la Chambre, c'est presque toujours l'attitude prise à l'égard de la question religieuse qui est la cause déterminante de l'orientation. Il y a maintenant un nombre croissant de catholiques qui, socialement, sont à gauche, mais politiquement ils restent à droite. Du point de vue républicain le patronage du curé équivaut à une condamnation sans appel, et du point de vue de la droite l'excommunication du curé produit un effet semblable. Des deux côtés on proteste également, comme s'il s'agissait d'une injustice: Vous m'excluez parce que je vais à la messe, vous m'excluez parce que je ne vais pas à la messe! En effet, on aura beau s'entendre sur tout le reste, partager la même foi réformatrice ou la même passion conservatrice, si l'on n'est pas d'accord sur cette question métaphysique on ne figurera jamais du même côté de la barricade. «Le plaisant de mon affaire, écrit avec esprit un républicain battu par la droite dans le Plateau Central, c'est que mon dissentiment avec mes compatriotes ne porte pas sur les affaires d'ici-bas, mais sur celles de l'au-delà. Je crois, parce que mes adversaires me l'ont mille fois répété, qu'ils m'auraient volontiers confié les intérêts publics en ce monde si seulement nous étions d'accord sur l'autre. Je suis frappé d'incapacité politique pour des raisons théologiques.» C'est vrai, mais ce différend théologique répond quand même à deux conceptions opposées de la vie, de l'autorité, du gouvernement.

Entrons cependant dans le domaine des nuances. Pour être d'esprit laïque, ou même anticlérical, on ne sera pas nécessairement antireligieux. Dans ce pays où la République est en délicatesse chronique avec l'Église, n'oublions pas que les catholiques, nominalement, c'est tout le monde; il faut donc bien que, chez la grande majorité des citoyens, la dissociation du politique et du religieux s'opère sans trop de difficultés. C'est une sorte de débrayage, que le Français effectue, à vrai dire, avec une merveilleuse aisance. La coexistence de l'Église et de la République serait impossible sans cette liberté intellectuelle, qui comporte un peu de scepticisme, de la finesse et, derrière soi, beaucoup de civilisation. C'est l'impression d'un ami alsacien qui, récemment, m'écrivait: «Le catholicisme ne lie pas le Français dans son tréfonds, ce dernier n'est pas assez mystique pour cela. Le Français catholique me donne parfois l'impression d'avoir fait un pacte avec son Église (inconsciemment bien entendu) pour se tranquilliser, pour se donner l'absoute à priori, et dans ces conditions il se sent merveilleusement son maître dans son domaine personnel, bien à lui, magnifiquement équilibré, pas du tout fonction des forces immanentes et ténébreuses qui poussent les Germains. Je ne crois pas que l'Alsacien soit actuellement assez libéré de ces forces immanentes, assez individuellement mûri pour se complaire au régime d'isolement individuel qu'implique la séparation.»

Je ne sais pas en effet de type français plus représentatif que celui du député anticlérical dont la femme est dévote et qui fait élever sa fille au couvent. C'était le cas de Jaurès et, dans un meeting, je ne sais quel électeur sans tact lui en avait fait le reproche. «Mon ami, lui répondit le tribun avec bonhomie, sans doute faites-vous de votre femme ce que vous voulez, moi pas!» On rit et l'assemblée approuva: tout le monde comprenait et probablement plus d'un auditeur était-il dans le même cas. Du reste, surtout quand sa femme est jolie, le Français, même anticlérical, est tenté de la croire mieux gardée si le curé s'en mêle: l'opinion républicaine n'a pas de vraie sévérité pour ces concessions de la vie privée. On peut même aller plus loin: ces cérémonies qui ponctuent la vie des Français, le baptême, le mariage à l'église, l'enterrement par le prêtre, elles appartiennent à une tradition incorporée dans les mœurs nationales, qui déborde mais englobe le catholicisme. Même aux yeux de ses farouches adversaires, le curé (je n'en dirais pas autant du pasteur) fait partie du mobilier national. Voilà pourquoi l'anticléricalisme des protestants et des Juifs paraît toujours en France un peu choquant: seuls les catholiques savent vraiment être anticléricaux.

Pour ou contre l'esprit de 1789, les diverses classes sociales (on peut employer ce terme à condition de lui dénier toute signification juridique) se sont, au XIXe siècle, groupées et orientées en tendances politiques d'une parfaite clarté.

Nous classerons d'abord, comme relevant de l'esprit de 1789, le paysan et l'artisan de village, toutes les fois du moins qu'ils ne subissent pas l'ascendant politique de l'Église. La crainte de l'ancien régime, aujourd'hui purement chimérique, continue de marquer à un étonnant degré la psychologie du paysan français: l'attitude qui en résulte est une instinctive résistance à la domination du presbytère et du château. Il arrive aujourd'hui que le noble et le prêtre soient brouillés, mais dans la majorité des communes cette opposition du peuple et des autorités sociales, résultat d'une prétention à laquelle correspond une résistance, demeure permanente.

L'ouvrier de l'industrie, type social de formation postérieure, a d'abord commencé par avoir tout simplement, comme le paysan et l'artisan, l'esprit de la Révolution française, mais avec un dévouement idéologique peut-être plus passionné.La lutte de classe, conception étrangère, n'est venue que plus tard, mais il y a, en dehors d'elle, un mouvement ouvrier proprement français, dont l'idéal est loin, même aujourd'hui, d'avoir épuisé sa vertu. Je me rappelle un temps, qui n'est pas très loin, où nombre d'ouvriers étaient simplement «républicains».

A ces éléments fondamentaux de la gauche ajoutons le petit fonctionnaire, peuple par son origine, son esprit et ses manières, longtemps brimé par la superbe d'une administration apparentée aux autorités sociales et soucieux, lui aussi, de s'émanciper, sous la protection d'une République qui lui appartiendrait. Au temps du Gambettisme,[1] quand le régime encore discuté s'installait, l'instituteur, le facteur ont été, dans chaque village, d'incomparables militants. Et n'oublions pas enfin, dans cette revue, la petite et la moyenne bourgeoisie, sans cesse écrémée de son élite par le succès, mais d'autant plus jalouse du snobisme des riches, et par là solidaire d'un ordre qui se réclamait de l'égalité. C'est dans ces quelques groupes que la République naissante a spontanément trouvé ses plus solides appuis.

Mais il y a par contre des milieux dont l'idéal est incompatible avec tout régime se réclamant de 1789: l'Église, pour les raisons que nous avons dites; la noblesse, qui tient naturellement pour la hiérarchie et en réalise encore les conditions dans plus d'un département; la bourgeoisie, surtout la haute bourgeoisie, devenue à son tour l'une des autorités sociales. Des clientèles gravitent autour de ces trois puissances: populations catholiques dévouées au prêtre, pauvres secourus par l'Église et par les riches, petits fermiers craintifs devant le propriétaire, commerçants de village ou de petite ville effrayés d'un boycottage éventuel, employés, domestiques, ouvriers même, tenus en état de dépendance par le patron. Dans la mesure où la société est hiérarchie, organisation, elle tend à échapper à l'esprit de 1789 pour se rallier à d'autres idéaux. On ne se rend généralement pas compte à quel point, sous des formes anciennes ou rajeunies, la hiérarchie exerce encore d'influence. Le peuple, idéaliste naïf, espère toujours en avoir raison et instaurer enfin le régime de la véritable égalité, mais les sages, même dans ses rangs, savent bien que c'est une utopie: la discipline renaît toujours parce qu'il faut bien que la société vive.

Entre ces deux groupes les pentes se déterminent aussi infailliblement que des pentes géographiques. Il est naturel que les petites gens s'associent, et de même les riches et les puissants; chacun du reste croit être sur la défensive et n'a pas tort. Ainsi se dessine spontanément, dans chaque commune française, le parti de l'instituteur, qui veut «affranchir» le peuple; et, derrière le curé, le noble ou le riche bourgeois, celui de la hiérarchie, qui (sans le dire bien sûr) voudrait maintenir le peuple en tutelle, n'estimant la masse capable ni de gouverner ni de se gouverner.

Il y a là deux tempéraments si différents, deux points de vue si naturellement opposés qu'on ne saurait les juger avec équité: tout dépend du point de vue où on se place. «Pour qui connaît la province, nous dira M. François Mauriac, c'est d'un péché capital qu'est née la France contemporaine: l'envie. Le paysan vote, les yeux fermés, à gauche; il est sûr de ne pas se tromper en votant contre ceux qui vont à la messe et qui se lavent les mains. Il exècre tout ce qui se distingue par les idées, par les occupations, par le costume.» Oui, mais par ailleurs méconnaîtrons-nous la grandeur de ce

---

[1] During the early years of the Third Republic.

sentiment, littéralement révolutionnaire, de la dignité de la personne humaine, ferment dont la puissance explosive est bien loin d'être épuisée et pour lequel les timorés de tous les pays ont bien raison de juger la France dangereuse? Cette doctrine selon laquelle chaque individu possède le droit imprescriptible de penser librement, de juger, de se conduire par soi-même, souverainement, c'est la plus difficile à faire accepter aux hommes : à gauche comme à droite, chez les puritains d'Amérique comme dans les milieux catholiques les mieux pensants du vieux monde, l'immense majorité la redoute et, au fond, la condamne. Notre modeste militant de village, il combat sur le front de l'humanisme!

Nous avons, je crois, dans ce qui précède, la clef du système politique français. Il resterait incompréhensible si l'on perdait de vue que, chez nous, l'esprit contre-révolutionnaire se reforme constamment, sous des formes chaque fois nouvelles, par une sorte de cristallisation. Alors que, sur sa gauche, marxisme et communisme, qu'elle n'aime pas, la menacent déjà depuis longtemps, notre démocratie en est encore à se défendre, sur sa droite, contre un ancien régime, constamment rajeuni ou camouflé, qui ne désarme pas. Comment faire comprendre cela aux pays chez lesquels la réaction n'existe pas, comme aux États-Unis, ou chez lesquels, comme en Angleterre, la hiérarchie est acceptée, que dis-je, naïvement vénérée du peuple lui-même? Le malheur de l'esprit français est ici de concevoir, de poser trop clairement le problème : à propos de l'incident le plus trivial, c'est tout le principe du système qui risque, chaque fois, d'être remis en cause.

A. SIEGFRIED, *Tableau des partis en France*
(Bernard Grasset, n.d. [1930]), pp. 54–72

POLITICAL AND SOCIAL DIVISIONS SINCE 1945

CLASS-CONFLICT SINCE THE SECOND WORLD WAR

Deux phénomènes caractérisent... notre époque : c'est la *mobilité* qui existe entre [les] groupes et l'*institutionnalisation* progressive des conflits qui se produisent entre eux.

(*a*) Il est certain qu'il existe entre ces groupes une mobilité qui va croissant avec le progrès même des techniques industrielles. Elle atteint son maximum aux États-Unis; dans ce pays, la plupart des travailleurs se considèrent comme membres de la classe moyenne; il est possible de passer aisément d'un groupe à un autre, cependant que l'appartenance aux divers groupes ne se manifeste pas extérieurement par des signes visibles. Tous les Américains se nourrissent de même; leurs vêtements sont peu différenciés; chacun cherche à avoir son petit bungalow en banlieue, et la plupart des ouvriers possèdent leur automobile. Le système éducatif, enfin, cherche à assurer surtout une formation professionnelle, et l'enseignement secondaire, comme le supérieur, est suffisamment ouvert pour laisser à chacun sa chance.

Cette évolution est beaucoup moins avancée dans nos pays d'Europe, où le système scolaire continue à jouer le rôle d'une barrière sociale, opposant les groupes entre eux. Malgré les efforts accomplis pour assurer la gratuité de l'enseignement primaire, et la démocratisation progressive du secondaire, des sujets d'élite sont maintenus dans des positions inférieures parce qu'ils n'ont pas eu, à l'origine, des possibilités suffisantes de formation intellectuelle. Par ailleurs, les différenciations de classe continuent à être marquées par des signes extérieurs visibles. Seule une minorité possède une automobile, la majorité des travailleurs devant se contenter de la bicyclette, souvent motorisée; les conditions de logement mettent encore une barrière sérieuse entre les classes. Cependant, dès maintenant, la mobilité se montre croissante, et même parfois inquiétante: l'ouvrier d'élite, qui réussit à améliorer son salaire et à acquérir une qualification, cherche le plus souvent, non pas à avancer jusqu'aux postes les plus élevés de la hiérarchie de l'usine, mais à quitter celle-ci pour devenir artisan, commerçant, ou s'il a pu économiser un petit capital, industriel, afin de ne plus avoir à obéir au contre-maître et de devenir indépendant.

La multiplication des différents groupes... assure donc entre les classes une liaison, un mouvement d'une intercommunication croissante.

(b) Enfin, les conflits sociaux ont été officiellement reconnus et institutionnalisés. L'existence des syndicats ouvriers, groupant non seulement les ouvriers spécialisés, mais les professionnels, les employés, les fonctionnaires et les cadres, chacun dans son organisation autonome, a permis aux divers intérêts de groupe de s'exprimer librement. La généralisation des conventions collectives tend à soumettre les conflits à un certain nombre de règles communément acceptées. La représentation des divers groupes au Conseil économique assure entre eux les contacts, et permet aux oppositions de s'exprimer dans des luttes d'idées, conformément à des procédures uniformes. Les conflits, tantôt latents, tantôt aigus, ont trouvé sur leur propre terrain des moyens d'expression, qui tendent à séparer de plus en plus les conflits industriels des conflits politiques. L'industrie tend à prendre conscience d'elle-même, à créer ses propres institutions, à concilier directement un certain nombre de différends, l'État politique n'intervenant en dernier lieu que comme organisme de conciliation, ou finalement d'arbitrage.

Les conséquences

L'analyse des différents groupes sociaux à laquelle nous venons de procéder semble entraîner dans la nature même des conflits, deux conséquences, liées, l'une au phénomène de *pouvoir*, l'autre au phénomène de *massification*.[1]

Malgré les diversités que nous venons d'observer, il n'en reste pas moins que *le conflit, aujourd'hui comme hier, reste l'aspect fondamental de la structure de la société*. Mais diverses observations doivent ici être faites:

---

[1] Here, the appearance, within a group, of a mass of members subordinated to the leadership; *see* below, pp. 104–105.

(*a*) Les oppositions de groupes sociaux sont aujourd'hui liées beaucoup moins à la *fortune qu'au revenu*. Certains appartiennent aux classes dominantes, sans être le moins du monde propriétaires, ou sans que leur propriété dépasse l'achat de l'ameublement familial ou de la maison de campagne. Les revenus supérieurs sont de plus en plus dépensés, et s'expriment par un niveau de vie élevé. Ces faits sont liés à l'évolution de l'épargne au cours de ces dernières années. L'importance des impôts, la généralisation de la sécurité sociale, ont diminué l'incitation à l'épargne individuelle. Le développement économique du pays prend de plus en plus la double forme de l'investissement public financé par l'impôt, et de l'auto-financement, par lequel l'entreprise, au lieu de distribuer des dividendes aux actionnaires, prélève elle-même, sur son profit, les sommes nécessaires pour assurer son expansion. Dans ces conditions, la *propriété joue un rôle décroissant dans les divergences de classes*, qui se trouvent définies bien davantage par les *différences de revenu*, et surtout par les *divers modes d'emploi* de ce revenu.

Ce sont les dépenses liées à la consommation, et surtout les dépenses ostentatoires qui soulèvent la protestation de la majorité de la population et suscitent les conflits sociaux.

(*b*) Les divergences de revenu sont elles-mêmes liées à des différences dans le *pouvoir*. Le problème social fondamental est devenu aujourd'hui celui de la *distribution du pouvoir entre les groupes*. L'exemple de l'U.R.S.S. nous montre en particulier comment, dans un régime où la propriété est devenue étatique, les groupes sociaux se reconstituent peu à peu, sur la base de la différenciation des fonctions publiques et du revenu attaché à chaque poste. Dans les pays occidentaux, le pouvoir industriel est différent du pouvoir politique. Il y a entre les deux une pression réciproque, mais on se trouve devant deux types différents d'association, comportant chacun deux types différents de conflit interne. Celui qui dispose du pouvoir dans l'industrie ne le possède pas nécessairement dans le domaine politique, même si son influence est grande; celui qui a entre les mains un pouvoir politique ne réussit pas, dans notre économie d'aujourd'hui, à l'exprimer totalement dans la vie économique et sociale.

Nous nous trouvons donc, là encore, devant des phénomènes très complexes, comportant des types de conflit divers, et souvent contradictoires.

(*c*) Le problème du pouvoir se pose non seulement dans les relations des groupes *entre eux*, mais aussi *à l'intérieur de chaque groupe*. Dans chaque groupement, association ou parti politique, le personnel directeur a des intérêts, ouverts ou latents, orientés vers le maintien des structures existantes; la masse des adhérents au groupe a, au contraire, intérêt à la modification des structures. Dans chaque groupe, il importe de définir un but, de fixer des tâches, de préciser des règles de nomination des chefs, de contrôler leur action, de donner à la base une information indépendante, un droit de critique, une garantie d'opposition.

Une lutte existe entre la minorité qui détient le pouvoir, et la majorité qui se laisse diriger par elle.

Ici encore, nous nous trouvons devant des problèmes complexes. Dans un groupe disposant de peu de pouvoir, une minorité de chefs peut tenir entre ses mains la totalité de ce pouvoir. Le même individu peut donc se trouver dans un groupe infériorisé par certains aspects de son activité, et détenir d'autre part dans ce groupe une forte autorité; il acquiert alors une mentalité de dirigeant, et on trouve de plus en plus certains caractères communs, et une certaine compréhension réciproque, entre les chefs des divers groupes en lutte, qui apprennent à se respecter et à se comprendre, un peu comme les officiers d'armées qui s'opposent, éprouvent les uns envers les autres un sentiment de solidarité quasi professionnelle.

(*d*) Cette complexité de la répartition du pouvoir entraîne une extrême variété des attitudes psychologiques, et le *changement de ces attitudes suivant les traditions régionales et les conditions du milieu.* On peut dire, très en gros, qu'une tendance à l'extrémisme violent, fascisme ou communisme, existe chez tous ceux qui ont, dans leur travail, une attitude passive: ouvriers spécialisés, employés, classe moyenne ancienne, paysan retardataire. Mais il en va autrement si les intéressés ont une possibilité de monter dans l'échelle sociale; ils s'adaptent alors aisément à l'état d'esprit petit-bourgeois. Il existe une tendance au socialisme dans l'élite des ouvriers qualifiés, chez les fonctionnaires et employés moyens, dans les cadres supérieurs; mais, dans ce dernier cas, il s'agit d'un socialisme technocratique, aristocratique, pouvant conduire lui aussi, soit au communisme, soit au fascisme. Les classes moyennes modernes, les petites et moyennes entreprises, s'orientent plutôt vers le laissez-faire, le libéralisme économique, le conservatisme, dans la mesure où elles sont, dans l'ensemble, satisfaites de leur situation matérielle. En période de crise économique par contre, elles constituent le milieu le plus apte à recruter les éléments d'un extrémisme de droite.

De toute façon, il apparaît que le *même homme,* ouvrier qualifié, commerçant ou petit fonctionnaire, *pourra, suivant les circonstances, avoir des attitudes psychologiques différentes;* on ne pourra pas faire de généralisation à ce sujet, tant que n'aura pas été menée, dans chaque pays, une étude sociologique approfondie, étudiant chaque milieu, à la fois dans ses conditions de travail, son environnement social et les traditions transmises par l'histoire.
. . . .

Le résultat de ces complications est que, dans le monde d'aujourd'hui, nous ne sommes plus devant une différenciation simple des classes, comme l'avait envisagé Marx, mais devant une foule de groupes, dont chacun possède ses intérêts privés, et s'oppose au groupe voisin. Dans le système marxiste, la division en deux classes, entre lesquelles l'antagonisme devait aller en s'accroissant jusqu'à la révolution finale, permettait de présenter à l'une de ces classes, celle des travailleurs, une *vision globale du monde,* et un mythe de la transformation sociale, qui lui redonnait l'espérance et l'incitait au combat, dans l'espoir d'un retournement complet de situation. Aujourd'hui, il n'y a plus d'*idée générale,* de *conception d'ensemble de la civilisation,* susceptible d'orienter et d'animer les hommes. Il n'y a que des groupes en lutte, défendant chacun des intérêts privés, souvent variables, sans commune mesure permettant de les juger et de les hiérarchiser.

A. P<small>HILIP</small>, Le socialisme trahi (Plon, 1957), pp. 31–39

LEFT- AND RIGHT-WING POLITICAL ATTITUDES   1954

[The findings summarised below by the Institut Français d'Opinion Publique were based on a survey carried out in and around Paris, in which 208 persons in a wide range of social categories were questioned.]

Description de la mentalité de gauche

QUESTION.   Pensez-vous qu'il y aura un jour plus de justice et d'égalité parmi les hommes?

L'homme de gauche a foi dans l'avènement d'une société meilleure. Il est persuadé qu'il régnera un jour plus d'égalité et de justice entre les hommes. L'homme de droite, au contraire, se montre sceptique sur la possibilité d'une telle évolution...

QUESTION.   D'une manière générale, sur quoi faut-il compter le plus: sur le progrès moral ou la transformation de la société?

La réalisation d'un état de choses idéal n'est concevable, pour l'homme de gauche, que par une transformation de la société. L'homme de droite ne nie pas l'importance des transformations sociales, mais il accorde une place presque aussi grande au progrès moral...

QUESTION.   Certains disent: «Il y a toujours eu des guerres entre les hommes et il y en aura toujours.» Partagez-vous cette opinion? Pourquoi?

La société future qu'envisage l'homme de gauche ne connaîtra plus la guerre. En effet, celle-ci est avant tout imputable à la structure actuelle de la société («le capitalisme porte en lui la guerre comme la nuée porte l'orage») et elle peut être abolie. Du reste, le progrès aidant, la compréhension internationale deviendra meilleure et les peuples sauront s'opposer à la guerre («Les peuples gagneront la paix»).

L'homme de droite, au contraire, estime que la guerre est inévitable car l'histoire nous apprend qu'elle a toujours existé; elle est inhérente à la nature humaine («Il suffit de mettre deux personnes dans un endroit quelconque pour être sûr qu'il y aura bagarre»). Le seul espoir de paix réside dans la crainte: avec le développement des armes modernes, la guerre deviendra trop dangereuse et l'homme n'osera plus la déclencher...

QUESTION.   Et des riches et des pauvres, pensez-vous qu'il y en aura toujours? Qu'est-ce qui vous fait penser cela?

Dans la société future, l'homme de gauche n'envisage généralement pas la suppression totale des différences de fortune. Une minorité seulement, particulièrement forte chez les communistes, estime que l'inégalité pourra être complètement abolie grâce à une transformation du système de répartition des richesses qui donnera «à chacun selon ses besoins».

Bien que la gauche n'envisage pas un régime strictement égalitaire elle s'oppose à la droite qui considère l'inégalité comme naturelle et en fait même parfois une nécessité de l'organisation sociale...

QUESTION.   Selon vous, l'expérience du Front populaire de 1936 a-t-elle été pour la France une bonne ou une mauvaise chose?

La gauche paraît... tournée vers l'avenir, la droite s'attachant plutôt aux leçons de l'histoire et du passé qui justifient à ses yeux le conservatisme social. Cependant, la gauche elle-même a conscience d'avoir une histoire; elle revendique l'honneur des révolutions passées et des luttes ouvrières dont elle se proclame l'héritière («Mon père a milité des tas d'années au Syndicat des cochers et des chauffeurs pour le respect de la classe ouvrière et m'a élevé comme ça»).

La période historique à laquelle l'homme de gauche se réfère le plus volontiers est celle du Front populaire. Il manifeste une certaine nostalgie de 1936. La gauche est unanime à vanter les bienfaits du Front populaire. Non seulement il a à son actif un certain nombre de conquêtes sociales, mais il a donné lieu à une manifestation d'unité prouvant la force de la classe ouvrière. Pour la droite, au contraire, le Front populaire laisse généralement de mauvais souvenirs...

LA GAUCHE A UNE DOUBLE PERSPECTIVE TEMPORELLE POUR ENVISAGER L'ÉVOLUTION SOCIALE

Si la gauche se montre optimiste en ce qui concerne l'avènement de la société future, elle n'envisage pas cet avènement comme prochain. Dans le cadre du régime actuel, ses perspectives sont plutôt pessimistes.

L'homme de gauche estime qu'actuellement la classe ouvrière est déshéritée; il n'envisage pour elle que des possibilités de promotion très restreintes. L'ouvrier, à son sens, a de bonnes chances de rester ouvrier toute sa vie: il ne pense généralement pas qu'il puisse accéder à la maîtrise.

L'homme de droite est relativement plus optimiste que lui en ce qui concerne l'avenir ouvrier immédiat. De même sur la question de la grève, c'est la gauche (et plus particulièrement la gauche non communiste) qui fait preuve du plus grand défaitisme. «La vie est tellement chère que les grévistes ne peuvent pas tenir.» De même, si la gauche approuve généralement le principe des manifestations ouvrières, elle ne se fait pas d'illusions sur leur efficacité immédiate. «Ça va mal finir pour les ouvriers, parce qu'il y a beaucoup trop d'agents et que, de toute façon, ça ne peut finir autrement.»...

Le défaitisme dont témoigne la gauche en ce qui concerne l'avenir immédiat n'amoindrit pourtant pas sa volonté de lutte et sa croyance en la réalisation de son idéal dans un avenir plus lointain. Les échecs, l'impuissance du moment, n'ébranlent pas sa détermination. «On licenciera les délégués syndicaux, mais cela n'arrêtera pas le mouvement syndical.» La gauche a l'impression de se préparer des «lendemains qui chantent». «L'herbe fauchée à chaque printemps repousse toujours.»

POUR L'HOMME DE GAUCHE, LA NATURE HUMAINE EST PERFECTIBLE

A la croyance en une transformation de la société correspond, chez l'homme de gauche, le sentiment que la nature humaine est bonne, en tout cas qu'elle est perfectible. («Le perfectionnement individuel est possible et fera tache d'huile. Il faut être optimiste.»)

Ce perfectionnement doit être réalisé par l'éducation. Le quart environ des hommes de gauche ont spontanément réagi devant la photo du petit cireur nord-africain, en déclarant: «Il devrait être à l'école.» De même, un des arguments invoqués par la gauche en faveur de l'abolition de la peine de mort est l'opinion selon laquelle les criminels peuvent être rééduqués...: «Il devrait y avoir des maisons de rééducation au lieu de prisons.»

L'homme de droite ne fait pas confiance à l'homme. Il considère souvent que l'homme sera toujours un loup pour l'homme, car la nature humaine est mauvaise: «On est toujours jaloux de son prochain»; il croit à la «constance de la nature humaine». Pour la droite, le paternalisme, la tutelle d'un bon patron, sont des éléments importants de la réussite ouvrière.

La droite est sans indulgence; dans les cas extrêmes, elle considère que l'homme doit être contraint. («Il n'y a qu'une chose qui compte: la peur du gendarme, moral ou matériel.») Aussi, il est bon que les jeunes soient menés durement à l'usine ou à la caserne. Dans une société impitoyable, comme la nôtre, la peine de mort est justifiée..., elle est une forme de la loi du talion: «Quand un chien est enragé, on l'abat; si on tue quelqu'un, on mérite la mort.»

QUESTION. A votre avis, la race blanche est-elle supérieure aux races de couleur?

L'homme de gauche, enfin, refuse le racisme. Pour lui, la race blanche n'est pas supérieure aux races de couleur: c'est une question de principe, une vérité d'évidence. Un tiers seulement de la droite affirme la supériorité de la race blanche, tant pour des raisons intellectuelles que pour des raisons techniques...

Le refus du racisme par la gauche se retrouve dans son sentiment à peu près unanime de l'assimilation des Israélites français aux autres Français. Au contraire, la droite affirme le plus souvent qu'ils se distinguent des autres Français en ce qu'ils sont Israélites avant tout et se montrent volontiers dominateurs. «Ils se tiennent entre eux et ils ne pensent qu'à exploiter les autres.»...

POUR L'HOMME DE GAUCHE, LA SOCIÉTÉ EST RESPONSABLE DE LA CRIMINALITÉ

Pour la gauche, la criminalité n'incombe pas à l'individu: elle est un effet de l'organisation actuelle de la société. Dans la société future, la peine de mort sera inutile puisque les contraintes sociales qui engendrent la criminalité auront disparu: «Dès qu'il y aura une évolution dans la société, la peine de mort sera supprimée d'office.» Dans la société actuelle, nous sommes tous des assassins.

Un chômeur tuberculeux et famélique jette son enfant sous les roues d'un camion. La gauche voit dans son geste la responsabilité de la société et rend coupable le régime actuel; elle dénonce l'hypocrisie du jugement ayant conclu à la folie de son auteur...: «Il est vraiment honteux que dans un pays dit civilisé, les individus ne soient pas assurés de leur gagne-pain.»

«La société est responsable, elle met le désespoir au bout du chemin des gens.»

C'est encore la société que l'homme de gauche incrimine, à propos de l'avortement...

La Société Capitaliste et ses Victimes

Quelle est l'attitude de l'homme de gauche devant la société actuelle? A quelles valeurs est-il attaché? Quels maux dénonce-t-il? Les réponses faites par les sujets à deux questions complémentaires vont maintenant permettre de le déterminer avec plus de précision...

QUESTION.   Dans le domaine politique et social, y a-t-il des idées ou des choses auxquelles vous êtes vraiment attaché? Quelles sont ces idées ou ces choses?

Il ressort de cet examen une différence fondamentale entre l'homme de gauche et l'homme de droite: le premier dénonce l'état de choses actuel, alors que le second défend l'ordre établi.

La liberté est la valeur à laquelle la gauche se déclare le plus attachée, mais la droite s'en réclame tout autant. La notion traditionnelle de liberté est admise par les uns et les autres, le militantisme de gauche n'y attachant plus un prix particulier. Cependant, la gauche redoute plus souvent que la droite les atteintes à la liberté apportées par la dictature et surtout par le fascisme.

Plutôt qu'une liberté formelle, l'homme de gauche désire une libération de l'homme. Cette libération sera réalisée par l'abolition de la guerre, la suppression du capitalisme, l'amélioration du sort des travailleurs, l'octroi d'un niveau de vie convenable à tous, le règne de l'égalité et de la justice sociale. L'homme de droite, s'il manifeste parfois le désir de voir s'améliorer la condition ouvrière, ne réclame pas l'abolition du capitalisme et fait preuve d'une profonde phobie du communisme. L'ordre et l'autorité sont, à ses yeux, parmi les valeurs les plus précieuses. Une véritable nostalgie de l'ordre se fait jour dans les réponses des hommes de droite. L'un d'eux affirme: «En aucun cas, l'anarchie ne doit s'établir.» Un autre va jusqu'à déclarer: «Il y a en Allemagne une discipline qu'il faut envier.»

Le désir de changement de la gauche, le conservatisme social de la droite se manifestent dans l'attitude qu'elles adoptent à l'égard de certains aspects de la société actuelle: la condition ouvrière, la guerre, le colonialisme.

(a) *La condition ouvrière.* L'homme de gauche estime que l'ouvrier, dans le régime capitaliste, est défavorisé et qu'il a raison de s'insurger contre lui. Ses revendications sont justifiées: «Un ouvrier a toujours raison parce que tout le monde a raison de vouloir un peu d'argent.» Les grèves et manifestations sont donc légitimes. Pour la gauche communiste, le gouvernement ne devrait avoir le droit d'interdire aucune grève. La gauche non communiste est moins formelle sur ce point: elle admet certaines restrictions en ce qui concerne les fonctionnaires et les services de santé. La droite n'admet pas la grève qui est, pour elle, synonyme d'anarchie...

En face du problème ouvrier, la droite se trouve partagée entre deux attitudes: la commisération paternaliste et l'anti-ouvriérisme prononcé. Le paternalisme s'exprime par le sentiment que «le bon ouvrier» a sa place dans la société à condition qu'il y reste car «il n'y a pas de sot métier». L'homme de droite n'hésite pas à faire l'éloge des «pauvres gens». («Sa famille doit être pauvre, mais honnête et propre.»)

Pourtant, l'attitude la plus fréquente chez l'homme de droite consiste à flétrir le comportement de l'ouvrier. Il lui prête des défauts, en particulier la paresse et l'alcoolisme; il le rend coupable de violences et même de sabotage. Les ouvriers ne sont pas majeurs, ils sont les jouets d'agitateurs communistes. «Ce sont des moutons obligés de marcher» alors que «les communistes ne sont pas des Français». L'ouvrier est coupable de perpétuer la lutte des classes et de troubler la concorde entre Français. «C'est terrible de voir des agents français avoir un fusil sur le dos pour garder d'autres Français.»

La photo du jeune bourgeois recueille de la part de la gauche des commentaires très défavorables. Ce «gosse de riche», ce «fils à papa» est jugé peu intéressant et peu sympathique; on lui prête parfois même des tares morales imputables à sa classe. «Il laissera souvent le travail de côté. Ça fera un bon souteneur. Rien qu'à ses yeux, on voit qu'il a une figure de truand».

La police est très généralement honnie de la gauche: elle dénonce violemment les «flics» et les C.R.S.[1] «mercenaires, tueurs officiels» dont les brutalités sont d'autant plus injustifiées que «les ouvriers ont prouvé maintes fois qu'ils étaient capables de manifester dans un ordre et un calme absolus.»

Pour l'homme de droite, la police est la gardienne de l'ordre qui lui tient tant à cœur. En outre, la police est là pour protéger la propriété contre la violence populaire et pour faire respecter la «liberté du travail».

(b) *La guerre*. La gauche fait preuve d'une hantise de la guerre très prononcée. Le spectacle d'un défilé militaire, d'une cérémonie commémorative d'anciens combattants lui inspire le même désir: celui d'éviter la guerre.

L'homme, actuellement, est une victime de la guerre; le sacrifice des combattants a été vain car «ils se sont fait casser la gueule pour des prunes». Dans ces conditions, l'homme de gauche refuse de se laisser émouvoir par les cérémonies commémoratives dont il dénonce le ridicule; il considère parfois que les anciens combattants, tournés vers la contemplation d'un passé stérile, ont un rôle politique néfaste. Aucune décoration ne pourra servir à compenser les blessures de la guerre car «la gloire ne se mange pas».

L'homme de gauche ressent, actuellement, la menace de guerre d'une manière très vive. Le réarmement allemand représente à ses yeux un danger. Les Français «se sont battus pour une guerre qui n'a servi à rien, car tout recommence». L'Allemagne se relève: «on essaie de s'allier avec les ennemis combattus la veille». On fait «des projets pour remettre en scène des anciens généraux hitlériens.»

Très fréquemment, l'homme de gauche établit l'équation: armée = guerre, ce qui est à la source de son antimilitarisme. Pour un certain nombre

---

[1] *Compagnies Républicaines de Sécurité*, government-controlled police, often used as riot-police, or during major strike-waves, as in 1947.

d'hommes de gauche, l'armée devrait être supprimée, elle est inutile. «Jadis, ça servait. Maintenant ça sert à caser les inutiles.» A l'appui de cette thèse vient une vue résolument optimiste de la situation actuelle: «Je crois qu'on peut tout essayer pacifiquement, l'armée devrait être inutile,» ou un anti-militarisme poussé à l'extrême: «Horreur, plus de ça, plus de tombeaux, plus de drapeau. Plus de soldats. Plus d'Arc de Triomphe (il est affreux).» Cependant, l'homme de gauche ne va généralement pas aussi loin. Il se contente de dénoncer la longueur du service militaire, de déplorer la charge qu'il représente pour le budget, de critiquer l'armée actuelle.

La droite fait preuve d'une crainte de la guerre beaucoup moins vive, bien que cette dernière ne soit pas absente chez elle. Elle n'est pas belliciste, en ce sens que les manifestations d'un instinct guerrier sont exceptionnelles: «Une vie intense de six mois vaut mieux qu'une longue existence monotone»; mais elle est militariste. Pour elle l'armée trouve sa justification en elle-même indépendamment de toute idée de guerre. D'ailleurs le service militaire est une institution salutaire: il forme le caractère et laisse de bons souvenirs. Les cérémonies militaires plaisent aussi à l'homme de droite: il aime les défilés. «Moi, j'aime bien les défilés militaires (ça remue ma fibre patriotique) et entendre la musique militaire.» La photo des anciens combattants ranimant la flamme suscite une vive admiration chez 40% de la droite qui font l'apologie de ce geste.[1]

(c) *Le colonialisme.* L'homme de gauche est anti-colonialiste. La photo du petit cireur nord-africain fait apparaître dans de nombreux cas chez lui, une dénonciation formelle de la colonialisation: «C'est un symbole de misère, un symbole d'oppression raciale colonialiste.» L'administration française a une lourde responsabilité dans cet état de choses; la France «aurait pu apporter quelque chose aux Nord-Africains sans les voler». Les procédés de la France en Afrique du Nord, le sort réservé aux Nord-Africains en France sont d'autant plus révoltants que pour un grand nombre d'hommes de gauche «les Nord-Africains sont des Français comme les autres» et ils doivent être traités comme tels.

Aussi, la gauche admet-elle la lutte des peuples coloniaux pour leur indépendance. Plus de la moitié des sujets de gauche interrogés expriment leur désapprobation pour la guerre d'Indochine et justifient à ce titre le geste du père refusant la croix décernée à son fils tombé en Indochine: «Si j'avais un fils qui voulait y aller je l'étranglerais car je refuse de défendre le tungstène et le manganèse.»

Parfois, cependant, la gauche fait des réserves sur cette indépendance, soit qu'elle réprouve les procédés violents employés, soit qu'elle signale le manque de maturité de la population indigène: «Un peu de culture euro-péenne ne leur ferait pas de mal. Ils sont encore trop sauvages.»

Une pareille attitude s'explique par la persistance au sein de la gauche d'un certain préjugé anti-Nord-Africain. La gauche se défend d'être raciste, elle est presque unanime à flétrir l'attitude du patron du café qui a expulsé deux

[1] On the tomb of the Unknown Warrior under the Arc de Triomphe (at a patriotic ceremony).

Nord-Africains de son établissement...; mais dans une proportion non négligeable, elle prête aux Nord-Africains des actes coupables (vols, attentats, mauvais coups).

La droite n'est pas plus sensible au problème colonial qu'au problème ouvrier. Elle manifeste à son égard une parfaite tranquillité d'âme. La colonisation fait partie d'un ordre de choses naturel. La condition de l'indigène est normale, il n'est pas nécessaire de l'élever. D'ailleurs l'indigène est très heureux ainsi, il n'a pour ainsi dire pas de besoins.

La droite se montre extrêmement dure à l'égard des Nord-Africains. Si elle ne va pas jusqu'à approuver dans son ensemble l'attitude du patron qui les a expulsés du café, elle dénonce leur «crapulerie» et leurs mauvais procédés. L'image de deux Nord-Africains arrêtés suggère à la droite l'idée d'un acte délictueux alors que la gauche pense à une insurrection de caractère politique. «Il y a des voleurs. On ne voit que cela dans les journaux. Ce sont toujours des Sidi-Machin.» Lorsqu'ils se rebellent contre l'ordre français, les Nord-Africains ne sont pas excusables: «Ils ne sont pas majeurs, ils se laissent mener par des agitateurs professionnels.»

'A la recherche de la «gauche»: une enquête de
l'Institut Français d'Opinion Publique', *Les Temps
Modernes*, special number on 'La Gauche'
([May] 1955), pp. 1583–1595

SOCIAL CLASS AND POLITICAL ATTITUDES   1955

Les liens entre appartenance sociale et appartenance politique ne sont pas niables, si on examine le phénomène globalement, à grande distance, du point de vue de Sirius. On ne peut contester, par exemple, que la lutte entre les partis conservateurs et libéraux, qui a rempli la première partie du XIXe siècle européen, n'ait été pour l'essentiel la lutte de l'aristocratie foncière traditionnelle contre la nouvelle bourgeoisie industrielle, commerçante et intellectuelle, la paysannerie soutenant généralement le point de vue de la première. (Bien d'autres éléments, certes, furent en cause, et jamais la frontière de la bourgeoisie et de l'aristocratie n'a exactement coïncidé avec celle des partis libéraux et des partis conservateurs: mais, dans l'ensemble, le lien entre les deux phénomènes est assez étroit.) De même, il est évident que le développement des Partis socialistes et communistes a été directement lié à celui de la classe ouvrière; et que la majorité de la «bourgeoisie» soutient les partis non socialistes. Il semble, d'autre part, que la classe au sens strict (basée sur une définition inspirée du marxisme) ait une influence politique plus nette que les strates ou les catégories socio-professionnelles. Il est assez frappant par exemple qu'en France et en Angleterre la même proportion de salariés vote pour le (ou les) Parti socialiste (ou communiste): les 2/3 environ. Les attitudes politiques des «classes moyennes», des paysans, des «fonctionnaires» semblent beaucoup plus diversifiées.

A plus petite distance, ces corrélations globales s'estompent. Le lien entre appartenance sociale et appartenance politique semble toujours plus net dans la classe ouvrière: mais ici déjà d'autres facteurs interviennent tels que l'habitat, l'origine, la dimension des entreprises, etc. «L'effet de halo» décrit par MM. Reynaud et Touraine, après Tingsten, est particulièrement intéressant: dans les communautés à prédominance ouvrière, les ouvriers votent plus régulièrement socialiste que les ouvriers des communautés mixtes. Dans la paysannerie, les liens paraissent au contraire disparaître entièrement entre l'attitude politique et la distinction en classes au sens marxiste: «Ce sont les pays de petite propriété et d'exploitation directe qui sont les plus accessibles au socialisme et au communisme», écrit M. Jacques Fauvet. Ici, le problème juridique de la propriété passe au second plan: ce qui domine, c'est la dimension de l'exploitation, la possibilité de l'exploiter, le niveau de vie qui en résulte et l'impression d'être enfermé dans un avenir sans issue ou d'avoir devant soi des possibilités d'avenir. (Les «microfundia»[1] de l'agriculture française conduisent au communisme; mais les «micro-entreprises»[2] commerciales ou artisanales semblent plutôt conduire au fascisme, si l'on en juge par l'attitude de la fraction inférieure des classes moyennes à l'égard d'un Poujade). Dans la paysannerie, l'influence du facteur religieux paraît fondamentale, d'autre part, ce qui atténue d'autant l'influence des facteurs de classes. Peut-être l'est-il autant dans la classe ouvrière: mais la relative homogénéité de celle-ci au point de vue religieux en France — où elle est largement déchristianisée — ne permet pas de s'en apercevoir. Que la corrélation entre le pourcentage d'ouvriers et d'employés et le pourcentage de votes de gauche soit en Belgique de 0,82 dans les régions wallonnes et de 0,67 dans les régions flamandes conduit à réfléchir.

La liaison entre appartenance sociale et appartenance politique semble d'un autre côté diminuer au fur et à mesure qu'on s'élève dans la hiérarchie des partis. Elle est plus nette au niveau des électeurs et des adhérents qu'au niveau des cadres subalternes, plus nette au niveau de ceux-ci qu'à celui des cadres supérieurs. La direction de tous les partis — et par conséquent la direction de l'État — tend ainsi à se concentrer aux mains d'une même catégorie sociale: l'exclusion des ouvriers, des paysans, des «classes inférieures», y est frappante, et la prédominance des «classes supérieures»: industriels, hommes d'affaire, professions libérales, etc. Ainsi tendraient à se confirmer les théories de Pareto sur l'élite politique, et la notion d'une sorte de «classe des dirigeants politiques». Il faut se garder cependant de toute interprétation hâtive à cet égard. Si l'on examine de près la composition de cette classe de dirigeants, on constate qu'elle n'est pas identique suivant les partis et leur infrastructure sociale. En France, par exemple, cadres syndicaux, fonctionnaires et professeurs sont en nombre plus important dans la direction des partis de gauche; avocats et membres des professions libérales dans celle des partis de droite. Il faudrait analyser le statut réel de ces éléments dirigeants: leur mode de vie, leur niveau de revenus, l'origine des revenus (la distinction des salariés et non-salariés est sans doute importante, ainsi que celle du secteur public et du secteur privé). Mais il est

[1] i.e. minute agricultural holdings.
[2] i.e. minute business firms.

essentiel surtout de déterminer... l'origine de chacun de ces éléments : on sait que la fonction publique et l'enseignement jouent un rôle de premier plan dans l'ascension sociale en France. Le rapport est peut-être plus étroit qu'on ne le pense entre les classes qui soutiennent un parti (électeurs et adhérents) et la situation de ses dirigeants. Dans une certaine mesure, chaque classe sociale secrète sa propre élite, suivant des modes d'ascension et de formation particuliers. Dire que la classe ouvrière participe au pouvoir, par exemple, cela ne signifie pas que les ouvriers s'installent au gouvernement (du jour où ils le font, d'ailleurs, ils cessent d'être des ouvriers) : mais qu'une élite issue de la classe ouvrière participe au pouvoir, une élite qui garde le contact avec la classe ouvrière, de telle sorte que la classe ouvrière puisse exprimer par elle ses désirs et ses volontés politiques.

Le problème de l'origine sociale des cadres politiques et de leur sentiment d'appartenance à telle ou telle classe, explique la diversité de leur rôle suivant les situations. Marx a décrit l'appareil bureaucratique et militaire de l'État comme un moyen de renforcer la domination des classes capitalistes, au service desquelles se trouveraient en fait fonctionnaires et officiers. Cette description correspond assez généralement à la situation existant à l'époque. Mais d'autres situations sont possibles, et d'autres se sont présentées dans les faits depuis lors... En France, à l'heure actuelle, le développement d'une classe de fonctionnaires techniciens, issus d'un concours égalitaire, tend à freiner le pouvoir politique des hommes d'affaires et de la haute bourgeoisie : il est typique de voir d'ailleurs les campagnes menées contre eux par la presse de droite (mais le maintien de la barrière du baccalauréat à l'entrée de l'enseignement supérieur et le recrutement presque exclusivement «bourgeois» du secondaire freinent cette évolution).

M. DUVERGER, 'Partis politiques et classes sociales' in
ASSOCIATION FRANÇAISE DE SCIENCE POLITIQUE, *Partis
politiques et classes sociales en France* (Colin, 1955),
pp. 20–22

SECTION II

The Democratic Framework from the
Third to the Fifth Republic

CHRONOLOGY OF POLITICAL RÉGIMES SINCE 1870

THIRD REPUBLIC (1870–1940)

Constitutional act — 25th February 1875
Senate act — 24th February 1875
Act on *scrutin d'arrondissement* — 30th November 1875
Act on *scrutin de liste* — 12th July 1919
De Gaulle's London broadcast — 18th June 1940
All power handed over to Pétain — 10th July 1940

ÉTAT FRANÇAIS AND RESISTANCE (1940–1944)

Constitutional acts of Pétain — 11th July 1940
Comité national français set up in London by General de Gaulle — 24th September 1941
Comité français de libération nationale set up at Algiers — 3rd June 1943

PROVISIONAL GOVERNMENT (1944–1946)

Comité français de libération nationale takes name of *Gouvernement Provisoire de la République Française*— 2nd June 1944
Electoral ordinance — 17th August 1945
First draft of new constitution rejected by referendum — 5th May 1946
Second draft of new constitution accepted by referendum — 13th October 1946
Electoral act — 5th October 1946

FOURTH REPUBLIC (1946–1958)

Constitution promulgated — 27th October 1946
Electoral act introducing *apparentements* — 9th May 1951

FIFTH REPUBLIC (1958–   )

Constitutional act — 3rd June 1958
New constitution accepted by referendum — 28th September 1958
Constitution promulgated — 4th October 1958
Ordinance on parliamentary elections — 13th October 1958
Election of President by universal suffrage accepted by referendum — 28th October 1962
Act providing for election of President by universal suffrage — 6th November 1962
Regional reform rejected by referendum — 27th April 1969

INTRODUCTION

Although France was proclaimed a Republic in 1870, her democratic political system was only established gradually. Right-wing political forces favouring a return to monarchy remained powerful throughout the 1870s, and it was only as a result of stage-by-stage concessions on the part of these forces that democratic institutions were finally set up by the Republicans.

The constitution of the Third Republic therefore took the form of a series of constitutional acts rather than that of a single comprehensive text. The first step was taken in 1871, when Thiers was appointed President of the Republic. The Right saw this interim appointment as no more than an expedient. The President would naturally stand down when the monarchy was restored. Thiers himself, however, soon became a strong supporter of a Republican régime as a permanent solution to France's constitutional problem. He called for a "conservative Republic". The Right obtained his resignation in May 1873. He was replaced by the monarchist Marshal MacMahon, and the stage seemed set for a restoration.

The Right lost its opportunity, however, in October of the same year when the pretender, the comte de Chambord, refused to accept the tricolour, with its revolutionary overtones, as one of the conditions for his restoration. Refusing thus to become "le roi légitime de la Révolution", he stood by his manifesto of July 1871, in which he had declared:

> Je suis prêt à tout pour aider mon pays à se relever de ses ruines et à reprendre son rang dans le monde; le seul sacrifice que je ne puisse lui faire, c'est celui de mon honneur... je ne laisserai pas arracher de mes mains l'étendard de Henri IV, de François Ier et de Jeanne d'Arc... il a flotté sur mon berceau, je veux qu'il ombrage ma tombe. Dans les plis glorieux de cet étendard sans tache, je vous apporterai l'ordre et la liberté.
> Français! Henri V ne peut abandonner le drapeau blanc d'Henri IV!

With the failure of the restoration, the powers of the presidency had to be extended to seven years, by the *loi du Septennat* (*see* p. 149). This act turned out to be the first of the series setting up Republican institutions.

The monarchist Right continued, however, to hope that a restoration was still possible, and the *commission des Trente*, set up by the *loi du Septennat* to elaborate a constitutional framework, was regarded as no more than a temporary holding operation. Being itself made up of monarchists, the *commission* managed to delay even presenting its proposals to Parliament until the beginning of 1875. And the *rapporteur* Ventavon declared:

> Ce n'est pas, à vrai dire, une constitution que j'ai l'honneur de vous apporter...; ce nom ne convient qu'aux institutions fondées pour un avenir indéfini; il s'agit simplement aujourd'hui d'organiser des pouvoirs temporaires.   *Journal officiel* (22 janvier 1875)

The first article of the *commission*'s draft constitutional text, which was to become part of the act of 25th February, established the principle of a bicameral legislature: "Le pouvoir législatif s'exerce par deux Assemblées, la Chambre des députés et le Sénat." The continuing strength of the anti-Republican forces in Parliament was demonstrated by the rejection, on 29th January, by 359 votes to 336, of Laboulaye's amendment, which would have replaced the words "le pouvoir exécutif" by the provocative and unequivocal phrase "le gouvernement de la République".

However, the balance of forces in Parliament was at last beginning to tilt in favour of Republicanism. On 30th January, the celebrated Wallon amendment to the bill was passed, though by a majority of only one vote. It ran: "Le Président de la République est élu à la majorité absolue des suffrages par le Sénat et la Chambre des députés réunis en Assemblée nationale." The Republican principle was now established, for henceforward there would no longer be an interim President of the Republic as a stand-in for a monarch, but a President regularly elected as part of a Republican structure. The Wallon amendment became article 2 of the act of 25th February (*see* p. 149). This act and the Senate act were the first of the major constitutional acts of the Third Republic. The Senate act (*see* p. 150) was intended by the Right as a long stop to protect the President, and provide him with a conservative bulwark against the democratic rashness of the Chamber of Deputies. The Senate was to be based on the conservative rural *notables* of the electoral colleges (*see* article 4, p. 150).

It was therefore in this hostile context that the Republican principle, and a parliamentary régime based — at least in part — on universal suffrage, became the basis of the political régime which was to serve France until 1940.

The strength of the Republican régime was to lie not so much at the parliamentary level as at the popular level. And in fact the consolidation of the constitution of the Third Republic owed less to the passing of constitutional laws than to the conversion of the French people as a whole, and in particular the mass of the peasantry, to Republicanism during the years between 1871 and 1876. It was to this process of conversion that Ferry looked back in his Bordeaux speech in 1885 (*see* p. 69). Of the townsfolk, André Siegfried wrote:

> La principale force [i.e. of the pre-1914 Republic] résidait, je crois, dans l'attachement du peuple français à la forme républicaine, attachement non seulement sincère mais passionné. Je me rappelle, dans mon enfance, les «militants» qui entouraient mon père, maire du Havre, vers 1880–1885. C'étaient des convaincus, largement désintéressés, les yeux brillants d'idéal et de passion, naïvement persuadés que le nouveau régime représentait pour la France le progrès décisif, le progrès final. Dans leur esprit la République ne se séparait pas de la patrie, c'étaient des patriotes au sens de la Révolution.
>
> in G. Bonnefous, *Histoire politique de la Troisième République*, 2nd ed., vol. I (P.U.F., 1965), p. xiv

And Péguy was clearly thinking of the Third Republic when he wrote:

Ce sont les peuples... qui font la force ou la faiblesse des régimes; et beaucoup moins les régimes, des peuples.

Notre Jeunesse, in *Œuvres en prose 1909-1914* (Gallimard, 1957), p. 514

In 1876, the Republic was still far from firmly established at the institutional level. According to articles 3 and 5 of the February 1875 act (*see* p. 149), the powers of the President — still seen by many as a substitute monarch — were extensive. There were, certainly, limitations: the head of the executive now drew his powers from the legislature, via his election, and all his acts required a minister's counter-signature. But MacMahon was determined to exercise his powers to the full. In particular, he maintained an "Orleanist" rather than a Republican conception of ministerial responsibility. The government, he believed, while being responsible to the chamber (article 6), must *at the same time* be acceptable to the President — i.e. to the head of the executive. According to this conception, the government was not wholly responsible to the Republican majority in the Chamber, but also owed allegiance to a conservative head of state.

When the 1876 elections returned a Republican majority to the chamber, MacMahon refused altogether to appoint a government consisting of members of the majority (*see* p. 151). To resolve the crisis of the Seize Mai, he used his right of dissolution, in the hope of obtaining a conservative majority, an act seen by the Republicans as an attempt at a coup d'état. As a result of the elections which followed, a Republican majority was again returned, and the President was then obliged to give way and appoint a government which could be sure of the support of this majority (*see* p. 152). The hold Republicanism had gained on the French people was decisive in this crisis. It was thus thanks to popular pressure that the Republican conception of ministerial responsibility, according to which a government must be acceptable to the majority in the Chamber of Deputies, became, from 1877, one of the cornerstones of the French democratic system.

Another basic feature of the Republic was the electoral system based on *scrutin d'arrondissement*, which had been introduced by an act of 30th November 1875 (*see* p. 150). This single-member system, which provided for a second ballot if no candidate obtained a majority on the first ballot, was used for most of the elections before 1914, and was revived in 1927 (and in 1958). Although it was opposed at first by most of the Republicans, who preferred the system of *scrutin de liste*, in which electors voted for a list and not an individual, and was passed by a predominantly conservative majority, it came in time to be regarded as one of the bulwarks of the régime. It had, it is true, the effect of multiplying divisions among the Republicans, since several left-wing candidates could stand for the first ballot, leaving only the best-placed to contest the second ballot; but this did not involve any risk of letting the Right in. Gambetta hoped to combat this tendency by means of *scrutin de liste*, and so to encourage the growth of larger, more united parties of a national type, and to reduce the rôle of personal and purely local considerations in elections; this system was not introduced in the end until 1885, after his death. However, the fear that Boulanger, seen as a potential dictator, might stand successfully in more than one constituency in the 1889 elections led to a return to *scrutin d'arrondissement* and to the act of 17th July 1889, which banned multiple candidatures. It was only in 1919 that *scrutin de liste* was tried again (*see* p. 158). The system was not successful, and in 1927 France reverted yet again to *scrutin d'arrondissement*.

The other basic democratic features of the Republican system which had been part of the programme of the Left throughout the nineteenth century (cf. p. 82) — freedom of the press, universal free education, secularisation, and freedom of conscience — were enacted after 1881, when the Republicans had gained fuller control of the political system through the capture of the Presidency[1] and the Senate (see pp. 153 and 549–551). Freedom of association was only formally enshrined in legislation in 1901 (see p. 154). It should be noted, of course, that in the twentieth century authoritarian features continued to mark French social and educational structures (cf. pp. 19 and 530). And furthermore, the Senate remained a powerful force for social conservation (see p. 379).

The democratic political system itself was thus fully established by the early 1880s. It was, however, distorted from the outset as a result of the 1877 crisis. The original intention had been to establish a balance between the powers of the Presidency and those of Parliament. According to the intentions of the 1875 constitutional scheme, the President would enjoy the right to dissolve the Chamber of Deputies (with the consent of the Senate), while the Chamber, for its part, would be entitled to challenge, interpellate,[2] and ultimately bring down the governments to which it gave its support. When a government fell, the President would dissolve Parliament and elections would follow.

After 1877, however, the President's right of dissolution was discredited, and fell into abeyance. In this way, the balance of power shifted decisively and permanently from the executive towards Parliament. The shadow of the attempted coup d'état of the Seize Mai hung across the Presidency, and henceforward, apart from Poincaré (see below, p. 124), only safe nonentities were elected to the post, its duties becoming in practice largely decorative.

Indeed, all executive authority, throughout the Third and Fourth Republics, remained discredited by its association with the Right, and a strong executive appeared to Republicans to be incompatible with the Republican régime itself.

The tendency towards domination of the political system by the legislature, known as *gouvernement d'assemblée*, became a central feature of the Third and Fourth Republics, and its justification a cardinal element in Republican ideology. Deputies became secure in the tenure of their seats throughout the four years of a Parliament: no dissolution could bring them face-to-face with their electors before the end of their term of office. They felt free not only to interpellate, but to bring down governments at frequent intervals. As the disillusioned Republican Péguy remarked tartly:

> Voici des hommes qui savent que pendant quatre ans ils peuvent absolument faire tout ce qui leur passera par la tête, qu'ils n'encourront absolument aucune responsabilité, qu'ils ne recevront absolument aucune sanction, puisque c'est nous, la nation, qui paie.
>
> *Œuvres complètes*, vol. XII (Gallimard, 1944), p. 18

Ministerial instability thus became another classic, and familiar, feature of French democracy before 1958. France had 119 governments between 1876 and 1958; their average duration was nine months.

---

[1] Grévy replaced MacMahon in 1879.
[2] To challenge the government to defend its policy. Deputies had the right to address an *interpellation* to a minister; the *interpellation* implied the threat of a vote.

Ministerial instability was, of course, not only a product of the absence, in practice, of any right of dissolution by the President. It was also the result of party divisions. Because of the multiplicity of parties, the will of the nation could not easily be translated into a clear-cut majority, either among the electorate or in Parliament. The parties were obliged, despite the deep divisions between them, to combine in composite majorities in Parliament based on compromise programmes; governments based on these majorities, resulting from an uneasy conjunction of conflicting forces, were bound to be short-lived.

A consequence of the compromise basis of governments and the absence of any right of dissolution was that when a government was to be set up after an election, or when a government fell between elections, the negotiations which led to the emergence of the new government were carried on entirely within the Parliamentary orbit. The ordinary citizen had therefore no direct say in the selection of the government. Its emergence depended simply on the possibilities which existed within Parliament for the formation of a viable majority.

Majorities thus reflected party divisions in Parliament. Governments were based, not, as in England, on a solid, single-party majority, lasting throughout a Parliament, but on unstable, shifting and impermanent majorities. These reflected not so much the settled will of the nation as the vagaries of the immediate political situation in a divided Parliament.

Despite these shortcomings in the system, the Republican ideology of weak government continued to flourish under the Third Republic; its most articulate exponent was the philosopher Alain. The weakness of the executive was seen by Alain as a bulwark for the freedom of the individual against the authority of the State, which in his view had an inherent tendency to expand. The defence of the régime, indeed, seemed to Alain more important than further social progress (*see* p. 155; cf. also the Radical programme of 1907, *see* p. 276). At the end of the nineteenth century, the democratic ideal had become firmly established in the minds of many Frenchmen (*see* p. 157); the democratic system itself seemed so firmly established, to some Republicans, that it appeared likely to last indefinitely. Jaurès wrote in 1903:

> Voici que cette République... est devenue la loi durable de la nation, la forme définitive de la vie française.
>
> *L'Esprit du Socialisme* (Gonthier, 1964), p. 59

In fact, however, a simultaneous threat had grown up to the Republican régime, from the extreme Left and the extreme Right, so that its stability was never to be wholly assured. The right-wing threat at the time of the Boulanger and Dreyfus affairs and in 1934, as well as the left-wing threat from the communists in 1944–45, were very real ones. It was such threats which underlay Alain's defensive view of the Republic.

> Il va... se dessiner, après 1918, [André Siegfried noted] une sorte de crise de l'État: le régime ne peut compter sur le loyalisme ni de son extrême-droite qui le déteste, ni de son extrême-gauche, qui se dérobe devant les devoirs nécessairement conservateurs du gouvernement. Il faut faire appel aux voix de la droite pour voter les mesures d'ordre ou d'équilibre budgétaire, et aux forces révolutionnaires, paradoxalement, pour défendre le

régime contre les factieux... Le vice foncier du régime, déjà sensible avant 1914 mais qui était allé en s'aggravant, c'est qu'il était encadré de deux partis anticonstitutionnels, une droite qui n'acceptait pas la République et une extrême-gauche qui n'acceptait pas l'ordre social.[1]

The strength of the parliamentary forces opposed to the Republican system was to remain yet another most important factor in the instability of governments under the Fourth Republic after 1947. The area of the Assembly from which majorities, and hence governments, could be drawn remained limited because of the existence of the Communist and Gaullist oppositions. Thus the non-Communist Left and other Republicans, such as the M.R.P., were forced into governmental alliances, despite their differences over Church schools.

Under the Third Republic as early as 1900, the Marxist socialist Jules Guesde had expressed the left-wing hostility to the Republic, proclaiming his disillusionment with "l'avortement républicain, incapable en trente années d'aboutir même aux réformes politiques qui sont un fait accompli par delà nos frontières, aux États-Unis ou dans la République Helvétique". Guesde's disillusionment reflected the abandonment, by much of the working class, of the old Republican loyalty (see p. 414). Guesde's followers in the socialist movement, and their successors in the Communist party, remained hostile, except for limited periods, to the Republic, which they regarded as a mere political emanation of the bourgeoisie. Their aim, before 1958, remained the wresting of political power from the bourgeoisie by revolution. The dictatorship of the proletariat would be followed by economic expropriation of the bourgeoisie. It was only as a bulwark against Fascism that French revolutionary socialists were prepared, for limited periods, to tolerate "bourgeois" democracy.

To the nationalists of the extreme Right, too, the democratic Republic remained anathema throughout the twentieth century, just as it had been to the monarchists of the 1870s. The supporters of the *Action Française* were asked to sign a declaration to the following effect:

Je m'engage à combattre tout régime républicain. La République en France est le règne de l'étranger. L'esprit républicain désorganise la défense nationale et favorise des influences religieuses directement hostiles au catholicisme traditionnel. Il faut rendre à la France un régime qui soit français.

Quoted in R. Rémond, *La Droite en France:*
de la première restauration à la Ve République (3rd ed.)
2 vols. (Aubier-Montaigne, 1968), II, pp. 378–379

While, throughout the Third Republic, nationalists still echoed the old cry for a return to monarchy as the only adequate remedy for the ills of weak republican government, the more moderate Right — that is, the conservative Republicans (see p. 308 ff.) — continually asserted the need for the strengthening of the executive within the Republican framework.

This moderate right-wing demand for the strengthening of the executive was put forward by Poincaré for some years before the First World War. His coming

[1] In G. Bonnefous, *Histoire politique de la Troisième République*, 2nd ed., vol. I (P.U.F., 1965), p. xv.

to power in 1913, in the shadow of the war, was a prelude to the strengthening of the governmental structure during the war; while the practice of temporary grants of power to the executive to rule by decree, through the so-called *décrets-lois*, which also began during the First World War, had become a generally accepted commonplace by the 1930s. Under the stress of events, the urgent need for government action increasingly persuaded all Republicans to accept intermittent *de facto* transfers of authority from Parliament to the executive.

After the defeat of 1940, this process was, for a time, taken much further still by the quasi-monarchic system introduced by Marshal Pétain. The new, basically right-wing, régime attempted to revert to the political and social structures of the past, through the concentration of all power in the hands of the executive (*see* p. 159).

The Republic had by this time collapsed: on 10th July 1940 the Chamber of Deputies and the Senate, meeting together at Vichy, had overwhelmingly voted to hand all power over to Pétain:

L'Assemblée nationale donne tous pouvoirs au Gouvernement de la République, sous l'autorité et la signature du maréchal Pétain, à l'effet de promulguer par un ou plusieurs actes une nouvelle constitution de l'État français. Cette constitution devra garantir les droits du travail, de la famille et de la patrie.

Elle sera ratifiée par la Nation et appliquée par les Assemblées qu'elle aura créées.

Journal officiel (11 juillet 1940)

The defunct Third Republic had never been accepted by the whole of the French people. It became discredited, after 1940, by its own structural shortcomings, by some of the politicians who had worked the system, and above all by its association with the nation's collapse in the face of Germany. Yet, during and after the Second World War, the continued hold on the mass of the people of the fundamental ideal of a democratic Republic remained powerful. The historian Marc Bloch, reflecting on the defeat of 1940, bore witness to the revival of Republican idealism that followed it:

Force nous est bien de reconnaître que la nation, dans son ensemble, a choisi, et qu'elle s'est prononcée pour l'égalité devant la loi et pour la souveraineté nationale... La République... apparaît aux Français comme le régime de tous, elle est la grande idée qui dans toutes les causes nationales a exalté les sentiments du peuple. C'est elle qui en 1793 a chassé l'invasion menaçante, elle qui en 1870 a galvanisé contre l'ennemi le sentiment français, c'est elle qui, de 1914 à 1918, a su maintenir pendant quatre ans, à travers les plus dures épreuves, l'unanimité française; ses gloires sont celles de notre peuple et ses défaites sont nos douleurs. Dans la mesure où l'on avait pu arracher aux Français leur confiance dans la République, ils avaient perdu tout enthousiasme et toute ardeur, et se sentaient déjà menacés par la défaite et dans la mesure où ils se sont redressés contre le joug ennemi, c'est spontanément que le cri de «Vive la République!» est revenu sur leurs lèvres. La République est le régime du peuple. Le peuple qui se sera libéré lui-même et par l'effort commun de tous ne pourra garder sa liberté que par la vigilance continue de tous. Les faits l'ont aujourd'hui prouvé: l'indépendance nationale à l'égard de l'étranger et la liberté intérieure sont indissolublement liées, elles sont l'effet d'un seul et même mouvement. Ceux qui veulent à tout prix donner au peuple un maître accepteront bientôt de prendre ce maître à l'étranger. Pas de liberté du peuple sans souveraineté du peuple, c'est-à-dire sans République.

L'Étrange Défaite: témoignage écrit en 1940
(Albin Michel, 1957), pp. 228–230

His words closely echoed the idealism of thirty years earlier (*see* p. 157). Once again, the French people as a whole — and this now again included the working class and, from 1941, the Communist Party[1] — could feel that the threatened Republic was their own. Only the authoritarian Right felt any sympathy with Germany.

The democratic Republican ideal became inseparable, for those in the Resistance, and for the majority of Frenchmen, from the cause of France in the Second World War, just as it had been in 1870, and 1914–18. The programme of the *Conseil National de la Résistance* contained a re-assertion of the democratic and civil rights that had been fundamental to the political and social structure of the Third Republic. It called for:

— l'établissement de la démocratie la plus large en rendant la parole au peuple français par le rétablissement du suffrage universel;
— la pleine liberté de pensée, de conscience et d'expression;
— la liberté de la presse, son honneur et son indépendance à l'égard de l'État, des puissances d'argent et des influences étrangères;
— la liberté d'association, de réunion et de manifestation;
— l'inviolabilité du domicile et le secret de la correspondance;
— le respect de la personne humaine;
— l'égalité absolue de tous les citoyens devant la loi.

At the Liberation, with the defeat of Fascism and reaction, the Right was discredited, and the path seemed clear for a return to democracy.

The urgent question arose, however, what kind of democracy? Should the Third Republic be restored, or was a new constitution needed? If the attachment of the majority of the French people to the ideal of a democratic Republic had been reinforced by the trials of the war and the Occupation, the discredit into which the outward forms of the democracy of the Third Republic had fallen in 1940 was an equally powerful factor in the situation. Meanwhile, the programme of the C.N.R. was anything but precise about constitutional forms.

That there was an almost universal desire for a fresh start was demonstrated by the referendum of 21st October 1945[2]. 96.4% of the voters replied affirmatively to the question "Voulez-vous que l'Assemblée élue ce jour soit constituante?"

The desire for constitutional change was also reflected in the composition of the 1945 Constituent Assembly. The unhappy Radicals, who, still identifying

---

[1] A. Lecœur reports that he saw party members tearing up their party cards when the news of the Nazi–Soviet pact came through in 1939. The Communists regained working-class support when they adopted a democratic and patriotic line in 1941 (*see* p. 220).

[2] In 1945, for the first time in French history, women were allowed to vote.

themselves with the Third Republic, had recommended a negative vote in the referendum, were now reduced to a mere 29 seats.

But while most of the rest of the Constituent Assembly reflected the agreement among the nation at large that a new constitution must be worked out, the three major parties were divided about its form. The Communists, with 159 seats, regarding the old 'bourgeois' democracy of the Third Republic as insufficiently representative of the people, called, in keeping with their current democratic line, for an extreme form of democracy, recalling the Constitution of 1793 (see p. 32), in which the concentration of power within the legislature in the system of *gouvernement d'assemblée* would be taken to its logical conclusion. The Presidency and the Senate would be abolished, and all power would reside in a single chamber, the National Assembly, which would completely dominate the executive. The elected representatives of the people in the National Assembly would be themselves subject to instant recall by their electors. The socialists, with 146 seats, supported a scheme of the same type.

The M.R.P., on the other hand, with 150 seats, were hostile, seeking to retain the Presidency, as a reflection of the permanent interests of the nation, and also the Senate, as a representation of local, professional, and family interests. They were concerned to avoid domination by the legislature, and achieve the balance of power between executive and legislature that had eluded France under the Third Republic.

The Radicals sought, as far as possible, a return to the Third Republic; the Conservatives, who were now reduced to about 60, insisted, as usual, on a strong executive; while General de Gaulle remained silent, though there was some speculation as to whether he did not favour a Presidential system.

The first draft of the new constitution reflected the views of the Communist-Socialist majority in the Constituent Assembly. According to the draft text, the Senate was to be abolished, and a single Assembly was to elect both the Prime Minister and a much-diminished President of the Republic. The political rôle of the President was to be reduced to a minimum: when a government fell, he was merely to "communicate" to the President of the National Assembly, after the usual consultations, a number of names of possible candidates for the premiership.

This draft was, however, rejected, by 10·3 million votes to 9·1 million, at the referendum of 5th May 1946. The M.R.P. had recommended rejection of the draft, and many Frenchmen presumably shared their fear that the Communists would use the new Constitution as a step on the road to their avowed aim of monopolising political power in France.

After the failure to adopt the first draft of the constitution, work had to be begun again by a second Constituent Assembly. It was after the first referendum, on 16th June 1946, that General de Gaulle made his famous Bayeux speech (which was twelve years later to become the basis for the constitution of the Fifth Republic). His insistence on the need for a strong Presidency, to represent the interests of the nation as a whole, as well as a Senate, to represent economic and social interests, and the overseas territories (see pp. 330–331), had some influence with the M.R.P., in their attempts to persuade the Socialists to temper the extremism of the first draft of the constitution.

In view of the now urgent need to produce proposals acceptable to the whole country, a series of compromises was arrived at between the Left and the M.R.P.

The new constitutional commission set out to avoid both the domination of the system by a single-chamber legislature — which might lead to a Communist take-over — and de Gaulle's strongly presidential system, which was seen as a possible prelude to another threat: personal dictatorship. Democracy could be safeguarded, it was thought, as under the Third Republic, only through an effective balance between the power of the executive and that of the legislature.

Despite General de Gaulle's vigorous opposition, the new draft constitution was approved by the referendum of 13th October 1946: 9 million voted for, 7·8 million against.

The régime set up by the 1946 Constitution did not, in the event, achieve the desired balance. The scales remained tilted towards the legislature. The political rôle of the President was somewhat greater than that provided for in the first draft: when a government fell, he was to "designate" the new Prime Minister, who was then to demand a personal vote of confidence from the Assembly (article 45, see p. 166). This procedure hardly differed from that of the Third Republic, where the President designated the Prime Minister, and the latter demanded a vote of confidence from the Assembly, but for his choice of cabinet. The President, under the Fourth Republic, was very much less than the "Président qui en soit un" demanded by General de Gaulle.

The Senate was restored under another name (*Conseil de la République*), but it was only to have a consultative rôle, apart from its participation in the election of Presidents (articles 20 and 29, see p. 165 and p. 166).

The provisions for increased control by Parliament over the time-table of its own sittings (article 9, see p. 165) as well as those designed to make a dissolution of Parliament difficult (article 51, see p. 167), and to prevent the delegation of legislative power to the executive — as under the pre-war system of *décrets-lois* — also contributed to a political structure in which *de facto* domination by the legislature became, in the end, as great as it had been under the Third Republic.[1]

The new attempt at a balance between executive and legislature foundered, as it had done previously, on the traditional hostility of the Left to executive authority. This hostility, which had marked the political system of the Third Republic from 1877, ultimately went back to 1789–92, and to suspicions of the reactionary tendencies of the Bourbons. The Left had never ceased to fear that a strong executive would be simply a political tool in the hands of the reactionary Right.

Thus, despite the widespread desire for constitutional innovation in 1944-45, the left-wing political climate of the period helped to produce a constitution which turned out to be largely a replica of that of the Third Republic. This ought not to have been surprising, since the basic party divisions in French politics, and the old political habits and prejudices, had remained largely unchanged since before 1939: it was these factors which determined the provisions of the new constitution in the context of a political situation dominated by the Left.

The electoral system introduced in 1945–46 was a form of proportional representation (*see* p. 160), which favoured the three large parties of post-war France. It did not, however, suffice to bring about a two-party system, and it

---

[1] However, *décrets-lois* were again to reappear.

was radically modified in 1951, by the introduction of the system of *apparente-ments*, which allowed alliances between parties or groups to take all the seats in a constituency if they obtained an absolute majority between them. This provision was aimed at preventing the Communists and the R.P.F. from exploiting their strength and so dominating the National Assembly: it allowed alliances between the Republican parties which were individually weaker than their extremist opponents to take all the seats in some constituencies, thus leading to under-representation for the Communists and R.P.F. (*see* p. 167).

Disillusionment with the "system" and the politicians soon returned, and became once again a commonplace. The workings of the "system" under the Fourth Republic were deftly summarised in 1956 by M. Georges Vedel, a leading jurist (*see* p. 172 ff.). The only practical means capable of achieving effective executive action within the system had been those tried by M. Pierre Mendès France in 1954. Since a different majority existed on every question, M. Mendès France decided to attack a number of major problems in turn, returning to the Assembly for a fresh grant of power once each problem had been disposed of (*see* p. 169 ff.).

M. Vedel, condemning the weakness and ineffectiveness of the executive, called for a new constitution, in which the executive would be independent of Parliament, while governing only within the framework of laws and budgetary resources voted by Parliament. According to M. Vedel's scheme, the President should be elected by universal suffrage.

It was not only the democratic political structure that was now found wanting. Under the impact of the Algerian war, respect for civil rights was on the wane. Allegations of police brutality in Algeria in 1957 led to an official investigation by Maître Maurice Garçon (*see* p. 177).

The coup de grâce was given to the condemned political system of the Fourth Republic by the situation in Algeria in 1958. It was this situation which paved the way for a change of régime, by destroying the last vestiges of governmental authority: the military and police forces in Algeria in the spring of 1958 no longer recognised the government in Paris, and when, two days after the 13th May riots in Algiers, Salan was induced to raise the cry "Vive de Gaulle", the political vacuum in Paris provided an opportunity for the General's return to power.

The same evening, de Gaulle made a laconic announcement:

> Aujourd'hui, devant les épreuves qui montent de nouveau vers lui, qu'il [le pays] sache que je me tiens prêt à assumer les pouvoirs de la République.

In an anarchic situation, he was able to make a broad, centre-based appeal. To the moderate Right and the Army, he was above all a patriot who would avoid a sell-out to the Algerian rebels; while to Guy Mollet and the moderate Left, he was a safeguard against the imminent threat of an extreme right-wing military coup. Left-wing fears that he would himself make an illegal bid for power with the help of the *paras* were somewhat allayed when on 19th May he declared: "Croit-on, qu'à 67 ans, je vais commencer une carrière de dictateur?" Most Frenchmen saw him as the only bulwark against civil war, and the only man who could resolve France's dilemma in Algeria.

On 27th May he announced that he was on the point of taking power:

> J'ai entamé hier le processus régulier nécessaire à l'établissement d'un

gouvernement républicain capable d'assurer l'unité et l'indépendance du Pays.

He seemed to be acting illegally, but once President Coty became convinced that a de Gaulle government was France's only way out, it was inevitable that the Prime Minister, M. Pflimlin, would have to resign, and so regularise General de Gaulle's position.

The General was then persuaded to seek formal investiture as Prime Minister from the National Assembly. The proceedings on June 1st began with M. Le Troquer's announcement of the names of the members of de Gaulle's government. Its composition bore witness to the General's desire to base himself on as broad as possible a range of Republican support. It extended politically from the social-ist Guy Mollet to the conservative Antoine Pinay, and included only three Gaullists.[1] This list should have indicated to the extremists in Algiers that the General did not intend to allow himself to become their prisoner.

The de Gaulle government sought special powers for six months to restore public order and solve the Algerian problem. This was, however, not all:

> ...ce ne serait rien que de remédier provisoirement, tant bien que mal, à un état de choses désastreux, si nous ne nous décidions pas à en finir avec la cause profonde de nos épreuves. Cette cause — l'Assemblée le sait et la nation en est convaincue — c'est la confusion et, par là même, l'impuissance des pouvoirs. Le Gouvernement que je vais former, moyennant votre con-fiance, vous saisira sans délai d'un projet de réforme de l'article 90 de la Constitution, de telle sorte que l'Assemblée nationale donne mandat au Gouvernement d'élaborer, puis de proposer au pays, par la voie du référen-dum, les changements indispensables.
>
> *Journal officiel* (2 juin 1958)

De Gaulle obtained an investiture vote of 329 votes for, 224 against; he was now in a position to ensure that France was provided with a new constitution.

But what kind of constitution? For de Gaulle, clearly, the major objective was to separate the executive from the legislature, in order to remedy what he saw as "la confusion des pouvoirs". Only in this way, he believed, could the executive be freed from the domination by a divided legislature that had made govern-ment increasingly impossible under the Third and Fourth Republics. Here was yet another attempt to correct the old imbalance between executive and legis-lature. A new balance, he hoped, would strengthen the executive and thus remedy "l'impuissance des pouvoirs".

The members of Parliament and the non-Gaullist members of his government, on the other hand, sought guarantees of the following Republican principles: both the legislature and the executive should emanate, directly or indirectly, from universal suffrage alone; the government should be responsible to Parlia-ment; the independence of the judiciary should be respected, and arrangements should be made for links with the overseas territories. These four points and de Gaulle's conception of the separation of executive and legislature together formed the five fundamental principles governing the new constitution, which were embodied in the constitutional act of 3rd June:

1° Seul le suffrage universel est la source du pouvoir. C'est du suffrage

---

[1] One of whom, however, was Michel Debré.

universel ou des instances élues par lui que dérivent le pouvoir législatif et le pouvoir exécutif;

2° Le pouvoir exécutif et le pouvoir législatif doivent être effectivement séparés de façon que le Gouvernement et le Parlement assument chacun pour sa part et sous sa responsabilité la plénitude de leurs attributions;

3° Le Gouvernement doit être responsable devant le Parlement;

4° L'autorité judiciaire doit demeurer indépendante pour être à même d'assurer le respect des libertés essentielles telles qu'elles sont définies par le préambule de la constitution de 1946 et par la Déclaration des droits de l'homme à laquelle il se réfère;

5° La constitution doit permettre d'organiser les rapports de la République avec les peuples qui lui sont associés.

Journal officiel (4 juin 1958)

This act also stipulated that a constitutional committee be consulted, that the draft constitution be approved by the government, and that it should then be submitted to a referendum:

Pour établir le projet, le Gouvernement recueille l'avis d'un comité consultatif où siègent notamment des membres du Parlement désignés par les commissions compétentes de l'Assemblée Nationale et du Conseil de la République. Le nombre des membres du comité consultatif désignés par chacune des commissions est au moins égal au tiers du nombre des membres de ces commissions; le nombre total des membres du comité consultatif désignés par les commissions est égal aux deux tiers des membres du comité.

Le projet de loi arrêté en conseil des ministres, après avis du conseil d'État, est soumis au référendum. La loi constitutionnelle portant revision de la constitution est promulguée par le Président de la République dans les huit jours de son adoption.

ibid.

It was within the framework laid down by this act that the chief architect of the new constitution, Michel Debré, working in great haste and in private, with a small group of collaborators, produced a text designed to reconcile the General's and his own ideas on the separation of powers and the strengthening of the executive, with the Republican principles laid down in the constitutional act.

The two central ideas of the General went back to the Bayeux speech of 1946. In the first place, in order to separate the executive from the legislature and avoid legislative domination, *the government must proceed from the executive*, that is, the Prime Minister must be appointed by the head of State. It was only in this way that government could be based, in the Gaullist view, not on the shifting and unstable Parliamentary majorities of the Third and Fourth Republics, but on the solid rock of the head of State (cf. pp. 330–331). This objective was embodied in article 8 of the 1958 Constitution (*see* p. 182).

The new procedure might have been taken very much as a continuation of that employed under the Third and Fourth Republics, in which the President only appointed a Prime Minister who was certain of a majority in Parliament. General de Gaulle, however, always interpreted his powers as being very much more extensive. For example, when M. Debré was appointed on 8th January 1959, the following communiqué was issued:

Le général de Gaulle, Président de la République, a convoqué hier, à 16 heures, M. Michel Debré, garde des Sceaux, ministre de la Justice, et s'est entretenu avec lui de l'ensemble des affaires du pays. Au terme de l'entretien, le général de Gaulle a chargé M. Michel Debré de lui faire des propositions au sujet de la composition éventuelle du gouvernement. A 17h.30, M. Michel Debré a été de nouveau reçu à l'Élysée. Il a soumis à l'approbation du général de Gaulle ses conceptions en ce qui concerne la politique générale et le nom des personnalités qui deviendraient, le cas échéant, ses collaborateurs au gouvernement. Le Président de la République a nommé Premier Ministre M. Michel Debré. Sur la proposition du Premier Ministre, il a nommé les membres du gouvernement, qui est composé comme suit:...

General de Gaulle's conception of the source of executive power was a reversion to Orleanism: he saw his rôle as President as to "accorder l'intérêt général quant au choix des hommes avec l'orientation qui se dégage du Parlement" (see p. 331).

The constitution, however, provided not only for the separation of powers but also for the responsibility of the government to Parliament, one of the Republican principles of 3rd June. According to article 49 (see p. 186), the government must demand a vote of confidence, *on its programme, if not on the President's choice of Prime Minister and on its own composition*. Furthermore, under the terms of articles 49 and 50, the government could be brought down, though only by a motion of censure. This was certainly a reduction of the government's responsibility to Parliament by comparison with the Third and Fourth Republics.

In 1959, M. Debré did not delay submitting his programme to the Assembly; but M. Pompidou waited longer and longer before submitting his programme and, in the mid-sixties, placed the onus on the Opposition of putting down a motion of censure. The interpretation of the constitution thus moved progressively further and further away from the traditional notion that governments must be responsible solely to Parliament, and closer to de Gaulle's original Orleanist conception.

The separation of powers was further expressed in the constitution through article 23 (see p. 183), which provided that ministerial office was incompatible with membership of Parliament. General de Gaulle believed that one reason why governments were brought down was that too many deputies were competing for office.

Finally, the domain of the law, which had been the preserve of the legislature, except in the case of *décrets-lois*, was separated by article 34 (see p. 184) from an area in which decrees and regulations could be imposed by the executive.

The second major aim outlined in the Bayeux speech had been the strengthening of the executive: the power and prestige of the Presidency ought to be enhanced, the General believed, so that, as an expression of national unity, he could transcend the political divisions that had for so long rendered effective government impossible in France and paralysed her in times of crisis. The President's rôle should be, first and foremost, that of a "national arbiter", standing above political divisions, who would act as a kind of political referee, and, in moments of political crisis, would act in the higher national interest by calling an election to consult the people. In cases of grave national peril, as in 1940, he would take personal charge of the national destinies (cf. p. 331).

This conception of the President as national arbiter was embodied in articles 5, 11, 12 and 16 (pp. 182–183). In addition to the right to dissolve Parliament, which he now enjoyed without the severe restrictions placed on it under the Fourth Republic through fear of a repetition of 1877, he had the right, in certain circumstances, to hold a referendum (article 11) and also the right to take special powers (article 16), a right constantly challenged and attacked by the Left as dangerous to democracy. All these rights could be exercised without the counter-signature of the prime minister, whereas under earlier constitutions all acts of the President of the Republic required such a counter-signature, as well as that of the appropriate minister (*see* article 19, p. 183, and cf. article 3 of the constitutional act of 1875 (p. 149) and article 38 of the Constitution of 1946 (p. 166)).

If the President was to be a national arbiter, his powers must clearly proceed from some group wider and more convincing than the quarrelsome party politicians of the Upper and Lower Chambers who had previously elected Presidents. President Coty had been elected in 1953 only on the *thirteenth* ballot. Direct universal suffrage was impossible, M. Debré pointed out to the *Conseil d'État*, as it would have led to the President being elected largely by the electors of the overseas territories. There was another reason for universal suffrage being ruled out in 1958: fears among the members of Parliament that de Gaulle would turn into a plebiscitary dictator on the lines of Napoleon III. De Gaulle asserted at the time that he was not seeking such a system. He later explained that he had been in some higher way designated since 1940 as the incarnation of what he called "la légitimité nationale". Since he had already been brought to power by the informal wish of most of the French people, the exact mode of election of the President of the Republic laid down in the new constitution was, to the General, a secondary matter. It is probable, too, that the French electorate as a whole did not, in any case, seem to de Gaulle in 1958 an adequate representation of the higher national interest: they persisted in voting for the parties. Could they be trusted to perceive the nation's higher interest and elect de Gaulle?

Indirect election through a wide college, as he had already proposed in the Bayeux speech, was the only other solution compatible with the act of 3rd June. This solution was adopted (see article 6, p. 181), and de Gaulle was duly elected President in December 1958. The arrangement was, however, something of a temporary *pis-aller*, and was difficult to defend as a representation of the higher national interest. Were the rural *notables* any more qualified than the electorate to choose the man who was to speak for France? The question remained open until 1962 (*see* pp. 135–136).

The other measures devised to strengthen the executive were the work of Michel Debré. He set out to restore some of the authority of the government over Parliament that had been removed by the Constitution of the Fourth Republic (*see* p. 128). The means to this end included the limitation of sittings of Parliament (article 28, p. 183) and the right of the government to rule by ordinance (article 38, p. 185).

The constitution was adopted by referendum on 28th September 1958: 17·7 million (79·2%) voted for; only 4·6 million (20·7%) against. Opposition to the new constitution had been weak and indecisive. Only the Communist party and extreme right-wing elements had remained solidly opposed to an affirmative vote, and no clear alternative to the constitution was put forward. The unexpectedly high majority at the referendum not only ensured that the constitution would become part of the French way of life, but gave a personal free hand to the General.

In the autumn of 1958, a new electoral system was put into effect: it represented in fact a return to *scrutin d'arrondissement*, the system of the Third Republic, and the only innovation was the institution of *suppléants*, stand-bys, to be elected with deputies and to replace them under certain circumstances (*see* articles 23 and 25, p. 183; also p. 188).

How did the constitutional framework develop after 1958? The shift towards an Orleanist interpretation of the powers of the President in the selection of the Prime Minister has already been noted. In view of the continued presence of pro-Gaullist majorities in Parliament since 1958, no crisis arose like that of 1877, since there was always a ready-made majority for any government appointed by de Gaulle. The nearest France came to such a crisis while de Gaulle remained in power was in 1967 when, as a result of the legislative elections, the Gaullists' paper majority was cut almost to nothing. In this situation, the government's response was to seek a blank cheque to rule for six months by ordinance under article 38.

The new constitution thus led to the old pattern of shifting majorities in Parliament being replaced by a new one, consisting of a regular majority, together with its corollary, a regular Opposition. The Gaullists formed the majority, the other parties the Opposition, and both majority and Opposition after 1958 lasted throughout a Parliament, as in Britain.

The rôle of the President as arbiter was soon extended, under the stress of the Algerian situation, in the direction of actual direction of government policy. In the press conference of 16th September 1959, de Gaulle laid down a policy of self-determination for Algeria (*see* p. 189), and increasingly the concept of a *Presidential sector* of policy emerged, christened the *domaine réservé* by M. Jacques Chaban-Delmas at the U.N.R. congress of 1959. According to M. Chaban-Delmas, the *domaine réservé* was to include not only Algeria, but also foreign affairs, defence, and the French Community. This concept was soon extended to include any area to which the President thought priority should be given: in these priority areas, policy was decided by the President, in consultation with others (*see* p. 195).

Presidential control of government policy was exercised through the use of television and radio. It became standard practice for major policy statements to be made by de Gaulle in his television speeches and press-conferences. Ministers were evidently sometimes as ignorant of their content beforehand as the general public. French broadcasting had always been kept under strict government control, even under the Fourth Republic, and under the Fifth, until 1965 at any rate, access to television was almost entirely refused to non-government spokesmen; only government policies, and speakers favourable to the government, obtained television time. Although there was later a limited liberalisation, the Left continued to attack State control of television and radio as undemocratic (*see* pp. 205–206).

The very real fears on the Left about threats to civil rights in France and Algeria because of the Algerian war also persisted in the first years of the Fifth

Republic. Despite M. Malraux's assertion that torture was no longer in use in Algeria, allegations that torture was still being used were made in Henri Alleg's book *La Question* (cf. p. 177). In the *Manifeste des 121*, a group of intellectuals called on young men to resist military service (*see* p. 192). M. Terrenoire, the information minister, made a statement on censorship in 1960 which constituted an admission that strict censorship was in operation in Algeria (*see* p. 194). The agitation among intellectuals and others about civil liberties did not die down until the political situation became normal after the Algerian settlement.

By 1962, President de Gaulle had come to play a decisive rôle in determining government policy, which was in direct conflict with the original conception of the Presidency as an arbiter standing above politics. The government had thereby lost some of its power to determine policy according to article 20 of the 1958 Constitution (*see* p. 183).

The threat to de Gaulle's life, brought home to him by the Petit-Clamart assassination attempt of 1962, now encouraged him to decide to place the power of his possible successor as President on a more secure footing. He announced that a referendum would be held on the proposal that the President should be elected by universal suffrage. This, of course, would also have the result of placing the President's wide powers and new political rôle on a more democratic basis (*see* p. 195). The idea of direct election of the President, it will be remembered, had been launched by M. Vedel as early as 1956.

The former objections, on the Gaullist side, to basing the power of the President on the whole electorate no longer applied: the overseas territories were no longer directly linked with France, and the electorate had begun to show its fidelity to the General's conception of the national interest. De Gaulle now asserted in a press-conference that he had decided to press on with what had, all along, been his ultimate aim:

> Dès l'origine, je savais que je devrais, avant la fin de mon septennat, proposer au pays qu'il en soit ainsi.

The outcry among the politicians against the proposal in the autumn of 1962 and the campaign of the so-called *Cartel des Non* largely centred on the circumstances in which the referendum was to be held. M. Monnerville, President of the Senate, virulently denounced them as unconstitutional; article 89 of the Constitution (*see* p. 187) did not provide for constitutional changes to be made by referendum without first being agreed by both *Assemblée nationale* and Senate.

In the heat of the referendum campaign, General de Gaulle threatened to resign if he received a majority that was inadequate ("faible, médiocre, aléatoire").

Opposition by politicians to the actual principle of the direct election of the President by universal suffrage was, to say the least of it, obscured by the *brouhaha* over the alleged unconstitutionality of the referendum arrangements. The result of the referendum, held on 28th October 1962, showed that the nation at large was, in fact, ready for such a change: 12·8 million (61·7%) voted for and 7·9 million (38·2%) against. The change was of crucial importance, of course, in that henceforward the citizen was to be in a position to cast his vote for the man who would have a predominant influence on government policy. That this had not been possible under the Third and Fourth Republics had been one of the major drawbacks to the French democratic system (*see* above, p. 123). And that the

French people appreciated the change was shown by the rapid and almost complete acceptance of the new Presidential system after 1962. Articles 6 and 7 of the Constitution, in their revised form, provide for a two-ballot electoral system (*see* p. 197).

After 1962, General de Gaulle felt that his election by the whole people conferred on him the exclusive right to exercise in person as much of the authority of the State as he chose. This doctrine was clearly enunciated in his press-conference of 31st January 1964 (*see* p. 199). In other words, election by universal suffrage had legitimised, in the General's eyes, unlimited extensions of the Presidential sector.

He insisted, too, in the same press-conference, on the hierarchical distinction between President and Prime Minister, and in an important Parliamentary encounter later in 1964 between M. Pompidou and the leader of the Opposition, M. Mitterrand, the nature of the now subordinate rôle of the Prime Minister was spelled out (*see* p. 201 ff.).

François Goguel and Alfred Grosser in their book *La Politique en France* (Colin, 1967), summarised the situation as follows:

> Le chef de l'État incarne l'intérêt national, représente les Français comme membres de la collectivité nationale et prend les décisions nécessaires dans les domaines majeurs. Le premier ministre, assistant du Président en ces matières, devient chef de l'exécutif dès qu'il s'agit d'arbitrer entre les groupes d'intérêts, d'orienter la vie économique et sociale du pays. Son interlocuteur est alors le Parlement, qui «réunit les délégations des intérêts particuliers».
>
> pp. 264–265

At the same time, the new and dominant political rôle of the President was beginning to affect the party system. For the President, whatever his present powers, was due to face the electorate in 1965, at the end of his first seven-year term. By 1963, a pre-election atmosphere had developed. The question arose of an Opposition candidate. Political forces began to group themselves in a new way, round presidential candidates. M. Gaston Defferre, first launched mysteriously as Monsieur 'X' in the pages of *L'Express*, a left-wing weekly, attempted a Centre-left alliance, excluding the Communists. Such an alliance was not, however, electorally viable in the current state of opinion, because a left-wing majority as an alternative to the Gaullist one was mathematically impossible without the Communists. Eventually M. Mitterrand stood as the "candidate of the Left", with Communist support, while M. Lecanuet attempted to rally the forces of the Centre.

Where did de Gaulle stand? His approach, at first, was somewhat lofty, but on the first ballot on 5th December 1965, he obtained only 44% of the votes cast; in his campaign for the second ballot he made a more direct attempt to solicit votes by discussing bread-and-butter issues, such as economics. He thus implicitly recognised that his extensive political rôle was now correlative to the need to seek political endorsement by the electorate, if only once in seven years.

On the second ballot, he defeated M. Mitterrand by 55% to 45% and his second term as President began. The unprecedentedly high poll (85%) was an indication that the "depolitisation" that had been talked of since 1962 was an illusion. Frenchmen relished their first chance to elect the man who was to be their political leader.

The impact of the Presidential election had been to emphasise the new structure of French party politics; the two-ballot Presidential system was having the effect of grouping the political forces of the moderate Right and the Centre round de Gaulle, and those of the Centre-Left and Left round the S.F.I.O. and the Communists. M. Lecanuet having been eliminated on the first ballot, the votes of the Centre were split on the second ballot. A new phenomenon in French politics thus emerged to replace the old domination of the Centre (cf. p. 9) — polarisation between Left and Right, accompanied by the squeezing out of the Centre.

This polarisation of the political forces continued to dominate the political scene in the period before the 1967 legislative elections. In the spring of 1967, the political analyst Maurice Duverger noted a rightward shift in the Gaullist majority. M. Giscard d'Estaing's *Républicains Indépendants* found themselves bound by the logic of polarisation to maintain their conditional support of the Gaullist government, expressed through the formula "Oui — mais". Both majority and opposition were thus beginning to experience the pressures towards discipline implicit in what was apparently developing towards a two-party system. This was expressed on the Left through the formation of the *Fédération de la Gauche*, which included the S.F.I.O., the Radicals and the political clubs. At the same time, the movement of the Communist party towards acceptance of democracy and integration into the French political system facilitated an electoral alliance with the S.F.I.O. at the end of 1966.

By the time of the March 1967 elections, there was, too, a high degree of acceptance of the Constitution of the Fifth Republic in its new Presidential form, even among the parties of the Opposition. It was recognised on the non-Communist Left that there was a possibility that, in favourable circumstances, Presidential power might one day be exercised by the Left. To attack the Presidency in principle might therefore be to deprive the Left of a potential political weapon. Opposition was now limited to certain areas, notably article 16, and to criticism of State control of television; the Communists, however, remained totally opposed to the régime (*see* pp. 205–206).

The Gaullist government's hair's-breadth majority after the 1967 elections accentuated the effects of polarisation for some months, the narrowness of the majority acting as a powerful deterrent against Gaullist dissidence.

In 1968, some of its impact was mitigated by new quarrels on the Left over the Middle-East war: the Communists had aligned themselves with the Soviet pro-Arab line, and thus alienated themselves from the S.F.I.O.

The events of May 1968 and the invasion of Czechoslovakia then set off a new re-alignment in French politics, in which the impact of a hitherto unsuspected revolutionary student Left and a partial revival of Cold War attitudes combined to obscure, no doubt temporarily, the polarising effect of the Presidential system.

The partial breakdown of governmental authority which took place in May 1968 was a potential threat to the régime. It was widely thought on the Left at the end of May that the Fifth Republic's days were numbered. Yet although there was implicit in the crisis a widespread revolt against the authority of the State as such, not merely against its stranglehold over education and television, the traditional political forces of the Left proved unable, and perhaps unwilling, to translate this revolt into a politically coherent form.

In a potentially chaotic situation, a Gaullist solution seemed to offer the only way out, even though the May revolt had been directed as much against Gaullism as against any other feature of existing society. And so General de Gaulle's May 30th press-conference (*see* p. 206) restored order, and paved the way for an unprecedented Gaullist landslide in the elections that followed. A new crisis had apparently produced yet another revival of Gaullism. The pro-Gaullist election result, following so hard on the heels of what appeared to be a vast popular upsurge *against* Gaullism bore witness to French political schizophrenia, rather than simply to a "right-wing reaction". Many voters, perhaps, were looking for both democratic change *and* order, the two ingredients of the Gaullist recipe (*see* pp. 319–320).[1]

The question for the future was now clearly posed: how far could the anti-authoritarian revolt of May 1968 be contained within the generally authoritarian social and political structure of the Fifth Republic? Once again, as in 1940 and 1958, General de Gaulle had to seek to give personal expression to political demands that had not found expression through the existing political system. But this time it was, among other things, his own Fifth Republic itself that had been found wanting.

The empiricism of de Gaulle and Gaullism's power to adjust to virtually any policy was, however, demonstrated by General de Gaulle's appointment of a determined reformer, M. Edgar Faure, as Minister of Education, with what was in effect a left-wing brief in the educational field (*see* pp. 531–533 and 579 ff.).

The reforms rapidly introduced in education certainly represented, at least on paper, an unprecedented departure from the old traditions of State control. It was, at first, far from clear of course how they would work in practice (*see* p. 533).

In the sphere of television, which was far more crucial to State authority, repression followed May 1968: television journalists who had taken their freedom seriously in the heady atmosphere of May 1968 were dismissed. De Gaulle believed it was impossible to govern with a free press but without strict government control of television. The only direct application of the concept of participation outside education was to be to the economic and social sphere, through reforms of France's regional structure, and of the Senate, announced in de Gaulle's press-conference of 9th September 1968 (*see* p. 207). These reforms were to be submitted to a referendum in the spring of 1969. In December 1968, M. Jeanneney, who had been put in charge of elaborating the new reforms, announced the creation of regional assemblies, consisting partly of deputies and local government representatives,[2] and partly of representatives of the professions and social groups. These assemblies would have their own budget and play a part in regional economic and social planning. At the national level, the Senate, too, was to be mainly indirectly elected, very much as before, through an electoral college of deputies and local and regional representatives. A minority of Senators was to be representative of economic, social, family and cultural activities. The Senate was, though, to lose the power to discuss the government's political measures, and to be restricted to the economic and social field, where it was to supersede the *Conseil Économique et Social*, which was to be abolished.

In the Parliamentary debates on these plans for reform, in December 1968,

[1] And cf. p. 180, where de Gaulle declares that the Second Republic did not survive "faute d'avoir accordé l'ordre avec l'élan du renouveau".

[2] Elected indirectly through an electoral college.

they were attacked by the Opposition; M. Monnerville denounced them as a diversion from the country's real problems: the government, he declared on 18th December, was seeking to destroy the Senate:

> Le sénat est vraiment le mandataire... de ces collectivités locales qu'on triture depuis tant de temps... Nous retrouvons... ce souci de réduire toutes les cellules essentielles de la démocratie en France et surtout de la République en France.
>
> *Journal officiel. Débats parlementaires. Sénat* (19 décembre 1968)

It became clear, however, at the beginning of 1969, that the referendum on the reforms would take place, and it was generally supposed that the reform project would be adopted, despite widespread opposition from the entire political Left, from parts of the Centre, from the trade unions, and even from M. Giscard d'Estaing. Although the reaction of May 1968 against the political authority of the Gaullist State had begun to take effect, the implication of the new proposals was that participation and the sharing of political power were unlikely to be greatly extended in the near future. State authority had, as we have seen, been re-asserted over television. In the directly political sphere, the new measures on regionalism and the Senate would scarcely have affected the ordinary citizen, who was not directly involved. Indeed, they were anti-democratic in that the Senate was to lose its political rôle altogether. Increasingly, the political participation of the citizen was, it seemed, to be limited, according to de Gaulle's plans, to electing, at seven-year intervals, a President with extensive political powers.

In the event, the latest re-vamping of the Gaullist State was rejected by the nation; and the reaction against State authority at last toppled de Gaulle himself. The result of the referendum held on 27th April (53% voted NON) thus rapidly brought to an end the strictly Gaullist period of the Fifth Republic. General de Gaulle announced his resignation immediately after the referendum. He had, for the first time, failed to gain a majority in a referendum, and he no doubt felt that his picture of himself as a leader of the nation as a whole was, in such circumstances, no longer tenable. Although the régime had survived May 1968, de Gaulle himself could not.

The régime itself was not immutable, either. During the Presidential election which followed the General's resignation, the disavowal by M. Pompidou of some of the more authoritarian features of the political structure of the Fifth Republic showed, in fact, that he intended to take into account the political reaction against de Gaulle which had been expressed in the negative vote in the referendum. He promised a policy of *"ouverture"* as well as of *"continuité"* and, immediately after his election, on the second ballot on 15th June, by 57·6%, against M. Poher's 42·4%, his intentions appeared to be to preserve the constitutional structure of the Fifth Republic, while operating the system in a more conciliatory way than his illustrious predecessor. He declared: "J'exercerai mes fonctions dans l'intérêt et au nom de tous les Français, qu'ils aient aujourd'hui voté pour moi ou non, ou qu'ils se soient abstenus", thus dissociating himself from de Gaulle's usual condemnation of those migsuided enough not to vote for him. His conception of the Presidency was outlined in a press conference on 10th July (*see* p. 208).

And there was, in the autumn of 1969, a relaxation of State authority over the television service. President Pompidou appeared, however, already to be seeking to interpret the Presidency as politically supreme in moments of crisis, as de Gaulle had done: devaluation was a Presidential decision, and further decisions in this area, or on matters of peace and war, M. Viansson-Ponté remarked in *Le Monde* on October 4th, would be in the President's hands. It was suggested, on the other hand, that the Prime Minister and the government were, under Pompidou, enjoying a freer hand in the development of policy, which would have brought the political system closer to that intended by the 1958 Constitution than it had been under de Gaulle. It was the Prime Minister, M. Chaban-Delmas, who outlined to Parliament on September 16th the government's general strategy for replacing what he called "la société bloquée" by "la nouvelle société".

But it could still be argued that M. Chaban-Delmas had been left with the long-term analysis of the future of French society — which might not have much immediate impact on policy — while the essentials of policy in the short term were to be found in President Pompidou's press-conference of September 22nd. That this press-conference was entirely restricted in subject-matter to economic, social and financial questions showed that M. Pompidou saw a need for Presidential direction of policy, at least in priority areas. Although the economy had not been a priority area for de Gaulle, the change of emphasis from one priority — foreign affairs — to another did not alter the fact that the President was now again extending his influence from crisis situations to priority areas of policy.

How far this influence would extend remained to be seen, but in November 1969 40% of the public, according to a SOFRES survey, thought that "c'était le gouvernement qui fixait les grandes orientations de la politique", and only 38% thought that M. Pompidou was still the dominant influence. As regards the future, only 24% thought that the President should settle "les grandes orientations nationales", 33% thought that Parliament should have this task, and 36% the government. In an editorial, the newspaper *Sud-Ouest* remarked:

> Pour l'opinion publique de Novembre 1969, le gouvernement doit gouverner. Et, de fait, il gouverne. On peut être assuré que, de Gaulle régnant, le sondage eût donné des résultats différents. Un nouvel équilibre des pouvoirs s'est institué depuis le départ du général. M. Pompidou n'agit et ne réagit pas comme de Gaulle. M. Chaban-Delmas n'agit et ne réagit pas comme il l'eût fait, sans doute, si le général était encore à l'Élysée. Entre les deux têtes du pouvoir, le partage est aujourd'hui différent, plus équitable et plus traditionnel. D'une certaine manière, l'après-de Gaulle tend à un retour à l'avant-de Gaulle. Mais sans, pour autant, que le président de la République redevienne ce qu'il fut sous la IIIᵉ République: un préposé à l'inauguration des chrysanthèmes.
>
> Quoted in *Le Monde* (12 novembre 1969)

M. Duverger was prompted to observe: "Il a suffi d'un sondage... pour qu'on parle d'un retour à l'avant-de Gaulle, d'une nostalgie du parlementarisme, d'un déclin du système présidentiel. Mais a-t-on pris assez garde au fait qu'à la question posée par Europe N° 1: «Qui est, d'après vous, le chef du gouvernement?», quatre personnes sur cinq ont répondu à Paris: «Georges Pompidou»?... Quand le président et le gouvernement sont les chefs d'une majorité parlementaire cohérente et stable, demander si les orientations politiques doivent être fixées par le Parlement, le gouvernement ou le président, c'est une question ambiguë: car elles sont nécessairement fixées à l'intérieur de cet ensemble où les tensions ne sont naturellement pas absentes, mais dont on ne peut séparer les éléments composants."[1]

For M. Duverger, the fundamental change dated not from 1969 but 1962, when the régime gained its semi-presidential character through the election of the President by universal suffrage, its presidential features being counter-balanced by the fact that, as in parliamentary systems, the government is responsible to the *Assemblée nationale*. In this system, the President becomes the leader and sustainer of the majority created around him by the mechanisms of the presidential election,[2] making possible the triangular agreement between President, prime minister and majority without which the system cannot work in its present form. The presidential influence has, since 1962, become paramount in the determination of government policy: «Quand la Constitution déclare: «Le gouvernement détermine et conduit la politique de la nation» (art. 20), on ne doit pas oublier qu'il le fait en conseil des ministres, sous la présidence du président de la République, dont l'approbation est pratiquement nécessaire pour toutes les décisions importantes. Le président est ainsi le chef suprême du gouvernement, comme le public s'en rend compte. Le premier ministre en «dirige l'action» (article 21 de la Constitution), c'est-à-dire qu'il surveille et coordonne l'application par les ministres des décisions collectives du conseil.»[3] The prime minister M. Chaban-Delmas himself confirmed this interpretation in an interview in *Sud-Ouest* on 3rd September 1970: «Le président de la République, véritable chef de l'État, seul élu par l'ensemble du corps électoral, a pour devoir de fournir des orientations et, en quelque sorte, de déterminer la politique du gouvernement. Le premier ministre n'est pas sur le même plan que le président de la République, du seul fait qu'il n'a pas été choisi par le peuple mais désigné par le chef de l'État. A ce titre il dirige le gouvernement dans le sens des orientations présidentielles.»[4]

M. Chaban-Delmas seemed to be admitting that the presidential influence on government policy was, after all, as great as under de Gaulle: for not only did the President, in his view, determine policy in priority areas, he laid down the "orientations", or broad outlines of policy, in *all* spheres: «Le chef de l'État trace les orientations — dans tous les domaines, sans exception. Quant au premier ministre, chargé de diriger le gouvernement dans le sens indiqué, il est consulté, le premier mais non le seul, par le président, comme il se doit entre hommes dont le devoir est évidemment de faire équipe, étant entendu que l'un d'eux est le capitaine et que l'autre est son premier coéquipier.»[4] Contrary to first appearances, M. Pompidou had, by 1970, stepped into de Gaulle's place, and, with less personal prestige, was working the system much as his predecessor had done.[5]

In July 1971 a new restiveness appeared on the legislative side: six leading Gaullist parliamentarians published a manifesto complaining about the virtual handing over of Parliament's legislative rôle to the administration (*see* p. 210; full text, *Le Monde* (14 juillet 1971)).

[1] 'Les institutions après de Gaulle', *Le Monde* (26 novembre 1969).
[2] *See* M. Duverger's *Institutions politiques et droit constitutionnel* (11th ed.) (P.U.F., 1970), pp. 747–751, and also above, pp. 136–137.
[3] *Art. cit.*
[4] Quoted in *Le Monde* (4 septembre 1970).
[5] On the repression of extreme left-wing agitation, *see* p. 231, and *Le Monde* (23, 24, 25, 28, 29 avril 1970; 23 mai 1970; 6 juin 1970). For text of "loi anti-casseurs", *see* p. 209. For governmental attempt to amend act of 1901 on freedom of association, *see Le Monde* (25 juin 1971; 18–19 juillet 1971, also 30 juin; 3, 10, 16 juillet 1971).

6

BIBLIOGRAPHY

L'Année politique, yearly.

V. AURIOL: *Mon Septennat 1947–1954* (Gallimard, 1970).

P. BRAUD: *Les crises politiques intérieures de la Ve République* (Colin, 1970). Dossiers U2. Constitutional documents relating to Algerian crisis, 1962 and 1965–67 crises and May 1968.

P. CAMPBELL: *French electoral systems and elections since 1789*, 2nd ed. (Faber and Faber, 1965).

J. CHAPSAL: *La vie politique en France depuis 1940*, 2nd ed. (P.U.F., 1969), "Thémis" collection. Full, up-to-date bibliographies.

J.-J. CHEVALLIER: *Histoire des institutions et des régimes politiques de la France moderne (1789–1958)*, 3rd ed. (Dalloz, 1967).

L. DUGUIT, H. MONNIER, AND R. BONNARD: *Les constitutions et les principales lois politiques de la France depuis 1789*, 7th ed. by G. Berlia (Librairie Générale de droit et de jurisprudence, 1952). Texts of constitutions and electoral laws.

G. DUPUIS AND J. RAUX: *L'O.R.T.F.* (Colin, 1970). Dossiers U2. Documents.

M. DUVERGER: *La Ve République*, 3rd ed. (P.U.F., 1963).

M. DUVERGER: *Les constitutions de la France* (9th ed., 1971) (P.U.F., 1959) "Que sais-je?" N° 162.

M. DUVERGER: *Constitutions et documents politiques*, 5th ed. (P.U.F., 1968) "Thémis" Collection. Texts: includes all French constitutions up to the Fifth Republic.

M. DUVERGER: *Institutions politiques et droit constitutionnel*, 11th ed. (P.U.F., 1970). Re-written: includes post-de Gaulle material.

M. DUVERGER: 'Les institutions après de Gaulle', *Le Monde* (26 et 27 novembre 1969).

H. W. EHRMANN: *Politics in France* (2nd ed.) (Little, Brown and Company, 1971). Paperback: the best and most up-to-date account of French politics in English.

J. GODECHOT: *Les constitutions de la France depuis 1789* (Garnier-Flammarion, 1970). Paperback. Texts of all constitutions, and of 1969 regional reform proposals.

F. GOGUEL AND A. GROSSER: *La politique en France*, 4th ed. (Colin, 1971) Collection 'U'.

D. PICKLES: *The Fifth French Republic*, 2nd ed. (Methuen, 1965) University Paperback.

R. PIERCE: *French politics and political institutions* (Harper and Row, 1968).

D. THOMSON: *Democracy in France since 1870*, 5th ed. (O.U.P., 1969). Documents.

O. VOILLIARD, G. CABOURDIN, F. DREYFUS AND R. MARX: *Documents d'histoire* (4th ed.), vol. II: 1851–1967 (Colin, 1969), Collection 'U'.

P. M. WILLIAMS: *Crisis and compromise. Politics in the Fourth Republic* (Longmans, 1964). English text of 1946 constitution.

P. M. WILLIAMS: *The French Parliament 1958–1967* (Unwin University Paperbacks, 1968).

P. M. WILLIAMS AND M. HARRISON: *De Gaulle's Republic*, 2nd ed. (Longmans, 1961).

G. WRIGHT: *The re-shaping of French democracy* (Reynal and Hitchcock, 1948). On the origins of the Fourth Republic.

GLOSSARY

abroger
accrédité auprès de
l'action civique
ajourner
l'ambassadeur
l'amende
l'appareil d'état, state structure.
l'apparentement, electoral alliance between lists of candidates under the proportional
    representation system in use in 1951 and 1956; any alliance winning an absolute
    majority took every seat in the constituency (*see* pp. 129 and 167).
l'appui
l'arbitrage
l'arrondissement
l'artisanat, the artisan class.
l'Assemblée (nationale)
l'assiette des impositions
l'avis conforme, approval (by the expression of a concordant opinion).
mettre en ballottage, to force to a second ballot.
le bulletin (de vote)
le bulletin blanc
le cabinet
la caisse des dépôts et consignations
la capacité juridique
le cautionnement, candidate's deposit (at an election).
le cens, amount of tax paid annually in order to be entitled to vote.
la Chambre des députés
le chef de bureau
le chef de l'État
le chef de gouvernement
le chef-lieu de la commune
la circonscription
les classes moyennes, the *petite bourgeoisie*.
la collectivité
le collège électoral, all those entitled to vote in an election, sometimes so called to
    distinguish them from the whole population, when some of the population are
    excluded from the voting.
le collège unique, single college — i.e. single voting register.
la commission (paritaire)
la communauté
la commune
le compte financier

la confection des lois
la congrégation religieuse
le Conseil d'État, administrative tribunal which also gives a preliminary opinion on certain government decrees and parliamentary bills.
le Conseil des ministres
le conseil municipal
le Conseil de la République
le Conseil supérieur de la Magistrature
le conseiller d'arrondissement
le conseiller général, member of the *conseil général*, i.e. departmental assembly.
le consistoire
la contravention
contresigner un acte
le contrôle, contrôler
la convention de travail, labour agreement.
la convocation
convoquer
les corps constitués, official bodies.
le corps électoral
la cotisation
la Cour de Cassation, Supreme Court of Appeal.
la Cour des Comptes, Audit Office.
la crise ministérielle, the political situation brought about by the fall of a government, necessitating the formation of a new government.
le débat
la déclaration
le déclenchement d'une guerre
le décret
le décret-loi
dans le délai de...
déléguer
le délit
le département
le dépôt de cautionnement, deposit.
le député (sortant), the (retiring) deputy.
désigner
le désistement, standing down (after the first ballot in an election).
la dictature
la diffamation
le discours
la disposition d'une loi, provision of a law.
la dissolution
dissoudre
le domaine suprême, the supreme sector (i.e., the area of supreme presidential authority under the Fifth Republic); cf. *le domaine réservé*, p. 134.
le droit d'asile
le droit des gens
le droit de grâce
le droit de grève
le droit inaliénable
le droit réel
la droite, the Right, i.e. conservatives.
la dyarchie, rule by two persons.

l'électeur
l'élection présidentielle
les élections législatives
éligible
élire à la majorité absolue
émettre un vote
l'emploi
enfreindre
engager la responsabilité du gouvernement, to seek a vote of confidence for the government.
l'entreprise
l'envoyé
l'équilibre des pouvoirs
ester en justice, to sue, bring or defend an action at law.
l'état de recettes de de dépenses
l'état de siège
l'état inventorié
la féodalité, concentration of power (*fig.*).
la fraction
la francisation, total assimilation to France.
les gains
la gauche, the Left, i.e. progressives.
le gérant
la gestion
faire grâce
le groupe de pression
le groupuscule, minute group.
l'habitation à loyer modéré, cheap government-subsidised home.
la haute trahison
l'hémicycle, the French Lower House (from its semicircular shape).
l'homme politique
l'immeuble, block (e.g. of flats).
les impôts
inamovible
l'initiative des lois, the right to initiate legislation.
l'inscrit, voter on the electoral register.
l'insoumission
l'instabilité ministérielle, instability of governments.
exercer un intérim
investir le président du Conseil, to vote in the Prime Minister.
le vote d'investiture, the vote appointing the Prime Minister.
laïque or *laïc,* secular, or neutral as between religious sects.
la première lecture, first reading.
légiférer
le législatif, legislative branch of government.
la législature, legislative body; its term of office; cf. *la dernière législature* and "the last Parliament".
léser
libeller
la liste d'émargement
le logement
la majorité
le mandat de député, office as a deputy.

le mandat impératif, elected office, where the person elected is bound by the instructions of his electors and is simply their delegate.

le mandat parlementaire, parliamentary office.

le mandat représentatif, office as a representative.

le ministère

le ministre

la modalité

le mode de scrutin, voting system.

le monarchiste

la motion de censure

nommer un ministre

le notable

le noyautage, infiltration.

l'oligarchie

à titre onéreux

l'opinion publique

l'opposition

l'ordonnance

le Parlement

le parlementaire, parliamentarian.

partager des bénéfices

le parti

passible

la patrie

la paysannerie

le petit commerce

le plein emploi, full employment.

le politicien

la politique du gouvernement

faire une politique d'opposition systématique

la poursuite

au pouvoir

le pouvoir exécutif

le pouvoir législatif

le pouvoir personnel, power exercised by a single person.

la préfecture

le préfet de police

le premier ministre

le préposé

le président du Conseil, Prime Minister (Third and Fourth Republics).

le président de la République

le procès-verbal

la procuration

le procureur général

le projet de loi

le prolétariat, class made up of those owning no property.

la promulgation

la proposition de loi, private member's bill.

la question de confiance

recenser

le récépissé

les recettes

rédimer une cotisation, to compound a subscription (for a lump sum).

le redressement
régler un conflit
rejeter
remplir un mandat, to fill an office.
rendre un décret
renouvelable par tiers, renewable one third at a time.
renverser un gouvernement
la représentation proportionnelle
la responsabilité ministérielle
responsable devant...
révoquer un ministre
être saisi de, to have on the agenda.
le scrutin d'arrondissement (à un tour): see p. 150.
le scrutin de liste: see p. 158.
le scrutin majoritaire à deux tours, two-ballot voting system.
le scrutin uninominal, single-member voting system.
la séance
le second tour, second ballot.
le secrétaire d'État
le secteur réservé, sector of policy reserved to the President of the Republic.
au sein de la majorité, within the majority.
le Sénat
le sénateur
le septennat, seven-year term of office.
la session
les sévices (m.)
le siège à pourvoir
le siège social
siéger
la sous-préfecture
la souveraineté, decision-making power in the State in the last resort.
statuer
le suffrage
le suffrage universel, universal suffrage.
suppléer
le syndicat
le taux
les territoires d'Outre-Mer
le premier (second) tour de scrutin, first (second) ballot.
la tribune de...
l'Union Française
l'urne
la vacance

THE *LOI DU SEPTENNAT*   1873

[20th November.]

Article premier. Le pouvoir exécutif est confié pour sept ans au maréchal de MacMahon, duc de Magenta, à partir de la promulgation de la présente loi; ce pouvoir continuera à être exercé avec le titre de Président de la République et dans les conditions actuelles, jusqu'aux modifications qui pourraient y être apportées par les lois constitutionnelles.

Art. 2. Dans les trois jours qui suivront la promulgation de la présente loi, une commission de trente membres sera nommée en séance publique et au scrutin de liste, pour l'examen des lois constitutionnelles.

Journal officiel (23 novembre 1873)

THE CONSTITUTION OF THE THIRD REPUBLIC   1875

1. Constitutional act of 25th February.

Article premier. Le pouvoir législatif s'exerce par deux Assemblées: la Chambre des députés et le Sénat. La Chambre des députés est nommée par le suffrage universel, dans les conditions déterminées par la loi électorale. La composition, le mode de nomination et les attributions du Sénat seront réglés par une loi spéciale.

Art. 2. Le Président de la République est élu à la majorité absolue des suffrages par le Sénat et par la Chambre des députés réunis en Assemblée nationale. Il est nommé pour sept ans; il est rééligible.

Art. 3. Le Président de la République a l'initiative des lois, concurremment avec les membres des deux Chambres; il promulgue les lois lorsqu'elles ont été votées par les deux Chambres; il en surveille et en assure l'exécution. Il a le droit de faire grâce; les amnisties ne peuvent être accordées que par une loi. Il dispose de la force armée. Il nomme à tous les emplois civils et militaires. Il préside aux solennités nationales; les envoyés et les ambassadeurs des puissances étrangères sont accrédités auprès de lui. Chacun des actes du Président de la République doit être contresigné par un ministre.

Art. 5. Le Président de la République peut, sur l'avis conforme du Sénat, dissoudre la Chambre des députés avant l'expiration légale de son mandat. En ce cas, les collèges électoraux sont convoqués pour de nouvelles élections, dans le délai de trois mois.

Art. 6. Les ministres sont solidairement responsables devant les Chambres de la politique générale du Gouvernement, et individuellement de leurs actes personnels. Le Président de la République n'est responsable que dans le cas de haute trahison.

Journal officiel (28 février 1875)

2. Senate act of 24th February.

Article premier. Le Sénat se compose de trois cents membres: Deux cent vingt-cinq élus par les départements et les colonies, et soixante-quinze élus par l'Assemblée nationale.

Art. 3. Nul ne peut être sénateur, s'il n'est Français, âgé de quarante ans au moins, et s'il ne jouit de ses droits civils et politiques.

Art. 4. Les sénateurs des départements et des colonies sont élus à la majorité absolue, et, quand il y a lieu, au scrutin de liste, par un collège réuni au chef-lieu du département ou de la colonie et composé: 1° Des députés; 2° Des conseillers généraux; 3° Des conseillers d'arrondissement; 4° des délégués élus, un par chaque conseil municipal, parmi les électeurs de la commune. Dans l'Inde française, les membres du conseil colonial ou des conseils locaux sont substitués aux conseillers généraux, aux conseillers d'arrondissement et aux délégués des conseils municipaux. Ils votent au chef-lieu de chaque établissement.

Art. 5. Les sénateurs nommés par l'Assemblée sont élus au scrutin de liste, et à la majorité absolue des suffrages.

Art. 6. Les sénateurs des départements et des colonies sont élus pour neuf années et renouvelables par tiers, tous les trois ans...

Art. 7. Les sénateurs élus par l'Assemblée sont inamovibles. En cas de vacance, par décès, démission ou autre cause, il sera, dans les deux mois, pourvu au remplacement par le Sénat lui-même.

Art. 8. Le Sénat a, concurremment avec la Chambre des députés, l'initiative et la confection des lois. Toutefois les lois de finances doivent être, en premier lieu, présentées à la Chambre des députés et votées par elle.

Journal officiel (28 février 1875)

SCRUTIN D'ARRONDISSEMENT 1875

[*Organic act of 30th November on election of Deputies.*]

Article 4. Le scrutin ne durera qu'un seul jour. Le vote a lieu au chef-lieu de la commune; néanmoins chaque commune peut être divisée par arrêté du préfet en autant de sections que l'exigent les circonstances locales et le nombre des électeurs. Le second tour de scrutin continuera d'avoir lieu le deuxième dimanche qui suit le jour de la proclamation du résultat du premier scrutin, conformément aux dispositions de l'article 65 de la loi du 15 mars 1849.

Art. 5. Les opérations du vote auront lieu conformément aux dispositions des décrets organique et réglementaire du 2 février 1852. Le vote est secret. Les listes d'émargement de chaque section, signées du président et du secrétaire, demeureront déposées pendant huitaine au secrétariat de la mairie, où elles seront communiquées à tout électeur requérant.

Art. 6. Tout électeur est éligible, sans condition de cens, à l'âge de 25 ans accomplis.

Art. 8. L'exercice des fonctions publiques rétribuées sur les fonds de l'État est incompatible avec le mandat de député. En conséquence, tout fonctionnaire élu député sera remplacé dans ses fonctions si, dans les huit jours qui suivront la vérification des pouvoirs, il n'a pas fait connaître qu'il n'accepte pas le mandat de député. Sont exceptées des dispositions qui précèdent les fonctions de ministre, sous-secrétaire d'État, ambassadeur, ministre plénipotentiaire, préfet de la Seine, préfet de police, premier président de la cour de cassation, premier président de la cour des comptes, premier président de la cour d'appel de Paris, procureur général près la cour de cassation, procureur général près la cour des comptes, procureur général près la cour d'appel de Paris, archevêque et évêque, pasteur président de consistoire dans les circonscriptions consistoriales dont le chef-lieu compte deux pasteurs et au-dessus, grand-rabbin du consistoire central, grand-rabbin du consistoire de Paris.

Art. 11. Tout député nommé ou promu à une fonction publique salariée, cesse d'appartenir à la Chambre par le fait même de son acceptation; mais il peut être réélu si la fonction qu'il occupe est compatible avec le mandat de député. Les députés nommés ministres ou sous-secrétaires d'État ne sont pas soumis à la réélection.

Art. 13. Tout mandat impératif est nul et de nul effet.

Art. 14. Les membres de la Chambre des députés sont élus au scrutin individuel. Chaque arrondissement administratif nommera un député. Les arrondissements dont la population dépasse cent mille habitants nommeront un député de plus par cent mille ou fraction de cent mille habitants. Les arrondissements, dans ce cas, seront divisés en circonscriptions dont le tableau sera établi par une loi et ne pourra être modifié que par une loi.

Art. 15. Les députés sont élus pour quatre ans. La Chambre se renouvelle intégralement.

Art. 18. Nul n'est élu, au premier tour de scrutin, s'il n'a réuni: 1° La majorité absolue des suffrages exprimés; 2° Un nombre de suffrages égal au quart des électeurs inscrits. Au deuxième tour, la majorité relative suffit. En cas d'égalité de suffrages, le plus âgé est élu.

Journal officiel (31 décembre 1875)

THE STRUGGLE FOR MINISTERIAL RESPONSIBILITY   1877

1. MacMahon's defiance of the majority: message of 18th May.

Messieurs les sénateurs,

Messieurs les députés,

J'ai dû me séparer du ministère que présidait M. Jules Simon et en former un nouveau. Je dois vous faire l'exposé sincère des motifs qui m'ont amené à prendre cette décision.

. . . .

Après les élections de l'année dernière, j'ai voulu choisir pour ministres des hommes que je supposais être en accord de sentiments avec la majorité de la Chambre des députés. J'ai formé, dans cette pensée, successivement, deux ministères...

Malgré le concours loyal que je leur ai prêté, ni l'un ni l'autre de ces ministères n'a pu réunir, dans la Chambre des députés, une majorité solide acquise à ses propres idées...

Après ces deux tentatives, également dénuées de succès, je ne pourrais faire un pas de plus dans la même voie sans faire appel ou demander appui à une autre fraction du parti républicain, celle qui croit que la République ne peut s'affirmer sans avoir pour complément et pour conséquence la modification radicale de toutes nos grandes institutions administratives, judiciaires, financières et militaires.

Ce programme est bien connu, ceux qui le professent sont d'accord sur tout ce qu'il contient. Ils ne diffèrent entre eux que sur les moyens à employer et le temps opportun pour l'appliquer.

Ni ma conscience, ni mon patriotisme, ne me permettent de m'associer, même de loin et pour l'avenir, au triomphe de ces idées. Je ne les crois opportunes ni pour aujourd'hui, ni pour demain. A quelque époque qu'elles dussent prévaloir, elles n'engendreraient que le désordre et l'abaissement de la France. Je ne veux ni en tenter l'application moi-même, ni en faciliter l'essai à mes successeurs.

Tant que je serai dépositaire du pouvoir, j'en ferai usage dans toute l'étendue de ses limites légales, pour m'opposer à ce que je regarde comme la perte de mon pays.

. . . .

J'ai donc dû choisir, et c'était mon droit constitutionnel, des conseillers qui pensent comme moi sur ce point qui est en réalité le seul en question.

Journal officiel (19 mai 1877)

2. His submission: message after autumn elections.

Messieurs les sénateurs,
Messieurs les députés,

Les élections du 14 octobre ont affirmé, une fois de plus, la confiance du pays dans les institutions républicaines.

Pour obéir aux règles parlementaires, j'ai formé un cabinet choisi dans les deux Chambres, composé d'hommes résolus à défendre et à maintenir ces institutions par la pratique sincère des lois constitutionnelles.

L'intérêt du pays exige que la crise que nous traversons soit apaisée. Il exige avec non moins de force qu'elle ne se renouvelle pas.

L'exercice du droit de dissolution n'est, en effet, qu'un mode de consultation suprême auprès d'un juge sans appel, et ne saurait être érigé en système de gouvernement. J'ai cru devoir user de ce droit, et je me conforme à la réponse du pays.

La Constitution de 1875 a fondé une République parlementaire en établissant mon irresponsabilité, tandis qu'elle a institué la responsabilité solidaire et individuelle des ministres.

Ainsi sont déterminés nos devoirs et nos droits respectifs. L'indépendance des ministres est la condition de leur responsabilité.

Ces principes tirés de la Constitution sont ceux de mon Gouvernement.

Journal officiel (15 décembre 1877)

FREEDOM OF THE PRESS: THE ACT OF 1881

[*29th July.*]

Article premier. L'imprimerie et la librairie sont libres.

. . . .

Art. 5. Tout journal ou écrit périodique peut être publié, sans autorisation préalable et sans dépôt de cautionnement, après la déclaration prescrite par l'article 7.

Art. 7. Avant la publication de tout journal ou écrit périodique, il sera fait, au parquet du procureur de la République, une déclaration contenant :

1° Le titre du journal ou écrit périodique et son mode de publication;

2° Le nom et la demeure du gérant;

3° L'indication de l'imprimerie où il doit être imprimé...

Art. 12. Le gérant sera tenu d'insérer gratuitement, en tête du plus prochain numéro du journal ou écrit périodique, toutes les rectifications qui lui seront adressées par un dépositaire de l'autorité publique, au sujet des actes de sa fonction qui auront été inexactement rapportés par ledit journal ou écrit périodique. Toutefois, ces rectifications ne dépasseront pas le double de l'article auquel elles répondront. En cas de contravention, le gérant sera puni d'une amende de 100 francs à 1 000 francs.

Art. 13. Le gérant sera tenu d'insérer dans les trois jours de leur réception ou dans le plus prochain numéro, s'il n'en était pas publié avant l'expiration des trois jours, les réponses de toute personne nommée ou désignée dans le journal ou écrit périodique, sous peine d'une amende de 50 à 500 francs, sans préjudice des autres peines et dommages-intérêts auxquels l'article pourrait donner lieu. Cette insertion devra être faite à la même place et en mêmes caractères que l'article qui l'aura provoquée. Elle sera gratuite, lorsque les réponses ne dépasseront pas le double de la longueur dudit article. Si elles le dépassent, le prix d'insertion sera dû pour le surplus seulement. Il sera calculé au prix des annonces judiciaires.

Art. 23. Seront punis comme complices d'une action qualifiée crime ou délit ceux qui, soit par des discours, cris ou menaces proférés dans des lieux ou réunions publics, soit par des écrits, des imprimés vendus ou distribués, mis en vente ou exposés dans des lieux ou réunions publics, soit par des placards ou affiches exposés aux regards du public, auront directement provoqué l'auteur ou les auteurs à commettre ladite action, si la provocation a été suivie d'effet...

Art. 29. Toute allégation ou imputation d'un fait qui porte atteinte à l'honneur ou à la considération de la personne ou du corps auquel le fait est imputé est une diffamation.

Toute expression outrageante, terme de mépris ou invective qui ne renferme l'imputation d'aucun fait est une injure.

Art. 30. La diffamation commise par l'un des moyens énoncés en l'article 23 et en l'article 28, envers les cours, les tribunaux, les armées de terre ou de mer, les corps constitués et les administrations publiques, sera punie d'un emprisonnement de huit jours à un an et d'une amende de 100 francs à 3 000 francs, ou de l'une de ces deux peines seulement.

Art. 42. Seront passibles, comme auteurs principaux, des peines qui constituent la répression des crimes et délits commis par la voie de la presse dans l'ordre ci-après, savoir: 1° les gérants ou éditeurs, quelles que soient leurs professions ou leurs dénominations; 2° à leur défaut, les auteurs; 3° à défaut des auteurs, les imprimeurs; 4° à défaut des imprimeurs, les vendeurs, distributeurs ou afficheurs.

Art. 43. Lorsque les gérants ou les éditeurs seront en cause, les auteurs seront poursuivis comme complices.

Journal officiel (30 juillet 1881)

FREEDOM OF ASSOCIATION: THE ACT OF 1901

Titre Ier

Article premier. L'association est la convention par laquelle deux ou plusieurs personnes mettent en commun d'une façon permanente leurs connaissances ou leur activité dans un but autre que de partager des bénéfices. Elle est régie, quant à sa validité, par les principes généraux du droit applicables aux contrats et obligations.

Art. 2. Les associations de personnes pourront se former librement sans autorisation ni déclaration préalable, mais elles ne jouiront de la capacité juridique que si elles se sont conformées aux dispositions de l'article 5.

Art. 3. Toute association fondée sur une cause ou en vue d'un objet illicite, contraire aux lois, aux bonnes mœurs, ou qui aurait pour but de porter atteinte à l'intégrité du territoire national et à la forme républicaine du Gouvernement, est nulle et de nul effet.

Art. 5. Toute association qui voudra obtenir la capacité juridique prévue par l'article 6 devra être rendue publique par les soins de ses fondateurs.

La déclaration préalable en sera faite à la préfecture du département ou à la sous-préfecture de l'arrondissement où l'association aura son siège social. Elle fera connaître le titre et l'objet de l'association, le siège de ses établissements et les noms, professions et domiciles de ceux qui, à un titre quelconque, sont chargés de son administration ou de sa direction. Il en sera donné récépissé. Deux exemplaires des statuts seront joints à la déclaration...

Art. 6. Toute association régulièrement déclarée peut, sans aucune autorisation spéciale, ester en justice, acquérir à titre onéreux, posséder et administrer, en dehors des subventions de l'État, des départements et des communes: 1° Les cotisations de ses membres ou les sommes au moyen desquelles ces cotisations ont été rédimées, ces sommes ne pouvant être supérieures à cinq cents francs (500 fr.); 2° Le local destiné à l'administration de l'association et à la réunion de ses membres; 3° Les immeubles strictement nécessaires à l'accomplissement du but qu'elle se propose.

Titre II

Art. 10. Les associations peuvent être reconnues d'utilité publique par décrets rendus en la forme des règlements d'administration publique.

Art. 11. Ces associations peuvent faire tous les actes de la vie civile qui ne sont pas interdits par leur statuts, mais elles ne peuvent posséder ou acquérir d'autres immeubles que ceux nécessaires au but qu'elles se proposent...

TITRE III

Art. 13. Aucune congrégation religieuse ne peut se former sans une autorisation donnée par une loi qui déterminera les conditions de son fonctionnement. Elle ne pourra fonder aucun nouvel établissement qu'en vertu d'un décret rendu en conseil d'État. La dissolution de la congrégation ou la fermeture de tout établissement pourront être prononcées par décret rendu en conseil des ministres.

Art. 14. Nul n'est admis à diriger, soit directement, soit par personne interposée, un établissement d'enseignement, de quelque ordre qu'il soit, ni à y donner l'enseignement, s'il appartient à une congrégation religieuse non autorisée. Les contrevenants seront punis des peines prévues par l'article 8, paragraphe 2. La fermeture de l'établissement pourra, en outre, être prononcée par le jugement de condamnation.

Art. 15. Toute congrégation religieuse tient un état de ses recettes et dépenses; elle dresse chaque année le compte financier de l'année écoulée et l'état inventorié de ses biens meubles et immeubles.

La liste complète de ses membres, mentionnant leur nom patronymique, ainsi que le nom sous lequel ils sont désignés dans la congrégation, leurs nationalité, âge et lieu de naissance, la date de leur entrée, doit se trouver au siège de la congrégation.

Celle-ci est tenue de représenter sans déplacement, sur toute réquisition du préfet, à lui-même ou à son délégué, les comptes, états et listes ci-dessus indiqués.

Seront punis des peines portées au paragraphe 2 de l'article 8 les représentants ou directeurs d'une congrégation qui auront fait des communications mensongères ou refusé d'obtempérer aux réquisitions du préfet dans les cas prévus par le présent article.

Art. 16. Toute congrégation formée sans autorisation sera déclarée illicite. Ceux qui en auront fait partie seront punis des peines édictées à l'article 8, paragraphe 2. La peine applicable aux fondateurs ou administrateurs sera portée au double.

Art. 18. Les congrégations existantes au moment de la promulgation de la présente loi, qui n'auraient pas été antérieurement autorisées ou reconnues, devront, dans le délai de trois mois, justifier qu'elles ont fait les diligences nécessaires pour se conformer à ses prescriptions. A défaut de cette justification, elles sont réputées dissoutes de plein droit...

Journal officiel (2 juillet 1901)

THE RADICAL IDEOLOGY OF THE THIRD REPUBLIC   1910

(*a*) Dans toute société, il s'exerce, par le jeu des passions, une espèce de concentration du pouvoir sur lui-même qui conduit naturellement à la tyrannie. Car il est impossible que les puissants n'aient pas de passions et n'aiment pas passionnément leur propre puissance. Tout diplomate aime ses projets; tout préfet de police aime l'ordre; tout chef de bureau travaille à étendre son droit de contrôle et ses prérogatives; et, comme tous sont complices en cela, il se forme bientôt un État gouvernant qui a ses maximes et ses méthodes, et qui gouverne pour sa propre puissance. En somme l'abus de pouvoir est un fruit naturel du pouvoir; d'où il résulte que tout peuple qui s'endort en liberté se réveillera en servitude. Beaucoup disent que l'important est d'avancer; je crois plutôt que l'important est de ne pas reculer. Je connais un penseur original qui se déclare partisan de la «Révolution diffuse et permanente»; cette formule nuageuse enferme une grande vérité. L'important est de construire chaque jour une petite barricade, ou, si l'on veut, de traduire tous les jours quelque roi devant le tribunal populaire. Disons encore qu'en empêchant chaque jour d'ajouter une pierre à la Bastille, on s'épargne la peine de la démolir.

A ce point de vue, le Suffrage Universel a une signification extrêmement claire. Le seul fait qu'on élit un député monarchiste est mortel pour la monarchie. Encore bien plus si le député est républicain; mais, en vérité, il n'y a pas tant de différence de l'un à l'autre. Tout électeur, par cela seul qu'il met un bulletin dans l'urne, affirme contre les puissances. Voter, c'est être radical. Et on peut dire, en ce sens, que la République a pour elle l'unanimité des votants à chaque élection.

ALAIN, *Politique* (Presses Universitaires de France, 1952), pp. 7–8

(*b*) Je connais un certain nombre de bons esprits qui essaient de définir la Démocratie. J'y ai travaillé souvent, et sans arriver à dire autre chose que des pauvretés, qui, bien plus, ne résistent pas à une sévère critique. Par exemple celui qui définirait la démocratie par l'égalité des droits et des charges la définirait assez mal; car je conçois une monarchie qui assurerait cette égalité entre les citoyens; on peut même imaginer une tyrannie fort rigoureuse, qui maintiendrait l'égalité des droits et des charges pour tous, les charges étant très lourdes pour tous, et les droits fort restreints. Si la liberté de penser, par exemple, n'existait pour personne, ce serait encore une espèce d'égalité. Il faudrait donc dire que la Démocratie serait l'Anarchie. Or je ne crois pas que la Démocratie soit concevable sans lois, sans gouvernement, c'est-à-dire sans quelque limite à la liberté de chacun; un tel système, sans gouvernement, ne conviendrait qu'à des sages. Et qui est-ce qui est sage?

Même le suffrage universel ne définit point la Démocratie. Quand le pape, infaillible et irresponsable, serait élu au suffrage universel, l'Église ne serait pas démocratique par cela seul. Un tyran peut être élu au suffrage universel, et n'être pas moins tyran pour cela. Ce qui importe, ce n'est pas l'origine des pouvoirs, c'est le contrôle continu et efficace que les gouvernés exercent sur les gouvernants.

Ces remarques m'ont conduit à penser que la Démocratie n'existe point par elle-même. Et je crois bien que dans toute constitution il y a de la monarchie, de l'oligarchie, de la démocratie, mais plus ou moins équilibrées.

L'exécutif est monarchique nécessairement. Il faut toujours, dans l'action, qu'un homme dirige; car l'action ne peut se régler d'avance; l'action c'est comme une bataille; chaque détour du chemin veut une décision.

Le législatif, qui comprend sans doute l'administratif, est oligarchique nécessairement; car, pour régler quelque organisation, il faut des savants, juristes ou ingénieurs, qui travaillent par petits groupes dans leur spécialité. Plus la société sera compliquée, et plus cette nécessité se fera sentir. Par exemple, pour contrôler les assurances et les mutualités, il faut savoir; pour établir des impôts équitables, il faut savoir; pour légiférer sur les contagions, il faut savoir.

Où est donc la Démocratie, sinon dans ce troisième pouvoir que la Science Politique n'a point défini, et que j'appelle le Contrôleur? Ce n'est autre chose que le pouvoir, continuellement efficace, de déposer les Rois et les Spécialistes à la minute, s'ils ne conduisent pas les affaires selon l'intérêt du plus grand nombre. Ce pouvoir s'est longtemps exercé par révolutions et barricades. Aujourd'hui, c'est par l'Interpellation[1] qu'il s'exerce. La Démocratie serait, à ce compte, un effort perpétuel des gouvernés contre les abus du pouvoir. Et, comme il y a, dans un individu sain, nutrition, élimination, reproduction, dans un juste équilibre, ainsi il y aurait dans une société saine: Monarchie, Oligarchie, Démocratie, dans un juste équilibre.

ibid., pp. 9–10

DEMOCRATIC IDEALISM   1910

... Des hommes sont morts pour la liberté comme des hommes sont morts pour la foi. Ces élections aujourd'hui vous paraissent une formalité grotesque, universellement menteuse, truquée de toutes parts. Et vous avez le droit de le dire. Mais des hommes ont vécu, des hommes sans nombre, des héros, des martyrs, et je dirai des saints, — et quand je dis *des saints* je sais peut-être ce que je dis, — des hommes ont vécu sans nombre, héroïquement, saintement, des hommes ont souffert, des hommes sont morts, tout un peuple a vécu pour que le dernier des imbéciles aujourd'hui ait le droit d'accomplir cette formalité truquée. Ce fut un terrible, un laborieux, un redoutable enfantement. Ce ne fut pas toujours du dernier grotesque. Et des peuples autour de nous, des peuples entiers, des races travaillent du même enfantement douloureux, travaillent et luttent pour obtenir cette formalité dérisoire. Ces élections sont dérisoires. Mais il y a eu un temps, mon cher Variot, un temps héroïque où les malades et les mourants se faisaient porter dans des chaises pour aller *déposer leur bulletin dans l'urne.* Déposer son bulletin dans l'urne, cette expression vous paraît aujourd'hui du dernier grotesque. Elle a été préparée par un siècle d'héroïsme. Non pas d'héroïsme à la manque, d'un héroïsme à la littéraire. Par un siècle du plus incontestable, du plus authentique héroïsme. Et je dirai du plus français. Ces élections sont dérisoires. Mais il y a eu une élection. C'est le grand partage du monde, la grande élection du monde moderne entre l'Ancien Régime et la Révolution. Et il y a eu un sacré ballottage, Variot, Jean Variot. Il y a eu ce petit

---

[1] *See* p. 122, note 2.

ballottage qui commença au moulin de Valmy[1] et qui finit à peine sur les hauteurs de Hougoumont...

C. Péguy, *Notre Jeunesse, Cahiers de la Quinzaine*,
XI, 12 (17 juillet 1910), pp. 26–27

SCRUTIN DE LISTE   1919

[*Act of 12th July.*]

Article premier. Les membres de la Chambre des députés sont élus au scrutin de liste départemental.

Art. 2. Chaque département élit autant de députés qu'il a de fois 75 000 habitants de nationalité française, la fraction supplémentaire, lorsqu'elle dépasse 37 500, donnant droit à un député de plus. Chaque département élit au moins trois députés. A titre transitoire, et jusqu'à ce qu'il ait été procédé à un nouveau recensement, chaque département aura le nombre de sièges qui lui est actuellement attribué.

Art. 3. Le département forme une circonscription. Toutefois, lorsque le nombre des députés à élire par un département sera supérieur à six, le département pourra être divisé en circonscriptions dont chacune aura à élire trois députés au moins. Le sectionnement sera établi par une loi. Exceptionnellement, pour les prochaines élections, les départements du Nord, du Pas-de-Calais, de l'Aisne, de la Somme, de la Marne, des Ardennes, de Meurthe-et-Moselle et des Vosges ne seront pas sectionnés.

Art. 4. Nul ne peut être candidat dans plus d'une circonscription, la loi du 17 juillet 1889 relative aux candidatures multiples restant applicable: les déclarations de candidature peuvent toutefois être individuelles ou collectives.

Art. 5. Les listes sont constituées, pour chaque circonscription, par les groupements de candidats qui signent une déclaration dûment légalisée. Les déclarations de candidature indiquent l'ordre de présentation des candidats. Si ces déclarations de candidature sont libellées sur feuilles séparées, elles devront faire mention des candidats avec lesquels les déclarants se présentent et qui acceptent, par déclaration jointe et légalisée, de les inscrire sur la même liste. Une liste ne peut comprendre un nombre de candidats supérieur à celui des députés à élire dans la circonscription. Toute candidature isolée est considérée comme formant une liste à elle seule. La déclaration de candidature devra alors être appuyée par cent électeurs de la circonscription dont les signatures seront légalisées et ne pourront s'appliquer qu'à une seule candidature.

Art. 10. Tout candidat qui aura obtenu la majorité absolue est proclamé élu dans la limite des sièges à pourvoir. S'il reste des sièges à pourvoir, il sera procédé comme suit à leur répartition: On détermine le quotient électoral en divisant le nombre des votants, déduction faite des bulletins blancs ou nuls, par celui des députés à élire. On détermine la moyenne

---

[1] A victory of the revolutionary army against the Prussians, 20th September 1792.

de chaque liste en divisant par le nombre de ses candidats le total des suffrages qu'ils ont obtenus. Il est attribué à chaque liste autant de sièges que
sa moyenne contient de fois le quotient électoral. Les sièges restants, s'il y
a lieu, seront attribués à la plus forte moyenne. Les sièges seront, dans
chaque liste, attribués aux candidats qui auront réuni le plus de suffrages.

Art. 11. Le candidat unique, s'il n'a pas la majorité absolue, n'entrera en
ligne pour la répartition des sièges que lorsque les candidats appartenant à
d'autres listes, et ayant obtenu plus de suffrages que lui, auront été proclamés
élus.

Art. 12. En cas d'égalité de suffrages, l'élection est acquise au candidat
le plus âgé. Si un siège revient à titre égal à plusieurs listes, il est attribué,
parmi les candidats en ligne, à celui qui a recueilli le plus de suffrages et,
en cas d'égalité de suffrages, au plus âgé. Les candidats ne peuvent être
proclamés élus que si le nombre de leurs suffrages est supérieur à la moitié
du nombre moyen de suffrages de la liste dont ils font partie.

Art. 13. Lorsque le nombre des votants n'est pas supérieur à la moitié
des inscrits, ou si aucune liste n'obtient le quotient électoral, aucun candidat
n'est proclamé élu. Les électeurs de la circonscription sont convoqués à
nouveau quinze jours après. Si, dans cette nouvelle opération, aucune
liste n'atteint le quotient électoral, les sièges sont attribués aux candidats
qui ont obtenu le plus de suffrages.

Journal officiel (13 juillet 1919)

CONSTITUTIONAL ACTS OF VICHY   1940

Acte Constitutionnel N° 1

Nous, Philippe Pétain, maréchal de France,
Vu la loi constitutionnelle du 10 juillet 1940,[1]
Déclarons assumer les fonctions de chef de l'État français.
En conséquence, nous décrétons:
L'article 2 de la loi constitutionnelle du 25 février 1875 est abrogé.

Acte Constitutionnel N° 2

fixant les pouvoirs du chef de l'État français

Nous, maréchal de France, chef de l'État français,
Vu la loi constitutionnelle du 10 juillet 1940,
　　　Décrétons:
　Article premier.
　§ 1er. Le chef de l'État français a la plénitude du pouvoir gouvernemental,
il nomme et révoque les ministres et secrétaires d'État, qui ne sont responsables que devant lui.
　§ 2. Il exerce le pouvoir législatif, en conseil des ministres:
　　1° Jusqu'à la formation de nouvelles Assemblées;
　　2° Après cette formation, en cas de tension extérieure ou de crise
intérieure grave, sur sa seule décision et dans la même forme. Dans les

[1] *See* p. 125.

mêmes circonstances, il peut édicter toutes dispositions d'ordre budgétaire et fiscal.

§ 3. Il promulgue les lois et assure leur exécution.

§ 4. Il nomme à tous les emplois civils et militaires pour lesquels la loi n'a pas prévu d'autre mode de désignation.

§ 5. Il dispose de la force armée.

§ 6. Il a le droit de grâce et d'amnistie.

§ 7. Les envoyés et ambassadeurs des puissances étrangères sont accrédités auprès de lui.

Il négocie et ratifie les traités.

§ 8. Il peut déclarer l'état de siège dans une ou plusieurs portions du territoire.

§ 9. Il ne peut déclarer la guerre sans l'assentiment préalable des Assemblées législatives.

Art. 2. Sont abrogées toutes dispositions des lois constitutionnelles des 24 février 1875, 25 février 1875 et 16 juillet 1875, incompatibles avec le présent acte.

ACTE CONSTITUTIONNEL N° 3
relatif au chef de l'État français

Nous, maréchal de France, chef de l'État français,
Vu la loi constitutionnelle du 10 juillet 1940,
    Décrétons:
Article premier. Le Sénat et la Chambre des députés subsisteront jusqu'à ce que soient formées les Assemblées prévues par la loi constitutionnelle du 10 juillet 1940.

Art. 2. Le Sénat et la Chambre des députés sont ajournés jusqu'à nouvel ordre. Ils ne pourront désormais se réunir que sur convocation du chef de l'État.

Art. 3. L'article 1er de la loi constitutionnelle du 16 juillet 1875 est abrogé.
Journal officiel (12 juillet 1940)

THE ELECTORAL SYSTEM   1945-46

1. Ordinance of 17th August 1945.

Article premier. Les élections générales auxquelles il sera procédé le 21 octobre 1945 auront lieu au scrutin de liste départemental à un tour, avec représentation proportionnelle, dans les conditions prévues par la présente ordonnance.

Art. 2. Le nombre des sièges attribués à chaque département est calculé en fonction du nombre d'habitants de nationalité française dénombrés lors du recensement de 1936.

Il est attribué à tout département deux sièges au moins.

Le département comptant plus de 100 000 habitants a droit, en outre, à autant de sièges que sa population comprend de fois 100 000 habitants au delà de ce premier chiffre. La fraction subsistante donne droit à un dernier siège, si elle excède 25 000.

Art. 3. Le département forme une circonscription électorale. Toutefois, lorsqu'un département a droit à plus de neuf sièges, il est divisé en deux ou plusieurs circonscriptions électorales à chacune desquelles sont attribués de trois à neuf sièges.

Chaque circonscription a droit à autant de sièges que le chiffre de sa population française contient de fois un quotient correspondant au chiffre total de la population française du département divisé par le nombre de sièges attribué à ce département. Les sièges non attribués reviennent aux circonscriptions dont la fraction de population française excédant le quotient ou un de ses multiples est la plus élevée.

Art. 4. Le nombre des sièges attribués à chaque département en vertu de l'article 2, les circonscriptions instituées dans les départements les plus peuplés et le nombre des sièges qui leur sont attribués en vertu de l'article 3, font l'objet d'un décret rendu en conseil des ministres, sur le rapport du ministre de l'intérieur.

Art. 5. Toute liste fait l'objet d'une déclaration revêtue des signatures légalisées de tous les candidats, enregistrée à la préfecture au plus tard le quinzième jour précédant le scrutin. A défaut de signature, une procuration du candidat doit être produite.

Il est donné au déposant un reçu provisoire de la déclaration, le récépissé définitif est délivré dans les vingt-quatre heures.

La déclaration doit comporter:

1° Le titre donné à la liste;

2° Les noms, prénoms, dates et lieux de naissance des candidats;

3° L'ordre de présentation des candidats.

Toute liste doit, à peine de nullité, comporter un nombre de noms de candidats égal à celui des sièges à pourvoir.

Art. 6. Nul ne peut être candidat dans plus d'une circonscription, ni sur plus d'une liste.

Si un candidat fait, contrairement à cette prescription, acte de candidature dans plusieurs circonscriptions ou sur plusieurs listes, il ne peut être valablement proclamé élu dans aucune circonscription.

Art. 7. Les électeurs ne peuvent voter que pour une liste complète sans radiation ni adjonction de nom et sans modifier l'ordre de présentation des candidats.

Tout bulletin ne remplissant pas les conditions précédentes est nul.

Art. 10. Il est attribué à chaque liste autant de sièges que le nombre de voix recueilli par elle contient de fois le quotient électoral.

Le quotient électoral est égal au nombre total des suffrages valablement exprimés dans la circonscription, divisé par le nombre de sièges à pourvoir.

Art. 11. Au cas où il n'aurait pu être pourvu à tous les sièges, par application des dispositions de l'article 9, les sièges non pourvus sont attribués sur la base de la plus forte moyenne.

A cet effet, le nombre de voix obtenu par chacune des listes est divisé par le nombre, augmenté d'une unité, des sièges déjà attribués à la liste. Les différentes listes sont classées dans l'ordre décroissant des moyennes ainsi obtenues. Le premier siège non pourvu est attribué à la liste ayant la plus forte moyenne.

Il est procédé successivement à la même opération pour chacun des sièges non pourvus jusqu'au dernier.

Art. 12. Dans le cas où deux listes ont la même moyenne et où il ne reste qu'un siège à pourvoir par application de l'article 11 ci-dessus, ledit siège est attribué à la liste qui a recueilli le plus grand nombre de voix.

Si les deux listes en cause ont également recueilli le même nombre de voix, le siège est attribué au plus âgé des deux candidats susceptibles d'être proclamés élus, en vertu des dispositions de l'article 12.

Art. 13. Les candidats appartenant aux listes auxquelles des sièges ont été attribués, par application des dispositions des articles 9 à 11, sont proclamés élus dans l'ordre de présentation ayant fait l'objet de la déclaration visée à l'article 5.

Journal officiel (19 août 1945)

2. Act of 5th October 1946.

TITRE Ier

GÉNÉRALITÉS

Article premier. Les députés de la France métropolitaine et des départements de la Guadeloupe, de la Martinique et de la Réunion à l'Assemblée nationale sont élus au scrutin de liste à un tour avec représentation proportionnelle, sans panachage et sans listes incomplètes, conformèment aux dispositions de la présente loi.

Art. 3. Le vote a lieu par circonscriptions.

Chaque département forme une circonscription, à l'exception des départements des Bouches-du-Rhône, du Nord, du Pas-de-Calais, du Rhône, de la Seine, de Seine-et-Oise et de Seine-Inférieure, qui sont divisés en plusieurs circonscriptions, suivant le tableau n° 1 annexé à la présente loi.

TITRE III

OPÉRATIONS ÉLECTORALES ET ATTRIBUTION DES SIÈGES

CHAPITRE Ier

Opérations électorales

Art. 9. Chaque électeur dispose d'un suffrage de liste, donné à l'une des listes en présence dans chaque circonscription.

CHAPITRE II

Répartition des sièges entre les listes

Art. 11. Le nombre des sièges de députés de la France métropolitaine est fixé à cinq cent quarante-quatre.

Art. 13. Les sièges sont répartis dans chaque circonscription entre les diverses listes suivant la règle de la plus forte moyenne. Cette règle consiste à conférer successivement les sièges à celle des listes pour laquelle la division du nombre des suffrages de liste recueillis par le nombre des sièges qui lui ont été déjà conférés, plus un, donne le plus fort résultat.

CHAPITRE III

Répartition des sièges entre les candidats

Art. 14. Les électeurs peuvent utiliser l'un des bulletins de vote imprimés par les soins des candidats ou écrire eux-mêmes leur bulletin. Est nul tout bulletin imprimé différent de celui qui a été imprimé par les candidats.

Art. 15. Les sièges revenant à une liste sont attribués suivant l'ordre déterminé par les électeurs.

La liste est établie d'après un ordre préférentiel, mais l'électeur peut le modifier à son choix en inscrivant un numéro d'ordre en face du nom d'un, de plusieurs ou de tous les candidats de la liste.

Journal officiel (8 octobre 1946)

THE CONSTITUTION OF THE FOURTH REPUBLIC 1946

PRÉAMBULE

Au lendemain de la victoire remportée par les peuples libres sur les régimes qui ont tenté d'asservir et de dégrader la personne humaine, le peuple français proclame à nouveau que tout être humain, sans distinction de race, de religion ni de croyance, possède des droits inaliénables et sacrés. Il réaffirme solennellement les droits et les libertés de l'homme et du citoyen consacrés par la Déclaration des Droits de 1789 et les principes fondamentaux reconnus par les lois de la République.

Il proclame, en outre, comme particulièrement nécessaires à notre temps, les principes politiques, économiques et sociaux ci-après:

La loi garantit à la femme, dans tous les domaines, des droits égaux à ceux de l'homme.

Tout homme persécuté en raison de son action en faveur de la liberté a droit d'asile sur les territoires de la République.

Chacun a le devoir de travailler et le droit d'obtenir un emploi. Nul ne peut être lésé, dans son travail ou son emploi, en raison de ses origines, de ses opinions ou de ses croyances.

Tout homme peut défendre ses droits et ses intérêts par l'action syndicale et adhérer au syndicat de son choix.

Le droit de grève s'exerce dans le cadre des lois qui le réglementent.

Tout travailleur participe, par l'intermédiaire de ses délégués, à la détermination collective des conditions de travail ainsi qu'à la gestion des entreprises.

Tout bien, toute entreprise, dont l'exploitation a ou acquiert les caractères d'un service public national ou d'un monopole de fait, doit devenir la propriété de la collectivité.

La nation assure à l'individu et à la famille les conditions nécessaires à leur développement.

Elle garantit à tous, notamment à l'enfant, à la mère et aux vieux travailleurs, la protection de la santé, la sécurité matérielle, le repos et les loisirs. Tout être humain qui, en raison de son âge, de son état physique ou mental, de la situation économique, se trouve dans l'incapacité de travailler a le droit d'obtenir de la collectivité des moyens convenables d'existence.

La nation proclame la solidarité et l'égalité de tous les Français devant les charges qui résultent des calamités nationales.

La nation garantit l'égal accès de l'enfant et de l'adulte à l'instruction, à la formation professionnelle et à la culture. L'organisation de l'enseignement public gratuit et laïque à tous les degrés est un devoir de l'État.

La République française, fidèle à ses traditions, se conforme aux règles du droit public international. Elle n'entreprendra aucune guerre dans des vues de conquête et n'emploiera jamais ses forces contre la liberté d'aucun peuple.

Sous réserve de réciprocité, la France consent aux limitations de souveraineté nécessaires à l'organisation et à la défense de la paix.

La France forme avec les peuples d'outre-mer une Union fondée sur l'égalité des droits et des devoirs, sans distinction de race ni de religion.

L'Union française est composée de nations et de peuples qui mettent en commun ou coordonnent leurs ressources et leurs efforts pour développer leurs civilisations respectives, accroître leur bien-être et assurer leur sécurité.

Fidèle à sa mission traditionnelle, la France entend conduire les peuples dont elle a pris la charge à la liberté de s'administrer eux-mêmes et de gérer démocratiquement leurs propres affaires; écartant tout système de colonisation fondé sur l'arbitraire, elle garantit à tous l'égal accès aux fonctions publiques et l'exercice individuel ou collectif des droits et libertés proclamés ou confirmés ci-dessus.

DES INSTITUTIONS DE LA RÉPUBLIQUE

TITRE Ier

DE LA SOUVERAINETÉ

Article premier. La France est une République indivisible, laïque, démocratique et sociale.

Art. 2. L'emblème national est le drapeau tricolore, bleu, blanc, rouge à trois bandes verticales d'égales dimensions.

L'hymne national est la *Marseillaise.*

La devise de la République est «Liberté, Égalité, Fraternité».

Son principe est: gouvernement du peuple, pour le peuple et par le peuple.

Art. 3. La souveraineté nationale appartient au peuple français. Aucune section du peuple ni aucun individu ne peut s'en attribuer l'exercice. Le peuple l'exerce, en matière constitutionnelle, par le vote de ses représentants et par le référendum. En toutes autres matières, il l'exerce par ses députés à l'Assemblée nationale, élus au suffrage universel, égal, direct et secret.

Art. 4. Sont électeurs, dans les conditions déterminées par la loi, tous les nationaux et ressortissants français majeurs des deux sexes, jouissant de leurs droits civils et politiques.

TITRE II

DU PARLEMENT

Art. 5. Le Parlement se compose de l'Assemblée nationale et du Conseil de la République.

Art. 6. La durée des pouvoirs de chaque Assemblée, son mode d'élection, les conditions d'éligibilité, le régime des inéligibilités et incompatibilités sont déterminés par la loi. Toutefois, les deux Chambres sont élues sur une base territoriale, l'Assemblée nationale au suffrage universel direct, le Conseil de la République par les collectivités communales et départementales, au suffrage universel indirect...

Art. 7. La guerre ne peut être déclarée sans un vote de l'Assemblée nationale et l'avis préalable du Conseil de la République.

Art. 8. Chacune des deux Chambres est juge de l'éligibilité de ses membres et de la régularité de leur élection; elle peut seule recevoir leur démission.

Art. 9. L'Assemblée nationale se réunit de plein droit en session annuelle le second mardi de janvier.

La durée totale des interruptions de la session ne peut excéder quatre mois. Sont considérés comme interruptions de session les ajournements de séance supérieurs à dix jours.

Le Conseil de la République siège en même temps que l'Assemblée nationale.

Art. 13. L'Assemblée nationale vote seule la loi. Elle ne peut déléguer ce droit.

Art. 14. Le Président du Conseil des Ministres et les membres du Parlement ont l'initiative des lois.

Les projets de loi et les propositions de loi formulés par les membres de l'Assemblée nationale sont déposés sur le bureau de celle-ci. Les propositions de loi formulées par les membres du Conseil de la République sont déposées sur le bureau de celui-ci et transmises sans débat au bureau de l'Assemblée nationale. Elles ne sont pas recevables lorsqu'elles auraient pour conséquence une diminution de recettes ou une création de dépenses.

Art. 16. L'Assemblée nationale est saisie du projet de budget. Cette loi ne pourra comprendre que les dispositions strictement financières. Une loi organique réglera le mode de présentation du budget.

Art. 17. Les députés à l'Assemblée nationale possèdent l'initiative des dépenses.

Toutefois, aucune proposition tendant à augmenter les dépenses prévues ou à créer des dépenses nouvelles ne pourra être présentée lors de la discussion du budget, des crédits prévisionnels et supplémentaires.

Art. 20. Le Conseil de la République examine, pour avis, les projets et propositions de loi votés en première lecture par l'Assemblée nationale.

Il donne son avis au plus tard dans les deux mois qui suivent la transmission par l'Assemblée nationale. Quand il s'agit de la loi de budget, ce délai est abrégé, le cas échéant, de façon à ne pas excéder le temps utilisé par l'Assemblée nationale pour son examen et son vote. Quand l'Assemblée nationale a décidé l'adoption d'une procédure d'urgence, le Conseil de la République donne son avis dans le même délai que celui prévu pour les débats de l'Assemblée nationale par le règlement de celle-ci. Les délais prévus au présent article sont suspendus pendant les interruptions de session. Ils peuvent être prolongés par décision de l'Assemblée nationale.

Si l'avis du Conseil de la République est conforme ou s'il n'a pas été donné dans les délais prévus à l'alinéa précédent, la loi est promulguée dans le texte voté par l'Assemblée nationale.

Si l'avis n'est pas conforme, l'Assemblée nationale examine le projet ou la proposition de loi en seconde lecture. Elle statue définitivement et souverainement sur les seuls amendements proposés par le Conseil de la République, en les acceptant ou en les rejetant en tout ou en partie. En cas de rejet total ou partiel de ces amendements, le vote en seconde lecture de la loi a lieu au scrutin public, à la majorité absolue des membres composant l'Assemblée nationale, lorsque le vote sur l'ensemble a été émis par le Conseil de la République dans les mêmes conditions.

Art. 25. Un conseil économique, dont le statut est réglé par la loi, examine, pour avis, les projets et propositions de loi de sa compétence. Ces projets lui sont soumis par l'Assemblée nationale avant qu'elle n'en délibère.

Le Conseil économique peut, en outre, être consulté par le Conseil des Ministres. Il l'est obligatoirement sur l'établissement d'un plan économique national ayant pour objet le plein emploi des hommes et l'utilisation rationnelle des ressources matérielles.

Art. 29. Le Président de la République est élu par le Parlement. Il est élu pour sept ans. Il n'est rééligible qu'une fois.

Art. 31. Le Président de la République est tenu informé des négociations internationales. Il signe et ratifie les traités. Le Président de la République accrédite les ambassadeurs et les envoyés extraordinaires auprès des puissances étrangères; les ambassadeurs et les envoyés extraordinaires étrangers sont accrédités auprès de lui.

Art. 32. Le Président de la République préside le Conseil des Ministres. Il fait établir et conserve les procès-verbaux des séances.

Art. 34. Le Président de la République préside le Conseil supérieur de la magistrature.

Art. 35. Le Président de la République exerce le droit de grâce en Conseil supérieur de la magistrature.

Art. 37. Le Président de la République communique avec le Parlement par des messages adressés à l'Assemblée nationale.

Art. 38. Chacun des actes du Président de la République doit être contresigné par le Président du Conseil des Ministres et par un Ministre.

Art. 45. Au début de chaque législature, le Président de la République, après les consultations d'usage, désigne le Président du Conseil.

Celui-ci soumet à l'Assemblée nationale le programme et la politique du cabinet qu'il se propose de constituer.

Le Président du Conseil et les Ministres ne peuvent être nommés qu'après que le Président du Conseil ait été investi de la confiance de l'Assemblée au scrutin public et à la majorité absolue des Députés, sauf cas de force majeure empêchant la réunion de l'Assemblée nationale. Il en est de même au cours de la législature, en cas de vacance par décès, démission ou toute autre cause, sauf ce qui est dit à l'article 52 ci-dessous.

Aucune crise ministérielle intervenant dans le délai de quinze jours de la nomination des ministres ne compte pour l'application de l'article 51.

Art. 46. Le Président du Conseil et les Ministres choisis par lui sont nommés par décret du Président de la République.

Art. 47. Le Président du Conseil des Ministres assure l'exécution des lois.
Il nomme à tous les emplois civils et militaires, sauf ceux prévus par les
articles 30, 46 et 84.

Le Président du Conseil assure la direction des forces armées et coordonne
la mise en œuvre de la défense nationale.

Les actes du Président du Conseil des Ministres prévus au présent
article sont contresignés par les ministres intéressés.

Art. 48. Les Ministres sont collectivement responsables devant l'Assemblée nationale de la politique générale du Cabinet et individuellement de
leurs actes personnels.

Ils ne sont pas responsables devant le Conseil de la République.

Art. 49. La question de confiance ne peut être posée qu'après délibération
du Conseil des Ministres; elle ne peut l'être que par le Président du Conseil.

Le vote sur la question de confiance ne peut intervenir qu'un jour franc
après qu'elle a été posée devant l'Assemblée. Il a lieu au scrutin public.

La confiance ne peut être refusée au Cabinet qu'à la majorité absolue des
Députés à l'Assemblée. Ce refus entraîne la démission collective du Cabinet.

Art. 50. Le vote par l'Assemblée nationale d'une motion de censure
entraîne la démission collective du Cabinet.

Ce vote ne peut intervenir qu'un jour franc après le dépôt de la motion.
Il a lieu au scrutin public.

La motion de censure ne peut être adoptée qu'à la majorité absolue des
Députés à l'Assemblée.

Art. 51. Si, au cours d'une même période de dix-huit mois, deux crises ministérielles surviennent dans les conditions prévues aux articles 49 et 50, la dissolution de l'Assemblée nationale pourra être décidée en Conseil des Ministres,
après avis du Président de l'Assemblée. La dissolution sera prononcée
conformément à cette décision, par décret du Président de la République.

Les dispositions de l'alinéa précédent ne sont applicables qu'à l'expiration
des dix-huit premiers mois de la législature.

Journal officiel (28 octobre 1946)

THE INTRODUCTION OF
APPARENTEMENTS   1951

[Act of 9th May.]

Article premier. Les articles 1ᵉʳ, 2, 3, 5, 6, 12, 13, 14, 15, 16, 17, 18, 27,
28 et 30 de la loi n° 46-2151 du 5 octobre 1946 relative à l'élection des
membres de l'Assemblée nationale sont modifiés ainsi qu'il suit:

«*Article premier.* Les députés de la France métropolitaine à l'Assemblée
nationale sont élus au scrutin de liste départemental majoritaire à un tour
avec apparentement des listes et panachage et vote préférentiel, conformément aux dispositions de la présente loi.

«*Art. 2.* Les élections des députés, dans les départements de la Guadeloupe, de la Martinique et de la Réunion, ont lieu à la représentation
proportionnelle suivant la règle du plus fort reste.

«Le département de la Guyane forme une circonscription élisant un
député. L'élection a lieu au scrutin uninominal à un tour.

«*Art. 3.* Le vote a lieu par circonscription. Chaque département forme une circonscription, à l'exception des départements des Bouches-du-Rhône, du Nord, du Pas-de-Calais, du Rhône, de la Seine, de Seine-et-Oise, de la Seine-Inférieure et de la Gironde, qui sont divisés en plusieurs circonscriptions suivant le tableau n° 1 annexé à la présente loi.

«*Art. 6.*

....

«L'apparentement n'est possible dans le cadre de la circonscription qu'entre listes de partis ou groupements nationaux ou bien entre listes composées uniquement de candidats qui appartiennent à divers partis ou groupements nationaux. L'apparentement réalisé entre deux ou plusieurs listes ne peut être étendu qu'avec l'assentiment de tous les candidats précédemment apparentés.

«Est considéré comme national tout parti ou groupement qui présente un ou plusieurs candidats dans trente départements au minimum sous la même étiquette.

«Cette condition doit se trouver réalisée par des déclarations de candidatures déposées au ministère de l'intérieur huit jours au plus tard avant l'ouverture de la campagne électorale.

«Les déclarations d'apparentement entre listes de circonscriptions doivent être déposées à la préfecture du département trois jours au plus tard avant l'ouverture de la campagne électorale.

«*Art. 13.* Est élue la liste ayant obtenu la majorité absolue.

«Si aucune liste isolée ne remplit cette condition et si un groupement de listes apparentées totalise plus de 50 p. 100 des suffrages exprimés, tous les sièges lui sont attribués et répartis entre les listes apparentées suivant la règle de la plus forte moyenne.

«Dans le cas où aucune liste ni aucun groupement de listes ne remplit les conditions ci-dessus, les sièges seront répartis à la représentation proportionnelle selon la règle de la plus forte moyenne, les listes apparentées étant considérées comme une même liste pour l'attribution des sièges, leur répartition entre elles se faisant selon la règle de la plus forte moyenne.

«Aucun siège ne sera attribué aux listes qui auraient obtenu moins de 5 p. 100 des suffrages exprimés.

«*Art. 15.* La liste est établie d'après un ordre de préférence, mais l'électeur a la possibilité de marquer d'une croix, à titre préférentiel, le nom d'un ou de plusieurs candidats de la liste, la croix étant placée sur la même ligne que le nom, avant ou après celui-ci. Ce signe n'intéresse que le classement des candidats sur la liste.

«Si plusieurs croix sont placées avant ou après le même nom, elles ne comptent que pour un seul signe préférentiel.

«Si le bulletin est panaché, seules sont valables les croix placées avant ou après les noms des candidats de la liste.»

Art. 2. Il est ajouté à la loi n° 46–2151 du 5 octobre 1946 les articles additionnels suivants:

«*Article premier bis.* Par exception aux dispositions précédentes, les élections des députés dans les six circonscriptions du département de la Seine et les deux circonscriptions de Seine-et-Oise indiquées au tableau nº 1 annexé à la présente loi ont lieu à la représentation proportionnelle, suivant la règle du plus fort reste avec panachage et vote préférentiel, selon les articles 15 et 16 de la présente loi.»

Journal officiel (10 mai 1951)

INVESTITURE SPEECH OF M. MENDÈS FRANCE 1954

[17th June.]

... Et aujourd'hui, il me semble que nous pouvons être réunis dans une volonté de paix qui traduit l'aspiration du pays.

C'est solidairement aussi que nous sommes engagés dans une négociation. Mon devoir est de vous dire dans quel état d'esprit je l'aborderai, si vous m'en chargez.

Depuis plusieurs années déjà, une paix de compromis, une paix négociée avec l'adversaire me semblait commandée par les faits, tandis qu'elle commandait, à son tour, la remise en ordre de nos finances, le redressement de notre économie et son expansion. Car cette guerre plaçait sur notre pays un insupportable fardeau.

Et voici qu'apparaît aujourd'hui une nouvelle et redoutable menace: si le conflit d'Indochine n'est pas réglé — et réglé très vite — c'est le risque de la guerre, de la guerre internationale et peut-être atomique, qu'il faut envisager.

C'est parce que je voulais une paix meilleure que je la voulais plus tôt, quand nous disposions de plus d'atouts. Mais maintenant encore, il y a des renoncements ou des abandons que la situation ne comporte pas. La France n'a pas à accepter et elle n'acceptera pas des conditions de règlement qui seraient incompatibles avec ses intérêts les plus vitaux... La France restera présente en Extrême-Orient. Ni nos alliés, ni nos adversaires ne doivent conserver le moindre doute sur le sens de notre détermination.

Une négociation est engagée à Genève, en liaison avec nos alliés et avec les États associés...

Il faut donc que le «cessez-le-feu» intervienne rapidement. Le gouvernement que je constituerai se fixera — et il fixera à nos adversaires — un délai de quatre semaines pour y parvenir. Nous sommes aujourd'hui le 17 juin. Je me présenterai devant vous avant le 20 juillet et je vous rendrai compte des résultats obtenus. Si aucune solution satisfaisante n'a pu aboutir à cette date, vous serez libérés du contrat qui nous aura liés et mon gouvernement remettra sa démission à M. le Président de la République...

Il va de soi que, dans l'intervalle — je veux dire dès demain — seront prises toutes les mesures militaires nécessaires aussi bien pour faire face aux besoins immédiats que pour mettre le gouvernement qui succéderait au mien, en état de poursuivre le combat si, par malheur, il avait à le faire. Au cas où certaines de ces mesures exigeraient une décision parlementaire, elles vous seraient proposées.

Mon objectif est donc la paix.

Sur le plan international, c'est en toute clarté que la France recherchera la paix.

Et je sollicite votre confiance, dans ce seul but, pour une mission sacrée qui nous est dictée par le vœu ardent de la nation tout entière.

Mesdames, messieurs, c'est dans cette perspective, ce but une fois atteint dans le délai prévu, que je me place maintenant afin de vous indiquer succinctement les étapes suivantes que mon gouvernement fixera pour son action.

Action sur l'économie d'abord. Le 20 juillet au plus tard, je vous soumettrai un programme cohérent de redressement et d'expansion destiné à assurer progressivement le relèvement des conditions de vie et l'indépendance économique du pays, le développement de notre agriculture par une politique coordonnée de la production et des débouchés, un effort accru et dynamique dans l'ordre du logement et des habitations à loyer modéré. Ce plan élargira et amplifiera tout à la fois les objectifs du plan de 18 mois amorcé par le précédent gouvernement et les moyens destinés à assurer son succès. Les propositions détaillées qui vous seront alors soumises constitueront la base d'un nouveau contrat en vertu duquel mon gouvernement disposera des pouvoirs nécessaires pour réaliser ses objectifs économiques dans le minimum de temps. Les grandes lignes et les principes directeurs dont nous nous inspirerons, vous les connaissez d'ailleurs déjà; je les ai décrits à cette tribune, voici un an. Qu'il me suffise de rappeler qu'une politique active de progrès économique et social est inséparable d'une politique de rigueur financière, comme le prouve l'exemple des pays d'Europe qui ont relevé au rythme le plus rapide le niveau de vie de leur peuple. C'est dans le respect de ce principe que seront appliqués les moyens de l'expansion, c'est-à-dire l'utilisation maximum, aux fins les plus productives, des ressources nationales, le plein emploi qui écarte des travailleurs la menace du chômage, qui leur assure la sécurité dans le présent et le mieux-être dans l'avenir, la large réforme fiscale dont le Parlement a déjà voté le principe et que le gouvernement pourrait être chargé de parachever par décrets...

La paix en Indochine étant rétablie et les décisions essentielles pour le redressement de notre économie étant prises, la France devra se prononcer avec clarté sur la politique qu'elle entend suivre à l'égard d'un problème capital et longtemps différé : celui de l'Europe. Vis-à-vis de ses amis comme vis-à-vis d'elle-même, la France ne peut plus prolonger une équivoque qui porte atteinte à l'alliance occidentale...

Or, cette alliance à laquelle la France appartient en vertu d'une vocation découlant de la géographie et de l'histoire, il suffit qu'elle semble compromise pour que les pires dangers se profilent à l'horizon...

La Communauté européenne de défense nous met en présence d'un des plus graves cas de conscience qui ait jamais troublé le pays. C'est un spectacle affligeant — et auquel nous ne pouvons pas nous résigner — de voir les Français profondément divisés sur une question aussi intimement liée à la sensibilité nationale. Mais n'est-il pas possible de poser avec objectivité un problème dont les facteurs affectifs obscurcissent trop souvent les données réelles ?

L'une de ces données est la nécessité d'un réarmement occidental imposé par la situation internationale et qui a conduit à envisager — perspective cruelle pour tous les Français — les conditions de la participation de l'Allemagne à une organisation commune de défense...

Je m'adresse aux adversaires comme aux partisans de la Communauté européenne de défense, pour qu'ils renoncent aux intransigeances qui, en fin de compte, ne peuvent avoir d'autre effet que d'affaiblir durablement le moral du pays et l'armature de sa défense...

Le gouvernement que je voudrais constituer organisera cette confrontation nécessaire, ce rapprochement que veut le pays. Il mettra en présence des hommes, des patriotes de bonne volonté et il leur demandera, pendant le bref délai durant lequel notre action sera consacrée en priorité au règlement du conflit d'Indochine, de jeter les bases d'un accord qui sera aussitôt soumis au Parlement. Et si ces consultations devaient se révéler infructueuses, c'est le gouvernement lui-même qui prendrait ses responsabilités.

Il s'agit, je l'ai dit, de définir les conditions qui, tenant compte des aspirations et des scrupules du pays, nous permettent de créer le large assentiment national qui est indispensable à tout projet de défense européenne.

De toutes manières, l'Assemblée sera saisie, avant les vacances parlementaires, de propositions précises dans ce but...

L'accomplissement des tâches qui viennent d'être énumérées doit aller de pair avec le rétablissement de la concorde et de la sécurité dans ces deux pays d'Afrique du Nord qu'endeuillent, en ce moment même, le fanatisme et le terrorisme. Le Maroc et la Tunisie auxquels la France a ouvert les voies du progrès économique, social et politique, ne doivent pas devenir sur les flancs de nos départements algériens, des foyers d'insécurité et d'agitation; cela, je ne l'admettrai jamais. Mais j'ajoute avec la même netteté que je ne tolérerai pas non plus d'hésitations ou de réticences dans la réalisation des promesses que nous avons faites à des populations qui ont eu foi en nous.

Nous leur avons promis de les mettre en état de gérer elles-mêmes leurs propres affaires. Nous tiendrons cette promesse et nous sommes prêts dans cette perspective à reprendre des dialogues, malheureusement interrompus.

Je suis sûr, en effet, qu'il est possible de concilier l'existence de structures communes au sein de l'Union française avec l'exercice constamment perfectionné des institutions propres à chacun de ces deux pays.

Mesdames, messieurs, je me résume.

Le plan d'action de mon gouvernement comportera trois étapes:

1° Avant le 20 juillet, il s'efforcera d'obtenir un règlement du conflit d'Indochine;

2° A ce moment au plus tard, il vous soumettra un programme cohérent et détaillé de redressement économique et demandera des pouvoirs nécessaires pour le réaliser;

3° Enfin, et toujours avant les vacances parlementaires, il vous soumettra des propositions qui vous mettront en état de prendre vos décisions, sans nouveaux délais, sur notre politique européenne.

Il est entendu — encore une fois — que si, à l'une de ces étapes successives, je n'ai pas réussi à atteindre l'objectif fixé, mon gouvernement remettra sa démission à M. le Président de la République.

Aujourd'hui, je ne demande donc la confiance de l'Assemblée que pour un premier délai de quatre semaines qui seront consacrées à mon premier objectif: le « cessez-le-feu » indochinois.

Je vous demande une réponse claire.

Si elle est affirmative, elle implique que, durant une période qui sera brève, mais combien chargée pour le chef du gouvernement, l'Assemblée s'efforcera de ne pas alourdir sa tâche et qu'elle renoncera volontairement, pendant ce court délai, à détourner son attention, qui sera concentrée sur ses responsabilités dans une négociation décisive.

Mesdames, messieurs, je vous offre un contrat. Chacun de vous pèsera en conscience les sacrifices que je lui demande, mais aussi les chances que je peux apporter au pays. Si vous estimez — après des débats au cours desquels je comprendrai vos scrupules — que je puis être utile, que je puis contribuer au rétablissement de la paix à laquelle tout le pays aspire, si vous croyez que mon programme est conforme à l'intérêt national, vous devrez m'accorder votre appui et, plus encore, m'aider dans l'accomplissement de ma tâche. Comment refuseriez-vous de contribuer activement à la réalisation d'objectifs que, par votre vote, vous auriez reconnus vitaux et urgents ?

Mais le gouvernement sera ce que seront ses membres. Je ferai appel, si vous me chargez de le constituer, à des hommes capables de servir, à des hommes de caractère, de volonté et de foi. Je le ferai sans aucune préoccupation de dosage. Je ne m'interdis même pas — tant est vif mon désir de constituer la plus large union nationale — de demander éventuellement leur concours à des députés qui, pour des raisons respectables, n'auraient pas cru pouvoir, en première instance, m'accorder leur suffrage...

Il n'y aura pas de ces négociations interminables que nous avons connues ; je n'admettrai ni exigences ni vetos. Le choix des ministres, en vertu de la Constitution, appartient au président du conseil investi, et à lui seul. Je ne suis pas disposé à transiger sur les droits que vous m'auriez donnés par votre vote d'investiture...

Journal officiel. Débats parlementaires. Assemblée nationale. Compte rendu in extenso (18 juin 1954)

THE VERDICT OF A JURIST ON THE FOURTH REPUBLIC   1956

Les causes[1] d'origine parlementaire.

La recherche, au niveau de l'hémicycle parlementaire, des causes de l'instabilité ministérielle n'offre guère de difficultés, car il s'agit de constatations immédiates. On peut grouper ces constatations sous cinq rubriques :

L'ABSENCE DE MAJORITÉ

C'est évidemment l'alpha et l'oméga des crises ministérielles et l'absence de majorité n'est qu'un autre moyen d'exprimer l'instabilité ministérielle. Les crises sont le fait de la majorité non de l'opposition. Il est aisé d'observer que la «majorité de la majorité» est en général fidèle au Cabinet. Mais «la minorité de la majorité», c'est-à-dire l'ensemble des voix «marginales», par

[1] i.e., of governmental instability.

son instabilité, que ne compensent pas souvent des voix de rechange, crée l'instabilité. C'est un phénomène bien connu que celui des majorités «fondantes», au point que, dans un article du *Monde*, M. Loustanau Lacau avait pu mettre en forme arithmétique la loi qui préside au rétrécissement des majorités.

Sans doute est-il normal que le pouvoir use. Mais ce qui est caractéristique du régime français c'est que l'effet d'usure ne se produit pas devant le corps électoral comme en Grande-Bretagne ou aux États-Unis, mais au sein même de l'Assemblée et sur les membres de la majorité.

On peut analyser sous trois aspects l'absence de la majorité au sein de l'Assemblée nationale :

(a) *La multiplication des groupes et partis*

La chose n'a pas besoin d'être démontrée. Non seulement les groupes sont nombreux, mais ils sont de force comparable, ce qui aggrave les inconvénients de cette multiplication. Il serait en effet sans importance qu'à côté de deux ou trois grandes formations, il existe une demi-douzaine de groupuscules, si ces petits groupes ne pouvaient perturber la formation de majorités par rapport auxquelles ils joueraient le rôle de satellites.

L'inexistence de la majorité a d'ailleurs pour corollaire l'absence d'opposition et, paradoxalement, ce second phénomène est peut-être plus grave que le premier. Dans un régime parlementaire moderne en effet, le lieu d'expression et l'instrument d'action de la majorité n'est pas le Parlement, mais le Cabinet. Sans exagérer la passivité des parlementaires britanniques de la majorité, on remarquera que l'essentiel de la vie de la Chambre des Communes est dans le dialogue entre l'opposition et le Gouvernement. La Chambre est essentiellement la tribune de l'opposition, de telle sorte que, à tous moments, le pays se trouve averti des deux voies qui s'ouvrent et entre lesquelles il aura à choisir en cas d'élections générales. Il n'en est rien en France. Au lieu de ces lignes d'action simples qui lui seraient proposées, la nation a affaire à des desseins multiples et complexes. L'équivoque est autant et peut-être davantage dans l'opposition que dans la majorité.

Il va de soi que les apparentements prévus par la loi électorale n'ont rien changé à cette situation. Ils n'ont créé entre les partis que des combinaisons éphémères, variant d'ailleurs de circonscription à circonscription et n'ont permis de dégager ni une majorité ni une opposition.

(b) *L'absence d'autorité des partis et des groupes*

Ici encore, les choses sont trop évidentes pour avoir besoin d'une démonstration. Si l'on met à part le Parti communiste et son groupe parlementaire, tous les groupes et partis sont dans l'incapacité d'assurer l'unité de vote. Pour certaines formations, cette division perpétuelle est une sorte de tradition. Pour d'autres, plus fortement structurées (Parti socialiste, ex-R.P.F.), la discipline, plus fortement assurée, n'a pas résisté aux crises les plus graves.

On peut évidemment discuter des avantages et des inconvénients de la discipline et faire valoir que les conceptions traditionnelles du mandat représentatif excluent une trop forte emprise des partis. Il faut bien voir cependant que le régime parlementaire a pour base des partis forts et organisés et que, à ses origines, la théorie de l'indépendance des élus a été associée en France, en 1791, à un régime politique inspiré du type américain et non du type anglais.

En tout cas, l'on ne voit guère comment garantir la stabilité ministérielle sans discipline des partis. Ajoutons que, au regard de l'électeur, dès lors que l'élection n'est plus une simple manifestation de confiance personnelle, mais implique que le pays prend position sur certaines options essentielles, l'existence de grands partis organisés et disciplinés est le seul moyen de garantir le caractère significatif des élections.

(c) *La variété des majorités*

Le Parlement français est le siège de phénomènes qui perturbent profondément le fonctionnement des institutions et qui sont contraires au génie même du régime parlementaire.

Tout d'abord, l'on a vu des questions sur lesquelles il n'existait que des majorités *négatives*: la politique tunisienne dans la première partie de la législature, la réforme électorale actuellement. Chaque solution possible rencontre l'hostilité d'une majorité; aucune solution ne groupe à son profit une majorité.

Ensuite, même là où il existe des majorités positives, elles sont de composition différente. L'analyse des scrutins montre que, dans la dernière législature il y a eu une majorité sur la question scolaire (loi Barangé), une majorité sur les problèmes sociaux, une majorité sur la politique de l'Union Française, d'ailleurs changeante, des esquisses de majorité sur le problème électoral et que toutes ces majorités sont différemment composées à la fois par rapport aux groupes et par rapport aux députés pris individuellement. Cette situation est normale dans un régime de type américain, où l'existence du gouvernement n'est pas suspendue à la fidélité d'une majorité; elle est anormale dans un régime parlementaire où l'exécutif doit être à la fois l'émanation et l'état-major d'une majorité.

....

LA SITUATION DU PARTI COMMUNISTE

Pour des raisons de politique générale qui n'ont pas à être analysées ici, le Parti communiste est en marge du jeu parlementaire normal. Quelle que soit l'attitude qu'il adopte, le système s'en trouve faussé.

Si le groupe communiste fait une politique d'opposition systématique, les majorités positives sont d'autant plus difficiles à obtenir, puisque, en tout état de cause, il faut compter 100 ou 150 voix dans l'opposition et trouver une majorité de l'ordre de 300 voix dans les quelque 500 autres députés...

En ce qui regarde le corps électoral lui-même, l'existence d'un parti communiste groupant entre le cinquième et le quart des électeurs français met obstacle à l'adoption de certains modes de scrutin et notamment du scrutin majoritaire à un tour du type britannique.

L'ABSENCE D'INFLUENCE DU CORPS ÉLECTORAL

Il est au moins un facteur auquel on ne peut imputer l'instabilité ministérielle, et c'est l'électeur lui-même. Les difficultés de la dissolution réduisent son intervention dans la vie politique aux élections quinquennales dont les effets sont très limités. Les élections se réduisent au recrutement d'équipes politiques sur des programmes assez vagues; elles n'ont guère l'allure d'une option simple et décisive.

Le jeu parlementaire a beaucoup plus d'influence sur la vie politique que le choix des électeurs. Deux constatations sont à cet égard déterminantes: la première tient à la variété des hommes qui peuvent être Présidents du Conseil au cours d'une même législature; la seconde porte sur le fait que, sur aucun des grands sujets abordés au cours de la dernière législature, la majorité des députés n'avait reçu de mandat des électeurs. Les problèmes scolaire, européen, ou de l'Union Française ont été traités suivant les opinions personnelles, exactement selon la conception de Montesquieu qui estimait le peuple excellent pour choisir ses représentants, mais incapable de se faire lui-même une opinion.

Il faut redire que les partis seraient le relais normal entre l'opinion publique et le Parlement. Mais, on le sait, ils sont nombreux et souvent peu disciplinés.

L'effacement de la nation, l'impuissance des partis ont une conséquence normale: l'influence des groupes de pression. Ils sont forts au milieu de la faiblesse; tenaces et cohérents au milieu de l'instabilité et de l'incohérence. Pour leur faire contrepoids, l'Administration fait de louables efforts.

On peut pourtant penser que la démocratie ne saurait se réduire dans un dialogue entre les intérêts particuliers représentés par les groupes de pression et entre l'État, représenté par l'Administration.

Les causes des causes.

Si l'on essaie maintenant d'analyser plus profondément les causes qui expliquent celles dont on vient de saisir l'action, trois idées s'offrent à nous:

L'ABSENCE DE MAJORITÉ AU PARLEMENT CORRESPOND A L'ABSENCE DE MAJORITÉ DANS LE PAYS

Deux facteurs inextricablement liés font qu'il n'y a pas de majorité dans le pays: d'une part la tradition électorale, d'autre part la structure même de la nation et de l'opinion française.

Il faut bien voir que, quelques différences secondaires que l'on puisse établir entre eux, les modes de scrutin pratiqués depuis 1875, qu'il s'agisse du scrutin de liste ou du scrutin uninominal, du scrutin majoritaire à deux tours ou de la représentation proportionnelle, ont un effet commun: faciliter l'expression des nuances d'opinion, donc favoriser l'éparpillement des groupes et des partis, empêcher la formation de majorités cohérentes et par là même, si paradoxal que cela paraisse, diminuer l'influence de l'électeur. L'influence de l'électeur dans les affaires publiques dépend en effet non de la variété des choix qui s'offrent à lui, mais de leur efficacité. L'électeur français a un choix étendu, mais, on l'a vu, ce choix est sans portée puisqu'il se borne à mettre en place les pions d'un *Kriegsspiel*[1] dont la conduite lui échappe. La notion même de responsabilité des majorités devant l'électeur n'a pas de sens: les majorités ont varié, chaque parti peut rejeter sur les

---

[1] A military game in which pieces are moved across a board, as in chess.

autres les causes de l'échec de ses promesses. L'électeur anglais a un choix beaucoup plus limité, mais quand il a voté il a, d'un même mouvement, choisi un homme, une équipe, un parti et un programme. Et, aux élections suivantes, il saura à qui rapporter le bien et le mal de la législature.

Or, la proportionnelle[1] par définition, les scrutins majoritaires à deux tours par les chances qu'ils donnent sur l'ensemble du territoire à tous les partis, perpétuent évidemment l'éparpillement de l'opinion, la variété et l'inefficacité des choix.

La structure française est d'autre part très différenciée. Elle l'est géographiquement par la variété des régions naturelles, des tempéraments et des traditions politiques. Elle l'est économiquement, par l'équilibre entre l'agriculture et l'industrie, entre grandes et petites entreprises. Elle l'est socialement, par sa structure qui permet de passer du pauvre au riche, du prolétaire au capitaliste, sans solution de continuité et par une série de gradations insensibles: la paysannerie, l'artisanat, le petit commerce en particulier insèrent des classes moyennes très nombreuses entre le prolétariat industriel et les capitalistes.

Cette variété des structures se traduit évidemment par la variété des tempéraments et des opinions politiques. Les Français accepteraient difficilement un vote opposant une droite à une gauche sans possibilité de combinaisons. Ceci se reflète dans la presse politique qui, souvent, dénonce la calamité des «deux blocs» ailleurs considérés au contraire comme la condition même de la démocratie parlementaire.

Il va de soi que mode de scrutin et tempérament national ont eu l'un par rapport à l'autre des effets multiplicateurs. Chacun agit comme une cause de l'autre, et leur liaison a créé une telle tradition politique que l'on se demande si l'adoption d'un régime présidentiel qui s'accommode d'une opinion publique éparpillée ne changerait pas moins nos habitudes que l'adoption d'un véritable régime parlementaire.

LA PRÉSENCE DU PARTI COMMUNISTE

Sans vaine polémique, on peut dire que les raisons de la mise hors du jeu parlementaire du parti communiste sont doubles: d'une part, on craint que, au sein d'une majorité et d'un cabinet, le P.C. ne joue pas le jeu et, par des méthodes de noyautage, ne confisque le pouvoir; d'autre part la liaison du P.C. français avec l'U.R.S.S. met en cause l'indépendance nationale.

Ceci dit, il va de soi que l'on ne peut traiter le problème des millions d'électeurs qui votent communiste par des moyens de force ou par des artifices électoraux.

Or, si le problème communiste affaiblit nos institutions, réciproquement la faiblesse de nos institutions renforce le Parti communiste. Nombre des électeurs de ce parti votent pour lui parce qu'ils ont le sentiment qu'un autre vote serait inefficace. Ceci est particulièrement sensible dans le milieu prolétarien qui sent que nos institutions ne sont pas en prise directe sur la nation.

Ce qui donne à l'ouvrier anglais ou suédois le sentiment qu'il peut voter non communiste, c'est l'expérience, qui lui a prouvé que son vote était

[1] = *la représentation proportionnelle.*

efficace et que les institutions pouvaient réaliser les objectifs que la classe ouvrière considère comme vitaux pour elle et notamment l'élévation du niveau de vie obtenu à la fois par l'expansion économique et par la redistribution des revenus.

G. VEDEL, 'L'instabilité gouvernementale', *Revue Banque et Bourse* N° 130, supplément (mai 1956), pp. 5–9

THE USE OF TORTURE IN ALGERIA: MAÎTRE GARÇON'S REPORT TO THE COMMISSION ON THE RIGHTS AND FREEDOMS OF THE INDIVIDUAL   1957

La situation actuelle créée en Algérie par une rébellion sanglante pose des problèmes qui ne permettent évidemment pas de raisonner comme on pourrait le faire dans un pays en paix, où le respect de la loi peut être assuré avec une complète sérénité. L'Algérie est, en fait, en état de guerre d'autant plus féroce qu'elle est provoquée par des insurgés qui n'obéissent à aucune règle du droit des gens et se rendent impitoyablement coupables d'attentats abominables constituant d'indiscutables et ignominieux crimes de guerre.
. . . . .

Il résulte de cette situation que la violence appelant la violence, des combats inexorables se livrent chaque jour...
. . . .

... M. Wuillaume[1] n'aurait pas même eu besoin de ces aveux pour se faire une conviction. Il a lui-même constaté les traces des tortures. Après avoir remarqué que beaucoup de sévices ne laissent aucune trace et que la durée des détentions de fait dans les locaux de la police efface la plupart des traces visibles, il a par lui-même observé sur un détenu la plante des pieds brûlée avec une torche d'alfa, sur un autre une large plaie sur le cou-de-pied provoquée par une brûlure faite avec des circuits électriques et sur un troisième:

les deux épaules démises, à moins que les muscles des bras n'aient été rompus (un examen radiographique permettrait seul de se prononcer) après avoir été pendu par les poignets les bras mis dans le dos.

D'une manière générale, les procédés de coercition dénoncés et employés pendant cette période ont été:

1° l'incarcération, sans mandat, prolongée jusqu'à quinze ou vingt jours;

2° les coups avec les poings, bâtons et cravaches;

3° la baignoire où l'individu est immergé jusqu'à suffocation, voire jusqu'à l'évanouissement;

4° le tuyau, genre de tuyau à gaz, relié à un robinet ou à défaut à un jerrican ou un bidon, pieds et poings liés, bras et jambes repliés, l'individu étant placé de façon que ses coudes soient à un niveau légèrement inférieur à celui de ses genoux. L'homme ainsi entravé est bousculé en arrière et à

---

[1] An *inspecteur général de l'administration*.

terre sur un vieux pneu ou une vieille chambre à air où il se trouve bien calé. On lui bande les yeux et on introduit dans sa bouche le tuyau qui déverse l'eau jusqu'à suffocation ou évanouissement;

5° l'électricité: les extrémités dénudées de deux fils électriques branchés sur le courant sont appliquées comme des pointes de feu sur les parties les plus sensibles du corps: aisselles, cou, narines, anus, verge, pieds. Dans d'autres cas, chacun des deux fils est entortillé autour soit de chaque oreille, soit de chaque cheville, soit l'un autour d'un doigt et l'autre autour de la verge.

. . . .

Jamais jusqu'à présent, sauf dans un traité théorique et pratique de police judiciaire émanant d'un commissaire qui faisait l'apologie de ce qu'il appelait les tortures licites, nous n'avions vu officiellement présenter la torture comme un moyen d'instruction légitime...

Avec une indulgence difficilement compréhensible il[1] a d'abord considéré:

> Il est des procédés de police qui sont *unanimement admis* et qui constituent cependant des sévices: tel est l'interrogatoire prolongé qui repose sur la fatigue physique de l'individu appréhendé; telle est encore la privation de nourriture, de boisson, de tabac alors qu'en présence de l'interrogé commissaires et inspecteurs fument, boivent et mangent; telles sont encore les menaces ou l'intimidation...

Cependant l'inspecteur général ajoute qu'en Algérie, en présence d'individus présentant une résistance extraordinaire aux épreuves de toute nature, les procédés ordinaires ne seraient pas d'une grande efficacité et que, par contre, les procédés du tuyau d'eau et de l'électricité, lorsqu'ils sont utilisés avec précaution, produiraient un choc, au demeurant beaucoup plus psychologique que physique et par conséquent exclusif de toute «cruauté excessive» (*sic*)...

C'est devant ces pratiques, dont l'inspecteur général a acquis la preuve, tant par ses constatations personnelles que par l'aveu de leurs auteurs, que ce haut fonctionnaire s'est posé «en attendant que soient intronisés dans nos mœurs judiciaires le détecteur de mensonge et le pentothal», la question de savoir s'il y avait lieu ou non de tolérer des sévices qu'il reconnaît comme certains...:

> «J'incline à penser que de tels procédés peuvent l'être [tolérés] et qu'employés dans les conditions modérées qui m'ont été exposées, ils ne sont pas moins inhumains que la privation de nourriture, de boisson, de tabac ou de sommeil qui sont cependant admises.
>
> S'il en va bien ainsi, il faut avoir le courage de prendre position sur ce délicat problème. En effet, ou bien on se confine dans l'attitude hypocrite qui a prévalu jusqu'à présent et qui consiste à vouloir ignorer ce que font les policiers, à condition qu'il n'y ait pas de traces ou que la preuve ne puisse être faite des sévices employés, et la police remplit sa mission en commettant parfois des excès, sorte de complicité tacite des autorités; ou bien on prend l'attitude faussement indignée de celui qui prétend avoir été trompé, on jette l'anathème sur la police, on

[1] M. Wuillaume; *see* above.

lui interdit tout autre procédé que l'interrogatoire correct et on la plonge dans le désarroi en même temps qu'on la paralyse. Or, aucune de ces deux attitudes ne saurait désormais être de mise, la première parce que le voile est levé et que l'opinion est alertée, la seconde parce que l'Algérie a besoin, surtout dans les circonstances actuelles, d'une police et d'une police particulièrement efficace.

Pour rendre à la police sa confiance et son allant, il ne reste qu'une solution : reconnaître et couvrir certains «procédés».

. . . .

Par contre la police judiciaire serait alors, et elle seule, autorisée, sous la responsabilité de chefs de service, à utiliser des procédés spéciaux qu'il conviendrait de bien définir — à défaut du détecteur de mensonge et du pentothal — dans les conditions à déterminer, par exemple seulement en présence d'un officier de police judiciaire ou d'un commissaire...

. . . . .

La recherche des responsabilités individuelles est des plus difficiles. Au surplus, je l'estime inopportune.

. . . . .

L'efficacité de la police commande que celle-ci puisse disposer de certains «procédés».

Il convient donc de couvrir la police qui les utilisera dans certaines conditions (sous la responsabilité d'un inspecteur officier de police judiciaire ou d'un commissaire), et en limitant cette autorisation à la seule police judiciaire.

Sauf cette exception et compte tenu d'un renforcement de la police judiciaire en Algérie, tous les procédés de police à caractère de sévices doivent être formellement interdits à tous autres services de police...»

P. VIDAL-NAQUET, *La Raison d'État* (Éditions de Minuit, 1962), pp. 134–135 ; 142–147

DE GAULLE AND THE REPUBLICAN TRADITION   1958

[*His speech of 4th September at the Place de la République.*]

C'est en un temps où il lui fallait se réformer ou se briser que notre peuple, pour la première fois, recourut à la République. Jusqu'alors, au long des siècles, l'Ancien Régime avait réalisé l'unité et maintenu l'intégrité de la France. Mais, tandis qu'une immense vague de fond se formait dans les profondeurs, il se montrait hors d'état de s'adapter à un monde nouveau. C'est alors, qu'au milieu de la tourmente nationale et de la guerre étrangère, apparut la République. Elle était la souveraineté du peuple, l'appel de la liberté, l'espérance de la justice. Elle devait rester cela à travers les péripéties agitées de son histoire. Aujourd'hui, autant que jamais, nous voulons qu'elle le demeure.

Certes, la République a revêtu des formes diverses au cours de ses règnes successifs. En 1792, on la vit révolutionnaire et guerrière, renverser trônes et privilèges, pour succomber, huit ans plus tard, dans les abus et les troubles qu'elle n'avait pu maîtriser. En 1848, on la vit s'élever au-dessus des barricades, se refuser à l'anarchie, se montrer sociale au-dedans et fraternelle au-dehors, mais bientôt s'effacer encore faute d'avoir accordé l'ordre avec l'élan du renouveau. Le 4 septembre 1870, au lendemain de Sedan, on la vit s'offrir au pays pour réparer le désastre.[1]

De fait, la République sut relever la France, reconstituer les armées, recréer un vaste empire, renouer des alliances solides, faire de bonnes lois sociales, développer l'instruction. Si bien qu'elle eut la gloire d'assurer, pendant la Première Guerre mondiale, notre salut et notre victoire. Le 11 novembre, quand le peuple s'assemble et que les drapeaux s'inclinent pour la commémoration, l'hommage que la patrie décerne à ceux qui l'ont bien servie s'adresse aussi à la République.

Cependant, le régime comportait des vices de fonctionnement qui avaient pu sembler supportables à une époque assez statique, mais qui n'étaient plus compatibles avec les mouvements humains, les changements économiques, les périls extérieurs, qui précédaient la Deuxième Guerre mondiale. Faute qu'on y eût remédié, les événements terribles de 1940 emportèrent tout. Mais quand, le 18 juin, commença le combat pour la libération de la France,[2] il fut aussitôt proclamé que la République à refaire serait une République nouvelle. La résistance tout entière ne cessa pas de l'affirmer.

On sait, on ne sait que trop, ce qu'il advint de ces espoirs. On sait, on ne sait que trop, qu'une fois le péril passé, tout fut livré et confondu à la discrétion des partis. On sait, on ne sait que trop, quelles en furent les conséquences. A force d'inconsistance et d'instabilité et quelles que pussent être les intentions, souvent la valeur, des hommes, le régime se trouva privé de l'autorité intérieure et de l'assurance extérieure sans lesquelles il ne pouvait agir. Il était inévitable que la paralysie de l'État amenât une grave crise nationale et qu'aussitôt la République fût menacée d'effondrement.

Le nécessaire a été fait pour obvier à l'irrémédiable à l'instant même où il était sur le point de se produire. Le déchirement de la nation fut, de justesse, empêché. On a pu sauvegarder la chance ultime de la République. C'est dans la légalité que moi-même et mon gouvernement avons assumé le mandat exceptionnel d'établir un projet de nouvelle Constitution et de le soumettre à la décision du peuple.

THE CONSTITUTION OF THE FIFTH REPUBLIC   1958

Préambule

Le peuple français proclame solennellement son attachement aux Droits de l'homme et aux principes de la souveraineté nationale tels qu'ils ont été

---

[1] The defeat of Napoleon III's army at Sedan marked the end of the Second Empire.
[2] *See* p. 317.

définis par la Déclaration de 1789, confirmée et complétée par le préambule de la Constitution de 1946.

En vertu de ces principes et de celui de la libre détermination des peuples, la République offre aux territoires d'Outre-Mer qui manifestent la volonté d'y adhérer des institutions nouvelles fondées sur l'idéal commun de liberté, d'égalité et de fraternité et conçues en vue de leur évolution démocratique.

Art. 2. La France est une République indivisible, laïque, démocratique et sociale. Elle assure l'égalité devant la loi de tous les citoyens sans distinction d'origine, de race ou de religion. Elle respecte toutes les croyances...

Art. 3. La souveraineté nationale appartient au peuple qui l'exerce par ses représentants et par la voie du référendum. Aucune section du peuple ni aucun individu ne peut s'en attribuer l'exercice.

Le suffrage peut être direct ou indirect dans les conditions prévues par la Constitution. Il est toujours universel, égal et secret.

Sont électeurs, dans les conditions déterminées par la loi, tous les nationaux français majeurs des deux sexes, jouissant de leurs droits civils et politiques.

Art. 4. Les partis et groupements politiques concourent à l'expression du suffrage. Ils se forment et exercent leur activité librement. Ils doivent respecter les principes de la souveraineté nationale et de la démocratie.

Titre II

Le Président de la République

Art. 5. Le Président de la République veille au respect de la Constitution. Il assure, par son arbitrage, le fonctionnement régulier des pouvoirs publics ainsi que la continuité de l'État. Il est le garant de l'indépendance nationale, de l'intégrité du territoire, du respect des accords de Communauté et des traités.

Art. 6. Le Président de la République est élu pour sept ans par un collège électoral comprenant les membres du Parlement, des conseils généraux et des assemblées des territoires d'Outre-Mer, ainsi que les représentants élus des conseils municipaux.

Ces représentants sont:
— le maire pour les communes de moins de 1 000 habitants;
— le maire et le premier adjoint pour les communes de 1 001 à 2 000 habitants;
— le maire, le premier adjoint et un conseiller municipal pris dans l'ordre du tableau pour les communes de 2 001 à 2 500 habitants;
— le maire et les deux premiers adjoints pour les communes de 2 501 à 3 000 habitants;
— le maire, les deux premiers adjoints et trois conseillers municipaux pris dans l'ordre du tableau pour les communes de 3 001 à 6 000 habitants;
— le maire, les deux premiers adjoints et six conseillers municipaux pris dans l'ordre du tableau pour les communes de 6 001 à 9 000 habitants;
— tous les conseillers municipaux pour les communes de plus de 9 000 habitants;
— en outre, pour les communes de plus de 30 000 habitants, des délégués

désignés par le conseil municipal à raison de un pour 1 000 habitants en sus de 30 000.

Dans les territoires d'Outre-Mer de la République, font aussi partie du collège électoral les représentants élus des conseils des collectivités administratives dans les conditions déterminées par une loi organique.[1]

Art. 8. Le Président de la République nomme le Premier Ministre. Il met fin à ses fonctions sur la présentation par celui-ci de la démission du Gouvernement.

Sur la proposition du Premier Ministre, il nomme les autres membres du Gouvernement et met fin à leurs fonctions.

Art. 9. Le Président de la République préside le Conseil des Ministres.

Art. 11. Le Président de la République, sur proposition du Gouvernement pendant la durée des sessions ou sur proposition conjointe des deux assemblées, publiées au *Journal officiel*, peut soumettre au référendum tout projet de loi portant sur l'organisation des pouvoirs publics, comportant approbation d'un accord de Communauté ou tendant à autoriser la ratification d'un traité qui, sans être contraire à la Constitution, aurait des incidences sur le fonctionnement des institutions.

Lorsque le référendum a conclu à l'adoption du projet, le Président de la République le promulgue dans le délai prévu à l'article précédent.

Art. 12. Le Président de la République peut, après consultation du Premier Ministre et des Présidents des assemblées, prononcer la dissolution de l'Assemblée nationale.

Les élections générales ont lieu vingt jours au moins et quarante jours au plus après la dissolution.

L'Assemblée nationale se réunit de plein droit le deuxième jeudi qui suit son élection. Si cette réunion a lieu en dehors des périodes prévues pour les sessions ordinaires, une session est ouverte de droit pour une durée de quinze jours.

Il ne peut être procédé à une nouvelle dissolution dans l'année qui suit ces élections.

Art. 16. Lorsque les institutions de la République, l'indépendance de la Nation, l'intégrité de son territoire ou l'exécution de ses engagements internationaux sont menacées d'une manière grave et immédiate et que le fonctionnement régulier des pouvoirs publics constitutionnels est interrompu, le Président de la République prend les mesures exigées par ces circonstances, après consultation officielle du Premier Ministre, des Présidents des assemblées ainsi que du Conseil Constitutionnel.

Il en informe la Nation par un message.

Ces mesures doivent être inspirées par la volonté d'assurer aux pouvoirs publics constitutionnels, dans les moindres délais, les moyens d'accomplir leur mission. Le Conseil Constitutionnel est consulté à leur sujet.

Le Parlement se réunit de plein droit.

L'Assemblée nationale ne peut être dissoute pendant l'exercice des pouvoirs exceptionnels.

Art. 19. Les actes du Président de la République autres que ceux prévus

[1] For the revised text of 1962, *see* below, p. 197.

aux articles 8 (1er alinéa), 11, 12, 16, 18, 54, 56 et 61 sont contresignés par le Premier Ministre et, le cas échéant, par les ministres responsables.

Titre III

Le Gouvernement

Art. 20. Le Gouvernement détermine et conduit la politique de la Nation. Il dispose de l'administration et de la force armée.

Il est responsable devant le Parlement dans les conditions et suivant les procédures prévues aux articles 49 et 50.

Art. 21. Le Premier Ministre dirige l'action du Gouvernement. Il est responsable de la Défense nationale. Il assure l'exécution des lois. Sous réserve des dispositions de l'article 13, il exerce le pouvoir réglementaire et nomme aux emplois civils et militaires.

Il peut déléguer certains de ses pouvoirs aux ministres.

Il supplée, le cas échéant, le Président de la République dans la présidence des conseils et comités prévus à l'article 15.

Il peut, à titre exceptionnel, le suppléer pour la présidence d'un Conseil des Ministres en vertu d'une délégation expresse et pour un ordre du jour déterminé.

Art. 23. Les fonctions de membre du Gouvernement sont incompatibles avec l'exercice de tout mandat parlementaire, de toute fonction de représentation professionnelle à caractère national et de tout emploi public ou de toute activité professionnelle.

Une loi organique fixe les conditions dans lesquelles il est pourvu au remplacement des titulaires de tels mandats, fonctions ou emplois.

Le remplacement des membres du Parlement a lieu conformément aux dispositions de l'article 25.

Titre IV

Le Parlement

Art. 24. Le Parlement comprend l'Assemblée nationale et le Sénat.

Les députés à l'Assemblée nationale sont élus au suffrage direct. Le Sénat est élu au suffrage indirect. Il assure la représentation des collectivités territoriales de la République. Les Français établis hors de France sont représentés au Sénat.

Art. 25. Une loi organique fixe la durée des pouvoirs de chaque assemblée, le nombre de ses membres, leur indemnité, les conditions d'éligibilité, le régime des inéligibilités et des incompatibilités.

Elle fixe également les conditions dans lesquelles sont élues les personnes appelées à assurer, en cas de vacance du siège, le remplacement des députés ou des sénateurs jusqu'au renouvellement général ou partiel de l'assemblée à laquelle ils appartenaient.

Art. 28. Le Parlement se réunit de plein droit en deux sessions ordinaires par an.

La première session s'ouvre le premier mardi d'octobre et prend fin le troisième vendredi de décembre.

La seconde session s'ouvre le dernier mardi d'avril; sa durée ne peut excéder trois mois.[1]

Art. 29. Le Parlement est réuni en session extraordinaire à la demande du Premier Ministre ou de la majorité des membres composant l'Assemblée nationale, sur un ordre du jour déterminé.

Lorsque la session extraordinaire est tenue à la demande des membres de l'Assemblée nationale, le décret de clôture intervient dès que le Parlement a épuisé l'ordre du jour pour lequel il a été convoqué et au plus tard douze jours à compter de sa réunion.

Le Premier Ministre peut seul demander une nouvelle session avant l'expiration du mois qui suit le décret de clôture.

TITRE V

DES RAPPORTS ENTRE LE PARLEMENT ET LE GOUVERNEMENT

Art. 34. La loi est votée par le Parlement.

La loi fixe les règles concernant:
— les droits civiques et les garanties fondamentales accordées aux citoyens pour l'exercice des libertés publiques; les sujétions imposées par la Défense nationale aux citoyens en leur personne et en leurs biens;
— la nationalité, l'état et la capacité des personnes, les régimes matrimoniaux, les successions et libéralités;
— la détermination des crimes et délits ainsi que les peines qui leur sont applicables; la procédure pénale; l'amnistie; la création de nouveaux ordres de juridiction et le statut des magistrats;
— l'assiette, le taux et les modalités de recouvrement des impositions de toutes natures; le régime d'émission de la monnaie.

La loi fixe également les règles concernant:
— le régime électoral des assemblées parlementaires et des assemblées locales;
— la création de catégories d'établissements publics;
— les garanties fondamentales accordées aux fonctionnaires civils et militaires de l'État;
— les nationalisations d'entreprises et les transferts de propriété d'entreprises du secteur public au secteur privé.

La loi détermine les principes fondamentaux:
— de l'organisation générale de la Défense nationale;
— de la libre administration des collectivités locales, de leurs compétences et de leurs ressources;
— de l'enseignement;
— du régime de la propriété, des droits réels et des obligations civiles et commerciales;
— du droit du travail, du droit syndical et de la sécurité sociale.

Les lois de finances déterminent les ressources et les charges de l'État dans les conditions et sous les réserves prévues par une loi organique.

[1] Amended in 1963 to eighty days from October 2nd, and up to ninety days from April 2nd.

Des lois de programme déterminent les objectifs de l'action économique et sociale de l'État.

Les dispositions du présent article pourront être précisées et complétées par une loi organique.

Art. 35. La déclaration de guerre est autorisée par le Parlement.

Art. 37. Les matières autres que celles qui sont du domaine de la loi ont un caractère réglementaire...

Art. 38. Le Gouvernement peut, pour l'exécution de son programme, demander au Parlement l'autorisation de prendre par ordonnances, pendant un délai limité, des mesures qui sont normalement du domaine de la loi.

Les ordonnances sont prises en Conseil des Ministres après avis du Conseil d'État. Elles entrent en vigueur dès leur publication, mais deviennent caduques si le projet de loi de ratification n'est pas déposé devant le Parlement avant la date fixée par la loi d'habilitation.

A l'expiration du délai mentionné au premier alinéa du présent article, les ordonnances ne peuvent plus être modifiées que par la loi dans les matières qui sont du domaine législatif.

Art. 39. L'initiative des lois appartient concurremment au Premier Ministre et aux membres du Parlement.

Les projets de loi sont délibérés en Conseil des Ministres après avis du Conseil d'État et déposés sur le bureau de l'une des deux assemblées. Les projets de loi de finances sont soumis en premier lieu à l'Assemblée nationale.

Art. 45. Tout projet ou proposition de loi est examiné successivement dans les deux assemblées du Parlement en vue de l'adoption d'un texte identique.

Lorsque, par suite d'un désaccord entre les deux assemblées, un projet ou une proposition de loi n'a pu être adopté après deux lectures par chaque assemblée ou, si le Gouvernement a déclaré l'urgence, après une seule lecture par chacune d'entre elles, le Premier Ministre a la faculté de provoquer la réunion d'une commission mixte paritaire chargée de proposer un texte sur les dispositions restant en discussion.

Le texte élaboré par la commission mixte peut être soumis par le Gouvernement pour approbation aux deux assemblées. Aucun amendement n'est recevable sauf accord du Gouvernement.

Si la commission mixte ne parvient pas à l'adoption d'un texte commun ou si ce texte n'est pas adopté dans les conditions prévues à l'alinéa précédent, le Gouvernement peut, après une nouvelle lecture par l'Assemblée nationale et par le Sénat, demander à l'Assemblée nationale de statuer définitivement. En ce cas, l'Assemblée nationale peut reprendre soit le texte élaboré par la commission mixte, soit le dernier texte voté par elle, modifié le cas échéant par un ou plusieurs des amendements adoptés par le Sénat.

Art. 46. Les lois auxquelles la Constitution confère le caractère de lois organiques sont votées et modifiées dans les conditions suivantes:

Le projet ou la proposition n'est soumis à la délibération et au vote de la première assemblée saisie qu'à l'expiration d'un délai de quinze jours après son dépôt.

La procédure de l'article 45 est applicable. Toutefois, faute d'accord entre les deux assemblées, le texte ne peut être adopté par l'Assemblée nationale en dernière lecture qu'à la majorité absolue de ses membres.

Les lois organiques relatives au Sénat doivent être votées dans les mêmes termes par les deux assemblées.

Les lois organiques ne peuvent être promulguées qu'après déclaration par le Conseil Constitutionnel de leur conformité à la Constitution.

Art. 49. Le Premier Ministre, après délibération du Conseil des Ministres, engage devant l'Assemblée nationale la responsabilité du Gouvernement sur son programme ou éventuellement sur une déclaration de politique générale.

L'Assemblée nationale met en cause la responsabilité du Gouvernement par le vote d'une motion de censure. Une telle motion n'est recevable que si elle est signée par un dixième au moins des membres de l'Assemblée nationale. Le vote ne peut avoir lieu que quarante-huit heures après son dépôt. Seuls sont recensés les votes favorables à la motion de censure qui ne peut être adoptée qu'à la majorité des membres composant l'Assemblée. Si la motion de censure est rejetée, ses signataires ne peuvent en proposer une nouvelle au cours de la même session, sauf dans le cas prévu à l'alinéa ci-dessous.

Le Premier Ministre peut, après délibération du Conseil des Ministres, engager la responsabilité du Gouvernement devant l'Assemblée nationale sur le vote d'un texte. Dans ce cas, ce texte est considéré comme adopté, sauf si une motion de censure, déposée dans les vingt-quatre heures qui suivent, est votée dans les conditions prévues à l'alinéa précédent.

Le Premier Ministre a la faculté de demander au Sénat l'approbation d'une déclaration de politique générale.

Art. 50. Lorsque l'Assemblée nationale adopte une motion de censure ou lorsqu'elle désapprouve le programme ou une déclaration de politique générale du Gouvernement, le Premier Ministre doit remettre au Président de la République la démission du Gouvernement.

Titre X

Le Conseil Économique et Social

Art. 69. Le Conseil Économique et Social, saisi par le Gouvernement, donne son avis sur les projets de loi, d'ordonnance ou de décret ainsi que sur les propositions de loi qui lui sont soumis.

Un membre du Conseil Économique et Social peut être désigné par celui-ci pour exposer devant les assemblées parlementaires l'avis du Conseil sur les projets ou propositions qui lui ont été soumis.

Art. 70. Le Conseil Économique et Social peut être également consulté par le Gouvernement sur tout problème de caractère économique ou social intéressant la République ou la Communauté. Tout plan ou tout projet de loi de programme à caractère économique ou social est soumis pour avis.

Titre XIV

De la Revision

Art. 89. L'initiative de la revision de la Constitution appartient concurremment au Président de la République sur proposition du Premier Ministre et aux membres du Parlement.

Le projet ou la proposition de revision doit être voté par les deux assemblées en termes identiques. La revision est définitive après avoir été approuvée par référendum.

Toutefois, le projet de revision n'est pas présenté au référendum lorsque le Président de la République décide de le soumettre au Parlement convoqué en Congrès; dans ce cas, le projet de revision n'est approuvé que s'il réunit la majorité des trois cinquièmes des suffrages exprimés. Le bureau du Congrès est celui de l'Assemblée nationale.

Aucune procédure de revision ne peut être engagée ou poursuivie lorsqu'il est porté atteinte à l'intégrité du territoire.

La forme républicaine du Gouvernement ne peut faire l'objet d'une revision.

Journal officiel (5 octobre 1958)

THE ELECTORAL SYSTEM OF THE FIFTH REPUBLIC 1958

1. Ordinance of 13th October on parliamentary elections.

Article premier. Les députés des départements de la métropole et des départements de la Guadeloupe, de la Guyane, de la Martinique et de la Réunion sont élus au scrutin uninominal majoritaire à deux tours.

Art. 4. Nul n'est élu au premier tour de scrutin s'il n'a réuni:

1° La majorité absolue des suffrages exprimés;

2° Un nombre de suffrages égal au quart du nombre des électeurs inscrits.

Au deuxième tour la majorité relative suffit.

En cas d'égalité de suffrages, le plus âgé des candidats est élu.

Art. 5. Le second tour de scrutin a lieu le dimanche suivant le premier tour.

Titre Ier

Des Déclarations de Candidatures

Art. 11. Chaque candidat doit verser entre les mains du trésorier-payeur général, agissant en qualité de préposé de la caisse des dépôts et consignations, un cautionnement de 100 000 F.

Art. 14. Les déclarations de candidatures pour le second tour de scrutin doivent être déposées avant le mardi minuit qui suit le premier tour.

. . . .

Sous réserve des dispositions de l'article 15, nul ne peut être candidat au deuxième tour s'il ne s'est présenté au premier tour et s'il n'a obtenu au moins 5 p. 100 des suffrages exprimés.

Titre II

Propagande Électorale

Art. 19. ... il est remboursé aux candidats ayant obtenu au moins 5 p. 100 des suffrages exprimés le coût du papier, l'impression des bulletins de vote, affiches, circulaires ainsi que les frais d'affichage.

Art. 20. Le cautionnement est remboursé aux candidats qui ont obtenu à l'un des deux tours 5 p. 100 des suffrages exprimés.

Journal officiel (14 octobre 1958).

2. Ordinance of 7th November on the composition and powers of the National Assembly.

Titre Ier

Composition

Article premier. Le nombre des députés à l'Assemblée nationale est de:

465 pour les départements de la France métropolitaine;
 67 pour les départements algériens;
  4 pour les départements des Oasis et de la Saoura;
 10 pour les départements de la Guadeloupe, de la Guyane, de la Martinique, et de la Réunion.

....

Titre II

Durée des Pouvoirs

Art. 2. L'Assemblée nationale se renouvelle intégralement.

Art. 3. Les pouvoirs de l'Assemblée nationale expirent à l'ouverture de la session ordinaire d'avril de la cinquième année qui suit son élection.

Art. 4. Sauf le cas de dissolution, les élections générales ont lieu dans les soixante jours qui précèdent l'expiration des pouvoirs de l'Assemblée nationale.

Titre III

Remplacement des Députés

Art. 5. Les députés dont le siège devient vacant pour cause de décès, d'acceptation de fonctions gouvernementales ou de membre du Conseil constitutionnel ou de prolongation au delà de six mois d'une mission temporaire conférée par le Gouvernement sont remplacés jusqu'au renouvellement de l'Assemblée nationale par les personnes élues en même temps qu'eux à cet effet.

Journal officiel (9 novembre 1958)

THE PRESIDENTIAL SECTOR: DE GAULLE ANNOUNCES HIS SELF-DETERMINATION POLICY FOR ALGERIA   1959

[Television and radio broadcast of 16th September.]

... devant la France, un problème difficile et sanglant reste posé : celui de l'Algérie. Il nous faut le résoudre. Nous ne le ferons certainement pas en nous jetant les uns aux autres à la face les slogans stériles et simplistes de ceux-ci ou bien de ceux-là qu'obnubilent, en sens opposé, leurs intérêts, leurs passions, leurs chimères. Nous le ferons comme une grande nation et par la seule voie qui vaille, je veux dire par le libre choix que les Algériens eux-mêmes voudront faire de leur avenir.

A vrai dire, beaucoup a été fait déjà pour préparer cette issue. Par la pacification, d'abord. Car rien ne peut être réglé tant qu'on tire et qu'on égorge. A cet égard, je ne dis pas que nous en soyons au terme. Mais je dis qu'il n'y a aucune comparaison entre ce qu'était, voici deux ou trois ans, la sécurité des personnes et des biens et ce qu'elle est aujourd'hui. Notre armée accomplit sa mission courageusement et habilement, en combattant l'adversaire et en entretenant avec la population des contacts larges et profonds qui n'avaient jamais été pris. Que nos soldats, en particulier les 120 000 qui sont musulmans, aient fléchi devant leur devoir, ou bien que la masse algérienne se soit tournée contre la France, alors, c'était le désastre ! Mais, comme il n'en a rien été, le succès de l'ordre public, pour n'être pas encore imminent, se trouve désormais bien en vue.

La deuxième condition du règlement est que tous les Algériens aient le moyen de s'exprimer par le suffrage vraiment universel. Jusqu'à l'année dernière, ils ne l'avaient jamais eu. Ils l'ont, à présent, grâce à l'égalité des droits, au Collège unique, au fait que les communautés les plus nombreuses, celles des Musulmans, sont assurées d'obtenir dans tous les scrutins la grande majorité des élus. Ç'a été là un changement de la plus vaste portée ; littéralement, une révolution.

. . . .

... résoudre la question algérienne, ce n'est pas seulement rétablir l'ordre ou donner aux gens le droit de disposer d'eux-mêmes. C'est aussi, c'est surtout, traiter un problème humain. Là, végètent des populations qui, doublant tous les 35 ans, sur une terre en grande partie inculte et dépourvue de mines, d'usines, de sources puissantes d'énergie, sont, pour les trois quarts, plongées dans une misère qui est comme leur nature. Il s'agit que les Algériens aient de quoi vivre en travaillant, que leurs élites se dégagent et se forment, que leur sol et leur sous-sol produisent bien plus et bien mieux. Cela implique un vaste effort de mise en valeur économique et de développement social. Or, cet effort est en cours.

En 1959, la France aura dépensé en Algérie, pour ne parler que des investissements publics et des frais de gestion civile, environ 200 milliards. Elle en dépensera davantage durant chacune des prochaines années, à mesure que se réalisera le plan de Constantine. Depuis dix mois, une centaine d'usines ont demandé à s'installer. 8 000 hectares des bonnes terres ont en voie d'attribution à des cultivateurs musulmans. 50 000 Algériens de plus travaillent dans la métropole. Le nombre des Musulmans occupant des emplois publics s'est augmenté de 5 000. A l'actuelle rentrée, les écoles reçoivent 860 000 enfants, au lieu de 700 000 lors de la rentrée précédente et de 560 000 l'année d'avant. Dans six semaines le pétrole d'Hassi-Messaoud arrivera sur la côte, à Bougie. Dans un an, celui d'Edjelé atteindra le golfe de Gabès. En 1960, le gaz d'Hassi-R'Mel commencera d'être distribué à Alger et à Oran, en attendant de l'être à Bône. Que la France veuille et qu'elle puisse poursuivre avec les Algériens la tâche qu'elle a entreprise et dont elle seule est capable, l'Algérie sera dans quinze ans un pays prospère et productif.

Grâce au progrès de la pacification, au progrès démocratique, au progrès social, on peut maintenant envisager le jour où les hommes et les femmes qui habitent l'Algérie seront en mesure de décider de leur destin, une fois pour toutes, librement, en connaissance de cause. Compte tenu de toutes les données, algériennes, nationales et internationales, je considère comme nécessaire que ce recours à l'autodétermination soit, dès aujourd'hui, proclamé. Au nom de la France et de la République, en vertu du pouvoir que m'attribue la Constitution de consulter les citoyens, pourvu que Dieu me prête vie et que le peuple m'écoute, je m'engage à demander, d'une part aux Algériens, dans leurs douze départements, ce qu'ils veulent être en définitive et, d'autre part, à tous les Français d'entériner ce que sera ce choix.

Naturellement, la question sera posée aux Algériens en tant qu'individus. Car, depuis que le monde est le monde, il n'y a jamais eu d'unité, ni, à plus forte raison, de souveraineté algérienne. Carthaginois, Romains, Vandales, Byzantins, Arabes syriens, Arabes de Cordoue, Turcs, Français, ont tour à tour pénétré le pays, sans qu'il y ait eu, à aucun moment, sous aucune forme, un État algérien. Quant à la date du vote, je la fixerai le moment venu, au plus tard quatre années après le retour effectif de la paix; c'est-à-dire, une fois acquise une situation telle qu'embuscades et attentats n'auront pas coûté la vie à 200 personnes en un an. Le délai qui suivra étant destiné à reprendre la vie normale, à vider les camps et les prisons, à laisser revenir les exilés, à rétablir l'exercice des libertés individuelles et publiques et à permettre à la population de prendre conscience complète de l'enjeu. J'invite d'avance les informateurs du monde entier à assister, sans entraves, à cet aboutissement décisif.

Mais le destin politique, qu'Algériennes et Algériens auront à choisir dans la paix, quel peut-il être? Chacun sait que, théoriquement, il est possible d'en imaginer trois. Comme l'intérêt de tout le monde, et d'abord celui de la France, est que l'affaire soit tranchée sans aucune ambiguïté, les trois solutions concevables feront l'objet de la consultation.

Ou bien: la Sécession, où certains croient trouver l'indépendance. La France quitterait alors les Algériens qui exprimeraient la volonté de se séparer d'elle. Ceux-ci organiseraient, sans elle, le territoire où ils vivent, les ressources dont ils peuvent disposer, le gouvernement qu'ils souhaitent. Je suis, pour ma part, convaincu qu'un tel aboutissement serait invraisemblable et désastreux. L'Algérie étant actuellement ce qu'elle est, et le monde ce que nous savons, la sécession entraînerait une misère épouvantable, un affreux chaos politique, l'égorgement généralisé et, bientôt, la dictature belliqueuse des communistes. Mais il faut que ce démon soit exorcisé et qu'il le soit par les Algériens. Car, s'il devait apparaître, par extraordinaire malheur, que telle est bien leur volonté, la France cesserait, à coup sûr, de consacrer tant de valeurs et de milliards à servir une cause sans espérance. Il va de soi que, dans cette hypothèse, ceux des Algériens de toutes origines qui voudraient rester Français le resteraient de toute façon et que la France réaliserait, si cela était nécessaire, leur regroupement et leur établissement. D'autre part, toutes dispositions seraient prises, pour que l'exploitation, l'acheminement, l'embarquement du pétrole saharien, qui sont l'œuvre de la France et intéressent tout l'Occident, soient assurés, quoi qu'il arrive.

Ou bien : la Francisation complète, telle qu'elle est impliquée dans l'égalité des droits ; les Algériens pouvant accéder à toutes les fonctions politiques, administratives et judiciaires de l'État et entrer dans tous les services publics ; bénéficiant, en matière de traitements, de salaires, de sécurité sociale, d'instruction, de formation professionnelle, de toutes les dispositions prévues pour la métropole ; résidant et travaillant où bon leur semble sur toute l'étendue du territoire de la République ; bref, vivant à tous les égards, quelles que soient leur religion et leur communauté, en moyenne sur le même pied et au même niveau que les autres citoyens et devenant partie intégrante du peuple français, qui s'étendrait dès lors, effectivement, de Dunkerque à Tamanrasset.

Ou bien : le Gouvernement des Algériens par les Algériens, appuyé sur l'aide de la France et en union étroite avec elle, pour l'économie, l'enseignement, la défense, les relations extérieures. Dans ce cas, le régime intérieur de l'Algérie devrait être de type fédéral, afin que les communautés diverses, française, arabes, kabyle, mozabite, etc., qui cohabitent dans le pays, y trouvent des garanties quant à leur vie propre et un cadre pour leur coopération.

Mais, puisqu'il est acquis depuis un an, par l'institution du suffrage égal, du Collège unique, de la représentation musulmane majoritaire, que l'avenir politique des Algériens dépend des Algériens ; puisqu'il est précisé formellement et solennellement, qu'une fois la paix revenue, les Algériens feront connaître le destin qu'ils veulent adopter, qu'ils n'en auront point d'autre et que tous, quel que soit leur programme, quoi qu'ils aient fait, d'où qu'ils viennent, prendront part, s'ils le veulent, à cette consultation, quel peut être le sens de l'insurrection ?

Si ceux qui la dirigent revendiquent pour les Algériens le droit de disposer d'eux-mêmes, eh bien ! toutes les voies sont ouvertes. Si les insurgés craignent qu'en cessant la lutte ils soient livrés à la justice, il ne tient qu'à eux de régler avec les autorités les conditions de leur libre retour, comme je l'ai proposé en offrant la paix des braves. Si les hommes qui constituent l'organisation politique du soulèvement entendent n'être pas exclus des débats, puis des scrutins, enfin des institutions, qui régleront le sort de l'Algérie et assureront sa vie politique, j'affirme qu'ils auront comme tous autres, et ni plus ni moins, l'audience, la part, la place, que leur accorderont les suffrages des citoyens. Pourquoi donc les combats odieux et les attentats fratricides, qui ensanglantent encore l'Algérie, continueraient-ils désormais ?

A moins que ne soient à l'œuvre un groupe de meneurs ambitieux, résolus à établir par la force et par la terreur leur dictature totalitaire et croyant pouvoir obtenir, qu'un jour, la République leur accorde le privilège de traiter avec eux du destin de l'Algérie, les bâtissant par là même comme gouvernement algérien. Il n'y a aucune chance que la France se prête à un pareil arbitraire. Le sort des Algériens appartient aux Algériens, non point comme le leur imposeraient le couteau et la mitraillette, mais suivant la volonté qu'ils exprimeront légitimement par le suffrage universel. Avec eux et pour eux, la France assurera la liberté de leur choix.

Au cours des quelques années qui s'écouleront avant l'échéance, il y aura beaucoup à faire pour que l'Algérie pacifiée mesure ce que sont, au juste, les tenants et les aboutissants de sa propre détermination. Je compte moi-même m'y employer. D'autre part, les modalités de la future consultation devront être, en temps voulu, élaborées et précisées. Mais la route est tracée. La décision est prise. La partie est digne de la France.

OBJECTION TO MILITARY SERVICE DURING THE ALGERIAN WAR: THE *MANIFESTE DES 121*   1960

Un mouvement très important se développe en France, et il est nécessaire que l'opinion française et internationale en soit mieux informée, au moment où le nouveau tournant de la guerre d'Algérie doit nous conduire à voir, non à oublier, la profondeur de la crise qui s'est ouverte il y a six ans.

De plus en plus nombreux, des Français sont poursuivis, emprisonnés, condamnés, pour s'être refusés à participer à cette guerre ou pour être venus en aide aux combattants algériens. Dénaturées par leurs adversaires, mais aussi édulcorées par ceux-là mêmes qui auraient le devoir de les défendre, leurs raisons restent généralement incomprises. Il est pourtant insuffisant de dire que cette résistance aux pouvoirs publics est respectable. Protestation d'hommes atteints dans leur *honneur* et dans la juste idée qu'ils se font de la vérité, elle a une signification qui dépasse les circonstances dans lesquelles elle s'est affirmée et qu'il importe de ressaisir, quelle que soit l'issue des événements.

Pour les Algériens, la lutte, poursuivie, soit par des moyens militaires, soit par des moyens diplomatiques, ne comporte aucune équivoque. C'est une guerre d'indépendance nationale. Mais, pour les Français, quelle en est la nature ? Ce n'est pas une guerre étrangère. Jamais le territoire de la France n'a été menacé. Il y a plus : elle est menée contre des hommes que l'État affecte de considérer comme Français, mais qui eux, luttent précisément pour cesser de l'être. Il ne suffirait même pas de dire qu'il s'agit d'une guerre de conquête, guerre impérialiste, accompagnée par surcroît de racisme. Il y a de cela dans toute guerre et l'équivoque persiste.

En fait, par une décision qui constituait un abus fondamental, l'État a d'abord mobilisé des classes entières de citoyens à seule fin d'accomplir ce qu'il désignait lui-même comme une besogne de police contre une population opprimée, laquelle ne s'est révoltée que par un souci de dignité élémentaire, puisqu'elle exige d'être enfin reconnue comme communauté indépendante.

Ni guerre de conquête, ni guerre de «défense nationale», ni guerre civile, la guerre d'Algérie est peu à peu devenue une action propre à l'armée et à une caste qui refusent de céder devant un soulèvement dont même le pouvoir civil, se rendant compte de l'effondrement général des empires coloniaux, semble prêt à reconnaître le sens.

C'est, aujourd'hui, principalement la volonté de l'armée qui entretient ce combat criminel et absurde, et cette armée, par le rôle politique que plusieurs de ses hauts représentants lui font jouer, agissant parfois ouvertement et violemment en dehors de toute légalité, trahissant les fins que l'ensemble du pays lui confie, compromet et risque de pervertir la nation même, en forçant les citoyens sous ses ordres à se faire les complices d'une action factieuse et avilissante. Faut-il rappeler que, quinze ans après la destruction de l'ordre hitlérien, le militarisme français, par suite des exigences d'une telle guerre, est parvenu à restaurer la torture et à en faire à nouveau comme une institution en Europe?

C'est dans ces conditions que beaucoup de Français en sont venus à remettre en cause le sens de valeurs et d'obligations traditionnelles. Qu'est-ce que le civisme, lorsque, dans certaines circonstances, il devient soumission honteuse? N'y a-t-il pas des cas où le refus est un devoir sacré, où la «trahison» signifie le respect courageux du vrai? Et lorsque, par la volonté de ceux qui l'utilisent comme instrument de domination raciste ou idéologique, l'armée s'affirme en état de révolte ouverte ou latente contre les institutions démocratiques, la révolte contre l'armée ne prend-elle pas un sens nouveau?

Le cas de conscience s'est trouvé posé dès le début de la guerre. Celle-ci se prolongeant, il est normal que ce cas de conscience se soit résolu concrètement par des actes toujours plus nombreux d'insoumission, de désertion, aussi bien que de protection et d'aide aux combattants algériens. Mouvements libres qui se sont développés en marge de tous les partis officiels, sans leur aide et, à la fin, malgré leur désaveu. Encore une fois, en dehors des cadres et des mots d'ordre préétablis, *une résistance* est née, par une prise de conscience spontanée, cherchant et inventant des formes d'action et des moyens de lutte en rapport avec une situation nouvelle dont les groupements politiques et les journaux d'opinion se sont entendus, soit par inertie ou timidité doctrinale, soit par préjugés nationalistes ou moraux, à ne pas reconnaître le sens et les exigences véritables.

Les soussignés, considérant que chacun doit se prononcer sur des actes qu'il est désormais impossible de présenter comme des faits divers de l'aventure individuelle; considérant qu'eux-mêmes, à leur place et selon leurs moyens, ont le devoir d'intervenir, non pas pour donner des conseils aux hommes qui ont à se décider personnellement face à des problèmes aussi graves, mais pour demander à ceux qui les jugent de ne pas se laisser prendre à l'équivoque des mots et des valeurs, déclarent:

— *Nous respectons et jugeons justifié le refus de prendre les armes contre le peuple algérien.*

— *Nous respectons et jugeons justifiée la conduite des Français qui estiment de leur devoir d'apporter aide et protection aux Algériens opprimés au nom du peuple français.*

— *La cause du peuple algérien, qui contribue de façon décisive à ruiner le système colonial, est la cause de tous les hommes libres.*

'Déclaration sur le droit à l'insoumission dans la guerre d'Algérie', *Le droit à l'insoumission* (Maspero, 1961), pp. 15–18

CENSORSHIP DURING THE ALGERIAN WAR: STATEMENT BY THE MINISTER OF INFORMATION   1960

... le conflit qui se prolonge malheureusement en Algérie nous impose des règles et des restrictions particulières, mais limitées, espérons-le, dans le temps. L'opposition a tous les droits, sauf celui d'enfreindre les lois. Les saisies pratiquées naguère, sous la IVᵉ République, sont aujourd'hui encore la conséquence de ces infractions. S'il y en eut d'abusives ou s'il devait y en avoir encore, parce que non suivies de poursuites, mon ministère voudrait précisément introduire dans la loi le droit à réparation. Mais nous devons, hélas! constater une dégradation tellement rapide de l'esprit civique et du sens national dans certains milieux que la répression risque d'être contestable, non plus dans sa rigueur, mais bien au contraire dans sa faiblesse. Sartre a remplacé Maurras et c'est une dialectique anarchique et de suicide qui prétend s'imposer à une intelligentsia égarée ou décadente. Aussi longtemps qu'il s'agissait d'un jeu d'intellectuels, on pouvait n'y attacher qu'une importance limitée. Mais voici que ce sont les bases mêmes de la communauté nationale qui sont désormais mises en cause. L'appel à l'insoumission ne suffit plus. C'est la complicité avec le F.L.N. qui est recommandée et exaltée.

Si le gouvernement ne réagissait pas pour mettre un terme à cette surenchère aberrante, que subsisterait-il des disciplines élémentaires sans lesquelles il n'y aurait plus d'État, mais rien que des ruines et l'appel aux Cosaques?

Fort heureusement, et dans son ensemble, la presse véritablement démocratique, la presse nationale, comprend les préoccupations du gouvernement, mais je souhaite qu'elle l'aide davantage. C'est un devoir vis-à-vis de l'opinion profondément troublée par l'étalage impudent de la forfaiture à un procès où les propos des accusés, que tout destinait pour appartenir à l'élite, insultent à la conscience et au bon sens populaires.

THE ELECTION OF THE PRESIDENT BY UNIVERSAL SUFFRAGE   1962–1964

1. General de Gaulle's television and radio broadcast of 20th September 1962.

Depuis que le peuple français m'a appelé à reprendre officiellement place à sa tête, je me sentais naturellement obligé de lui poser, un jour, une question qui se rapporte à ma succession, je veux dire celle du mode d'élection du Chef de l'État. Des raisons que chacun connaît m'ont récemment donné à penser qu'il pouvait être temps de le faire.

. . . .

... Or, la clé de voûte de notre régime, c'est l'institution nouvelle d'un Président de la République désigné par la raison et le sentiment des Français pour être le chef de l'État et le guide de la France. Bien loin que le Président doive, comme naguère, demeurer confiné dans un rôle de conseil et de représentation, la Constitution lui confère, à présent, la charge insigne du destin de la France et de celui de la République.

Suivant la Constitution, le Président est, en effet, garant — vous entendez bien? garant — de l'indépendance et de l'intégrité du pays, ainsi que des traités qui l'engagent. Bref, il répond de la France. D'autre part, il lui appartient d'assurer la continuité de l'État et le fonctionnement des pouvoirs. Bref, il répond de la République. Pour porter ces responsabilités suprêmes, il faut au Chef de l'État des moyens qui soient adéquats. La Constitution les lui donne. C'est lui qui désigne les ministres et, d'abord, choisit le Premier. C'est lui qui réunit et préside leurs Conseils. C'est lui qui, sur leur rapport, prend, sous forme de décrets ou d'ordonnances, toutes les décisions importantes de l'État. C'est lui qui nomme les fonctionnaires, les officiers, les magistrats. Dans les domaines essentiels de la politique extérieure et de la sécurité nationale, il est tenu à une action directe, puisqu'en vertu de la Constitution il négocie et conclut les traités, puisqu'il est le chef des armées, puisqu'il préside à la défense. Par-dessus tout, s'il arrive que la patrie et la République soient immédiatement en danger, alors le Président se trouve investi en personne de tous les devoirs et de tout les droits que comporte le salut public.

Il va de soi que l'ensemble de ces attributions, permanentes ou éventuelles, amène le Président à inspirer, orienter, animer, l'action nationale. Il arrive qu'il ait à la conduire directement, comme je l'ai fait, par exemple, dans toute l'affaire algérienne. Certes, le Premier ministre et ses collègues ont, sur la base ainsi tracée, à déterminer à mesure la politique et à diriger l'administration. Certes, le Parlement délibère et vote les lois, contrôle le gouvernement et a le droit de le renverser, ce qui marque le caractère parlementaire du régime. Mais, pour pouvoir maintenir, en tout cas, l'action et l'équilibre des pouvoirs et mettre en œuvre, quand il le faut, la souveraineté du peuple, le Président détient en permanence la possibilité de recourir au pays, soit par la voie du référendum, soit par celle de nouvelles élections, soit par l'une et l'autre à la fois.

En somme, comme vous le voyez, un des caractères essentiels de la Constitution de la Vᵉ République, c'est qu'elle donne une tête à l'État. Aux temps modernes, où tout est si vital, si rude, si précipité, la plupart des grands pays du monde: États-Unis, Russie, Grande-Bretagne, Allemagne, etc., en font autant, chacun à sa manière. Nous le faisons à la nôtre, qui est, d'une part, démocratique et, d'autre part, conforme aux leçons et aux traditions de notre longue Histoire.

Cependant, pour que le Président de la République puisse porter et exercer effectivement une charge pareille, il lui faut la confiance explicite de la nation. Permettez-moi de dire qu'en reprenant la tête de l'État, en 1958, je pensais que, pour moi-même et à cet égard, les événements de l'Histoire avaient déjà fait le nécessaire. En raison de ce que nous avons vécu et réalisé ensemble, à travers tant de peines, de larmes et de sang, mais aussi avec tant d'espérances, d'enthousiasmes et de réussites, il y a entre vous, Françaises, Français, et moi-même un lien exceptionnel qui m'investit et qui m'oblige. Je n'ai donc pas attaché, alors, une importance particulière aux modalités qui allaient entourer ma désignation, puisque celle-ci était d'avance prononcée par la force des choses. D'autre part, tenant compte de susceptibilités politiques, dont certaines étaient respectables, j'ai préféré, à ce moment-là, qu'il n'y eût pas à mon sujet une sorte de plébiscite formel. Bref, j'ai alors accepté que le texte initial de notre Constitution soumît l'élection du Président à un collège relativement restreint d'environ 80 000 élus.

Mais, si ce mode de scrutin ne pouvait, non plus qu'aucun autre, fixer mes responsabilités à l'égard de la France, ni exprimer à lui seul la confiance que veulent bien me faire les Français, la question serait très différente pour ceux qui, n'ayant pas nécessairement reçu des événements la même marque nationale, viendront après moi, tour à tour, prendre le poste que j'occupe à présent. Ceux-là, pour qu'ils soient entièrement en mesure et complètement obligés de porter la charge suprême, quel que puisse être son poids, et qu'ainsi notre République continue d'avoir une bonne chance de demeurer solide, efficace et populaire en dépit des démons de nos divisions, il faudra qu'ils en reçoivent directement mission de l'ensemble des citoyens. Sans que doivent être modifiés les droits respectifs, ni les rapports réciproques des pouvoirs, exécutif, législatif, judiciaire, tels que les fixe la Constitution, mais en vue de maintenir et d'affermir dans l'avenir nos institutions vis-à-vis des entreprises factieuses, de quelque côté qu'elles viennent, ou bien des manœuvres de ceux qui, de bonne ou de mauvaise foi, voudraient nous ramener au funeste système d'antan, je crois donc devoir faire au pays la proposition que voici: quand sera achevé mon propre septennat, ou si la mort ou la maladie l'interrompaient avant le terme, le Président de la République sera dorénavant élu au suffrage universel.

Sur ce sujet, qui touche tous les Français, par quelle voie convient-il que le pays exprime sa décision? Je réponds: par la plus démocratique, la voie du référendum. C'est aussi la plus justifiée, car la souveraineté nationale appartient au peuple et elle lui appartient évidemment, d'abord, dans le domaine constituant. D'ailleurs, c'est du vote de tous les citoyens qu'a procédé directement notre actuelle Constitution. Au demeurant, celle-ci spécifie que le peuple exerce sa souveraineté, soit par ses représentants, soit par le référendum. Enfin, si le texte prévoit une procédure déterminée pour le cas où la revision aurait lieu dans le cadre parlementaire, il prévoit aussi, d'une façon très simple et très claire, que le Président de la République peut proposer au pays, par voie de référendum, «tout projet de loi» — je souligne : «tout projet de loi» — «portant sur l'organisation des pouvoirs publics», ce qui englobe, évidemment, le mode d'élection du Président. Le projet que je me dispose à soumettre au peuple français le sera donc dans le respect de la Constitution que, sur ma proposition, il s'est à lui-même donnée.

2. Revised text of articles 6 and 7 of the Constitution of the Fifth Republic, 1962.[1]

Art. 6. Le Président de la République est élu pour sept ans au suffrage universel direct.

Les modalités d'application du présent article sont fixées par une loi organique.

Art. 7. Le Président de la République est élu à la majorité absolue des suffrages exprimés. Si celle-ci n'est pas obtenue au premier tour de scrutin, il est procédé, le deuxième dimanche suivant, à un second tour. Seuls peuvent s'y présenter les deux candidats qui, le cas échéant après retrait de candidats plus favorisés, se trouvent avoir recueilli le plus grand nombre de suffrages au premier tour.

Le scrutin est ouvert sur convocation du Gouvernement.

L'élection du nouveau Président a lieu vingt jours au moins et trente-cinq jours au plus avant l'expiration des pouvoirs du Président en exercice.

En cas de vacance de la Présidence de la République pour quelque cause que ce soit, ou d'empêchement constaté par le Conseil constitutionnel saisi par le Gouvernement et statuant à la majorité absolue de ses membres, les fonctions du Président de la République, à l'exception de celles prévues aux articles 11 et 12 ci-dessous, sont provisoirement exercées par le Président du Sénat et, si celui-ci est à son tour empêché d'exercer ces fonctions, par le Gouvernement...

Journal officiel (7 novembre 1962)

3. Decree of 14th March 1964 governing the election of the President of the Republic.

Article premier. Tous les nationaux français, inscrits sur une des listes électorales de la métropole, des départements ou des territoires d'outre-mer, participent à l'élection du Président de la République.

TITRE Ier

DÉCLARATIONS ET CANDIDATURES

Art. 5. Chaque candidat doit verser entre les mains du trésorier-payeur général du lieu de son domicile, agissant en qualité de préposé de la caisse des dépôts et consignations, un cautionnement de 10 000 F, avant l'expiration du 17e jour précédant le premier tour de scrutin. Le trésorier-payeur

[1] For the original text of 1958, *see* pp. 181–182.

général avise immédiatement le Conseil constitutionnel du versement effectué.

Art. 8. Lorsque la majorité absolue des suffrages exprimés n'est pas obtenue au premier tour de scrutin, les retraits éventuels sont portés à la connaissance du Conseil constitutionnel par les candidats, au plus tard à minuit le jeudi suivant le premier tour...

Titre II

Campagne Électorale

Art. 9. La campagne en vue de l'élection du Président de la République est ouverte à compter du jour de la publication au *Journal officiel* de la liste des candidats. Elle prend fin le vendredi précédant le scrutin à minuit.

S'il y a lieu de procéder à un deuxième tour de scrutin la campagne s'ouvre à compter du jour de la publication au *Journal officiel* des noms des deux candidats habilités à se présenter. Elle prend fin le vendredi précédant le scrutin à minuit.

Art. 10. Conformément aux dispositions organiques de l'article 3-IV de la loi du 6 novembre 1962, tous les candidats bénéficient de la part de l'État des mêmes facilités pour la campagne en vue de l'élection présidentielle.

Une commission nationale de contrôle de la campagne électorale veille au respect desdites dispositions. Elle exerce les attributions prévues aux articles suivants. Elle intervient, le cas échéant, auprès des autorités compétentes pour que soient prises toutes mesures susceptibles d'assurer l'égalité entre les candidats et l'observation des règles édictées au présent titre.

Cette commission comprend cinq membres:
— le vice-président du Conseil d'État, président;
— le premier président de la Cour de cassation;
— le premier président de la Cour des comptes;
— deux membres en activité ou honoraires du Conseil d'État, de la Cour de cassation ou de la Cour des comptes désignés par les trois membres de droit...

Art. 12. Pendant la durée de la campagne électorale, le principe d'égalité entre les candidats doit être respecté dans les programmes d'information de la radiodiffusion-télévision française en ce qui concerne la reproduction ou les commentaires des déclarations et écrits des candidats et la présentation de leur personne.

Chaque candidat dispose sur les antennes de la radiodiffusion-télévision française au premier tour de scrutin de deux heures d'émission télévisée et de deux heures d'émission radiodiffusée. Compte tenu du nombre de candidats, la durée de ces émissions pourra être réduite par décision de la Commission prévue à l'article 10 du présent décret...

. . . .

Chacun des deux candidats, au second tour de scrutin, dispose dans les mêmes conditions de deux heures d'émission radiodiffusée et de deux heures d'émission télévisée sur les antennes de la radiodiffusion-télévision française.

Art. 15. Chaque candidat ne peut faire envoyer aux électeurs, avant chaque tour de scrutin, qu'un texte de ses déclarations sur feuillet double...

Ce texte doit être uniforme pour l'ensemble du territoire de la République...

Journal officiel (17 mars 1964)

THE CONSTITUTIONAL RELATIONSHIP BETWEEN PRESIDENT AND PRIME MINISTER   1964

1. General de Gaulle's press-conference of 31st January.

Il est vrai que, concurremment avec l'esprit et avec le texte,[1] il y a eu la pratique. Celle-ci a naturellement tenu pour une part aux hommes. Pour ce qui est du chef de l'État, il est bien évident que son équation personnelle a compté et je doute que, dès l'origine, on ne s'y attendît pas. Quant aux ministres et, d'abord, aux Premiers: successivement M. Michel Debré et M. Georges Pompidou, ils ont agi avec une évidente efficacité, mais chacun à sa façon et qui n'était pas la même. Enfin, le Parlement a imprimé à sa tâche et à son attitude un caractère différent, suivant que, dans l'actuel régime, il ait vécu sa première ou sa deuxième législature. Il faut dire aussi que nos institutions ont eu à jouer, depuis plus de cinq ans, dans des conditions très variables, y compris à certains moments sous le coup de graves tentatives de subversion. Mais, justement, l'épreuve des hommes et des circonstances a montré que l'instrument répond à son objet, non point seulement pour ce qui concerne la marche ordinaire des affaires, mais encore en ce qui a trait aux situations difficiles, auxquelles la Constitution actuelle offre, on l'a vu, les moyens de faire face: référendum, article 16, dissolution de l'Assemblée nationale.

. . . .

... Tout d'abord, parce que la France est ce qu'elle est, il ne faut pas que le Président soit élu simultanément avec les députés, ce qui mêlerait sa désignation à la lutte directe des partis, altérerait le caractère et abrégerait la durée de sa fonction de chef de l'État. D'autre part, il est normal chez nous que le Président de la République et le Premier ministre ne soient pas un seul et même homme. Certes, on ne saurait accepter qu'une dyarchie existât au sommet. Mais, justement, il n'en est rien. En effet, le Président, qui, suivant notre Constitution, est l'homme de la nation, mis en place par elle-même pour répondre de son destin; le Président, qui choisit le Premier ministre, qui le nomme ainsi que les autres membres du Gouvernement, qui a la faculté de le changer, soit parce que se trouve accomplie la tâche qu'il lui destinait et qu'il veuille s'en faire une réserve en vue d'une phase ultérieure, soit parce qu'il ne l'approuverait plus; le Président, qui arrête les décisions prises dans les Conseils, promulgue les lois, négocie et signe les traités, décrète, ou non, les mesures qui lui sont proposées, est le chef des Armées, nomme aux emplois publics; le Président, qui, en cas de péril, doit prendre sur lui de faire tout ce qu'il faut; le Président est évidemment seul à détenir et à déléguer l'autorité de l'État. Mais, précisément, la nature,

[1] i.e., of the Constitution.

l'étendue, la durée, de sa tâche, impliquent qu'il ne soit pas absorbé, sans relâche et sans limite, par la conjoncture politique, parlementaire, économique et administrative. Au contraire, c'est là le lot, aussi complexe et méritoire qu'essentiel, du Premier ministre français.

Certes, il ne saurait y avoir de séparation étanche entre les deux plans, dans lesquels, d'une part le Président, d'autre part celui qui le seconde, exercent quotidiennement leurs attributions. D'ailleurs, les Conseils et les entretiens sont là pour permettre au chef de l'État de définir à mesure l'orientation de la politique nationale et aux membres du Gouvernement, à commencer par le Premier, de faire connaître leurs points de vue, de préciser leur action, de rendre compte de l'exécution. Parfois, les deux plans sont confondus quand il s'agit d'un sujet dont l'importance engage tout, et dans ce cas le Président procède à la répartition comme il le juge nécessaire. Mais, s'il doit être évidemment entendu que l'autorité indivisible de l'État est confiée tout entière au Président par le peuple qui l'a élu, qu'il n'en existe aucune autre, ni ministérielle, ni civile, ni militaire, ni judiciaire, qui ne soit conférée et maintenue par lui, enfin qu'il lui appartient d'ajuster le domaine suprême qui lui est propre avec ceux dont il attribue la gestion à d'autres, tout commande, dans les temps ordinaires, de maintenir la distinction entre la fonction et le champ d'action du chef de l'État et ceux du Premier ministre.

Pourtant, objectent parfois ceux qui ne sont pas encore défaits de la conception de jadis, le Gouvernement, qui est celui du Président, est en même temps responsable devant le Parlement. Comment concilier cela ? Répondons que le peuple souverain, en élisant le Président, l'investit de sa confiance. C'est là, d'ailleurs, le fond des choses et l'essentiel du changement accompli. De ce fait, le Gouvernement, nommé par le chef de l'État et dont au surplus les membres ne peuvent être des parlementaires, n'est plus du tout, vis-à-vis des Chambres, ce qu'il était à l'époque où il ne procédait que de combinaisons de groupes. Aussi, les rapports entre le Ministère et le Parlement, tels qu'ils sont réglés par la Constitution, ne prévoient la censure que dans des conditions qui donnent à cette rupture un caractère d'extraordinaire gravité. En ce cas extrême, le Président, qui a la charge d'assurer la continuité de l'État, a aussi les moyens de le faire, puisqu'il peut recourir à la nation pour la faire juge du litige par voie de nouvelles élections, ou par celle de référendum, ou par les deux. Ainsi, y a-t-il toujours une issue démocratique. Au contraire, si nous adoptions le système américain, il n'y en aurait aucune. Dans un pays comme le nôtre, le fait que le chef de l'État serait aussi Premier ministre et l'impossibilité où il se trouverait, dans l'hypothèse d'une obstruction législative et budgétaire, de s'en remettre aux électeurs, alors que le Parlement ne pourrait le renverser lui-même, aboutirait fatalement à une opposition chronique entre deux pouvoirs intangibles. Il en résulterait, ou bien la paralysie générale, ou bien des situations qui ne seraient tranchées que par des *pronunciamientos*, ou bien enfin la résignation d'un Président mal assuré qui, sous prétexte d'éviter le pire, choisirait de s'y abandonner, en se pliant, comme autrefois, aux volontés des partisans. On peut penser que c'est cette troisième hypothèse que caressent le plus volontiers les champions imprévus du «régime présidentiel».

Notre Constitution est bonne. Elle a fait ses preuves depuis plus de cinq années, aussi bien dans des moments menaçants pour la République qu'en des périodes de tranquillité.

2. The issue debated in Parliament.

[24th April.]

MONSIEUR F. MITTERRAND. — Quelles sont les raisons pour lesquelles le gouvernement accepte d'être réduit, selon le cas, à la condition d'un comité consultatif auprès de la présidence de la République ou au rang d'un agent d'exécution subalterne? Pourquoi abdique-t-il les responsabilités que lui confère la Constitution? Pourquoi le Premier Ministre approuve-t-il cette nouvelle atteinte à l'équilibre des pouvoirs?

....

Je conçois que l'on puisse préférer telle ou telle forme de régime représentatif: un régime parlementaire, ou un régime, non moins démocratique, de type présidentiel. Mais il me paraît difficile d'admettre que le régime parlementaire institué en 1958... n'a pas subi depuis cette époque une mutation décisive.

Les articles de la Constitution aux termes desquels le gouvernement «détermine et conduit la politique de la nation» et est responsable devant le Parlement sont aujourd'hui vides de sens. Je suis donc amené à vous demander, monsieur le Premier ministre, à vous qui, d'après l'article 21 de la Constitution «dirigez l'action du gouvernement», comment et pourquoi vous avez abandonné l'essentiel de vos prérogatives, privant ainsi le Parlement de son droit de contrôle et de décision politiques, faute duquel un régime n'est plus que l'alibi du pouvoir personnel...

Un exemple concret montre bien comment ces transferts de pouvoirs lèsent gravement l'équilibre de ce régime parlementaire que vous aviez voulu construire. C'est celui de la défense nationale.

Les textes fondamentaux en la matière sont l'ordonnance du 7 janvier 1959, la loi du 11 juillet 1938, le décret du 10 juillet 1962 et le décret du 14 janvier 1964. Il ressort des deux premiers que le Premier ministre, responsable de la défense nationale, en exerce la direction générale et militaire. Or, le décret du 10 juillet 1962 le dépouille de ses prérogatives essentielles. Les comités de défense sont désormais réunis non plus par lui mais par le Président de la République. Alors que l'ordonnance de 1959 déclarait le Premier ministre responsable de la défense nationale, le décret de 1962 charge ces mêmes comités, sous la présidence du Président de la République, d'assurer la direction de la défense, et le cas échéant, sa conduite.

L'évolution atteint son terme avec le décret du 14 janvier 1964. Son article premier ôte au Parlement toute compétence quant à la détermination des principes fondamentaux de la défense. Son article 5 parachève le dépouillement du Premier ministre au profit du Président de la République.

....

Le régime actuel, où vous apparaissez tantôt comme un chef de gouvernement qui s'efface, tantôt comme un Premier ministre, fait davantage penser aux rapports d'un maître au pouvoir absolu et de son favori qu'à une Constitution valable pour tous les citoyens.

Nous connaissions déjà le «secteur réservé» qui groupait les affaires étrangères, la défense nationale, autrefois l'Algérie et la Communauté. Aujourd'hui, voici que se profile à l'horizon constitutionnel un «domaine suprême», qui permettrait à un seul homme de disposer souverainement de tous les pouvoirs, alors que le principe républicain a toujours été le partage des délégations et des attributions. Il s'agit là d'une mutation décisive et le moment est venu de dire comment s'appelle ce régime, quels sont aujourd'hui les rapports entre les citoyens et l'État. Choisissez honnêtement, franchement, un régime authentique où le chef de l'État serait investi de tous les pouvoirs, sauf celui de violer les prérogatives du Parlement; ou bien revenez aux sources, à ces textes qui doivent vous paraître bien anachroniques, mais sur lesquels le chef de l'État s'était engagé solennellement. En tout cas, finissez-en avec ce régime d'autorité et d'irresponsabilité!

MONSIEUR G. POMPIDOU. — Je n'exerce actuellement aucun intérim. J'ai seulement présidé un conseil des ministres par délégation du Président de la République et sur un ordre du jour arrêté par lui, conformément à la Constitution. M. Mitterrand invoque des articles de journaux et de mystérieux décrets pour soutenir que l'ordre hiérarchique des responsabilités constitutionnelles aurait été rompu. Il n'en est rien. M. Mitterrand confond deux choses. D'une part, le pouvoir exécutif est chargé d'une responsabilité permanente et essentielle: telle qu'entraînerait le déclenchement éventuel d'une guerre nucléaire. Chacun comprend que la riposte devrait intervenir avec une telle rapidité qu'un temps de réflexion nous serait à peine laissé. Nous avons donc été obligés d'arrêter, au sein du Gouvermenent, des règles précises et détaillées pour que, si, par malheur, une crise de ce genre se produisait, il y ait toujours, présente à son poste, et si nécessaire hors de Paris, une personne qualifiée au nom du gouvernement pour déclencher la riposte. Sinon il est évident que notre force de dissuasion ne servirait à rien...
. . . .

J'en viens... au référendum d'octobre 1962, qui, non seulement a consacré l'élection du Président de la République par la nation toute entière, mais encore a confirmé les pouvoirs dont il dispose pour orienter la politique de la France. Garant de tout ce qui est essentiel, tenant son mandat de la confiance du peuple, le Président de la République est devenu, sans conteste, une pièce maîtresse de notre édifice constitutionnel...
. . . .

Vous parlez, Monsieur Mitterrand, de l'engagement des forces stratégiques. Mais, là encore, la Constitution et le bon sens populaire sont d'accord. Les textes qui font du Président de la République le garant de l'indépendance nationale, le chef des armées, le président des conseils de la défense nationale, imposent nettement ce que chaque Français tient pour évident: à savoir qu'il appartient au chef de l'État de donner l'ordre suprême dont dépend le sort du pays. C'est la seule organisation qui, dans des circonstances tragiques, donnerait à notre défense toute son efficacité.

Est-ce à dire que le Premier ministre soit réduit au rôle d'un modeste conseiller, d'un exécutant subalterne, d'un soliveau ? Pardonnez-moi, mais je n'en crois rien.

D'abord, pour agir, le Président de la République a besoin d'un gouvernement; sauf exceptions énumérées limitativement par la Constitution, aucun de ses actes n'est valable sans la signature du Premier ministre. Et, je vous demande de le croire, j'attache à cette signature la même importance que le Président de la République attache, justement, à la sienne. Cela veut dire que toutes les décisions politiques engagent le gouvernement, et d'abord le Premier ministre. Je considère comme un devoir élémentaire pour un Premier ministre de ne jamais révéler publiquement les divergences de vues qui, en telle circonstance, auraient pu surgir entre le chef de l'État et lui. Mais je peux affirmer qu'il n'existe pas de «domaine réservé», dans aucun sens du terme. En toute matière, je tiens le rôle du chef de l'État comme l'essentiel; mais je ne saurais continuer à porter mes responsabilités si je n'étais pas pleinement d'accord avec lui sur tous les aspects de la politique qu'il m'appartient de conduire avec le gouvernement dont je dirige l'action... C'est pourquoi je me considère comme pleinement responsable de cette politique devant l'Assemblée, qui peut, si elle le veut, me censurer.

Le rôle du Premier ministre, loin d'être diminué, est considérablement renforcé par un tel dispositif. La double confiance qui lui est indispensable — celle du chef de l'État et celle de l'Assemblée — lui permet d'exercer son action avec efficacité et continuité.

. . . .

Assurément les prérogatives des présidents du Conseil de la Quatrième République n'étaient pas limitées par l'autorité du Président de la République. Mais que pouvaient-ils faire à la tête de gouvernements hétérogènes, où les partis se partageaient le pouvoir comme on découpe une citrouille en tranches? Vingt-deux gouvernements en onze ans, neuf mois de crises! Croyez-vous que cela parle en faveur de leur autorité?

. . . .

On nous parle de pouvoir personnel! Qu'est-ce que cela signifie? D'abord, qu'une personne prétend tenir de Dieu, ou de la force, la totalité du pouvoir pour un temps indéterminé. Or le Président de la République est et sera élu, et la durée de son mandat est limitée.

Pouvoir personnel, cela signifie aussi que l'homme qui détient le pouvoir l'exerce seul. Vous imaginez-vous que ce soit le cas? Il n'est pas dans les habitudes de dévoiler les discussions, voire les désaccords, qui ont précédé les grandes décisions de l'exécutif. Mais je puis vous assurer qu'aucune n'est prise sans qu'il en ait été longuement délibéré, d'abord entre le chef de l'État et le Premier ministre, puis avec les ministres compétents, enfin avec le gouvernement tout entier. Et ces décisions sont bien celles du pouvoir exécutif, donc du gouvernement.

Le pouvoir personnel, enfin, ne connaît ni contrôle ni bornes. Or le pouvoir du Président de la République a ses limites précises. D'abord, sauf application de l'article 16, il ne peut agir sans l'accord du gouvernement. Ensuite, ce gouvernement est responsable devant l'Assemblée, qui peut à tout moment le renverser. C'est là le signe manifeste d'un régime démocratique, et un facteur d'équilibre des pouvoirs.

... L'équilibre entre l'exécutif et l'Assemblée s'établit ainsi : l'Assemblée a le droit de renverser le gouvernement, le Président de la République a le droit de dissoudre l'Assemblée. Et l'arbitre souverain c'est le peuple.

. . . .

...le chef de l'État tire son autorité du suffrage universel, mais il ne peut exercer ses fonctions sans un gouvernement qui ait la confiance du Parlement.

Ce régime suppose, pour fonctionner efficacement, une large identité de vues entre le Président de la République et le Premier ministre, assurant l'homogénéité du pouvoir exécutif et donnant par là son plein sens à la responsabilité du gouvernement devant l'Assemblée. Celle-ci contrôle pleinement la politique de la France...

Cette cohésion du gouvernement, de son chef et du Président de la République rend quelque peu formelle la question de savoir si le chef de l'État peut ou non révoquer le Premier ministre. Nul ne peut imaginer qu'un Premier ministre qui aurait perdu la confiance du Président de la République pourrait faire autre chose que démissionner. Cela n'enlève rien aux prérogatives de l'Assemblée, car le chef de l'État ne peut, en tout état de cause, se passer d'un gouvernement qui ait l'appui du Parlement. Nous retrouvons ainsi une loi générale : il n'est pas de démocratie véritable sans un exécutif cohérent appuyé sur une majorité parlementaire. La seule différence qui caractérise le système actuel, c'est que les pouvoirs du chef de l'État lui permettent d'enrayer le mal qui nous rongeait hier et qui tenait à l'absence de majorité ou à l'existence de majorités composites et incertaines.

CHANGES IN THE ELECTORAL SYSTEM
1966

[*Act of 29th December 1966 on parliamentary elections.*]

Article 4. Le troisième alinéa de l'article L.162 du code électoral est abrogé et remplacé par les dispositions suivantes :

«Sous réserve des dispositions de l'article L.163, nul ne peut être candidat au deuxième tour s'il ne s'est présenté au premier tour et s'il n'a obtenu un nombre de suffrages au moins égal à 10 p. 100 du nombre des électeurs inscrits...»

. . . .

Art. 5. Le chapitre VI «Propagande» du Titre II du livre Ier du code électoral est complété par un article L.167-1 ainsi rédigé :

«*Art.* L.167-1. Les partis et groupements peuvent utiliser les antennes de l'Office de radiodiffusion-télévision française pour leur campagne en vue des élections législatives. Chaque émission est diffusée simultanément à la télévision et à la radiodiffusion.

II. Pour le premier tour de scrutin, une durée d'émission de trois heures est mise à la disposition des partis et groupements représentés par des groupes parlementaires de l'Assemblée nationale.

Cette durée est divisée en deux séries égales, l'une étant affectée aux groupes qui appartiennent à la majorité, l'autre à ceux qui ne lui appartiennent pas.

III. Tout parti ou groupement présentant au premier tour de scrutin soixante-quinze candidats au moins a accès aux antennes de l'Office de radiodiffusion-télévision française...»

Journal officiel (30 décembre 1966)

THE OPPOSITION PARTIES AND THE CONSTITUTION   1966-1967

1. The Communist party.

Pour mettre fin au régime de pouvoir personnel, il est indispensable d'abroger les dispositions constitutionnelles sur lesquelles il repose. Afin d'assurer à la fois l'épanouissement de la démocratie et la stabilité gouvernementale, nous proposons:

— Une Assemblée nationale élue au suffrage universel dont la tâche essentielle sera de faire les lois et de contrôler le gouvernement;

— Un gouvernement, effectivement responsable devant l'Assemblée nationale, qui gouvernera en appliquant le programme voulu par la majorité du peuple. Expression de la souveraineté du peuple, la démocratie véritable comporte: le respect des droits de l'homme et du citoyen, la libre activité des partis et des syndicats, la juste représentation du peuple par l'application de la représentation proportionnelle, la sauvegarde et l'extension des libertés communales et départementales, la démocratisation de l'appareil d'État et un statut démocratique de la fonction publique garantissant les droits des agents de l'État en les associant à la gestion des services, la séparation de l'Église et de l'État, la laïcité de l'école, la gestion démocratique de la radio et de la télévision au service d'une information objective, du développement culturel et artistique.

Programme du parti communiste français pour les élections législatives (1967)

2. The *Fédération de la Gauche.*

—POUR ÉTABLIR L'ÉQUILIBRE DES POUVOIRS LÉGISLATIF, EXÉCUTIF ET JUDICIAIRE:

(1) Délimiter avec plus de précision les domaines respectifs de compétence entre la loi et le règlement (article 34);

(2) Corriger les pratiques qui, telle celle du vote bloqué,[1] donnent au Gouvernement les moyens d'empêcher le Parlement d'exercer pleinement ses responsabilités.

—POUR ÉLIMINER LES ABUS DU POUVOIR PERSONNEL, il conviendra de:

(1) Supprimer l'article 16 qui, après l'usage abusif qui en a été fait, apparaît comme un instrument de l'arbitraire;

(2) Préciser le texte de l'article 89 qui prévoit la procédure de revision de la Constitution afin d'empêcher qu'il ne soit tourné comme il l'a été par le référendum de 1962;[2]

---

[1] Taking a single vote on a whole bill or measure, a practice making amendment in detail impossible.

[2] *See* p. 135.

8

La radio et la télévision comptent aujourd'hui parmi les moyens d'information, de culture et d'éducation permanente les plus puissants. La Gauche les mettra au service du public et de la nation.

A. — Le statut qu'elle proposera au vote du Parlement garantira la radio et la télévision contre la mainmise des intérêts particuliers en maintenant à l'entreprise son caractère actuel d'établissement public et en confirmant le principe du monopole d'émission.

B. — L'indépendance à l'égard de l'État et du Pouvoir aujourd'hui violée quotidiennement sera instituée par les mesures suivantes...

Organisation de l'impartialité politique dans l'accomplissement de la mission d'information et d'éducation permanente par l'établissement d'un contrat dont l'application sera contrôlée par une commission impartiale.

Ainsi la radio et la télévision cesseront d'être un enjeu et un instrument de lutte pour le Pouvoir. Elles retrouveront l'autorité, la liberté et l'impartialité qui leur sont nécessaires pour tenir leur rôle dans la nation.

Programme du 14 juillet de la Fédération de la
Gauche démocrate et socialiste (1966)

THE FIFTH REPUBLIC SAVED   1968

[*General de Gaulle's radio broadcast of 30th May.*]

Françaises, Français,

Étant le détenteur de la légitimité nationale et républicaine, j'ai envisagé, depuis vingt-quatre heures, toutes les éventualités, sans exception, qui me permettraient de la maintenir. J'ai pris mes résolutions.

Dans les circonstances présentes, je ne me retirerai pas. J'ai un mandat du peuple, je le remplirai.

Je ne changerai pas le Premier ministre, dont la valeur, la solidité, la capacité, méritent l'hommage de tous. Il me proposera les changements qui lui paraîtront utiles dans la composition du Gouvernement.

Je dissous aujourd'hui l'Assemblée nationale.

J'ai proposé au pays un référendum qui donnait aux citoyens l'occasion de prescrire une réforme profonde de notre économie et de notre Université et, en même temps, de dire s'ils me gardaient leur confiance, ou non, par la seule voie acceptable, celle de la démocratie. Je constate que la situation actuelle empêche matériellement qu'il y soit procédé. C'est pourquoi j'en diffère la date. Quant aux élections législatives, elles auront lieu dans les délais prévus par la Constitution, à moins qu'on n'entende bâillonner le peuple français tout entier, en l'empêchant de s'exprimer en même temps qu'on l'empêche de vivre, par les mêmes moyens qu'on empêche les étudiants d'étudier, les enseignants d'enseigner, les travailleurs de travailler. Ces moyens, ce sont l'intimidation, l'intoxication et la tyrannie exercées par des groupes organisés de longue main en conséquence et par un parti qui est une entreprise totalitaire, même s'il a déjà des rivaux à cet égard.

Si donc cette situation de force se maintient, je devrai pour maintenir la République prendre, conformément à la Constitution, d'autres voies que le scrutin immédiat du pays. En tout cas, partout et tout de suite, il faut que s'organise l'action civique. Cela doit se faire pour aider le Gouvernement d'abord, puis localement les préfets, devenus ou redevenus commissaires de la République, dans leur tâche qui consiste à assurer autant que possible l'existence de la population et à empêcher la subversion à tout moment et en tous lieux.

La France, en effet, est menacée de dictature. On veut la contraindre à se résigner à un pouvoir qui s'imposerait dans le désespoir national, lequel pouvoir serait alors évidemment et essentiellement celui du vainqueur, c'est-à-dire celui du communisme totalitaire. Naturellement, on le colorerait, pour commencer, d'une apparence trompeuse en utilisant l'ambition et la haine de politiciens au rancart. Après quoi, ces personnages ne pèseraient pas plus que leur poids qui ne serait pas lourd. Eh bien! Non! La République n'abdiquera pas. Le peuple se ressaisira. Le progrès, l'indépendance et la paix l'emporteront avec la liberté.

Vive la République!

Vive la France!

DE GAULLE ON PARTICIPATION   1968

[His press-conference of 9th September.]

...le fait est, qu'en dépit des secousses, ce régime a tenu bon, alors que, dans les mêmes circonstances, celui d'antan, se perdant en crises ministérielles, eût à coup sûr livré la place à la dictature que l'on sait. Pour notre peuple, que sa nature et l'époque où nous vivons exposent à tant d'avatars, nos actuelles institutions fournissent donc l'antidote nécessaire à sa propre fragilité.

La deuxième conclusion se rapporte à notre politique. Nous avons à réformer, car il est clair que, dans les engrenages de la société mécanique moderne, l'homme éprouve le besoin de se manifester comme tel, autrement dit de participer, non point seulement par son suffrage à la marche de la République, mais par l'intéressement et la consultation à celle de l'activité particulière où il s'emploie. C'est vrai dans l'Université, où le milieu appelle l'idée et la discussion. C'est vrai aussi dans l'économie, pour cette raison que son fonctionnement comporte des règles rigoureuses qui doivent valoir une part directe du profit à ceux qui y sont pliés, tandis que les travailleurs, à mesure que l'ère industrielle améliore leur vie et leurs capacités, ont qualité pour être informés et pour débattre de ce qui, grâce à leur effort, est accompli ou projeté et de ce qui peut en résulter quant à leur propre destin.

. . . .

Sur la scène où paraissent et se mêlent les cortèges de nos soucis et de nos espoirs, l'idée et le terme de «participation» sont aujourd'hui passés au premier plan. Comme il est naturel, cette notion générale donne lieu à des interprétations diverses suivant les tendances et les situations particulières aux uns et aux autres. Pour ce qui est de la conception que l'État a de la participation et de la façon dont il entend la mettre en œuvre, je dirai qu'il s'agit d'une réforme organisant les rapports humains, notamment dans les domaines économique, social et universitaire, de telle sorte que tous les intéressés, sur les sujets qui les concernent directement, prennent part aux études, projets et débats à partir desquels les décisions sont prises par les responsables. Cela doit s'appliquer sur trois plans différents, mais conjugués : la nation, la région, l'entreprise.

M. POMPIDOU ON THE CONSTITUTION AND THE PRESIDENCY   1969

[*Press-conference of 10th July.*]

Voici maintenant plus de onze années que le général de Gaulle avait entrepris de construire les institutions de la Ve République. Tout au long de ces onze années, le pays n'a cessé de marquer son accord dans différents référendums constitutionnels, et également dans les élections législatives. Néanmoins, un certain nombre de formations, d'hommes politiques, d'observateurs, de responsables divers, n'ont cessé de douter de la pérennité et même parfois de la légitimité de ces institutions.

A la suite du référendum du 27 avril, le général de Gaulle, par une décision de son propre chef, une décision entièrement libre, a renoncé à ses fonctions.

Une des conséquences les plus importantes et immédiates de cette décision et de ce retrait était de faire de l'élection présidentielle un véritable test pour nos institutions. Les faits sont là. Vous avez pu, les uns et les autres, assister de bout en bout à la campagne électorale. J'en retiens, en ce qui concerne l'attitude du peuple français, deux traits essentiels.

C'est d'abord le calme absolu dont il a fait preuve, et c'est ensuite l'intérêt passionné qu'il a marqué pour l'élection elle-même ; et quant au résultat de cette élection, je crois pouvoir dire qu'elle est la preuve de l'adhésion nationale à la Ve République.

J'en tire donc deux conclusions : la première, c'est qu'il est souhaitable et même essentiel que toutes les formations politiques, à l'exception de celles qui poursuivent purement et simplement la révolution, situent désormais leur action et leur espérance à l'intérieur et dans le cadre de nos institutions.

Il y aura dans l'avenir des évolutions, il y aura dans l'avenir fatalement des changements de majorité. Tout cela ne doit en aucun cas poser la question du régime, ni paraître devoir déboucher sur des crises de régime. C'est essentiel pour la stabilité politique et nationale de notre pays.

La deuxième conclusion, c'est que je crois que le choix fait par le peuple français démontre son adhésion à la conception que le général de Gaulle a eue du rôle du Président de la République : à la fois chef suprême de l'exécutif, gardien et garant de la Constitution, il est à ce double titre chargé de donner les impulsions fondamentales, de définir les directions essentielles et d'assurer et de contrôler le bon fonctionnement des pouvoirs publics : à la fois arbitre et premier responsable national.

Une telle conception n'empiète évidemment pas sur les droits du Parlement, qu'il s'agisse de son pouvoir législatif ou de son contrôle de l'action gouvernementale. Elle laisse un rôle extrêmement important et d'ailleurs très lourd, j'en ai fait moi-même la longue expérience, au Premier ministre, dans la marche des affaires, dans la direction des administrations, et dans les rapports avec le Parlement; mais une telle conception comporte la primauté du chef de l'État, qui lui vient de son mandat national et qu'il est de son devoir de maintenir.

. . . .

...vous constatez que, cette petite estrade mise à part, je suis aujourd'hui un Français parmi d'autres, et c'est pour moi un moyen de me tenir au contact et au courant de l'opinion et des problèmes qui se posent à cette opinion.

Je chercherai à faire que l'existence à l'Élysée ne soit pas pour moi un barrage vis-à-vis de ce qui se passe à l'extérieur...

THE *LOI «ANTI-CASSEURS»* 1970

[*8th June.*]

Article premier. Il est inséré, après l'article 313 du code pénal, un article 314 ainsi conçu: «*Art.* 314. Lorsque, du fait d'une action concertée, menée à force ouverte par un groupe, des violences ou voies de fait auront été commises contre les personnes ou que des destructions ou dégradations auront été causées aux biens, les instigateurs et les organisateurs de cette action, ainsi que ceux qui y auront participé volontairement, seront punis, sans préjudice de l'application des peines plus fortes prévues par la loi, d'un emprisonnement de un à cinq ans.

Lorsque, du fait d'un rassemblement illicite ou légalement interdit par l'autorité administrative, des violences, voies de fait, destructions ou dégradations qualifiées crimes ou délits auront été commises, seront punis:

1° Les instigateurs et les organisateurs de ce rassemblement qui n'auront pas donné l'ordre de dislocation dès qu'ils auront eu connaissance de ces violences, voies de fait, destructions ou dégradations, d'un emprisonnement de six mois à trois ans;

2° Ceux qui auront continué de participer activement à ce rassemblement, après le commencement et en connaissance des violences, voies de fait, destructions ou dégradations, d'un emprisonnement de trois mois à deux ans.

Seront punis d'un emprisonnement de un à cinq ans ceux qui se seront introduits dans un rassemblement, même licite, en vue d'y commettre ou de faire commettre par les autres participants des violences, voies de fait, destructions ou dégradations. Lorsqu'une condamnation est prononcée en application de cette disposition, le juge peut décider que la provocation ainsi sanctionnée vaut excuse absolutoire pour les instigateurs, organisateurs, et participants du rassemblement.

Les personnes reconnues coupables des délits définis au présent article sont responsables des dommages corporels ou matériels. Toutefois, le juge pourra limiter la réparation à une partie seulement de ces dommages et fixer la part imputable à chaque condamné, qu'il pourra dispenser de la solidarité prévue à l'article 55 du code pénal. Cette limitation de responsabilité est sans effet sur l'action en réparation ouverte à la victime en application des articles 116 à 122 du code de l'administration communale.»

Journal officiel (8 et 9 juin 1970)

A GAULLIST DEFENCE OF PARLIAMENT 1971

L'organisation des travaux a été défectueuse...

Cet état de choses nous paraît procéder d'une mauvaise conception des rapports de l'exécutif avec le législatif. Entre celui-ci et celui-là, la disparité de traitement demeure flagrante, tant pour l'initiative des lois que pour leurs conditions d'examen.

Les textes étudiés par les Assemblées sont presque tous d'origine gouvernementale; mises à part quelques rares exceptions, les propositions qui parviennent à franchir le barrage de l'inscription à l'ordre du jour sont le plus souvent d'intérêt secondaire. Pour la préparation des textes, les délais que s'attribue l'exécutif se mesurent en ennées, ceux impartis au Parlement en semaines, quand ce n'est pas en jours.

Le lent mûrissement des textes dans les officines administratives ne garantit d'ailleurs pas leur perfection. En dit long sur ce point l'exemple du projet sur les opérations de construction, qui, après une gestation de dix ans, a donné lieu devant la Chambre à une centaine d'amendements dont la moitié d'ordre simplement rédactionnel. Face à un partenaire qui a pris tout son temps et découvre soudain la nécessité d'aller vite, le Parlement doit travailler à la hâte pour apporter aux textes qu'on lui soumet de substantielles améliorations et pour donner à la loi une présentation conforme à l'expression de la volonté générale. L'effort qui lui est demandé relève de la performance chaque fois qu'il s'agit de projets complexes dont le contenu comporte des dispositions étroitement imbriquées les unes aux autres et des zones d'ombre sur lesquelles un exposé des motifs elliptique s'abstient souvent de faire la lumière.

Une telle précipitation se justifie d'autant moins que la mise au point des mesures d'application de la loi va de nouveau demander de longs délais. Une expérience constante fait apparaître que les décrets d'application ne sont pas pris avant une ou plusieurs années. Le gain de temps obtenu des Assemblées sera perdu par l'administration, à moins que la loi ne soit purement et simplement oubliée ou que les défauts de sa rédaction hâtive ne contraignent le gouvernement au dépôt d'un nouveau projet.

Tout se passe en définitive comme si certaines structures technocratique entendaient cantonner le Parlement dans une simple fonction d'enregistre ment, en rognant son initiative, son temps de réflexion et, par là, se possibilités de refléter la volonté nationale.

....

Les règlements des Assemblées... ne sont pas mieux partagés. Ainsi, 11% seulement des questions écrites reçoivent une réponse dans le délai réglementaire d'un mois. Quant aux questions orales, les réponses qui y sont faites ne sont souvent que la lecture à haute voix de réponses déjà fournies à des questions écrites antérieures.

Bref, l'institution parlementaire, dans la pratique actuelle, n'est pas en mesure d'exercer la plénitude de sa fonction... Les structures bureaucratiques l'emportent sur l'expression de la représentation nationale.

SECTION III
The Political Forces since 1900

CHRONOLOGY OF THE MAJOR PARTY GROUPS IN THE TWENTIETH CENTURY

Socialist Left
Parti Socialiste S.F.I.O. (1905–1969) — democratic socialist
Parti Communiste Français (1920–   ) — communist
P.S.U. (*Parti Socialiste Unifié*) (1960–   ) — democratic socialist
Parti Socialiste (1969–   ) — democratic socialist

Radicals
Parti Républicain Radical et Radical-Socialiste (1901–   )

Christian Democrats and Centre
P.D.P. (*Parti Démocrate Populaire*) (1924–1939)
M.R.P. (*Mouvement Républicain Populaire*) (1944–1967)
Centre Démocrate (1963–   )
Progrès et Démocratie Moderne (1967–   )

Conservative Republicans and Republican Right
Alliance Démocratique (founded 1901, active under Third Republic)
Fédération Républicaine (founded 1903, active under Third Republic)
C.N.I. (*Centre National des Indépendants*) (1948–1954)
C.N.I.P. (*Centre National des Indépendants et Paysans*) (1954–c. 1967)
Républicains Indépendants (1962–   )—part of the Gaullist majority

Gaullists
R.P.F. (*Rassemblement du Peuple Français*) (1947–1953)
U.N.R. (*Union pour la Nouvelle République*) (1958–1962)
U.D.T. (*Union Démocratique du Travail*) (1959–1962)
U.N.R./U.D.T. (*Union pour la Nouvelle République/Union Démocratique du Travail*) (1962–1967)
U.D.V^e (*Union Démocratique Cinquième République*) (1967–1968)
U.D.R. (*Union des Démocrates pour la Ve République*) (1968–   )

Extreme Right
Ligue d'Action Française (under Third Republic) — monarchist
Croix de Feu, P.P.F. (*Parti Populaire Français*), P.S.F. (*Parti Social Français*) (between the wars) — quasi-Fascist
U.D.C.A. (*Union de Défense des Commerçants et Artisans*) (1954–1958) — Poujadist
O.A.S. (*Organisation Armée Secrète*) (1960–1962) — *Algérie française*

BIBLIOGRAPHY OF WORKS
DEALING WITH MORE THAN
ONE PARTY

L'Année Politique, yearly.

E. CAHM: 'Political parties' in J. FLOWER, ed.: *France Today: introductory studies* (Methuen, 1971). Historical.

J. CHAPSAL: *La vie politique en France depuis 1940*, (2nd ed.) (P.U.F., 1969) "Thémis" collection. Full, up-to-date bibliographies, with detailed references to articles in the *Revue Française de Science Politique* under heading "Les forces politiques", which are essential for the most recent developments.

J. CHARLOT: *Les partis politiques* (Colin, 1971), U2.

F. CORCOS: *Catéchisme des partis politiques* (Éditions Montaigne, 1932). Also available for e.g. 1928. Reproduces party programmes.

E. DEUTSCH, D. LINDON and P. WEILL: *Les Familles politiques aujourd'hui en France* (Éditions de Minuit, 1966).

M. DUVERGER: *Constitutions et documents politiques* (5th ed.)(P.U.F., 1968) "Thémis" collection. Texts: reproduces statutes of political parties.

M. DUVERGER: *La démocratie sans le peuple* (Seuil, 1967). Challenging analysis.

M. DUVERGER: *Les partis politiques* (3rd ed.) (Colin, 1958).

M. DUVERGER et al.: *Partis politiques et classes sociales* (Colin, 1955) Cahiers de la Fondation Nationale des Sciences Politiques N° 74.

M. DUVERGER: *La Ve République* (3rd ed.) (P.U.F., 1963).

M. DUVERGER: *Institutions politiques et droit constitutionnel* (11 th ed.) (P.U.F., 1970). Excellent short essays and full bibliographies.

H. W. EHRMANN: *Politics in France* (2nd ed.) (Little, Brown and Company, 1971). Paperback. Best short up-to-date essays on the parties in English.

J. FAUVET: *De Thorez à de Gaulle. Les forces politiques en France* (Le Monde, 1951).

F. GOGUEL: *La politique des partis sous la IIIe République* (Seuil, 1948).

F. GOGUEL and A. GROSSER: *La politique en France,* (4th ed.) (Colin, 1971), Collection 'U'.

G. LAVAU: *Partis politiques et réalités sociales* (Colin, 1952).

R. RÉMOND: *La Droite en France de la première restauration à la Ve République* (3rd ed.), 2 vols. (Aubier-Montaigne, 1968). Many documents. Has an appendix, 'La Droite à la lumière des événements du printemps 1968'.

A. SIEGFRIED: *Tableau des partis en France* (Grasset, n.d. [1930]).

A. SIEGFRIED: *Tableau politique de la France de l'Ouest sous la IIIe République* (Colin, 1913).

Les Temps Modernes: 10e année, N°s 112–113, special number on "La Gauche" (1955).

A. THIBAUDET: *Les idées politiques de la France* (Stock, 1932).

P. M. WILLIAMS: *Crisis and compromise. Politics in the Fourth Republic* (Longmans, 1964). Authoritative essays on all the parties before 1958.

GLOSSARY

l'abattement à la base, (income-tax) allowance.
l'abrogation
l'abus de pouvoir
l'agiotage
l'aliénation, loss or abandonment — e.g., of one's liberty or independence.
amiable
antiétatiste, hostile to State control.
l'appropriation collective, taking into collective ownership.
l'arbitre
l'artisanat, artisan class.
l'assistance sociale, social welfare work.
l'associé
l'autodétermination, self-determination.
la balance des paiements
la base, rank and file, base (of a party).
le bénéfice
le bilan
les billets de fonds de commerce
la grande bourgeoisie
le cadre de la légalité, the limits of legality.
les cadres, those placed in the upper and middle ranks of a military, political or
    business organisation, i.e. above the rank and file, and thus enjoying, to varying
    degrees, a managerial rôle. Subdivided into *cadres supérieurs*, *cadres moyens*
    and *cadres subalternes*.
le centriste, politician of the centre, intermediate in standpoint between the reac-
    tionaries and progressives of the day.
le char
le chômage
la clandestinité
les classes moyennes = la petite bourgeoisie
la classe ouvrière
se coaliser
le collectivisation
le collectiviste
le comité
communautaire, corporate.
la communauté
la concurrence
la confection des lois
la congrégation
la conquête des pouvoirs publics, gaining of control of organs of government.
le conseil municipal

la consommation
le contremaître
la contre-valeur
contrôler
la couche (*sociale*)
la décolonisation
le décret
déléguer
le désarmement
la désignation
la dictature (*du prolétariat*)
la dîme (literally 'tithe'), levy.
le droit de grève
l'école publique: see p. 520.
la Grande École: see p. 527, note 2
l'École unique: see p. 528.
l'économie de promotion, economy aiming to encourage social advancement.
l'élu, person elected to office.
l'encadrement, managerial staffing.
l'entreprise de sabotage
l'épuration, purge (political).
les équipements collectifs
l'état de siège
l'étatisation, placing under State control.
l'étatisme
l'état-major (*d'un parti*)
l'exécutif
l'exercice du pouvoir
la féodalité, concentration of power (*fig.*).
la fonction publique
le fonctionnaire
la force de frappe, (nuclear) striking force.
la fraction
la franchise
gérer
la gestion
l'hexagone, France (from its shape).
l'hospice
l'impôt successoral, death duties.
l'ingerence
l'instance inférieure (*supérieure*), lower (higher) authority.
l'investissement
le judiciaire, judiciary.
la laïcité, laïque or secular character.
laïque or *laïc,* secular, neutral as between religious sects.
le législatif
la loi d'exception, special law.
la loi de laïcité, act laying down that, e.g., education should become *laïque.*
les lois scélérates, the repressive laws passed against anarchists in 1894. By exten-
      sion, any laws considered particularly offensive.
la lutte de classe(*s*)
la majoration
le malthusianisme

le mandat parlementaire, parliamentary office.
le manifeste
la métropole
le militant
la moins-value fiscale
les moyens pour dissuader, means of deterrence.
les moyens de production
la mutualité
le niveau de vie
le notable
le noyau prolétarien, proletarian hard core.
l'obligation
l'octroi
d'Outre-Océan, on the other side of the (Atlantic) Ocean.
le panneau-réclame, hoarding.
paroissial
le parti
la participation aux bénéfices, profit-sharing.
le passage pacifique au socialisme, peaceful changeover to socialism.
le patron
le (grand) patronat
la péréquation
personnaliste
la planification (souple), (flexible) economic planning.
la plate-forme
le plein emploi, full employment.
la plus-value, surplus value.
le politicien
la politique agricole
la politique de collaboration de classe, policy of collaboration with the bourgeoisie.
la politique sociale
le porteur (d'obligations), debenture holder.
le pouvoir exécutif
le pouvoir personnel, power exercised by a single person.
les pouvoirs publics, organs of government.
la prise du pouvoir
le prix de détail, retail price.
le prix de gros, wholesale price.
le prix de revient
le progressiste
le projet de résolution
le prolétariat, class made up of those owning no property and employed in industry.
prolétarisé
la propagande
la prospective
le protectionnisme
le rachat des chemins de fer
réformateur, adj.
la réforme fiscale, tax reform.
le régime des monopoles, rule of the monopolies.
le regroupement
relever du contrôle de
la représentation proportionnelle

la Résistance
la retraite
la revalorisation, revaluation (upward).
la revendication, (material) demand.
le révisionnisme, policy favourable to the revision of, e.g., the constitution.
la rupture
le sacerdoce, priesthood.
la saisie
le salariat
les secours communaux, municipal assistance.
la Sécurité Sociale
socialiser, to place under social ownership (not necessarily by the State).
le sous-secrétaire d'État
la souveraineté, decision-making power in the State in the last resort.
le subside
le suffrage universel, universal suffrage.
la synarchie, group exercising power.
le syndicat
la tarification
le taux de l'impôt
les territoires d'Outre-Mer
totalitaire, totalitarian, system in which absolute power is exercised over all aspects
of the lives of those subject to it.
le traficant, better *trafiquant*
l'Union Française
la valeur mobilière

COMMUNISM AND THE *GAUCHISTES*

INTRODUCTION

The French Communist party was founded by the majority among the Socialists, which, fired with enthusiasm for the Russian Revolution, voted at the Tours congress of the Socialist party in 1920 for acceptance of the 21 conditions Moscow had laid down for admission to the Third International.

After 1920, the party was gradually moulded into a faithful agency of the decisions and policies of the Soviet Communist party leadership, which until the end of the 1960s remained the dominant force in world communism. Through nearly five decades the party line of the French party conformed closely to the conceptions held by the Soviet leaders from time to time of world communism, and of the national interest of the Soviet Union.

A fundamental and relatively constant factor in the Soviet leaders' view of the world scene — of which France was to them simply one segment, reflecting overall tendencies — was the notion of a sharp division of world politics into two sets of forces, proletarian and bourgeois. The development of capitalism, on the Soviet Marxist view, increasingly polarises world politics into a clear-cut conflict between proletarian Left and bourgeois Right. Capitalist development brings about pauperisation — that is, increasing poverty for the better-off workers, which forces them down into the ranks of the proletariat. Eventually the forces of the proletariat, i.e. the various communist parties, will become powerful enough politically to lead a revolution and abolish capitalism.

There can be, on this Communist view, as reflected in the 21 conditions, no such thing as the political Centre, which is simply a camouflage for the interests of the bourgeois Right (cf. condition 7, p. 233).

Communists have regarded themselves, in France as elsewhere, as the only genuinely revolutionary political force of the Left, and the only true representatives of the interests of the proletariat. All political forces to their right, including democratic socialism, are thought of as more or less right-wing, and more or less subservient to the interests of the bourgeoisie. Any deviation by Communists from their own revolutionary orthodoxy, through moves towards reformism, and alliance with democratic socialism, is dubbed "opportunist".

The major objective of the Soviet leaders in respect of French Communism since 1920 has been the building up, and preserving, of a party whose loyalty to revolutionary orthodoxy, and to Moscow itself, should be without question. This has involved the rooting out of right-wing deviationism. It has also, at times, involved attacking left-wing deviationism, in the form of "premature" calls for insurrection.

The 21 conditions stipulated (condition 13, *see* p. 234), that all elements disloyal to the Third International must be ruthlessly purged. The large-scale purge of 1922, in which numbers of experienced but wayward party leaders and intellectuals were excluded from the party, became the model for later purges — for example of Barbé and Célor (1931), of Marty and Tillon (1952), of Auguste Lecœur (1954), and of Pierre Hervé (1956).

The building up of a party loyal to communism conceived as an absolute truth, on which no compromise was possible, required a highly centralised and rigidly disciplined party organisation (condition 12, *see* p. 234). Organisation, in the French party, was and is based on "democratic centralism", implying, according to the pre-1945 statutes:

> Acceptation obligatoire des décisions des organes supérieurs du parti par les organes inférieurs, sévère discipline, exécution rapide et ponctuelle des décisions de l'exécutif de l'Internationale communiste et des organes dirigeants du parti . . . Les discussions sur les questions intéressant le parti ne seront poursuivies par l'ensemble des membres du parti que jusqu'à résolution par les organes autorisés. (Statute 6)

Authority in the party, and the party line, thus emanated from the summit, which was itself under close Moscow supervision; discussion in the party at large served only to propagate the party line, and to bring deviations to light, whereupon they could be stamped out.

The purging of "non-proletarian" elements in the early 1920s was part of the process of bolshevisation, i.e. of ridding the party of what still remained of the reformist taint of the old socialist party, and turning it into an authentic Bolshevik party. Moscow insisted on the rapid promotion of inexperienced but genuinely proletarian party workers to replace those unreliable elements which had been purged (condition 2, *see* p. 233). In 1924, bolshevisation was taken a step further by the introduction of a new party-structure, based on cells in members' places of work. This structure has become a characteristic feature of the French Communist party. The objective was to dissociate party work from the old branches of the socialist party, based on neighbourhood units, and also, of course, to make the closest possible contact with proletarians in their places of work. Party cells in members' places of work had the following tasks, according to party statutes:

> L'accomplissement du travail du parti parmi les ouvriers et les petits paysans sans parti par une propagande et une agitation communistes systématiques; la conquête des ouvriers de l'usine qu'il faut détacher de nos adversaires; le recrutement; la diffusion de la littérature du parti; la publication d'un journal de l'entreprise; l'éducation et la culture des membres du parti et des ouvriers de l'entreprise.

However, by the 1950s such workplace cells were still in the minority.[1]

---

[1] Of course the social composition of the electorate of the Communist party, which remained so insistent on its own working-class character, became, in fact, diversified over the years. Although the Communist party took over from 1924 the old electorate of the S.F.I.O. in the Paris region where it became firmly established, the party was only gradually to supplant the S.F.I.O. in other large towns. Its

Indeed, the general impact of revolutionary orthodoxy was to weaken party organisation and reduce membership. Thus in the 1920s membership fell from over 1,000,000 to about 30,000, though the number of votes received at the election of 1928 (1.1 million) was higher than in 1924 (880,000). The party was electorally weakened by its refusal, until 1934, to ally itself with the "reformist" S.F.I.O., whose "bourgeois" character it attacked violently in accordance with the orthodox revolutionary tactic of *classe contre classe.*

Since 1934 the party's orthodox revolutionary line has been greatly mitigated at certain periods: between 1934 and 1939, between 1941 and 1947, and since 1964.

At such times, party membership has risen again and the electoral fortunes of the party have revived. As we have seen in relation to the 1920s, however, electoral fortunes have been less affected than party membership by changes in the party line. During the Popular Front, membership rose to over 300,000 and the party obtained 1·5 million votes in 1936. Equally, in the immediate post-war period of 1944–47, membership reached its highest level in 1946 (800,000), falling off during the Cold War. It again rose after 1964, reaching 275,000 in 1967.

The party has maintained its post-war electoral position well, consistently obtaining some 5 million votes, except during the first years of the Fifth Republic, when the Communist vote fell to 4 million.

The first compromise on the party line occurred in 1934, when Moscow belatedly recognised the threat to world communism brought about by the rise of Hitler. The French Communist party was instructed to drop the *classe contre classe* tactic, which included violent denunciations of the "bourgeois" S.F.I.O., and to ally itself with both democratic socialists and Radicals to resist Fascism. It was Fascism which now, in Communist eyes, represented the bourgeois Right. The Communist party joined the Popular Front, and even gave its support to Léon Blum's first government (1936–37).

Maurice Thorez, the party secretary from the 1930s until his death in 1964, now paid tribute to France's revolutionary and democratic traditions. During the same period, Stalin signed a treaty with France (1935).

The party was plunged into confusion by the Nazi-Soviet pact of 1939, which led to the banning of the party, because of the association of Moscow with Hitler. After a period of intellectual somersaults, during which the party line called for "peace" with Germany, it was only in 1941, when Hitler attacked Russia, that the party was able once again to take up a line which allowed its members to co-operate with other Frenchmen, this time in the struggle against Nazism.

Once more, the democratic character of the party and its patriotism were given prominence. The party played an active part in the Resistance — which it later publicised as prominently as possible — as well as in the post-war reconstruction from 1944 to 1947, when Communists actually took part in government in France for the first time (*see* pp. 127–128 for the party's rôle in the elaboration of the 1946 constitution).

----

successes in industrial regions came mainly where it could, as in the Paris region and the mining basins, concentrate its propaganda and organisational effort within a compact industrial region.

Maurice Thorez, in a celebrated interview with *The Times* in 1946, declared:

> It is clear that the Communist Party in its action as part of the government, and within the framework of the parliamentary system it has helped to re-establish, will hold strictly to the democratic programme which has won for it the confidence of the masses of the people. The progress of democracy throughout the world, in spite of rare exceptions, which serve only to confirm the rule, permits the choice of other paths to socialism than the one taken by the Russian Communists.

The Times (18th November 1946)

The Cold War brought a reversion to orthodoxy; the bourgeois enemy was no longer Fascism, but aggressive American imperialism. The party line now included calls for world peace, and attacks on "war-mongers". On 30th September 1948, for example, the party issued the following statement:

> Le peuple de France ne fera pas, il ne fera jamais la guerre à l'Union Soviétique. Les Français et les Françaises, solidaires de tous les peuples en lutte pour la démocratie et la paix, entendent se dresser contre les fauteurs de guerre, pour les empêcher de mettre leur plan criminel à exécution.

Histoire du parti communiste français (*Manuel*)
(Éditions sociales, 1964), pp. 522–523

The S.F.I.O. and other parties were again denounced, this time as tools of American imperialism. A wave of purges occurred, and Parliamentary democracy once again became anathema to the party.

After 1964, some aspects of revolutionary orthodoxy were yet again abandoned. When the process of de-Stalinisation in the Soviet party was well advanced, the fidelity of the French party leadership to Moscow led it to adopt a parallel party line, admitting the likelihood of a peaceful, non-violent road to socialism — that is, one involving parliamentary methods (*see* p. 237 ff.). The precedent of 1946 was invoked, and stress was again laid on the democratic and patriotic nature of the French party. New and slightly more democratic party statutes were adopted. An alliance was sought with the S.F.I.O., this time to put an end to Gaullism, and bring about a return to parliamentary democracy (cf. p. 237 and p. 239). The party eventually overcame socialist hesitations, and an electoral pact was signed in December 1966, after the first top-level contact between the party and the S.F.I.O. since before 1947. The alliance proved an electoral asset to both sides in the 1967 elections and conversations were continued, a joint communiqué being issued on 24th February 1968.[1] Dissension over the Middle-East war and the party's failure to condemn the Soviet Union outright after the invasion of Czechoslovakia in August 1968 were to lead, however, to a new cooling-off of relations. Talks only began again in 1969.[2]

Until 1968, the key to the party line in all the periods in which the French Communist party moved away from revolutionary orthodoxy was the coincidence between Soviet national interests and those of France. In 1934–39, and from 1941, the Soviet Union had an interest in a common front with France against Fascism. With the advent of Gaullism, a new possibility of common ground between the Soviet Union and France appeared in hostility to the United States. At such times as these, the French Communist party was able

[1] *See Le Monde* (25 et 26 février 1968) for complete text.
[2] *See* p. 230.

to assist in the pursuit of Soviet national interests without thereby setting itself against the rest of the French nation; the party, indeed, presented itself in a patriotic light, as a defender of France, able and willing to take part in the normal processes of democratic government.

When, on the other hand, France's interests have been in conflict with those of the Soviet Union, the party has withdrawn into a political and social ghetto, insisting on an orthodox revolutionary line, carrying out purges, shedding members, shunning the Socialists and parliamentary democracy generally and, in short, cutting itself off, as far as possible, from all aspects of the national community. It thus becomes, intermittently, a *parti de l'étranger*, or, as Léon Blum once called it, "un parti de nationalistes étrangers".

In 1966-67, the question as to whether the latest changes in the Communist party represented a permanent and genuine move by the party towards integration into the political structure of the Fifth Republic was certainly much canvassed by commentators. Public opinion was moving rapidly towards acceptance of the party, even as a governing party, It also seemed likely that some political and economic factors underlying the new developments would become permanent: the fading of the Cold War, which had been the origin of the orthodox party line from 1947; the presidential system in France, which was encouraging a *rapprochement* on the Left between the Communists and the S.F.I.O. (*see* pp. 136-137); and de-Stalinisation in the Soviet Union, which had led, as has been noted above, to a sweeping revision of the party line. Again, the modernisation of the French economy had helped to wean the party away from revolutionary firmness, by undermining its appeal to the economically underprivileged with the apocalyptic hope of economic betterment through revolution. The economically discontented, whether industrial workers or the least efficient of the small businessmen and peasants, who for years had been assimilated to the proletariat for purposes of party propaganda, could no longer be counted on, as *le cartel des mécontents*, to provide an electoral bonus for the party. While Maurice Thorez had re-affirmed the theory of pauperisation as late as 1955, by the party congress of 1967 M. Waldeck Rochet declared:

> La France est un pays riche, dont la population augmente et qui possède toutes les conditions de l'expansion économique. Malgré les retards imputables aux monopoles, notre pays dispose d'une structure industrielle développée et également des bases naturelles d'une agriculture prospère. Une classe ouvrière qualifiée et expérimentée, pleine de vivacité et d'intelligence, forme le cœur de la nation.
>
> *Cahiers du communisme*, special number on 18th party congress (février-mars 1967), p. 34

This dynamic picture of the French working class, in which the skilled worker now had pride of place, was such a far cry from the traditional one that even the word *prolétariat* had disappeared...[1] The party was attempting to broaden its

---

[1] The dissident Maoist Left, in the person of M. Gilbert Mury, now complained that the party leadership was abandoning the revolutionary hard core of the proletariat and beginning to appeal to "cette couche d'ouvriers embourgeoisés, entièrement petits bourgeois par leur mode de vie, par leur salaire, par toute la conception du monde — principal soutien du réformisme." Far from making the workers

social base and appeal not only to the skilled workers, but also to the "intellectuals", so defined as to include teachers and research workers, engineers and technicians. This group represented, in 1967, 18·6% of party members.

All these factors appeared to be encouraging the party's movement towards integration. On the other hand, the changes in the party line, when looked at closely, still fell far short of complete acceptance of democratic norms. Officially, the party now accepted the doctrine that the Socialist party would continue to exist alongside the Communists throughout the whole period of the changeover to socialism (*see* p. 237 and p. 239), so that perhaps democratic socialists could now forget their old fear that to collaborate with Communists could only be a prelude to absorption by them. But the party made it crystal clear that it still regarded itself as the only true revolutionary party, and that the only alliance it would tolerate was one in which it would be the dominant partner. As to the peaceful changeover to socialism through the use of parliamentary institutions, this still allowed for the use of violence against the defeated bourgeoisie to safeguard France against any return to capitalism (*see* pp. 239–240). Majority rule and the rights of the minority were edging their way in, but the party did not seem to be prepared to countenance a bourgeois minority turning itself into a majority again.

And as regards party structure, the changes here were more apparent than real. The party leadership of the 1960s, while adopting a new party line, had not de-Stalinised itself: the successors of Maurice Thorez remained in control. Articles 43 and 44 of the new party statutes introduced in 1964 provided for election to all party offices by a ballot which was to be secret for the first time:

> *Article 43.* A tous les échelons, les organisations du Parti ont le droit de proposer des candidats pour l'organisme dirigeant de l'échelon supérieur (l'assemblée de cellule pour le comité de section, la conférence de section pour le comité fédéral, la conférence fédérale pour le Comité central). Ces candidats s'ajoutent à ceux proposés par les directions sortantes: comité de section, comité fédéral, Comité central.

> *Art. 44.* Toutes ces candidatures sont examinées par une commission élue à cet effet par la conférence de section, la conférence fédérale ou le congrès national du Parti. La commission des candidatures propose les candidats les plus aptes à assurer une bonne direction en nombre égal au nombre de membres du comité de section, du comité fédéral, du Comité central à élire. Elle rend compte des raisons de ce choix devant la conférence ou le congrès qui en discute. L'élection a lieu à bulletin secret. Tous les candidats obtenant plus de la moitié des suffrages exprimés sont proclamés élus.

> *Cahiers du communisme*, special number on 17th party congress (juin-juillet 1964), pp. 494–495

Actual choice by the electors, it will be seen, was excluded. Georges Marchais at the 1964 party congress insisted:

---

more qualified, technical progress was leading to their *déqualification progressive*: "Toute l'activité pensante inscrite dans le travail, a été transférée aux machines" (*see* G. Mury, "Où sont les communistes?", *Esprit* (janvier 1967)). The Maoist left wing of the party, which broke away and set up in 1966 the *Mouvement communiste de France* (*marxiste-léniniste*), was reinforced by student Maoists after May 1968.

Ce système [i.e. choice by the electors] pourrait satisfaire l'esprit de ceux qui sont plus attachés à la démocratie bourgeoise, avec tout ce qu'elle a de formelle, qu'à la démocratie prolétarienne. Mais nous n'en voulons pas, parce qu'il irait à l'opposé des intérêts du Parti.

Avec ce système, *qui conduirait à supprimer la commission de candidature*, en fait, c'est le hasard qui déciderait de l'élection de tel ou tel dirigeant, puisque deux ou trois voix d'écart pourraient suffire à écarter un candidat fort capable. Or, justement, au hasard qui découlerait d'une telle méthode, nous préférons la sélection sérieuse à laquelle devra procéder, avant le vote, la commission de candidature.

Ibid., p. 323

Right-wing dissidents claimed that the pseudo-reforms represented no more than a gesture towards dissatisfied party members, who wanted genuine discussion, for example of the Sino-Soviet dispute.

Thus while the party line had changed considerably by 1964, party organisation remained authoritarian, and in the mid-sixties there seemed no likelihood, in the short term, of a full integration of the party into the French body politic.

1968, however, saw the emergence of new and unforeseen factors in the political climate in which the Communist party found itself. The first of these was the appearance on the party's left, during the May-June crisis, of a new revolutionary movement in the universities, calling for immediate insurrection. For the first time in its history, the party faced a real threat of being outflanked on the Left.

The revolutionary student movement, some elements of which rapidly coalesced with the pro-Chinese left-wing dissidents, represented, for the party leadership, a new variant of the kind of left-wing deviationism which called for revolution when the time did not seem ripe. Hence the term *gauchistes*, which the party applied to the student revolutionaries of the *groupuscules*. No serious left-wing threat of any kind had existed since the Liberation, when a few party members had vainly urged insurrection, and been overridden, in view of the prevailing acceptance of parliamentary methods.

Early in May 1968, the party condemned the students outright as *fils de grands bourgeois*:

Ces faux révolutionnaires doivent être énergiquement démasqués car, objectivement, ils servent les intérêts du pouvoir gaulliste et des grands monopoles capitalistes.

L'Humanité (3 mai 1968)

Within a few days, however, the student movement had spread far beyond the revolutionary *groupuscules*, and the party threw in its lot with student demands—on May 12th, the *bureau politique* of the party declared:

Que veulent les étudiants? D'abord, et avant tout, n'être pas intégrés malgré eux à un système dont on leur interdit de discuter le but et le sens.

Toutes les autres revendications découlent de cette exigence première: une réforme démocratique de l'Université qui abolira toute ségrégation sociale, mettra fin au recrutement technocratique dans une caste soumise aux monopoles, qui garantira le droit de discuter de l'orientation des programmes et des cours. Cette réforme comportera une participation à la vie nationale, afin de créer des débouchés au travail intellectuel non en

fonction des profits de quelques-uns, mais en fonction des besoins de tous...
Ouvriers et étudiants éprouvent ensemble les contradictions du régime
qui engendrent l'exigence révolutionnaire... Le Parti Communiste Français
s'associe sans réserve au juste combat des étudiants.

L'Humanité (13 mai 1968)

At the same time, the party continued to denounce with virulence the new
threat from the *gauchistes*:

Les agissements et provocations des gauchistes, leurs conceptions aven-
turistes, leurs violentes attaques anti-communistes n'ont rien de commun
avec les intérêts des étudiants et des travailleurs, rien de commun avec un
véritable mouvement de progrès et d'avenir, avec un véritable mouvement
révolutionnaire.

Party leaflet dated 10th May 1968, quoted in
L'Insurrection Étudiante, 2–13 mai 1968
(Union Générale d'Éditions, 1968), p. 315

To the revolutionary students, of course, the Communist party's integration
into the French body politic was now an accomplished fact. The party refused
in practice to lend itself to the revolt or to the strike movement which followed,
except in so far as these could be kept within non-revolutionary bounds. The
revolutionary syndicalism of the students (*see* p. 511) and their demand for an
immediate insurrection to put an end to the Gaullist régime and introduce
socialism were wholly unpalatable to the party (although M. Roger Garaudy did
make an attempt to recognise the long-term revolutionary potential of the student
movement (*see* p. 240)). The university revolt and the strike-wave were not to be
confused with political insurrection:[1]

... on ne pouvait oublier que les travailleurs, *dans leur masse*, étaient entrés
dans la lutte avant tout pour de meilleures conditions de vie et de travail
et non pour imposer un pouvoir politique par la force insurrectionnelle.

. . . .

Les gauchistes proclamaient qu'il y avait une «situation révolutionnaire»
permettant de renverser le capitalisme et d'établir un POUVOIR OUVRIER
alors que le pouvoir gaulliste bien qu'affaibli gardait la possibilité d'écraser
par la force le mouvement ouvrier et alors que n'étaient pas réunies les
conditions d'une entente solide sur un programme des partis de gauche et
organisations syndicales ouvrières.

En maintenant résolument notre lutte en faveur des revendications des
travailleurs et de nos objectifs de relève démocratique du pouvoir gaulliste,
dans le cadre de la légalité républicaine, nous avons fait échouer le plan
gaulliste visant à l'écrasement du mouvement ouvrier et démocratique.

Nous avons soutenu et continuerons de soutenir l'idée qu'il faut remplacer
le pouvoir gaulliste des monopoles par un gouvernement d'union démocratique issu, non de la subversion, mais de la volonté populaire clairement
et démocratiquement exprimée.

Les événements de mai... juin 1968: leurs enseignements,
special number of the *Bulletin de l'Élu Communiste*
Nº 30 (1968), pp. 16–18

[1] *See* also p. 245.

There seemed thus little doubt that the revolutionary students were displacing the party toward the political Centre, edging it further towards acceptance of the *status quo*, and adoption of the mantle of a party of government. On May 18th, M. Waldeck Rochet had declared, as he had before the 1967 elections, that the party was "prêt à prendre toutes ses responsabilités".

This did not, however, prevent the party from being tarred with the brush of the students in the elections which followed the May crisis: the party's *entreprise totalitaire* was a major theme of the Gaullist campaign; in the Gaullist landslide it lost 39 seats and its parliamentary strength fell to 34: public reaction was shown by the fact that non-Communist left-wing voters refused to vote Communist on the second ballot, when their own candidate had been eliminated.

The Communist party had thus failed to adjust rapidly enough either to the student movement or to the Gaullist attack, and had lost much of the electoral ground it had gained in the last few years, as well as the confidence of non-Communist voters.

The Soviet invasion of Czechoslovakia in August 1968 faced it immediately with an equally serious crisis. Could the new democratic posture be maintained? To go back on the party line established since 1964 would have weakened the party intolerably, and led to a repetition of the setbacks which occurred in 1956, after the suppression by Moscow of the Hungarian revolution. And yet to maintain it logically involved condemnation of the invasion. At first, the new party line was maintained, and the party's first reaction on the morning after the invasion was a vigorous one:

De très graves événements se déroulent en Tchécoslovaquie. Des troupes soviétiques, bulgares, polonaises, hongroises et de la République Démocratique Allemande ont pénétré cette nuit sur l'ensemble du territoire tchécoslovaque.

Le Bureau Politique du Parti Communiste Français, qui avait affirmé sa vive satisfaction à la suite des rencontres de Cierna et de Bratislava et de leurs conclusions positives, exprime sa surprise et sa réprobation à la suite de l'intervention militaire en Tchécoslovaquie.

Dans la dernière période, le Comité Central du Parti Communiste Français a précisé qu'il considerait que les problèmes surgissant entre les partis communistes devaient être examinés et résolus par des discussions fraternelles lors de rencontres bilatérales et multilatérales, à la fois dans le respect de la souveraineté de chaque pays, de la libre détermination de chaque Parti, et dans l'esprit de l'internationalisme prolétarien.

L'Humanité (22 août 1968)

However, though there was some talk at first among commentators of a historic breakdown of the traditional link with Moscow, the tone of the party's condemnation was soon modified and an attempt was made to paper over differences. And so, while the new party line remained, Moscow's Stalinist action in August 1968 was, in the end, condoned. Among party leaders, only Roger Garaudy came out strongly in favour of Prague and denounced the invasion as a "revival of Stalinism". Later he was publicly reprimanded. On the other hand, Madame

Jeannette Vermeersch,[1] who had considered the party's criticism of Moscow excessive, resigned from the party.

At the end of 1968, the party was still faced with difficulties arising out of the events of May 1968 and the Russian invasion. The director of the *Institut Maurice Thorez*, M. Georges Cogniot, speaking at the end of October, made clear how far the conservative elements in the party leadership were prepared to accept the potentially revolutionary rôle of the student movement. It must integrate itself, he said, with "un juste degré d'autonomie" into the general strategy of the class-struggle, "sous l'hégémonie de la classe ouvrière". The student movement could be acceptable to the party, in other words, only if, like any other allies of the party, it was prepared to accept a subordinate position. The intellectuals (whose increased rôle in society and in the party had been recognised by the party in 1967 and earlier, *see* above, p. 223) must not attempt to take over the leadership of the revolutionary movement, which still belonged, as of right, to the Communist party. This position could hardly be acceptable to those whom the party now found to its left. The most significant of these, politically speaking, were the Trotskyists, under the leadership of M. Alain Krivine.

The party re-affirmed its position on the leading rôle of the working class in the *manifeste de Champigny* of December 1968. It now showed itself, however, more catholic than ever before in its choice of the social groups and political movements with which it was prepared to ally itself. The peaceful changeover to socialism could be brought about democratically, with the help of *all* the non-Gaullist forces in French society. The impact of the May crisis was seen, too, in a new emphasis on the need for democratic management in the industries that were to be nationalised (*see* p. 244). The party's process of adjustment to an uncharted social situation was now beginning in earnest.

During 1969, the parties of the non-communist Left remained suspicious of the Communists, and in the months before the 19th Communist party congress their approaches to the Socialists and the P.S.U. bore little fruit. Despite the illness of the general secretary, M. Waldeck Rochet, however, and the consequent weakening of the party at the summit, it began to recover from some of the hostility it had aroused among the French voters since 1968, and M. Duclos polled 21% in the presidential election of June 1969.

Meanwhile, the doctrinal gap between most of the party leaders and Roger Garaudy began to widen. On September 9th, he was condemned by the political bureau for his views on the Moscow conference of communist parties. And while the party leadership clung to the positions on the rôle of students and intellectuals which it had taken up in the Champigny manifesto, M. Garaudy was moving towards a new and bolder analysis, on this and other issues. He publicised his views in a book entitled *Le grand tournant du socialisme*. The revolution in science and technology, he asserted, was going forward so rapidly that a new group of technicians and intellectuals and a new highly qualified working class were emerging, side by side with the traditional working class. Because science and technology were themselves becoming productive forces, all the members of this new group were feeling the effects of capitalist exploi-

[1] The widow of Maurice Thorez.

tation. Together with the traditional working class, they now formed a *bloc historique*, i.e. they were no longer simply suitable allies for the workers, but were becoming assimilated to them within the new *bloc*:

> Entre les deux éléments constitutifs de ce «bloc historique» nouveau: la classe ouvrière dans sa définition traditionnelle, et les intellectuels dans leur diversité... il existe une charnière. Cette charnière est constituée par les couches hautement qualifiées d'ouvriers qui, en raison des changements intervenus dans la définition même de la qualification, se trouvent très proches des techniciens, cadres et ingénieurs. Même si, numériquement, ces catégories d'ouvriers ne sont pas encore les plus fortes, elles constituent à l'étape actuelle le niveau stratégique décisif pour cimenter le bloc historique nouveau...
>
> L'unité peut aujourd'hui être pensée en termes de couches sociales à souder directement, puisqu'il n'y a plus guère de partis stables et structurés qui en soient l'expression consciente. Les organisations syndicales ou professionnelles, les formes les plus diverses d'associations, jouent désormais un rôle plus important que les partis dans le sens traditionnel du mot.
>
> *Le grand tournant du socialisme*
> (Gallimard, 1969), pp. 247 and 269

M. Garaudy's new concept, which implied recognition of the rôle of the "new" working class,[1] and the abandonment of the traditional alliance with the political forces of the non-communist Left — now greatly weakened in his eyes — in favour of economic action in conjunction with the trade union and other forces among the new groups, could not but bring down on his head the wrath of the other party leaders. On December 12th, he was accused of abandoning the class-struggle and substituting the new *bloc historique* for the working class as the dominant force in the political and social movement. His statement that in the context of the diversified economic action which he envisaged parties could no longer afford to have a philosophy, and must be "ni idéaliste, ni matérialiste, ni religieux ni athée", led to the charge that he was abandoning basic Marxism-Leninism.

The party leadership, minus M. Garaudy, had summed up in November the current party line in a *projet de thèses* which was to be discussed in the party cells and sections before the February congress. This document was simply a reiteration of the ideas of the Champigny manifesto, in which the concept of an "advanced democracy", based on nationalisation with worker participation plus political reforms (*see* p. 245), was given great prominence. The *projet de thèses* continued to stress, too, the party's efforts towards unity with the political Left on the basis of the now well-established ideas of the peaceful changeover to socialism and the plurality of parties during the changeover period (*see* p. 237 ff). M. Garaudy would have nothing to do with the *projet de thèses*, and, when taken to task, instead of submitting, called on the party to put its own house in order once and for all by (1) re-assessing the rôle of the intellectuals; (2) introducing genuine democratic methods into its internal organisation; and (3) revising its whole doctrinal position on the Russian model of communism. He

[1] Cf. pp. 458 and 432.

believed that whatever the party's shows of democratic language and its plans for an "advanced democracy", it would be ineffectual in wooing the non-communist Left as long as the taint of Moscow remained, and the party had not dissociated itself from the invasion of Czechoslovakia and the Russians' conception of communism. What had in fact taken place since 1968 was a drift back towards Stalinism, a process of "re-Stalinisation":

Notre Parti a bien défini ses positions... sur la possibilité de voies pacifiques, la possibilité d'aller au socialisme avec une pluralité de partis et de mouvements, notre conception non pas formelle mais concrète de la démocratie, etc... Je suis d'accord avec tout cela.

Je note seulement que, depuis ces justes affirmations reprises dans le projet de thèses pour le Congrès, certains événements survenus dans le mouvement international ont montré qu'en fait cette voie vers le socialisme n'est ni reconnue comme valable ni tolérée:

— ni par les dirigeants chinois, qui traitent notre parti de «révisionniste»;

— ni par les dirigeants soviétiques, qui ont mis fin, par une intervention militaire, à une tentative des communistes tchécoslovaques allant dans le même sens que nous...

... il ne suffisait pas de désapprouver la forme militaire de l'intervention, ou de la condamner comme violation formelle des principes d'autonomie des Partis, pourtant solennellement proclamés et souscrits en commun à la Conférence de Moscou, mais... il fallait analyser les principes théoriques et politiques qui la sous-tendent, et qui mettent en cause toute la politique et la conception du socialisme français de notre Parti.

C'est pourquoi il me paraît absolument nécessaire de dire au peuple français: le socialisme que notre parti veut instaurer en France n'est pas celui qui est aujourd'hui imposé militairement à la Tchécoslovaquie.

L'Humanité (2 janvier 1970)

The reaction of the other party leaders was inevitable; while M. Garaudy had — and this was a novelty — at long last been allowed to put his dissident point of view in *L'Humanité*, the attacks on him continued. Since he was not content with denouncing Stalinism as the aberration of an individual, but saw it, and the invasion of Czechoslovakia, as inevitable concomitants of the whole Soviet model of communism, he was taxed with anti-Sovietism. His demands for inner party democracy were rejected as an abandonment of ideological unity, of unity of decision and of action. And it became clear that his days in the party leadership were numbered.

What could he hope to achieve in the short term? He claimed, in the weeks before the Nanterre congress, that the party would have to come round to his point of view within two years. For of course the party had often before turned on individuals who had proposed, too soon, a line which later became official. What was the ultimate crime was not a new line, however radical, but open resistance to the leadership. Such was the logic of democratic centralism.

Was the fact that he was to be allowed to put his point of view at all before the congress a novelty? Some commentators argued that such a move was a classic prelude to silencing opposition. First it must be brought into the open, then it could be crushed. And certainly a campaign took place throughout the party to attack M. Garaudy's ideas; party leaders toured the country ensuring that "garaudist" opposition to the *projet de thèses* was stifled. But he was allowed a last word at the congress itself which was held at Nanterre in February 1970 (*see* p. 247). And though he was no longer to be a member of the party leadership his ideas were beginning even during the congress itself to nudge the party's positions some way beyond the Champigny manifesto. The rôle of the intellectuals was, after all, growing; the scientific and technical revolution M. Garaudy had been too zealous in emphasising was in fact on the way, and even democratic centralism could, it was admitted, be "improved" by "l'information régulière et approfondie de tous les membres du parti". The Nanterre congress did after all mark another slight step forward in the liberalisation of the party. M. Garaudy was not excluded at once, even though he had openly expressed dissent from the congress platform itself. For the first time at such a congress fundamental criticism of the whole traditional pattern of French communism, based on loyalty to Moscow, and on democratic centralism, with its authoritarian features, had been heard by party members. M. Garaudy's speech and its chill reception were the nearest to a genuine debate which the French Communist party had ever heard at a party congress. His exclusion from the party was, however, a foregone conclusion after the congress, and took place early in May. The party was still not yet ready to tolerate internal opposition.

Meanwhile, discussions with the new Socialist party had been begun again in December 1969 after that party decided to agree to public discussion with the Communists at its conference at Issy-les-Moulineaux in July (*see* p. 260). Both sides hoped for an agreement on policy. The Communist party declared, in December 1970, that agreement was closer than it had been at the time of the 1968 joint declaration; but the Socialists remained cautious. The *premier bilan* of the discussions, published in December 1970, showed that some of the old stumbling-blocks remained. Just as in the 1968 declaration, and in the Champigny manifesto (*see* p. 247), the Communists still refused to accept the right of the non-Socialist minority to turn itself into a majority again: "Face aux agissements hostiles des exploiteurs déchus, il sera du devoir des formations se réclamant du socialisme d'appeler les masses à défendre et à renforcer l'État socialiste."[1] The Socialists later broke off the talks until 1972.

Despite renewed signs of reintegration into the French body politic,[2] the continued hesitancy of the party over democratic methods — whether within the party or outside — meant that the outlook for M. Garaudy, and for the discussions with the Socialist party, still did not seem bright in the immediate future.

Meanwhile, on the party's left flank, there was a persistent threat from a variety of *gauchistes*: the Ligue Communiste of M. Alain Krivine,[3] and other Trotskyist groups owing allegiance to the Fourth International; a number of anarchists; and, most violent, the Maoists of the Gauche prolétarienne (*see* 'Panorama de l'extrême-gauche révolutionnaire', *Le Monde*, 3 avril 1970). The Gauche prolétarienne had emerged as the most aggressive Maoist group in 1969; an off-

[1] For the full text, *see Le Monde* (24 décembre 1970).
[2] *See Le Monde* (13 janvier 1971).
[3] Though by 1971, this group was shaking off *gauchisme* and maturing into a small but serious political movement (*see Le Monde* (1er juin 1971) for a congress report).

shoot of the Union des jeunesses communistes marxistes-léninistes de France (which split off from the Communists in 1966 at the same time as M. Mury's Maoists, *see* p. 223, note 1), and of Daniel Cohn-Bendit's Mouvement du 22 mars, its action was based on the notion of "proletarian resistance", i.e. the use of force against employers and police, as first employed at Flins during the 1968 strikes (*see* p. 252). *Gauchiste* raids continued in the universities, e.g. at Vincennes, and continued to stimulate extreme right-wing reaction (*see* p. 340). The Gaullist government, which had dissolved the *gauchistes*' organisations on 12th June 1968, continued its attempts to suppress their activities: arrests and trials were frequent for circulating revolutionary literature (*see Le Monde*, 29 mai 1970 for the Le Dantec and Le Bris trial). On June 4th, the "loi anti-casseurs" was passed in an attempt to preserve law and order (*see* p. 209). (*See* also R. Badinter and J. D. Bredin, 'Un exorcisme collectif', *Le Monde*, 4 novembre 1970). The government's attempt to amend the 1901 act on freedom of association in 1971, so as to prevent the re-registration of banned revolutionary groups, misfired (cf. p. 141, note 5). In 1971, the Communists took a decisive step forward towards integration into French political life. Seeking to gain power constitutionally, through the right-wing alliance with the Socialists—after which they would, together, introduce socialism to France—they sought to steal a march on their still unwilling socialist partners by publishing a voluminous and concrete *programme de gouvernement*, the first in the party's history (*see Le Monde* (13 octobre 1971)). They showed a readiness to seek and exercise governmental power democratically, allowing wide political and intellectual freedoms. If their programme was impeded in its execution they called for "popular vigilance" but promised no violence, only a dissolution of Parliament. They seemed ready to accept, with small adjustments, the political system of the Fifth Republic, including the elected President. And while rejecting "reformism", they promised specific social reforms, as well as nationalisation.

But all this was likely to intensify the continuing threat from the revolutionary extreme left: the P.S.U., the Trotskyists, the C.F.D.T. and the *gauchistes* (cf. T. Pfister, 'Une voie étroite pour le parti communiste français', *Le Monde* (6 mai 1971)).

BIBLIOGRAPHY

F. Bon et al.: *Le communisme en France et en Italie*, vol. I: *Le communisme en France* (Colin, 1969) Cahiers de la Fondation Nationale des Sciences Politiques N° 175. Bibliography.

Cahiers du communisme, monthly.

La cause du Peuple (*gauchiste*).

J. M. Domenach in M. Einaudi et al.: *Communism in Western Europe* (Cornell U.P., 1951).

J. Fauvet: *Histoire du parti communiste français*, 2 vols. (Fayard, 1964–1965). Documents.

R. Garaudy: *Le grand tournant du socialisme* (Gallimard, 1969).

Histoire du parti communiste français (*manuel*) (Éditions Sociales, 1964). Gives official party viewpoint.

Histoire du parti communiste français, 3 vols. (Édition Veridad; Éditions Unir, 1960–1964). Gives dissident viewpoint.

L'Humanité, daily.

L'Idiot international (*gauchiste*).

A. Kriegel: *Aux origines du communisme français 1914–1920*, 2 vols. (Mouton, 1964) (Abridged paperback: Flammarion 1969).

A. Kriegel: *Les communistes français* (Seuil, 1968). Paperback. Includes a chapter on May 1968.

A. Kriegel: 'Les communistes français et le pouvoir' in M. Perrot and A. Kriegel, *Le socialisme français et le pouvoir* (EDI, 1966).

A. J. Rieber: *Stalin and the French Communist Party 1941–1947* (Columbia U.P., 1962).

M. Thorez: *Œuvres choisies*, 3 vols. (Éditions Sociales, 1967).

G. Walter: *Histoire du parti communiste français* (Somogy, 1948).

C. Willard: *Socialisme et communisme français* (Colin, 1967), Collection U2.

1° La propagande et l'agitation quotidiennes doivent avoir un caractère effectivement communiste et se conformer au programme et aux décisions de la IIIᵉ Internationale.[1] Tous les organes de la presse du Parti doivent être rédigés par des communistes sûrs, ayant prouvé leur dévouement à la cause du prolétariat. Il ne convient pas de parler de dictature prolétarienne comme d'une formule apprise et courante; la propagande doit être faite de manière à ce que la nécessité en ressorte pour tout travailleur, pour toute ouvrière, pour tout soldat, pour tout paysan, des faits mêmes de la vie quotidienne, systématiquement notés par notre presse. La presse périodique ou autre et tous les services d'édition doivent être entièrement soumis au Comité central du Parti, que ce dernier soit légal ou illégal. Il est inadmissible que les organes de publicité mésusent de l'autonomie pour mener une politique non conforme à celle du Parti. Dans les colonnes de la presse, dans les réunions publiques, dans les syndicats, dans les coopératives, partout où les partisans de la IIIᵉ Internationale auront accès, ils auront à flétrir systématiquement et impitoyablement non seulement la bourgeoisie, mais aussi ses complices, réformistes de toutes nuances;

2° Toute organisation désireuse d'adhérer à l'Internationale Communiste doit régulièrement et systématiquement écarter des postes impliquant tant soit peu de responsabilités dans le mouvement ouvrier (organisations du Parti, rédactions, syndicats, fractions parlementaires, coopératives, municipalités) les réformistes et les «centristes» et les remplacer par des communistes éprouvés, sans crainte d'avoir à remplacer, surtout au début, des militants expérimentés par des travailleurs sortis du rang;

3° Dans presque tous les pays d'Europe et d'Amérique, la lutte de classe entre dans la période de guerre civile. Les communistes ne peuvent, dans ces conditions, se fier à la légalité bourgeoise. Il est de leur devoir de créer partout, parallèlement à l'organisation légale, un organisme clandestin, capable de remplir au moment décisif son devoir envers la révolution. Dans tous les pays où, par suite de l'état de siège ou de lois d'exception, les communistes n'ont pas la possibilité de développer légalement toute leur action, la concomitance de l'action légale et de l'action illégale est indubitablement nécessaire;

7° Les partis désireux d'appartenir à l'Internationale Communiste ont pour devoir de reconnaître la nécessité d'une rupture complète et définitive avec le réformisme et la politique du centre et de préconiser cette rupture

---

[1] The Third (Communist) International was set up in 1919 to extend the influence of the Russian Revolution abroad.

parmi les membres des organisations. L'action communiste conséquente n'est possible qu'à ce prix.

L'Internationale Communiste exige impérativement et sans discussion cette rupture qui doit être consommée dans le plus bref délai. L'Internationale Communiste ne peut admettre que des réformistes avérés, tels que Turati, Kautsky, Hilferding, Longuet, Mac-Donald, Modigliani et autres, aient le droit de se considérer comme des membres de la IIIe Internationale, et qu'ils y soient représentés. Un pareil état de choses ferait ressembler par trop la IIIe Internationale à la IIe[1];

8° Dans la question des colonies et des nationalités opprimées, les partis des pays dont la bourgeoisie possède des colonies ou opprime des nations doivent avoir une ligne de conduite particulièrement claire et nette. Tout Parti appartenant à la IIIe Internationale a pour devoir de dévoiler impitoyablement les prouesses de «ses» impérialistes aux colonies; de soutenir, non en paroles, mais en fait, tout mouvement d'émancipation dans les colonies, d'exiger l'expulsion des colonies des impérialistes de la métropole, de nourrir au cœur des travailleurs du pays des sentiments véritablement fraternels vis-à-vis de la population laborieuse des colonies et des nationalités opprimées et d'entretenir parmi les troupes de la métropole une agitation continue contre toute oppression des peuples coloniaux;

9° Tout parti désireux d'appartenir à l'Internationale Communiste doit poursuivre une propagande persévérante et systématique au sein des syndicats, coopératives et autres organisations des masses ouvrières. Des noyaux communistes doivent être formés, dont le travail opiniâtre et constant conquerra les syndicats au communisme. Leur devoir sera de révéler à tout instant la trahison des social-patriotes[2] et les hésitations du «centre». Ces noyaux communistes doivent être complètement subordonnés à l'ensemble du Parti;

12° Les partis appartenant à l'Internationale Communiste doivent être édifiés sur le principe de la centralisation démocratique. A l'époque actuelle de guerre civile acharnée, le Parti Communiste ne pourra remplir son rôle que s'il est organisé de la façon la plus centralisée, si une discipline de fer confinant à la discipline militaire y est admise, et si son organisme central est muni de larges pouvoirs, exerce une autorité incontestée, bénéficie de la confiance unanime des militants;

13° Les partis communistes des pays où les Communistes militent légalement doivent procéder à des épurations périodiques de leurs organisations, afin d'en écarter les éléments intéressés et petits-bourgeois;

21° Les adhérents au Parti qui rejettent les conditions et les thèses établies par l'Internationale Communiste doivent être exclus du Parti. Il en est de même des délégués au Congrès extraordinaire.

---

[1] i.e. it would be too close to reformism.
[2] Supporters of the First World War, seen as traitors to socialism by Lenin.

TRADITIONAL DOCTRINE RE-STATED:
THE REVISED COMMUNIST PARTY
STATUTES   1964

Préambule

Entre ceux et celles qui acceptent les présents statuts, il est constitué une association se dénommant Parti communiste français.

Le Parti communiste français est le parti de la classe ouvrière de France. Il rassemble les ouvriers, les paysans, les intellectuels, tous ceux qui entendent agir pour le triomphe de la cause du socialisme, du communisme.

Le Parti communiste français a été fondé pour permettre à la classe ouvrière de créer les conditions du bonheur et de la liberté de tous, de la prospérité et de la sécurité de la France, de l'amitié et de la paix définitive entre les nations.

Le Parti communiste français est l'héritier des traditions démocratiques et révolutionnaires du peuple français. Il s'inspire de ses luttes pour l'indépendance nationale, la liberté de l'homme et le progrès social, notamment des expériences des combattants de la Commune de Paris, premier État prolétarien au monde, du Parti ouvrier français, du Parti socialiste unifié de Guesde et de Jaurès,[1] de l'ensemble du mouvement ouvrier et démocratique de notre pays.

Le Parti communiste français fonde son action sur le marxisme-léninisme, qui généralise les connaissances philosophiques, économiques, sociales et politiques les plus avancées. Cette doctrine est une conception scientifique du monde, une méthode d'analyse de la réalité, un guide pour l'action s'enrichissant sans cesse des acquisitions de la science, des expériences de l'action de classe des travailleurs en France et dans le monde, des réalisations des pays où le socialisme a triomphé.

Le Parti communiste français a pour but fondamental la transformation de la société capitaliste en une société collectiviste ou communiste, société fraternelle sans exploiteurs ni exploités.

Dans une première étape, la société nouvelle est caractérisée par la suppression de l'exploitation de l'homme par l'homme, la collectivisation des principaux moyens de production et d'échange, l'amélioration du niveau de vie matériel et culturel du peuple selon le principe: «*De chacun selon ses capacités, à chacun selon son travail*». La deuxième étape voit se créer progressivement les conditions du communisme où l'abondance de la richesse sociale et le niveau de conscience des hommes seront tels qu'il sera possible de passer à la réalisation du grand principe: «*De chacun selon ses capacités, à chacun selon ses besoins*».

Le Parti communiste français considère que la libération du peuple français des chaînes de l'exploitation exige la destruction de toute forme de la dictature du capital et la conquête du pouvoir politique par la classe ouvrière, en alliance étroite avec la paysannerie laborieuse et l'ensemble des masses populaires.

[1] *See* p. 16.

Ce pouvoir, dont la forme peut varier, est la dictature temporaire du prolétariat qui assure la démocratie la plus large pour tous les travailleurs. Après la défaite définitive des anciennes classes exploiteuses, elle laisse la place à un État de tout le peuple, étape nouvelle sur la voie qui conduira progressivement du «*gouvernement des hommes à l'administration des choses.*»

Le Parti communiste français travaille à gagner la classe ouvrière et les masses laborieuses de France à la cause de la transformation socialiste de la société française qui s'effectuera compte tenu des conditions spécifiques de notre pays et des expériences de l'édification de la nouvelle société dans d'autres pays.

En se libérant de l'exploitation capitaliste, la classe ouvrière libérera du même coup l'ensemble des couches opprimées par le grand capital et elle assurera la liberté véritable de la nation tout entière.

Le Parti communiste français, sans jamais perdre de vue le but fondamental de son action, agit pour défendre et élargir les libertés, les droits, les avantages même partiels, conquis par le peuple de France au cours de ses luttes séculaires. Il oriente la lutte de la classe ouvrière, de la paysannerie laborieuse et des autres couches travailleuses en faveur de leurs revendications économiques, sociales et culturelles, pour imposer toute mesure, toute réforme démocratique améliorant leurs conditions d'existence. Il combat le fascisme et toutes les formes de pouvoir autoritaire que le grand capital établit pour défendre ses intérêts égoïstes de classe. Il lutte pour instaurer le régime démocratique le plus avancé possible dans les conditions du système capitaliste.

Le Parti communiste français agit sans répit pour l'unité d'action des forces de la classe ouvrière et la réalisation d'un large front des forces démocratiques, en vue de libérer la France de toute forme de pouvoir autoritaire, d'y instaurer une démocratie authentique et de l'engager sur les chemins du socialisme.

Le Parti communiste français est à la fois un parti national et internationaliste. Il détermine librement sa politique fondée sur les intérêts de la classe ouvrière, du peuple et du pays. De même que les autres peuples bénéficient de l'expérience des luttes du peuple de France, le parti tient compte de celle du mouvement ouvrier et démocratique des autres pays.

Le Parti communiste français travaille à raffermir l'amitié et la solidarité avec le peuple de l'U.R.S.S. et tous les peuples qui, à son exemple, se sont engagés dans la voie du socialisme. Fidèle au mot d'ordre du *Manifeste communiste:* «*Prolétaires de tous les pays, unissez-vous!*», il agit pour l'unité des rangs du mouvement ouvrier et communiste mondial sur la base des principes marxistes-léninistes et des résolutions adoptées en commun par les Partis communistes et ouvriers.

Le Parti communiste français combat tous les préjugés raciaux, il défend les principes de la liberté, de l'égalité et de l'indépendance de tous les peuples. La solidarité de la classe ouvrière de France avec les peuples opprimés par l'impérialisme est un principe essentiel du Parti. Il soutient le combat libérateur des peuples subissant encore l'oppression de l'impérialisme français et des autres impérialismes. Il appuie les peuples récemment libérés dans leur lutte pour une totale émancipation économique et politique...

CO-EXISTENCE WITH THE SOCIALIST PARTY   1967

... pendant longtemps, les socialistes ont soutenu qu'il était impossible pour eux d'envisager l'unité avec les communistes parce qu'en Union Soviétique et dans d'autres pays socialistes, il n'existe qu'un seul parti.

Mais on sait que notre Parti a apporté à cette question la réponse qui convient en indiquant que, pour la France, nous rejetions la thèse du parti unique comme condition obligatoire de la Révolution socialiste et nous nous prononcions pour la pluralité des partis.

Dès son XIVe Congrès,[1] notre Parti s'est affirmé en effet pour une collaboration durable entre communistes et socialistes non seulement dans la lutte actuelle pour une démocratie véritable, mais demain pour l'instauration du socialisme.

. . . .

... Lénine n'avait pas... formulé la théorie suivant laquelle les choses doivent se passer dans tous les pays dans les mêmes conditions.

Ce n'est que par la suite que Staline formula la thèse selon laquelle l'existence d'un parti unique est la condition obligatoire du passage au socialisme. Mais c'était là, pensons-nous, une généralisation abusive des circonstances spécifiques dans lesquelles s'est déroulée la Révolution d'Octobre.

Non seulement, l'existence d'un seul Parti peut ne pas correspondre à toutes les situations et convenir pour tous les pays, mais dans certains cas, le fait de mettre en avant une telle condition peut même retarder l'avènement du socialisme, en gênant le rassemblement de toutes les forces socialistes et progressistes.

C'est le cas par exemple dans un pays comme le nôtre où il existe à côté du Parti communiste un important Parti socialiste et où la réalisation de l'unité d'action entre communistes et socialistes est une première condition indispensable pour hâter la réalisation de l'unité de la classe ouvrière et le rassemblement autour d'elle de toutes les forces démocratiques et progressistes.

Cahiers du communisme, special number on 18th party congress (février-mars 1967), pp. 64–65.

THE PEACEFUL CHANGEOVER TO SOCIALISM   1967

... pendant longtemps, les dirigeants socialistes ont soutenu que l'opposition entre socialistes et communistes était irréductible parce que, selon eux, les communistes seraient invariablement et par principe pour la prise du pouvoir par la violence, par l'insurrection armée.

A la vérité, pour les communistes, la violence révolutionnaire n'a jamais été un but en soi. Les communistes considèrent, au contraire, que la classe ouvrière est intéressée à l'accomplissement de la Révolution socialiste par des voies pacifiques, qui permettent d'éviter le trouble et la désorganisation

[1] 1956.

9

des forces productives. L'emploi de la violence n'est donc jamais le résultat d'une préférence des travailleurs. Il dépend du degré de résistance des exploiteurs à la volonté du peuple, des formes de lutte dont ils font l'usage. Il est vrai que la première grande révolution socialiste, la Révolution russe, n'a pu vaincre qu'à la condition que la classe ouvrière et ses alliés répondent à la violence de la grande bourgeoisie capitaliste et des gros propriétaires fonciers, par la violence prolétarienne.

Cependant, comme l'a souligné en 1956 le XXe Congrès du Parti communiste de l'Union Soviétique, en raison du nouveau rapport des forces à l'échelle internationale en faveur du socialisme, à notre époque, il est possible dans un pays donné et dans des conditions données, d'envisager un passage pacifique au socialisme, ce qui ne signifie évidemment pas un passage sans lutte des classes.

Les possibilités de notre époque sont définies à la fois par les conditions de la lutte de classes à l'intérieur de chaque pays donné et par le nouveau rapport des forces dans l'arène internationale.

Les victoires remportées par le socialisme depuis un demi-siècle et, dans la dernière période, celle du mouvement de libération nationale, ont totalement modifié l'équilibre du monde.

Ce sont ces deux ordres de facteurs, les facteurs internes et les facteurs externes, qui permettent à notre Parti de poser comme possible le passage pacifique de la France au socialisme.

Certes, personne ne peut dire en ce moment avec précision de quelle façon le socialisme sera réalisé demain en France.

Mais la position et la volonté du Parti communiste français sont claires: toute son activité est orientée en vue de créer les conditions favorables à un passage pacifique au socialisme en vue de l'accomplissement de l'idéal socialiste comme résultat du mouvement démocratique de toute la nation laborieuse.

Dans ces conditions, les socialistes qui veulent réellement mettre à profit les chances d'aller au socialisme par les voies pacifiques savent que c'est seulement en s'associant aux communistes qu'ils pourront atteindre un tel objectif dans l'intérêt de la classe ouvrière et du peuple.

. . . .

... affirmer la possibilité du passage pacifique au socialisme dans la pluralité des partis ne signifie aucunement que le socialisme peut être réalisé sans la lutte des classes, sans la mobilisation de toutes les forces de la classe ouvrière et de ses alliés.

Sous peine d'entretenir chez les travailleurs de dangereuses illusions, il faut, au contraire, partir de l'idée marxiste que la grande bourgeoisie ne renoncera jamais de bon gré au pouvoir.

Le passage au socialisme, pacifique ou non pacifique, exige de toute façon l'unité de lutte de la classe ouvrière et le rassemblement autour d'elle ou à ses côtés de toutes les forces démocratiques, progressistes et nationales, c'est-à-dire la conquête de la majorité du peuple afin que la grande bourgeoisie isolée ne soit plus en mesure de recourir à la guerre civile.

C'est que, comme l'indique le projet de résolution soumis au Congrès:

«Quelle que soit sa forme, le passage au socialisme implique la conquête du pouvoir politique par la classe ouvrière en alliance étroite avec la paysannerie laborieuse et les couches moyennes des villes.»

Cela signifie que le passage pacifique au socialisme dans la pluralité des partis ne dépend pas seulement des souhaits du Parti communiste. Il suppose certaines conditions qui concernent les autres partis. Il faut notamment que le Parti socialiste se détourne de la politique de collaboration de classe avec la bourgeoisie afin de pratiquer une politique de lutte effective pour la démocratie et pour le socialisme.

Car il faut ici aborder une question fondamentale: celle de la nature et des fonctions du pouvoir politique que la classe ouvrière et ses alliés doivent établir pour réaliser le socialisme.

Comme l'indique le projet de résolution, en abolissant l'exploitation de l'homme par l'homme, le socialisme crée les conditions de la plus large participation des masses à la gestion des affaires publiques.

On sait qu'en France, la pluralité des partis, le système parlementaire, les libertés municipales sont des facteurs importants de la vie politique et sociale.

Avec le passage au socialisme, l'objectif est de renforcer, de démocratiser toutes ces institutions, ce qui suppose l'exercice de la liberté de pensée, de la liberté de réunion et d'association, du droit de grève et de l'ensemble des droits de l'homme et du citoyen. Les droits de la minorité doivent s'exercer dans le cadre de la légalité nouvelle démocratiquement établie par la majorité.

Mais — et c'est là un autre aspect essentiel du même problème — il s'agit de savoir quel est le contenu du pouvoir politique que la classe ouvrière et ses alliés doivent nécessairement établir en vue de protéger l'ordre social nouveau contre les attaques du dedans et du dehors et d'assurer la transformation socialiste de la société.

Les fondateurs du socialisme scientifique Marx et Engels ont désigné ce nouveau pouvoir des travailleurs par l'expression «dictature du prolétariat.»

Dans la notion marxiste de dictature du prolétariat, on distingue deux idées fondamentales: le rôle dirigeant de la classe ouvrière dans la construction du socialisme et sa domination politique sur la bourgeoisie réactionnaire en vue d'aboutir à la suppression des classes. Ce qui confère au nouveau pouvoir un caractère provisoire, temporaire, en même temps qu'il constitue la démocratie la plus large pour tous les travailleurs et pour le peuple.

En fait, le nouveau pouvoir politique des travailleurs peut revêtir des formes différentes selon les conditions concrètes de chaque pays, mais de toute façon, y compris s'il comporte la pluralité des partis, il doit remplir les deux conditions essentielles suivantes:

1°— assurer la plus large démocratie pour tous les travailleurs et pour le peuple entier, afin de les faire participer à la construction du socialisme et à la gestion, sous différentes formes, des affaires publiques;

2°— défendre le nouveau régime de démocratie socialiste contre les entreprises de sabotage organisées par les anciennes classes exploiteuses en vue de se ressaisir du pouvoir et de restaurer le capitalisme.

La classe ouvrière et ses alliés ne sauraient, en effet, réaliser le socialisme si, après avoir accédé démocratiquement au pouvoir politique, ils laissaient aux anciens tenants du capitalisme et aux ennemis du socialisme la possibilité d'utiliser tous les moyens, y compris la violence, pour saboter l'œuvre de transformation socialiste et restaurer le pouvoir capitaliste.

C'est pourquoi nous considérons que le maintien du nouveau pouvoir des travailleurs et l'œuvre d'édification du socialisme doivent être protégés et défendus, dans le cadre des lois socialistes, par tous les partis démocratiques qui sont pour le socialisme et qui représentent la majorité du peuple.

On rencontre aujourd'hui de prétendus fabricants de «socialisme» qui présentent les choses comme si l'on pouvait réaliser le socialisme sans toucher aux capitalistes et à leurs intérêts, mais on sait qu'à l'exemple de la jument de Rolland, un tel socialisme n'existe pas.

Enfin, il faut insister sur le fait que c'est la classe ouvrière — par suite de la situation qu'elle occupe dans la société — qui est l'animatrice et la dirigeante naturelle de toutes les forces en lutte pour la démocratie et pour le socialisme.

Pour les mêmes raisons, l'existence et l'activité du Parti communiste, comme avant-garde révolutionnaire de la classe ouvrière s'inspirant des principes du marxisme-léninisme, constituent une des conditions essentielles de la victoire.

ibid., pp. 63; 66–68

ROGER GARAUDY ON THE STUDENTS AND THE WORKING CLASS   1968

Signification des luttes étudiantes et leurs rapports avec les luttes ouvrières.

C'est un problème théorique fondamental dont dépend la manière d'articuler les luttes des étudiants avec celles des ouvriers.

A partir de l'idée fondamentale que la principale force révolutionnaire est la classe ouvrière, deux méthodes d'approche sont possibles pour essayer de définir la signification de classe du mouvement des étudiants. Cela tient à la situation même des étudiants qui, par définition, est transitoire, préparatoire: on peut donc tenter de déterminer leur situation de classe soit par leur passé (leur origine sociale), soit par leur avenir (leur fonction future).

On peut d'abord faire une étude sur les origines sociales des étudiants et souligner notamment qu'ils sont, dans leur grande majorité, issus des classes moyennes et de la petite bourgeoisie, avec seulement 10% de fils d'ouvriers, ce qui donne une image inversée de la nation. Si l'on en tire argument pour exiger une démocratisation de l'accès à l'Université, c'est parfaitement légitime.

Par contre il serait faux de vouloir déduire uniquement de là notre jugement sur la signification de classe du mouvement étudiant. Si par exemple nous disons: en raison de leurs origines sociales les étudiants ne constituent pas un groupe social homogène et la dominante petite-bourgeoise de leurs origines leur confère nécessairement les caractères politiques de cette petite bourgeoisie, avec ses hésitations, ses oscillations, etc., nous nous contentons d'une sociologie mécaniste qui n'a rien à voir avec l'analyse marxiste, et les conséquences pratiques de cette erreur théorique seront meurtrières. Sans aucun doute les origines sociales des étudiants se traduisent dans leur comportement politique et pèsent d'un poids très lourd. Mais il faut rappeler très nettement, du point de vue théorique, que ce n'est pas Marx, c'est Hippolyte Taine qui a suggéré cette sorte de prédestination et ce lien mécanique avec le milieu d'origine.

Marx ne définit pas l'appartenance de classe par le milieu d'origine, mais par la place qu'on occupe dans le procès de production. Aucun des trois critères qu'il donne pour définir un ouvrier ne se réfère au milieu d'origine.

C'est à partir de ces critères que l'on peut aborder la question des étudiants, d'une manière évidemment très particulière, c'est-à-dire en les définissant par leurs fonctions futures. Or, de ce point de vue, un grand nombre d'étudiants, notamment tous ceux qui se préparent à des fonctions débouchant sur la production, qui deviendront ingénieurs, qui fourniront divers cadres à la vie économique et à sa gestion, ceux même qui s'orientent vers la recherche scientifique, auront, à notre époque, une place particulière dans le processus de production : nous avons dit et répété, avec juste raison, qu'à notre époque la science est devenue une force productive directe.

Il en découle que ceux qui la pratiquent présentent, du point de vue de classe, des caractères nouveaux :

1. Non seulement, comme par le passé — et comme les ouvriers, — ils ne possèdent pas les moyens de production.

2. Mais ils sont eux aussi, comme les ouvriers, producteurs de plus-value ; ils font partie intégrante du «travailleur collectif» dont parlait Marx dans «Le Capital».

3. Reste le troisième critère : le critère subjectif de la conscience de classe. Or ces couches d'intellectuels se trouvent, depuis quelques années, par suite du développement des forces productives, et notamment des applications de la cybernétique à la production, à l'organisation et à la gestion, dans des conditions favorables à la prise de conscience des contradictions fondamentales et des contradictions nouvelles du capitalisme.

Or les étudiants ne vivent pas seulement au futur ces contradictions en réfléchissant sur le rôle contradictoire qui leur sera assigné par le système lorsqu'ils sortiront de l'Université pour devenir l'encadrement de ce système dont il n'est pas question de discuter les fins ni le sens.

Si le thème de l'aliénation est si largement répandu, c'est parce que, plus ou moins confusément, — et plutôt plus que moins — beaucoup d'étudiants sentent l'analogie croissante de cette situation avec celle de l'ouvrier dans l'entreprise, même si au départ, comme nous l'avons noté, cette analogie est conçue très faussement, par exemple en assimilant le professeur au patron et à l'État-patron (de même qu'aux premières étapes du mouvement ouvrier, comme le rappelle Engels, la lutte de classe encore instinctive et primitive tournait les colères contre les machines ou le contremaître, et non contre le système capitaliste lui-même).

C'est pourquoi la classe ouvrière et son Parti peuvent et doivent faciliter le passage à une véritable conscience révolutionnaire chez les étudiants en s'attachant fortement à dégager le lien interne et profond entre les aspirations des étudiants (même si elles prennent des formes encore utopiques ou anarchiques, qui donnent facilement prises à la diversion et à la provocation) et les objectifs de la classe ouvrière.

En ne perdant pas de vue le fait nouveau, à l'étape actuelle du développement des forces productives, qu'il existe un fondement de classe objectif aux luttes des étudiants et que cette lutte a des implications objectivement révolutionnaires.

Ce fondement objectif explique que si, au temps de Marx et d'Engels, (l'un fils de petit bourgeois et l'autre de grand bourgeois) le passage aux positions de la classe ouvrière, pour des intellectuels, demeurait un phénomène individuel — car il n'avait qu'une base subjective: «l'intelligence du mouvement historique», comme écrit Marx dans «Le Manifeste» —, ce passage devient aujourd'hui un phénomène de masse, car il repose sur la base objective des rapports de classe liant le «travailleur collectif» (dont un nombre croissant d'intellectuels font partie intégrante) au système capitaliste.

Évidemment, chez les étudiants, en raison de leur situation même, qui est celle de futurs producteurs, la tendance sera à mettre l'accent, de façon unilatérale, sur l'avenir, sur les perspectives, et sur l'aspect idéologique ou même moral du problème, avec tous les risques d'utopisme et d'anarchisme que cela implique, avec toutes les possibilités d'exploitation démagogique et même policière.

Mais rien de tout cela ne doit estomper pour nous l'essentiel ni nous empêcher d'établir un rapport juste entre la lutte de classe des ouvriers et le mouvement des étudiants.

S'en tenir à l'analyse mécaniste du sociologisme vulgaire sur les seules origines sociales conduirait à une sorte de paternalisme considérant le mouvement étudiant dans son ensemble comme éternellement mineur, allié nécessairement instable comme le sont les couches petites-bourgeoises dont proviennent, en général, les étudiants.

Si, au contraire, nous abordons plus largement le problème, en situant le rôle de l'intellectuel comme partie intégrante du «travailleur collectif» à une époque où la science devient une «force productive directe», et la situation de l'étudiant à travers cette fonction future, nous pourrons articuler correctement la lutte des ouvriers et celle des étudiants.

La classe ouvrière de France a défini ses objectifs: revendications de salaires, diminution des cadences et du temps de travail, participation active à la gestion de la Sécurité sociale, extension des pouvoirs des comités d'entreprises, planification démocratique. Le dénominateur commun de toutes ces exigences d'une démocratie ouvrant la voie au socialisme est l'exigence fondamentale que chaque travailleur, au lieu d'être un instrument passif aux mains du capital, devienne un participant actif, créateur, à l'orientation de l'économie contre le régime des monopoles, à l'élaboration de la politique afin de substituer partout des représentants élus à des agents désignés par le pouvoir central. Enfin la classe ouvrière exige, comme le souligne le programme du parti communiste français, des possibilités égales pour tous d'accéder à la culture, à une culture qui ne soit plus mise au service des monopoles mais une création consciente de l'avenir.

Que le mouvement des étudiants soit perturbé par des tentatives de surenchère et d'aventures, par des provocations qui le divisent, l'affaiblissent et facilitent la répression, cela nous invite à la vigilance, mais ne doit en aucun cas estomper le lien interne et profond de ce mouvement avec le mouvement ouvrier.

R. GARAUDY, 'La révolte et la révolution',
Démocratie nouvelle (avril-mai 1968), pp. 6–7

THE *MANIFESTE DE CHAMPIGNY*   1968

Contrairement aux «théories» des apologistes du grand capital, la classe ouvrière avec son noyau prolétarien — dont le travail est la source de l'enrichissement des monopoles — voit son importance grandir constamment. Classe sociale privée de toute propriété de moyens de production, subissant en conséquence l'exploitation directe des capitalistes, de plus en plus souvent concentrée dans d'immenses entreprises, possédant une longue tradition de luttes, puissamment organisée dans ses syndicats et s'étant donné un Parti communiste fort d'une doctrine scientifique et d'une organisation efficace, la classe ouvrière constitue la force décisive de la grande lutte des classes de notre temps. Au dépit des idéologues bourgeois et des tenants du capital, elle l'a bien montré, une fois de plus, en ces mois de mai et de juin 1968.

. . . .

Le nombre des ingénieurs, techniciens, chercheurs, enseignants grandit sans cesse. C'est par millions qu'on compte désormais les intellectuels de toutes disciplines. En dépit d'une grande diversité de situation, l'immense majorité d'entre eux subit le poids croissant de l'exploitation capitaliste. Le régime des monopoles leur refuse toute participation créatrice aux destinées économiques et politiques du pays, à l'élaboration d'une culture vivante. Leur rôle grandit dans la lutte des classes. Certes, leur formation et leur origine sociale ne les prédisposent pas à reconnaître aisément le rôle décisif de la classe ouvrière. Mais les luttes du printemps 1968 ont montré qu'une partie d'entre eux, beaucoup plus considérable que dans la période précédente, en vient à participer activement au combat aux côtés des ouvriers et des employés. Cette alliance nécessaire de la classe ouvrière et des intellectuels, le Parti communiste français la considère comme une question capitale à laquelle il accorde la plus grande attention.

. . . .

Laissée pour compte par le pouvoir et surexploitée par le grand patronat, alors que sa masse ne cesse de grandir, la jeunesse, et au premier chef la jeunesse ouvrière, réclame avec une combativité accrue le droit à l'emploi, le droit à l'enseignement et aux loisirs, le droit à la parole aussi. Les jeunes ont joué un grand rôle dans les événements récents. La génération montante s'est placée aux premières lignes de la bataille contre le gaullisme et le capitalisme, pour les revendications et le progrès.

Ainsi s'accentue et s'aggrave la contradiction qui oppose, avec la classe ouvrière, l'immense majorité de la population à la grande bourgeoisie capitaliste et ses commis.

Ainsi se développent les bases d'une communauté d'intérêts de toutes les couches sociales victimes des monopoles et de leur politique, et les possibilités de leur rassemblement autour de la classe ouvrière.

C'est le grand enseignement qu'ont mis en évidence les puissantes batailles de classe de mai et juin 1968. Elles ont constitué le premier grand affrontement entre la masse des travailleurs et le pouvoir des monopoles aux prises avec les contradictions qu'il est incapable de résoudre.

. . . .

Ce puissant mouvement d'une ampleur inégalée dans notre histoire, a contraint le pouvoir et le patronat à faire d'importantes concessions tant sur le plan des revendications ouvrières que sur celui de l'organisation de l'Éducation nationale. Les résultats obtenus montrent l'efficacité de la lutte de masse, la possibilité d'imposer des reculs importants au pouvoir et au grand capital, et par là même, de les affaiblir, de les ébranler sous le poids de la convergence des actions populaires.

. . . .

L'action de masse, persévérante et multipliée, de la classe ouvrière et des autres travailleurs, la généralisation de l'alliance entre le prolétariat et les autres couches sociales qui pâtissent de la politique des monopoles sont la condition essentielle d'une lutte efficace contre le pouvoir gaulliste qui élabore et réalise cette politique antipopulaire.

. . . .

Une politique sociale avancée implique avant tout que soient progressivement satisfaites les revendications essentielles des masses laborieuses, c'est-à-dire : l'amélioration du pouvoir d'achat des salaires ; la réalisation du plein emploi pour tous ; la réduction du temps de travail et l'abaissement de l'âge ouvrant droit à la retraite, condition de l'élimination du chômage et d'une participation effective des travailleurs aux activités sociales, civiques et culturelles ; l'attribution du quart du budget à l'Éducation nationale et une réforme démocratique de l'enseignement ; une politique agricole qui assure une vie digne aux petits et moyens paysans et les encourage à coopérer sous toutes les formes ; une aide adéquate aux artisans, aux petits industriels et aux commerçants.

Une telle politique est possible.

Mais elle suppose que soit pris un ensemble de mesures destinées à limiter progressivement et systématiquement l'emprise des monopoles sur l'économie nationale, à affaiblir le capitalisme monopoliste d'État dans ses moyens économiques et financiers.

La première de ces mesures doit donc être la nationalisation des grandes banques et des branches d'industrie monopolisées, qui pour la plupart reçoivent actuellement des subsides de l'État sous les formes les plus diverses. Il est d'une importance décisive que ces nouvelles entreprises nationales et celles qui existent déjà soient gérées démocratiquement, c'est-à-dire avec la participation active et sous le contrôle des représentants des travailleurs. C'est là une condition essentielle pour que les sociétés nationales ne soient plus administrées, comme c'est le cas actuellement, de façon à assurer des privilèges aux trusts, mais dans l'intérêt du développement des forces productives de la nation et des besoins de notre peuple.

Simultanément, l'élaboration et la mise en œuvre démocratiques d'un plan de développement économique et social, visant à assurer le développement harmonieux de l'économie nationale, l'élévation régulière du niveau de vie des masses, une politique cohérente d'investissements, contribueraient à renforcer le pouvoir de décision de la masse des citoyens et à réduire celui des puissances d'argent.

. . . .

Pour réaliser ces mesures, il est nécessaire d'imposer de profonds changements dans le régime politique de notre pays.

Le rétablissement de la souveraineté du peuple français doit être assuré par l'abrogation des dispositions constitutionnelles établissant le pouvoir personnel.

L'Assemblée nationale élue au suffrage universel et à la représentation proportionnelle doit avoir le pouvoir réel de faire les lois et de contrôler le gouvernement.

. . . .

Les opportunistes «de gauche» préconisent la conquête d'un «pouvoir à l'usine», d'un «pouvoir à l'université», sans jamais poser la question du pouvoir politique...

Les communistes, eux, préconisent une tout autre orientation. La classe ouvrière, la majorité du peuple doivent être conquises à l'idée et à la pratique d'une transformation socialiste de la société. On ne peut le faire qu'en leur montrant qu'il est possible d'abord de se débarrasser du pouvoir antidémocratique actuel et en les convainquant de la nécessité d'une modification profonde des structures économiques et sociales.

C'est pourquoi les communistes n'opposent pas la lutte pour les revendications et pour les réformes au combat pour la révolution socialiste. Si, pour les opportunistes, la lutte pour les réformes dans les conditions du capitalisme constitue un but en soi, pour les communistes elle est une partie de la lutte des classes contre le grand capital, pour faire reculer et affaiblir ce dernier sans que soit jamais perdu de vue le but final : le socialisme.

. . . .

Le socialisme, c'est tout à la fois la propriété collective des grands moyens de production et d'échange, l'exercice du pouvoir politique par la classe ouvrière et ses alliés, la satisfaction progressive des besoins matériels et intellectuels sans cesse croissants des membres de la société, la création des conditions propres à l'épanouissement de chaque personnalité.

. . . .

De même que la classe ouvrière est la force décisive du large rassemblement antimonopoliste qui imposera une démocratie avancée en France, de même la classe ouvrière jouera le rôle dirigeant dans l'accomplissement de la révolution socialiste et dans la construction d'une France socialiste en alliance avec la paysannerie laborieuse, les intellectuels, la petite bourgeoisie urbaine.

La classe ouvrière, en effet, est la force révolutionnaire fondamentale de la société à notre époque...

. . . .

Loin de diminuer, comme voudraient le faire croire les propagandistes de la bourgeoisie, le rôle de la classe ouvrière ne cesse de grandir. Un des faits qui en témoignent est que ses possibilités d'alliance avec les autres couches de la population laborieuse sont plus réelles que jamais.

La paysannerie, la majeure partie des couches moyennes se trouvent placées aujourd'hui devant le dilemme: succomber dans la voie capitaliste ou s'engager aux côtés de la classe ouvrière dans la voie socialiste de développement.

De même, un nombre grandissant d'intellectuels se trouve directement engagé dans la production; l'accélération continue du progrès technique augmente considérablement leur rôle dans la croissance économique et dans l'organisation de la production. La science s'affirme toujours davantage comme une force productive directe. C'est pourquoi l'alliance de la classe ouvrière avec les intellectuels est, à notre époque, une affaire capitale.

L'édification du socialisme dans notre pays ne sera donc pas la tâche de la classe ouvrière seule, mais celle de toutes les couches sociales intéressées au renversement de la domination du grand capital, à la socialisation des grands moyens de production et d'échange, à l'établissement d'un système économique et social permettant le plein essor des initiatives et des facultés créatrices de tous les membres de la société.

. . . .

L'existence de plusieurs partis politiques reflétant à des degrés divers les intérêts et aspirations des diverses classes et couches sociales, fait partie des traditions démocratiques de notre pays.

Comme l'a souvent déclaré notre Parti, la marche vers le socialisme tout comme la renaissance démocratique et nationale de la France, ne peuvent être l'œuvre d'un seul parti: elles exigent une alliance loyale et durable entre la classe ouvrière, la paysannerie laborieuse, les intellectuels, les classes moyennes des villes.

Lors du passage au socialisme et pour l'édification de celui-ci, les partis et les formations démocratiques existants qui s'affirmeront pour le socialisme et le respect des lois du nouveau régime social pourront participer pleinement à la vie politique du pays et jouiront de l'ensemble des droits et libertés garantis par la constitution.

Le Parti communiste français aura le souci de favoriser et d'organiser la collaboration avec toutes ces forces sociales et politiques.

Cette collaboration se réalisera sur la base d'un programme commun correspondant à chaque étape du développement socialiste, approuvé et soutenu par les diverses couches sociales intéressées à la réalisation de cette étape, et dont l'application sera soumise au contrôle des masses laborieuses.

Une importance particulière s'attache à ce sujet à la coopération du Parti communiste et du Parti socialiste... La classe ouvrière ne se résignera jamais à la division de ses rangs. Dans un pays comme le nôtre, il est possible et il est nécessaire d'établir sans attendre la collaboration des deux principaux partis qui se réclament du socialisme et qui s'assignent pour objectif la construction d'une société sans classes. C'est pourquoi, tout en repoussant les tendances opportunistes de la social-démocratie, notre Parti s'emploie et s'emploiera à favoriser la confrontation des points de vue avec le parti socialiste dans le but de dégager en commun les bases politiques d'une co-opération, d'une alliance pour la construction en commun d'une France socialiste.

. . . .

Dans une France socialiste, les droits de la minorité seront respectés dès lors qu'ils s'exerceront, selon la règle démocratique, dans le cadre de la légalité établie par la majorité.

Le pouvoir socialiste des travailleurs et de leurs alliés exercera par contre toute la rigueur de la loi à l'endroit de tous ceux, individus ou groupements, qui contreviendraient à la légalité et se livreraient à une action visant à détruire le socialisme, et avec lui, la démocratie.

La deuxième fonction du pouvoir socialiste est en effet de défendre résolu-ment l'œuvre de construction du socialisme contre les agissements des anciennes classes exploiteuses en vue de se ressaisir du pouvoir et de res-taurer le capitalisme.

On ne peut s'attendre à ce que la bourgeoisie renonce de bon gré à ses posi-tions et à son pouvoir...

Les partis démocratiques qui sont pour le socialisme et qui représentent la majorité du peuple, se doivent de défendre le régime social nouveau contre de telles activités.

Dans toute la mesure du possible, la classe ouvrière donnera toujours sa préférence aux méthodes de lutte non-coercitives, à la persuasion et à l'édu-cation. Mais elle n'hésitera pas à recourir à la contrainte si les forces hostiles au socialisme recourent elles-mêmes à la subversion et à la violence.

Cahiers du communisme (janvier 1969), pp. 121-139

ROGER GARAUDY'S SPEECH AT THE 19TH COMMUNIST PARTY CONGRESS   1970

Nous avons en face de nous un régime impuissant à résoudre les pro-blèmes du pays. Cette impuissance, on l'a dit je n'y reviens pas, découle de son principe même. Aux exigences nées du développement des forces productives et des rapports de classe, le gouvernement propose, sous le nom de «société nouvelle», une issue illusoire: une prétendue participation aux bénéfices et une prétendue participation aux décisions dont le caractère fondamental est de ne toucher en rien ni aux prérogatives de l'autorité patronale, ni aux privilèges des profits patronaux...

Dans ces conditions, comment présenter une alternative réelle concrète au régime actuel, comme celle que propose notre Parti? Cela n'est possible, comme tout le monde l'a dit, que par l'unité de l'opposition démocratique, et cette unité à son tour n'est possible, me semble-t-il, qu'à trois conditions:

1° Au delà de l'expression politique des forces de la gauche et de l'oppo-sition démocratique, il faut, dans les conditions nouvelles nées de la mutation scientifique et technique, faire une analyse de la société contempo-raine permettant de dégager les fondements théoriques, historiques, objectifs du point de vue économique et social, du regroupement des forces capables, avec la classe ouvrière, de présenter une alternative au capitalisme monopoliste d'État.

2° Pour mobiliser cet ensemble vers l'objectif commun proposé par notre Parti, il faut définir clairement les perspectives de l'ordre social qu'elles peuvent construire... Nous ne pouvons... nous dérober à la nécessité de dire quel socialisme nous voulons bâtir en France, en précisant ses ressemblances et ses différences par rapport à ceux des régimes socialistes qui existent déjà, en définissant aussi ses rapports avec les formes existantes de démocratie, en montrant enfin comment il peut résoudre pratiquement non seulement les contradictions permanentes du capitalisme dégagées par Marx et par Lénine, mais aussi les contradictions nouvelles nées du développement nouveau des forces productives.

3° L'unité de la gauche ne peut se réaliser efficacement que si l'on précise les formes d'organisation du combat pour le socialisme afin que le progrès scientifique et technique puisse à la fois se déployer sans entraves et servir à l'épanouissement de tous les hommes et non à leur aliénation.

Ce sont là les trois problèmes essentiels soulevés dans mon livre,[1] et la discussion même a prouvé, je crois, que nul aujourd'hui ne saurait les éluder dans la lutte pour une alternative au régime actuel, pour l'unité de la gauche et pour l'avenir socialiste de la France.

1° En ce qui concerne le premier problème, ce qui a changé dans les rapports de classe ce n'est pas l'antagonisme fondamental entre le capital et le travail. La lutte de classe et le rôle dirigeant de la classe ouvrière ne sauraient donc être mis en cause. Ce qui a changé en raison du rôle croissant joué par les sciences dans la production, c'est la notion de travail productif. Et elle a changé dans le sens prévu par Marx lorsque dans le «Capital» il définissait le travail sous sa forme spécifiquement humaine, comme une transformation de la nature précédée de la conscience de ses fins. Il montrait par là même que le rôle de la connaissance, de la recherche et de la prévision scientifiques serait de plus en plus grand. Il en résulte que si l'on ne définit pas la classe ouvrière d'une façon étroite, seulement comme l'ensemble des travailleurs manuels, ce que Marx n'a d'ailleurs jamais fait, mais comme, je cite Marx dans «Salaires, prix et profits», l'ensemble de ceux qui, n'ayant à vendre que leur force de travail, leurs bras ou leur cerveau agissants, créent la plus-value, non seulement cette classe ouvrière ne diminue pas en nombre et en importance historique comme le prétendent les théoriciens du néo-capitalisme, mais, au contraire, ne cesse de grandir en intégrant à elle des couches de plus en plus importantes de travailleurs intellectuels. Ce qui ne signifie nullement que cette évolution est maintenant achevée, ce que je souligne à trois reprises dans mon livre, et que l'on peut ranger en bloc tous les intellectuels dans la classe ouvrière, ce qui serait une absurdité. Dans la gamme aux mille nuances des intellectuels, il en est qui sont purement et simplement intégrés à la classe dominante avec ses P.D.G.[2] et ses grands technocrates. Il en est d'autres, surtout dans les carrières libérales à statut individuel, qui appartiennent aux classes moyennes. Il en est parmi les ingénieurs et techniciens et je ne dis pas tous, loin de là, qui comme le soulignait déjà Marx, font partie intégrante de la classe ouvrière. Et puis une grande partie d'entre eux, la plus grande peut-être, parmi aussi les

---

[1] *Le grand tournant du socialisme.*
[2] *Présidents-directeurs généraux,* managing directors.

ingénieurs, cadres et techniciens, parmi les enseignants, parmi les fonctionnaires et employés, sans appartenir à la classe ouvrière, est en train de faire
mouvement vers elle, à la fois par sa participation croissante à la création
de la plus-value, par l'exploitation dont elle est victime, par la nature de ses
revendications, et aussi et c'est très important, par la forme de son syndicalisme de plus en plus proche de celui de la classe ouvrière.

C'est cette masse en mouvement qui peut constituer, avec la classe ouvrière
proprement dite, ce que j'ai appelé selon une expression de Gramsci, à
laquelle il est vrai j'ai donné un contenu un peu différent, un bloc historique
nouveau, à la fois en raison du mouvement historique objectif qui la
rapproche de la classe ouvrière et par la conscience qu'elle prend de cette
communauté d'intérêts et d'aspirations.

Il ne s'agit donc nullement de diluer la classe ouvrière dans le bloc historique nouveau, pas plus que dans le bloc historique ancien lorsqu'à une
étape antérieure, notre Parti, en 1924, lançait le mot d'ordre du bloc ouvrier
et paysan. Il ne s'agit pas davantage de transférer au bloc historique la
mission propre de la classe ouvrière. Le problème majeur, à mes yeux
capital, que recouvre l'expression de bloc historique, c'est de définir les
rapports entre la classe ouvrière et ces couches sociales en des termes
différents de ceux de l'alliance traditionnelle de la classe ouvrière avec la
paysannerie et les classes moyennes, car la différence est profonde. Ces
dernières, les classes moyennes traditionnelles, s'amenuisent avec le
progrès technique, alors que les couches dont nous parlons grandissent avec
lui. En outre, à la différence de ces couches d'intellectuels, les intérêts de
classe des couches moyennes sont par principe distincts de ceux de la classe
ouvrière, bien que l'alliance avec elle demeure parfaitement légitime et
nécessaire dans la lutte contre les monopoles.

En résumé, il y a 1°) la classe ouvrière; 2°) le bloc historique qu'elle peut
constituer avec les couches sociales que le développement scientifique et
technique conduit à faire mouvement vers elle; 3°) l'alliance nécessaire avec
les classes moyennes des villes et des campagnes.

Que nous soit posé là par l'histoire un problème nouveau et inédit dans
les pays hautement développés, c'est d'ailleurs ce que notre Parti a senti
puisqu'il vient de créer une revue spécialement destinée précisément aux
ingénieurs, cadres et techniciens, et je m'en réjouis sans réserve. Je souhaite
seulement, pour qu'elle contribue à la prise de conscience de ce nouveau
bloc historique, qu'aucun préjugé théorique n'obscurcisse sa vision,
qu'aucun préjugé politique ne limite sa visée. Du point de vue théorique, le
concept de bloc historique n'a pas la prétention d'être une panacée, un mot
magique — si le mot gêne qu'on en trouve un autre je n'y vois aucun
inconvénient, à une condition, c'est que le problème qu'il recouvre ne soit
pas escamoté: celui des rapports entre la classe ouvrière et ces couches
sociales en des termes différents de ceux de l'alliance traditionnelle avec la
paysannerie et les classes moyennes.

C'est un programme de travail, une hypothèse de travail, pour l'étude
d'un mouvement historique encore inachevé...

2°) A ce premier problème est étroitement lié celui de la définition et
des perspectives du socialisme que nous voulons construire selon des

conditions historiques nouvelles. Dans le passé le socialisme s'est d'abord construit dans des pays ayant à rattraper un lourd handicap de sous-développement. Les bâtisseurs de la Révolution d'Octobre comme ceux de la Révolution chinoise ont eu à mener de front la lutte pour la construction du socialisme et la lutte contre le sous-développement, ce qui a exigé une rigoureuse centralisation des ressources, des pouvoirs et des espérances, et une longue lutte armée qui ne pouvait être victorieuse que par une discipline de fer, de type militaire. Cela était nécessaire et juste et nous ne saurions oublier la reconnaissance que nous devons à ceux qui ont dû instaurer le socialisme dans de telles conditions. C'est grâce à leurs sacrifices et à leurs victoires que nous pouvons envisager aujourd'hui d'autres voies et d'autres formes du socialisme parce que du fait même de leur existence nous ne sommes plus isolés comme ils le furent.

Lénine nous a appris à distinguer dans la Révolution d'Octobre ce qui a valeur universelle et ce qui découle des conditions historiques. Dans un pays économiquement et techniquement développé comme la France et à l'étape actuelle de son développement où la classe ouvrière n'est pas minoritaire comme elle l'était dans la Russie de 1917 ou dans la Chine de 1948, dans un pays comme la France où une vieille tradition démocratique bourgeoise qui n'existait ni en Russie, ni en Chine, est enracinée depuis deux siècles et plonge ses racines dans une révolution antérieure, il est clair que le socialisme peut s'instaurer par des voies différentes et présenter un visage nouveau. Les problèmes de la centralisation du pouvoir, de la censure et de la presse, des rapports entre la classe ouvrière et ses alliés, de la pluralité des partis, de l'articulation entre le plan et le marché, entre les exigences scientifiques de la planification et la nécessaire initiative des travailleurs dans la prise des décisions, tous ces problèmes se présentent d'une manière nouvelle dans nos conditions et à notre époque.

Nous avons certes beaucoup à apprendre des expériences antérieures de la construction du socialisme, de toutes ses expériences. Mais nous ne pouvons pas considérer qu'il existe quelque part un modèle idéal et unique qu'il nous suffirait d'appliquer à notre pays. Nous avons deux fois en 20 ans, en 1948 avec l'exclusion de la Yougoslavie, en 1968 avec l'intervention en Tchécoslovaquie, expérimenté la malfaisance de la conception du modèle unique. Et là encore si le mot choque, disons type ou variante plutôt que modèle bien que Lénine lui-même ait employé le mot. Notre Parti qui s'était laissé entraîner en 1948 a réprouvé avec juste raison en 1968 l'intervention militaire en Tchécoslovaquie. Pourquoi serait-il criminel après avoir condamné l'intervention de s'interroger sur ses causes profondes, d'analyser les principes politiques et théoriques qui la sous-tendent, c'est-à-dire le refus sinon en paroles du moins en fait, de reconnaître la légitimité de la recherche de formes nouvelles de socialisme adaptées aux traditions nationales et au degré de développement de chaque pays? Lorsque j'ai insisté à plusieurs reprises au cours de cette discussion sur la nécessité de dire sans équivoque au peuple français: le socialisme que nous voulons instaurer dans notre pays n'est pas celui qui est imposé militairement à la Tchécoslovaquie, c'était précisément pour lever cette hypothèque qui pèse lourdement sur nos rapports avec la gauche non communiste parce qu'elle risque de perpétuer l'équivoque sur ce que peut être l'avenir socialiste de la France.

Enfin en ce qui concerne, et c'est par là que je terminerai, non plus seulement les objectifs et les fins, mais les formes d'organisation de la lutte de classe contre le capitalisme monopoliste d'État dans notre pays, il me semble que le problème se pose en termes analogues... Dans un pays comme le nôtre où la classe ouvrière n'est pas une infime minorité, où la masse n'est pas illettrée, mais au contraire éduquée et pénétrée par une longue tradition révolutionnaire et démocratique, il n'est peut-être pas nécessaire qu'inévitablement, et à chaque niveau de l'organisme du Parti, l'instance supérieure présente à l'instance inférieure un jugement achevé sur chaque problème. Je crois que l'on risque d'aller dans cette voie à une interprétation étroite de la juste conception selon laquelle le Parti apporte à la classe ouvrière du dehors la conscience révolutionnaire. C'est réduire le moment subjectif à une seule de ses composantes. Chez Marx comme chez Lénine, le moment subjectif de la révolution, c'est à la fois la science du développement historique apportée par le Parti, mais aussi l'initiative historique des masses qui a mené par exemple Marx à n'aborder la théorie de l'État que lorsque l'initiative historique des masses eut créé la Commune de Paris, ou Lénine à n'élaborer la théorie des soviets qu'après l'étude théorique de l'initiative spontanée des masses au cours de la Révolution de 1905. Dans ce problème décisif du moment subjectif du mouvement révolutionnaire, mettre l'accent unilatéralement sur l'initiative historique des masses, ce serait céder au spontanéisme et à l'anarchie. Mettre l'accent unilatéralement sur la théorie apportée du dehors, c'est aller vers une conception centralisée, autoritaire, et finalement vers un centralisme bureaucratique. Je sais que maintenir vivante la dialectique entre la science apportée du dehors et l'initiative historique des masses est une tâche difficile. Là encore, je ne prétends pas apporter une solution toute faite, un schéma, mais soulever un problème, car de notre réponse à ce problème dépend, me semble-t-il, le rayonnement de notre Parti.

L'exemple de la préparation de ce Congrès me paraît à cet égard significatif. Incontestablement, de grands progrès ont été réalisés pour une discussion libre, démocratique à tous les échelons. Et je m'en réjouis pleinement. Mais je dois dire qu'il me semble que le passé a encore pesé lourdement. Par exemple, dans la discussion de ce que l'on a appelé mes thèses, la condamnation de mon livre par le Bureau politique a précédé la discussion. Il en a été donné une image si monstrueuse que les militants s'en sont détournés avec colère et je les comprends, le jugement ayant précédé il ne s'agissait plus d'instaurer une discussion mais d'instruire un procès.

... Car le problème des rapports internes dans notre Parti est étroitement lié à celui des rapports entre notre Parti et les masses. A un moment de l'histoire de notre Parti, qui n'est plus celui de la clandestinité et du secret nécessaire, à un moment de l'histore de notre peuple où, de plus en plus, la classe ouvrière devient elle-même la nation, les problèmes de notre Parti sont les problèmes de la nation tout entière, de tous ceux qui veulent pour la France un avenir socialiste. Ces problèmes ne peuvent donc être discutés à huis-clos mais devant tout notre peuple avec la participation et la riche contribution de ceux qui, sans être membres de notre Parti, veulent honnêtement le socialisme. Je récuse l'argument selon lequel on considère comme appel à la fraction toute tentative de discussion ouverte, toute forme de mobiliser l'ensemble du Parti et l'ensemble de la gauche, dans un débat permettant de mieux définir ensemble l'objectif commun et les moyens les plus efficaces pour atteindre cet objectif.

... Notre cause est juste, notre objectif sera atteint. Il le sera d'autant plus vite que nos méthodes seront plus profondément changées, et elles le seront car même si on écarte quelques-uns de ceux qui les posent, les problèmes continueront à se poser dans la vie.

R. GARAUDY, 'Sur trois questions', *Cahiers du communisme*, special number on 19th party congress (mars-avril 1970), pp. 228–234

THE VIOLENCE OF THE MAOISTS   1970

Toutes les classes luttent pour le pouvoir, parce que sans le pouvoir on n'a rien, avec le pouvoir on a tout. Il faut que les patrons aient le pouvoir pour continuer à faire du profit; il faut que le peuple ait le pouvoir pour avoir la liberté et le bonheur.

«Le pouvoir est au bout du fusil» (Mao Tse-Tung). Ce qui veut dire que c'est par les armes, par la guerre qu'une classe conserve ou prend le pouvoir. C'est parce qu'aujourd'hui ils ont les armes que les patrons ont le pouvoir. Et c'est en faisant la guerre ouverte au peuple qu'ils chercheront désespérément à le conserver lorsque leur pouvoir sera menacé de mort. De même c'est parce, qu'aujourd'hui le peuple est désarmé qu'il est maintenu dans l'oppression, et c'est en prenant les armes et en faisant la guerre aux patrons qu'il prendra le pouvoir.

Donc toutes les forces de classe, qu'elles l'avouent ou non, répondent à leur manière à cette question: «Qui aura le pouvoir demain? Qui aura les armes demain?» La bourgeoisie y répond sans se dissimuler: aujourd'hui comme demain, elle veut conserver le pouvoir. Elle le conservera en menant s'il le faut la guerre contre le peuple. C'est pour cela qu'elle fait occuper les villes par ses flics; c'est pour cela qu'elle prépare son armée à la guerre civile. Les révisionnistes et la police syndicale répondent aussi à cette question. Ils y répondent à leur manière: celle d'un flic en civil, avec l'apparence d'être du côté du peuple; ils sont en réalité du côté de ses ennemis. En apparence, en paroles, ils veulent que le peuple demain ait le pouvoir. Mais en réalité ils veulent que les patrons le conservent. Et pour cela ils ne préparent pas le peuple à la guerre, ils voudraient l'obliger à rester dans la paix, c'est-à-dire en fait dans l'obéissance aux lois et aux armes des patrons. Et quand le peuple, de lui-même, choisit de préparer la guerre, frappe directement ses ennemis, brise la loi du patron, ils sont les premiers à intervenir pour rétablir l'ordre.

Revolutionary tract
(May 1970)

DEMOCRATIC SOCIALISM[1]

INTRODUCTION

The entry of Millerand into the Waldeck-Rousseau government of 1899 sharply divided French socialism on the question as to whether a socialist could enter a bourgeois government without thereby betraying socialism.[2] Jean Jaurès and his supporters in the *Parti Socialiste Français* believed the right-wing threat to the Republic in 1899 was serious enough to warrant this; such action, as well as the alliance with the Radicals was, too, in keeping with the theories of democratic socialism which Jaurès had been developing (*see* pp. 262–264). For, Jaurès declared, "c'est par la volonté claire et concordante de l'immense majorité des citoyens que s'accomplira la Révolution socialiste". The proletariat would thus need the support of other sympathetic social groups, such as the peasants and the *petite bourgeoisie:* "Aucune grande force sociale ne reste neutre dans ces grands mouvements. S'ils ne sont pas avec nous ils sont contre nous." On the other hand, the revolutionary socialists who followed Guesde into the *Parti Socialiste de France* in 1902 remained opposed to entering bourgeois governments and to alliances with bourgeois parties. The revolutionaries persuaded the Amsterdam Congress of the Socialist International in 1904 to adopt a resolution of the German Social Democratic Party violently condemning reformism. Jaurès, despite his theories, bowed to a second resolution at Amsterdam, calling on the two French socialist parties to unite, and in 1905 revolutionaries and reformists were united into a single party. In the *pacte d'unité,* or unity pact (*see* p. 264), revolutionary rhetoric and a narrow definition of the class-struggle prevailed. Such revolutionary rhetoric continued henceforward to characterise the socialist party; the party's action was, however, always to remain fundamentally reformist, though it broke with the Radicals after 1905.

French socialism continued to base its hopes in the twentieth century on Jaurès' fundamental idea of the continuous growth of the working class (*see* p. 263). The actual slowness in the growth of this group, however, meant that the long-term outlook, either for revolution or reformism, was less favourable than early twentieth-century socialists had imagined. The political organisations of the working class were not destined to become strong enough to exercise a preponderant influence on French society, and socialism was therefore faced with a dilemma: either it must turn in on itself, create a minority enclave of revolutionary socialism, and so remain for the most part in a state of stalemate in its conflict with bourgeois society — the solution later adopted by the Communist

[1] On socialism before 1899, *see* p. 15.
[2] On Millerand's labour legislation, *see* p. 448.

party—or it must become gradually integrated into the bourgeois State, allying itself with other groups within bourgeois society, without, as yet, being able to exercise a preponderant influence within it. Integration was of course regarded by the revolutionaries as fatal to any hope of achieving socialism.

The uneasy balance between revolution and reformism, maintained in the party under Jaurès' ascendancy until his assassination in 1914, was upset by the impact of the First World War and the Russian Revolution. At the Tours party congress of 1920, the revolutionary majority, despite Léon Blum's prophetic warnings about the nature of the new Leninist party (*see* p. 265), accepted the 21 conditions laid down by Moscow for adherence to the Third International (*see* p. 233) and broke away to form the Communist party.

Blum had the task of reconstructing the socialist party from the rump of the old movement. Disillusionment with the Communists brought many members back in the early 1920s, and membership rose from 20,000 in 1920 to 60,000 in 1924. The S.F.I.O. had approximately 100 deputies in 1924 and 130 in 1932.

In the years immediately before the First World War, the geographical base of the S.F.I.O. had been located in the suburbs of Paris and the large industrial towns, and in industrial regions such as the Nord and the Pas-de-Calais (to which were added Alsace-Lorraine after 1919). In the 1920s, the party's centre of gravity began to shift southwards, towards the old bastions of the Radical party, and by 1936 the party's influence was extending across southern and south-western France, and becoming established in and around the small towns, especially where there were socialist mayors.

The revolutionary rhetoric of the S.F.I.O. was now more out of keeping than ever with political circumstances: the parliamentary successes of the S.F.I.O. made support for Radical-controlled left-wing governments inevitable, despite the fact that their policies were far removed from socialism. From 1924, Blum attempted to reconcile the old revolutionary dogma with reformist practice by insisting that such support for bourgeois governments without participation (*le soutien sans participation*) was a short-term measure only. He looked forward in the long run to *la conquête du pouvoir*, i.e. the full attainment of power via a wholly socialist government, which would lead directly to the establishment of a socialist society. As has been noted, the balance of social forces in the early twentieth century precluded this possibility. As an alternative, Blum distinguished *l'exercice du pouvoir*, that is the sharing of governmental power with other parties in a government dominated by socialists, which could at any rate bring about reforms within capitalist society, even if it could not and should not attempt to establish socialism itself.

The Fascist threat which was developing in 1933 placed the S.F.I.O. on the horns of a doctrinal and tactical dilemma. Because of the Communists' tactic of *classe contre classe*, and their denunciation of the leaders of the S.F.I.O. as class enemies, the left-wing alliance with the Communists remained impossible until 1934. In the late twenties, too, the revision of Marxism by the Belgian Henri de Man was throwing doubt on the notion that the working class could ever introduce socialism by revolutionary means. In this revisionist climate, the so-called "neo-socialist" elements in the S.F.I.O., anxious to respond actively to the growing Fascist threat, proposed an alliance on the party's right with the *classes moyennes*, and a revision of socialist doctrines providing for the strengthening of the State. But, Blum asked in 1933, was not to talk of strengthening the State, and to propose the motto "ordre-autorité-nation", to allow socialism and democracy to be undermined by the very Fascist forces of order and authority it was trying to resist? The party rejected any doctrinal change, and the dilemma was only resolved when the Communist party's tactic changed to one of collaboration with the S.F.I.O. in 1934. This change took place after the riots of 6th February, when left-wing fears of a Fascist *coup d'état*, and Stalin's instructions to the French Communist party not to repeat the errors of the German party (which had failed to prevent Hitler coming to power) cemented unity on the Left. A unity pact was signed between the S.F.I.O. and the Communists on 27th July, and by 1936 the Radicals had joined the *Rassemblement Populaire*, or Popular Front. The S.F.I.O. was brought to power by the election of 1936, which gave victory to the Popular Front (for its programme, *see* p. 290). For the first time, the number of S.F.I.O. deputies elected (149) exceeded the number of Radicals (109), and Léon Blum now claimed governmental power: the situation seemed to call for what he had in 1935 dubbed *l'occupation du pouvoir*, implying a defensive strategy against the Fascist threat: the proletariat, he wrote then, "peut... être amené à envisager la détention du pouvoir politique en dehors de toute possibilité de transformation révolutionnaire, et dans l'unique dessein d'en interdire l'accès au fascisme ou à ses complices".[1] In the event, he was able to do more than defend France against Fascism. *L'exercice du pouvoir* became possible, and Blum set out to achieve the reforms listed in the Popular Front programme. He dared go no further, because he feared the Radical members of his majority would desert him. The achievements of the first Blum government, particularly in the social welfare field, were remarkable (*see* p. 479 ff.). But the Popular Front was short-lived. It was swamped by economic crisis, opposition from the Right, the Senate and the bourgeoisie on the one hand, and eventually from the Communists on the other, as well as by the growing threat of war.[2]

The party was no more successful electorally in the immediate post-war period than it had been in 1936. After the elections of 1945, it still had only 146 deputies in the Constituent Assembly, as against 150 for the M.R.P. and 159 for the Communists (*see* p. 127 for the rôle of the S.F.I.O. in the elaboration of the 1946 Constitution). It found itself obliged to share power, in the period of *tripartisme*, with the two other large parties. However, a substantial amount of the party's socialist programme was now common ground among the three parties. The climate of the Resistance as a whole had been propitious to the idea of revolutionary social change, and the idea of the nationalisation of basic industries, which had become part of the common Resistance programme of the *Conseil National de la Résistance* (*see* p. 491), was now central to the policies of Communists, Socialists and M.R.P. alike. The nationalisation measures were put into effect in 1944–45.

In the idealistic atmosphere of this period, Léon Blum, Daniel Mayer and others also planned a rejuvenation of party doctrine and organisation. The influx of new members from the Resistance, they believed, should be accompanied by a jettisoning of the least plausible elements of the traditional revolutionary Marxist rhetoric, and a renovation of the party's doctrine. Blum drafted, for the

[1] 'Le problème du pouvoir et le fascisme', *Le Populaire* (1er juillet 1935).
[2] Most of the Socialist deputies voted full powers to Pétain in July 1940.

1945 party congress, a declaration of principles which offered a humanist definition of the aims of the party. It began:

> Le but du Parti Socialiste est de libérer la personne humaine de toutes les servitudes qui l'oppriment, et, par conséquent, d'assurer à l'homme, à la femme, à l'enfant, dans une société fondée sur l'égalité et la fraternité, le libre exercice de leurs droits et de leurs facultés naturelles.

The declaration went on to replace the narrow Marxist conception of a class-struggle between the bourgeoisie and a proletariat of unskilled workers—i.e. that imposed in 1905—by that of class action (*l'action de classe*) carried on by a much broader grouping of the population:

> L'action propre du Parti Socialiste est de grouper, sans distinction de croyances philosophiques ou religieuses, la masse des travailleurs de tous ordres — travailleurs intellectuels ou manuels, travailleurs de l'atelier, de la terre, du bureau ou de la boutique — sur le terrain politique, économique et doctrinal, en vue de la conquête des pouvoirs publics, condition non suffisante mais nécessaire de la transformation sociale... le Parti Socialiste a toujours été et continue d'être un parti d'action de classe et de révolution.
>
> *S.F.I.O. 37ᵉ congrès national... août 1945. Rapports.*
> *Projet de déclaration de principes et de statuts*
> (1945), p. 3

Led by Guy Mollet, the traditionalist rank and file defeated at the 1946 party congress this attempt at renewal, adopting a resolution re-affirming the narrow conception of the class-struggle, and condemning "toutes les tentatives de révisionnisme, notamment celles qui sont inspirées par un faux humanisme dont le vrai sens est de masquer cette réalité fondamentale qu'est la lutte des classes". The party's relatively poor showing in 1944–45 was blamed on Blum's attempts at renewal. Marxist doctrinal purity was once again re-affirmed, particularly the traditional conception of class-struggle, and the party henceforward fell under the direct control of Mollet, the new secretary-general. The old contradiction between the S.F.I.O.'s revolutionary language and its reformist action now became intensified; and the appeal to doctrinal purity led only to conservatism. The S.F.I.O. adopted the old stance of the Radicals as a governing party of the Centre, mainly concerned — in the circumstances of the Cold War — to defend the régime from communism and Gaullism. At the same time, party strength actually began to decline. Electoral support fell from 4·2 million in June 1946 to 3·4 million in November 1946, and 2·7 million in 1951. Membership fell, too, between 1946 and 1954, from 354,000 to 113,000 (this was, however, also true of other parties).

The shift of the party into the Centre must be seen in the context of four parallel developments, which were either contributory factors or consequences of the party's new rôle:

(1) the rightward movement of all non-Communist parties under the stress of the Cold War, which intensified anti-Communist feeling.

(2) the loss of impetus in the party towards further fundamental changes, after portions of the party's programme had been put into effect in 1944–45.

(3) the culmination of the pre-war trends in its geographical and socio-economic base leading to loss of support for the party in the large towns and among the working class, and its transformation into a party of pre-dominantly white-collar workers, of local government officials and school teachers, mostly elderly, and scattered throughout France, particularly in the small towns. The S.F.I.O. had in fact now developed a similar geo-graphical base to that of the Radicals.

(4) the bureaucratisation of the party structure, which meant that policy was increasingly determined by the secretary-general and local party officials.

The S.F.I.O. went into opposition from 1951 to 1956, but its continued con-servatism was demonstrated, as with Radicalism in the early twentieth century, by the fact that the only remaining "progressive" theme available to it was a campaign in favour of *laïcité*, in this case occasioned by the dispute over the *loi Barangé* (1951) (*see* p. 524). When Guy Mollet came to power after the 1956 elections, the association between the S.F.I.O. and the colonial *status quo* was shown by his government's ready acquiescence with the views of the Algerian settlers,[1] and through the despatch of French forces to take part in the Suez expedition.

The S.F.I.O. then became involved in the decline of governmental authority in Algeria and the general breakdown of civil liberties, which marked the last stages of the decomposition of the Fourth Republic.

The coming to power of General de Gaulle in 1958, and Mollet's participation in de Gaulle's government, led to violent dissension in the S.F.I.O. and split the party. The majority were persuaded by Mollet to accept de Gaulle as the only man capable of preventing a right-wing coup, and eventually of putting a liberal policy into effect in Algeria. The minority refused to accept de Gaulle and left to form the P.S.A. (*Parti Socialiste Autonome*), later amalgamated with other dissidents from communism, Catholicism, etc., into the P.S.U. (*Parti Socialiste Unifié*). The P.S.U. eventually came to include a number of near-Communists, the *mendésiste* Radicals (*see* p. 273) and, for a time, M. Mendès France himself. It has remained a small but active party on the Left, which, in its attempts to reconcile socialism and freedom, recognised, in 1962, seven different *tendances* within itself, and distinguished itself, in May 1968, as the party that showed the most sympathy with student revolutionaries, as well as a readiness to contemplate the idea of an immediate revolution.

Under the Fifth Republic, the S.F.I.O. at first maintained its electoral position, despite its association with the Fourth Republic. For it had, however hesitantly, supported de Gaulle in 1958, and it continued to support him until the end of the Algerian crisis in 1962. But its electoral support fell from 3·2 million in 1958 to 2·3 million in 1962, although it increased its representation in Parliament from 44 to 66 deputies in 1962, thanks to anti-Gaullist electoral alliances.

It had by now set the ideological seal on its rightward drift by "modernising" itself, i.e. by abandoning its former socialist objectives and accepting the eco-nomic *status quo* in the shape of the mixed economy (*see* p. 266). After the party collaborated in the luckless *cartel des Non* in 1962, in opposition to the election of

---

[1] It should be noted, however, that they felt it necessary to pelt Guy Mollet with tomatoes when he visited Algiers.

the President by universal suffrage, M. Defferre and his supporters (unlike M. Mollet) also came round, in keeping with most Frenchmen, to *de facto* acceptance of the new political *status quo*, as the 1965 Presidential election approached. After the failure of M. Defferre's attempt at a *grande Fédération*, extending from the Socialists to the M.R.P., the S.F.I.O. joined the Radicals and the political clubs that had sprung up under the Fifth Republic in the *petite Fédération* — i.e., the *Fédération de la Gauche démocrate et socialiste*, a political formation set up in support of M. Mitterrand's presidential candidature as a grouping limited to the non-Communist Left, and capable of becoming an electoral rival of the Communists. In the programme of the *Fédération*, the outstanding differences on economic matters between the S.F.I.O. and the Radicals were readily ironed out on the basis of the "modernised" policy of planning for economic growth within the mixed economy. The *Charte de la Fédération* (1965) declared:

> Les organisations fédérées proposent une politique économique et sociale visant à élever le plus rapidement possible le niveau de vie du plus grand nombre, à établir une répartition plus équitable du revenu national, à répondre en priorité aux besoins essentiels de la culture et des loisirs, de la santé et de l'habitat.
> . . . .
> Pour atteindre ces grands objectifs, une croissance économique élevée, le maintien du pouvoir d'achat de la monnaie et une stricte orientation de la production sont nécessaires.
> Le Plan constitue l'instrument d'une telle politique.
>
> *L'Année politique 1965*, pp. 442–443

The electoral programme of the *Fédération* for the 1967 elections was to show the high degree of acceptance by the S.F.I.O. of the political system of the Fifth Republic (*see* p. 205).

By this time, the pressure towards polarisation produced by the presidential system was also encouraging a *rapprochement* with the Communist party, which was emerging from its post-1947 political isolation (*see* pp. 221–222). The *Fédération* and the Communist party made an electoral pact for the 1967 elections. Moves towards closer collaboration, such as the joint declaration of 24th February 1968 (as well as towards closer unity within the *Fédération*), were halted later in 1968 when the Communists failed to condemn with sufficient vigour the Russian invasion of Czechoslovakia, and Cold War attitudes started to revive.

The inability of the S.F.I.O. to respond effectively to the political crisis sparked off by the May 1968 university revolt was, too, a measure of its continuing conservatism.[1] The party still seemed wedded to the political and economic *status quo* in an atmosphere dominated by youth. Despite this, it lost, in the Gaullist landslide of 1968, much of the electoral support it had regained since 1962. The *Fédération* as a whole obtained only 3.7 million votes and 57 seats.

The outlook for the party was not favourable, in November 1968, as plans were laid for a "new" socialist party after the projected transformation of the

---

[1] *See* my note: 'Un socialisme un peu enfant', *Esprit*, special number on "Mai 68" (juin-juillet 1968), pp. 1116–1118.

Fédération into a party failed to materialise. The Radicals had taken a step to the right after the invasion of Czechoslovakia, and the S.F.I.O. and the clubs were left to go it alone.[1] The motion passed at the *Conseil National*, however, attempted a re-statement of socialist principles, in the new social climate that had arisen since May 1968. Reference to the mixed economy gave way to the "abolition of capitalism", and the idea of industrial democracy was given a new prominence. From the end of the Second World War, André Philip, an idealist socialist, eventually excluded from the party because of his attacks on its Algerian policies, had insisted that the idea of industrial democracy was crucial to the re-statement of socialism in a period in which managerial power, not property, had become the key to social authority. In *Le Socialisme trahi* (1957) he had redefined socialism as:

> l'action des travailleurs de toutes catégories, de tous pays, pour établir, par l'intermédiaire de leurs organisations autonomes, syndicales, co-opératives et politiques, une direction collective de la vie économique et une socialisa- tion des entreprises à monopole, afin de hâter le progrès technique, garantir une juste répartition des produits, et faire participer les travailleurs aux responsabilités et décisions essentielles de la vie économique et sociale.
>
> (p. 53)

The new *Parti Socialiste*, under the impact of May 1968, was beginning, at last, to revise its doctrine to take account of recent social changes. The question for French socialism was now: could the frank acceptance of a new reformism, adapted to the social conditions of the present, offer a viable alternative to the revival of revolutionary ideas among a younger generation alienated from con- ventional forms of political action?

The poor showing of M. Defferre in the first ballot of the presidential election of 1969, held on 1st June after General de Gaulle's resignation (his vote — 5% — did not greatly exceed that of M. Rocard of the P.S.U.), did not suggest a bright future for traditional social democracy. While communism in France continued to hold its own, the revival of revolutionary democratic socialism in the P.S.U. seemed to many to offer a more vigorous challenge to it than the old formulas. While the Communist party remained tied to its authoritarian structure and its classical Leninist formulas of violent revolution, which it was only shedding with great caution, the P.S.U. looked to mass revolutionary movements on the model of that of May 1968, and to the general strike, as non-violent means to social revolution: it aimed too at the avoidance of internal bureaucracy. The socialist society to which it looked forward in the *Thèses* adopted at its congress of 1969 rejected the centralisation and bureaucracy which had dogged communism, and took a favourable view of the reaction against these features in both Yugoslavia and Czechoslovakia:

> L'autogestion yougoslave a eu le mérite de créer un type de rapports sociaux et humains dont certains aspects vont dans le sens du socialisme non bureaucratique dont nous sommes partisans. Le rejet de la planifica- tion administrative et son remplacement par un système plus souple et plus démocratique, l'expérience des conseils ouvriers de gestion, les multi- ples formes de coopération à la campagne, enfin les formes d'autogestion

[1] There were now only 42 Socialist deputies.

sociale instituées dans les localités, les quartiers, les groupes d'habitation, les services publics et les organismes de distribution pour les produits de consommation sont autant de références utilisables pour l'élaboration d'un projet socialiste nouveau.

A revolutionary form of democratic socialism now seemed to have re-appeared on the French political scene for the first time since the death of Jaurès.[1]

Meanwhile, the new thinking was affecting the *Parti Socialiste*, which was officially constituted and adopted its statutes at a congress at Issy-les-Moulineaux on 11th–13th July 1969 (for text, *see* p. 267). M. Alain Savary was appointed the party's first secretary.

Talks with the Communists were to be resumed by the party, it was agreed at the congress:

> Le parti doit engager sans préalable et poursuivre un débat public avec le parti communiste... Ce dialogue doit être sans complaisance. Le parti socialiste doit notamment se refuser à souscrire, même implicitement, à des formules qui sont actuellement profondément mises en cause dans les pays de l'Est par les éléments rénovateurs, qu'il s'agisse des libertés publiques ou de l'organisation de l'economie. Ce dialogue est un élément de la plus grande importance pour aboutir à un accord politique. Mais il ne pourra aboutir à cet accord que si des réponses satisfaisantes sont apportées aux questions fondamentales.
>
> *Motion d'orientation*, passed at Issy-les-Moulineaux,
> A. SAVARY, *Pour le nouveau parti socialiste*
> (Seuil, 1970), p. 178

At the end of 1970, a first joint statement on the talks was issued by the Socialists and Communists (full text, *Le Monde* (24 décembre 1970)). However, because of continuing lack of unanimity among the Socialists on the value of these talks, the party remained cautious about the possibility of an eventual political agreement. (*See* also p. 231.) Little progress had been made by the summer of 1971 (*see Le Monde* (8 juillet 1971; 9 juillet 1971)). And the party's divisions had again been made manifest at the 1971 congress at Épinay-sur-Seine: M. François Mitterrand, the new secretary-general, had only defeated the supporters of M. Savary by the narrowest of majorities (*see Le Monde* (13–14 juin; 15 juin; 18 juin 1971)).

[1] For reports on the 1971 P.S.U. congress, *see Le Monde* (26 juin; 29 juin 1971).

BIBLIOGRAPHY

Actes du colloque: Léon Blum chef de gouvernement 1936–1937 (Colin, 1967), Cahiers de la Fondation Nationale des Sciences Politiques N° 155.

L. BLUM: *L'Œuvre*, 7 vols. (Albin Michel, 1954–1965).

Bulletin intérieur du Parti socialiste S.F.I.O.

J. COLTON: *Léon Blum, Humanist in politics* (Knopf, 1966).

G. DUPEUX: *Le Front Populaire et les élections de 1936* (Colin, 1959).

M. DUVERGER: 'S.F.I.O.: Mort ou transfiguration', *Les Temps Modernes*, special number on 'La Gauche' ([May] 1955), pp. 1863–1885.

C. ESTIER: *Journal d'un Fédéré* (Fayard, 1970). On the *Fédération de la Gauche*.

H. GOLDBERG: *The Life of Jean Jaurès* (University of Wisconsin Press, 1962).

B. D. GRAHAM: *The French socialists and tripartisme 1944–1947* (Weidenfeld and Nicolson, 1965).

C. HURTIG: *De la S.F.I.O. au nouveau parti socialiste* (Colin, 1970), Dossiers U2. Basic documents.

S. HURTIG: 'La S.F.I.O. face à la V\(^e\) République—Majorité et minorités', *Revue Française de Science Politique* (juin 1964), pp. 526–556.

J. JAURÈS: *L'Esprit du socialisme* (Gonthier, 1964).

G. LEFRANC: *Le mouvement socialiste sous la Troisième République 1875–1940* (Payot, 1963).

D. LIGOU: *Histoire du socialisme en France 1871–1961* (P.U.F., 1962).

F. MITTERRAND: *Un socialisme du possible* (Seuil, 1970). On the *Convention des Institutions Républicaines*.

G. NANIA: *Un parti de la gauche, le PSU* (Librairie Gedalge, 1966).

A. NOLAND: *The founding of the French socialist party (1893–1905)* (Harvard University Press, 1956).

M. PERROT, 'Les socialistes français et les problèmes du pouvoir 1871–1914', in M. PERROT and A. KRIEGEL: *Le socialisme français et le pouvoir* (EDI, 1966).

A. PHILIP: *Le socialisme trahi* (Plon, 1957).

A. PHILIP: *Les socialistes* (Seuil, 1967). Mostly post-1914.

Le Populaire, daily.

M. ROCARD: *Le P.S.U. et l'avenir socialiste de la France* (Seuil, 1969).

A. SAVARY: *Pour le nouveau parti socialiste* (Seuil, 1970). On the new socialist party.

Tribune socialiste, weekly (*P.S.U.*).

C. WILLARD: *Socialisme et communisme français* (Colin, 1967), Collection U2. Mostly on Third Republic.

G. ZIEBURA: *Léon Blum et le parti socialiste 1872–1934* (Colin, 1967).

Il y a un fait incontestable, et qui domine tout. C'est que le prolétariat grandit en nombre, en cohésion et en conscience. Les ouvriers, les salariés, plus nombreux, plus groupés, ont maintenant un idéal. Ils ne veulent pas seulement obvier aux pires défauts de la société présente: ils veulent réaliser un ordre social fondé sur un autre principe. A la propriété individuelle et capitaliste, qui assure la domination d'une partie des hommes sur les autres hommes, ils veulent substituer le communisme de la production, un système d'universelle coopération sociale qui, de tout homme, fasse, de droit, un associé. Ils ont ainsi dégagé leur pensée de la pensée bourgeoise: ils ont aussi dégagé leur action de l'action bourgeoise. Au service de leur idéal communiste, ils mettent une organisation à eux, une organisation de classe, la puissance croissante des syndicats ouvriers, des coopératives ouvrières, et la part croissante de pouvoir politique qu'ils conquièrent sur l'État ou dans l'État. Sur cette idée générale et première, tous les socialistes sont d'accord. Ils peuvent assigner des causes différentes à cette croissance du prolétariat; ou du moins ils peuvent donner aux mêmes causes des valeurs différentes. Ils peuvent faire la part plus ou moins grande à la force de l'organisation écono-mique ou de l'action politique. Mais tous ils constatent que par la néces-sité même de l'évolution capitaliste qui développe la grande industrie, et par l'action correspondante des prolétaires, ceux-ci sont la force indéfini-ment grandissante qui est appelée à transformer le système même de la propriété. Les socialistes discutent aussi sur l'étendue et sur la forme de l'action de classe que doit exercer le prolétariat. Les uns veulent qu'il se mêle le moins possible aux conflits de la société qu'il doit détruire, et qu'il réserve toutes ses énergies pour l'action décisive et libératrice. Les autres croient qu'il doit, dès maintenant, exercer sa grande fonction humaine. Kautsky[1] rappelait, récemment, au Congrès socialiste de Vienne, le mot fameux de Lassalle: «Le prolétariat est le roc sur lequel sera bâtie l'Église de l'avenir.» Et il ajoutait: «Le prolétariat n'est point seulement cela: il est aussi le roc contre lequel se brisent, dès aujourd'hui, les forces de réaction.» Et moi je dirai qu'il n'est pas précisément un roc, une puissance compacte et immobile. Il est une grande force cohérente, mais active, qui se mêle, sans s'y perdre, à tous les mouvements vastes et s'accroît de l'universelle vie. Mais tous, quelles que soient la hauteur et l'étendue de l'action de classe assignée par nous au prolétariat, nous le concevons comme une force autonome, qui peut coopérer avec d'autres forces, mais qui, jamais, ne se

---

[1] A leader of the German Social Democratic Party.

fond ou s'absorbe en elles; et qui garde toujours, pour son œuvre distincte et supérieure, son ressort distinct.

A la question toujours plus impérieuse: comment se réalisera le socialisme? il convient donc de répondre: par la croissance même du prolétariat qui se confond avec lui. C'est la réponse première, essentielle: et quiconque ne l'accepte point dans son vrai sens et dans tout son sens, se met nécessairement lui-même hors de la pensée et de la vie socialistes....

Mais cette réponse première, quelque forte et substantielle qu'elle soit, ne suffit point. Précisément parce que le prolétariat a déjà grandi, parce qu'il commence à mettre la main sur le mécanisme politique et économique, la question se précise: quel sera le mécanisme de la victoire?

. . . .

Marx et Blanqui croyaient tous deux à une prise de possession révolutionnaire du pouvoir par le prolétariat.

. . . .

Aujourd'hui, le mode déterminé sous lequel Marx, Engels et Blanqui concevaient la Révolution prolétarienne est éliminé par l'histoire. D'abord, le prolétariat plus fort ne compte plus sur la faveur d'une révolution bourgeoise. C'est par sa force propre et au nom de son idée propre qu'il veut agir sur la démocratie. Il ne guette pas une révolution bourgeoise pour jeter la bourgeoisie à bas de sa révolution comme on renverse un cavalier pour s'emparer de sa monture. Il a son organisation à lui, sa puissance à lui. Il a, par les syndicats et les coopératives, une puissance économique grandissante. Il a par le suffrage universel et la démocratie une force légale indéfiniment extensible. Il n'est pas réduit à être le parasite aventureux et violent des révolutions bourgeoises. Il prépare méthodiquement, ou mieux, il commence méthodiquement sa propre Révolution par la conquête graduelle et légale de la puissance de la production et de la puissance de l'État. Aussi bien il attendrait en vain, pour un coup de force et de dictature de classe, l'occasion d'une révolution bourgeoise.

. . . .

Ni il n'y aura dans l'ordre politique une révolution bourgeoise que le prolétariat révolutionnaire puisse soudain chevaucher; ni il n'y aura dans l'ordre économique un cataclysme, une catastrophe qui, sur les ruines du capitalisme effondré, suscite en un jour la domination de classe du prolétariat communiste et un système nouveau de production. Ces hypothèses n'ont pas été vaines. Si le prolétariat n'a pu se saisir d'aucune des révolutions bourgeoises, il s'est poussé cependant depuis cent vingt années à travers les agitations de la bourgeoisie révolutionnaire, et il continuera encore, sous les formes nouvelles que développe la démocratie, à tirer parti des inévitables conflits intérieurs de la bourgeoisie. S'il n'y a pas eu réaction totale et révolutionnaire de l'instinct vital du prolétariat sous un cataclysme total du capitalisme, il y a eu d'innombrables crises qui, en attestant le désordre intime de la production capitaliste, ont naturellement excité les prolétaires à préparer un ordre nouveau. Mais où l'erreur commence, c'est lorsqu'on attend en effet la chute soudaine du capitalisme et l'avènement soudain du prolétariat ou d'un grand ébranlement politique de la société bourgeoise, ou d'un grand ébranlement économique de la production bourgeoise.

Ce n'est pas par le contre-coup imprévu des agitations politiques que le prolétariat arrivera au pouvoir, mais par l'organisation méthodique et légale de ses propres forces sous la loi de la démocratie et du suffrage universel. Ce n'est pas par l'effondrement de la bourgeoisie capitaliste, c'est par la croissance du prolétariat que l'ordre communiste s'installera graduellement dans notre société.

> J. Jaurès, 'Question de Méthode', introduction to
> *Études Socialistes, Cahiers de la Quinzaine*, III, 4
> (5 décembre 1901), pp. xl–xliv, xlvi, lxv,
> lxxxii–lxxxiii.

THE SOCIALIST UNITY PACT   1905

1º Le Parti socialiste est un parti de classe qui a pour but de socialiser les moyens de production et d'échange, c'est-à-dire de transformer la société capitaliste en une société collectiviste et communiste, et pour moyen l'organisation économique et politique du prolétariat. Par son but, par son idéal, par les moyens qu'il emploie, le Parti socialiste, tout en poursuivant la réalisation des réformes immédiates revendiquées par la classe ouvrière, n'est pas un parti de réforme, mais un parti de lutte de classe et de révolution.

2º Les élus du Parti au Parlement forment un groupe unique, en face de toutes les fractions politiques bourgeoises. Le groupe socialiste au Parlement doit refuser au Gouvernement tous les moyens qui assurent la domination de la bourgeoisie et son maintien au pouvoir; refuser, en conséquence, les crédits militaires, les crédits de conquête coloniale, les fonds secrets et l'ensemble du budget.

Même en cas de circonstances exceptionnelles, les élus ne peuvent engager le Parti sans son assentiment.

Au Parlement, le groupe socialiste doit se consacrer à la défense et à l'extension des libertés politiques et des droits des travailleurs, à la poursuite et à la réalisation des réformes qui améliorent les conditions de vie et de lutte de la classe ouvrière.

Les députés, comme tous les élus, doivent se tenir à la disposition du Parti pour son action dans le pays, sa propagande générale sur l'organisation du prolétariat et le but final du socialisme.

3º L'élu relève individuellement, comme chaque militant, du contrôle de sa Fédération.

L'ensemble des élus, en tant que groupe, relève du contrôle de l'organisme central. Dans tous les cas, le Congrès juge souverainement.

4º La liberté de discussion est entière dans la presse pour les questions de doctrine et de méthode, mais pour l'action tous les journaux socialistes doivent se conformer strictement aux décisions du Congrès interprétées par l'organisme central du parti.

Les journaux qui sont ou qui seront la propriété du Parti, soit dans son ensemble, soit dans ses Fédérations, sont ou seront naturellement placés sous le contrôle et l'inspiration de l'organisme permanent établi respectivement par le Parti ou les Fédérations.

Les journaux qui, sans être la propriété du Parti, se réclament du socialisme, devront se conformer strictement pour l'action aux décisions du Congrès, interprétées par l'organisme fédéral ou central du Parti, dont ils devront insérer les communications officielles.

L'organisme central pourra rappeler ces journaux à l'observation de la politique du Parti et, s'il y a lieu, proposer au Congrès de déclarer rompus tous rapports entre eux et le Parti.

> Parti Socialiste (Section Française de l'Internationale Ouvrière), *1er Congrès national (Congrès d'Unité) tenu à Paris, les 23, 24 et 25 avril, Salle du Globe. Compte Rendu Analytique* (Au Siège du Conseil National, n.d. [1905]), pp. 13–15

LÉON BLUM BREAKS WITH COMMUNISM AT THE TOURS CONGRESS
1920

L'unité dans le Parti — on vous[1] l'a dit hier en des termes que je voudrais que vous n'oubliiez pas — était jusqu'à ce jour une unité synthétique, une unité harmonique, c'était une sorte de résultante de toutes les forces et toutes les tendances [qui] intervenaient pour fixer et déterminer l'axe commun de l'action.

Vous,[1] ce n'est plus l'unité en ce sens que vous cherchez, c'est l'uniformité, l'homogénéité absolues. Vous ne voulez dans votre parti que des hommes disposés, non seulement à agir ensemble, mais encore prenant l'engagement de penser ensemble: votre doctrine est fixée une fois pour toutes! *Ne varietur!* Qui ne l'accepte pas n'entre pas dans votre Parti; qui ne l'accepte plus devra en sortir.

On a accumulé dans les textes[2] toutes les dispositions que vous connaissez. Dans tous les débats de Moscou on prévoit — et on ne pouvait pas ne pas le prévoir — l'épuration complète et radicale de tout ce qui est jusqu'à présent le Parti socialiste. C'est pour cela que l'on dit: quiconque n'acceptera pas les thèses dans leur lettre et dans leur esprit n'entrera pas dans le Parti communiste et dans la IIIe Internationale; quiconque votera contre l'adhésion et n'aura pas fait sa soumission entière dans le délai donné, sera chassé de la IIIe Internationale...

Vous avez raison de déclarer que la presse du Parti tout entière, centrale ou locale, devra être entre les mains des communistes purs et de la doctrine communiste pure; vous avez bien raison de soumettre les éditions du Parti à une sorte d'index. Tout cela est logique. Vous voulez un parti entièrement

[1] Those who were to form the Communist party.
[2] The twenty-one conditions, *see* pp. 233–234.

homogène, un parti dans lequel il n'y ait plus de liberté de pensée, plus de division de tendance...

Eh bien, à ce point de vue comme aux autres, nous restons du Parti tel qu'il était hier et nous n'acceptons pas ce parti nouveau qu'on veut faire.

Où est par conséquent le désaccord?... Nous avons toujours pensé en France que demain, après la crise du pouvoir, la dictature du prolétariat serait exercée par les groupes du Parti socialiste lui-même, devenant, en vertu d'une fiction à laquelle nous acquiesçons tous, le représentant du prolétariat tout entier. La différence tient, comme je vous l'ai dit, à nos divergences sur l'organisation et sur la conception révolutionnaire. Dictature exercée par le parti, oui, mais par un parti organisé comme le nôtre, et non pas comme le vôtre. (*Exclamations.*)

Dictature exercée par un parti reposant sur la volonté et sur la liberté populaires, sur la volonté des masses, par conséquent dictature impersonnelle du prolétariat. Mais non pas une dictature exercée par un parti centralisé, où toute l'autorité remonte d'étage en étage et finit par se concentrer entre les mains d'un Comité patent ou occulte. Dictature d'un parti, oui, dictature d'une classe, oui, dictature de quelques individus, connus ou inconnus, cela, non. (*Applaudissements sur divers bancs.*)
. . . .

De même que la dictature doit être impersonnelle, elle doit être, selon nous, temporaire, provisoire. C'est-à-dire que nous admettons la dictature, si la conquête des pouvoirs publics n'est pas poursuivie comme but en soi, indépendamment des circonstances de toutes sortes qui permettront, dans un délai suffisamment bref, la transformation révolutionnaire elle-même. Mais si l'on voit, au contraire, dans la conquête du pouvoir, un but immédiat, si l'on imagine, contrairement à toute la conception marxiste dans l'Histoire, qu'elle est l'unique procédé pour préparer cette transformation sur laquelle ni l'évolution capitaliste, ni notre propre travail de propagande n'auraient d'effet, si par conséquent un décalage trop long et un intervalle de temps presque infini devaient s'interposer entre la prise du pouvoir, condition, et la transformation révolutionnaire, but, alors nous ne sommes plus d'accord. Alors, nous vous disons que votre dictature n'est plus la dictature temporaire qui vous permettra d'aménager les derniers travaux d'édification de votre société. Elle est un système de gouvernement stable, presque régulier dans votre esprit, et à l'abri duquel vous voulez faire tout le travail.

C'est cela le système de Moscou.

PARTI SOCIALISTE SECTION FRANÇAISE DE L'INTERNATIONALE OUVRIÈRE, *18ᵉ Congrès national tenu à Tours les 25, 26, 27, 28, 29 et 30 décembre 1920. Compte rendu sténographique* (Au Siège du Parti, 1921), pp. 252–254; 268–269

THE DRIFT FROM SOCIALISM   1962

4° OPPOSÉ AUX SYSTÈMES CAPITALISTE ET SOVIÉTIQUE, LE SOCIALISME entend assurer à la collectivité la gestion démocratique de l'économie dans le maintien et l'extension des libertés.

Il y parviendra grâce à une PLANIFICATION SOCIALISTE, élaborée et réalisée par les travailleurs groupés dans les organisations syndicales et coopératives, qui sera conçue en vue d'assurer l'expansion équilibrée de la production et la pleine satisfaction des besoins collectifs et individuels.

A) Cette planification socialiste exige que là où existe une oppression économique, LA PROPRIÉTÉ DES MOYENS DE PRODUCTION OU D'ÉCHANGE SOIT TRANSFÉRÉE A LA COLLECTIVITÉ. L'appropriation collective peut revêtir des formes diverses, notamment nationales, régionales, locales ou coopératives.

De plus, lorsque des procédés juridiques ou techniques aboutissent à dissocier en fait le pouvoir de gestion de la propriété elle-même, l'exercice de ce pouvoir devra être transféré à la collectivité.

B) La planification socialiste n'implique donc pas la main-mise de la collectivité sur tous les moyens de production et d'échange. Elle supprime la propriété privée, dans l'intérêt de tous les hommes, lorsque celle-ci résulte de l'exploitation du travail d'autrui ou aboutit à cette exploitation. Mais elle considère comme légitime, outre la propriété individuelle des biens de consommation ou d'usage, celle des biens de production lorsqu'elle a été acquise par le travail individuel de l'homme libre, s'identifiant en quelque sorte aux conditions de son travail, sans entraîner l'exploitation d'autrui ni provoquer une régression économique. Tel sera le cas dans d'importants secteurs de l'agriculture, de la petite production, de l'artisanat et de la distribution, pour lesquels la modernisation nécessaire prendra la forme d'achats en commun, de création de coopératives d'exploitants, de producteurs ou de vendeurs.

Programme fondamental de la S.F.I.O. (1962)
pp. 14–15

THE NEW SOCIALIST PARTY   1969

[*Declaration of principles adopted at Issy-les-Moulineaux, 11–13th July.*]

Le but du Parti Socialiste est de libérer la personne humaine de toutes les aliénations qui l'oppriment et par conséquent d'assurer à l'homme, à la femme, à l'enfant, dans une société fondée sur l'égalité et la fraternité, le libre exercice de leurs droits et le plein épanouissement de leurs facultés naturelles dans le respect de leurs devoirs à l'égard de la collectivité.

Le Parti Socialiste regroupe donc, sans distinction de croyances philosophiques ou religieuses, tous les travailleurs intellectuels ou manuels, citadins ou ruraux, qui font leurs l'idéal et les principes du socialisme.

Le Parti Socialiste affirme sa conviction que la libération de l'homme ne dépend pas seulement de la reconnaissance formelle d'un certain nombre de droits politiques ou sociaux, mais de la réalisation des conditions économiques susceptibles d'en permettre le plein exercice. Parce qu'ils sont des démocrates conséquents, les socialistes estiment qu'il ne peut exister de démocratie réelle dans la société capitaliste. C'est en ce sens que le Parti Socialiste est un Parti révolutionnaire.

Le socialisme se fixe pour objectif le bien commun et non le profit privé. La socialisation progressive des moyens d'investissement, de production et d'échange en constitue la base indispensable. La démocratie économique est en effet le caractère distinctif du socialisme.

Cependant, l'objectif des luttes ne concerne pas seulement une appropriation des moyens de production, mais aussi les pouvoirs démocratiques de gestion, de contrôle et de décision. Le socialisme nécessite le développement et la maîtrise d'une société d'abondance et la disparition du gaspillage engendré par le capitalisme.

Pour que l'homme soit libéré des aliénations que lui impose le capitalisme, pour qu'il cesse de subir la condition d'objet que lui réservent les formes nouvelles de ce capitalisme, pour qu'il devienne un producteur, un consommateur, un étudiant, un citoyen libre, il faut qu'il accède à la responsabilité dans les entreprises, dans les universités, comme dans les collectivités à tous les niveaux.

Seul un régime socialiste peut résoudre le problème posé par la domination de minorités, héréditaires ou cooptées, qui, s'appuyant sur la technocratie ou la bureaucratie, concentrent de plus en plus entre leurs mains, au nom de la fortune acquise, de la naissance ou de la technicité, le profit et les pouvoirs de décision.

Le Parti Socialiste propose aux travailleurs de s'organiser pour l'action, car l'émancipation des travailleurs sera l'œuvre des travailleurs eux-mêmes. Il les invite à prendre conscience de ce qu'ils sont la majorité et qu'ils peuvent donc, démocratiquement, supprimer l'exploitation — et par là même les classes — en restituant à la société les moyens de production et d'échange dont la détention reste, en dernière analyse, le fondement essentiel du pouvoir.

Le Parti Socialiste, non seulement ne met pas en cause le droit pour chacun de posséder ses propres biens durables acquis par le fruit de son travail ou outils de son propre ouvrage, mais il en garantit l'exercice. Par contre, il propose de substituer progressivement à la propriété capitaliste une propriété sociale qui peut revêtir des formes multiples et à la gestion de laquelle les travailleurs doivent se préparer.

De nouvelles formes de culture doivent accompagner la démocratisation économique et politique de la société et se substituer à l'idéologie de la classe dominante. Elles seront affranchies de toutes les aliénations intellectuelles ou commerciales et favoriseront l'indépendance matérielle et morale du travail créateur.

Le Parti Socialiste est essentiellement démocratique parce que tous les droits de la personne humaine et toutes les formes de la liberté sont indissociables les unes des autres. Les libertés démocratiques et leurs moyens d'expression, qui constituent l'élément nécessaire à tout régime socialiste, doivent être amendés et étendus par rapport à ce qu'ils sont afin de permettre aux travailleurs de transformer progressivement la société.

C'est pourquoi le Parti Socialiste affirme sa volonté d'assurer les conditions essentielles à l'établissement d'un régime démocratique: suffrage universel et égal; éducation, culture et information démocratiquement organisées; respect de la liberté de conscience et de la laïcité de l'école et de l'État.

L'utilisation des réformes implique que l'on ait conscience de leur valeur et de leurs limites. Le Parti Socialiste sait toute la valeur des réformes qui ont déjà atténué la peine des hommes et, pour beaucoup d'entre eux, accru leurs capacités révolutionnaires. Mais il tient à mettre en garde les travailleurs, la transformation socialiste ne peut pas être le produit naturel et la somme de réformes corrigeant les effets du capitalisme. Il ne s'agit pas d'aménager un système, mais de lui en substituer un autre.

Le Parti Socialiste estime que la construction permanente d'une société socialiste passe par la voie démocratique: c'est la combinaison entre les différentes possibilités démocratiques, politiques et syndicales qui créera les conditions de passage d'un régime à l'autre. Dans cette perspective, le mouvement socialiste considérera comme indispensables l'adhésion et le consentement des masses aux actions menées et ses militants doivent tendre sans cesse à modifier, par les voies multiples de la démocratie, le rapport de forces actuellement imposé par la classe dominante.

PARTI SOCIALISTE. SECRÉTARIAT NATIONAL, *Déclaration de principes. Statuts* (Société d'Éditions du Pas-de-Calais, n.d. [1969]), pp. 1-4

RADICALISM[1]

INTRODUCTION

The Radical party was officially constituted in 1901, with the title *Parti Républicain Radical et Radical-Socialiste*. From when it first came to power in the following year, it established itself as *the* party of government of the Third Republic, identifying itself completely with the Republican régime. The bulk of the old Belleville programme had either been carried out or abandoned, and the party's only remaining task was to bring about the separation of Church and State. Its impetus towards change was now exhausted. Progressively outflanked on its left by the growth of socialism, it could find no more adventurous aim than a comfortable defence of the *status quo*. After 1905, it tried and failed to find a new rallying-point in the campaign for the *École unique* (*see* p. 528).

Throughout the twentieth century, the Radical party has thus been on the whole a party of the Centre and of Republican conservation. "Le Parti Radical et Radical-Socialiste", its 1932 programme affirmed, "est lié de la façon la plus étroite à la vie et au développement en France de la République. Il a été, il est, et sera toujours l'expression même de la démocratie française." It has, at the same time, been torn between Left and Right, being representative of that contradiction within the average Frenchmen, of whom André Siegfried remarked: "politiquement son cœur est à gauche mais sa poche est à droite". The left wing of Radicalism has remained faithful to the Jacobin traditions of 1789, which were the original inspiration of the movement (*see* p. 73); this section of the party has always been half-attracted, half-repelled by socialism. Under left-wing influence, the Radical party has frequently allied itself with the Socialists: in the *bloc des gauches* (1902–09); in the *cartel des gauches* (during and after the 1924 elections); in the Herriot governments of 1932–34; in the Popular Front; in 1944–45; and in the *Fédération de la Gauche Démocrate et Socialiste*, which included a rump of Radicals (1965–68) (*see* p. 258).

Since the First World War, however, the Radical party has also, at times, come under the influence of a right wing wedded to the defence both of the political *status quo* and of property; it was drawn some way towards an alliance with the *Bloc National* in 1919, with the Poincaré government of 1926, and with the Republican Right in 1938 and from 1945 to 1955. Such moves have been resisted by the left wing, and have tended to weaken party unity.

The party's programmes throughout the twentieth century reflected these conflicting tendencies, the Right insisting on *la défense républicaine*, and the

[1] For the nineteenth-century origins of Radicalism and its rightward drift in the twentieth century (*see* p. 15 and p. 18 and p. 82); for its attitude to the constitution of the Fourth Republic, *see* p. 127.

Left moving as far as it dared towards social welfare and socialism without compromising the traditional Jacobin attachment to private property. This latter tendency is well illustrated in the programme of 1907 (*see* p. 276). The influence of socialism on the leftward orientation of the party was visible as recently as 1965, in party discussions on participation with socialists in the *Fédération de la Gauche*. The party's vice-President, addressing the 1966 party congress, declared:

> ... le radicalisme, héritier de la Révolution française, n'a jamais été opposé à la nationalisation d'un bien privé lorsque cette nationalisation est réalisée dans l'intérêt public. Le principe des nationalisations est déjà contenu dans la Déclaration des droits de l'homme et du citoyen de 1789 et vous savez que cette Déclaration reflète un état d'esprit que l'on peut difficilement qualifier avant la lettre de socialiste.
>
> *Bulletin d'information Radical-socialiste*, n° 62 (janvier 1967), p. 21

The anti-authoritarian tendency of the party's revolutionary heritage was expressed in the left-wing Radicals' traditional insistence on the defence of the "little man" against social authority.[1] Support for Radicalism had been based on the town workers in the nineteenth century, before the growth of the socialist movement; under the Third Republic, the Radical party gained ground elsewhere, in the country and among the *petite bourgeoisie* — described by André Siegfried as the "petites gens des campagnes et des villes, surtout des petites villes, ni millionnaires ni prolétaires." "Ils correspondent assez généralement", he added, "à ce qui persiste d'individualisme dans l'économie française."[2] In 1955 the party was described by Alain Gourdon as a "parti sans prolétaires, sans employés, sans ouvriers agricoles", which resembled the S.F.I.O. because of the number of civil servants among its members, and the Independents because of the number of peasant proprietors: "Artisans, commerçants, industriels lui fournissent une clientèle instable et des cadres fixes, les notables ruraux lui servent d'autorités morales, avocats, universitaires et hauts fonctionnaires de leaders."[3]

The rift between the party's progressive left wing and its more conservative right wing reflected a social distinction between the largely *petit-bourgeois* electorate, which clung to the left-wing traditions of the "little man", and the upper echelons of the party, particularly the senators, drawn from the *moyenne bourgeoisie* and tending to be attracted towards the *grande bourgeoisie* and more conservative ideas. Alain's version of Radicalism reflected above all the attitudes of the *petit-bourgeois* radical electors, centring on the defence of the individual against State authority, and coinciding with the whole tendency of the Third Republic towards the weakening and immobilising of the ever-suspect executive (*see* p. 122). He remarked: "Quand je pense aux radicaux avec confiance et amitié, quand je dis qu'ils forment un noble parti, c'est aux électeurs que je pense." He observed with resignation the process whereby Radical deputies who began their career as democrats became engulfed in the ruling *grande*

---

[1] A. Thibaudet has summarised admirably the radicalism of the "petites gens": "Diffusion de la propriété, petit bien-être pour tous, méfiance à l'égard des anciens ennemis de la Révolution, le prêtre et le noble, confiance dans le défenseur local de la propriété, le légiste, et dans le représentant des lumières, le maître d'école" (*Les idées politiques de la France* (Stock, 1932), pp. 169–170).

[2] *Tableau des partis en France* (Grasset, 1930), p. 159.

[3] *Partis politiques et classes sociales* (Colin, 1955), p. 230.

bourgeoisie when they were subjected to the seductions of Parisian social life. This was, of course, part of the process whereby the party, as a party of government, was becoming identified with the ruling class and thus with economic and social authority. He wrote in 1911:

> ... dès qu'un homme est ministre, des pièges lui sont tendus. Au premier moment il ressemble toujours au serpent qui change de peau; il était député, toujours prêt à résister et à menacer contre les pouvoirs; il prend le pouvoir, voit toutes les questions d'un autre aspect et un peuple massé autrement; la seule idée qu'il faut d'abord vivre, et agir ensuite si l'on peut, s'impose à lui sans qu'il s'en doute, et le rend opportuniste tout d'un coup. Il ne peut donc pas échapper à cette maladie du changement de peau, qui le laisse ensuite un peu faible, et sans résistance aux actions extérieures. C'est à ce moment critique que mille ambassadeurs le pressent et le poussent, tous parlant au nom du peuple, et agissant pour les privilégiés. Au premier rang il faut mettre l'état-major des bureaucrates qui a des amitiés, des habitudes, des parentés, des alliances avec tout ce qui roule en auto et se fait ingénument des plaisirs avec le travail d'autrui. Chose étrange, et qu'il faudrait prévoir, les mêmes intérêts qui s'opposent au candidat radical dans sa circonscription sont les mêmes qui, sans être invités, font amitié à Paris avec le radical devenu ministre.
>
> *Éléments d'une doctrine radicale* (Gallimard, 1925), p. 80

The development of *laïcisme* as a ruling-class ideology (*see* p. 377) was another authoritarian phenomenon linked with the right-wing Radicalism of the upper reaches of the party.

The organisation of the party has been relatively strong, by French standards; actual membership figures were, however, not high: 80,000–100,000 between the wars, 30,000–50,000 under the Fourth Republic (except in 1948, when the figure reached 60,000, and in 1955 after M. Mendès France's reforms, when official membership figures rose in a few months to over 100,000). The members have been grouped in committees of local *notables*. Until 1955, national congresses were not organised on a delegate basis, but could be attended by any member; they could therefore easily be packed; the party was traditionally controlled by a gigantic *comité exécutif* of about 1,200 members, which was dominated not by the party membership as a whole, but by its more conservative elements: senators, deputies and the party's representatives on the *conseils généraux* of departments and on *conseils municipaux*.

It was in 1955 that M. Mendès France made his remarkable attempt (1) to arrest the party's rightward drift and turn it into a homogeneous left-wing party, in keeping with its own Jacobin traditions; (2) to re-organise it internally on a more disciplined basis to make it more responsive to the views of its left-wing rank and file; and (3) to modernise it, so as to turn it into an effective instrument of democratic government (*see* p. 281 ff.). Thanks to an influx of young "*mendésiste*" reformers, he gained control of the party apparatus and obtained, at the special Congress of 1955, the introduction of new statutes providing for a more limited governing body for the party with greater representation for party militants, as well as for better-disciplined congresses, where voting rights were properly apportioned to delegates on the basis of the strength of their local party organisations.

However, after the 1956 elections, the opposition to Mendès France among the more traditionally minded radical deputies in Parliament led to their refusal to accept even the modicum of party discipline he sought to impose. He was eventually forced to resign as President of the party, after the failure of this attempt at a renewal of French politics through the most traditional of French parties. At the end of the Fourth Republic, Radicalism was still badly split as a result.

The electoral fortunes of the party since 1945 have been variable: absent from the Resistance and discredited with the Third Republic at the Liberation, the party made a remarkable revival after 1947, when the political habits of the Third Republic returned. It now recovered something of its old rôle as a party of government because of its central position in parliamentary majorities, which made Radicals indispensable members of any government; Radicals now captured the Presidency of the Senate and the *Assemblée Nationale*. Its share of the poll was 10·5% in 1945, 11·1% in 1946, 10% in 1951 and 15·4% in 1956, after the *mendésiste* reforms.

It fell into discredit, for a second time, along with the Fourth Republic, after 1958. Its share of the poll fell to 7·3% in 1958 and remained at a similar level (7·5%) in 1962. The party had now lost its *mendésiste* left wing, part of which had gone over to the P.S.U., as later did M. Mendès France himself. It shared the weakness of the opposition parties under the Fifth Republic, and took part in their attempts to unite against Gaullism.

Thus, in 1962, Maurice Faure set up the *Rassemblement Démocratique* in which the Radicals joined in a wider grouping of their current political allies in the centre. Attacks on the Presidency and the presidential system intensified. By 1965, the polarising effect of the new presidential system had encouraged the Radicals to look to the Left, and they then joined with the Socialists and the political clubs in the *Fédération de la Gauche Démocrate et Socialiste*, a re-grouping of the non-communist Left for the 1967 legislative elections. This move was accompanied by a fresh leftward shift in the party's economic ideology. The movement towards the Left was made all the easier because of the growing moderation of the Communists, and the movement of the S.F.I.O. itself away from socialism and towards the mixed economy (*see* p. 258). Politically, the Radicals were by 1967 agreed on acceptance of the Fifth Republic, subject to some constitutional adjustments. The Radical party in 1968, however, with the revival of Cold War attitudes, began to bridle at the closeness of relations between the *Fédération de la Gauche* and the Communist party, of whose embraces they were traditionally suspicious; after the 1968 elections, links with the Communists were seen once again as an electoral handicap, and the Radicals began to throw doubt on the genuineness of the Communist party's conversion to democracy after its failure to condemn sufficiently firmly the Soviet invasion of Czechoslovakia. The Radicals parted company with the *Fédération* (left alone with the clubs to found the new Socialist party (see pp. 258–259)); Radical stength in Parliament was reduced to 13,

Signs of a possible revival were seen when M. Jean-Jacques Servan-Schreiber became secretary-general of the party in the autumn of 1969. M. Servan-Schreiber, a man of immense vigour and reforming zeal, with something of a Kennedy-type image, was clearly aiming at a thorough shake-up of the rather tired image of the party. He produced for the Radical Congress of February 1970 a remarkable draft manifesto (*see* pp. 284–289), which was adopted by the

Congress, with minor amendments, despite the misgivings of a number of traditionalists, notably M. Félix Gaillard.

Like M. Mendès France, M. Servan-Schreiber had once again chosen the most traditionalist of French parties as the vehicle for an attempted renewal of French politics, which was in many ways highly audacious, breaking as it did with the economic orthodoxy of the post-war period (cf. p. 456 and p. 467), and pointing directly to the economic and social casualties of the growth economy (*see* p. 286). However, while the manifesto caused a considerable political stir, it was pointed out that M. Servan-Schreiber's Radicals could not change society on their own. Could the new radicalism be furthered by an alliance with the Centre? This seemed unlikely, in view of the closeness of the Centre to the Gaullist majority. And yet there were obvious difficulties in the way of any alliance with the Left. The first of these was the continuing phobia of communism among the Radicals themselves. This was reciprocated by the Communists, who launched a campaign to discredit the manifesto as a "centrist" operation aiming at the shoring up of capitalism.

The Socialists, too, remained suspicious during most of 1970 of a Radicalism that seemed anxious to re-distribute power both in industry and society but un-willing to envisage the abolition of capitalism. The dilemma of M. Servan-Schreiber was made clear in the Nancy by-election in June, in which he stood with support from the Centre. M. Servan-Schreiber faced widespread left-wing attacks: it seemed illogical to attempt to outflank the Left through an alliance with the Centre (cf. p. 295). In the event, M. Servan-Schreiber's neo-radicalism gained considerable electoral support, and he polled over 55% on the second ballot, taking the seat from the Gaullist M. Souchal (*see Le Monde*, 30 juin 1970). His success led to talk of him as a potential presidential candidate, and of Radicalism as the only effective Centre force as an alternative to Gaullism.

However, he over-reached himself somewhat in the Bordeaux by-election in September, when he attempted, as a necessary show of strength, to stand against the prime minister, M. Chaban-Delmas, who was defending his own fief; the dubious nature of M. Servan-Schreiber's candidature — he was already deputy for Nancy — and the personal abuse which marked the campaign led to the humbling of M. Servan-Schreiber and M. Chaban-Delmas's triumphant election on the first ballot with 63.55% of the votes. The lesson for Radicalism — that the left-wing alliance was essential — was at once drawn, and by the end of 1970 the Radicals were involved in conversations with the Socialist Party of M. Savary. As M. François Mitterrand had rightly remarked of the Radical Manifesto: "Pour le faire entrer dans les réalités, il est nécessaire que le parti radical s'appuie sur la gauche, faute de quoi ce sera une aventure sans lendemain." (*Le Monde*, 24 mars 1970).

During the autumn of 1970, the whizz-kid of Radicalism had published a further manifesto, *Forcer le destin*,[1] and begun a campaign on the theme of regional reform: he called for "un pouvoir régional", based on regional assemblies elected by universal suffrage. This led to hysterical cries from the Gaullists that he was dismantling the State, and demands that he should be arraigned for "atteinte à la sûreté de L'État".

[1] cf. *Le Monde* (19 novembre 1970).

BIBLIOGRAPHY

ALAIN: *Éléments d'une doctrine radicale* (Gallimard, 1925).

ALAIN: *Politique* (P.U.F., 1952).

D. BARDONNET: *Évolution de la structure du parti radical* (Montchrestien, 1960).

Bulletin d'Information Radical-Socialiste, monthly.

Cahiers de la République.

R. CAPITANT: 'Les propos d'Alain ou l'idéologie de la IIIe République', *Mélanges Paul Negulesco* (1935).

A. CHARPENTIER: *Le parti radical et radical-socialiste à travers ses congrès (1901–1911)* (Giard, 1913).

F. DE TARR: *The French Radical Party from Herriot to Mendès France* (O.U.P., 1961).

E. HERRIOT: *Pourquoi je suis radical-socialiste* (Les Éditions de France, 1928).

J. KAYSER: *Les grandes batailles du radicalisme 1820–1901* (Rivière, 1962).

G. E. LAVAU: 'Destin des radicaux', *Les Temps Modernes*, special number on 'La Gauche' ([May] 1955), pp. 1886–1905.

L. LOUBÈRE: 'The French Left-wing Radicals: Their Economic and Social Program since 1870', *The American Journal of Economics and Sociology* (Lancaster, Pa.), vol. 26 (April 1967), pp. 189–204.

A. MILHAUD: *Histoire du Radicalisme* (Société d'éditions françaises et internationales, 1951).

P. MENDÈS FRANCE: *Gouverner c'est choisir*, 3 vols. (Julliard, 1954–1958).

C. NICOLET: 'A propos du manifeste radical', *Revue Française de Science Politique* (octobre 1970), pp. 1011–1020.

C. NICOLET: *Le Radicalisme* (P.U.F., 1961), "Que sais-je?" N° 761.

J. RANGER: 'Situation du radicalisme', *Revue Française de Science Politique* (octobre 1964), pp. 952–972.

P. ROUANET: *Mendès France au pouvoir 1954–1955* (Laffont, 1965).

J.-J. SERVAN-SCHREIBER and M. ALBERT: *Ciel et terre: manifeste radical* (Denoël, 1970).

M. SOULIÉ: *La vie politique d'Édouard Herriot* (Colin, 1962).

RADICALISM: THE 1907 PROGRAMME

Le Parti Radical et Radical-Socialiste, ainsi qu'il l'a solennellement affirmé dans ses congrès successifs, se propose l'union puissante de tous les fils de la Révolution en face des hommes de la contre-révolution. Il proclame qu'il entend poursuivre avec énergie la réalisation des réformes politiques, économiques et sociales contenues en principe dans le programme républicain depuis 1869,[1] programme dont s'est inspiré le Parlement pour élaborer les nombreuses lois déjà votées et appliquées.

Parti d'évolution, il ne fixe point de limites étroites à son œuvre. Son idéal n'a pas plus de bornes que n'en a l'horizon qui s'étend au fur et à mesure qu'on s'élève. Sa doctrine n'est point enclose dans des formules absolues. Il ne reconnaît aucun dogme. De même, il n'anathémise personne. S'il combat tous les abus et veut supprimer tous les privilèges, il se refuse à établir, même théoriquement, entre les citoyens des classes en lutte les unes contre les autres.

Parti d'action sociale parlementaire, il réprouve toute manifestation violente que ne justifierait pas une atteinte grave à la constitution républicaine et aux volontés de la Nation.

DANS L'ORDRE POLITIQUE, LE PARTI RADICAL ET RADICAL-SOCIALISTE:

1° — Prévoit la revision de la Constitution dans le sens le plus démocratique, la *République* mise hors de discussion.

2° — Il affirme la souveraineté du Suffrage Universel, souveraineté dont le principe exige que la Chambre des Députés ait le dernier mot, notamment en matière budgétaire.

3° — Il demande que le système électoral d'où sort le Sénat soit élargi dans un sens démocratique, de façon à y assurer une proportionnalité plus exacte et une action plus directe du suffrage universel.

4° — La réforme électorale, intimement liée à la refonte de notre système administratif, doit assurer la consultation du peuple dans des conditions telles que les électeurs se déterminent bien plus sur des programmes que sur des personnalités.

Une nouvelle et équitable répartition des sièges législatifs assurera à chaque région une représentation numériquement en rapport avec l'importance de sa population.

La législation qui règle le mode de votation garantira le secret et la sincérité du vote; toutes les pressions patronales, surtout celles du grand

[1] *See* pp. 82 (and 86).

industriel et du grand propriétaire sur les citoyens qu'il emploie seront prévenues ou sévèrement réprimées; les procédés de corruption seront recherchés et punis; des mesures législatives seront édictées pour restreindre les dépenses électorales et égaliser la lutte entre le riche et le pauvre.

DANS L'ORDRE ADMINISTRATIF ET JUDICIAIRE:

5° — Le Parti Radical et Radical-Socialiste est partisan d'une réforme profonde et étendue qui, sans entamer l'unité nationale achevée par la Révolution, accroisse les libertés communales et départementales, simplifie les rouages administratifs, réduise les dépenses et le nombre des fonctionnaires, tout en rétribuant mieux les petits emplois, et mette l'organisation du pays mieux en rapport avec les moyens rapides de communication et les transformations qui se sont opérées depuis un siècle.

6° — Il veut donner aux fonctionnaires civils de tout ordre un statut garantissant leurs libertés civiques, la justice dans l'avancement et la plénitude de leurs droits, y compris le droit d'association.

Il demande qu'on exige d'eux un dévouement absolu aux intérêts du pays et aux institutions républicaines. Il réclame du Gouvernement une action ferme et soutenue pour détruire dans les services publics les influences hostiles à la démocratie qui y ont trop longtemps prévalu.

7° — Il veut la justice rapide et égale pour tous.

Il en réclame la gratuité et si cette gratuité ne peut être obtenue à bref délai, il considère comme urgente une réduction considérable des frais de justice.

Il veut la simplification des codes par l'abrogation des lois surannées et tombées en désuétude.

Il reste attaché au principe de l'élection des juges; si cette réforme ne peut être réalisée à bref délai, il réclame, sur le recrutement, la nomination et l'avancement des magistrats, une législation nouvelle assurant avec leur indépendance, leur loyalisme et leur sincérité dans l'application des lois républicaines.

La réforme judiciaire doit comprendre l'extension de la juridiction prud'hommale, la suppression du privilège des avocats et la transformation des offices ministériels en fonction publique.

8° — Le Parti Radical et Radical-Socialiste réclame l'abolition de la peine de mort.

EN MATIÈRE DE RELIGION ET D'ENSEIGNEMENT:

9° — Avec le maintien intégral des lois de laïcité, le Parti Radical et Radical-Socialiste demande la suppression effective des congrégations encore existantes.

Sa formule: «Les Églises libres dans l'État souverain» assure avec la liberté de conscience, l'exercice de tous les cultes et la suprématie du pouvoir civil.

10° — Il considère que l'enseignement est une des plus nobles prérogatives de l'État, qui doit le dispenser lui-même par des maîtres laïcs ou le contrôler étroitement au cas où il laisse à des particuliers le soin de le dispenser.

Tous les enfants du peuple ont droit à l'éducation intégrale suivant leurs aptitudes.

Le système d'éducation nationale doit donc garantir ce droit. Il doit aussi permettre le développement de l'éducation professionnelle et le perfectionnement de l'adulte.

DANS L'ORDRE FISCAL ET BUDGÉTAIRE:

11° — Pour rétablir la véritable proportionnalité des charges suivant les facultés contributives de chacun, le Parti Radical et Radical-Socialiste veut l'établissement d'un impôt global et progressif sur le revenu et la suppression des quatre contributions directes, la diminution des impôts de consommation, des droits de timbre et d'enregistrement qui pèsent sur les droits de justice, sur les mutations à titre onéreux, et des taxes qui pèsent sur l'agriculture, le commerce et la petite industrie.

Il demandera de nouvelles ressources pour les réformes sociales à une réforme des droits de successions ou de donations entre vifs, reposant sur le principe de la progression, soit d'après le degré de parenté, soit d'après le chiffre des fortunes, et rapprochant le degré où s'arrête l'héritage en ligne collatérale.

12° — La réforme financière comporte un contrôle sévère de toutes les dépenses, tant militaires que civiles et l'amortissement graduel de la dette publique.

DANS L'ORDRE ÉCONOMIQUE ET SOCIAL:

13° — Par toutes les réformes morales, intellectuelles, économiques, le Parti Radical et Radical-Socialiste s'efforce de donner au prolétariat la pleine conscience de ses droits et de ses devoirs, et, avec la responsabilité de son action, l'autorité nécessaire pour établir une constitution sociale plus rationnelle et plus équitable.

14° — *Le Parti Radical et Radical-Socialiste est résolument attaché au principe de la propriété individuelle dont il ne veut ni commencer ni même préparer la suppression.* Mais cet attachement n'est pas irréfléchi; il ne s'étend point aux abus qui détruiraient la légitimité et la raison d'être de la propriété individuelle.

Il est prêt à proposer toutes les mesures légales propres à garantir à chacun le produit de son travail et à prévenir les dangers que présente la constitution d'une féodalité capitaliste rançonnant travailleurs et consommateurs.

15° — Il propose la formation de syndicats et d'associations coopératives et encourage toutes les institutions par lesquelles le prolétariat peut faire valoir ses droits, défendre ses intérêts, améliorer sa situation morale et matérielle, obtenir la propriété de son outil et la légitime rémunération de son labeur, arriver à la disparition du salariat et accéder à la propriété individuelle, condition même de sa liberté et de sa dignité.

16° — Résolument hostile aux conceptions égoïstes de l'école du laisser-faire, notre Parti garde sa personnalité en affirmant le droit pour l'État d'intervenir dans les rapports du capital et du travail pour établir les conditions nécessaires de la justice.

17° — L'État doit acquitter la dette de la société envers les enfants, les malades, les infirmes et les vieillards et *tous ceux qui ont besoin de la solidarité sociale.*

Il doit assurer aux travailleurs des villes, des usines et des campagnes quand l'âge ou la maladie a brisé leur force les *retraites solennellement promises à la démocratie.*

Il faut aussi poursuivre *l'œuvre législative d'assistance sociale de la IIIe République;* améliorer encore le service des enfants assistés; celui de l'assistance médicale et de l'assistance aux vieillards et infirmes, créer des hospices cantonaux, aider les œuvres anti-tuberculeuses, lutter contre l'alcoolisme, etc...

18° — Le Parti Radical et Radical-Socialiste est partisan de l'extension graduelle des droits de la femme, qui doit être protégée par la loi dans toutes les circonstances de sa vie.

Des secours communaux, départementaux ou nationaux, doivent être accordés aux femmes enceintes, pauvres; le repos légal de six semaines avant et après l'accouchement s'impose pour les femmes employées à l'atelier, au magasin ou dans une administration.

19° — Sous les auspices du Ministère du Travail, le Code du Travail et la Prévoyance Sociale doit être rédigé et comprendre l'ensemble des lois ouvrières:

Sur l'emploi des femmes et des enfants dans l'industrie;

Sur le contrat de travail et le contrat d'apprentissage;

Sur la réglementation des différends et conflits graves entre employés et employeurs par l'arbitrage amiable et obligatoire;

Sur les accidents du travail, les risques et maladies professionnelles et les responsabilités des employeurs;

Sur la limitation des heures de travail et le repos hebdomadaire;

Sur l'organisation de l'assurance par la Nation de tous les travailleurs de l'industrie, du commerce, de l'agriculture contre les risques des accidents, de la maladie et du chômage;

Sur les institutions de mutualité et d'épargne qui peuvent améliorer le sort du travailleur déjà garanti de la misère;

Sur les conditions d'hygiène et de salubrité des établissements industriels et commerciaux comme de tous les locaux où séjournent les employés et travailleurs.

20° — Le Parti Radical et Radical-Socialiste réclame la reprise par l'État des monopoles de fait, là où un grand intérêt l'exige, notamment:

Pour entrer en possession de grands services nationaux qui exercent une influence décisive sur la production, sur la richesse du pays, et sur sa défense en cas de guerre;

Pour empêcher certains accaparements industriels de taxer à leur bon plaisir les travailleurs et les consommateurs;

Pour trouver dans le bénéfice que ces monopoles peuvent fournir des ressources, soit pour le soulagement des contribuables, soit pour la réalisation des réformes sociales.

Il réclame particulièrement le rachat des chemins de fer et le monopole des assurances.

De toute façon, il entend protéger l'épargne publique contre les manœuvres de l'agiotage et de la spéculation.

21° — Avec les réformes fiscales déjà désignées à propos de l'impôt, l'impôt foncier sur la propriété non bâtie et les droits de mutation, y compris la réforme hypothécaire, le Parti Radical et Radical-Socialiste propose et soutient toutes les réformes dont la réalisation est déjà commencée pour la défense de l'agriculture : développement de l'enseignement technique agricole, des œuvres coopératives ; du crédit agricole ; des assurances contre l'incendie, la grêle, la gelée, la mortalité du bétail ; des mesures prophylactiques contre les épizooties ; création du bien de famille incessible et insaisissable ; répression des fraudes ; représentation de la petite et de la moyenne culture comme de la grande dans les chambres d'agriculture, etc...

22° — Pour activer l'accroissement de la richesse nationale, il se préoccupe de l'outillage de nos ports, de la navigation intérieure, de notre système de canaux qu'il est urgent de compléter et de perfectionner, du développement des voies ferrées, du recrutement rationnel de nos agents à l'extérieur, de l'extension continue de notre champ d'action commerciale.

POLITIQUE EXTÉRIEURE ET DÉFENSE NATIONALE :

23° — Le Parti Radical et Radical-Socialiste est ardemment patriote et résolument attaché à la paix. Son amour de la patrie est exempt de tout sentiment de haine contre les autres peuples ; il estime que c'est dégrader le patriotisme que d'en faire une arme pour nos querelles intérieures et il combat les partis qui prétendent en faire une exploitation intéressée.

24° — Sa politique extérieure se résume en ces mots : entente cordiale entre peuples ; extension de la pratique de l'arbitrage international en cas de différends graves ; maintien de la paix dans la dignité.

25° — Adversaire de toute politique d'aventures, il est opposé aux expéditions militaires dont le but avoué ou déguisé serait la conquête de nouvelles colonies.

Il demande la mise en valeur du vaste domaine colonial actuel de la France, avec l'instauration d'un régime vraiment civilisateur conforme à notre esprit national en dehors de toute domination militaire et de toute propagande confessionnelle.

Il exige le respect de tous les droits de l'humanité dans les relations avec les populations des régions que la France a conquises.

26° — Il honore le devoir militaire mais il condamne les abus et les préjugés de l'esprit militaire.

De plus en plus, l'armée doit se confondre avec la Nation. Pour permettre la réduction du temps de présence effective sous les drapeaux, sans compromettre la sécurité nationale, il faut organiser les œuvres préparant les jeunes Français au service militaire ou prolongeant l'action du régiment.

27° — Parmi les réformes militaires les plus urgentes, il réclame :

Celles qui assureront les conditions d'un recrutement démocratique d'un corps d'officiers dévoués à la République.

La loi des Cadres garantissant l'avancement des officiers.

La loi permettant de réaliser de grandes économies par la réduction du nombre des officiers du service actif et une meilleure utilisation des officiers de la réserve et de la territoriale.

La suppression des conseils de guerre en temps de paix et celle des compagnies de discipline.

La réduction des périodes d'instruction pour les réservistes et les territoriaux.

La compression des budgets de la Guerre et de la Marine et la répression du gaspillage par un contrôle vigilant.

Programme adopté par le Congrès de Nancy du Parti
Républicain Radical et Radical-Socialiste (1907)

M. MENDÈS FRANCE ATTEMPTS TO REFORM THE RADICAL PARTY   1955

[His speech at the party's extraordinary conference held on 4th May.]

. . . .

Le premier souci qui doit être le nôtre dans les décisions que nous prendrons ce soir sera donc, à mon avis, celui de voir prises les mesures nécessaires pour que, dans l'avenir, la direction du Parti tienne enfin compte de la volonté du Parti, de la volonté de nos militants. (*Applaudissements.*)

Je sais bien ce qu'on a objecté à ceux qui ont demandé cette Assemblée. On a dit: «Prenez garde à la division du Parti.» On a dit: «Soyez préoccupés, c'est essentiel, surtout à la veille des élections sénatoriales, soyez préoccupés de sauvegarder, coûte que coûte, l'unité de notre Parti.» Je tiens à dire que cette préoccupation, nous l'avons tous; elle n'est ici le monopole de personne; mais la division du Parti, la division mortelle du Parti, c'est ce qui se produirait si plus longtemps il y avait d'une part les troupes, les militants, ceux qui sont au combat dans tant de départements, sur tant de champs de bataille, et d'autre part, indifférents, poursuivant, sans contrôle, des fins qui leur seraient propres, les bureaux, les états-majors et les chefs. (*Applaudissements.*)

Si ce dissentiment persistait et si la masse de nos comités et de nos militants, plus longtemps, avaient l'impression déprimante qu'ils ne peuvent pas faire entendre leur sentiment et leur voix, alors, oui, le Parti serait menacé et de la manière la plus grave, car nous verrions se développer le découragement dans nos rangs, nous verrions affluer les démissions de tant d'hommes qui ne croiraient plus dans la loyauté du Parti auquel, jusqu'ici, ils ont fait confiance. (*Applaudissements.*)

. . . .

Mais, du même coup, cette discussion qui nous a opposés et cette crise ont montré la nécessité de réformes intérieures profondes. Réformes intérieures dont plusieurs ont parlé depuis ce matin et qui doivent être de natures très diverses. Réforme d'abord, je l'ai dit tout à l'heure, de notre organisation interne, pour assurer à la tête du Parti le respect de la volonté de la base. (*Applaudissements. Parfait!*) Réforme aussi destinée à assurer l'indépendance du Parti à l'égard de tous les intérêts particuliers, économiques, financiers ou autres, quels qu'ils soient. (*Bravo!*) Réforme enfin pour doter le Parti d'un appareil de propagande et d'action dont nous sommes cruellement démunis. (*Applaudissements.*)

Eh bien! Pour assurer le premier de ces objectifs, c'est-à-dire le respect de la volonté de la base du Parti, le respect des décisions de nos Congrès quand elles sont prises, le respect de l'orientation une fois que les militants assemblés ont pris leur détermination, oui, pour assurer cela, un certain nombre de réformes s'imposent dans nos statuts. Il me semble qu'il faut rendre leur pleine valeur à ceux des organes dans le Parti qui reçoivent le plus directement, le plus immédiatement, l'impulsion de la base.

Le Parti ne doit pas être dirigé par des organes qui sont loin de la base, par des hommes qui sont loin de la base et principalement concentrés ou installés à Paris ou autour de Paris; le Parti doit, au contraire, être animé, orienté continuellement par ceux de ces organismes qui reçoivent immédiatement, sans intermédiaire et sans écran, la volonté qui émane de nos militants, de nos formations dispersées et parfois lointaines.

. . . .

Il m'est arrivé, au cours des dernières semaines, de faire des conférences pour les élections cantonales et, après avoir exprimé mon opinion, il m'est arrivé de voir surgir des contradicteurs qui ont dit: «Mais c'est très bien, ce que vous venez de dire, c'est très intéressant; mais au nom de qui parlez-vous? Votre Parti est morcelé, il est contradictoire. Où est sa volonté? Vous venez de nous exposer une opinion qui est peut-être intéressante mais c'est une opinion d'isolé; quelle est donc la véritable position, quelle est la véritable doctrine de votre Parti?»

. . . .

... je voudrais pouvoir dire, lorsqu'on m'interpellera: «C'est vrai, j'appartiens à un Parti dans lequel il y a des nuances sur un certain nombre de points; mais mon Parti, dans ses organes responsables et souverains, dans ses congrès, s'est prononcé. Il veut aller de l'avant. Il veut rester, comme le Président Herriot l'y invitait, il veut rester en contact étroit avec ces courants populaires dont il a été, dans le passé, l'interprète et l'instrument. Il veut rester un Parti de gauche...» (*Chaleureux applaudissements.*)

Et ce n'est pas tout. Ce grand Parti ressoudé, il ne veut plus offrir à l'opinion publique, qui finit par ne plus y croire, ces panneaux vagues, ces panneaux-réclames diffus dans lesquels on promet tout à tout le monde, en des termes qui d'ailleurs ne trompent plus personne.

Non!... Pour les prochaines élections,[1] le Parti radical doit présenter une plate-forme, pour employer le mot qu'on utilise dans certains pays de vraie démocratie. Regardez ce qui se passe en Angleterre quand il y a des élections. Quand il y a des élections en Angleterre, chacun des grands partis présente une «plate-forme», c'est-à-dire cinq ou six idées claires, nettes, qui ne prétendent pas couvrir l'ensemble des problèmes ni régler toutes les questions ni, en un mot, tout arranger des affaires en instance et des revendications de toutes sortes. Sur un certain nombre de questions précises,

[1] 1956.

sociales, économiques, agricoles, sur l'Union française, sur la politique étrangère, etc., prenons des engagements très concrets, avec un calendrier, comme les partis anglais le font.

. . . .

Et puis, pensez aussi aux classes moyennes. Nous sommes les défenseurs des classes moyennes depuis toujours. On a tendance à l'oublier. Mais tous ces commerçants, tous ces artisans, tous ces petits fonctionnaires, tous ces agriculteurs, tous ces hommes qui travaillent dans l'insécurité du lendemain, écrasés par l'évolution économique moderne, écrasés par les erreurs graves que nous avons commises dans les vingt ou trente dernières années, ruinés par l'inflation, spoliés par les grandes puissances économiques, c'est à nous de prendre leur défense, encore une fois, contre les démagogies et dans un esprit constructif.

Il faut, aux prochaines élections, leur proposer un nouveau pacte. Il faut qu'ils sachent que nous, et nous seuls, nous pouvons sauver les structures essentielles et les valeurs idéologiques sans lesquelles il ne resterait rien de leur indépendance de travailleurs et de leur indépendance de citoyens.

Si nous ne faisons pas cela, je le dis tout net, nous risquons d'être bientôt en présence d'une évolution sociale périlleuse. Nous risquons de voir, entre une classe ouvrière qui manifestera une impatience croissante à cause de la misère où elle se trouve et des classes moyennes qui se sentiront de plus en plus prolétarisées, qui se sentiront continuellement à la veille de catastrophes menaçantes, de souffrances et de crises, se développer une évolution sociale qui comporterait les plus redoutables conséquences.

On parle du danger communiste, on parle du Front populaire qui assurerait progressivement le succès du parti communiste. Croyez-moi, le meilleur agent du communisme, c'est la persistance de nos erreurs politiques, c'est l'immobilisme réactionnaire et c'est le conservatisme social... (*Vifs applaudissements.*) Un parti politique comme le nôtre, rénové, dynamique, ayant retrouvé le fil de son passé jacobin, un progrès social moderne et courageux, des promesses mesurées, mais dont chacun sent que nous sommes déterminés à les tenir, des gouvernements décidés à surmonter la résistance de toutes les féodalités, voilà les armes vraies contre le parti communiste et ses alliés. (*Applaudissements.*)

. . . .

Si étroitement lié par l'histoire au destin même de la République, notre Parti porte une responsabilité qui n'appartient qu'à lui; radicaux fiers de l'être, fiers de notre tradition, nous avons choisi entre toutes les tendances de la pensée politique de nous identifier à cette République, de n'avoir d'autre idéal que ses principes, de n'avoir jamais aucune visée particulière en dehors de ses espoirs. Oui, tel est le sens précis de notre Parti et notre engagement de radicaux. Pour lui, nous avons renoncé à l'originalité plus facile des doctrinaires qui prétendent demeurer entiers dans leurs théories, souvent étroites, de même que nous avons renoncé à servir les intérêts même respectables qui ne se confondent pas avec l'intérêt général.

Notre honneur est d'être totalement unis dans la nation, dans la continuité de ses institutions et de suivre avec elle, pas à pas, le dur chemin des réalités qui seul mène aux progrès véritables.

L'Information radicale-socialiste, special number on extraordinary conference (28 mai 1955), pp. 1–2

THE RADICAL MANIFESTO   1970

L'invention des armes nucléaires... est sans doute moindre que l'invention de la croissance économique continue. L'une et l'autre datent de la fin de la dernière guerre. Elles ont créé l'univers d'aujourd'hui.

La croissance régulière du produit économique — en moyenne de 3% à 5% par an dans les pays industriels — fait que désormais un homme peut escompter durant sa vie active, même sans promotion professionnelle, une multiplication par trois de son pouvoir d'achat.

Celui-ci était resté à peu près constant, misérable, depuis le début de l'humanité. Cette pénurie dicta, de toujours, l'oppression et la cruauté comme principes mêmes de la vie en société.

· ·

Quand on découvre de quel enfer nous a tirés la croissance, on sait, à jamais, qu'elle doit être l'objet de tous nos soins. Personne ne sera admis au gouvernement d'une collectivité libre s'il n'est pas capable, sans ambiguïté possible, de manier, et d'affûter, cette arme neuve qu'est la croissance...

Mais ce n'est qu'un préalable et tout, après, reste à faire...

· ·

L'économie capitaliste — qui ne le voit? — est capable d'envahir tout, y compris la vie privée, dans laquelle elle pénètre profondément maintenant d'une manière décisive par la télévision. Elle peut conduire l'homme à lui livrer son âme pour fabriquer une humanité à son image. Le producteur a besoin d'un consommateur qui soit sa chose...

Tout cela tend à faire de l'homme un minerai exploitable par l'industrie. Il lui faut des individus qui soient non seulement plus riches, mais conformes; des êtres intérieurement assez vides pour que la marchandise trouve un débouché dans ce désarroi.

Loin d'exercer sa maîtrise sur l'économie, l'homme risque aujourd'hui d'en devenir l'esclave, ou l'objet. Elle le traite, lui son créateur, selon les lois qu'obligatoirement elle applique à toutes choses : *les lois de la rentabilité.*

· ·

Ce qui doit primer, dans notre esprit, c'est ce danger; c'est cette réduction de l'homme à un matériau. On l'éduque, on le forme pour le rendement; on le classe selon qu'il est, ou non, rentable; on le considère comme «amorti» — le mot suggère bien la chose — dès qu'il l'est moins; on le rejette lorsqu'il ne l'est plus. C'est l'histoire que nous vivons. *Le projet radical vise à en renverser le cours.*

· ·

Le société industrielle, en passant de la pénurie à la croissance, arrache peu à peu tout à la nature : la connaissance, la technique, la production, la création et jusqu'à la pesanteur. *Tout, sauf la politique*, part encore immobile du règne animal au sein du règne humain.

La politique, à son tour, pourra-t-elle entrer dans l'histoire? L'homme politique saura-t-il modeler les contraintes artificielles de cette «seconde nature» qu'est l'économie pour en faire des solidarités?

Les ressorts de la vie sociale ont vraiment été, d'un côté, la méfiance et le mépris; la peur, civile, militaire ou religieuse, de l'autre. Le caractère impérieux de la hiérarchie a créé une extrême inégalité, considérée comme naturelle. De là, l'importance du *principe d'hérédité*, qui demeure si profond dans nos sociétés; le rôle du *secret et du mensonge* qui est pour ainsi dire institutionnel, dans nos entreprises comme dans notre politique: la supério-rité, admise, d'une organisation sociale fondée sur les *castes* et la *centralisa-tion*.

Les siècles ont sacralisé cet ordre en l'interprétant comme le produit, soit de la volonté divine, soit des décrets de la nature. Il a toujours semblé normal que le destin de chaque homme fût d'occuper dans la société une place conforme à sa naissance; que la vie sociale ne pût se concevoir sans des classes séparatrices; que la discipline fût le principe même de l'efficacité collective.

. . . .

Désormais c'est moins la structure d'autorité qui est efficace que la *liberté d'initiative* dans tous les domaines. Le maintien des hiérarchies héréditaires est un frein au développement, alors que *la diffusion des responsabilités* et les mesures *vers l'égalité* sont motrices. La confiance est plus féconde que la méfiance, la *transparence et la vérité* plus efficientes que le secret et le mensonge, dans l'entreprise comme dans la collectivité. En un mot, *le progrès technique et économique ne se conçoit plus sans un progrès de la morale entre les hommes.* Une géométrie entièrement nouvelle des relations sociales doit apparaître. Ce sera, avec d'autres, notre tâche.

. . . .

Une amélioration rapide, et continue, du pouvoir d'achat est désormais la première donnée de toute action politique responsable.

Maximiser le taux de croissance, augmenter ainsi les marges de liberté dont dispose la collectivité pour commander à son propre destin, tel doit être l'objectif premier de la politique. Si le parti radical aspire de nouveau aux responsabilités du pouvoir, c'est *d'abord* parce qu'il prétend être, à partir de ses propositions, en mesure de *mieux gérer* l'économie.

Le marxisme continue à se référer à un système fondé, essentiellement, sur l'appropriation publique des *moyens de production*, et sur la mise en œuvre d'un *plan* impératif, dont on voit les résultats après une expérience d'un demi-siècle en U.R.S.S. et d'un quart de siècle dans les démocraties populaires.

Certes ce système communiste, parce qu'il implique un degré élevé de contrainte, s'est montré particulièrement apte à assurer à toute la popula-tion, notamment en Chine où c'était plus difficile, un minimum vital. Il a eu aussi le mérite de réduire certaines inégalités, en premier lieu celles dont souffrent les travailleurs manuels. En raison de son extrême centralisation, il a enregistré, enfin, de grands succès, dans les domaines de la puissance militaire et para-militaire. Mais il s'est avéré, et *s'avère de plus en plus,* incapable de promouvoir l'amélioration du niveau de vie individuel d'une manière comparable à l'économie de concurrence.

. . . .

...Le système d'économie de marché, de concurrence, et de liberté d'initiative, dont nous entendons nous servir, n'a de *valeur* à nos yeux qu'en tant *qu'instrument* parce qu'il est aujourd'hui plus efficace que tout autre.

En outre, nous avons dit, et nous allons démontrer, que *nous n'acceptons pas le modèle capitaliste de civilisation.* Nos projets, et nos efforts, auront même précisément pour but de briser l'étau par lequel la loi économique mutile l'homme, après celui de la pénurie qui le tuait. Le nouveau radicalisme tiendra en un objectif: *libérer l'homme de la contrainte économique.* Nous allons préciser par quelles grandes réformes. C'est au nom de cette ambition, et pour pouvoir accomplir ces réformes, qu'il faut évidemment prendre pour instrument, et avec toute sa puissance, l'économie de concurrence. Pour ce qui est, en effet, des entreprises, de la production, de la croissance, du niveau de vie, les faits ont tranché.

Pour ce qui est de l'homme, rien n'est réglé, et tout reste à inventer. C'est le but du projet radical d'y contribuer.

Nous affirmons qu'une meilleure gestion de la croissance, se traduisant par un respect plus rigoureux, pour le système de production, des lois de la rentabilité, *peut et doit aller de pair avec une transformation des rapports entre l'homme et l'économie*, grâce à laquelle l'homme, et lui seul, sera soustrait à la brutalité de ces lois.

La croissance et la réforme font un ensemble qui peut, en moins d'une génération, fonder un autre univers. Ce qu'on appelait, autrefois, une Révolution.

. . . .

La *richesse privée* et la *puissance publique* sont aujourd'hui unies par la complicité sociale dans un système d'intérêts mêlés qui remonte à Colbert. Leurs rôles sont sans cesse confondus; *elles sont entre les mêmes mains.*

. . . .

La séparation du pouvoir politique et du pouvoir économique signifie d'abord que l'on cesse de faire supporter à la collectivité le coût, avoué et dissimulé, des entreprises improductives, industrielles et agricoles, privées et publiques.

Les moyens considérables — une bonne part du budget de l'État — rendus, par là, disponibles seront employés à transformer les conditions humaines du développement économique. Nous offrirons ainsi, comme ils y ont droit, un rôle actif, et rémunérateur, à la masse croissante des travailleurs qui, sans cette intervention publique, *seraient voués à en devenir les parasites ou les déchets.* Nous pourrons réintégrer dans la communauté les millions d'hommes et de femmes que la croissance écrase ou laisse de côté.

Ainsi se réalisera la substitution, à d'immenses *subventions stériles*, de *l'investissement rentable* par excellence que constituent la sauvegarde et le développement du capital humain.

. . . .

C'est pourquoi... le parti radical s'engage, dans un délai de cinq ans suivant son accession au pouvoir, *à supprimer toute aide directe au indirecte, de quelque nature qu'elle soit, au fonctionnement des entreprises capitalistes,* à l'exception de celles visant un meilleur aménagement de l'espace, urbain et rural, ainsi que le développement de la recherche.

....

En conséquence de ce même principe, et grâce à lui, tout travailleur salarié, agriculteur, artisan, commerçant, à qui l'évolution technologique fait perdre son emploi, ou son activité, aura droit à la solidarité nationale la plus étendue. Nous savons comment la lui assurer.

....

J.-J. SERVAN-SCHREIBER and M. ALBERT, *Ciel et terre: manifeste radical* (Denoël, 1970), pp. 18–63

Dans tous les cycles d'enseignement, sans exception, le succès scolaire est en relation directe avec l'origine sociale. *Les jeux sont faits avant même l'âge de la scolarité, avant l'âge de 6 ans.*

Le jour où il franchit pour la première fois le seuil de *l'école communale,* le fils d'un milieu pauvre est déjà tellement moins «équipé» que le fils de la bourgeoisie, du point de vue du «code de langage», de l'aptitude au raisonnement, à la communication, à la perception des ensembles, *qu'il va en subir les conséquences toute sa vie.* Quelques exceptions ne changent rien aux écrasantes statistiques. L'âge d'or de l'intellect se situe entre deux et six ans. *Ainsi les classes sociales sont largement héréditaires.*

Ces découvertes récentes encouragent les conservateurs à considérer que l'égalisation réelle des chances est bien une utopie, puisque celles-ci naissent ou avortent avant que la collectivité puisse intervenir.

Nous renversons la proposition. Puisque l'environnement initial est le lieu stratégique, du point de vue de l'accomplissement humain et de l'avenir social, c'est là qu'il faut investir massivement pour que soit donnée à tous «la première chance». Nous devons donc attaquer les inégalités culturelles à la base, avant l'âge actuel de la scolarité, à partir de *l'âge de deux ans.* C'est le plus rentable de tous les investissements. Il n'existe pas d'autre gisement naturel aussi fécond, pour la France, que l'intelligence des Français...

Les radicaux s'engagent à faire en sorte que le nombre des éducatrices au service des jeunes enfants défavorisés, soit par la nature, soit par l'origine sociale, *atteigne 50% de plus* que la moyenne dans les municipalités à majorité radicale, dans un délai de cinq ans suivant l'entrée en application de réforme des collectivités locales.

Un système d'éducation permanente pour tous se substituera *aux trop longues années* de formation supérieure qui entraînent une prolongation abusive de l'adolescence, qui freinent la jeunesse dans son essor, l'empêchent de vivre son âge et créent pour toute la vie entre les hommes *la cloison des diplômes.*

Le système des *Concours,* des *grandes Écoles* et des *grands Corps,* hiérarchique par essence, extrêmement rigide, ne correspond plus aux besoins d'une société en expansion. Il contribue largement au maintien des privilèges acquis et à la sclérose générale. *Il sera remplacé.*

Les institutions existantes, qui représentent un capital intellectuel précieux, seront transformées en universités nouvelles de plus grande taille, mais de haut niveau. Au système de *classement des concours*, l'un des fondements du système de castes, *sera substituée* la sélection sur titres, notes et recommandations des professeurs.

Au bout du compte, la classe dirigeante elle-même sera conduite à découvrir dans cette réforme, qui est de toutes, peut-être, la plus difficile, son intérêt. Car elle y retrouvera, elle aussi, ses chances dans la compétition internationale.

FIN DU POUVOIR PRIVÉ HÉRÉDITAIRE

Le contrôle du capital des entreprises, c'est-à-dire le pouvoir de les gérer soi-même ou d'en choisir les dirigeants, reste trop souvent aux mains des mêmes familles de génération en génération. *Ce pouvoir privé se transmet, ainsi, largement par succession.* C'est à la fois contraire à notre philosophie et à la meilleure gestion des instruments de production.

Le pouvoir privé, ses fondements, son exercice, ses droits et ses devoirs, dans une société de concurrence, doivent donc faire l'objet d'une large réforme. *D'abord au sein de l'entreprise.*

«Capitalisme», «Socialisme», ou «Troisième voie»? Les trois thèses, qui semblent s'opposer, reposent sur un postulat commun: la conviction que l'on peut et que l'on doit établir une harmonie constante entre les éléments qui composent une entreprise. *Ce postulat est faux.*

La réalité, dans l'entreprise industrielle moderne (qu'elle soit d'ailleurs publique ou privée), c'est l'existence de trois forces: les salariés, le capital, et le management. La tension est un facteur de progrès inévitable car «la vie est lutte». S'il y a des facteurs de convergence, il y a en effet aussi d'importantes oppositions d'intérêts entre ces trois éléments. Ils ne composent nullement «une grande famille». Les propositions radicales, concernant l'entreprise, seront donc:

Renforcer le pouvoir syndical: le syndicalisme n'aura de force au sommet, pour négocier avec ses partenaires les grands choix économiques et sociaux, que s'il est puissant et vivant à la base. Il doit être en mesure de négocier, à égalité, avec les directions d'entreprises tout ce qui touche, en particulier, *à la condition des travailleurs.*

Ouvrir la voie à *de nouveaux modes de désignation des dirigeants d'entreprise*, la propriété ne pouvant plus fonder seule la légitimité. L'intervention, à égalité avec le pouvoir capitaliste et le pouvoir syndical, de ce troisième pouvoir qu'est le management doit permettre d'innover en faveur du camp salarial, sans porter atteinte aux ressorts du développement, et sans entraîner, bien au contraire, un avilissement de l'autorité. *Propriété et pouvoir seront dissociés.*

L'exercice du pouvoir privé exige, aujourd'hui, de grandes capacités. Les succès d'entreprise sont de plus en plus l'œuvre, d'ailleurs, de salariés choisis pour leur compétence en dehors du cercle des détenteurs héréditaires du capital.

Ainsi les Radicaux peuvent-ils librement proposer un objectif moral et économique de première importance: l'abolition de la transmission héréditaire de la propriété des moyens de production. Cette propriété deviendra viagère.

Au contraire, l'héritage familial, moyen, porteur de traditions et de valeurs, et qui ne représente ni par sa nature ni son ampleur un instrument de pouvoir, *sera exonéré de tout droit de succession dans une limite bien plus large qu'aujourd'hui.*

Les propriétaires devront accepter aussi la *taxation, modérée mais annuelle, de la fortune,* complément indispensable... à l'impôt sur le revenu,,,

REDISTRIBUTION DU POUVOIR PUBLIC

... Vers quels *choix prioritaires* entendons-nous orienter nos savants et nos techniciens? Allons-nous construire des villes *pour les autos ou pour les hommes?* Quelle part ferons-nous aux sciences humaines? Quel type *de culture* l'enseignement doit-il dispenser? Vers quel *mode d'habitat* voulons-nous aller: gratte-ciel ou maison familiale? Les progrès du *transport supersonique* sont-ils plus urgents que la substitution de la traction électrique au moteur à pétrole? Etc. Ce sont là quelques-unes des vraies questions que met en cause «la politique».

Sur chacune d'elles, les grandes firmes ont leurs idées, leur stratégie, leurs leviers d'intervention et de pression. *C'est leur rôle.*

Mais, face à elles, *le devoir politique* est d'imposer les choix les meilleurs en fonction aussi *d'autres valeurs,* de valeurs humaines.

Ce n'est plus une autorité décrétant tout d'en haut qui peut désormais en décider et s'imposer. A tous les niveaux de la vie publique, des organisations démocratiques doivent être mises en place, *les centres de décision étant situés le plus près possible des problèmes à résoudre.*

Au plus haut niveau: les États-Unis d'Europe, cadre indispensable de l'action face aux firmes planétaires, dont la puissance grandit de plus en plus vite. Pour une législation antitrusts, pour contrôler les eurodollars, pour limiter les évasions fiscales, pour que le Luxembourg et la Suisse ne puissent plus être abusivement les sièges de tant de holdings qui y trouvent un havre fiscal, pour donner les moyens d'une civilisation qui soit la nôtre, *un pouvoir démocratique est nécessaire à l'Europe — et sans transition.*

Un Parlement européen sera élu, ainsi qu'un exécutif européen, d'où sortira la Constitution des États-Unis d'Europe. Cette Constitution fixera *la liste limitative* des compétences fédérales. Parmi ses objectifs, l'Europe unie devra s'assigner la mise en œuvre *d'un plan à long terme d'aide au* «*Tiers Monde*».

Avec l'Europe, la région et la commune deviennent les cadres indispensables à l'action politique. Elles devront être *des collectivités territoriales de plein exercice.* Ce qui implique que leurs responsables soient élus au suffrage universel, et qu'elles aient les *moyens financiers* de réaliser leurs plans.

Ainsi, seulement, quels que soient le cadre, la nature, le lieu *du pouvoir,* les hommes auront une prise réelle sur les orientations et les décisions *dont dépend leur vie.*

Plate-forme du Parti Radical-Socialiste adoptée par le Congrès des 14 et 15 février 1970. Salle Wagram, Paris (Parti Radical-Socialiste, 1970)

THE POPULAR FRONT

THE DEMANDS OF THE *RASSEMBLEMENT POPULAIRE* (POPULAR FRONT)   1936

Le programme de revendications immédiates que publie le Rassemble-ment populaire résulte d'un accord unanime entre les dix grandes organi-sations qui composent le Comité national de Rassemblement: Ligue des Droits de l'Homme, Comité de Vigilance des Intellectuels antifascistes, Comité mondial contre le Fascisme et la Guerre (Amsterdam-Pleyel), Mouvement d'Action combattante, Parti républicain radical et radical-socialiste, Parti socialiste S.F.I.O., Parti communiste, Union socialiste et républicaine, Confédération Générale du Travail, Confédération Générale du Travail Unitaire.

Il s'inspire directement des mots d'ordre du 14 juillet. Les partis et organisations, groupant des millions d'êtres humains, qui ont juré de rester unis, aux termes du serment, «pour défendre les libertés démocratiques, pour donner du pain aux travailleurs, du travail à la jeunesse et, au monde, la grande paix humaine», ont cherché ensemble les moyens pratiques d'une action commune, immédiate et continue.

Ce programme est volontairement limité aux mesures immédiatement applicables. Le Comité National entend que chaque parti, chaque organisa-tion, participant au Rassemblement Populaire, puisse se joindre à l'action commune sans rien abdiquer de sa doctrine, de ses principes, et de ses fins particulières. Il s'est astreint, d'autre part, à présenter des solutions positives aux problèmes essentiels, actuellement posés devant la démo-cratie française.

C'est ainsi que, dans l'ordre politique, il définit les mesures indispen-sables pour assurer le respect de la souveraineté nationale, exprimée par le suffrage universel, et pour garantir les libertés essentielles (liberté d'opinion et d'expression, libertés syndicales, liberté de conscience et laïcité) — que, dans l'ordre international, il pose les conditions nécessaires à la sauvegarde et à l'organisation de la paix, suivant les principes de la Société des Nations — et que, dans l'ordre économique et financier, il s'attache à lutter, dans l'intérêt des masses laborieuses et épargnantes, contre la crise et contre les organisations fascistes qui l'exploitent pour le compte des puissances d'argent.

Ces problèmes d'économie et de finance, d'une si haute importance actuelle, le Rassemblement Populaire se refuse à les résoudre séparément: il veut atteindre les causes des moins-values fiscales en agissant contre la crise, et compléter son action contre la crise par l'amélioration du crédit public et privé.

Le Rassemblement populaire souligne qu'un grand nombre des revendications qu'il présente figurent déjà dans les plans et programmes élaborés par les organisations syndicales de la classe ouvrière.

Il ajoute que ces revendications urgentes, et par là même restreintes, si elles apportent une première modification au système économique actuel, devront être complétées par des mesures plus profondes pour arracher définitivement l'État aux féodalités industrielles et financières.

En tous les ordres de problèmes, le Rassemblement a cherché les solutions de justice, seules conformes aux principes de la démocratie: justice égale pour tous dans l'application des lois pénales — justice fiscale — justice pour les indigènes dans les colonies — justice internationale, dans le cadre et suivant l'esprit de la Société des Nations.

S'il a été possible au Comité national du Rassemblement Populaire d'aboutir à des formules unanimes, c'est que les partis et organisations qui le composent ont collaboré amicalement dans un esprit de conciliation et de synthèse.

Aux masses populaires de soutenir à présent ces revendications et de les faire triompher!

Quand ce programme commun aura passé dans la réalité, un grand changement sera obtenu: la liberté sera mieux défendue, le pain mieux assuré, la paix mieux garantie. De tels biens sont assez précieux pour que tout soit subordonné à la volonté de les conquérir.

C'est à cette volonté revendicatrice que le Rassemblement Populaire fait appel. Qu'elle se traduise par une cohésion étroite, où se prolonge la fraternité du 14 juillet, et qu'elle signifie à tous, en France et hors de France, que la démocratie est invincible dès qu'elle reprend sa vigueur créatrice et sa puissance d'attraction!

REVENDICATIONS POLITIQUES

I. DÉFENSE DE LA LIBERTÉ

1° *Amnistie générale.*
2° *Contre les ligues fascistes:*

a) Désarmement et dissolution *effective* des formations paramilitaires, conformément à la loi.
b) Mise en vigueur des dispositions légales en cas de provocation au meurtre ou d'attentat à la sûreté de l'État.

3° *Assainissement de la vie publique*, notamment par les incompatibilités parlementaires.
4° *La presse:*

a) Abrogation des lois scélérates et des décrets-lois restreignant la liberté d'opinion.
b) Réforme de la presse par l'adoption de mesures législatives:
— qui permettent la répression efficace de la diffamation et du chantage;

— qui puissent assurer aux journaux des moyens normaux d'existence, qui les obligent à rendre publique l'origine de leurs ressources, qui mettent fin aux monopoles privés de la publicité commerciale et aux scandales de la publicité financière, et qui empêchent enfin la constitution de trusts de presse.

c) Organisation des émissions radiophoniques d'État en vue d'assurer l'exactitude des informations et l'égalité des organisations politiques et sociales devant le micro.

5° *Libertés syndicales:*

a) Application et respect du droit syndical pour tous.
b) Respect du droit des femmes au travail.

6° *L'école et la liberté de conscience:*

a) Assurer la vie de l'école publique, non seulement par les crédits nécessaires, mais par des réformes telles que la prolongation de la scolarité obligatoire jusqu'à 14 ans et la mise en pratique, dans l'enseignement du second degré, d'une sélection indispensable comme complément de la gratuité.
b) Garantir à tous, élèves et maîtres, la pleine liberté de conscience, notamment par le respect de la neutralité scolaire, de la laïcité et des droits civiques du corps enseignant.

7° *Les territoires coloniaux:*

Constitution d'une commission d'enquête parlementaire sur la situation politique, économique et morale dans les territoires français d'outre-mer, notamment dans l'Afrique française du Nord et l'Indochine.

II. DÉFENSE DE LA PAIX

1° Appel à la collaboration du peuple et notamment des masses laborieuses pour le maintien et l'organisation de la paix.

2° Collaboration internationale, dans le cadre de la Société des Nations, pour la sécurité collective, par la définition de l'agresseur et l'application automatique et solidaire des sanctions en cas d'agression.

3° Effort incessant pour passer de la paix armée à la paix désarmée, d'abord par une convention de limitation, puis par la réduction générale, simultanée et contrôlée des armements.

4° Nationalisation des industries de guerre et suppression du commerce privé des armes.

5° Répudiation de la diplomatie secrète, action internationale et négociations publiques pour ramener à Genève les États qui s'en sont écartés, sans porter atteinte aux principes constitutifs de la Société des Nations: sécurité collective et paix indivisible.

6° Assouplissement de la procédure prévue par le Pacte de la Société des Nations pour l'ajustement pacifique des traités dangereux pour la paix du monde.

7° Extension, notamment à l'Europe orientale et centrale, du système des pactes ouverts à tous, suivant les principes du Pacte franco-soviétique.

I. RESTAURATION DE LA CAPACITÉ D'ACHAT SUPPRIMÉE OU RÉDUITE PAR LA CRISE

Contre le chômage et la crise industrielle:

Institution d'un fonds national de chômage.

Réduction de la semaine de travail sans réduction du salaire hebdomadaire.

Appel des jeunes au travail par l'établissement d'un régime de retraites suffisantes pour les vieux travailleurs.

Exécution rapide d'un plan de grands travaux d'utilité publique, citadine et rurale, en associant à l'effort de l'État et des collectivités l'effort de l'épargne locale.

Contre la crise agricole et commerciale:

Revalorisation des produits de la terre, combinée avec une lutte contre la spéculation et la vie chère, de manière à réduire l'écart entre les prix de gros et les prix de détail.

Pour supprimer la dîme prélevée par la spéculation sur les producteurs et les consommateurs: création d'un office national interprofessionnel des céréales.

Soutien aux coopératives agricoles, livraison des engrais au prix de revient par les offices nationaux de l'azote et des potasses, contrôle et tarification de la vente des superphosphates et autres engrais, développement du crédit agricole, réduction des baux à ferme.

Suspension des saisies et aménagement des dettes.

Mise au point de la revision des billets de fonds de commerce.

En attendant l'abolition complète et aussi rapide que possible de toutes les injustices que les décrets-lois comportent, suppression immédiate des mesures frappant les catégories les plus touchées dans leurs conditions d'existence par ces décrets.

II. CONTRE LE PILLAGE DE L'ÉPARGNE POUR UNE MEILLEURE ORGANISATION DU CRÉDIT

Réglementation de la profession de banquier.

Réglementation du bilan des banques et des sociétés anonymes.

Réglementation nouvelle des pouvoirs des administrateurs des sociétés anonymes.

Interdiction aux fonctionnaires retraités ou en disponibilité d'appartenir aux conseils d'administration des sociétés anonymes.

Pour soustraire le crédit et l'épargne à la domination de l'oligarchie économique, *faire de la Banque de France*, aujourd'hui banque privée, *la Banque de la France:* Suppression du Conseil des régents. Élargissement des pouvoirs du gouverneur, sous le contrôle permanent d'un conseil composé de représentants du pouvoir législatif, de représentants du pouvoir exécutif et de représentants des grandes forces organisées du travail et de l'activité industrielle, commerciale et agricole. Transformation du capital en obligations, des mesures étant prises pour garantir les intérêts des petits porteurs.

III. ASSAINISSEMENT FINANCIER

Revision des marchés de guerre en liaison avec la nationalisation des industries de guerre.

Répression du gaspillage dans les administrations civiles et militaires.

Institution de la caisse des pensions de guerre.

Réforme démocratique du système des impôts comportant une détente fiscale en vue de la reprise économique, et création de ressources par des mesures atteignant les grosses fortunes (progression rapide de la majoration du taux de l'impôt général sur les revenus supérieurs à 75 000 francs; réorganisation de l'impôt successoral; taxation des profits des monopoles de fait, en évitant toute répercussion sur les prix de consommation).

Suppression de la fraude sur les valeurs mobilières, par la mise en vigueur de la carte d'identité fiscale votée par les Chambres, en l'accompagnant d'une amnistie fiscale.

Contrôle des sorties de capitaux et répression de leur évasion par les mesures les plus sévères, allant jusqu'à la confiscation des biens dissimulés à l'étranger ou de leur contre-valeur en France.

CHRISTIAN DEMOCRACY[1]

INTRODUCTION

The tradition from which twentieth-century Christian democratic movements stemmed had, for over a century, been attempting to reconcile Christianity and the French Revolution. Ever since *L'Avenir* (*see* p. 604 and p. 622 ff.), the hope had been that if Catholicism in France could be weaned from its age-long association with political and social conservatism, it could find a more appropriate political home on the Left. The Christian insistence on spiritual rather than material values, on the unique value of each human individual, and above all on the importance of human moral freedom, seemed entirely compatible, to Christian democrats, with the democratic aspirations of the French Revolution.

In the years between the wars, Christian democracy found its political expression in the *Parti Démocrate Populaire*, founded in 1924 (*see* p. 300), and in the *Jeune République* League, in which Marc Sangnier had attempted, from 1912, to carry on the work of the *Sillon*, which had been condemned by the Pope in 1910 (cf. p. 608).

Christian democrats in France before 1939 not only accepted the Republican system; they sought to broaden the area of human freedom by extensions of democracy. The *Jeune République* called for referenda on important legislation, while both movements sought to extend democracy to the economic and social sphere, the *Jeune République* going further than the P.D.P. in criticising capitalism, which it sought to modify through profit-sharing and workers' participation. It also supported the Popular Front while the P.D.P. opposed it. Both movements, however, followed the social encyclicals of the Popes in rejecting the socialist notion of class-struggle: changes in capitalism, they believed, could be brought about by co-operation between classes (cf. p. 626).

Observers found it difficult to classify these movements as belonging to the Left, because of their right-wing insistence on the rights of church schools. Furthermore, the P.D.P. remained attached to its alliance with the Republican — i.e. the non-socialist — political forces. As Alfred Spire put it:

> Prétendre lutter contre le libéralisme économique et collaborer avec les représentants les plus représentatifs du libéralisme, engager la lutte contre les puissances d'argent qui concentrent tous leurs espoirs dans les partis centristes, et souhaiter la coopération avec ces seuls partis, vouloir aller au delà du capitalisme en se coupant des forces socialistes, c'était là une gageure irréalisable.
>
> *Inventaire des socialismes français contemporains*
> (Librairie de Médicis, 1945), p. 34

[1] On the origins of Christian democracy, *see* pp. 606–610.

The Christian Democrats remained, in any case, politically marginal until 1939, since the Church hierarchy and the majority of Catholics were not yet prepared to accept, as they did, the idea of a democratic régime.

It was only through the association of left-wing Catholics with the Resistance (*see* p. 609), at a time when the democratic ideal itself was being re-affirmed within the Resistance, that the ideas of Christian democracy were integrated for the first time into the mainstream of French democratic politics.

The idea of a broad Christian democratic party was launched by Gilbert Dru in 1943. He saw the new movement as a logical outcome of the Resistance, a liberation of France not only from the German invader, but also from the millstone of political, economic and social oppression that still hung round her neck in 1939.

The *Mouvement Républicain Populaire* (M.R.P.) was founded on this basis in 1944 by a group of Catholics active and indeed prominent in the Resistance.[1] The theme of the total liberation of France was central to its first manifesto (*see* p. 300). By now the Pope had given official Catholic blessing to the democratic idea.

The continuity with the democratic character of pre-war movements was clear, but there was now, for the first time, a decidedly socialist flavour about the M.R.P.'s proposals: a degree of nationalisation was now part and parcel of Christian democratic aims. The M.R.P. in 1944–45 was, too, relatively close to General de Gaulle in its ideas. The Christian label itself was eschewed, since the movement sought to appeal, beyond the ranks of Catholics, to all those who sympathised with its democratic conception of the meaning of the Christian tradition. One of the new party's characteristic features was the emphasis it placed on the need, in a healthy society, for the existence of a plurality of social groups within the State (*see* p. 304).

The M.R.P.'s success in 1944–45 was remarkable: support grew rapidly until it could compete on equal terms with the Socialists and Communists. In the elections of October 1945, it obtained 4·6 million votes (23·9% of those cast), as against the S.F.I.O.'s 4·5 million and the Communists' 5 million. This success was due to several factors: the Radicals were discredited along with the Third Republic, and the Right seemed compromised with Germany through collaboration. Right-wing and Catholic voters, though almost certainly not sharing the Christian democratic ideals of the M.R.P.'s founders, looked for some change and voted for the party as the only alternative to socialism and communism. The M.R.P. thus became one of the three major parties of the period of *tripartisme* (1944–47), and played a key rôle in the elaboration of the constitution of the Fourth Republic (*see* p. 127). It associated itself, too, with the introduction of nationalisation and the social security system, and was active in promoting the introduction of the *comités d'entreprise*, which were seen as a step towards industrial democracy (*see* pp. 454–455).

When the M.R.P. compromised with the leftward orientation of the new constitution, an electoral decline began. And though it swung slowly rightwards again after 1947, it failed to recapture its right-wing electorate, which went over to the new R.P.F. The M.R.P. obtained only 2·4 million votes in 1951.

The continuing importance of the church-school issue in the eyes of the

---

[1] Georges Bidault was President of the *Conseil National de la Résistance*.

Communists, left-wing socialists, and out-and-out secularists (*see* p. 524) was the chief factor in the breach between the M.R.P. and the Left which now took place; as in the case of the P.D.P., the party's position was ambiguous: economically it was relatively left-wing, but on the church-school issue it was right-wing: it joined the right-wing majority which voted for the *lois Marie* and *Barangé* in 1951. After 1951, the association between the M.R.P. and the Right became closer: M.R.P. ministers were seen to be identified with France's resistance to change in the colonies.

The party now became much exercised on the European issue as a "progressive" theme. From 1957, however, despite Georges Bidault's attachment to *l'Algérie française*, the centre of gravity of the party again shifted to the left: the party adopted a somewhat more progressive Algerian policy, then offered its support to de Gaulle.

Under the Fifth Republic, the M.R.P. continued to give de Gaulle conditional support from 1958 to 1962, its reservations relating to economic policy and, above all, to Europe. When General de Gaulle expressed his opposition to European political integration on 15th May 1962, five M.R.P. ministers resigned from the government they had recently joined.

The party has twice since then returned to the idea of a formation of the Centre like the *Troisième Force*, excluding the extreme Right and the extreme Left. Its ambiguity, as between Left and Right, no longer seems to cause the M.R.P. any anxiety. It now openly declares itself a movement of the Centre. Before the 1962 elections, it declared itself resolved

> à participer à tout effort visant à constituer — au delà des cloisonnements dépassés et avec le concours des forces vives de la nation — la grande formation politique permanente susceptible de faire vivre un régime fort et stable dans l'équilibre des pouvoirs.
>
> *L'Année politique 1962*, p. 137

After these elections, it set up the *Centre Démocratique*, which included twenty former Independents and Radicals (plus M. Pleven). But it was now on the decline electorally: it only received 1·6 million votes in 1962, as against 2·3 million in 1958.

As the presidential election of 1965 approached, the M.R.P. candidate, Jean Lecanuet, associated with his candidature the idea not merely of a Centre coalition, but of a new political movement of the Centre. He promoted, from 1963 (*see* pp. 304–307), the *Centre Démocrate*, largely based on M.R.P. members. In the spring of 1965 he interested himself in M. Defferre's attempted *grande Fédération*. Negotiations with the S.F.I.O. broke down because of the S.F.I.O.'s insistence that the *Fédération* must include the word 'socialist' in its title. Later in the year he believed that a Centre majority for him at the presidential election would provide a launching-pad for his own new movement. As he put it, his candidature "fait aux Français une double proposition. Elle propose une politique nouvelle, et elle propose de mettre à son service une force politique neuve." As part of the process of simplifying the French political spectrum, he added, it was urgent to create "au centre de la vie politique un grand mouvement, démocrate, social et européen."

The presidential system, with its pressure towards dualism (*see* p. 137), was, however, working directly against such a development. Lecanuet was eliminated at the first ballot in December 1965. His good showing (16%) was not enough to prevent this, and on the second ballot his vote was split between the Left and de Gaulle. Encouraged by what he saw as a relative success, he pressed on with the development of the *Centre Démocrate* early in 1966.

In the legislative elections of 1967, the compressing effect of the system on the Centre was reversed: the *Centre Démocrate* obtained 3 million votes (13% of those cast). But in the 1968 elections the Centre obtained less than two and a half million votes. The prospect for a Centre coalition or a new Centre movement did not look promising. By 1968, the Centre parliamentary group, now called *Progrès et Démocratie Moderne* and led by Jacques Duhamel, differed little from the moderate Left in its programme, though it was moving closer to the Gaullist majority and doing nothing to weaken the latter's hold on power: with the decline of the church-school issue (*see* p. 525), what separated the Centre from the Left was largely the mutual antagonism between the Centre and the Communists.

In the late 1960s, the Centre was thus still pursuing the old aim of the M.R.P.: to set up a governmental grouping of the political forces to its immediate left and right, of which it could itself be the central axis. However, after the withdrawal of the M.R.P. from the Gaullist majority in 1962, it found itself in fact uncomfortably compressed, in a political system marked by polarisation between Gaullist majority and left-wing opposition. The centre ground being held by *Progrès et Démocratie Moderne* was limited. Until General de Gaulle's departure the Gaullists remained more convincing as a governing Centre formation. It was de Gaulle, rather than the M.R.P., who had succeeded, in 1958, in creating a Centre majority on which to base governments; and it was the left-wing Gaullists who were most active in promoting what were once Christian democratic ideas about profit-sharing and workers' participation in industry. While General de Gaulle remained in power, and avoided being forced into an alliance with the extreme Right, he could continue to succeed where the M.R.P. and its reincarnation had failed, that is, to govern from the centre.

His departure in April 1969 was the signal for a brief attempt once again to re-group French political forces round the central Christian democratic axis, in the person of M. Alain Poher, thanks to the coincidence that M. Poher found himself interim President of the Republic. M. Poher was not successful in the campaign — once again demonstrating that no rival Centre grouping could hope to compete with Gaullism. By July 1969, changes in Gaullism were bringing the Gaullist majority closer to the Centre, so that a gradual drift of *centristes* into the majority was beginning and the old rivalry losing its meaning. The 30 pro-Pompidou Centre deputies set up the *Centre Démocratie et Progrès*, under the leadership of Jacques Duhamel, to act as "l'aiguillon et la force de proposition" of the majority.[1] The *Centre Démocrate*, meanwhile, remained in opposition, denouncing the "fait majoritaire" in October 1970, as being likely to lead to single-party rule (*see Le Monde*, 6 octobre 1970). M. Lecanuet, and the *Centre Démocrate*, joined in the reviving talk of Centre coalitions in 1971.

[1] *See Le Monde* (12–13 avril 1970) for a congress report.

BIBLIOGRAPHY

L'Aube, daily to 1951.

A. COUTROT and F. DREYFUS: *Les forces religieuses dans la société française* (Colin, 1966), Collection 'U'.

J.-M. DOMENACH: *Gilbert Dru, celui qui croyait au ciel* (ELF, 1947).

J. DUQUESNE: *Les catholiques français sous l'occupation* (Grasset, 1966).

M. P. FOGARTY: *Christian Democracy in Western Europe* (Routledge, 1957).

Forces Nouvelles, monthly.

F. GOGUEL in M. EINAUDI and F. GOGUEL: *Christian democracy in Italy and France* (Notre Dame U.P., 1952).

R. LAURENT: *Le parti démocrate populaire 1924–1944* (n.d.).

V. LEMIEUX: *Le M.R.P. dans le système politique français*, thèse de 3e cycle, type-written (1962). Fondation Nationale des Sciences Politiques.

D. PADO: *Les 50 Jours d'Alain Poher* (Denoël, 1969).

J.-L. PARODI: 'Les paradoxes du Centre Démocrate', *Revue Française de Science Politique* (octobre 1966), pp. 957–960.

R. RÉMOND et al.: *Forces religieuses et attitudes politiques* (Colin, 1965), Cahiers de la Fondation Nationale des Sciences Politiques, N° 130.

G. SUFFERT: *Les catholiques et la gauche* (Maspero, 1960).

M. VAUSSARD: *Histoire de la Démocratie chrétienne*, vol. I (Seuil, 1956).

PROGRAMME OF THE *PARTI DÉMOCRATE POPULAIRE*   1924

1. Attachement à la République et aux libertés politiques (liberté de conscience, liberté d'enseignement et d'association, liberté de la presse et des réunions);

2. Volonté de réaliser la démocratie dans l'organisation économique et sociale, par une évolution hardiment réformatrice et par une collaboration sincère des divers éléments de la production;

3. Éducation civique des esprits et des consciences, par l'appel aux forces morales et dans le respect des convictions religieuses;

4. Politique extérieure à la fois résolument française et nettement favorable aux méthodes de collaboration internationale.

'Origines et mission du M.R.P.', special number of
Forces Nouvelles (n.d.), p. 19

FIRST MANIFESTO OF THE M.R.P.   1944

Ce MOUVEMENT a été fondé dans la clandestinité par des hommes appartenant aux différentes organisations de Résistance afin d'en sauvegarder l'idéal et les principes essentiels.

Il peut maintenant apparaître au grand jour, pour mettre au service de la LIBÉRATION TOTALE de la France la fraternité nouvelle née entre les Français dans la lutte contre l'ennemi.

La Résistance en effet sut, dès son départ, associer tous les Français, sans distinction de foi religieuse ou d'appartenance politique, autour d'une commune conception de la France et de sa vocation : réaction des consciences françaises contre l'ennemi et sa volonté de nazification, elle s'affirmait aussi en réaction contre le sordide machiavélisme qui s'installait au pouvoir en méconnaissant les plus élémentaires valeurs de moralité politique.

Expression du patriotisme français, la Résistance, considérant la patrie non seulement comme un corps mais aussi comme une âme, s'attachait à sauver l'un et l'autre, certaine de reprendre dans sa pureté comme dans sa noblesse la tradition de la France.

Animés de la volonté d'assurer la libération totale de la France, les premiers adhérents du MOUVEMENT vous demandent de vous joindre à eux pour assurer le succès de l'œuvre de reconstruction de la France nouvelle que tous appellent de leurs vœux.

*   *   *

Créer dans le pays un courant, une mystique au service de la libération totale de la France, tel est le sens du Mouvement.

Un MOUVEMENT disposé à toutes les collaborations utiles au bien national, toujours prêt à se porter, quelles que soient les vicissitudes de la politique, vers ce qui est la Justice et la Paix.

C'est en se référant à la tradition française, pour lui être fidèle, à un idéal de justice et de liberté, que s'attache le «Mouvement».

En dehors de toute question de foi religieuse pour tous ceux qui participent ou participeront à son action, le «MOUVEMENT» entend ainsi se référer essentiellement, pour son effort de reconstruction française, aux principes essentiels d'une civilisation chrétienne: ils sont inscrits dans notre tradition française: pour lui être fidèle, ils doivent être à la base de notre idéal de libération de la France.

Fermement attaché à l'idéal de libération qui rallia la masse du peuple français autour du général DE GAULLE, le MOUVEMENT entend faire de cet idéal le principe et le guide de son action de reconstruction française.

II. Lignes d'Action

Le Mouvement a pour but de contribuer à assurer la libération totale de la France. Il entend dégager ici les grandes lignes d'action que suppose et qu'exige cette volonté de libération.

1. *Libération de la France*

Il faut libérer la France... [i.e. from the German occupation and its consequences].

LIBÉRER LA FRANCE

— de tout essai d'asservissement politique ou économique par l'étranger.

Notre politique extérieure doit être indépendante et libre. Si nous disons «la France libre», nous ne disons pas «la France seule», mais bien la France respectée dans son originalité nationale et ses justes intérêts, participant généreusement à toute politique capable d'assurer l'équilibre et la paix du monde.

Nous voulons une organisation internationale politique, juridique et économique assurant le règlement pacifique des conflits entre États, supprimant tout recours à la guerre, organisant une force internationale au service du Droit et permettant ainsi dans tous les États un désarmement progressif et coordonné.

2. *Libération de l'Homme*

Il faut libérer l'Homme
— de toutes les oppressions, de toutes les servitudes qui empêchent son plein développement et sa libre ascension matérielle, spirituelle et morale.

11

1º — *Libérer l'Homme sur le plan économique et social :*

C'est en ce domaine que l'œuvre à entreprendre est la plus considérable : Libération et Révolution sont ici inséparables.

C'est en ce domaine surtout que devront s'appliquer immédiatement la politique du gouvernement et l'action du MOUVEMENT.

Il s'agit essentiellement de libérer l'Homme de la tyrannie de l'argent.

Il s'agit de le libérer de l'état de servitude où l'a conduit et où le maintient un régime économique et social qui, en acceptant le profit comme seul régulateur de la vie économique et en réservant à quelques-uns le privilège de bénéficier des richesses matérielles et des fruits du travail commun, leur a, en même temps, réservé le pouvoir, les responsabilités, la culture.

Se réclamant de la liberté, il l'a, en fait, réservée aux seuls privilégiés de la fortune, favorisant l'exploitation de l'homme par l'homme, il a créé les plus injustes inégalités : faisant naître la lutte de classes, il a ruiné toute fraternité nationale.

Nous disons qu'il est vain d'attendre la libération de l'Homme et avec elle la paix sociale de simples améliorations matérielles de la vie des travailleurs, d'une politique de hauts salaires, d'une politique, même généreuse, de bienfaisance ou d'assistance sociale.

Il faut une rupture avec le système capitaliste. Cela suppose notamment :

UN NOUVEAU DROIT DE LA PROPRIÉTÉ établi sur les bases suivantes :

— les richesses matérielles sont destinées à la satisfaction des besoins de l'ensemble des hommes : la propriété privée, soutien de la liberté individuelle, n'est qu'un moyen pour atteindre cette fin.

— pour la défense, la garantie et l'épanouissement de la liberté individuelle, il faut assurer l'accession de tous à la propriété personnelle et familiale.

— pour assurer que l'usage de la propriété est conforme à l'intérêt général, l'État ou les organismes habilités par lui a le droit de contrôler l'usage que les propriétaires font de leurs biens.

— en ce qui concerne les instruments de production, le nouveau droit de la propriété assurera que leur exploitation est effectivement mise au service de l'ensemble des hommes, et spécialement de ceux qui sont associés dans l'entreprise, en refusant au Capital le droit de les posséder seul aux dépens du Travail sous toute ses formess.

Le Travail devra ainsi être associé à la gestion et au profit.

UNE NOUVELLE POLITIQUE ÉCONOMIQUE

— pour favoriser la libération de l'Homme, cette politique aura pour but d'accroître les richesses à mettre à la disposition de tous par l'exploitation rationnelle des richesses nationales et par l'organisation de la production non plus en vue du seul profit, mais de l'utilité sociale. Ce qui suppose et exige l'établissement d'un Plan.

— cette nouvelle politique économique exige en outre la nationalisation des entreprises qui, par leurs dimensions ou leurs fonctions, sont devenues des services d'intérêt national (eau, gaz, électricité, transports, mines, assurances). Nationalisation ne signifie pas «étatisation», mais affirmation du caractère d'intérêt national des entreprises considérées par la mise en œuvre de formules nouvelles d'exploitation qui en confieront la gestion aux représentants des entreprises intéressées, des travailleurs et des usagers, avec la participation ou sous le contrôle de l'État ou des collectivités intéressées.

UNE NOUVELLE POLITIQUE SOCIALE

La disparition de la Charte du Travail[1] étant acquise, la liberté reconquise de tous les travailleurs devra s'appuyer sur des organisations syndicales, professionnelles et interprofessionnelles, librement constituées par eux.

Par l'intermédiaire de représentants syndicaux désignés par eux, ils participeront à la gestion des intérêts de la profession légalement organisée et à celle de l'Économie nationale.

Le chef de famille a également droit que la collectivité lui permette de se loger, lui et ses enfants, d'une façon décente et conforme aux exigences de l'hygiène. La France a, dans ce domaine, un immense retard par rapport aux pays voisins. Favoriser par tous les moyens, au besoin par l'intervention directe de l'État, la construction de logements salubres qui s'impose de la façon la plus urgente.

Le chef de famille a droit qu'une instruction adaptée à la diversité de leurs dons et respectueuse de la liberté de conscience soit mise par l'État à la disposition de ses enfants et leur ouvre, dans la mesure de leurs aptitudes et sans les détourner systématiquement des activités prévues, la possibilité d'accéder à toutes les fonctions publiques. Mais si l'État doit permettre aux Jeunes dans tous les secteurs d'obtenir leur plein développement physique, intellectuel et moral, il doit s'abstenir de toute préoccupation de propagande et d'embrigadement au service d'une politique.

2° — *Libérer l'Homme sur le plan politique :*

— L'Homme, maître de son destin, doit voir sa liberté protégée contre toute atteinte arbitraire du Pouvoir.

— La liberté de l'Homme ne doit pas pouvoir être mise en cause par une tyrannie quelle qu'elle soit, politique, intellectuelle ou spirituelle.

Nous condamnons toute forme d'État totalitaire qui porterait à la liberté la plus grave atteinte en voulant s'emparer des consciences.

Nous condamnons tout État qui, au nom de préjugés de classes, de race, de religion, prétendrait attenter à la liberté individuelle.

— La liberté de l'Homme doit s'appuyer sur la reconnaissance et l'organisation des communautés ou groupements naturels dans lesquels il vit (famille, commune, profession).

Cette liberté implique notamment la liberté d'association.

M.R.P., *Lignes d'action pour la libération* (1944)

---

[1] Promulgated in 1941, the *Charte du Travail* represented Vichy's attempt to organise industry on a corporatist basis, through joint unions of employers and workers.

CHRISTIAN DEMOCRATIC PLURALISM

Le pluralisme des groupes sociaux est une condition d'exercice pratique de la liberté de l'homme. L'homme seul en face de l'État est voué à l'écrasement. En participant à des collectivités diverses d'ordre économique, social, culturel ou autre, dotées de la personnalité juridique, jouant un rôle effectif dans une société plus vaste qui les englobe sans les étouffer, l'homme protège ses libertés côte à côte avec ses semblables et exerce ses responsabilités. Ce n'est point par hasard que l'État communiste, de même que l'État libéral, tend à faire du citoyen l'homme d'une seule société.

La famille, la commune, l'entreprise, la profession, le syndicat, les associations diverses, doivent être respectés et protégés par l'État démocratique.

A la base de tous ces groupements humains nous reconnaissons la famille comme le plus intangible et le plus sacré. C'est dans la famille que l'être humain reçoit la vie et la donne, qu'il aime avec tout son être et qu'il est aimé, qu'il affirme le meilleur de lui-même. Nous voyons dans la famille la cellule fondamentale de la société parce qu'elle représente l'incarnation la plus naturelle et la protection la plus efficace de la liberté humaine qui est à l'inverse de l'égoïsme. Dans le resserrement actuel des formes de la vie collective, la famille, loin d'être amoindrie, doit grandir son rôle en exerçant les droits qu'elle tient de la nature et qu'il importe de lui reconnaître en tant que telle.

A. GORTAIS, *Démocratie et libération* (Mouvement Républicain Populaire, 1947), p. 19

THE M.R.P.   1963

Le Progrès, l'Europe, la Démocratie, tels sont nos objectifs.

L'Humanisme personnaliste et communautaire, telle est notre doctrine.

Notre doctrine, nos objectifs, tels sont nos apports au grand Mouvement démocratique et social que nous voulons voir naître.

Ils feront éclater les cloisonnements du passé, en réconciliant l'humanisme chrétien et l'humanisme agnostique. La possibilité de faire que ceux qui croient au Ciel et ceux qui ne croient pas, dès lors qu'ils croient à la nécessité de servir l'homme, se retrouvent dans l'action au service des hommes.

Sur ces bases, sans préjugés, sans hostilités préconçues, même si dans l'actualité du quotidien nous sommes amenés à échanger des arguments, dans l'oubli des luttes du passé, au delà des diversités du présent, nous proclamons notre disponibilité à l'accord le plus large possible des démocrates.

Nous sommes le M.R.P., mais nous faisons passer le service de l'idéal avant le culte de l'homme ou du parti.

L'ouverture vers l'avant, dès maintenant, à travers et au delà du gaullisme, dépend de notre initiative. L'avenir d'une force démocratique ne se fera pas seulement par nous, ni autour de nous, mais elle passe par nous, et c'est pour cela que nous devons prendre les premiers la résolution que nous avons prise tantôt.

M. LECANUET AND THE BEGINNINGS OF
THE *CENTRE DÉMOCRATE*   1965

[*His press-conference of 26th October.*]

Le Gouvernement s'écarte de plus en plus d'un véritable Plan. Il s'oriente au mieux vers une «prospective» aléatoire, sans échéancier financier. Le IVème Plan[1] s'achève sans avoir atteint ses objectifs, le Vème, avant de naître, est frappé d'une double précarité: d'une part, il s'inscrit dans la perspective du Marché Commun au moment où celui-ci est menacé, d'autre part il risque d'être remis en question par le développement imprévu, mais non imprévisible, des dépenses pour la force de frappe nationale, vouée à être ruineuse ou inefficace.

Le Plan doit être sincère et volontaire. La Nation doit être assurée de conformer son action aux orientations choisies. L'État ne peut tout faire, sous peine de malfaire. Son rôle n'est pas d'embrigader mais d'orienter, de contraindre mais d'aider. Nous refusons l'étatisme systématique autant que le désengagement des pouvoirs publics dans un laissez-faire anarchique. Nous voulons une économie de promotion, qui associe la promotion par le Plan aux ressorts irremplaçables de l'initiative privée et de l'économie de marché.

Le Plan doit être démocratique, c'est-à-dire dialogué tant au stade de l'élaboration que du contrôle de l'exécution. La démocratie, c'est avant tout la participation. Pour être vraie, elle ne doit pas être seulement politique et électorale, mais économique et sociale. Elle doit se manifester partout du sommet à la base. Elle vit tous les jours et partout ou elle n'est qu'un leurre. La Liberté dans une République ne se borne pas à être une minute de liberté tous les sept ans pour choisir un souverain.

Les travailleurs doivent recevoir toute leur part des progrès de la modernisation du pays. Il ne s'agit pas seulement de leurs salaires mais de leur dignité. Les droits syndicaux doivent être respectés. Sous des formes qu'il appartient à leurs représentants de négocier comme les dirigeants d'entreprise, ils doivent être associés au contrôle de la gestion et au bénéfice de l'expansion. L'aliénation dont souffre le monde ouvrier ne sera dépassée que par la participation. De plus en plus nombreux sont les représentants du patronat qui acceptent de rechercher une solution dans cette direction, tout en rappelant à bon droit la nécessité de l'autorité et de l'unité de responsabilité dans l'entreprise. De leur côté, les syndicalistes savent qu'ils n'assureront la démocratisation de leurs rapports avec la direction des entreprises, qu'en jouant loyalement le jeu du dialogue et de la responsabilité pour le bien de l'entreprise.

. . . .

A une France qui voit ses chances dilapidées, nous proposons les voies du redressement pour sa modernisation. Mais la dimension de cette modernisation, ce n'est pas l'hexagone, c'est l'Europe Unie.

[1] For 1962–1965.

Depuis les initiatives de Robert Schuman,[1] la politique étrangère a cessé d'être extérieure. Elle retentit sur la vie quotidienne de chaque Français. Les bouleversements que subiraient l'industrie, ses structures, ses cadres, ses travailleurs, si le Marché Commun était interrompu, ne seraient pas moins tragiques que pour l'Agriculture.

Les responsables de l'économie française comprennent la gravité du péril. La fin du Marché Commun ouvrirait un désordre d'une ampleur imprévisible. Notre économie n'aurait plus le choix qu'entre le libre-échange, sans garantie ni harmonisation, dans un monde où la France n'est pas au rang des plus forts, ou le retour au protectionnisme, au malthusianisme, c'est-à-dire à la vie chère, à la stagnation des niveaux de vie et au chômage.

Le même Pouvoir qui prétendait naguère encore tout faire pour le Marché Commun, y voit aujourd'hui une vaine panacée. Le même qui, il y a deux ans, présentait le Traité de Rome comme une réalité intangible et repoussait au nom de l'intransigeance toute négociation avec la Grande-Bretagne, en demande la revision sur l'essentiel, c'est-à-dire l'esprit communautaire et son organe: la Commission. Il réclame en fait la disparition de la Communauté en tant que telle.

Les réalités de l'avenir sont sacrifiées à des mythes abusifs; aux illusions archaïques de la souveraineté absolue d'une France seule.

La propagande invoque l'indépendance, la grandeur et le prestige. Mais la France aux mains libres, c'est la France aux bras coupés. Derrière les mots, il y a les faits. Dans un monde dominé par les géants — les U.S.A., l'U.R.S.S. et demain la Chine — au siècle des continents organisés, il n'y a de salut pour la patrie qu'en l'intégrant à l'Europe libre. L'indépendance n'est réelle, la liberté n'est effective qu'à partir de la puissance et il n'y a de puissance possible pour nous que dans et par l'Europe Unie.

. . . .

Pour gagner le pari de l'avenir, deux moyens s'offrent à nous:

— Le premier existe: ce sont les Institutions prévues par la Constitution.

— Le second est possible: c'est la création d'une force politique neuve, coïncidant avec les aspirations de la majorité des Français.

Maintenir les Institutions

Le Président sortant a proposé et voté la Constitution, il ne l'applique pas.

Tel autre candidat[2] ne l'a pas votée, il annonce qu'il l'appliquera.

Je l'ai approuvée et votée, je l'appliquerai scrupuleusement dans sa lettre et dans son esprit. Ce sera une révolution dans nos mœurs politiques!

Le Président de la République, s'il veut être le gardien et non le transfuge de la Constitution, doit assumer la plénitude du rôle d'Arbitre qu'elle prévoit. Il doit tenir tous ses pouvoirs mais rien que ses pouvoirs. Réduire sa fonction au rôle limité des présidents des précédentes républiques, ce serait faire violence aux Institutions et les dégénérer. A l'inverse, amplifier

[1] Foreign minister from 1948 to 1952; originator of the European Coal and Steel Community.

[2] M. Mitterrand, on 21st September.

la fonction jusqu'aux limites d'une République consulaire, réduire le Gouvernement par la pratique abusive des pouvoirs réservés ou plutôt détournés jusqu'à la descendre au rang d'un Cabinet chargé de l'expédition des affaires courantes, ce serait une autre violence. Le Président doit arbitrer. Le Gouvernement gouverner. Le Parlement contrôler.

Méconnaître ou modifier la Constitution porterait atteinte à la stabilité. L'instabilité constitutionnelle serait plus grave encore que l'instabilité gouvernementale. Le révisionnisme permanent est un mal. Il fait de la Constitution, non la Charte fondamentale d'une société, mais une loi révocable.

L'accumulation des textes ne fait pas la force d'un régime. Sa force est faite de la tradition et de la vertu morale, qui s'attache au bon usage.

Quelle revision empêcherait un Président de transformer les référendums en plébiscites, d'appliquer abusivement l'article 16, de modifier la Constitution en dehors des formes légales? Ce qui empêchera ces abus de pouvoir, c'est avant tout le choix de l'homme appelé à la présidence. Un démocrate sera un leader, jamais un guide cherchant à confondre en sa personne tous les pouvoirs, l'exécutif, le législatif et le judiciaire.

Ce qui protégera des abus, c'est aussi l'existence d'une majorité parlementaire, liée certes à la vie du Gouvernement mais qui, en cessant d'être inconditionnelle, exercera son contrôle. C'est enfin l'existence d'une opinion publique qui cessera d'être déformée par la propagande pour devenir loyalement informée. Un statut d'autonomie, libéral et pluraliste, de l'O.R.T.F. s'impose.

S'il apparaissait à l'usage indispensable de consacrer dans les textes certaines interdictions ou d'apporter certaines retouches aux Institutions, il suffirait de mettre en œuvre les mécanismes de modification explicitement prévus par la Constitution.

CONSERVATIVE REPUBLICANISM

INTRODUCTION

The Conservative Republicans of the twentieth century, known, before 1939, as the *modérés* and since the Second World War as the *Indépendants*, are the successors of the late nineteenth-century Opportunists and *progressistes* (*see* pp.15–16). The *progressistes* split at the time of the Dreyfus Affair. Their left wing, the *républicains de gauche*, under Waldeck-Rousseau, set up the *Alliance Démocratique* (1901), and remained attached to their links with the Radicals. Poincaré was an outstanding representative of this group: its policy was of the Centre and was based on moderate conservatism in the economic and social sphere, and the preservation of France's secularised political and social structure. "Le premier devoir du gouvernement d'un pays prospère", the *Alliance Démocratique* declared in 1932, "est de s'abstenir de paralyser le libre jeu des initiatives individuelles". Its programme called for the "maintien des lois de laïcité dans l'esprit libéral de leurs promoteurs Jules Ferry et Waldeck-Rousseau". In foreign affairs its call for peace abroad, as well as at home, reflected the characteristic conciliatory foreign policy of the Centre.

The right wing of the ex-*progressistes* combined with the forces of the Right to found, in 1903, the *Fédération Républicaine*. Remaining broadly faithful to Republicanism, the *Fédération Républicaine* tended, like the *Alliance Démocratique*, to favour economic liberalism, By the early 1930s it had, however, completed its shift towards the right-wing forces of social authority, shown most clearly through its pro-Catholic policy on education and association, and its nationalistic tone (*see* p. 312).

Though not all the conservatives became compromised with Vichy during the Second World War, the domination of French politics from 1944 to 1947 by three large parties with more or less socialist tendencies left little scope for conservatives still wedded to economic liberalism: their electoral support fell to 16% in the election of 1945, compared with nearly 40% in 1936.

The first post-war attempt to re-group the conservatives in a parliamentary body, the P.R.L. (*Parti Républicain de la Liberté*) was a failure; and it was against the competition offered by Gaullism that the conservatives eventually began in 1948 to organise, in the *Centre National des Indépendants*. M. Roger Duchet at this time became a leading figure. The C.N.I. did not set out at first to be a party — right-wing movements in France always being the most loosely organised — but gradually developed into one under the Fourth Republic. It was extended in 1951 to include the *Parti Paysan* (*see* p. 361). In 1952, M. Pinay became prime minister with the support of twenty-seven dissident Gaullists of the *Action Républicaine et Sociale*, who later joined the C.N.I.P. His rapid success in halting inflation led him to acquire great personal popularity. By 1954, he had become a leading figure among the *Indépendants*. This strong conservative grouping now decided to hold annual congresses and develop a coherent doctrine and policy. "Nous n'accepterons plus les divisions et les querelles", Roger Duchet asserted, "nous serons cohérents et solidaires."

The doctrine of the C.N.I.P., as outlined by M. Pinay in 1954, and as expressed in the policies of the C.N.I.P., remained very much in keeping with the pre-war tendencies of the *Fédération Républicaine* (*see* p. 313).

The electoral progress of the *Indépendants* under the Fourth Republic was marked. From 2·7 million in 1951, their support rose to 3·3 million in 1956.

During the Algerian crisis, the position of the C.N.I.P. on Algeria became increasingly right-wing. M. Duchet, on the party's right, eventually adopted a position indistinguishable from that of supporters of *l'Algérie française*.

Most of the C.N.I.P. supported General de Gaulle in 1958, and the less extreme M. Pinay (not M. Duchet, of course) participated in de Gaulle's first broadly-based government. The movement generally favoured de Gaulle and the new constitution. In the 1958 election, as non-Gaullist supporters of de Gaulle, they gained more ground than ever, obtaining 4·5 million votes, independently of the considerable Gaullist success.

After 1958, however, the *Indépendants* were swamped by Gaullism. M. Duchet's extremism on Algeria led to his exclusion from the C.N.I.P. in 1961; meanwhile the opposition of the rest of the movement to de Gaulle's self-determination policy, and its failure to condemn the generals' putsch of 1961 and the activities of the O.A.S. (*see* p. 339), isolated it from the pro-Gaullist electorate and public opinion generally, though it still formed part of a Gaullist majority and government. It left its supporters without instructions for the referendum on the Évian agreements.[1] In the 1962 elections, it suffered a severe defeat, obtaining only 1·7 million votes. Its opposition to Gaullism over Algeria had now destroyed the basis of its success in 1958.

The C.N.I.P. now split up, M. Valéry Giscard d'Estaing taking the thirty-two pro-Gaullist *Indépendants* into the Gaullist majority as *Républicains Indépendants*. The anti-Gaullists opted for the *Rassemblement Démocratique* or the *Centre Démocrate*.

The *Républicains Indépendants*, known as *giscardiens* (from the leader's name) remained loyal Gaullists until 1966, when M. Giscard d'Estaing, who had been responsible, as finance minister, for the government's economic stabilisation programme, resigned from the government. The *giscardiens* did not, however, leave the majority, but set out to offer qualified support from within. The increasing division that had grown up in Parliament between the Gaullist majority and the opposition left them no alternative, if governmental stability was to be maintained. M. Giscard d'Estaing hoped that they would develop into an independent force in the post-Gaullist era. The *Républicains Indépendants* were transformed into a political party in the spring of 1966 with a programme that was *libéral, centriste, européen* (*see* p. 315). Their insistence on economic liberalism and the natural working of the market economy, plus flexible economic

[1] Which ended the Algerian war.

planning, as the best that could be achieved in that direction within the Common Market, ran parallel with the general Gaullist retreat from economic planning in the mid-sixties (*see* p. 459), but placed them to the right of the left-wing Gaullists (*see* p. 319). Politically, however, the liberalism of the *Républicains Indépendants* placed them rather to the left of orthodox Gaullism: though they expressed their approval of the idea of a stable majority and opposition, they favoured a political régime based on a somewhat greater degree of dialogue between government and public. Also, their verbal Europeanism was in direct opposition to de Gaulle's condemnation of European political integration. For example, they showed no public objection to negotiations on British entry to the Common Market. The *Républicains Indépendants*, despite their short term tactical allegiance to Gaullism, were clearly aiming for a slightly refurbished form of conservative Republicanism under M. Giscard d'Estaing, which would come into its own in the post-Gaullist era.

In January 1967, their leader, at a press-conference, summed up his qualified support for de Gaulle in the celebrated formula "Oui — mais". President de Gaulle retorted: "On ne gouverne pas avec des mais."

In the 1967 legislative elections, the *Républicains Indépendants* were informed by the U.N.R. (*Union pour la Nouvelle République*) that they could not stand in competition with orthodox Gaullists. M. Giscard d'Estaing did not insist, fearing electoral disaster, and the *Républicains Indépendants* remained electorally allied with them. The *Républicains Indépendants* obtained 1 million votes and 44 seats in the Assembly (as against 6 million votes and 200 seats for the Gaullists.)

Because of the tiny Gaullist majority, the *Républicains Indépendants* were as uncomfortably placed in 1967 as a back-bench group in a British government party with a very narrow majority: they were, under protest, constrained to vote for the special powers the government demanded to rule by ordinance from April to October. They were learning by experience the difficulties of opposition from within a governmental majority in the new parliamentary system, with its clear-cut majority and opposition.

The position of the *Républicains Indépendants* was strengthened in the elections of 1968, when they shared the fruits of the massive swing to Gaullism, and gained 21 seats, raising their number of deputies to 61. They were now the second largest party in the Assembly. The more liberal and European Gaullism introduced by M. Pompidou after General de Gaulle's departure also eased the position of the *Républicains Indépendants* within the majority. In December 1969, M. Giscard d'Estaing declared: "Dans un pays comme la France, il est inévitable que, s'agissant d'un ensemble aussi important, il y ait des tendances. Il ne faut pas qu'elles s'affrontent: chaque tendance doit soumettre des propositions à l'ensemble de la majorité, et non s'affirmer contre ses partenaires... Au sein de cet ensemble, les Républicains Indépendants doivent être les réformistes." And, at Courbevoie in October 1970, he said his party's rôle was to "tirer la majorité dans le sens des orientations libérales, sociales et modernes, qui sont les nôtres. Nous devons la tirer, sans la déchirer." The stress on independence within the majority was again seen in 1971, when M. Poniatowski called for an alliance with the Centre (*see Le Monde* (20 août 1971)). The position of the *Républicains Indépendants* as liberals *within* the majority was re-affirmed by M. Giscard d'Estaing (*see Le Monde* (12 octobre 1971)).

BIBLIOGRAPHY

M. BAL: 'Les Indépendants', *Revue Française de Science Politique* (juin 1965), pp. 537–555.

M. BASSI: *M. Valéry Giscard d'Estaing* (Grasset, 1968). Includes documents.

A. BONNARD: *Les modérés* (Grasset, 1936).

J. BOURDIN: 'La crise des Indépendants', *Revue Française de Science Politique* (juin 1963), pp. 443–450.

R. DUCHET: *Pour le salut public. Les Indépendants devant les grands problèmes nationaux* (Plon, 1958).

J. FAUVET and H. MENDRAS, ed.: *Les paysans et la politique dans la France contemporaine* (Colin, 1958).

France Moderne, monthly (*giscardien*).

Journal des Indépendants, weekly.

M.-C. KESSLER: 'M. Valéry Giscard d'Estaing et les Républicains Indépendants: réalités et perspectives', *Revue Française de Science Politique* (octobre 1966), pp. 940–957.

M. MERLE in M. DUVERGER et al.: *Partis politiques et classes sociales en France*, op. cit.

R. RÉMOND: *La Droite en France de la première restauration à la Ve République*, op. cit.

PROGRAMME OF THE *FÉDÉRATION RÉPUBLICAINE* 1932

La Fédération Républicaine de France est essentiellement antiétatiste. Elle réserve à l'initiative privée, à la mutualité, la plupart des réalisations possibles, sous le regard de l'État. Elle est adversaire déclarée du désordre; elle est opposée à la création de tout monopole. Le rôle de l'État doit se borner à rompre les entraves qui gênent l'activité du pays, à stimuler la production. La Ligue s'affirme partisan de la propriété individuelle et adversaire irréductible de la propriété collective.

....

La Fédération, se souvenant de l'erreur des radicaux d'avant-guerre, n'abolira pas nos moyens de défense tant que l'Allemagne sera menaçante et que la sécurité ne sera pas assurée par une organisation juridique précise et une force internationale. La puissance d'une armée est le meilleur moyen de ne voir jamais attaquer le pays qu'elle protège.

Ambassade du Vatican. — La Fédération en a demandé le rétablissement,[1] ainsi que le retour au droit commun des congrégations missionnaires.

Réforme constitutionnelle. — Insertion, dans la constitution, des lois qui doivent être considérées comme fondamentales, visant les droits des citoyens, ceux de la famille, des associations, de la Patrie, l'institution d'une Cour Suprême de justice.

En matière électorale: représentation proportionnelle, vote des femmes, vote familial, vote obligatoire, péréquation des circonscriptions, diminution du nombre des députés. Cent cinquante sénateurs et trois cents députés paraissent des chiffres à adopter. Incompatibilité entre le mandat parlementaire et le fait de détenir un emploi rétribué par les entreprises liées à l'État par la concession de services publics. Limitation de l'initiative parlementaire en matière de dépenses. Stricte réglementation du droit de parole des parlementaires. Réduction du nombre des ministres; suppression des sous-secrétaires d'État.

Enseignement. — La famille a le droit de choisir et de contrôler l'enseignement; pour qu'elle choisisse librement, il faut que chacun soit libre d'enseigner, s'il remplit les conditions morales et techniques suffisantes. Lutte contre l'École unique[2] qui aboutirait au monopole de l'enseignement. Création d'un Office National des Bourses au seul profit des enfants pauvres sélectionnés. Maintien à treize ans de la fréquentation scolaire. Création

---

[1] Restored in 1921, diplomatic relations with the Vatican were again broken off by the Herriot government in 1925.

[2] *See* p. 528.

de deux cadres d'instituteurs, urbains et ruraux, ceux-ci acquérant des connaissances agricoles.

Nomination des instituteurs par les recteurs et non par les préfets.

Maintien du caractère classique de l'enseignement secondaire. Coordination des Facultés et des grandes écoles avec les forces vives du pays: industrie, agriculture. Enseignement technique et post-scolaire.

Congrégations religieuses. — Droit commun: nul ne doit se voir mis hors la loi à cause de ses convictions. Plus de Français de deuxième zone. Le régime actuel est indigne de la tradition française. Abrogation des articles 13 et 18 de la loi de 1901.[1] Établissement, pour les églises, d'un statut libéral. Mise à la charge de l'État de l'entretien des églises paroissiales.

THE *CENTRE NATIONAL DES INDÉPENDANTS*   1954

1. M. Pinay's speech at 1st Congress.

Notre volonté, ce n'est pas une volonté de conservation ou de restauration.

C'est une volonté de rénovation, d'une rénovation qui assure avant tout, et en toute hypothèse, le respect de la personne humaine.

Le respect de la personne, c'est le respect de sa liberté — liberté de choisir sa vie et de mériter son destin.

. . . .

Sur le plan de l'Économie, l'expansion peut être le fruit du libre effort des producteurs, ou le résultat de l'action autoritaire de l'État.

Elle peut avoir pour «moteur», comme on dit, la contrainte ou la concurrence.

La contrainte donne rarement naissance à l'enthousiasme.

Pour rester efficace, elle doit se faire de plus en plus envahissante.

Choisir la contrainte, c'est, sciemment ou non, entrer dans les voies de la dictature, pour éviter l'échec; et la dictature, bientôt, ne distingue plus entre l'ordre de la matière et l'ordre de l'esprit.

La concurrence peut être à la fois la plus dure et la plus souple des contraintes.

Nous le voyons toujours, aujourd'hui même, dans un pays comme les États-Unis, où le prodigieux essor de la production prend son élan dans la libre entreprise.

Mais, contrairement à la contrainte, la concurrence est d'autant plus efficace que la liberté est plus pure.

Elle n'est pleinement créatrice que si elle est loyale, débarrassée de ces entraves que constituent le malthusianisme, le protectionnisme, toutes ces formes où se glisse la défense égoïste des situations acquises.

C'est donc en demeurant fidèle à elle-même que la liberté joue pleinement son rôle économique.

Mais c'est aussi dans cette fidélité, qu'elle prend un rôle moral.

[1] *See* p. 155.

La liberté, ce pouvoir, crée des responsabilités devant la Nation : produire plus, produire mieux, produire moins cher, en bref combler l'écart entre ce que les techniques modernes de la production peuvent permettre d'offrir au consommateur, ce qui lui est réellement offert et ce qu'il peut effectivement acquérir.

Le prix de la liberté, c'est le sens du «service», qui ne tolère pas la passion exclusive du lucre.

* * *

La liberté a trouvé un forme juridique et un point d'application dans la propriété.

On oublie trop que le communisme, c'est, d'abord, dans sa source comme dans son histoire, l'abolition de la propriété privée — et à travers cette abolition, l'abolition de la liberté.

C'est notamment parce que le capitalisme libéral du siècle dernier a négligé d'ouvrir largement au Travailleur l'accès à la propriété, qu'un communisme agressif a pu exalter la suppression générale de la propriété privée, en jouant sur les tendances destructrices d'un sentiment de frustration.

Si un État démocratique, fidèle à sa mission, veut que les valeurs de liberté soient des valeurs vivantes, il a le devoir de favoriser, de généraliser la propriété privée.

. . . .

Telle est notre ligne de pensée et notre volonté d'action.

Tels sont nos refus et telle est notre foi.

Usant en connaisseurs, de la magie des mots, certains limitent au jeu des étiquettes tout leur effort critique à notre égard.

Nous serions le parti des «notables», des «réactionnaires», des «conservateurs».

«Notables», sans doute, si être notable c'est avoir des responsabilités, c'est savoir les assumer, c'est prendre des risques, c'est être majeur.

«Réactionnaires», bien sûr, s'il s'agit de réagir contre la facilité, contre l'erreur, contre l'abandon; si réagir, c'est lutter, comme un organisme sain, contre la maladie et contre la mort.

«Conservateurs», assurément, si conserver, c'est maintenir la grandeur de la Patrie, être fidèle aux missions que l'Histoire lui assigne, non point dans la passivité, mais dans l'action et, s'il le faut, dans le sacrifice.

Mais, si la réaction c'est le retour à la barbarie qui détruit la Personne, en la faisant esclave de la technique, de la masse, ou du mythe,

si conserver c'est s'accrocher à des formules dépassées, pour défendre des intérêts à court terme, les yeux fermés sur le Monde et sur le temps,

alors, le vrai visage de la réaction, le vrai visage du conservatisme, ce n'est pas chez nous qu'il faut les chercher.

2. Motions passed at 1st Congress.

(a) On Communism:

Le communisme constitue un péril mortel pour la civilisation, pour la démocratie, pour la patrie. Il doit être combattu sans merci. La lutte contre la misère est un devoir d'humanité et de justice. Elle doit être un de nos objectifs essentiels. Mais elle ne saurait servir d'alibi à ceux qui se refuse-raient à prendre contre le communisme les mesures qui s'imposent. Le congrès n'admettra pas que les communistes échappent aux lois républi-caines qui sanctionnent la diffamation, l'apologie du crime ou de la trahison. Il réclame que soient mises à l'abri de la propagande et de l'action commu-nistes les fonctions qui assurent notamment l'ordre public et la sécurité de la nation. Le congrès refusera, quelles que soient les circonstances, d'avoir pour alliés ceux qui accepteraient de composer avec les communistes, leurs auxiliaires et leurs complices.

(*b*) *On Christianity:*

Le congrès des indépendants affirme la valeur éminente de la civilisation chrétienne, parce qu'elle est fondée sur les idées de liberté, de responsabilité et de dignité de la personne humaine. Cette affirmation implique le respect par les citoyens de l'ordre et de l'autorité, le respect par l'État des libertés individuelles et de l'autonomie de la famille. Elle implique aussi qu'à l'idéologie bolchevique doit s'opposer l'unité spirituelle de l'Europe. Les indépendants n'accepteront de s'associer qu'à ceux dont les efforts sont animés par les mêmes principes.

(*c*) *On agriculture:*

Le congrès affirme que la France doit trouver l'une de ses principales sources de progrès et de richesse dans son agriculture, à base d'exploitations familiales modernes que la politique agricole a pour mission de développer;

Rejette les conceptions politiques:

qui ne mettent pas l'agriculture au rang d'élément fondamental de notre économie;

qui prétendent sauvegarder le pouvoir d'achat du consommateur en comprimant les prix agricoles, pour compenser la hausse des impôts, des prix industriels, des services et plus généralement des effets de l'inflation;

qui n'attribuent à l'agriculture qu'une part sans cesse amenuisée du revenu national, malgré l'effort croissant de production qu'elle accomplit;

Demande:

que la forme familiale de l'exploitation soit sauvée par des garanties sociales équivalentes à celles dont bénéficient les autres catégories de Français;

Proclame:

qu'une véritable politique agricole, répondant aux impératifs moraux et familiaux de l'agriculture, ne peut trouver sa place que dans une politique générale d'équilibre des prix et d'équivalence de situation sociale entre tous les producteurs, politique qui est celle des indépendants et paysans.

M. GISCARD D'ESTAING AND THE PROGRAMME OF THE *RÉPUBLICAINS INDÉPENDANTS*   1966

Quelles sont les orientations principales de notre action? Elles tiennent essentiellement dans notre souci de représenter au sein de la majorité l'élément centriste, libéral et européen.

Les Républicains Indépendants sont centristes. Cela signifie d'abord qu'ils sont dédaigneux des mythes qui font les délices des formations politiques extrêmes, mais soucieux des réalités qui commandent l'adaptation de la Nation aux exigences de l'avenir. Cela veut dire aussi qu'ils refusent un aspect partisan au profit d'un esprit ouvert. On ne peut organiser la vie politique à partir de vues fragmentaires.

Les Républicains Indépendants ne veulent pas être le parti d'une classe, d'une caste, mais les catalyseurs d'un regroupement des modérés où chaque milieu social se sente à l'aise...

Cela signifie enfin qu'ils veulent une gestion moderne, dynamique et efficace des affaires publiques. Ils souhaitent à cet égard l'utilisation systématique des progrès considérables accomplis tant dans les techniques de prévision que dans les méthodes de gestion.

Les Républicains Indépendants sont libéraux, au sens politique du terme. Cela implique avant tout la recherche du dialogue, nécessaire pour expliquer et pour apprendre, et qui correspond à une aspiration certaine de l'opinion. Pour favoriser ce dialogue, il convient d'abord d'améliorer la politique de l'information. Naturellement, il n'est pas agréable, pour les hommes d'État, d'entendre la critique, mais c'est une nécessité. Plus la critique se développe, plus l'opinion réfléchit et c'est sans doute la voie d'un accord collectif sur la règle du jeu qui nous fait encore défaut.

Il convient d'autre part, d'assurer la revalorisation de la fonction parlementaire. Il s'agit en effet d'attirer les élites de la nation à la vie publique en leur offrant des responsabilités à la mesure de leurs qualités. Il faut donc ne pas craindre de rendre au débat parlementaire son importance.

Dans la mesure où l'unique objectif du Parlement était de renverser le Gouvernement, la méfiance était légitime et conduisait à limiter le contenu de la fonction législative. Mais quand la crise gouvernementale est devenue exceptionnelle et que le Législatif est désireux de collaborer avec l'Exécutif pour une action constructive, le débat parlementaire doit retrouver toute son importance.

Européens, les Républicains Indépendants considèrent que la construction économique et politique de l'Europe est une œuvre essentielle et que la France doit jouer en ce domaine un rôle de catalyseur des forces d'unité. Nous sommes pour l'Europe, car c'est un mouvement naturel et irréversible. Les aires nationales sont inadaptées aux problèmes de notre temps. Quand on franchit les frontières, on a le sentiment de leur vétusté, sentiment que l'on devait avoir jadis en franchissant les octrois.

GAULLISM

INTRODUCTION

Gaullism, as a political movement, dates back to de Gaulle's London broadcast of 18th June 1940 (*see* p. 326), and more particularly to the poster proclamation which followed it in July.[1] In both, he appealed to the French people to join him in resistance to Germany. From June 1940 can be dated, too, the ideological basis of Gaullism: the General's claim to have been singled out by history as a spokesman for France and an incarnation of her national unity, standing above the sectional interests of parties and groups (*see* p. 327).

Gaullism was, essentially, to the General, a response to the failure of France's democratic institutions, under the Third and Fourth Republics, to find ways of taking effective, and united, action in the national interest. A "demon of division" underlay the breakdown of democratic institutions, he affirmed, resulting in political confusion and impotence; worst of all, in moments of crisis, such as 1940 and 1958, government was paralysed altogether.

In June 1940, therefore, the General's method was to attempt to crystallise, and to identify himself with, a political current developing among a wide cross-section of Frenchmen — resistance to Germany — and so to put himself at the head of a nation-wide movement, outside existing political structures and groups, with the aim of putting the united "national" will into effect.

De Gaulle never, before 1962, regarded himself as a leader whose power could be legitimised by normal processes: it must be drawn directly from the people, over the heads of the political élite. He saw himself not so much as representative of *le pays légal*, France as it was legally constituted, but as speaking for *le pays réel*, France as good Frenchmen conceived of it, the France which could not be its true self without *la grandeur* (*see* p. 325). In short, since the true France could not be given political expression through normal channels, it must be expressed through de Gaulle's own person. Hence the expression used by him in 1960: "la légitimité que j'incarne depuis vingt ans." (For the position since 1962, *see* p. 135 ff.)

The first Gaullist movement was, for the General, the Resistance. It should be noted that if de Gaulle was to remain leader of the Resistance he had, perforce, to espouse the strongly socialist temper of many of those who were most active in the movement. The question inevitably arose as to whether de Gaulle "had become a socialist". It would, however, have been impossible for him to

---

[1] It was only in the poster proclamation that the famous phrase appeared: "La France a perdu une bataille mais la France n'a pas perdu la guerre."

dissociate himself from the socialist aspect of the Resistance. He is thus at times the prisoner rather than the master of the political currents of the day.

On subsequent occasions, the pattern of 1940 was repeated: de Gaulle, claiming to speak for France as a whole, in fact simply identified himself with a nation-wide political current; and he then set up a Gaullist movement, outside existing structures, to translate this current into action. Thus at Strasbourg in 1947 he launched the *Rassemblement du Peuple Français* (R.P.F.), to capitalise on the popular feeling he detected (1) against the internal and external Communist threat that the Cold War had brought with it; (2) against the 1946 Constitution; and (3) against the revived party system (*see* p. 331). On this occasion, his success was only temporary, although the R.P.F. received 21·6% of the votes cast in the 1951 elections, and at its peak claimed one million members. The Fourth Republic survived the Gaullist attack, and by 1953 the General had decided to wind up the R.P.F. The remaining Gaullist deputies integrated themselves again into the parliamentary system as *républicains sociaux*.

In May 1958, de Gaulle's aim, through his own exercise of power and through the introduction of a new constitution, was to give effect to the general desire among Frenchmen to put an end both to the Algerian crisis and to the political system of the Fourth Republic.

The newest Gaullist movement, the U.N.R., was at first intended by loyal supporters of the General merely as a subsidiary instrument for the carrying out of these purposes. From the beginning, however, the U.N.R. came strongly under the influence of supporters of *l'Algérie française*, men such as Jacques Soustelle, who appeared determined to dominate the movement and keep it independent of the General. This conception accorded with the current constitutional notion that General de Gaulle was to be a national arbiter, standing above the parties. It should be noted, too, that the General himself forbade the use of his name for electoral purposes in 1958.

Soon, however, de Gaulle began to lay down national policy on Algeria (*see* p. 189), and the U.N.R. had willy-nilly to fall into line. After the self-determination policy for Algeria was announced, the *Algérie française* supporters in the U.N.R. were purged; M. Soustelle complained: "On m'a exclu pour avoir contrevenu à une politique qui n'a jamais été fixée." The conception of the U.N.R. as independent of the General had given way to one according to which it should be a faithful agency for his and the government's policies.

With the Algerian settlement, the party rapidly settled into its new rôle: fear of the unpopularity that unconditional support for de Gaulle and the government might bring was removed by the U.N.R.'s success in the 1962 elections. The U.N.R. had now become, in short, a party of government. It became associated, too, with the new pattern into which the parliamentary system was falling, based on a permanent majority and a permanent opposition, the U.N.R. forming the majority, and the other parties the opposition.

In May 1968, crisis temporarily brought de Gaulle into his own again, after some years of relative decline, caused by the fact that both he and the U.N.R. had not yet become wholly adjusted to the rôle of ruling France in settled times, when politics could not be reduced to a few clear and simple objectives commanding nation-wide support. In the middle of the crisis brought about by the university revolt and the strike-wave, he once again identified himself with the national mood, this time in the shape of two apparently conflicting tendencies: (1) the desire among many Frenchmen for the preservation of constitutional order and the avoidance of revolution; and (2) the equally strong desire for a greater share in decision-making in France's political, economic and social life (see p. 138). After reluctantly accepting elections as a substitute for a referendum, and then proposing reforms designed to introduce new modes of participation in universities and elsewhere, he seemed to have succeeded yet again in renewing his claim to speak for the whole nation. But the revolt of May 1968 was partly directed against the political authoritarianism de Gaulle himself increasingly personified after 1962; and his defeat at the April referendum in 1969 led to his resignation. The question had for long been asked: could Gaullism survive without the General? M. Pompidou's election as President suggested that the institutions of the Fifth Republic, even without the presence of their originator, provided a sufficient framework within which Gaullism could survive.

Since Gaullism represents, in the first place, a technique for gaining power in a divided nation in times of crisis, on the basis of an appeal to national unity, it naturally tends to base itself, like Bonapartism (see p. 9), on an *ad hoc* coalition of political forces extending from the moderate Left to the moderate Right. The first de Gaulle government of 1958 was a case in point. Government from the centre is indeed the aim of Gaullism, either through such a coalition, or through a new movement, such as the U.N.R., fulfilling a similar political function. As M. Roger Frey remarked: "Dans la Vᵉ République, l'U.N.R. sera un grand parti du centre, évitant les heurts trop violents entre la droite et la gauche."

Like Bonapartism, indeed, and for the same reasons, the doctrine of Gaullism claims to transcend the distinction between Right and Left. It claims to speak for all Frenchmen, or at least all good Frenchmen, in their common concern for the higher national interest of France. This is particularly the case in the sphere of foreign affairs, always the first concern of de Gaulle. The higher national interest is thought of as over-riding the petty party divisions which may happen to arise on bread and butter issues. For de Gaulle, indeed, the parties do not represent the nation (see p. 332).

In practice there is, as in Bonapartism, a wooing of both the moderate Left and the moderate Right. The appeal to the Left is based on the notion of direct democratic participation in government, through the election of the President of the Republic by universal suffrage. This plebiscitary notion, promoted by M. René Capitant long before 1962, is in keeping with de Gaulle's belief that his power must be drawn directly from the people, and not indirectly through the medium of the parties. Equally directed at the Left, and the Centre, was the promise of a reform of capitalism via M. Louis Vallon's schemes for profit-sharing and workers' participation in the running of industry, which echo the early ideas of the M.R.P. (see p. 302). Thus about 1963 Gaullism was officially described, from the economic point of view as:

un mouvement de rassemblement de toutes les bonnes volontés pour la rénovation du pays. Sur le plan des institutions sociales, cela signifie qu'à la lutte des classes préconisée par les tenants du marxisme, l'U.N.R./U.D.T. oppose leur association.

En d'autres termes, elle refuse de se laisser enfermer dans le faux dilemme : ou capitalisme ou collectivisme, et croit que l'avenir est à une forme nouvelle de société où le capitalisme serait dépouillé de sa brutalité primitive et l'ouvrier, de loueur de service qu'il fut longtemps, transformé en associé.

Par «association» il faut entendre à la fois la participation à la gestion des entreprises et l'intéressement à la marche de celle-ci, c'est-à-dire dans les cas les plus fréquents, aux bénéfices qui découlent de son activité. Cela revient à dire que l'intéressement n'est qu'une partie de l'association, mais qu'il en constitue la partie la plus aisément réalisable.

Voici ce que veut l'U.N.R./U.D.T. (official propaganda leaflet)

The economic appeal to the moderate Left in the late sixties, based on this so-called "Third Way" between capitalism and communism ("la troisième voie"), was beginning to resemble a modernised form of the Jacobin attitude to property (*see* p. 8). Just as the Radicals had sought to democratise small-scale capitalism by spreading property-ownership more widely throughout society, left-wing Gaullism was beginning to talk of a democratisation of large-scale capitalism — *le pancapitalisme* — to be brought about by profit-sharing, and, in particular, by the sharing of those profits ploughed back into the firm. The latter was the objective of the so-called "amendement Vallon".[1] This appeal to the Left may be seen as the context of M. Edgar Faure's university reform of 1968, as well as that of the legislation on trade union rights (*see* p. 138).

The traditional Republican Right is attracted by Gaullist insistence on the internal authority of the State, as seen for example in M. Debré's constitutional scheme of 1958, and in the General's determination to maintain government authority in the streets and in the universities in 1968.

Gaullism's attachment to the external authority of the State, expressed, in the foreign policy of the Fifth Republic, through the ideal of national independence (*see* p. 334), appeals to both Left and Right. Once again, there is a parallel in this respect with moderate Bonapartist nationalism.

Both the post-war Gaullist movements had their own left and right wings, corresponding to this dual appeal of Gaullism. The Left under the Fifth Republic, as in the R.P.F., was led by MM. Capitant and Vallon, who formed the U.D.T. in 1959; it was absorbed within the U.N.R. in 1962. M. Debré and, in 1968–69, M. Robert Poujade, expressed the right-wing Gaullist tendency.[2]

With the resignation of General de Gaulle, in 1969, the balance of Gaullism began to shift somewhat, under the influence of M. Pompidou. His policy of "*ouverture*" and "*continuité*" in the political sphere, leading to the abandonment of former Gaullist intransigence on British entry to the Common Market, and on State control of radio and television, marked a step towards the Left, as did the continuation by M. Guichard of the university policies of M. Edgar Faure. This led to dissatisfaction on the part of right-wing Gaullists. However, in the economic sphere, M. Pompidou's rejection of any hint of industrial democracy,

[1] To article 33 of the act of 12th July 1965.
[2] There have also been other left-wing tendencies — e.g., that associated with M. Neuwirth; as well as an extreme Right, represented by M. Delbecque and others.

which he dismissed on 23rd September 1969 as the introduction into the factory of *le régime d'assemblée*, represented a move to the right, which so angered the Gaullist Left that M. Capitant called for the reconstitution of the U.D.T.:

> Aux rapports de dépendance qui subordonnent le travail au capital nous voulons substituer des rapports d'association qui fassent que les salariés participent non seulement à l'effort, mais aussi aux responsabilités et aux résultats. Est-ce cette société nouvelle que nous propose le premier ministre ? Non. Comment nous en étonner alors qu'il est placé sous l'autorité de Georges Pompidou, alors que la nouvelle majorité est issue de la victoire des «non», et que le gouvernement est en fait dominé par ceux qui ont mené le combat contre de Gaulle. La stratégie constante de Pompidou avant comme depuis le référendum a été et reste de sauvegarder le régime capitaliste et de fermer la «troisième voie» où de Gaulle s'apprêtait à engager la France...
>
> Devant une telle politique, il faut entrer délibérément dans l'opposition.
>
> *Le Télégramme de Paris*, quoted in *Le Monde*
> (26 septembre 1969)

M. Louis Vallon, for his part, published in the autumn of 1969 a pamphlet, *l'Anti-de Gaulle* (Seuil, 1969), in which he accused M. Pompidou of being involved in a concerted plot to replace the General at the Élysée and so sabotage his plans for participation. M. Vallon was officially excluded from the U.D.R. on 13th November 1969, and the U.D.T. was reconstituted as a movement distinct from the U.D.R. It has since faded from the scene.

The U.D.R. itself had, by late 1969, so far settled down into its rôle as the party of government of the Fifth Republic that commentators were beginning to describe it as a form of neo-Radicalism, whose policies were determined primarily by the President and government of the day. At the same time, it was becoming clear that the adjustments which had been made to the policies of de Gaulle by M. Pompidou had brought the new Gaullism closer to the refurbished conservatism of M. Giscard d'Estaing (*see* p. 315), closer to the Centre, and so closer to middle-of-the-road conservative public opinion as a whole. By shedding both some of its left-wing features, and those aspects of de Gaulle's policies which had become widely unacceptable, the new Gaullism was settling into its rôle of administering the *status quo* on the basis of a broad consensus of moderate conservative opinion. While rejecting even the modicum of economic change desired by the left-wing Gaullists, it would side neither with workers nor employers, but seek new forms of accommodation between the two sides of industry, such as productivity deals. This was the substance of the "nouvelle société" announced by M. Chaban-Delmas on behalf of the Gaullist government in the autumn of 1969. However, some loss of impetus in Gaullism was becoming evident by 1970 — there were clear signs at the national congress in June of a lack of direction in the movement. The left wing continued to deplore the abandonment of de Gaulle's reformist plans for participation in industry. And M. Souchal's severe setbacks at the Nancy by-election suggested that public opinion did not find the Gaullists such a convincing government party after all.

The principal trump-card of the Gaullists, after M. Chaban-Delmas's success against M. Servan-Schreiber at Bordeaux in September (he won on the first ballot with 63·55%), seemed therefore to be the continued absence of a credible alternative, rather than the positive qualities of the Gaullists themselves.

Because of the opposition's weakness, there was increasing talk in 1970 of the majority as embracing the country's whole political life, so that all debate must go on within its ranks. Gaullism, it was held, must be simultaneously *le parti de l'ordre et le parti du mouvement*. M. Chaban-Delmas, in October, gave his own blessing to the recent calls for a broadening of the majority, without, however, going so far as to exclude only revolutionaries: "Je ne prétends pas réunir une majorité qui, n'excluant que ceux qui refusent notre société, rassemblerait tous les autres dans une unanimité factice et, dès lors, fragile. Mais je veux faire triompher, en élargissant ses bases populaires, la majorité actuelle, non seulement parce qu'elle est la nôtre mais parce que dans l'état présent et prévisible de la vie politique en France elle est aujourd'hui et sera sans doute demain la seule force qui permette de conduire la mutation nécessaire de notre pays." (*See Le Monde*, 17 octobre 1970).

Gaullism has tended to be a strongly urban movement. The R.P.F., as a mass-movement, was itself based on the towns where it appealed to left-wing electors; in the country, it was associated with conservative *notables* only in traditionally right-wing areas. In 1958, Gaullism gained a wider national success, though between 1962 and 1968 it lost some of the ground it had gained in 1958.

Gaullism from 1958 associated itself with the economic boom which was particularly visible in Northern France. It put forward, in the 1960s, an electoral platform of prosperity for all, to be achieved through the encouragement of economic growth and industrial concentration (*see* p. 337). This programme was in keeping with the ruling economic orthodoxy of post-war France (*see* p. 467). The U.N.R. thereby consolidated its hold in Paris and the towns of the newly prosperous North. It also maintained its position in traditionally right-wing areas, particularly in the Catholic West and East.

Overall electoral support for Gaullism has ebbed and flowed with political circumstances, as follows:

	Percentage of votes cast favourable to de Gaulle
Referendum of 28th September 1958 on the constitution of the Fifth Republic	79·2%
Referendum of 8th January 1961 on self-determination in Algeria	75·2%
Referendum of 8th April 1962 on the Évian agreements	90·6%
Referendum of 28th October 1962 on the election of the President by universal suffrage	61·7%
Presidential election of 1965	
First ballot	43·7%
Second ballot	54·5%
Referendum of 27th April 1969	46·8%
Presidential election of 1969	*Percentage of votes cast favourable to Pompidou*
First ballot	44%
Second ballot	57·6%

The U.N.R., however, has steadily increased its share of the poll since 1958:

1958 elections (first ballot)	20·4%
1962 elections (first ballot)	31·9%
1967 elections (first ballot)	37·7%*
1968 elections (first ballot)	43·7%*

* These figures include some but not all the votes cast for the *Républicains Indépendants*, some of whom did not stand on a Gaullist platform.

In the 1968 landslide, Gaullist representation in Parliament reached a figure of 293.

Both the R.P.F. and the U.N.R., because of their doctrinal hostility to the traditional parties, refused at first to consider themselves as parties at all. It was, for example, possible to belong simultaneously to the R.P.F. and to an existing party. The U.N.R. described itself in 1959 not as a party but as a "Union", a "rassemblement des familles spirituelles d'origines diverses, animé par une conception commune du destin de notre pays et décidé à aborder les problèmes qui se posent à lui dans un esprit dégagé des préjugés du passé" (quoted in J. Charlot: *L'U.N.R.* (Colin, 1967), p. 287). Both have, in fact, developed into parties on a strongly centralised basis. They were both based ideologically on the inspiration of the ideas of General de Gaulle: the R.P.F. came under his close personal control, and the U.N.R. was based structurally on the central control of an inner group of about forty "Gaullistes de toujours", that is, men who have remained loyal to de Gaulle since his London days.

The U.N.R. has been described by Jean Charlot as a "parti de cadres, dont les adhérents sont soigneusement criblés, parti centralisé et de nature oligarchique dirigé par un cercle intérieur d'une quarantaine de personnes où dominent ministres et autres personnalités directement ou indirectement choisies par le chef de l'État, parti discipliné enfin, où l'exclusion frappe impitoyablement les rebelles."[1] There was every reason to suppose, after the exclusion of M. Louis Vallon from the U.D.R. in 1969, that the pattern which Jean Charlot had identified, and which had been established under de Gaulle would remain largely unchanged under Pompidou: restricted party membership, and insistence on loyalty to policies laid down centrally by M. Pompidou himself and the Gaullist inner circle.

[1] *Op. cit.*, p. 307.

BIBLIOGRAPHY

P. ALEXANDRE: *Le duel de Gaulle–Pompidou* (Grasset, 1970).

J. CHARLOT: *Le Gaullisme* (Colin, 1970), Collection U2 "Dossiers". Fundamental documents up to September 1969.

J. CHARLOT: *L'U.N.R. Étude du pouvoir au sein d'un parti politique* (Colin, 1967).

J. CHARLOT: *Le phénomène gaulliste* (Seuil, 1970).

R. CAPITANT: 'Nation et démocratie', *Esprit* (mars 1955), pp. 371–375.

CH. DE GAULLE: *Discours et messages*, 5 vols. (Plon, 1970).

CH. DE GAULLE: *Mémoires de Guerre*, 3 vols. (Plon, 1954–59).

CH. DE GAULLE: *Mémoires d'espoir I. Le Renouveau* (Plon, 1970).

J.-C. GUILLEBAUD and P. VUILLETET: *Chaban-Delmas ou l'art d'être heureux en politique* (Grasset, 1969).

J. LACOUTURE: *De Gaulle* (Seuil, 1969).

S. MALLET: *Le gaullisme et la gauche* (Seuil, 1965).

G. MARCHON: *Chaban-Delmas* (Albin Michel, 1969).

La Nation, daily.

Notre République, weekly.

C. PURTSCHET: *Le Rassemblement du Peuple Français 1947–1953* (Cujas, 1965).

R. RÉMOND: 'L'énigme de l'U.N.R.', *Esprit* (février 1963), pp. 307–319. (*See* also his *La Droite en France*, op. cit., especially vol. 2, pp. 441–449).

P. ROUANET: *Pompidou* (Grasset, 1969).

L. VALLON: *L'Anti-de Gaulle* (Seuil, 1969).

L. VALLON: *L'Histoire s'avance masquée* (Julliard, 1957).

Dix années de gaullisme, La Nef, N° 33 (février–avril 1968).

...UNE CERTAINE IDÉE DE LA FRANCE

Toute ma vie, je me suis fait une certaine idée de la France. Le sentiment me l'inspire aussi bien que la raison. Ce qu'il y a, en moi, d'affectif imagine naturellement la France, telle la princesse des contes ou la madone aux fresques des murs, comme vouée à une destinée éminente et exceptionnelle. J'ai, d'instinct, l'impression que la Providence l'a créée pour des succès achevés ou des malheurs exemplaires. S'il advient que la médiocrité marque, pourtant, ses faits et gestes, j'en éprouve la sensation d'une absurde anomalie, imputable aux fautes des Français, non au génie de la patrie. Mais aussi, le côté positif de mon esprit me convainc que la France n'est réellement elle-même qu'au premier rang; que, seules, de vastes entreprises sont susceptibles de compenser les ferments de dispersion que son peuple porte en lui-même; que notre pays, tel qu'il est, parmi les autres, tels qu'ils sont, doit, sous peine de danger mortel, viser haut et se tenir droit. Bref, à mon sens, la France ne peut être la France sans la grandeur.

Cette foi a grandi en même temps que moi dans le milieu où je suis né. Mon père, homme de pensée, de culture, de tradition, était imprégné du sentiment de la dignité de la France. Il m'en a découvert l'histoire. Ma mère portait à la patrie une passion intransigeante à l'égal de sa piété religieuse. Mes trois frères, ma sœur, moi-même avions pour seconde nature une certaine fierté anxieuse au sujet de notre pays. Petit Lillois de Paris, rien ne me frappait davantage que les symboles de nos gloires: nuit descendant sur Notre-Dame, majesté du soir à Versailles, Arc de Triomphe dans le soleil, drapeaux conquis frissonnant à la voûte des Invalides. Rien ne me faisait plus d'effet que la manifestation de nos réussites nationales: enthousiasme du peuple au passage du tsar de Russie, revue de Longchamp, merveilles de l'Exposition, premiers vols de nos aviateurs. Rien ne m'attristait plus profondément que nos faiblesses et nos erreurs révélées à mon enfance par les visages et les propos: abandon de Fachoda,[1] affaire Dreyfus,[2] conflits sociaux, discordes religieuses. Rien ne m'émouvait autant que le récit de nos malheurs passés: rappel par mon père de la vaine sortie du Bourget et de Stains,[3] où il avait été blessé; évocation par ma mère de

[1] Under threat from Kitchener, Fashoda, in the Sudan, was abandoned to Britain in 1898.
[2] *See* p. 17.
[3] During the siege of Paris (1870).

son désespoir de petite fille à la vue de ses parents en larmes: «Bazaine a capitulé!»[1]

CH. DE GAULLE, *Mémoires de Guerre I. L'Appel 1940–1942* (Plon, 1954), pp. 1–2

GENERAL DE GAULLE'S LONDON BROADCAST   1940

[*18th June.*]

Les chefs[2] qui, depuis de nombreuses années, sont à la tête des armées françaises, ont formé un gouvernement.

Ce gouvernement, alléguant la défaite de nos armées, s'est mis en rapport avec l'ennemi pour cesser le combat.

Certes, nous avons été, nous sommes, submergés par la force mécanique, terrestre et aérienne, de l'ennemi.

Infiniment plus que leur nombre, ce sont les chars, les avions, la tactique des Allemands qui nous font reculer. Ce sont les chars, les avions, la tactique des Allemands qui ont surpris nos chefs au point de les amener là où ils en sont aujourd'hui.

Mais le dernier mot est-il dit? L'espérance doit-elle disparaître? La défaite est-elle définitive? Non!

Croyez-moi, moi qui vous parle en connaissance de cause et vous dis que rien n'est perdu pour la France. Les mêmes moyens qui nous ont vaincus peuvent faire venir un jour la victoire.

Car la France n'est pas seule! Elle n'est pas seule! Elle n'est pas seule! Elle a un vaste Empire derrière elle. Elle peut faire bloc avec l'Empire britannique qui tient la mer et continue la lutte. Elle peut, comme l'Angleterre, utiliser sans limites l'immense industrie des États-Unis.

Cette guerre n'est pas limitée au territoire malheureux de notre pays. Cette guerre n'est pas tranchée par la bataille de France. Cette guerre est une guerre mondiale. Toutes les fautes, tous les retards, toutes les souffrances, n'empêchent pas qu'il y a, dans l'univers, tous les moyens nécessaires pour écraser un jour nos ennemis. Foudroyés aujourd'hui par la force mécanique, nous pourrons vaincre dans l'avenir par une force mécanique supérieure. Le destin du monde est là.

Moi, Général de Gaulle, actuellement à Londres, j'invite les officiers et les soldats français qui se trouvent en territoire britannique, ou qui viendraient à s'y trouver, avec leurs armes, ou sans leurs armes, j'invite les ingénieurs et les ouvriers spécialistes des industries d'armement qui se trouvent en territoire britannique ou qui viendraient à s'y trouver, à se mettre en rapport avec moi.

Quoi qu'il arrive, la flamme de la résistance française ne doit pas s'éteindre et ne s'éteindra pas.

Demain, comme aujourd'hui, je parlerai à la Radio de Londres.

---

[1] After he had allowed himself to become penned up in Metz at the end of the Franco-Prussian war (1870).
[2] Pétain and Weygand.

GENERAL DE GAULLE AS SPOKESMAN FOR FRANCE 1940

[Broadcast of 19th June.]

A l'heure où nous sommes, tous les Français comprennent que les formes ordinaires du pouvoir ont disparu. Devant la confusion des âmes françaises, devant la liquéfaction d'un gouvernement tombé sous la servitude ennemie, devant l'impossibilité de faire jouer nos institutions, moi, Général de Gaulle, soldat et chef français, j'ai conscience de parler au nom de la France.

Au nom de la France, je déclare formellement ce qui suit:

Tout Français qui porte encore des armes a le devoir absolu de continuer la résistance.

Déposer les armes, évacuer une position militaire, accepter de soumettre n'importe quel morceau de terre française au contrôle de l'ennemi, ce serait un crime contre la patrie...

THE *DISCOURS DE BAYEUX* 1946

Dans notre Normandie, glorieuse et mutilée, Bayeux et ses environs furent témoins d'un des plus grands événements de l'Histoire. Nous attestons qu'ils en furent dignes. C'est ici que, quatre années après le désastre initial de la France et des Alliés, débuta la victoire finale des Alliés et de la France. C'est ici que l'effort de ceux qui n'avaient jamais cédé et autour desquels s'étaient, à partir du 18 juin 1940, rassemblé l'instinct national et reformée la puissance française tira des événements sa décisive justification.[1]

En même temps, c'est ici que sur le sol des ancêtres réapparut l'État[2]; l'État légitime, parce qu'il reposait sur l'intérêt et le sentiment de la nation; l'État dont la souveraineté réelle avait été transportée du côté de la guerre, de la liberté et de la victoire, tandis que la servitude n'en conservait que l'apparence; l'État sauvegardé dans ses droits, sa dignité, son autorité, au milieu des vicissitudes du dénuement et de l'intrigue; l'État préservé des ingérences de l'étranger; l'État capable de rétablir autour de lui l'unité nationale et l'unité impériale, d'assembler toutes les forces de la patrie et de l'Union française, de porter la victoire à son terme, en commun avec les Alliés, de traiter d'égal à égal avec les autres grandes nations du monde, de préserver l'ordre public, de faire rendre la justice et de commencer notre reconstruction.

Si cette grande œuvre fut réalisée en dehors du cadre antérieur de nos institutions, c'est parce que celles-ci n'avaient pas répondu aux nécessités

[1] Bayeux was the first town liberated after the Allied landings in Normandy in June 1944.

[2] i.e. when the General landed in Normandy the welcome he received set the seal on his authority in liberated France, and on the legitimacy of his exercise of State power since June 1940.

nationales et qu'elles avaient, d'elles-mêmes, abdiqué dans la tourmente. Le salut devait venir d'ailleurs.

Il vint, d'abord, d'une élite, spontanément jaillie des profondeurs de la nation et qui, bien au-dessus de toute préoccupation de parti ou de classe, se dévoua au combat pour la libération, la grandeur et la rénovation de la France. Sentiment de sa supériorité morale, conscience d'exercer une sorte de sacerdoce du sacrifice et de l'exemple, passion du risque et de l'entreprise, mépris des agitations, prétentions, surenchères, confiance souveraine en la force et en la ruse de sa puissante conjuration aussi bien qu'en la victoire et en l'avenir de la patrie, telle fut la psychologie de cette élite partie de rien et qui, malgré de lourdes pertes, devait entraîner derrière elle tout l'Empire et toute la France.

Elle n'y eût point, cependant, réussi sans l'assentiment de l'immense masse française. Celle-ci, en effet, dans sa volonté instinctive de survivre et de triompher, n'avait jamais vu dans le désastre de 1940 qu'une péripétie de la guerre mondiale où la France servait d'avant-garde. Si beaucoup se plièrent, par force, aux circonstances, le nombre de ceux qui les acceptèrent dans leur esprit et dans leur cœur fut littéralement infime. Jamais la France ne crut que l'ennemi ne fût point l'ennemi et que le salut fût ailleurs que du côté des armes de la liberté. A mesure que se déchiraient les voiles, le sentiment profond du pays se faisait jour dans sa réalité. Partout où paraissait la croix de Lorraine[1] s'écroulait l'échafaudage d'une autorité qui n'était que fictive, bien qu'elle fût, en apparence, constitutionnellement fondée. Tant il est vrai que les pouvoirs publics ne valent, en fait et en droit, que s'ils s'accordent avec l'intérêt supérieur du pays, s'ils reposent sur l'adhésion confiante des citoyens. En matière d'institutions, bâtir sur autre chose, ce serait bâtir sur du sable. Ce serait risquer de voir l'édifice crouler une fois de plus à l'occasion d'une de ces crises auxquelles, par la nature des choses, notre pays se trouve si souvent exposé.

Voilà pourquoi, une fois assuré le salut de l'État, dans la victoire remportée et l'unité nationale maintenue, la tâche par-dessus tout urgente et essentielle était l'établissement des nouvelles institutions françaises. Dès que cela fut possible, le peuple français fut donc invité à élire ses constituants, tout en fixant à leur mandat des limites déterminées et en se réservant à lui-même la décision définitive. Puis, une fois le train mis sur les rails, nous-même nous sommes retiré de la scène, non seulement pour ne point engager dans la lutte des partis ce qu'en vertu des événements nous pouvons symboliser et qui appartient à la nation tout entière, mais encore pour qu'aucune considération relative à un homme, tandis qu'il dirigeait l'État, ne pût fausser dans aucun sens l'œuvre des législateurs.

Cependant, la nation et l'Union Française attendent encore une Constitution qui soit faite pour elles et qu'elles aient pu joyeusement approuver. A vrai dire, si l'on peut regretter que l'édifice reste à construire, chacun convient certainement qu'une réussite quelque peu différée vaut mieux qu'un achèvement rapide mais fâcheux.

Au cours d'une période de temps qui ne dépasse pas deux fois la vie

---

[1] The symbol of Free France.

d'un homme, la France fut envahie sept fois et a pratiqué treize régimes, car tout se tient dans les malheurs d'un peuple. Tant de secousses ont accumulé dans notre vie publique des poisons dont s'intoxique notre vieille propension gauloise aux divisions et aux querelles. Les épreuves inouïes que nous venons de traverser n'ont fait, naturellement, qu'aggraver cet état de choses. La situation actuelle du monde où, derrière des idéologies opposées, se confrontent des Puissances entre lesquelles nous sommes placés, ne laisse pas d'introduire dans nos luttes politiques un facteur de trouble passionné. Bref, la rivalité des partis revêt chez nous un caractère fondamental, qui met toujours tout en question et sous lequel s'estompent trop souvent les intérêts supérieurs du pays. Il y a là un fait patent, qui tient au tempérament national, aux péripéties de l'Histoire et aux ébranlements du présent, mais dont il est indispensable à l'avenir du pays et de la démocratie que nos institutions tiennent compte et se gardent, afin de préserver le crédit des lois, la cohésion des gouvernements, l'efficience des administrations, le prestige et l'autorité de l'État.

C'est qu'en effet, le trouble dans l'État a pour conséquence inéluctable la désaffection des citoyens à l'égard des institutions. Il suffit alors d'une occasion pour faire apparaître la menace de la dictature. D'autant plus que l'organisation en quelque sorte mécanique de la société moderne rend chaque jour plus nécessaires et plus désirés le bon ordre dans la direction et le fonctionnement régulier des rouages. Comment et pourquoi donc ont fini chez nous la Ière, la IIe, la IIIe Républiques? Comment et pourquoi donc la démocratie italienne, la République allemande de Weimar, la République espagnole,[1] firent-elles place aux régimes que l'on sait? Et pourtant, qu'est la dictature, sinon une grande aventure? Sans doute, ses débuts semblent avantageux. Au milieu de l'enthousiasme des uns et de la résignation des autres, dans la rigueur de l'ordre qu'elle impose, à la faveur d'un décor éclatant et d'une propagande à sens unique, elle prend d'abord un tour de dynamisme qui fait contraste avec l'anarchie qui l'avait précédée. Mais c'est le destin de la dictature d'exagérer ses entreprises. A mesure que se fait jour parmi les citoyens l'impatience des contraintes et la nostalgie de la liberté, il lui faut à tout prix leur offrir en compensation des réussites sans cesse plus étendues. La nation devient une machine à laquelle le maître imprime une accélération effrénée. Qu'il s'agisse de desseins intérieurs ou extérieurs, les buts, les risques, les efforts dépassent peu à peu toute mesure. A chaque pas se dressent, au-dehors et au-dedans, des obstacles multipliés. A la fin, le ressort se brise. L'édifice grandiose s'écroule dans le malheur et dans le sang. La nation se retrouve rompue, plus bas qu'elle n'était avant que l'aventure commençât.

Il suffit d'évoquer cela pour comprendre à quel point il est nécessaire que nos institutions démocratiques nouvelles compensent, par elles-mêmes, les effets de notre perpétuelle effervescence politique. Il y a là, au surplus, pour nous une question de vie ou de mort, dans le monde et au siècle où nous sommes, où la position, l'indépendance et jusqu'à l'existence de notre pays et de notre Union Française se trouvent bel et bien en jeu. Certes,

---

[1] The régimes which preceded those of Mussolini, Hitler and Franco.

il est de l'essence même de la démocratie que les opinions s'expriment et qu'elles s'efforcent, par le suffrage, d'orienter suivant leurs conceptions l'action publique et la législation. Mais aussi tous les principes et toutes les expériences exigent que les pouvoirs publics: législatif, exécutif, judiciaire, soient nettement séparés et fortement équilibrés et qu'au-dessus des contingences politiques, soit établi un arbitrage national qui fasse valoir la continuité au milieu des combinaisons.

Il est clair et il est entendu que le vote définitif des lois et des budgets revient à une Assemblée élue au suffrage universel et direct. Mais le premier mouvement d'une telle Assemblée ne comporte pas nécessairement une clairvoyance et une sérénité entières. Il faut donc attribuer à une deuxième Assemblée, élue et composée d'une autre manière, la fonction d'examiner publiquement ce que la première a pris en considération, de formuler des amendements, de proposer des projets. Or, si les grands courants de politique générale sont naturellement reproduits dans le sein de la Chambre des Députés, la vie locale, elle aussi, a ses tendances et ses droits. Elle les a dans la Métropole. Elle les a, au premier chef, dans les territoires d'outre-mer, qui se rattachent à l'Union Française par des liens très divers. Elle les a dans cette Sarre à qui la nature des choses, découverte par notre victoire, désigne une fois de plus sa place auprès de nous, les fils des Francs. L'avenir des 110 millions d'hommes et de femmes qui vivent sous notre drapeau est dans une organisation de forme fédérative, que le temps précisera peu à peu, mais dont notre Constitution nouvelle doit marquer le début et ménager le développement.

Tout nous conduit donc à instituer une deuxième Chambre dont, pour l'essentiel, nos Conseils généraux et municipaux éliront les membres. Cette Chambre complétera la première en l'amenant, s'il y a lieu, soit à reviser ses propres projets, soit à en examiner d'autres, et en faisant valoir dans la confection des lois ce facteur d'ordre administratif qu'un collège purement politique a forcément tendance à négliger. Il sera normal d'y introduire, d'autre part, des représentants des organisations économiques, familiales, intellectuelles, pour que se fasse entendre, au-dedans même de l'État, la voix des grandes activités du pays. Réunis aux élus des assemblées locales des territoires d'outre-mer, les membres de cette Assemblée formeront le grand Conseil de l'Union Française, qualifié pour délibérer des lois et des problèmes intéressant l'Union, budgets, relations extérieures, rapports intérieurs, défense nationale, économie, communications.

Du Parlement, composé de deux Chambres et exerçant le pouvoir législatif, il va de soi que le pouvoir exécutif ne saurait procéder, sous peine d'aboutir à cette confusion des pouvoirs dans laquelle le Gouvernement ne serait bientôt plus rien qu'un assemblage de délégations. Sans doute aura-t-il fallu, pendant la période transitoire où nous sommes, faire élire par l'Assemblée Nationale Constituante le Président du Gouvernement Provisoire, puisque, sur la table rase, il n'y avait aucun autre procédé acceptable de désignation. Mais il ne peut y avoir là qu'une disposition du moment. En vérité, l'unité, la cohésion, la discipline intérieure du Gouvernement de la France doivent être des choses sacrées, sous peine de voir rapidement la direction même du pays impuissante et disqualifiée. Or, comment cette unité, cette cohésion, cette discipline, seraient-elles maintenues à la longue si le pouvoir exécutif émanait de l'autre pouvoir auquel il doit faire équilibre, et si chacun des membres du Gouvernement, lequel est collectivement responsable devant la représentation nationale tout entière, n'était, à son poste, que le mandataire d'un parti?

C'est donc du chef de l'État, placé au-dessus des partis, élu par un collège qui englobe le Parlement mais beaucoup plus large et composé de manière à faire de lui le Président de l'Union Française en même temps que celui de la République, que doit procéder le pouvoir exécutif. Au chef de l'État la charge d'accorder l'intérêt général quant au choix des hommes avec l'orientation qui se dégage du Parlement. A lui la mission de nommer les ministres et, d'abord, bien entendu, le Premier, qui devra diriger la politique et le travail du Gouvernement. Au chef de l'État la fonction de promulguer les lois et de prendre les décrets, car c'est envers l'État tout entier que ceux-ci et celles-là engagent les citoyens. A lui la tâche de présider les Conseils du Gouvernement et d'y exercer cette influence de la continuité dont une nation ne se passe pas. A lui l'attribution de servir d'arbitre au-dessus des contingences politiques, soit normalement par le Conseil, soit, dans les moments de grave confusion, en invitant le pays à faire connaître par des élections sa décision souveraine. A lui, s'il devait arriver que la patrie fût en péril, le devoir d'être le garant de l'indépendance nationale et des traités conclus par la France.

Des Grecs, jadis, demandaient au sage Solon: «Quelle est la meilleure Constitution?» Il répondait: «Dites-moi, d'abord, pour quel peuple et à quelle époque?» Aujourd'hui, c'est du peuple français et des peuples de l'Union Française qu'il s'agit, et à une époque bien dure et bien dangereuse! Prenons-nous tels que nous sommes. Prenons le siècle comme il est. Nous avons à mener à bien, malgré d'immenses difficultés, une rénovation profonde qui conduise chaque homme et chaque femme de chez nous à plus d'aisance, de sécurité, de joie, et qui nous fasse plus nombreux, plus puissants, plus fraternels. Nous avons à conserver la liberté sauvée avec tant et tant de peine. Nous avons à assurer le destin de la France au milieu de tous les obstacles qui se dressent sur sa route et sur celle de la paix. Nous avons à déployer, parmi nos frères les hommes, ce dont nous sommes capables, pour aider notre pauvre et vieille mère, la Terre. Soyons assez lucides et assez forts pour nous donner et pour observer des règles de vie nationale qui tendent à nous rassembler quand, sans relâche, nous sommes portés à nous diviser contre nous-mêmes! Toute notre Histoire, c'est l'alternance des immenses douleurs d'un peuple dispersé et des fécondes grandeurs d'une nation libre groupée sous l'égide d'un État fort.

THE R.P.F.   1948

Le Rassemblement du Peuple français n'a de sens et ne se justifie que si l'on admet — comme nous l'admettons — que dans la conjoncture intérieure et internationale d'aujourd'hui l'indépendance nationale et les libertés démocratiques sont menacées. Alors s'impose à tous ceux «qui ne veulent jouer que le jeu de la France» le devoir de tout mettre en œuvre pour donner une solution nationale, au delà des divergences des partis, à ces questions de vie ou de mort.

Le général de Gaulle a indiqué assez clairement qu'il ne serait jamais sorti de sa retraite si le pays s'était trouvé devant une situation normale. Les responsabilités nouvelles qu'il prend signifient que le moment est venu de faire face aux périls qui montent. Et nous ne pourrons leur faire face que tous ensemble.

C'est pourquoi nous ne sommes pas un parti et nous ne faisons pas concurrence aux partis...

...Ce n'est pas un cartel de partis ni un blocage de voix sectaires que nous avons réalisé. Notre victoire n'est pas celle d'une classe ou d'un clan. Le R.P.F., à l'appel du général de Gaulle, est devenu un vaste et puissant mouvement populaire, dont l'irruption dans l'arène politique a fait triompher, par-dessus les partis, la volonté des masses profondes du pays...

...Ni les séparatistes,[1] enchaînés à leurs maîtres étrangers, ni la social-démocratie qui titube perpétuellement entre Noske et Kerensky,[2] ni le M.R.P. moribond, victime des équivoques qui firent naguère son succès; en somme, les partis, ni ensemble, ni isolément, ne peuvent créer une république où les travailleurs passent de l'état de salariés à la dignité d'associés.

> J. SOUSTELLE, quoted in M. DUVERGER et al., *Partis politiques et classes sociales en France* (Colin, 1955), pp. 285–286

DE GAULLE'S HOSTILITY TO THE PARTIES   1958–1962

1. General de Gaulle's radio broadcast of 13th June 1958.

L'unité française se brisait. La guerre civile allait commencer. Aux yeux du monde, la France paraissait sur le point de se dissoudre. C'est alors que j'ai assumé la charge de gouverner notre pays.

. . . .

Car, depuis douze ans, le régime des partis, flottant sur un peuple profondément divisé, au milieu d'un univers terriblement dangereux, se montrait hors d'état d'assurer la conduite des affaires. Non point par incapacité ni par indignité des hommes. Ceux qui ont participé au pouvoir sous la IVe République étaient des gens de valeur, d'honnêteté, de patriotisme. Mais, ne représentant jamais autre chose que des fractions, ces gouvernants ne se confondaient pas avec l'intérêt général. D'ailleurs, opposés entre eux, comme l'étaient leurs propres groupes, aux prises avec les empiéte-

---

[1] de Gaulle's name for the Communists.
[2] Noske crushed a social revolution in Germany in 1919; Kerensky headed the Provisional Government in Russia after February 1917 — his vacillating Government was followed by the October Revolution of the Bolsheviks.

ments de l'assemblée parlementair edont ils tenaient leurs fonctions, soumis aux exigences des partis qui les y déléguaient; ils se trouvaient condamnés à vivre, pour quelques mois ou quelques semaines, en face de problèmes énormes sans qu'il leur fût possible de les résoudre.

2. His television and radio broadcast of 7th November 1962.

...une fois de plus, le référendum a mis en pleine lumière une donnée politique fondamentale de notre temps. Il s'agit du fait que les partis de jadis, lors même qu'une commune passion professionnelle les réunisse pour un instant, ne représentent pas la nation. On s'en était clairement et terriblement aperçu, quand, en 1940, leur régime abdiqua dans le désastre. On l'avait, de nouveau, constaté en 1958, lorsqu'il me passa la main au bord de l'anarchie, de la faillite et de la guerre civile. On vient de le vérifier en 1962.

Que s'est-il passé, en effet? La nation étant, maintenant, en plein essor, les caisses remplies, le franc plus fort qu'il ne le fut jamais, la décolonisation achevée, le drame algérien terminé, l'armée rentrée tout entière dans la discipline, le prestige français replacé au plus haut dans l'univers, bref, tout danger immédiat écarté et la situation de la France bien établie au-dedans et au-dehors, on vit tous les partis de jadis se tourner contre de Gaulle.

On les vit s'opposer tous ensemble au référendum[1] parce qu'il tendait à empêcher que leur régime recommençât. Afin de tenir, de nouveau, le pouvoir à leur discrétion et d'en revenir, au plus tôt, aux jeux qui faisaient leurs délices, mais qui seraient la ruine de la France, on les vit se coaliser, sans qu'il en manquât un seul, d'abord au Parlement pour censurer le ministère, ensuite devant le pays pour l'amener à me répondre «non». Or, voici que tout leur ensemble vient d'être désavoué par le peuple français.

Assurément, nul ne conteste que les partis de jadis épousent et servent encore divers courants d'opinion, intérêts particuliers, souhaits locaux, mérites personnels. Assurément, grâce aux clientèles, aux influences, aux combinaisons, qui sont leurs moyens éprouvés, peuvent-ils encore faire passer nombre des leurs aux élections. Assurément, certains de leurs hommes ont-ils des capacités qui pourraient être encore utiles au gouvernement du pays, dès lors qu'eux-mêmes voudraient agir dans un système dévoué au seul intérêt national; et l'on sait, qu'au long des années du temps de guerre et du temps de paix où je dirigeais les affaires, j'ai, suivant l'opportunité, pris mes ministres dans toutes les formations politiques, tour à tour et sans exception. Mais c'est un fait, qu'aujourd'hui, confondre les partis de jadis avec la France et la République serait simplement dérisoire.

Or, il se trouve qu'en votant «Oui» en dehors d'eux et malgré eux, la nation vient de dégager une large majorité de rénovation politique. Je dis qu'il est tout à fait nécessaire, pour que dure la démocratie, que cette majorité s'affermisse et s'agrandisse, et, d'abord, qu'elle s'établisse au Parlement. Si, en effet, le Parlement, qui détient le pouvoir législatif et le contrôle, devait reparaître demain, dominé par les fractions que l'on sait, obstiné à rétablir leur règne impuissante de naguère, bref, se mettant en contra-

---

[1] On the election of the President by universal suffrage, see p. 135.
12

diction avec la volonté profonde que vient d'exprimer le pays, alors, ayant dans ce cas moins que jamais, un caractère réellement représentatif, et, d'ailleurs, divisé en groupes rivaux et opposés, un tel Parlement ne manquerait pas, dès l'abord, de foisonner dans l'obstruction, puis de plonger les pouvoirs publics dans une confusion trop connue, en attendant, tôt ou tard, de faire sombrer l'État dans une nouvelle crise nationale.

Au contraire, quel rôle peut jouer le Parlement, si, échappant aux prétentions et illusions des partisans, il veut que continue, avec son concours résolu, l'œuvre de redressement national qui s'accomplit depuis plus de quatre ans!

THE IDEAL OF NATIONAL INDEPENDENCE 1965

[General de Gaulle's television and radio broadcast of 27th April.]

Dans le monde d'aujourd'hui, où se posent tous les problèmes, où l'éventuel danger s'élève jusqu'à l'infini, où se heurtent âprement les besoins et les ambitions des États, quelle est l'action de la France?

Reconnaissons qu'ayant été autrefois un peuple-colosse, en fait de population, de richesse et de puissance, nous revenons de loin pour jouer à nouveau notre rôle international. Car, il y a une centaine d'années, notre expansion démographique et économique et, du même coup, notre force commencèrent à décliner. Ensuite, se succédèrent les deux guerres mondiales qui nous ruinèrent et nous décimèrent, tandis que deux grands pays, les États-Unis et la Russie, parvenaient, à leur tour, au sommet. Dans cette situation actuellement diminuée, la tentation du renoncement, qui est à un peuple affaibli ce que celle du laisser-aller est à un homme humilié, aurait pu nous entraîner vers une décadence sans retour. D'autant plus, qu'ayant pris jadis l'habitude d'être toujours au premier rang, parfois non sans outrecuidance, notre amoindrissement relatif risquait à présent de nous faire trop douter de nous-mêmes. Nous aurions pu nous décourager en comparant à nos statistiques celles qui relatent la population totale de chacun des deux pays géants, ou la production globale de leurs usines et de leurs mines, ou le nombre des satellites qu'ils lancent autour de la terre, ou la masse des mégatonnes que leurs engins sont en mesure d'emporter pour la destruction.

De fait, après le sursaut de confiance et de fierté françaises qui, au cours de la dernière guerre, nous tira d'un abîme mortel et en dépit des forces vives qui reparaissaient chez nous avec une vigueur renouvelée, la tendance à l'effacement s'y était momentanément fait jour, au point d'être érigée en doctrine et en politique. C'est pourquoi, des partisans eussent voulu nous rattacher corps et âme à l'Empire totalitaire. C'est aussi pourquoi, d'autres professaient qu'il nous fallait, non point seulement, comme c'est le bon sens, rester les alliés de nos alliés tant que se dresserait à l'Est une menace de domination, mais encore nous absorber dans un système atlantique, au sein duquel notre défense, notre économie, nos engagements dépendraient nécessairement des armes, de l'emprise matérielle et de la politique américaines. Les mêmes, dans la même intention, entendaient que notre pays, au lieu qu'il participât, ainsi qu'il est naturel, à une coopération organisée des nations libres de l'Ancien Continent, fût littéralement dissous dans une Europe dite intégrée et qui, faute des ressorts que sont la souveraineté des peuples et la responsabilité des États, serait automatiquement subordonnée au protecteur d'outre-Océan. Ainsi, resterait-il, sans doute, des ouvriers, des paysans, des ingénieurs, des professeurs, des fonctionnaires, des députés, des ministres français. Mais il n'y aurait plus la France. Eh bien! le fait capital de ces sept dernières années c'est que nous avons résisté aux sirènes de l'abandon et choisi l'indépendance.

Il est vrai que l'indépendance implique des conditions et que celles-ci ne sont pas faciles. Mais, comme on peut le voir, nous parvenons à les remplir. Dans le domaine politique, il s'agit que, sans renier notre amitié américaine, nous nous comportions en Européens que nous sommes et, qu'en cette qualité, nous nous appliquions à rétablir d'un bout à l'autre de notre continent un équilibre fondé sur l'entente et la coopération de tous les peuples qui y vivent comme nous. C'est bien ce que nous faisons, en nous réconciliant avec l'Allemagne, en proposant à nos voisins des deux côtés du Rhin et des Alpes une réelle solidarité des Six, en reprenant avec les pays de l'Est, à mesure qu'ils émergent de leurs écrasantes contraintes, les rapports d'active compréhension qui nous liaient à eux autrefois. Quant aux problèmes qui se posent dans le reste de l'univers, notre indépendance nous conduit à mener une action conforme à ce qui est à présent notre propre conception, savoir: qu'aucune hégémonie exercée par qui que ce soit, aucune intervention étrangère dans les affaires intérieures d'un État, aucune interdiction faite à n'importe quel pays d'entretenir des relations pacifiques avec n'importe quel autre, ne saurait être justifiées. Au contraire, suivant nous, l'intérêt supérieur de l'espèce humaine commande que chaque nation soit responsable d'elle-même, débarrassée des empiètements, aidée dans son progrès sans conditions d'obéissance. De là, notre réprobation devant la guerre qui s'étend en Asie de jour en jour[1] et de plus en plus, notre attitude favorable à l'égard des efforts de libération humaine et d'organisation nationale entrepris par divers pays d'Amérique latine, le concours que nous apportons au développement de bon nombre de nouveaux États africains, les rapports que nous nouons avec la Chine, etc. Bref, il y a, maintenant, une politique de la France, et elle se fait à Paris.

Au point de vue de la sécurité, notre indépendance exige, à l'ère atomique où nous sommes, que nous ayons les moyens voulus pour dissuader nous-mêmes un éventuel agresseur, sans préjudice de nos alliances, mais sans que nos alliés tiennent notre destin dans leurs mains. Or, ces moyens, nous nous les donnons. Sans doute, nous imposent-ils un méritoire renouveau. Mais nous ne les payons pas plus cher que ceux qu'il nous faudrait fournir à l'intégration atlantique, sans être sûrement protégés pour autant, si nous continuions de lui appartenir comme auxiliaires subordonnés. Ainsi, en venons-nous au point où aucun État du monde ne pourrait porter la mort

---

[1] i.e. the war in Vietnam.

chez nous sans la recevoir chez lui; ce qui est, certainement, la meilleure garantie possible.

Dans l'ordre économique, scientifique, technique, pour sauvegarder notre indépendance, étant obligés de faire face à l'énorme richesse de certains sans cependant nous refuser à pratiquer avec eux des échanges de toute nature, nous devons faire en sorte que nos activités demeurent, pour l'essentiel, sous administration et sous direction françaises. Nous devons aussi soutenir coûte que coûte la concurrence dans les secteurs de pointe, qui commandent la valeur, l'autonomie, la vie de tout l'ensemble industriel, qui comportent le plus d'études, d'expérimentations, d'outillages perfectionnés, qui requièrent en grand nombre les équipes les plus qualifiées de savants, de techniciens, d'ouvriers. Enfin, lorsqu'il est opportun, dans une branche déterminée, de conjuguer nos inventions, nos capacités, nos moyens, avec ceux d'un autre pays, nous devons souvent choisir l'un de ceux qui nous touchent de plus près et dont nous pouvons penser que le poids ne nous écrasera pas.

Voilà pourquoi, nous nous imposons une stabilité financière, économique et monétaire qui nous dispense de recourir à l'aide de l'étranger; nous changeons en or l'excès de dollars importés chez nous par suite du déficit de la balance des paiements américains; nous avons, depuis six ans, multiplié par six les crédits consacrés à la recherche; nous organisons un marché industriel et agricole commun avec l'Allemagne, l'Italie, la Belgique, la Hollande et le Luxembourg; nous perçons le Mont-Blanc conjointement avec les Italiens; nous canalisons la Moselle en association avec les Allemands et les Luxembourgeois; nous nous unissons à l'Angleterre pour construire le premier avion de transport supersonique du monde[1]; nous sommes prêts à étendre à d'autres types d'appareils civils et militaires cette collaboration franco-britannique; nous venons de conclure avec la Russie soviétique un accord relatif à la mise au point et à l'exploitation de notre procédé de télévision en couleurs. En somme, si grand que soit le verre que l'on nous tend du dehors, nous préférons boire dans le nôtre, tout en trinquant aux alentours.

Certes, cette indépendance, que nous pratiquons à nouveau dans tous les domaines, ne laisse pas d'étonner, voire de scandaliser, divers milieux pour lesquels l'inféodation de la France était l'habitude et la règle. Ceux-là parlent de machiavélisme, comme si la conduite la plus claire ne consistait pas justement à suivre notre propre route; ils s'alarment de notre isolement, alors qu'il n'y eut jamais plus d'empressement autour de nous. D'autre part, le fait que nous ayons repris notre faculté de jugement et d'action à l'égard de tous les problèmes semble parfois désobliger un État qui pourrait se croire, en vertu de sa puissance, investi d'une responsabilité suprême et universelle.[2] Mais qui sait si, quelque jour, l'intérêt que ce pays ami peut avoir à trouver la France debout ne l'emportera pas, de loin, sur le désagrément qu'il en éprouve à présent? Enfin, la réapparition de la nation aux mains libres, que nous sommes redevenus, modifie évidemment le jeu

[1] Concorde.
[2] The United States.

mondial qui, depuis Yalta, paraissait être désormais limité à deux partenaires. Mais comme, dans cette répartition de l'univers entre deux hégé-
monies et, par conséquent, en deux camps, la liberté, l'égalité, la fraternité
des peuples ne trouvent décidément pas leur compte, un autre ordre, un
autre équilibre sont nécessaires à la paix. Qui peut les soutenir mieux que
nous, pourvu que nous soyons nous-mêmes?

Françaises, Français, vous le voyez! Pour nous, pour tous, autant que
jamais, il faut que la France soit la France!

Vive la République!

Vive la France!

THE GAULLIST ECONOMIC PROGRAMME
1966

Pour les Français, l'avenir doit être le progrès. Le progrès, c'est-à-dire
la prospérité et la justice.

Prospérité. — Cela veut dire une expansion continue permettant:

— L'accession à une puissance économique qui permette l'élévation du
niveau de vie de tous;

— La possibilité pour les jeunes générations de trouver des emplois
stables, bien rémunérés, correspondant aux capacités et aux goûts de
chacun;

— La réalisation des grands équipements collectifs: logements, routes et
autoroutes, équipements urbains et ruraux, téléphone, aérodromes, équipements sportifs, culturels, de loisirs et de vacances.

Bref, tout ce qui fait un grand pays moderne.

Pour atteindre ces résultats:

— Nous devons accentuer la politique de modernisation et de rationalisation de notre industrie, améliorer sa productivité, la rendre compétitive à
l'intérieur de la Communauté européenne comme vis-à-vis des autres pays
industriels;

— Nous devons poursuivre la rénovation de notre agriculture et la
mettre en mesure de tirer parti des vastes possibilités que lui ouvre le
Marché commun.

Or, la modernisation de l'industrie et de l'agriculture exige... une action
concertée de l'État, une planification souple conjuguant une vue d'ensemble
et une politique à long terme avec le libre déploiement des initiatives
individuelles.

COMITÉ D'ACTION POUR LA Vᵉ RÉPUBLIQUE, *Manifeste
pour le progrès, l'indépendance et la paix avec le
Général de Gaulle* (1966)

NATIONALISM AND THE EXTREME RIGHT[1]

INTRODUCTION

Nationalism reappeared in France, in the years before 1914, as an outcome of the Dreyfus Affair. The anti-Dreyfusard forces under Barrès and Maurras had adopted a nationalist platform during the Affair: they attacked Dreyfusist criticism of the High Command as a danger to national security, and they despised the Republican régime, which they saw as destructive of the authority of the State (*see* p. 17).

The *Action Française* of Maurras became increasingly active in the years between 1905 and 1914, while Barrès, for his part, continued to preach his own nationalist doctrine, based on a very concrete sense of the national past, embodied in *la terre et les morts*; he aimed, through the stimulation of national feeling, at developing a sense of national unity, and of a will to prepare for the recovery of Alsace and Lorraine (*see* p. 344).

The Republican régime seemed to the *Action Française* too weak, even after 1911, to withstand the German threat. France must therefore be strengthened, not only militarily and diplomatically but also institutionally, and while Barrès remained loyal to the Republic, Maurras believed that the necessary strengthening of France could not be brought about without overturning the Republic and returning to monarchy. Maurras's integral nationalism, he claimed, led logically to monarchism.

The interest of the nation, seen by Maurras and Barrès as the ultimate yardstick of human behaviour (*see* p. 342 and p. 345), remained the fundamental value for French nationalists, and indeed the only valid source of the individual's values.

The nationalist movement itself was never coherently organised. Maurras's newspaper, the *Action Française*, exercised a wide if diffuse influence in twentieth-century France, but the young shock troops of the *Camelots du Roi* were never numerous. The antiparliamentary tendency of the authoritarian extreme Right persisted after the First World War, though royalism was no longer a credible alternative to the Republic. The hope still remained, however, that a more authoritarian régime could be introduced. The antiparliamentary agitation of the Leagues, for which the *Action Française* had paved the way, reached a crescendo in the 1930's, with the march on Parliament of 6th February 1934. The Leagues of the 1930s came close to Fascism. While Fascism exerted a fatal attraction on politicians of both Right and Left in the 1930s, including the ex-

---

[1] On nineteenth-century nationalism, *see* p. 8.

Communist Jacques Doriot and the "neo-socialists" Déat, Marquet and Montagnon, there is still no agreement as to whether the extreme Right as a whole in France can actually be identified with Fascism on the German or Italian models.

At all events, the coming of Pétain to power in 1940 was welcomed by most of the Right, which became closely identified with the new régime. The institutions and ideas of the "National Revolution" (*see* pp. 346–349) reflected the most traditional right-wing tendencies: authority and hierarchy, patriotism, anti-semitism and clericalism (particularly in education, *see* p. 523).

At the end of the war, the extreme Right was discredited, and only reappeared on the scene in the 1950s, in the new garb of Poujadism. Pierre Poujade founded the *Union de défense des commerçants et artisans* in 1953. Poujadism began as a pressure-group to defend the interests of small shopkeepers, craftsmen and peasants, stagnant economic groups anxious not to be forced down into the working class (cf. p. 398). M. Poujade's greatest support, therefore, came from the most backward and economically declining areas of south-western France.[1] The movement picked up right-wing support, and developed characteristically right-wing reactions against politics and parliamentary democracy generally (*see* p. 349), which brought it success in the 1956 elections, when 52 Poujadists were elected. The Poujadist deputies were nonplussed by Parliament, which they could disrupt, but not destroy, and later the movement died out, obtaining only one seat in 1958.

During the last years of the Fourth Republic and the first years of the Fifth, extreme right-wing tendencies appeared on the right wing of the *Indépendants* (*see* p. 309). The extreme Right was active in support of the Algerian settlers and the *Algérie française* policy. There were links between the French extreme Right and the activities of the O.A.S., which after its setting up in 1960–61 spread to France in 1962. Plastic bomb outrages now multiplied. The O.A.S. (*Organisation Armée Secrète*) aimed to organise a last-ditch defence of French Algeria, using methods not excluding terrorism (*see* p. 350). It has been shown that the terrorism of the O.A.S. did not betoken *per se* an extreme right-wing and quasi-Fascist concept of the State: it was not so much the Republican structure of the Fifth Republic that was objected to as the policy of self-determination. A new policy might have required a military régime, so that the distinction between the O.A.S. and the extreme Right was largely academic in practice, even if the O.A.S. were right to claim they were not actually Fascists. Their closest associates in metropolitan France, for example the right wing of the C.N.I.P. and Me Tixier-Vignancour, were certainly on the extreme Right.

The violence of the O.A.S., however, had by now alienated the sympathy of most of the French public, and paved the way for the overwhelming support (90%) given to the Évian agreements at the referendum of 8th April 1962.

The extreme Right then slumped into political insignificance again. Me Tixier-Vignancour, who had been legal adviser to the O.A.S., stood, however, in the 1965 Presidential election. Despite the gimmickry of his election campaign — he toured the seaside resorts and addressed the crowds on the beaches — the Algerian issue was now stone dead, and he obtained only 5·2% of the votes cast.

[1] He himself came from Saint-Céré in the Lot.

In 1967, the extreme Right, including Tixier-Vignancour's *Alliance Républicaine* with 37 candidates, obtained only 190,000 votes (0·9% of those cast).

After the May revolt of 1968, and before the June elections, President de Gaulle released from prison General Salan and the last of the O.A.S. activists. M. Bidault, who also had been associated with l'*Algérie française*, also appeared on the scene. Gaullism, it appeared, was seeking in its hour of need a hasty reconciliation with the extreme Right. Me Tixier-Vignancour called for all Frenchmen to rally to Gaullism, but his appeal only led to his suspension by the other leaders of the *Alliance Républicaine*. The impact of the extreme Right on the 1968 elections was, in the event, negligible, and the last of its electoral support disappeared, leaving it with a mere 29,000 votes (0·1% of those cast).

The events of 1968, however, led to a revival of agitation by the extreme Right, particularly over the university issue. The activities of the revolutionary *gauchistes* sparked off an extreme right-wing reaction among the young, in the shape of the violent Occident group, which began to harass the revolutionaries in the universities. A political group, Ordre Nouveau, appeared on the scene, which, according to its leader, Me Galvaire, aimed to "empêcher la prolifération du gauchisme" and to help in its "résorption". The extreme right-wing groups were active enough in 1970 to bring together 3000 supporters at a meeting at the Mutualité, at which Me Galvaire was able to orchestrate, to cries of "La France aux Français", enthusiastic denunciations of Marxism, and of the foreignness of the *gauchistes*, culminating in demands for J.-P. Sartre to be shot (*see Le Monde*, 15 mai 1970). The xenophobic traditions of Maurras were clearly not dead, and the extreme Right of 1970 was still marked by echoes of Fascism and of Poujade: the theme of the defence of the small trader was heard at the Mutualité, via calls for the liberation of Gérard Nicoud, the imprisoned leader of the C.I.D. (Comité d'Information et de Défense), grouping the militant small traders, who had taken to violence (*see* p. 382).

BIBLIOGRAPHY

L'Action Française, daily (1908–44).

R. ARON: *Histoire de Vichy 1940–1944* (Fayard, 1954).

Aspects de la France, weekly.

M. BARRÈS: *Scènes et doctrines du nationalisme*, 2 vols. (Plon, 1902).

W. C. BUTHMAN: *The rise of integral nationalism in France* (Columbia U.P., 1939).

E. CAHM: *Péguy et le nationalisme français* (Amitié Charles Péguy, 1972).

Fraternité Française, weekly (Poujadist).

R. GIRARDET: *Le nationalisme français 1871–1914* (Colin, 1966), Collection 'U'. Selected texts.

R. GIRARDET: 'Note sur l'esprit d'un fascisme français', *Revue Française de Science Politique* (septembre 1955), pp. 529–546.

S. HOFFMANN: *Le Mouvement Poujade* (Colin, 1956), Cahiers de la Fondation Nationale des Sciences Politiques, Nº 81.

S. HOFFMANN: 'Quelques aspects du régime de Vichy', *Revue Française de Science Politique* (mars 1956), pp. 46–69.

M.-T. LANCELOT: *L'Organisation armée secrète*, 2 vols. (Fondation Nationale des Sciences Politiques, 1963).

CH. MAURRAS: *Enquête sur la Monarchie* (Fayard, 1925).

CH. MAURRAS: *Kiel et Tanger* (Nouvelle Librairie Nationale, 1913).

CH. MAURRAS: *Mes Idées politiques* (Fayard, 1937).

O.A.S. parle (Julliard, 1964).

J. PLUMYÈNE and R. LASSIERRA: *Les fascismes français. 1923–1963* (Seuil, 1963).

R. RÉMOND: *La Droite en France*, op. cit.

A. SIEGFRIED: *De la IIIᵉ à la IVᵉ République* (Grasset, 1956). On Vichy.

PH. PÉTAIN: *Quatre Années au pouvoir* (La Couronne Littéraire, 1949).

E. WEBER: *Action Française. Royalism and reaction in twentieth-century France* (Stanford U.P., 1962).

E. WEBER: *The Nationalist revival in France (1905–1914)* (University of California Press, 1959).

THE INTEGRAL NATIONALISM OF CHARLES MAURRAS

...De quand date *nationalisme*? Du temps du boulangisme, ce vocable était inconnu. On disait parti national. Cependant, le mot *nationalisme* existait. Mais il ne circulait que dans un monde assez restreint et dans une acception étroite. Ceux de nos confrères qui s'occupent de politique extérieure en avaient le monopole. Ils parlaient des agitations *nationalistes* dans la monarchie austro-hongroise, du *nationalisme* serbe, bulgare ou albanais.

C'est Maurice Barrès qui détourna *nationalisme* de son sens européen. Il le fit, si je ne me trompe, à une date qui ne peut pas être plus ancienne que 1892 ni plus récente que 1894, dans un article qui parut au *Figaro* d'alors sous ce titre «La Querelle des nationalistes et des cosmopolites». Il n'y traitait point d'une querelle politique, mais d'un simple débat qui s'était élevé entre poètes partisans de la tradition classique française et les romantiques admirateurs de Tolstoï, d'Ibsen et de Mæterlinck. La transition du nationalisme littéraire au nationalisme politique était dès lors facile. Mais je crois bien que c'est encore à Maurice Barrès qu'il faut attribuer le passage.

. . . .

La doctrine républicaine, celle qu'applique les républicains honnêtes, conduit le pays à sa perte, car elle sacrifie continuellement le bien public à la commodité de l'individu. Les intérêts républicains, ceux que servent les républicains malhonnêtes, accablent le pays d'une tyrannie d'autant plus insupportable que la rigueur n'en est même pas excusée par la raison d'État. De la sorte, les intérêts républicains sont en conflit constant avec les intérêts privés de chaque citoyen français, et la doctrine républicaine constitue un danger effroyable pour l'avenir de toute la nation.

...Le nationalisme réagit contre l'égoïsme du Vieux Parti Républicain, en même temps qu'il réagit contre l'indifférence de ce parti aux grands intérêts nationaux. Un nationaliste conscient de son rôle admet pour règle de méthode qu'un bon citoyen subordonne ses sentiments, ses intérêts et ses systèmes au bien de la Patrie. Il sait que la Patrie est la dernière condition de son bien-être et du bien-être de ses concitoyens. Tout avantage personnel qui se solde par une perte pour la Patrie lui paraît un avantage trompeur et faux. Et tout problème politique qui n'est point résolu par rapport aux intérêts généraux de la Patrie lui semble un problème incomplètement résolu. Le nationalisme impose donc aux questions diverses qui sont agitées devant lui un commun dénominateur, qui n'est autre que l'intérêt de la nation. Comme pour ce Romain dont parlait Bossuet, l'amour de la Patrie passe en lui toute chose.

J'ai vu sur l'Acropole, jonchant la terrasse où s'élève la façade orientale du Parthénon, les débris du petit temple que les Romains, maîtres du monde, avaient élevé en ce lieu à la déesse Rome, et j'avoue que la première idée de cet édifice m'avait paru comme une espèce de profanation. En y songeant mieux, j'ai trouvé que le sacrilège avait son audace sublime. A la beauté la plus parfaite, au droit le plus sacré, Rome savait préférer le salut de Rome, la gloire des armes romaines et, non content de l'en absoudre, le genre humain ne cesse de lui en marquer sa reconnaissance. L'Angleterre contemporaine a donné des exemples de la même implacable vertu antique. Le nationalisme français tend à susciter parmi nous une égale religion de la déesse France.

Il y parviendra, je le crois. Il lui sera difficile d'y parvenir sans se rapprocher du sentiment de nos royalistes. Les nationalistes intelligents (ils le sont presque tous) ne tarderont pas à le voir. La monarchie héréditaire est en France, et je dis dans la France de 1900, la constitution naturelle, rationnelle, la seule constitution possible du pouvoir central. Sans roi, tout ce que veulent conserver les nationalistes s'affaiblira d'abord et périra ensuite, nécessairement. Sans roi, tout ce qu'ils veulent réformer durera et empirera ou, à peine détruit, reparaîtra sous des formes équivalentes. Condition de toute réforme, la monarchie en est aussi le complément normal et indispensable. Je vois ces vérités, en étant le plus rapproché. D'autres qui avancent vers elles les verront mieux que moi demain.

Les journalistes qui ont causé de ce sujet avec M. de Lur-Saluces[1] ont trouvé notre illustre ami exilé profondément pénétré de ce sentiment. Rappelez-vous un important article de ses déclarations. Comme le parti catholique, les royalistes sont catholiques (de raison, de sentiment ou de tradition) et ils tiennent à la primauté du catholicisme. Comme le parti antisémitique, ils sont antisémites. Comme le parti de M. Paul Déroulède,[2] ils souhaitent un pouvoir responsable et fort. Comme les modérés et les décentralisateurs, ils veulent l'autonomie de l'enseignement, les franchises des communes et des provinces. Mais au lieu de vouloir cela par un accident du caprice ou de la passion, ils le veulent par une nécessité logique et par la simple conséquence de ce fait qu'ils veulent le retour de la monarchie nationale. Essentiellement, le royalisme correspond aux divers postulats du nationalisme: il est lui-même le nationalisme intégral.

Je dirai donc aux royalistes en altérant à peine une parole de M. le duc d'Orléans, que tout ce qui se fait dans le sens du nationalisme se fait dans le sens de la royauté. Les royalistes n'ont, dès lors, qu'à s'employer au succès du nationalisme. Ils en ont le devoir. Comme si l'ennemi était à la frontière, ils doivent seconder les défenseurs de la nation. Servir leur roi, c'était jadis se rendre utile à la Patrie; aujourd'hui, renversant les termes, se rendre utile à la Patrie, c'est proprement servir la cause du roi.

CH. MAURRAS, 'Le nationalisme intégral',
Le Soleil (2 mars 1900)

[1] A noted royalist.
[2] M. Paul Déroulède founded the *Ligue des Patriotes* in 1882.

LA TERRE ET LES MORTS: THE
NATIONALISM OF MAURICE BARRÈS   1902

... *Un nationaliste, c'est un Français qui a pris conscience de sa formation. Nationalisme est acceptation d'un déterminisme.* ... Les catholiques voient dans le patriotisme un prolongement de la morale. C'est sur les commandements de l'Église que s'assure leur idée de patrie. Mais si je ne suis pas un croyant?

Pour un certain nombre de personnes le surnaturel est déchu. Leur piété qui veut un objet n'en trouve pas dans les cieux. J'ai ramené ma piété du ciel sur la terre, sur la terre de mes morts.

Mon *intelligence* est tentée de toutes parts, tout l'intéresse, l'émeut et la divertit. Mais il y a au plus profond de nous-mêmes un point constant, point névralgique: si l'on y touche, c'est un ébranlement que je ne pouvais soupçonner, c'est une rumeur de tout mon être. Ce ne sont point les sensations d'un individu éphémère qu'on irrite, mais à mon grand effroi l'on fait surgir ma race.

· ·

Ainsi la meilleure dialectique et les plus complètes démonstrations ne sauraient pas me fixer. Il faut que mon cœur soit spontanément rempli d'un grand respect joint à de l'amour. C'est dans ces minutes d'émotivité générale que mon cœur me désigne ce que je ne laisserai pas mettre en discussion.

Long travail de forage! Après une analyse aiguë et profonde je trouvai dans mon petit jardin la source jaillissante. Elle vient de la vaste nappe qui fournit toutes les fontaines de ma cité.

Ceux qui n'atteignent point à ces réservoirs sous-jacents, ceux qui ne se connaissent pas avec respect, avec amour et avec crainte comme la continuité de leurs parents, comment trouveront-ils leur direction?

C'est ma filiation qui me donne l'axe autour duquel tourne ma conception totale, sphérique de la vie.

Tant que je demeurerai, ni mes ascendants ni mes bienfaiteurs ne seront tombés en poussière. Et j'ai confiance que moi-même, quand je ne pourrai plus me protéger, je serai abrité par quelques-uns de ceux que j'éveille.

Ainsi je possède mes points fixes, mes repérages dans le passé et dans la postérité. Si je les relie, j'obtiens une des grandes lignes du classicisme français. Comment ne serais-je point prêt à tous les sacrifices pour la protection de ce classicisme qui fait mon épine dorsale?

Je parle d'épine dorsale et ce n'est point une métaphore, mais la plus puissante analogie. Une suite d'exercices multipliés à travers les siècles antérieurs ont fait l'éducation de nos réflexes.

Il n'y a pas même de liberté de penser. Je ne puis vivre que selon mes morts. Eux et ma terre me commandent une certaine activité.

Épouvanté de ma dépendance, impuissant à me créer, je voulus du moins contempler face à face les puissances qui me gouvernent. Je voulus vivre avec ces maîtres, et en leur rendant un culte réfléchi, participer pleinement de leur force.

· ·

... jamais mieux on n'a senti la nécessité du relativisme qu'au cours de cette affaire Dreyfus, qui est profondément une orgie de métaphysiciens. Ils jugent tout par l'abstrait. Nous jugerons chaque chose par rapport à la France.

. . . .

L'affaire Dreyfus n'est que le signal tragique d'un état général. Une écorchure qui ne se guérit pas amène le médecin à supposer le diabète. Sous l'accident, cherchons l'état profond.

Notre mal profond, c'est d'être divisés, troublés par mille volontés particulières, par mille imaginations individuelles. Nous sommes émiettés, nous n'avons pas une connaissance commune de notre but, de nos ressources, de notre centre.

. . . .

A défaut d'une unité morale, d'une définition commune de la France, nous avons des mots contradictoires, des drapeaux divers sous lesquels des hommes avides d'influence peuvent assembler leur clientèle...

Le nationalisme, c'est de résoudre chaque question par rapport à la France. Mais comment faire, si nous n'avons pas de la France une définition et une idée communes?

. . . .

Répudions d'abord les systèmes philosophiques et les partis qu'ils engendrent. Rattachons tous nos efforts, non à une vue de notre esprit, mais à une réalité.

. . . .

Pour faire accepter cette vue raisonnable, réaliste, de la Patrie, il faut développer des façons de sentir qui existent naturellement dans le pays. On ne fait pas l'union sur des idées, tant qu'elles demeurent des raisonnements; il faut qu'elles soient doublées de leur force sentimentale. A la racine de tout, il y a un état de sensibilité. On s'efforcerait vainement d'établir la vérité par la raison seule, puisque l'intelligence peut toujours trouver un nouveau motif de remettre les choses en question.

Pour créer une conscience nationale, nous devrons associer à ce souverain intellectualisme dont les historiens nous donnent la méthode un élément plus inconscient et moins volontaire.

. . . .

Cette voix des ancêtres, cette leçon de la terre que Metz sait si bien nous faire entendre, rien ne vaut davantage pour former la conscience d'un peuple. Notre terre nous donne une discipline et nous sommes les prolongements de nos morts. Voilà sur quelle réalité nous devons nous fonder.

Scènes et doctrines du nationalisme (Plon, 1902), I, pp. 10–93

Je ne comprends pas que des Français puissent écrire comme un reproche: «Vous restez hypnotisés par la trouée des Vosges.» Il y a, épars à travers la France, des milliers d'Alsaciens et de Lorrains, arrachés tragiquement de leur terre; il y a, sur le sol annexé, une population encore unie à la France par des liens moraux dont une administration brutale s'acharne

à détruire les fibres. La question d'Alsace-Lorraine n'est pas le système de quelques patriotes, une vue de l'esprit: elle est un fait, une plaie...
. . . .

Notre devoir, c'est de fortifier la France; peu importe le temps: ce n'est pas un élément qui compte dans la vie des peuples. Si vous créez une force, elle développera dans un délai quelconque tout ce qu'elle porte en elle. Si vous créez une France armée et organisée, vous pouvez être certains que de l'autre côté de la frontière, à l'instant que la politique aura choisi comme favorable, on entendra un immense cri d'amour s'élever vers la France faisant le geste béni d'appel.

ibid., II, pp. 3–4, 28

A TRACT FROM 6TH FEBRUARY 1934

DÉCHÉANCE   DÉCHÉANCE

réunie en place de grève, face à l'Hôtel de Ville,
la foule a acclamée (*sic*) la motion suivante.

CONSTATANT LE DIVORCE COMPLET ENTRE LE PARLEMENT
ET L'OPINION PUBLIQUE
LE PEUPLE DE PARIS PROCLAME DEVANT L'AUGMENTATION
DU GACHIS ET L'IMPUISSANCE DE NOS REPRÉSENTANT (*sic*)
LA DÉCHÉANCE DU PARLEMENT

IL FAIT APPEL AU PRÉSIDENT DE LA RÉPUBLIQUE
POUR ASSURER LE PLUS RAPIDEMENT POSSIBLE
LA DISSOLUTION DE LA CHAMBRE.
LA NÉCESSITÉ
S'IMPOSE D'UN GOUVERNEMENT PROVISOIRE
QUI ASSURE LE REDRESSEMENT NATIONAL
LE CALME REVENU,
ON POURRA PROCÉDER A DE NOUVELLES ÉLECTIONS
EN ATTENDANT, TOUS LES BONS CITOYENS
DOIVENT SE CONSIDÉRER COMME ALERTÉS
CONTRE LA TYRANNIE DES LOGES
L'INSURRECTION
EST LE PLUS SACRÉ DES DEVOIRS
Le Comité de Salut Public.

THE POLITICAL AND SOCIAL PRINCIPLES OF PÉTAIN   1940

[*Radio broadcast of 11th October.*]

FRANÇAIS!
La France a connu, il y a quatre mois, l'une des plus grandes défaites de son histoire.

Cette défaite a de nombreuses causes, mais toutes ne sont pas d'ordre technique. Le désastre n'est, en réalité, que le reflet, sur le plan militaire, des faiblesses et des tares de l'ancien régime politique.

Ce régime, pourtant, beaucoup d'entre vous l'aimaient...

Jamais, dans l'histoire de la France, l'État n'a été plus asservi qu'au cours des vingt dernières années. Asservi de diverses manières : successivement, et parfois simultanément, par des coalitions d'intérêts économiques et par des équipes politiques ou syndicales prétendant, fallacieusement, représenter la classe ouvrière...

Inspirée tour à tour par un nationalisme ombrageux et par un pacifisme déréglé, faite d'incompréhension et de faiblesse — alors que notre victoire nous imposait la force et la générosité — notre politique étrangère ne pouvait nous mener qu'aux abîmes. Nous n'avons pas mis plus de quinze ans à descendre la pente qui y conduisait.

Un jour de septembre 1939, sans même que l'on osât consulter les Chambres, la guerre, une guerre presque perdue d'avance, fut déclarée. Nous n'avions su ni l'éviter ni la préparer.

C'est sur cet amas de ruines qu'il faut, aujourd'hui, reconstruire la France.

L'ordre nouveau ne peut, en aucune manière, impliquer un retour, même déguisé, aux erreurs qui nous ont coûté si cher, on ne saurait davantage y découvrir les traits d'une sorte «d'ordre moral» ou d'une revanche des événements de 1936...

Indépendante du revers de ses armes, la tâche que la France doit accomplir l'est aussi et à plus forte raison des succès et des revers d'autres nations qui ont été, dans l'histoire, ses amies ou ses ennemies.

Le régime nouveau, s'il entend être national, doit se libérer de ces amitiés ou de ces inimitiés, dites traditionnelles, qui n'ont, en fait, cessé de se modifier à travers l'histoire pour le plus grand profit des émetteurs d'emprunts et des trafiquants d'armes.

Le régime nouveau défendra, tout d'abord, l'unité nationale, c'est-à-dire l'étroite union de la Métropole et de la France d'outre-mer.

Il maintiendra les héritages de sa culture grecque et latine et leur rayonnement dans le monde.

Il remettra en honneur le véritable nationalisme, celui qui, renonçant à se concentrer sur lui-même, se dépasse pour atteindre la collaboration internationale.

Cette collaboration, la France est prête à la rechercher dans tous les domaines, avec tous ses voisins. Elle sait d'ailleurs que, quelle que soit la carte politique d'Europe et du monde, le problème des rapports franco-allemands, si criminellement traité dans le passé, continuera de déterminer son avenir.

Sans doute, l'Allemagne peut-elle, au lendemain de sa victoire sur nos armes, choisir entre une paix traditionnelle d'oppression et une paix toute nouvelle de collaboration...

Le choix appartient d'abord au vainqueur ; il dépend aussi du vaincu.

Si toutes les voies nous sont fermées, nous saurons attendre et souffrir.

Si un espoir, au contraire, se lève sur le monde, nous saurons dominer notre humiliation, nos deuils, nos ruines; en présence d'un vainqueur qui aura su dominer sa victoire, nous saurons dominer notre défaite.

Le régime nouveau sera une hiérarchie sociale. Il ne reposera plus sur l'idée fausse de l'égalité naturelle des hommes, mais sur l'idée nécessaire de l'égalité des «chances» données à tous les Français de prouver leur aptitude à «servir».

Seuls le travail et le talent deviendront le fondement de la hiérarchie française. Aucun préjugé défavorable n'atteindra un Français du fait de ses origines sociales, à la seule condition qu'il s'intègre dans la France nouvelle et qu'il lui apporte un concours sans réserve. On ne peut faire disparaître la lutte des classes, fatale à la nation, qu'en faisant disparaître les causes qui ont formé ces classes et les ont dressées les unes contre les autres.

Ainsi renaîtront les élites véritables que le régime passé a mis des années à détruire, et qui constitueront les cadres nécessaires au développement du bien-être et de la dignité de tous.

Certains craindront peut-être que la hiérarchie nouvelle détruise une liberté à laquelle ils tiennent et que leurs pères ont conquise au prix de leur sang.

Qu'ils soient sans inquiétude.

L'autorité est nécessaire pour sauvegarder la liberté de l'État, garantie des libertés individuelles, en face des coalitions d'intérêts particuliers. Un peuple n'est plus libre, en dépit de ses bulletins de vote, dès que le gouvernement qu'il a librement porté au pouvoir, devient le prisonnier de ces coalitions.

Que signifierait d'ailleurs, en 1940, la liberté — l'abstraite liberté — pour un ouvrier chômeur ou pour un petit patron ruiné, sinon la liberté de souffrir sans recours, au milieu d'une nation vaincue?

Nous ne perdrons, en réalité, certaines apparences trompeuses de la liberté que pour mieux en sauver la substance.

L'histoire est faite d'alternances entre des périodes d'autorité dégénérant en tyrannie, et des périodes de liberté engendrant la licence. L'heure est venue pour la France de substituer à ces alternances douloureuses une conjonction harmonieuse de l'autorité et des libertés.

Le caractère hiérarchique du nouveau régime est inséparable de son caractère social.

Mais ce caractère social ne peut se fonder sur des déclarations théoriques. Il doit apparaître dans les faits. Il doit se traduire par des mesures immédiates et pratiques.

Tous les Français, ouvriers, cultivateurs, fonctionnaires, techniciens, patrons ont d'abord le devoir de travailler. Ceux qui méconnaîtraient ce devoir ne mériteraient plus leur qualité de citoyen. Mais tous les Français ont également droit au travail. On conçoit aisément que, pour assurer l'exercice de ce droit et la sanction de ce devoir, il faille introduire une révolution profonde dans tout notre vieil appareil économique.

Après une période transitoire, pendant laquelle les travaux d'équipement devront être multipliés et répartis sur tout le territoire, nous pourrons, dans une économie organisée, créer des centres durables d'activité où chacun trouvera la place et le salaire que ses aptitudes lui méritent.

Les solutions, pour être efficaces, devront être adaptées aux divers métiers. Telle solution qui s'impose pour l'industrie n'aurait aucune raison d'être pour l'agriculture familiale, qui constitue la principale base économique et sociale de la France.

Mais il est des principes généraux qui s'appliqueront à tous les métiers. Ces métiers seront organisés et leur organisation s'imposera à tous.

Les organisations professionnelles traiteront de tout ce qui concerne le métier, mais se limiteront au seul domaine professionnel. Elles assureront, sous l'autorité de l'État, la rédaction et l'exécution des conventions de travail. Elles garantiront la dignité de la personne du travailleur, en améliorant ses conditions de vie, jusque dans sa vieillesse.

Elles éviteront enfin les conflits, par l'interdiction absolue des «lock-out» et des grèves, par l'arbitrage obligatoire des tribunaux du travail.

POUJADISM   1953-1955

1. Poujadist membership leaflet.

Union de Défense des Commerçants & Artisans
MOUVEMENT DE SAINT-CÉRÉ

26, RUE DE LA RÉPUBLIQUE — TEL. 125
SAINT-CÉRÉ (LOT)

NOTRE PROGRAMME

1° RÉFORME FISCALE impliquant essentiellement l'imposition à la base: seule formule honnête permettant la juste perception de l'impôt en évitant la fraude et les inquisitions qui en découlent;

2° En attendant: égalité devant l'impôt, quel que soit le régime de distribution adopté. C'est pourquoi nous dénonçons les sociétés anonymes, les coopératives de distribution et plus particulièrement celles des organismes d'État;

3° Abattement à la base égal au salaire d'un employé ou d'un ouvrier qualifié;

4° Aménagement d'un système de sécurité sociale, d'allocations familiales et de retraites basé sur un esprit d'égalité entre tous les Français.

Repoussant toute collusion avec les groupements d'intérêts, les synarchies, les abâtardissements politiques, l'Union de Défense, consciente de ses devoirs et de ses charges, s'engage à rendre à ce peuple de petits et moyens commerçants et artisans l'existence digne qui leur est due, en les soulageant de l'obsession monstrueuse des exactions fiscales.

L'Union de Défense entend mener dans la France entière une action énergique pour relever le défi de l'augmentation des patentes, en retournant aux préfets les patentes de tous les adhérents, en décidant de ne les payer que sur la base de 1953.

NOS MOYENS D'ACTION

1° SURVEILLER avec une extrême vigilance l'indépendance totale du Mouvement. Elle repousse toute ingérence, qu'elle provienne de politiciens tentaculaires, de chefs de syndicats rémunérés outre leurs services administratifs, de groupements financiers et de leurs chèques paralysants, de sociétés déclarées ou occultes. Elle entend déjouer toute manœuvre qui tendrait à engager politiquement tout responsable du Mouvement.

2° SOUTENIR une action effective par la présence jusqu'à la complète réalisation de son programme. L'Union s'engage donc, dans l'ordre et la dignité, mais avec une fermeté invincible, à s'opposer par tous les moyens à n'importe quel système d'inquisition fiscale, tant que les pouvoirs publics n'auront pas reconnu et consacré les légitimes revendications des commerçants et artisans.

3° CONSERVER dans sa pureté et dans son intégralité les points du programme sur lesquels commerçants et artisans sont unanimes.

Reproduced in S. HOFFMANN, *Le Mouvement Poujade*
(Colin, 1956), p. 45

2. Poujade attacks Edgar Faure and the parliamentary system.

Aujourd'hui la France bouge, car elle ne veut plus de ta politique de trahison. Elle ne veut plus de cette lutte fratricide en Afrique du Nord et ne te confiera pas ses enfants pour un nouveau Dien-Bien-Phu.

Aujourd'hui la France proteste contre ton commencement de mobilisation, qui viole une fois de plus les droits constitutionnels.

Aujourd'hui, Faure, tu t'inscris dans l'histoire comme l'un des hommes les plus néfastes à la patrie.

Aujourd'hui, Faure, je te dis: fous le camp, toi et les tiens, car demain il sera peut-être trop tard.

Et vous, parlementaires, qui à la lecture de cet éditorial, allez peut-être ricaner, il y en a en général autant à votre service. Le Peuple de France en a assez des compromissions, des scandales, des trahisons et des abandons. Il en a assez de voir danser «le rigodon sur son ventre» par une maffia apatride de traficants ou de pédérastes.

Retenez bien ce que je vous dis, tout ce qui devra être dit le sera en temps utile. Personne ne m'empêchera de gueuler la vérité et, le jour du grand règlement de comptes, il y en aura pour tous.

P. POUJADE, 'Faure, c'en est assez!', *Fraternité Française*
(10 septembre 1955), extract quoted in S. HOFFMANN,
op. cit., p. 142.

THE O.A.S. 1961

MÉMENTO EN VUE DE LA «PLATE-FORME»

CE QUE NOUS VOULONS. CE QUE NOUS ESPÉRONS
CE QUE NOUS COMBATTONS
PAR QUELLES VOIES ET MOYENS

CE QUE NOUS VOULONS ET ESPÉRONS

L'Algérie Française, c'est-à-dire:

— Algérie partie intégrante de la France, de son territoire national qui s'étend sur les deux rives de la Méditerranée (y compris bien entendu le Sahara algérien).

— Mais aussi, Algérie nouvelle, fraternelle: progrès et justice sociale, réformes, amitié féconde entre communautés. A noter que l'amélioration du sort, des conditions de vie et de travail des FSM[1] en Métropole sont également de ce chapitre.

— Algérie province française, ayant sa place dans une France, elle aussi rénovée, où les provinces reprendraient leur personnalité, leur vocation propre dans la nation.

Nous voulons évidemment un régime nouveau. La chute du régime gaulliste est une des conditions majeures pour atteindre notre but. C'est le préalable. Toute discussion doctrinaire sur le régime qui lui succèderait doit lui être subordonné.

CE QUE NOUS COMBATTONS

A) *Opposition* à toute politique, à toute tactique qui envisage ou prépare une solution comportant séparation de l'Algérie-Sahara d'avec la Métropole, que ce soit:

— Indépendance — Sécession, avec gouvernement FLN.[2]

— Indépendance — Association, avec gouvernement plus ou moins troisième force.

— Partition entre territoires Ind.[3] FLN et français ou associé.

Donc opposition à une autodétermination comportant une ou plusieurs des options ci-dessus.

Un futur référendum, après chute du régime ne devrait comporter que l'approbation d'une nouvelle constitution incluant notamment l'Algérie-Sahara dans la partie française, — référendum qui serait commun et simultané pour l'ensemble de la nation.

B) *Opposition* à tous Pouvoirs, à toutes forces, à tous éléments qui travaillent en faveur d'une des solutions ci-dessus, et à leurs agents et complices, savoir entre autres:

a) Le Pouvoir, le Gouvernement, l'Administration.

Tous les organismes de soutien et de propagande à leur service en Algérie et en Métropole.

Les Partis, leurs comités et organisations, leurs personnalités, qui soutiennent le régime et spécialement sa politique algérienne.

b) Le FLN, OPRA, ALN, OPA,[4] et tous autres organismes.

Toutes les forces de soutien, matériel ou moral, en France (Métropole et Algérie) et à l'étranger, et notamment les Partis, associations, chapelles, personnalités de tendances dites «libérales» ou progressistes qui servent en fait sa cause.

c) Le PC et toutes ses organisations officielles et clandestines, sous toutes leurs formes.

---

[1] *Français de souche musulmane.*
[2] *Front de Libération Nationale,* the rebel Algerian nationalist movement.
[3] = *Indépendant.*
[4] Other rebel movements.

LES VOIES ET MOYENS

A) *Formes de la lutte à mener.*

a) en permanence, selon les objectifs et les circonstances:

— Action psychologique, propagande.

— Action directe.

La violence? Oui, certes; nous ne sommes pas une opposition académique. Le pouvoir ne nous ménage pas, et il trahit. Nous n'avons pas à ménager ce pouvoir de trahison et ses complices.

b) Au moment nécessaire et opportun:

L'insurrection armée.

O.A.S. parle (Julliard, n.d. [1964]), pp. 39–41

SECTION IV

Society and Social Class since 1830

POPULATION GROWTH IN FRANCE
(millions)

1860	37·2	1940	41·4
1900	40·6	1950	41·6
1910	41·3	1960	45·4
1920	38·9	1965	48·6
1930	41·4	1970	50·5

PERCENTAGE EMPLOYED IN THE THREE SECTORS

	1851	1921	1936	1954	1968
PRIMARY (Agriculture, fisheries, forestry)	53	43	37	28	16
SECONDARY (Industry, building, mining)	25	29	30	36	39
TERTIARY (Trade, banking, administration, etc.)	22	28	33	36	45

SOCIO-PROFESSIONAL DISTRIBUTION OF THE WORKING POPULATION

	1954	1968
Farmers { Self-employed	21%	12%
Farmers { Employees	6%	3%
Business and shop owners	12%	9%
Cadres supérieurs (higher managers) and professions	3%	5%
Cadres moyens (executives)	6%	10%
Employés (clerical and shop workers)	11%	15%
Ouvriers (manual workers)	33%	38%
Miscellaneous (e.g. domestic service, clergy, armed forces, police)	8%	8%

Sources: G. Dupeux, *La Société Française 1789–1960* (Colin, 1964), pp. 33 and 268; Ambassade de France, *The Population of France* (Document A/75/7/70).

GLOSSARY

l'aciérie
l'action
l'actionnaire
l'agent de change
l'agriculteur
l'ajusteur, fitter.
l'amende
l'antisyndicalisme, opposition to trade unionism.
l'appareil totalitaire, totalitarian structure.
artisanal
l'artisanat, artisan class.
l'atelier
l'autarcie
l'autogestion, workers' self-management.
l'avancement
l'avantage commercial
le baccalauréat
le bachelier
le bénéfice
le bon ton
la haute bourgeoisie
le bricolage, pottering.
le bulletin de vote
le bureau d'études, research department.
les cadres, those placed in the upper and middle ranks of a military, political or
  business organisation, i.e. above the rank and file, and thus enjoying, to varying
  degrees, a managerial rôle. Subdivided into *cadres supérieurs*, *cadres moyens*
  and *cadres subalternes*.
la caisse de retraite, pension fund.
le capital social
le cédétiste, member of the C.F.D.T.
la chaîne de montage, assembly conveyor.
le change
le chef d'entreprise
le chômage
le chronométrage
les classes moyennes
les classes ouvrières
la cogestion, workers' participation in management.
le commerçant
le petit commerce
le compagnon

le comportement
à meilleur compte
la concurrence
le concurrent
le conducteur des ponts et chaussées, employee below the grade of engineer in the *ponts et chaussées*, i.e. French State highways department.
le conjoint
la conscience corporative
la conscience groupale, group consciousness.
le Conseil d'État, administrative tribunal which also gives a preliminary opinion on certain government decrees and parliamentary bills.
la consommation
contestataire, used of someone in critical opposition.
le convoyeur, conveyor.
la corbeille de mariage
la corporation
cotiser
la couche sociale
le cours des titres, quotation for stocks and shares.
le (petit) cultivateur
la culture
le débauchage, laying off.
le débouché
débrayer
le décolleteur, screw-cutter.
les dépenses (somptuaires)
le diplôme
le dirigisme, system based on government control of the economy.
le dividende
le dogme
l'échantillon
embaucher
encaisser
l'enfant à charge, dependent child.
l'entrepreneur
l'entreprise (familiale)
les petites et moyennes entreprises
l'épargne
escompter
l'exploitation (agricole)
le fabricant en série
le fermage
le fonds social
les forges
le fraiseur, milling machinist, miller.
frauder l'impôt
le gain
le gauchisme, revolutionary doctrine of *gauchistes* — see pp. 225 ff.
les gens d'affaires
le gestionnaire
la gratification
la grève
grever un budget

le hère
l'homme d'affaires
la houillère
immobilier
l'industrie de base
l'industriel
l'intérêt
la main-d'œuvre
majoritaire
le mandat en blanc, open mandate.
les bonnes manières
le manœuvre
la manutention
la marchandise
le métayer
les milieux d'affaires
mobilier
le montant
le monteur, fitter, erector.
le moteur à explosion
nationaliser
le notable
l'obligation
l'office ministériel
onéreux
l'outillage
l'ouvrier professionnel
parcellaire
le patrimoine
patronal
le patronat
le paysannat
percer, to stand out professionally.
le piquet de grève, strike picket.
le placement
la planification
la politique fiscale
le portefeuille de valeurs, total holding of shares, etc.
le poste de production, place in production.
prélever
le préparateur
le prêt
le processus
le professorat, teaching profession.
la prolétarisation, reduction to the status of proletarian.
prolétariser: see above.
la promotion sociale, encouragement of the social advance of the less privileged
    members of society.
les recettes
le reclassement, redeployment.
le régleur, worker whose job is to regulate machinery.
les rentes
la répartition des bénéfices

la revendication
le revenu
le saisonnier
le salaire
le salariat, wage-earning class.
le salarié
le savoir-vivre
le secrétariat, secretaries taken as a group.
la Sécurité Sociale
la société (par actions)
le stage
le statut
le superflu
la surtaxe progressive
le surveillant
sur le plan syndical
le terrassier
le titre
le tôlier
le tourneur
le traitement
travailler à la chaîne
la valeur cotée à la Bourse
la valeur foncière
la valeur mobilière

THE PEASANTS

INTRODUCTION

Until the twentieth century, France remained predominantly an agricultural country, and the peasants were the largest single group among the population. From the mid-nineteenth to the early twentieth centuries, just over half the population was still rural, despite the drift to the towns, which quickened in the late nineteenth century. In 1921, the figure for the rural population was still 54%. By 1954, this had fallen to 34% and by 1962 to 29%. Peasants represented 43% of the working population in 1921; but only 27% in 1954 and 15% in 1968.[1] 150,000 to 160,000 were leaving agriculture each year in the 1960s.

In French agriculture in the nineteenth century, very modest holdings were the rule. The land was being increasingly subdivided because of the *Code Napoléon* and population pressure.[2] According to Georges Dupeux, in 1884 60% of all holdings were of less than one hectare ($2\frac{1}{2}$ acres), 90% of less than five hectares ($12\frac{1}{2}$ acres).[3]

The French peasants fall into three basic categories: *propriétaires*, proprietors who work their own land; *fermiers*, who pay a money rent for their land; and *métayers*, or share-croppers, who must pay half their crop in rent. To these must be added the farm labourers, or *ouvriers agricoles*, who, it should be noted, are to be distinguished from the industrial working class of the towns.

The small proprietor, working his own land with the help of his family alone, was always looked upon as the classic type of French peasant: peasant farming on this basis is known as *l'exploitation familiale*. The praises of the *exploitation familiale*, common in eastern and southern France, were sung incessantly by governments and agriculturalists under the Third Republic. In the twentieth century 65% of peasant holdings are still of this type. 26% of the peasants are *fermiers*, who are often in the majority in north and north-western France, while 9% are *métayers*, concentrated in the west and south-west. But 90% of all holdings, whether owned or rented, are worked by a single family, without the help of any hired hands. The large capitalist type of farming in the Paris area, where the *fermier* invests in equipment and cattle, and farms a number of rented holdings with the assistance of employees, is still very much the exception.

The peasant way of life remained unchanged in its essentials until the 1950s. The peasants were insulated economically, socially and politically from the rest of society. Because of the continuous subdivision of the land, the small

---

[1] *See* p. 354.
[2] *See* G. Wright, *France in Modern Times* (John Murray, 1964), p. 221.
[3] Dupeux, *op. cit.*, p. 121.

proprietor's farming was often subsistence farming, in which the only produce sold was a small surplus over the family's own requirements. Economic self-sufficiency and the strong feeling of peasant individualism it engendered (*see* p. 364) continued to inhibit economic and other contact with the urban population. Rural education, too, made slow progress.

In the nineteenth century, as Gordon Wright has pointed out, the peasants were in part responsible for their own backwardness:

> There seems to have been widespread resistance to the idea of change in either techniques or mores. Furthermore, most peasants suffered from what has been called "the proprietory illusion" — the desperate desire to own a piece of land or to add to that already owned. Instead of devoting their meagre savings to better housing or improved techniques, they were inclined to scrape and borrow in order to invest in a piece of the soil. Nothing was left for raising living standards, or experimenting with new methods; and besides, a burden of indebtedness was built up over the years — a load made heavier by the lack of adequate sources of farm credit.[1]

Most of the peasants outside the area of capitalist farming in the north continued to live in closed family units scattered over the countryside. They were thus isolated not only from the rest of society, but also from each other. The picture painted by Marx in 1852 was still recognisable almost a hundred years later:

> The small peasants form a vast mass, the members of which live in similar conditions, but without entering into manifold relations with one another. Their mode of production isolates them from one another, instead of bringing them into mutual intercourse. The isolation is increased by France's bad means of communication and by the poverty of the peasants. Their field of production, the small holding, admits of no division of labour in its cultivation, no application of science and, therefore, no multiplicity of development, no diversity of talents, no wealth of social relationships. Each individual peasant family is almost self-sufficient; it itself directly produces the major part of its consumption and thus acquires its means of life more through exchange with nature than in intercourse with society. The small holding, the peasant and his family; alongside them another small holding, another peasant and another family. A few score of these make up a village, and a few score of villages make up a Department. In this way, the great mass of the French nation is formed by simple addition of homologous magnitudes, much as potatoes in a sack form a sackful of potatoes. In so far as millions of families live under economic conditions of existence that divide their mode of life, their interests and their culture from those of the other classes, and put them in hostile contrast to the latter, they form a class. In so far as there is merely a local interconnection among these small peasants, and the identity of their interests begets no unity, no national union and no political organisation, they do not form a class.

KARL MARX, *Selected Works*, vol. II (Lawrence & Wishart, 1942), pp. 414–415

---

[1] *Op. cit.*, pp. 222–223.

If only because of the differences between small subsistence farming and large-scale capitalist farming, the peasants certainly did not constitute a class, and they were to be unable to find any special political expression of their own in the nineteenth and twentieth centuries. Their basic political attitude was a mixture of adherence to the French Revolution, which had confirmed their ownership of their land, and social conservatism. After their brief emergence on the political scene at the time of the Revolution, when they forced the revolutionaries in the towns to sweep away what remained of "feudalism" (*see* p. 7), they returned to political silence, being satisfied, as a group, with the gains the Revolution had brought them. It was only with the coming of universal suffrage in 1848 that they began to exercise a decisive influence in favour of conservatism and order. Their aims were, as we have seen, to conserve and add to their property, and to free themselves from the domination of money-lenders. They rejected "social adventures" in the shape of tax-increases, political domination of France by Paris, and disorder in the streets.[1] After their conversion to Republicanism in the 1870s (*see* p. 120) they became the backbone of conservative Republicanism during the first decades of the Third Republic. One or two small peasant parties were founded between the wars, but all parties now courted their favours. The one which adapted its programme most effectively to their needs under the Third Republic was the Radical party. This party, of course, insisted on its links with the French Revolution, which had freed the small peasant-holding from the stranglehold of seigneurial dues. Its philosophy of the "little man", too, appealed to peasant individualism, and it set out to attend to the short-term needs of the peasants, which was what they best understood. The peasants, however, still remained divided between the supporters of Revolution and those of the old social authorities of Church and nobility — as A. Siegfried remarked:

> La crainte de l'ancien régime, aujourd'hui purement chimérique, continue de marquer à un étonnant degré la psychologie du paysan français : l'attitude qui en résulte est une instinctive résistance à la domination du presbytère et du château. Il arrive aujourd'hui que le noble et le prêtre soient brouillés, mais dans la majorité des communes cette opposition du peuple et des autorités sociales, résultat d'une prétention à laquelle correspond une résistance, demeure permanente.
>
> *Tableau des partis en France* (Grasset, n.d. [1930]),
> pp. 66–67

The Socialist and Communist parties, whose doctrines related to urban society, never effectively adapted themselves to the peasants and made little genuine impact in the country in the twentieth century, though the Communists always collected a substantial protest vote among the peasants by playing on their grievances (as did Pierre Poujade).

After the Second World War, the attempt to start a *Parti Paysan* was made by C. Antier and P. Laurens: the group obtained 47 seats in 1951, but was then gradually absorbed by the C.N.I. which thus became the C.N.I.P. (*see* p. 308).

---

[1] A. Latreille, 'L'entrée de la paysannerie dans la vie politique française' (*Le Monde*, 26 décembre 1969) (on P. Sorlin, *La Société française I: 1840–1914* (Arthaud, 1969)).

By the 1950s revolutionary changes were under way. The younger generation of peasants rejected the older way of life in all its aspects and began to demand the integration of the peasant into the national community. The young farmers themselves set out to replace individualism by co-operation, and conservatism by progress. Michel Debatisse, one of the leaders of the C.N.J.A., the young farmers' organisation, has described the awakening of the young farmers to the need for change in his book *La Révolution silencieuse* (*see* p. 370).

The change has been hastened by the introduction of modern machinery. The number of tractors was 35,000 in 1938; 140,000 in 1950; 1,010,000 in 1966. Under the Fifth Republic, some progress has been made in adapting the socio-economic structure of French agriculture to the contemporary world. The large capitalist farmers of northern France, as represented by the F.N.S.E.A. (*Fédération Nationale des Syndicats d'Exploitants Agricoles*), remained opposed to radical change, and the *loi d'orientation* of 1960 did not propose very sweeping reforms. By 1961, however, the revolutionary attitude of the young farmers had spread to much of the peasantry and the riots of 1961, which followed the direct selling of agricultural produce in Paris in 1960 as a protest against the middle-men,[1] precipitated more radical government action, through the so-called *loi Pisani* of July 1962. This act went further towards meeting the demands of the young farmers: *viz.*, financial assistance to older peasants wanting to leave agriculture and re-train (or retire); measures to limit property rights and allow compulsory purchase to the *sociétés d'aménagement foncier et d'établissement rural* (which would reduce by concentration the number of small holdings which were either marginal or out of cultivation because of the declining rural population); assistance for co-operative marketing; and better education and training for farmers.

[1] A phenomenon vividly described in Serge Mallet's *Les Paysans contre le passé* (Seuil, 1963).

BIBLIOGRAPHY

J. ARDAGH: *The New France* (Penguin Books, 1970). A lively introduction in Chapter IV.

M. BEAUJOUR and J. EHRMANN: *La France contemporaine* (Colin, 1965), Collection 'U'. Extracts on rural life in the sixties in Chapter VI.

M. DEBATISSE: *La Révolution silencieuse* (Calmann-Lévy, 1963).

G. DUPEUX: *La Société française 1789–1960* (Colin, 1964), Collection 'U'.

M. FAURE: *Les paysans dans la société française* (Colin, 1966), Collection 'U'.

J. FAUVET and H. MENDRAS, ed.: *Les paysans et la politique dans la France contemporaine* (Colin, 1958).

P. GEORGE: *Géographie économique et sociale de la France* (Éditions Hier et Aujourd'hui, 1946).

E. GRENADOU and A. PRÉVOST: *Grenadou, paysan français* (Seuil, 1966).

S. MALLET: *Les paysans contre le passé* (Seuil, 1963).

H. MENDRAS: *La Fin des paysans* (Colin, 1970), Collection U2.

H. MENDRAS: *Sociologie de la campagne française* (P.U.F., 1959).

J. MEYNAUD: *La révolte paysanne* (Payot, 1963).

Paysans, bi-monthly.

R. THABAULT: *1848–1914. L'ascension d'un peuple. Mon village, ses hommes, ses routes, son école* (Delagrave, 1945).

G. WALTER: *Histoire des paysans de France* (Flammarion, 1963).

G. WRIGHT: *Rural revolution in France: the peasantry in the twentieth century* (Stanford U.P., 1964).

L. WYLIE, *Village in the Vaucluse*, 2nd ed. (Harvard U.P., 1964).

THE PEASANTS' BONDAGE TO THE SOIL AND NATURE

Ceux qui ne l'ont jamais quittée, la nature les pétrit lentement à son image; elle les durcit, les plie à subir sans murmure ses lois aveugles; ils végètent au sens profond du terme. Toute leur vie est réglée par les astres. Le soleil couché, ils ne poursuivent pas une existence factice; l'aube les éveille comme les bêtes, et comme les bêtes encore ils chassent, fouaillent la terre; le soleil seul les lave, et la pluie. Ils s'identifient avec la terre, retournent dans son sein sans murmure, n'aiment pas que leurs ascendants subsistent au delà du terme où il est normal d'y retourner. Ils n'appellent le médecin auprès du vieux que pour la forme et lorsqu'ils sont assurés que cette première visite sera la dernière et que le vieux n'a plus besoin de remèdes en ce monde.

F. MAURIAC, *La Province* (Hachette, 1964), pp. 43–44

Cybèle a plus d'adorateurs en France que le Christ. Le paysan ne connaît qu'une religion, celle de la terre. Il possède la terre bien moins qu'il en est possédé. Il lui donne sa vie, elle le dévore vivant. Le service de Cybèle détruit la jeunesse des femmes. Une femme dès quinze ans se marie pour que la métairie s'enrichisse d'un mâle et pour fournir la terre d'enfants. Même enceinte, la femme travaille aux champs. La campagne est peuplée de vieilles édentées qui ont vingt-cinq ans.

ibid., p. 47

La terre exige un travail forcené de l'aube à la nuit. Le paysan découvre à son tour qu'il existe un bien plus précieux que l'argent: le loisir.

Il fallait de fameuses ancres pour attacher à la terre cette part de l'humanité qui nourrit l'autre.

ibid., pp. 54–55

TRADITIONAL INDIVIDUALISM   1910

«Et il me recevra, ce Norre, cet homme rude? avais-je dit à Rougeron. — Il n'est pas si rude, il aime à causer. N'ayez crainte. — Où est son domaine? Comment y arriver? — Prenez la route qui monte au sortir de la gare, gagnez, traversez le village, marchez deux kilomètres et vous reconnaîtrez ses cultures: elles sont si belles!»

J'ai traversé le village, je chemine à flanc de coteau; reconnaîtrai-je les cultures? Une culture est pour moi pareille à une culture, comme pour ce paysan là-bas taillant sa haie, telle page de Péguy à telle des Tharaud. Pourtant une maison, à cent pas de la route, fixe ma vue. Elle est humble et basse: mais quelque chose d'irréprochable et de net est en elle. Un jardin la précède: ce jardin ne ressemble à nul autre: vignes, légumes, espaliers, rien n'y manque. Un homme y travaille, à carrure d'athlète, un vieux loup maigre au poil gris, aux yeux clairs qui me regardent.

— Monsieur Norre? dis-je.

— C'est moi. Et je vous devine: c'est vous dont Rougeron m'a parlé, l'an passé.

— Oui, c'est moi.

— Entrez!

L'accueil est franc, je n'ai plus d'inquiétude. M. Norre parle d'une voix sûre, paysanne par le chant, sans pesanteur aucune.

Il m'introduit dans la maison: une femme âgée, une femme mûre, une jeune femme, besognent autour de la table et du fourneau: la mère, l'épouse, la fille. Le gendre est parti la veille pour faire ses vingt-huit jours. M. Norre me présente et me fait asseoir.

— J'ai bonne envie de causer un peu, me dit-il. Voilà trente ans que je travaille. Dans cinq, j'aurai ma retraite, que je ne devrai qu'à moi, et je l'aurai bonne. Je vois clair sur bien des choses et je voudrais que mon expérience serve à tous ceux qui crient misère parce qu'ils ne savent pas comment s'y prendre avec la terre. Je voudrais expliquer mon travail...

Il se leva. Nous traversâmes ce jardin dont la vue m'avait arrêté d'abord, nous longeâmes la vigne; on en voit peu sur ces côtes qui sont froides, et je félicitai M. Norre.

— Il fallait bien que j'en aie une, répliqua-t-il avec humour et gravité, puisque je suis roi.

— Roi?...

— Oui, roi sur ma terre, qui est mon royaume. Je veux qu'elle me donne tout. Et voilà mon atelier à réparer mes outils, ma terre à blé, mes volailles. L'Empereur Guillaume peut venir! Je suis chez moi, je n'en sors pas, j'y bois mon vin.

Je répétai à M. Norre le dicton périgourdin: «Un bon domaine doit tout produire, sauf le sel et le fer.»

— C'est bien mon avis, dit-il.

— Il réfléchit, ayant parlé trop vite. M. Norre est de ces hommes qui n'admettent pas les restrictions et la modestie du dicton lui apparut soudain.

— Le fer, dit-il, frappant le sol, on en trouve dans nos pays, et pour ce qui est du sel, il y en a dans les végétaux. On pourrait l'extraire.

— Vous auriez une amende.

Il se redressa.

— Non pas! Je peux traiter un végétal chez moi; vendre le sel, c'est une autre affaire. Mais extraire et consommer, si fait. C'est comme les allumettes: qui peut m'empêcher de tailler du bois en bâtonnets, de tremper mes bâtonnets dans du soufre, de mettre du phosphore au bout et de m'en servir? Est-ce que les employés de la régie, les gendarmes peuvent entrer

13

ici? Alors je serais un criminel, et il y aurait un mandat d'arrestation contre moi. Ma porte, c'est moi qui l'ouvre, et il faut ça.

M. Norre s'exprimait avec véhémence. Ma courte observation avait atteint sa dignité personnelle et terrienne, le sentiment juridique, si fort en lui, que les initiatives de l'homme, lorsqu'elles s'exercent dans la limite d'une terre possédée, sont libres, que l'homme sur sa terre forme un tout inviolable.

D. HALÉVY, *Visites aux paysans du centre*
(Grasset, 1921), pp. 55–58

THE FAMILY HOLDING AND FAMILY ORGANISATION

L'exploitant agricole est à la fois travailleur manuel, ingénieur, commerçant et chef d'entreprise.

Cette confusion des rôles empêche toute organisation scientifique du travail. Celle-ci repose en effet sur une distinction entre celui qui définit la discipline et celui qui y est soumis. Selon J. Chombart de Lauwe, «le petit cultivateur de plus de quarante ans semble à peu près imperméable à toute rationalisation du travail: il préfère travailler deux heures de plus par jour et ne pas se discipliner pour gagner quelques minutes sur les différentes opérations à effectuer dans la même journée. Cette fuite devant l'effort intellectuel est évidemment la négation même du système Taylor[1]». Combien ce dernier aurait apprécié cette remarque, lui qui disait à ses ouvriers: «Vous n'êtes pas ici pour penser, d'autres sont payés pour cela.» Dans l'entreprise agricole familiale, personne n'est payé pour cela, ni pour faire appliquer ce que d'autres ont pensé. L'agriculteur doit répartir ses différentes tâches sur son emploi du temps annuel, saisonnier, mensuel et journalier; on comprend aisément qu'il lui faudrait une singulière force de caractère pour s'imposer encore une rationalisation du travail lui-même. Cela lui serait d'ailleurs d'autant plus difficile qu' «en hiver, il y a beaucoup de temps disponible — trop — de telle sorte qu'on prend l'habitude de remplir ses journées avec des tâches d'une utilité discutable, qu'on fait lentement, pour tuer le temps, faute de loisirs organisés. On adopte ainsi un rythme de travail qui ne semble pas correspondre aux besoins de notre siècle». Il n'y a pas de frontière entre le travail et le bricolage, puisque le foyer se confond avec l'atelier.

Le paysan n'a pas eu à se plier aux règles du monde industriel et surtout, vivant dans le «milieu naturel» où le temps n'a pas la même valeur que dans le «milieu technique», il n'a pas fait de sa montre son maître. Certes, par suite de l'intensification des cultures, de la mécanisation et de la motorisation le paysan a acquis une nouvelle perception du temps. Il le mesure à son inquiétude de ne pas pouvoir suffire à ses tâches, sans cesse plus nombreuses. Le rythme de la vie paysanne s'est précipité en même temps que s'accrois-

---

[1] F. W. Taylor was the originator of theories of scientific management in the early twentieth century.

sait le travail. C'est le travail à faire qui commande l'horaire du paysan et non l'horaire qui limite le travail, comme à l'usine. Enfin, dans une entreprise agricole, une heure n'a pas la même valeur en janvier et en juillet; or toute rationalisation du travail repose sur une unité de temps abstraite et interchangeable, universellement valable; pour l'agriculture, celle-ci ne pourrait être la même en toutes saisons.

D'autre part le rythme du travail agricole est lié au rythme biologique, et ce dernier impose à l'agriculture des cycles de production particuliers à chaque produit et en général plus longs que ceux de l'industrie. Il faut trois ans pour «produire» une vache laitière, un an pour produire du blé. Ces cycles de longueur variée doivent se combiner dans une même entreprise. L'entrepreneur agricole qui calcule souvent la prospérité de son entreprise à l'échelle d'une génération humaine doit tenir compte d'un cycle animal de trois à cinq ans et d'un cycle végétal annuel (sans parler des décades nécessaires à la croissance d'un arbre). A la différence de l'ouvrier, indifférent au cycle global de la production, l'agriculteur n'est intéressé que par lui, et chaque opération n'a pour lui de valeur que par référence à ce cycle et à son résultat économique. A une enquête sur la satisfaction au travail, le paysan français répondra volontiers « j'aime cultiver le tabac, ça rapporte», montrant ainsi qu'il ne dissocie jamais une tâche de son ensemble et de son but final.

Dans les pays d'ancienne tradition, la longueur des cycles de production n'a pas été sensiblement modifiée par la révolution agricole ou par l'introduction de la machine. Dans les pays «coloniaux», où la création d'un paysannat s'est faite brutalement, et le plus souvent sur l'initiative des Européens, ce problème s'est posé dans toute son ampleur. Par exemple lorsque l'Office du Niger a voulu faire cultiver du coton par des Mossi ou des Bambara, on s'est aperçu que ces noirs répugnaient au début à des travaux d'irrigation nécessaires à une culture dont ils ignoraient le cycle et dont le produit ne leur apparaissait pas avec la rapidité coutumière. Il fallut plusieurs campagnes pour les habituer à cette nouvelle échelle de temps.

Dans l'agriculture enfin, la cellule de production se confond avec la cellule de consommation et la famille ne se distingue pas de l'entreprise. Cette confusion des fonctions pèse lourdement sur la gestion économique et empêche l'agriculteur d'acquérir une véritable mentalité de chef d'entreprise. Le cultivateur gère son exploitation «en bon père de famille», c'est-à-dire avec une mentalité de consommateur et non de producteur. Comme le note M. Cépède, pour lui, «compter» a le même sens qu' «économiser» au sens étroit du terme. Une dépense d'investissement n'est pas décidée en fonction du revenu qu'on peut en escompter, mais en fonction du revenu encaissé à la précédente campagne. Cette attitude explique le peu de goût de certains agriculteurs pour le crédit. Dans leur expérience un homme emprunte pour joindre les deux bouts, mais non pour augmenter ses revenus futurs. Ils ne distinguent pas clairement le crédit à la consommation du crédit à l'investissement.

C'est un lieu commun et un objet de scandale pour les économistes de voir les paysans acheter un tracteur sans savoir au préalable si cet investissement sera rentable. Ils n'admettent pas qu'un tracteur soit introduit dans l'exploitation au même titre que la machine à laver dans la cuisine : simplement pour faciliter le travail et épargner la peine de l'utilisateur. Les études extrêmement poussées auxquelles ils se sont livrés montrent qu'un tracteur de 15 ch doit remplacer deux chevaux et travailler 1 000 heures par an, et qu'un tracteur de 25 à 30 ch doit remplacer trois chevaux et travailler entre 750 et 900 heures par an pour ne pas alourdir les frais de production. Malheureusement, ces études supposent des conditions d'emploi rarement réalisées dans les entreprises familiales dont le sol, le relief et le parcellement se prêtent mal au travail mécanisé et dont le chef ne possède pas de connaissances mécaniques suffisantes. Or un tracteur peut coûter du simple au double suivant l'utilisation qu'on en fait. Car un moteur peut durer deux fois plus d'heures s'il fonctionne à sa charge optimale, et la consommation de carburant varie du simple au double suivant que l'on choisit une bonne ou une mauvaise combinaison de vitesses. Devant la complexité des arguments économiques et techniques, le paysan a tendance à décider l'achat d'un tracteur en utilisant d'autres critères...

*   *   *

Le tableau de la famille paysanne traditionnelle a été maintes fois brossé par les historiens et les romanciers. Guillaumin dans sa *Vie d'un simple* décrit la vie d'une famille de métayers du siècle dernier, et les archives des notaires recèlent dans les contrats de mariage ou de fermage les matériaux d'une histoire des coutumes familiales. Celles-ci variaient considérablement suivant la région et surtout d'une catégorie de paysans à une autre : rien de commun entre la maisonnée d'un riche laboureur et l'union plus ou moins stable du pauvre hère. Mais ici encore il suffit de caractériser des types extrêmes qui marquent les limites d'une évolution, pour en mesurer l'ampleur et les conséquences.

Entrons chez ce riche laboureur qui tient de ses aïeux un héritage d'une trentaine d'hectares de bonne terre. Il siège au haut bout de la table, seul. De part et d'autre s'alignent les fils, les petits-fils et les valets et, à l'autre bout, les enfants et les femmes qui ne font pas le service : en tout, près d'une vingtaine de personnes. Les pièces sont vastes, les chambres peu nombreuses ; les célibataires couchent à la grange ou à l'écurie ; les jeunes ménages ne jouissent d'aucune indépendance et partant de peu d'intimité. Tous les enfants poussent ensemble.

La personne du père est au centre de ce système familial. C'est à lui qu'appartiennent les terres, fondement économique du groupe domestique. Si le patrimoine venait à disparaître, le groupe se disloquerait en même temps : les domestiques iraient «se louer» ailleurs, et les jeunes devraient gagner leur pain au-dehors. Mais le père n'est en quelque sorte que le gestionnaire du patrimoine et le chef du groupe : à sa mort son aîné prendra sa place et la famille poursuivra sa vie sans changement majeur.

L'autorité du Père est le principe fondamental de cohésion et de fonctionnement : elle s'exerce indistinctement sur les enfants et sur les salariés ; dans la vie quotidienne, le fils, membre de droit du groupe, et le valet, qui ne peut réclamer que son salaire, obéissent cependant au même titre au Père. De même, la Mère commande aux femmes, filles, brus et servantes, et aux enfants. Les jeunes enfants de leur côté ne sont guère soumis à l'autorité de leur propre mère, tous indistinctement dépendent de la Mère et du Père; ils ne peuvent se sentir membres d'un groupe conjugal qui n'a pas d'existence propre et se rattachent uniquement à la communauté familiale; les rapports qu'ils entretiennent avec leur père ne diffèrent pas profondément de ceux qu'ils ont avec leurs oncles ou même les valets, pour peu que ceux-ci soient anciens dans la maison. L'affection et les sentiments ont peu de place dans ce système.

Quelle opposition entre cette famille étendue, patriarcale, fondée sur le patrimoine et l'autorité, qui ne connaît pas de solution de continuité, et la famille restreinte, conjugale, née du choix sentimental d'un couple avec lequel elle est destinée à disparaître. Dans ce groupe limité aux parents et aux enfants (4 ou 5 personnes) le personnage central est la mère. C'est elle qui assure l'éducation des enfants et tant qu'ils sont petits, elle s'interpose souvent entre le père qui travaille aux champs et eux qui restent à la maison avec elle. C'est elle souvent qui entretient les relations de la famille avec le monde extérieur et, sauf pour les grosses dépenses, c'est elle qui tient les cordons de la bourse. Cette prééminence de la femme est évidente pour l'enquêteur habitué aux longs entretiens dans les cuisines de ferme. Ainsi le foyer devient un groupe intime et chaud dont le principe fondamental n'est plus l'autorité mais l'affection. La mère n'ordonne plus à ses enfants, elle fait appel à leurs sentiments pour les amener à faire ce qu'elle veut. L'éducation, d'autoritaire devient «manipulatrice».

D'autre part, la base économique de la famille est bien moins la propriété que le travail de l'homme. Dans les conditions économiques actuelles la terre devient une sorte d'instrument de travail pour le petit propriétaire; elle n'a plus ce rôle éminent et unique qu'elle avait autrefois et représente souvent un capital moindre que le cheptel mort ou vif. Si demain le petit propriétaire est dépossédé, sa famille pourra subsister par son travail salarié dont le rapport, augmenté des prestations familiales, risque même, peut-être, d'être supérieur à celui de son entreprise. Au moment où la famille se disloque par la mort ou la retraite des parents, il faut transmettre la propriété à une autre famille et chaque jeune ménage a autant de droits à la réclamer.

S'il est aujourd'hui impossible de trouver une famille patriarcale telle qu'elle vient d'être décrite, la famille conjugale restreinte n'est pas encore majoritaire, semble-t-il, dans nos campagnes. La forme la plus fréquente est intermédiaire entre ces deux modèles extrêmes. Trois générations sont réunies sous le même toit mais il n'y a qu'un seul jeune ménage. L'autorité du Père et de la Mère se concentre donc sur lui et les enfants sont soumis concurremment à celle de leurs parents et de leurs grands-parents. La vieille génération conçoit la famille à la mode ancienne, s'estime maître du patrimoine et entend donc conserver l'intégralité de son rôle. La jeune au contraire regarde vers la ville et y trouve le modèle de la famille conjugale; elle supporte donc avec impatience l'autorité des anciens, d'autant plus qu'elle fournit le travail, à ses yeux source essentielle du revenu.

H. MENDRAS, Sociologie de la campagne française
(Presses Universitaires de France, 1959), pp. 57–71

THE "SILENT REVOLUTION" DISCOVERED BY A YOUNG FARMER c. 1950

«Nous découvrions aussi que les tâches agricoles n'étaient qu'un aspect de la vie, que le paysan était beaucoup trop polarisé par son travail. Que l'exploitation avait tout d'abord pour but, non pas d'asservir des hommes, des femmes, des gosses... mais aussi, et avant tout, de mettre des produits sur le marché et de permettre à des êtres humains de vivre avec dignité. Elle devait être aménagée de telle manière qu'elle n'entravât pas l'épanouissement des personnes.

C'est à partir de là que nous avons commencé à nous élever contre la conception classique du monde agricole qui voulait que «le paysan soit un homme fait pour travailler». Généralement, on jugeait le paysan à sa réussite matérielle. Peu importait s'il abrutissait sa femme et ses enfants à force de besognes, pourvu qu'il réussisse; c'était alors un homme considéré. C'était un champion, un exploitant émérite, un homme bien. En fait, le travail manuel primait avant toute autre chose.

A cette époque, on considérait l'exploitation familiale comme la valeur fondamentale du monde agricole. C'était la meilleure formule pour assurer l'éducation des enfants par les parents, pour asseoir sur des bases solides la vie commune, pour tenir en échec les mauvaises idées, les mauvaises revues, les erreurs, les vicissitudes qui pouvaient venir de la ville. L'exploitation familiale permettait de conserver, loin du bruit et du tumulte de la cité, les authentiques valeurs, qui ont fait du monde agricole un milieu croyant, un milieu fervent, le milieu privilégié de la civilisation. Quelles valeurs? Le respect de l'autorité familiale, le détachement du profit.

Cet arsenal traditionnel fut remis en question au cours du stage. Non pas en référence à des principes ou des idées, mais à partir d'une réalité brutale. Nous prenions conscience que l'exploitation familiale représentait, en fait, une formule par laquelle, dans 50% des cas, des enfants n'accédaient même pas au certificat d'études, où des femmes et des gosses servaient de main-d'œuvre à tout faire, où des couples, écrasés de fatigue, ne s'adressaient plus la parole. En termes clairs, des hommes et des femmes gâchaient leur vie pour maintenir intacte une structure sociale considérée, a priori, comme une panacée.

Si bien que le problème finit par nous apparaître avec des données inversées: on voulait défendre l'exploitation familiale pour sauver des hommes, mais, en réalité, on sacrifiait des hommes pour sauver l'exploitation familiale.

La question était donc de savoir si le monde agricole n'avait pas fait une erreur en prônant le maintien d'une quantité exorbitante de petites exploitations.

Il était clair que l'exploitation familiale se traduisait par l'exploitation des familles. Il était clair, également, que la défense de la structure agricole traditionnelle visait un ensemble complexe. A l'analyse, cet ensemble se révélait composé de trois éléments:

— d'abord, une notion de famille, c'est-à-dire de personnes,

— ensuite, une notion d'exploitation, c'est-à-dire d'entreprise disposant d'une surface de terres utilisées pour telle ou telle production: céréales, élevage, etc.,

— enfin, une notion de propriété, c'est-à-dire de bien appartenant soit au cultivateur, soit à quelqu'un d'autre.

Nous étions placés devant trois notions, trois réalités qui avaient évolué dans des sens différents.

La notion de propriété, au départ, impliquait une idée de sécurité pour le paysan. La terre était, pour lui, le moyen de subsister et, dans la mesure où il possédait cette terre, il se sentait à l'abri du besoin. De même, l'artisan, autrefois, comptait-il sur son atelier pour le faire vivre. Mais l'évolution du monde moderne a transformé la notion de propriété. De l'artisan à l'ouvrier de Renault ou Simca, il y a l'espace d'un siècle. Un siècle que n'avait pas encore franchi le paysan français.

Ne pouvait-on s'attendre que demain, dans le monde agricole, l'entreprise prenne de telles dimensions que l'idée du paysan-propriétaire apparaisse comme périmée? Maintenir à tout prix la notion traditionnelle de propriété dans le monde agricole n'était-ce pas maintenir l'agriculture en marge du monde moderne? Et, par voie de conséquence, vouer le paysan à un combat désespéré?

Maintenir l'agriculteur dans l'idée qu'il devait être le propriétaire de sa terre et qu'il devait immobiliser ses capitaux dans la possession du bien foncier, n'était-ce pas stériliser ses efforts au lieu de les diriger dans le sens du progrès? En d'autres termes, la propriété était-elle indispensable au métier d'agriculteur?

Un doute: la fonction de la propriété

En fait, ce qui compte essentiellement pour le paysan, c'est la sécurité. Hier, propriété était synonyme de sécurité. Demain, la notion de sécurité s'inscrira dans d'autres perspectives: statut du fermage renforcé, allocations familiales suffisantes pour permettre aux enfants d'agriculteurs de préparer leur avenir, dimensions plus importantes des exploitations, enseignement mieux adapté pour permettre une solide formation générale et professionnelle... A la propriété, qui autrefois assurait la sécurité du paysan, il fallait substituer la notion d'un statut social de l'agriculture.

Je me souviens d'un professeur qui nous disait: «En 1945, le statut du fermage a permis pour la première fois de poser publiquement la question suivante: sur une ferme, n'y a-t-il qu'un seul homme qui ait le droit de parler, celui qui possède? Et celui qui travaille? n'a-t-il pas, lui aussi, un certain nombre de droits? En vérité, il y a partage de droits sur une même propriété.»[1]

Si la notion de propriété et d'exploitation a évolué au cours des siècles, la notion de famille garde-t-elle au moins une certaine stabilité? Certes. Mais qu'est donc que la famille? Un foyer avec des enfants. Des êtres humains. On s'accorde généralement à penser qu'un enfant n'est pas seulement destiné à remplacer la machine ou le moteur électrique qui fait tourner la baratte! Qu'il est essentiellement appelé à devenir un homme ou une

---

[1] The *statut du fermage* of 1945 provided greater opportunities for the tenant-farmer to buy the land he farmed.

femme. Qu'on doit, dans ce sens, préparer son avenir. Pour permettre cela, est-il juste de faire appel au seul revenu de l'exploitation? N'a-t-on pas proclamé depuis deux siècles qu'un état démocratique doit donner la possibilité à tous les enfants de s'instruire quel que soit leur milieu d'origine? Prétendre assurer la formation des fils de paysan à partir du revenu de l'exploitation, comme c'est le cas à l'heure actuelle, équivaut à sacrifier leur avenir et, en somme, à ériger en principe l'inégalité des jeunes Français devant l'instruction et la formation professionnelle.

Au cours du stage dont je parle, nous avons également étudié les structures administratives du pays. En particulier la commune.

Nous avons également entendu un exposé sur la cité au cours duquel, pour la première fois, nous nous sommes demandé si ceux qui prônaient les mérites de la civilisation rurale ne cherchaient pas à isoler les paysans, à les replier sur eux-mêmes, dans le but peut-être demi-conscient de mieux les exploiter.

Nous avons bénéficié aussi d'une initiation à l'art, à la photographie, à la peinture, à la musique. Nous avons écouté des spécialistes de l'Économie, de l'Histoire. De jeunes paysans étaient transformés pour nous en animateurs, instructeurs, professeurs. Ils étaient devenus les chefs de file d'un milieu qu'ils travaillaient à rendre adulte, qu'ils voulaient pleinement intégrer dans l'ensemble de la nation.

On peut affirmer que beaucoup d'idées répandues par le Centre des jeunes agriculteurs ont mûri à partir de ces premières découvertes. C'est vraiment là que s'est dégagée, dans la découverte d'une réalité qui nous échappait encore, une vision moderne sur l'agriculture et ses structures.

Après le stage de formation générale, la J.A.C.,[1] qui ne m'intéressait guère jusque-là, m'apparut sous un jour radicalement nouveau. Ce n'était plus seulement l'occasion de rencontrer de bons copains, c'était surtout le moyen d'agir pour transformer le milieu auquel j'appartenais.

J'étais décidé à prendre un certain nombre d'initiatives à la ferme. Je m'occupai du verger que j'organisai. J'ai décidé mon père à acheter un pulvérisateur. J'assurai le traitement des arbres et leur entretien. Je greffai les pommiers pour obtenir plusieurs variétés de pommes à couteau.

Cependant, tels étaient mes premiers découragements, qu'il me fallut arriver à la période où je pris des responsabilités régionales dans la J.A.C. pour que je me persuade définitivement que le monde agricole n'était pas, dans la nation, un secteur perdu et que les paysans n'étaient pas des citoyens irrécupérables.

Engagé dans ces responsabilités nouvelles, il me fallut leur consacrer pas mal de temps. Je me partageais entre la ferme et diverses sessions d'études. Mes parents en étaient très mécontents. Mon père me disait: «Tu veux partir? C'est à toi de décider. Mais quand tu voudras te marier, ne viens pas nous demander de l'argent pour t'installer!»

Lorsque je parlais, mes parents ne me répondaient pas. Ils ne me donnaient pas d'argent. Je devais en emprunter. Au retour, j'étais loin d'être accueilli à bras ouverts. Qu'on ne s'y trompe pas pourtant: j'ai toujours aimé mon père dont j'appréciais la droiture et la bonté.

[1] *Jeunesse agricole chrétienne.*

Un risque: le renouvellement des structures

C'est au contact des dirigeants régionaux et nationaux de la J.A.C. que je pus approfondir mes premières découvertes.

C'était l'époque où la J.A.C. portait son attention sur l'étude des structures du pays et la manière dont les jeunes pouvaient s'y intégrer. A ceux qui essayaient de nous accrocher aux principes, nous disions: «La doctrine ne résout pas tout. Commençons par voir ce que sont les structures actuelles. Quels sont les hommes qui pèsent sur elles. Il nous faut connaître ces hommes, discuter avec eux. Demain, nous aurons à travailler à leurs côtés, dans les syndicats, les coopératives, les partis politiques. Dans quel sens le ferons-nous?»

Nous pensions qu'il nous fallait préparer l'avenir par une recherche qui devait déboucher sur les problèmes essentiels comme la place du monde agricole dans l'économie nationale, l'équilibre agriculture-industrie, les relations des organisations professionnelles avec le pouvoir politique...»

L'expérience que vient de nous décrire notre ami Jacques L... n'est pas unique dans le monde des jeunes paysans d'après guerre. Loin de là. Beaucoup de garçons et filles, à cette époque, ont, par des méthodes semblables, accédé à une vision dynamique de l'homme et du monde où le réalisme s'allie à l'optimisme.

La J.A.C. les a aidés à réfléchir. Elle recevait alors son animation doctrinale profonde d'aumôniers jésuites et de l'A.C.J.F.[1] Ses méthodes pédagogiques de réflexion et d'action étaient le fruit de la confrontation des expériences des mouvements spécialisés (ouvriers, étudiants, paysans, etc.) et d'écoles de pensée, telles que l'Action populaire et Économie et Humanisme.

Il est certain que le premier réflexe, pour ces garçons et ces filles qui voyaient s'ouvrir devant eux un avenir misérable, était de fuir leur condition. Telle fut, on l'a vu, la première attitude de Jacques L... Le petit gars sans diplôme, qu'on appelle «Ouin-Ouin» parce qu'il parle mal, rêve d'une promotion humaine.

Avec des moyens dérisoires, une pile électrique, tard dans la nuit, il se tourne vers les livres. C'est ce que font tous ceux qui ont quitté trop tôt l'école et qui en souffrent. Et ceux-là sont spécialement nombreux dans le milieu paysan.

Mais, pour Jacques L..., grâce à ses premiers contacts avec la J.A.C., une notion nouvelle de la culture va le frapper. Seul avec ses livres, il se serait sans doute épuisé à la tâche, découragé. Le voilà soudain, heureusement, aidé par l'idée que la culture ne consiste pas seulement à acquérir un savoir, à partir des livres et des professeurs. Qu'elle repose, plutôt, sur un ensemble d'éléments mis en œuvre depuis l'observation des faits et des réalités, passés à l'examen de la réflexion, puis transformés en mobiles d'action. Cela signifie que ceux qui vont agir demain, ne sont pas forcément des hommes qui savent, mais des hommes qui souffrent, qui ont analysé les causes de leurs souffrances et reconnu qu'elles provenaient de contradictions dans la société.   M. Debatisse, *La révolution silencieuse*

(Calmann-Lévy, 1963), pp. 124–131

[1] *Association catholique de la Jeunesse française.*

THE BOURGEOISIE AND *CADRES*

INTRODUCTION

Before the Revolution, the bourgeois class was made up of those wealthy townsfolk who, as members of the Third Estate, were outside the ranks of the nobility. Apart from agriculture itself, the chief sources of wealth, in the absence of large-scale industry, were house-rents, trade and finance. However, as well as *rentiers*, merchants and financiers, members of the royal administration and the professions could also aspire to bourgeois status, provided they were sufficiently wealthy and occupied positions guaranteeing them a directing rôle in society.

The bourgeois life, based on the ideals of hard work, sobriety and frugality, had long represented a challenge to the unproductive ways of the nobility and clergy, who, for the most part, devoted themselves, respectively, to warfare, hunting and display, and to prayer and meditation.

However, the prestige of aristocratic manners was increasing among the eighteenth-century bourgeoisie. As Voltaire put it, the businessman so often heard trade treated with contempt by the nobleman that he felt ashamed of his own occupation. Voltaire sang the praises of the productive activities of the merchant, so much more useful to society than the idle courtier:

> Je ne sais... lequel est le plus utile à un État, ou un seigneur bien poudré qui sait précisément à quelle heure le roi se lève, à quelle heure il se couche, et qui se donne des airs de grandeur en jouant le rôle d'esclave dans l'anti-chambre d'un ministre, ou un négociant qui enrichit son pays, donne de son cabinet des ordres à Surate et contribue au bonheur du monde.
>
> *Lettres Philosophiques*, Lettre X

The drift from the old productive ideal of the bourgeoisie was, however, to continue into the nineteenth century (*see* below). Even before the Revolution, aristocratic manners had infected the bourgeoisie to such an extent that bright colours were replacing the old severe black in their garb. And there was a growing tendency to seek economic assimilation into the nobility by accumulating enough wealth to retire, invest in land, and set up as a *bourgeois vivant noblement*. This acceptance by the bourgeoisie of the non-productive ideal of the nobility was to continue to hamper France's economic development in the nineteenth century.

After the Revolution, the old system of Three Estates, with its dividing line between the bourgeoisie and a nobility based on birth, no longer had any legal force. The bourgeoisie nonetheless continued to constitute a distinctive social class. Their chief distinguishing marks were: their engagement in productive work, their wealth, the social authority which they enjoyed in varying degrees, and, finally, the exclusiveness of their education.

The productive rôle of some of the bourgeoisie, whether in finance, trade, industry or the professions, was all that now served to distinguish them from the remnants of the old aristocratic élite. And the chief objective of those who were productively engaged remained to accumulate enough wealth to enter the ranks of the most highly regarded bourgeois group, the *rentiers*, whose income was derived from inherited property rather than business or professional employment; and so, rather than seeking to emphasise the distinction between the aristocracy and themselves, the main aim of the bourgeoisie was to efface it and take on the non-productive economic rôle of the old landed aristocracy. The persistence of this frankly anti-capitalist tendency among the French bourgeoisie in the nineteenth century meant that economic development via capital accumulation remained for long the exception rather than the rule (but *see* p. 387).

While the bourgeoisie sought to efface the gap between themselves and the successors of the old élite, they deliberately set out to create a new gulf between themselves and the *peuple*, and later the working class. This gulf arose in the first place from property ownership, and as industrialisation multiplied the numbers of working-class Frenchmen owning nothing but their labour-power, property-ownership came to seem the chief of the distinguishing marks of the bourgeois.

There were, of course, others, for the bourgeois aimed to "se séparer du peuple" as much by his way of life as by his property. An ideal bourgeois style of life was developed, which the individual could aspire to exemplify to a greater or lesser extent (*see* p. 384 ff.). Attendance at a *lycée*, which was almost impossible in the nineteenth century for those of limited means (*see* p. 527) played an essential part in distinguishing the children of the bourgeoisie from those who were less fortunate than themselves. The rôle of the *baccalauréat* as a badge of social distinction has been described by the philosopher Goblot (*see* pp. 385–386).

The nineteenth-century bourgeoisie was not only distinct from other groups. It was also internally divided — the *grande bourgeoisie* consisting of those who had accumulated the most wealth, or reached the highest ranks of the civil service, law and the professions. The *moyenne* and *petite bourgeoisie* owned proportionately less property or occupied lower ranks in their professional hierarchy. After 1830, the *grande bourgeoisie* were able to complete the process whereby they were replacing the nobility as *the* élite class in French society. They had become dominant in France's economic life even before 1789; and at the time of the 1830 Revolution they completed their struggle with the nobility for control of France's political and social structures. From 1830 to 1880 they formed France's new ruling class. In this period, the crucial dividing line between those enjoying supreme social authority and the rest of society thus lay within the ranks of the bourgeoisie.

The *grande bourgeoisie* after 1830 enforced by law a political distinction between themselves and the rest of society: no one else but them was to enjoy the franchise; at the same time, the distinction between the freedom of the entrepreneur and the subjection of the worker was made central to the economic system of the *grande bourgeoisie*: liberalism. Here, too, there was a legal sanction, for while the entrepreneur was free to fix his workers' wages and conditions, his employees were completely under his authority, and working-class organisation aiming at any improvement was banned. The *grande bourgeoisie* thus created for their own benefit a new hierarchy of wealth and political and economic power, which was given definite legal expression, just like the hierarchy of birth of the *Ancien Régime*. It was not until 1848 that the first breach in this structure was made by the introduction of universal suffrage; the first economic rights of the working class were not won until the Second Empire (*see* p. 445).

Equally, the *grande bourgeoisie* had, as it acquired political and social authority, modified its old anticlericalism, and come to terms with the socially authoritarian Church, now seen as a valuable ally against the defeated nobility. This change occurred as early as 1833. The *grande bourgeoisie*, too, set out to impose on society the semi-religious philosophy of eclecticism (*see* p. 12) as an expression of its social authority.

Resistance to the domination of French society by the *grande bourgeoisie* was at first mainly political and social rather than economic in character. There were only sporadic signs before 1848 of the economic conflict between the workers and the property-owning bourgeoisie, which was to erupt so violently during the June days of 1848. The *peuple*, as has been suggested (p. 13), remained allied with the *moyenne* and *petite bourgeoisie* in a determination to break down the *grande bourgeoisie*'s monopoly of political and social authority. These groups, making up the nineteenth-century Left, remained united on a programme of Republicanism, universal suffrage and secularisation.

Once again under the Second Empire, the social conflict between the bourgeoisie and the *peuple* and working class seemed to die down, and the least-favoured groups in society made common cause with the bourgeois forces of the Republican Left in their campaigns against the political authoritarianism and pro-clerical attitudes of the régime of Napoleon III.

With the coming of the Third Republic, new changes took place in the French social system. As the Left began to take control, stage by stage, of the political and social structures of the Republic after 1877, a new class (hailed by Gambetta in 1872 as *la couche nouvelle* (*see* p. 84)) began, in its turn, to take a share in the power of the *grande bourgeoisie*. This was the *moyenne bourgeoisie*, the lawyers, doctors, teachers and journalists who constituted the provincial *notables* from whose ranks so many Republican politicians had been drawn and were to continue to be drawn. By the end of the nineteenth century, even the *petite bourgeoisie* of clerks and small shopkeepers enjoyed, via the Radical party, a modicum of political and social influence.

Of course, the *grande bourgeoisie* were not wholly dislodged, and their position remained strong throughout the first decades of the Third Republic since, despite administrative purges, they remained in control of the upper reaches of the civil service and diplomacy: most of the leading public servants of the Second Empire remained in their posts after 1870. In 1906 Alain wrote: "En France il y a un très grand nombre d'électeurs radicaux, un certain nombre de députés radicaux, et un très petit nombre de ministres radicaux; quant aux chefs de service, ils sont tous réactionnaires. Celui qui a bien compris cela tient la clef de notre politique."[1] The survival of a powerful élite of *grands bourgeois* who

---

[1] *Éléments d'une doctrine radicale* (Gallimard, 1925), p. 25.

had retained the old hostility to universal suffrage was again noted by Alain in 1910 (*see* pp. 394–395). In 1914 he asked:

> Et qui donc gouverne? Par exemple les puissants directeurs des finances, selon lesquels l'état de la trésorerie exige un emprunt immédiat. Qui donc gouverne? Ces messieurs de la marine qui, pendant qu'on les oubliait, ont engagé de grosses dépenses et en préparent d'énormes. Qui donc gouverne? Le Conseil supérieur de la guerre, qui règle l'impôt du sang, ou si vous voulez l'impôt du temps, comme il lui plaît. Enfin cette armée de spécialistes, dans tous les genres, que le ministre d'hier présente au ministre d'aujourd'hui. Et j'oublie les ambassadeurs qui sont sans doute les plus puissants de tous, parce qu'ils règlent la pression qu'exerce l'ennemi et la pression qu'exerce l'allié.
>
> *Éléments d'une doctrine radicale* (Gallimard, 1925), p. 50

As André Siegfried put it in his *Tableau des Partis en France*, the social authorities consisted of: "ceux qui prétendent, ou du moins estiment même sans le dire, que leur fortune, leur naissance, surtout l'union de l'une et de l'autre, sont en soi des titres à la direction sociale et politique de la nation" (cf. p. 98).

A social hierarchy similar to that of the early nineteenth century, but based on a rather wider ruling class, was thus appearing under the Third Republic, at a time when the pretensions of the old ruling group had by no means disappeared. For Alain, this was an inevitable process: "Ce n'est pas la première fois, c'est bien la troisième que l'oligarchie se reforme chez nous et s'organise. Toujours les pouvoirs se reconstituent, par leur fonction même. Un riche banquier a plus d'importance dans la vie publique qu'un pauvre homme qui travaille de ses mains; aucune constitution n'y peut rien. De même vous n'empêcherez pas que le haut commandement de l'armée se recrute lui-même, et élimine ceux qui sont restés plébéiens. Enfin dans les bureaux nous voyons que les mêmes forces agissent. Cherchez parmi les puissants directeurs, vous n'en trouverez guère qui ne soient parents ou alliés de la haute banque, ou de l'aristocratie militaire."[1]

The social dominance of the *grande* and *moyenne bourgeoisie* of the Third Republic was given an intellectual basis. As soon as the Radical leaders had achieved their objective of a complete secularisation of the State educational system, they set out, through that system, to impose on society at large a secular philosophy — *laïcisme*, based on positivism. Positivism itself had for many decades been the philosophical expression of Republicanism. In this secularised ruling-class philosophy of *laïcisme*, the authority of the Church was to be replaced by that of science: only those phenomena in man and the natural world that could be described by science had any reality. Once again, as in the old State philosophy of eclecticism, there was an attempt to re-establish traditional morality (*see* p. 12). This time, however, there would be no reference to God. As Sartre put it:

> Lorsque, vers 1880, des professeurs français essayèrent de constituer une morale laïque, ils dirent à peu près ceci: Dieu est une hypothèse inutile et coûteuse, nous la supprimons, mais il est nécessaire cependant, pour qu'il

---

[1] *Op. cit.*, p. 59.

y ait une morale, une société, un monde policé, que certaines valeurs soient prises au sérieux et considérées comme existant *a priori*; il faut qu'il soit obligatoire *a priori* d'être honnête, de ne pas mentir, de ne pas battre sa femme, de faire des enfants, etc... etc... nous allons donc faire un petit travail qui permettra de montrer que ces valeurs existent tout de même, inscrites dans un ciel intelligible, bien que, par ailleurs, Dieu n'existe pas. Autrement dit, et c'est je crois la tendance de tout ce qu'on appelle en France le radicalisme, rien ne sera changé si Dieu n'existe pas: nous retrouverons les mêmes normes d'honnêteté, de progrès, d'humanisme, et nous aurons fait de Dieu une hypothèse périmée qui mourra tranquillement et d'elle-même.

L'existentialisme est un humanisme (Nagel, 1946), pp. 34–35

The new State philosophy gradually permeated the educational system in the twentieth century and the old eclectic idea of God was gradually abandoned (cf. p. 522).

Resistance to the new social authority under the Third Republic came from some of the *petite bourgeoisie* and the working class. But the economic conflict between the working class and the bourgeoisie taken as a whole was now becoming central to French society, and taking precedence over the old political and social conflicts, as the former bastions of the power of the *grande bourgeoisie* slipped from their control (*see* p. 396). In the 1930s, the working class found themselves more directly ranged against the whole ruling bourgeoisie than at any time since June 1848: these years of economic crisis were the heyday of the Marxian concept of class conflict which, for a time, seemed to correspond to the realities of French society. Marxian socialism, in its revolutionary or democratic forms, seemed to offer the workers the means to end their social subjection, either by the dictatorship of the proletariat and expropriation of the bourgeoisie, or via nationalisation. The bourgeoisie took fright, as in 1848.

Those members of the *petite bourgeoisie* who were facing ruin as a result of the economic crisis turned their backs on the workers and swelled the ranks of those who, tempted by Fascism, were drawn into the right-wing Leagues.

Marc Bloch later painted a vivid picture of the acuteness of the tension between bourgeoisie and working class in this period (*see* p. 395). He also, it should be noted, drew attention to the persistence of the bourgeois determining characteristics: wealth, social authority and educational privilege.

The directing rôle of the bourgeoisie in inter-war France was certainly still very considerable, even after the social changes of 1936. Of course, by this time, the *rentier* class was on the way out: those with fixed incomes had been ruined by inflation and rising prices after 1914. The bourgeois now drew both income and status from his employment. But, side by side with the older, now impoverished, bourgeois families, which clung to the traditions of the nineteenth century, newer, more dynamic elements were appearing, the captains of industry created by the industrial concentration which began to make great strides in the inter-war period. It was around these figures that new centres of economic power grew up, such as the Citroën and Renault firms, or the *Comité des Forges*, made up of leading figures in the metallurgical industry. The employers' associations had come together in 1919 to form the *Confédération Générale de la Produc-*

tion Française. The rôle of the C.G.P.F., it was reported in 1932,[1] was to "apporter son concours" to the government and "l'éclairer sur toutes les grandes questions économiques qui s'imposaient à lui et qu'il se voyait obligé de résoudre simultanément." The *Confédération* thus added its direct economic influence to the older forms of social authority exercised by the bourgeoisie. David Thomson has pointed out the overt nature of the claim of the C.G.P.F. in 1935 to dictate policy to the government, and drawn attention to the report of the finance committee of the *Chambre des Députés* which declared that the *Banque de France* was "aux mains d'une oligarchie qui a réussi à gouverner le pays par-dessus la tête de ses représentants élus".[2] The network of political, economic and social structures still in the hands of the bourgeoisie, particularly the Senate, so crucial in the resistance to the Popular Front reforms,[3] was analysed by Léon Blum in 1941:

> Même quand la Chambre élue semblait appartenir à une majorité populaire, la bourgeoisie conservait des moyens de résistance qui ne cédaient temporairement qu'à la peur, et qui recouvrait leur efficacité sitôt la peur apaisée. Elle disposait des Assemblées locales, des cadres de fonctionnaires, de la presse, de la finance, des milieux d'affaires, et surtout de ce Sénat doté d'attributions telles qu'en aucun pays ni en aucun temps une seconde Chambre n'en a possédé de semblables, et que les auteurs de la Constitution de 1875 avaient volontairement insérées dans le système républicain comme un réduit inexpugnable du Conservatisme. En fait, chaque fois que la volonté du pays, manifestée par le Suffrage universel, a imposé la constitution d'un gouvernement à tendance populaire et activement réformatrice, la bourgeoisie dirigeante n'a pas tardé à l'éliminer et à le rejeter comme un corps étranger. La bourgeoisie française détenait le pouvoir: elle n'a voulu ni le résigner, ni le partager. Elle l'a conservé tout entier. A la veille de la guerre de 1939, c'est elle qui tenait encore le volant de la machine nationale.   *A l'Échelle Humaine* (Gallimard, 1945), pp. 69-70

By 1940, Blum went on, the bourgeoisie had become so demoralised that it had lost all claim to this power (*see* p. 397).

Whatever the truth of this as regards pre-1939 France, after the Second World War it became clear that modern industry in France was developing in such a way that the property of the bourgeoisie was ceasing to be the only source of large-scale economic power. Control over the economy was passing from the hands of the bourgeoisie into those of the top industrial managers. The nationalisation of large firms created, too, the class of State technocrats, often owning at first no property of their own, but earning very high salaries.

The technocrats' specialised skills, especially in the fields of economics and finance, have brought them control over economic planning within the government planning system, and over management, in public and private industry alike. Tension has arisen between technocrats and politicians, since the technocrats' power over the economy inevitably encroaches on that of the politicians.

French society as a whole has, in fact, undergone a profound transformation

---

[1] F. Corcos, *Catéchisme des partis politiques* (Éditions Montaigne, 1932), p. 185.

[2] *Democracy in France since 1870*, 5th ed. (O.U.P., 1969), pp. 70-71.

[3] *See Actes du colloque Léon Blum chef de gouvernement 1936-1937* (Colin, 1967), pp. 166-169 etc.

since 1945. The old ruling class, with its gradations of *grande, moyenne* and *petite bourgeoisie*, began to be increasingly displaced, in all areas of society, by managerial élites, as the growth of large-scale economic units made income and hierarchical status, rather than property, the most common basis of social distinctions (*see* p. 104). The greatest social authority has become vested in these élites, who earn high salaries, but often do not adopt even the style of life of the old *grande bourgeoisie*. It is true that small businessmen were on the increase until the 1950s, but industrial concentration and the decline of the small shopkeeper reduced their number in the 1960s (*see* pp. 398–399).[1]

The professionally qualified élites in the large business and other organisations of today have become known as the *cadres*. And the word *cadre* has been extended to include all salaried staff enjoying some degree of managerial authority. The *cadres* are thus internally divided, as was the *bourgeoisie*. The *cadres supérieurs*, who, in the last resort, control French society today, include, for example, political leaders, technocrats, and economic planners, higher management, higher civil servants, lawyers, doctors, professors and journalists. The *cadres moyens* and *cadres subalternes* include all other members of society with a managerial rôle: executives and junior management, middle and junior civil servants, lecturers, teachers, etc. There is a gradation of income and power between *cadres* of various ranks, so that in the social conflicts of the 1950s and 1960s the *cadres*, at each level, have set out to preserve the distinction between themselves and those below them by maintaining income and power differentials. And just as the bourgeoisie once set out to distinguish themselves from the *peuple* and the working class, so the *cadres* as a whole have set out to maintain the distinction between their own position and that of the workers, who receive lower incomes and exercise no managerial authority. These phenomena have been described by André Philip (*see* pp. 400–401).

Once again, a distinctive style of life has been developed by the *cadres*, which differs radically from that of the bourgeoisie, being based not on the insecurity of property, but on the security of a high or moderately high salary, which is unlikely to dry up, and is likely to rise considerably during the course of the *cadre*'s career. This style of life also serves to emphasise the distinction between the *cadre* and the worker (*see* pp. 401–404).

Estimates of the numbers of the *cadres* differ. Jacques Billy, in *Les Techniciens et le Pouvoir*, has estimated that the *directeurs*, or top managers of the French economy, are a few hundred in number, and that the *cadres* as a whole number some 400,000, or 1% of the French population, but these figures exclude the political and social élites, including, for example, politicians, educationalists and journalists.[2]

The events of May 1968, in which a student revolt against the authority of leading professors sparked off shock-waves of revolt in the professions, demonstrated dramatically the extent to which what was at stake in the social conflicts of the 1960s was no longer, as it had been under the Third Republic, property as a source of power in society, but power itself, whatever its source. As Jean-Jacques Servan-Schreiber noted of the student movement:

[1] On Poujadism, *see* p. 339.
[2] Between 1954 and 1968, the proportion of *cadres* among the working population increased from 9% to 15%. *See* p. 354.

Ce qu'il met en cause, ce n'est pas la propriété, qui est traitée comme un problème accessoire, mais, au premier chef, le *pouvoir* et l'autorité. Il ne cherche pas à s'emparer des moyens de production, mais des centres de commandement. Tout se passe comme si ceux qui y participent avaient compris que l'enjeu crucial des luttes modernes n'était plus la propriété, mais, vraiment, le pouvoir.

Ce mouvement est d'abord une mise en question radicale des formes présentes de l'autorité — à la limite de toute autorité. On y distingue une manifestation classique du démon français de l'anarchie, qui n'est encore une fois que l'envers de l'autoritarisme, à la fois sa cause et sa conséquence. Mais on y distingue aussi le contraire: une exigence de dignité qui conduit naturellement à une candidature aux *responsabilités*.

Tous ceux qui n'avaient pas, dans notre pays, la chance d'appartenir aux oligarchies dirigeantes souffraient d'être traités en mineurs. «La contestation ne porte pas seulement sur des hommes ou des institutions. Elle exprime la volonté de millions de Français de ne plus être considérés comme des sujets dans une société dure, inhumaine et conservatrice, mais de jouer pleinement leur rôle dans une société qui soit la leur.» (M. Pierre Mendès France).

J.-J. SERVAN-SCHREIBER, *Le Réveil de la France*
(Denoël, 1968), pp. 44–45

The reaction of the *cadres* to the May crisis, which offered a direct challenge to their authority, was analysed in 1969 by M. Jean Dubois (*see* p. 404). M. Dubois' account underlined the defensive nature of this reaction; furthermore, the growing division among the *cadres* between those who insisted on the need for a re-assertion of managerial authority after May 1968 and those who sympathised with the democratic aspirations of the progressive elements in the trade union movement indicated that the rivalry over income and power between the *cadres* and other groups, which already existed, was now becoming a central concern of the *cadres*.

By 1970, it was clearly the privileged minority of *cadres supérieurs* who were speaking for management, while the mass of the *cadres* were beginning to see themselves as an under-privileged group. It was a myth for the public to think of them as "partagés entre leur résidence secondaire et leur yacht, plus soucieux de leur Ferrari que de leur fin de mois".[1] Indeed, the younger and more democratically minded *cadres*, who had taken the workers' part in May 1968, had come to feel that they, like the workers, deserved a greater share in the real work of management, since, despite their status as *cadres*, they were too often no more than executants of policies decided on higher up in the firm. They had been disappointed at the lack of progress since May 1968 in democratising the firm, and the re-assertion of managerial authority which had followed the crisis.

As has already been noted, however, the *cadres* as a whole have a tendency to maintain their collective prerogatives:

> Les cadres protègent trop leur fief... Plus on a soi-même de responsa-
> bilités et moins on accepte d'en déléguer une fraction. Il y a une sorte
> d'avarice dans la possession des fonctions supérieures qui fait de cette

[1] P. Fichefeux, 'Le sort des cadres', *Le Monde* (10–11 mai 1970).

possession une exclusivité jalousement conservée et, si nécessaire, âprement
défendue. Cette avarice se retrouve à tous les niveaux de la hiérarchie.

MARCEL DEMONQUE, quoted in Le Monde
(21 mai 1970)

This tendency became particularly evident in the salary field in the spring of
1970. Salaries for *cadres* in France are high by European standards. But government proposals to raise the lowest working-class wage levels, and so reduce the
overall class-differential, were met with howls of protest from the *Confédération
Générale des Cadres*. The *cadres* showed equal hostility to another government
proposal, in the preparatory documents of the Sixth Economic Plan, to increase
the *cadres'* social security payments, so as to reduce the deficit on the social
services. The *cadres* felt they were in no position to help out the less privileged,
as their own position was none too healthy. At the end of April, representatives of
the C.G.C. met those of the *Union des ingénieurs et cadres de la C.G.T.* and agreed
on the following points:

> hiérarchie (maintien de l'ouverture de l'éventail des salaires, avec cependant
> progression du pouvoir d'achat plus favorable pour les bas salaires);
> déplafonnement des salaires soumis aux cotisations de sécurité sociale si la
> hiérarchie des salaires est respectée...

Le Monde (7 mai 1970)

It appeared that a new system of alliances was appearing among unions and professional organisations as a result of the growing rivalry over incomes and power:
the *cadres* of the C.G.C. and those of the C.G.T. were making common cause in
favour of the maintenance of the salary differential of the *cadres* over the workers,
while the C.F.D.T. and F.O. were aiming at the reduction of this differential,
as was the government. On May 22nd 1970, the *cadres* held a national day of
strikes and demonstrations marching under the slogan "Non à l'égalitarisme".

In 1970, therefore, the struggle of the main body of the *cadres* for a greater
share in income and power was continuing: they were demanding more power
from higher management, and insisting, for the most part, on their income and
power differentials in relation to the working class. As always, those on the
higher rungs of the hierarchical ladder resisted any attempt at shortening the
ladder, seeking, if anything, to lengthen it. This new pattern of social conflict
over income and power was now establishing itself as central to French society
in place of the old conflict over property.

During 1969–1970, neo-Poujadist tendencies re-emerged among the small
traders who were more and more frequently being forced out of business by the
grandes surfaces, large stores and supermarkets. The movement, which echoed
the Poujadism of the fifties in its resentment at the taxation system, started at
La Tour du Pin, near Grenoble, where M. Gérard Nicoud, a café-owner, led a
raid on a local tax-office. He was tried and imprisoned, and soon gained a
considerable notoriety for his movement, the C.I.D. (Comité d'Information et de
Défense), which sought to pursue its aims by violence if necessary. By the end of
1970, M. Nicoud had been released from prison, and his tone and that of his
supporters had moderated somewhat, as a result of government measures to
help the small shopkeepers. (*See* M. Roy, *Les Commerçants entre la révolte et la
modernisation* (Seuil, 1971)).

BIBLIOGRAPHY

J. Ardagh: *The New France* (Penguin Books, 1970), Chapter IX; *see* also Chapter V on the retail trade.

R. Aron: 'Catégories dirigeantes ou classe dirigeante?', *Revue Française de Science Politique* (février 1965), pp. 7–27.

R. Aron: *La lutte de classes* (Gallimard, 1964).

J. P. Bachy: *Les cadres en France* (Colin, 1971). Dossiers U2. Up-to-date documents and full bibliography.

M. Beaujour and J. Ehrmann: *La France contemporaine* (Colin, 1965). *See* Chapter III for extracts on "Le monde des affaires" and "Boutiquiers et commerce".

J. Billy: *Les techniciens et le pouvoir* (P.U.F., 1963).

P. Bleton: *Les hommes des temps qui viennent* (Éditions Ouvrières, 1956).

J. Bouvier: *Le Crédit Lyonnais de 1863 à 1882: Les années de formation d'une banque de dépôts*, 2 vols. (S.E.V.P.E.N., 1961).

J. Cheverny: *Les cadres. Essai sur de nouveaux prolétaires* (Julliard, 1967).

Le Creuset, fortnightly (*C.G.C.*).

M. Drancourt: *Les clés du pouvoir* (Fayard, 1964).

P. Drouin: 'De nouveaux mal-aimés', *Le Monde* (21 mai 1970). On the *cadres*.

J. Dubois: *Les cadres dans la société de consommation* (Éditions du Cerf, 1969).

G. Duby and R. Mandrou: *Histoire de la civilisation française XVIIe–XXe siècle* (Colin, 1958).

G. Dupeux: *La Société française 1789–1960* (Colin, 1964), Collection 'U'. Basic.

H. W. Ehrmann: *Organized business in France* (Princeton U.P., 1957).

E. Goblot: *La barrière et le niveau. Étude sociologique sur la bourgeoisie française moderne* (P.U.F., 1967).

B. Gournay: 'Un groupe dirigeant de la société française: les grands fonctionnaires', *Revue Française de Science Politique* (avril 1964), pp. 215–242.

S. Hoffmann et al.: *In search of France* (Harvard University Press, 1963).

F. Jacquin: *Les cadres de l'industrie et du commerce en France* (Colin, 1955).

R. Johannet: *Éloge du bourgeois français* (Grasset, 1924).

C. Morazé: *Les Français et la République* (Colin, 1956).

Patronat Français, monthly (*C.N.P.F.*).

M. Penouil: *Les cadres et leur revenu* (Génin, 1957).

R. Pernoud: *Histoire de la bourgeoisie en France II: Les Temps Modernes* (Seuil, 1962). Basic.

M. Perrot: *Le mode de vie des familles bourgeoises 1873–1953* (Colin, 1961).

A. Philip: *Le socialisme trahi* (Plon, 1957).

A. Philip: 'La France en mutation. I—Une poussière d'antagonismes', *Le Monde* (10 juin 1970).

R. Rémond: 'Note sur les cadres' in M. Duverger et al., *Partis politiques et classes sociales en France* (Colin, 1955), pp. 101–107.

M. Roy: *Les commerçants entre la révolte et la modernisation* (Seuil, 1971).

La Table Ronde, N° 253, special number, 'Le phénomène «Cadres»', (février 1969).

TRADITIONAL IDEALS OF THE BOURGEOISIE IN THE NINETEENTH CENTURY

Dès le XVIIIᵉ siècle un prédicateur traçait de ces gens sérieux que sont les gens d'affaires un portrait qui n'aura pas vieilli dans l'intervalle: «*Le jour ne suffit pas à leurs accablantes occupations... la nuit semble disputer au jour leur assiduité au travail... Un air rêveur et chagrin, des yeux toujours allumés, un visage de solitaire, des manières embarrassées, et qui tacitement congédient d'abord tout ce qui ne parle pas de prêt, de change et d'intérêt...*»

Et c'est un caractère de ces dynasties du patronat textile, les Schlumberger d'Alsace, les Motte du Nord, etc., qu'une vie personnelle et familiale très réglée, condition indispensable de l'enrichissement. Toute la bourgeoisie du XIXᵉ siècle a fait sien le principe de Franklin: «*Agis toujours selon l'équité, fais le bien par crainte de Dieu et par respect pour les hommes, et tu réussiras dans toutes tes entreprises... Avoir toujours Dieu devant les yeux et dans le cœur, travailler intelligemment, telles sont les premières règles de l'art de s'enrichir.*»

Ce sera en effet la caractéristique de la morale bourgeoise que d'avoir subordonné les vertus elles-mêmes au désir d'enrichissement. Sombart, dans *Le Bourgeois*, a parfaitement décrit sous ce rapport la psychologie des milieux d'affaires: «*La morale commerciale a pour but de procurer des avantages commerciaux. Avec la naissance du capitalisme, cette morale devient (...) un des éléments de l'ensemble des vertus bourgeoises. Il apparaît à partir de ce moment* avantageux (*pour des considérations commerciales*) *de cultiver ou, tout au moins, d'étaler (ou encore de posséder et de les faire valoir à la fois) certaines vertus, dont l'ensemble constitue ce qu'on peut appeler la* distinction bourgeoise. *On doit vivre «correctement»: telle devient pour le gros commerçant la suprême règle de conduite. On doit s'abstenir de tout écart, ne se montrer que dans une société convenable; on ne doit être ni buveur, ni joueur, ni coureur de femmes; on ne doit manquer ni la sainte messe, ni le sermon du dimanche, bref, on doit se montrer, même dans son attitude extérieure, et cela pour des raisons commerciales, bon «bourgeois», car cette manière de vivre selon la morale est de nature à relever et à affermir le crédit de l'homme d'affaires.*»

Ces conceptions du reste survivront largement à la période qui nous intéresse, puisqu'on les retrouve exprimées cent ans plus tard dans un Discours à l'Académie prononcé en 1935 par René Doumic, lequel définit sans y rien changer les vertus bourgeoises: «Application au travail, amour du gain, mais acquis par le labeur et conservé par l'épargne; sentiment de la famille; désir de se séparer du peuple, moins encore par la fortune que par l'éducation et la culture, aspiration à s'élever, telles sont quelques-unes des vertus bourgeoises.»

Le caractère de la propriété bourgeoise au XIXe siècle contribue à donner à son détenteur une attitude fermée et peu communicative; car elle porte désormais davantage sur les valeurs mobilières, les titres et les actions, que, comme c'était le cas auparavant, sur des biens visibles, les valeurs foncières, lesquelles entraînaient nécessairement un certain commerce avec les hommes et les choses. Ces valeurs, qui se transportent facilement et se dissimulent de même, impliquent et facilitent le secret des affaires, qui a toujours été l'une des préoccupations bourgeoises; les lois civiles du reste imposent le secret professionnel à ceux qui s'en occupent — les agents de change par exemple — et protègent par là le secret de l'homme d'affaires. Et ce penchant pour le secret qui concerne les affaires graves de l'existence — «les affaires» tout court — achève de caractériser le bourgeois du XIXe siècle. Encore en notre temps le Français répugne à parler de ses revenus, ce que l'Américain fait très couramment.

L'idéal qui meut la société bourgeoise tout entière a été une fois pour toutes défini par Thiers dans son ouvrage intitulé *De la propriété*, paru en 1848: «*Le père était paysan, ouvrier dans une manufacture, matelot sur un navire. Le fils, si le père a été laborieux et économe, le fils sera fermier, manufacturier, capitaine de navire. Le petit-fils sera banquier, notaire, médecin, avocat, chef d'État peut-être. Les générations s'élèvent ainsi les unes au-dessus des autres*»; car c'est à quoi doit servir l'exercice des vertus bourgeoises: passer du «sot métier», celui du paysan, à l'état supérieur, celui du banquier.

. . . .

... l'enseignement secondaire sera fréquenté presqu'exclusivement par la bourgeoisie et sa sanction, le baccalauréat, commence à prendre une énorme importance en ce qu'il différencie le fils du bourgeois du fils du peuple. Le philosophe Goblot a bien marqué, dans son ouvrage *La barrière et le niveau*,[1] ce rôle joué par le diplôme:

«Il n'est pas tout à fait vrai que la bourgeoisie n'existe que dans les mœurs et non dans les lois. Le lycée en fait une institution légale. Elle a même ses titres officiels, revêtus d'une signature ministérielle, munis de timbres, de cachets, de tous les sacrements administratifs... Le baccalauréat, voilà la barrière sérieuse, la barrière officielle et garantie par l'État, qui défend contre l'invasion. On devient bourgeois, c'est vrai; mais, pour cela, il faut d'abord devenir bachelier. Quand une famille s'élève de la classe populaire à la bourgeoisie, elle n'y arrive pas en une seule génération. Elle y arrive quand elle a réussi à faire donner à ses enfants l'instruction secondaire et à leur faire passer le baccalauréat.

«La barrière est aussi un niveau. En principe, le baccalauréat était la sanction des études bien faites: le candidat avait à montrer que l'enseignement reçu avait porté ses fruits. Aujourd'hui il n'y a guère que la constatation des études faites. A peu près tous les élèves qui ont parcouru le cycle de l'enseignement secondaire finissent par être reçus bacheliers; le déchet est

---

[1] *See* p. 558 for an extract from the same work, on the Latin question.

insignifiant. Or, la différence est énorme entre le bon élève qui, à la fin de ses études, réussit au baccalauréat du premier coup et brillamment, et le mauvais élève qui finit par le décrocher après trois ou quatre tentatives. [...] Le diplôme ne portera pas trace, ni des notes, ni des tentatives multiples : la mention elle-même n'y est pas inscrite. Le diplôme efface à tout jamais les inégalités qu'on a soigneusement constatées pendant tout le cours des classes par des compositions et des prix.

Le baccalauréat jouant à la fois ce rôle de barrière entre bourgeoisie et peuple et de niveau entre les divers membres de la bourgeoisie, on voit se former un idéal nouveau : celui de la «distinction», qui désormais se substitue à la noblesse. Pour citer encore une fois Goblot dont les réflexions à ce sujet paraissent fort pertinentes : «C'est à l'époque Louis-Philippe qu'on voit se former l'esprit bourgeois, se formuler le code de vie bourgeoise. On peut en suivre l'évolution (elle est étonnamment rapide) dans les collections des journaux de mode et des magazines destinés à l'éducation des familles. On y trouve, discutées avec un sérieux comique, les graves questions du «bon ton» et des «bonnes manières», ces mille riens qui font l'homme et la femme «bien élevés», ces minutieuses règles du «savoir-vivre» à la délicate observation desquelles on reconnaît un «homme comme il faut», une «femme comme il faut». Ces règles décident de tout : du vêtement, du logement, du mobilier, des gestes, du langage, même des opinions et des croyances. L'ordre social a d'étroites relations avec les professions et métiers comme avec les partis politiques ; mais ce n'est jamais la profession ou le parti qui détermine la classe, c'est souvent, au contraire, la classe qui décide des professions et des partis. Avant tout, l'éducation crée et maintient la distinction des classes ; mais le mot *éducation* prend ici un sens nouveau et étroit. Il s'agit de l'éducation qui classe, non de celle qui développe le mérite personnel. Les formes extérieures y tiennent une grande place. Sans doute, le savoir, le talent, les vertus, le goût n'y sont point tout à fait négligés, mais il faut que ces qualités profondes se manifestent par des signes extérieurs aisément reconnaissables et il suffit que leur absence se dissimule. La bourgeoisie a la prétention d'être une *élite* et d'être reconnue pour telle ; l'éducation s'applique à lui en donner les apparences.»

Le tout aboutira à cet univers conventionnel, à ces contrefaçons d'étiquette de salon, dont Flaubert aura résumé l'essentiel dans son *Dictionnaire des idées reçues*.

Cette distinction apparaît dans le vêtement ; la tenue du bourgeois, ce sont, avec la redingote, l'habit et le chapeau haut de forme, tandis que blouse et casquette seront le vêtement de l'homme du peuple ; Perdiguier remarque que la blouse n'est devenue le vêtement de l'ouvrier qu'en 1830, et qu'en son temps elle est le signe d'une condition subalterne. Il en sera ainsi jusqu'en 1914 et plus tard encore. La distinction, pour les hommes, ce sera l'habit noir qui deviendra la tenue de soirée aux environs de 1835 ; on lit alors dans les journaux de mode des protestations contre cette habitude de paraître en noir («*en vêtement de travail*», disent-ils) dans les soirées mondaines ; c'est qu'à l'époque en effet la tenue noire qui est celle de l'avocat, du marchand, du fonctionnaire, de l'homme de la boutique et du bureau, devient la tenue élégante, celle de l'homme «distingué». A la fin du siècle, la couleur noire aura envahi jusqu'au mobilier de salon (c'est l'époque des meubles vernis noir et des rideaux de teinte sombre) et l'on ne verra qu'au milieu du XXe siècle la couleur reparaître, soit dans le vêtement masculin, soit dans le décor quotidien.

R. PERNOUD, *Histoire de la bourgeoisie en France*,
vol. II: *Les Temps Modernes* (Éditions du Seuil,
1962), pp. 480–490

HENRI GERMAIN DESCRIBES THE ACCUMULATION OF CAPITAL IN BANKING 1874

Quelle est l'origine des grandes fortunes acquises dans la finance ou l'industrie?... C'est l'accumulation des bénéfices. Voyez les grandes maisons, en France ou à l'étranger: distribuent-elles, chaque année, tous leurs bénéfices? Non. Elles n'en prélèvent qu'une portion restreinte, et le surplus va grossir le fonds social. Il en va de même dans l'ordre industriel. Quelle que soit l'origine de ces grands établissements — industrie, houillères, forges, manufactures — ils consacrent depuis de longues années la plus grande partie de leurs profits à se fortifier sans cesse, par la réalisation de progrès industriels et par l'accroissement de réserves qui, pour quelques-uns, atteignent le montant du capital social. Quant à la cause des insuccès, elle est dans des répartitions de bénéfices exagérées et imprévoyantes. La plupart des sociétés ont péri moins peut-être pour n'avoir pas assez gagné que pour avoir trop distribué. Comment supporter les pertes, si l'on n'a fait des réserves prélevées sur les années prospères? Pour nous, toute société qui distribue totalement ses bénéfices est destinée à disparaître dans un temps donné. Certes, il y a de justes limites pour les sociétés par actions; les maisons particulières peuvent restreindre davantage leurs bénéfices; les sociétés, elles, ont à tenir leur compte des besoins de leurs actionnaires... Dans les affaires de banque, plus qu'ailleurs, la régularité est désirable. Chez nous, c'est le crédit qui crée le bénéfice. Nous relevons directement de l'opinion... Or la régularité des dividendes contribue puissamment au crédit. Dans notre industrie, qui est libre, qui n'a pas, comme un chemin de fer, une houillère, une compagnie du gaz, l'avantage d'exploiter un monopole, on ne peut considérer comme revenus réguliers que l'intérêt du capital et des réserves. Pour que les revenus augmentent, il faut donc que l'avoir social augmente... Si l'on distribue des bénéfices exagérés, on appauvrit le fonds social et l'opinion s'illusionne sur la durée de ces bénéfices; le cours des titres monte alors sans aucun motif plausible... Pour les sociétés, comme pour les particuliers, il n'y a de fortune solide que celle qui s'acquiert avec l'aide du temps, et qui est le fruit du travail et de l'économie.

Quoted in J. BOUVIER, *Le Crédit Lyonnais de 1863
à 1882: Les années de formation d'une banque de
dépôts* (S.E.V.P.E.N., 1961), I, p. 232

HABITS OF SAVING AND SPENDING
UNDER THE THIRD REPUBLIC   1873–1913

Pour cette période, 153 budgets annuels appartenant à 14 familles fournissent des indications précieuses sur le montant et la régularité des épargnes.

Les familles étudiées ici étaient bien représentatives de la classe bourgeoise à la fois par leur profession et par l'importance de leur patrimoine mobilier et immobilier. Les chefs de famille étaient de hauts fonctionnaires, des officiers supérieurs, des membres des professions libérales tels qu'avoués et médecins, des banquiers, des ingénieurs, des industriels et des commerçants, toutes professions qui supposaient une instruction assez poussée et sans doute la possession du baccalauréat qui était, avant 1914, le privilège des «bourgeois».

Les revenus professionnels ne constituaient d'ailleurs pas l'essentiel des ressources de ces familles: il s'y ajoutait le revenu d'un portefeuille de valeurs mobilières et, très souvent, les profits tirés d'immeubles de rapport. Quels que fussent l'âge et la situation sociale, un ménage de la bourgeoisie disposait toujours de ressources extra-professionnelles, fruit de ses propres épargnes ou des épargnes des générations précédentes, transmises à titre de dot ou de part d'héritage. Les ressources annuelles de ces familles étaient très variables: de 4 000 à 90 000 francs-or (soit de 800 000 francs actuels à plus de 18 000 000 par an)[1] mais les deux tiers des budgets étudiés étaient supérieurs à 15 000 francs-or (3 millions de francs actuels), ce qui dénote une large aisance.

Quel était donc le comportement de ces familles de la bourgeoisie française à l'égard de l'épargne?

La confrontation des taux d'épargne constatés dans ces 153 budgets montre des différences considérables d'une famille à l'autre et d'un budget à l'autre. En moyenne, trois familles sur cinq épargnent plus de 10% de leurs revenus et parfois des sommes considérables qui absorbent jusqu'à 80% des ressources annuelles; une famille sur cinq dépense intégralement ou presque le revenu dont elle dispose; une famille sur cinq est en déficit, et souvent en déficit grave puisque les dépenses dépassent de 40% le montant des recettes.

Non seulement les capacités d'épargne de la bourgeoisie sont très dissemblables d'une famille à l'autre mais elles varient beaucoup pour un même montant de ressources. A neuf budgets de recettes de 18 000 francs-or correspondent des taux d'épargne de 40% et 18%, six budgets à peu près en équilibre et un déficit de 74%. Pour six budgets de 35 000 francs-or, les taux d'épargne sont de 17, 20, 24, 26, 50 et 70%.

Cette dispersion des taux d'épargne résultant peut-être du nombre des enfants à charge, il est indispensable de confronter les épargnes, non plus avec le revenu global de la famille, mais avec le revenu disponible par personne. Le phénomène de dispersion n'en est que plus accusé. Des familles aux ressources modestes ou chargées d'enfants économisent de 20

[1] Say £800 to £18,000 p.a.

à 30% de leur revenu. Des familles plus aisées disposant de 10 000 francs-or (soit 2 millions actuels) pour un ménage sans enfant économisent 40% de leur revenu ou sont en déficit. Des familles aux ressources déjà importantes puisqu'elles atteignent 15 000 francs-or (soit 3 millions) pour un ménage sans enfant parviennent tout juste à équilibrer leur budget. On doit reconnaître que les familles disposant de 20 000 à 44 000 francs-or, soit de ressources annuelles comprises entre 4 et 9 millions pour un ménage sans enfant, ne sont jamais en déficit, dans notre échantillon du moins, et économisent au moins 10% de leur revenu.

La bourgeoisie française ne semble donc pas épargner plus ou moins selon qu'elle dispose ou non de ressources annuelles importantes ou selon le nombre des personnes composant la famille. Il n'y a pas apparemment de relation directe entre épargne et revenu, que l'on considère le revenu global ou le revenu par unité de consommation. On est donc conduit à expliquer le comportement de la bourgeoisie vis-à-vis de l'épargne par des motifs plus sociologiques qu'économiques et à distinguer dans les familles qui ont servi de base à notre étude trois groupes: celles qui n'épargnent pas, celles qui épargnent beaucoup et enfin celles qui s'imposent un effort d'épargne parfois hors de proportion avec les sommes dont elles pourraient raisonnablement disposer.

Bien des familles bourgeoises ne parviennent pas à équilibrer leurs comptes. C'est le cas de trente budgets dans notre échantillon, ce qui est beaucoup, eu égard à l'importance des revenus annuels dont disposent ces familles.

On cherche aussitôt une justification possible de ces déficits dans des circonstances exceptionnelles (naissance d'un enfant, opération chirurgicale, déménagement) qui pourraient grever occasionnellement un budget mais être compensées plus tard par une épargne accrue. Cette explication, valable dans quelques cas, ne peut cependant rendre compte de la permanence des déficits pendant cinq ou sept années dans des familles qui, semble-t-il, pourraient facilement rétablir l'équilibre en diminuant quelque peu certaines dépenses somptuaires (troisième domestique, voyages, réceptions). Par exemple, un ménage sans enfant qui a connu six années consécutives de déficit, puis de très faibles excédents, n'hésite pas à entreprendre en Suisse et en Italie un voyage qui lui coûte près de 1 700 francs (soit 340 000 francs actuels) l'année même où ses revenus sont en baisse de 25% sur ceux de l'année précédente, ce qui se solde par un nouveau déficit de 2 500 francs, qu'un sage esprit d'épargne aurait dû éviter.

Comment la persistance de ces déficits est-elle possible? Grâce sans doute à l'épargne accumulée par les générations précédentes. Il importe peu de dépenser plus que l'on a gagné quand mari et femme ont apporté chacun en dot 500 000 francs-or, soit au total près de 200 millions de francs actuels. Même si les dots n'atteignent pas toujours des sommes aussi considérables, bien des familles bourgeoises peuvent escompter des héritages, les patrimoines se transmettant d'une génération à l'autre sans amputation jusqu'à l'institution en 1902 d'un impôt progressif sur les successions. Ainsi les déficits, même accumulés sur plusieurs années, restent-ils négligeables par rapport à l'importance des réserves. Un ménage sans enfant a connu, pendant les premières années du mariage, deux années d'excédent seulement contre cinq années de déficit, mais ses avoirs en capital ont passé pendant la même période de 85 000 à 120 000 francs-or (soit de 17 à 24 millions). C'est là de quoi gager très largement un déficit annuel de 1 200 francs qui devrait apparaître, après sept ans de mariage, comme le signe d'un coupable esprit d'imprévoyance.

Il n'est pas aisé de justifier l'importance de déficits aussi fréquents. Ils sont le fait aussi bien des ménages sans enfant que des familles nombreuses, des provinciaux que des Parisiens, des titulaires de revenus fixes que d'industriels ou de commerçants. Leur seul trait commun est de se produire dans les dix ou douze années qui suivent le mariage pour n'être que très exceptionnels ensuite.

Il semblerait donc que bien des familles bourgeoises fixent leur niveau de vie moins en considération de leurs revenus que de la position qu'elles occupent ou veulent occuper dans la hiérarchie sociale. L'accumulation de déficits dans la bourgeoisie française à la fin du XIXᵉ siècle ne peut s'expliquer que par la quasi-certitude qu'ont ces familles de passer tôt ou tard dans le groupe de celles qui ne parviennent pas à dépenser tout leur argent.

Dans les familles étudiées, beaucoup épargnent, en effet, des sommes considérables car elles jouissent de très larges revenus, ont peu de charges de famille et répugnent à changer leur mode de vie au fur et à mesure de leur enrichissement. Il faut d'ailleurs reconnaître que les habitudes sociales de la bourgeoisie sont, à la fin du XIXᵉ siècle, très favorables à une telle accumulation de l'épargne.

Lorsqu'un ménage bourgeois bénéficie dès son mariage d'un appartement de plusieurs pièces entièrement meublé, des services de deux domestiques, qu'il a hérité ou héritera d'une maison de campagne, on peut dire qu'il a fixé son genre de vie dès la constitution du ménage et qu'il a peu de raisons de le modifier ensuite, à moins de la naissance d'un grand nombre d'enfants. Les tentations de dépenser intégralement les suppléments de revenus sont peut-être moindres à la fin du XIXᵉ siècle qu'aujourd'hui. On voyage peu, en dehors de quelques grands voyages à Venise, en Suisse ou en Afrique du Nord et de cures thermales ; on passe ses vacances dans une propriété de famille ; on est largement pourvu par les héritages et les corbeilles de mariage de meubles et bijoux de famille. L'épouse a l'habitude de recevoir chaque mois une certaine somme pour les dépenses domestiques et ignore bien souvent les revenus de son mari. Le montant des héritages, les gains professionnels qui excèdent les dépenses courantes sont donc aisément épargnés. C'est pourquoi, dans les budgets supérieurs à 40 000 francs-or (soit 8 millions de francs actuels), il est fréquent que le taux d'épargne atteigne 50% parce qu'une famille bourgeoise vit largement à cette époque avec 20 000 francs-or par an.

Mais l'épargne n'est pas le privilège de ceux qui jouissent de très larges revenus ; elle est aussi le fait de familles beaucoup plus modestes ou qui ont une nombreuse famille à nourrir. Toutes les privations que suppose un taux d'épargne élevé comparativement à des ressources modestes sont consenties aisément par les familles de ce groupe dans le seul but de maintenir pour elles et pour leurs enfants un train de vie bourgeois. Au contraire de l'épargne ouvrière qui économise sur le superflu, l'épargne de la bourgeoisie se fait parfois aux dépens du nécessaire pour maintenir le superflu.

Les chefs de famille qui cessent leur activité professionnelle risquent de voir leurs ressources réduites à néant s'ils n'ont accumulé des épargnes suffisantes pour leur permettre de conserver appartement et domestiques. L'absence de sécurité sociale et de retraite des cadres est alors une incitation très efficace à l'épargne. Il est frappant de constater que des industriels ou des commerçants prennent leur retraite à cinquante ans sans qu'aucune modification sensible n'apparaisse dans leur budget de dépenses. Assez paradoxalement, c'est même à ce moment qu'ils dépensent davantage, déménageant souvent d'une rue commerçante vers un quartier résidentiel et consacrant une partie de leurs nouveaux loisirs à l'achat de livres ou d'objets de collection. Cela n'est possible que grâce aux épargnes accumulées précédemment.

Ce désir de conserver le même niveau de vie à l'âge de la retraite se retrouve aussi chez les fonctionnaires qui étaient cependant à l'époque les seuls à bénéficier d'une pension. Un conducteur des ponts et chaussées, petit fonctionnaire mais sans doute l'un des notables de sa petite ville, réalise chaque année d'importantes économies. En 1877, il gagne 221,70 francs par mois, plus 50 francs d'indemnité de résidence, soit au total 3 260 francs par an et ses placements, en obligations de chemins de fer et en rente 3%, lui rapportent 1 770 francs. Avec un revenu global de 5 030 francs (1 million de francs actuels) la famille, composée des parents, d'une fille de 23 ans et d'une domestique, dépense 3 908,25 francs. Les épargnes sont donc de 1 122 francs, ce qui représente 22% d'un revenu pourtant bien modeste pour une famille bourgeoise. De même, un professeur de lycée augmente régulièrement pendant trente années la part de ses ressources provenant de l'épargne pour pouvoir, à l'âge de la retraite, continuer les croisières et voyages d'études qui sont pour lui un luxe nécessaire.

Les familles bourgeoises épargnent non seulement pour assurer leurs vieux jours mais aussi pour assurer l'avenir de leurs enfants. Sans les sommes nécessaires à l'achat d'un office ministériel, à la constitution d'une dot, les enfants de familles bourgeoises risquent fort d'être rejetés de leur milieu social. Rappelons que l'on inscrivait dans les dossiers des officiers supérieurs de l'armée le montant de la dot de la jeune femme et l'évaluation de ce que l'on appelait alors, non sans cynisme, des «espérances». On raconte même qu'en l'absence de dot on allait jusqu'à emprunter, pour la durée de la cérémonie de signature du contrat, la somme jugée convenable, eu égard à la position hiérarchique du futur conjoint. Pour éviter de telles affres, les parents sont prêts à s'imposer de lourds sacrifices dès qu'ils ont des filles en âge d'être mariées.

Un haut fonctionnaire, ayant trois jeunes enfants, dépense, en 1883, 24 300 francs et épargne seulement 3% de son revenu. Quatorze ans plus tard, ce même père de famille dépense une somme presque identique (24 932 francs) bien que le nombre de ses enfants soit passé de trois à six et que ceux-ci poursuivent tous des études supérieures ou secondaires onéreuses. S'il épargne alors 22% de son revenu, ce n'est donc pas parce que les occasions de dépenses sont moindres en 1897 qu'en 1883, bien au contraire, mais parce que, sans doute, il veut constituer des dots à ses trois filles âgées de 18, 15 et 13 ans.

Ce sont ces familles, tard venues dans la bourgeoisie ou chargées d'une nombreuse famille et s'imposant de louables sacrifices pour assurer leur avenir et celui de leurs enfants, qui nous semblent posséder un véritable esprit d'épargne. Pour beaucoup de familles bourgeoises, au contraire, les épargnes s'accumulent en quelque sorte d'elles-mêmes, selon un processus de boule de neige caractéristique des époques de grande stabilité monétaire. Certaines générations n'ayant pas eu à faire consciemment l'effort d'épargner, de jeunes ménages trouvent parfaitement normal pendant plusieurs années d'accumuler les déficits.

En conclusion, les taux moyens d'épargne observés dans notre échantillon sont, pour un ménage sans enfant, de:

13% pour les budgets de 2 000 francs-or
4% pour les budgets de 4 000 francs-or
1% pour les budgets de 6 000 francs-or
3% pour les budgets de 8 000 francs-or
4% pour les budgets de 10 000 francs-or
11% pour les budgets de 12 000 francs-or
12% pour les budgets de 14 000 francs-or
15% pour les budgets de 16 000 francs-or
35% pour les budgets de 18 000 francs-or
40% pour les budgets de 20 000 francs-or

Assez curieusement, le taux d'épargne commence à diminuer lorsque le revenu augmente, pour augmenter ensuite. Toutefois la signification de ces moyennes est très limitée car la dispersion des taux effectifs d'épargne observés dans les 153 budgets est forte, aussi bien lorsque l'on considère le revenu global de la famille que le revenu disponible par personne. Il n'apparaît pas y avoir de loi économique simple permettant de rendre compte des capacités d'épargne de la classe bourgeoise en France à la fin du XIXe siècle.

Sous quelle forme ces épargnes étaient-elles investies? Pour un tiers, en immeubles et pour deux tiers, en valeurs mobilières, nous semble-t-il d'après les quelques patrimoines dont nous connaissons la composition. Les familles bourgeoises ne se soucient guère de faire construire pour se loger plus confortablement. Sur les 306 budgets que nous avons réunis pour la période 1873-1913, seuls 11 d'entre eux appartiennent à une seule famille de province qui est propriétaire d'une grande villa avec jardin. Les autres familles sont propriétaires, généralement par héritage, de leur maison de campagne mais restent locataires à la ville parce que c'est pour elles le moyen d'habiter dans les quartiers du centre considérés comme bourgeois. Est-ce vraiment un hasard si à Paris, les familles dont nous connaissons les adresses successives habitent de préférence les IXe, VIIe et VIIIe arrondissements, laissant à des capitalistes plus hasardeux le soin de créer dans le XVIe arrondissement et à Neuilly de nouveaux quartiers résidentiels où elles viendront habiter après la guerre de 1914 lorsqu'ils auront été consacrés par la mode. La bourgeoisie juge plus sage d'investir ses capitaux dans des immeubles de rapport loués à des familles modestes, mais qui procurent des rentrées d'argent et qui peuvent être aisément partagés par donation ou succession.

C'est le même souci de connaître à l'avance le revenu tiré de ses placements en valeurs mobilières qui incite ces familles à préférer souvent les obligations aux actions. Les familles de la petite bourgeoisie achètent volontiers de la rente française, des obligations de la ville de Paris, des obligations du Crédit foncier. Les familles les plus riches recherchent les taux d'intérêt plus élevés et souscrivent aux obligations chinoises, japonaises, mexicaines, brésiliennes, ottomanes, serbes, hongroises, roumaines, finlandaises, norvégiennes. Au début du XXe siècle, on trouve dans beaucoup de portefeuilles des obligations de la ville de Moscou et des obligations de la Banque foncière de la noblesse russe. Il semble, d'après les portefeuilles de titres que nous connaissons, que la bourgeoisie française vienne en aide aux gouvernements étrangers en difficultés d'autant plus volontiers que ces pays sont lointains et mal connus des spécialistes financiers. Ces placements n'avaient cependant rien d'aventureux en apparence puisqu'ils étaient à revenu fixe.

C'est un même souci de sécurité qui commande les achats d'actions. Si les chemins de fer prédominent, c'est que, depuis 1883, l'État garantit le versement d'un dividende minimum aux actionnaires. D'ailleurs, la bourgeoisie française semble porter un grand intérêt aux moyens de transport: Compagnie générale transatlantique, Compagnie de navigation et de remorquage, Omnibus et Tramways de Lyon, Compagnie générale de voitures à Paris, Compagnie générale des omnibus. Comparativement, les actions des services publics concédés, Gaz et Électricité, et celles des grandes banques n'occupent dans les portefeuilles qu'une place mineure.

Quelle est donc la place des titres émis par l'industrie alors en pleine expansion? A part la métallurgie du Donetz, l'Industrie houillère de la Russie méridionale, la dynamite du Transvaal ou les Aciéries du Chili, on trouve bien peu souvent la mention de grandes affaires industrielles. Les seules exceptions, et elles sont significatives, sont celles d'un ingénieur, que sa profession tient au courant des progrès de l'industrie et qui achète des actions des Aciéries de la Marine, d'un agent de change, qui connaît bien les valeurs industrielles françaises, mais se soucie davantage de spéculation à court terme que de placements, et enfin de deux provinciaux, qui achètent volontiers des valeurs cotées à la Bourse locale, même s'il ne s'agit que de tuileries ou d'industries alimentaires de peu d'importance économique.

Cet examen rapide de la composition de quelques patrimoines privés conduit à penser que la bourgeoisie française à la fin du XIXe siècle a manqué, pour faire fructifier ses épargnes, d'une solide information économique. Croyant sage de confier ses économies à des affaires qu'elle connaissait bien, elle a prêté aux «Automobiles de place» ou à la «Société du Passage des Panoramas» plus volontiers qu'à la métallurgie ou l'industrie chimique. Pour être sûre du rapport de son portefeuille, elle a acheté des rentes 3% et s'est privée des profits distribués par les grandes affaires industrielles. Pour assurer à ses enfants des revenus aussi élevés que possible, elle a prêté aux emprunteurs étrangers les moins solvables et les remous occasionnés par la révolution russe ont sanctionné une imprudence qui ne pouvait avoir que de fâcheuses conséquences.

L'effondrement des ressources de la bourgeoisie française dans l'après-guerre peut être illustré par l'exemple de l'évolution, entre 1914 et 1919, des ressources d'un ancien directeur d'un service public concédé. Jouissant d'une pension de retraite de 12 000 francs par an, il retirait de son porte-feuille de titres plus de 54 000 francs par an en 1914, soit au total un revenu global équivalant à 13 millions de francs actuels. Son portefeuille se com-posait pour un quart d'actions, pour un autre quart de rentes françaises et pour l'autre moitié d'obligations étrangères, qui n'étaient pas toutes russes. Cependant, en 1919, son portefeuille ne lui rapporte plus que 36 000 francs, sa pension n'est toujours que de 12 000 francs et le coût de la vie a augmenté d'environ quatre fois depuis 1914. Le revenu réel d'un homme qui avait su épargner pour assurer ses vieux jours, a donc baissé de 80% par rapport à 1914. Devant de tels exemples, il est peu étonnant que la génération suivante se soit détournée de l'épargne.

Il est certain que les conclusions de cette enquête bien limitée ne peuvent être étendues sans précaution à l'ensemble d'une classe sociale. Ceux qui nous ont communiqué leurs comptes sur de très longues périodes étaient sans doute des esprits méticuleux, plus enclins aux placements de «père de famille» qu'aux spéculations hasardeuses, si l'on en juge par le nombre d'heures qu'ils n'ont pas hésité à consacrer à la vérification des comptes de la cuisinière ou de leur épouse. D'autre part, nous n'avons pas eu communica-tion des comptes de la grande bourgeoisie d'affaires qui finançait par les capitaux de toute une famille des sociétés en continuelle expansion. L'écono-mie française n'a sans doute pas manqué de capitaux à la fin du XIXᵉ siècle. Une participation plus active à son développement de la part de la grande masse des épargnants français aurait peut-être permis d'atténuer les remous monétaires et économiques de l'après-guerre.

M. Perrot, *Le Mode de vie des familles bourgeoises 1873-1953 (Colin,* 1961), pp. 240-247

THE DIRECTING RÔLE OF THE *GRANDE BOURGEOISIE*   1910

«L'apaisement, soit; mais dans le silence des vaincus». Cette formule me plaît; elle a fait hurler de fureur les bureaucrates qui rédigent le *Temps.* Il y a une élite à la mode d'autrefois qui ne comprendra jamais les passions jacobines, et qui croit être républicaine. Voilà des gens qui ont des rentes, ou qui reçoivent de gros traitements; qui ont un immense pouvoir dans l'État; pouvoir matériel, car ils dirigent, ils nomment à des emplois, et tiennent, par leur famille et leurs amis, quelque avenue du pouvoir, ou quelque source de profits, d'où ils tirent une vie cultivée et ornée. Ils ont un pouvoir moral aussi, et presque sans limites; car les ministres ont besoin d'eux, et ils jugent et condamnent en politique, en économique, en ad-ministration, ceux qui ne supportent pas leur pouvoir occulte.

Dans cette élite, il y a des magistrats, il y a des professeurs, il y a de hauts officiers de terre et de mer; tout cela cousine avec l'industrie et la banque. L'antisémitisme, il est vrai, les divise en deux camps; mais la haine de la démagogie, c'est leur langage, les réconcilie. Que disent-ils? Qu'il faut des hommes d'État; que la masse ignorante ne verra jamais assez loin au delà de l'enclume ou de l'établi, pour diriger la politique extérieure; et ainsi qu'en toutes choses celui qui sait doit gouverner; que la société polie est le vrai parlement, parce qu'elle a naturellement la garde de la richesse, de la culture, de la parure françaises. Voilà ce que l'on fait comprendre, par la conversation, par le journal, par le livre, par une espèce de rumeur courtoise, au député qui arrive de sa province pour interpeller à tour de bras. Malheur à celui qui ne veut pas comprendre! Combes et Pelletan en savent quelque chose. Et voilà comment le camarade Briand est devenu Monsieur Briand.

Or c'est justement contre cette coalition des tyrans que la République se définit. Autrement que serait-elle? Que serait-elle si l'électeur doit donner un mandat en blanc à ceux qui tenaient la puissance sous l'Empire, qui la tiendraient sous un roi, et qui, en fait, la tiennent presque toute aujourd'hui chez nous? En peu de mots, il y a une conspiration permanente des riches, des ambitieux, des grands chefs, des parasites et des flatteurs, contre les masses électorales. Voilà pourquoi beaucoup de députés qui voudraient un brevet d'homme d'État, jouent un double jeu, sont radicaux en province et modérés à Paris. Le petit père Combes[1] eut cette idée admirable de mépriser tous ces tyrans à compétences et à sinécures, et de gouverner contre eux, et au besoin contre les députés, en s'appuyant sur l'électeur. Il fut haï à Paris, et aimé presque partout. C'est pourquoi il y a un terrible effort contre lui et contre sa politique, sans compter des barrières invisibles contre le flot du peuple. Ils sont battus à chaque élection; ils n'en gouvernent que mieux. Tout cela se sent et se devine; et voilà pourquoi les amis du peuple voudraient assister enfin à quelque victoire achevée et à quelque déroute sans remède, et, par exemple, revoir Pelletan à la marine.

ALAIN, *Éléments d'une doctrine radicale*
(Gallimard, 1925), pp. 54–55

BOURGEOISIE AND WORKING CLASS BETWEEN THE TWO WORLD WARS

J'appelle... bourgeois de chez nous un Français qui ne doit pas ses ressources au travail de ses mains; dont les revenus, quelle qu'en soit l'origine, comme la très variable ampleur, lui permettent une aisance de moyens et lui procurent une sécurité, dans ce niveau, très supérieure aux hasardeuses possibilités du salaire ouvrier; dont l'instruction, tantôt reçue dès l'enfance, si la famille est d'établissement ancien, tantôt acquise au cours d'une ascension sociale exceptionnelle, dépasse par sa richesse, sa tonalité ou ses prétentions, la norme de culture tout à fait commune; qui enfin se sent ou se croit appartenir à une classe vouée à tenir dans la nation un rôle directeur et par mille détails, du costume, de la langue, de la bienséance, marque, plus ou moins instinctivement, son attachement à cette originalité du groupe et à ce prestige collectif.

Or, la bourgeoisie, ainsi entendue, avait, dans la France d'avant-guerre, cessé d'être heureuse. Les révolutions économiques, qu'on attribuait à la dernière catastrophe mondiale et qui n'en venaient pas toutes, sapaient la

[1] Radical prime minister, 1902–1905.

quiète stabilité des fortunes. Jadis ressource presque unique de beaucoup de familles, ultime espoir de tant d'autres,…la rente fondait entre des mains étonnées. La résistance du salariat faisait bloc contre toute pression sur les rémunérations ouvrières, amenuisant, à chaque crise, le profit patronal, avec les dividendes. L'expansion de l'industrie, dans les pays neufs, et les progrès de leur autarcie vouaient à une anémie croissante les capitalismes européens et français. La poussée des nouvelles couches sociales menaçait la puissance, économique et politique, d'un groupe habitué à commander. Longtemps, il s'était, dans son ensemble, accommodé des institutions démocratiques. Beaucoup de ses membres les avaient même appelées de leurs vœux. C'était que les mœurs, comme à l'ordinaire, avaient retardé sur le droit. Remis au petit paysan et à l'ouvrier, le bulletin de vote n'avait, durant plus d'une génération, pas changé grand-chose à la domination traditionnelle exercée, sur la province, par les notables des classes moyennes.[1] Il les avait même servis, en leur permettant d'éliminer, en partie, des grands postes de l'État, leurs vieux adversaires de la très haute bourgeoisie ou de la noblesse. Chez ces hommes étrangers aux intransigeances aristocratiques, la démocratie flattait un goût très sincère d'humanité. Elle ne les inquiétait pas encore dans leur bourse ou dans la solidité de leur modeste prestige. Mais un jour vint où, favorisé par la tragédie économique, l'électeur du commun fit entendre beaucoup plus haut et plus dangereusement sa voix. Les rancunes furent avivées par un véritable sentiment d'inégalité retournée. Contraint à payer de sa personne, chaque jour plus durement, le bourgeois crut s'apercevoir que les masses populaires, dont le labeur était la source profonde de ses gains, travaillaient au contraire moins que par le passé — ce qui était vrai — et même moins que lui-même: ce qui n'était peut-être pas aussi exact, en tout cas, tenait un compte insuffisant des différentes nuances de la fatigue humaine. On le vit s'indigner que le manœuvre trouvât le loisir d'aller au cinéma, tout comme le patron! L'esprit des classes ouvrières, que leur longue insécurité avait accoutumé à vivre sans beaucoup de souci du lendemain, heurtait son respect inné de l'épargne. Dans ces foules au poing levé, exigeantes, un peu hargneuses et dont la violence traduisait une grande candeur, les plus charitables gémissaient de chercher désormais en vain le «bon pauvre» déférent des romans de Madame de Ségur. Les valeurs d'ordre, de docile bonhomie, de hiérarchie sociale complaisamment acceptée,…paraissaient prêtes à être balayées; et avec elles, peut-être, quelque chose d'assurément beaucoup plus précieux: un peu de ce sens national qui, sans que le riche s'en doute toujours assez, réclame des humbles une dose d'abnégation bien plus considérable que chez leurs maîtres.

Parce que la bourgeoisie était ainsi anxieuse et mécontente, elle était aussi aigrie. Ce peuple dont elle sortait et avec lequel, en y regardant de plus près, elle se fût senti plus d'une affinité profonde, trop déshabituée, d'ailleurs, de tout effort d'analyse humaine pour chercher à le comprendre, elle préféra le condamner.

M. Bloch, *L'étrange défaite. Témoignage écrit en 1940* (Albin Michel, 1957), pp. 206–208

---

[1] i.e. the *moyenne bourgeoisie*.

THE BOURGEOISIE IN DECLINE IN THE 1930s

... N'est-il pas évident que, depuis dix ans, la bourgeoisie n'a pu trouver en elle-même aucune réserve d'énergie, aucune ressource d'imagination, aucune capacité de renouvellement et de réfection pour surmonter le marasme économique, qu'elle n'a su faire autre chose, reniant par là tous ses principes, qu'implorer en suppliante le secours de l'État; que partout où ce secours lui a manqué, elle a laissé tomber les bras désespérément, sans même essayer la lutte? N'est-il pas évident que sur tous les plans de l'activité productrice, — industrie, agriculture, commerce, banque — elle s'était attardée dans ses traditions routinières, qu'elle n'avait même pas été capable de conserver à la France, forcément dépassée au point de vue de la masse par des nations plus puissantes, le vieux prestige de la «qualité»? Partout où l'initiative et l'invention avaient créé au départ une avance française, elle s'était laissé rattraper et dépasser. Elle avait permis que la condition ouvrière glissât jusqu'à un niveau misérable. Elle n'avait pas compris qu'une modification continue des rapports du patronat et du salariat lui était dictée non seulement par son intérêt propre, mais par un besoin vital de la nation. En 1936, lorsqu'il fallut compenser d'un coup tous les retards accumulés par elle, lorsque de grandes réformes devinrent l'unique moyen d'éviter une révolution sanglante et qu'un gouvernement de «Front Populaire» s'efforça de les lui faire accepter dans la concorde, elle ne les subit que par peur, et elle s'ingénia aussitôt, honteuse et acrimonieuse de sa propre peur, à les reprendre par la force ou par la ruse.

La menace de Hitler, sans cesse rapprochée et aggravée, obligeait la France à réarmer en toute hâte....

... il a fallu tout refaire à neuf, sous l'aiguillon du temps et de la nécessité, et, dans cet effort suprême, le patronat français s'est montré un bien piètre collaborateur. Pas de hardiesse de vues, pas de grands desseins, pas d'esprit d'entreprise, pas de sens du risque, pas de désintéressement; une sorte de comptabilité mesquine, fondée sur la supputation immédiate du profit ou de la perte, rabaissant la politique industrielle à des calculs de boutique; à la différence de ce qui s'était passé de 1914 à 1918, une médiocrité presque générale du haut personnel de propriété ou de direction. On n'a pas vu cette fois se dégager une élite de «capitaines d'industrie», éminents par des qualités de caractère autant que par des dons techniques, chez qui le goût d'entreprendre et la volonté de réussir primaient le désir du gain prochain, et rien peut-être ne permet mieux de saisir combien, d'une guerre à l'autre, la décrépitude des cadres de la bourgeoisie avait rapidement marché. On essaierait en vain d'expliquer ou d'excuser cette dégénérescence par l'âpreté de plus en plus incommode des revendications ou même des intrusions ouvrières. L'autorité du patronat n'était guère moins discutée et moins combattue avant la guerre de 14. Le développement de la force ouvrière était un fait inéluctable vis-à-vis duquel il devait prendre parti. Qu'est-ce qu'un patronat qui ne sait ni lutter ni composer avec la force ouvrière, ni la dominer ni lui faire sa part, qui ne peut fonder son autorité que sur le concours de la loi ou sur le secours de la police? Il n'existe plus à notre époque

14

qu'un moyen pour le patronat de préserver son autorité, c'est de l'exercer avec une supériorité qui s'impose; c'est de créer autour de lui la vie et la prospérité, et voilà précisément de quoi le patronat bourgeois de France n'était plus capable.

L. Blum, A l'Échelle humaine (Gallimard, 1945),
pp. 71–74

CHANGE AMONG BOURGEOIS GROUPS SINCE 1945

... La situation est un peu différente pour certains éléments, artisans et commerçants, représentent des vestiges d'entreprises pré-capitalistes dépassées par la technique moderne. Il existe, dans un grand nombre de métiers, des traditions artisanales... menacées. Il en va de même pour une partie du petit commerce, qui s'obstine à vivoter en s'opposant à tout progrès technique de la distribution et à toute manifestation de concurrence étrangère. Des petites et moyennes entreprises enfin, cherchent souvent à survivre par des méthodes périmées; au lieu d'améliorer leur technique, elles préfèrent diminuer la production, prélever un profit élevé sur un petit nombre de produits, maintenir leur niveau de vie soit en échappant à la concurrence par des droits de douane ou des accords de cartel, soit en fraudant l'impôt.

Qu'elles soient industrielles ou commerciales, ces entreprises font un peu de tout. Le patron, désireux de sauvegarder son indépendance et son autorité, refuse de s'organiser; il cherche seulement à entrer dans des groupements professionnels, chargés de faire pression sur l'État pour sauvegarder ses privilèges. Au nom du principe «charbonnier, maître chez soi», il refuse de traiter avec les ouvriers, et impose des salaires particulièrement bas. C'est dans ce type d'entreprise que les relations sociales sont souvent les plus mauvaises. Nous sommes là devant une application du principe de Marx, mais souvent sous des formes qu'il n'avait point prévues.[1] Les progrès de la technique entraînent une concurrence qui élimine peu à peu les formes économiques dépassées; mais, loin de s'ouvrir à la classe ouvrière, ce petit patron devient rapidement son principal adversaire. Dans la mesure même où cette ancienne classe moyenne se trouve prolétarisée, elle résiste désespérément à cette prolétarisation; elle prétend expliquer sa situation économique difficile, non par ses propres insuffisances, mais par des phénomènes indépendants de sa volonté; elle se dresse à la fois contre l'État qui prélève les impôts,[2] contre le grand capitalisme commercial et financier qui l'opprime, contre les banques dont les taux d'intérêt lui paraissent trop élevés, et surtout contre les ouvriers et les fonctionnaires, dont elle envie la stabilité d'emploi. Cette classe moyenne est ainsi la proie toute désignée de mouvements à tendance fasciste. Elle cherche désespérément une compensation psychologique à sa situation d'infériorité, et ne la trouve que dans une exaltation collective, permettant à l'individu ruiné et méprisé d'exprimer dans un «nous» magnifié un orgueil exacerbé.

[1] According to Marx, the small capitalist would be forced down into the proletariat by competition.

[2] On Poujadism, cf. p. 339.

L'éclatement du patronat

Ici interviennent deux éléments nouveaux:

a) C'est d'abord une nouvelle classe moyenne indépendante, un artisanat ou un commerce qui représentent, non plus des techniques dépassées et menacées par le progrès de l'industrie, mais au contraire des formes de production nouvelles, liées à l'expansion de la grande industrie. C'est le cas des ateliers, garages de réparation, annexes de la grande industrie, qui réunissent, comme travailleurs indépendants, ou ouvriers professionnels, l'élite des salariés.

Il y a, d'autre part, un ensemble de services et d'établissements commerciaux qui progressent avec l'évolution sociale; ainsi en est-il de ceux qui sont liés à des métiers d'art nouveaux, au progrès d'une industrie comme le tourisme, ou à l'expansion de la population (entrepreneurs de bâtiment).

En fait, on peut passer par une transition insensible de la classe moyenne précapitaliste à une classe moyenne nouvelle, dans la mesure où les anciens artisans et commerçants, au lieu de s'accrocher désespérément à des techniques dépassées, acceptent de s'associer, de se grouper en coopératives, de façon à bénéficier des avantages de la technique contemporaine, tout en conservant leur indépendance.

Cette classe de petits et moyens patrons devient de plus en plus importante, avec les progrès mêmes de la grande industrie contemporaine. Elle a été, en France, renforcée par les transformations sociales de ces dernières années. Dans la mesure, en effet, où un grand nombre d'industries ont été nationalisées, le rôle des petites et moyennes entreprises, dans ce qui restait du secteur privé, est devenu prépondérant, et leur influence s'est accrue d'autant. On peut se demander si les progrès de l'automation ne conduiront pas au même résultat. Plus les grandes industries de base se trouveront mécanisées et réduiront leur pourcentage de main-d'œuvre, plus grande sera la proportion de la population qui s'orientera vers les métiers et commerces annexes, et vers le secteur des services.

On se trouve ici devant un groupe social, encore une fois assez complexe; cette classe moyenne nouvelle est souvent issue de la classe ouvrière, et elle reste — en paroles tout au moins — attachée à elle et au parti qui la représente. C'est ainsi que le parti socialiste français comprend un grand nombre de commerçants, d'artisans, d'entrepreneurs et de petits patrons, qui commencèrent leur vie comme ouvriers de la grande industrie. Mais cette classe moyenne désire avant tout conserver son indépendance; elle se souvient qu'elle est issue de la classe ouvrière, mais elle tient à se séparer d'elle, à affirmer son autonomie, à prendre elle-même les décisions économiques dont son sort dépend. Elle accueille et recherche le progrès technique, mais se méfie des interventions de l'État; elle accepte assez facilement la nationalisation du secteur des industries de base, qui ne la touche pas, mais elle résiste violemment à la planification, à la fixation des prix, à la sécurité sociale et, surtout, à la politique fiscale. Son idéal est de travailler dur, de gagner beaucoup, mais de rester indépendante, en ne se soumettant aux décisions de personne.

Très souvent, cette classe patronale nouvelle se trouve unie dans des actions communes à la classe moyenne ancienne, et aux professions libérales, en particulier pour s'assurer des privilèges fiscaux. C'est ainsi que s'est développé, en France, le mythe des classes moyennes, qui cherche à créer, entre l'ensemble des travailleurs indépendants et les salariés supérieurs, une solidarité par laquelle, en fait, les intérêts des salariés se trouvent sacrifiés à ceux des petits capitalistes. Par ailleurs, le petit entrepreneur a de la peine à voir plus loin que sa propre entreprise, et à penser les problèmes par grands ensembles. C'est dans ce groupe que l'on trouve la résistance la plus forte aux idées européennes, à la prise de conscience de l'évolution inévitable des anciennes colonies. Qu'ils soient restés membres d'un parti de gauche, ou qu'ils l'aient abandonné, ces éléments s'orientent en réalité vers une politique de libéralisme économique; ils constituent les électeurs du groupe des indépendants ou de l'ancien parti radical. Il leur arrive même facilement, lorsqu'ils rencontrent des difficultés économiques dans une période défavorable, de se dresser contre l'État parlementaire et de devenir les jouets d'un candidat dictateur.

b) D'un autre côté, dans les grandes entreprises, la direction se sépare peu à peu de la propriété. Avec l'expansion des sociétés par actions, et la multiplication des actionnaires, les administrateurs et directeurs de la grande entreprise ont pris une indépendance croissante. Les grands directeurs bénéficient de revenus élevés, mais ils ne sont plus propriétaires de l'entreprise; même lorsqu'ils ont un paquet d'actions, celui-ci reste très nettement minoritaire. En fait, le rôle de l'actionnaire est de plus en plus estompé et, pour effectuer leur travail et affirmer leur autorité, les directeurs ont à persuader, beaucoup moins les actionnaires dont ils dépendent théoriquement, que les ingénieurs et ouvriers avec lesquels s'effectue leur travail quotidien.

Leur origine sociale aussi est transformée. De plus en plus, les directeurs tirent leur fonction, moins de l'héritage que de leur éducation et de leur formation professionnelle et technique. On est ici en face d'hommes qui sont avant tout préoccupés de productivité; le profit de l'entreprise reste le *signe* de leur succès, mais leur *but* est la production en soi, l'œuvre qu'ils ont à accomplir, le service qu'ils ont à rendre. Dans les relations sociales, ils sont plus ouverts que les petits patrons, surtout s'il s'agit d'une grande société, disposant d'un large marché, ce qui les amène à considérer leurs ouvriers, non seulement comme élément du coût, mais comme débouché de leurs produits. En fait, les directeurs d'entreprise sont d'autant plus compréhensifs à l'égard des ouvriers qu'ils travaillent pour un plus large marché, constitué dans une large mesure par les travailleurs eux-mêmes. Ils sont d'autant plus étroits et durs dans les relations sociales que leur marché est plus restreint, et que leur production de luxe n'atteint pas le milieu ouvrier.

Ces cadres tendent à s'organiser eux-mêmes sur le plan syndical.[1] Ils on le sens de l'intérêt public et reconnaissent la nécessité de l'organisation économique; ils représentent l'élément le plus progressif de la vie économique, et c'est parmi eux que se recrutent aujourd'hui la majorité des inspirateurs et réalisateurs des institutions européennes.

[1] Cf. the development of the *Confédération Générale des Cadres.*

Le danger est que, fiers de leur valeur, persuadés des nécessités d'une transformation économique profonde, dont la majorité du pays n'a pas encore conscience, ils cherchent à travailler *pour* le peuple, mais *sans* lui, et contribuent à la constitution d'un dirigisme technocratique, exigeant pour se réaliser une forte discipline, un exécutif puissant, et un gouvernement à tendance autoritaire.

Il y a donc chez eux une série d'éléments contradictoires, un désir de service public et d'organisation dans l'intérêt de tous, mais aussi une certaine tendance à l'autoritarisme; pour la classe directoriale la souveraineté vient d'en haut, et le peuple ne peut être que l'objet de sa sollicitude.

A. PHILIP, Le socialisme trahi (Plon, 1957),
pp. 16–23

THE WAY OF LIFE OF THE *CADRES* c. 1956

Autour de la table de bridge où l'on se retrouve quand on est de la même société, il y a désormais un joueur nouveau qui va prendre part à la conversation avec un état d'esprit quelque peu différent de ses partenaires. C'est le *cadre* de l'administration, de l'industrie ou du commerce, qu'il appartienne au secteur public, semi-public ou privé. Jusqu'au début du XXe siècle, il n'avait pas d'existence sociale. Être fonctionnaire ne définissait pas une condition, mais était tout au plus une occupation honorable ou une sorte de service pour la classe supérieure, un modeste gagne-pain de salariés pour les petites gens. Le bricoleur ou l'inventeur, selon leur talent d'adaptation aux affaires ou à la spéculation intellectuelle, devenaient chef d'entreprise ou professeur. A défaut d'une telle ascension, un homme qui devait vivre de son salaire, sans espoir d'un sort différent, avait peu de chance d'être considéré. Aujourd'hui, un moderne Rastignac peut espérer satisfaire son ambition en restant, juridiquement, un salarié. Sans jamais avoir d'entreprise à lui, sans même peut-être accumuler une très grosse fortune, il pourra devenir un grand directeur, faire trembler ses banquiers, traiter d'égal à égal avec un ministre, écraser des concurrents qui sont, eux, propriétaires de leurs affaires depuis plusieurs générations, tout cela en collectionnant une douzaine de Conseils d'Administration, en jouissant d'autant de voitures et de chauffeurs qu'il le veut, et en fréquentant des palaces internationaux que l'industriel moyen trouve, en général, trop chers pour lui. Comme dans la Grande Armée, tout ingénieur sorti de Polytechnique, tout auditeur au Conseil d'État un peu avisé, a son bâton de Directeur général dans sa giberne. Certes, tous les cadres ne sortent pas de nos grandes écoles, mais tous, ou presque, ont la possibilité de faire une belle carrière, indépendamment de leur fortune, s'ils en ont seulement les moyens intellectuels.

Plus encore que l'ambition, c'est le sentiment de sécurité qui caractérise sa vie professionnelle. Fonctionnaire ou attaché à une entreprise nationalisée, il bénéficie d'un statut qui le protège contre toute mesure injustifiée. Et Dieu sait quelle faute il faut avoir commise pour être renvoyé d'une grande banque, par exemple! Si la protection est moins grande dans le secteur privé, les garanties ne sont pas absentes. La plus sérieuse réside encore dans la valeur technique. Si les organisations de «cadres» se plaignent de certaines difficultés de reclassement, c'est à partir de quarante-cinq ou de cinquante ans, âge auquel la plupart des cadres ont «percé» et ne sont guère menacés que par l'effondrement de leur entreprise elle-même. Ce danger n'est pas vain. La concentration — lorsqu'elle est réalisée — est un élément de consolidation des entreprises, et en même temps une source de sécurité pour le cadre.

Le développement de la natalité dans les classes moyennes — à l'exception des commerçants — est significatif de ce sentiment de sécurité. Il n'est plus question de doter un enfant, de lui constituer un capital qui lui permettrait de devenir un «patron». Le cadre ne songe guère à ce genre de promotion. De bonnes études, voilà seulement ce qu'il se soucie de donner à ses enfants. A leur tour, ils auront ce que leur mériteront leur ambition et leur intelligence.

Produit de l'éducation technique moderne, lancé dans la course à l'avancement, la psychologie du «cadre» est mystérieusement apparentée à celle de Paris. Paris, centre des grandes écoles et des concours, siège des Conseils d'Administration et de tous les pouvoirs, petit univers où les familles et les traditions se dissolvent et où chacun se bat seul. La province imposait son horizon limité, son rythme de vie, ses tabous. Tout y allait son pas et n'arrivait qu'en son temps. Paris a changé tout cela, et il n'est pas besoin d'y résider pour que le cinéma, la radio, la littérature qui en débordent ne le rendent présent dans toute la France.

Au grand scandale du bourgeois *survivant*, le cadre veut profiter de la vie, tout de suite, et il comprend que les autres aient la même envie. Cela ne l'empêche pas, par ambition, d'écraser avec sans-gêne quelques concurrents dans la course à l'avancement. Fort égoïste sur ce plan, il saura être généreux sur d'autres. L'attachement aux biens matériels, qui s'exprimait chez le bourgeois par le désir de la conservation, se manifeste chez lui par le plaisir de la consommation. A ne plus se soucier d'économiser et à ne guère songer calculer le cadre gagne un air de liberté.

Il n'a pas peur, lui, des signes extérieurs de richesse. Même tirant le diable par la queue, il fait quelquefois nouveau riche, sans le vouloir. Il a, ou il espère avoir, une voiture; il ne songe guère à payer une «bonne» à sa femme, mais il lui offrira un confort ménager que leurs parents n'ont jamais connu et auquel, en tout état de cause, ils n'auraient songé qu'après l'achat de la chambre à coucher, de la salle à manger et du salon. Car le cadre a accepté tous les signes de son époque; il a adopté le confort technique et, pour le reste, il se moque des apparences. Les circonstances veulent qu'il lui faille quelquefois acheter sa maison ou son appartement; pour cela, il voit large et se saigne aux quatre veines. Cependant, il a la bougeotte; comment fera-t-il pour rester toujours au même endroit?

Ce désir d'évasion, il le satisfait du moins dans les voyages. Aujourd'hui tous les Français partent en vacances, mais lui plus particulièrement aime à se déplacer, grâce à la voiture, quelquefois sous la tente. Il franchit aisément les frontières, curieux des pays étrangers, plus encore peut-être de leurs habitants que de leurs vieilles pierres. Ce goût du contact humain, on le retrouve dans sa vie quotidienne. Les manifestations mondaines d'autrefois, les après-midi où Madame reçoit, n'existent plus guère. Les relations sont sans doute moins nombreuses, mais plus profondes; ce ne sont plus des réunions d'hommes ou de femmes, séparés artificiellement, ce sont des ménages qui se connaissent et se fréquentent sans cérémonies. Car la femme du «cadre» a désormais une «présence» qu'on ne prêtait guère à nos grands-mères bourgeoises. Jeunes gens et jeunes filles se fréquentent librement sur les bancs des Facultés, sur les stades et durant les vacances. Ils se marient jeunes et d'âge égal. La famille et la dot n'entrent plus guère en ligne de compte; la communauté de goûts a désormais plus d'importance que celle des origines ou des intérêts. Diplômée ou non, la femme du «cadre» a eu bien souvent un emploi avant de se marier ou au début de son mariage; elle aussi elle est un «technicien» du professorat, du laboratoire ou du secrétariat, et si elle abandonne son métier, c'est pour prendre en charge son foyer mécanisé. Dans son petit État domestique son mari lui est soumis et reconnaît sa supériorité. Égalité du mari et de la femme, compréhension réciproque, association dans la direction du foyer et au service d'une même ambition; le ménage du «cadre» manifeste le même désir d'efficacité et d'authenticité.

L'expérience des hommes et des machines a donné au «cadre» le sens des valeurs. Il sait ce qu'il vaut, et que son pouvoir sur quarante employés ou trois cents ouvriers, que sa réputation dans son bureau d'études ne sont pas dus à sa fortune. Aussi, il ne croit pas nuire à son prestige en retroussant ses manches pour aider sa femme à faire la vaisselle et pour recevoir des amis dans cette tenue. Au reste, il offre ce qu'il a. Il reçoit facilement, son service de table n'est ni luxueux ni fêlé, c'est celui dont il se sert tous les jours. Il n'a pas de cave, et il va chercher aisément une bonne bouteille de vin sans en proportionner le millésime à l'importance de ses convives, mais seulement à son envie. Sans honte et sans regret, il dépense ce qu'il gagne, et il déclare, à qui veut le lui demander, le chiffre de son traitement. Il cotise à une Caisse de retraite et il a, peut-être, une assurance sur la vie. Peut-être encore, s'il bénéficie d'une gratification exceptionnelle, achète-t-il quelques pièces d'or à moins qu'il revienne chez lui avec une collection de disques ou une vieille porcelaine qui lui a plu. Il ne pense guère tirer un revenu d'un capital qu'il constituerait; le seul capital auquel il songe c'est la mise de fonds nécessaire pour la construction *à crédit* d'une maison, au cas où il serait trop mal logé. S'il s'est mis à la Bourse, ces dernières années, c'est comme à un jeu plutôt que comme un placement: je veux un gain en capital, a-t-il dit à son agent de change, et surtout pas de supplément de revenu. Car le cadre sait qu'il est le grand fournisseur de la «surtaxe progressive». Il est bon prince et paye; il en tire même quelque vanité: c'est lui l'élément travailleur, honnête et intelligent de la Nation! L'auteur de ces lignes qui se fait gloire d'être lui aussi un cadre, estime que cette opinion n'est pas dénuée de fondement...

Le bourgeois trouve que le cadre gagne beaucoup et ne comprend pas qu'il puisse dépenser davantage encore. En réalité, l'épouse du cadre se tient fort au courant de la situation financière du ménage; elle a refait elle-même les peintures de l'appartement pour pouvoir s'offrir un manteau de fourrure. Sa mère aurait trouvé qu'un manteau de lapin était encore bien suffisant à son âge, que les peintures n'étaient pas si sales, et qu'il conveindrait peut-être de songer d'abord à l'avenir des enfants. Mes enfants, pense le cadre, auront toute l'éducation nécessaire; pour le reste, ils se débrouilleront! Le cadre emploie souvent un mot plus expressif, car il aime employer un vocabulaire assez vert. Même et surtout s'il est né dans la meilleure famille, c'est la preuve qu'il ne lui était pas nécessaire d'être «né» pour faire sa situation.

Égoïste et généreux, bon époux et bon père de famille, mais fort peu casanier, insouciant et positif, sans préjugé, sauf celui de la réussite, curieux souvent et paresseux quelquefois, l'état d'esprit du cadre ne se présente pas comme un système tout fait et bien ordonné. Sa position dans la société contemporaine n'est pas suffisamment assise, lui-même ne voit pas encore avec assez de précision quel est son rôle et quelles sont ses responsabilités, pour qu'on puisse trancher dans ces contradictions. Une nouvelle conception du monde est en train de se forger; par mille indices, on devine que le cadre sera le premier à y adhérer. A travers notre littérature, notre organisation politique, nos idéologies et nos idéaux, se précisent quelles seront les grandes lignes d'une psychologie encore en formation.

Dans la mesure où elle sera adaptée à notre époque, ou plus exactement où elle en sera le fruit, elle ne sera plus l'apanage d'une minorité de la minorité. «Cadre» n'est qu'un mot. Nous avons vu que les professions libérales, une partie des commerçants se rapprochaient par leurs conditions de vie d'un certain type commun dont aujourd'hui c'est le cadre qui donne le mieux l'image. Ainsi peut se reformer l'unité d'un groupe social qui sans prétendre constituer la majorité du pays peut néanmoins se targuer d'en être à la fois l'élément de progrès et de stabilité.

P. BLETON, *Les Hommes des temps qui viennent* (Éditions Ouvrières, 1956), pp. 198–203

DIVISIONS AMONG THE *CADRES* AFTER MAY 1968

Il n'était pas de bon ton, au moment où tout le salariat semblait devoir partager une sorte d'excitation collective, de trop ouvertement manifester son hostilité au courant majoritaire. La très traditionnelle C.G.C. elle-même, après avoir un instant essayé de mobiliser les cadres pour «la défense de l'outil de travail», avait fini par se rallier, au moins en apparence. Certains cadres eurent pourtant le courage de leurs opinions. Rares pour commencer, ils devaient rassembler au fil des semaines un nombre croissant de leurs camarades dont le silence ne cachait que de l'exaspération. C'est après coup surtout que l'on eut l'occasion de constater qu'il avait existé chez les cadres un courant d'opposition, personne n'ayant tenté sur le moment de lui donner beaucoup de publicité.

Le souci de l'autorité

Pourtant, ici et là, notamment dans les entreprises où les modes de commandement restaient traditionnels, des cadres ont résolument entrepris de jouer les briseurs de grève. Certains racontent aujourd'hui avec fierté comment ils ont réussi à rallier une partie du personnel à leur point de vue et à balayer des piquets de grève trop obstinés. A la base de leur indignation, on trouve généralement le souci de défendre une autorité qu'ils estiment bafouée. Les agents de maîtrise et les petits cadres, plus sensibles que d'autres à la perspective de perdre leur autorité, furent souvent à l'origine du mouvement de réaction: «*Les agents de maîtrise nous ont donné l'exemple*», nous dira un cadre supérieur.

Ainsi regroupés pour la défense de leur situation de commandement, cadres et agents de maîtrise sont allés parfois jusqu'à contester leurs directeurs, accusés de mollesse à l'égard des syndicats: «*Ils sont toujours prêts à baisser la culotte*», dira-t-on. Ces cadres-là réclament eux aussi la participation à la direction, mais c'est pour en consolider le pouvoir. Paradoxalement, cet ultra-royalisme sera ensuite à la source de certaines affiliations au syndicalisme. Il est notamment probable qu'une partie de l'accroissement des effectifs de la C.G.C. provient de la volonté de certains petits cadres de défendre une situation de pouvoir menacée par les ouvriers et peu défendue par le patronat.

Ce n'est pourtant pas dans ces actions de résistance résolue que se révèle le mieux la réaction de défense des cadres. Il a fallu attendre plusieurs mois pour la mesurer véritablement. Ceux qui, comme nous, ont pu entretenir des contacts avec des centaines de cadres d'origines diverses, n'ont pu qu'être frappés par ce qu'il faut bien appeler la recrudescence de l'anti-syndicalisme des cadres. Des thèmes tellement traditionnels qu'on aurait pu les croire en voie de disparition connaissent un étonnant regain de vigueur. Tout se passe comme si les événements de mai n'avaient fait qu'apporter une nouvelle jeunesse aux arguments anciens.

Jamais le syndicalisme n'a été autant accusé d'être soumis à la politique. Immédiatement après les événements, il nous paraissait déjà significatif de constater à quel point les cadres se montraient réceptifs aux explications fondées sur la thèse du complot: complot maoïste, ou guévariste, ou communiste, peu importait. Mais c'est, bien évidemment, la perspective de la révolution communiste qui continue à dominer les prises de position des cadres. Suivant en cela la majorité des Français, ils n'ont pas cru un instant à la «sagesse» de la C.G.T. Les déclarations de M. Séguy et le refus du gauchisme proclamé incessamment depuis lors n'ont pas fait le poids devant les affirmations gouvernementales et les peurs irraisonnées. Quand des ouvrages récents racontent comment MM. Pompidou et Séguy étaient unis pour conclure un accord aussi rapidement que possible, on oublie immédiatement ce fait majeur pour ne retenir que les interprétations les plus politisées de l'attitude syndicale.

La dénonciation du «gauchisme»

Le fait nouveau est sans doute l'apparition d'un nouvel épouvantail, celui de la gauche non communiste. Le P.S.U. peut bien ne recueillir qu'un infime pourcentage des voix électorales, le spectre du gauchisme n'en fait pas moins peur. Il a suffi qu'un dirigeant de la C.F.D.T. prenne position, au moment de la plus grande confusion, en faveur de M. Mendès France pour que des sections entières de cadres syndiqués déchirent solennellement leur carte. Les pertes enregistrées par la C.F.D.T. dans certains secteurs lors d'élections professionnelles témoignent des dégâts causés par cette apparence de collusion avec l'action politique.

Loin de s'atténuer avec le temps, cette dénonciation d'un nouveau danger n'a fait que s'accentuer. Plus que la C.G.T., c'est la C.F.D.T. qui apparaît comme menaçante. Elle est, en effet, plus susceptible de trouver un accueil favorable chez les cadres. Son plus grand souci de la rationalité économique, son héritage chrétien, la jeunesse de ses dirigeants pourraient séduire. On comprend dès lors qu'il ait paru urgent de montrer que tout ceci servait de camouflage à une opération politique subversive.

Soudain solidaires avec la C.G.T., certains milieux patronaux ont fait leur l'accusation de «gauchisme». Ils ont providentiellement eu connaissance d'un texte «révolutionnaire» élaboré par un groupe de cédétistes de la chimie.

Malgré les démentis obstinés des instances nationales de la C.F.D.T., ce texte est aujourd'hui reproduit et distribué un peu partout, assorti d'un commentaire le présentant comme la doctrine officieuse sinon officielle de la C.F.D.T. Tel quel, il se révèle d'une remarquable efficacité pour détourner les cadres de s'enrôler dans un syndicat capable de pareilles outrances.

L'anti-syndicalisme des cadres a trouvé un autre aliment dans l'évolution de la conjoncture économique. Déjà portés par formation à privilégier l'économique par rapport au social, enclins à qualifier de démagogiques les revendications ouvrières d'augmentation de salaires, ils ont souscrit sans difficulté au verdict officiel qui attribuait aux grèves de mai la responsabilité des difficultés monétaires qui ont suivi. Que de nouvelles revendications soient apparues en mars 1969 n'a fait que confirmer leur jugement: «Ces gens-là ignorent tout des contraintes économiques, ou bien ils le font exprès».

L'évolution du mouvement étudiant, les remous qui continuent à agiter le monde universitaire sont venus donner aux cadres un argument supplémentaire contre les tentations qui auraient pu les assaillir. Alors qu'au début, beaucoup avaient ressenti quelque sympathie à l'égard des étudiants, ils sont maintenant plutôt enclins à ne relever que les aspects négatifs de l'agitation. Ils reprochent aux jeunes de n'avoir rien à proposer, de vouloir supprimer la société de consommation au risque de retourner à la pauvreté, de passer leur temps en palabres de façon à se dispenser de travailler sérieusement, etc.

En bref, ils voient dans les errements du mouvement étudiant l'image de ce qui se produirait dans le monde industriel si l'on permettait aux syndicats ouvriers de prendre davantage de pouvoir. «Formules creuses, utopies dangereuses, irréalisme, volonté de nihilisme», ils n'ont pas assez d'épithètes pour qualifier les revendications syndicales de démocratie industrielle, cogestion, autogestion, participation, etc.

En résumé, après une période de silence relatif, on peut constater que bon nombre de cadres ont retrouvé les chemins de la tradition: le syndicalisme redevient une menace pour l'ordre établi, l'économie est menacée par les revendications sociales, la société et ses valeurs doivent être défendues contre les nouveaux révolutionnaires. Il faut seulement se méfier de Marcuse autant que de Marx, de la C.F.D.T. autant que de la C.G.T.

Quoi d'étonnant à ce que le modèle américain retrouve dès lors tous ses attraits pour des cadres amoureux de la technique, de l'efficacité économique et de l'ordre libéral? La référence aux États-Unis se fait chaque jour plus fréquente dans leur bouche, dispensant de toute analyse et de toute discussion. Des États-Unis, ils empruntent d'ailleurs sans le savoir une des tendances, celle qui a conduit les électeurs américains à donner des voix à Wallace, celle qui a inspiré nombre de discours de Nixon: ce qu'il faut à nos sociétés dans cette période de troubles, ce sont des hommes qui sachent maintenir l'ordre, qui n'aient pas peur d'exercer leur autorité, qui n'hésitent pas à mater ces agitateurs inconséquents. Une bonne partie des cadres se trouve ainsi prête à accueillir l'homme politique qui saura montrer de la poigne lors d'une nouvelle crise.

Les silencieux sont de l'autre bord...

Autant l'on risquait l'an passé, devant l'apparition de cadres contestataires, d'oublier les résistances de nombre d'entre eux, autant l'on risque aujourd'hui de ne plus voir que la résurgence de leur anti-syndicalisme, l'élargissement du fossé qui les sépare des autres salariés. Pourtant les silencieux sont encore foule, mais ils sont cette fois de l'autre bord.

Ce silence tient à plusieurs raisons. La première est la crainte. Il serait sans doute excessif de parler de répression patronale, mais l'on sait bien que les cadres qui se sont affichés en mai sont dorénavant «marqués». Plus que jamais, s'affilier à une centrale autre que la C.G.C. apparaît comme dangereux pour le développement de carrière, exige une conviction et un courage hors de l'ordinaire.

Cela n'en donne que plus de poids à la constatation faite par les grands syndicats ouvriers: non seulement le courant des adhésions de cadres ne s'est pas tari après la forte poussée initiale, mais il s'est poursuivi de façon constante tout au long de l'année. Certains disent même avoir recruté plus d'adhérents depuis le mois d'octobre qu'en mai-juin. Il semblerait donc logique d'en conclure que, pour une fraction des cadres, les grèves de l'an passé ont amorcé un processus qui a mûri progressivement et continue à se développer.

D'autres faits confirment cette hypothèse. Il est impossible, en effet, de se contenter de l'affiliation syndicale pour mesurer l'importance du phénomène. Dans certains cas, il faut même avancer l'inverse: par exemple, il est clair que l'image de la C.G.C. s'est notablement détériorée aux yeux de beaucoup de cadres. Or, il n'y a pas là indice de recul, mais, au contraire, refus de s'installer dans un syndicalisme corporatif, attaché essentiellement à préserver la hiérarchie des salaires, défendre la retraite et combattre les réformes fiscales. Une des conséquences à terme de mai est certainement d'avoir détaché nombre de cadres du syndicalisme corporatif.

Raison de la scission: le refus d'un syndicalisme de notables

Ce courant s'est manifesté au grand jour récemment lorsque les dirigeants de la C.G.C. ont dû exclure de la Confédération le syndicat des cadres du pétrole. Celui-ci a été immédiatement rejoint dans la dissidence par les membres d'un autre secteur avancé qui ont constitué avec lui le Groupement des cadres de l'énergie. Au delà des discussions juridiques, la raison de cette scission est simple: on sait maintenant que, si nombre de cadres récusent encore le syndicalisme ouvrier traditionnel, ils ne veulent pas davantage d'un syndicalisme de notables.

Ce double refus s'exprime très clairement dans la floraison des «groupements» de cadres qui se sont constitués un peu partout. Que ce soit sous la forme d'associations selon la loi de 1901 ou de syndicats autonomes, ils manifestent la recherche d'une formule dégagée de traditions trop encombrantes. Certes, ces groupes isolés ont très vite constaté que leur solitude les condamnait au dépérissement et à l'inefficacité. Mais cet échec même a été parfois à l'origine d'un nouveau pas. On a ainsi vu certains groupes inviter tour à tour des représentants des grandes centrales pour leur demander d'exposer leurs programmes. Leur ayant fait passer une sorte d'examen, les cadres se sont ensuite affiliés collectivement à l'un ou l'autre de ces syndicats. Les syndicats Force ouvrière semblent avoir été parmi les principaux bénéficiaires de ce genre d'opération, dans la mesure même où ils semblaient moins engagées politiquement que les autres.

Un certain nombre de signes visibles manifestent donc qu'une fraction croissante des cadres a décidé de s'engager dans l'action collective. Mais ceux-là restent sans doute encore très minoritaires. Aussi faut-il poser une dernière question essentielle: que recouvre le silence de ceux qui ne prennent officiellement position ni d'un côté ni de l'autre? On ne peut donner ici que des impressions personnelles. Deux comportements nous ont paru mériter l'attention.

D'une part, nous sommes frappés par l'écho que trouvent dans des auditoires de cadres des thèmes tels que: où va la société de consommation? quelle part souhaitez-vous prendre dans les décisions de l'entreprise? quelle forme l'autorité peut-elle revêtir dans l'entreprise moderne? etc. Que ce soit en bien ou en mal, le fait nouveau est que ces sujets ont cessé d'être tabous, que l'on admet qu'il s'agit là de questions qui n'ont pas encore reçu de réponses satisfaisantes. Les aveugles volontaires ont cessé d'être majoritaires.

Un sursis du système de direction actuel

Le deuxième fait est ce que nous appellerions le scepticisme croissant des cadres à l'égard des «bonnes intentions» des dirigeants industriels. Les cadres haussent volontiers les épaules quand ils lisent ou entendent les déclarations d'intention de leurs patrons proclamant à tout vent qu'ils sont de farouches partisans de l'information dans l'entreprise, qu'ils recherchent la participation. Ils n'y voient souvent que bonnes paroles à l'usage du public. Leur niveau d'exigence s'est élevé: ils demandent des réalisations précises.

Ce scepticisme donne l'impression que les cadres ont comme accordé un sursis au système de direction actuel. Par leur silence, ils laissent une sorte de délai, ils acceptent une période de calme, en attendant que la preuve leur soit donnée de la capacité ou de l'impuissance du système à se réformer lui-même. Toute la question est de savoir quand ce sursis expirera. Si une crise survenait, dans l'emploi des cadres par exemple, il se pourrait bien que le mouvement amorcé l'an dernier se réveille et connaisse d'un coup une vigueur inattendue.

Il a toujours été difficile de parler des cadres comme d'une catégorie homogène. Constatons simplement que, depuis un an, la cassure à l'intérieur de leur groupe s'est encore accentuée. Les uns se sont rejetés brutalement du côté de l'ordre, du maintien de l'autorité, de l'anticommunisme systématique, de l'antisyndicalisme; ils se sentent plus éloignés que jamais de la masse du salariat. Pendant le même temps, les autres ont découvert à l'inverse qu'ils étaient des salariés comme les autres, que leur état ne les satisfaisait pas. Ils ont pris l'habitude de se l'avouer et même, plus surprenant, de l'avouer aux autres. Encore hésitants, retenus par la crainte du désordre, répugnant à la contestation purement négative, ils sont à la recherche de formes d'action adaptées à leur temps. Ils veulent le changement, mais s'interrogent encore avec tremblement sur la vigueur de leur résolution. Selon le mot de l'un d'eux à la fin d'une réunion où tous avaient manifesté leur volonté de réforme: «Mais qui attachera la sonnette à la queue du chat?»

On peut craindre que cadres et dirigeants ne se fassent complices pour laisser pourrir une situation qui ne semble pas présenter de dangers urgents. Mais, faute d'avoir été pris au sérieux, il se pourrait alors que ces cadres ne voient plus un jour d'autre issue que dans l'opposition brutale.

J. DUBOIS,
'Depuis un an la cassure s'est accentuée à
l'intérieur du groupe des cadres', *Le Monde*
(27 mai 1969)

THE *PEUPLE* AND THE WORKING CLASS

INTRODUCTION

The working class in France in the twentieth century is centred on the towns, and is made up of those wage earners in industry who are engaged in manual tasks — whether skilled, semi-skilled or unskilled — and who enjoy no authority within the firm. At the upper limit, the traditional working class shades into the emerging group of highly skilled technicians — the so-called "new" working class of Serge Mallet (*see* p. 458); and also into the lowest group of the *cadres*, who enjoy some degree, at least, of managerial authority.

The development of large-scale industry in the towns took place at a slower rate in France than in England or Germany: the industrial working class has therefore also grown up much more slowly.

Before 1848, the few industrial workers, who only numbered one million out of the four to five million workers in France, simply formed part of the wider group known as the *peuple*, which included the most modest property-owners, as well as all those artisans and workers who owned little or no property of their own and occupied a subordinate position in society. The majority of the workers were, of course, employed in tiny artisanal concerns.

It was only with the publication of the reports of Villermé and others (*see* p. 475), after which politicians like Ledru-Rollin and Louis Blanc took up the cudgels on behalf of the workers (*see* p. 73 and p. 71), that France became aware of the existence of the industrial workers, and of the pressing problems posed by their working and living conditions. As Tocqueville saw, the development of large-scale industry emphasised the economic and social distinction between the bourgeois and his working-class employees. The factory-owner, because of the large size of his concern, was proportionately much wealthier and more powerful in relation to his workers than the owner of the small artisanal concern, whose way of life and social status were not so different from those of his employees. The unskilled industrial worker was becoming a mere unit of labour; he could be easily hired and fired, and was not, like the artisan, an individual with a personal contribution to make within the small workshop (*see* p. 423).

It was during the June days of the 1848 Revolution that the political meaning of the emerging distinction between the propertyless workers and the property-owning bourgeoisie became apparent for the first time (*see* pp. 61–65). The June revolt was, in Tocqueville's words, "un effort brutal et aveugle, mais puissant, des ouvriers pour échapper aux nécessités de leur condition qu'on leur avait dépeinte comme une oppression illégitime, et pour s'ouvrir par le feu un chemin vers ce bien-être imaginaire dont on les avait bercés." The struggle of the unskilled worker for social revolution now appeared on the political agenda in France. It was to remain from the late nineteenth century an integral part of French politics, complicating, though never totally superseding, the older struggle of the *peuple* against the *grande bourgeoisie*, a struggle aiming at democracy and a secular society.

In the second half of the nineteenth century, industrial growth was more rapid (*see* p. 445). But industry still only accounted for 4.5 million workers (31% of the working population in 1856). By 1921, the number of workers had risen to 6.2 million but the proportion of industrial workers within the working population had actually fallen to 28%. In 1931, the number of industrial workers reached 7 million, the highest figure before 1939 (33% of the working population). Numbers then fell off because of the incidence of the economic crisis. The growth of the working class began again after the Second World War, and numbers had risen again to 7.3 million (39% of the working population) by 1962.

These figures, illustrating the slow rate at which agriculture has been displaced by industry within the French economy, also point to the fundamental reason for the slow progress, in the late nineteenth and twentieth centuries, of the trade union and political movements representing the French working class; if they did not fully live up to their original promise, this was largely because the working class did not expand as rapidly or to anything like the extent that working-class leaders confidently expected it would at the beginning of the twentieth century (*see* pp. 262–263).

In the nineteenth and even in the early twentieth centuries, the slowness of the process of industrial concentration meant, too, that the skilled artisans and craftsmen remained as an élite group within the French working class. Among the working-class élite of the nineteenth century were the printers and bookbinders, the art-workers, cabinet-makers, tailors and hatters, who worked with a handful of others in the tiny concerns which proliferated, particularly in Paris. They were individualists, and were enthusiastic about their work and their craftsmanship, which seemed to them a valid form of personal expression. Recalling his childhood in Orléans in the early 1880s, Péguy paid tribute to their fidelity to the agelong traditions of the *peuple*:

Nous croira-t-on... nous avons connu des ouvriers qui avaient envie de travailler. On ne pensait qu'à travailler. Nous avons connu des ouvriers qui le matin ne pensaient qu'à travailler. Ils se levaient le matin, et à quelle heure, et ils chantaient à l'idée qu'ils partaient travailler. A onze heures ils chantaient en allant à la soupe. En somme, c'est toujours du Hugo; et c'est toujours à Hugo qu'il faut en revenir: *Ils allaient, ils chantaient*. Travailler était leur joie même, et la racine profonde de leur être. Et la raison de leur être. Il y avait un honneur incroyable du travail, le plus beau de tous les honneurs, le plus chrétien, le seul peut-être qui se tienne debout...

Nous avons connu un honneur du travail exactement le même que celui qui au moyen âge régissait la main et le cœur. C'était le même conservé intact en dessous. Nous avons connu ce soin poussé jusqu'à la perfection, égal dans l'ensemble, égal dans le plus infime détail. Nous avons connu cette piété de *l'ouvrage bien faite* poussée, maintenue, jusqu'à ses plus extrêmes exigences. J'ai vu toute mon enfance rempailler des chaises exactement du même esprit et du même cœur, et de la même main, que ce même peuple avait taillé ses cathédrales.

L'Argent, in *Œuvres en prose 1909–1914*
(Gallimard, 1961), p. 1106

The working-class élite led sober lives, and discouraged their wives from working outside the home. Their major political and social objectives remained unchanged between the Revolution and the middle of the nineteenth century (*see* p. 13). In the Revolution of 1789, their grandfathers had been, as Jaurès pointed out, enthusiastic patriots and democrats:

> S'ils sauvaient la nation, s'ils la fortifiaient et l'exaltaient, c'était pour qu'elle fût juste, pour qu'elle assurât le droit de tous, droit à la souveraineté, droit à l'existence. Ils ne savaient pas — et même avec Babeuf ce fut une minorité infime qui entrevit le communisme et l'avenir — que leur libération entière était liée à l'avènement d'un nouveau système de propriété; mais ils voulaient créer pour tous un ensemble de garanties si puissant que la démocratie politique se continuait en effet dans leur pensée et s'achevait en démocratie sociale. Ils n'étaient ni des collectivistes ni des «partageux», mais ils voulaient que le droit à la vie et au travail fût assuré... Oui, l'idéal de la démocratie ouvrière, qui dépassait Robespierre sans aller d'ensemble jusqu'à Babeuf, se formulait par le suffrage universel, l'éducation universelle, l'armement universel, le droit universel au travail et à la vie. A chaque citoyen un bulletin de vote, un fusil, un livre, un métier ou un champ. Voilà ce que dès 1792 signifiaient, pour les prolétaires, la Révolution et la patrie.

Anthologie de Jean Jaurès, ed. Louis Lévy
(Éditions Penguin, 1947), pp. 77–78

In the nineteenth century, they were still basically attached to the old political and social demands of the *peuple*, which fell short of socialism, and were still chiefly looking for economic security. They sought this security for themselves and their families in the first place through the organisation of friendly societies, then, later, through trade unions. From before 1848, they demanded the legal right to trade union organisation (cf. the *Manifeste des Soixante* of 1864 (*see* p. 77 ff.), as well as adequate political representation within a democratic Republic, secularisation and free education. Until the 1890s they remained, too, strong patriots, loyal to France and the Republican régime. They showed more hostility to the Church than to the bourgeoisie. To Péguy, they were part of the backbone of the Third Republic:

> Ce fut une génération d'hommes admirables, solides et bons ouvriers. Ils se nommaient républicains radicaux, n'ayant aucun nom convenable à leur disposition, ne connaissant pas encore le nom de socialistes...

Notes politiques et sociales (Amitié Charles Péguy,
1957), p. 80

André Siegfried, writing of the workers of Le Havre between 1880 and 1885, declared:

La République à leurs yeux ne comportait pas... de conscience de classe: les ouvriers, les employés, les petits fonctionnaires étaient simplement «républicains». Quand il s'agissait de défendre la République, la «défense républicaine» correspondait à une stricte réalité; le peuple avait conscience de préserver un patrimoine qui était le sien, qu'il ne fallait pas laisser péricliter.

in G. BONNEFOUS, *Histoire politique de la Troisième République* (P.U.F., 1956), I, p. xiv

As manufacturing industry developed, however, the old élite worker began to be displaced by the industrial working class proper, consisting of the unskilled workers, who had first appeared in small numbers in the textile factories of the 1840s. These workers were often ex-farm-labourers, or the children of farm labourers who had been driven from the land, and now crowded into industrial towns in northern and eastern France. They worked for over twelve hours a day in conditions of complete subjection and at rates of pay which brought them near to destitution: their living conditions were appalling. Work could offer them no satisfaction in itself, only monotony and boredom; it was an overwhelming physical and spiritual burden from which at this time alcohol offered almost the only release. The condition of the unskilled workers was dramatically revealed to the France of the 1840s by Villermé and others (*see* p. 474 ff.). This ill-educated and subject class of unskilled workers, later known as the *ouvriers spécialisés*, was, of course, the one dubbed proletariat by Karl Marx. As a group, it was distinct from the working-class élite, which Marx identified with the *petite bourgeoisie* and which he saw as doomed to extinction, or to absorption into the proletariat itself. The minority of *ouvriers spécialisés* in France remained politically and socially passive under the Second Empire and it was not until the 1880s that they emerged politically as the backbone of the *Parti Ouvrier Français* and of revolutionary Marxian socialism (*see* p. 445).

Economic action through trade union organisation, as practised hitherto by the skilled workers, was dismissed by the *ouvriers spécialisés*, and henceforward their short-term demands for economic security were directed less at the employers than at the State. They sought by political means a minimum wage and security from unemployment, and demanded from the State that these should be guaranteed by law. They were especially vulnerable to poverty and unemployment, precisely because of the unskilled, low-status nature of their jobs, and their economic expendability.

Politically speaking, their only hope of escape from subjection in the long term seemed to lie in the apocalyptic idea of revolutionary Marxism that ultimately a proletarian revolution could be brought about, in order to capture the bourgeois State, expropriate their capitalist masters and usher in a socialist society, in which they would, for a time, be the masters (the "temporary dictatorship of the proletariat"), and in which, eventually, class distinctions would disappear (cf. p. 84).

These changes suggest reasons why, at the beginning of the twentieth century, Péguy could speak of the "loss" of the old artisan traditions, and of the former Republican loyalties, among the French workers. His complaints about the changed character of the working class in the first decade of the twentieth century reflect the new prominence of the *ouvriers spécialisés*. Thanks to them, the old artisan ideal of *l'ouvrage bien faite* was being replaced by that of industrial sabotage. The old absence of class-consciousness among the Republican workers was giving way to the notion of violent class-struggle, as a prelude to revolution. And the old passionate belief in the Republic was being replaced by disillusionment, and an antipatriotism based on the feeling that the Republic was no longer part of the workers' heritage but a mere instrument of the bourgeoisie. All these ideas of the "modern world", which Péguy condemned, were associated with the growing hold of Marxism and Hervéism on the *ouvriers spécialisés* in an increasingly industrial society. The *ouvriers spécialisés*, with their economic demands for the minimum wage and security from unemployment, and their struggle for revolution, have remained throughout the twentieth century the chief supporters of Marxian socialism.

The skilled worker, and even the old artisan traditions, did not by any means disappear under the pressure of industrialisation. The small concern and even domestic industry continued to exist. In 1906, only 40% of French workers were in concerns employing more than ten workers, and of the other 60%, nearly half were in domestic industry. Even by the beginning of the 1930s only 60% were working in concerns with more than ten workers. André Siegfried could still write in 1930 that:

> ... la France reste un pays d'artisans. Ce sont essentiellement des artisans que ces types si représentatifs du travailleur français: le menuisier de village (qui saurait faire un beau meuble), le mécano de petite ville (qui répare mais saurait construire une auto), l'ouvrière de la mode (toujours prête à devenir créatrice), nous pourrions ajouter, entre cent autres, nous référant à une observation de M. Seignobos, le vigneron et l'horticulteur. Il s'agit dans tous ces cas d'hommes de métier, aimant leur métier, faisant corps avec lui, pensant à leur travail même la nuit, souvent aptes à poser et à résoudre des problèmes qu'on croirait bien au-dessus d'eux. Là encore, à l'époque de Ford, la France est démodée. C'est pourtant dans ce génie individuel que réside (mais pourra-t-elle survivre?) la vraie personnalité du Français au travail.
>
> *Tableau des partis en France* (Grasset, n.d.
> [1930]), pp. 17–18

The artisan traditions even found new scope, in fact, in the twentieth century, in mechanical engineering and in the motor and cycle industries.

The modern industrial workers in France are therefore usually divided into three categories. Firstly, the *ouvriers professionnels* or *ouvriers qualifiés*: skilled operatives and mechanics who undergo an apprenticeship. It is, of course, this group which remains closest to the old artisan élite. They make up just over one third of all industrial workers.

The second category is that of the *ouvriers spécialisés* themselves, semi-skilled and unskilled operatives, who are only expected to carry out individual routine operations in the increasingly mechanised processes of mass-production. Their central place in modern French industry, and their attitudes, both to work and to society, were analysed by Michel Collinet in his *Essai sur la condition ouvrière* (*see* pp. 420–427). They have come to represent about one third of all factory workers.

Finally come the *manœuvres*, manual labourers and storemen. The proportion of *manœuvres* in the working population (just below one third) is on the decline.

The *ouvriers qualifiés* still retain something of the artisans' traditional identification with their work, and something of their old individuality. In the late nineteenth and early twentieth centuries, they developed active trade union organisations, and expressed themselves, first as revolutionaries, via anarcho-syndicalism (*see* pp. 447–449), then, after 1918, through reformist trade unionism and democratic socialism.

Despite the retreat from the idea of revolution after the First World War, reformist trade unionism and democratic socialism continued to offer the *ouvriers qualifiés* the hope that, with the growth of the working class, they would eventually become numerically dominant in French society, so that, revolution or no, they could, through nationalisation, take over the means of production as a whole and thereby usher in socialism.

After the Second World War, though a partial programme of nationalisation was carried out, the working class as a whole did not appear to be growing numerous enough, in proportion to other social groups, to be able to complete the process of socialisation. It was faced, therefore, with two alternatives. The first of these was the "revolutionary" solution, as practised by the Communists on behalf of the *ouvriers spécialisés*: the pursuit of short-term improvements in wages and conditions, combined with voluntary self-isolation from the political, social and economic structures of bourgeois society, in preparation for an ever-receding revolution. This alternative carried with it the risk of a relapse into social conservatism, the quest for short-term economic advantage completely taking precedence over the ultimate revolutionary objective. The second solution consisted of the integration of the working class into bourgeois society simply as one among several competing groups. This was the approach adopted by reformist trade unionists as well as the democratic socialists of the S.F.I.O. representing the *ouvriers qualifiés*. Encouragement by successive governments for the participation of reformist trade union representatives in economic planning organs and in the running of social security organisations meant that the workers' representatives acquired a foothold in the citadels of government. Yet both the "revolutionary" and the reformist approaches appeared equally unproductive for the workers by the early 1960s. The working class was still not yet powerful enough to bring about a social revolution, or even to acquire a predominant influence within the organised structures of French society. And though many workers were coming to share, as consumers, the trappings of bourgeois society — car-ownership and the purchase of other consumer durables — they could not, either, become fully integrated into that society. They retained, in the work-situation, a feeling of social deprivation (*see* pp. 427–432). Unlike their political and trade union representatives, they felt that they had played little part in the running of French society, and virtually no part in the running of the firms in which they worked. The *comités d'entreprise* which had been set up in 1945 (*see* pp. 454 and 495) had not succeeded as an experiment in industrial democracy. So that despite the partial nationalisation of the economy after the Second World War, the working class remained in a state of economic social and political subjection at the beginning of the 1960s (*see* pp. 20–22). With the fading of the hope of revolution, the *ouvriers spécialisés*, André Philip noted in 1967, had relapsed into passivity, having resigned themselves to the continuance of the existing economic system. Their only hope now appeared to be the old dream of leaving industry to attain economic independence as *petits bourgeois*, in business on their own account (*see* pp. 433–434; cf. p. 424).

Power in society, as exercised over the workers by the members of France's economic, social and political élites (*see* p. 20) and, indeed, by the *cadres*, was now as much a stumbling-block to working-class emancipation as property, the keystone of the old Marxian theories of socialism. In the nineteenth century, the industrial worker had been the man who, owning nothing but his labour power, was forced to place himself in economic and social subjection to his property-owning bourgeois employer. Both the worker's subordination and the dominance of the bourgeois stemmed from the bourgeois employer's ability to dispose of industrial capital. In the 1960s, the worker had become the man who, lacking the skill and education to do otherwise, found himself forced to place himself, as a wage-earner, in economic subjection to the managers, placed in authority over him by virtue of their skill and education. It was in this way that wage-earning in industry, and absence of managerial authority, rather than mere absence of property, had become the characteristics of the modern industrial worker. He might now actually be able to accumulate some property, in the shape of a motor-car, a television set, and a washing-machine. His hierarchical superiors, among the *cadres*, might not own immeasurably more. The crucial social difference now lay not so much in the worker's lack of property as in his lack of managerial status, and in his lower income (*see* p. 104). The most striking example of the new situation could be found in the Soviet Union, where despite the social ownership of property, hierarchical social relations in industry persisted (*see* p. 104). Nearer home, too, the workers had come to feel increasingly alienated from their political and trade union representatives in the traditional organisations of the working class. For they, too, were now exercising power over the workers, even if it was nominally on the workers' own behalf (*see* pp. 426 and 434). Amid the general passive conservatism of the unskilled workers, and their disenchantment with their representatives, a "new" working class was, however, emerging in the 1960s in the most modern automated industries (*see* p. 458 and pp. 432–433). These highly skilled and educated technicians began to respond to the new situation of the working class by demanding a share in the running of the firm. By 1964, the C.F.D.T., reflecting the interests of the "new" working class, had made the demand for industrial democracy a central feature of its new statutes (*see* p. 502).

The social upheaval of May 1968 then revealed to Frenchmen as a whole the significance of the changes which had been taking place in the position of the working class. The unskilled and older workers, born and bred in the traditions of the "revolutionary" working-class movement, as represented by the Communist party and the C.G.T., were readily harnessed to traditional short-term demands by C.G.T. officials, who refused to recognise the opening that had been created for fundamental change. The conservatism of the unskilled workers and their representatives emerged in the extent to which any movement aiming at a revolution based on *autogestion ouvrière* was dismissed as utopian. On the other hand, numbers of the younger and better educated workers sympathised — at least as a long-term aim — with the revolutionary conception of *autogestion* which had emerged from the student movement (*see* p. 510). The new issue was glimpsed even by some of the more traditionally-minded (*see* p. 435 ff.). The "new" working class and the C.F.D.T. now began, indeed, to put forward the idea of *autogestion* themselves, as a new long-term objective for the working class (*see* p. 510). The social crisis of 1968 was a clear pointer to the changing nature of industrial conflict in the 1970s, and to the changes which were beginning in the aspirations of some of the working class. By 1970, the C.F.D.T., whose membership had been swelled since 1968 by members who had become aware of trade unionism in that year, was committed, as the second-largest trade union organisation in France, to fundamental changes in the social system, implying not only social ownership, as in the old-style socialist doctrines, but also *autogestion*, and democratic planning (*see* p. 468). Here were, indeed, pointers to the future.

How far and how fully the "new" working class, with its aspiration to play a full part in the running of French society, would displace the old working class remained to be seen. However, Roger Garaudy seemed to be in agreement with Serge Mallet in 1970 about the nature of the changes which were coming about in the structure of the working class (*see* pp. 247–249).

BIBLIOGRAPHY

G. ADAM: 'Où en est le débat sur la «nouvelle classe ouvrière»?', *Revue Française de Science Politique* (octobre 1968), pp. 1003–1023.

G. ADAM, F. BON, J. CAPDEVIELLE and R. MOURIAUX: *L'ouvrier français en 1970* (Colin 1971).

A. ANDRIEUX and J. LIGNON: *L'ouvrier d'aujourd'hui* (Rivière, 1960).

M. COLLINET: *Essai sur la condition ouvrière 1900–1950* (Les Éditions Ouvrières, 1951).

G. DUBY and R. MANDROU: *Histoire de la civilisation française XVIIe–XXe siècle* (Colin, 1958).

G. DUPEUX: *La société française 1789–1960* (Colin, 1964), Collection 'U'.

G. DUVEAU: *La vie ouvrière en France sous le second Empire* (Gallimard, 1946).

J. FRÉMONTIER: *La forteresse ouvrière: Renault* (Fayard, 1971).

P. GAVI: *Les ouvriers* (Mercure de France, 1970).

R. GOSSEZ: *Les ouvriers de Paris, Bibliothèque de la Révolution de 1848*, t. xxiv (1967).

L. HAMON: *Les nouveaux comportements politiques de la classe ouvrière* (P.U.F., 1962).

S. MALLET: *La nouvelle classe ouvrière* (Seuil, 1969).

J. MINCES: *Un ouvrier parle: enquête* (Seuil, 1969).

J. MINCES: *Le Nord* (Maspero, 1967).

D. MOTHÉ: *Militant chez Renault* (Seuil, 1965).

Le Mouvement social, special number on 'Le militant ouvrier français dans la seconde moitié du XIXe siècle' (octobre 1960–mars 1961).

G. NAVEL: *Travaux* (Stock, 1946).

G. NAVEL: *Parcours* (Gallimard, 1950).

Ouvriers face aux appareils (Maspero, 1971).

L. R. VILLERMÉ: *Tableau de l'état physique et moral des ouvriers employés dans les manufactures de coton, de laine et de soie* (Union Générale b'Éditions, 1971). Paperback reprint.

S. WEIL: *La condition ouvrière* (Gallimard, 1951). 'Idées' collection.

THE HABITS OF THE INDUSTRIAL
WORKING CLASS   1840

(*a*) On peut affirmer, en thèse générale, que les ouvriers des manufactures songent peu au lendemain, surtout dans les villes; que plus ils gagnent, plus ils dépensent, et que beaucoup sont également pauvres au bout de l'année, quelle que soit la différence de leurs gains et de leurs charges. Travailler mais jouir, semble être la devise de la plupart d'entre eux, excepté dans les campagnes. C'est aussi un fait bien connu, que, s'ils font ordinairement une grande consommation de provision de bouche, lorsqu'ils reçoivent de forts salaires, ils savent, dans les temps de détresse, supporter de dures privations. La plus pénible, pour un très grand nombre, paraît être celle du vin et des liqueurs fortes. On dirait même que, plus ils sont en proie à la misère et au chagrin, plus ils en cherchent l'oubli dans l'ivresse.

Dans la classe ouvrière comme dans les autres, l'ivrognerie est le vice presque exclusif des hommes. On remarque qu'ils en contractent rarement la funeste habitude avant leurs premières liaisons avec les femmes; qu'elle est surtout commune chez les ouvriers des ateliers dits *de construction*, dont les travaux exigent de grands efforts musculaires, exposent à l'action du feu, ou excitent souvent la soif; qu'elle est générale en quelque sorte dans le climat froid, humide de nos provinces du nord, rare au contraire dans le midi, et qu'elle se montre à Lille plus fréquemment, sous un aspect et avec un cortège plus repoussants que partout ailleurs.

[L. R.] VILLERMÉ, *Tableau de l'état physique et
moral des ouvriers employés dans les
manufactures de coton, de laine et de soie*
(Renouard, 1840), II, pp. 34-35

(*b*) On s'exagère... beaucoup les progrès de l'irréligion en France. Il en est de même de l'intempérance. Il n'est pas du tout prouvé que le penchant à l'ivrognerie soit devenu, de nos jours, plus général qu'autrefois, du moins chez nous. Mais dans le nord de l'Europe, la consommation de l'eau-de-vie augmente depuis que la distillation plus en grand du grain, surtout des pommes de terre, permet de la vendre à meilleur marché. Il y a en France bien plutôt amélioration sous ce rapport. On ne voit pas, en effet, plus d'ivrognes aujourd'hui qu'autrefois, ni dans la vallée du Rhône, ni dans les départements voisins de la Méditerranée. En outre, des documents authentiques paraissent attester que dans la Flandre française l'ivrognerie était au moins aussi commune qu'aujourd'hui il y a trente ans, il y en a cent quarante. Enfin, les *Canuts*[1] de Lyon ne s'enivrent plus, et la bière a remplacé pour eux

[1] Silk-workers.

le vin entre les repas. Il est vrai cependant que l'ivrognerie se montre encore fréquente et rare, comme elle l'était autrefois, dans les mêmes pays.

Mais le libertinage, le concubinage et la prostitution *paraissent* être plus communs.

Je n'ai trouvé au surplus, chez nos ouvriers, qu'une seule vertu qu'ils possédassent à un plus haut degré que les classes sociales plus heureuses: c'est une disposition naturelle à aider, à secourir les autres dans toute espèce de besoins. Les plus portés à rendre service sont ordinairement ceux qui ont la meilleure conduite; sous ce rapport, ils m'ont paru souvent admirables.

ibid., pp. 70–71

THE GROWTH OF UNSKILLED WORK IN THE TWENTIETH CENTURY

Au début du siècle, la classe ouvrière se divisait en deux catégories: l'ouvrier professionnel et le manœuvre. Le premier seul participait à la fabrication; le second, à qui on ne demandait ni connaissance ni formation particulière, ne participait qu'à des travaux élémentaires, auxiliaires de la fabrication: nettoyage, manutentions, chargements ou déchargements, etc... Entre le manœuvre et la machine, il y avait un hiatus créé par la barrière à la fois sociale et technique de l'apprentissage.

La machine alors utilisée était de type universel; elle ne remplaçait pas le métier traditionnel, mais lui apportait l'énergie mécanique. Le moteur se substituait au muscle, mais ignorait l'adresse de l'ouvrier qui restait inchangée. Le professionnel subissait un long apprentissage de plusieurs années; parfois, il faisait son tour de France, s'initiant aux habitudes techniques qui sont l'apanage d'une province ou d'une corporation.

Cependant, la fragmentation des tâches en vue de l'augmentation du rendement laisse souvent inemployée la connaissance de l'ouvrier. Quand la division du travail le permet, quand elle s'est consolidée par la spécialisation et l'extension des débouchés, alors la connaissance professionnelle est de moins en moins nécessaire; l'adresse et le coup de main deviennent les qualités dominantes; elles demandent un apprentissage au sens dégradé du terme, un apprentissage purement physique des réflexes automatiques. Ainsi, dans une raffinerie de sucre, où l'empaquetage des morceaux se fait à la main comme au siècle dernier, les femmes particulièrement agiles, qui maintiennent la cadence, ne l'ont acquise qu'après un «stage» de deux à six mois à quoi il est difficile de donner le nom d'apprentissage.

Nous retrouvons parfois aujourd'hui les séquelles du travail parcellaire de la manufacture tel que le décrit Adam Smith, au XVIIIe siècle; le travail parcellaire traditionnel met en jeu la précision et la rapidité des réflexes mais laisse vide la tête du travailleur. Celui-ci, notait J.B. Say il y a plus de cent ans, «*devient moins capable de toute autre occupation soit physique, soit morale; ses facultés s'éteignent et il en résulte une dégénération dans l'homme considéré individuellement*».[1]

[1] *Économie politique.* [Author's footnote.]

Au XIX⁰ siècle s'opéra dans le textile et la métallurgie le remplacement du travail artisanal par le travail mécanique, mais si le métier du métallurgiste se conserva plus ou moins dans la grande usine sidérurgique jusqu'à la fin du siècle, il n'en fut pas de même dans le textile. En 1840, le Dr Ure y notait déjà que «*les talents de l'artisan se trouvaient progressivement suppléés par de simples surveillants*».[1] La conduite des broches dans les filatures n'exigeait aucune connaissance, seulement un peu d'adresse digitale pour réparer le fil cassé; femmes et enfants quittèrent alors leurs foyers pour travailler dix à quinze heures par jour. Ainsi apparut, il y a plus de cent ans, le type même de l'ouvrier moderne de fabrication, le manœuvre ou l'ouvrier spécialisé (O.S.), dont le rôle est de conduire une machine automatique ou semi-automatique sans en connaître les rouages ni sa fonction dans l'ensemble de la fabrication.

M. COLLINET, *Essai sur la condition ouvrière
1900–1950* (Les Éditions Ouvrières, 1951),
pp. 65–67

THE COMING OF THE *OUVRIER SPÉCIALISÉ*

A la machine universelle s'oppose de nos jours la machine spécialisée ne faisant que quelques opérations bien déterminées et sur laquelle la mise en place et l'avance de l'outil sont automatiques. Son conducteur n'a d'autre tâche que sa surveillance et son alimentation en pièces à usiner. Dans les industries déjà anciennes comme la chaussure, ce type de machines dites semi-automatiques élimine l'artisan ou le compagnon et les remplace systématiquement par l'ouvrier spécialisé vers 1900.

La mutation technique et sociale fut plus compliquée dans les nouvelles branches d'industrie qui drainaient capitaux et main-d'œuvre qualifiée, forgeant aux hommes des besoins nouveaux, telles la mécanique et l'électricité. Au début de ce siècle, dans la mécanique de précision ne travaillait qu'un ouvrier ayant au moins de deux à cinq ans d'apprentissage; dans la grosse mécanique, les mystères du moteur à explosion et des voitures sans chevaux exigeaient des hommes polytechniciens au sens étymologique. Les ouvriers mécaniciens cumulaient connaissances et aptitudes les plus diverses: ils étaient ajusteurs, tourneurs et monteurs successivement. Dans les usines plus importantes, 30% se consacraient à l'outillage et au montage: c'était l'aristocratie mécanicienne,[2] les autres étaient ajusteurs, tourneurs, fraiseurs ou décolleteurs. En ajoutant à cette centaine de professionnels 20 ou 30 manœuvres, nous avions la composition moyenne d'une entreprise mécanique telle qu'elle fonctionnait au début du siècle.

Dans cette industrie, la construction automobile jouait un rôle de pionnier et multipliait par vingt sa production en dix ans; cette production croissante exigeait de plus en plus de pièces détachées identiques. Pour les fabriquer vite et à meilleur compte, la machine semi-automatique conduite

[1] *Philosophie des manufactures*. [Author's footnote.]
[2] Cf. Roche, *Les Mécaniciens*, Thèse de Droit, 1909. [Author's footnote.]

par un manœuvre sans qualification devint nécessaire. Ainsi, dans une industrie où jusqu'alors le métier était roi, commençait vers 1906 la disqualification du travail.

AVÈNEMENT DE L'OUVRIER SPÉCIALISÉ

La guerre de 1914–1918 transforma en torrent impétueux le flot jusquelà timide du travail disqualifié. Des femmes n'ayant jamais tenu un outil furent embauchées et mises au rendement huit jours après. Professionnels et chefs d'équipe, rappelés du front, encadraient et instruisaient ce nouveau prolétariat. Le chronométrage et le salaire différentiel aux pièces, selon les leçons de Taylor, qui avaient fait une prudente apparition vers 1912,[1] devinrent la règle d'or de la production massive.

La structure antérieure faite d'ateliers spécialisés chacun dans un travail ne fut pas modifiée. On conserva l'atelier des tours, celui des fraiseurs, etc..., le travail original restant confié aux professionnels. Dès qu'un procédé était mis au point pour fabriquer une pièce en série, on mettait un O.S. sur la machine et on le chargeait dans la mesure du possible du même travail. Les pièces à usiner se promenaient en zigzagant d'un atelier à l'autre, ce qui exigeait des stocks d'avance dans les ateliers et beaucoup de manœuvres pour les manipuler. Résultats: temps perdu, cadence diminuée, immobilisation de capital circulant et de main-d'œuvre improductive.

Dans de tels ateliers, l'ouvrier spécialisé restait un auxiliaire du professionnel; sa présence dégageait celui-ci des «bricoles» et lui permettait de s'occuper de pièces plus délicates.

Il faut attendre la fin de la guerre, l'influence universelle de Ford pour que la vieille structure des ateliers spécialisés soit brisée et remplacée par les équipes travaillant à la chaîne. En particulier les chaînes de finissage font disparaître cet ouvrier hautement qualifié du début du siècle: le monteur.[2]

A partir de 1920, et surtout de 1926, la rationalisation industrielle bouleverse la structure des usines. En quelques années, jusqu'à l'éclatement de la crise de surproduction de 1930, les chaînes de montage se multiplient dans l'industrie mécanique. L'ancienne structure des ateliers spécialisés vole en éclats; les machines dont le nombre augmente sont regroupées dans l'ordre chronologique des travaux à effectuer; chacune d'elles ne fait plus qu'une seule opération bien déterminée: l'avance de l'outil, la durée de cette opération sont réglées automatiquement. Entre elles, les pièces circulent sur les convoyeurs ou chaînes. *Les manœuvres libérés par les transports mécaniques sont promus ouvriers spécialisés et affectés chacun à la conduite d'une machine semi-automatique.* La suppression des temps morts, la décomposition en gestes élémentaires, le chronométrage réglant le niveau du salaire aux pièces, augmentent la cadence.

Le professionnel, avec ses habitudes, son rythme de travail strictement personnel et sa conscience du travail bien fait, est remplacé à la fabrication par l'ouvrier spécialisé. Il devient régleur d'une équipe ou d'un atelier,

---

[1] *See* p. 366, note 1.
[2] Dans les cycles, le monteur-finisseur est remplacé par huit ouvriers spécialisés. [Author's footnote.]

disposant les outils, fixant une avance, dépannant une machine et distribuant aux O.S. le travail qui, avec le rendement, assure une bonne ou une mauvaise prime.

Le manœuvre est presque éliminé. Dans une usine moderne, il représente moins de 10% du personnel ouvrier en classant dans cette catégorie ceux de la manutention (pontonniers, caristes, etc...) et les magasiniers divers.

La figure centrale de l'industrie moderne et particulièrement de toutes les branches où fonctionnent des machines-outils est l'ouvrier spécialisé (O.S.). Contrairement à son nom, cet ouvrier ne possède ni spécialisation ni qualification. Manœuvre au point de vue professionnel, il est conducteur d'une machine-outil spécialisée, c'est-à-dire d'une machine exécutant toujours la même opération. La croissance des automatismes est telle que, maintenant, il ne faut pas pour un O.S. plus de huit jours de mise en train quand il en fallait deux mois il y a une trentaine d'années. Avec le progrès technique, impliquant la décomposition systématique des opérations et la spécialisation des machines qui y sont adaptées, la capacité ou, ce qui revient au même, l'emploi des ouvriers qualifiés diminuent aussi dans la fabrication : *dans les grandes usines d'automobiles, les régleurs ne sont plus toujours des professionnels mais sont parfois choisis parmi des O.S. qui connaissent la marche d'une dizaine de machines de leur équipe ; le régleur devient lui-même un spécialiste au deuxième échelon* ; il est attaché à une équipe, à un type de production déterminés et s'enferme techniquement dans son travail. L'ouvrier spécialisé n'a pas de machine à son service ; c'est lui au contraire qui est l'auxiliaire de la machine, un auxiliaire où les fonctions intellectuelles sont réduites à l'extrême et se trouvent remplacées par de simples fonctions manuelles. L'O.S. et même le régleur ne sont que les instruments d'exécution du cerveau qui règle chaque opération dans le moindre détail, le bureau d'ordonnancement. Rien, au moins en principe, n'y est laissé au hasard : l'O.S. n'a pas à penser. On pense pour lui. Il est alors évident qu'à partir d'un certain degré d'automatisme, l'O.S. lui-même fonctionnant comme une machine humaine, peut être remplacé à son tour par une machine entièrement automatique qui réalise son self-contrôle.

ibid., pp. 67–71

ATTITUDES TO THE MONOTONY OF WORK

Le progrès des machines augmente la monotonie par la définition même du mot progrès. C'est la rançon de la production de série de satisfaire ainsi le consommateur en abrutissant le producteur. Ici encore, l'individu réagit différemment à la monotonie ; le plus favorisé est celui qui s'évade et pense à autre chose en accomplissant son travail. Après vient celui qui ne peut s'abstraire de son travail, est incapable de libérer son esprit : il devient un «robot» et y perd sa personnalité. Enfin, il y a celui qui non seulement ne s'abstrait pas de son travail mais y pense sans cesse, attendant douloureusement qu'il s'achève.

Ainsi le travail automatisé détermine trois attitudes:

Nous pouvons définir la première comme une évasion, un détachement absolu des processus mentaux du travail accompli machinalement par les mains de la même manière qu'un homme peut penser ou rêver en marchant. Mais chacun connaît la fable de l'astronome tombé dans un puits; combien d'O.S. nous ont dit avoir «loupé» des séries parce qu'ils pensaient à autre chose! En fait, cette évasion est relative, toujours entrecoupée des rappels brutaux de la machine *qui ne veut pas être «délaissée»*. Il est rare qu'elle conduise l'O.S. à une pensée constructive bien cohérente, elle l'incite plutôt à la rêverie, à la musique ou au coq-à-l'âne. Quant à la qualité de cette rêverie, elle dépend du niveau culturel de l'ouvrier, des obsessions intellectuelles ou affectives que sa vie sociale ou privée alimente quotidiennement. Cependant, l'homme évadé continue à vivre mais hors de son travail. Entre le travail et lui se creuse un abîme dans lequel à chaque moment il risque de s'engouffrer comme l'astronome dans son puits; il se désincarne spirituellement, perdant avec le monde réel du travail un contact qui, sans cela, lui permettrait de limiter l'automatisme au niveau simplement indispensable pour la cadence de production.

Il y a une seconde attitude faite au contraire d'une adaptation tenace de l'homme à sa machine automatique; il fait corps avec elle, épousant son automatisme. L'esprit ne s'évade plus; tout au plus, il rumine suivant un rythme obsessionnel qui se synchronise avec la cadence mécanique. Victoire du robot sur l'homme, de la machine d'acier sur celle de chair, de la tête, fût-elle électromécanique, sur le cerveau humain. On pense ici à la phrase de Marx identifiant le prolétariat à *«la perte complète de l'homme»*. La perte de l'homme n'est pas la conséquence de sa pauvreté — à ce compte, il n'y aurait jamais eu d'hommes depuis la préhistoire! — mais celle de sa dépersonnalisation. Elle peut être provoquée par le travail monotone lui interdisant de vivre des événements distincts; ce que généralise à toutes les classes de la société le régime totalitaire en leur interdisant de se créer l'événement qui les ferait vivre distinctement les unes des autres.

A l'homme dépersonnalisé conviennent, suivant le jour ou le hasard politique, le film stéréotypé, la connaissance du «digest», le roman policier éternellement identique à lui-même ou le slogan du parti totalitaire, le rituel mécanisé des manifestations de masse, l'adoration ou l'exécration au commandement. La dépersonnalisation commencée à l'usine le poursuit dans sa vie sociale, où le dogme léniniste-staliniste lui offre même de son état une explication mécanique qui a la prétention d'être scientifique et... dépersonnalisée.

La troisième attitude opposée à la précédente est celle de l'inadapté, de l'homme qui souffre de ses chaînes et qui les brisera en fomentant s'il le peut une révolte collective, mais qui, devant son impuissance à modifier la pesanteur technique et sociale, s'évadera, non plus en esprit mais en chair, de la condition prolétarienne. Cet homme fuira l'usine; il deviendra représentant, fonctionnaire, commerçant ou n'importe quoi; mais dans ces fonctions les plus diverses, il rejettera le temps découpé en petits morceaux des opérations parcellaires, l'espace à l'échelle du centième de millimètre et la sirène qui rappelle au travail ou à la pause; il ne comptera plus les minutes ou les pièces usinées qui s'allongent au long d'une interminable journée, ou alors il les comptera pour les autres, en passant de l'atelier au bureau d'études.

Un écrivain ouvrier, Georges Navel,[1] semble, par ses souvenirs, appartenir à cette catégorie des O.S. inadaptés, cherchant dans un perpétuel changement une possibilité de se fixer à un travail qui ne sue pas l'ennui et la tristesse; il est manœuvre, saisonnier, terrassier, ouvrier agricole, etc..., avant de parvenir au métier plus qualifié d'ajusteur. Nomade du travail, ce fils d'ouvrier promène à travers la société sa quête d'une vie où il retrouverait le contact avec les forces de la nature...

Le problème fondamental de l'ouvrier ou du manœuvre spécialisé est que, promu au rang d'ouvrier producteur, il n'a pas de racine dans son travail et lui reste extérieur, indifférent à ses conséquences. Ignorant le plus souvent tout du but poursuivi, de l'usage ou de la fonction de ce qu'il fabrique, ses gestes n'ont pour lui aucune autre signification que celle de lui procurer son salaire. Malgré son titre, l'ouvrier spécialisé n'a pas de spécialité qui le différencierait de son voisin. La différence réside exclusivement dans les machines respectives que l'un et l'autre conduisent. *Ainsi, la division du travail n'atteint plus l'ouvrier, qui lui est extérieur, mais la machine spécialisée.*

ibid., pp. 118–121

THE QUEST FOR COMPENSATIONS

Des modifications de travail plus accessibles peuvent être envisagées; par exemple: donner régulièrement à un même O.S. plusieurs postes de travail successifs au sein d'une petite équipe qui serait responsable du travail global, ou bien fournir à un O.S. la connaissance du processus d'ensemble de la fabrication; dans chaque cas, le rendre capable d'une activité *polyvalente* qui le dégage de la monotonie; mais peut-être le rendement horaire en pâtirait-il?...

Il suffit de suggérer de telles transformations, inspirées des idées de Charles Fourier,[2] pour constater qu'elles n'ont aucune chance d'être généralisées dans un avenir immédiat, quelle que soit la nature capitaliste ou socialiste de l'entreprise. En admettant que la question du rendement ne fut pas décisive, il faudrait une génération pour leur adapter la structure intellectuelle et sociale de la classe ouvrière.

Il reste alors le raccourcissement de la journée de travail, à quoi concluent Henri de Man, après son enquête sur «la joie au travail», et Léon Walther... Cela supposerait non l'augmentation de «loisirs», mais la séparation du temps disponible en une activité automatisée strictement limitée par individu et une activité libre qui pourrait être d'une autre nature que la première et s'exercer en un lieu différent au domicile ou ailleurs. Il est évident qu'une telle évolution dépendant partiellement du niveau technique ne pourrait se faire qu'à long terme.

En attendant, nous devons nous poser la question suivante; l'ouvrier

[1] *Travaux* (Stock), *Parcours* (N.R.F.).
[2] Charles Fourier proposed that workers should be given a variety of tasks.

spécialisé sans racine dans l'entreprise trouve-t-il en dehors dans le milieu social une compensation à la dépersonnalisation que le travail lui fait subir ? La réponse est positive quand il s'agit d'ouvriers semi-cultivateurs revenant à leur village après l'usine. Nous avons remarqué que le manœuvre le plus déraciné, pour qui le travail n'a pas d'autre sens que la perte de quelques heures quotidiennes en échange d'une somme d'argent, ce même manœuvre est un citoyen de son village. La compensation s'opère, l'enracinement a lieu dans le milieu rural d'où il était à peine sorti, sinon pour s'élever dans l'échelle sociale.

La réponse ne peut être aussi catégorique pour l'ouvrier perdu dans la grande ville. Les simples relations de voisinage, qui s'expriment dans les petites agglomérations y cumulant le pire et le meilleur, se réduisent à rien dans la ville. Hors de la famille au sens étroit du mot règne une relative solitude[1]; l'enracinement ne peut s'y faire qu'à travers les groupements de toutes sortes qui enlèvent le travailleur à celle-ci. Les rapports entre l'ensemble des groupes, partis ou syndicats, et l'individu qui y participe, ne sont pas les mêmes suivant son comportement dans le travail et la nature de celui-ci. Le technicien, trop absorbé dans son travail quotidien, est souvent incapable d'avoir une activité sociale qui le forcerait à élargir son horizon intellectuel; mais les cas du manœuvre ou de l'O.S. sont complètement différents. L'organisation extérieure à l'atelier peut devenir leur raison de vivre; elle pourrait aider à leur repersonnalisation, compenser leur mutilation en créant un milieu humain où se développent naturellement les qualités étouffées dans le travail automatisé: liberté de l'esprit, initiative et responsabilité. Elle donnerait à l'évasion mentale un aliment fixateur, assurerait le dédoublement de la personnalité en gardant pour elle tout son élément humain...

Une organisation ouvrière vraiment démocratique devrait avoir à cœur de recréer l'homme délivré momentanément de sa tâche mécanisée. Il faut bien avouer, hélas! qu'elle serait aujourd'hui une exception. *Il est trop facile, en effet, d'utiliser les habitudes de docilité, le rôle parcellaire et l'absence d'initiative des ouvriers de fabrication pour en faire — sans jeu de mot — une masse de manœuvre entre les mains d'un état-major ou simplement d'un bureau politique omniscient et tout puissant qui prolongent sur le plan politique ou social le rôle dirigeant du bureau des fabrications de l'usine.* Ainsi se constituent les organisations de masse suivant la formule léniniste, véritable bain d'acide sulfurique où se dissout la personne humaine. Dans ces organisations communistes ou paracommunistes, est mise à profit la structure dépersonnalisante de l'atelier automatisé.

LE CREUSET DES MASSES

L'atelier automatisé est le creuset où s'élaborent les masses. Qu'entendons-nous par ce mot galvaudé et d'où émane chez les marxistes-léninistes un relent mystique ? Un ensemble de gens interchangeables et où l'individu

---

[1] Ceci ne tient pas compte du fait que les quartiers de grande ville recréent souvent les liens de voisinage, en transposant en plein centre urbain des habitudes rurales. [Author's footnote.]

n'exerce aucune activité particulière susceptible de le séparer et au besoin de l'opposer aux autres activités. Les O.S. de l'atelier automatisé constituent une masse car ils ne se différencient que pour des motifs purement accidentels: un O.S. en vaut un autre à l'échelle de l'entreprise et même de l'atelier.

Ne pouvant se définir dans un travail constructif, l'O.S. transfère son besoin d'enracinement dans un homme, un parti, un mythe; il y transporte aussi ses habitudes-réflexes et son inhabitude à réfléchir en travaillant. La discipline et les mots d'ordre stéréotypés combleraient les premières; la crédulité sera le fruit de la seconde, et le mythe entretenu par les cérémonies rituelles fournira un aliment à l'évasion mentale, polarisera ses pensées flottantes et s'ancrera lentement mais sûrement dans son subconscient.

Dans ces cérémonies, la fameuse contagion mutuelle des participants, tant de fois décrite par les sociologues depuis cinquante ans, se réalisera d'autant mieux qu'ils sont d'avance déracinés et désarmés par la nature de leur travail. Ne discutant pas à armes égales, le travailleur est disposé à subir les courants affectifs et passionnés que savent créer les leaders qui ont le mépris de la classe ouvrière. L'art de faire passer une marchandise fort douteuse à la faveur de commémorations où l'émotion collective détermine une atmosphère sacrée n'a pas de secret pour les techniciens du mouvement de masses. Le ressentiment né des multiples frustrations subies par le travailleur pauvre et livré à une activité sans joie, peut-être dérivé vers un fanatisme politique qui s'alimente à toutes les sources affectives que nous avons décrites. Cristallisé dans les mots d'ordre d'action, enveloppé dans le mythe compensateur où se peignent en ombres les revanches futures, le ressentiment devient alors la conscience d'une force sociale. Cette sorte de conscience de classe n'est plus, comme nous l'avons déjà dit, un dépassement d'une conscience corporative ou professionnelle ici inexistante. Elle surgit directement d'un ressentiment convenablement orienté; elle n'est pas ici l'expression d'une réalité, *la condition ouvrière*, vécue d'abord et pensée ensuite, mais, au contraire, une évasion d'une réalité subie et non pensée.

Les évasions individuelles sont autant de sources d'énergie diffuse comme celles que l'on trouve dans l'agitation moléculaire des gaz. L'art du mécanicien des masses est de les coordonner, d'en diriger le flux dans le canal historique qu'il a creusé pour servir aux pressions sociales par quoi se bouleversent les sociétés.

Dans l'organisation de masse ainsi décrite l'ouvrier n'a pas plus de contrôle du but réellement poursuivi que dans son atelier automatisé. Sa dépersonnalisation, dépassant l'usine où il fait ses huit heures quotidiennes, s'élargira à sa vie entière; il sera mûr pour devenir le citoyen d'une république totalitaire.

ibid., pp. 122–126

THE CONTINUED SUBORDINATION OF THE WORKING CLASS   c. 1960

La situation de travail — fait capital — implique un rapport de pouvoir. Celui-ci relie les uns aux autres des hommes qui coordonnent et, de ce fait, ordonnent, et, face à eux, des hommes qui exécutent et, de ce fait, obéissent.

Ce rapport de supérieur à inférieur sur le plan de l'atelier ne laisse pas d'avoir des répercussions sur la vie sociale en dehors de l'atelier. Il engendre le statut social ouvrier, comme statut d'une couche sociale inférieure, la plus basse dans l'édifice de la société industrielle, indépendamment du droit de propriété privée, collective ou étatique, en vigueur.

En effet, l'abolition de la propriété privée des moyens de production ne suffit pas, l'expérience l'a suffisamment démontré, pour éliminer de la situation de travail ce rapport de pouvoir ni, par conséquent, pour modifier fondamentalement le statut social de l'ouvrier.

D'autre part, la misère matérielle, des salaires à la limite du minimum vital, peuvent faire place à des conditions matérielles meilleures pour l'ouvrier. C'est bien ce qui s'est produit depuis que les richesses de la société industrielle se sont accrues, et que les ouvriers ont pris conscience de leur force qui devient réelle lorsqu'ils s'unissent dans une action collective ou dans de puissantes organisations engagées dans la défense de leurs intérêts. L'ouvrier s'est montré capable de modifier la relation de puissance qui s'établit entre lui et le patron. Celui-ci finit par accepter une paix négociée, et a concédé aux ouvriers, sur le lieu du travail, des libertés que ceux-ci n'avaient pu prendre autrefois. Entre le patronat et le salariat peut s'instituer, par l'entremise des organisations ouvrières, un rapport de puissance à puissance.

Néanmoins, le rapport de pouvoir que comporte la situation de travail persiste. Et l'ouvrier en est parfaitement conscient. L'expérience quotidienne à l'atelier le lui rappelle. Elle lui rappelle, comme l'a justement constaté Popitz,[1] que ce n'est pas lui, l'ouvrier, qui prend les dispositions auxquelles il doit se conformer, mais qu'elles sont prises par «ceux là-haut», qui ont la qualité de «maîtres». Elle lui fait sentir sans relâche l'omniprésence de ce pouvoir qui, de tous côtés, à travers une cascade de délégations, s'exerce sur lui et auquel il est seul à n'avoir aucune part. Comme le disait Simone Weil:

«L'étau de la subordination est rendu sensible (aux ouvriers) à travers les sens, le corps, les mille petits détails qui remplissent les minutes dont est constituée une vie».[2]

Par définition, est ouvrier celui qui effectue le travail productif sans exercer, sur le plan de la vie active, aucun pouvoir sur aucun autre homme. Il se trouve en dernière position et il ne détient aucun privilège.

En conséquence, il est repoussé au dernier échelon dans l'échelle hiérarchique des importances sociales, de la considération et des libertés sociales. Cela devient sensible à l'ouvrier par l'inégalité de la liberté de parole, par exemple. La liberté de parole politique existe, dans les démocraties du moins; la liberté de parole sociale, sur le plan de l'entreprise, n'existe nulle part. Les chefs, grands et petits, disent sans gêne à l'ouvrier des vérités — sur son savoir-faire, sur son comportement au travail, sur la qualité de ce

---

[1] *Das Gesellschaftsbild des Arbeiters*, Tübingen, 1957, page 204. [Author's note.]
[2] *La Condition ouvrière*, Gallimard, 1951, pp. 242–243. (Article «Expérience de la vie d'usine», écrit à Marseille, en 1941–1942). [Author's note.]

dernier — que lui ne saurait oser dire à ses chefs; il y regardera à deux fois avant de se lancer dans une pareille aventure. Ce statut diminué de l'ouvrier se fait sentir jusque dans ses relations avec les employés. La petite «secrétaire» du bureau du personnel elle-même, personnage modeste s'il en est, peut encore faire sentir sa «supériorité» à l'ouvrier en le laissant attendre jusqu'au lendemain une fiche dont il aurait un besoin urgent aujourd'hui.

La situation de travail, avec la subordination et l'infériorité de celui qui la subit, est donc au cœur de la condition ouvrière. Et la manière dont l'ouvrier répond à cette situation est tout aussi capitale pour sa vie. C'est elle qui conditionne l'attitude fondamentale dans laquelle il approche les problèmes de sa vie.

A. Andrieux and J. Lignon, *L'ouvrier d'aujourd'hui* (Gonthier, 1966), pp. 103-105

THE WORKER AND CONTEMPORARY SOCIETY   c. 1960

Comment se présente en fin de compte à nos yeux l'ouvrier d'aujourd'hui, caractérisé comme ouvrier résigné, après analyse de son rapport au travail aux deux points de vue de *l'acte de travail* et de la *situation de travail*, et après un tour d'horizon sur son comportement et son attitude vis-à-vis des problèmes en dehors du travail?

C'est un homme qui, déraciné des traditions ouvrières, ne possède ni principe ni conception du monde qui l'oriente dans la vie. C'est par suite un homme qui ne participe à aucune activité en dehors du travail, qui se présente pourtant comme un vide. Il demeure passif. Il se sent impuissant face aux facteurs objectifs et subjectifs qui décident des développements sociaux et de son propre sort. Il est pessimiste.

Est-il engagé sur la voie d'un enracinement nouveau? Autrefois intégré dans un monde ouvrier qui se distinguait par son particularisme et son opposition à la société dans laquelle il vivait, il serait en train — sous l'effet des techniques nouvelles et de l'élévation de son niveau de vie — de s'intégrer à des couches sociales moyennes nouvelles, salariées, comme certains sociologues le soutiennent, et même à la société globale, qui se transformerait elle aussi en une société nivelée de classes moyennes (*nivellierte Mittelstandsgesellschaft*), comme l'affirme l'école du professeur Helmut Schelsky, notamment.

Certes, de nombreux changements se sont produits depuis quelques décennies dans la société industrielle, sur le plan de la production aussi bien que sur celui de la consommation.

La détresse est sans doute encore loin d'être devenue une inconnue dans le monde ouvrier. Pourtant, à la portée de maints ouvriers se trouvent des biens de consommation et des distractions dont l'équivalent était inaccessible hier à n'importe quel ouvrier. En se les procurant, ces ouvriers peuvent paraître les égaux des membres des couches petites-bourgeoises. De plus en plus nombreux sont les ouvriers qui possèdent une voiture, comme ils possèdent un poste de télévision, etc. On rencontre de plus en plus fréquemment des ouvriers qui ne se distinguent pas des petits bourgeois par leur habillement. Ils assistent à leur côté aux spectacles sportifs, se trouvent mêlés à eux sans s'en différencier dans les salles de cinéma, sur les plages, sur les pentes enneigées..., etc.

Est-ce là, au sens de l'ouvrier, une solution au problème de la condition ouvrière comme condition sociale amoindrie et amoindrissante?

Les possibilités nouvelles qui s'offrent à l'ouvrier dans le domaine de la consommation peuvent l'amener à dire — à se le dire aussi à lui-même et à le croire — que l'unique chose qui lui manque pour être un homme satisfait c'est de ne pas gagner assez. Il se trompe alors sur lui-même... Mais cette illusion ne résiste pas à toute épreuve.

L'assimilation de l'ouvrier aux autres couches sociales est un phénomène superficiel. Au fond de son être, l'ouvrier continue à être marqué par les effets de sa situation particulière. Pierre L., ouvrier propriétaire de voiture, est parfaitement conscient quand il se trouve à bord de sa quatre chevaux de n'être «qu'un ouvrier». Ses notes... parlent un langage éloquent. Et nous sommes sûrs que si l'on menait une investigation selon notre méthode combinée d'entretiens et d'observation directe à l'atelier, auprès d'ouvriers d'usines ultra-modernes, automatisées, on saisirait avec évidence que ces ouvriers, dont la tâche consiste surtout à surveiller des machines, réalisent pertinemment leur particularisme ouvrier face à ceux qui les commandment et qui jouissent d'un statut social supérieur.

Qu'il en est ainsi, une enquête que nous avons menée récemment dans l'industrie chimique... le confirme.

L'ouvrier continue à exister comme une figure sociale spécifique, en dépit des transformations qu'il peut avoir subies dans son comportement et dans sa conscience. Il existe toujours un groupe social à marque ouvrière distinctive, comme il existe chez l'ouvrier une conscience de groupe.

Il ne s'agit pas ici, soulignons-le, de savoir si les ouvriers forment ou non une classe, et s'ils ont une conscience de classe, avec ce que cela comporte comme solidarité et comme enracinement dans une tradition commune et dans une vision d'avenir également commune; il s'agit seulement de savoir si l'ouvrier se sent être «ouvrier», par distinction relative aux membres des autres couches sociales; en un mot, de savoir s'il y a une conscience ouvrière groupale.

La persistance d'un groupe ouvrier nous paraît évidente en présence de la réalité qui nous a entourés tant d'années à l'atelier, et qui s'était prolongée dans le quartier. Aussi les doutes que certains sociologues ont émis à ce sujet nous semblent-ils bizarres. Nous pouvons nous référer aux chapitres qui précèdent; les résultats de notre enquête sont probants. Mais faisons suivre encore l'analyse d'une question que les deux enquêteurs ont posée, en dehors de l'enquête, occasionnellement, au cours d'entretiens entièrement libres qu'ils ont eus dans l'atelier avec des collègues de travail. Ils leur ont demandé: «*Selon vous, qu'est-ce qu'un ouvrier?*»

Les réponses obtenues se classent dans trois catégories.

Il y a, d'abord, des réponses qui visent l'acte de travail. Ces réponses se résument dans la phrase: «L'ouvrier? C'est celui qui travaille.» Dans la plupart des cas, ces mots reviennent textuellement, sans aucun commentaire.

Les deux autres sortes de réponse visent la situation sociale et économique de l'ouvrier. Ces réponses se différencient selon qu'elles expriment une forte tendance affective (catégorie 2), ou qu'elles approchent davantage d'une réflexion; parfois elles sont nettement raisonnées (catégorie 3).

Voici quelques exemples, pour la deuxième catégorie d'abord.[1]

L'ouvrier? «C'est une poire, quoi, un fruit dont on presse le jus et qu'on jette ensuite à la poubelle.» (P. 2,[2] 62 ans.)

Ces réponses sont souvent laconiques.

Qu'est-ce qu'un ouvrier? «Pas grand-chose.» (O.S., 28 ans.) «Oh! c'est un pauvre couillon.» (Tôlier, 30 ans.) «C'est un pauvre con.» (O.S., 24 ans.) Etc.

La majorité des ouvriers a donné des réponses de cet ordre.

Voyons maintenant des exemples de la troisième catégorie:

«C'est un esclave, c'est un paria.» (Tourneur P. 1, 34 ans.) «C'est un pauvre imbécile, il n'a qu'à se regarder.» (Tourneur, 35 ans.)

Il arrive qu'un ouvrier réponde par écrit, et c'est tout un traité:

«L'ouvrier est l'esclave des temps modernes; comme son lointain ancêtre il est indissolublement lié au travail; comme lui il peine non pas pour le genre humain, mais pour une minorité qui détient le pouvoir et la fortune. Il se croit libre parce qu'il peut changer d'exploiteur. S'il manifeste son mécontentement, on lui donne de la matraque et de la prison comme on donnait dans la Rome antique du bâton et du cachot aux esclaves. Il se croit protégé par un système de lois et de décrets compliqués et pas très clairs, en réalité il est prisonnier de cette toile d'araignée qui le lie plus sûrement à son maître... l'ouvrier n'est qu'un esclave.» (O.S. 2,[3] 50 ans.)

Quelques réponses d'ouvriers algériens, pas toutes, se distinguent par une nuance d'optimisme qu'on chercherait en vain dans les réponses d'ouvriers français ou étrangers d'origine européenne. Ainsi dans les cas suivants:

L'ouvrier? «Il est l'échelon le plus bas de la société *actuelle* vu que cette société est divisée en plusieurs catégories.» (O.S. 2, 27 ans, Algérien.)

Ou encore:

«C'est une personne qui paye de son physique ses besoins. Victime *de la société où il vit*, il est considéré en général comme le parent pauvre. Il est *victime de son ignorance, du manque d'éducation* et de l'influence de son milieu. Il considère en général qu'il est né pour travailler. Il est victime de la religion qui le pousse à une certaine soumission et il trouve sa situation normale.» (O.S. 2, 28 ans, Alg.)

Ici, nous le voyons, l'ouvrier est considéré comme la victime de circonstances et de conditions susceptibles d'être abolies un jour.

Que signifient dans leur ensemble ces «définitions» de ce qu'*est* un ouvrier?

Quand on nous dit que l'ouvrier est «celui qui travaille», ce: «celui qui travaille» implique un «*Nous* qui travaillons», alors que les autres en

---

[1] Les ouvriers cités sont des Français dans tous les cas où nous n'indiquons pas expressément le contraire. [Author's footnote.]

[2] = ouvrier professionnel, deuxième catégorie.

[3] = ouvrier spécialisé, deuxième catégorie.

profitent; un «Nous et Eux»: le groupe ouvrier, d'un côté, et de l'autre côté, les autres.

Dans les réponses des deux autres catégories, cette même conscience d'une dichotomie sociale qui divise les hommes en personnes qui fournissent l'effort productif et, face à eux, celles qui en tirent le bénéfice, est si évidente que la chose se passe de commentaire.

Cette conception dichotomique des structures sociales comporte le sentiment que les ouvriers partagent le sort commun d'une même injustice, parce qu'ils remplissent la fonction du travail productif. Nos interlocuteurs sont intimement convaincus que cette fonction et cette injustice sont liées l'une à l'autre : celui qui fait ce travail est pour cette raison même celui qui subit l'injustice sociale ; ils en trouvent la preuve dans leur expérience quotidienne. Dans cette idée se réalise encore le «Nous»: c'est à *nous les ouvriers* que cela arrive, à nous qui travaillons «en bas» et qui nous trouvons, du même coup, socialement «en bas».

ibid., pp. 197–201

THE "NEW WORKING CLASS"   c. 1963

On a donné aux ouvriers travaillant dans l'industrie automatisée (ou en passe de l'être) le nom de «nouvelle classe ouvrière». En fait cette terminologie recouvre deux types différents de salariés, l'un et l'autre créés par les nouveaux développements techniques, l'un et l'autre participant à ce processus «d'intégration aux entreprises»:

a) Encore classés dans la catégorie des ouvriers proprement dits, l'usine nouvelle utilise deux sortes de travailleurs: les surveillants, chargeurs, opérateurs, préparateurs, affectés aux unités de production automatisées et les ouvriers d'entretien, chargés de la réparation et de la surveillance des mécanismes de l'outillage. Le type de qualification demandée aux uns et aux autres est assez différent: les premiers, qui ne touchent pratiquement pas aux produits, sont choisis en fonction de leurs facultés d'attention, d'expérience visuelle et d'initiative. Ils sont les correcteurs humains des possibles défaillances de la machine. Leur poste exige une connaissance assez complète du processus de production synthétique dans lequel ils s'insèrent. La qualification des seconds est d'un type plus traditionnel: mécaniciens, électriciens, horlogers, etc., eux aussi cependant, et avec plus de responsabilité que les opérateurs, sont en liaison avec tous les postes de la production, ont de l'ensemble du procès de production une vue globale. Par les postes qu'elle crée, l'automation — si elle élimine totalement le rapport de l'homme à l'objet — détruit les parcellisations du travail et reconstitue, au niveau de l'équipe, voire de l'ensemble du travail collectif, la vision synthétique du travail polyvalent. Les unités de production diminuent de volume et les rapports humains entre les groupes d'ouvriers sont plus fréquents, moins anonymes que ceux que l'on observait dans l'usine taylorisée.

Ces ouvriers intégrés à l'entreprise — c'est-à-dire à une *unité stable de production* — sont intégrés entre eux. De même, le changement des fonctions du travail a pour corollaire un certain rapprochement entre ouvriers et cadres : entre l'ingénieur du pétrole, parfois sorti du rang, qui assure le contrôle d'une unité de distillation, et les quelques ouvriers techniciens en blouse blanche qui sont sous ses ordres n'existe qu'un rapport de hiérarchie à l'intérieur du même groupe social. Rien de commun avec la position de l'ancien ingénieur d'exploitation (directeur de fosse dans les charbonnages par exemple) commandant à une armée d'OS anonymes, et séparé d'eux par une barrière de classe. L'industrie moderne facilite d'ailleurs les gradations et la séparation entre l'ouvrier, le technicien, et le cadre tend à s'amenuiser.

b) L'autre couche, plus importante numériquement, créée sinon par l'automation exclusivement, du moins par la tendance de l'industrie moderne à consacrer le maximum d'efforts aux opérations se situant en amont du procès de production classique (études et recherches) et en aval (commercialisation, études du marché, etc.), est celle des techniciens des bureaux d'études. Séparés du lieu même de la production, souvent géographiquement lointain, ils n'ont plus guère de contacts avec les ouvriers et le sentiment de supériorité qui animait les *white collars* de l'administration des entreprises à l'égard des ouvriers en bleus disparaît avec la contiguïté des lieux de travail. L'énorme développement des bureaux d'études a par contre créé de véritables unités intellectuelles de production, dans lesquelles les conditions de travail ressemblent de plus en plus, avec les rythmes planifiés et la mécanisation des opérations de bureau, à celles de l'atelier moderne d'où ont disparu aujourd'hui la fatigue physique, la crasse et les mauvaises odeurs.

L'analogie des maladies professionnelles observées aujourd'hui dans l'une et l'autre couche (essentiellement nerveuses et psychiques) confirme cette homogénéisation des conditions de travail entre bureaux et ateliers.

L'ensemble de ces caractéristiques a profondément marqué le mouvement syndical dans les unités modernes de la production.

S. MALLET, *La nouvelle classe ouvrière*
(Éditions du Seuil, 1963), pp. 58-59

WORKING-CLASS CONSERVATISM   1967

... la classe ouvrière française a vécu, au temps du syndicalisme révolutionnaire, avec l'idée que le travailleur, en raison de ses connaissances professionnelles, serait capable de *prendre en main la gestion de l'industrie*. C'était l'époque de la formule «L'atelier remplacera le gouvernement». Le travailleur a ensuite eu confiance dans la *nationalisation* comme moyen de transformer son statut. Les nationalisations ont été un très grand succès technique; mais aussi, un échec social, dans la mesure où l'ouvrier n'a pas eu le sentiment d'une transformation quelconque dans ses relations psychologiques avec les ingénieurs et contremaîtres qui lui donnent des ordres. Il a transféré alors son espoir dans la révolution russe, et s'est rattaché au *communisme*. Aujourd'hui on s'aperçoit que la Russie doit faire face aux mêmes problèmes, non seulement d'organisation économique, mais de relations sociales que les pays de l'Occident, et que les travailleurs s'y trouvent dans la même situation de subordination et de détachement, quelque peu désolé, vis-à-vis du travail.

Une enquête récente d'Andrieux et Lignon montre que l'état d'esprit de l'ouvrier spécialisé est le sentiment d'un état de dépendance, de subordination et de déconsidération. La majorité est constituée soit de *résignés*, soit d'*évadés* en puissance, qui cherchent à quitter une situation de subordonnés, et pour qui, ce qui symbolise la réussite sociale, c'est la possibilité de quitter l'usine pour devenir son maître.

Les réactions de base de cette catégorie ouvrière sont en général *conservatrices*. Dans un pays en pleine transformation technique, qui exige sans cesse de nouvelles structurations, l'ouvrier spécialisé est animé avant tout par la méfiance vis-à-vis de tout changement, qui risquerait de réduire l'emploi. Il craint les difficultés de reclassement, réagit instinctivement contre la mobilité ouvrière, préférant une distribution réduite du travail entre tous les ouvriers d'une usine, au débauchage de certains, même s'ils sont reclassés avec de plus hauts salaires et logés, mais en dehors du lieu où ils ont l'habitude de vivre et de travailler. Enfin, cette même crainte de perdre son emploi conduit le travailleur à voir dans l'ouvrier étranger immigré un concurrent dangereux, et commence à susciter certains relents de racisme.

Cet ouvrier est passif, méfiant envers tous les supérieurs, y compris les leaders du syndicat; il n'en suit pas moins les mots d'ordre de grève donnés par les organisations professionnelles. Mais cette action est rarement une adhésion aux buts et revendications fixés par le syndicat; ceux-ci sont élaborés par les spécialistes, qui sont en fait des cadres, en dehors de la réaction de la base ouvrière elle-même. Celle-ci réagit par des explosions successives, par la manifestation d'un mécontentement général, diffus et permanent; la grève est l'expression de cette révolte d'ensemble, et s'exprime d'un mot: «On en a marre», plutôt que par la recherche directe et consciente de l'obtention de certains résultats.

Ceci conduit à une triste conclusion : *si les milieux ruraux donnent naissance à une jeune élite d'entrepreneurs agricoles à tendances socialistes, si les cadres apparaissent comme une classe salariale montante innovatrice et créatrice*, la majorité de ce qui constitue encore aujourd'hui la classe ouvrière représente un élément *passif*, révolté contre le système général de la grande industrie, rêvant d'un retour au petit artisanat, au petit commerce pré-industriel; détachée des problèmes réels qui se posent dans l'économie contemporaine, elle n'a plus de vocation créatrice ni de possibilité d'action réelle et efficace pour la transformation des structures contemporaines. Malgré l'emploi d'une phraséologie encore révolutionnaire, elle représente de plus en plus une force conservatrice, menacée dans son existence même par les progrès de la technique. Il importe de l'aider, surtout dans ses éléments jeunes, à franchir une phase de transition difficile et à s'adapter à un monde nouveau. *Mais ce n'est plus d'elle, mais plutôt des agriculteurs et des jeunes cadres que viendra la force transformatrice des structures sociales.*

A. PHILIP, *Les socialistes* (Éditions du Seuil, 1967), pp. 204–206

MAY 1968 AS SEEN BY A MEMBER OF THE WORKING CLASS

En quelques mots, on peut dire que les événements de mai, ça n'a jamais fait que concrétiser, et en quelques jours réaliser ce qu'il y a longtemps que nous on sentait.[1] C'est qu'on ne se bat pas seulement pour le pain. Ce n'est pas que le pain qui compte dans la vie d'un homme. Il arrive même un jour où le mec ne se bat plus parce qu'il a faim. Moi je n'ai pas faim. On a passé le moment où on se bagarrait parce qu'on avait la fringale. C'est pas ça du tout. C'est parce qu'on voudrait qu'il y ait d'autres rapports dans la vie, qu'on vive autrement que dans cette espèce de guerre latente dans laquelle on est toujours les vaincus; tout en sachant qu'on représente dans le revenu national — mettons — une part énorme. C'est pour ça qu'on est entré dans la grève. Mais pas spontanément, comme ils ont dit, les étudiants. Le coup d'utiliser la spontanéité des masses! Mon vieux, je la connais la spontanéité. Ce sont des spontanéités qui s'échelonnent sur dix ou vingt ans. Tout ça, c'est pas spontané chez moi; il n'y a rien de spontané; il y a longtemps qu'on y a pensé, à ces trucs-là; il y a longtemps que je suis d'accord; et les autres aussi, parce qu'il y a longtemps que les types se battent dans les usines contre les patrons. C'est vrai, on ne va pas recommencer à tout expliquer, mais il y a longtemps que les types sont aliénés, il y a longtemps que les types sont privés de culture, il y a longtemps que... mais c'est vieux comme le capitalisme; et avant c'était autre chose.

Seulement, les étudiants, il faudrait qu'ils se mettent ça dans le cigare eux aussi : il faudrait bien qu'ils s'aperçoivent que les ouvriers savent ces choses-là. Et que s'ils n'ont pas poussé jusqu'au bout, si les grèves ne sont pas allées plus loin que la grève, c'est que les ouvriers savent très bien que si les flics les avaient eus en face d'eux, ç'aurait été beaucoup plus violent. Les ouvriers ne s'engageront pas dans une aventure: c'était pas le jour.

Nous autres, nous savons très bien que la bourgeoisie n'est pas dans une situation suffisamment grave pour qu'il soit question d'un mouvement révolutionnaire. Il ne s'agit même pas d'une révolution. Révolution? Pas du tout. Pour moi, il s'est agi d'un test, comme il en arrive quelquefois, dans l'histoire des nations, un moment où on peut faire le calcul d'un rapport des forces en présence et du niveau politique des mecs. Et le rapport de forces, il penchait dans le sens de la bourgeoisie. Il n'y a pas d'illusions à se faire. Ce qui me fait dire ça? C'est qu'une révolution, d'abord ce n'est pas ça. Enfin, c'est vrai, je n'ai jamais participé à une révolution. Mais il ne faut pas faire le complexe des brigades internationales. La bombe, tout ça, c'est vachement bien, c'est peut-être vachement romantique, mais il faut faire drôlement gaffe à ça. Parce que comme je le disais tout à l'heure, on sait très bien, dans le fond, que le gros paquet, c'est nous qui allons l'encaisser; c'est sûr. C'est vrai que la bourgeoisie était désemparée, c'est vrai qu'au sein du pouvoir, il y a eu un petit flottement, même parmi les gaullistes. Il y a eu un flottement, il n'y a pas de doute, ça se voyait, c'était net. On n'avait jamais vu une désorganisation pareille, puisque même les flics, dans

---

[1] = ce que nous sentions depuis longtemps.

certains coins, ont fait grève. Alors il n'y a qu'à voir! Les gendarmes, dans certains coins des Bouches-du-Rhône, il y en a qui ont fait grève; j'ai vu ça dans le journal. C'est vrai, en mai il y a vraiment eu quelque chose; ces gars-là, ils se sont demandé ce qui allait se passer; d'ailleurs on a vu les journalistes de la télé: c'était pareil; les gars ils se demandaient de quel côté ça allait tourner. Les mecs ne savaient pas très bien où le vent allait tourner. A ce moment-là, il y a eu un flottement, mais dans l'ensemble, ces gars, on ne peut pas compter sur eux. Alors c'est vrai que la bourgeoisie était très désemparée, y compris chez les gaullistes. Mais attention, le gaullisme, si on parle de quelques fonctionnaires gaullistes, c'est vrai. Mais ce n'est pas ça qui fait la puissance de l'État. Pour prendre le pouvoir, il faut vraiment qu'il y ait désarroi chez les autres; ce n'était pas le désarroi. C'était le flottement, non pas le désarroi. Attention. Il faut se méfier de ça. Parce qu'on ne peut pas se permettre de rater un truc comme ça.

Et puis, ce mouvement ne représentait pas la masse de la nation. Ce qui me fait dire ça, c'est que la classe ouvrière, celle qui travaille de ses mains, ne représente pas la masse de la nation. Je parle des ouvriers qui sont dans la production, parce que ce sont ceux-là qui ont mené les autres. Les autres ont suivi parce qu'ils ont eu peur de l'issue de cette grève; enfin peur, c'est peut-être pas l'expression qui convient, mais, dans le doute, voyant le flottement, ils ont suivi. Mais nous on est prudent, avec eux. Parce qu'on les voit dans les boîtes. Les cadres par exemple, les cadres subalternes (les cadres supérieurs, on les connaît moins) mais les cadres subalternes, on voyait bien qu'ils se rapprochaient de nous. C'est bizarre d'ailleurs, parce que d'habitude, ils nous emmerdent continuellement; et ces jours-là, ils sont devenus vachement copains; c'était clair. Ils se sont rapprochés de nous parce qu'il y avait ce flottement. Parce qu'ils le savent bien que leurs problèmes sont les mêmes que les nôtres. Seulement, ils ont une attitude opportuniste, ces mecs-là; c'est-à-dire qu'au fond, quand tu es cadre subalterne, tu n'es pas un mec tellement valable; tu sais bien à quoi tu joues; le cadre subalterne sait bien à quoi il joue; il sait bien que son rôle, c'est un petit rôle un peu dégueulasse. Puisqu'on lui file des primes sur le rendement des mecs, alors, il sait bien qu'il ressemble un peu à un misérable sous-off de négrier. Alors qu'est-ce que tu veux discuter avec des mecs comme ça? Oh bien sûr, les jours de grève ils venaient renchérir, ils abondaient dans notre sens à cette époque-là; d'ailleurs on leur disait: «Tiens, c'est marrant!» Ces mecs, à ce moment-là, ils étaient vachement révolutionnaires et tout: «Ouais, il fallait aller plus loin, mais ouais!» qu'ils disaient. On voit ça d'ici. Mais on ne pouvait pas aller plus loin, c'est pas la peine de s'affoler. C'était pas au point. On le savait très bien. Tout le monde le sentait; enfin au moins une grande partie des mecs. Alors pourquoi on s'est quand même mis en grève?

Si ce mouvement, si les grèves ont eu lieu, si les étudiants ont été appuyés par le mouvement ouvrier, ou plutôt par les ouvriers, — il n'y a pas de mouvement ouvrier là-dedans —, c'est que devant une telle violence, les types ont été choqués. Ils ont été choqués surtout par le fait de cette répression qu'il y avait eu contre les étudiants. Et c'est surtout d'abord à ça qu'ils ont répondu unanimement et sans discussion. Le parti communiste n'a même pas été dans le coup; il n'en a jamais été question, et les syndicats non plus. Ils ont lancé des mots d'ordre que les mecs ont écoutés ou pas, mais ils ont débrayé quand même...

Les étudiants ont toujours, jusqu'à présent, appartenu à la bourgeoisie. Qu'est-ce que nous, en général, on a pensé des étudiants? Tu demandes à un mec et il te dira: «Un étudiant, ah! ces mecs plus ou moins efféminés, ces fils à papa? On s'en fout.» Et c'est vrai, d'ailleurs. Il faut aussi bien se dire une chose, c'est que si les mecs, eux, attendent après leur bifteck, les étudiants pas. Les étudiants n'ont pas perdu leurs vacances. Mais les mecs, dans les boîtes, les ont perdues. Il faudrait peut-être qu'on s'en aperçoive, qu'ils sachent ça. Les mecs, leurs sacrifices et les nôtres n'étaient pas comparables. C'est pas parce qu'ils avaient le désir formidable de tout foutre en l'air qu'on était forcément d'accord avec eux. Il aurait peut-être fallu — enfin, je ne sais pas — mais au moins qu'il en soit question avant. C'est pour ça que quand ils disent que le Parti ou les syndicats ont freiné le mouvement, qu'ils l'ont entravé — je ne veux pas soutenir les syndicats; et le Parti, de toute façon, à mon avis, il n'était pas dans la course — qu'ils ont empêché la prise du pouvoir, il faut qu'ils fassent attention. Je ne sais pas, mais il y a un gars, Jean-Paul Sartre peut-être, qui a dit que le Parti ne voulait pas prendre le pouvoir, ou je ne sais quoi, que c'était une trahison. Il n'en était pas question. Il ne faut pas déconner. Il ne faut pas que les étudiants se méprennent sur le sens de ce mouvement-là. On est parti sur la solidarité, mais le mouvement des ouvriers n'a jamais été en liaison avec celui des étudiants. Il aurait fallu pour ça un travail préparatoire extraordinaire. Alors qu'il n'y a jamais eu auparavant de liaison entre les ouvriers et les étudiants.

D'abord les ouvriers et les étudiants sont des mecs qui ne se connaissent pas. Et jusqu'à preuve du contraire, ils appartenaient pour nous à une classe différente de la nôtre, donc c'est pas d'un seul coup, comme ça, qu'on va saisir, que tout le monde va comprendre le problème étudiant... Enfin les problèmes que soulèvent les étudiants — je ne veux pas dire les problèmes étudiants parce que je dis qu'à la fin, à la limite, le problème étudiant, c'est les problèmes de tout le monde, de tous les hommes; car, en somme, si tu résous celui des rapports humains, tu résous tout — bon, les étudiants ont été les initiateurs du mouvement. Initiateurs, ce n'est pas exactement le mot, parce qu'en somme, ce ne sont tout de même pas les étudiants qui ont décidé que les ouvriers débraieraient aussi unanimement. Ils ne savaient pas, les étudiants, que ça allait se passer comme ça. Alors même si ce sont les étudiants qui ont commencé un mouvement qui est devenu très large, ce mouvement a très vite débordé le cadre étudiant. Pourquoi?

Je considère que ça n'est pas un hasard. Et il n'y a pas que moi qui le considère, parce qu'à un moment donné, à cette époque-là, ça cadrait avec le souci de l'essentiel de la classe ouvrière. De la plus grande partie des ouvriers. C'est vrai que sans l'étincelle étudiante il n'aurait pas pu y avoir un mouvement de ce genre. Même à la rentrée. Parce que les types n'avaient pas de revendications suffisamment importantes pour justifier un truc pareil. A vrai dire, je ne crois pas que la situation économique soit suffisamment catastrophique pour que les types engagent un mouvement comme ça. Pour dire la vérité, à part les grèves de 1936, on n'a jamais réalisé un

mouvement pareil sur un plan absolument économique. Sur un mouvement
économique, les mecs n'ont jamais mené une grève comme celle-là. Et la
situation du salarié ne justifiait pas une grève. Si elle a eu lieu, c'est précisément parce qu'il y a eu cette étincelle du mois de mai. Mais le problème de
salaire chez l'ouvrier est toujours posé; il ne s'est pas posé spécialement à
cette époque-là. Il se pose tous les jours. Le problème de la revendication,
actuellement, ne justifie pas une grève générale. Et ça ne se renouvellera pas
si un facteur exceptionnel n'entre pas en ligne de compte. Et ça ne pourra
se faire que dans la mesure où les étudiants, qui représenteront une fraction
de plus en plus importante de la population, qui finiront même par représenter l'immense majorité de la jeunesse, continuent dans cette voie-là,
gardent des contacts, essaient de prendre des contacts, et surtout d'expliquer
leur position, ce qui n'est pas fait. Ça n'est pas de leur faute, ni de la nôtre
d'ailleurs; ça n'est pas de leur faute parce que c'est tout nouveau, y compris
ce rôle que les étudiants jouent dans la nation. C'est forcé, la société se
transforme. Il est logique qu'on soit obligé de voir les problèmes politiques
d'un autre œil, et le problème économique des classes aussi. On est au
début d'une refonte de toutes les conceptions. Et ça, ni les partis, ni les
syndicats ne l'ont compris. Les organisations syndicales, pour ne parler de
personne, puisqu'il s'agit surtout des dirigeants, c'est comme le Parti.
Dans le fond, si on regarde bien, ils manquent un peu d'imagination, les
mecs. Il faudrait quand même qu'ils essaient de se mettre dans le coup,
qu'ils essaient de vivre avec leur temps, les gars.

J. MINCES, *Un ouvrier parle: enquête*
(Éditions du Seuil, 1969), pp. 45–50, 63–66

SECTION V

Industry and Society:
Economic Growth, Trade Unionism
and Social Welfare

CHRONOLOGY

1864   Workers' right to strike recognised
       First International founded
1884   Act permitting trade unions
1891   Strike at Fourmies
       Encyclical *Rerum Novarum*
1892   Carmaux strike
       Act on women's and children's working conditions
1895   C.G.T. founded
1898   Industrial accidents act
1900   Millerand's act on hours of work
1906   Act on weekly rest-day
       Charte d'Amiens
1909   Postal strike
1910   Old age pensions act
       Railway strike
1918   C.G.T. minimum programme
1919   Eight-hour day introduced
       C.F.T.C. founded
1921   Trade union split between C.G.T. and C.G.T.U.
1928   Health insurance act
1932   Family allowances act
1935   Unity between C.G.T. and C.G.T.U.
1936   Strike-wave
       Matignon agreement, forty-hour week, holidays with pay, collective
       bargaining
1939   *Code de la Famille*
1939   Nazi-Soviet pact splits trade union movement.
1940   Pétain dissolves trade unions
       Manifeste des Douze begins trade union resistance
1941   *Charte du Travail* of Vichy
1943   Trade union re-unification
1945   Nationalisation of Renault factories
       Comités d'entreprise introduced
       Social Security set up
       Nationalisation of *Banque de France*
1946   Introduction of economic planning
       Nationalisation of electricity and gas industries
       Family allowances scheme
1947–1953   First Plan
1947   Communist-inspired strikes
       Trade union split between C.G.T. and C.G.T.-Force Ouvrière

1951 S.M.I.G. (minimum wage) introduced
1954–1957 Second Plan
1956 Act on trade union rights
1957 Ratification of Common Market Treaty
1958–1961 Third Plan
1962–1965 Fourth Plan
1964 C.F.D.T. founded
1966–1970 Fifth Plan
1966 Act on *comités d'entreprise*
1968 Strike-wave
       Act on trade union rights
1971–1975 Sixth Plan

INTRODUCTION

INDUSTRIAL growth in nineteenth-century France was slow: the growth-rate for the economy as a whole was only 2·4% per year, and agricultural production still accounted for nearly half the national product in the middle of the century.

The handicaps to a more rapid development of industry were both economic and psychological. France suffered, in the first place, from a shortage of coal and iron ore, the natural resources most essential for the growth of an industrial economy. French coal was, too, expensive to mine and transport. Secondly, the ruling class in the early nineteenth century was still a landed bourgeoisie, which cared little for economic growth. Even the industrial bourgeoisie itself, when it did grow up, remained attached to the old tendency to abandon business as early in life as possible, and to invest in land, as a means to social prestige. Finally, a preference for economically unadventurous investments and foreign loans still hampered French industrial development.

Another, and perhaps more fundamental, aspect of the national lack of economic confidence in the future was the low birth rate. The rate was actually declining in the nineteenth century, and the catastrophic effect of this decline on the total population figure was only disguised by the increasing longevity that modern society brought with it.

It is, in the end, difficult to assess which of these factors was most significant in delaying the growth of the French economy in the nineteenth century. At all events, for whatever reason, industrial enterprise often had to be provided with capital raised by the State via taxation. It was the State which, by granting concessions and financing deficits, in many cases took off the shoulders of a reluctant bourgeoisie the initial burden of risk involved in building up important sectors of the economy. Thus, during the railway boom of the 1840s, in the first phase of France's economic development, it was the State which met the main expenses of railway-building. It bought the land and laid out the lines, while private capital supplied the rails and rolling-stock, then took over to run the lines for profit.

All these circumstances helped to prolong into the twentieth century an economic structure based on small enterprises with few employees. In 1906, 96% of firms employed less than fifty workers.

The first period of industrial growth up to 1848 saw some development in the mining, metallurgical and chemical industries. However, old-fashioned industrial processes, such as charcoal-smelting of iron ore and hand-spinning and weaving of textiles persisted, and France did not as yet experience anything approaching an industrial revolution.

After 1851, however, the railway network was well-established, and industrial growth began in earnest: the growth-rate in coal-mining and metallurgy reached 3–6% per year. Charcoal-smelting was now increasingly replaced by the use of coke. In 1846, there were 364 charcoal furnaces to 106 coke furnaces; by 1869 the proportion was 91 to 199. This was, too, the period when the major credit institutions were set up: the *Crédit Foncier* (1852), the *Crédit Industriel* (1859) and the *Crédit Lyonnais* (1862).

The French economy was now no longer dominated by the landed bourgeoisie but by the industrial bourgeoisie (*see* p. 11).

The industrial bourgeoisie, like its predecessor, remained wedded to the ideas of economic liberalism: its own economic freedom must not be hampered by any form of working-class organisation (*see* p. 12). To the bourgeois, each worker was individually responsible for his own economic fate and that of his family: it was for the individual to make his own way in the world. Hard work and family limitation were the high roads to success and a better social position (*see* p. 56 and p. 474).

There was, however, a glaring contrast between the optimistic images of liberal economic theory and the harsh realities of working-class life. The grim details of the living and working conditions in the centres of the textile industry such as Mulhouse were first revealed by Villermé, in his famous enquiry of 1840 (*see* p. 475).

It was from the public consciousness of the social needs of the working class, which developed thanks to the enquiries of Villermé and others, that the idea arose of social welfare provision by the State, for the benefit of the least privileged groups in society. This idea had first appeared in the French Revolution in the abortive 1793 constitution (*see* p. 34). It remained a part of Republican doctrine from the 1840s onward, but a solution to the "social problem" always came second, in the eyes of the majority of Republicans, to the achievement of political democracy and a secularised society (cf. p. 83).

Under the Second Empire, the dominant response of the skilled workers and artisans was the idea of economic self-help through purely working-class organisations, such as friendly societies and trade unions, combined with the demand for specifically working-class political representation, so as to encourage the Republican bourgeoisie to pay more attention to working-class demands (*see* p. 77 ff.). The aim of the skilled workers was to avoid the fate of the unskilled. Working-class organisation, both economic and political, was based on the principles laid down at the inauguration of the First International in London in 1864:

> L'émancipation des travailleurs doit être l'œuvre des travailleurs eux-mêmes... l'émancipation économique des travailleurs est le grand but auquel doit être subordonné tout mouvement politique... ... tous les efforts faits jusqu'ici ont échoué, faute de solidarité entre les ouvriers des diverses professions dans chaque pays, et d'une union fraternelle entre les travailleurs des diverses contrées.

The emphasis here was on economic rather than political action, and on diffuse and gradual change throughout the whole of society. A major influence on the economically orientated ideas of the French working class before the Commune was that of Proudhon (*see* p. 14).

During the Second Empire, Napoleon III, as part of his appeal to the Left, developed his own conception of social welfare; he provided employment in Paris on public works projects, and he set out to assist the working class in a number of ways which all, however, involved close government supervision of working-class organisations. The protests by the workers at the narrow limits set on their activities, and the strike of 1863, led, in the context of the "liberal Empire", to recognition in 1864 of the worker's right to strike. This did not, in any sense, imply legal recognition of trade unions, but by 1868 the government had announced its decision to tolerate trade unions (known at that time as *chambres syndicales* and later called *syndicats*).

Under the Third Republic, industrial development slowed down, in the period up to 1890. It then quickened again in the last two decades before the First World War, which saw considerable growth in metallurgy, in the rising motor and electrical industries, and also in artificial textiles. Unskilled and semi-skilled workers were now becoming more characteristic of the working class, without, however, ousting the artisans (*see* p. 414).

Working-class organisation, which had suffered a tremendous setback at the time of the Paris Commune, revived after the Republican success in the 1876 elections. There were now about 135 *chambres syndicales*, and in the more sympathetic Republican climate of the late 1870s, a series of working-class congresses took place. The idea of economic organisation of the working class via trade unions now met with a vigorous challenge from the socialist idea of a political struggle for revolution: Marxian socialism in its most revolutionary form was henceforward to become a rival to trade unionism for the allegiance of the working class; it was destined to gain a strong hold on the unskilled workers, for example in the textile industry. Trade union organisation seemed less effective to such workers, as a means of self-help against the effects of the economic depression of the 1880s, than the Marxian alternative: a political struggle to obtain guarantees from the State for a minimum wage and security in employment. This struggle, for the Marxians, would culminate in a political revolution, the dictatorship of the proletariat and the expropriation of the bourgeoisie. The Marxian view was, indeed, that the economic organisation of the proletariat must be strictly subordinated to its political task of preparing for revolution.

Revolutionary socialists, and more recently communists, continued to regard trade unions as mere appendages to party organisation within which ceaseless party propaganda must be carried on (*see* p. 234).

The breach between the economic and the political wings of the French working-class movement, which took place in 1880, when the socialists opted for political revolution and against gradual economic change, was to become permanent. The economic wing of the movement has since remained wary of all forms of political organisation.

Meanwhile, socialism was itself already divided at the beginning of the 1880s. The revolutionary Marxists under Jules Guesde, reflecting the interests of the unskilled workers, organised within the *Parti Ouvrier Français* (*P.O.F.*). This party remained distinct until 1905 from the more or less reformist parties, which for their part reflected the aim of the skilled workers to bring about the social revolution stage by stage, by parliamentary means. It was the reformist socialists who were to become the most active, at the end of the nineteenth century, in promoting measures of social welfare, as a preliminary to socialism.

Social welfare and improvement of working-class conditions remained, too, a secondary concern of the Republicans under the Third Republic (see pp. 86–88). In 1884, thanks to Ferry, the act recognising trade unions regularised their de facto situation (see pp. 476–477).[1]

In the same period, Pope Leo XIII, in his encyclical Rerum Novarum (see p. 626 ff.), set out the new teaching of the Catholic Church on the duty of society towards the social needs of the working class, and paved the way for social Catholicism, for the Catholic trade union movement and Christian democracy (see p. 606).

The economic wing of the labour movement under the Third Republic (again based on the skilled workers) evolved not only trade unions, but also the bourses du travail. These were far more than labour-exchanges: they provided the unions with local premises for meetings, and offered the workers information, assistance and education. By 1895, the trade unions had united in a national organisation, the Confédération Générale du Travail (C.G.T.), which joined up with the Fédération des Bourses du Travail in 1902. The number of union members was growing steadily, and rose from 420,000 when the C.G.T. was set up to over 1 million before 1914. The non-political aims of the C.G.T. were laid down in its statutes:

> Les éléments constituant la Confédération Générale du Travail devront se tenir en dehors de toutes les écoles politiques. La C.G.T. a exclusivement pour objet d'unir sur le terrain économique et dans des liens d'étroite solidarité, les travailleurs en lutte pour l'émancipation intégrale.

The non-political temper of the syndicalists involved the shunning of the democratic State, seen as an instrument of the bourgeoisie. Political parties, being based on ideas, were, they believed, less effective than trade unions, which were based on genuine common interests. Socialist politicians themselves were under suspicion: even those who had risen from among the workers tended to despise and betray their former comrades. A number of socialist ministers — Millerand, Viviani and Briand — took office in bourgeois governments and became involved in governmental action against strikers. These ministers became the chief enemies of the C.G.T.

The French labour movement has on the whole remained faithful to this non-political conception of working-class aims, which in 1906 became enshrined in the Charte d'Amiens (see p. 478).

The Charte d'Amiens reflected not only the skilled workers' immediate economic demands, but also their ultimate anarchist aim of a society entirely run by workers' organisations, an aim to be realised through the revolutionary general strike. The Charte d'Amiens demonstrated, however, that the C.G.T., which repeatedly voted at its congresses in favour of the revolutionary general strike from 1895, had in fact a political aim: only the method of the revolutionary general strike was non-political, so justifying the movement's neutrality as between purely political organisations. It should be noted that before 1914 the skilled workers who supported these doctrines of the C.G.T., known as anarcho-

---

[1] This act, it should be noted, still subjected them to a certain amount of State tutelage, and working-class hostility was aroused by the requirement of article 4 that the statutes of unions and the names of officials should be registered at the mairie or, in Paris, at the Préfecture de la Seine (see p. 476).

syndicalists, were revolutionary: they believed in the effectiveness of "active minorities" among the workers in preparing for revolution. The socialist party divided over the *Charte d'Amiens*, the Guesdists maintaining the idea of the subordination of the industrial to the political movement, while Jaurès, Viviani, Allemane and Hervé accepted the *Charte*; eventually a compromise was arrived at, whereby the socialist movement accepted that the syndicalist struggle for the general strike and the political activity of the socialist party could co-exist.

Anarcho-syndicalism, implying the independence of the workers' organisations from political movements, employers and from the State itself, remained dominant in the trade union movement until 1914. The anarcho-syndicalists' theory, as expressed, for example, by Georges Sorel, asserted that self-help for the workers would arise out of the class-struggle, which was a fact of economic life. The class-struggle was a creative force, assisting the emancipation of the workers by consolidating them into a compact group, united in opposition to exploitation and domination by the employers. And this opposition must be intensified, not attenuated, as the parliamentary socialists, with their horror of conflict and violence, were tending to do. The parliamentary socialists, Sorel declared, "n'ont qu'une seule passion, la haine de la violence", whereas, for him, proletarian violence was "une vertu qui naît... le plus haut idéal que l'homme ait jamais conçu." Sorel and the syndicalists, in their affirmation of the creative rôle of violence, broke completely, for the first time, with the idea of social harmony, which was one of the traditional norms both of the Catholic Church and of French Classical civilisation, and was common to the monarchist and Republican ideologies. Jaurès and the parliamentary socialists, through their adherence to social harmony and their half-rejection of violence, still remained more or less within the non-revolutionary orbit of the old civilisation.

For Sorel, the rôle of proletarian violence was to intensify, not mitigate, class conflict:

> Au lieu d'atténuer les oppositions, il faudra, pour suivre l'orientation syndicaliste, les mettre en relief; il faudra donner un aspect aussi solide que possible aux groupements qui luttent entre eux; enfin, on représentera les mouvements des masses révoltées de telle manière que l'âme des révoltés en reçoive une impression pleinement maîtrisante.
>
> *Réflexions sur la violence*, 11th ed.,
> (Rivière, 1950), p. 173

The idea of the general strike developing among the workers in the course of the class-struggle took the form, for Sorel, of a social myth:

> Le langage ne saurait suffire pour produire de tels résultats d'une manière assurée; il faut faire appel à des ensembles d'images capables d'évoquer *en bloc et par la seule intuition*, avant toute analyse réfléchie, la masse des sentiments qui correspondent aux diverses manifestations de la guerre engagée par le socialisme contre la société moderne. Les syndicalistes résolvent parfaitement ce problème en concentrant tout le socialisme dans le drame de la grève générale.
>
> ....
>
> L'expérience nous prouve que des *constructions d'un avenir indéterminé dans les temps* peuvent posséder une grande efficacité et n'avoir que bien

peu d'inconvénients, lorsqu'elles sont d'une certaine nature; cela a lieu quand il s'agit de mythes dans lesquels se retrouvent les tendances les plus fortes d'un peuple, d'un parti ou d'une classe, tendances qui viennent se présenter à l'esprit avec l'insistance d'instincts dans toutes les circonstances de la vie et qui donnent un aspect de pleine réalité à des espoirs d'action prochaine sur lesquels se fonde la réforme de la volonté.

Ibid., pp. 173 and 177

Sorel was, of course somewhat removed from everyday trade unionism. The class-struggle, syndicalists maintained, was also leading to the development of new ideas of justice, and of the self-consciousness, will-power and moral character of the working class, and so creating forms of organisation proper to them. These forms of organisation being created in the class-struggle were making the working class independent of the superior skill and knowledge the bourgeoisie were supposed to possess. Therefore the trade unions, consisting only of workers, would be able to control their own affairs. The anarcho-syndicalists' aim and method of working-class independence were summed up by the Federal Committee of the *Bourses du Travail* in these words:

L'œuvre révolutionnaire doit être de libérer les hommes, non seulement de toute autorité, mais encore de toute institution qui n'a pas essentiellement pour but le développement de la production. Par conséquent, nous ne pouvons imaginer la société future autrement que comme l'association volontaire et libre des producteurs.

The ideal of a society run solely by working-class economic organs was, of course, a plausible one in an economy still based on small firms, in which the worker felt he could readily take over the function of management.

The anarcho-syndicalists attempted to put their principles into practice after 1906, through a series of strikes, which they regarded as a prelude to the revolutionary general strike. These strikes took place in the post office (1909) and among the teachers and railwaymen (1910). They were, however, crushed by government action, and the hope of social emancipation for the working class via revolutionary economic action was almost dashed.

Meanwhile, efforts had been made by democratic socialists, and to a lesser extent by Radicals (cf. pp. 278–280) to bring about reforms to improve working conditions in industry. Millerand, after plunging the socialist movement into political uproar by entering the Waldeck-Rousseau government in 1899 (*see* p. 253), was responsible, as Minister of Commerce, for a decree governing working conditions in firms engaged on government contracts: these firms were to give workers one clear day off per week, and hours were to be limited. The act of 30th March 1900 reduced the working day from twelve to eleven hours in all establishments where adults and young people were employed together; it was then further reduced to ten hours by stages over a period of four years. Millerand also improved the factory inspectorate.

Millerand, in his labour reforms, had the support of only a small minority of trade unionists in the reformist *Fédération du Livre*. To the anarcho-syndicalist majority, labour reforms were anathema: they could only damp down the revolutionary ardour of the workers. They were particularly hostile to his proposals on trade unions. For Millerand introduced a bill to regulate the unions. Among the measures he proposed were:

(a) the granting of legal status to trade unions;
(b) the granting to unions of the right to engage in commercial operations;
(c) collective bargaining;
(d) compulsory arbitration in labour disputes;
(e) compulsory strike ballots.

The proposals for strike ballots, which would have made lightning strikes impossible, and for legal recognition, which would have led to the possibility of actions for damages, as well as arbitration procedures in industrial disputes, aroused such a storm of protest, from the anarcho-syndicalists as well as from the employers, that the proposals had to be dropped before they could even be discussed in Parliament. The outflanking threat from Millerand helped to bring together the *Fédération des Bourses du Travail* and the C.G.T.

The only other development in the position of the trade unions in this period was the act on associations of 1901 (*see* p. 154), whose liberal provisions regarding all non-religious associations were advantageous to the trade unions.

The combined efforts of the bourgeoisie and the anarcho-syndicalists continued to hold back further social legislation before 1914. The Radical party introduced, in 1906, a law providing for one day off a week for all workers, but this legislation did not become effective for some years because of the employers' resistance. In 1910, the much-discussed old-age pensions scheme became law (cf. p. 279), but before 1914 housing conditions for the workers were still poor, paid holidays were as yet unknown and men, at least, still worked for eleven or twelve hours a day in factories employing only male labour.

It was also still true in this period that France remained largely an agricultural country. Coal and iron and steel production was still only a fraction of that of Great Britain or Germany. France's population had risen during the Third Republic from 37 million to only 40 million, and she had here, too, been outstripped by Germany. The industrial workers still only represented a little under a third of the working population. The million or more trade union members, whose overwhelmingly revolutionary aspirations had now been frustrated, were a small force compared with the four million members of British trade unions in 1914. The numerical weakness and disunity of the French working-class movement before 1914 combined with the resistance of the bourgeoisie to hamper progress in bringing about changes to improve conditions of working-class life.

The First World War hit France most dramatically from the demographic point of view: the nation lost one million killed and three million wounded (of whom 750,000 became total invalids). Despite the recovery of Alsace-Lorraine, the population in 1936 (41·9 million) hardly exceeded that in 1911 (39·6 million). The ageing of the population continued: in 1939, 15% of the population was over 60. Legislation to promote population growth included the act of 1920 banning abortion and birth-control propaganda, and later the 1932 act on family allowances (*see* p. 452) and the *Code de la Famille* of 1939 (*see* pp. 453 and 484)

The franc, too, lost much of its value and those dependent on fixed incomes were ruined after 1918.

A major change in industry was the introduction, under the stress of war, of mass-production, which increasingly employed unskilled workers. The latter now had simply to repeat monotonously the same limited task, for example on the motor-car assembly line. This was the classic age of "le travail en miettes", in which the breaking down of industrial production into the endlessly repeated mindless gesture further dehumanised factory work, and intensified the tendency of the unskilled worker to seek a way out through political revolution (*see* pp. 426–427). After 1918, it was also increasingly the unskilled worker, rather than the skilled worker, who supported revolutionary trade union organisation, that is, the pro-Communist C.G.T.U. (*see* p. 451). In a period, too, in which unemployment was to reach major proportions, the insecurity of the *ouvrier spécialisé* who, as an interchangeable unit of labour, could be dismissed when the employer was facing economic difficulties and easily replaced at a later date, was again chronic.

The *ouvrier professionnel*, and even the artisan, still formed, however, a significant part of the working class. The *ouvrier professionnel* remained the backbone of the non-Communist trade union movement, which now turned to reformism (*see* p. 451).

Through mass-production, industry was becoming, for the first time, more concentrated within the large firm, for example the Citroën and Renault works. These changes, however, still took effect only slowly; in 1921, only 774,000 out of four million wage-earners worked in factories employing more than 500 workers.

While the 1920s showed moderate signs of national economic growth, the shock-waves of the Great Depression at last reached France in the early 1930s, and brought economic disaster: production fell by 16% during the winter of 1931–32, and by 1935 there were 1·1 million unemployed. The proportion of the French population employed in industry thus actually fell between 1931 and 1936 from 33% to 30% (the same figure as before 1914). During the same period 37% of the population were still employed in agriculture.

Traditional restrictive attitudes, on the part of governments and the bourgeoisie, continued to aggravate the situation. Opposition to mechanisation and to industrialisation on the American pattern was general. There was an insistence that the "balance" between agriculture and industry should be maintained, and the drift from the land checked. All these attitudes were characteristic of the fundamental pre-war indifference to the idea that economic growth might be desirable. Agricultural protection was considered a more pressing matter than the promotion of industrial growth.

In this economic context, the working class for years made little progress. It remained, as before 1914, weak and divided. The C.G.T. had been divided during the First World War over participation in the bourgeois war effort. In 1918 it united on a minimum programme calling for trade union recognition at factory level, generalised collective bargaining, the eight-hour day and the extension of social insurance so as to include not only pensions but also health insurance. It demanded, furthermore, the nationalisation of industry, which was a new and more sophisticated development of the old anarcho-syndicalist demand that the workers should take over their own workshops.

Divisions soon reappeared, however, and the immediate post-war period was marked by a recrudescence of revolutionary strikes among the Paris metal workers

(1919-20). The Russian Revolution had led to a revival of revolutionary hopes. This final attempt at revolution via the general strike was a failure, though in April 1919 Clemenceau did concede the eight-hour day, which was a considerable gain for the working class. Many workers now turned to political action via the new Communist party.

Before the strikes of 1920, C.G.T. membership had risen to 2·5 million, but by 1921 the trade union movement split again, following the split in the socialist movement at Tours in 1920 (*see* p. 254). C.G.T. membership now slumped. The revolutionaries, in the minority, formed the C.G.T.U., which was to become an instrument of the political aims of the Communist party. The latter had, indeed, been ordered by the Third International to infiltrate the unions (*see* p. 234). Revolutionary trade unionism now lost its anarchist anti-State character; it became, indeed, wedded to the socialist idea of a conquest of the State by political revolution.

Conflict became bitter between the C.G.T.U. and the C.G.T. The C.G.T., remaining faithful to the political neutrality laid down by the *Charte d'Amiens*, sought to press its programme of reforms via the S.F.I.O. and the Radical Party, without becoming too closely embroiled with either. Like the revolutionaries, the reformists had now, however, dropped the old hostility to the State implicit in anarcho-syndicalism. The C.G.T. was to show its readiness, between the wars, to work within the democratic State structure for immediate economic and social advantages, while equally looking to the State to put into effect its programme of nationalisation so as to bring about the emancipation of the workers. In a period dominated by mass-production, the idea of workers running industry for themselves had lost its plausibility. Workers' control was seen as applicable only in limited areas, for example, in respect of engagement and dismissal, and of the supervision of collective bargaining. The idea of nationalisation implied that the State would run industries on behalf of the whole community, of which the workers formed part. The economist Charles Gide defined an industry as nationalised when "elle n'est plus exploitée qu'en vue des besoins de la communauté et qu'elle n'a d'autre but que de procurer aux consommateurs le maximum d'utilité et d'économie."

C.G.T. strength was based on government employees (e.g. civil servants, teachers and local government officials), while the C.G.T.U. membership was drawn from railwaymen, and workers in the building and metallurgical industries.

A third element in the working-class movement consisted of the Catholic trade unions, who combined to set up the *Confédération Française des Travailleurs Chrétiens* (C.F.T.C.) in 1919. Their doctrine was based on the encyclical *Rerum Novarum* of Pope Leo XIII (*see* p. 626), and on the social Catholicism that stemmed from it. They defined their objectives as:

de réaliser le principe de la collaboration pacifique du capital et du travail dans l'entreprise et de répartir équitablement les profits laissés par celle-ci... Notre idéal syndical chrétien, fait de fraternité, notre conception économique réclamant la collaboration des classes et la coopération pour la production, nous empêcheront toujours de nous rallier à une doctrine basée sur la lutte des classes... Nous constatons comme un fait, tout en la déplorant, cette lutte des classes, née principalement du conflit des appétits contraires et des abus d'un capitalisme basé sur le droit du plus fort.

Catholic trade unionism, in its belief in harmony rather than conflict between the bourgeoisie and the working class, remained far removed in its ideas, before 1939, from the rest of the working-class movement. It claimed 500,000 members by 1936.

During the period of reconstruction, and the relatively prosperous period of the 1920s, the working class was better off than ever before and obtained increases in its standard of living as a result of the rate of industrial growth, which reached 4% in 1925. Unemployment, too, was very low and at times almost disappeared.

Social insurance, however, made very slow headway. The idea of health insurance, which the C.G.T. had demanded in 1918, was incorporated in a government bill of 1921: but it was not passed by the Chamber of Deputies until 1924, and by the Senate until 1928. The C.G.T. had not been strong enough to exert any economic pressure on this issue: the passing of the law was due largely to its political influence. It is worth noting that bourgeois hostility to the law led to its being re-drafted before it had come into effect, and as finally amended by the act of 1930, it excluded any cover for unemployment. The 1932 family allowances act was the product of the same set of circumstances. It was also, of course, part of the policy of stimulating population growth; family allowances had first been introduced by employers after 1914 to offset shortages of labour.

The gravity of the economic crisis after 1932, and the dramatic growth of unemployment, led the working class to press for the "sharing-out" of such work as was available by the reduction of the working week to forty hours, and for the nationalisation of basic industries. These attitudes were, of course, consequences of the restrictivism of the bourgeoisie.

The growing Fascist threat led to a re-unification of the C.G.T. and the C.G.T.U. in 1935. At the political level, socialists, communists and radicals allied themselves together in the Popular Front. Immediate working-class demands were reflected politically in the Popular Front election programme: the setting up of a national unemployment fund, the reduction of the working week without loss of wages, adequate old age pensions and a public works programme (*see* p. 293). The success of the Popular Front in the 1936 elections was followed by a spontaneous mass-strike movement, in which millions of workers occupied their factories. The coming to power of the Left had sparked off a sympathetic wave of mass economic action, in support of material demands, but also representing an assertion of human dignity. The workers felt, too, that the new left-wing government would ensure that their demands were met. They had, as André Philip put it, "ce sentiment que l'on est enfin des hommes, que l'on est aidé par les autres, que l'on n'est plus seul, que l'on a retrouvé sa dignité."[1] The C.G.T. took advantage of the situation to press its immediate demands. National negotiations followed between the C.G.T. and the employers, and in the Matignon agreements of 7th June 1936 the whole of the C.G.T.'s immediate demands were conceded by the employers. As well as offering pay increases, the agreement legalised collective bargaining and imposed recognition of union organisation at factory level (*see* p. 479).

In a radio broadcast, Léon Jouhaux, the C.G.T. leader, welcomed the development of the C.G.T. into an independent force on a national scale, capable of

---

[1] *Actes du colloque Léon Blum chef de gouvernement 1936–1937* (Colin, 1967), p. 102.

negotiating on behalf of the whole working class, and of exerting economic pressure within the democratic framework of society (see p. 481). This had been a major ambition of the reformist C.G.T. since 1919. It was, of course, true that the C.G.T. had not called the main strikes, nor were most of the strikers members of the C.G.T. However, trade union reformism now seemed to be fully vindicated by the unprecedented working-class victory that had just been won. Even the Communist party declared itself satisfied, and Maurice Thorez, on 11th June, declared: "Il faut savoir terminer une grève dès que satisfaction a été obtenue."

The Popular Front government of Léon Blum then, in rapid succession, introduced the forty-hour week, holidays with pay and detailed legislation on collective bargaining (see pp. 481–484). A degree of government control of the Banque de France was introduced (cf. pp. 290–294).

Thus, thanks to what was to be a short-lived left-wing government, the whole of the backlog in France's social legislation appeared to have been cleared in a very short time. This points to a typical pattern of social development in France, which recurs in the constitutional and educational spheres, as well as in economic and social affairs: long periods of stagnation and consequent discontent are only, in the end, resolved by more or less revolutionary crises, leading to rapid and sweeping changes in the law.

After 1936, trade union membership again rose rapidly to 5 million, but the workers' feeling of having won a victory and the new optimism of the working class in 1936 were to be short-lived. The new unemployment fund, announced by Léon Blum in January 1937, was one of the first casualties of the halt in the social programme of the Popular Front, imposed by the government's financial difficulties. The forty-hour week proved incapable of reducing unemployment, which remained at 500,000 to 700,000; rising prices swallowed up wage increases, and collective bargaining became increasingly ineffective.

The employers, who had not accepted the spirit of the Matignon agreements, sought every opportunity of dissociating themselves from them. The only nationalisation carried out was of a number of armaments factories and the railways. By 1939, trade union membership had fallen again to 1 million, and the Nazi-Soviet pact had again split the trade union movement. The Communist trade unionists went underground.

Thus the improvements in working and living conditions obtained by the working class in 1936 were in part limited to the short term, and in part unreal. In 1939, unemployment insurance was still unknown, and the major development of family allowances in the Code de la Famille was once again the product rather of concern about the stagnant and ageing population than about family problems as such. However, the legislation of 1939 (see p. 484), when it began to take effect after the Second World War, did lay the foundation for the post-war upsurge of population and the economic boom of the 1950s.

During the Second World War, the counter-measures of the employers against the social revolution of 1936 reached their apogee: the industrialists regained complete control over their firms through participation in the State comités d'organisation set up by Vichy to run the economy. In 1940 Pétain had dissolved the C.G.T., the C.F.T.C. and the employers' organisations, and banned strikes and lock-outs.

Meanwhile, in the Resistance, the economic and social ideals whose realisation had been largely frustrated in 1936 were to be reaffirmed. Only a tiny fraction of trade unionists collaborated with the Germans, and while others attempted to maintain a non-political continuity with pre-war policies, Jouhaux led a number of unions into the Resistance. Trade union resistance was based on the *Manifeste des Douze* of November 1940. Nine of the signatories belonged to the C.G.T. and three to the C.F.T.C. The *Manifeste* brought out clearly the readiness of members of both movements in the post-1936 climate to see themselves as having a permanently reformist rôle within a democratic political and social structure. The revolutionary concept of trade unionism had now faded, and, on the basis of ideas put forward by the C.F.T.C. in 1938, they were now ready to see the trade union movement as one among a set of competing interest-groups within the democratic State, whose conflicts would be adjudicated by the State machinery. This development was an inevitable one, since the working class had not, in the years before 1939, expanded in numbers so as to embrace the whole working population. The proportion of members of the working class in the working population had been decreasing, as has already been noted, because of the economic crisis.

The *Manifeste des Douze* also illustrated the way in which the Catholic trade unionists, despite their moderation, had moved, since 1919, towards a much more radical standpoint: the rejection of capitalism (*see* p. 487 ff.).

By 1943, the Communist trade unionists had dropped their hostility to the C.G.T. leaders, and united once again with the reformists. The programme of the *Conseil National de la Résistance* (p. 491) represented a summation of the views of all the various resistance groups, communists and socialists, Christian democrats and trade unionists. The ideas of the latter thus played their part in shaping it. The pre-war economic and social demands of the working-class movement were now developed into a far-reaching programme. This included nationalisation, workers' participation in the running of industry (a long-standing demand of the most progressive Christian democrats of the *Jeune République* and one towards which the C.F.T.C. was moving before 1939) and a comprehensive social welfare scheme. The nineteenth-century principle of social welfare provision for the most needy gave way to the idea that *all* French citizens had a right to full welfare provision (cf. also the preamble to the 1946 constitution, pp. 163–164).

The success of the Left in the elections of 1945 paved the way for a partial realisation of all these major economic and social objectives of the political Left and the trade union movement. Nationalisation had been begun, at a slow pace, under the de Gaulle government. The first firms to be nationalised, early in 1945, were those, like Renault, whose owners stood accused of collaborating with Germany. Then, under the Constituent Assembly, came the nationalisation of the *Banque de France* and other major banks, and of the gas, electricity and fuel industries (1946). The employers at first protested violently about nationalisation, but the management of the nationalised industries was increasingly carried on by former managers from private industry, so that eventually the system won acceptance from the employers' side.

Workers' participation in management was being attempted, with encouragement from the socialists and the M.R.P., through the introduction of the *comités d'entreprise* (*see* p. 495). The economic rôle of the workers, however, remained purely consultative. This reform proved a failure as a move towards industrial democracy: the employers kept meetings of the *comités d'entreprise* to a minimum, and evaded their responsibility to inform the workers about the running of their firms by inviting them to fictitious board meetings and holding real board meetings in private.

The introduction of the social security scheme (1946) was more successful. All the existing legislation on family allowances was consolidated into a comprehensive scheme, aiming eventually to cover *all major risks except unemployment*, and extending cover first to all employed persons, then to all citizens (*see* p. 497 and p. 500). This has become the basis for the modern French social security system. The objective of comprehensive State cover now broke completely with the old liberal doctrine of personal responsibility. The State gradually took on a responsibility for the protection of the whole population from all major economic and social risks.

The system has remained marked by the pre-war preoccupation with population growth. The family allowance system, based on the act of 22nd August 1946 (*see* p. 500), has become the most generous in Europe: the scale of allowances is about four times higher than that in Britain; unemployment benefits, on the other hand, have remained strictly limited. It was only in 1951 that a national scheme providing for small benefits was introduced: it depended on the setting up by the prefect of the *département* of an unemployment fund. There have also been private contributory schemes. It is true, of course, that in post-war France unemployment did not reach serious levels before the 1960s.

This first flush of reforms was achieved in the context of the grave economic problems faced by France in the immediate post-war situation. While losses in manpower were less heavy during the Second World War than during the First (600,000 killed, and many fewer wounded or invalided — 98,000), France's population was still an ageing one; attitudes were still determined to an unhealthy extent by the older sections of the population. The cream of those born at the end of the nineteenth century had been killed in the First World War and those men in their fifties and sixties who might have helped France to get on her feet more quickly had been lost to the nation thirty years earlier. The population in the late 1940s was devitalised, elderly and lacking in youthful energy and enthusiasm.

Also, 29% of France's fixed capital had been destroyed — everywhere ports, railways and bridges lay in ruins; industrial plant had also suffered badly.

Rapid strides were, however, made in pursuit of national reconstruction. Until 1947, the Communist party, still adopting its patriotic line (*see* p. 220), urged the working class on to even greater efforts.

However, in the financial sphere, a cardinal error was made at the outset by de Gaulle, when he multiplied pay increases, failed to block the bank accounts of war profiteers, and refused to follow M. Mendès France's advice to devalue, and so neutralise the large amounts of war-time currency in circulation (*see* pp. 492–494). Years of inflation followed, during which more and more money pursued the inadequate quantities of goods produced by a war-torn and still underdeveloped economy. Inflation and high prices cushioned the small, inefficient producers, while the larger firms made high profits. Herbert Lüthy remarked in 1953 that the small businessman actually seemed to be on the increase (*see The State of France* (Secker and Warburg, 1955), p. 324) (cf. p. 398).

Much has been written about the introduction of economic planning to France by Jean Monnet and his collaborators in the post-war period (*see* p. 497). It certainly seemed to reflect the limited adoption by all post-war French governments of the doctrine of State control of the economy, which had been central to socialism; it should be noted, however, that French planning was never more than indicative: production targets were set, but there was no actual coercion by the State. The impact of planning on the economy, though remarkable throughout the period of reconstruction, and in certain areas of the economy, left other areas unaffected, and had not by the 1950s done a great deal to alter the overall picture of an economy in which small and uneconomic firms persisted throughout all the older sectors. The First Plan of 1946 was limited to the setting of production targets in priority sectors — coal, electricity, steel, transport, cement and agriculture; the Second Plan, to cover the period 1954–57, while it made a none-too-convincing attempt to encourage the regrouping of firms, and industrial and marketing efficiency, was again centred largely on the "basic" sectors of the economy; and where modernisation of distribution was occurring through the decline of the small shopkeeper, as John Hackett and A. M. Hackett have pointed out, this was due to the economic decline of regions such as that where Poujadism first appeared.[1]

At the same time, the emergence of the technocrats as a new and dynamic group, both in State-owned and private industry, was a sign that new attitudes were on the way: the restrictive approach of the pre-war bourgeoisie to economic expansion (*see* p. 450) was giving way to a new outlook, which was to become a fundamental feature of the France of the 1950s and 1960s, namely productivism, or the pursuit of economic expansion as the key to national and individual prosperity.

Until the mid-1950s, the French economy, despite the impact of the Second World War and the economic planning mechanisms, remained therefore on the pre-war pattern: 96% of firms still employed less than fifty workers. The proportion of the population living on the land was still over 40% compared with 5% in Britain.

During the period of left-wing political unity in the period up to 1947, the trade union movement remained united in the C.G.T., and membership rose. The coming of the Cold War and the confining of the Communists within a political ghetto from 1947 led to a new split, however, and to a renewed decline of the movement. The Communists, being now dominant in the C.G.T., retained control, and it was Jouhaux and the reformists who left, after the Communists had set off a wave of political strikes in the autumn of 1947 in protest against French foreign policy, which they saw as hostile to Moscow. The reformists set up the C.G.T.-Force Ouvrière, as the reformist counterpart of the C.G.T.

Force Ouvrière had a membership of 1 million in 1948. The C.G.T. devoted itself, until the 1960s, to political campaigning on the basis of pro-Moscow Cold War propaganda themes, for example, opposition to the Marshall Plan, Western European Union and N.A.T.O. It was skilful in linking these with the short-term problems of the working class. Its leadership, though not all its members, remained closely linked with the Communists.

[1] J. Hackett and A. M. Hackett: *Economic Planning in France* (Allen and Unwin, 1963), p. 28.

Force Ouvrière attempted to reconstitute the trade union movement on pre-war reformist lines and to recover its strength relative to the C.G.T. This strength lay mainly among public employees, and in the south and west of France. Force Ouvrière moved towards integration of the workers into the mixed economy. Its success was only moderate, and its membership dropped to 500,000.

The C.F.T.C,. however, began to gain in influence, particularly among the railwaymen and postal workers, and in metallurgy and mining. The influx of industrial workers ended the preponderance of the *Fédération des Employés*. A minority began to demand that the movement should dissociate itself from the Church and the M.R.P. In 1947 all reference to Papal encyclicals was dropped from its statutes, which henceforward stated simply:

La Confédération se réclame et s'inspire dans son action des principes de la morale chrétienne.

Other changes in its terminology were characteristic of the new atmosphere in the C.F.T.C.: "Paix sociale, principes de justice et de charité chrétienne" became "Idéal de paix, esprit de fraternité, exigences de la justice"; "le refus de la lutte des classes" became "le refus du développement systématique des antagonismes de classe".

The trade union movement once again became weak and divided — membership was falling from 1947, except in the case of the C.F.T.C., and trade union achievements were limited. Improvements in the standard of living of the working class were to be brought about by the boom of the 1950s, rather than by working-class action.

About 1953, with a still largely outdated economy added to her political and colonial problems, industrial prospects for France did not seem bright.

But by now, at last, the demographic tide had begun to turn in her favour. The overall population had risen from 40·5 million in 1946 to 42·8 million by 1954. The net reproduction rate had reached 1·2 (giving an average of 2·4 children per family). The larger numbers of children born in the post-war period were now growing up, and hopes began to rise that eventually they would re-invigorate the economy.

Industrial development began to make much more rapid progress. In a number of cases, the production targets set by the Second Plan for 1954–57 were exceeded. During the decade from 1953 to 1963 the growth rate rose at last to 5–6% per year. Older industries began to be modernised, and new ones appeared — electronics, plastics and those based on atomic energy.

Atomic energy was not the only new source of power which was now available to France — hydro-electricity, which dated from pre-war days, as well as natural gas on a considerable scale, now helped France to overcome her old handicap of a shortage of coal and iron.

France seemed to be undergoing an "economic miracle". New consumption patterns emerged, some of the working class finding, for the first time, that modern domestic equipment, such as refrigerators, television sets and motor cars, was within their reach (but *see* p. 415).

While parts of the French economy, in the early 1960s, still conformed to the traditional pattern, despite the progress made in the 1950s, within limited sectors such as the petro-chemical and electrical industries, technological changes, and in particular automation, were now bringing qualitative changes into the working conditions of a new élite among the working class, the "new working class" described by Serge Mallet. What was now demanded of the workers in the technologically advanced sectors of industry was specialised skills in supervising machinery in automated factories (see p. 433). Such skills demanded a higher intellectual level than was required in mass-production. And they could only be applied in a particular factory.

Here, conditions of work were determined by the economic and technological circumstances of the particular firm, rather than by those of whole industries, or those related to the individual worker's contribution — which could no longer be measured separately. Trade union activity became centred on the particular plant, and because of the employer's desire for security, plant bargaining developed. The workers demanded new rights — for example, that the unions should have the right to check locally that management was keeping the engagements it entered into. The common interests of all workers in the same plant were equally reflected in moves towards unity at plant level between members of the C.G.T.-Force Ouvrière and the C.F.T.C.

Trade unionism began to flourish in the technologically advanced sectors of industry: levels of union membership reached 50–90%, as against 15–20% in the old mass-production factories. This was because of the high levels of qualification and the low age-group of workers and technicians, as well as the relative security of work these workers enjoyed.

Since their economic security depended on that of the whole firm, the demands of these highly skilled specialist workers increasingly became concerned (a) with the running of the firm and (b) with the whole development of the regional and national economy.

The demand to participate in the running of the firm also began to spread from the technologically advanced sectors of industry to the more old-fashioned firms, where automation was being used, at least in certain processes.

A split thus developed between the skilled workers, particularly those involved in automated processes (the "new working class" of Serge Mallet), who demanded a degree of participation in management, and the unskilled workers who continued to be concerned with the traditional issues of the minimum wage, hourly rates, and the threat of unemployment. The Communist party and C.G.T. did not fail, of course, to attack this "new working class". (For a full account of these developments, see S. Mallet, La Nouvelle classe ouvrière (Seuil, 1963).)

The concern of this group with general questions of economic policy, it should be noted, has drawn the trade union movement into a more directly political rôle. Under the Fifth Republic, the "politicisation" of the unions has meant, for example, that policies have been urged because of their impact on whole regions of France. There was, too, opposition to Gaullist proposals for collaboration between capital and labour in the form of profit-sharing (see p. 319). Since these proposals remained, before 1968, within the limits of the old Christian democratic ideas of social harmony, they were seen by trade unionists as a government front to avoid concessions on the major issue of the distribution of power within the firm.

Modernisation and technological change in parts of French industry since the 1950s have been accompanied by other phenomena. In the first place, the shift from agriculture to industry has accelerated. While in the early 1950s agricultural production represented 20% of the gross national product, it was down to 15% by the mid-1960s. The proportion of the working population engaged in agriculture also fell from 28% to 21% in the same period.

The shift of population to the towns quickened. The urban population grew from 56% to 62% of the total in this period. Tours, a characteristic town, grew by 20%, whereas it had hardly grown by 1% since before the Second World War. The narrow streets of grey-green houses, which created an impression of timelessness in so many French provincial towns, have become encircled by areas of fifteen or twenty-storey blocks of flats. Urban growth has not been due solely to industry, however. A survey in the late 1960s showed that out of 93 towns with over 50,000 inhabitants, only twenty were clearly industrial, twenty-seven were predominantly white-collar, and twenty-six were mixed.

By 1962, the total population had risen to 47·6 million, and France was rapidly becoming a young country again for the first time since the eighteenth century. The apparently booming economy and rapidly rising population were regarded in government circles as unmixed blessings. Economic expansion was bound to continue, it was thought, and the many young pairs of hands being set to work would be one of France's great trump-cards for the future.

1962 saw the ending of the Algerian crisis, and a euphoric mood of peace and plenty set in. Gaullist governments took the credit for the results of the boom of the 1950s, and in the 1965 presidential election campaign, de Gaulle laid considerable stress on France's new signs of wealth.

By now, however, the *Plan de Stabilisation* of 1963 had brought a squeeze; a retreat from economic planning had begun, and "flexible" planning was all that remained; expansion had begun to falter, and for the first time for some years doubting voices were heard. M. Mendès France, always the most significant critic of France's economic policies, claimed in a radio debate with M. Debré that the rate of growth had fallen from 5 or 6% to 2½% per year. M. Debré denied the figure (*see* pp. 505–508). In the winter of 1966–67, the growth rate was at the same low level, and fell to nil in the spring of 1967.

The prosperity of the Fifth Republic, while a remarkable achievement in the context of France's traditional economic stagnation and the ravages of two World Wars, had in fact always been a relative affair. In 1963, it was officially admitted that French standards of living were not as high as those in Britain. While the percentage of French households with a car was the highest in Europe (36%), only 33% had a television set, 36% a refrigerator and over 30% a washing-machine. In housing and sanitation, in particular, standards left much to be desired. France's stock of old property meant that even in the towns only 35% of households had running water, a toilet and main drainage.[1]

Prosperity, too, had been far from evenly distributed. In the first place, average incomes in the country were only half those in the towns. And the new wealth was very much more apparent in some regions of the country than others. It had spread from Paris to the northern and eastern regions, which were precisely where Gaullism tended to pick up votes in 1965, even in traditionally left-wing areas; in the relatively undeveloped south, it was not much in evidence; here the Left maintained its hold.

[1] See *La France d'aujourd'hui* (Harrap/Hatier, 1964), p. 146.

From 1965 onwards, some of the casualties of the process of modernising the economy became visible. Resentment about the failure of some regions to gain any share in prosperity was reflected in a series of strikes, such as that at Saint-Nazaire, where the skilled metal workers complained that they were earning 31% less than their counterparts in Paris.

The re-grouping of industry and agriculture into larger units, encouraged by the government, and hastened by Common Market competition, was another feature of modernisation which had led to problems. There was now a good deal of transitional unemployment, so that it became evident that there was a need to make good the long-standing deficiencies in the provision of unemployment benefits, so as to make these automatic in such cases, and to offer the possibility of re-training.

At the same time, unemployment was being created by yet another consequence of modernisation: the decline of the traditional coal- and iron-mining industries. The coal industry had been running down for some years. Production was falling in the 1960s, and a general strike against dismissals lasted for several weeks in 1963.

The iron-mining of Lorraine had equally been hit by foreign competition in the 1960s. With 8000 dismissals in the area, fear of dismissal or forced retirement was acute, and the main motive for the strike of 1967.

Harmful side-effects of the modernisation of the economy had thus led to strikes and unemployment in less-favoured sectors. The unemployment figure had reached nearly 400,000 by 1967, the highest since the war.

Some of this was no doubt due to a demographic change — that is, the emergence on the labour market of the very large numbers of young people born since the war. This change had, as we have seen, at first been welcomed by the government as part of the process whereby the French economy would be rejuvenated. But the working population rose by one million between 1960 and 1967, and it became clear that the addition of such large numbers of young people to the labour force was, for the moment, simply aggravating the unemployment problem, as the government's critics always feared it would.

The modernisation of the economy and demographic change were thus creating new social problems. At the same time, unprecedented demands on the social services were coinciding with the slow-down in economic development. This situation precipitated a crisis in the social services. Like the public utilities, the social services seemed likely to be in deficit in 1967, and increased charges seemed inevitable.

The economic and social crisis of 1967 was not resolved by the March legislative elections; the coming to power of a Gaullist government with a tiny majority led to the use of the device of ordinances, to impose by decree the government's measures on the social services, which included a 0.5% increase in contributions, and an increase of 10% in the *ticket modérateur* or patient's share of the cost of medical and dental treatment. At the same time, however, improvements in unemployment benefits were announced, through the setting up of a national unemployment fund, and increases in the funds made available for paying benefits, so that a national unemployment benefit would become payable for three months, equivalent to 80% of the worker's wage.

Public dissatisfaction with the increased social security burden led to a campaign in December 1967 in which trade union organisations demanded the abrogation of the ordinances, which they denounced as a dismantling of the social security system. In fact, the principle of universal cover had not been abandoned, though the degree of health cover had been somewhat reduced. The trade unions particularly resented, however, the removal of trade union representatives from the local administration of the social security system.

It was thus in the aftermath of previous economic and social discontents that the May crisis of 1968 broke out. The economic and social context of what appeared at first to be a purely university crisis was not far to seek. In view of the current unemployment situation, fear of unemployment had spread to the students at the universities. School-leavers were seriously affected, and fears were widespread among the students that even a degree was no longer a guarantee of employment.

At the same time, government policy had failed to keep pace with the material needs of the universities themselves, now that they, in their turn, faced the consequences of the demographic explosion (*see* p. 530).

By May 1968, anxiety about career prospects and material conditions had, however, already become secondary, in the minds of many students, to their rejection of the whole existing structure of the university system, and its place in the national economy (*see* p. 531).

In the first days of May, the use of force by the government consolidated the great mass of students overnight into a quasi-revolutionary movement. Without warning, the themes of revolutionary syndicalism, which had disappeared in the labour movement fifty years earlier, re-appeared in their most extreme form. The impact on the older generation was traumatic, for even on the political Left and in the working-class movement, the retreat from revolutionary ideas had been continuous for decades, and had now even affected the Communist party (*see* p. 222).

Among the most extreme revolutionary groups of students, such as the *Mouvement du 22 mars*, rejection of integration into contemporary society was complete. On 6th May, this group declared:

> Nous nous battons (des blessés, 948 arrestations, le conseil de discipline pour huit de nos camarades, des menaces d'extradition, des amendes) PARCE QUE NOUS REFUSONS DE DEVENIR:
> Des professeurs au service de la sélection dans l'enseignement, sélection dont les enfants de la classe ouvrière font les frais;
> Des sociologues fabricants de slogans pour les campagnes gouvernementales électorales;
> Des psychologues chargés de faire fonctionner les «équipes de travailleurs» selon les meilleurs intérêts des patrons;
> Des scientifiques dont le travail de recherche sera utilisé selon les intérêts exclusifs d'une économie de profit;
> NOUS REFUSONS CET AVENIR de «chiens de garde»;
> NOUS REFUSONS LES COURS qui nous apprennent à le devenir;
> NOUS REFUSONS LES EXAMENS ET LES TITRES qui récompensent ceux qui ont accepté d'entrer dans le système;
> NOUS REFUSONS d'être recrutés pour ces maffias;

16

NOUS REFUSONS D'AMÉLIORER L'UNIVERSITÉ BOURGEOISE; NOUS VOULONS LA TRANSFORMER RADICALEMENT afin que, désormais, elle forme des intellectuels qui luttent aux côtés des ouvriers et non contre eux.

L'Insurrection Étudiante (Union Générale d'Éditions, 1968), p. 144

Central to the student revolutionaries' programme was to be the notion of solidarity between students and workers in their demand for *autogestion*, or self-management (*see* pp. 511–513). Just as the students and teachers ought to manage the universities, so too the workers ought to manage the factories. The revolutionaries' hope was that the working class would combine with the student movement, carry the impetus of the university revolt into industry, and so make possible an immediate assault on the centres of economic power in France.

The reaction of the working class to these approaches can only be explained in the light of France's growing economic and social difficulties since 1965, and of the recent development of the working-class movement itself. The C.G.T. had remained closely identified with the unskilled and conservative workers in the technologically least developed sectors of industry: it still therefore concentrated on traditional demands in terms of the minimum wage, reductions in hours of work and security from unemployment (which, as has been noted, had once again become a serious issue in the 1960s).

The C.F.T.C., on the other hand, had in fact been showing great interest in the demand of the "new working class" for a greater share in the running of the firm and in influencing national policy. In 1964 the campaign against the C.F.T.C.'s Christian label culminated in its transformation into the C.F.D.T. (*see* p. 502). In its new statutes (Article 7, paragraphs 5,6,7,10 and 12) the C.F.D.T. gave great prominence to the theme of the extension of the democratic rôle of the workers in the firm, and in society at large. It was at this time, it should be noted, that F. Bloch-Lainé caused a considerable stir by his call for a democratisation of the firm in his book *Pour une réforme de l'entreprise* (1963), while in 1965 the C.N.P.F., in an unprecedented doctrinal statement, made the employers' attitude plain on the issue of workers' power:

En matière de gestion des entreprises, l'autorité ne peut se partager; l'expérience constante montre que toute autre formule conduit à l'impuissance. Et c'est la présence d'un homme responsable à la tête de l'entreprise qui permet le mieux à l'autorité de s'exercer de façon humaine et d'assurer le dialogue nécessaire avec les salariés.

Déclaration du Conseil national du Patronat Français (19 janvier 1965) in *L'Année Politique 1965*, p. 424

In the face of this hostility, the C.F.D.T. was particularly concerned with the extension of trade union rights within the individual factory, as a stage in the process of democratisation. Despite the legislation of 1936, trade unions still had no legal status within the firm, victimisation and dismissal of trade union officials were common, and the information which the workers needed in order to participate in management through the *comités d'entreprise* was still withheld, as it had been under the legislation of 1945 (ordinance, article 4, *see* p. 496). In 1966, the powers of the *comités* had been extended (*see* pp. 508–510), but the workers on the *comités* remained sworn to secrecy. While remaining non-political in a party sense (*see* article 1, paragraph 8, p. 504), the C.F.D.T. was itself playing an increasingly political rôle, adopting stands on matters of national policy.

In his report to the 1967 congress of the C.F.D.T., its secretary general Eugène Descamps asserted:

> Si nous voulons aller véritablement vers nos objectifs privilégiés et redonner au syndicalisme une autonomie réelle en lui permettant de jouer un rôle actif dans la définition des objectifs à long terme de l'économie, il faut que le mouvement syndical accepte d'analyser les contraintes qui s'exercent sur l'économie française, de proposer des solutions réalisables dans une autre situation politique et économique, enfin de négocier la mise en œuvre de ces solutions avec les forces politiques décidées à créer cette autre situation.
>
> Nous avons le plus grand intérêt, répétons-le, à ce que la gauche parvienne au pouvoir.
>
> *Syndicalisme*, special number (9 septembre 1967), p. 23

He had, at the 1964 congress, already outlined the nature of the C.F.D.T.'s dissatisfaction with the workings of the French economic system: syndicalism, he said, would need to

> constituer un noyau de résistance contre la séduction de la société industrielle; contre son contenu d'aliénations nouvelles, contre la passivité et le contentement confortable, contre la «culture» préfabriquée. Il maintiendra son refus de l'intégration proposée par le néocapitalisme en France, en Europe, mais il approfondira sa définition de la contestation dans le cadre de sa conception de la planification démocratique.
>
> *Rapport... présenté au congrès confédéral de la C.F.T.C. par Eugène Descamps* (1964), p. 2

Despite the differences of approach, there had been some collaboration between the C.F.D.T. and the C.G.T. This had begun in January 1966 with an agreement on joint action covering both traditional demands and also the question of trade union rights in the firm. The C.F.D.T. was anxious, too, to develop its political rôle, without falling in with the desire of the C.G.T. to further the political interests of the Communist party. The C.F.D.T. and the C.G.T. had been in agreement in 1967 on their opposition to the government ordinances on social security.

When the May revolution broke out, therefore, it was naturally the C.F.D.T. which sympathised most closely with the students' demands for *autogestion ouvrière*. The latter reflected, in an extreme revolutionary form, its own objectives in terms of workers' participation in management and a more humane conception of the economy. The C.G.T., on the other hand, at first issued a blanket condemnation of the students' attempt to take the lead in setting off a social revolution. "Le mouvement ouvrier français n'a nul besoin d'encadrement petit-bourgeois", M. Georges Séguy declared on May 8th. "Il trouve dans la classe ouvrière," he added, "ses cadres expérimentés et ses dirigeants responsables. Ceci dit, les militants ouvriers éprouvent une profonde sympathie et un grand respect pour les intellectuels qui se placent résolument aux côtés de la classe ouvrière".

The working-class reaction against police intervention and the arrest of students was, however, swift, and by May 12th the C.G.T. had joined the C.F.D.T. in calling for a day of strikes and demonstrations in support of the students. Their joint appeal of May 12th declared:

> Au nom de la solidarité qui unit les étudiants, les enseignants et l'ensemble des travailleurs contre la répression policière,
> — Pour l'amnistie des manifestants condamnés et la renonciation à toute poursuite judiciaire, administrative ou universitaire,
> — Pour les libertés syndicales et politiques,
> — Et pour l'aboutissement de leurs aspirations communes:
> — Réforme démocratique de l'enseignement au service des travailleurs,
> — Plein emploi,
> — Transformation du système économique par et pour le peuple,
> les organisations syndicales de la région parisienne, U.N.E.F., U.G.E., S.N.E. Sup., F.E.N., C.F.D.T. et C.G.T. appellent les étudiants, les travailleurs, toute la population à manifester en masse.
>
> *L'Insurrection Étudiante*, op. cit., pp. 403–404

Both the C.G.T. and the C.F.D.T. found themselves, however, from May 15th, overtaken by a spontaneous, massive and uncontrollable strike-wave, with factory stay-ins, as in 1936. The impetus was now coming directly from the workers themselves, among whom resentment over their economic grievances of the last few years, culminating in the reductions in social security provision in 1967, now boiled over. The working class recognised that the imminent collapse of government authority could provide an opening for them to press their demands, and some younger workers showed sympathy with the students' calls for *autogestion.*

But while the C.G.T., speaking of the development of an unparalleled "climat revendicatif", limited its demands to improvements in material conditions, and denounced any attempt by the students to lead the working class into irresponsible "aventures", the C.F.D.T., on May 16th, issued a remarkable statement of support for the students:

> En se déclarant solidaire des manifestations étudiantes, la C.F.D.T. en a ressenti les motivations profondes.
>
> Par leur action, les étudiants n'ont pas voulu seulement se préoccuper de considérations matérielles ou de leur avenir, mais remettre en cause d'une façon fondamentale les structures sclérosantes, étouffantes et de classes d'une société où ils ne peuvent exercer leurs responsabilités.
>
> La lutte des étudiants pour la démocratisation des universités est de même nature que celle des travailleurs pour la démocratie dans les entreprises. Les contraintes et les structures insupportables contre lesquelles les étudiants se révoltent existent parallèlement, et souvent d'une façon encore plus intolérable, dans les usines, chantiers, services et administrations.
>
> A la liberté dans les universités doit correspondre la même liberté dans les entreprises, en cela le combat des étudiants rejoint celui mené par les travailleurs depuis la naissance du syndicalisme ouvrier.

A la monarchie industrielle et administrative, il faut substituer des structures démocratiques à base d'autogestion.

Positions et action de la C.F.D.T. au cours des événements de mai-juin 1968, special number of *Syndicalisme* (novembre 1969), pp. 53-54

The C.F.D.T. went on to link student demands closely with its own current demands on 18th May (*see* p. 510). The C.G.T., however, dismissed *autogestion*; even *cogestion* (workers' participation in management) was an "empty formula".

The strike movement spread rapidly, and within a day or two several million workers were on strike. Both trade union organisations were determined to take advantage of a strike-wave which, like that of 1936, they had not themselves set off. Their aim was to guide it towards those immediate economic issues with which they had been most concerned since 1966 in their joint campaigns — i.e. wages, unemployment, the social security ordinances, and trade union rights within the firm. Neither regarded *autogestion* as an immediate issue; the C.G.T., too, laid less emphasis than the C.F.D.T. on trade union rights within the firm, and thus remained closest to traditional material demands.

The working class as a whole was clearly not in a revolutionary mood, though many were probably looking forward to a political change, perhaps even the end of the Fifth Republic. Some of the younger workers took up the call for the revolutionary introduction of *autogestion*, but on the whole the reformism of the trade union leaders, denounced by impatient student revolutionaries, reflected the state of mind of most of the workers, who, if they were being made aware of the issue of *autogestion*, saw it only as a distant possibility. The most sympathetic towards this possibility were to be found among the "new working class". As Serge Mallet has put it:

Ce n'est pas par ceux qui sont «sans espoir» — pour reprendre la formule de Walter Benjamin par laquelle Herbert Marcuse conclut l'Homme unidimensionnel — que l'espoir nous fût donné en mai.

C'est au contraire par ces ouvriers, techniciens et cadres profondément «intégrés» dans la société industrielle, dans les secteurs les plus névralgiques, les plus décisifs, si «intégrés» qu'ils sont en mesure de se formuler les possibilités de libération humaine qui sont incluses dans le progrès technologique et de s'insurger contre leur détournement.

La Nouvelle Classe ouvrière (Seuil, 1969), p. 22

The students' approaches to the latter for solidarity were hindered by C.G.T. officials as far as they could; but, in any case, most workers felt that in view of the complexity of modern industry, *autogestion* was not a system that could be brought in overnight in a revolutionary crisis. Workers at Citroën early in June were reported as saying:

Nous sommes plutôt favorables à une autogestion, mais cela est difficile; il faudra faire tourner l'usine, la question est prématurée.

Le Monde (4 juin 1968)

The workers probably felt grateful to the students for creating a situation in which immediate working-class demands could be pressed; but on the whole these demands, even if parallel to those of the students, were much more moderate, and the workers felt they were capable of defending their interests in their own way without the students' help. Misunderstanding and a breakdown of communication almost invariably arose when revolutionary students attempted to contact workers. A C.F.D.T. official was reported to have said about the students at the Sorbonne: "Ce qui m'inquiète chez eux, c'est leur incapacité à proposer des objectifs à moyen terme."[1] Solidarity was impossible between students bent on immediate revolution, and workers willing, certainly, to conceive of the need for *autogestion*, but only as a long-term aim.

When negotiations were begun on May 25th between unions and employers, the unions' joint demands reflected, therefore, their short-term aims. The C.F.D.T. had, however, come to see the economic and social crisis as a golden opportunity to promote its idea of the extension of trade union rights in the factory, as a step, at any rate, towards increasing the workers' share in management. The C.G.T. was much less concerned with such structural reforms. The national agreements reached between the unions and the employers at the rue de Grenelle in the event covered a large number of the current material demands of the working class: the raising of the minimum wage, across-the-board increases in wages, improvements in collective bargaining, and a reduction in health charges.

A promise was also made by the government, however, to introduce a law guaranteeing trade union rights in the firm. It was not until the end of 1968 that, amid general scepticism among the working class, Parliament eventually passed the act on trade union rights in the firm (*see* p. 513).

Meanwhile, as in 1936, price increases and a financial crisis had already eroded the material gains the working class had made in May. The new act, however, represented a definite step forward in French economic and social legislation. Trade unionists welcomed it as the one positive gain for the working class from the May crisis, and indeed the most important advance since the act of 1884.

What had, in retrospect, been the broad economic and social significance of this crisis? First, the emergence of a new revolutionary syndicalism among the students. This syndicalism shared with the old anarcho-syndicalism the notion of *independence*: the revolutionary students and workers, it affirmed, must become free — free from the authority of the universities, the employers and the State, free from political parties and even free from reformist trade union officials. The traditional anti-authoritarian and anti-political temper of the working-class movement of the nineteenth century thus reappeared, challenging the reformism of the socialist parties and the trade union movement and their gradual integration into the bourgeois democratic society of the twentieth century. This revolutionary syndicalism was, however, to prove impotent, in respect of its immediate revolutionary aspirations, once the material demands of the working class had been met and the strike movement had subsided. The student movement appeared to be lacking in a revolutionary strategy, or indeed any long-term strategy appropriate to the economic and social conditions of France in 1968, and was mesmerised by the language and the concepts of Marx and his revolutionary successors — Lenin, Mao Tse Tung, etc. — which related to totally different social circumstances.

[1] *See* O. Postel-Vinay, 'Pour une nouvelle stratégie révolutionnaire', *Le Monde* (14 février 1969).

The second important feature of the crisis had been the reaction against productivism, the economic ideology which had in practice superseded since the 1940s the old ideologies of capitalism and socialism. Productivism saw a continuous rise in living standards as the inevitable consequence of economic expansion: such a rise would bring about general prosperity for whole populations, and would of itself tend to iron out social distinctions and social injustices:

> Une croissance de 5% par an entraîne un doublement du niveau de vie en 15 ans environ, un quadruplement en moins de 30 ans. Cela veut dire que, dans l'espace d'une génération — et même si l'on tient compte des «accidents» de la croissance — tous les individus d'une nation pris globalement disposent de 2 à 3 fois plus de biens et de services qu'ils n'en disposaient au départ, qu'ils sont en quelque sorte 2 à 3 fois plus riches. C'est là le phénomène capital des temps modernes, celui qui marque de manière spectaculaire la frontière entre le monde développé et le monde sous-développé. Autrefois un individu qui se trouvait, à la fin de sa vie active, quatre ou cinq fois plus riche qu'à son départ pouvait être considéré comme ayant «fait fortune»; aujourd'hui, dans le monde développé, c'est l'ensemble des citoyens qui sont dans le même cas.
>
> A. DELATTRE, *Politique économique de la France depuis 1945* (Sirey, 1966), pp. 8–9

The May crisis suggested to many, for the first time, that the indiscriminate pursuit of growth was an insufficient economic objective. Economic growth must surely be for human purposes, not mere enrichment, even collective enrichment, and it was in any case not in itself a guarantee of social justice. Problems of minimum living standards and of the needs of redistribution of wealth were still prominent in the France of 1968.

But beyond these problems, the crisis pointed to the probable character of future social changes; these would clearly involve an increasing share in management, not only for students, but for all the most skilled and educated elements in the working class, and for other groups in French society, particularly in the professions, whose revolt against authoritarian structures in their working situation had been sparked off by the May revolt. Economic and social conflict would henceforward be concerned not only with the immediate material betterment of the working class within the framework of the mixed economy, but with the furtherance of the principle of democratic decision-making as part of a social revolution. Resistance had now begun to the "divine right of management" in the sphere of decision-making, which was now displacing property-ownership, in the eyes of numbers of French workers, as well as students, as the chief obstacle to their social emancipation. The May revolt thus marked the beginning of a historic shift in the area of economic and social conflict — the reformism of the working-class movement on the old issue of property was being overtaken by a concern, at once revolutionary *and* reformist, with the issue of the distribution of power over the economy, at plant level and above. This issue had now emerged as a central preoccupation of some at least of the industrial workers, as well as the students and other groups in society who shared the workers' subordinate rôle.[1]

[1] For the defensive reaction of many of the *cadres* against this new trend, *see* p. 404.

The new situation was reflected in the C.F.D.T. congress of May 1970, at which a reformist majority faced a revolutionary minority. Many workers who had developed revolutionary leanings in May 1968, and, in their ardour, condemned the caution of the C.F.D.T., had now clearly become integrated into it as its revolutionary Left wing. "Nous ne sommes pas un groupuscule", M. Eugène Descamps warned them. "Nous ne devons pas remplacer l'action par l'agitation." All were united, he added, in their "volonté commune de faire un syndicalisme anticapitaliste visant à la transformation de la société dans une perspective démocratique."

The 1970 congress marked the final stage in the evolution of the C.F.D.T. away from the old social Catholic doctrines of the C.F.T.C., with their emphasis on social harmony, and their refusal to make a frontal assault on capitalism. M. André Jeanson, in a report to the congress, now spoke openly of "la lutte de classes", and declared: "tous ceux et celles qui vivent de leur salaire... se trouvent en face des mêmes «blocages»... Ce que nous vivons, ce que nous constatons, c'est que tous ces salariés ne réussissent à lever ce blocage que par un seul moyen: la lutte: il n'est pas une conquête des travailleurs qui n'ait été, qui ne soit encore, le résultat d'un combat".[1] While the C.F.D.T. would, as it had laid down in its 1964 statutes, reject any "développement systématique des antagonismes de classe" (see p. 503), which would only lead to totalitarianism, it must recognise, as a fact, the existence of the class-struggle. The C.F.D.T. was, too, fully committed to socialism for the first time. Of course it now reflected, equally, the concern of some of the workers with a reform of the industrial power structure. M. Jeanson's report pointed to a new society based on social ownership, *autogestion*, and democratic planning: "En bref, le schéma-type de l'entreprise consisterait à confier à l'ensemble des travailleurs de l'entreprise, «communauté» ou «collectif», la mission de choisir parmi eux et par l'élection l'instance de direction qui remplacerait le conseil d'administration (ou le conseil de surveillance) d'aujourd'hui et à qui il appartiendrait de nommer les «gouvernants» de l'entreprise et de les contrôler et de prendre — dans le cadre du Plan, nous le verrons — les décisions essentielles de politique générale de l'entreprise: structures, investissements, recherche, répartition de ressources, politique sociale, etc... Cette instance devrait faire place aux autres intérêts collectifs concernés (usagers — collectivités publiques, etc...)".[2] The report was adopted by the congress, which demonstrated both the new commitment of the C.F.D.T. as a whole to socialism, and the common ground between revolutionaries and reformists in this sector of the labour movement in demanding an industrial structure based on self-management (see Le Monde, 6, 7, 8, 9, 10–11, 12 mai 1970).

[1] *Perspectives et stratégie, rapport présenté par André Jeanson...35ᵉ congrès confédéral*, special number of *Syndicalisme* (février 1970), p. 34. *See* also the *document d'orientation* reproduced in *La C.F.D.T.* (Seuil, 1971), pp, 125–141.

[2] *ibid.*, p. 26.

BIBLIOGRAPHY

G. ADAM: *La C.F.T.C. 1940–1958. Histoire politique et idéologie* (Colin, 1964).

G. ADAM: *La C.G.T.–F.O.* (Fondation Nationale des Sciences Politiques, 1965).

J. ARDAGH: *The New France* (Penguin Books, 1970).

A. BARJONET: *La C.G.T.* (Seuil, 1969).

P. BAUCHET: *La planification française. Quinze ans d'expérience* (Seuil, 1962).

F. BLOCH-LAINÉ: *Pour une réforme de l'entreprise* (Seuil, 1963).

J. CAPDEVIELLE and R. MOURIAUX: *Les Syndicats ouvriers en France* (Colin, 1970), Collection U2 Dossiers. Up-to-date documents.

La C.F.D.T. (Seuil, 1971), "Politique" Collection. Texts.

J. CLAPHAM: *The economic development of France and Germany, 1815–1914* (C.U.P., 1923).

M. COLLINET: *L'ouvrier français. Esprit du syndicalisme* (Éditions Ouvrières, 1951).

Le Creuset (C.G.C.).

M. DEBRÉ and P. MENDÈS FRANCE: *Le grand débat* (Gonthier, 1966).

G. R. DENTON, M. MACLENNAN and M. FORSYTH: *Economic planning and policies in Britain, France and Germany* (P.E.P./Allen and Unwin, 1968).

H. DUBIEF: *Le syndicalisme révolutionnaire* (Colin, 1969), Collection 'U'. Documents.

J.-J. DUPEYROUX: *La sécurité sociale* (Dalloz, 1967).

H. W. EHRMANN: *Organized business in France* (Princeton U.P., 1957).

Force Ouvrière (C.G.T.-F.O.), weekly.

J. FOURASTIÉ: *Le grand espoir du XXe siècle* (Gallimard, 1963), Collection 'Idées'.

J. FOURASTIÉ and J.-P. COURTHÉOUX: *La planification économique en France* (P.U.F., 1963).

H. GALANT, *Histoire politique de la sécurité sociale* (Colin, 1955).

A. GETTING: *La sécurité sociale* (P.U.F., 1966), "Que sais-je?".

S. GRÉVISSE, et al: *Succès et faiblesses de l'effort social français* (Colin, 1961). Preface by P. Laroque.

J. HACKETT and A. M. HACKETT: *Economic planning in France* (Allen and Unwin, 1963).

Les Institutions sociales de la France (La Documentation Française, 1963).

J.-M. JEANNENEY: *Forces et faiblesses de l'économie française 1945–1959* (Colin, 1959).

J.-M. JEANNENEY and M. PERROT: *Textes de droit économique et social français 1789–1957* (Colin, 1957). For labour and social legislation. Gives full texts.

C. P. KINDLEBERGER: *Economic growth in France and Britain, 1851–1950* (Harvard U.P., 1964).

C. P. KINDLEBERGER in S. HOFFMANN et al.: *In search of France* (Harvard U.P., 1963).

A. DE LATTRE: *Politique économique de la France depuis 1945* (Sirey, 1966).

G. LEFRANC: *Le syndicalisme en France*, 5th ed. (P.U.F., 1966), "Que sais-je?".

G. LEFRANC: *Le mouvement syndical de la libération aux événements de mai-juin 1968* (Payot, 1969).

G. LEFRANC: *Le mouvement syndical sous la Troisième Rèpublique* (Payot, 1967).

H. LESIRE OGREL: *Le syndicat dans l'entreprise* (Seuil, 1967).

G. LEVARD: *Chances et périls du syndicalisme chrétien* (Fayard, 1955).

V. LORWIN: *The French Labor Movement* (Harvard U.P., 1954).

H. LÜTHY: *The state of France* (Secker and Warburg, 1955).

P. MAILLET and M. MAILLET: *Le secteur public en France* (P.U.F., 1964).

M. PARODI: *L'économie et la société française de 1945 à 1970* (Colin, 1971), Collection 'U'. A clear and challenging textbook, thoroughly up-to-date in both fact and analysis.

Patronat Français (C.N.P.F.).

Le Peuple (C.G.T.), bi-monthly.

J.-D. REYNAUD: *Les syndicats en France* (2nd ed.) (Colin, 1963), Collection 'U'.

Syndicalisme (C.F.D.T.), monthly.

La Vie Ouvrière (C.G.T.), weekly.

L. R. VILLERMÉ: *Tableau de l'état physique et moral des ouvriers employés dans les manufacturers de coton, de laine et de soie* (Union Générale d'Éditions, 1971). Paperback.

G. WEILL: *Histoire du mouvement social en France 1852–1924* (Alcan, 1924).

GLOSSARY

l'actionnaire
l'adhérent
l'agent de maîtrise, foreman.
l'allocataire, person in benefit.
l'allocation (*familiale*, etc.)
allouer
les appointements
l'apprenti
l'arbitrage
prendre un arrêté
rapporter un arrêté
l'atelier
l'autogestion, self-management, workers' control.
l'avoir
le bénéfice
le bilan (*annuel*)
le blocage
les cadres, those placed in the upper and middle ranks of a military, political or
    business organisation, i.e. above the rank and file, and thus enjoying, to varying
    degrees, a managerial rôle. Subdivided into *cadres supérieurs, cadres moyens*
    and *cadres subalternes.*
la caisse de compensation
la caisse de retraite
la caisse (*société*) *de secours mutuel*
le capital
la centrale syndicale, national confederation of trade unions.
le chantier
les charges de famille
le chef d'entreprise
le chef de service
le cheptel
le chiffre d'affaires
le chômage
les classes laborieuses
le Code Pénal
le comité d'entreprise
le commissaire aux comptes
le compagnon
la compression d'effectifs, reduction of labour force.
le compte de profit et pertes
le concurrent

le congédiement
consigner au procès-verbal
la consommation
le contrat collectif de travail
la convention collective de travail: cf. above.
sur convocation de...
corporatif
le corporatisme
la cotisation
le coût de production
rendre un décret
le dégrèvement fiscal, tax reduction.
le délai-congé
le délégué du personnel, workers' representative (on *comité d'entreprise*).
le délégué syndical, shop steward.
le délit
les demi-produits, half-finished products, semi-manufactured goods.
la déplanification, reduction of planning.
la dépréciation
désigner
les dommages-intérêts
le droit syndical dans l'entreprise, trade union rights within the individual firm.
l'économie dirigée
les effectifs
éligible
l'embauchage
l'encadrement, managerial staffing.
l'enfant à charge, dependent child.
escompter
ester en justice
excédentaire, excess (adj.).
l'expert-comptable
la féodalité économique, concentration of economic power.
la filature de coton
le fonctionnaire
gérer
la gestion
la grève (générale)
le grossiste
la hausse (de traitement)
l'indemnité (journalière)
l'indice de la production
l'investissement
le licenciement, dismissal.
la lutte de(s) classe(s)
la main-d'œuvre
la manufacture
la marchandise
le marché noir, black market.
la matière première
la mesure monétaire
la mise à pied, sacking.
né viable

les œuvres sociales, social welfare work.
l'ordonnance
l'outillage
l'ouvrier
la partie contractante
le patron
le patronat
le pensionné, pensioner.
la planification
le plein emploi, full employment.
les postes d'un document
le pourvoi
le pouvoir d'achat
le préposé
la prestation
la prime (antigrève), anti-strike bonus.
le prix taxé
la promotion des travailleurs, social advance of the workers.
la réclamation
le relèvement de salaires
le rendement
la rente (viagère), (life) annuity.
le retraité
la revendication, (material) demand.
le revenu
à revenu fixe
le salaire
le salariat, wage-earning class.
le salarié
la Sécurité Sociale
le sinistré
la société anonyme
la société par actions
le sous-emploi
statuer
le statut de fermage (de métayage)
le suppléant
la surchauffe
syndical
le syndicat
syndiqué
le taux
à titre consultatif
le titulaire
le tribunal d'instance

THE LIBERAL VIEW OF THE WORKER 1836

... les classes laborieuses tiennent leur sort en leurs propres mains. Leur aisance dépend de leurs salaires; leurs salaires sont réglés par le rapport de la quantité des capitaux avec le nombre des ouvriers. Or, s'il n'est pas au pouvoir des classes laborieuses d'accroître les capitaux selon leurs besoins, elles peuvent, par la prudence dans les mariages, limiter la population. Il n'en est pas de l'homme comme des animaux, qu'emportent les penchants physiques, et qui ne peuvent résister aux appétits des sens: être libre et intelligent, l'homme se sent maître de lui-même, et peut subordonner ses passions aux conseils de la raison. Ce noble attribut le rend aussi maître de sa fortune: tel est l'ordre admirable des choses, que la cause la plus générale de misère peut être combattue par la prudence; le taux des salaires, qui détermine le revenu de la population laborieuse, n'est aussi, sous un point de vue plus élevé, que l'expression de sa sagesse.

....

L'homme ne peut être vraiment moral qu'autant qu'il nourrit le sentiment de sa propre dignité, qu'il vit fier et indépendant. Au premier rang des vertus figure la prévoyance, qui n'est que l'empire exercé sur notre propre sort; mais la charité légale, qui dispense du soin de l'avenir, avilit le caractère de ceux auxquels elle distribue ses bienfaits corrupteurs. L'ouvrier qui, avec plus de sagesse, aurait pu fournir aux besoins de sa propre existence, et vit par sa faute aux dépens d'autrui, se sent abaissé à ses propres yeux, et comme les vices s'enchaînent, et, pour ainsi parler, s'appellent l'un l'autre, entraîné sur une pente rapide, il tombe de chute en chute; son avilissement le jette dans tous les désordres, dans les mœurs les plus brutales et les plus grossières. Régularité, conduite, économie, prudence, honnêteté, tout périt en lui. De quoi lui servirait-il, quand ses salaires lui procurent quelque argent, de renoncer à une partie de débauche, et de songer à l'avenir? Son avenir n'est-il pas garanti? Les secours publics ne seront-ils pas toujours sous sa main?

M. T. DUCHATEL, *Considérations d'économie politique sur la Bienfaisance, ou de la charité dans ses rapports avec l'état moral et le bien-être des classes inférieures de la société*, 2nd ed. (Guiraudet et Jouaust, 1836), pp. 112–113; 177–178

THE REALITY OF WORKING-CLASS CONDITIONS AS SEEN BY VILLERMÉ c. 1835

Les seuls ateliers de Mulhouse comptaient, en 1835, plus de 5 000 ouvriers logés ainsi dans les villages environnants. Ces ouvriers sont les moins bien rétribués. Ils se composent principalement de pauvres familles chargées d'enfants en bas âge, et venues de tous côtés, quand l'industrie n'était pas en souffrance, s'établir en Alsace, pour y louer leurs bras aux manufactures. Il faut les voir arriver chaque matin en ville et en partir chaque soir. Il y a, parmi eux, une multitude de femmes pâles, maigres, marchant pieds nus au milieu de la boue, et qui, faute de parapluie, portent renversé sur la tête, lorsqu'il pleut, leur tablier ou leur jupon de dessus, pour se préserver la figure et le cou, et un nombre encore plus considérable de jeunes enfants non moins sales, non moins hâves, couverts de haillons tout gras de l'huile des métiers, tombée sur eux pendant qu'ils travaillent. Ces derniers, mieux préservés de la pluie par l'imperméabilité de leurs vêtements, n'ont pas même au bras, comme les femmes dont on vient de parler, un panier où sont les provisions pour la journée; mais ils portent à la main ou cachent sous leur veste, ou comme ils le peuvent, le morceau de pain qui doit les nourrir jusqu'à l'heure de leur rentrée à la maison.

Ainsi, à la fatigue d'une journée déjà démesurément longue, puisqu'elle est au moins de 15 heures, vient se joindre pour ces malheureux, celle de ces allées et retours si fréquents, si pénibles. Il en résulte que le soir ils arrivent chez eux accablés par le besoin de dormir, et que le lendemain ils en sortent avant d'être complètement reposés, pour se trouver dans l'atelier à l'heure de l'ouverture.

On conçoit que, pour éviter de parcourir deux fois chaque jour un chemin aussi long, ils s'entassent, si l'on peut parler ainsi, dans des chambres ou pièces petites, malsaines, mais situées à proximité de leur travail. J'ai vu à Mulhouse, à Dornach et dans des maisons voisines, de ces misérables logements, où deux familles couchaient chacune dans un coin, sur de la paille jetée sur le carreau et retenue par deux planches. Des lambeaux de couverture et souvent une espèce de matelas de plumes d'une saleté dégoûtante, voilà tout ce qui recouvrait cette paille.

Du reste, un mauvais et unique grabat pour toute la famille, un petit poêle qui sert à la cuisine comme au chauffage, une caisse ou grande boîte en guise d'armoire, une table, deux ou trois chaises, un banc, quelques poteries, composent *communément* tout le mobilier qui garnit la chambre des ouvriers employés dans les filatures et les tissages de la même ville.

Cette chambre, que je suppose à feu et de 10 à 12 pieds en tous sens, coûte ordinairement à chaque ménage, qui veut en avoir une entière, dans Mulhouse ou à proximité de Mulhouse, de 6 à 8 fr. et même 9 fr. par mois, que l'on exige en deux termes, c'est-à-dire de 15 en 15 jours, aux époques où les locataires reçoivent leur paie: c'est depuis 72 jusqu'à 96, et quelquefois 108 fr. par an. Un prix aussi exorbitant tente les spéculateurs: aussi font-ils bâtir, chaque année, de nouvelles maisons pour les ouvriers de la fabrique, et ces maisons sont à peine élevées que la misère les remplit d'habitants.

Et cette misère, dans laquelle vivent les derniers ouvriers de l'industrie du coton, dans le département du Haut-Rhin, est si profonde qu'elle produit ce triste résultat, que tandis que dans les familles de fabricants, négociants, drapiers, directeurs d'usines, la moitié des enfants atteint la 29ᵉ année, cette même moitié cesse d'exister avant l'âge de 2 ans accomplis dans les familles de tisserands et d'ouvriers des filatures de coton. Quel manque de soin, quel abandon de la part des parents, quelles privations, quelles souffrances cela ne fait-il pas supposer pour ces derniers?

[L. R.] VILLERMÉ, *Tableau de l'état physique et moral des ouvriers employés dans les manufactures de coton, de laine et de soie* (Renouard, 1840), I, pp. 25–29

ACT LEGALISING TRADE UNIONS   1884

Article premier. Sont abrogés la loi des 14–27 juin 1791[1] et l'article 416 du code pénal.

Les art. 291, 292, 293, 294 du code pénal et la loi du 18 avril 1834 ne sont pas applicables aux syndicats professionnels.[2]

Art. 2. Les syndicats ou associations professionnelles, même de plus de vingt personnes exerçant la même profession, des métiers similaires, ou des professions connexes concourant à l'établissement de produits déterminés, pourront se constituer librement sans l'autorisation du Gouvernement.

Art. 3. Les syndicats professionnels ont exclusivement pour objet l'étude et la défense des intérêts économiques, industriels, commerciaux et agricoles.

Art. 4. Les fondateurs de tout syndicat professionnel devront déposer les statuts et les noms de ceux qui, à un titre quelconque, seront chargés de l'administration ou de la direction.

Ce dépôt aura lieu à la mairie de la localité où le syndicat est établi, et à Paris, à la préfecture de la Seine...

Communication des statuts devra être donnée par le maire ou par le préfet de la Seine au procureur de la République...

Art. 5. Les syndicats professionnels régulièrement constitués, d'après les prescriptions de la présente loi, pourront librement se concerter pour l'étude et la défense de leurs intérêts économiques, industriels, commerciaux et agricoles.

Ces unions devront faire connaître, conformément au deuxième paragraphe de l'article 4, les noms des syndicats qui les composent.

Elles ne pourront posséder aucun immeuble ni ester en justice.

Art. 6. Les syndicats professionnels de patrons ou d'ouvriers auront le droit d'ester en justice.

Ils pourront employer les sommes provenant des cotisations.

Toutefois, ils ne pourront acquérir d'autres immeubles que ceux qui seront nécessaires à leurs réunions, à leurs bibliothèques et à des cours d'instruction professionnelle.

[1] The *loi Le Chapelier, see* p. 39.
[2] *See* p. 12.

Ils pourront sans autorisation, mais en se conformant aux autres dispositions de la loi, constituer entre leurs membres des caisses de secours mutuels et de retraites.

Ils pourront librement créer et administrer des offices de renseignements pour les offres et les demandes de travail.

Ils pourront être consultés sur tous les différends et toutes les questions se rattachant à leur spécialité.

Dans les affaires contentieuses, les avis du syndicat seront tenus à la disposition des parties, qui pourront en prendre communication et copie.

Art. 7. Tout membre d'un syndicat professionnel peut se retirer à tout instant de l'association, nonobstant toute clause contraire, mais sans préjudice du droit pour le syndicat de réclamer la cotisation de l'année courante.

Toute personne qui se retire d'un syndicat conserve le droit d'être membre des sociétés de secours mutuels et de pensions de retraite pour la vieillesse à l'actif desquelles elle a contribué par des cotisations ou versements de fonds.

Art. 10. La présente loi est applicable à l'Algérie.

Elle est également applicable aux colonies de la Martinique, de la Guadeloupe et de la Réunion. Toutefois, les travailleurs étrangers et engagés sous le nom d'immigrants ne pourront faire partie des syndicats.

Journal officiel (22 mars 1884)

INDUSTRIAL ACCIDENTS ACT 1898

Titre Ier

Indemnités en cas d'accidents

Article premier. Les accidents survenus par le fait du travail, ou à l'occasion du travail, aux ouvriers et employés occupés dans l'industrie du bâtiment, les usines, manufactures, chantiers, les entreprises de transport par terre et par eau, de chargement et de déchargement, les magasins publics, mines, minières, carrières et, en outre, dans toute exploitation ou partie d'exploitation dans laquelle sont fabriquées ou mises en œuvre des matières explosives, ou dans laquelle il est fait usage d'une machine mue par une force autre que celle de l'homme ou des animaux, donnent droit, au profit de la victime ou de ses représentants, à une indemnité à la charge du chef d'entreprise, à la condition que l'interruption de travail ait duré plus de quatre jours.

Les ouvriers qui travaillent seuls d'ordinaire ne pourront être assujettis à la présente loi par le fait de la collaboration accidentelle d'un ou plusieurs camarades.

Art. 2. Les ouvriers et employés désignés à l'article précédent ne peuvent se prévaloir, à raison des accidents dont ils sont victimes dans leur travail, d'aucunes dispositions autres que celles de la présente loi.

Ceux dont le salaire annuel dépasse deux mille quatre cents francs (2.400 fr.) ne bénéficient de ces dispositions que jusqu'à concurrence de cette somme. Pour le surplus, ils n'ont droit qu'au quart des rentes ou indemnités stipulées à l'article 3, à moins de conventions contraires quant au chiffre de la quotité.

Art. 3. Dans les cas prévus à l'article 1ᵉʳ, l'ouvrier ou l'employé a droit:

Pour l'incapacité absolue et permanente, à une rente égale aux deux tiers de son salaire annuel;

Pour l'incapacité partielle et permanente, à une rente égale à la moitié de la réduction que l'accident aura fait subir au salaire;

Pour l'incapacité temporaire, à une indemnité journalière égale à la moitié du salaire touché au moment de l'accident, si l'incapacité de travail a duré plus de quatre jours et à partir du cinquième jour.

Lorsque l'accident est suivi de mort, une pension est servie aux personnes ci-après désignées, à partir du décès, dans les conditions suivantes:

A. Une rente viagère égale à 20 p. 100 du salaire annuel de la victime pour le conjoint survivant non divorcé ou séparé de corps, à la condition que le mariage ait été contracté antérieurement à l'accident.

En cas de nouveau mariage, le conjoint cesse d'avoir droit à la rente mentionnée ci-dessus; il lui sera alloué, dans ce cas, le triple de cette rente à titre d'indemnité totale.

B. Pour les enfants, légitimes ou naturels, reconnus avant l'accident, orphelins de père ou de mère, âgés de moins de seize ans, une rente calculée sur le salaire annuel de la victime à raison de 15 p. 100 de ce salaire s'il n'y a qu'un enfant, de 25 p. 100 s'il y en a deux; de 35 p. 100 s'il y en a trois, et 40 p. 100 s'il y en a quatre ou un plus grand nombre.

Pour les enfants, orphelins de père et de mère, la rente est portée pour chacun d'eux à 20 p. 100 du salaire.

L'ensemble de ces rentes ne peut, dans le premier cas, dépasser 40 p. 100 du salaire, ni 60 p. 100 dans le second...

Art. 4. Le chef d'entreprise supporte en outre les frais médicaux et pharmaceutiques et les frais funéraires. Ces derniers sont évalués à la somme de cent francs (100 fr.) au maximum.

Quant aux frais médicaux et pharmaceutiques, si la victime a fait choix elle-même de son médecin, le chef d'entreprise ne peut être tenu que jusqu'à concurrence de la somme fixée par le juge de paix du canton, conformément aux tarifs adoptés dans chaque département pour l'assistance médicale gratuite.

Art. 7. Indépendamment de l'action résultant de la présente loi, la victime ou ses représentants conservent, contre les auteurs de l'accident autres que le patron ou ses ouvriers et préposés, le droit de réclamer la réparation du préjudice causé, conformément aux règles du droit commun.

L'indemnité qui leur sera allouée exonérera à due concurrence le chef d'entreprise des obligations mises à sa charge.

Cette action contre les tiers responsables pourra même être exercée par le chef d'entreprise, à ses risques et périls, au lieu et place de la victime ou de ses ayants droit, si ceux-ci négligent d'en faire usage.

Journal officiel (10 avril 1898)

THE *CHARTE D'AMIENS*   1906

Le Congrès confédéral d'Amiens confirme l'article 2, constitutif de la C.G.T.:

La C.G.T. groupe, en dehors de toute école politique, tous les travailleurs conscients de la lutte à mener pour la disparition du salariat et du patronat...;

Le Congrès considère que cette déclaration est une reconnaissance de la *lutte de classe* qui oppose, sur le terrain économique, les travailleurs en révolte contre toutes les formes d'exploitation et d'oppression, tant matérielles que morales, mises en œuvre par la classe capitaliste contre la classe ouvrière;

Le Congrès précise, par les points suivants, cette affirmation théorique: Dans l'œuvre revendicatrice quotidienne, le syndicalisme poursuit la coordination des efforts ouvriers, l'accroissement du mieux-être des travailleurs par la réalisation d'améliorations immédiates, telles que la diminution des heures de travail, l'augmentation des salaires, etc.;

Mais cette besogne n'est qu'un côté de l'œuvre du syndicalisme: il prépare l'émancipation intégrale, qui ne peut se réaliser que par l'expropriation capitaliste; il préconise comme moyen d'action la grève générale et il considère que le syndicat, aujourd'hui groupement de résistance, sera, dans l'avenir, le groupement de production et de répartition, base de réorganisation sociale;

Le Congrès déclare que cette double besogne, quotidienne et d'avenir, découle de la situation des salariés qui pèse sur la classe ouvrière et qui fait à tous les travailleurs, quelles que soient leurs opinions ou leurs tendances politiques ou philosophiques, un devoir d'appartenir au groupement essentiel qu'est le syndicat;

Comme conséquence, en ce qui concerne les individus, le Congrès affirme l'entière liberté, pour le syndiqué, de participer, en dehors du groupement corporatif, à telles formes de lutte correspondant à sa conception philosophique ou politique, se bornant à lui demander, en réciprocité, de ne pas introduire dans le syndicat les opinions qu'il professe au-dehors;

En ce qui concerne les organisations, le Congrès décide qu'afin que le syndicalisme atteigne son maximum d'effet, l'action économique doit s'exercer directement contre le patronat, les organisations confédérées n'ayant pas, en tant que groupements syndicaux, à se préoccuper des partis et des sectes qui, en dehors et à côté, peuvent poursuivre en toute liberté la transformation sociale.

CONFÉDÉRATION GÉNÉRALE DU TRAVAIL, *XVe Congrès national corporatif (IXe de la Confédération), tenu à Amiens du 8 au 16 octobre 1906. Compte rendu des travaux* (Éditions de la C.G.T., 1906), pp. 170–171

THE MATIGNON AGREEMENT 1936

1. The text of the agreement.

Les délégués de la Confédération générale de la production française[1] et de la Confédération générale du travail se sont réunis sous la présidence de M. le Président du Conseil et ont conclu l'accord ci-après, après arbitrage de M. le Président du Conseil:

[1] The employers' organisation; *see* p. 379.

Article premier. La délégation patronale admet l'établissement immédiat de contrats collectifs de travail.

Art. 2. Ces contrats devront comprendre notamment les articles 3 à 5 ci-après.

Art. 3. L'observation des lois s'imposant à tous les citoyens, les employeurs reconnaissent la liberté d'opinion, ainsi que les droits pour les travailleurs d'adhérer librement et d'appartenir à un syndicat professionnel constitué en vertu du livre III du Code du travail.

Les employeurs s'engagent à ne pas prendre en considération le fait d'appartenir ou de ne pas appartenir à un syndicat pour arrêter leurs décisions en ce qui concerne l'embauchage, la conduite ou la répartition du travail, les mesures de discipline ou de congédiement.

Si une des parties contractantes conteste le motif du congédiement d'un travailleur comme ayant été effectué en violation du droit syndical ci-dessus rappelé, les deux parties s'emploieront à reconnaître les faits et à apporter aux cas litigieux une solution équitable. Cette intervention ne fait pas obstacle aux droits pour les parties d'obtenir judiciairement réparation du préjudice causé.

L'exercice du droit syndical ne doit pas avoir pour conséquence des actes contraires aux lois.

Art. 4. Les salaires réels pratiqués pour tous les ouvriers à la date du 25 mai 1936 seront, du jour de la reprise du travail, rajustés suivant une échelle décroissante commençant à 15 p. 100 pour les salaires les moins élevés pour arriver à 7 p. 100 pour les salaires les plus élevés; le total des salaires de chaque établissement ne devant, en aucun cas, être augmenté de plus de 12 p. 100. Les augmentations de salaires consenties depuis la date précitée seront imputées sur les rajustements ci-dessus définis. Toutefois, ces augmentations resteront acquises pour leur partie excédant lesdits rajustements.

Les négociations pour la fixation par contrat collectif de salaires minima par région et par catégorie, qui vont s'engager immédiatement, devront comporter en particulier le rajustement nécessaire des salaires anormalement bas.

La délégation patronale s'engage à procéder aux rajustements nécessaires pour maintenir une relation normale entre les appointements des employés et les salaires.

Art. 5. En dehors des cas particuliers déjà réglés par la loi, dans chaque établissement comprenant plus de dix ouvriers, après accord entre les organisations syndicales, ou, à défaut, entre les intéressés, il sera institué deux (titulaires) ou plusieurs délégués ouvriers (titulaires ou suppléants) suivant l'importance de l'établissement. Ces délégués ont qualité pour présenter à la Direction les réclamations individuelles qui n'auraient pas été directement satisfaites, visant l'application des lois, décrets, règlements du Code du travail, des tarifs de salaires et des mesures d'hygiène et de sécurité.

Seront électeurs tous les ouvriers et ouvrières âgés de 18 ans, à condition d'avoir au moins trois mois de présence à l'établissement au moment de l'élection et de ne pas avoir été privés de leurs droits civiques.

Seront éligibles les électeurs définis ci-dessus, de nationalité française, âgés d'au moins 25 ans, travaillant dans l'établissement, sans interruption depuis un an, sous réserve que cette durée de présence devra être abaissée si elle réduit à moins de cinq le nombre des éligibles.

Les ouvriers tenant commerce de détail, de quelque nature que ce soit, soit par eux-mêmes, soit par leur conjoint, ne sont pas éligibles.

Art. 6. La délégation patronale s'engage à ce qu'il ne soit pris aucune sanction pour faits de grève.

Art. 7. La délégation confédérale ouvrière demande aux travailleurs en grève de décider la reprise du travail dès que les directions des établissements auront accepté l'accord général intervenu et dès que les pourparlers relatifs à son application auront été engagés entre les directions et le personnel des établissements.

Bulletin du Ministère du Travail (Berger-Levrault, 1936), pp. 222–224

2. Jouhaux's broadcast.

La victoire obtenue dans la nuit de dimanche à lundi consacre le début d'une ère nouvelle..., l'ère des relations directes entre les deux grandes forces économiques organisées du pays. Dans la plénitude de leur indépendance, elles ont débattu et résolu les problèmes qui sont à la base de l'organisation nouvelle de l'économie française. On parlait depuis un certain temps de la nécessité d'une formule nouvelle: celle-ci est trouvée... [par la] collaboration dans la liberté totale pour la discussion des revendications et la confrontation des points de vue différents. Les décisions ont été prises dans la plus complète indépendance, sous l'égide du gouvernement, celui-ci remplissant, si nécessaire, un rôle d'arbitre correspondant à sa fonction de représentant de l'intérêt général...

Pour la première fois dans l'histoire du monde, toute une classe obtient dans le même temps une amélioration de ses conditions d'existence... Cela est d'une haute valeur morale. Cela démontre péremptoirement qu'il n'est pas nécessaire de réaliser l'État totalitaire et autoritaire pour l'élévation de la classe ouvrière à son rôle de collaboratrice dans l'économie nationale, mais le fonctionnement régulier et l'élévation de la démocratie le permettent.

Enregistrant ce premier succès, nous devons, nous, travailleurs, faire honneur à notre signature, celle de la C.G.T., et appliquer loyalement et pleinement les clauses de l'accord général conclu, pour trouver dans cette application les forces nouvelles et la conscience élargie nécessaires aux conquêtes nouvelles de demain. Victoire et espérance... tel est le sens de l'accord du 7 juin.

L. BODIN and J. TOUCHARD, *Front populaire 1936*
(Colin, 1961), «Kiosque», pp. 140–141

THE SOCIAL LEGISLATION OF THE POPULAR FRONT
1936

1. Holidays with pay: act of 20th June.

Article premier. Sont codifiées dans la forme ci-après et formeront les articles. 54 *f* à 54 *j* du livre II du code du travail, les dispositions suivantes:

Art. 54 f. Tout ouvrier, employé ou apprenti occupé dans une profession industrielle, commerciale ou libérale ou dans une société coopérative, ainsi que tout compagnon ou apprenti appartenant à un atelier artisanal, a droit, après un an de services continus dans l'établissement, à un congé annuel continu payé d'une durée minimum de quinze jours comportant au moins douze jours ouvrables.

Si la période ordinaire des vacances dans l'établissement survient après six mois de services continus, l'ouvrier, employé, compagnon ou apprenti aura droit à un congé continu payé d'une semaine.

Les dispositions qui précèdent ne portent pas atteinte aux usages ou aux dispositions des conventions collectives de travail qui assureraient des congés payés de plus longue durée.

Art. 54 g. L'ouvrier, employé, compagnon ou apprenti reçoit, pour son congé, une indemnité journalière équivalant:

1° S'il est payé au temps, au salaire qu'il aurait gagné pendant la période de congé;

2° S'il est payé suivant un autre mode, à la rémunération moyenne qu'il a reçue pour une période équivalente dans l'année qui a précédé son congé.

Dans la fixation de l'indemnité, il doit être tenu compte des allocations familiales et des avantages accessoires et en nature dont il ne continuerait pas à jouir pendant la durée de son congé.

Art. 54 h. Tout accord comportant la renonciation par l'ouvrier, l'employé, le compagnon ou l'apprenti au congé prévu par les dispositions qui précèdent, même contre l'octroi d'une indemnité compensatrice, est nul.

Art. 54 i. Dans les professions, industries et commerces dans lesquels les ouvriers, employés, compagnons et apprentis ne sont pas normalement occupés d'une façon continue pendant une année dans le même établissement, un décret pris en conseil des ministres détermine les modalités suivant lesquelles pourront être appliquées les dispositions du présent chapitre, notamment par la constitution de caisses de compensation entre les employeurs intéressés...

Art. 2. Un règlement d'administration publique, rendu après consultation des chambres d'agriculture et des syndicats agricoles mixtes ou ouvriers, déterminera les modalités d'application des dispositions de l'article précédent aux ouvriers et employés des professions agricoles.

Un règlement d'administration publique déterminera également les modalités d'application de l'article 1er au personnel des services domestiques...

Journal officiel (26 juin 1936)

2. The forty-hour week: act of 21st June.

Article premier. Le chapitre II (Durée du travail) du titre 1er du Livre II du code du travail est modifié comme suit:

Art. 6. Dans les établissements industriels, commerciaux, artisanaux et coopératifs ou dans leurs dépendances, de quelque nature qu'ils soient, publics ou privés, laïques ou religieux, même s'ils ont un caractère d'enseignement professionnel ou de bienfaisance, y compris les établissements publics hospitaliers et les asiles d'aliénés, la durée du travail effectif des ouvriers et employés de l'un ou de l'autre sexe et de tout âge ne peut excéder quarante heures par semaine.

Art. 8. Dans les mines souterraines, la durée de présence de chaque ouvrier dans la mine ne pourra excéder trente-huit heures quarante minutes par semaine...

Art. 2. Aucune diminution dans le niveau de vie des travailleurs ne peut résulter de l'application de la présente loi, qui ne peut être une cause déterminante de la réduction de la rémunération ouvrière (salaires et avantages accessoires).

Journal officiel (26 juin 1936)

3. Collective bargaining: act of 24th June.

Article premier. Sont codifiées dans la forme ci-après les dispositions suivantes, qui feront l'objet des articles 31 *va*, 31 *vb*, 31 *vc*, 31 *vd*, 31 *ve*, 31 *vf*, 31 *vg*, et qui constitueront la section IV *bis* du chapitre IV *bis* du titre II du livre 1er du code du travail.

Art. 31 va. A la demande d'une organisation syndicale, patronale ou ouvrière intéressée, le ministre du travail ou son représentant provoquera la réunion d'une commission mixte en vue de la conclusion d'une convention collective de travail ayant pour objet de régler les rapports entre employeurs et employés d'une branche d'industrie ou de commerce déterminée pour une région déterminée ou pour l'ensemble du territoire.

La commission mixte est composée des représentants des organisations syndicales, patronales et ouvrières, les plus représentatives de la branche d'industrie ou de commerce pour la région considérée ou, dans le cas où il s'agit d'une convention nationale, pour l'ensemble du territoire.

Art. 31 vb. Si la commission mixte convoquée en vertu de l'article précédent n'arrive pas à se mettre d'accord sur une ou plusieurs des dispositions à introduire dans la convention collective, le ministre du travail doit, à la demande de l'une des parties, intervenir pour aider à la solution du différend et, après avis de la section ou des sections professionnelles intéressées du conseil national économique.

Art. 31 vc. La convention collective de travail résultant de l'accord intervenu dans la commission mixte réunie en vertu des articles 31 *va* et 31 *vb* doit indiquer si elle est conclue pour une durée déterminée ou indéterminée et contenir des dispositions concernant notamment:

1° La liberté syndicale et la liberté d'opinion des travailleurs;

2° L'institution dans les établissements occupant plus de dix personnes, de délégués élus, dans son sein, par le personnel, ayant qualité pour présenter à la direction les réclamations individuelles qui n'auraient pas été directement satisfaites, relatives à l'application des tarifs de salaires, du code du travail et autres lois et règlements concernant la protection ouvrière, l'hygiène et la sécurité; ces délégués élus pourront, à leur demande, se faire assister d'un représentant du syndicat de leur profession;

3° Les salaires minima par catégorie et par région;

4° Le délai-congé;

5° L'organisation de l'apprentissage;

6° La procédure suivant laquelle sont réglés les différends relatifs à son application;

7° La procédure suivant laquelle elle peut être revisée ou modifiée.

Les conventions collectives ne doivent pas contenir de dispositions contraires aux lois et règlements en vigueur, mais peuvent stipuler des dispositions plus favorables.

Art. 31 vd. Les dispositions de la convention collective visée par les articles précédents peuvent, par arrêté du ministre du travail, être rendues obligatoires pour tous les employeurs et employés des professions et régions comprises dans le champ d'application de la convention. Cette extension des effets et des sanctions de la convention collective se fera pour la durée et aux conditions prévues par ladite convention.

Art. 31 ve. Avant de prendre l'arrêté prévu à l'article précédent, le ministre du travail devra publier au *Journal officiel* un avis relatif à l'extension envisagée, indiquant notamment le lieu où la convention a été déposée en application de l'art. 31 *c* précédent et invitant les organisations professionnelles et toutes personnes intéressées à lui faire connaître, dans un délai qu'il fixera et qui ne sera pas inférieur à quinze jours, leurs observations et avis.

Le ministre devra prendre, en outre, l'avis de la section ou des sections professionnelles compétentes du conseil national économique.

Art. 31 vf. L'arrêté prévu par les articles précédents cessera d'avoir effet lorsque les parties contractantes existantes se seront mises d'accord pour le dénoncer, le reviser ou le modifier.

Le ministre du travail pourra également rapporter l'arrêté par un arrêté pris dans les formes prévues aux articles 31 *vd* et 31 *ve* lorsqu'il apparaîtra que la convention collective ne répond plus à la situation économique de la branche d'industrie ou de commerce intéressée dans la région considérée.

Journal officiel (26 juin 1936)

THE *CODE DE LA FAMILLE*   1939

1. Rapport au Président de la République Française.

...Comme les autres pays, la France a profité des découvertes scientifiques qui sont venues donner au monde une physionomie nouvelle; plus que partout ailleurs, le développement du bien-être matériel, qui en est résulté, a été également réparti en tous les points du territoire, et parmi tous les citoyens, quelle que fût la classe à laquelle ils appartenaient.

Le souci de conserver une situation aussi heureuse à leurs descendants a incité les Français à diminuer l'ampleur de leur famille. Loin de les encourager à accroître le nombre de leurs enfants pour les envoyer prospecter de nouvelles sources de richesses, il les a poussés à en diminuer la quantité pour leur réserver un héritage intégralement conservé. Les chiffres traduisent cette inquiétante transformation: il y a un demi-siècle, la France enregistrait plus d'un million de naissances nouvelles; depuis quelques années, ce chiffre s'est abaissé à environ 600 000 par an; la natalité qui était de 35 naissances pour 10 000 habitants est tombée à 14 p. 10 000, soit une réduction de plus de moitié en cinquante ans. La chute de la natalité est devenue telle que, depuis 1935, le nombre des décès l'emporte sur celui des naissances; chaque année la France perd environ 35 000 Français. La France, naguère la première puissance européenne par l'importance de sa population, est passée au cinquième rang, si l'on considère le total de ses ressortissants européens, et à un rang encore inférieur si l'on s'attache à la densité du peuplement.

Sans doute ressentons-nous durement les effets de la guerre de 1914–1918 qui a coûté la vie ou la santé de millions d'hommes. Mais cette circonstance même doit nous inciter à la réflexion.

Au nombre des incalculables conséquences de la faiblesse de la natalité française, figure au premier plan l'aggravation du péril extérieur : à la menace que sur nos frontières métropolitaines et impériales font peser des peuples dont l'accroissement en nombre favorise l'ambition, comment peut répondre un pays dont la population travailleuse et combattante tend à se réduire? Les forces militaires, l'armement économique risquent de s'amenuiser; le pays se ruine peu à peu; la lourde charge fiscale individuelle, au contraire, s'accroît sans cesse; le poids des obligations sociales, comme celles de l'assistance, se fait plus pesamment sentir à chaque citoyen; des industries sont petit à petit privées de débouchés et, par suite, menacées d'abandon; des terres tombent en friche; l'expansion au delà des mers perd de sa force; de l'autre côté des frontières, notre prestige intellectuel, artistique est atteint.

Telle est, faute de naissances, la voie misérable dans laquelle notre pays semble devoir s'engager.

Ce serait méconnaître l'âme française que de penser un instant à la volonté consciente d'une diminution aussi grave. La défense des principes sur lesquels est fondée la civilisation et auxquels sont attachés nos concitoyens unanimes, commande un prompt redressement.

Nul doute qu'un simple avertissement ne suffise à déterminer un renversement des tendances. Il n'est point de Français qui, mis en présence du danger, ne préfère restreindre son train de vie pour soutenir la mission séculaire dont la France est investie. Toutefois, il faut bien reconnaître que le rythme économique de la vie moderne exige d'importants sacrifices de la part des familles nombreuses. Des propagandes sournoises volontaires ou involontaires tendent à détourner de la vie familiale.

Il nous est apparu que les pouvoirs publics failliraient à leur mission s'ils ne se préoccupaient pas de soutenir les familles nombreuses du point de vue matériel et de protéger la cellule familiale du point de vue moral.

...L'aide à la famille est égale pour tous les Français, à quelque classe qu'ils appartiennent; elle est due, en contrepartie, à la contribution solidaire de tous les Français, quelle que soit leur profession; elle favorise plus particulièrement les familles dont la composition permet un accroissement de la population, c'est-à-dire celles d'au moins trois enfants...

(The report is signed by Daladier, Chautemps and other ministers.)

2. **Text.**

TITRE Ier : AIDE A LA FAMILLE

CHAPITRE I. — PRIMES A LA PREMIÈRE NAISSANCE

Article premier. Il est attribué une prime à la naissance du premier enfant de nationalité française né viable et légitime.

La prime n'est accordée que si la naissance survient dans les deux années qui suivent la célébration du mariage.

Art. 4. Dans chaque département le taux de la prime est fixé au double du salaire mensuel déterminé pour l'application des allocations familiales dans les localités de plus de 2 000 habitants, sans toutefois pouvoir être inférieur à 2 000 fr. La prime allouée est celle du département où réside habituellement le chef de famille.

CHAPITRE II. — DES ALLOCATIONS FAMILIALES
SECTION I. *Dispositions générales*

Art. 10. Peuvent prétendre au bénéfice des allocations familiales les salariés, quelles que soient la profession ou la qualité de l'employeur qui les occupe, les fonctionnaires et agents des services publics, les employeurs et travailleurs indépendants des professions industrielles, commerciales, libérales et agricoles, les métayers, ainsi que tous ceux qui tirent d'une activité professionnelle leurs principaux moyens d'existence.

Art. 11. Les allocations familiales sont dues à partir du deuxième enfant à charge résidant en France...

Art. 13. Les taux minima des allocations familiales ne pourront pas être inférieurs à 10 p. 100 du salaire moyen mensuel dans le département d'un salarié adulte, pour le deuxième enfant à charge, à 20 p. 100 pour le troisième et chacun des suivants, soit 10 p. 100 pour deux enfants à charge, 30 p. 100 pour trois avec augmentation de 20 p. 100 par enfant au delà du troisième.

SECTION II. *Des salariés*

Art. 23. Dans les localités comptant plus de 2 000 habitants agglomérés ou assimilées comme il est précisé à l'article 14, une allocation dite de «la mère au foyer» est attribuée aux familles salariées comptant au moins un enfant à charge et qui ne bénéficient que d'un seul revenu professionnel provenant soit de l'activité du père ou de la mère, soit de l'activité de l'un des ascendants, lorsque l'enfant est à la charge de ce dernier.

L'allocation est réservée aux familles dont les enfants ont la nationalité française. Elle est due pour l'enfant unique jusqu'à ce que celui-ci ait atteint l'âge de 5 ans, et, s'il y a plusieurs enfants, tant que le dernier n'a pas dépassé l'âge de 14 ans. Toutefois l'allocation continuera d'être versée jusqu'à l'âge fixé par l'article 12 ci-dessus à la mère ou à l'ascendante salariée qui, ayant la garde de l'enfant, en assume seule, par son salaire, la charge effective.

L'allocation est égale à 10 p. 100 du salaire moyen départemental déterminé pour lesdites localités.

TITRE II: PROTECTION DE LA FAMILLE
CHAPITRE III.—DISPOSITIONS SPÉCIALES A LA FAMILLE PAYSANNE
SECTION I. *Du prêt à l'établissement des jeunes ménages*

Art. 50. En vue de favoriser le maintien ou le retour à la terre et en vue d'encourager la natalité, il peut être accordé à toute personne remplissant les conditions définies à l'article 51 ci-après un prêt dit: «prêt à l'établissement des jeunes ménages» dont le montant, compris entre 5 000 et 20 000 fr., est exclusivement destiné soit à l'acquisition de matériel agricole et de cheptel ou à celle d'objets mobiliers indispensables au ménage, soit à l'aménagement du logis.

Art. 63. Les descendants d'un exploitant agricole, qui, âgés de plus de dix-huit ans, participent directement et effectivement à l'exploitation, sans être associés aux bénéfices ni aux pertes et qui ne reçoivent pas de salaire en argent en contre-partie de leur collaboration, sont réputés légalement bénéficiaires d'un contrat de travail à salaire différé.

CHAPITRE IV.—LA FAMILLE ET L'ENSEIGNEMENT

SECTION I. *Enseignement des problèmes démographiques*

Art. 142. L'enseignement des problèmes démographiques, sous leur aspect statistique et dans leurs rapports avec les questions morales et familiales, est obligatoire pour tous les maîtres et pour tous les élèves à tous les degrés de l'enseignement et dans tous les établissements scolaires publics et privés...

Journal officiel (30 juillet 1939)

THE *MANIFESTE DES DOUZE*   1940

Principes du syndicalisme français

Le syndicalisme français doit s'inspirer de six principes essentiels:

— A. Il doit être anticapitaliste et, d'une manière générale, opposé à toutes les formes de l'oppression des travailleurs;

— B. Il doit accepter la subordination de l'intérêt particulier à l'intérêt général;

— C. Il doit prendre dans l'État toute sa place et seulement sa place;

— D. Il doit affirmer le respect de la personne humaine, en dehors de toute considération de race, de religion ou d'opinion;

— E. Il doit être libre, tant dans l'exercice de son activité collective que dans l'exercice de la liberté individuelle de chacun de ses membres;

— F. Il doit rechercher la collaboration internationale des travailleurs et des peuples.

A. — ANTICAPITALISME

Le syndicalisme a été le premier à comprendre et à dénoncer la responsabilité du capitalisme dans les crises économiques et les convulsions sociales et politiques de l'après-guerre.

Les financiers et les trusts internationaux, de grandes sociétés anonymes, des collectivités patronales, véritables féodalités économiques, groupements menés par un nombre limité d'hommes irresponsables, ont trop souvent sacrifié les intérêts de la patrie et ceux des travailleurs au maintien ou à l'accroissement de leurs bénéfices. Ils ont systématiquement arrêté le développement de la production industrielle française par leurs opérations monétaires, les exportations de capitaux, le refus de suivre les autres nations dans la voie du progrès technique. Ils sont plus responsables de la défaite de notre pays que n'importe quel homme politique, si taré ou incapable soit-il.

Au régime capitaliste doit succéder un régime d'économie dirigée au service de la collectivité. La notion du profit collectif doit se substituer à celle de profit individuel. Les entreprises devront désormais être gérées suivant les directives générales d'un plan de production, sous le contrôle de l'État et avec le concours des syndicats de techniciens et d'ouvriers. La gestion ou la direction d'une entreprise entraînera, de plein droit, la responsabilité pleine et entière pour toutes les fautes ou abus commis.

C'est ainsi et ainsi seulement que le chômage pourra être supprimé, que les conditions de travail pourront être améliorées de façon durable et aboutir au bien-être des travailleurs, but suprême du syndicalisme.

B. — Subordination de l'intérêt particulier a l'intérêt général

Cette subordination doit être effective dans tous les domaines et, en particulier, à l'intérieur des organisations syndicales elles-mêmes.

L'excès d'individualisme a toujours empêché dans notre pays toute action collective coordonnée, chacun croyant avoir le droit, après avoir exprimé son point de vue, d'entraver par son action personnelle l'application des décisions nécessaires prises par la majorité.

Le syndicalisme est un mouvement collectif; il n'est pas la somme d'un grand nombre de petits mouvements individuels. Les hommes n'ont pour lui de valeur que dans la mesure où ils servent sa cause et non la leur.

Toute l'histoire du syndicalisme prouve d'ailleurs que c'est par l'action collective que la défense des intérêts individuels est le mieux assurée.

C. — Place du syndicalisme dans l'état

Le syndicalisme ne peut pas prétendre absorber l'État. Il ne doit pas non plus être absorbé par lui.

Le syndicalisme, mouvement professionnel et non politique, doit jouer exclusivement son rôle économique et social de défense des intérêts de la production. L'État doit jouer son rôle d'arbitre souverain entre tous les intérêts en présence.

Ces deux rôles ne doivent pas se confondre.

D'autre part, l'action syndicale et la souveraineté de l'État s'exerceront d'autant plus facilement que les professions seront organisées.

Cette organisation professionnelle indispensable ne doit pas faire échec à l'action d'un organisme interprofessionnel capable d'avoir, sur les problèmes économiques et sociaux, une vue d'ensemble et de pratiquer une politique de coordination. L'organisation des professions dans des cadres rigides aboutirait à un système étatiste et bureaucratique.

La suppression définitive des grandes confédérations interprofessionnelles nationales serait, à cet égard, une erreur.

Il n'y a pas à choisir entre le syndicalisme et le corporatisme. Les deux sont également nécessaires.

La formule de l'avenir c'est:

Le syndicat libre dans la profession organisée et dans l'État souverain.

De la souveraineté de l'État et de l'efficacité de son rôle d'arbitre dépend la suppression pratique de la grève, en tant que moyen de défense des travailleurs. Il serait inique de priver ces derniers de tous moyens d'action, si l'État ne se porte pas garant, vis-à-vis d'eux, de l'application stricte de la législation sociale et du règne de l'équité dans les rapports sociaux.

La lutte des classes qui a été jusqu'ici un fait plus qu'un principe ne peut disparaître que:

Par la transformation du régime du profit;

Par l'égalité des parties en présence dans les transactions collectives;

Par un esprit de collaboration entre ces parties, esprit auquel devra se substituer, en cas de défaut, l'arbitrage impartial de l'État.

D. — Respect de la personne humaine

En aucun cas, sous aucun prétexte et sous aucune forme, le syndicalisme français ne peut admettre, entre les personnes, des distinctions fondées sur la race, la religion, la naissance, les opinions ou l'argent.

Chaque personne humaine est également respectable. Elle a droit à son libre et complet épanouissement dans toute la mesure où celui-ci ne s'oppose pas à l'intérêt de la collectivité.

Le syndicalisme ne peut admettre en particulier:

L'antisémitisme;

Les persécutions religieuses;

Les délits d'opinion;

Les privilèges de l'argent.

Il réprouve en outre tout régime qui fait de l'homme une machine inconsciente, incapable de pensée et d'action personnelles.

E. — Liberté

Le syndicalisme a été et demeure fondé sur le principe de la liberté: il est faux de prétendre aujourd'hui que la défaite de notre pays est due à l'exercice de la liberté des citoyens, alors que l'incompétence de notre état-major, la mollesse de nos administrations et la gabegie industrielle en sont les causes intérieures.

La liberté syndicale doit comporter:

Le droit pour les travailleurs de penser ce qu'ils veulent, d'exprimer comme ils l'entendent, au cours des réunions syndicales, leurs pensées sur les problèmes de la profession;

Le droit de se faire représenter par des mandataires élus par eux;

Le droit d'adhérer à une organisation syndicale de leur choix ou de n'adhérer à aucune organisation;

Le doit de ne pas voir les organisations syndicales s'ingérer dans la vie privée.

La liberté peut comporter des abus. Il est moins important de les réprimer que d'éviter leur renouvellement. A cet égard, l'éducation ouvrière, mieux que toutes les menaces ou contraintes, doit donner aux travailleurs les connaissances et les méthodes d'action et de pensée nécessaires pour prendre conscience des intérêts généraux du pays, de l'intérêt de la profession et de leur véritable intérêt particulier. Il appartiendra aux professions d'organiser, sous le contrôle des syndicats et de l'État, cette éducation ouvrière.

F. — COLLABORATION INTERNATIONALE

Si le syndicalisme n'a pas à intervenir à la place de l'État dans la politique du pays, il doit néanmoins se préoccuper :

Des conditions internationales de la production ;

Du sort du travailleur dans le monde entier ;

De la collaboration entre les peuples, génératrice de mieux-être et de progrès.

Il serait, en effet, insensé de croire que notre pays pourra demain vivre sur lui-même, s'isoler du reste du monde et se désintéresser des grands problèmes internationaux, économiques et sociaux.

L'avenir du syndicalisme français

L'avenir du syndicalisme français dépend :

De l'avenir de la France ;

De son organisation économique et sociale ;

Des hommes qui en prendront la tête.

De l'avenir de la France, nous ne devons pas désespérer. Nous ne devons pas nous considérer, au hasard d'une défaite militaire, comme une nation ou un peuple inférieur. Nous reprendrons notre place dans le monde dans la mesure où nous aurons conscience de la place que nous pouvons prendre.

L'organisation économique et sociale de la France devra faire table rase des erreurs du passé. Nous avons donné les principes essentiels de cette organisation nouvelle.

Quant aux hommes qui peuvent prendre la tête du Mouvement syndical, ils doivent remplir les conditions suivantes :

N'avoir pas une mentalité de vaincus ;

Faire passer l'intérêt général avant l'intérêt particulier ;

Respecter la classe ouvrière et avoir la volonté de la servir ;

Posséder les connaissances générales et techniques nécessaires pour faire face aux problèmes actuels.

Pour défendre le syndicalisme français, ses traditions et son avenir ;

Pour défendre leurs intérêts professionnels ;

Pour éviter le chômage et la misère ;

Pour sauver leurs intérêts ;

Les travailleurs français se grouperont.

THE ECONOMIC AND SOCIAL PROGRAMME OF THE RESISTANCE 1944

Afin de promouvoir les réformes indispensables:

(a) Sur le plan économique:

— l'instauration d'une véritable démocratie économique et sociale, impliquant l'éviction des grandes féodalités économiques et financières de la direction de l'économie;

— une organisation rationnelle de l'économie assurant la subordination des intérêts particuliers à l'intérêt général et affranchie de la dictature professionnelle[1] instaurée à l'image des États fascistes;

— l'intensification de la production nationale selon les lignes d'un plan arrêté par l'État après consultation des représentants de tous les éléments de cette production;

— le retour à la nation des grands moyens de production monopolisés, fruit du travail commun, des sources d'énergie, des richesses du sous-sol, des compagnies d'assurances et des grandes banques;

— le développement et le soutien des coopératives de production, d'achat et de vente, agricoles et artisanales;

— le droit d'accès dans le cadre de l'entreprise, aux fonctions de direction et d'administration, pour les ouvriers possédant les qualifications nécessaires, et la participation des travailleurs à la direction de l'économie.

(b) Sur le plan social:

— le droit au travail et le droit au repos, notamment par le rétablissement et l'amélioration du régime contractuel du travail;

— un rajustement important des salaires et la garantie d'un niveau de salaire et de traitement qui assure à chaque travailleur et à sa famille la sécurité, la dignité et la possibilité d'une vie pleinement humaine;

— la garantie du pouvoir d'achat national par une politique tendant à la stabilité de la monnaie;

— la reconstitution, dans ses libertés traditionnelles, d'un syndicalisme indépendant, doté de larges pouvoirs dans l'organisation de la vie économique et sociale;

— un plan complet de sécurité sociale, visant à assurer à tous les citoyens des moyens d'existence, dans tous les cas où ils sont incapables de se les procurer par le travail, avec gestion appartenant aux représentants des intéressés et de l'État;

— la sécurité de l'emploi, la réglementation des conditions d'embauchage et de licenciement, le rétablissement des délégués d'atelier;

— l'élévation et la sécurité du niveau de vie des travailleurs de la terre par une politique de prix agricoles rémunérateurs, améliorant et généralisant l'expérience de l'Office du blé, par une législation sociale accordant aux salariés agricoles les mêmes droits qu'aux salariés de l'industrie, par un système d'assurances contre les calamités agricoles, par l'établissement d'un juste statut du fermage et du métayage, par des facilités d'accession

---

[1] Under the corporatist organisation of industry attempted by Vichy, the employers regained much of their authority (cf. p. 303, note 1).

à la propriété pour les jeunes familles paysannes et par la réalisation d'un plan d'équipement rural;

— une retraite permettant aux vieux travailleurs de finir dignement leurs jours;

— le dédommagement des sinistrés et des allocations et pensions pour les victimes de la terreur fasciste.

(c) Une extension des droits politiques, sociaux et économiques des populations indigènes et coloniales.

(d) La possibilité effective pour tous les enfants français de bénéficier de l'instruction et d'accéder à la culture la plus développée, quelle que soit la situation de fortune de leurs parents, afin que les fonctions les plus hautes soient réellement accessibles à tous ceux qui auront les capacités requises pour les exercer et que soit ainsi promue une élite véritable, non de naissance mais de mérite, et constamment renouvelée par les apports populaires.

Programme d'action du Conseil National de la Résistance (15 mars 1944)

LETTER OF RESIGNATION OF
M. MENDÈS FRANCE   1945

18 janvier 1945.

. . . .

Le ministre des Finances demeure sans inquiétude d'avoir lancé dans le circuit, par suite des relèvements de salaires et de traitements, par suite des hausses de tarifs et de prix, des dizaines et des dizaines de milliards, lesquels courent à la poursuite de marchandises inexistantes, et finissent toujours par se concurrencer sur le marché noir, dont ils font monter astronomiquement les prix. Je crois, quant à moi, indispensable d'immobiliser d'extrême urgence, par le moyen d'un blocage, une partie de ces masses de papier-monnaie que le gouvernement a créées.

Le ministre des Finances croit qu'il y a danger à prendre les seules mesures propres à empêcher ces masses de papier-monnaie d'exercer une poussée irrésistible sur les prix, jusqu'au jour où une contre-partie de marchandises aura été importée ou produite. Je crois que le péril est de laisser sans contrainte ni contrôle les billets excédentaires dérégler les prix, l'économie — et aussi, je le montrerai, les esprits.

. . . .

Seule, l'inflation permet à la fois de satisfaire les demandes d'augmentation de salaires, d'accorder des accroissements de tarifs ou de prix (au marché officiel ou au marché noir) et même des dégrèvements fiscaux (car il en figure de substantiels dans la dernière loi de finances), le tout sans inquiéter sérieusement ceux qui ont accumulé des avoirs considérables et cachés, et sur qui l'on compte, au fond, pour souscrire aux futurs emprunts; en même temps, l'inflation gorge les spéculateurs qu'une hausse constante et assurée enrichit automatiquement (je sais bien que l'on n'entend pas les favoriser; je crois même qu'on veut sincèrement les traquer; mais ne voit-on pas qu'ils sont les seuls bénéficiaires — et les principaux soutiens — de la politique de faiblesse à laquelle on reste malheureusement attaché?).

Dans ce système, une classe est complètement sacrifiée, celle des petites gens à revenus fixes, sacrifice dont le courrier quotidien vous apporte certainement des témoignages pathétiques; mais les classes moyennes sont celles dont les protestations sont les moins bruyantes. L'expérience montre, il est vrai, qu'en les ruinant on les pousse dans les bras du fascisme. On pense apaiser un peu les victimes en leur versant quelques indemnités, c'est-à-dire en leur réservant une part d'inflation, à elles aussi.

Or, j'y reviens, *distribuer de l'argent à tout le monde sans en reprendre à personne, c'est entretenir un mirage,* mirage qui autorise chacun à croire qu'il va vivre aussi bien, et faire autant et plus de bénéfices qu'avant la guerre; alors que les dévastations, les spoliations, l'usure du matériel et des hommes ont fait de la France un pays pauvre, alors que la production nationale est tombée à la moitié du niveau d'avant guerre.

C'est la solution commode immédiatement. Il est plus facile de consentir des satisfactions *nominales* que d'accorder des satisfactions *réelles,* plus facile de profiter de l'illusion des gens qui réclament des billets dans le vain espoir d'accéder, eux aussi, au marché noir, et de s'y procurer du beurre avec leur surcroît de papier-monnaie. Mais, plus on accorde de satisfactions nominales, moins on peut donner de satisfactions réelles. Car plus on fait fleurir le marché noir par l'inflation, plus on y fait monter les prix et plus on dérobe le mirage d'un «marché noir pour tous», plus on augmente l'écart entre prix illicites et prix taxés, et moins il vient de produits sur le marché régulier, plus se confirme le privilège des riches et se détériore la condition des pauvres.

Combien de temps ce jeu peut-il durer et où mène-t-il? Faut-il rappeler qu'aucun des pays belligérants — ni l'Allemagne, ni l'U.R.S.S., ni l'Angleterre, ni les États-Unis — n'a cru possible de faire la guerre en pratiquant une telle politique. Tous, quel que soit leur régime politique ou social, ont pris une voie diamétralement opposée. Avons-nous la prétention de penser que la France, seule, pourrait faire exception?

* * *

Ne croyez pas, mon Général, que je pousse le tableau au noir. Il n'est que d'ouvrir les yeux pour voir se développer le processus inflationniste auquel tant de pays ont succombé après l'autre guerre. Déjà la sensation générale d'insécurité monétaire provoque partout de nouvelles demandes de hausses de traitements et de salaires. Le gouvernement vient de réaliser une seconde augmentation des traitements qui a aussitôt déclenché une vague de hausses de salaires... toujours sans aucune contre-partie dans l'approvisionnement du marché. Il a adopté, sans qu'aucune urgence la justifiât, une hausse des tarifs de la S.N.C.F. Il a fallu toute mon insistance pour qu'on limitât le relèvement du prix des abonnements ouvriers, mais déjà voici qu'on nous annonce la hausse des tarifs du métropolitain, voici qu'on demande l'augmentation du prix du gaz et de l'électricité.

Il serait vain de croire que le niveau des prix supportera une pareille pression. L'équilibre est, d'ores et déjà, rompu. Les fonctions que vous m'avez confiées me mettent en rapport quotidien avec les milieux producteurs. Je connais la limite à partir de laquelle ils s'abandonneront à la démoralisation et aux tentations du marché noir et cette limite est atteinte, sinon dépassée. Aussi, les prix agricoles, comme les prix industriels, devront-ils être revisés sans retard. Mais la seule annonce de ces hausses stimule de nouveau les réclamations des salariés, des retraités, des pensionnés. La course sans fin ne peut être stoppée que si le gouvernement, par des décisions courageuses et qui frappent l'opinion, témoigne enfin de sa volonté de briser le circuit inflationniste.

J'ai peur, mon Général, que par un souci très compréhensible d'arbitrage, vous n'incliniez à faciliter, ou tout au moins à admettre les compromis. *Mais il est des matières où la demi-mesure est une contre-mesure:* qui ne le sait mieux que vous?

J'éprouve, quant à moi, un sentiment de tristesse et d'anxiété, lorsque je n'arrive pas à faire comprendre que les moyens de l'assainissement indispensable au salut du pays ne sont pas de ceux qu'on peut diluer, et dont on peut à la fois et prendre et laisser.

Me plaçant ici sur le seul plan technique, j'ai la conviction que les mesures monétaires et financières que je préconise constituent *un minimum*, sans quoi l'inflation ne recevra pas le coup d'arrêt qui s'impose pour que nous ne soyons pas emportés très vite dans le vertige de sa course accélérée.

Ce coup d'arrêt est indispensable parce que nous sommes déjà dans la phase où les intervalles entre chaque demande d'augmentation ou de hausse se rapprochent dangereusement — parce qu'il commence déjà d'exister dans la classe ouvrière, chez les paysans, chez les industriels, une sorte de fatalisme de l'inflation — j'entends par là un consentement donné d'avance à la chute indéfinie de la monnaie, consentement qui, en poussant chacun à anticiper sur la dépréciation (dans ses actes et ses calculs quotidiens, comme dans ses revendications) précipite effectivement cette chute.

Le coup d'arrêt est indispensable parce qu'en résumé, la confiance dans le franc est ébranlée et que cet état d'esprit détermine la rétention des marchandises et non leur circulation, encourage la spéculation à la hausse avec bénéfice assuré et décourage l'investissement — dont les rendements lointains en une monnaie dépréciée sont sans attrait, — incite à la production comme à la consommation des objets de luxe et de marché noir, et non aux fabrications essentielles pour la vie du pays. Bref, la politique d'abandon tend à paralyser les activités utiles et à stimuler les activités malsaines et immorales dans un pays qui a besoin de produire à toute force, et qui ne peut se sauver qu'en bandant tous ses ressorts pour un immense effort de guerre et de reconstruction.

Nous sommes engagés dans la spirale; la différence entre mes contradicteurs et moi, c'est que, consciemment ou non, ils escomptent l'équilibre réalisé en hausse plus ou moins automatiquement, sans intervention, c'est-à-dire un miracle. Malheureusement, il n'existe dans le passé aucun précédent connu d'un miracle de ce genre. Il faut le dire tout net: le choix est entre le coup d'arrêt volontairement donné et l'acceptation d'une dévaluation indéfinie du franc.

P. Mendès France, *Gouverner c'est choisir. III. —*
La Politique et la vérité, juin 1955 — septembre 1958
(Julliard, 1958), pp. 334-339

ORDINANCE ON *COMITÉS D'ENTREPRISE*
1945

Article premier. Des comités d'entreprises seront constitués dans toutes les entreprises industrielles ou commerciales, quelle qu'en soit la forme juridique, employant habituellement dans un ou plusieurs établissements au moins 100 salariés...

Art. 2. Le comité d'entreprise coopère avec la direction à l'amélioration des conditions collectives de travail et de vie du personnel, ainsi que des règlements qui s'y rapportent, à l'exception des questions relatives aux salaires.

Le comité d'entreprise assure ou contrôle la gestion de toutes les œuvres sociales établies dans l'entreprise au bénéfice des salariés ou de leurs familles, ou participe à cette gestion, quel qu'en soit le mode de financement, dans les conditions qui seront fixées par un décret pris en conseil d'État...

Art. 3. Dans l'ordre économique, le comité d'entreprise exerce, à titre consultatif, les attributions ci-après:

(*a*) Il étudie toutes les suggestions émises par le personnel dans le but d'accroître la production et d'améliorer le rendement de l'entreprise, et propose l'application des suggestions qu'il aura retenues. Il peut émettre des vœux concernant l'organisation générale de l'entreprise;

(*b*) Il propose en faveur des travailleurs ayant apporté par leur initiative ou leurs propositions une collaboration particulièrement utile à l'entreprise toute récompense qui lui semble méritée;

(*c*) Il est obligatoirement informé des questions intéressant l'organisation, la gestion et la marche générale de l'entreprise. Le chef d'entreprise devra faire au moins une fois par an un exposé d'ensemble sur la situation et l'activité de l'entreprise ainsi que sur ses projets pour l'exercice suivant.

Lorsque l'entreprise est constituée sous la forme d'une société par actions ou, quelle que soit sa forme, lorsqu'elle réunit d'une façon continue plus de 500 salariés, le comité est, en outre, informé des bénéfices réalisés et peut émettre des suggestions sur leur emploi.

Dans les entreprises qui revêtent la forme d'une société anonyme, la direction est tenue de communiquer au comité, avant leur présentation à l'assemblée générale des actionnaires, le compte de profits et pertes, le bilan annuel et le rapport des commissaires aux comptes ainsi que les autres documents qui seraient soumis à l'assemblée générale des actionnaires.

Un des commissaires aux comptes devra être obligatoirement choisi par l'assemblée générale des actionnaires sur une liste dressée par le comité d'entreprise et comprenant trois noms de commissaires aux comptes agréés par les cours d'appel et appartenant à l'ordre des experts-comptables.

Le comité d'entreprise peut, ou convoquer à la réunion qu'il consacre à l'examen des documents mentionnés ci-dessus les différents commissaires aux comptes, ou se faire assister spécialement du commissaire aux comptes dont il a proposé la désignation. Il reçoit leurs explications sur les différents postes de ce document ainsi que sur la situation financière de l'entreprise. Il peut formuler toutes observations utiles qui seront obligatoirement transmises à l'assemblée générale des actionnaires en même temps que le rapport du conseil d'administration.

Art. 4. Les membres du comité d'entreprise sont tenus au secret professionnel, sous les peines portées par l'art. 378 du code pénal, pour tous les renseignements de nature confidentielle dont ils pourraient acquérir connaissance à l'occasion de leurs fonctions.

Art. 5. Le comité d'entreprise comprend le chef d'entreprise ou son représentant et une délégation du personnel composée comme suit:

De 100 à 500 salariés: cinq délégués titulaires, trois délégués suppléants. De 501 à 1 000 salariés: six délégués titulaires, quatre délégués suppléants. De 1 001 à 2 000 salariés: sept délégués titulaires, cinq délégués suppléants. Au-dessus de 2 000 salariés: huit délégués titulaires, cinq délégués suppléants...

Art 6. Les représentants du personnel sont élus dans les conditions prévues aux articles ci-après, d'une part, par les ouvriers et employés, d'autre part, par les ingénieurs, chefs de service, agents de maîtrise et assimilés, sur des listes établies par les organisations syndicales les plus représentatives pour chaque catégorie de personnel...

Dans les entreprises occupant plus de 500 salariés, les ingénieurs et chefs de service auront au moins un délégué titulaire choisi par eux.

Art. 7. Sont électeurs les salariés des deux sexes, de nationalité française, âgés de dix-huit ans accomplis, ayant travaillé douze mois au moins dans l'entreprise...

Art. 8. Sont éligibles, à l'exception des ascendants et descendants, frères et alliés au même degré, du chef d'entreprise, les électeurs ci-dessus désignés, âgés de vingt-cinq ans accomplis, sachant lire et écrire, et ayant travaillé dans l'entreprise pendant au moins vingt-quatre mois...

Art. 11. Les membres du comité d'entreprise sont désignés pour une durée de trois ans, leur mandat est renouvelable sans limitation...

Art. 14. Le chef d'entreprise est tenu de laisser aux membres titulaires du comité d'entreprise, et, éventuellement aux suppléants, dans la limite d'une durée qui, sauf circonstances exceptionnelles, ne peut excéder quinze heures par mois, le temps nécessaire à l'exercice de leurs fonctions. Ce temps leur sera payé comme temps de travail.

Art. 15. Le comité d'entreprise est présidé par le chef d'entreprise ou son représentant.

Il est procédé par le comité à la désignation d'un secrétaire pris parmi les membres titulaires.

Art. 16. Le comité se réunit au moins une fois par mois, sur convocation du chef d'entreprise ou de son représentant. Il peut, en outre, tenir une seconde réunion à la demande de la majorité de ses membres.

L'ordre du jour est arrêté par le chef d'entreprise et le secrétaire et communiqué aux membres trois jours au moins avant la séance...

Art. 18. Le chef d'entreprise ou son représentant doit faire connaître, à la réunion du comité qui suit la communication du procès-verbal, sa décision motivée, sur les propositions qui lui auront été soumises. Les déclarations sont consignées au procès-verbal...

Art. 19. Le comité d'entreprise peut décider que certaines de ses délibérations seront transmises au directeur départemental du travail et de la main-d'œuvre.

Les inspecteurs du travail et les contrôleurs de la main-d'œuvre peuvent, sur leur demande et à tout moment, prendre connaissance des délibérations du comité d'entreprise.

Art. 22. Tout licenciement d'un membre titulaire ou suppléant du comité d'entreprise envisagé par l'employeur devra être obligatoirement soumis à l'assentiment du comité. En cas de désaccords, le licenciement ne peut intervenir que sur décision conforme de l'inspecteur du travail dont dépend l'établissement. Toutefois, en cas de faute grave, le chef d'entreprise a la faculté de prononcer la mise à pied immédiate de l'intéressé en attendant la décision définitive.

Journal officiel (23 février 1945)

ORDINANCE ON SOCIAL SECURITY   1945

TITRE Ier — DISPOSITIONS GÉNÉRALES

Article premier. Il est institué une organisation de la sécurité sociale destinée à garantir les travailleurs et leurs familles contre les risques de toute nature susceptibles de réduire ou de supprimer leur capacité de gain, à couvrir les charges de maternité et les charges de famille qu'ils supportent.

L'organisation de la sécurité sociale assure dès à présent le service des prestations prévues par les législations concernant les assurances sociales, l'allocation aux vieux travailleurs salariés, les accidents du travail et maladies professionnelles et les allocations familiales et de salaire unique aux catégories de travailleurs protégés par chacune de ces législations dans le cadre des prescriptions fixées par celles-ci et sous réserve des dispositions de la présente ordonnance.

Des ordonnances ultérieures procéderont à l'harmonisation desdites législations et pourront étendre le champ d'application de l'organisation de la sécurité sociale à des catégories nouvelles de bénéficiaires et à des risques ou prestations non prévus par les textes en vigueur.

Journal officiel (6 octobre 1945)

M. MONNET'S ECONOMIC PLANNING PROPOSALS   1945

La France, pour vivre, a besoin de reconstruire ce qui a été détruit pendant la guerre. Mais, pour retrouver sa place dans un monde où les techniques ont rapidement évolué, elle doit transformer les conditions de sa production. Sans cette modernisation il ne pourrait être possible d'élever le niveau de vie des Français, celui-ci étant dans le monde contemporain essentiellement fonction de la productivité de l'individu. Cette productivité dépend elle-même de l'instrument mécanique dont dispose le travailleur et de l'organisation de la production.

Malgré ses grandes qualités professionnelles, le travailleur français, dès avant la guerre, ne pouvait atteindre les rendements obtenus dans la plupart des autres grands pays industriels, parce qu'il n'avait pas à sa disposition le même outillage et les mêmes méthodes d'organisation agricoles et industrielles. Depuis la guerre, la différence des rendements français et étrangers s'est encore accrue, car, cependant que notre outillage s'épuisait faute d'entretien, l'effort de production fourni pour la guerre par les autres belligérants provoquait une véritable révolution technique qui a déjà conduit, dans certaines parties du monde, à une expansion de la production et de la consommation.

En fait, modernisation et reconstruction doivent être poursuivies simultanément.

. . . .

La modernisation doit s'accompagner d'une expansion de la production française, tant pour permettre d'accroître la consommation intérieure que pour nous mettre en mesure de payer par l'exportation nos importations de matières premières, de charbon, de pétrole, et les biens d'équipement. Cet effort ne pourra donner de résultat que si, dans un grand nombre de branches, les coûts de production français sont égaux ou inférieurs aux coûts de production des pays concurrents.

Enfin, la modernisation et l'équipement de l'économie française permettront d'alléger immédiatement les conditions de travail et ultérieurement, lorsque la reconstruction du pays sera achevée, de réduire progressivement la durée du travail.

. . . .

Interdépendance des plans dans les différents secteurs.

Pour un certain nombre d'industries, les plans d'équipement ont été établis; aucun bilan d'ensemble n'a encore été dressé.

S'il est parfaitement normal que les techniciens s'attachent principalement ou exclusivement à l'effort à accomplir dans le secteur où ils opèrent, il est indispensable à un certain stade qu'un effort soit fait pour rapprocher et comparer les plans partiels, en établir la synthèse et procéder aux arbitrages qui s'imposent.

Ces différents plans partiels ne peuvent être considérés isolément. Ils sont *concurrents*: ils font tous appel à des ressources en énergie, main-d'œuvre, transports, devises étrangères, etc... qui n'existent qu'en quantités limitées. Ils sont *complémentaires:* il serait absurde, par exemple, de développer la capacité de production industrielle sans faire en même temps l'effort nécessaire pour rendre possible le transport des quantités produites; d'une façon générale, il faut que les industries de consommation, de demi-produits, de matières premières, d'énergie, de transport, fassent l'objet de plans coordonnés, soigneusement ajustés les uns aux autres.

C'est sur le bilan d'ensemble qui va être dressé que le Gouvernement sera appelé à prononcer des arbitrages pour fixer les priorités qui détermineront les grandes lignes du Plan.

Toute la nation doit être associée à cet effort.

. . . .

Puisque l'exécution du Plan exigera la collaboration de tous, il est indispensable que tous les éléments vitaux de la nation participent à son élaboration. C'est pour cela que la méthode de travail proposée associe dans chaque secteur l'administration responsable, les experts les plus qualifiés, les représentants des syndicats professionnels (ouvriers, cadres et patrons).

. . . .

II

MÉTHODES DE TRAVAIL

Les productions françaises qui devront faire l'objet d'études de modernisation seront déterminées par le Conseil du Plan.

Il sera constitué pour chaque groupe une Commission de modernisation comprenant des représentants de l'administration responsable du secteur, des experts, des représentants des syndicats patronaux et ouvriers et des cadres intéressés.

. . . .

Un représentant du Haut-Commissaire siège au sein de chaque Commission de modernisation, comme président, rapporteur ou secrétaire, pour faciliter la coordination des travaux.

Le Haut-Commissaire et ses services établissent les directives générales pour les Commissions de modernisation, suivent constamment la progression de leurs études et veillent à ce que chaque Commission soit à même de tenir compte des incidences des besoins ou des limitations révélés dans les autres, ainsi que des conclusions de la Commission des territoires d'outre-mer. Ils sont responsables de la synthèse des travaux des diverses Commissions.

III

CALENDRIER DE TRAVAIL

. . . .

(a) La notion essentielle sur laquelle les Commissions devront guider tout leur travail sera celle de la productivité du travail. Elles devront déterminer celle-ci d'une façon aussi précise que possible et la comparer à la productivité du travail dans la même industrie à l'étranger, de façon à déterminer le retard à rattraper. Quand ce retard apparaîtra important, elles devront en rechercher les causes et proposer les moyens d'y mettre fin:

formation technique de la main-d'œuvre,

mécanisation,

remplacement de l'outillage existant,

amélioration de l'organisation,

concentralisation technique et décentralisation géographique,

développement des services de recherches.

(b) Les Commissions seront invitées, en supposant que l'effort indiqué au paragraphe précédent soit accompli, à faire des propositions sur le volume de production qu'elles considèrent comme raisonnable, en tenant compte tant des besoins français à satisfaire que des exportations possibles. C'est ainsi que, dans certains cas, la capacité de production à atteindre pourra être fixée au niveau le plus élevé atteint avant la guerre (le plus souvent en 1929), soit à un niveau supérieur dans le cas d'une industrie en voie d'expansion mondiale, soit à un niveau inférieur pour une industrie en voie de contraction. Il sera demandé aux Comités de faire, dans la mesure du possible, des hypothèses alternatives suivant les ressources globales en main-d'œuvre, énergie, etc., qui seraient disponibles.

4° Les plans déjà établis ainsi que les travaux préparatoires faits par les différents Ministères et les résultats des travaux des Commissions de modernisation seront incorporés dans un bilan d'ensemble qui fera ressortir les quantités de main-d'œuvre, d'énergie, de moyens de transport, etc., nécessaires. Ce bilan d'ensemble, qui tiendra également compte des besoins de consommation, fera l'objet d'approximations successives au fur et à mesure de l'avancement des travaux. L'existence de ce bilan, même incomplet à l'origine, servira de guide aux différentes Commissions ainsi qu'aux Administrations publiques pour procéder à des rectifications des plans établis ou des plans discutés par les Commissions en fonction des possibilités réelles.

Sous sa forme finale, il devrait permettre au Conseil du Plan de dégager des conclusions concrètes et d'établir les priorités nécessaires.

5° Le Haut-Commissaire tiendra le Conseil du Plan constamment au courant du travail des Commissions de modernisation et des synthèses d'ensemble expliquées ci-dessus. Il recevra du Conseil les directives nécessaires pour préciser les travaux, au fur et à mesure de leur avancement, sur les productions à développer, à maintenir ou à réduire.

6° Les travaux aboutiront ainsi à des propositions concrètes faites par le Conseil du Plan au Gouvernement sur les productions françaises essentielles et sur les buts à atteindre dans une période déterminée.

CH. DE GAULLE, *Mémoires de guerre III. Le Salut 1944–1946* (Plon, 1959), pp. 634–639

GENERALISATION OF SOCIAL SECURITY   1946

Article premier. Tout Français résidant sur le territoire de la France métropolitaine bénéficie... des législations sur la sécurité sociale et est soumis aux obligations prévues par ces législations dans les conditions de la présente loi.

Journal officiel (23 mai 1946)

FAMILY ALLOWANCES   1946

[*Act of 22nd August.*]

TITRE Ier — DISPOSITIONS GÉNÉRALES

Article premier. Les prestations familiales comprennent:

1° Les allocations de maternité;

2° Les allocations familiales;
3° Les allocations de salaire unique;
4° Les allocations prénatales.

Art. 2. Toute personne française ou étrangère résidant en France, ayant à sa charge comme chef de famille ou autrement un ou plusieurs enfants résidant en France, bénéficie pour ces enfants des prestations familiales dans les conditions prévues par la présente loi.

L'étranger n'est réputé résidant en France, au sens des présentes dispositions, que s'il a la qualité de résident ordinaire ou de résident privilégié.

Toutefois, ne peuvent prétendre aux prestations familiales autres que les primes de maternité les personnes, autres que les veuves d'allocataires, n'exerçant aucune activité professionnelle et ne justifiant d'aucune impossibilité d'exercer une telle activité. Seront considérées comme se trouvant dans cette impossibilité les femmes seules ayant la charge de deux enfants ou davantage.

TITRE II — PRESTATIONS
CHAPITRE Iᵉʳ — ALLOCATIONS DE MATERNITÉ

Art. 5. Il est attribué une allocation à la naissance, survenue en France, de chaque enfant de nationalité française, né viable, et légitime ou reconnu. L'allocation n'est accordée, pour la première naissance, que si la mère n'a pas dépassé vingt-cinq ans, ou si cette naissance survient dans les deux ans du mariage. Pour chacune des naissances suivantes, il sera exigé qu'elle se soit produite dans les trois ans de la précédente maternité...

Art. 6. Le taux de l'allocation est égal, pour la première naissance, au triple du salaire mensuel de base le plus élevé du département de résidence et au double du même salaire mensuel pour les naissances suivantes.

CHAPITRE II. — ALLOCATIONS FAMILIALES

Art. 9. § 1ᵉʳ. Les allocations familiales sont dues à partir du deuxième enfant à charge résidant en France.

§ 2. Les allocations sont versées à la personne qui assume, dans quelques conditions que ce soit, la charge effective et permanente de l'enfant...

Art. 10. Les allocations familiales sont dues tant que dure l'obligation scolaire et un an au delà pour l'enfant à charge non salarié, jusqu'à l'âge de dix-sept ans pour l'enfant qui est placé en apprentissage, jusqu'à l'âge de vingt ans si l'enfant poursuit ses études ou s'il est, par suite d'infirmité ou de maladie incurable, dans l'impossibilité permanente de se livrer à un travail salarié.

Est assimilée à l'enfant poursuivant ses études l'enfant du sexe féminin qui vit sous le toit de l'allocataire et qui, fille ou sœur de l'allocataire ou de son conjoint, se consacre exclusivement aux travaux ménagers ou à l'éducation d'au moins deux enfants de moins de dix ans à la charge de l'allocataire...

CHAPITRE III. — ALLOCATIONS DE SALAIRE UNIQUE

Art. 12. Une allocation dite de salaire unique est attribuée aux ménages ou personnes qui ne bénéficient que d'un seul revenu professionnel provenant d'une activité salariée. Ladite allocation est versée à compter du premier enfant à charge et dans les mêmes conditions et limites que les allocations familiales. Elle est calculée dans les conditions fixées à l'article 11 ci-dessus.

Le taux mensuel de l'allocation de salaire unique est fixé à: 20 p. 100 pour un enfant à charge de moins de cinq ans... 40 p. 100 pour deux enfants à charge; 50 p. 100 pour trois enfants à charge et davantage.

CHAPITRE IV. — ALLOCATIONS PRÉNATALES

Art. 14. Le droit aux allocations familiales et à l'allocation de salaire unique, tel qu'il est déterminé par la présente loi, est ouvert à compter du jour où l'état de grossesse de la mère est déclaré...

Art. 29. Les dispositions des articles 5 à 8, 11, 12, 14 à 16, et 28 sont applicables de plein droit aux bénéficiaires du régime des allocations familiales des professions agricoles. Un règlement d'administration publique spécial déterminera les modalités d'application des autres dispositions de la présente loi aux dites professions.

Journal officiel (23 août 1946)

ACT ON TRADE UNION RIGHTS   1956

Article premier. Il est ajouté au livre III du code du travail un article 1er *a* ainsi conçu:

«*Art.* 1er *a*. Il est interdit à tout employeur de prendre en considération l'appartenance à un syndicat ou l'exercice d'une activité syndicale pour arrêter ses décisions en ce qui concerne notamment l'embauchage, la conduite et la répartition du travail, la formation professionnelle, l'avancement, la rémunération et l'octroi d'avantages sociaux, les mesures de discipline et de congédiement.

Il est interdit à tout employeur de prélever les cotisations syndicales sur les salaires de son personnel et de les payer en lieu et place de celui-ci.

Le chef d'entreprise ou ses représentants ne devront employer aucun moyen de pression en faveur ou à l'encontre d'une organisation syndicale quelconque.

Toute mesure prise par l'employeur contrairement aux dispositions des alinéas précédents sera considérée comme abusive et donnera lieu à dommages-intérêts.

Ces dispositions sont d'ordre public.»

Journal officiel (28 avril 1956)

STATUTES OF THE C.F.D.T.   1964

PRÉAMBULE

Tout le combat du mouvement ouvrier pour la libération et la promotion collective des travailleurs est basé sur la notion fondamentale que tous les êtres humains sont doués de raison et de conscience et qu'ils naissent libres et égaux en dignité et en droits.

Dans un monde en évolution, marqué par les progrès techniques qui devraient servir à son épanouissement, le travailleur est plus que jamais menacé par des structures et des méthodes déshumanisantes ou technocratiques qui font de lui un objet d'exploitation et d'asservissement.

Face aux conflits qui déchirent le monde, aux menaces de destruction de l'humanité par les armes nucléaires, les exigences de justice, de fraternité et de paix entre les peuples sont plus impérieuses que jamais.

Le syndicalisme est pour les travailleurs l'instrument nécessaire de leur promotion individuelle et collective et de la construction d'une société démocratique.

Pour cela, il doit rester fidèle à ses exigences premières de respect de la dignité de la personne humaine qui inspirent son combat pour la liberté et la responsabilité, pour la justice et la paix.

C'est pourquoi la Confédération affirme sa volonté d'être une grande centrale démocratique répondant pleinement aux aspirations des travailleurs. Soulignant les apports des différentes formes de l'humanisme, dont l'humanisme chrétien, à la définition des exigences fondamentales de la personne humaine et de sa place dans la société, elle entend développer son action en restant fidèle à un syndicalisme idéologique fondé sur ces exigences qui demeurent les siennes. Sur ses bases, elle est résolue à poursuivre sa lutte pour les droits essentiels de l'homme, de la famille et des groupes dans le respect des devoirs qui en découlent.

Tout homme a droit à être traité comme une personne. A chacun doit être garanti le plein exercice de la liberté de conscience, d'opinion et d'expression, comme le droit de constituer des associations qui lui permettent de satisfaire aux divers besoins de la vie en société.

Tout homme a le droit de diriger sa vie, de développer sa personnalité au sein des divers groupes et des communautés naturelles dont la première est la famille et, pour ce faire, de disposer, pour lui-même et les siens, de biens matériels, culturels et spirituels.

Tout homme a droit de vivre dans une démocratie qui lui assure l'indépendance du pouvoir judiciaire, l'objectivité de l'information, la possibilité effective d'accéder à tous les niveaux de l'enseignement, une participation active à l'élaboration et au contrôle des décisions politiques.

Les catégories sociales, les régions et peuples les plus défavorisés ont droit à la solidarité effective de la société humaine dont l'organisation doit constamment inciter chaque homme et chaque groupe ou communauté plus favorisés aux devoirs que cette solidarité exige.

Aux travailleurs et aux travailleuses, la société doit garantir:

Le droit à un emploi assuré et librement choisi, le droit à un revenu lui permettant, ainsi qu'à sa famille, une vie conforme aux possibilités de la civilisation moderne et le droit à la propriété des biens nécessaires à son existence;

Le droit à des conditions de vie et de travail garantissant l'intégrité et le développement de sa personne, à la solidarité effective de la communauté, notamment dans le chômage, la maladie et la vieillesse;

Le droit au libre exercice de l'action syndicale, y compris le droit de grève, et à la responsabilité à tous les échelons de la vie économique et sociale;

Le droit pour son organisation syndicale de défendre ses intérêts partout où ils sont en cause.

Sur ces bases, la Confédération veut réaliser un syndicalisme de masse solidement implanté sur les lieux de travail regroupant les travailleurs et les travailleuses de toutes catégories solidaires qui, respectant la philosophie, la religion, la motivation où chacun d'eux peut puiser les forces nécessaires à son action, veulent s'unir pour construire ensemble cette société démocratique basée sur les valeurs fondamentales auxquelles elle se réfère.

Dans la fidélité aux plus profondes traditions du mouvement ouvrier français, la Confédération, convaincue que ces perspectives sont de nature à rassembler les travailleurs.

DÉCIDE de se donner comme statuts:

ARTICLE 1er DES STATUTS

La Confédération réunit des organisations syndicales ouvertes à tous les travailleurs résolus — dans le respect mutuel de leurs convictions personnelles, philosophiques, morales ou religieuses — à défendre leurs intérêts communs et à lutter pour instaurer une société démocratique d'hommes libres et responsables.

Conformément au préambule des présents statuts, la Confédération et ses organisations affirment que la dignité de la personne humaine, base universelle des droits de l'homme à la liberté, la justice et la paix, et exigence première de la vie sociale, commande l'organisation de la société et de l'État.

En conséquence, les structures et les institutions de la société doivent:

(a) Permettre à tout humain, dans les domaines individuel, familial et social, de développer sa personnalité en assurant la satisfaction de ses besoins matériels, intellectuels et spirituels au sein des divers groupes et communautés auxquels il appartient;

(b) Offrir à chacun des chances égales d'accéder à la culture et de prendre ses responsabilités dans la construction de la société;

(c) Réaliser une répartition et un contrôle démocratique du pouvoir économique et politique assurant aux travailleurs et à leurs organisations syndicales le plein exercice de leurs droits.

De ce fait, la Confédération conteste toute situation, toute structure, ou régime qui méconnaissent ces exigences. Elle combat donc toutes les formes de capitalisme et de totalitarisme.

La Confédération estime également nécessaire de distinguer ses responsabilités de celles des groupements politiques et entend garder à son action une entière indépendance à l'égard de l'État, des partis, des Églises, comme de tout groupement extérieur.

Sans poursuivre par principe un développement systématique des antagonismes existant dans la société, elle entend dans son action susciter chez les travailleurs une prise de conscience des conditions de leur émancipation. Elle choisit, dans une totale autonomie et en fonction de ses principes, les moyens et les alliances qu'elle juge utile de mettre en œuvre pour réaliser ses objectifs.

La Confédération — fondée sur la démocratie interne de ses propres organisations et assurant à chacune d'elles sa part dans les délibérations et les décisions confédérales — combat pour la défense et l'extension des libertés économiques.

Pour atteindre les objectifs qu'elle assigne, elle développe systématiquement la formation de ses adhérents conformément aux valeurs auxquelles elle se réfère.

Elle proclame que le syndicalisme, en développant la collaboration internationale des travailleurs doit assurer sa part de responsabilité dans l'organisation mondiale indispensable au développement des Libertés, à la solidarité entre les peuples et au maintien de la paix.

THE DEBATE ON THE ECONOMY   1965

[Radio debate of 22nd November on Europe N° 1.]

M. Michel DEBRÉ. Il n'y a pas que la prospérité des citoyens. L'expansion dans les temps modernes est une nécessité à la fois pour la nation en tant que telle et pour chaque citoyen individuellement. On ne peut pas imaginer en effet une nation assurant sa sécurité, ayant des alliances solides, représentant un certain poids dans le monde si elle n'est pas en état d'expansion.

Et, bien entendu, il est vrai, et c'est d'importance égale, qu'on ne peut envisager un niveau de vie en hausse, qu'on ne peut envisager un progrès social, qu'on ne peut envisager de diffuser le progrès technique sous toutes ses formes, s'il n'y a pas expansion.

. . . .

P. M. F.[1] ... Sauf dans certaines périodes néfastes qui sont du reste très lointaines, et, en tout cas, depuis la fin de la Seconde Guerre mondiale, nous avons connu l'expansion.

En fait, ce qui est intéressant, c'est de comparer au cours des dernières années le rythme de notre croissance avec celui de nos voisins et plus particulièrement, des pays qui sont nos partenaires et nos concurrents directs.

Or, il n'est pas niable que la croissance de l'économie française, le surcroît de production de l'économie française au cours des dernières années ont été inférieurs au développement de la production constaté en Italie, en Allemagne, dans les Pays-Bas. C'est à dessein que j'invoque la situation de ces pays parce qu'elle est comparable à la nôtre. C'est un fait qu'ils ont progressé plus vite que nous. Ceux qui étaient derrière nous se sont rapprochés et nous ont rattrapés.

Par conséquent sur ce premier point, le bilan ne manque pas d'être préoccupant. Pour ne mentionner que l'année 1965, la croissance sera de l'ordre de 2,50%, c'est-à-dire que le progrès de notre expansion sera le plus faible de celui des pays du marché commun ; alors que nous avions escompté — comme le promettait le IVe plan à l'adoption duquel vous avez

[1] M. Mendès France.

présidé — un progrès annuel de l'ordre de 5%, nous aurons environ cette année 2,50%...

M. D. . . . .

En résumé, il y avait un considérable handicap, qui était la succession de la France telle qu'elle se trouvait en 1958, et d'autre part le taux d'expansion de la France s'améliorera et se redressera au fur et à mesure que son potentiel industriel augmentera.

J'ajoute qu'on ne guérit pas un pays de ses maux en quelques années.

Et quels sont les maux de la France?

Vous le savez bien, c'est une sorte d'aspiration à l'inflation; au cours des vingt-cinq dernières années, et peut-être même davantage (ce n'est pas à vous que je l'apprendrai, j'ai encore le souvenir de votre thèse de jeune homme «Le rétablissement des finances par Poincaré»), le goût de la France, c'est le goût de l'inflation qui apparaît comme une sorte de tonique pour les investissements, de drogue pour la politique des revenus et qui fait que, de toutes parts, jaillit une sorte de protestation contre la suppression de l'inflation. Ce mal, on ne le guérit pas facilement! Lorsqu'en 1962 et 1963, le Gouvernement s'est rendu compte que la tendance inflationniste allait empêcher de continuer l'expansion dans la stabilité, il a pris, ce qui n'avait pas été le cas dans les régimes précédents, les mesures qui, en dix-huit mois ou deux ans, ont permis d'éviter le maintien et même d'arrêter cette inflation.[1]

D'autre part, et vous le savez aussi, et ceci est également une caractéristique de la situation en France, le Français a le goût de consommer et il n'est pas orienté, autant que certains de nos voisins, vers l'investissement; c'est là d'ailleurs un des objets du Ve Plan, une de ces indications fondamentales: essayer de lutter contre cette tendance pour que l'investissement, source principale de l'expansion dans les années à venir, soit augmenté.

Dans ces conditions, je réfute tout à fait ce que vous disiez tout à l'heure; je regarde l'indice de la production de 1959, qui était à 100; en juin 1965, il est à 140. Le taux moyen annuel de la production a été de 6% par année au cours de ces sept années. Il y a eu un effort constant d'expansion dont les résultats sont nets. Ce sont les raisons que je vous ai indiquées et qui sont amplement justificatives des quelques difficultés dont vous parlez.

P. M. F. . . . .

Ce qui frappe dans ce Ve Plan, ce n'est pas l'audace dont vous parlez, mais c'est un certain nombre d'éléments que je voudrais signaler. Nous avons été d'accord pour dire que la base essentielle, c'était l'expansion, le progrès, la production de richesses. Nous voulons pour cela, et je suis sûr que c'est votre volonté tout autant que la mienne, que les ressources nationales soient totalement employées, et notamment les ressources en hommes. Vous ne souhaitez pas que ce pays connaisse le chômage. Or l' «audace» du Ve Plan est telle qu'il est fondé sur une hypothèse continuelle de sous-emploi et de chômage: en réalité, la politique dite de stabilisation, cette politique d'appauvrissement que tout à l'heure je déclarais barbare, vous la prolongez dans l'avenir. C'est cela qui est grave.

Votre Ve Plan est fondé, si l'on s'en rapporte aux documents officiels, sur

---

[1] The *Plan de Stabilisation*.

l'hypothèse — dénoncée par le rapport du Conseil Économique et Social — de ce que vous appelez un «volant de main-d'œuvre disponible», C'est-à-dire d'un chômage de 600 000 personnes. Ainsi, par l'effet du Ve Plan, 600 000 travailleurs disponibles ne participeront pas à la production, et l'on continuera à donner à ce pays moins de biens qu'il ne pourrait en créer. Même s'il ne prend pas une ampleur qui dépasse — ce dont je ne suis pas sûr — le chiffre prévu de 600 000, on s'apprête à maintenir un tel volant de chômage, parce que dans l'esprit de certains, c'est le moyen de freiner les revendications ouvrières, et de peser sur les salaires.

. . . .

P. M. F. Lorsque nous parlons de la nécessité d'une planification, c'est aussi parce que nous ne voulons pas céder à cette alternance qui a marqué la vie économique du passé entre des périodes d'expansion plus ou moins désordonnées et des périodes de stagnation ou de crise plus ou moins doulou-reuses. C'est cela même que nous voulons éviter. Si, au lieu de l'abandonner au marché, aux spéculations, au hasard des initiatives privées, nous préférons que l'ensemble du mouvement économique, dans le respect des intérêts des travailleurs et des producteurs, soit orienté et animé par une planification, c'est pour ne céder ni aux tourments inflationnistes, ni aux crises, ni au chômage.

Lorsqu'en 1963, vous avez commis l'imprudence de laisser se développer d'une manière malsaine la fameuse surchauffe que vous savez, marquée par exemple par des abus et des scandales en matière de spéculations immobi-lières et foncières, par certaines hausses de prix injustifiées, alors, soudaine-ment, vous avez pris peur et vous avez adopté cette politique qui consiste à arrêter le progrès économique et à faire supporter au pays tout entier les conséquences d'un certain nombre d'erreurs.

M. D. Qu'auriez-vous fait?

P. M. F. Ce n'est pas en septembre 1963 qu'il fallait agir ainsi. En septembre 1963 quand vous vous êtes précipités, après avoir pris peur de l'inflation, il y a longtemps que le mal était fait. Nous avions été un certain nombre bien avant à tirer la sonnette d'alarme. Mais on était en pleine euphorie, beaucoup de gens gagnaient de l'argent à la Bourse, dans les spéculations. Vous avez laissé se développer la maladie jusqu'à un point tel que vous avez dû recourir à une méthode injuste qui fait subir au pays tout entier les conséquences d'un certain nombre d'erreurs.

Si, au lieu de laisser aller auparavant, de pratiquer ce qu'on a appelé une politique de déplanification, c'est-à-dire d'abandon des disciplines du plan, si vous vous en étiez tenu à son exécution régulière, en veillant à ne pas laisser se produire certains «dérapages», vous auriez gardé la maîtrise du mouve-ment économique, C'est ce qui différencie la politique classique que j'appe-lais «orthodoxe» d'une part, de la politique de planification, d'autre part, c'est-à-dire d'une politique consciente et volontariste par laquelle le gouvernement, les Pouvoirs Publics, conscients de leurs responsabilités, évitent de se trouver acculés à des décisions semblables à celles que vous avez prises en septembre 1963, et dont nous payons encore les conséquences.

Depuis deux ans, la situation économique de ce pays est ce que vous savez, caractérisée par la stagnation, et, ce qui est plus grave, (et qui ne peut pas ne pas vous toucher après ce que vous en avez dit tout à l'heure) par l'effondrement des investissements...

P. M. F. ....

Cette politique qui a consisté en 1963 à provoquer une stagnation volontaire et qui veut maintenant projeter les mêmes conceptions sur les années futures, c'est la véritable politique de la Ve République, c'est pour cela que je la critique. C'est pour cela que je mets en garde ceux qui nous écoutent ce soir et qui sont eux-mêmes à la veille de prendre une très grave décision pour l'avenir.

Approuver la politique qui a été faite jusqu'à ce jour, ratifier indirectement le Ve Plan, tel que vous l'avez conçu, à base de sous-emploi et de chômage permanents, de restriction de crédits, pour l'enseignement, le logement, pour toutes les œuvres de l'avenir, ce Ve Plan qui n'ouvre aucune possibilité aux jeunes qui débouchent sur le marché du travail, c'est vouer la France à la prolongation des difficultés qu'elle traverse aujourd'hui.

Au contraire, la politique offerte au pays par mon ami Mitterrand c'est la préparation d'une expansion voulue et organisée, contrôlée dans le cadre d'une planification, soucieuse, rassurez-vous, de la stabilité de la monnaie (je crois n'être pas suspect à cet égard) mais soucieuse aussi d'inscrire dans les progrès que nous accomplirons demain la justice sociale, l'égalité, la possibilité pour les hommes de connaître une vie meilleure et un peu plus de ce bonheur que vous leur refusez.

Voilà la véritable option en présence de laquelle nous sommes.

ACT ON *COMITÉS D'ENTREPRISE*   1966

Article premier. L'article 1er de l'ordonnance n° 45–280 du 22 février 1945, modifiée par les lois n°s 46–1065 du 16 mai 1946 et 50–961 du 12 août 1950, est complété par les alinéas suivants:

«Des décrets, pris sur le rapport du ministre de l'agriculture et du ministre chargé du travail, rendront obligatoire l'institution de comités d'entreprises dans les entreprises et sociétés agricoles diverses qui, par la nature de leur activité et les conditions d'emploi et de travail de leur personnel, sont assimilables à des entreprises industrielles et commerciales, ainsi que dans les organismes professionnels agricoles; ces décrets fixeront, s'il y a lieu, les conditions d'application à ces organismes et sociétés des dispositions prévues aux articles ci-après.

«Les attributions conférées, notamment par les articles 3, 9, 13–1, 18, 19, 22 et 24 ci-après, au ministre du travail et aux inspecteurs du travail sont exercées, en ce qui concerne les organismes et sociétés visés à l'alinéa précédent, par le ministre de l'agriculture et les inspecteurs des lois sociales en agriculture.»

Art. 2. Le premier alinéa de l'article 2 de l'ordonnance n° 45–280 du 22 février 1945, modifié par la loi n° 46–1065 du 16 mai 1946, est remplacé par les dispositions suivantes:

«Le comité d'entreprise coopère avec la direction à l'amélioration des conditions collectives d'emploi et de travail ainsi que des conditions de vie du personnel au sein de l'entreprise; il est obligatoirement saisi, pour avis, des règlements qui s'y rapportent.

«Le comité est consulté sur l'affectation de la contribution de 1 p. 100 sur les salaires à l'effort de construction quel qu'en soit l'objet.

«Il est obligatoirement consulté sur les problèmes généraux relatifs à la formation et au perfectionnement professionnels, ainsi qu'à leur adaptation à l'emploi compte tenu de l'évolution des techniques.

«Dans les entreprises employant plus de trois cents salariés, le comité d'entreprise constitue obligatoirement une commission chargée d'étudier les questions mentionnées à l'alinéa précédent ainsi que celles d'emploi et de travail des jeunes et des femmes.»

Art. 3. Le *a* de l'article 3 de l'ordonnance du 22 février 1945, modifié par la loi n° 46–1065 du 16 mai 1946, est remplacé par les dispositions suivantes: «(*a*) Il étudie les mesures envisagées par la direction et les suggestions émises par le personnel en vue d'améliorer la production et la productivité de l'entreprise et propose l'application de celles qu'il aura retenues.»

Art. 4. Le *c* de l'article 3 de l'ordonnance du 22 février 1945, modifié par la loi n° 46–1065 du 16 mai 1946, est remplacé par les dispositions suivantes:

«(*c*) Il est obligatoirement informé et consulté sur les questions intéressant l'organisation, la gestion et la marche générale de l'entreprise, et notamment sur les mesures de nature à affecter le volume ou la structure des effectifs, la durée du travail ou les conditions d'emploi et de travail du personnel. Il peut formuler des vœux sur ces divers points.

«Le comité d'entreprise est obligatoirement saisi en temps utile des projets de compression d'effectifs; il émet un avis sur l'opération projetée et ses modalités d'application. Cet avis est transmis à l'inspecteur du travail ou à l'inspecteur des lois sociales en agriculture.

«Au cours de chaque trimestre, le chef d'entreprise communique au comité d'entreprise des informations sur l'exécution des programmes de production, l'évolution générale des commandes et sur la situation de l'emploi dans l'entreprise. Il informe le comité des mesures envisagées en ce qui concerne l'amélioration, le renouvellement ou la transformation de l'équipement ou des méthodes de production et d'exploitation et de leurs incidences sur les conditions du travail et d'emploi. Il rend compte, en la motivant, de la suite donnée aux avis et vœux émis par le comité.»

Art. 5. Le deuxième alinéa du *d* de l'article 3 de l'ordonnance n° 45–280 du 22 février 1945, modifié par la loi n° 46–1065 du 16 mai 1946, est remplacé par les dispositions suivantes:

«Au moins une fois par an le chef d'entreprise présente au comité d'entreprise un rapport d'ensemble sur l'activité de l'entreprise, le chiffre d'affaires, les résultats globaux de la production et de l'exploitation, l'évolution de la structure et du montant des salaires, les investissements, ainsi que sur ses projets pour l'exercice suivant. Il soumet, en particulier, au comité un état faisant ressortir l'évolution de la rémunération moyenne, horaire et mensuelle, au cours de l'exercice et par rapport à l'exercice précédent.»

Art. 6. A l'avant-dernier alinéa de l'article 3 de l'ordonnance n° 45–280 du 22 février 1945, modifiée par la loi n° 46–1065 du 16 mai 1946, après les mots :

«... à toutes les séances du conseil d'administration.»

Sont ajoutés les mots suivants :

«... ou du conseil de surveillance, selon le cas.»

Art. 7. Il est ajouté à l'article 4 de l'ordonnance n° 45–280 du 22 février 1945, modifié par la loi n° 46–1065 du 16 mai 1946, un deuxième alinéa ainsi conçu :

«En outre, les membres du comité d'entreprise et les représentants syndicaux sont tenus à une obligation de discrétion à l'égard des informations présentant un caractère confidentiel et données comme telles par le chef d'entreprise ou son représentant.»

Art. 14. L'article 22 de l'ordonnance n° 45–280 du 22 février 1945, complété par l'ordonnance n° 59–81 du 7 janvier 1959, est remplacé par les dispositions suivantes :

«Tout licenciement envisagé par l'employeur d'un membre titulaire ou suppléant du comité d'entreprise ou d'un représentant syndical prévu à l'article 5 est obligatoirement soumis à l'assentiment du comité. En cas de désaccord, le licenciement ne peut intervenir que sur décision conforme de l'inspecteur du travail ou de l'inspecteur des lois sociales en agriculture dont dépend l'établissement. Toutefois, en cas de faute grave, le chef d'entreprise a la faculté de prononcer la mise à pied immédiate de l'intéressé en attendant la décision définitive.

«Si la décision définitive refuse le licenciement, la mise à pied est annulée et ses effets supprimés de plein droit.

«La même procédure est applicable au licenciement des anciens membres des comités d'entreprises ainsi que des anciens représentants syndicaux qui, désignés depuis deux ans, ne seraient pas reconduits dans leurs fonctions au moment du renouvellement du comité, pendant les six premiers mois qui suivent l'expiration de leur mandat et des candidats aux fonctions du comité présentés au premier tour par les organisations syndicales à partir de l'envoi à l'employeur des listes des candidatures et pendant une durée de trois mois.»

Journal officiel (25 juin 1966)

THE C.F.D.T. IN MAY 1968

[*Statement of 18th May.*]

Le CONSEIL CONFÉDÉRAL de la C.F.D.T. réuni en séance extra-ordinaire le samedi 18 mai 1968, après avoir approuvé les décisions prises par le Bureau Confédéral, souligne l'ampleur et le sens profond des mouvements en cours, partage les motivations qui les animent et, de ce fait :

— RAPPELLE sa volonté de les voir se maintenir et se développer sur la base d'une exigence de démocratisation des entreprises dans une perspective d'autogestion, exige dans l'immédiat l'accroissement du pouvoir syndical dans l'entreprise par :

— le droit pour les travailleurs de s'organiser syndicalement dans l'entreprise et les moyens pratiques de le faire,

— le droit de discussion et d'information dans l'entreprise,

— le libre exercice des fonctions de représentants élus du personnel, garanti par une immunité totale contre toute mesure de licenciement,

— le libre exercice du droit de grève, la suppression des primes anti-grève, l'interdiction des lock-out et l'abrogation de la loi anti-grève,

— la négociation par le syndicat de la structure et du montant des salaires réels dans l'entreprise, ainsi que de toutes les conditions de travail, de discipline et de congédiement,

et sur un plan plus général par:

— la négociation généralisée de conventions collectives et statuts sur les salaires réels et les conditions de travail,

— la libre expression des organisations syndicales à l'O.R.T.F.,

— la gestion par les travailleurs des organismes de sécurité sociale.

L'exigence de pouvoir syndical dans les entreprises rejoint celle des étudiants qui luttent pour des réformes universitaires et une véritable démocratisation de l'enseignement que la C.F.D.T. n'a cessé de revendiquer depuis des années, facteur indispensable d'une société civilisée plus égalitaire et condition nécessaire d'une transformation du système économique pour et par le peuple.

Le Conseil Confédéral:

— RÉAFFIRME les revendications essentielles de la C.F.D.T., notamment:

— l'abrogation des ordonnances anti-sociales,

— le plein emploi,

— le relèvement du pouvoir d'achat et la réduction des disparités,

— le droit de négociation des salaires réels,

— la fixation d'un salaire minimum mensuel à 600 F.

Le Conseil Confédéral demande aux organisations affiliées de développer et généraliser le mouvement en cours et de discuter avec les travailleurs les conditions d'un arrêt de travail avec occupation des lieux de travail pour la réalisation des objectifs prioritaires énoncés ci-dessus.

La C.F.D.T. maintient, avec les autres centrales (C.G.T.-F.O.) et les organisations universitaires (F.E.N. et U.N.E.F.) les contacts nécessaires pour que la lutte commune des travailleurs, des enseignants et des étudiants concrétise en résultats positifs et significatifs la grande aspiration vers une société plus juste, plus libre et plus égalitaire issue de l'éclatant mouvement populaire du 13 mai 1968.

Positions et action de la C.F.D.T. au cours des événements de mai-juin 1968, special number of *Syndicalisme* (novembre 1969), pp. 60–61

THE STUDENTS OF THE SORBONNE ON WORKERS' SELF-MANAGEMENT   MAY 1968

Nous continuons le combat

Notre but n'est évidemment pas de détruire les structures actuelles sans rien proposer de nouveau, contrairement à ce qu'insinuent les diffamations gaullistes.

L'absence aujourd'hui d'un chef à la tête de notre mouvement correspond à sa nature même. Il ne s'agit pas de savoir qui sera à la tête de tous, mais comment tous formeront une seule tête. Plus précisément, il n'est pas question qu'une quelconque organisation politique ou syndicale déjà constituée avant la formation du mouvement se l'approprie.

L'unité de ce mouvement ne doit pas et ne peut pas venir de la présence prématurée d'une célébrité à sa tête, mais de l'unité des aspirations des travailleurs, des paysans et des étudiants.

C'est dans le cadre des comités de base que ces aspirations peuvent prendre une forme concrète grâce à des discussions faites en petits groupes.

C'est ensuite que ces comités effaceront progressivement les différends inévitables qui auront pu apparaître entre eux.

L'UNITÉ DOIT VENIR DE LA BASE ET NON D'UN CHEF PRÉMATURÉ QUI NE POURRAIT TENIR COMPTE MAINTENANT DES ASPIRATIONS DE TOUS LES TRAVAILLEURS.

Mais ce travail unitaire rencontrera les pires difficultés extérieures et ne pourra se faire sans la maîtrise effective de la rue, lieu de contestation et de discussion politique. Pompidou l'a très bien compris lorsqu'il pretend tout nous accorder sauf la rue.

Cependant, les difficultés peuvent venir aussi de l'intérieur. Il faut en effet se garder d'un antigaullisme irréfléchi qui pourrait pousser certains d'entre nous à croire que le problème se réglerait tout seul par le départ de De Gaulle et de son gouvernement.

Le mouvement ne saurait apporter sa caution à une opération de récupération du type Front populaire ou gouvernement de transition. En effet, les concessions de caractère matériel que nous pourrions obtenir ne modifieraient en rien le caractére scandaleux de la société actuelle. Elles seraient par ailleurs très vite absorbées par l'augmentation du coût de la vie organisée par le patronat.

C'est pourquoi l'arme absolue de tous les travailleurs luttant pour la révolution est la gestion directe de leurs moyens de liaison et de production.

Un pas supplémentaire doit être franchi ! ! !

Camarades, l'occupation des usines doit maintenant signifier que vous êtes capables de les faire fonctionner sans l'encadrement bourgeois qui vous exploitait. Il faut maintenant permettre au mouvement révolutionnaire de vivre, de se développer, d'organiser la production sous votre contrôle. Vous retirez ainsi au capitalisme son outil d'oppression. Assurez la production, la distribution pour que l'ensemble de la classe ouvrière démontre qu'un pouvoir ouvrier propriétaire de ses moyens de production peut instituer une réelle économie socialiste.

L'autogestion comme système économique et social a pour but de réaliser pleinement la libre participation à la production et à la consommation par la responsabilité individuelle et collective. C'est donc un système créé avant tout pour l'homme, pour le servir et non l'oppresser.

Pratiquement, l'autogestion consiste pour les camarades ouvriers à faire fonctionner leurs usines par et pour eux, et par conséquent à supprimer la hiérarchie des salaires ainsi que les notions de salariat et de patronat.

C'est à eux de constituer des conseils d'ouvriers élus par eux et exécutant les décisions de l'ensemble.

Ces conseils doivent être en relation étroite avec les conseils des autres entreprises sur le plan régional, national et international.

Les membres de ces conseils ouvriers sont élus pour un temps déterminé et les tâches sont rotatives. Il faut, en effet, éviter de recréer une bureaucratie qui tendrait à mettre sur pied une direction et à recréer un pouvoir oppresseur.

Démontrons que la gestion ouvrière dans les entreprises, c'est le pouvoir de faire mieux, pour tous, ce que les capitalistes faisaient scandaleusement pour quelques-uns.

Suivons nos camarades de la C.S.F. à Brest qui nous montrent la voie depuis quelques jours.

Il s'agit, d'autre part, de créer des structures d'échange nouvelles nous permettant de nous passer des intermédiaires nombreux et variés qui prélèvent un bénéfice totalement injustifié au détriment du travailleur et du consommateur (grossistes, banquiers, agents de bourse, etc.).

Camarades, il faut aller jusqu'au bout. Nous occupons les facultés, les administrations, les usines...

RESTONS-Y ET FAISONS-LES FONCTIONNER POUR NOUS LE PLUS VITE POSSIBLE, CAR LE CAPITALISME CHERCHE A NOUS AFFAMER.

MONTRONS-NOUS RESPONSABLES DU GIGANTESQUE MOUVEMENT QUE NOUS VENONS DE CRÉER.

NE TOMBONS PAS DANS LE PIÈGE DES DISCUSSIONS STÉRILES, NE NOUS LAISSONS PAS IMPRESSIONNER PAR DES DIFFAMATIONS ET LES MENACES D'UN VIEILLARD QUI PRÉTEND REPRÉSENTER LA FRANCE SANS TENIR COMPTE DE SES HABITANTS.

LE CAPITALISME A PEUR ET MONTRE SON VRAI VISAGE: LE FASCISME, MAIS LE POUVOIR EST A PRENDRE.
Prenons-le
COMITÉ D'ACTION ÉTUDIANTS-OUVRIERS.

Le Mouvement social, special number on "La Sorbonne par elle-même" (juillet–septembre 1968), pp. 278–280

ACT ON TRADE UNION RIGHTS 1968

Article premier. L'exercice du droit syndical est reconnu dans toutes les entreprises dans le respect des droits et libertés garantis par la Constitution de la République, en particulier de la liberté individuelle du travail.

Les syndicats professionnels peuvent s'organiser librement dans toutes les entreprises conformément aux dispositions du titre Ier du livre III du code du travail.

Art. 2. Dans toutes les entreprises employant habituellement au moins 50 salariés, quelles que soient la nature de leurs activités et leur forme juridique, les syndicats représentatifs dans l'entreprise bénéficient des dispositions de la présente loi.

Tout syndicat affilié à une organisation représentative sur le plan national est considéré comme représentatif dans l'entreprise, pour l'application de la présente loi.

Des décrets en Conseil d'État fixeront, le cas échéant, les modalités d'application de la présente loi aux activités qui, par nature, conduisent à une dispersion ou à une mobilité permanente du personnel, liées à l'exercice normal de la profession.

TITRE Ier — DES SECTIONS SYNDICALES

Art. 3. Chaque syndicat représentatif peut constituer, au sein de l'entreprise, une section syndicale qui assure la représentation des intérêts professionnels de ses membres conformément aux dispositions de l'article Ier du livre III du code du travail.

Art. 4. La collecte des cotisations syndicales peut être effectuée à l'intérieur de l'entreprise, en dehors des temps et des locaux de travail.

Art. 5. L'affichage des communications syndicales s'effectue librement sur des panneaux réservés à cet usage et distincts de ceux qui sont affectés aux communications des délégués du personnel et du comité d'entreprise. Un exemplaire de ces communications syndicales est transmis au chef d'entreprise, simultanément à l'affichage.

Les panneaux sont mis à la disposition de chaque section syndicale suivant des modalités fixées par accord avec le chef d'entreprise.

Les publications et tracts de nature syndicale peuvent être librement diffusés aux travailleurs de l'entreprise, dans l'enceinte de celle-ci, aux heures d'entrée et de sortie du travail.

Ces communications, publications et tracts doivent correspondre aux objectifs des organisations professionnelles tels qu'ils sont définis à l'article Ier du titre Ier du livre III du code du travail.

Art. 6. Dans les entreprises ou les établissements où sont occupés plus de 200 salariés, le chef d'entreprise met à la disposition des sections syndicales un local commun, convenant à l'exercice de la mission de leurs délégués.

Les modalités d'aménagement et d'utilisation de ce local par les sections syndicales sont fixées par accord avec le chef d'entreprise.

Art. 7. Les adhérents de chaque section syndicale peuvent se réunir une fois par mois, dans l'enceinte de l'entreprise, en dehors des heures et des locaux de travail, suivant des modalités fixées par accord avec le chef d'entreprise.

TITRE II — DES DÉLÉGUÉS SYNDICAUX

Art. 8. Chaque syndicat représentatif ayant constitué une section syndicale dans l'entreprise désigne, dans les conditions fixées ci-après, un ou plusieurs délégués syndicaux pour le représenter auprès du chef d'entreprise.

Art. 9. Le nombre des délégués syndicaux de chaque section syndicale dans chaque entreprise ou établissement est fixé par décret en Conseil d'État, compte tenu du nombre des salariés.

Art. 10. Le ou les délégués syndicaux doivent être de nationalité française, être âgés de vingt et un ans accomplis, travailler dans l'entreprise depuis un an au moins et n'avoir encouru aucune condamnation prévue aux articles 5 et 6 du code électoral. Dans les conditions prévues par les traités internationaux et sous réserve de réciprocité, ils peuvent être de nationalité étrangère.

Le délai d'un an prévu à l'alinéa ci-dessus est réduit à quatre mois dans le cas de création d'entreprise ou d'ouverture d'établissement.

Les fonctions de délégué syndical sont compatibles avec celles de délégué du personnel, de représentant du personnel au comité d'entreprise ou d'établissement ou de représentant syndical au comité d'entreprise ou d'établissement.

Art. 11. Les contestations relatives aux conditions de désignation des délégués syndicaux sont de la compétence du tribunal d'instance qui statue d'urgence. Ces contestations sont portées devant le tribunal d'instance du lieu où la désignation a été effectuée par voie de simple déclaration au greffe. Le recours n'est recevable que s'il est introduit dans les quinze jours qui suivent la désignation du délégué par le syndicat.

Le tribunal d'instance statue dans les dix jours sans frais ni forme de procédure et sur simple avertissement donné trois jours à l'avance à toutes les parties intéressées.

La décision du tribunal est en dernier ressort mais elle peut être déférée à la Cour de cassation. Le pourvoi est introduit, instruit, jugé dans les formes et délais prévus en matière électorale.

Tous les actes judiciaires sont, en cette matière, dispensés du timbre et enregistrés gratis.

Art. 12. Les noms du ou des délégués syndicaux sont portés à la connaissance du chef d'entreprise dans les conditions fixées par décret. Ils doivent être affichés sur les panneaux réservés aux communications syndicales.

La copie de la communication adressée au chef d'entreprise est adressée simultanément à l'inspecteur du travail compétent ou à l'autorité qui en tient lieu.

La même procédure est appliquée en cas de remplacement ou de cessation de fonctions du délégué.

Art. 13. Le licenciement d'un délégué syndical ne peut intervenir qu'après avis conforme de l'inspecteur du travail ou de l'autorité qui en tient lieu. Toutefois, en cas de faute grave, le chef d'entreprise a la faculté de prononcer, à titre provisoire, la mise à pied immédiate de l'intéressé. Cette décision est, à peine de nullité, motivée et notifiée à l'inspecteur du travail dans le délai de quarante-huit heures à compter de sa prise d'effet.

Si le licenciement est refusé, la mise à pied est annulée et ses effets supprimés de plein droit.

La même procédure est applicable au licenciement des anciens délégués syndicaux pendant six mois après la cessation de leurs fonctions lorsque celles-ci ont été exercées pendant un an au moins.

Le délégué syndical lié à l'employeur par un contrat de travail à durée déterminée bénéficie, en ce qui concerne le renouvellement de son contrat, des mêmes garanties et protections que celles qui sont accordées aux délégués du personnel et aux membres du comité d'entreprise.

Art. 14. Dans les entreprises ou établissements employant habituellement au moins 150 salariés, chaque délégué syndical dispose du temps nécessaire à l'exercice de ses fonctions dans les limites d'une durée qui, sauf accord passé avec le chef d'entreprise, ne peut excéder dix heures par mois dans les entreprises ou établissements occupant habituellement de 150 à 300 salariés, quinze heures par mois dans les entreprises ou établissements occupant habituellement plus de 300 salariés.

Ce temps est payé comme temps de travail.

Dans les entreprises ou établissements où, en application de l'article 9 de la présente loi, sont désignés pour chaque section syndicale plusieurs délégués, ceux-ci peuvent répartir entre eux le temps dont ils disposent au titre du premier alinéa ci-dessus; ils en informent le chef d'entreprise.

Les heures utilisées pour participer à des réunions qui ont lieu à l'initiative du chef d'entreprise ne sont pas imputables sur les heures fixées ci-dessus.

Art. 15. Toute entrave apportée à l'exercice du droit syndical défini par la présente loi sera punie des peines prévues à l'article 24 modifié de l'ordonnance n° 45–280 du 22 février 1945 instituant des comités d'entreprise.

Art. 16. Les dispositions de la présente loi ne font pas obstacle aux conventions ou accords comportant des clauses plus favorables.

Journal officiel (30 et 31 décembre 1968)

SECTION VI

The Educational System

GROWTH IN SCHOOL POPULATION AND STUDENT NUMBERS 1949–1969 (thousands)			
Date	Primary Education[1]	Secondary Education	Higher Education[2]
1949	TOTAL 4,880	TOTAL 776	TOTAL 137
1958–9	State 5,913 Indep. 1,172 TOTAL 7,085	State 1,348 Indep. 497 TOTAL 1,854	TOTAL 170
1963–4	State 6,253 Indep. 1,098 TOTAL 7,351	State 2,217 Indep. 702 TOTAL 2,919	TOTAL 284
1968–9[3]	State 6,462 Indep. 1,052 TOTAL 7,514	State 3,032 Indep. 859 TOTAL 3,891	TOTAL 612

Sources: (1949 only) A. Prost, *L'enseignement en France 1800–1967* (Colin, 1968), pp. 460–461; (from 1958 to 1969) *Tableaux de l'Education Nationale. Statistiques Rétrospectives 1958–68* (Ministère de l'Éducation Nationale, Service Central des Statistiques et de la Conjoncture, 1969), pp. 40–41, 336–341.

[1] Includes pre-school and special education.
[2] Faculties and *Instituts Universitaires de Technologie*.
[3] Estimate by Service Central des Statistiques et de la Conjoncture.

CHRONOLOGY

1792   Condorcet's educational project
1806   *L'Université* set up
1808   Decree on the organisation of *L'Université*
1833   Guizot education act
1850   *Loi Falloux*
1881   Free primary education act
1882   Compulsory and secular primary education act—school-leaving age fixed at 13
1886   Act on Catholic primary education
1896   University act
1902   Reform of secondary education
1904   Act banning religious orders from teaching
1909   Pastoral letter of Church hierarchy on education
1919   Astier act on technical education
1929–1933   Free secondary education gradually introduced
1929   Encyclical *Divini Illius Magistri*
1936   School-leaving age raised to 14
1937   Jean Zay's educational experiments
1940   Vichy educational legislation
1947   Langevin–Wallon plan
1949   Second meeting of *États-Généraux de la France Laïque*
1951   *Loi Marie*
        Loi Barangé
1959   Berthoin reforms—school-leaving age to be raised to 16 in 1967
        Loi Debré
1960   Secularist petition
1963   *Collèges d'enseignement secondaire* set up
1965   Fouchet reforms
1967   School-leaving age raised to 16 (but *see* p. 530)
1968   May revolt
        Edgar Faure minister of education
        Loi d'orientation on university education
        Reform of secondary education

INTRODUCTION

Since the early nineteenth century, French education has undergone a continuous, if irregular, process of development, under the impact of three factors:

(1) the struggle between Church and State for the ideological control of French society;
(2) the changing relationship between the bourgeoisie and the working class;
(3) the attempts of successive education ministers to reform the system by means of legislation.

Throughout all the vicissitudes of the educational system, however, one feature survived unchanged until the crisis of 1968: the administrative structure of State control established by Napoleon I.

It was the French Revolution which had asserted, for the first time, that to provide education was a duty of the State. Before the Revolution, such education as there was had been provided by the Church. The embryonic State system of the Revolution was, however, taken over by Napoleon, and it was he who, from the beginning, gave it the administrative structure it was to retain until the mid-twentieth century.

The system Napoleon set up took the form of a State monopoly (*see* pp. 539–542). Within this framework, a centralized administration was set up, with the objective of imposing, throughout the system, total compliance with norms laid down by the State. Napoleonic centralisation resulted in the uniformity within French State education, which has become one of its most familiar features. Syllabuses and examinations have always been identical throughout France (*see* p. 542).

The notion of centralised State control of education stemmed from Napoleon's conception of the purposes of education, which was somewhat different from that of the Revolution. As Louis Liard put it:

> La Révolution avait vu l'État enseignant, maître d'école: Napoléon conçoit l'État doctrinaire, chef d'école; la Révolution avait envisagé l'enseignement public comme un devoir de l'État envers les citoyens; Napoléon y voit avant tout l'intérêt de l'État et celui du souverain.

Napoleon frankly feared education as a source of political instability if it was not harnessed to the State. "Il n'y aura pas un État politique fixe tant qu'il n'y aura pas un corps enseignant avec des principes fixes", he wrote. His view of education as an instrument of State policy was open and unashamed: "Dans l'établissement d'un corps enseignant", he admitted, "mon but principal [était] d'avoir un moyen de diriger les opinions publiques et morales."

The system remained marked by these Napoleonic origins. Being a central and uniform emanation of the State, it could not be reformed piecemeal, or from the periphery. All educational change necessitated a single decision at the centre, followed by simultaneous execution of the decision throughout the system. This implied that important changes required a political decision by the minister, and even by the government of the day. Conversely the political, social and ideological tendencies of successive governments left their indelible mark on the system as a whole. Right-wing régimes and governments favoured Catholic education and educational conservatism; left-wing régimes and governments strove to eradicate Catholic influences in education, and to bring in educational reforms.

Education, Church and State

Until 1833, the State monopoly system was based on Catholic principles (*see* p. 541). Catholic religious services were prescribed in schools, and such primary education as existed was chiefly in the hands of religious orders such as the *Frères des Écoles Chrétiennes*.

It was a political change, the 1830 Revolution, which began the process whereby Catholicism was to be slowly ousted from the State system. After 1830, the new régime, the July Monarchy, took the first hesitating steps along the road to a secular State and society. According to Guizot's education act of 1833 (*see* pp. 542–544), though religious and moral instruction were to retain pride of place in the syllabus (*see* article 1, p. 543), primary education was no longer to be exclusively controlled by the Church. Nor was religious instruction to be imposed any longer on children against their parents' wishes (*see* article 2, p. 543).

At the same time, a semi-secular philosophy — eclecticism — was imposed on the educational system. Eclecticism represented a departure from traditional Catholic ideas: it admitted that the idea of God could be arrived at by personal intuition rather than by religious revelation.

The removal from the Catholic church of complete control of religious education led to the emergence among Catholics of demands for educational freedom — that is, the legal right to organise schools on purely Catholic lines (*écoles libres*), independently of the State system. The act of 1833 in fact allowed for this possibility at primary level (article 27). However, Catholics accused the State system of favouring the State schools and placing their own schools at a financial disadvantage.

The Catholic Church thus showed itself, from the first, unwilling to accept any compromise system which fell short of complete Catholic control of religious education. Even the post-1830 compromise between the secularising forces of the French Revolution and those of the *Ancien Régime* was unacceptable, and as secularisation progressed throughout the nineteenth century, in State, society and education, Catholic hostility to the State and its educational system never wavered.

However, the principle of State monopoly had been breached in practice by the act of 1833, and from that date there have remained two distinct sectors in French education:

(1) the centralised and increasingly secular State sector (*l'enseignement public*);

(2) the independent, and overwhelmingly Catholic private sector (*l'enseignement privé* or *enseignement libre*).

The next stage in the Catholic struggle against State education was the long campaign led by Montalembert in favour of freedom for Catholic secondary schools. This campaign culminated in 1850 in the passing of the *loi Falloux*. By this act, the State monopoly was formally abolished, and a considerable measure of freedom for Catholic secondary education introduced (*see* articles 60, 62 and 66, p. 546). The 1848 Revolution, it should be noted, had by now given way to conservatism. Once again it was political change which had brought about educational change, this time in a direction highly favourable to the Catholics. The bourgeoisie, seeing a threat to its property in the revolutionary proletariat of 1848, was now only too ready to countenance the restoration of religious influence on education, as a safeguard for the social order. The Catholic private sector in French education was at its most flourishing in the next two decades, under the sympathetic régime of the Second Empire. Now, not only the *grande bourgeoisie* but even the *moyenne bourgeoisie* was moving away from the old Voltairean anticlericalism, and increasingly sending its children to Catholic schools. The number of pupils receiving Catholic education rose from 707,000 in 1843 to 1,600,000 in 1863.[1] French bourgeois youth was divided into two camps, the Catholics and the anticlericals, observers noted in this period.

The pendulum swung violently in the opposite direction with France's next change of political régime. When the Republican Left came to power about 1880, the foundations of a largely secular State primary system were laid, under the influence of Jules Ferry and the Opportunists.

The basic principles underlying the new primary system, as established by the acts of 1881–1882, were three in number: it was to be secular, free and compulsory (*see* pp. 547–552). The secular character (or *laïcité*) of the State primary schools had a twofold political purpose in the eyes of the Republicans. In the first place, the influence of the Church must be removed from primary education, more particularly now the Republic had come to stay, since most Catholics firmly refused to accept the new régime, and were regarded by Republican leaders as real or potential enemies of the State (*see* p. 548).[2] Secondly, religious divisions must be overcome and national unity cemented, in view of the external dangers to France brought about by the defeat of 1870. France was no longer the dominant power in Europe: 1870 had shown that the balance of power had shifted decisively in favour of Prussia. The educational system must help Frenchmen to close ranks, faced with the Prussian threat (*see* p. 547).

The new State primary system was to be based on religious neutrality in the schools. Religious instruction would only be given outside school premises (*see* p. 551). Neutrality would, it was hoped, avoid offence to Catholic parents (*see* p. 550). As for the teaching of morality within the schools, the Republican reformers believed that a common moral code could be taught, which could be recognised by all men, whether Catholics or unbelievers, and would further

---

[1] This included 1,000,000 in State schools with Catholic teachers.
[2] The provisions of the *loi Falloux* on freedom for Catholic secondary education were unaffected and remained in force until 1960.

the cause of national unity. The secular moral code (*morale laïque*) of the Republicans was based on intuition, not religious revelation. This moral code, with its basis in personal intuition, was a continuing reflection of the State philosophy of eclecticism, with what can only be called its watered-down idea of God. Ferry, who was personally a positivist, attempted successfully to have all references to religious instruction deleted from the act of 1882 (article 1, *see* p. 551), but the hold of the semi-religious ideas of eclecticism was still such, even on the Republican reformers, men such as Jules Simon, that a ministerial circular of 1883 still spoke of "*les devoirs envers Dieu*". It was not until the Radicals came to power in the early twentieth century that positivism finally replaced eclecticism as the new State philosophy, and it was only in 1923 that references to *Dieu* were removed altogether from textbooks for State schools. It took, in fact, more than a generation for the teaching profession to move from the philosophy of eclecticism, with its acceptance of an idea of God based on individual intuition, to that of positivism, which held that only those entities which could be objectively established by scientific method had any reality, and dispensed with the idea of God altogether (cf. p. 377).

The teaching of the secular moral code in the schools of the Third Republic became increasingly associated with the inculcation of patriotic duty. Patriotism was, in fact, intended by Ferry as a complete substitute for religious instruction. Emphasis on patriotic duty was a central feature of a celebrated textbook for civic and moral instruction dating from the 1880s: G. Bruno's *Le Tour de la France par deux enfants*. This book, which was still in print in the mid-twentieth century, deserves close study, since it practically became part of the French national consciousness during the Third Republic. The impact of the removal of references to *Dieu* can be traced through succeeding editions, the unexpurgated edition remaining in print for Catholic use (*see* pp. 553–554).

In the 1880s, of course, secular education by no means had things all its own way. Members of the religious orders were still teaching in the State primary schools in this period, and the difficulty of any all-out attempt at secularisation was demonstrated by the fate of Ferry's anticlerical legislation. The university juries act of 1880 included an article, the celebrated article 7, which asserted: "Nul n'est admis à diriger un établissement d'enseignement public ou privé de quelque ordre qu'il soit, ni à y donner l'enseignement s'il appartient à une congrégation religieuse non-autorisée". A storm of protest blew up on the Right, and the offending article was defeated in the Senate. The government then acted by the decree of 29th-30th March 1880 to expel the Jesuits and all the non-authorised orders. Despite the attempt to close religious houses by force, the impact of the decrees was only temporary, and while the education act of 1886 provided for the gradual exclusion of the teaching orders from State primary schools, it continued to recognise Church primary schools under certain circumstances (*see* p. 554). Article 36 of this act thus superseded article 25 of the *loi Falloux*, and so governed Catholic primary education from then onwards.

Catholic reconciliation with the Republic, urged by Pope Leo XIII in his encyclical of 1892 (*see* p. 630), made relatively little impact on the situation. The Dreyfus Affair, which followed, in fact intensified anti-Republican feeling among Catholics since most of them sided with the High Command in supporting Dreyfus's condemnation, and so set themselves against his Republican champions (cf. p. 18).

The Republican triumph and the vindication of Dreyfus led directly to the Radicals' campaign at the beginning of the twentieth century to eradicate once and for all from French education the influence of the Catholic teaching orders (*les congrégations*). They were progressively disbanded by the acts of 1901 (article 14) and 1904 (*see* p. 155 and p. 555).

The Catholics, despite their defeat, continued, throughout the Third Republic, to campaign against the State educational system. The violent condemnation of secular education by the French hierarchy in 1909 (*see* p. 556 ff.) was repeated in 1925. In 1929, the papal encyclical *Divini Illius Magistri* reiterated, albeit in more measured terms, the fundamental position of the Church, and its continued adherence in principle to Catholic education in its strictest form (*see* p. 560 ff.). Meanwhile, the Catholic teaching orders, though theoretically illegal, were tolerated. In 1939, 15% of pupils at the primary level and 47% at the secondary level were still at Catholic schools. While Catholic schools continued to play a significant rôle in French education, the secularists, for their part, remained equally attached to the hope that Catholic influence in education could be reduced or removed.

Under Vichy, however, political change — this time a shift to the Right — once again brought a revival of Catholic influence. The principles of *laïcité* were breached in three ways. First, a government decree re-instituted religious instruction:

> L'instruction religieuse sera comprise, à titre d'enseignement à option, dans les horaires scolaires.
>
> *Journal officiel* (26 février 1941)

This decree was, it is true, soon modified in deference to the strength of secularist opinion, and replaced by "l'appel du héros et du saint. Les valeurs spirituelles: la patrie, la civilisation chrétienne." The act of 10th March 1941 eventually only laid down that religious instruction could form an optional part of the syllabus and it insisted that this must be given *outside the school buildings* as the law had always stipulated since 1882. The second breach of the principle of *laïcité* occurred when the theoretical ban on teaching by the Catholic religious orders was lifted by the act of 3rd September 1940. Thirdly and even more important, the principle of State financial aid to Church schools was introduced, as a result of pressure from the French Church hierarchy. The provision for financial assistance was rapidly extended from scholarships and school maintenance to all educational expenditure (*see* pp. 561–562). Communes, too, were allowed to contribute. The bishops gained financial control over the distribution of subsidies, so that Church schools could be favoured at the expense of State schools.

After the Liberation, the Left dominated French politics, and the Church was discredited, together with the Right, precisely because of the support given to Vichy policies by its conservative elements (*see* p. 609). The secularists thereupon secured the abolition of all the Vichy educational legislation, apart from the act on the religious orders.

The Catholic schools were unable, however, to accept a reversion to their pre-war independence, because of the economic difficulties of the post-war period. The pro-Catholic M.R.P. therefore campaigned, at the beginning of the Fourth Republic, for recognition for Catholic schools, and for a degree of incorporation within the State system, which would make possible again provision for State subsidies. The Poinso–Chapuis decree of 1948, inspired by the M.R.P., provided, by roundabout means, for a measure of State aid to Church schools, but it was denounced by secularists; their campaign culminated in the second *États-Généraux de la France Laïque* in 1949 (*see* p. 566). The decree was eventually buried by the S.F.I.O. The Church-school issue was to play a fundamental rôle in the politics of the Fourth Republic. It was a divisive issue on the Left, since it prevented collaboration between the socialists and the M.R.P. Philip Williams has described its political impact admirably:

> This cleavage cut right across the social and political divisions, splitting the 'Fourth Force' as well as (though less deeply than) the Third, and uniting most Radicals and all Socialists with the Communists in a common hostility to the claims pressed alike by Conservatives, M.R.P. and R.P.F. This was the weapon used by the Communists in 1945 to keep Socialists and M.R.P. apart. It split the first Schuman government in 1948, led the Socialists to ally with the Radicals instead of M.R.P. in subsequent local and senatorial elections, and so provoked bitterness which gravely weakened the majority up to the 1951 election. It was by exploiting the Church schools question in the new Parliament that the R.P.F. alienated the Socialists from their former partners and finally broke the old majority.
>
> *Crisis and Compromise*, 3rd ed. (Longmans, 1964), p. 29

The new, more right-wing majority of 1951, reflecting the rightward shift in French politics which had taken place since the beginning of the Cold War, favoured Church-school subsidies and passed the *loi Marie* and the *loi Barangé*, providing, respectively, for State scholarships for qualified pupils at Church schools, and quasi-direct State financial aid to Church schools (*see* pp. 567–568). The aid was granted direct to the local authority in the case of State schools, but in the case of Church schools was handed over to parents' associations. Statistics showed that 19% of all children up to 16 were in Catholic schools in 1953. But while numbers in Catholic primary schools remained constant, attendance at Catholic secondary schools was on the decline (cf. p. 517).

With the coming of the Fifth Republic, Gaullism attempted a new compromise on the Church-school issue, through the *loi Debré* of 1959, which revived the original post-war scheme of the M.R.P. for a degree of incorporation within the State system, involving some State control over Church schools, in exchange for financial aid. Varying degrees of association with the State are provided for by different types of contract, the closer form being the *contrat d'association* and the looser form the *contrat simple* (*see* pp. 575–577).

Secularist passions were once again roused, and the new State assistance to Church schools was attacked in 1960 both by the political Left and the secularists of the *Comité National d'Action Laïque* (C.N.A.L.). A joint petition demanding the abrogation of the *loi Debré* obtained over ten million signatures. It ran:

> Nous soussignés, Françaises et Français de toutes origines et de toutes opinions,

PROTESTONS SOLENNELLEMENT contre la loi scolaire du 31 décembre 1959 qui détruit un équilibre de sagesse et une œuvre de concorde nationale, loi qui est contraire aux principes fondamentaux de la République Française et à l'évolution historique de la nation.

PROTESTONS SOLENNELLEMENT contre cette loi qui apportera fatalement, si elle est appliquée, la division dans chaque commune alors qu'existe une école publique nationale et laïque accueillante à tous les enfants, respectueuse de toutes les croyances.

PROTESTONS SOLENNELLEMENT contre cette loi antirépublicaine qui va imposer aux contribuables, au seul profit des écoles privées et confessionnelles, un effort supplémentaire de près de 100 milliards de francs anciens par an.

Nous soussignés, Françaises et Français de toutes origines et de toutes opinions,

RÉCLAMONS l'abrogation de cette loi de division et DEMANDONS que l'effort scolaire de la Nation soit totalement réservé au développement et à la modernisation de l'École de la Nation, espoir de notre jeunesse.

Later, at the Radical party congress of 1961, M. René Billères voiced typical left-wing complaints about the manner in which the act had been applied:

Je reproche... à ce régime d'avoir fait voter la loi d'aide à l'enseignement privé, d'avoir ainsi menacé gravement la cohésion nationale que, précisément, il entend symboliser dans ce pays, d'avoir détruit un équilibre qui avait fait ses preuves et qu'il est incapable de remplacer... car vous avez pu observer que la loi sur l'aide à l'enseignement privé a fait des dupes. Le contrôle que l'on nous avait promis en échange des subventions, ce contrôle a complètement disparu dans l'application...

Bulletin d'information radical–socialiste, N° 26
(octobre-novembre 1961), p. 69

The parties of the left-wing opposition were still vocal in their opposition to the *loi Debré* at the time of the 1962 elections; since then, however, there has been a movement of moderate public opinion towards acceptance of the new compromise, even though the out-and-out secularists of the C.N.A.L. remain as hostile as ever. By 1966, 62% of Frenchmen were in favour of State aid to Church schools, according to the public opinion poll. And in November 1969, the French bishops declared that State education now merited "l'estime des catholiques et de leurs pasteurs". Up to this time, the future had remained uncertain, since the contracts between the State and the Catholic schools were not permanent, and the *loi Debré* had only been renewed temporarily in 1968 and 1969. In December 1970, however, it was announced by the government that the *contrats simples* for primary schools were to be made permanent and those for secondary schools renewed for a further nine years.[1] Further conflict now seemed unlikely: the old passions seemed to have become muted.

The economic and social problems of education

The men of the French Revolution believed that it was part of the duty of

[1] See *Le Monde* (18 décembre 1970), and also issues for 11th, 17th and 19th December 1970.

18

the State to provide all its citizens with a common education: "Il sera créé et organisé", the 1791 Constitution solemnly affirmed, "une *Instruction publique commune à tous les citoyens*". Condorcet, the outstanding educational reformer of the Revolution, went so far as to call for education to the limit of each child's ability (*see* p. 539); he proposed in 1792 that the new State education, while not compulsory, should at any rate be open to all and free of charge. Neither of these proposals of the French Revolution received more than the most tentative application at the time when it was made.

However, the 1791 Constitution did lay down that State education was to be free "à l'égard des parties d'enseignement indispensables à tous les hommes" — that is, that the State owed, at any rate, a *minimum* of free education to all its citizens. This more limited ideal (cf. pp. 542–543) continued to inspire educational reformers until well into the twentieth century. In 1962, Louis Cros wrote:

> Que chacun sache lire, écrire et compter paraissait jadis l'idéal de l'éducation populaire. Il fallait, alors, de bonne heure, gagner sa vie. Le loisir de s'instruire manquait, pour la plupart des hommes, dans la jeunesse comme dans l'âge adulte. L'ambition des réformateurs sociaux était d'étendre à tous les enfants l'instruction primaire. Elle était aussi d'établir, pour l'accès aux hautes études, l'égalité des droits et des chances. Mais devant des emplois intellectuels en nombre limité, même les esprits les plus généreux n'envisageaient guère d'accroître la proportion des enfants qui prolongeaient leurs études, par crainte d'en faire des chômeurs ou des déclassés.
>
> L. CROS, *L'Explosion scolaire* (S.E.V.P.E.N., 1962), pp. 41–42

The French system of education, when it was given permanent shape by Napoleon at the end of the revolutionary period, still had a long way to go, however, before it conformed even to this limited ideal. Primary education continued to languish in the hands of the Church; and at this level, only the very poorest could escape the paying of school fees (*la rétribution scolaire*). However, six thousand scholarships were made available for secondary education at the new State *lycées*. Of course, Napoleon's aim in creating scholarships was not so much to promote secondary education as to train servants of the State. And the social inequalities which were to remain inherent in the system soon began to make themselves apparent. The internal structure of the system was henceforward based on a division into three levels:

(1) primary education (*le degré primaire*)
(2) secondary education (*le degré secondaire*)
(3) higher education (*le degré supérieur*)

Condorcet had originally intended the three stages in the system to form steps in a ladder, up which children could progress by a process of educational selection:

> Les enfants qui auront annoncé le plus de talents dans un degré seront appelés à en parcourir le degré supérieur.

But, during the course of the nineteenth century, the three levels developed into two separate systems. A social gulf arose between the primary level, within which the *peuple* and the working class were confined, and the relatively costly secondary and higher levels, which became a preserve of the bourgeoisie (*see* pp. 542–543, p. 375 and pp. 385–386).

Because of the desire among the bourgeoisie to "se séparer du peuple" they felt that the education of their children must at all costs be kept separate from that of the *peuple* and the working class. The children of the bourgeoisie, therefore, instead of attending State primary schools, where they might have come in contact with children from other social groups, attended elementary classes in *lycées* and *collèges*,[1] then often went on, within these same institutions, to special classes, in which they were crammed for the entrance examinations of the *Grandes Écoles*.[2]

The single system with a common ladder thus developed into a dual system with *separate* ladders for the working class and the bourgeoisie. In this way it became extremely difficult for the working-class child to graduate from the primary level to the secondary and higher levels.

The working class ladder came to consist solely of primary and post-primary education. The first measures to evolve forms of post-primary education for the working class were taken by Guizot as early as 1833 (*see* p. 543). These measures were, however, none too successful, and it was not until after 1880 that the *écoles primaires supérieures* and the *cours complémentaires*, as they were called, became firmly established.

All educational reform in France, from 1833 to the present day, has taken place within the dual framework just described, in which upward progress from step to step on a single ladder has been the theory, parallel progress for the bourgeoisie and the working class on separate ladders the practice.

The political impetus for the democratisation of State education has come from the leaders of the Left in each period, whose fidelity to the educational principles of the French Revolution has led them to seek fuller implementation of these principles. Opposition has tended to come from the bourgeoisie, as defenders of the social exclusiveness of the *lycée* and its predominantly classical education, and from the Church, on behalf of its rival claim to educate the French people.

The periods of most far-reaching reform have, on the whole, been those of left-wing domination of French politics: the early 1880s, the period of the Popular Front, and the immediate post-war period. Educational reform has, however, also come from politicians closer to the centre politically, notably Guizot, and, in the twentieth century, the Radicals and Gaullists.

Educational reform, from the early nineteenth century until the Second World War, was, as has been suggested, directed at the implementation of the ideal of a *minimum* of free education for *all* citizens, first laid down in the Constitution of 1791.

Thus, free education was introduced when fee-paying at primary level was abolished, by Ferry, in 1881 (*see* p. 549); free education at the secondary level was introduced in 1929–33.

A degree of compulsion, not envisaged by the French Revolution, was

[1] The *lycées* were secondary grammar schools in the State sector, the *collèges* either Catholic secondary schools and therefore private, or State-controlled *collèges municipaux*.

[2] The specialised élite schools for higher education in Paris (e.g. the *École Polytechnique*).

introduced by the Guizot education act of 1833, which imposed on all communes the duty of setting up primary schools and on the larger ones that of setting up an *école primaire supérieure* (articles 9 and 10, *see* p. 544). Primary education was made compulsory for all in 1882 (*see* p. 551). The school-leaving age was at that time fixed at thirteen, and raised to fourteen in 1936 by Jean Zay, Léon Blum's Radical education minister.

A first attempt was also made, at the time of the Popular Front, to break down the social division between the primary level and the rest of the educational system, so as to restore its unity: this was partly the result of the efforts of the so-called *École Unique* movement. A common first year was introduced experimentally into fifty secondary and post-primary schools in 1937, to be followed by a broadly similar syllabus for the first four years of secondary education. Selection for different types of secondary education could thus be carried out according to ability and aptitude, and transfer from one type of secondary school to another made easy. This was a first approach to the comprehensive principle.

Finally, the study of Latin, which had been a fundamental feature of the bourgeois world of nineteenth-century secondary education (*see* p. 558), was made optional in *lycées* in 1902, as part of the general modernisation of secondary syllabuses undertaken in the 1902 reform. Options in *lycée* courses remained as follows throughout the first half of the twentieth century:

(A)   Latin — Greek
(B)   Latin — Modern Languages
(C)   Latin — Science
(D)   Science — Modern Languages.

The struggle of reformers against the predominance of Latin in French secondary education continued right down to the 1960s.

It was only with the upsurge of social idealism that took place during and just after the Second World War that reform took the full measure of the proposals that Condorcet had made a hundred and fifty years earlier. After the attempt by Vichy to put the clock back in education, the Langevin–Wallon commission, set up by the government in 1944, attempted, in its report of 1947, to define ways of moving forward towards the full realisation of the educational principles of the French Revolution. Its recommendations (*see* page 564 ff.) included these:

(1)   Fee paying should be abolished, up to and including university level.
(2)   The school-leaving age should be raised to eighteen.
(3)   Selection for secondary education on merit alone should be achieved through the system of the *tronc commun*.

The *tronc commun* was a development of the 1937 experiment of a common syllabus in the first years of secondary education.

The *tronc commun*, as proposed in 1947, envisaged common syllabuses *at the primary level* (from the age of 6 to 11 years) and, as far as possible, also at the secondary level, from the age of 11 to 15. These common syllabuses would allow observation and comparison of children's aptitudes and abilities during the second phase, from 11 to 15, when special abilities become apparent; this would permit selection on merit for various specialised forms of education from the age of 15 to 18.

The objective of the common syllabuses from 11 to 15 was to break down social barriers between traditional post-primary and secondary education, make transfer from one to the other easier, and so ultimately realise the pre-war ideal of *l'école unique*, a single comprehensive school system for all children from the age of 11 to 15, irrespective of social origins. Suggestions were also made by the commission regarding syllabus innovations.

The Langevin-Wallon plan thus implied a departure from the accepted system of a minimum of education for all Frenchmen, and social segregation, and adherence to the more radical ideal of a maximum of education on a common basis for all Frenchmen, as laid down by Condorcet.

In post-war France, this more radical ideal has become widely accepted among educational reformers. Louis Cros, closely associated with the reforms of the 1950s, wrote in 1961:

> Pour la première fois dans l'histoire, *les aspirations idéalistes et les nécessités pratiques en matière d'enseignement ont cessé de se contredire* En France et dans tous les pays d'ancienne civilisation, les exigences de la prospérité et de l'équilibre économiques s'ajoutent maintenant aux raisons de justice et d'égalité sociales pour rendre nécessaire, en même temps que désirable, l'instruction la plus développée possible pour le plus grand nombre possible d'enfants.
>
> *Op. cit.*, pp. 43–44

A number of reforming ministers of education attempted, like the Radical M. René Billères, to move towards the ideals of the Langevin-Wallon plan But, as in earlier periods, political vicissitudes, the rigidity of the centralised administrative structure, and powerful resistance from conservative social forces made progress slow.

After a number of false starts, M. Berthoin in 1959 introduced an educational reform which went some way towards implementing the principles of the Langevin-Wallon plan (*see* pp. 568–574).

The school-leaving age was raised to 16, though this was not to come into effect until 1967.

The system of the two-year *cycle d'observation*, or guidance phase, from the age of 11 to 13, was also a step in the direction of the *tronc commun*. It allowed for a common syllabus for the first term, at any rate, of the second phase (article 9, *see* p. 573), and for two years of observation of children's aptitudes, together with guidance as to the type of course to be taken from the age of 13. The *cycle d'observation* did not, in any sense, amount to an integration of secondary education within a comprehensive system, since the classes of the *cycle d'observation* were to remain part and parcel of their respective schools (article 7) and so would retain the character of the *lycée*, technical *lycée*, etc., in which they were held.

The restriction of the *tronc commun* to one term was the result of pressure from the defenders of the élite *lycée* education with its classical traditions; the teaching of Latin, they argued, could not be delayed for more than one term. The *tronc commun*, they feared, would destroy the *lycées*.

Progressives, on the other hand, would have preferred the extension of a common syllabus to cover the full two years of the *cycle d'observation*.

The *cycle d'observation*, it should be noted, was not extended to cover all French children: only 63·8% were selected in 1964–65, the rest still being accommodated in *classes terminales*, of a post-primary type, until they reached the school-leaving age of 14.

The system of the *cycle d'observation* was extended in 1962–63 to four years. At the same time a real start was made with comprehensive education for 11 to 15 year olds in the *collèges d'enseignement secondaire* (C.E.S.). In these schools, the teaching on the classical side and in the 'A' stream of the modern side was carried out by teachers of the *lycée* type, and in the 'B' stream of the modern side by post-primary teachers.

All educational developments since 1959 have, of course, been overshadowed by the tremendous post-war expansion in the school population. This was due, in the first place, to the demographic factor: in the 1960s 800,000 babies were being born each year.

More important, however, was the increasing demand for education at all levels from an ever wider section of society: popular pressure was in this respect matching and outpacing the desire of educationalists to "democratise" education by the expansion of secondary and higher education and the reduction of social segregation. Thus the school population had already risen from 6·3 million at the end of the war to 9·5 million by 1960. The increases were becoming particularly dramatic in secondary and higher education. The number of pupils in secondary schools had risen from 776,000 in 1949 to 2·3 million in 1960; student numbers rose from 137,000 in 1949 to 184,000 in 1960.

In the 1960s the figures rose much higher still: student numbers more than doubled to reach 453,000 by 1967 (*see* p. 517).

Difficulties arose in 1967 over the implementation of the raising of the school-leaving age to 16. Lack of resources and, opposition spokesmen in Parliament claimed, absence of due preparation, led to compromise measures, whereby many school-leavers were directed into an extended day-release scheme: twelve hours a week were to be spent in school and 28 hours a week at work.

Throughout the 1960s, shortage of teachers at all levels, and intolerable physical pressure on school and university buildings, had led to protests and demonstrations. At the university level, attempts were made to relieve pressure of numbers by the extension of old universities and the creation of new ones at Reims, Amiens, Rouen, Nantes, Nice and Orléans-Tours.

May 1968 showed, however, that changes were in the air that were more than purely quantitative. In the context of a threatened physical breakdown of the system under sheer weight of numbers, demands for revolutionary changes in the educational system burst into the open in universities, and spread instantaneously to the schools. The university revolt of 1968 was in the first place an unexpected consequence of the demographic rejuvenation of French society that the pundits had been prophesying for some years, an uncomfortable symptom of the escape of French society from its old sclerosis.

The students in 1968, of course, felt immediate anxieties (*see* pp. 460–461) about their economic future: and many questioned the revelance to contemporary society of outdated courses and teaching methods. At a deeper level, however, they felt that their education ought no longer to be geared, however inadequately, to the demands of the economy, as the 1959 reforms and subsequent government measures had assumed it ought to be (*see* pp. 569–570). Many rejected the idea that university education ought to be merely a training in specific skills that could be of use in adding to the material wealth of a community whose objectives they felt they played no part in determining. They began to look for a social structure in which the development of the economy should be planned in the light of their needs, and not vice versa. The hopes of the governments of the Fifth Republic that the needs of the economy could be harmonised with the educational needs of individual pupils and students had not materialised.

Louis Cros now wrote:

> La production des biens matériels n'occupe de plus en plus dans les pays développés qu'une faible part de la population active (6%, pour la production agricole, aux États-Unis). Par là et à l'inverse d'autrefois, l'élévation du niveau mental et moral de la société tout entière peut devenir la fin prioritaire de son système éducatif, les préparations spécialisées aux tâches économiques lui devenant subordonnées. Ce n'est donc plus l'éducation qui doit être conçue et structurée pour répondre aux besoins de l'économie et de la production, mais au contraire l'économie qui doit l'être de manière à répondre aux besoins de l'éducation et de l'homme. Ce sentiment est sous-jacent à beaucoup de revendications d'étudiants.
>
> 'L'explosion', *L'Éducation nationale* (16 mai 1968), p. 12

The most common demands of students (and university teachers) were best summarised in a document produced by a broad staff-student study-group called the *commission inter-disciplines* (*see* pp. 577–578).

For the first time, there was a direct onslaught on the heart of the Napoleonic system — centralisation — now seen as an intolerable obstacle to reform (*see* p. 578). There was, in fact, a call for *University autonomy*, that is, independence from the State.

The notion that the university existed not simply to service society's needs according to pre-existing economic criteria, but to perform a critical function, also emerged clearly. So did the demand for freedom of political debate for students on university premises; such debate was banned, in accordance with the old Napoleonic conception of the university as an instrument of the State. Then, finally, came the demand that students should play a part in the self-government of the university, which should itself in turn be freed from what was seen as the bureaucratic straitjacket of State control. In its most extreme revolutionary form, this latter demand was expressed in terms reminiscent of the anarcho-syndicalism of the early twentieth-century working class (*see* pp. 461–462 and cf. pp. 446–448).

The political crisis of May 1968 precipitated a change of government and a leftward shift in Gaullism. General de Gaulle appointed Edgar Faure as his new minister of education, and educational reforms of revolutionary scope were announced by M. Faure in his speech to Parliament on 24th July. These included not merely the provision of new university buildings and new teaching posts to relieve material pressures, but also: a new education act, to reform educational structures and allow both dons and students, school-children and parents, a greater say in educational decision-making; examination reform; the introduction of less authoritarian teaching methods in schools and universities; and another attempt to extend the *tronc commun* in secondary education from the age of 11 to 13, which involved delaying the start of Latin for two years. M. Faure refused, however, to countenance any process of university selection (*see* pp. 579–587).

The promised *loi d'orientation* appeared in the autumn of 1968, and was passed unanimously on 7th November (*see* pp. 587–592). It provided for new *unités d'enseignement et de recherche* (U.E.R.), i.e. departments, to replace the existing faculties (article 3); inter-disciplinary universities (article 6); freedom to determine teaching and examining methods (articles 19–20); university autonomy via staff-student self-government (articles 11–13); financial autonomy (articles 26–29), and freedom of political discussion within the universities (article 36). The new act represented a fundamental departure from Napoleonic centralisation.

With regard to the schools, study-groups were set up: the first group proposed, at the end of August, that a new *conseil d'administration* or board should be set up in each secondary school to include considerable representation for parents, teachers and pupils. A decree, published on November 9th, put this proposal into effect. Representation was to be in the following proportions: administration — one sixth; staff — one third; parents — one sixth; the older pupils — one sixth; others with an interest in the school — one sixth.

It was not to be expected that French society could absorb such far-reaching changes easily. Much of the opposition to the new measures was simply due to social inertia. Some, however, was political. Revolutionary students and pupils saw any reforms short of a complete and immediate re-casting of French education on anarchist lines as a betrayal of May; many such students regarded the Gaullist reforms as mere window-dressing, and were intent on boycotting the new provisions for participation, and using their consequent failure to operate as a pretext for further revolutionary political agitation. But the university reforms went ahead. At the time of the March 1969 elections to the temporary governing bodies of the U.E.R., or departments, the revolutionary *gauchistes* were still intent on boycotting or disrupting the *loi d'orientation*, as part of their programme of destroying the 'bourgeois' university. They did not succeed, however, in preventing the new governing bodies being set up, and began to pin their revolutionary hopes on other techniques. At Nanterre, Toulouse and elsewhere, they disrupted the lectures of supposed reactionary teachers, daubed slogans on walls, and provoked police intervention, which led to anguished university debate about the limits of *les franchises universitaires*, or the university's right to keep order in its own house. They also sought to use the universities as "red" bases for attacks on other areas of society.

The violence of the revolutionaries, particularly the Maoists (*see* p. 252). continued to irritate the Right and feed extreme right-wing agitation (*see* p. 340). The *loi d'orientation* was now being defended by the government — bound by the logic of circumstances to continue the university reform work set in train in 1968, in spite of its abandonment of any far-reaching plans to reform the rest of French society — by left-wing Gaullists, by the communists turned champions of reformism and law and order, as well as by university reformers. The act was being denounced by an unholy alliance of the revolutionary *gauchistes*, right-wing Gaullists, the Right and university conservatives.

At the end of 1970, however, the elections to the permanent governing bodies of the U.E.R. passed off quietly. The university teachers were now in a position to use the new departmental autonomy they had gained from the *loi d'orientation* to pursue, in conjunction with the small but devoted band of reformist students, the reforms in syllabus and teaching methods they had already set in motion. These reforms included cutting down the number of formal lectures and increasing the number of seminars, and the introduction of continuous assessment. This latter system was most fully developed at the "experimental" university of Vincennes, where degrees could be obtained entirely on the basis of thirty *unités de valeur*, or course credits, given on the result of the continuous assessment of the courses, without formal examination. At Vincennes, too, an attempt was being made to attract mature students and other "second chance" students, by allowing admission without the *baccalauréat*; the mature students at work could attend evening classes, but often found they had to drop out (*see Le Monde* (26 juin 1970)).

The grouping of the 600 U.E.R., including some units specialising in research or in particular areas of study, into universities was complete by the summer of 1970, and was followed by the election of the university councils, and, at the beginning of 1971, by the election of the national university council (*see* M. Duverger, 'Des Universités de papier', *Le Monde* (3 juillet 1970) and also F. Gaussen, 'L'Université, de l'ancien régime au nouveau', *Le Monde* (8, 9, 10, 11 décembre 1970) — useful on all aspects of the situation — and *Le Monde* (29 janvier 1971)). Apart from various specialised institutes, 43 universities had been set up in the provinces and 13 in Paris. Total student numbers in the universities were estimated at 680,000 in 1970–71. Academic conservatism had resulted in many being less inter-disciplinary than the *loi d'orientation* had intended, and U.E.R. combined according to academic (or ideological) affinities. The worst difficulties arose in Paris, where the problem was exacerbated by the need to divide up the old Sorbonne in a hurry before reform became impossible, and the shortage of new buildings and funds, which led to protests from leading academics (*see Le Monde* (22–23 mars; 24 juin; 31 juillet; 7 août 1970)).

Meanwhile, in the schools, it was once again in democratic organisation, through the new school boards, that the greatest progress had been made since 1968. Where the boards were not being over-ridden by the head, their powers over discipline, curriculum and the school budget (*see Le Monde* (10–11 novembre 1968)) gave them greater influence over the school than British boards of governors have. But however favourable their views in theory, heads, teachers and the teachers' unions remained hostile in practice.[1] In the classroom, the pre-1968 unchallenged monologue of the teacher had gone, and while traditionalists bemoaned the collapse of old-style discipline, the rowdiness in class (*le chahut*), the truancy, and the political agitation occurring in Paris *lycées*, there were positive signs too: the new relationship between pupils and the younger, more pregressive, or simply professionally competent teachers was often fruitful in new ways. The pace of basic curriculum reform, however, was very sluggish. The conservatism of the secondary teachers came out in the universal chorus of protest that greeted the government's decision, in November 1969, to allow pupils to concentrate on one language from the third form, as an alternative to taking two.[2] The new scheme at last outlined in a ministerial circular on 30th July 1970 (*see Le Monde* (1er août 1970)), provided for four basic subjects: French, maths, the first modern language, and, in some cases, technology, plus as options: Latin, Greek, a second modern language, or more work on the first. Clearly, a more flexible secondary curriculum was still a long way off.

---

[1] *See* 'France re-thinks', *Education* (28 November 1969).
[2] *See* P. Dehem, 'Qui veut changer les lycées?', *Esprit* (avril 1970), pp. 816–827.

BIBLIOGRAPHY

J. ARDAGH: *The New France* (Penguin Books, 1970). Lively introduction. Includes post-1968 material.

R. BRECHON: *La fin des lycées* (Grasset, 1970).

'1968–1969: essai de bilan', *Cahiers Pédagogiques*, 25ᵉ année, n° 84 (octobre 1969).

'1968–1969: témoignage d'un proviseur', *Cahiers Pédagogiques*, 25ᵉ année, n° 85 (novembre 1969).

J. DE CHALENDAR: *Une loi pour l'université. Avec le manuscrit inédit d'Edgar Faure* (Desclée de Brouwer, 1970). Basic.

L. CROS: *L'explosion scolaire* (S.E.V.P.E.N., 1962).

De l'Université aux universités, Cahiers des universités françaises, n° 1 (Colin, 1971). Gives full text of the *loi d'orientation*, all speeches of Edgar Faure, and all the ministerial decrees, orders and circulars on French education from 1968 up to the end of 1970.

L'Éducation nationale (now called *L'Éducation*).

EPISTÉMON: *Ces idées qui ont ébranlé la France* (*Nanterre, novembre 1967-juin 1968*) (Fayard, 1968).

Esprit, special number on "Mai 1968" (juin-juillet 1968).

E. FAURE: *L'éducation nationale et la participation* (Plon, 1968).

E. FAURE: *Philosophie d'une réforme* (Plon, 1969).

C. FOURRIER: *Les institutions universitaires* (P.U.F., 1971) 'Que sais-je?' The post-1968 legal structure.

J. FRANCESCHI: *Les groupes de pression dans la défense de l'enseignement public* (Librairies Techniques, 1964). On the secularists.

W. R. FRASER: *Education and society in Modern France* (Routledge, 1963).

W. R. FRASER: *Reforms and restraints in French education* (Routledge, 1971).

W. D. HALLS: *Society, schools and progress in France* (Pergamon Press, 1965). Useful general account.

L'insurrection étudiante 2–13 mai 1968. Ensemble critique et documentaire (Union Générale d'Éditions, 1968). Texts.

J. LEIF and G. RUSTIN: *Histoire des institutions scolaires* (Delagrave, 1954).

A. LÉON: *Histoire de l'enseignement en France* (P.U.F., 1967); "Que sais-je?"

V. MALLINSON: 'Church and state in French education', in G. Z. F. BEREDAY and J. A. LAUWERYS, ed., *World Year Book of Education 1966: Church and state in education* (Evans, 1966), pp. 67–77.

B. MÉGRINE: *La Question scolaire en France* (P.U.F., 1960), "Que sais-je?" On the Church school question.

Le Mouvement Social, special number on "La Sorbonne par elle-même, mai-juin 1968" (juillet-septembre 1968). Texts.

M. OZOUF: *L'École, l'église et la République 1871–1914* (Colin, 1963), "Kiosque" series.

F. PONTEIL: *Histoire de l'enseignement en France, 1789–1965* (Sirey, 1965). Basic.

A. PROST: *L'Enseignement en France 1800–1967* (Colin, 1968), Collection 'U'.

A. SCHNAPP and P. VIDAL-NAQUET: *Journal de la Commune Étudiante. Textes et Documents* (Seuil, 1969). Basic source. On May 1968.

Tableaux de l'Éducation Nationale. Statistiques rétrospectives 1958–1968 (Ministère de l'Éducation Nationale, Service Central des Statistiques et de la Conjoncture, 1969).

R. VETTIER et al.: *L'École publique française*, 2 vols. (Rombaldi, n.d. [1952]), in *Encyclopédie Générale de l'Éducation Française*.

G. WEILL: *Histoire de l'enseignement secondaire en France (1802–1920)* (Payot, 1921).

GLOSSARY

l'abrogation
l'allocation scolaire
allouer, to make an allowance.
l'apostolat
l'apprentissage
l'arbitraire
l'arrêté
artisanal
l'aumônier, chaplain.
l'autogestion, self-management, workers' control.
le bachelier
le bachotage
le barème
les belles-lettres
le bilan
la bourse (= *bourse d'études*)
le boursier
le brevet de capacité
le bricolage, pottering.
les cadres, those placed in the upper and middle ranks of a military, political or business organisation, i.e. above the rank and file, and thus enjoying, to varying degrees, a managerial rôle. Subdivided into *cadres supérieurs*, *cadres moyens* and *cadres subalternes*.
la caisse
le certificat d'études primaires
la chaire
le chef-lieu de département
le chercheur
la classe d'accueil, reception class.
la classe de fin d'études, top class.
la cogestion, worker's participation in management, or students' and pupils' participation in running educational establishments
la collation des grades
la collectivité
le collège: see p. 257, note 1.
le collège électoral, all those entitled to vote in an election, sometimes so called to distinguish them from the whole population when some of the population are excluded from the voting.
la colonie de vacances
le comptable
confessionnel

la congrégation (enseignante)
le Conseil d'État, administrative tribunal which also gives a preliminary opinion on certain government decrees and parliamentary bills.
le conseil municipal
le conseil d'orientation
le Conseil Supérieur de l'Instruction Publique
la contestation, critical opposition, challenging.
passer un contrat
le contrôle (des connaissances)
le corps enseignant
la cotisation
la Cour des comptes
le cours ex-professo, authoritative, expert lecture.
le cours magistral, formal lecture.
le cycle d'observation, observation phase.
le cycle terminal, school-leaving phase.
décloisonner, to break down barriers round . . .
le découvert, deficit.
rendre un décret
le degré, (educational) level.
le déicide
dans le délai de...
le délégué cantonal
déléguer à
la dérogation
le diplôme
le directeur, la directrice d'un établissement
la dispense de stage
la disposition, provision of an act.
l'école libre
l'école manuelle d'apprentissage
l'école maternelle
l'école normale
l'école primaire
l'école publique
l'école secondaire (communale)
les Grandes Écoles
la petite école, primary school (up to early 19th cent.).
l'éducation permanente, adult education.
les effectifs scolaires, school population.
l'enseignant
l'enseignement court
l'enseignement primaire
l'enseignement secondaire
l'enseignement supérieur, higher education.
entrer en application
l'Évangile
la formation religieuse
les fournitures de cantine
gérer
la gestion
être gradué par, to be a graduate of (19th cent.).

le Grand-maître, head of *l'Université*.
gratuit
homologuer, to confirm officially.
inscrire
l'instance
l'instituteur, primary school teacher.
l'instruction primaire élémentaire, primary education.
l'instruction primaire supérieure, post-primary education.
l'instruction religieuse
l'investissement
le laïcisme, militantly anti-religious secularism.
laïque or *laïc*, secular, or neutral as between religious sects.
le libre penseur
la licence
le lycée, secondary grammar school in the State sector (*see* p. 527, note 1).
le machinisme
le maître-assistant, university teaching grade below that of *maître de conférences*.
maître de conférences, university teaching grade below that of *professeur*.
la majoration
à la majorité des deux tiers
mandater à
le ministre du culte
le Ministre de l'Instruction Publique, Minister of Education (to 1932).
le Ministre de l'Éducation Nationale, Minister of Education (from 1933).
minoritaire, in a minority
le montant
le naturalisme
nommer
le noviciat
l'obligation scolaire, compulsory school attendance.
l'octroi
l'Ordinaire
l'orientation (professionnelle) (scolaire)
le paganisme
le panachage, in a voting system where each party presents lists, crossing off by the voter of names on one list and replacing them by others.
la passation d'un contrat
la passerelle de dérivation (figurative), educational alternative.
la pension
le pensionnat
percevoir
pluridisciplinaire, multi-disciplinary.
le potache
le prélèvement
la prestation
par procuration
à faible profit
le programme
la promulgation
la propagande
la prospection, prospecting (for markets, customers etc.).
le rattrapage, catching-up (with school-work, etc.).

le récépissé
la recherche
le reclassement
le recours contentieux
le recouvrement
le recteur
relever de
le rendement
la rentabilité
ressortissant de
la rétribution scolaire, school fees.
la revalorisation, revaluation (upward).
la revendication, (material) demand.
révocable
révoquer
la scolarité (obligatoire), (compulsory) school attendance.
la prolongation de la scolarité, raising of the school-leaving age.
le certificat de scolarité: see above.
le scrutin de liste à un tour, single ballot voting system with lists of candidates.
la sécularisation
le séminaire
les sévices
la soutenance d'une thèse
le subside
la subvention
le suppléant
la surenchère
le surveillant
la taxe à la production
le Trésor public
le tribunal d'appel, court of appeal.
trimestriel
le tronc commun: see pp. 528–529.
l'unité d'enseignement et de recherche, department in university, etc. (since 1968).
vaquer

Offrir à tous les individus de l'espèce humaine les moyens de pourvoir à leurs besoins, d'assurer leur bien-être, de connaître et d'exercer leurs droits, d'entendre et de remplir leurs devoirs;

Assurer, à chacun d'eux, la facilité de perfectionner son industrie, de se rendre capable des fonctions sociales, auxquelles il a droit d'être appelé, de développer toute l'étendue de talents qu'il a reçus de la nature; et par là établir, entre les citoyens, une égalité de fait, et rendre réelle l'égalité politique reconnue par la loi.

Tel doit être le premier but d'une instruction nationale; et, sous ce point de vue, elle est, pour la puissance publique, un devoir de justice.

[M.J.A.N. CARITAT DE] CONDORCET: *Rapport et projet de décret sur l'organisation générale de l'instruction publique* (Imprimerie nationale, 1792), pp. 1–2

THE NAPOLEONIC ORGANISATION OF *L'UNIVERSITÉ*

1. The education act of 11 floréal, an X (1802).

TITRE PREMIER

DIVISION DE L'INSTRUCTION

Article premier. L'instruction sera donnée,

1° Dans les écoles primaires établies par les communes;

2° Dans les écoles secondaires établies par des communes ou tenues par des maîtres particuliers;

3° Dans des lycées et des écoles spéciales entretenues aux frais du trésor public.

TITRE IV

DES LYCÉES

Art. 9. Il sera établi des lycées pour l'enseignement des lettres et des sciences. Il y aura un lycée, au moins, par arrondissement de chaque tribunal d'appel.

Art. 10. On enseignera dans les lycées les langues anciennes, la rhétorique, la logique, la morale, et les éléments des sciences mathématiques et physiques.

Art. 12. L'instruction y sera donnée,
A des élèves que le Gouvernement y placera;
Aux élèves des écoles secondaires qui y seront admis par un concours;
A des élèves que les parents pourront y mettre en pension;
A des élèves externes.

Bulletin des lois de la République Française, 3ᵉ série
(De l'Imprimerie de la République, an XI), VI,
pp. 217–219

2. The act of 10th May 1806.

Article premier. Il sera formé, sous le nom d'*Université impériale*, un corps chargé exclusivement de l'enseignement et l'éducation publics dans tout l'Empire.

3. The decree of 17th March 1808.

TITRE Iᵉʳ — ORGANISATION GÉNÉRALE DE L'UNIVERSITÉ

Article premier. L'enseignement public, dans tout l'Empire, est confié exclusivement à l'Université.

Art. 2. Aucune école, aucun établissement quelconque d'instruction ne peut être formé hors de l'Université impériale, et sans l'autorisation de son chef.

Art. 3. Nul ne peut ouvrir d'école, ni enseigner publiquement, sans être membre de l'Université impériale, et gradué par l'une de ses facultés. Néanmoins, l'instruction dans les séminaires dépend des archevêques et évêques, chacun dans son diocèse. Ils en nomment et révoquent les directeurs et professeurs. Ils sont seulement tenus de se conformer aux règlements pour les séminaires, par nous approuvés.

Art. 5. Les écoles appartenant à chaque académie, seront placées dans l'ordre suivant:

1° Les facultés, pour les sciences approfondies, et la collation des grades;

2° Les lycées, pour les langues anciennes, l'histoire, la rhétorique, la logique et les éléments des sciences mathématiques et physiques;

3° Les collèges, écoles secondaires communales, pour les éléments des langues anciennes et les premiers principes de l'histoire et des sciences;

4° Les institutions, écoles tenues par des instituteurs particuliers, où l'enseignement se rapproche de celui des collèges;

5° Les pensions, pensionnats, appartenant à des maîtres particuliers, consacrés à des études moins fortes que celles des institutions;

6° Les petites écoles, écoles primaires, où l'on apprend à lire, à écrire, et les premières notions du calcul.

TITRE II. — DE LA COMPOSITION DES FACULTÉS

Art. 6. Il y aura dans l'Université impériale cinq ordres de facultés, savoir:

1° Des facultés de théologie;

2° Des facultés de droit;

3° Des facultés de médecine;

4° Des facultés des sciences mathématiques et physiques;

5° Des facultés des lettres.

Titre III. — Des grades des Facultés, et des moyens de les obtenir

§Ier

Des Grades en général

Art. 16. Les grades dans chaque faculté seront au nombre de trois; savoir, le baccalauréat, la licence, le doctorat.

Art. 17. Les grades seront conférés par les facultés, à la suite d'examens et d'actes publics.

§ II

Des Grades de la Faculté des Lettres

Art. 19. Pour être admis à subir l'examen du baccalauréat dans la faculté des lettres, il faudra 1° être âgé au moins de seize ans, 2° répondre sur tout ce qu'on enseigne dans les hautes classes des lycées.

Art. 20. Pour subir l'examen de la licence dans la même faculté, il faudra, 1° produire ses lettres de bachelier, obtenues depuis un an, 2° composer en latin et en français sur un sujet et dans un temps donnés.

Art. 21. Le doctorat, dans la faculté des lettres, ne pourra être obtenu qu'en présentant son titre de licencié, et en soutenant deux thèses, l'une sur la rhétorique et la logique, l'autre sur la littérature ancienne: la première devra être écrite et soutenue en latin.

Titre V. — Des bases de l'Enseignement dans les Écoles de l'Université

Art. 38. Toutes les Écoles de l'Université impériale prendront pour base de leur enseignement, 1° Les préceptes de la religion catholique, 2° La fidelité à l'Empereur, à la monarchie impériale, dépositaire du bonheur des peuples, et à la dynastie Napoléonienne, conservatrice de l'unité de la France et de toutes les idées libérales proclamées par les constitutions, 3° L'obéissance aux statuts du corps enseignant, qui ont pour objet l'uniformité de l'instruction, et qui tendent à former, pour l'État, des citoyens attachés à leur religion, à leur prince, à leur patrie et à leur famille, 4° Tous les professeurs de théologie seront tenus de se conformer aux dispositions de l'édit de 1682, concernant les quatre propositions contenues en la déclaration du clergé de France de ladite année.[1]

Titre VII. — Des Fonctions et Attributions du Grand-maître de l'Université

Art. 50. L'Université impériale sera régie et gouvernée par le grand-maître qui sera nommé et révocable par nous.

Art. 51. Le grand-maître aura la nomination aux places administratives et aux chaires des collèges et des lycées; il nommera également les officiers

---

[1] On the independent authority of the civil power in temporal affairs, and the restriction of that of the Church to purely spiritual affairs.

des académies et ceux de l'Université, et il fera toutes les promotions dans le corps enseignant.

Art. 52. Il instituera les sujets qui auront obtenu les chaires des facultés, d'après des concours dont le mode sera déterminé par le conseil de l'Université.

TITRE XIII. — DES RÈGLEMENTS A DONNER AUX LYCÉES, AUX COLLÈGES, AUX INSTITUTIONS, AUX PENSIONS ET AUX ÉCOLES PRIMAIRES

Art. 106. Le grand-maître fera discuter par le conseil de l'Université, la question relative aux degrés d'instruction qui devront être attribués à chaque genre d'école, afin que l'enseignement soit distribué le plus uniformément possible dans toutes les parties de l'Empire, et pour qu'il s'établisse une émulation utile aux bonnes études.

Art. 109. Les frères des écoles chrétiennes seront brevetés et encouragés par le grand-maître, qui visera leurs statuts intérieurs, les admettra au serment, leur prescrira un habit particulier, et fera surveiller leurs écoles. Les supérieurs de ces congrégations pourront être membres de l'Université.

Bulletin des lois de l'Empire Français, 4ᵉ série
(Imprimerie Impériale, 1808), VIII, pp. 145–166

THE GUIZOT EDUCATION ACT   1833

1. Exposé des motifs.

Nous avons divisé l'instruction primaire en deux degrés, l'instruction primaire élémentaire et l'instruction primaire supérieure. Le premier degré est comme le minimum de l'instruction primaire, la limite au-dessous de laquelle elle ne doit pas descendre, la dette étroite du pays envers tous ses enfants. Ce degré d'instruction doit être commun aux campagnes et aux villes; il doit se rencontrer dans le plus humble bourg comme dans la plus grande cité, partout où il se trouve une créature humaine sur notre terre de France. Tel qu'il est constitué, vous reconnaîtrez qu'il est suffisant. Par l'enseignement de la lecture, de l'écriture et du calcul, il pourvoit aux besoins les plus essentiels de la vie; par celui du système légal des poids et mesures et de la langue française, il implante partout, accroît et répand l'esprit et l'unité de la nationalité française; enfin, par l'instruction morale et religieuse, il pourvoit déjà à un autre ordre de besoins tout aussi réels que les autres, et que la Providence a mis dans le cœur du pauvre, comme dans celui des heureux de ce monde, pour la dignité de la vie humaine et la protection de l'ordre social.

Ce premier degré d'instruction est assez étendu pour faire un homme de qui le recevra, et en même temps assez circonscrit pour pouvoir être partout réalisé. Mais de ce degré à l'instruction secondaire, qui se donne, soit dans les institutions et pensions privées, soit dans les collèges de l'État, il y a bien loin, Messieurs, et pourtant dans notre système actuel d'instruction publique il n'y a rien entre l'un et l'autre. Cette lacune a les plus grands inconvénients: elle condamne ou à rester dans les limites étroites de l'instruction élémentaire, ou à s'élancer jusqu'à l'instruction secondaire, c'est-à-dire jusqu'à un enseignement classique et scientifique extrêmement coûteux.

De là il résulte qu'une partie très nombreuse de la nation, qui, sans jouir des avantages de la fortune, n'est pas non plus réduite à une gêne trop sévère, manque entièrement des connaissances et de la culture intellectuelle et morale appropriées à sa position. Il faut absolument, Messieurs, combler cette lacune; il faut mettre une partie si considérable de nos compatriotes en état d'arriver à un certain développement intellectuel, sans leur imposer la nécessité de recourir à l'instruction secondaire si chère, et, je ne crains pas de le dire, car je parle devant des hommes d'État qui comprendront ma pensée, si chère à la fois et si périlleuse. En effet, pour quelques talents heureux que l'instruction scientifique et classique développe et arrache utilement à leur condition première, combien de médiocrités y contractent des goûts et des habitudes incompatibles avec la condition où il leur faudrait retomber, et, sorties une fois de leur sphère naturelle, ne sachant plus quelle route se frayer dans la vie, ne produisent guère que des êtres ingrats, malheureux, mécontents, à charge aux autres et à eux-mêmes?

Nous croyons rendre au pays un vrai service en établissant un degré supérieur d'instruction primaire qui, sans entrer dans l'instruction classique et scientifique proprement dite, donne pourtant à une partie nombreuse de la population une culture un peu plus relevée que celle que lui donnait jusqu'ici l'instruction primaire.

Moniteur universel (3 janvier 1833)

2. Text of act.

Titre Ier. — De l'instruction primaire et de son objet

Article premier. L'instruction primaire est élémentaire ou supérieure.

L'instruction primaire élémentaire comprend nécessairement l'instruction morale et religieuse, la lecture, l'écriture, les éléments de la langue française et du calcul, le système légal des poids et mesures. L'instruction primaire supérieure comprend nécessairement, en outre, les éléments de la géométrie et ses applications usuelles, spécialement le dessin linéaire et l'arpentage, des notions des sciences physiques et de l'histoire naturelle, applicables aux usages de la vie; le chant, les éléments de l'histoire et de la géographie, et surtout de l'histoire et de la géographie de la France. Selon les besoins et les ressources des localités, l'instruction primaire pourra recevoir les développements qui seront jugés convenables.

Art. 2. Le vœu des pères de famille sera toujours consulté et suivi en ce qui concerne la participation de leurs enfants à l'instruction religieuse.

Art. 3. L'instruction primaire est ou privée ou publique.

Titre II. — Des écoles primaires privées

Art. 4. Tout individu âgé de dix-huit ans accomplis pourra exercer la profession d'instituteur primaire et diriger tout établissement quelconque d'instruction primaire, sans autres conditions que de présenter préalablement au maire de la commune où il voudra tenir école,

1º Un brevet de capacité obtenu, après examen, selon le degré de l'école qu'il veut établir;

2º Un certificat constatant que l'impétrant est digne, par sa moralité, de se livrer à l'enseignement...

Titre III. — Des écoles primaires publiques

Art. 8. Les écoles primaires publiques sont celles qu'entretiennent, en tout ou en partie, les communes, les départements ou l'État.

Art. 9. Toute commune est tenue, soit par elle-même, soit en se réunissant à une ou plusieurs communes voisines, d'entretenir au moins une école primaire élémentaire.

Dans le cas où les circonstances locales le permettraient, le ministre de l'instruction publique pourra, après avoir entendu le conseil municipal, autoriser, à titre d'écoles communales, des écoles plus particulièrement affectées à l'un des cultes reconnus par l'État.

Art. 10. Les communes, chefs-lieux de département, et celles dont la population excède six mille âmes, devront avoir en outre une école primaire supérieure.

Art. 12. Il sera fourni à tout instituteur communal,

1º Un local convenablement disposé, tant pour lui servir d'habitation, que pour recevoir les élèves;

2º Un traitement fixe, qui ne pourra être moindre de deux cents francs pour une école primaire élémentaire, et de quatre cents francs pour une école primaire supérieure.

Titre IV. — Des autorités préposées à l'instruction primaire

Art. 17. Il y aura près de chaque école communale un comité local de surveillance composé du maire ou adjoint, président, du curé ou pasteur, et d'un ou plusieurs habitants notables désignés par le comité d'arrondissement...

Bulletin des lois du royaume de France, 9e série
(Imprimerie royale, 1834), Ière partie.
Lois. Nº 105, pp. 251–257

THE *LOI FALLOUX*   1850

Titre I

Chapitre III. — Des écoles et de l'inspection

§ I. — *Des écoles*

Article 17. La loi reconnaît deux espèces d'écoles primaires ou secondaires:

1º Les écoles fondées ou entretenues par les communes, les départements, ou l'État, et qui prennent le nom d'*écoles publiques.*

2º Les écoles fondées et entretenues par des particuliers ou des associations, et qui prennent le nom d'*écoles libres.*

Art. 18. L'inspection des établissements d'instruction publique ou libre est exercée :

1° Par les inspecteurs généraux et supérieurs ;

2° Par les recteurs et les inspecteurs d'académie ;

3° Par les inspecteurs de l'enseignement primaire ;

4° Par les délégués cantonaux, le maire et le curé, le pasteur ou le délégué de consistoire israélite, en ce qui concerne l'enseignement primaire. Les ministres des différents cultes n'inspecteront que les écoles spéciales à leur culte, ou les écoles mixtes pour leurs coreligionnaires seulement...

Titre II. — De l'enseignement primaire
Chapitre I. — Dispositions générales

Art. 23. L'enseignement primaire comprend : L'instruction morale et religieuse, La lecture, L'écriture, Les éléments de la langue française, Le calcul et le système légal des poids et mesures. Il peut comprendre, en outre : L'arithmétique appliquée aux opérations pratiques ; Les éléments de l'histoire et de la géographie ; Des notions des sciences physiques et de l'histoire naturelle, applicables aux usages de la vie ; Des instructions élémentaires sur l'agriculture, l'industrie et l'hygiène ; L'arpentage, le nivellement, le dessin linéaire ; Le chant et la gymnastique.

Art. 24. L'enseignement primaire est donné gratuitement à tous les enfants dont les familles sont hors d'état de le payer.

Chapitre II. — Des instituteurs

§ I. — *Des conditions d'exercice de la profession d'instituteur primaire public ou libre*

Art. 25. Tout Français âgé de vingt et un ans accomplis peut exercer dans toute la France la profession d'instituteur primaire, public ou libre, s'il est muni d'un brevet de capacité. Le brevet de capacité peut être suppléé par le certificat de stage..., par le diplôme de bachelier, par un certificat constatant qu'on a été admis dans une des écoles spéciales de l'État, ou par le titre de ministre, non interdit ni révoqué, de l'un des cultes reconnus par l'État.

§ II. — *Des conditions spéciales aux instituteurs libres*

Art. 27. Tout instituteur qui veut ouvrir une école libre doit préalablement déclarer son intention au maire de la commune où il veut s'établir, lui désigner le local, et lui donner l'indication des lieux où il a résidé et des professions qu'il a exercées pendant les dix années précédentes.

. . . .

Art. 28. Le recteur, soit d'office, soit sur la plainte du procureur de la République ou du sous-préfet, peut former opposition à l'ouverture de l'école, dans l'intérêt des mœurs publiques, dans le mois qui suit la déclaration à lui faite.... A défaut d'opposition, l'école peut être ouverte à l'expiration du mois sans autre formalité.

. . . .

CHAPITRE III. — DES ÉCOLES COMMUNALES

Art. 36. Toute commune doit entretenir une ou plusieurs écoles pri-maires. Le conseil académique du département peut autoriser une commune à se réunir à une ou plusieurs communes voisines pour l'entretien d'une école. Toute commune a la faculté d'entretenir une ou plusieurs écoles entièrement gratuites, à la condition d'y subvenir sur ses propres ressources. Le conseil académique peut dispenser une commune d'entretenir une école publique, à condition qu'elle pourvoira à l'enseignement primaire gratuit, dans une école libre, de tous les enfants dont les familles sont hors d'état d'y subvenir. Cette dispense peut toujours être retirée.

Art. 44. Les autorités locales préposées à la surveillance et à la direction morale de l'enseignement primaire sont, pour chaque école, le maire, le curé, le pasteur, ou le délégué du culte israélite, et, dans les communes de deux mille âmes et au-dessus, un ou plusieurs habitants de la commune, délégués par le conseil académique.

TITRE III. — DE L'INSTRUCTION SECONDAIRE

CHAPITRE I. — DES ÉTABLISSEMENTS PARTICULIERS D'INSTRUCTION SECONDAIRE

Art. 60. Tout Français âgé de vingt-cinq ans au moins, et n'ayant encouru aucune des incapacités comprises dans l'article 26 de la présente loi, peut former un établissement d'instruction secondaire, sous la condition de faire au recteur de l'académie où il se propose de s'établir les déclarations prescrites par l'article 27, et, en outre, de déposer entre ses mains les pièces suivantes, dont il lui sera donné récépissé : 1º Un certificat de stage constatant qu'il a rempli, pendant cinq ans au moins, les fonctions de professeur ou de surveillant dans un établissement d'instruction secondaire public ou libre ; 2º Soit le diplôme de bachelier, soit un brevet de capacité délivré par un jury d'examen, dans la forme déterminée par l'article 62... Le ministre, sur la proposition des conseils académiques, et l'avis conforme du conseil supérieur, peut accorder des dispenses de stage.

Art. 62. Tous les ans, le ministre nomme, sur la présentation du conseil académique, un jury chargé d'examiner les aspirants au brevet de capacité. Ce jury est composé de sept membres, y compris le recteur, qui le préside. Un ministre du culte professé par le candidat et pris dans le conseil acadé-mique, s'il n'y en a déjà un dans le jury, sera appelé avec voix délibérative...

Art. 66.... Les ministres des différents cultes reconnus peuvent donner l'instruction secondaire à quatre jeunes gens, au plus, destinés aux écoles ecclésiastiques, sans être soumis aux prescriptions de la présente loi, à la condition d'en faire la déclaration au recteur.

Art. 69. Les établissements libres peuvent obtenir des communes, des départements ou de l'État, un local et une subvention, sans que cette sub-vention puisse excéder le dixième des dépenses annuelles de l'établissement.

Bulletin des lois de la République Française,
Xe série (Imprimerie Nationale, 1850),
V, pp. 290–304

FREE, SECULAR AND COMPULSORY PRIMARY EDUCATION 1880–1883

1. Ferry's speech of 13th July 1880 in the *Chambre des Députés*.

M. LE MINISTRE DE L'INSTRUCTION PUBLIQUE. — Eh bien, le point de vue démocratique, où est-il dans cette affaire? Il n'est pas principalement dans cette considération, qu'il est du devoir de ceux qui possèdent de mettre à la portée de ceux qui n'ont rien l'enseignement élémentaire: c'est là le point de vue fraternel ou charitable; ce n'est pas, à proprement parler, le point de vue démocratique.

Le point de vue démocratique, dans cette question, le voici: c'est qu'il importe à une société comme la nôtre, à la France d'aujourd'hui, de mêler, sur les bancs de l'école, les enfants qui se trouveront, un peu plus tard, mêlés sous le drapeau de la patrie.

> *Journal officiel. Débats parlementaires. Chambre des Députés. Compte rendu in extenso* (14 juillet 1880)

2. His speech of 23rd December 1880 in the *Chambre des Députés*.

M. LE PRÉSIDENT DU CONSEIL, MINISTRE DE L'INSTRUCTION PUBLIQUE. — La neutralité religieuse de l'école, la sécularisation de l'école, si vous voulez prendre un mot familier à notre langue politique, c'est, à mes yeux et aux yeux du Gouvernement, la conséquence de la sécularisation du pouvoir civil et de toutes les institutions sociales, de la famille par exemple, qui constitue le régime sous lequel nous vivons depuis 1789.

Oui, 1789 a sécularisé toutes les institutions, et particulièrement l'institution de la famille, puisqu'il a fait du mariage un contrat civil, relevant uniquement de la loi civile et absolument indépendant de la loi religieuse (*Approbation à gauche.*) C'est ce que j'appelle la sécularisation des institutions, et je dis que la sécularisation des institutions devait nécessairement aboutir, tôt ou tard, à la sécularisation de l'école publique. (*Nouvelle approbation à gauche.*)
....

M. LE PRÉSIDENT DU CONSEIL. — Le législateur de 1833 avait dit: L'instruction primaire sera religieuse; mais il avait ajouté un article 2 qui n'est pas abrogé; nous l'avons démontré au conseil supérieur qui l'a rétabli dans le règlement scolaire. Cet article, le législateur de 1850 l'a passé sous silence, et dans quel dessein? Vous l'avez déjà compris. Cet article est celui qui dit:

«Le vœu des pères de famille sera toujours consulté et suivi quand il s'agira de l'instruction religieuse de leurs enfants.»

On s'en était bien expliqué dans un coin de la discussion, mais enfin on ne l'avait pas reproduit à dessein, afin de faire sortir de l'article 23 ce principe de l'école doctrinalement catholique que M. l'évêque d'Angers a développé l'autre jour à cette tribune.

M. KELLER. — Nous protestons!

M. LE PRÉSIDENT DU CONSEIL — C'est qu'en effet, et j'appelle, messieurs, toute votre attention sur ce point: du moment qu'une dérogation est admise

au principe de l'enseignement religieux obligatoire, du caractère rigoureuse-
ment confessionnel de l'école primaire; du moment que le vœu des pères
de famille doit être consulté et suivi, ne pouvons-nous pas faire découler,
comme conséquence de cette dérogation, les dispositions plus franches et
plus nettes que nous apportons aujourd'hui?

Si le père de famille a assez d'autorité, s'il doit être respecté à ce point que
son enfant puisse ne prendre aucune part à ces exercices religieux qui ont
lieu soit au commencement, soit à la fin de la classe, soit à quelque jour
déterminé, pour la récitation du catéchisme, par exemple, alors, au nom de
ce même principe de liberté, je vous demande s'il ne faut pas, tout de suite,
proclamer qu'en dehors même de ces exercices religieux, le vœu du père
de famille, la conscience du père de famille doivent être respectés? Qu'est-ce
à dire, sinon qu'en dehors même de ce qui est plus particulièrement religieux
dans ce programme d'enseignement, tel qu'il est constitué aujourd'hui, en
dehors même de ces exercices de catéchisme et de ces prières auxquels vous
permettez au père de famille de soustraire son enfant, en dehors même
de cette partie religieuse de l'éducation primaire, tout le reste de l'enseignement doit non moins respecter les convictions et la conscience du père
de famille? Ce qui veut dire que cet enseignement tout entier doit être
neutre et non confessionnel. (*Très bien! très bien! et applaudissements à
gauche.*)

. . . .

M. LE PRÉSIDENT DU CONSEIL. — Et pourquoi, messieurs, n'avons-nous
voulu, pourquoi ne voulons-nous écrire dans cette loi que le principe de la
neutralité confessionnelle? C'est parce que cette neutralité est une neutralité
qui importe à la sécurité de l'État et à l'avenir des générations républicaines.
Il nous importe en effet grandement, et il importe à la sécurité de l'avenir
que la surintendance des écoles et la déclaration des doctrines qui s'y
enseignent n'appartiennent pas aux prélats qui ont déclaré que la Révolution française est un déicide, qui ont proclamé, comme l'éminent prélat
que j'ai l'honneur de voir devant moi, l'a fait à Nantes, devant le tombeau
de La Moricière,[1] que les principes de 89 sont la négation du péché originel.
(*Hilarité bruyante et prolongée à gauche et au centre.*)

M. FREPPEL. — Ce sont les paroles mêmes du général de La Moricière;
je vous les développerai tout au long, quand vous le voudrez.

M. LE PRÉSIDENT DU CONSEIL. — Il importe à la République, à la société
civile, il importe à tous ceux qui ont à cœur la tradition de 1789 que la
direction des écoles, que l'inspection des écoles n'appartiennent pas à
des ministres du culte qui ont, sur ces choses qui nous sont chères et sur
lesquelles repose la société, des opinions séparées des nôtres par un si profond abîme. (*Très bien! très bien! à gauche.*) Cela, messieurs, c'est un intérêt
général, et voilà pourquoi nous vous demandons de faire une loi qui établisse
la neutralité confessionnelle des écoles.

Mais, quand il s'agit de neutralité philosophique, quand il s'agit d'opinions métaphysiques sur l'origine des choses et leur fin, je vous demande un
peu quel intérêt les pouvoirs publics, la société laïque que nous défendons

---

[1] A French general who commanded the papal army in 1860.

ici peuvent avoir à ce que telle doctrine ou telle autre soit enseignée dans l'école? Non seulement la société n'a aucun intérêt à ce que les solutions métaphysiques soient écartées de l'enseignement des écoles, mais je dis qu'elle a un avantage manifeste à ce que les notions morales, les notions de philosophie morale, soit au degré primaire, soit au degré secondaire de l'enseignement public, ne puissent être séparées de ces notions métaphysiques.

Journal officiel. Débats parlementaires. Chambre des Députés. Compte rendu in extenso (24 décembre 1880)

3. 1881 education act.

Article premier. Il ne sera plus perçu de rétribution scolaire dans les écoles primaires publiques, ni dans les salles d'asile publiques.

Le prix de pension dans les écoles normales est supprimé.

Journal officiel (17 juin 1881)

4. Ferry's speech of 10th June 1881 in the Senate.

M. LE MINISTRE DE L'INSTRUCTION PUBLIQUE. — Nous disons et nous affirmons que l'on peut, à côté d'un enseignement religieux confié au ministre du culte, prescrire à l'instituteur de donner un enseignement moral; mais nous ne lui prescrivons en aucune façon d'appeler l'attention des enfants sur les bases de la morale et sur le postulat du devoir.

Nous disons que l'instituteur, non dans des leçons *ex-professo* — il n'y en a pas et il ne peut pas y en avoir à l'école primaire sur la morale, — mais dans l'intimité quotidienne du maître et de l'élève, dans les plus simples devoirs, dans les conversations qui se tiennent à l'école et hors de l'école, dans les récréations scientifiques, dans les promenades géologiques, dans tous ces petits exercices, à la fois hygiéniques pour le corps et salutaires pour l'esprit, que nous cherchons à développer, à faire entrer dans la pratique des écoles primaires, nous disons que l'instituteur enseignera... quoi? une théorie sur le fondement de la morale? Jamais, messieurs, mais la bonne vieille morale de nos pères, la nôtre, la vôtre, car nous n'en avons qu'une... (*Interruptions à droite.*)

Journal officiel. Débats parlementaires. Sénat. Compte rendu in extenso (11 juin 1881)

5. His speech of 2nd July 1881 in the Senate.

M. LE PRÉSIDENT DU CONSEIL. — Mais, l'instruction morale, la morale, il faut devant une assemblée française, en l'an de grâce 1881 (*Rires à droite*), il faut que cette morale soit définie! Et vous ne pouvez la tolérer, l'accepter, l'admettre dans un texte législatif que si elle est escortée de toutes sortes d'épithètes. (*Interruptions à droite.*)

Permettez-moi de vous le dire, la vraie morale, la grande morale, la morale éternelle, c'est la morale sans épithète. (*Approbation à gauche.* — *Nouveau bruit à droite.*)

La morale, grâce à Dieu, dans notre société française, après tant de siècles de civilisation, n'a pas besoin d'être définie. La morale est plus grande quand on ne la définit pas, elle est plus grande sans épithète. (*Rires ironiques à droite.*)

· ·

Est-ce que cette morale, la vieille morale, comme l'a dit M. Delsol, la morale éternelle, comme j'ose le dire (*Interruptions à droite*), est-ce que cette morale, il vous l'a présentée comme l'apanage exclusif de la civilisation moderne, comme l'apanage exclusif du christianisme lui-même? Non, il vous a dit: C'est la vieille morale des philosophes, c'est la morale de Socrate, c'est la morale d'Aristote, c'est la morale de Cicéron, morale que le christianisme a raffinée, qu'il a perfectionnée, qu'il a élevée, je veux bien. Mais c'est la morale éternelle comme l'âme humaine elle-même. (*Très bien! Très bien! à gauche.*)

· ·

C'est la morale du devoir, la nôtre, la vôtre, messieurs, la morale de Kant, et celle du christianisme. Je suis heureux d'avoir entendu constater tout à l'heure la merveilleuse unité de toutes ces morales! Cette morale, elle est au fond même de l'humanité, de la conscience humaine; et son unité est la constatation même de l'unité de la conscience.

Journal officiel. Débats parlementaires. Sénat. Compte rendu in extenso (3 juillet 1881)

6. The official circular on the teaching of morality in the *cours moyen* from the age of nine to eleven, 1883.

CHAPITRE II

DEVOIRS ENVERS DIEU

L'instituteur n'est pas chargé de faire un cours *ex professo* sur la nature et les attributs de Dieu; l'enseignement qu'il doit donner à tous indistinctement se borne à deux points:

D'abord, il leur apprend à ne pas prononcer légèrement le nom de Dieu; il associe étroitement dans leur esprit à l'idée de la cause première et de l'être parfait un sentiment de respect et de vénération; et il habitue chacun d'eux à environner du même respect cette notion de Dieu, alors même qu'elle se présenterait à lui sous des formes différentes de celles de sa propre religion;

Ensuite, et sans s'occuper des prescriptions spéciales aux diverses communions, l'instituteur s'attache à faire comprendre et sentir à l'enfant que le premier hommage qu'il doit à la divinité, c'est l'obéissance aux lois de Dieu, telles que les lui révèlent sa conscience et sa raison.

7. Ferry's speech of 16th March 1882 in the Senate.

M. LE MINISTRE. — Je vais avoir l'honneur de répondre à M. Buffet. L'honorable M. Buffet a, en effet, donné la forme d'une question à ce qui m'avait paru, dans le discours de l'honorable M. de Ravignan, un mode d'argumentation plutôt qu'une question précise. Il me demande ce que fera le Gouvernement si l'enseignement neutre, qui doit être et rester neutre

dans les écoles publiques, devient un enseignement irréligieux, antireligieux et contient des attaques contre la religion catholique, contre la religion de la majorité des élèves? Ma réponse est très simple: Le premier devoir du législateur qui institue l'école neutre, notre devoir à tous, le devoir du ministre et du Gouvernement qui feront appliquer cette loi, sera d'assurer de la manière la plus scrupuleuse et la plus sévère, la neutralité de l'école.
. . . .

Si, par conséquent, un instituteur public s'oubliait assez pour instituer dans son école un enseignement hostile, outrageant contre les croyances religieuses de n'importe qui, il serait aussi sévèrement et aussi rapidement réprimé que s'il avait commis cet autre méfait de battre ses élèves ou de se livrer contre leurs personnes à des sévices coupables.

Journal officiel. Débats parlementaires. Sénat. Compte rendu in extenso (17 mars 1882)

8. 1882 education act.

Article premier. L'enseignement primaire comprend:
L'instruction morale et civique; La lecture et l'écriture; La langue et les éléments de la littérature française; La géographie, particulièrement celle de la France; L'histoire, particulièrement celle de la France jusqu'à nos jours; Quelques notions usuelles de droit et d'économie politique; Les éléments des sciences naturelles physiques et mathématiques; leurs applications à l'agriculture, à l'hygiène, aux arts industriels, travaux manuels et usage des outils des principaux métiers; Les éléments du dessin, du modelage et de la musique; La gymnastique; Pour les garçons, les exercices militaires; Pour les filles, les travaux à l'aiguille.
L'article 23 de la loi du 15 mars 1850 est abrogé.

Art. 2. Les écoles primaires publiques vaqueront un jour par semaine, en outre du dimanche, afin de permettre aux parents de faire donner, s'ils le désirent, à leurs enfants, l'instruction religieuse, en dehors des édifices scolaires.
L'enseignement religieux est facultatif dans les écoles privées.

Art. 3. Sont abrogées les dispositions des articles 18 et 44 de la loi du 14 mars 1850, en ce qu'elles donnent aux ministres des cultes un droit d'inspection, de surveillance et de direction dans les écoles primaires publiques et privées et dans les salles d'asile, ainsi que le paragraphe 2 de l'article 31 de la même loi qui donne aux consistoires le droit de présentation pour les instituteurs appartenant aux cultes non catholiques.

Art. 4. L'instruction primaire est obligatoire pour les enfants des deux sexes âgés de six ans révolus à treize ans révolus; elle peut être donnée soit dans les établissements d'instruction primaire ou secondaire, soit dans les écoles publiques ou libres, soit dans les familles, par le père de famille lui-même ou par toute personne qu'il aura choisie.
. . . .

Art. 6. Il est institué un certificat d'études primaires; il est décerné après un examen public auquel pourront se présenter les enfants dès l'âge de onze ans...

Journal officiel (29 mars 1882)

9. Ferry's letter to the primary school teachers, 1883.

J'ai dit que votre rôle, en matière d'éducation morale, est très limité. Vous n'avez à enseigner, à proprement parler, rien de nouveau, rien qui ne vous soit familier comme à tous les honnêtes gens. Et, quand on vous parle de mission et d'apostolat, vous n'allez pas vous y méprendre: vous n'êtes point l'apôtre d'un nouvel Évangile: le législateur n'a voulu faire de vous ni un philosophe ni un théologien improvisé. Il ne vous demande rien qu'on ne puisse demander à tout homme de cœur et de sens. Il est impossible que vous voyiez chaque jour tous ces enfants qui se pressent autour de vous, écoutant vos leçons, observant votre conduite, s'inspirant de vos exemples, à l'âge où l'esprit s'éveille, où le cœur s'ouvre, où la mémoire s'enrichit, sans que l'idée vous vienne aussitôt de profiter de cette docilité, de cette confiance, pour leur transmettre, avec les connaissances scolaires propre-ment dites, les principes mêmes de la morale, j'entends simplement cette bonne et antique morale que nous avons reçue de nos pères et mères et que nous nous honorons tous de suivre dans les relations de la vie, sans nous mettre en peine d'en discuter les bases philosophiques. Vous êtes l'auxiliaire et, à certains égards, le suppléant du père de famille: parlez donc à son enfant comme vous voudriez que l'on parlât au vôtre: avec force et autorité, toutes les fois qu'il s'agit d'une vérité incontestée, d'un prétexte de la morale commune; avec la plus grande réserve, dès que vous risquez d'effleurer un sentiment religieux dont vous n'êtes pas juge.

Si parfois vous étiez embarrassé pour savoir jusqu'où il vous est permis d'aller dans votre enseignement moral, voici une règle pratique à laquelle vous pourrez vous tenir. Au moment de proposer aux élèves un précepte, une maxime quelconque, demandez-vous s'il se trouve à votre connaissance un seul honnête homme qui puisse être froissé de ce que vous allez dire. Demandez-vous si un père de famille, je dis un seul, présent à votre classe et vous écoutant, pourrait de bonne foi refuser son assentiment à ce qu'il vous entendrait dire. Si oui, abstenez-vous de le dire; sinon, parlez hardi-ment: car ce que vous allez communiquer à l'enfant, ce n'est pas votre propre sagesse; c'est la sagesse du genre humain, c'est une de ces idées d'ordre universel que plusieurs siècles de civilisation ont fait entrer dans le patrimoine de l'humanité. Si étroit que vous semble peut-être un cercle d'action ainsi tracé, faites-vous un devoir d'honneur de n'en jamais sortir, restez en deçà de cette limite plutôt que vous exposer à la franchir: vous ne toucherez jamais avec trop de scrupule à cette chose délicate et sacrée, qui est la conscience de l'enfant. Mais, une fois que vous vous êtes ainsi loyalement enfermé dans l'humble et sûre région de la morale usuelle, que vous demande-t-on? Des discours? des dissertations savantes? de brillants exposés, un docte enseignement? Non! la famille et la société vous demandent de les aider à bien élever leurs enfants, à en faire des honnêtes gens. C'est dire qu'elles attendent de vous non des paroles, mais des actes, non pas un enseignement de plus à inscrire au programme, mais un service tout pratique, que vous pouvez rendre au pays plutôt encore comme homme que comme professeur.

Discours et opinions, op. cit., IV, pp. 261–262

CIVIC INSTRUCTION c. 1882: *LE TOUR DE LA FRANCE PAR DEUX ENFANTS*

X. — La halte sous le sapin. — La prière avant le sommeil — André reprend courage.[1]

Enfants, la vie entière pourrait être comparée à un voyage où l'on rencontre sans cesse des difficultés nouvelles.

André s'approcha d'un grand sapin dont les branches s'étendaient en parasol et pouvaient leur servir d'abri contre la rosée nocturne.

— Viens, dit-il à son jeune frère, viens près de moi: nous serons bien là pour attendre.

Julien s'approcha, silencieux; André s'aperçut que, sous l'humidité glaciale du brouillard, l'enfant frissonnait; ses petites mains étaient tout engourdies par le froid.

— Pauvre petit, murmura André, assieds-toi sur mes genoux: je vais te couvrir avec les vêtements renfermés dans notre paquet de voyage; cela te réchauffera, et, si tu peux dormir en attendant que le brouillard se lève, tu reprendras des forces pour la longue route qu'il nous reste à faire.

L'enfant était si las qu'il ne fit aucune objection. Il passa un de ses bras autour du cou de son frère, et déjà ses yeux fatigués se fermaient [lorsqu'il lui revint une pensée.

— André, dit-il, puisque je vais dormir, je vais faire ma prière du soir.

— Oui, mon Julien, nous la dirons ensemble.

Et les deux orphelins, perdus au milieu de cette grande et triste solitude de la montagne, élevèrent dans une même prière leurs jeunes cœurs vers le ciel.

Peu de temps après, Julien s'était endormi.][2] Sa petite tête reposait confiante sur l'épaule d'André; le frère aîné, de son mieux, protégeait l'enfant contre la fraîcheur de la nuit, et il écoutait sa respiration tranquille: ce bruit léger troublait seul le silence qui les enveloppait.

André, malgré lui, sentit une grande tristesse lui monter au cœur. — Réussirons-nous jamais à arriver en France? se disait-il. Quelquefois les brouillards dans la montagne durent plusieurs jours. Qu'allons-nous devenir si celui-ci tarde à se dissiper?

Une fatigue extrême s'était emparée de lui. La bise glaciale, qui faisait frissonner les pins, le faisait lui aussi trembler sur le sol où il était assis. Parfois le vent soulevait autour de lui les feuilles tombées à terre: inquiet, André dressait la tête, craignant que ce ne fût le bruit de pas ennemis et que quelqu'un tout à coup ne se dressât en face de lui pour lui dire en langue allemande: — Que faites-vous ici? Qui êtes-vous? Où allez-vous?

Ainsi le découragement l'envahissait. Mais alors un cher souvenir s'éleva en son cœur et vint à son aide. Il se rappela le regard profond de son père mourant, lorsqu'il avait placé la main de Julien dans la sienne pour le lui confier; il crut entendre encore ce mot plus faible qu'un souffle passer sur

---

[1] The story takes place in 1871: André and Julien's home town in Lorraine has been lost to Germany and the two orphans are travelling towards France.

[2] Expurgated editions: "et bientôt il s'endormit".

les lèvres paternelles: France. Et lui aussi le redit tout bas ce mot: France! patrie!... Et il se sentit honteux de son découragement.

— Enfant que je suis, s'écria-t-il, est-ce que la vie n'est pas faite tout entière d'obstacles à vaincre? Comment donc enseignerai-je à mon petit Julien à devenir courageux, si moi-même je ne sais pas me conduire en homme?

Réconforté par ce souvenir plus puissant que tous les obstacles, [priant l'âme de son père de leur venir en aide dans][1] ce voyage vers la patrie perdue, il sut mettre à attendre le même courage qu'il avait mis à agir.

> G. Bruno, *Le Tour de la France par deux enfants*
> (*devoir et patrie*), 326th ed. (Eugène Belin, 1957),
> pp. 22–23

CATHOLIC PRIMARY EDUCATION: THE ACT OF 1886

TITRE Ier
DISPOSITIONS GÉNÉRALES

CHAPITRE Ier

Des établissements d'enseignement primaire

Article premier. L'enseignement primaire est donné:

1° Dans les écoles maternelles et les classes enfantines;

2° Dans les écoles primaires élémentaires;

3° Dans les écoles primaires supérieures et dans les classes d'enseignement primaire supérieur annexées aux écoles élémentaires et dites «cours complémentaires»;

4° Dans les écoles manuelles d'apprentissage, telles que les définit la loi du 11 décembre 1880.

Art. 2. Les établissements d'enseignement primaire de tout ordre peuvent être publics, c'est-à-dire fondés et entretenus par l'État, les départements ou les communes, ou privés, c'est-à-dire fondés et entretenus par des particuliers ou des associations.

CHAPITRE II

Du personnel enseignant. — Conditions requises

Art. 17. Dans les écoles publiques de tout ordre, l'enseignement est exclusivement confié à un personnel laïque.

TITRE III

De l'enseignement privé

Art. 35. Les directeurs et directrices d'écoles primaires privées sont entièrement libres dans le choix des méthodes, des programmes et des

---

[1] Expurgated editions: "il ne voulut plus douter du succès de".

livres, réserve faite pour les livres qui auront été interdits par le conseil supérieur de l'instruction publique, en exécution de l'article 5 de la loi du 27 février 1880.

Art. 36. Aucune école privée ne peut prendre le titre d'école primaire supérieure, si le directeur ou la directrice n'est muni des brevets exigés pour les directeurs ou directrices des écoles primaires supérieures publiques.

Aucune école privée ne peut, sans l'autorisation du conseil départemental, recevoir d'enfants des deux sexes, s'il existe, au même lieu, une école publique ou privée spéciale aux filles.

Aucune école privée ne peut recevoir des enfants au-dessous de six ans s'il existe dans la commune une école maternelle publique ou une classe enfantine publique, à moins qu'elle-même ne possède une classe enfantine.

Art. 37. Tout instituteur qui veut ouvrir une école privée doit préalablement déclarer son intention au maire de la commune où il veut s'établir, et lui désigner le local.

Le maire remet immédiatement au postulant un récépissé de sa déclaration, et fait afficher celle-ci à la porte de la mairie, pendant un mois.

Si le maire juge que le local n'est pas convenable, pour raisons tirées de l'intérêt des bonnes mœurs ou de l'hygiène, il forme, dans les huit jours, opposition à l'ouverture de l'école, et en informe le postulant.

Les mêmes déclarations doivent être faites en cas de changement du local de l'école, ou en cas d'admission d'élèves internes.

Journal officiel (31 octobre 1886)

THE BANNING OF THE TEACHING ORDERS: THE ACT OF 1904[1]

Article premier. L'enseignement de tout ordre et de toute nature est interdit en France aux congrégations. Les congrégations autorisées à titre de congrégations exclusivement enseignantes seront supprimées dans un délai maximum de dix ans. Il en sera de même des congrégations et des établissements qui, bien qu'autorisés en vue de plusieurs objets, étaient, en fait, exclusivement voués à l'enseignement, à la date du 1er janvier 1903.

Les congrégations qui ont été autorisées et celles qui demandent à l'être, à la fois pour l'enseignement et pour d'autres objets, ne conservent le bénéfice de cette autorisation ou de cette instance d'autorisation que pour les services étrangers à l'enseignement prévus par leurs statuts.

Art. 2. A partir de la promulgation de la présente loi, les congrégations exclusivement enseignantes ne pourront plus recruter de nouveaux membres et leurs noviciats seront dissous, de plein droit, à l'exception de ceux qui sont destinés à former le personnel des écoles françaises à l'étranger, dans les colonies et les pays de protectorat...

Journal officiel (8 juillet 1904)

---

[1] *See* also the 1901 act on freedom of association, articles 13 to 16, p. 155.

RELIGIOUS INSTRUCTION AND THE SCHOOL TIMETABLE   1905

[*Separation act.*]

Article 30. Conformément aux dispositions de l'article 2 de la loi du 28 mars 1882, l'enseignement religieux ne peut être donné aux enfants âgés de six à treize ans, inscrits dans les écoles publiques, qu'en dehors des heures de classe...

Journal officiel (11 décembre 1905)

PASTORAL LETTER OF THE FRENCH CHURCH HIERARCHY ON SECULAR EDUCATION   1909

La famille est une société que Dieu a établie et que l'homme ne peut détruire. Quoi qu'en disent certains philosophes, imbus des erreurs grossières du paganisme, elle doit vivre dans l'État, sans se confondre avec lui. C'est à vous, pères et mères, que les enfants appartiennent, puisqu'ils sont l'os de vos os et la chair de votre chair; et c'est vous qui, après leur avoir donné la vie du corps, avez le droit imprescriptible de les initier à la vie de l'âme. Dans l'œuvre de l'éducation, l'État peut vous aider et vous suppléer, mais non vous supplanter.

C'est à tort qu'il invoque, pour justifier ses prétentions, ce qu'on appelle le droit de l'enfant. L'enfant n'a pas de droit qui puisse prévaloir contre les droits de Dieu...

Le droit de procurer à vos enfants une éducation conforme aux exigences de votre foi religieuse vous est reconnu, non seulement par la loi naturelle, telle que la saine raison la formule, mais par la loi divine, telle que les Saintes Écritures nous la révèlent.

. . . .

Pères et mères, vous avez d'abord le droit et le devoir de choisir pour vos enfants une école où ils puissent être élevés comme vos croyances le réclament.

Vous avez, en second lieu, le droit et le devoir de surveiller cette école et d'en retirer au plus tôt vos enfants, lorsque vous apprenez qu'elle constitue pour eux un péril prochain de perversion morale et, par suite, de damnation éternelle.

. . . .

On distingue, sous le régime scolaire en vigueur dans notre pays, deux sortes d'écoles: l'école libre ou chrétienne et l'école publique ou neutre...

L'école libre ou chrétienne est celle où le maître possède, avec les aptitudes pédagogiques nécessaires, le bonheur de croire, et le courage de vivre selon sa croyance, imitant ainsi l'instituteur divin, dont les Saints Livres racontent qu'il eut soin de pratiquer sa morale avant de l'enseigner.

L'école chrétienne est celle où le maître inscrit au premier rang dans ses programmes, la science religieuse, place entre les mains de ses élèves des livres d'une orthodoxie parfaite et crée autour d'eux une atmosphère favorable à l'épanouissement de leur foi et de leur vertu.

Cette école, vos enfants devraient la rencontrer partout, et l'État serait tenu, en bonne justice, de la mettre à la disposition des familles, surtout dans un pays comme le nôtre, où l'immense majorité professe la religion catholique...

. . . .

A côté de l'école libre ou chrétienne se présente l'école publique ou neutre dont vous connaissez les origines. Il y a environ trente ans que, par une déplorable erreur ou par un dessein perfide, fut introduit dans nos lois scolaires le principe de la neutralité religieuse: principe faux en lui-même et désastreux dans ses conséquences. Qu'est-ce, en effet, que cette neutralité, sinon l'exclusion systématique de tout enseignement religieux dans l'école, et, par suite, le discrédit jeté sur des vérités que tous les peuples ont regardées comme la base nécessaire de l'éducation?

A toutes les époques et pour tous les pays, les Souverains Pontifes ont dénoncé et condamné l'école neutre.

. . . .

Léon XIII, s'adressant à la France, a porté à son tour, contre ce système de pédagogie, la condamnation la plus catégorique et la plus fortement motivée. Il disait, en parlant de l'union nécessaire de l'enseignement avec l'éducation religieuse: «*Séparer l'un de l'autre, c'est vouloir que, lorsqu'il s'agit d'un devoir envers Dieu, l'enfant reste neutre. Système mensonger et désastreux dans un âge si tendre, puisqu'il ouvre la porte à l'athéisme et la ferme à la religion.*» (Encyc. «Nobilissima Gallorum Gens»)

. . . .

L'école neutre a été réprouvée par l'Église, et cette réprobation que certains esprits taxent d'intolérance, se justifie sans peine. N'est-il pas permis de voir dans la suppression de tout enseignement religieux à l'école l'une des principales causes du mal profond dont souffre la France et qui atteint à la fois la famille, la morale et le patriotisme?

Cependant l'école neutre existe partout dans notre pays, et dès lors, pères et mères de famille, une question de la plus haute gravité se pose devant votre conscience: vous est-il permis de l'adopter pour vos enfants, ou bien êtes-vous obligés d'en choisir une autre qui soit chrétienne?

Nous répondons d'abord que c'est un devoir rigoureux, partout où il existe une école chrétienne, d'y envoyer vos enfants, à moins qu'un grave dommage ne doive en résulter pour eux ou pour vous.

Nous répondons, en second lieu, que l'Église défend de fréquenter l'école neutre, à cause des périls que la foi et la vertu des enfants y rencontrent. C'est là une règle essentielle qu'on ne doit jamais oublier.

Il se présente néanmoins des circonstances où, sans ébranler ce principe fondamental, il est permis d'en tempérer l'application. L'Église tolère qu'on fréquente l'école neutre quand il y a des motifs sérieux de le faire. Mais on ne peut profiter de cette tolérance qu'à deux conditions: il faut que rien dans cette école ne puisse porter atteinte à la conscience de l'enfant; il faut, en outre, que les parents et les prêtres suppléent, en dehors des

classes, à l'instruction et à la formation religieuses que les élèves n'y peuvent
recevoir.

....

A l'heure actuelle, personne ne peut le nier, un grand nombre d'écoles,
soi-disant neutres, ont perdu ce caractère. Les instituteurs qui les dirigent
ne se font pas scrupule d'outrager la foi de leurs élèves, et ils commettent
cet inqualifiable abus de confiance, soit par les livres classiques, soit par
l'enseignement oral, soit par mille autres industries que leur impiété leur
suggère.

Pratiquer ainsi la neutralité, c'est se mettre en contradiction flagrante
avec le principal promoteur de l'école neutre, lequel, pour faire accepter
sa loi néfaste, disait à la tribune française: «*Si un instituteur public s'oubliait
assez pour instituer dans son école un enseignement hostile, outrageant contre
les croyances religieuses de n'importe qui, il serait aussi sévèrement et aussi
rapidement réprimé que s'il avait commis cet autre méfait de battre ses élèves
ou de se livrer contre leur personne à des sévices coupables.*»[1]

Il est aujourd'hui de notoriété publique que ces solennelles promesses
sont étrangement méconnues en beaucoup d'écoles, où les maîtres, au lieu
de respecter les convictions chrétiennes des familles, semblent n'avoir
d'autre but que de faire de leurs élèves des libres penseurs.

«Lettre pastorale des cardinaux, archevêques et
évêques de France sur les droits et les devoirs des
parents relativement à l'école», *La Croix* (28 septembre
1909)

THE LATIN QUESTION[2]   1925

Il est remarquable que la question du latin surgit dans les débats pédagogiques de l'Université, à propos de tout, même de questions où il semblait d'abord qu'elle n'eût rien à faire. Et dès qu'elle surgit, il y a des gens
qui voient rouge et foncent sur l'adversaire comme le taureau. C'est que,
sous la simple question pédagogique, qui devrait être étudiée froidement, en
pesant à tête reposée les avantages et les inconvénients, en dosant les
sacrifices qu'il faut bien faire d'un côté comme de l'autre, sous la question
pédagogique il y a la question de classe sociale.

Le latin a des partisans capables de se ruer tout à coup comme des
fauves, sujets à des accès imprévus de férocité. A-t-il seulement des adversaires? Personne ne prend au sérieux le potache que sa version latine
assomme, quand il s'écrie avec dépit: «Pourquoi nous contraindre à apprendre ces langues que personne ne parle plus? A quoi cela nous ser-
vira-t-il dans la vie?» Nul esprit sérieux ne conteste que la langue et la littérature latines et grecques, l'histoire de Rome et d'Athènes, et toute la
civilisation de l'antiquité classique méritent d'être étudiées. Ceux que l'on
a parfois considérés comme adversaires des humanités en sont, au con-

---

[1] Jules Ferry, *see* p. 551.
[2] *See* also pp. 385–386 on the *baccalauréat* as a badge of bourgeois status.

traire, les partisans les plus ardents; en revanche, elles n'ont pas de pires ennemis que ceux qui les défendent.

Car ceux qui les défendent les défendent comme bases des études secondaires, c'est-à-dire de l'enseignement égalitaire et niveleur donné à toute la bourgeoisie. Les autres, au contraire, sont d'avis que ces études sont utiles *à condition qu'on les fasse*, qu'elles sont au contraire du temps perdu si en réalité on ne les fait pas et si elles ne sont qu'un prétexte pour en esquiver d'autres.

Il y a un grand intérêt à pénétrer le mécanisme d'une langue très différente de la nôtre. Car ce n'est pas à cause de la ressemblance entre le latin et le français qui en dérive, c'est au contraire à cause du génie différent des deux langues, que le latin est utile; c'est pour cela que l'étude d'une langue moderne ne remplace pas celle du latin. Mais il y a dans les «humanités» autre chose que la version latine. Le latin, surtout si l'on y joint le grec, nous introduit dans une civilisation dont la nôtre est issue, et qui, bien que fort lointaine, fut presque aussi riche et raffinée que la nôtre...

Mais, pour la grande majorité des élèves, les études latines n'ont d'autre but que de faire une version de baccalauréat. Est-ce assez pour justifier le temps qu'on y consacre? Déchiffrer péniblement, à coups de dictionnaire, en trois heures, sans y faire plus des trois ou quatre contre-sens qu'on y tolère, vingt lignes d'un latin que l'examinateur a choisi simple, régulier, sans surprises et sans embûches, et cela pour ne plus jamais lire une ligne de latin dans le reste de sa vie, voilà pourtant, pour beaucoup d'élèves, tout le résultat des études latines.

Ceux que l'on considère comme adversaires des études latines sont au contraire ceux qui les voudraient plus sérieuses et plus poussées. Mais pour cela, il ne faut pas qu'elles soient imposées à tous. Elles devraient être abordées par des esprits bien doués qui, ayant le travail plus facile et craignant moins leur peine, sauraient les mener de front avec d'autres études, notamment avec celle des sciences. Ils formeraient une élite. Les autres, vu l'insuffisance de leur intelligence ou de leur courage, devraient se résigner à une culture plus réduite. C'est justement ce que ne veulent pas les défenseurs du latin; ce qu'ils veulent, c'est que les études latines continuent à être imposées par une règle commune à toute la classe bourgeoise. Ils ne peuvent avoir d'autre raison pour cela, quoique peut-être ils s'en défendent eux-mêmes, que de maintenir entre les classes sociales cette distinction si nette, si aisément saisissable: d'un côté, ceux qui ne savent pas le latin, de l'autre — je ne dirai pas ceux qui le savent — mais ceux qui l'ont appris.

Qu'arriverait-il, en effet, si l'on pouvait faire des études secondaires sans latin? Un élève intelligent et travailleur, en complétant ses études primaires élémentaires par l'école primaire supérieure ou même par un bon enseignement technique, pourrait être plus instruit et même plus cultivé que la moyenne des élèves de l'enseignement secondaire. Il n'y aurait plus cette inégalité de culture qui distingue les classes sociales; tout serait confondu. Le bourgeois a besoin d'une instruction qui demeure inaccessible au peuple, qui lui soit fermée, qui soit la *barrière*. Et cette instruction, il ne suffit pas qu'il l'ait reçue; car on pourrait ne pas s'en apercevoir. Il faut encore

qu'un diplôme d'état, un parchemin signé du ministre, constatant officiellement qu'il a appris le latin, lui confère le droit de ne pas le savoir.

E. GOBLOT, *La Barrière et le niveau. Étude sociologique
sur la bourgeoisie française moderne* (P.U.F., 1967),
pp. 81–84

PAPAL ENCYCLICAL *DIVINI ILLIUS MAGISTRI*   1929

FAUSSETÉ ET DANGERS DU NATURALISME PÉDAGOGIQUE

Est donc faux tout naturalisme pédagogique qui, de quelque façon que
ce soit, exclut ou tend à amoindrir l'action surnaturelle du christianisme
dans la formation de la jeunesse; erronée toute méthode d'éducation qui
se base, en tout ou en partie, sur la négation ou l'oubli du péché originel
ou du rôle de la grâce, pour ne s'appuyer que sur les seules forces de la
nature. Tels sont ordinairement ces systèmes modernes, aux noms divers,
qui en appellent à une prétendue autonomie et à la liberté sans limite de
l'enfant, qui réduisent ou même suppriment l'autorité et l'œuvre de l'édu-
cateur, en attribuant à l'enfant un droit premier et exclusif d'initiative,
une activité indépendante de toute loi supérieure, naturelle ou divine, dans
le travail de sa propre formation.
....

NEUTRE, LAÏQUE — MIXTE, UNIQUE

De là, il ressort nécessairement que l'école dite *neutre* ou *laïque*, d'où est
exclue la religion, est contraire aux premiers principes de l'éducation. Une
école de ce genre est d'ailleurs pratiquement irréalisable, car, en fait, elle
devient irréligieuse. Inutile de reprendre ici tout ce qu'ont dit sur cette
matière nos prédécesseurs, notamment Pie IX et Léon XIII, parlant en
ces temps où le laïcisme commençait à sévir dans les écoles publiques.
Nous renouvelons et confirmons leurs déclarations et, avec elles, les prescriptions des Sacrés Canons. La fréquentation des écoles non catholiques,
ou neutres ou mixtes (celles à savoir qui s'ouvrent indifféremment aux
catholiques et non catholiques, sans distinction) doit être interdite aux
enfants catholiques; elle ne peut être tolérée qu'au jugement de l'Ordinaire,
dans des circonstances bien déterminées de temps et de lieu et sous de
spéciales garanties. Il ne peut donc même être question d'admettre pour les
catholiques cette école mixte (plus déplorable encore si elle est unique et
obligatoire pour tous), où, l'instruction religieuse étant donnée à part aux
élèves catholiques, ceux-ci reçoivent tous les autres enseignements de
maîtres non catholiques, en commun avec les élèves non catholiques.

CATHOLIQUE

Ainsi donc, le seul fait qu'il s'y donne une instruction religieuse (souvent
avec trop de parcimonie) ne suffit pas pour qu'une école puisse être jugée

conforme aux droits de l'Église et de la famille chrétienne, et digne d'être fréquentée par les enfants catholiques. Pour cette conformité, il est nécessaire que tout l'enseignement, toute l'ordonnance de l'école, personnel, programme et livres, en tout genre de discipline, soient régis par un esprit vraiment chrétien, sous la direction et la maternelle vigilance de l'Église, de telle façon que la religion soit le fondement et le couronnement de tout l'enseignement, à tous les degrés, non seulement élémentaire, mais moyen et supérieur: «Il est indispensable, pour reprendre les paroles de Léon XIII, que, non seulement à certaines heures, la religion soit enseignée aux jeunes gens, mais que tout le reste de la formation soit imprégné de piété chrétienne. Sans cela, si ce souffle sacré ne pénètre pas et ne réchauffe pas l'esprit des maîtres et des disciples, la science, quelle qu'elle soit, sera de bien peu de profit; souvent même il n'en résultera que des dommages sérieux.»

Et qu'on ne dise pas qu'il est impossible à l'État, dans une nation divisée de croyances, de pourvoir à l'instruction publique autrement que par l'école neutre ou l'école mixte, puisqu'il doit le faire plus raisonnablement, et qu'il le peut plus facilement en laissant la liberté et en venant en aide par de justes subsides à l'initiative et à l'action de l'Église et des familles.

THE EDUCATIONAL LEGISLATION OF VICHY

1. The lifting of the ban on the teaching orders, 1940.

Article unique. Sont abrogés: la loi du 7 juillet 1904 portant suppression de l'enseignement congréganiste[1] et l'article 14 de la loi du 1er juillet 1901 relative au contrat d'association.[2]

Journal officiel (4 septembre 1940)

2. Church school subsidies, 1941.

(a) Act of 6th January 1941.

Article premier. Les communes peuvent participer aux dépenses d'éclairage, de chauffage, de fournitures, de cantine de toute institution privée dont l'objet est de recueillir, de surveiller ou d'éduquer les enfants âgés de moins de quatorze ans. Cette participation ne peut toutefois avoir lieu qu'autant que les ressources figurant au budget de l'institution privée sont, compte tenu du nombre des enfants, inférieures à celles dont dispose l'organisme officiel correspondant.

Journal officiel (29 janvier 1941)

(b) Decree of 15th August 1941.

Article premier. Des bourses nationales peuvent être attribuées à des enfants de nationalité française. Elles sont données en vue d'études classiques, modernes, agricoles ou techniques, dans des établissements d'enseignement publics ou privés. Elles sont conférées aux enfants qui ont subi avec succès les épreuves d'un examen spécial.

Journal officiel (3 septembre 1941)

[1] *See* p. 555.
[2] *See* p. 155.

(c) Act of 2nd November 1941.

Article premier. A compter du 1er octobre 1941, les écoles primaires élémentaires privées, régulièrement déclarées conformément à la loi du 30 octobre 1886, existant à la publication de la présente loi, et justifiant de l'importance de leurs effectifs scolaires et de la précarité de leurs ressources pouvant entraîner leur fermeture, pourront recevoir, sur les fonds du budget départemental, des subventions dont le montant sera fixé chaque année par le préfet, après accord avec les autorités[1] dont elles dépendent.

Art. 2. Il sera pourvu aux charges imposées aux départements par l'article 1er ci-dessus au moyen de prélèvements sur un fonds départemental pour dépenses exceptionnelles. Ce fonds sera alimenté par une majoration de la subvention allouée aux départements en application de l'article 4 de la loi du 14 septembre 1941 portant revision des rapports financiers de l'État, des départements et des communes.

Art. 3. La loi du 6 janvier 1941 permettant aux communes de contribuer à certaines dépenses des institutions privées qui ont un but éducatif est abrogée.

Journal officiel (9 novembre 1941)

THE LANGEVIN-WALLON PLAN 1947

La structure de l'enseignement doit... être adaptée à la structure sociale. Depuis un demi-siècle la structure de l'enseignement n'a pas été profondément modifiée. La structure sociale au contraire a subi une évolution rapide et des transformations fondamentales. Le machinisme, l'utilisation des sources nouvelles d'énergie, le développement des moyens de transport et de transmission, la concentration industrielle, l'accroissement de la production, l'entrée massive des femmes dans la vie économique, la diffusion de l'instruction élémentaire ont profondément modifié les conditions de vie et l'organisation sociale. La rapidité et l'ampleur du progrès économique, qui avaient rendu nécessaire en 1880 la diffusion de l'enseignement élémentaire dans les masses ouvrières, pose à présent le problème du recrutement d'un personnel de plus en plus nombreux de cadres et de techniciens. La bourgeoisie, héréditairement appelée à tenir les postes de direction et de responsabilité ne saurait plus désormais, seule, y suffire. Les besoins nouveaux de l'économie moderne posent la nécessité d'une refonte de notre enseignement qui, dans sa structure actuelle, n'est plus adapté aux conditions économiques et sociales.

. . . .

PRINCIPES GÉNÉRAUX

La reconstruction complète de notre enseignement repose sur un petit nombre de principes dont toutes les mesures envisagées dans l'immédiat ou à plus longue échéance seront l'application.

---

[1] i.e., religious authorities.

Le premier principe, celui qui par sa valeur propre et l'ampleur de ses conséquences domine tous les autres, c'est le principe de justice. Il offre deux aspects non point opposés mais complémentaires: l'égalité et la diversité. Tous les enfants, quelles que soient leurs origines familiales, sociales, ethniques, ont un droit égal au développement maximum que leur personnalité comporte. Ils ne doivent trouver d'autre limitation que celle de leurs aptitudes. L'enseignement doit donc offrir à tous d'égales possibilités de développement, ouvrir à tous l'accès à la culture, se démocratiser moins par une sélection qui éloigne du peuple les plus doués que par une élévation continue du niveau culturel de l'ensemble de la nation. L'introduction de «la justice à l'école» par la démocratisation de l'enseignement, mettra chacun à la place que lui assignent ses aptitudes, pour le plus grand bien de tous. La diversification des fonctions sera commandée non plus par la fortune ou la classe sociale mais par la capacité à remplir la fonction. La démocratisation de l'enseignement, conforme à la justice, assure une meilleure distribution des tâches sociales. Elle sert l'intérêt collectif en même temps que le bonheur individuel.

L'organisation actuelle de notre enseignement entretient dans notre société le préjugé antique d'une hiérarchie entre les tâches et les travailleurs. Le travail manuel, l'intelligence pratique sont encore trop souvent considérés comme de médiocre valeur. L'équité exige la reconnaissance de l'égale dignité de toutes les tâches sociales, de la haute valeur matérielle et morale des activités manuelles, de l'intelligence pratique, de la valeur technique. Ce reclassement des valeurs réelles est indispensable dans une société démocratique moderne dont le progrès et la vie même sont subordonnés à l'exacte utilisation des compétences.

. . . .

La mise en valeur des aptitudes individuelles en vue d'une utilisation plus exacte des compétences pose le principe de l'orientation. Orientation scolaire d'abord, puis orientation professionnelle doivent aboutir à mettre chaque travailleur, chaque citoyen au poste le mieux adapté à ses possibilités, le plus favorable à son rendement. A la sélection actuelle qui aboutit à détourner les plus doués de professions où ils pourraient rendre d'éminents services, doit se substituer un classement des travailleurs, fondé à la fois sur les aptitudes individuelles et les besoins sociaux.

C'est dire que l'enseignement doit comporter une part de culture spécialisée de plus en plus large à mesure que les aptitudes se dégagent et s'affirment. Mais la formation du travailleur ne doit en aucun cas nuire à la formation de l'homme. Elle doit apparaître comme une spécialisation complémentaire d'un large développement humain. «Nous concevons la culture générale, dit Paul Langevin, comme une initiation aux diverses formes de l'activité humaine, non seulement pour déterminer les aptitudes de l'individu, lui permettre de choisir à bon escient avant de s'engager dans une profession, mais aussi pour lui permettre de rester en liaison avec les autres hommes, de comprendre l'intérêt et d'apprécier les résultats d'activités autres que la sienne propre, de bien situer celle-ci par rapport à l'ensemble.»

La culture générale représente ce qui rapproche et unit les hommes tandis que la profession représente trop souvent ce qui les sépare. Une culture générale solide doit donc servir de base à la spécialisation professionnelle et se poursuivre pendant l'apprentissage de telle sorte que la formation de l'homme ne soit pas limitée et entravée par celle du technicien. Dans un état démocratique, où tout travailleur est citoyen, il est indispensable que la spécialisation ne soit pas un obstacle à la compréhension de plus vastes problèmes et qu'une large et solide culture libère l'homme des étroites limitations du technicien.

CONSÉQUENCES DE CES PRINCIPES

La logique et l'équité exigent que les divers échelons de l'enseignement répondent à des niveaux de développement, puis à des spécialisations d'aptitudes et non à des catégories sociales. C'est pourquoi, dans la structure nouvelle, l'enseignement présentera des «degrés» progressifs correspondant à des niveaux de développement et auxquels tous les enfants devront successivement accéder.

L'enseignement du 1er degré sera obligatoire pour tous les enfants de 11 à 18 ans et comprendra trois cycles successifs. Le 1er cycle concernera tous les enfants de 3 à 11 ans, l'âge de l'obligation scolaire demeurant fixé à 6 ans. Pendant cette période, tous les enfants recevront un enseignement adapté à leur développement mental et susceptible de répondre à leurs besoins immédiats. Le rôle principal du 1er cycle sera de mettre l'enfant en possession des techniques de base qui lui permettront de comprendre et de se faire comprendre, l'étude du milieu physique et humain lui permettant de se situer dans l'espace et dans le temps.

A la fin de cette première étape, tous les enfants entreront obligatoirement dans les établissements du 2e cycle puis du 3e cycle. Ils y resteront jusqu'à 18 ans. L'obligation scolaire devra donc être prolongée de 4 années. Le 2e cycle (de 11 à 15 ans) sera une période d'orientation. Tout en assurant l'acquisition d'un complément indispensable de connaissances générales, il sera consacré à une observation méthodique des enfants pour déceler leurs aptitudes et permettre leur orientation. Le 3e cycle (de 15 à 18 ans) sera la période de détermination. Il sera consacré à la formation du citoyen et du travailleur. Les élèves aptes à recevoir l'enseignement universitaire bénéficieront d'une formation théorique adaptée. Pour les autres, la culture générale se poursuivra en rapport avec une culture spécialisée orientée vers la profession, de sorte que les jeunes gens qui seraient désignés par leurs aptitudes pour l'exercice d'un métier seront aptes à la fin du 3e cycle à entrer dans la vie professionnelle. L'enseignement du 3e cycle, en raison du rôle fondamental qu'il est appelé à jouer dans l'affectation sociale et l'utilisation des aptitudes, devra présenter une grande souplesse, une grande diversité, afin d'offrir des combinaisons d'études, des groupements de disciplines adaptés aux diverses catégories d'esprits.

A la fin du 1er degré et au delà de la limite de l'obligation scolaire (18 ans), un second degré d'enseignement s'ouvrira à ceux, et à ceux-là seulement, qui se seront révélés capables d'en profiter. Élargi et diversifié, il orientera les étudiants vers des spécialisations de plus en plus définies, dans toutes les catégories d'aptitudes et d'activités. Les études supérieures techniques y trouveront place au même titre que les études littéraires, scientifiques et artistiques. L'un des rôles importants de cet enseignement supérieur, sera d'assurer la formation des maîtres à tous les degrés. Des instituts hautement spécialisés s'ouvriront ensuite aux chercheurs de toutes catégories.

La seconde conséquence importante des principes directeurs de la réforme de l'enseignement est la nécessité de prévoir tout un ensemble de mesures de justice sociale, dont l'absence serait la négation de toute réforme.

En premier lieu, l'enseignement public doit être gratuit à tous les degrés. La gratuité s'impose comme le complément logique de l'obligation scolaire. La prolongation de la scolarité obligatoire jusqu'à 18 ans entraîne la gratuité de l'enseignement aux 3 cycles du 1er degré. Mais il est indispensable, si chacun doit occuper la place où il est susceptible de rendre le plus de services, que le recrutement de l'enseignement supérieur soit déterminé par les aptitudes et non par le rang social ou le niveau de fortune. Pour s'ouvrir à tous ceux qui en peuvent bénéficier, l'enseignement supérieur doit, lui aussi, être gratuit.

....

II. — CARACTÈRES DE L'ENSEIGNEMENT DONNÉ AU COURS DES 3 CYCLES D'ÉTUDES

1er cycle de 7 à 11 ans

Le même enseignement est commun pour tous les enfants (pour des raisons à la fois psychologiques et pédagogiques); mais les méthodes pédagogiques seront en rapport avec les aptitudes variables des enfants...

2e cycle de 11 à 15 ans (cycle d'orientation)

L'enseignement est en partie commun, en partie spécialisé. L'enseignement commun rassemble tous les enfants, quelle que soit leur spécialisation. (Si des sections distinctes doivent être constituées, ce sera seulement pour tenir compte de la diversité entre les dispositions scolaires des enfants et des différences de méthodes pédagogiques qu'elles peuvent rendre nécessaires).

L'enseignement spécialisé comportera un choix d'activités permettant d'éprouver les goûts et les aptitudes des enfants. Ces activités prendront toutes les formes qui peuvent, en rapport avec l'âge, indiquer l'orientation scolaire puis professionnelle qui conviendra ultérieurement à l'enfant.

L'âge de la manifestation des aptitudes n'est pas le même pour toutes, certaines paraissent ne pas se révéler avant 13 ou 14 ans. Les options correspondantes ne pourront donc être significatives qu'à cet âge. D'une façon générale il semble que l'assujettissement à des options proprement dites doive intervenir seulement dans les dernières années du 2e cycle, les deux premières années de ce cycle étant plutôt consacrées à une pédagogie active sous la direction de maîtres peu nombreux. Le passage d'une option à une autre devra toujours rester possible grâce à des méthodes rapides de rattrapage. Le rattrapage sera plus facile si, dans chaque option, les enfants ne sont pas répartis suivant la classe d'enseignement commun à laquelle ils appartiennent, mais suivant la rapidité de leurs progrès dans l'option. Cette méthode est d'autant plus indiquée que le niveau des aptitudes spéciales dépend beaucoup moins de l'âge que des dispositions individuelles.

. . . .

A mesure qu'elles pourront se préciser d'âge en âge, les options ou les groupements d'options, devront acheminer l'enfant vers une des sections et branches d'enseignement entre lesquelles sera divisé le cycle suivant: (section théorique, avec branches littéraires, scientifiques, techniques, section professionnelle et pratique).

La Réforme de l'Enseignement. Projet soumis à M. le Ministre de l'Éducation Nationale par la Commission Ministérielle d'Étude (Ministère de l'Éducation Nationale, n.d. [1947]), pp. 9–15

DECLARATION OF THE *ÉTATS-GÉNÉRAUX DE LA FRANCE LAÏQUE* 1949

PRINCIPES

1º Avec l'argent demandé à tous, l'État ne subventionne que les Écoles ouvertes à tous.

2º Au budget, priorité aux crédits destinés à l'Enseignement.

3º Dès à présent, pour l'École de la République, indivisible et laïque, une seule législation scolaire, laïque.

4º Dans l'avenir, et dès que sera accomplie l'œuvre de propagande prescrite par les États-Généraux, institution d'une seule école, respectueuse de toutes les convictions, ouverte à tous, l'école nationale gratuite, obligatoire et laïque.

*   *   *

En application de ces principes, les États-Généraux réclament les mesures suivantes:

— Abrogation pure et simple du décret du 10 juin 1948, dit décret Poinso-Chapuis[1] et de l'ordonnance du 3 mars 1945, sur les Associations Familiales, celles-ci étant ramenées dans le droit commun.

— Abrogation des dispositions de la loi Falloux par lesquelles les Enseignements Privés Secondaires et Supérieurs peuvent être subventionnés par les collectivités publiques.[2]

— Abrogation définitive des textes de Vichy relatifs à la présence d'aumôniers dans les Établissements d'enseignement public.

— Vote d'une loi interdisant explicitement toute subvention directe ou indirecte à l'enseignement privé et aux œuvres éducatives de tous ordres ayant un caractère confessionnel, y compris les colonies de vacances, en

[1] *See* p. 524.
[2] Article 69, *see* p. 546.

attendant que puisse être élaboré et adopté un système par lequel, dans la garantie des initiatives pédagogiques et le respect des libres convictions des familles, tous les établissements d'enseignement constitueront un service national.

....

— Abrogation du décret Pétain d'août 1940 sur les congrégations enseignantes.

....

THE *LOI MARIE*   1951

Article premier. Il est ouvert au ministre de l'éducation nationale, en addition aux crédits accordés par la loi n° 51-630 du 24 mai 1951 et par des textes spéciaux, des crédits s'élevant à la somme de 850 000 000 de francs applicables au chapitre 4010: «Bourses nationales» du budget de l'éducation nationale pour l'exercice 1951.

Les crédits de ce chapitre bénéficieront aux élèves les plus méritants qui pourront être inscrits, suivant la volonté des parents, dans un établissement d'enseignement public ou d'enseignement privé, la bourse étant accordée par priorité aux élèves de l'enseignement public ayant satisfait au concours de 1951.

Les modalités d'octroi des bourses et les conditions à remplir par les établissements qui reçoivent les boursiers nationaux sont déterminées par décret pris sous forme de règlement d'administration publique. Celui-ci devra intervenir avant le 20 septembre 1951.

....

Journal officiel (23 septembre 1951)

THE *LOI BARANGÉ*   1951

Article premier. Il est institué un compte spécial du Trésor chargé de mettre à la disposition de tout chef de famille, ayant des enfants recevant l'enseignement du premier degré, une allocation dont le montant est de 1 000 F par enfant et par trimestre de scolarité.

Pour les enfants fréquentant un établissement public d'enseignement du premier degré, cette allocation est mandatée directement à la caisse départementale scolaire gérée par le conseil général.

Les fonds de ces caisses seront employés à l'aménagement, à l'entretien et à l'équipement des bâtiments scolaires de l'enseignement public du premier degré.

Le conseil général pourra déléguer aux œuvres éducatives désignées par les chefs de famille intéressés une partie qui ne doit pas excéder 10 p. 100 des sommes attribuées à la caisse départementale.

Pour les enfants fréquentant un établissement privé d'enseignement, cette allocation est mandatée directement à l'association des parents d'élèves de l'établissement.

Cette association pourra déléguer aux œuvres éducatives désignées par les chefs de famille intéressés une partie qui ne doit pas excéder 10 p. 100 des sommes attribuées à la caisse de l'association.

Le montant de l'allocation est affecté par priorité à la revalorisation du traitement des maîtres des établissements privés.

Les allocations du premier trimestre de l'année scolaire 1951–1952 seront mandatées avant le 15 octobre 1951.

L'application des dispositions du présent article est subordonnée à l'autorisation du chef de famille qui devra produire un certificat de scolarité.

Un règlement d'administration publique, pris dans le délai d'un mois après la promulgation de la présente loi, déterminera les modalités du contrôle de l'attribution de l'allocation et de sa répartition par les conseils généraux.

Art. 2. Pour alimenter le compte spécial du Trésor prévu à l'article 1er, il est institué, à compter du 1er octobre 1951, une cotisation additionnelle de 0,30 p. 100 aux tarifs de la taxe à la production prévus par les paragraphes 1° et 2° de l'article 256 du code général des impôts.

Ladite cotisation sera établie et recouvrée sur les mêmes bases, selon les mêmes règles et sous les mêmes sanctions que la taxe à la production.

Art. 3. Jusqu'au 31 décembre 1951, et en attendant l'exécution des dispositions prévues par l'article 2 ci-dessus, le compte spécial institué par l'article 1er pourra présenter un découvert au plus égal au montant trimestriel des allocations attribuées aux chefs de famille en exécution de la présente loi.

Art. 4. Les dispositions de la présente loi cesseront d'avoir effet à la date de la mise en vigueur de la loi fixant le régime scolaire d'ensemble.

En ce qui concerne les établissements privés, la présente loi ne sera applicable qu'à ceux légalement constitués à la date de sa promulgation.

Art. 5. La présente loi ne s'applique pas à l'Algérie.

La présente loi sera exécutée comme loi de l'État.

Journal officiel (30 septembre 1951)

THE BERTHOIN REFORMS   1959

1. *Exposé des motifs* of decree.

I. La prolongation de la scolarité

L'ordonnance affirme, en premier lieu, le principe, applicable à longue échéance, de la prolongation de la scolarité jusqu'à seize ans.

Cette mesure est à nos yeux loin d'être essentielle. Lorsqu'elle entrera en application, c'est-à-dire, comme dans le projet le plus récent, huit ans après la mise en application du présent texte, autrement dit en 1967, elle ne fera qu'entériner un mouvement spontané et si large que la pression de la loi n'aurait lieu de s'exercer, si elle était appliquée demain, que sur 35 p.100 de nos adolescents.

En 1914, moins de 5 p. 100 des enfants poursuivaient leurs études au delà de la scolarité obligatoire, dont le terme était alors atteint à treize ans. Aujourd'hui, alors que cet achèvement est fixé à quatorze ans, le pourcentage est de l'ordre de 65 p. 100 pour l'ensemble du pays. Il avoisine 75 à 80 p. 100 dans les grandes agglomérations et les régions industrialisées. Il atteint 84 p. 100 à Paris. Il est vraisemblable, qu'au rythme actuel de progression, il dépassera, en 1967, celui de 80 p. 100 pour l'ensemble du territoire.

Aussi l'opinion, sensible aux exigences accrues de toutes les tâches, aussi modestes qu'elles paraissent, s'accorde-t-elle unanimement à tenir pour indispensable une formation plus achevée. Cette promotion terminale, d'inspiration très concrète, différenciée selon les milieux de l'activité prochaine, aussi bienfaisante à l'ouvrier qu'au paysan, sera, non pas du tout une répétition de l'école primaire, mais une préparation directe à la vie pratique, dont on sait bien qu'elle ne peut plus s'accommoder des simples connaissances élémentaires.

II. INVESTIR A PLEIN PROFIT

La réforme véritable est ailleurs. Elle répond d'abord à une prise de conscience de la révolution démographique qui s'accomplit devant nous. Les générations très fortes de l'après-guerre sont arrivées à l'âge scolaire. Elles ont presque recouvert l'enseignement primaire, déjà elles doublent les effectifs des deux premières années de l'enseignement secondaire. Elles atteindront dans un an l'enseignement technique, dans cinq ans l'enseignement supérieur.

Au même moment, malgré quelques inquiétudes récentes, l'activité économique du pays offre à nos enfants et à nos adolescents des ouvertures considérables. Encore faut-il, sous peine des plus graves mécomptes, que l'expansion humaine et l'expansion économique soient mises en correspondance, sans que pourtant se trouve le moins du monde menacé l'héritage de savoir désintéressé et la tradition humaniste qui constituent l'essence du génie français et fondent son originalité.

Quelques chiffres fixeront d'abord l'ampleur de l'effort qu'en tout état de cause, avec ou sans réforme, nous devons accomplir dans les toutes prochaines années. En 1961, nous recevrons environ 6 500 000 élèves dans l'enseignement du premier degré contre 6 100 000 actuellement, y compris les effectifs des cours complémentaires, qui atteindront sans doute plus de 520 000 élèves en 1961, contre 310 000 actuellement. L'enseignement secondaire avec l'organisation actuelle passerait d'un effectif de 650 000 élèves en 1957 à un effectif de plus de 900 000 élèves. L'enseignement technique, qui compte aujourd'hui 330 000 élèves et en refuse durement près de 60 000 chaque année, aura certainement à accueillir 160 000 élèves supplémentaires d'ici la même date.

Telles sont les données numériques de base, irréfutables, qui dictent à la nation l'un de ses plus impérieux devoirs (cf. p. 517).

Toute la question est de savoir si, ces mêmes investissements, nous entendons les utiliser à faible ou à plein profit.

III. Contradictions et lacunes de
l'organisation actuelle

Au moment où une aussi claire évidence impose au pays de tels investissements, l'éducation nationale doit dresser son bilan, constater ses insuffisances, proposer les adaptations qui doivent assurer aux contributions financières de la nation une pleine rentabilité.

De graves contradictions déséquilibrent nos enseignements. Notre enseignement secondaire par exemple s'affaiblit et menace de succomber sous la pléthore. Alors que cette vague n'a encore recouvert que ses deux premières années, comment accepter la perspective de lycées bientôt submergés par un million d'élèves, dont la moitié sans doute n'y seraient entrés qu'en méconnaissant leurs véritables aptitudes?

Le drame est là: nous retenons dans l'enseignement théorique nombre de jeunes esprits — qui trouveraient mieux leur voie dans l'enseignement technique à l'un ou à l'autre de ses niveaux — et, dans le même temps, nous abandonnons dans l'enseignement utile mais sommaire des classes de fin d'études, ou dans les enseignements courts, des intelligences auxquelles les enseignements longs, technique ou secondaire, vaudraient leur accomplissement véritable.

Par une exacte recherche de ces diverses aptitudes, les différents types d'enseignement doivent recevoir tous les élèves qui s'avèrent plus particulièrement aptes à suivre tel ou tel d'entre eux. C'est là tout le problème qui n'est pas de hiérarchisation mais de répartition.

C'est seulement par cet inventaire exhaustif de nos ressources intellectuelles, actuellement incomplètement prospectées et trop souvent fourvoyées, que nous mettrons fin à la perte de substance que nous déplorons, et dont souffrent aussi bien les individus que la nation elle-même.

Nous ne pouvons plus maintenir une organisation scolaire qui ne nous permet de former qu'un chercheur, un ingénieur, un professeur quand il en faudrait deux, un technicien quand trois seraient nécessaires, tandis qu'à l'inverse, se presse dans nos enseignements supérieurs des lettres, de la philosophie et du droit une foule d'étudiants, à qui nous n'avions pas préparé d'autre issue, et qui doivent maintenant recourir à de tardives et difficiles «reconversions», faute de quoi ils se condamneraient, ce n'est pas sans exemple, à des besognes de fortune et de déboire.

IV. Les fins et les moyens

Nos intentions, dès lors, se réfèrent à la raison la plus simple. Si un cloisonnement paralysant et une prospection très fragmentaire constituent les défauts majeurs, une règle fondamentale s'impose à nous. Affirmons-la sans craindre de répéter la notion essentielle, qui est celle d'une «possibilité» prolongée d'orientation et de réorientation: il faut que nos élèves soient confiés, le plus longtemps possible, à des enseignements aussi peu différents que possible, qui, à leur terme, leur offriront encore des choix aussi nombreux que possible pour les formations définitives.

A. — *Le Cycle d'Observation.*

Sa Définition

Mais il s'agit d'abord de conduire aux enseignements de formation tous les enfants capables de les suivre avec fruit, ensuite de substituer à l'orientation de hasard ou de préjugé, qui vaut actuellement à nos élèves tant de tentatives avortées ou de choix sans issue, une orientation fondée sur la pleine observation de leurs aptitudes.

Si cette observation complète requiert que les élèves ne soient pas trop vite dirigés dans les voies qui les engagent définitivement, elle ne doit pourtant ni contrarier, ni ralentir, le déroulement normal des études. Les jeunes intelligences ne sauraient être en rien retardées dans leur élan, non plus d'ailleurs que celles qui se dévoilent plus lentement ne doivent être victimes du délai nécessaire à leur démonstration.

Cette double nécessité de mettre en œuvre, à l'âge des choix, un enseignement plein, suivi au rythme habituel, et une observation qui, pour être attentive et prolongée, ne doit en aucune façon gêner ou dérouter l'enseignement, nous a conduits à ne pas retenir le système des essais successifs, et à faire de l'enseignement lui-même le cadre, et le moyen, de l'observation et de la détection des aptitudes.

. . . .

Les intentions maîtresses de cette réforme peuvent dès lors se rassembler dans les principes suivants:

1° Assurer une prospection aussi complète que possible de nos ressources juvéniles;

2° Au cours de la phase d'enseignement-observation laisser les sujets qui auront rapidement confirmé leurs dons s'engager pleinement, et sans perte de temps, dans la voie qu'ils ont choisie;

3° Cependant, assister les autres, c'est-à-dire la majorité des enfants, dont les aptitudes sont encore peu déclarées ou peu orientées, par une observation rendue obligatoire qui permettra de signaler à leurs familles, d'abord, les contre-indications manifestes, ensuite, s'il en est besoin, et aussi longtemps qu'il sera utile, les réorientations nécessaires;

4° Enfin, donner aux élèves et aux familles, au terme du cycle, un conseil dûment élaboré en vue des enseignements ultérieurs, dont les fins et les exigences sont si dissemblables, en même temps que nous tendrons à rapprocher les programmes à la base des différents enseignements, de telle manière que le passage de l'un à l'autre puisse s'effectuer sans perte de temps et sans dommage pour la suite des études.

2. Text of ordinance raising the school-leaving age.

Article premier. L'instruction est obligatoire jusqu'à l'âge de seize ans révolus pour les enfants des deux sexes français et étrangers, qui atteindront l'âge de six ans à partir du 1er janvier 1959.

La présente disposition ne fait pas obstacle à l'application des prescriptions particulières imposant une scolarité plus longue.

Art. 2. L'instruction obligatoire a pour objet l'éducation et les connaissances de base, les éléments de la culture générale et, selon les choix, de la formation professionnelle et technique.

Art. 3. Elle peut être donnée soit dans les établissements ou écoles publics ou libres, soit dans les familles par les parents, ou l'un d'entre eux, ou toute personne de leur choix.

Art. 4. Le contrôle du respect de cette obligation s'exerce dans les conditions fixées par décret.

Journal officiel (7 janvier 1959)

3. Text of decree.

Titre Iᵉʳ

De l'enseignement obligatoire public

Article premier. L'enseignement obligatoire public assure à tous les enfants des conditions égales devant l'instruction.

Art. 2. L'enseignement obligatoire public comporte trois phases:

1° Un cycle élémentaire, ouvert à partir de la sixième année, en principe pendant une durée de cinq ans;

2° Un cycle d'observation, ouvert après l'enseignement élémentaire, d'une durée de deux ans, et comportant, avec la progression normale des études, l'observation des aptitudes des élèves définie au titre II;

3° Jusqu'au terme de l'obligation scolaire, un cycle terminal, défini, sous réserve de l'article 31, à l'article 5, ou l'un des enseignements définis aux titres III et IV du présent décret.

Art. 3. Le cycle élémentaire est le même pour tous, il assure l'acquisition des connaissances et des mécanismes de base.

Art. 4. Le cycle d'observation est défini et organisé conformément aux dispositions du titre II du présent décret.

Art. 5. Le cycle terminal, notamment selon les modalités prévues à l'article 31, achève l'obligation scolaire à la fois par un complément de formation générale et par une préparation concrète et pratique aux activités agricoles, artisanales, commerciales ou industrielles, pour les élèves qui ne s'engagent pas dans les enseignements définis aux titres III et IV du présent décret.

Cet enseignement est sanctionné par le diplôme de fin d'études obligatoires, qui porte mention du type de préparation professionnelle choisi.

Titre II

Du cycle d'observation

Art. 6. Le cycle d'observation prévu à l'article 4 du présent décret reçoit les élèves qui ont acquis la formation élémentaire normale.

Art. 7. Les classes qui constituent le cycle d'observation font partie intégrante de l'établissement où elles sont installées.

Art. 8. Ce cycle comporte l'étude des programmes normaux des classes de sixième et de cinquième des diverses catégories d'établissements, ces programmes étant, à ce stade, aussi rapprochés que possible.

Art. 9. Le premier trimestre de la première année scolaire est essentiellement consacré à affermir les mécanismes élémentaires et à unifier les connaissances de base. Les enseignements se subdivisent, dès le début du second trimestre, en une section classique et une section moderne.

Art. 10. Au terme du premier trimestre, le conseil d'orientation défini à l'article 17 donne aux familles un premier avis sur le type d'études qui paraît le mieux convenir aux aptitudes de l'enfant. La famille reste libre de sa décision.

Art. 11. En dispensant l'enseignement des disciplines inscrites aux programmes, les maîtres de ce cycle observent méthodiquement les goûts et les aptitudes de l'élève.

Art. 12. Au cours du cycle d'observation, et obligatoirement à la fin de l'année scolaire, le conseil d'orientation donne à la famille toutes indications utiles pour confirmer la convenance de la section choisie aux possibilités de l'élève, ou pour suggérer un changement de section.

Art. 13. Les dispositions qui précèdent seront appliquées de manière à assurer, entre les divers établissements d'une même localité, une coordination efficace. Dans la mesure des possibilités, qui seront progressivement élargies, la même coordination sera établie entre les établissements de localités voisines.

Art. 14. Au terme du cycle d'observation, les élèves qui choisissent la forme d'enseignement qui leur est proposée par le conseil d'orientation la suivent de plein droit.

Aux élèves qui préfèrent une autre forme d'enseignement est ouvert un examen public, destiné à établir leur aptitude à la forme d'enseignement qu'ils ont choisie.

Art. 15. Les élèves qui, pour une raison quelconque, n'auraient pu être admis dans une classe du cycle d'observation ou n'auraient pu bénéficier de toutes les possibilités d'option qu'il comporte, peuvent être reçus, au niveau de la classe de quatrième, après un examen de leurs aptitudes et de leurs connaissances, dans une classe d'accueil, dont les horaires et les programmes permettent à ces élèves de s'adapter à la forme d'enseignement qui leur convient le mieux.

Art. 16. Au delà de ce cycle, et dans tous les ordres d'enseignement, l'observation et l'orientation se poursuivent pendant toute la scolarité. Des possibilités de passage sont aménagées entre les différents enseignements.

Art. 17. Le conseil d'orientation est constitué, auprès de chaque classe ou groupe de classes du cycle d'observation, par la réunion de tous les maîtres qui y enseignent et qui auront reçu, au fur et à mesure des possibilités, la formation prévue à l'article 52, ainsi que de personnes désignées par le recteur en raison de leur compétence.

Art. 18. Sous la direction de l'un des maîtres de ces classes, nommé par le recteur, le conseil d'orientation anime, coordonne et dirige les observations des différents maîtres sur les aptitudes des élèves; il établit avec les parents les liaisons utiles et, au terme du cycle, éclaire leur choix entre les divers types d'enseignement.

. . . .

Titre III

Des enseignements généraux

Art. 22. L'enseignement général long comporte:

1º Les deux années du cycle d'observation;

2º Pour les deux années qui font suite à ce cycle, trois sections:

— La section classique A, caractérisée notamment par l'enseignement du grec, du latin et d'une langue vivante;

— La section classique B, caractérisée notamment par l'enseignement du latin et de deux langues vivantes;

— La section moderne, caractérisée notamment par l'enseignement renforcé du français et l'enseignement de deux langues vivantes.

3º Pour les deux années du second cycle, sept sections:

— La section classique A, caractérisée notamment par l'enseignement du grec, du latin et d'une langue vivante, assorti d'une formation complémentaire en partie facultative (A′), et susceptible de permettre l'orientation ultérieure vers les études scientifiques;

— La section classique B, caractérisée notamment par l'enseignement du latin, de deux langues vivantes et par une formation générale orientée vers les sciences humaines et leurs moyens modernes d'expression;

— La section classique C, caractérisée notamment par l'enseignement du latin, des sciences et d'une langue vivante;

— La section moderne M, caractérisée notamment par l'enseignement des sciences et de deux langues vivantes;

— La section moderne M′, caractérisée notamment par l'enseignement des sciences expérimentales, physiques et biologiques, et l'étude renforcée d'une langue vivante;

— La section technique T, caractérisée notamment par l'enseignement des sciences, d'une langue vivante et des techniques industrielles fondamentales;

— La section technique T′, caractérisée notamment par l'orientation des divers enseignements vers les faits économiques, leurs moyens modernes d'expression, et par l'étude de deux langues vivantes.

Art. 23. Pour la septième année, l'enseignement général, qui comporte dans toutes les sections une initiation à la philosophie, est donné dans cinq sections:

— Une section «Philosophie»;

— Une section «Sciences expérimentales»;

— Une section «Mathématiques»;

— Une section «Mathématiques et technique»;

— Une section «Sciences économiques et humaines».

Journal officiel (7 janvier 1959)

THE *LOI DEBRÉ* 1959

Article premier. Suivant les principes définis dans la Constitution, l'État assure aux enfants et adolescents dans les établissements publics d'enseignement la possibilité de recevoir un enseignement conforme à leurs aptitudes dans un égal respect de toutes les croyances.

L'État proclame et respecte la liberté de l'enseignement et en garantit l'exercice aux établissements privés régulièrement ouverts.

Il prend toutes dispositions utiles pour assurer aux élèves de l'enseignement public la liberté des cultes et de l'instruction religieuse.

Dans les établissements privés qui ont passé un des contrats prévus ci-dessous, l'enseignement placé sous le régime du contrat est soumis au contrôle de l'État. L'établissement, tout en conservant son caractère propre, doit donner cet enseignement dans le respect total de la liberté de conscience. Tous les enfants sans distinction d'origine, d'opinions ou de croyances, y ont accès.

Art. 2. Le contrôle de l'État sur les établissements d'enseignement privés qui ne sont pas liés à l'État par contrat, se limite aux titres exigés des directeurs et des maîtres, à l'obligation scolaire, au respect de l'ordre public et des bonnes mœurs, à la prévention sanitaire et sociale.

Art. 3. Les établissements d'enseignement privés peuvent demander à être intégrés dans l'enseignement public.

Les maîtres en fonctions lorsque la demande est agréée sont, soit titularisés et reclassés dans les cadres de l'enseignement public, soit maintenus en qualité de contractuels.

Art. 4. Les établissements d'enseignement privés du premier degré, du deuxième degré et technique peuvent, s'ils répondent à un besoin scolaire reconnu, demander à passer avec l'État un contrat d'association à l'enseignement public.

Le contrat d'association peut porter sur une partie ou sur la totalité des classes de l'établissement. Dans les classes faisant l'objet du contrat, l'enseignement est dispensé selon les règles et programmes de l'enseignement public. Il est confié, en accord avec la direction de l'établissement, soit à des maîtres de l'enseignement public, soit à des maîtres liés à l'État par contrat.

Les dépenses de fonctionnement des classes sous contrat sont prises en charge dans les mêmes conditions que celles des classes correspondantes de l'enseignement public.

Les établissements organisent librement toutes les activités extérieures au secteur sous contrat.

Art. 5. Les établissements d'enseignement privés du premier degré peuvent passer avec l'État un contrat simple suivant lequel les maîtres agréés reçoivent de l'État leur rémunération déterminée, notamment, en fonction de leurs diplômes et selon un barème fixé par décret.

Ce régime est applicable à des établissements privés du second degré ou de l'enseignement technique, après avis du comité national de conciliation.

Le contrat simple porte sur une partie ou sur la totalité des classes des établissements. Il entraîne le contrôle pédagogique et le contrôle financier de l'État.

Peuvent bénéficier d'un contrat simple les établissements justifiant des seules conditions suivantes: durée de fonctionnement, qualification des maîtres, nombre d'élèves, salubrité des locaux scolaires. Ces conditions seront précisées par décret.

Les communes peuvent participer dans les conditions qui sont déterminées par décret aux dépenses des établissements privés qui bénéficient d'un contrat simple.

Il n'est pas porté atteinte aux droits que les départements et les autres personnes publiques tiennent de la législation en vigueur.

Art. 6. Il est créé dans chaque département un comité de conciliation compétent pour connaître de toute contestation née de l'application de la présente loi. Aucun recours contentieux relatif à la passation des contrats prévus aux articles précédents ou à leur exécution ne pourra être introduit qu'après avoir été soumis au comité départemental de conciliation.

Un comité national de conciliation est institué auprès du ministre de l'éducation nationale.

Le comité national donne un avis sur les questions qui lui sont soumises par le ministre de l'éducation nationale saisi notamment par les comités départementaux.

Art. 7. Les collectivités locales peuvent faire bénéficier des mesures à caractère social tout enfant sans considération de l'établissement qu'il fréquente.

Art. 8. La loi n° 51-1140 du 28 septembre 1951 cessera d'avoir effet trois ans après la date de promulgation de la présente loi. Toutefois, après avis du comité national de conciliation, et compte tenu du nombre des établissements qui auront à cette date souscrit à l'un des deux types de contrat prévus ci-dessus, le Gouvernement pourra prolonger l'application de cette loi pour une durée supplémentaire n'excédant pas trois ans. Un décret déterminera les conditions d'attribution de l'allocation scolaire versée au titre des enfants fréquentant les classes placées sous contrat en vertu des articles 4 et 5 ci-dessus.

Lorsque la loi du 28 septembre 1951 cessera d'avoir effet, les ressources visées à l'article 1621 *ter* du code général des impôts alimentant le compte spécial du Trésor seront maintenues. Les fonds qui étaient employés pour les établissements scolaires publics seront à la disposition des départements, au profit de ces établissements. Les fonds qui étaient affectés aux familles d'enfants fréquentant les classes placées sous contrat seront mis à la disposition des collectivités locales, pour être utilisés en faveur des établissements signataires d'un contrat en application de l'article 4 ou de l'article 5 ci-dessus. Après avis du comité national de conciliation, des prestations équivalentes à l'allocation scolaire pourront être versées aux établissements non soumis au contrat et aux établissements signataires pour celles de leurs classes qui ne sont pas visées dans celui-ci. Les établissements intéressés seront soumis au contrôle pédagogique et financier de l'État.

Art. 9. Les contrats prévus à l'article 5 ne peuvent être conclus que pendant une période de neuf ans à compter de la promulgation de la presente loi. Toutefois, le Gouvernement pourra, après avis du comité national de conciliation, prolonger ce régime pour une période supplémentaire de trois ans.

Les contrats en cours à l'expiration de l'une ou l'autre de ces périodes produiront leurs effets jusqu'à leur terme.

Avant l'expiration du régime du contrat simple, le comité national de conciliation présentera un rapport sur l'application de la présente loi; le Gouvernement saisira le Parlement de dispositions nouvelles destinées à prolonger ce régime, à le modifier ou le remplacer.

. . . .

Journal officiel (3 janvier 1960)

UNIVERSITY REVOLUTION   MAY 1968

[Plan of the staff-student *commission inter-disciplines.*]

La rigidité du système français d'enseignement, son ultra-centralisation et son adaptation à la société ancienne lui ont permis de résister pendant plus de cent cinquante ans à toute tentative de réforme profonde.

Il s'est écroulé d'un seul coup sous la poussée du mouvement des étudiants et des travailleurs. Ensemble, étudiants et enseignants recherchent maintenant les principes des structures futures. Celles-ci doivent permettre un renouvellement et une contestation qui revêtiront un caractère permanent.

Trois principes fondamentaux, d'emblée, se sont imposés: contestation, autogestion, autonomie.

Contestation

L'Université est un centre de réflexion permanente qui permet la contestation du savoir, de la société et d'elle-même.

La transmission du savoir ne peut être celle d'un savoir sclérosé: la recherche, par vocation, remet en cause tout savoir pour le renouveler. Elle ne peut qu'être critique des connaissances acquises et par conséquent des finalités de la vie économique et sociale, nécessairement liées aux formes du savoir.

Cette contestation doit déboucher sur une action concrète. Les conflits entre les conceptions que la recherche met en question et celles qu'elle élabore sont inévitables.

L'Université ne peut accepter d'être l'entreprise moderne qui fabriquerait les cadres que lui demanderait la société: il lui faut apprécier elle-même les besoins qu'elle satisfait, les orienter et les créer, choisir librement ses activités d'enseignement, de recherche et de formation.

D'autre part, elle se doit de contribuer à la définition de l'avenir de la collectivité nationale. L'enseignement supérieur doit, par des représentants élus dans toutes les instances d'élaboration du plan de développement économique et social, apporter son concours à la prospective et à la prévision selon ses critères qui ne sont pas nécessairement ceux de la rentabilité économique.

Un nouveau type de rapport doit ainsi s'établir entre l'Université et la société et donner progressivement son sens au devoir de contestation de l'Université.

A l'égard d'elle-même ce devoir de contestation implique que les étudiants et les enseignants puissent remettre en cause régulièrement et en toute liberté le contenu et les formes de l'enseignement.

La liberté d'information politique, l'information et les débats librement organisés dans l'Université entre étudiants, enseignants et travailleurs sont indispensables à cette contestation. Un ensemble de règles intérieures à chaque établissement d'enseignement supérieur doit garantir ces principes ainsi que la présence et la libre expression des minorités.

Autogestion

Cette contestation permanente ne peut être le fait des seuls enseignants ou des seuls étudiants. Elle provient de l'ensemble. Un nouveau rapport entre étudiants et enseignants, déjà pressenti dans les commencements actuels, doit se définir progressivement à cette fin. Ce rapport doit notamment se traduire dans la conjonction systématique de l'enseignement et de la recherche, dans l'organisation des étudiants avancés à cette double activité et dans l'autogestion des établissements d'enseignement, cette autogestion confiant à tous les échelons le pouvoir de conception et de décision aux étudiants et à tous les enseignants.

Autonomie

Le pouvoir de conception et de décision des étudiants et des enseignants serait illusoire si l'enseignement en général et ses établissements n'étaient autonomes, ce qui implique que soit laissée à chacun la responsabilité de ses affaires propres.

Cette responsabilité ne peut se concevoir sans l'institution d'organismes capables de neutraliser les forces extérieures qui avec la complicité de certains universitaires conservateurs et technocrates pourraient déposséder en fait étudiants et enseignants du pouvoir de conception et de décision en tout ce qui concerne le fonctionnement de l'Université.

D'autre part, la révolte contre une centralisation de type napoléonien ne doit pas faire oublier que l'autonomie ne peut commencer que par l'instauration d'un pouvoir proprement universitaire capable de s'imposer ses propres règles et d'en assurer le respect. L'existence d'une autorité centrale, émanation directe du pouvoir politique, étant récusée, ce pouvoir suppose une organisation allant de la base au sommet, une coopération entre établissements se complétant mutuellement, coordonnant leurs vocations et leur fonctionnement, et se fédérant au sein d'instances de niveaux de plus en plus élevés.

Assurer la contestation par l'ensemble des étudiants et des enseignants suppose donc au départ une organisation autonome fédérative. Cette organisation ne pourra se définir que progressivement, mais il convient d'en fixer le cadre sans tarder ...

'Réflexions sur la mutation de l'Université',
L'Éducation Nationale (27 juin 1968), pp. 11–12

M. EDGAR FAURE'S SPEECH ON
EDUCATIONAL REFORM   1968

[*24th July.*]

Nous avons vécu, depuis une décennie, dans la fascination de la croissance du nombre des étudiants. Nous avons consenti des efforts considérables qui pourraient quelquefois être traités avec plus de justice.

. . . .

Le problème le plus urgent est celui des locaux... Nous avons cherché... à utiliser tous les locaux que nous pouvions obtenir...

. . . .

On nous a proposé, à certains égards, une solution qui peut être séduisante, qui n'est pas absurde; la preuve en est qu'elle est appliquée dans de grands pays dont la civilisation est comparable à la nôtre et où les études ne sont pas marquées du signe de l'indigence. Cette solution, qu'on appelle la «sélection», consisterait, au seuil des établissements supérieurs, à établir un filtrage supplémentaire selon les possibilités d'accueil, ou, sans méconnaître le caractère aléatoire de la prévision économique, sur les possibilités d'emploi et les offres de débouchés.

La «sélection» n'est nullement une solution absurde; cependant, nous ne l'avons pas retenue et je désire, pour que le débat soit très complet, vous en donner toutes les raisons, car c'est un problème sur lequel je me suis penché personnellement au cours de cette dernière semaine.

La première de ces raisons est juridique. Les bacheliers qui ont obtenu leur diplôme, quelles qu'en soient les conditions, disposent d'un droit acquis, selon les règles en vigueur, à s'inscrire dans une faculté dont l'accès est articulé avec leur diplôme. Il y a des exceptions (par exemple, un bachelier en philosophie ne peut pas faire de mathématiques — et c'est d'ailleurs peut-être regrettable). Tout Français est juriste et ce droit acquis doit normalement être respecté.

En second lieu, le droit est toujours, surtout dans une société aussi juridique que la nôtre, la traduction non seulement des situations de fait, mais d'un ensemble de dispositions d'esprit et d'habitudes mentales. C'est une donnée de la psychologie française universitaire que, à la différence des grandes écoles recrutées par concours, les facultés sont ouvertes sur présentation du baccalauréat. Et la méconnaissance dans ces conditions, d'ailleurs bien délicates, à la fois de la règle de droit et de l'habitude de l'esprit ne pourrait manquer d'entraîner des réactions psychologiques très inquiétantes.

. . . .

Et puis, il faut aller au fond des choses. On dit: il n'y a qu'à faire la sélection. Par quels moyens? La fera-t-on par faculté? Dans ce cas, que deviendront les bacheliers éliminés des facultés les plus exigeantes? Ils iront encombrer celles qui n'auront pas pratiqué la sélection. Il en résultera donc un transfert d'une faculté à une autre. Si, au contraire, la sélection joue pour toutes les facultés, on ne dispose plus d'un critère justificatif suffisant car il y a des facultés qui n'ont pas d'étudiants en surnombre et des carrières qui ne connaissent pas de chômage. Donc, de toute manière, cette solution ne peut être retenue.

Mais la dernière raison, la plus profonde et la plus déterminante, touche le fond de l'enseignement: que faire des hommes?

Si ces bacheliers se sont apprêtés à s'inscrire dans des facultés et si nous les en empêchons, où iront-ils? Que vont-ils faire? Avons-nous prévu pour eux des structures d'accueil, des passerelles de dérivation? Elles n'existent pas!

Il faut d'abord mieux adapter l'enseignement secondaire à sa fonction — et j'y reviendrai avec beaucoup d'intensité — prévoir ensuite non seulement à la sortie de l'enseignement secondaire, mais à d'autres niveaux, des possibilités analogues à celles dont on dispose pour se dégager d'une autoroute quand on ne veut pas aller jusqu'à son terme et, surtout, quand l'automobile n'a pas la vitesse suffisante pour ce genre de voies: le dégagement vers la vie active, la possibilité par une instruction complémentaire rapide — donnée en un an par exemple — de transférer tous ces bacheliers vers des activités du secteur tertiaire où ils trouveraient souvent des emplois.

Tant que ces moyens n'existent pas, comment pourrions nous récupérer cette catégorie de «réprouvés» de la sélection?

En réalité, le problème de la sélection existe bien, mais il porte un autre nom, un nom double. Il porte le nom de qualification et celui d'orientation.

Il faut admettre les bacheliers qui sont qualifiés, il faut les orienter vers les voies où ils se qualifient. Et, quand nous sommes obligés de les détacher de leur vocation, il est de notre devoir de proposer une autre voie à leur choix.

. . . .

... Il existe un large consentement sur la nécessité du passage du quantitatif au qualitatif — mettons, pour ne pas parler le langage marxiste — d'une nouvelle relation entre enseignés et enseignants et, corrélativement à cette nouvelle relation, sur la nécessité de remodeler les établissements universitaires.

Certes cette nécessité a été proclamée avec un éclat et un fracas sur lesquels on peut avoir des vues diverses, au milieu de désordres, de déprédations, de barricades. Mais ne nous y trompons pas: il existait un besoin en profondeur...

Si des groupes de vingt-cinq élèves, des travaux pratiques de quarante élèves, des cours magistraux de deux cent cinquante élèves sont admissibles, au delà de ces nombres tout est différent et souvent irritant. Mais le surnombre, malgré sa valeur augmentative, n'est pas la cause efficiente. Ce n'est même pas en revenant à l'échelle antérieure — qui d'ailleurs, n'est pas possible — que nous pourrions considérer le problème comme résolu.

De toute façon, il nous était assigné comme mission de réfléchir maintenant aux traits d'une nouvelle Université, de l'Université de demain, c'est-à-dire d'aujourd'hui.

Quelles en sont les causes?

Les grands progrès de la science et de la technologie modifient le monde moderne. Comment n'atteindraient-ils pas d'abord le domaine où ces progrès sont justement le plus souvent conçus et où ils sont par définition diffusés?

En m'excusant d'insister sur ce point — mais je le juge important — je voudrais essayer d'énoncer devant vous, telles que je les vois, les causes d'une mutation qualitative de ce rapport.

La première est l'acquis de puissance par l'homme en tant que tel. S'il est banal de le dire, il faut toujours y penser.

Jadis chétif, l'homme dispose maintenant, quels que soient son rang et surtout son âge, même et surtout dans le jeune âge, d'une puissance sur les forces de la nature qui aurait été considérée jadis comme relevant de la magie. D'où une certaine surrection de la personnalité du jeune et une certaine récusation de la soumission et même de la révérence.

A partir du moment où il peut parler au monde par le moteur, l'automobile, l'électricité, l'avion autant et mieux que son ancien ou que son maître, comment resterait-il dans une condition perpétuellement subalterne, perpétuellement auditive? Ce n'est pas possible. A cet égard, ce n'est peut-être pas sans quelques raisons que l'on a comparé la condition et l'aspiration des jeunes à celle des peuples colonisés.

En second lieu, ce phénomène est accentué par l'immense développement des moyens d'information dont les jeunes sont plus friands et plus consommateurs que tous autres et qui, par l'instruction extra-universitaire qu'ils leur donnent quotidiennement, au moyen de la radio et de la télévision, les portent à contrôler ce qu'on leur dit, à relever des lacunes, à se juger à certains égards — peut-être mal choisis — égaux ou supérieurs à ceux qui les enseignent.

Enfin un rôle déterminant doit être attribué à la mobilité des connaissances, à leur renouvellement continu et à la remise en cause permanente des idées. Certains disciples sont aptes à discerner les premiers signes de vieillissement ou de sclérose dans l'enseignement qui leur est dispensé.

En fait, le recyclage, dont on parle tant, ne consistera pas à renvoyer les professeurs sur les bancs de l'école. Il doit être normalement obtenu par un travail en équipe où un professeur, les assistants et même les étudiants déjà formés s'aidant mutuellement, le professeur pourra profiter de certaines recherches, de certaines lectures d'étudiants ayant vécu dans d'autres pays ou connaissant des langues étrangères, et ce sans aucune humiliation, en même temps qu'il leur apportera tout de même un capital d'expérience, de maturité et de sagacité qui leur est indispensable.

Ces diverses notions ne doivent pas être bien entendu limitées à la seule catégorie des étudiants; elles sont également valables pour les enseignants. Les professeurs, recevant l'onde de choc de la libération estudiantine, s'aperçoivent soudain qu'ils sont eux-mêmes soumis à des contraintes et à des routines.

Il est même sans doute insuffisant d'évoquer le changement du rapport universitaire entre l'enseignant et l'enseigné. Il faut aller au-delà. Il n'y a plus de démarcation entre ces deux catégories, comme cela se passait dans un temps que certains d'entre nous ont bien connu. L'enseignant, même parvenu au faîte, est constamment obligé de réapprendre. Quant à l'étudiant, il se trouve très vite lui-même quelque peu un enseignant. Il y a même désormais une quasi-continuité entre les professeurs, les maîtres-assistants, les assistants et les étudiants incarnant les uns et les autres la profonde solidarité du monde de la connaissance, alternativement reçue et dispensée.

Le terme de «pouvoir étudiant», qui n'a pas de sens si l'on imagine je ne sais quelle dictature sur toute la nation ou même sur les professeurs, peut se comprendre si l'on imagine une revendication à quelque chose qui fait partie du pouvoir de l'être humain, c'est-à-dire à participer à la direction de son destin.

Déficit de considération, à la fois pour l'étudiant qui ne veut pas être l'anonyme occupant d'un amphithéâtre et pour l'enseignant qui demande aussi plus de considération à une société dans laquelle il a conscience, chaque jour, que ses capacités, son savoir lui auraient permis de tenir, s'il avait fait un autre choix, une place matériellement plus avantageuse.

A ces nouvelles exigences de responsabilité et de considération doit répondre la figure de l'Université. Quelle sera cette figure?

Voici comment nous envisageons la procédure. La loi-cadre que M. le Premier ministre a annoncée sera déposée à la date qu'il a indiquée. Pour l'établir, nous sommes disposés à recueillir, à rechercher l'inspiration auprès de tous ceux qui ont travaillé et approfondi ces problèmes.

D'abord, la mission des informateurs désignés par mon précédesseur, M. Ortoli, nous a fourni de nombreux renseignements très utiles, des suggestions très positives. Nous disposons de beaucoup de documents. Personnellement ou par mes collaborateurs, je suis prêt à recevoir tous ceux qui ont quelque chose à dire pour expliquer leurs projets, à la seule condition qu'ils veuillent bien, de leur côté, m'accepter... comme interlocuteur valable.

. . . .

Il y a le thème de la participation. Elle devra associer — c'est une idée évidente et qui est bonne — tous ceux qui sont intéressés au développement de l'Université: les enseignants proprement dits, maîtres de conférences, agrégés et professeurs, les maîtres-assistants, les assistants, les étudiants. Mais il y a aussi les chercheurs, les personnels techniques et administratifs, qui doivent être associés à ce qui intéresse leurs activités.

Bien entendu, les modalités de cette participation ne peuvent être identiques à tous les niveaux et dans tous les domaines. Sans préjuger l'avenir, il est certain que telles ou telles responsabilités doivent rester l'apanage des membres du corps enseignant; je pense par exemple aux inscriptions sur les listes d'aptitude ou à la collation des grades. D'autres peuvent être confiées aux seuls étudiants dont elles concernent la vie collective et quotidienne. D'autres enfin, dans le domaine de la gestion administrative et financière, dans celui de la pédagogie, peuvent être prises à l'avenir en commun. Encore une fois sans préjuger les modalités, je pense que ce serait une grave erreur que d'essayer de donner aux enseignants, comme le comportent certaines formules ambiguës, une représentation minoritaire. Qu'en résulterait-il? Ou bien le droit ne correspondrait pas au fait, ou bien les meilleurs enseignants quitteraient l'Université. Est-ce l'intérêt des étudiants? Je ne le crois pas.

. . . .

Autonomie, personnalité. Et, d'abord, à quel organisme ou à quel échelon appliquera-t-on ces termes? Un certain accord semble se faire pour écarter en tant qu'échelon type la faculté, car la délimitation de ses compétences est devenue tout à fait arbitraire et parfois archaïque.

Faut-il s'attacher au département — on y pense beaucoup — à l'Université elle-même, voire à une articulation de ces deux formules?
· ·

Pour ce qui regarde la pédagogie, je crois qu'on peut voir les choses largement; elle sera cependant limitée par le souci de la valeur nationale des diplômes. Je ne suis pas tenté par l'idée d'universités désorbitées placées dans une concurrence de type commercial et dont les diplômes feraient l'objet d'enchères, quelquefois à la baisse, de la part des utilisateurs.

Il y a enfin la question financière. C'est surtout la conception même du budget, du contrôle et de la tutelle qui doit être revisée. Et je crois que mon collègue des finances partage mon opinion. Au budget actuel, tout entier centré sur le contrôle de la régularité formelle des dépenses et sur l'application de dispositions réglementaires, rigides et uniformes, doit être progressivement substitué un budget fonctionnel, orienté comme dans les entreprises modernes sur la réalisation d'objectifs clairement définis.
· ·

J'aborderai le problème des libertés, puisqu'il est souvent évoqué, bien qu'il ne semble pas prêter à de véritables controverses. Il ne peut être question de porter atteinte aux libertés traditionnelles de l'Université, pas plus qu'aux libertés syndicales et politiques des étudiants. Qui le conteste?

Il faut aller plus loin et donner au mot «liberté» son acception complète en permettant aux étudiants de déterminer eux-mêmes le cadre de leur vie culturelle et sociale, notamment dans les cités universitaires, ce qui implique un effort particulier d'équipement socio-culturel.

Enfin, on ne doit pas esquiver le problème de la libre remise en cause du contenu et des formes de certains enseignements.

La recherche scientifique est, par nature, une remise en cause permanente du savoir. L'enseignement lui-même, en évitant les déformations et les abus, ne devrait-il pas accepter de se remettre en cause et d'être remis en cause par ceux qui le dispensent et ceux qui le reçoivent?
· ·

J'en viens à l'enseignement du second degré...

... l'examen... doit perdre le caractère de pari et de combat qu'il a eu trop longtemps. C'est ce qu'on a appelé «la décroissance de l'accidentel». Cette conception ancienne de l'examen est possible dans une société immobile où quelqu'un peut perdre huit ou dix années de sa vie — qu'il ne retrouvera jamais — pour préparer un concours. Selon la conception nouvelle, l'examen devrait être passé avec succès dans le plus grand nombre de cas.

... l'enseignement secondaire, malgré le très grand effort d'équipement consenti par l'État et les collectivités locales, malgré le très grand mérite et le dévouement de ses maîtres, n'est pas actuellement pleinement adapté à sa mission.

La politique que je voudrais définir à ce sujet s'exprime en un mot qui n'est pas très gracieux, mais qui fait une image juste: le décloisonnement. Je lui donne trois significations: décloisonnement du secondaire vers le supérieur, décloisonnement interne de l'enseignement secondaire, décloisonnement du secondaire vers la vie.

Décloisonnement vers le supérieur. Beaucoup de maîtres et beaucoup d'étudiants ont insisté auprès de moi — et pas seulement depuis que je suis rue de Grenelle — sur le fait que l'étudiant éprouvait un choc en passant du secondaire au supérieur. Il n'y est pas préparé. Il éprouve un malaise psychologique qui peut déformer sa liberté de choix. Il importe donc que dans les classes terminales l'élève soit traité de plus en plus comme un étudiant, afin que le passage se fasse sans heurt. Cela sera facilité par l'introduction ou le renforcement, dès le temps du lycée, de certains enseignements tels que le droit et l'économie politique qu'une tradition désormais incompréhensible réserve à l'enseignement supérieur.

Décloisonnement interne. C'est sur ce point peut-être que mes positions risquent de rencontrer des objections et de susciter des critiques. Je pense pour ma part que le moment est venu d'abolir à ce niveau la différence traditionnelle et presque sacramentelle entre le littéraire et le scientifique.

Cette conception est la survivance d'un temps où le domaine scientifique était extrêmement réduit et ne s'appliquait qu'aux sciences les plus exactes, d'un temps où l'astronomie était considérée comme relevant de l'astrologie et où l'étude de la nature était traitée comme l'art de la narration, «l'histoire naturelle».

Cette division, alors logique, s'accompagnait souvent d'un préjugé social qui n'a pas totalement disparu, en faveur des «Belles-lettres», considérées comme aristocratiques, et en défaveur des sciences exactes, considérées souvent comme un prolongement du travail manuel, comme une sorte de bricolage supérieur mais toujours roturier.

Ces idées ont vécu, et l'on aurait scrupule à le dire, si tant d'esprits ne persistaient à le méconnaître. Aujourd'hui, les facultés des lettres s'appellent aussi «des sciences humaines», les facultés de droit s'appellent aussi «des sciences économiques». Ce qui a fait s'exclamer un éminent commentateur: «Les sciences économiques ne seraient-elles donc pas des sciences humaines?» On parle de plus en plus de «sciences sociales».
. . . .

Je dois vous dire — c'est chez moi une conviction ancienne et presque explosive — que je considère comme aberrant de demander à un enfant de onze ans s'il entend se définir comme un littéraire ou comme un scientifique et d'entendre des parents fixer pour la vie le sort de leurs enfants à l'aide de formules telles que: «il est doué pour les lettres» ou: «il n'entend rien aux mathématiques».

Sans doute chaque branche de l'enseignement comporte une part d'étude de ce qui n'est pas son objet principal, mais nous savons que cette part est insuffisante, particulièrement en ce qui concerne les sciences.
. . . .

En premier lieu, il n'est pas bon qu'un jeune homme qui veut accéder à l'enseignement supérieur ne dispose pas d'un minimum de connaissances scientifiques...

En second lieu — et il faut traiter ce sujet sans hypocrisie — l'orientation univoque de l'enseignement permet à un certain nombre d'élèves de franchir trop facilement et sans effort suffisant les portes de l'enseignement supérieur et d'y créer le surnombre.

Cette insuffisance de sélection prend souvent la valeur d'une contre-sélection sociale. Les élèves appartenant aux milieux les plus aisés — ce que je ne songe nullement à leur reprocher — disposent plus que les autres des techniques d'expression et des notions de culture générale qui leur permettront de gagner, à usure et à force de redoublements, l'indulgence d'un jury.

Ce n'est pas les brimer, mais simplement les placer dans des conditions un peu moins privilégiées que de leur demander de s'astreindre à un effort dans la branche dite scientifique.

. . . .

Le premier cycle, dans ses deux premières années, c'est-à-dire la sixième et la cinquième, devra comporter un enseignement totalement unifié. Ce sont des années d'orientation et d'observation, et il n'est vraiment pas possible — c'est l'opinion que je vous propose — de marquer dès le début une démarcation. Cela doit logiquement nous conduire à reporter l'enseignement du latin au début de la quatrième; je pense qu'il n'y a pas d'inconvénient majeur à le faire, sauf à utiliser certaines notions des langues anciennes dans les cours de français.

Par la suite, l'enseignement secondaire doit avoir un tronc commun qui unifie complètement l'enseignement des matières de base, c'est-à-dire le français, les mathématiques et la première langue vivante. Autour de ce tronc commun, on peut prévoir des rameaux optionnels, comme le latin, la seconde langue vivante, la technologie, de même qu'un enseignement plus ou moins poussé de l'histoire, de la géographie, ou d'autres matières.

. . . .

... en dehors de cet équilibre interne souhaitable, il faut décloisonner l'enseignement secondaire, l'ouvrir de plus en plus sur la vie. Il est nécessaire de dispenser dans les classes terminales des enseignements plus directement orientés vers la vie.

Nous parlions tout à l'heure du droit. Pourquoi ne pas apprendre à des jeunes gens qui seront bacheliers quelques notions essentielles de droit concernant, par exemple, l'état civil, le mariage, le divorce, le testament? Pourquoi ne pas leur enseigner dans toutes les sections quelques rudiments d'économie politique et quelques éléments de comptabilité, notamment la lecture d'un bilan, sans en faire pour autant des experts comptables?

. . . .

Enfin, il n'y a aucun inconvénient à répandre l'enseignement des idées politiques et économiques dans les classes terminales, non à des fins d'endoctrinement, mais pour éviter précisément l'endoctrinement. Car les lycéens, qui lisent les journaux et les revues, écoutent la radio et regardent la télévision, rencontrent diverses propagandes. Pourquoi, alors, ne pas leur donner des éléments objectifs de connaissance dans ces secteurs qui les regardent?

. . . .

«Chaque enfant à sa naissance était plongé par le pied dans la mémoire...» Cette phrase de Giraudoux me vient à l'esprit quand je pense que le principal vice de l'enseignement français, du primaire au supérieur, est de solliciter essentiellement la mémoire et de n'accorder qu'une part accessoire à l'intelligence et à la réflexion qui, par un absurde renversement des valeurs, tendent à devenir de simples substituts de la vertu fondamentale, la mémoire.

Les programmes sont généralement constitués par l'addition de connaissances tenues pour nécessaires et tant que croît la connaissance humaine croît cette addition. Les examens ont pour vocation, non de vérifier une aptitude à la réflexion ou le développement d'une intelligence, mais de s'assurer de l'enregistrement passager de connaissances accumulées.

Si l'on excepte quelques rares branches de l'enseignement qui ont été préservées ou qui se sont elles-mêmes rénovées, le bachotage est devenu la grande entreprise qui conduit un enfant, puis un adolescent, de cinq ans à vingt ans, c'est-à-dire pendant quinze ans. Les inconvénients du système sont évidents : têtes encombrées de connaissances accumulées dans les conditions que l'on sait, par application de l'idée absurde que la culture consiste à tout apprendre puis à tout oublier ; arbitraire croissant de l'examen qui constitue le rouage essentiel. Tandis que croît le savoir, l'examen ne peut vérifier toutes les connaissances. La chance, l'indulgence, la sévérité, les marottes deviennent les critères qui décident, au terme de jeux compliqués, d'impasses et de surprises, de l'avenir des hommes.

Les meilleurs étudiants qui ont reçu tous les dons en partage n'en sont guère gênés. Cela ne justifie pas toutefois un système dont la vocation n'est pas de constater l'existence naturelle d'une élite, mais bien de rendre meilleurs ceux qui ne sont pas nés exceptionnels.

Le second vice de notre enseignement est qu'il est donné par les uns et reçu par les autres, donné par ceux qui détiennent la connaissance, reçu par ceux à qui elle est révélée. Certes, le rapport enseignant-enseigné n'a pas été, n'est pas un rapport d'exploitant à exploité, mais bien un rapport de donateur à donataire. Cela tient pour une part à l'état d'esprit de certains maîtres convaincus qu'ils ont rempli leur rôle quand ils ont livré la part de connaissance qu'ils détiennent, pour une autre part à l'état d'esprit d'étudiants aisément satisfaits de ce rôle passif, en tout cas vite tentés de réduire leurs efforts au minimum marginal, c'est-à-dire d'appréhender au passage une partie suffisante des connaissances qui défilent devant eux.

Le cours magistral est né de cette relation entre enseignant et enseigné. Si l'effort n'est que de mémoire, cette relation est en effet convenable, et le cours magistral, s'il est bon, est le procédé le plus direct et le plus satisfaisant de la transmission des connaissances.

En revanche, s'il s'agit de développer l'intelligence et la réflexion, les défauts d'un tel système sont frappants.

La revendication de la cogestion est née, n'en doutons pas, d'une prise de conscience de tels défauts. Tenu à l'écart de l'enseignement qu'il reçoit, l'enseigné revendique de participer, et non seulement à l'enseignement, c'est-à-dire au choix des méthodes pédagogiques, à l'élaboration des programmes, mais encore à l'organisation, à la gestion de l'unité enseignante. Il revendique les moyens d'être à tous les stades concerné par l'enseignement qu'il reçoit.

. . . .

Pour que notre enseignement fasse une place essentielle à l'effort de l'intelligence et de la réflexion, la mémoire reprenant son juste rôle qui est de les soutenir en les alimentant, il faut modifier ses méthodes et ses sanctions.

Modifier les méthodes, c'est diminuer la place du cours magistral pour accroître, en revanche, celle des recherches individuelles et collectives, des discussions, des dialogues où se développent les qualités de conception, de raisonnement et d'expression.

Modifier les sanctions, c'est renoncer, partout où cela est possible, à un système d'examens qui constate les connaissances d'une matinée d'été, mais organise une anxiété de huit mois, pour lui substituer une vérification constante et attentive de l'ensemble des facultés intellectuelles et de leur développement.

. . . .

L'idée de la participation n'a pas été seulement conçue à l'usage du monde universitaire. Elle doit parvenir à décoloniser la condition salariale. Cela sera plus difficile encore, mais cela aussi est nécessaire. Nos révolutionnaires savent bien que, là où une révolution a été réussie, là où elle a implanté un système d'économie collectiviste, la société de consommation est peut-être moins de consommation, mais a des caractères aussi accusés que la nôtre et les mouvements que l'on peut observer à vue d'œil, au jour le jour, en ce moment même, montrent à nos révolutionnaires que les différences qui existent entre ces régimes et le nôtre ne vont pas dans le sens que souhaite leur philosophie.

Pourquoi ne pas nous laisser tenter cette chance, puisque l'on n'a rien de véritablement sérieux à nous proposer d'autre part?

Le succès est possible. Notre volonté est certaine.

Il appartiendra sans doute — par quelle étrange mission! — à l'homme qui préside aux destinées de ce peuple et qui a accompli, dans une épreuve si douloureuse pour la nation, pour tous et pour lui-même, la tâche indispensable de la décolonisation dans laquelle des pays plus puissants et plus riches se trouvent encore si tragiquement englués, il lui appartiendra sans doute d'amorcer maintenant la désaliénation sociale.

Sans doute aussi appartiendra-t-il à la France, si dérisoirement taxée d'un «passéisme» nationaliste et chauvin, de proposer encore, la première au monde, une contribution généreuse au plus grave de tous les problèmes: la jeunesse d'un temps nouveau.

Déclaration de M. Edgar Faure, Ministre de l'Éducation Nationale. Assemblée Nationale, 24 juillet 1968 (Institut Pédagogique National, n.d. [1968]), pp. 13–54

THE *LOI D'ORIENTATION* 1968

TITRE PREMIER

MISSION DE L'ENSEIGNEMENT SUPÉRIEUR

Article premier. Les universités et les établissements auxquels les dispositions de la présente loi seront étendues ont pour mission fondamentale l'élaboration et la transmission de la connaissance, le développement de la recherche et la formation des hommes.

Les universités doivent s'attacher à porter au plus haut niveau et au meilleur rythme de progrès les formes supérieures de la culture et de la recherche et à en procurer l'accès à tous ceux qui en ont la vocation et la capacité.

Elles doivent répondre aux besoins de la nation en lui fournissant des cadres dans tous les domaines et en participant au développement social et économique de chaque région. Dans cette tâche, elles doivent se conformer à l'évolution démocratique exigée par la révolution industrielle et technique.

A l'égard des enseignants et des chercheurs, elles doivent assurer les moyens d'exercer leur activité d'enseignement et de recherche dans les conditions d'indépendance et de sérénité indispensables à la réflexion et à la création intellectuelle.

A l'égard des étudiants, elles doivent s'efforcer d'assurer les moyens de leur orientation et du meilleur choix de l'activité professionnelle à laquelle ils entendent se consacrer et leur dispenser à cet effet, non seulement les connaissances nécessaires, mais les éléments de la formation.

Elles facilitent les activités culturelles, sportives et sociales des étudiants, condition essentielle d'une formation équilibrée et complète.

Elles forment les maîtres de l'éducation nationale, veillent à l'unité générale de cette formation — sans préjudice de l'adaptation des diverses catégories d'enseignants à leurs tâches respectives — et permettent l'amélioration continue de la pédagogie et le renouvellement des connaissances et des méthodes.

L'enseignement supérieur doit être ouvert aux anciens étudiants ainsi qu'aux personnes qui n'ont pas eu la possibilité de poursuivre des études afin de leur permettre, selon leurs capacités, d'améliorer leurs chances de promotion ou de convertir leur activité professionnelle.

Les universités doivent concourir, notamment en tirant parti des moyens nouveaux de diffusion des connaissances, à l'éducation permanente à l'usage de toutes les catégories de la population et à toutes fins qu'elle peut comporter...

Titre II

Les institutions universitaires

Art. 3. Les universités sont des établissements publics à caractère scientifique et culturel, jouissant de la personnalité morale et de l'autonomie financière. Elles groupent organiquement des unités d'enseignement et de recherche pouvant éventuellement recevoir le statut d'établissement public à caractère scientifique et culturel et des services communs à ces unités. Elles assument l'ensemble des activités exercées par les universités et les facultés présentement en activité, ainsi que, sous réserve des dérogations qui pourront être prononcées par décret, par les instituts qui leur sont rattachés.

Lorsque les unités d'enseignement et de recherche ne constituent pas des établissements publics, elles bénéficient des possibilités propres de gestion et d'administration qui résultent de la présente loi et des décrets pris pour son application.

Des décrets, pris après avis du conseil national de l'enseignement supérieur et de la recherche, fixent la liste des établissements publics d'enseignement supérieur relevant du ministre de l'éducation nationale auxquels les dispositions de la présente loi seront étendues avec les adaptations que pourra imposer, pour chacun d'eux, la mission particulière qui lui est dévolue. Des décrets déterminent ceux de ces établissements qui seront rattachés aux universités.

Art. 6. Une ou plusieurs universités peuvent être créées dans le ressort de chaque académie.

Les universités sont pluridisciplinaires et doivent associer autant que possible les arts et les lettres aux sciences et aux techniques. Elles peuvent cependant avoir une vocation dominante.

TITRE III

AUTONOMIE ADMINISTRATIVE ET PARTICIPATION

Art. 11. Les établissements publics à caractère scientifique et culturel et les unités d'enseignement et de recherche groupées par ces établissements déterminent leurs statuts, leurs structures internes et leurs liens avec d'autres unités universitaires, conformément aux dispositions de la présente loi et de ses décrets d'application.

Les délibérations d'ordre statutaire sont prises à la majorité des deux tiers des membres composant les conseils.

Les statuts des unités d'enseignement et de recherche sont approuvés par le conseil de l'université dont elles font partie.

Art. 12. Les établissements publics à caractère scientifique et culturel sont administrés par un conseil élu et dirigés par un président élu par ce conseil.

Les unités d'enseignement et de recherche sont administrées par un conseil élu et dirigées par un directeur élu par ce conseil.

Le nombre des membres de ces conseils ne peut être supérieur à quatre-vingts pour les établissements et à quarante pour les unités.

Art. 13. Les conseils sont composés, dans un esprit de participation, par des enseignants, des chercheurs, des étudiants et par des membres du personnel non enseignant. Nul ne peut être élu dans plus d'un conseil d'université ni dans plus d'un conseil d'unité d'enseignement et de recherche.

Dans le même esprit, les statuts doivent prévoir, dans les conseils d'université et établissements publics indépendants des universités, la participation de personnes extérieures choisies en raison de leur compétence, et notamment de leur rôle dans l'activité régionale; leur nombre ne peut être inférieur au sixième ni supérieur au tiers de l'effectif du conseil. Les statuts peuvent également prévoir la participation de personnes extérieures dans les conseils d'unité d'enseignement et de recherche. Les dispositions relatives à cette participation sont homologuées par le conseil de l'université en ce qui concerne les unités d'enseignement et de recherche qui en font partie et par le ministre de l'éducation nationale, après avis du conseil national de l'enseignement supérieur et de la recherche, en ce qui concerne les universités et les établissements à caractère scientifique et culturel indépendants des universités.

20

La représentation des enseignants exerçant les fonctions de professeur, maître de conférences, maître-assistant ou celles qui leur sont assimilées doit être au moins égale à celle des étudiants dans les organes mixtes, conseils et autres organismes où ils sont associés. La représentation des enseignants exerçant les fonctions de professeur ou maître de conférences y doit être au moins égale à 60 p. 100 de celle de l'ensemble des enseignants, sauf dérogation approuvée par le ministre de l'éducation nationale après avis du conseil national de l'enseignement supérieur et de la recherche.

La détermination des programmes de recherche et la répartition des crédits correspondants relèvent exclusivement de conseils scientifiques composés d'enseignants exerçant les fonctions de professeur, maître de conférences ou éventuellement maître-assistant, de chercheurs de même niveau et de personnes choisies en fonction de leur compétence scientifique.

Pour la gestion des centres et des laboratoires de recherche peuvent seuls faire partie des collèges électoraux d'enseignants, de chercheurs et d'étudiants et être élus par ces collèges, les enseignants et les chercheurs ayant des publications scientifiques à leur actif et les étudiants de troisième cycle déjà engagés dans des travaux de recherche.

Art. 14. Les représentants des diverses catégories dans les conseils des unités d'enseignement et de recherche, dans les conseils des universités et dans les conseils des autres établissements publics à caractère scientifique et culturel sont périodiquement désignés au scrutin secret par collèges distincts.

Un décret déterminera les conditions dans lesquelles les étudiants qui seraient empêchés de voter personnellement seront admis à le faire par procuration, ou, à défaut, seront exclus des bases de calcul du quorum prévu à l'alinéa suivant.

Les représentants des étudiants sont élus au scrutin de liste à un tour, sans panachage ni vote préférentiel, avec représentation proportionnelle. Des dispositions seront prises pour assurer la régularité du scrutin et la représentativité des élus, notamment par l'interdiction des inscriptions électorales multiples dans deux ou plusieurs unités d'enseignement et de recherche et par l'institution d'un quorum qui ne peut être inférieur à 60 p. 100 des étudiants inscrits. Si le nombre des votants est inférieur à 60 p. 100 des étudiants inscrits, le nombre des sièges attribués est fixé en proportion du nombre des votants par rapport à ce chiffre.

Les élections des délégués étudiants ont lieu, dans la mesure du possible, par collèges distincts selon les années ou cycles d'études.

Le droit de suffrage est réservé aux étudiants ayant satisfait aux exigences normales de la scolarité, l'année précédente. Le pourcentage des représentants des étudiants de première année ne saurait excéder un cinquième de l'ensemble des représentants de tous les étudiants quand l'unité comprend plus de deux années.

Les étudiants étrangers régulièrement inscrits dans un établissement d'enseignement supérieur ont le droit de vote. Ne sont éligibles que les étudiants étrangers ressortissant de pays avec lesquels existent des accords de réciprocité.

Un décret fixera la composition des collèges électoraux et les modalités de recours contre les élections.

Titre IV

Autonomie pédagogique et participation

Art. 19. Les établissements publics à caractère scientifique et culturel et les unités d'enseignement et de recherche groupées dans ces établissements déterminent leurs activités d'enseignement, leurs programmes de recherche, leurs méthodes pédagogiques, les procédés de contrôle et de vérification des connaissances et des aptitudes sous la réserve des dispositions de la présente loi, des statuts des personnels appelés aux fonctions d'enseignement et de recherche et des règlements établis après consultation du conseil national de l'enseignement supérieur et de la recherche.

Art. 20. Les règles communes pour la poursuite des études conduisant à des diplômes nationaux relevant du ministre de l'éducation nationale, les conditions d'obtention de ces diplômes et les modalités de protection des titres qu'ils confèrent sont définies par le ministre, sur avis ou sur proposition du conseil national de l'enseignement supérieur et de la recherche.

Les aptitudes et l'acquisition des connaissances sont contrôlées par les enseignants d'une façon régulière et continue. Les examens terminaux permettent un contrôle supplémentaire des aptitudes et des connaissances.

Les titres de docteur sont conférés après la soutenance d'une thèse ou la présentation en soutenance d'un ensemble de travaux scientifiques originaux. Cette thèse et ces travaux peuvent être individuels ou, si la discipline le justifie, collectifs, déjà publiés ou inédits. Dans le cas où la thèse ou les travaux résultent d'une contribution collective, le candidat doit rédiger et soutenir un mémoire permettant d'apprécier sa part personnelle.

Titre V

Autonomie financière

Art. 26. Les établissements publics à caractère scientifique et culturel disposent, pour l'accomplissement de leur mission, des équipements, personnels et crédits qui leur sont affectés par l'État. Ils disposent en outre d'autres ressources, provenant notamment de legs, donations et fondations, rémunérations de services, fonds de concours et subventions diverses.

Art. 29. Chaque établissement vote son budget, qui doit être en équilibre et être publié. Le conseil de l'université approuve les budgets des établissements qui lui sont rattachés.

Les crédits de fonctionnement visés ci-dessus sont utilisés à couvrir les dépenses de fonctionnement et de matériel des établissements et de leurs unités d'enseignement et de recherche et, le cas échéant, à recruter et rémunérer des personnels autres que ceux figurant à la loi de finances. Les crédits d'équipement sont destinés à couvrir les dépenses en capital.

Les unités d'enseignement et de recherche non dotées de la personnalité juridique disposent d'un budget propre intégré dans le budget de l'établissement dont elles font partie. Ce budget est approuvé par le conseil de l'établissement.

Le président de chaque établissement a qualité pour autoriser le recouvrement des recettes et pour ordonnancer les dépenses dans la limite des crédits votés.

Le comptable de chaque établissement est désigné par le conseil de l'établissement sur une liste d'aptitude approuvée conjointement par le ministre de l'éducation nationale et par le ministre de l'économie et des finances. Il a la qualité de comptable public.

Les établissements sont soumis au contrôle administratif de l'inspection générale de l'éducation nationale.

Le contrôle financier s'exerce *a posteriori*; les établissements sont soumis aux vérifications de l'inspection générale des finances, leurs comptes au contrôle juridictionnel de la Cour des comptes.

Un décret en Conseil d'État précisera les cas et les conditions dans lesquels les budgets des établissements devront être soumis à approbation. Il fixera leur règlement financier.

Titre VII

DES FRANCHISES UNIVERSITAIRES

Art. 35. L'enseignement et la recherche impliquent l'objectivité du savoir et la tolérance des opinions. Ils sont incompatibles avec toute forme de propagande et doivent demeurer hors de toute emprise politique ou économique.

Art. 36. Les étudiants disposent de la liberté d'information à l'égard des problèmes politiques, économiques et sociaux, dans des conditions qui ne portent pas atteinte aux activités d'enseignement et de recherche, qui ne prêtent pas à monopole ou propagande et qui ne troublent pas l'ordre public.

Les locaux mis à cette fin à la disposition des étudiants seront, dans la mesure du possible, distincts des locaux destinés à l'enseignement et à la recherche. Ils seront extérieurs aux enceintes hospitalières. Les conditions de leur utilisation seront définies après consultation du conseil et contrôlées par le président de l'établissement ou par le directeur de l'unité d'enseignement et de recherche.

Journal officiel (13 novembre 1968)

SECTION VII

Church, State and Society

CHURCH ATTENDANCE IN THE 1960s

Proportion *of French population* baptised as Catholics 92%

Proportion *of Catholics* considering themselves practising
Christians 62%

Proportion of Catholics attending mass regularly 38%

Proportion of Catholics attending mass regularly in Vendée,
Alsace, the area south of the Massif Central (especially
the Aveyron, the Lozère, the Ardèche and the Haute-
Loire), Brittany, the Nord and the Pas-de-Calais.............60%

Proportion of Catholics attending mass regularly in towns....16–28%
(Extremes: Strasbourg 33%, Marseille 10%)

Proportion of Catholics attending mass regularly in de-
Christianised areas (especially the Seine-et-Marne, Aube
and Yonne)..below 5%
(May fall to practically nil in industrial suburbs)

Proportion of *cadres* attending mass regularly in Paris...........19%

Proportion of workers attending mass regularly in Paris .... 1·7%
(In less de-Christianised areas more than half the *cadres*
and *moyens bourgeois* may be regular attenders)

Source: H. W. EHRMANN, *Politics in France* (2nd ed.) (Little, Brown &
Company, 1971), pp. 47 ff; *La France Contemporaine* (Harrap/Hatier,
1964), pp. 115–116

CHRONOLOGY

1790	Civil Constitution of the Clergy
1801	*Concordat*
1830	Foundation of *L'Avenir*
1832	Encyclical *Mirari Vos*

PIUS IX (1846–1878)

1850	*Loi Falloux*
1864	Encyclical *Quanta Cura*
1871	Albert de Mun begins his social Catholic work
1877	Gambetta: "Le cléricalisme, voilà l'ennemi!"

LEO XIII (1878–1903)

1879	Crucifixes removed from Paris hospitals
1880	Ferry attempts to expel religious orders
1882	Act on compulsory and secular primary education
1884	Military chaplaincy abolished, cemeteries "neutralised", divorce law secularised
1886	Act on Catholic primary education
1890	Algiers toast of cardinal Lavigerie
1891	Encyclical *Rerum Novarum*
1892	Encyclical *Au Milieu des Sollicitudes*
1894	Spuller announces *l'esprit nouveau*
1899	*Le Sillon* founded
1901	Act on associations

PIUS X (1903–1914)

1904	Act banning religious orders from teaching
	Diplomatic relations with Vatican broken off
1905	Separation of Church and State
1906	Inventories of Church property
	Encyclical *Vehementer Nos*
	Viviani: "Nous avons éteint dans le ciel des lumières qu'on ne rallumera plus."
1907	Act governing religious services
	Act governing public meetings
1910	Papal condemnation of *Le Sillon*
1912	*Jeune République* League founded

BENEDICT XV (1914–1922)

1919 C.F.T.C. founded
1921 Diplomatic relations with Vatican restored

PIUS XI (1922–1939)

1924 P.D.P. founded
1926 Cardinal Andrieu condemns the *Action Française*
      Action Française placed on the *Index*
      Jeunesse ouvrière chrétienne founded
1929 *Jeunesse agricole chrétienne* founded
1931 Encyclical *Quadragesimo Anno*

PIUS XII (1939–1958)

1940 Vichy educational legislation
1941 Statement of loyalty to Pétain by Church hierarchy
      Mission de France founded
1942 Clandestine worker-priests sent to work with deportees
1943 *La France, pays de mission?*
      Mission de Paris founded
1944 M.R.P. founded
1946 Six worker-priests in Paris; a few in provinces
1947 Cardinal Suhard, *Essor ou déclin de l'Église?*
1949 Fifty worker-priests throughout France
      Holy Office excommunicates all Catholics professing communism
1952 Two worker-priests arrested at demonstration against General Ridgway
1954 Worker-priest experiment ended

JOHN XXIII (1958–1963)

1961 Encyclical *Mater et Magistra*
1962 Second Vatican Council begins
1963 Encyclical *Pacem in Terris*

PAUL VI (1963–   )

1964 Second Vatican Council ends
1965 Worker-priests re-introduced as *prêtres au travail*
1968 Encyclical *Humanæ Vitæ*
      Letter of 100 priests

INTRODUCTION

THE COMING OF *LAÏCITÉ*

The dominant position enjoyed by the Roman Catholic Church in France before 1789 was irretrievably lost during the French Revolution. The Church never again succeeded in recovering its old State-enforced monopoly of religious belief and observance. Both State and society ceased after 1789 to be based primarily on religion (*see* pp. 6–7).

The new secular principles on which they have increasingly been founded ever since have come to be summed up in French in the term *laïcité*. In the decade between 1789 and 1799, the Revolution rapidly pressed this principle to its logical conclusion. Firstly, the *Déclaration des Droits de l'Homme*, in article 10 (*see* p. 30), provided for freedom of conscience. This measure was an expression of the new secular character of the State (*la laïcité de l'État*). It meant that the State, instead of imposing a particular religious belief on its citizens, as hitherto, was now to adopt a neutral attitude towards all religions, and to concern itself only with the safeguarding of the right of all citizens to their own religious beliefs and practices. Secondly, the Revolution attempted a secularisation of society and the public services, notably education. Finally, it sought to crown the secularisation process by the separation of Church and State.

One of the difficulties inherent from the outset in the concept of *laïcité* is that the borderline between the religious and the secular spheres is not easy to define. Even before the Revolution, there had been disputes between the French kings and Rome on the control of what was known as the *domaine mixte*, which included matters, like marriage, that related both to the religious and the secular spheres. The principle of *laïcité*, as laid down at the time of the French Revolution, constituted a claim by the State for authority not only over undoubtedly secular matters, but also over *le domaine mixte* itself:

> Le pouvoir des clefs[1] est limité aux choses purement spirituelles : l'Église ne doit pas convertir le devoir d'employer les moyens de persuasion (des hommes) en faculté de contraindre et le ministère en domination ; l'homme ... n'est soumis aux préceptes de la religion qu'en tant qu'il est parfaitement libre et capable de mériter et de démériter. Ceux d'entre les ecclésiastiques

[1] The keys of the Kingdom of Heaven, given to St. Peter by Jesus, symbolised his authority within Christendom.

qui réclameraient le pouvoir (coactif) ne pourraient en faire usage sans détruire l'essence même de la religion... C'est un principe certain que l'intérêt public dont le gouvernement tient la balance doit prévaloir dans tout ce qui n'est pas de l'essence de la religion.

Rapport du citoyen Portalis, conseiller d'État, chargé de toutes les affaires concernant les cultes, sur les Articles organiques (n.d.), quoted in A. Audibert and others, *La Laïcité* (P.U.F., 1960), p. 203

The Catholic Church has, however, never been ready to abandon its authority over the *domaine mixte* (*see* p. 602).

The rapid progress of *laïcité* under the French Revolution was short-lived. Despite an extremist phase involving an attempt at complete de-Christianisation, at the end of the revolutionary period Catholicism had not disappeared. Indeed, there seemed to have been something of a religious revival.

But the effect of some of the practical measures taken against the Church during the Revolution could not easily be reversed. Church property had been nationalised and sold to raise funds for the State; the State had undertaken, in return, to pay clerical salaries. Also, the Civil Constitution of the clergy of 1790 had attempted a territorial re-organisation of the Church, sought to impose the election of bishops and clergy by partly lay bodies, and subjected the clergy to an oath of loyalty to the State and obedience to the new arrangements.

The Civil Constitution of the Clergy had represented an attempt by the Revolution to turn the tables on the Church, and place it in a position, not of domination, but of subordination to State and society; it also involved a virtual severance of the French Church from Rome. In 1799 therefore, the position of Catholicism was an uncertain one, if only because the clergy had become divided between those accepting the Civil Constitution and those rejecting it. It was left to Napoleon to regularise the post-revolutionary situation in the *Concordat* of 1801.

Since the Church had become divided, there would have to be, in the first place, a clean sweep of bishops, whether favourable or hostile to the Revolution, if any new Church hierarchy was to be set up which would be amenable to the new position of the Church in French society. For this the Pope's consent would be essential. So Napoleon negotiated with him on this and other matters. The text of the *Concordat* they arrived at provided for a renewal of the hierarchy (article 3, *see* p. 621). Also, the Church was not to see its lands restored (article 13, *see* p. 622); payment of clergy by the state was to continue, as was the oath of loyalty (article 6, *see* pp. 621–622). And, finally, while Catholicism was now officially recognised as the religion of the "majority of Frenchmen", the equal recognition offered to Protestants and Jews meant a permanent restriction, in practice, of the old monopoly. Nonetheless, the Catholic Church remained a State Church, and on this basis the *Concordat* continued to govern relations between Church and State until 1905. The principle of religious neutrality had not yet taken root, since the State still officially favoured the Catholic Church. However, the vexed question of the borderline between the religious and the secular sphere had been clarified somewhat, to the advantage of the State, since the State's right to lay down legislation on marriage, for example, was recognised.

During the nineteenth century the process of secularisation of State and society began again, and ran parallel with the progress of the political Left. A first step was taken after the 1830 Revolution, when Catholicism lost its official position under the *Concordat* as the most-favoured religion in France (*see* p. 12). And with the Catholic campaign for educational freedom after 1833, the great controversy between Church and State over education began to be prominent in French politics (*see* pp. 520 ff.).

Secularisation remained a basic feature of the programme of the political Left during the rest of the nineteenth century (cf. pp. 75, 82, 85 and 87). Radicals aimed at a moderate policy, culminating in the separation of Church and State. Revolutionary socialists on the other hand, men such as Blanqui, sought to revive the de-Christianisation policies of the French Revolution and suppress Christianity altogether:

> La révolution sera-t-elle sage enfin à son prochain triomphe, ou fera-t-elle grâce encore une fois au génie du mal, qu'elle a laissé jusqu'ici se relever plus terrible de chacune de ses chutes? Il y a dans nos rangs des traîtres... Le mot d'ordre de la prochaine trahison sera: «Suppression du budget des cultes; séparation de l'Église et de l'État». Traduisez: victoire du catholicisme, écrasement de la révolution. Que notre devise à nous soit: «Suppression des cultes, expulsion des prêtres!»
>
> *Critique Sociale* (1885)

But the secularists made no headway. Indeed, the success of the Catholic campaign for freedom in secondary education, leading to the *loi Falloux* (1850, *see* pp. 544–546), was a prelude to a period of Catholic dominance under the Second Empire. After 1850, the *loi Falloux* and the reinforcement of the Catholic position in French society simply intensified the polarisation between the Catholic Right and the anticlerical Left.

When the Left came to power under the Third Republic, however, anticlericalism and secularisation came into their own. "Depuis tantôt trente ans, dans ce pays", Gambetta declared in 1877, "on s'est habitué sous l'influence de doctrines lâches et molles, sous l'influence de sophismes, contre la puissance de l'État, contre le rôle de l'État, à prêter la main à tous les envahissements, à toutes les usurpations de l'esprit clérical... Je ne fais que traduire les sentiments intimes du peuple de France en disant du cléricalisme ce qu'en disait un jour mon ami Peyrat: le cléricalisme? voilà l'ennemi!"

A series of secularisation measures were rapidly introduced by the triumphant Republicans. First and foremost came the secularisation of primary education (*see* pp. 547 ff.). In 1879, too, legislation provided for the removal of crucifixes from the Paris hospitals, while in 1880 Ferry attempted to expel the religious orders (*see* p. 522), which had no legal basis for existence and were merely tolerated. Non-authorised orders were obliged to demand an official authorisation within three months. Two years later, many had been dissolved. In 1884, the military chaplaincy was abolished, cemeteries were "neutralised", and divorce law secularised. The Church, however, maintained its opposition to such legislation which tended to separate the temporal from the religious sphere, on the basis of its traditional view of the *domaine mixte* (*see* p. 625).

At the end of the 1880s Pope Leo XIII saw, however, the need for French Catholics to recognise that the civil power in France was now irrevocably Republican and, being legitimately established, must command the support and respect Catholics owed to all legitimate governments, even though its legislation remained distasteful. He called on French Catholics, in particular in his encyclical *Au Milieu des Sollicitudes* (1892), to accept the Republican régime (*see* p. 630). The *Ralliement*, or going over of French Catholics to Republicanism, was, however, only a very limited movement (*see* p. 607). Anticlerical passions were roused by the Dreyfus Affair, in which most Catholics took the part of the High Command against Dreyfus (*see* p. 17). Feelings were envenomed chiefly by the virulent anti-Dreyfusard campaigns of the Assumptionists in their newspaper *La Croix* (*see* p. 93). When the success of the cause of Dreyfus and the Republic was ensured by the coming to power of Waldeck-Rousseau in 1899, the Assumptionists were dissolved, and a new campaign began against the religious orders, once again directed against their rôle in education (*see* p. 523).

The 1902 elections brought the Radicals to power, and it was the violently anticlerical Combes who presided over the last stages of the secularisation of French society. A noted secularist, Ferdinand Buisson, declared in 1905:

> Il reste un dernier problème, la séparation de l'Église et de l'État. C'est l'aboutissement naturel, le couronnement de toute notre histoire. C'est la dernière des laïcisations, la plus nécessaire, la plus simple, la plus juste et aussi, je crois, la plus facile.
>
> Successivement, la République a reconnu que c'était son droit, puis son devoir de laïciser tous les services publics. Elle l'a fait graduellement tous les jours (dénouant) à chaque instant quelque lien qui la rattache à l'Église..., parce que tous nous avons admis que la religion n'est pas un service public, n'est pas une chose d'État, mais une chose de conscience et que, par sa nature même, la religion doit être séparée de la politique...
>
> La vérité est que nous sommes tous arrivés à concevoir la religion comme une chose individuelle, une manifestation de la pensée à laquelle toute société doit la liberté et le respect sans plus. L'État ne doit pas réduire la religion, en faire une sorte de service officiel, administratif, dont il aurait la charge. Il ne le peut pas, au reste, dès qu'il y a plusieurs religions et que toutes ont un droit égal à la bienveillance et à la protection de la loi, et qu'en dehors des religions, il y a l'absence de toute religion digne d'être traitée de même. Voilà dans quel état d'esprit la France en vient à présent à l'examen de cette question de la Séparation.
>
> 'La religion et la démocratie', *La Raison* (5 mars 1905), quoted in *La Laïcité*, op. cit., pp. 71–72

The Radicals were now wedded to a secularist philosophy (*see* p. 377), and were likewise determined to complete their programme of secularisation. The idea of *laïcité* was accompanied, among some Radicals and many Socialists, by that of *laïcisme*, an extreme form of secularism, recalling the old revolutionary objective of de-Christianisation, which involved an out-and-out attack on religion (*see* p. 632).

Meanwhile, in Rome, Pope Leo XIII had been succeeded in 1903 by Pius X. An atmosphere of conflict had been developing between the Papacy and the secularist government of the left-wing bloc in France. The dispute at first concerned the appointment of bishops. By 1904, tension had risen to such an extent that quite a small matter was enough to precipitate the final breach: the projected visit by the French President to the king of Italy in Rome, who was regarded by the Pope as a usurper. Diplomatic relations with the Vatican were broken off, and the separation of Church and State soon became inevitable.

It fell, however, not to *laïcistes* in the tradition of Blanqui, men like Maurice Allard, but to the more moderate Briand, to elaborate the details of the Separation act (*see* p. 633). The Separation act, passed in December 1905, replaced the *Concordat*, and has remained ever since the foundation of the relations between Church and State in France.

Since 1905, it has been this act which has given official expression to the concept of *la laïcité de l'État*. *La laïcité de l'État* thus now implies not merely that the State remains neutral as between the different religions professed by various sections of the population, enforcing only freedom of conscience, but also that the State no longer recognises any religion or pays any clergy (articles 1 and 2, *see* pp. 633–634).

The Separation act in fact further provided for the setting up of groups of laymen, the so-called *associations cultuelles*, to control Church services. But the Pope condemned the *associations cultuelles* in 1906 in his encyclical *Vehementer Nos*, in which he declared:

> La loi attribue l'administration et la tutelle du culte public non pas à un corps hiérarchique divinement institué par le Sauveur, mais à une association de personnes laïques... Combien ces dispositions seront blessantes pour l'Église et contraires à ses droits et à sa constitution divine, il n'est personne qui ne l'aperçoive au premier coup d'œil.

Demonstrations, sometimes violent, took place against the taking of Church inventories as laid down in the act, and the *associations cultuelles* never materialised. Instead, compromise legislation was introduced by Briand and Clemenceau in 1907, whereby the Church buildings were returned to the State, and services given the status of public meetings, which could be held after a declaration to the authorities (*see* p. 637). The Pope having forbidden Catholics to make the declarations prescribed by the 1907 act, Briand retreated still further, and the act on public meetings of 1907 was passed, allowing the holding of Church services in the churches without formality (*see* p. 638). This, then, was the somewhat anomalous permanent outcome of the conflict: the church buildings were to remain State property, but the disestablished Churches were nonetheless to be allowed to use them for services without interference.

However, there was to be no compromise in attitudes on the extreme Left: it was at this time that *laïcisme* appeared to have been given official governmental blessing by the placarding of Viviani's speech of 8th November 1906 all over France (*see* p. 636). Péguy saw the governmental campaign in favour of *laïcisme* as an attempt to replace the old ideological domination of the Church in French society by the equal and opposite domination of secularism (*see* p. 637). However, in the long run, the Church did gain considerably from the Separation. It gained in the first place, from 1905, the freedom from State supervision which liberal Catholics had looked for in the early nineteenth century (*see* p. 604). Bishops could be appointed by Rome without reference to the secular authorities;

and while Separation brought poverty to the clergy, this made for more genuine vocations. The clergy's authority over their flock was equally enhanced by the fact that they became somewhat less suspect of attempting to interfere in secular matters. As we have seen, the Separation act was at first condemned by Pius X in his encyclical *Vehementer Nos* (*see* p. 635). It was both insulting to God and contrary to the traditional teaching on the *domaine mixte*. But, after 1914, the advantages of the Separation, and the development of left-wing Catholicism, helped to reduce tension between Church and State. Anticlericalism itself was reduced by the Separation, since there was now less occasion for it. In 1921, French relations with the Vatican were restored. The conflict over education, however, continued until the Fifth Republic. But by the end of the Second World War the French hierarchy had come to recognise that the conception of *laïcité* inherent in the Separation act of 1905 was in accordance with Church teaching. In an important statement, the French assembly of cardinals and archbishops expressed their acceptance of the idea of freedom of conscience, while re-affirming their continuing hostility to *laïcisme* (*see* p. 650).

At the same time, however, if *laïcité* was taken to imply the final competence of the State to control the *domaine mixte*, the Church still refused to recognise this (*see* p. 651). The right of the Church to pronounce on a wide range of social and moral questions was re-affirmed by Pope Pius XII in 1954:

> La puissance de l'Église n'est pas limitée «aux choses strictement religieuses», comme on dit, mais... toute la matière de la loi naturelle, ses principes, son interprétation, son application, pour autant qu'il s'agit de son aspect moral, relèvent de son pouvoir. Selon le plan de Dieu, il y a, en effet, une relation entre l'observation de la loi naturelle et le chemin que l'homme doit suivre pour tendre à sa fin surnaturelle. Ces questions touchent l'ordre moral, engagent les consciences, peuvent exposer, et très souvent exposent l'accomplissement de la fin dernière à de graves dangers. Telle par exemple la question du but et des limites du pouvoir civil; celle des relations entre les individus et la société... celle de la «laïcisation totale de l'État» et de la vie publique; de la «laïcisation» complète de l'école; de la moralité de la guerre...
>
> > 'Discours aux Cardinaux et Évêques après la proclamation de la royauté de Marie', in A. Deroo, *Encycliques, messages et discours... sur les questions civiques et politiques* (chez l'auteur, Lille, 1961), pp. 354–355

The separation of Church and State has thus reduced the potential area of conflict between the two powers in France in the twentieth century: there is a purely technical area of government which the Church now feels it can disregard, while the State has no say in strictly religious matters. That room for dispute still remains within the *domaine mixte*, as delimited by the Pope in 1954, is, however, illustrated, for example, by a statement of the French cardinals and archbishops in 1960 which condemned (albeit in a somewhat self-contradictory way) the use of torture in Algeria (*see* p. 655).

THE CHURCH, DEMOCRACY AND THE WORKING CLASS

The traditional political and social stance of the Roman Catholic Church in France has been one of opposition to the French Revolution and its consequences. This Catholic opposition to the Revolution primarily dates back to the Civil Constitution of the Clergy of 1790 (*see* p. 598). But of course the Catholics' hostile attitude stems not merely from a reaction against particular measures, but from an incompatibility of principle. Whereas the Church had been associated traditionally with monarchy and authority, the Revolution set about introducing into French society both democracy and human freedom. The *Déclaration des Droits de l'Homme* at the very outset of the Revolution sought to embody these ideas of democracy and freedom in a series of specific measures. In particular, articles 10 and 11 (*see* p. 30) provided for a degree of freedom of conscience and expression.

Within a short time, the fundamental nature of the Church's opposition to these ideas of the Revolution was brought out in a papal brief to the bishops of the Constituent Assembly (1791). The principles of the *Déclaration*, the Pope asserted, would necessarily result in the destruction of the Catholic religion and the obedience due to kings:

> C'est dans cette vue, qu'on établit comme un droit de l'homme en société, cette liberté absolue, qui non seulement assure le droit de n'être point inquiété sur ses opinions religieuses, mais qui accorde encore cette licence de penser, d'écrire et même de faire imprimer impunément en matière de religion, tout ce que peut suggérer l'imagination la plus déréglée: droit monstrueux qui paraît cependant à l'Assemblée résulter de l'égalité et de la liberté naturelles à tous les hommes. Mais que pouvait-il y avoir de plus insensé que d'établir parmi les hommes cette égalité et cette liberté effrénées qui étouffent la raison, le don le plus précieux que la nature ait fait à l'homme, et le seul qui distingue des animaux?
>
> Doctrine chimérique, contraire aux droits du Créateur suprême, à qui nous devons l'existence et tout ce que nous possédons. «C'est donc la nature elle-même qui (veut) que l'usage que chacun doit faire de sa raison consiste à reconnaître son souverain auteur...»
>
> *Quod Aliquantum*, quoted in A. Audibert and others
> *La Laïcité* (Presses Universitaires de France, 1960),
> pp. 63–64

The Revolution and its works were to be accepted only by a minority of French Catholics, and to the majority they were to remain anathema for over a century. There was, of course, a natural coincidence between the hostility of the Church to the Revolution and the execration of 1789 by the Right; and so the Church from 1789 became a natural ally of political reaction. A fundamental division thus arose in French society, whose consequences were still actively felt until the mid-twentieth century (*see* pp. 98 and 523–524). For the Church hierarchy, and for the majority of Catholics, as well as for the political Right (who constituted very much the same group in the nineteenth century), the rejection of civil and ecclesiastical authority central to the French Revolution was to remain an impious rebellion against both the spiritual and the temporal order laid down by God and expressed through the teaching of the Church. In 1864, Pope Pius IX himself, in his encyclical *Quanta Cura*, once again condemned in the most defiant terms all the free institutions of the modern world which stemmed from the French Revolution: *laïcité de l'État*, democracy, freedom of conscience, freedom of the press, the right of the civil government to intervene in religious matters, the ending of the official Catholic monopoly, and the separation of Church and State.

But a departure from outright hostility to the French Revolution among a small minority of Catholics had already taken place with the founding of *L'Avenir* in 1830 by Lamennais. The liberal Catholicism of Lamennais, Lacordaire and others called for acceptance by Catholics of the revolutionary principle of freedom. This implied, firstly, the liberation of Catholicism from the State tutelage imposed by Napoleon through the *Concordat*, as part of his attempt to turn all France's social institutions into emanations of State authority. The *Concordat* must be repudiated, and the Church separated from the State. Liberal Catholicism further implied acceptance by Catholics of democracy, freedom of the press and education, and freedom of association for the benefit of the religious orders. Finally it identified itself with the demand of the new industrial working class for freedom from the economic restrictions placed on it by the Napoleonic labour legislation (*see* pp. 622–625).

The ideas of liberal Catholicism were expressed only by a few isolated individuals at this time, and were condemned by the Papal encyclical *Mirari Vos* in 1832, but *L'Avenir* had sketched out an ambitious programme which was revived briefly in 1848 and was to remain until the twentieth century that of the whole Left wing of French Catholicism.

The division into Right and Left has itself become a familiar feature of French Catholicism, which has survived right up to the present day. The Church hierarchy has, on the whole, adopted right-wing positions (*see* pp. 639–640). Progressives have emerged from time to time, and taken up a left-wing position favourable to the French Revolution and the principle of freedom. They have generally, sooner or later, been condemned by Rome.

The right-wing Catholic attitude is based on the assumption that the teaching of the Church is immutable; in its content, such teaching represents a continuation of the traditionally pessimistic Christian conception of Man as fundamentally sinful (*see* p. 6). Salvation is attainable by mankind only through acceptance of traditional dogma as interpreted by the Church, and consequently of Church authority as such. The result of resistance to Church authority is eternal damnation. The religious authoritarianism inherent in right-wing Catholicism has, as its natural corollary, a marked political authoritarianism. Emphasis is laid by right-wing Catholics on the traditional duty of Christians to obey the legitimate government in the civil sphere: and, inevitably, to right-wing Catholics in the nineteenth century, the only legitimate form of government remained that of monarchy. While some began to abandon the idea of monarchy after 1891, very many right-wing Catholics in the twentieth century simply went over to other forms of political authoritarianism, notably the doctrines of the *Action Française*, in which monarchism still played a part, and those of Vichy (*see* pp. 339 and 343). Of course, the reconciliation of moderate Republicans with Catholicism, which began, temporarily, with the *esprit nouveau* in the mid-1890s, had become permanent by the 1930s, so that many Catholic electors were by then able to give their support to such groups as the *Fédération Républicaine*, which had now identified itself with Catholicism and with the forces of authoritarianism generally. Right-wing Catholicism, through its taste for authority, thus always retained a close affinity with the political Right in its various forms, though in 1926 the hierarchy condemned the atheistic tendencies of the nationalism of the extreme Right (*see* p. 640).

Opposition to freedom and democracy, on the part of right-wing Catholicism, has, too, been accompanied by opposition to socialism. As socialism developed in the nineteenth century, the one desire of the Catholic Church, according to Charles Gide, was to "win back souls from the pursuit of this new cult. It was the fear of seeing the people — her own people — enrol themselves under the red flag of the antichrist that roused her ardour."[1] Catholicism had traditionally held that there could ultimately be no temporal solution to the ills of society; the latter were simply consequences of the corruption of human nature. In the temporal world, inequality was inevitable, pauperism and destitution must always continue, and the only hope of the poor must be eternal salvation in the world to come. The traditional viewpoint was re-affirmed in France in 1885 in a book by Gabriel d'Haussonville, *Socialisme et Charité*. It would be an illusion to think, he asserted, that mankind's slow progress foreshadowed a fundamental change in the human condition. Change could only be brought about in the individual through a return to God. This doctrine accorded well with the bourgeois idea of economic liberalism that it was the individual who was responsible for his own destiny (*see* p. 444). The social duty of the Christian, according to d'Haussonville, was limited to such personal acts of charity as would alleviate the lot of the poor.

The development of socialism in France faced Catholics, particularly in the second half of the century, after the failure of liberal Catholicism, with a rival secular doctrine, in which the hope of the working class for salvation in heaven from the ills of the temporal world was transferred to the here and now. As Henri Brugmans put it, there was, in socialism, a deep quasi-religious need for redemption:

> Dans une civilisation malgré tout chrétienne, mais où le christianisme s'était affadi et où, en plus, le sort des travailleurs était intolérable, les notions révolutionnaires devaient prendre un accent apocalyptique. Tous les utopistes français touchent à la mystique par certains côtés... Le vide laissé par la déchristianisation se remplit par le sentiment tenace d'une dignité perdue et à reconquérir, l'espoir d'une revanche et la foi en une justice finale.
>
> Quoted in M. M. Drachkovitch, *De Karl Marx à Léon Blum* (Droz, 1954), p. 12

Here, Man's salvation would be achieved by new forms of economic and social organisation. In socialism, the right-wing concept of the regeneration of the individual, which remained linked to the individualism of the economic liberal, was replaced by the left-wing notion of the regeneration of society.

[1] C. Gide and C. Rist: *A History of Economic doctrines*, 2nd edition (Harrap, 1948), p. 515.

It was in this context that social Catholicism developed among left-wing Catholics in France after 1871, through the work of Albert de Mun and the Marquis de la Tour du Pin. Catholic trade unions were developed, and a review, *L'Association Catholique*, was founded. The aim of social Catholicism was to direct, or even re-organise to some extent, the economic life of society so as to allow Christian morality to exercise a beneficent effect, so mitigating the worst effects of egotistic competition. De Mun and La Tour du Pin hoped, also, to integrate the working class into French national society.

The degree of interference social Catholics proposed with the workings of the liberal economy varied. Some attacked the dire consequences of economic liberalism in theory only, while remaining entirely attached to liberal principles in practice. Albert de Mun resisted any attack on private property and looked back to *Ancien Régime* conceptions of economic organisation. Others, notably Harmel and La Tour du Pin, proposed a corporatist re-organisation of society. They aimed at the setting up of mixed unions of employers and workers, whose task would be to apply Christian principles to labour questions, wage-rates, working conditions, etc. This latter half-way house between liberalism and socialism was to remain, until the second half of the twentieth century, the basis for Catholic trade unionism in France (*see* p. 451).

Social Catholicism remained opposed to socialism, which de Mun denounced as the enemy of Catholicism. Socialism, de Mun affirmed, was founded essentially on atheism and the negation of private property. Socialism was, too, devoted to the fanning of class-hatred. Social Catholicism, on the other hand, in keeping with liberal ideas of social harmony, was based on peaceful collaboration between classes; it was a "doctrine de paix sociale". Leo XIII was equally firm in his language. Socialism, he affirmed, would bring about "la perturbation de tous les rangs de la société, une odieuse et insupportable servitude pour tous les citoyens, la porte ouverte à toutes les jalousies, à tous les mécontentements, à toutes les discordes; les talents et l'habileté privés de leurs stimulants, et comme conséquence nécessaire, les richesses taries dans leur source; enfin, à la place de cette égalité tant rêvée, l'égalité dans le dénûment, l'indigence et la misère."

There were some tentative moves in the direction of Christian socialism, associated with the name of Loesewitz. But these came to nothing when, in 1886, de Mun forced Loesewitz to leave *L'Association Catholique*.

But while, at the opposite end of the spectrum, right-wing traditionalists opposed social Catholicism (d'Haussonville had attacked it in 1885 for exaggerating the gravity of contemporary social injustices), Pope Leo XIII gave a powerful spur to its development through his encyclical of 1891, *Rerum Novarum* (*see* p. 626). He denounced once again the ill-effects of industrialisation on the working class, and called for a return to faith, among rich and poor, which would lead to social harmony, and so to new measures, always within the liberal framework, to alleviate the workers' conditions. He now also called on French Catholics, in his encyclical *Au Milieu des Sollicitudes* (1892), to accept the Republican régime (*see* p. 630). This encyclical had been foreshadowed by the celebrated Algiers toast of Cardinal Lavigerie (12th November 1890):

L'union, en présence de ce passé qui saigne encore, de l'avenir qui menace toujours, est en ce moment, en effet, notre besoin suprême. L'union est aussi, laissez-moi vous le dire, le premier vœu de l'Église et de ses Pasteurs à tous les degrés de la hiérarchie.

Sans doute, Elle ne nous demande de renoncer ni au souvenir des gloires du passé, ni aux sentiments de fidélité et de reconnaissance qui honorent tous les hommes. Mais quand la volonté d'un peuple s'est nettement affirmée; que la forme d'un gouvernement n'a rien en soi de contraire, comme le proclamait dernièrement Léon XIII, aux principes qui seuls peuvent faire vivre les nations chrétiennes et civilisées; lorsqu'il faut, pour arracher enfin son pays aux abîmes qui le menacent, l'adhésion, sans arrière-pensée, à cette forme de gouvernement, le moment vient de déclarer enfin l'épreuve faite, et, pour mettre un terme à nos divisions, de sacrifier tout ce que la conscience et l'honneur permettent, ordonnent à chacun de nous de sacrifier pour le salut de la patrie.

C'est ce que j'enseigne autour de moi; c'est ce que je souhaite de voir enseigner en France par tout notre clergé, et en parlant ainsi je suis certain de n'être point désavoué par aucune voix autorisée.

En dehors de cette résignation, de cette acceptation patriotique, rien n'est possible, en effet, ni pour conserver l'ordre et la paix, ni pour sauver le monde du péril social, ni pour sauver le culte même dont nous sommes les ministres...

> Quoted in X. DE MONTCLOS, *Le Toast d'Alger*.
> *Documents 1890–1891* (E. de Boccard, 1966), p. 69

Not many Catholics, however, heeded these appeals in favour of *Ralliement*.[1] As one supporter put it in a letter to Leo XIII:

Pour la masse, il n'y a pas de distinction subtile à faire entre la République et les républicains. La République, c'est le régime impie et persécuteur que nous subissons dans les plus petits villages comme dans la plus grande ville; c'est le concert des mauvais sujets qui se sont emparés du pouvoir, qui disposent de toutes les places, et de toutes les faveurs, qui dénoncent, oppriment, maltraitent et chassent des fonctions publiques quiconque va à la messe.

> Émile Keller to Leo XIII, 7th February 1891, *ibid.*,
> pp. 317–318

The espousal of the new "conciliatory" mood was announced, on behalf of the Republican government, by the *ministre des cultes*, Eugène Spuller, in 1894:

Cet esprit nouveau, c'est l'esprit qui tend, dans une société aussi profondément troublée que celle-ci, à ramener tous les Français autour des idées de bon sens, de justice et de charité nécessaires à toute société qui veut vivre... La lutte contre le cléricalisme, rendue nécessaire par l'action politique de l'Église, a été ce qui a fait le plus de mal à la République... il nous importe que l'Église ne puisse plus prétendre... qu'elle est tyrannisée, persécutée, tenue en dehors de la vie sociale de ce pays.

> *Journal officiel* (4 mars 1894)

---

[1] The *Ralliement* meant literally a 'going-over' to the Republic.

The Dreyfus Affair, however, led to a new wave of anti-Republican sentiment, even among moderate Catholics, and hostility to the Republican régime and to democracy remained the dominant attitude among most Catholics in France before 1939. The Dreyfus Affair widened the gulf between pro-Republicans and left-wing Catholics on the one hand and right-wing Catholics on the other: "Le choc social de l'Affaire Dreyfus", it has been said, "a déterminé deux courants[1]: l'un pour gagner la démocratie à sa cause, l'autre pour la dominer. Le premier conduit à Marc Sangnier, le second à Maurras."

Thus, the left-wing Catholic viewpoint was expressed before 1914 by the *Sillon* movement, founded by Marc Sangnier in 1899. At first simply an attempt, through popular education, to spread the idea of the Christian life throughout society, the movement soon acquired a social and political character: Sangnier began to campaign for the recognition of the human dignity of the workers, then, from 1905, he worked for the establishment of a Catholic Republican movement. But his insistence on human freedom and human dignity incurred the displeasure of Rome, and the *Sillon* was condemned in 1910 as a threat to Church authority (*see* p. 639). It was nonetheless from these beginnings that the Christian democratic movement (*see* p. 295) and the Catholic trade union movement stemmed.

For the moment, the right-wing Catholic view prevailed: the hierarchy and numbers of ordinary Catholics retained close links with the *Action Française* of Charles Maurras. It was not until 1926 that the Pope condemned the *Action Française* in which he detected signs of a "renewal of paganism". Although the Church had now condemned the extreme Right (cf. p. 640), the majority of Catholics remained in agreement with the continued Papal disapproval of the left-wing ideas of democracy and socialism. The official opposition of the Church to socialist doctrines, not only in the form of atheistic communism, but even in the more moderate guise of democratic socialism, was reiterated in the encyclical *Quadragesimo Anno* (1931). While condemning communism on the traditional ground that it was a doctrine of class-hatred, the encyclical admitted that some of the "social" objectives of democratic socialism might coincide with those of Catholicism. But all forms of socialism still stood condemned as representing a threat to individual freedom and because they concerned themselves only with man's welfare in the temporal world (*see* p. 643).

During the 1930s and the Second World War, the political and social divisions between right-wing and left-wing Catholics were sharpened by external events. The majority of right-wing Catholics saw in the Spanish Civil War a kind of holy war, an attitude eventually condemned by the Christian Democrat Jacques Maritain (*see* p. 646). The Church hierarchy, meanwhile, remained politically and socially a bastion of the *status quo*. Lay action on behalf of Catholicism — e.g. in the *Jeunesse Ouvrière Chrétienne*, founded in 1926 — and political action through the tiny P.D.P., founded in 1924, were slow to develop, and Church leaders in any case devoted themselves primarily to spiritual matters, turning away from the temporal world and the problems of society. Even lay action itself was for them apostolic, and only secondarily directed towards social problems: for salvation could only come to France, they believed, if individual Frenchmen returned to God. The French cardinals, in 1936, put down the social crisis of

[1] i.e. in French Catholicism.

the Popular Front period and the spread of communism to the prevalence of atheism: "Bien des fois déjà ils (vos évêques) vous ont mis en garde contre le matérialisme, l'athéisme, les doctrines de violence et de haine que le néo-paganisme et le communisme voudraient instaurer chez nous... Nous espérons fermement que la France, portée par le bon sens de la race, fière de ses magnifiques traditions et soucieuse de sa destinée, retrouvera le paix sociale et gardera son idéal chrétien".[1] When Pétain came to power in 1940, the hierarchy issued a declaration of loyalty to the new powers-that-be which prudently re-affirmed traditional Catholic adherence to the legitimate government and still insisted on the avoidance of involvement in temporal society (see p. 646). In acknowledging Pétain and Vichy, the Church was anxious, above all, to safeguard its own position. Pétain, for his part, saw the advantages he might gain from the access of religious fervour which followed the defeat of 1940. However, left-wing Catholicism now began, at last, to come into its own. Resistance began among Catholics to the deportation of Frenchmen to work in German labour-camps (see p. 650). And, in the Resistance movement, left-wing Catholics found themselves for the first time fighting side by side with Republicans and even Communists against a common enemy. Louis Aragon's celebrated poem La Rose et le Réséda reflected the new community of feeling between them:

> Quand les blés sont sous la grêle
> Fou qui fait le délicat
> Fou qui songe à ses querelles
> Au cœur du commun combat
> Celui qui croyait au ciel
> Celui qui n'y croyait pas.

> Quoted in M. BLANC, ed., Visages de la France
> contemporaine (Harrap, 1960), p. 161

Left-wing Catholics thus now found themselves fully integrated for the first time since the Revolution into the fabric of French life. It was from this experience that the founding of the M.R.P. sprang (see p. 296).[2] By 1942, German racialist measures and the deportation system had led to a less passive attitude, even on the part of the hierarchy. In that year, twenty clandestine priests were sent to Germany to work among the deportees. The hierarchy was beginning indeed to show a new and more adventurous spirit in its approach to the working class. The extent of the alienation of the French workers from the Catholic Church was brought home with dramatic effect by La France, pays de mission? published by the abbés Godin and Daniel in 1943 (see pp. 647–649). Cardinal Suhard was profoundly affected by La France, pays de mission? He had already created the Mission de France (1941) and now set up the Mission de Paris (1943) in a new attempt to make contact with the de-Christianised working class in France.

---

[1] Lettre pastorale des cardinaux français aux catholiques de France (31 octobre 1936), quoted in Actes du colloque Léon Blum chef de gouvernement 1936–1937 (Colin, 1967).

[2] By 1944, Pope Pius XII had given his blessing to democracy, which gave citizens "le droit de manifester par l'élection des dirigeants leur opinion personnelle sur les devoirs et les sacrifices qui leur sont imposés".

Priests who had worked with the deportees in Germany asked permission after the War to continue their work in French factories. Cardinal Suhard and Pope Pius XII agreed to this, on the understanding that the archbishop would take full responsibility and supervise the worker-priests.

Now the war was over, the climate had changed among the hierarchy. The collaborationists had been discredited, and the liberals, Cardinals Liénart, Gerlier and Feltin, were taking the lead. Cardinal Suhard, in his celebrated pastoral letter *Essor ou déclin de l'Église?* (1947), heralded a new attitude in the Church towards temporal involvement. While the Church must hold on to its apostolic mission, and avoid becoming wholly absorbed by the world, the Christian message must be carried *into* the world by all Christians, and this involved a degree of social concern:

> On ne peut être un saint et vivre l'Évangile qu'on invoque sans s'efforcer d'assurer à tous les hommes des conditions de logement, de travail, de nourriture, de repos, de culture... sans lesquelles il n'est plus de vie humaine. Aussi la mission du chrétien n'est-elle pas seulement un apostolat; c'est la convergence de trois actions simultanées, religieuse, civique et sociale.

The social forms of lay action by Catholics had now at last received official blessing.

It was thus in a changed atmosphere that the worker-priest experiment began, with the aim of re-Christianising the working class. Numbers were never high (50 in 1949; 100 in 1953), but the movement became one of the most remarkable features of the society of the Fourth Republic. It grew up at a time when, with the coming of the Cold War, the working class was subjected to violent political campaigning and social tension ran high. The Holy Office issued a decree on 1st July 1949 excommunicating any Catholics professing "les doctrines matérialistes et anti-chrétiennes des communistes," and the French cardinals drove the message home in a pastoral letter a little later the same year: "Les catholiques inscrits aux organisations du P.C. ou qui lui prêtent leur appui... s'exposent à se voir écartés des sacrements dans la mesure où ils persévéreront sciemment dans leur attitude présente." The letter disclaimed, however, any intention of an anti-communist crusade: "Tout en condamnant le communisme athée, l'Église partage les angoisses et les aspirations du monde ouvrier, et fidèle à sa mission, elle veut fermement servir la cause de la promotion ouvrière." Despite these warnings, a number of Catholics, the so-called *progressistes chrétiens*, remained associated with communism; some worker-priests took on important trade union responsibilities. It seemed that in this period the incompatibility between the Church and the working class was still so great that the identification of the worker-priests with those whose way of life they had come to share must necessarily detach them from the Church.

The involvement of some of the worker-priests with Communism gave rise to alarm in official Catholic circles. In 1952, two worker-priests were arrested during communist-inspired demonstrations against General Ridgway. The French bishops now drew up a charter for the worker-priests, in an attempt to remedy the situation. But in 1953 Rome intervened, to forbid seminarists to take up apprenticeships in factories. The three liberal cardinals Liénart, Gerlier and Feltin were called to Rome in October and their visit was followed by an announcement that "l'expérience ne peut plus être maintenue dans sa forme actuelle". Worker-priests could continue their mission only if they were "specially selected" by their bishops, if they had received proper training, if they devoted themselves to manual labour for a limited period each day, avoided taking on trade union or other responsibilities and remained attached to a Church community.

In January 1954, the French bishops ruled that manual labour must not occupy more than three hours a day of the worker-priest's time. Some priests submitted and remained in contact with their bishops, who, while not approving their mission, allowed them to continue to celebrate mass. Others refused to submit, and had to break with the Church. The reasons given for the suspension of the experiment, in its old form, were ostensibly religious (*see* p. 652), but the dissident worker-priests, in their collective work *Les prêtres ouvriers*, held that it was fundamentally fear of the taint of communism which underlay the Church's decision. The rebels in effect, in view of the incompatibility which still existed between Church and working class, had decided that their future now lay with the working class. They felt irrevocably committed to the working class and its social struggle against capitalism. Identification with socialism had, in short, placed them outside the Catholic pale (*see* p. 654).

In 1957 the French hierarchy created the *Mission ouvrière* to re-group "missionary sectors" which would ensure collaboration in each industrial area of parishes between the *Action Catholique Ouvrière* — the Catholic lay mission to the workers — and the few tolerated worker-priests.[1] The laymen of the A.C.O. still, however, continued to demand full-time worker-priests. Cardinal Feltin sought permission from Rome in 1959 for "des prêtres choisis par leurs évêques, bien préparés, soutenus par une vie sacerdotale authentique et unis au clergé paroissial" to work full time, not merely for three hours a day. However, Pope John XXIII, who had been papal *nuncio* in Paris in 1954, when the experiment had been stopped, had received unfavourable reports on the work of the *Mission de France* and was not sympathetic.

The reply given by Rome in a letter from Cardinal Pizzardo was totally negative, and hopes for a revival of the worker-priest movement were dashed. The cardinal declared:

Il est bien difficile de considérer comme totalement déchristianisés des masses d'hommes dont un très grand nombre encore ont reçu le caractère sacré et indélébile du baptême.

Il n'est pas indispensable d'envoyer des prêtres comme ouvriers dans les milieux de travail. Le travail en usine ou en chantier est incompatible avec la vie et les obligations sacerdotales.

Le Monde (15 septembre 1959)[2]

It was not until 1964, when the Second Vatican Council began a process of fundamental re-thinking of the Catholic conception of the relationship between

---

[1] Known as *prêtres de la mission ouvrière*.
[2] Quoted in Aimé Savard, 'Une grande aventure', *Le Monde* (26 octobre 1965), to which I am indebted for much of the preceding account of the worker-priest movement.

the Church and modern society, that hopes began to rise for a renewal of the worker-priest experiment.

By this time Catholic lay action had made considerable progress in permeating French society, e.g. in the *Centre des Jeunes Patrons*, and many other movements. The hierarchy had increasingly come to support this lay action and to take more progressive stands on political and social questions (e.g. Algeria, *see* p. 655).

The 1964 meeting of the Vatican Council therefore, and in particular the preparation of Schema 13, seemed to suggest that a time was coming when the Church in France, as elsewhere, would begin to accept as official Catholic doctrine ideas of freedom, democracy and, to a lesser extent, socialism, that had been restricted to left-wing Catholic circles for over a century. The Catholic Church, according to Schema 13, now already appeared to be ready to accept the principle of freedom of conscience which had stood condemned since the French Revolution:

> L'Église a surtout à cœur de promouvoir, avec l'aide de tous les hommes de bonne volonté, la vraie liberté de l'esprit à l'exclusion de toute coaction qui blesse la dignité humaine. En effet, l'Évangile veut provoquer la réponse libre de l'homme et ne désire en aucune façon un assentiment purement extérieur, mais au contraire, une conversion intérieure sincère.

There was a new readiness too, in Schema 13, to depart from the absolute sanctity of private property:

> Légitime en elle-même, cette propriété privée demeure cependant subordonnée à la destination commune des biens et implique donc une fonction sociale qui lui est intrinsèque. Là où cette destination est négligée, reniée, oubliée, la propriété privée devient l'occasion de nombreuses tentations, de cupidités et de graves perturbations.

This change of tone was in keeping with Pope John XXIII's encyclical *Mater et Magistra*, which had already expressed strong approval of trade unionism in 1961, and which, while remaining faithful in general to the principle of private property as a safeguard for individual freedom, had shown a new readiness to admit the need for some public ownership. This encyclical equally stressed the need for the diffusion of property throughout society, and reiterated Catholic teaching on the sharing by the workers of decision-making in industry (*see* p. 656). By 1963, in the encyclical *Pacem in Terris*, Pope John had come to distinguish, too, between the socialist *movements*, and atheistic social doctrines — "de fausses théories philosphiques sur la nature et la finalité du monde et de l'homme"[1] — even though these doctrines had been the inspiration for the socialist movements. This encyclical was marked by a strong declaration of Papal support for the conception of human rights (*see* p. 658).

The Vatican Council meeting of 1964 was marked, further, by a recognition of the urgency of a study by Catholics of the problem of birth control. Cardinal Suenens declared, for example, that the duty of Catholics could no longer be seen in terms of unlimited procreation. Love and human dignity in marriage were equally important, and duties in this area might be impeded by an undivided concern for procreation. Hopes were raised by the official setting-up by the Church of a group of Catholic experts and theologians to study the whole problem.

[1] i.e. Marxism.

The Council marked the beginning of a new attempt by the Catholic Church to adopt a less authoritarian attitude towards society. Cardinal Gueno affirmed that the aim of the Church must henceforward be not so much to impose moral rules as to seek a close dialogue with all men, taking into account the actual conditions of their everyday life and their specific mentality. The archbishop of Metz declared: "La présence de l'Église dans le monde ne doit pas se faire par voie d'autorité, mais d'amitié".

The Council looked forward to a new theology of human values, in which human freedom and dignity could be recognised as God-given and not associated solely with sinful rebellion against God, as in the past. It implied, too, a theology of progress, such that the Church could break free from its old association with the concept that the truth of God was absolute and immutable, which tended to tie the Church to social conservation. It appeared that the Catholic Church could hope, at long last, for a real reconciliation with the principles introduced to the world by the French Revolution.

The new readiness to renounce authoritarianism in religion through the notion of the priesthood of all believers, familiar to Protestants, and to envisage a more active rôle in the world for the Church, which would at the same time show more sympathy and understanding for the victims of social injustice, clearly raised once again for French Catholics the question of the precise form the Church's contact with the working class should take.

Fifteen French worker-priests in 1964 had written a letter to a number of Fathers attending the Council pointing out the obvious application to their own situation of the new attitude which was emerging at the Council. They declared that the Church still fought shy of socialism and was still far too authoritarian:

> Les hommes d'église croient spontanément que les injustices sont des accidents. Ils ne voient ni ne disent que ces crises ne sont que des manifestations plus visibles d'un système constamment inhumain...
>
> Or il nous semble impossible d'espérer que la classe ouvrière puisse entendre le message de Jésus-Christ tant que l'Église, par ses ressources, ses organisations, la mise en condition des fidèles, restera en fait une puissance de ce monde.
>
> *Le Monde* (13 octobre 1964)

They called upon the Church to recognise the existence of an autonomous working-class consciousness, which it must seek to understand, and approach with respect.

Official endorsement for the more sympathetic involvement of the Church in the problems of the temporal world led to the historic announcement, on 23rd October 1965, that the worker-priest experiment was to be revived in France (*see* p. 662). The great majority of French bishops were now in favour of such a move, and the Roman Curia, which had suspended the worker-priest experiment in France in 1954, had now gone back on its former decision. Pope Paul was, too, more sympathetic than Pope John XXIII.

New rules were to apply to the *prêtres au travail*, as they were to be called, similar to those imposed on the *prêtres de la mission ouvrière*. The old mistakes were, it was hoped, to be avoided: the worker-priests would no longer live among the workers, isolated from contact with other priests and Catholic laymen; they must give priority to their rôle as priests rather than to working to improve the material conditions of the workers; they must be carefully selected and must not take on trade union responsibilities; finally they must remain under the close supervision of the archbishop of Paris.

This remained, of course, an experiment of limited scope. By 1968, many French priests felt that progress in the direction of the evangelisation of the working class was still far too slow.

Meanwhile, during the May events, a number of leading figures in the Church came out in support of student demands for university reform, and, in the spirit of the Vatican Council, in support of the revolt against authority. Cardinal Marty, the archbishop of Paris, after an appeal for calm during the night of May 10th, declared on May 22nd:

> Beaucoup autour de nous — depuis longtemps déjà dans le monde ouvrier — refusent le système économique et social d'aujourd'hui. Beaucoup autour de nous — des jeunes surtout — ont manifesté ces derniers jours qu'ils ne savent plus pourquoi ils travaillent, pourquoi ils vivent. La critique de la société de consommation, du matérialisme de l'Est comme de l'Ouest n'est pas pour nous étonner. Nous contestons une société qui oublie ou refuse de reconnaître Dieu, qui récuse les grands appels prophétiques de l'Évangile et du concile, qui néglige les profondes aspirations des hommes. Les hommes, tous les hommes, doivent pouvoir être présents librement et activement, personnellement ou par leurs légitimes représentants, à toutes les instances de décision. (*Le Monde* (25 mai 1968)).

But a reaction in the opposite direction set in swiftly. In the encyclical *Humanæ Vitæ* (1968) the Church's traditional teaching on birth control was re-affirmed by Pope Paul, as well as the traditional authority of Catholic teaching in social matters. The Pope declared, addressing the clergy:

> ... il est de souveraine importance, pour la paix des consciences et pour l'unité du peuple chrétien, que dans le domaine de la morale comme dans celui du dogme tous s'en tiennent au magistère de l'Église et parlent un même langage.

It was, however, now too late for Rome to prevent a full-scale internal crisis of authority in the Church in France: the May crisis had done its work. In November 1968, 100 French *prêtres contestataires* addressed a round robin to every priest in the country, which, while not mentioning the question of birth control, faced the question of Church authority head on. They affirmed the right of all priests to decide to work full-time without reference to higher authority, and called for the setting up of a permanent general assembly of the French Church in which all priests could have a democratic say (*see* p. 662). This letter represented a re-assertion by ordinary priests, in a much more radical form, of theses officially proclaimed by the Vatican Council in 1964.

By January 1969, more than four hundred priests had joined the movement *Échanges et dialogue*, set up by the initiators of the November letter. At a meeting on 11th and 12th January 1969, they passed a motion on authority which betokened an attempt to put Church authority on an entirely new basis. The question of celibacy now appeared on the agenda: ten of the priests were either already married or planning marriage (*see* p. 665). The permanent council of the French episcopate issued a statement in February which sought to clarify the situation (*see* p. 666) but the question for the Church in France in 1969 was clearly how far the hierarchy could accept the new pressure from below for the principles of the Vatican Council to be taken to their logical conclusion.

The crisis in the Catholic Church generally was more fundamental than any since the Reformation: the central issues of authority and celibacy were being openly discussed at the base from 1968; meanwhile the 1968 encyclical showed that, so far, papal insistence on authority, and papal opposition to the view that the State, society or any purely secular authority could settle questions of political, social and economic morality, remained complete. There still seemed, indeed, despite the work of the Vatican Council, to be no valid truth for the Catholic Church outside its own teaching.

There has been, in the nineteenth and twentieth centuries, a degree of compromise by the Church hierarchy with the democratic and near-socialist left-wing Catholic position; but this was only made possible by a gradual process of *absorption* of democratic and socialist ideas into the corpus of the Church's own teaching. Such ideas can only become validated by this process; their validity is not absolute for the Church, but is only acquired by their receiving its own *imprimatur*. Those concepts which remain outside the pale of Church teaching, no matter how scientifically based — as in the case of birth control — must remain unacceptable precisely *because of their secular origins*. Meanwhile, in 1969–70, the strength of the opposition in France to *Humanæ Vitæ* and the re-imposition of Church authority which it implied, suggested that a major battle between authority and freedom, between the Left and the Right in French Catholicism, was on. On 11th June 1970, the French bishops issued a long statement entitled "Renouveau et croissance de l'Église". While denouncing those reactionaries in the Church who wanted to go back to mediaeval Christianity, and rejected the work of the Vatican Council, it also objected to the view of those who saw the Church as "un appareil institutionnel lié à des forces politiques, voire à un capitalisme spirituel oppressif et dominateur", as well as those who saw the Church only as communion, and ignored the hierarchical constitution laid down by Christ. The bishops further denounced "l'intrusion de méthodes de violence et de dialectique révolutionnaire dans l'Église" as a perversion of the Gospel.

They declared that they themselves must make collegiality work together with the successor of Peter; that no priest could carry out his ministry if he rejected in practice the exercise of authority in the Church, even though he did not reject authority as such: and that no priest could celebrate holy communion if he was in disagreement with his bishop about his ministry and his way of life, i.e. over the issue of celibacy.[1]

With more and more conservative pressure building up from traditionalists, the French hierarchy, though it had so far been moderately sympathetic to the rebels' case, turned on them, particularly the *Échanges et dialogue* group.

The reaction from the *prêtres contestataires* was swift. Forty-four of them made a public announcement in a letter to the bishops that they were leaving the ministry.[2] Meanwhile, the continued evolution of some Catholics towards socialism was seen in an openly socialist declaration by the *Action Catholique Ouvrière* in 1971 (*see Le Monde* (18 mai 1971)).

[1] *Le Monde* (14 juin 1970).
[2] *See Le Monde* (26 juin 1970).

BIBLIOGRAPHY

J. ARDAGH: *The New France* (Penguin Books, 1970), pp. 563 ff. on lay catholicism.
A. AUDIBERT et al.: *La Laïcité* (P.U.F., 1960).
W. BOSWORTH: *Catholicism and crisis in modern France* (Princeton U.P., 1962).
J. CARON: *Le Sillon et la démocratie chrétienne 1894–1910* (Plon, 1966).
La Chronique sociale de France.
A. COUTROT and F. DREYFUS: *Les forces religieuses dans la société française* (Colin, 1966), Collection 'U'.
La Croix, daily.
A. DANSETTE: *Destin du catholicisme français 1926–1956* (Flammarion, 1957).
A. DANSETTE: *Histoire religieuse de la France contemporaine,* revised ed. (Flammarion, 1965).
A. DEROO, ed.: *Encycliques, messages et discours... sur les questions civiques et politiques* (chez l'auteur, 1961). Texts.
A. DEROO, ed.: *L'Épiscopat français dans la mêlée de son temps (1930–1954)* (Bonne presse, 1955).
La Documentation catholique.
J. DUQUESNE: *Les catholiques français sous l'occupation* (Grasset, 1966).
J. FLOWER: 'Forerunners of the worker-priests', *Journal of Contemporary History,* vol II, N° 4 (October 1967), pp. 183–199.
H. GODIN and Y. DANIEL: *La France, pays de mission?* (Éditions du Cerf, 1950).
H. GUITTON, ed.: *Encycliques et messages sociaux. Textes choisis* (Dalloz, 1966).
E. A. ISAMBERT: *Christianisme et classe ouvrière. Jalons pour une étude de sociologie historique* (Casterman, 1961).
A. LATREILLE, and A. SIEGFRIED: *Les forces religieuses et la vie politique* (Colin, 1951).
A. LATREILLE, ed.: *Histoire du catholicisme en France,* 3 vols. (Spes, 1962–1963).
G. LE BRAS: *Études de sociologie religieuse,* 2 vols. (P.U.F., 1955–1956).
G. LEPOINTE: *Les rapports de l'Église et de l'État en France* (P.U.F., 1960).
J. MARITAIN: *Humanisme intégral* (Aubier, 1936).
J. MARITAIN: *Christianisme et démocratie* (Hartmann, 1953).
J. MARITAIN: *L'homme et l'état* (P.U.F., 1953).
J.-M. MAYEUR: *La séparation de l'Église et de l'État* (Julliard, 1966). Texts.
L. V. MÉJAN: *La séparation des Églises et de l'État* (P.U.F., 1959).
'La mort de l'Église. Une enquête d'Yvon Levaillant', *Le Nouvel Observateur* (30 juin–6 juillet 1969; 7–13 juillet 1969).
E. MOUNIER: *Le personnalisme* (P.U.F., 1949).
Les pièces d'un procès. L'«Action Française» et le Vatican (Flammarion, 1927).
P. PIERRARD: *Le prêtre français* (Bloud et Gay, 1969).

E. Poulat: *Naissance des prêtres-ouvriers* (Casterman, 1965).

M. Prélot: *Le libéralisme catholique* (Colin, 1969), Collection 'U'. Texts.

Les prêtres ouvriers (Éd. de Minuit, 1954), translated by J. Petrie as *The Worker-Priests. A collective documentation* (Routledge, 1956).

R. Rémond: *Les catholiques, le communisme et les crises 1929–1939* (Colin, 1960), "Kiosque" collection.

R. Rémond, ed.: *Forces religieuses et attitudes politiques* (Colin, 1965), Cahiers de la Fondation Nationale des Sciences Politiques N° 130.

R. Rémond: 'Droite et gauche dans le catholicisme français contemporain', *Revue Française de Science Politique* (septembre 1958), pp. 529–544; (décembre 1958), pp. 803–820.

H. Rollet: *L'action sociale des catholiques en France*, vol. I (Chronique Sociale de Lyon, 1955); vol II (Desclée de Brouwer, 1958).

J.-F. Six: *Cheminements de la Mission de France (1941–1966)* (Seuil, 1967).

G. Suffert: *Les catholiques et la gauche* (Maspero, 1960).

GLOSSARY

l'acte pastoral
l'agnostique, l'agnosticisme
l'amoralisme
l'annonce de l'Évangile
annoncer l'Évangile
anticlérical, hostile to the rôle of the Church in politics and society.
l'anticléricalisme
l'apostolat sacerdotal
apostolique
l'apôtre
l'appareil ecclésiastique, structure of the Church.
l'Assomption
l'athée
l'athéisme
le service d'aumônerie, chaplaincy.
l'autocensure, self-censorship.
les biens ecclésiastiques
la Bonne Nouvelle, the Good News — i.e. the gospel.
la bulle
caduc
le célibat
le cercle d'études, study group.
le chef d'équipe
le chômage
la circonscription, drawing of boundaries.
la cité temporelle
la classe ouvrière
les classes dirigeantes (laborieuses)
le clergé
clérical
le cléricalisme, the belief that the Church should play a leading rôle in politics and
    society.
la communion
le Concile, (Vatican) Council, cf. *Vatican II*.
le concordat
la condition salariale, wage-earning status.
la congrégation
le conseil presbytéral, presbytery council.
le consistoire
la corporation
le corps sacerdotal

le croisé
le culte, often simply = religion.
la cure
le curé
le diocèse
le dogme
ecclésial
l'Encyclique (f.)
l'entreprise
l'épicurisme
épiscopal
l'épiscopat, group made up of bishops.
l'évangélisation
évangéliser
l'évêché
l'évêque
la fabrique
la fille tombée
la foi
le fonctionnaire
le gardien de paix
la grève
grever les biens
la hiérarchie
l'indemnité de logement
l'instance supérieure
l'institution canonique, nomination to a clerical office by the ecclesiastical authorities.
l'institution divine, what is divinely ordained.
le laïc or *laïque,* member of the laity.
le laïcat, the laity as a group.
la laïcité de l'État, laïque or secular character of the State (*see* p. 597).
laïque or *laïc,* secular, or neutral as between religious sects.
la licence d'enseignement
la lutte des classes
le magistère ecclésiastique
la mense, ecclesiastical income.
le milieu, sometimes = the lower orders.
le militant ouvrier
le ministère
la mise au monde de l'Église
la mission ouvrière
la mission sacerdotale
le missionnaire
le monteur électricien, electrical fitter.
le mouvement syndical
le Nazaréen
noyauter, to infiltrate.
les œuvres
ontologique
le paganisme
païen
Pâques

la paroisse
paroissial
le pasteur
le patronage
le pays de mission
le pharisien
le pouvoir civil
le pouvoir établi, constitutionally established authority.
les pouvoirs publics
pratiquant
la pratique religieuse
le presbytère
les prescriptions, prescriptions (of a law).
le grand-prêtre
le prêtre ouvrier
faire profession de
le quadrillage
la récitation du bréviaire
ressortir à
la rétractation
la revendication, (material) demand.
le sacerdoce
sacral, sacred, having a religious character.
sacré
le sacrement
Sa Sainteté
le Saint-Siège
le salaire
le scribe
séculariser
séculier
la sédition
le siège
le Siège Apostolique, the Holy See.
la société de secours mutuel
le spirituel
le statut de clerc
le subside
la succession apostolique, the apostolic succession — i.e., the direct line of descent
     of the bishops from the Apostles.
sustenter
le syndicat
téléologique
le temple
temporel
le Verbe de Dieu
le veuvage
le vicaire
la Vierge
de vocation chrétienne

Convention entre Sa Sainteté Pie VII et le Gouvernement français

Le gouvernement de la République reconnaît que la religion catholique, apostolique et romaine est la religion de la grande majorité des citoyens français. Sa Sainteté reconnaît également que cette même religion a retiré et attend encore en ce moment le plus grand bien et le plus grand éclat de l'établissement du culte catholique en France, et de la profession particulière qu'en font les consuls de la République. En conséquence, d'après cette reconnaissance mutuelle, tant pour le bien de la religion que pour le maintien de la tranquillité intérieure, ils sont convenus de ce qui suit:

Article premier. La religion catholique, apostolique et romaine sera librement exercée en France: son culte sera public, en se conformant aux règlements de police que le Gouvernement jugera nécessaires pour la tranquillité publique.

Art. 2. Il sera fait par le Saint-Siège, de concert avec le Gouvernement, une nouvelle circonscription des diocèses français.

Art. 3. Sa Sainteté déclarera aux titulaires des évêchés français qu'elle attend d'eux avec une ferme confiance, pour le bien de la paix et de l'unité, toute espèce de sacrifices, même celui de leurs sièges. D'après cette exhortation, s'ils se refusaient à ce sacrifice commandé par le bien de l'Église (refus néanmoins auquel Sa Sainteté ne s'attend pas), il sera pourvu, par de nouveaux titulaires, au gouvernement des évêchés de la circonscription nouvelle, de la manière suivante.

Art. 4. Le Premier Consul de la République nommera, dans les trois mois qui suivront la publication de la bulle de Sa Sainteté, aux archevêchés et évêchés de la circonscription nouvelle. Sa Sainteté conférera l'institution canonique, suivant les formes établies par rapport à la France avant le changement de gouvernement.

Art. 5. Les nominations aux évêchés qui vaqueront dans la suite seront également faites par le Premier Consul, et l'institution canonique sera donnée par le Saint-Siège, en conformité de l'article précédent.

Art. 6. Les évêques, avant d'entrer en fonctions, prêteront directement, entre les mains du Premier Consul, le serment de fidélité qui était en usage avant le changement de gouvernement, exprimé dans les termes suivants: «Je jure et promets à Dieu, sur les saints évangiles, de garder obéissance et fidélité au Gouvernement établi par la Constitution de la République

Française. Je promets aussi de n'avoir aucune intelligence, de n'assister à aucun conseil, de n'entretenir aucune ligue, soit au dedans, soit au dehors, qui soit contraire à la tranquillité publique; et si, dans mon diocèse ou ailleurs, j'apprends qu'il se trame quelque chose au préjudice de l'État, je le ferai savoir au Gouvernement.»

Art. 10. Les évêques nommeront aux cures. Leur choix ne pourra tomber que sur des personnes agréées par le Gouvernement.

Art. 12. Toutes les églises métropolitaines, cathédrales, paroissiales et autres non aliénées, nécessaires au culte, seront mises à la disposition des évêques.

Art. 13. Sa Sainteté, pour le bien de la paix et l'heureux rétablissement de la religion catholique, déclare que ni elle ni ses successeurs ne troubleront en aucune manière les acquéreurs des biens ecclésiastiques aliénés, et qu'en conséquence, la propriété de ces mêmes biens, les droits et revenus y attachés, demeureront incommutables entre leurs mains ou celles de leurs ayants-cause.

Art. 14. Le Gouvernement assurera un traitement convenable aux évêques et aux curés, dont les diocèses et les paroisses seront compris dans la circonscription nouvelle.

> *Concordat et recueil des bulles et brefs de N.S.P. Le Pape Pie VII... publiés par S.E. Monseigneur le Cardinal Caprara, Légat à latere* (Paris, 1802), pp. 5-13

LIBERAL CATHOLICISM   1830

1. Freedom.

... la philosophie passionnée du dix-huitième siècle... attaqua simultanément le despotisme et la religion, persuadée qu'on ne pouvait triompher de l'un sans renverser l'autre; et lorsque s'opéra, par un mouvement soudain et presque unanime, l'affranchissement politique, la même opinion, établie dans la tête de quelques monstres, enfanta ces épouvantables persécutions auxquelles on ne saurait rien comparer dans les annales de la tyrannie.

Dè là, et qui pourrait s'en étonner? la longue défiance des catholiques pour tout ce qui se présentait sous le nom de liberté. Ce nom réveillait en eux trop de souvenirs sinistres, il se confondait trop naturellement dans leur esprit avec la haine du christianisme, pour qu'ils ne le redoutassent point comme le signal de l'oppression de leurs droits les plus chers et les plus sacrés...

Le temps, l'expérience, et, on doit le dire à l'honneur du siècle, des discussions sérieuses et loyales ont commencé, de part et d'autre, à diminuer les préjugés. Déjà le vrai libéralisme, et il est aujourd'hui incomparablement le plus nombreux, comprend que la liberté doit être égale pour tous, ou qu'elle n'est assurée pour personne...

D'un autre côté, les catholiques, instruits par l'expérience, ont reconnu que le pouvoir était pour la religion un mauvais appui; qu'elle a sa force ailleurs, c'est-à-dire, en elle-même, et que sa vie est la liberté. Étouffée sous la pesante protection des gouvernements, devenue l'instrument de leur politique et le jouet de leurs caprices, elle périssait si Dieu lui-même, dans les secrets conseils de sa providence, qui veille sans cesse sur la seule société qui ne finira jamais, n'avait préparé son affranchissement; et le devoir des catholiques est aujourd'hui de coopérer de toute leur puissance à cette œuvre de salut et de régénération. Car enfin qu'ont-ils à désirer, sinon la jouissance effective et pleine de toutes les libertés qu'on ne peut légitimement ravir à aucun homme, la liberté religieuse, la liberté d'éducation, et, dans l'ordre civil et politique, celles d'où dépendent la sûreté des personnes et des propriétés, avec la liberté de la presse, qui, ne l'oublions pas, est la plus forte garantie de toutes les autres? Souhaiter autre chose, c'est souhaiter l'oppression de l'Église et la ruine de la foi...

. . . .

Saisissons-nous donc avec empressement de la portion de liberté que les lois nous accordent, et usons-en pour obtenir toute celle qui nous est due, si on nous la refusait. Il ne s'agit pas de s'isoler et de s'ensevelir lâchement dans une indolence stupide. Catholiques, apprenons à réclamer, à défendre nos droits, qui sont les droits de tous les Français, les droits de quiconque a résolu de ne ployer sous aucun joug...

Nous n'avons point d'arrière-pensées, nous n'en eûmes jamais: notre parole c'est toute notre âme. Espérant donc d'en être crus, nous dirons à ceux dont les idées diffèrent, sur plusieurs points, de nos croyances: Voulez-vous sincèrement la liberté religieuse, la liberté d'éducation, sans laquelle il n'est point de liberté religieuse, vous êtes des nôtres; et nous sommes des vôtres aussi, car nous voulons non moins sincèrement, avec la liberté de la presse, les libertés politiques et civiles compatibles avec le maintien de l'ordre. Toutes celles que les peuples, dans le développement graduel de leur vie, peuvent supporter, leur sont dues, et leur progrès dans la civilisation se mesure par leur progrès, non fictif, mais réel, dans la liberté.

F. DE LAMENNAIS, 'Intérieur', *L'Avenir*
(16 octobre 1830)

2. The separation of Church and State.

Nous croyons fermement que le développement des lumières modernes ramènera un jour, non seulement la France, mais l'Europe entière à l'unité catholique... Mais... nous croyons en même temps que la religion doit être aujourd'hui totalement séparée de l'État et le prêtre de la politique; que le catholicisme, partout en butte à la défiance des peuples, et trop souvent à la persécution des gouvernements, s'affaiblirait toujours davantage s'il ne se hâtait de secouer le joug de leur pesante protection, et qu'il ne peut revivre que par la liberté... Désormais l'État ne doit être pour rien dans le choix des évêques et des curés; au Pape seul il appartient de déterminer leur mode d'élection ou de présentation. Le gouvernement n'a plus à se mêler de ce qui regarde le culte, l'enseignement, la discipline; l'ordre spirituel doit être en dehors, complètement en dehors de l'ordre temporel...

... Il faut... qu'ils[1] disent à l'État: Nous renonçons au salaire que vous

---

[1] The bishops.

nous accordiez, et nous reprenons notre indépendance. Soumis comme tous les Français aux lois politiques et civiles du pays, autant qu'elles ne blesseront pas les droits sacrés de la conscience, nous ne reconnaissons point votre autorité en tout ce qui concerne la religion, notre culte, notre discipline, notre enseignement... nous ne devons obéissance qu'au Chef spirituel que Jésus-Christ nous a donné: lui seul doit régler nos croyances, diriger, surveiller notre administration, pourvoir à la perpétuité du ministère céleste.

F. DE LAMENNAIS, 'De la Séparation de l'Église et de l'État', *L'Avenir* (18 octobre 1830)

3. The demand for freedom of association for the working class.

La hiérarchie sociale s'est singulièrement simplifiée depuis trois mois, car la dernière victoire remportée sur la féodalité ne laisse plus en présence que la bourgeoisie et le peuple, la classe qui achète le travail et la classe qui le vend.

Cette nouvelle distribution de la société serait assurément la meilleure de toutes, si le conflit de vendeur à acheteur qui existe dans les relations journalières de ces deux classes ne devait tôt ou tard se reproduire dans la politique... et comme il n'est donné qu'au catholicisme d'unir, dans une même pensée, l'ordre et la liberté, l'établissement de la loi agraire[1] ou bien un retour à l'esclavage des païens serait l'inévitable résultat de leur lutte prochaine, si la religion tardait longtemps encore à reconquérir le monde. En effet, lorsque la civilisation se résout en un règlement entre des maîtres et des ouvriers, et que ce règlement a pour principe la force au lieu de la justice, la ruine des uns ou l'asservissement des autres ne se fait pas attendre...

Ces rassemblements d'ouvriers, ces associations illicites qui inspirent tant de frayeur à la bourgeoisie ne sont que les symptômes d'un mal dont les causes sont à la fois nombreuses et anciennes. Aujourd'hui nous n'en signalerons qu'une seule; et comme le remède que nous allons proposer convient également aux deux partis, nous aimons à croire que nos paroles ne seront pas perdues.

Dans tous les temps, le législateur a voulu étendre la sphère de son action... Mais aujourd'hui une liberté anciennement acquise est le patrimoine de tous les citoyens; personne ne peut intervenir sans injustice dans la fixation du prix des salaires. Après la liberté de conscience, la plus inviolable est la liberté du travail, et cependant, si le code pénal ne la refuse point explicitement à l'ouvrier, il le gêne du moins dans l'usage qu'il veut en faire, puisque les artisans ne peuvent ni s'associer, ni s'entendre, ni résister en masse aux exigences du capitaliste sans se rendre passibles d'une amende et d'un emprisonnement.

A la vérité, une peine semblable est portée contre les maîtres qui se coalisent; mais cette compensation est tellement illusoire, que l'article 414 est resté jusqu'à ce jour sans application, tandis qu'en vertu des articles 415 et 416[1], des pères de famille vont chaque jour expier dans les prisons leur résistance à la tyrannie de quelque avare fabricant...

[1] *See* p. 12.

... qu'en arrive-t-il? Au lieu d'associations publiques, et par conséquent peu dangereuses, on a des sociétés secrètes. Les ouvriers ont leurs signes de ralliement, leurs mots d'ordre, et au premier signal que donnent leurs invisibles chefs, un désordre général succède aux apparences de la plus profonde tranquillité. Si d'autres causes troublent momentanément l'ordre public, ces sociétés en profitent pour se montrer au-dehors, avec ce qu'elles ont amassé de colères et de mécontentements. Ce n'est plus une transaction à l'amiable qu'elles proposent, une discussion paisible entre des droits opposés qui s'engage. Elles dictent des conditions aussi injustes que celles qui leur étaient faites, et l'emploi de la force armée, quand il est possible, devient d'autant plus nécessaire que l'artisan opprimé par la loi s'est accoutumé à ne voir en elle qu'une ennemie.

Dira-t-on qu'une fois affranchi du joug que lui impose le code pénal, il en profitera pour exiger un salaire hors de proportion avec les bénéfices du maître? Mais le refus de travailler entraîne de sa part la perte d'un certain nombre de journées, et pendant que le manufacturier ne perd que des bénéfices, lui, il perd son pain quotidien...

De l'abrogation des articles 414, 415 et 416 du code pénal, en ce qui concerne les associations soit des maîtres, soit des ouvriers, dépend en partie le rétablissement de la tranquillité... Du droit accordé aux ouvriers mécontents de se coaliser naîtra pour les autres ouvriers le droit de se séparer d'eux, et quand leurs rixes perpétuelles n'auront plus un motif apparent de justice, elles cesseront d'elles-mêmes.

(unsigned), 'France', *L'Avenir* (19 octobre 1830)

CHURCH TEACHING ON THE TWO POWERS 1885

Dieu a donc divisé le gouvernement du genre humain entre deux puissances: la puissance ecclésiastique et la puissance civile; celle-là préposée aux choses divines, celle-ci aux choses humaines. Chacune d'elles en son genre est souveraine; chacune est renfermée dans des limites parfaitement déterminées et tracées en conformité de sa nature et de son but spécial. Il y a donc comme une sphère circonscrite, dans laquelle chacune exerce son action *jure proprio*. Toutefois, leur autorité s'exerçant sur les mêmes sujets, il peut arriver qu'une seule et même chose, bien qu'à un titre différent, mais pourtant une seule et même chose, ressortisse à la juridiction et au jugement de l'une et de l'autre puissance. Il était donc digne de la sage providence de Dieu, qui les a établies toutes les deux, de leur tracer leur voie et leurs rapports. *Les puissances qui existent ont été disposées par Dieu.* (*Rom.* XIII, 1). S'il en était autrement, il naîtrait souvent des causes de funestes contentions et de conflits, et souvent l'homme devrait hésiter, perplexe comme en face d'une double voie, ne sachant que faire, par suite des ordres contraires de deux puissances dont il ne peut en conscience secouer le joug. Il répugnerait souverainement de rendre responsable de ce désordre la sagesse et la bonté de Dieu, qui dans le gouvernement du monde physique, pourtant d'un ordre bien inférieur, a si bien tempéré les unes par les autres les forces et les causes naturelles, et les a fait s'accorder d'une façon si admirable qu'aucune d'elles ne gêne les autres, et que toutes dans un parfait ensemble conspirent au but auquel tend l'univers.

Il est donc nécessaire qu'il y ait entre les deux puissances un système de rapports bien ordonné non sans analogie avec celui qui dans l'homme constitue l'union de l'âme et du corps.

Encyclical Immortale Dei

POPE LEO XIII ON SOCIAL CATHOLICISM   1891

Quoi qu'il en soit, Nous sommes persuadé, et tout le monde en convient, qu'il faut, par des mesures promptes et efficaces, venir en aide aux hommes des classes inférieures, attendu qu'ils sont pour la plupart dans une situation d'infortune et de misère imméritée.

Causes de la condition actuelle des ouvriers

Le dernier siècle a détruit, sans rien leur substituer, les corporations anciennes, qui étaient pour eux une protection; tout principe et tout sentiment religieux ont disparu des lois et des institutions publiques, et ainsi, peu à peu, les travailleurs isolés et sans défense se sont vus avec le temps livrés à la merci de maîtres inhumains et à la cupidité d'une concurrence effrénée. Une usure vorace est venue ajouter encore au mal. Condamnée à plusieurs reprises par le jugement de l'Église, elle n'a cessé d'être pratiquée sous une autre forme par des hommes avides de gain, et d'une insatiable cupidité. A tout cela il faut ajouter le monopole du travail et des effets de commerce, devenu le partage d'un petit nombre de riches et d'opulents, qui imposent ainsi un joug presque servile à l'infinie multitude des prolétaires.

... toute l'économie des vérités religieuses, dont l'Église est la gardienne et l'interprète, est de nature à rapprocher et à réconcilier les riches et les pauvres, en rappelant aux deux classes leurs devoirs mutuels, et avant tous les autres ceux qui dérivent de la justice. Parmi ces devoirs, voici ceux qui regardent le pauvre et l'ouvrier: il doit fournir intégralement et fidèlement tout le travail auquel il s'est engagé par contrat libre et conforme à l'équité; il ne doit point léser son patron, ni dans ses biens, ni dans sa personne; ses revendications mêmes doivent être exemptes de violences et ne jamais revêtir la forme de séditions; il doit fuir les hommes pervers qui, dans des discours artificieux, lui suggèrent des espérances exagérées et lui font de grandes promesses, lesquelles n'aboutissent qu'à de stériles regrets et à la ruine des fortunes. Quant aux riches et aux patrons, ils ne doivent point traiter l'ouvrier en esclave mais respecter en lui la dignité de l'homme, relevée encore par celle du chrétien. Le travail du corps, au témoignage commun de la raison et de la philosophie chrétienne, loin d'être un sujet de honte, fait honneur à l'homme parce qu'il lui fournit un noble moyen de sustenter sa vie. Ce qui est honteux et inhumain, c'est d'user des hommes comme de vils instruments de lucre, et de ne les estimer qu'en proportion de la vigueur de leurs bras.

Mais, parmi les devoirs principaux du patron, il faut mettre au premier rang celui de donner à chacun le salaire qui convient.

Ce qu'on demande d'abord aux gouvernants, c'est un concours d'ordre général, qui consiste dans l'économie tout entière des lois et des institutions; Nous voulons dire qu'ils doivent faire en sorte que de l'organisation même et du gouvernement de la société découle spontanément et sans effort la prospérité tant publique que privée.

Tel est, en effet, l'office de la prudence civile et le devoir propre de tous ceux qui gouvernent. Or, ce qui fait une nation prospère, ce sont des mœurs pures, des familles fondées sur des bases d'ordre et de moralité, la pratique de la religion et le respect de la justice, une imposition modérée et une répartition équitable des charges publiques, le progrès de l'industrie et du commerce, une agriculture florissante et d'autres éléments, s'il en est, du même genre: toutes choses que l'on ne peut porter plus haut sans faire monter d'autant la vie et le bonheur des citoyens. De même que par tous ces moyens l'État peut se rendre utile aux autres classes, de même il peut grandement améliorer le sort de la classe ouvrière; et cela dans toute la rigueur de son droit et sans avoir à redouter le reproche d'ingérence; car en vertu même de son office, l'État doit servir l'intérêt commun. Et il est évident que plus se multiplieront les avantages résultant de cette action d'ordre général, et moins on aura besoin de recourir à d'autres expédients pour remédier à la condition des travailleurs.

En premier lieu, il faut que les lois publiques soient pour les propriétés privées une protection et une sauvegarde. Et ce qui importe par-dessus tout, au milieu de tant de cupidités en effervescence, c'est de contenir les masses dans le devoir: car, s'il est permis de tendre vers de meilleures destinées avec l'aveu de la justice, enlever de force le bien d'autrui, envahir les propriétés étrangères, sous le prétexte d'une absurde égalité, sont choses que la justice condamne et que l'intérêt commun lui-même répudie. Assurément les ouvriers, qui veulent améliorer leur sort par un travail honnête et en dehors de toute injustice, forment la très grande majorité; mais combien n'en compte-t-on pas qui, imbus de fausses doctrines et ambitieux de nouveautés, mettent tout en œuvre pour exciter des tumultes et entraîner les autres à la violence! Que l'autorité publique intervienne alors, et que, mettant un frein aux excitations des meneurs, elle assure les mœurs de l'ouvrier contre les artifices de la corruption et les légitimes propriétés contre le péril de la rapine.

2° *Des chômages voulus et concertés qu'on appelle des grèves.*

Il n'est pas rare qu'un travail trop prolongé ou trop pénible et un salaire réputé trop faible donnent lieu à ces chômages voulus et concertés qu'on appelle des grèves. A cette plaie si commune et en même temps si dangereuse, il appartient au pouvoir public de porter un remède; car ces chômages non seulement tournent au détriment des patrons et des ouvriers eux-mêmes, mais ils entravent le commerce et nuisent aux intérêts généraux de la société; et comme ils dégénèrent facilement en violences et en tumultes, la tranquillité publique s'en trouve souvent compromise.

Mais il est plus efficace et plus salutaire que l'autorité des lois prévienne le mal et l'empêche de se produire, en écartant avec sagesse les causes qui paraissent de nature à exciter des conflits entre ouvriers et patrons. Chez l'ouvrier pareillement, il est des intérêts nombreux qui réclament la protection de l'État, et, en première ligne, ce qui regarde le bien de son âme.

7° *Fixation du salaire.*

Nous passons à présent à un autre point de la question d'une importance non moins grande et qui, pour éviter tout extrême, demande à être défini avec justesse : Nous voulons parler de la fixation du salaire. Le salaire, ainsi raisonne-t-on, une fois librement consenti de part et d'autre, le patron en le payant a rempli tous ses engagements et n'est plus tenu à rien. Alors seulement la justice se trouverait lesée s'il lui refusait de tout solder, ou l'ouvrier d'achever tout son travail et de satisfaire à ses engagements ; en quels cas seulement le pouvoir public aurait à intervenir pour protéger le droit d'un chacun. Pareil raisonnement ne trouvera pas de juge équitable qui consente à y adhérer sans réserve, car il n'embrasse pas tous les côtés de la question et il en omet un fort sérieux. Travailler, c'est exercer son activité dans le but de se procurer ce qui est requis pour les divers besoins de la vie, mais surtout pour l'entretien de la vie elle-même. *Tu mangeras ton pain à la sueur de ton front.* C'est pourquoi le travail a reçu de la nature comme une double empreinte : il est personnel, parce que la force active est inhérente à la personne et qu'elle est la propriété de celui qui l'exerce et qui l'a reçue pour son utilité ; il est nécessaire, parce que l'homme a besoin du fruit de son travail pour conserver son existence, et qu'il doit la conserver pour obéir aux ordres irréfragables de la nature. Or, si l'on ne regarde le travail que par le côté où il est personnel, nul doute qu'il ne soit au pouvoir de l'ouvrier de restreindre à son gré le taux du salaire ; la même volonté qui donne le travail peut se contenter d'une faible rémunération ou même n'en exiger aucune.

Mais il en va tout autrement, si au caractère de personnalité on joint celui de nécessité dont la pensée peut bien faire abstraction, mais qui n'en est pas séparable en réalité. Et, en effet, conserver l'existence est un devoir imposé à tous les hommes et auquel ils ne peuvent se soustraire sans crime.

De ce devoir découle nécessairement le droit de se procurer les choses nécessaires à la subsistance et que le pauvre ne se procure que moyennant le salaire de son travail. Que le patron et l'ouvrier fassent donc tant et de telles conventions qu'il leur plaira, qu'ils tombent d'accord, notamment sur le chiffre du salaire. Au-dessus de leur libre volonté, il est une loi de justice naturelle plus élevée et plus ancienne, à savoir que le salaire ne doit pas être insuffisant à faire subsister l'ouvrier sobre et honnête. Que si, contraint par la nécessité ou poussé par la crainte d'un mal plus grand, il accepte des conditions dures que d'ailleurs il ne lui serait pas loisible de refuser, parce qu'elles lui sont imposées par le patron ou par qui fait l'offre du travail, c'est là subir une violence contre laquelle la justice proteste. Mais, de peur que dans ce cas et d'autres analogues, comme en ce qui concerne la journée du travail et la santé des ouvriers, les pouvoirs publics n'interviennent pas importunément, vu surtout la variété des circonstances des temps et des lieux, il sera préférable que la solution en soit réservée aux corporations ou syndicats dont nous parlerons plus loin, ou que l'on recoure à quelque autre moyen de sauvegarder les intérêts des ouvriers, même si la cause le réclamait, avec le secours et l'appui de l'État.

8° *Avantages pour l'ouvrier de travailler pour devenir propriétaire.*

L'ouvrier qui percevra un salaire assez fort pour parer aisément à ses besoins et à ceux de sa famille suivra, s'il est sage, le conseil que semble lui donner la nature elle-même: il s'appliquera à être parcimonieux et fera en sorte, par de prudentes épargnes, de se ménager un petit superflu, qui lui permette de parvenir, un jour, à l'acquisition d'un modeste patrimoine. Nous avons vu, en effet, que la question présente ne pouvait recevoir de solution vraiment efficace si l'on ne commençait par poser comme principe fondamental l'inviolabilité de la propriété privée. Il importe donc que les lois favorisent l'esprit de propriété, le réveillent et le développent autant qu'il est possible dans les masses populaires. Le résultat, une fois obtenu, serait la source des plus précieux avantages, et, d'abord, d'une répartition des biens certainement plus équitable. La violence des révolutions politiques a divisé le corps social en deux classes et a creusé entre elles un immense abîme. D'une part, la toute-puissance dans l'opulence: une faction qui, maîtresse absolue de l'industrie et du commerce, détourne le cours des richesses et en fait affluer vers elle toutes les sources; faction d'ailleurs qui tient en sa main plus d'un ressort de l'administration publique. De l'autre, la faiblesse dans l'indigence: une multitude, l'âme ulcérée, toujours prête au désordre. Eh bien! que l'on stimule l'industrieuse activité du peuple par la perspective d'une participation à la propriété du sol, et l'on verra se combler peu à peu l'abîme qui sépare l'opulence de la misère et s'opérer le rapprochement des deux classes.

En outre, la terre produira toute chose en plus grande abondance. Car l'homme est ainsi fait que la pensée de travailler sur un fonds qui est à lui redouble son ardeur et son application. Il en vient même jusqu'à mettre tout son cœur dans une terre qu'il a cultivée lui-même, qui lui promet, à lui et aux siens, non seulement le strict nécessaire, mais encore une certaine aisance. Et il n'y a personne qui ne voit sans peine les heureux effets de ce redoublement d'activité sur la fécondité de la terre et sur la richesse des nations: Un troisième avantage sera l'arrêt dans le mouvement d'émigration: nul, en effet, ne consentirait à échanger contre une région étrangère sa patrie et sa terre natale s'il y trouvait les moyens d'y mener une vie plus tolérable. Mais une condition indispensable pour que tous ces avantages deviennent des réalités, c'est que la propriété privée ne soit pas épuisée par un excès de charges et d'impôts. Ce n'est pas des lois humaines, mais de la nature qu'émane le droit de propriété individuelle; l'autorité publique ne peut donc l'abolir; tout ce qu'elle peut, c'est en tempérer l'usage et le concilier avec le bien commun. C'est pourquoi elle agit contre la justice et l'humanité quand, sous le nom d'impôts, elle grève outre mesure les biens des particuliers.

9° *Œuvres diverses pour porter remède à la situation. — Les associations.*

En dernier lieu, nous dirons que les maîtres et les ouvriers eux-mêmes peuvent singulièrement aider à la solution, par toutes les œuvres propres à soulager efficacement l'indigence et à opérer un rapprochement entre les deux classes. De ce nombre sont les sociétés de secours mutuel, les institutions diverses, dues à l'initiative privée, qui ont pour but de secourir les ouvriers, ainsi que leurs veuves et leurs orphelins, en cas de mort, d'accidents ou d'infirmités; les patronages qui exercent une protection bienfaisante sur les enfants des deux sexes, sur les adolescents et sur les hommes faits. Mais la première place appartient aux corporations ouvrières, qui, en soi, embrassent à peu près toutes les œuvres.

Nos ancêtres éprouvèrent longtemps la bienfaisante influence de ces corporations; car, tandis que les artisans y trouvaient d'inappréciables avantages, les arts, ainsi qu'une foule de monuments le proclament, y puisaient un nouveau lustre et une nouvelle vie. Aujourd'hui les générations étant plus cultivées, les mœurs plus policées, les exigences de la vie quotidienne plus nombreuses, il n'est point douteux qu'il ne faille adapter les corporations à ces conditions nouvelles. Aussi est-ce avec plaisir que nous voyons se former partout des sociétés de ce genre, soit composées des seuls ouvriers, soit mixtes, réunissant à la fois des ouvriers et des patrons; il est à désirer qu'elles accroissent leur nombre et l'efficacité de leur action.

Encyclical Rerum Novarum

POPE LEO XIII ON THE CHURCH AND THE REPUBLIC 1892

Divers gouvernements politiques se sont succédé en France dans le cours de ce siècle, et chacun avec sa forme distinctive: empires, monarchies, républiques. En se renfermant dans les abstractions, on arriverait à définir quelle est la meilleure de ces formes, considérées en elles-mêmes; on peut affirmer également, en toute vérité, que chacune d'elles est bonne, pourvu qu'elle sache marcher droit à sa fin, c'est-à-dire le bien commun, pour lequel l'autorité sociale est constituée; il convient d'ajouter finalement, qu'à un point de vue relatif, telle ou telle forme de gouvernement peut être préférable, comme s'adaptant mieux au caractère et aux mœurs de telle ou telle nation. Dans cet ordre d'idées spéculatif, les catholiques, comme tout citoyen, ont pleine liberté de préférer une forme de gouvernement à l'autre précisément en vertu de ce qu'aucune de ces formes sociales ne s'oppose, par elle-même, aux données de la saine raison, ni aux maximes de la doctrine chrétienne. Et c'en est assez pour justifier pleinement la sagesse de l'Église alors que, dans ses relations avec les pouvoirs politiques, elle fait abstraction des formes qui les différencient, pour traiter avec eux les grands intérêts religieux des peuples, sachant qu'elle a le devoir d'en prendre la tutelle, au-dessus de tout autre intérêt. Nos précédentes Encycliques ont exposé déjà ces principes; il était toutefois nécessaire de les rappeler pour le développement du sujet qui nous occupe aujourd'hui.

Que si l'on descend des abstractions sur le terrain des faits, il faut bien nous garder de renier les principes tout à l'heure établis; ils demeurent inébranlables. Seulement, en s'incarnant dans les faits, ils y revêtent un caractère de contingence, déterminé par le milieu où se produit leur application. Autrement dit, si chaque forme politique est bonne par elle-même, et peut être appliquée au gouvernement des peuples, en fait, cependant, on ne rencontre pas chez tous les peuples le pouvoir politique sous une même forme; chacun possède la sienne propre. Cette forme naît de l'ensemble des circonstances historiques ou nationales, mais toujours humaines, qui font surgir dans une nation ses lois traditionnelles et même fondamentales: et, par celles-ci, se trouve déterminée telle forme particulière de gouvernement, telle base de transmission des pouvoirs suprêmes.

Inutile de rappeler que tous les individus sont tenus d'accepter ces gouvernements, et de ne rien tenter pour les renverser ou pour en changer la forme...

Cependant, il faut soigneusement le remarquer ici: quelle que soit la forme des pouvoirs civils dans une nation, on ne peut la considérer comme tellement définitive qu'elle doive demeurer immuable, fût-ce l'intention de ceux qui, à l'origine, l'ont déterminée.

Seule, l'Église de Jésus-Christ a pu conserver et conservera sûrement jusqu'à la consommation des temps sa forme de gouvernement.

. . . .

Mais quant aux sociétés purement humaines, c'est un fait gravé cent fois dans l'histoire, que le temps, ce grand transformateur de tout ici-bas, opère dans leurs institutions politiques de profonds changements.

. . . .

Or cette nécessité sociale justifie la création et l'existence des nouveaux gouvernements, quelque forme qu'ils prennent; puisque, dans l'hypothèse où nous raisonnons, ces nouveaux gouvernements sont nécessairement requis par l'ordre public, tout ordre public étant impossible sans un gouvernement. Il suit de là que, dans de semblables conjonctures, toute la nouveauté se borne à la forme politique des pouvoirs civils, ou à leur mode de transmission; elle n'affecte nullement le pouvoir considéré en lui-même. Celui-ci continue d'être immuable et digne de respect; car, envisagé dans sa nature, il est constitué et s'impose pour pourvoir au bien commun, but suprême qui donne son origine à la société humaine. En d'autres termes, dans toute hypothèse, le pouvoir civil, considéré comme tel, est de Dieu et toujours de Dieu: *«Car il n'y a point de pouvoir si ce n'est de Dieu» (Rom., XIII, 1).*

Par conséquent, lorsque les nouveaux gouvernements qui représentent cet immuable pouvoir sont constitués, les accepter n'est pas seulement permis, mais réclamé, voire même imposé par la nécessité du bien social qui les a faits et les maintient. D'autant plus que l'insurrection attise la haine entre citoyens, provoque les guerres civiles et peut rejeter la nation dans le chaos de l'anarchie. Et ce grand devoir de respect et de dépendance persévérera, tant que les exigences du bien commun le demanderont, puisque ce bien est, après Dieu, dans la société, la loi première et dernière.

Mais une difficulté se présente: «Cette république, fait-on remarquer, est animée de sentiments anti-chrétiens que les hommes honnêtes, et beaucoup plus les catholiques, ne pourraient consciencieusement accepter». Voilà surtout ce qui a donné naissance aux dissentiments et les a aggravés.

On eût évité ces regrettables divergences, si l'on avait su tenir soigneusement compte de la distinction considérable qu'il y a entre Pouvoirs constitués et Législation. La législation diffère à tel point des pouvoirs politiques et de leur forme, que, sous le régime dont la forme est la plus excellente, la législation peut être détestable;

. . . .

Pauvre France! Dieu seul peut mesurer l'abîme de maux où elle s'enfoncerait, si cette législation, loin de s'améliorer, s'obstinait dans une telle déviation qui aboutirait à arracher de l'esprit et du cœur des Français la religion qui les a faits si grands.

Et voilà précisément le terrain sur lequel, tout dissentiment politique mis à part, les gens de bien doivent s'unir comme un seul homme, pour combattre par tous les moyens légaux et honnêtes, ces abus progressifs de la législation.

Encyclical *Au Milieu des Sollicitudes*

LAÏCISME   1905

[Maurice Allard's speech of 10th April in the *Chambre des députés*.]

Nous avons le droit de ne pas laisser se constituer, au milieu de l'État laïque et contre lui, cet État religieux particulier, cette société religieuse qui devient forcément un danger véritable quand elle est animée, comme l'Église, d'un esprit essentiellement hostile à tout progrès et à toute civilisation. (*Très bien! très bien! à l'extrême gauche.*)

Voilà, je crois, ce que la commission n'a pas compris d'une façon suffisamment nette. Il ne faut pas se laisser leurrer par le mot de «séparation». Ce mot de «séparation», si prestigieux qu'il soit, n'a aucun sens alors qu'on n'y applique pas des idées précises, des idées déterminées. Il y a telle ou telle séparation dont l'Église peut parfaitement s'accommoder; mais nous, libres penseurs, quelle est la séparation que nous voulons? Ce ne peut être que celle qui amènera la diminution de la malfaisance de l'Église et des religions. (*Applaudissements ironiques à droite.*) ... nous verrons que loin de briser le bloc romain — et c'est ce que nous attendions de la séparation; nous attendions d'elle que le bloc romain fût brisé, émietté, dispersé et laissé à ses propres forces; certes, nous ne voulions attenter à aucune croyance (*Exclamations ironiques à droite*), mais nous espérions que le bloc romain, dégagé de la hiérarchie administrative et livré à lui-même, brisé et émietté, ne serait plus devant nous qu'à l'état de croyances religieuses individuelles, à l'état de petites chapelles sans lien ni ciment, comme le sont toutes ces petites confessions secondaires et non reconnues que vous connaissez; — or, nous verrons que loin de briser le bloc romain, vous lui assurez, par des privilèges spéciaux, sa continuité, sa durée, sa solidité... Dans chaque commune, le lendemain de la séparation, vont se fonder des associations dites cultuelles qui seront recrutées parmi les membres les plus militants du parti réactionnaire de cette commune. Et c'est à ces associations, aussi politiques que cultuelles, que vous allez, je le répète, donner en pleine propriété des biens dont la valeur monte à un milliard.... Si vous supprimez le service public des cultes, les biens trouveront une autre destination. Remis à la nation, celle-ci en fera tel usage qu'elle croira devoir en faire. Voilà quelle est la véritable solution, la seule solution, et j'ajoute la solution équitable (*Exclamations à droite*)... je vous assure que les conseils municipaux sauraient parfaitement en faire un usage utile et véritablement profitable au progrès de la civilisation; on est tout prêt à y installer des bibliothèques, des cours, à y établir toutes sortes d'œuvres sociales, d'œuvres de solidarité, d'œuvres véritablement républicaines. (*Très bien! très bien! à l'extrême gauche*)... Je vous assure que de ces églises, nous pourrons faire, quoi qu'en dise M. le rapporteur, un autre usage qu'un usage religieux, et que, lorsque le peuple y tiendra ses assises, lorsqu'il y installera des fêtes civiques, il y aura autant de joie et de splendeur, sous une autre forme, qu'il peut y en avoir aujourd'hui dans les cérémonies de Pâques ou de l'Assomption. (*Très bien! très bien! à l'extrême gauche.*)

Voilà pourquoi j'insiste tout particulièrement en faveur de mon contre-projet...

Il faut le dire très haut: il y a incompatibilité entre l'Église, le catholicisme ou même le christianisme et tout régime républicain. Le christianisme est un outrage à la raison, un outrage à la nature. (*Bruit à droite.*) Aussi je déclare très nettement que je veux poursuivre l'idée de la Convention et achever l'œuvre de déchristianisation de la France qui se poursuivait dans un calme parfait et le plus heureusement du monde jusqu'au jour où Napoléon conclut son Concordat... Pourquoi nous républicains et, surtout, nous socialistes, voulons-nous déchristianiser ce pays? Pourquoi combattons-nous les religions? Nous combattons les religions parce que nous croyons, je le répète, qu'elles sont un obstacle permanent au progrès et à la civilisation... le jour où le Dieu anthropomorphe des Juifs quitta les bords du Jourdain pour conquérir le monde méditerranéen, la civilisation disparut du bassin de la Méditerranée, et il faut remercier les empereurs romains qui ont combattu de toutes leurs forces l'invasion de cette philosophie puérile et barbare, si contraire au panthéisme et au naturalisme de notre race; il faut remercier Julien Al'postat[1] qui fit tous ses efforts pour combattre le fléau.

Journal officiel (11 avril 1905)

LA LAÏCITÉ DE L'ÉTAT: THE SEPARATION ACT   1905

1. Text of act.[2]

TITRE Iᵉʳ. — PRINCIPES

Article premier. La République assure la liberté de conscience. Elle garantit le libre exercice des cultes sous les seules restrictions édictées ci-après dans l'intérêt de l'ordre public.

Art. 2. La République ne reconnaît, ne salarie ni ne subventionne aucun culte. En conséquence, à partir du 1ᵉʳ janvier qui suivra la promulgation de

---

[1] Roman emperor, who attempted to impose a return to paganism, *c.* 360.
[2] For article 30, *see* p. 556.

la présente loi, seront supprimées du budget de l'État, des départements et des communes, toutes dépenses relatives à l'exercice des cultes. Pourront toutefois être inscrites auxdits budgets les dépenses relatives à des services d'aumônerie et destinées à assurer le libre exercice des cultes dans les établissements publics, tels que lycées, collèges, écoles, hospices, asiles et prisons.

Les établissements publics du culte sont supprimés, sous réserve des dispositions énoncées à l'article 3.

Titre II. — Attribution des biens — Pensions

Art. 3. Les établissements dont la suppression est ordonnée par l'article 2 continueront provisoirement de fonctionner, conformément aux dispositions qui les régissent actuellement, jusqu'à l'attribution de leurs biens aux associations prévues par le titre IV et au plus tard jusqu'à l'expiration du délai ci-après.

Dès la promulgation de la présente loi, il sera procédé par les agents de l'administration des domaines à l'inventaire descriptif et estimatif:

1° Des biens mobiliers et immobiliers desdits établissements;

2° Des biens de l'État, des départements et des communes dont les mêmes établissements ont la jouissance.

Ce double inventaire sera dressé contradictoirement avec les représentants légaux des établissements ecclésiastiques ou eux dûment appelés par une notification faite en la forme administrative.

Les agents chargés de l'inventaire auront le droit de se faire communiquer tous titres et documents utiles à leurs opérations.

Art. 4. Dans le délai d'un an, à partir de la promulgation de la présente loi, les biens mobiliers et immobiliers des menses, fabriques, conseils presbytéraux, consistoires et autres établissements publics du culte seront avec toutes les charges et obligations qui les grèvent et avec leur affectation spéciale, transférés par les représentants légaux de ces établissements aux associations qui, en se conformant aux règles d'organisation générale du culte dont elles se proposent d'assurer l'exercice, se seront légalement formées, suivant les prescriptions de l'article 19, pour l'exercice de ce culte dans les anciennes circonscriptions desdits établissements.

Titre III. — Des édifices des cultes

Art. 12. Les édifices qui ont été mis à la disposition de la nation et qui, en vertu de la loi du 18 germinal an X, servent à l'exercice public des cultes ou au logement de leurs ministres (cathédrales, églises, chapelles, temples, synagogues, archevêchés, évêchés, presbytères, séminaires), ainsi que leurs dépendances immobilières et les objets mobiliers qui les garnissaient au moment où lesdits édifices ont été remis aux cultes, sont et demeurent propriétés de l'État, des départements et des communes...

Art. 13. Les édifices servant à l'exercice public du culte, ainsi que les objets mobiliers les garnissant, seront laissés gratuitement à la disposition des établissements publics du culte, puis des associations appelées à les remplacer auxquelles les biens de ces établissements auront été attribuées par application des dispositions du Titre II...

Titre IV. — Des associations pour l'exercice des cultes[1]

Art. 18. Les associations formées pour subvenir aux frais, à l'entretien et à l'exercice public d'un culte devront être constituées conformément aux articles 5 et suivants du titre Ier de la loi du 1er juillet 1901. Elles seront, en outre, soumises aux prescriptions de la présente loi.

Art. 19. Ces associations devront avoir exclusivement pour objet l'exercice d'un culte...

Journal officiel (11 décembre 1905)

2. Papal condemnation 1906.

Notre âme est pleine d'une douloureuse sollicitude et Notre cœur se remplit d'angoisse quand Notre pensée s'arrête sur vous. Et comment en pourrait-il être autrement, en vérité, au lendemain de la promulgation de la loi qui, en brisant les liens séculaires par lesquels votre nation était unie au Siège apostolique, crée à l'Église catholique en France une situation indigne d'elle et lamentable à jamais!

Événement des plus graves, sans doute, que celui-là, événement que tous les bons esprits doivent déplorer, car il est aussi funeste à la société civile qu'à la religion; mais événement qui n'a pu surprendre personne, pourvu que l'on ait prêté quelque attention à la politique religieuse suivie en France dans ces dernières années...

Qu'il faille séparer l'État de l'Église, c'est une thèse absolument fausse, une très pernicieuse erreur.

Basée en effet sur ce principe que l'État ne doit reconnaître aucun culte religieux, elle est tout d'abord très gravement injurieuse pour Dieu; car le Créateur de l'homme est aussi le Fondateur des sociétés humaines, et il les conserve dans l'existence comme il nous y soutient. Nous lui devons non seulement un culte privé, mais un culte public et social pour l'honorer.

En outre, cette thèse est la négation très claire de l'ordre surnaturel. Elle limite en effet l'action de l'État à la seule poursuite de la prospérité publique durant cette vie, qui n'est que la raison prochaine des sociétés politiques; et elle ne s'occupe en aucune façon, comme lui étant étrangère, de leur raison dernière, qui est la béatitude éternelle proposée à l'homme quand cette vie si courte aura pris fin. Et pourtant l'ordre présent des choses, qui se déroule dans le temps, se trouvant subordonné à la conquête de ce bien suprême et absolu, non seulement le pouvoir civil ne doit pas faire obstacle à cette conquête, mais il doit encore nous y aider.

Cette thèse bouleverse également l'ordre très sagement établi par Dieu dans le monde, ordre qui exige une harmonieuse concorde entre les deux sociétés. Ces deux sociétés, la société religieuse et la société civile, ont en effet les mêmes sujets, quoique chacune d'elles exerce dans sa sphère propre son autorité sur eux. Il en résulte forcément qu'il y aura bien des

---

[1] These were known as the *associations cultuelles*.

matières dont elles devront connaître l'une et l'autre, comme étant de leur ressort à toutes deux. Or, qu'entre l'État et l'Église l'accord vienne à disparaître, et de ces matières communes pulluleront facilement les germes de différends, qui deviendront très aigus des deux côtés; la notion du vrai en sera troublée et les âmes remplies d'une grande anxiété.

Enfin, cette thèse inflige de graves dommages à la société civile elle-même, car elle ne peut pas prospérer ni durer longtemps lorsqu'on n'y fait point sa place à la religion, règle suprême et souveraine maîtresse quand il s'agit des droits de l'homme et de ses devoirs.

Encyclical *Vehementer Nos*

OFFICIAL RECOGNITION OF *LAÏCISME* AFTER THE SEPARATION   1906

1. Viviani's speech in the *Chambre des Députés*, 8th November 1906.

M. René Viviani, Ministre du Travail et de la Prévoyance Sociale. — La Révolution française a déchaîné dans l'homme toutes les audaces de la conscience et toutes les ambitions de la pensée. Cela n'a pas suffi. La Révolution de 1848 a doté l'homme du suffrage universel, elle a relevé le travailleur courbé sur sa tâche et elle a fait du plus humble l'égal politique du plus puissant. Cela n'a pas suffi. La troisième République a appelé autour d'elle les enfants des paysans, les enfants des ouvriers et dans ces cerveaux obscurs, dans ces consciences enténébrées elle a versé peu à peu le germe révolutionnaire de l'instruction. Cela n'a pas suffi. Tous ensemble, par nos pères, par nos aînés, par nous-mêmes, nous nous sommes attachés dans le passé à une œuvre d'anticléricalisme, à une œuvre d'irréligion. Nous avons arraché les consciences humaines à la croyance. Lorsqu'un misérable, fatigué du poids du jour, ployait les genoux, nous l'avons relevé, nous lui avons dit que derrière les nuages il n'y avait que des chimères. Ensemble, et d'un geste magnifique, nous avons éteint dans le ciel des lumières qu'on ne rallumera plus!

Voilà notre œuvre, notre œuvre révolutionnaire.

Est-ce que vous croyez que l'œuvre est terminée? Elle commence au contraire, elle bouillonne, elle nous déborde. Qu'est-ce que vous voulez répondre, je vous le demande, à l'enfant devenu un homme qui a profité de l'instruction primaire complétée d'ailleurs par les œuvres postscolaires de la République, pour confronter sa situation avec celle des autres hommes? Qu'est-ce que vous voulez répondre à un homme qui n'est plus un croyant, grâce à nous, que nous avons arraché à la foi, à qui nous avons dit que le ciel était vide de justice?

. . . .

Que voulez-vous répondre à l'homme doté du suffrage universel, mais qui compare avec tristesse sa puissance politique à sa dépendance économique?... Par l'action individuelle, c'est-à-dire par la propagande, réformez la conscience de l'homme afin qu'il soit digne de l'idéal qu'il porte en lui et, par l'action collective, c'est-à-dire par la loi, modifiez autour de lui les conditions matérielles de l'existence, afin qu'avant de mourir il puisse au moins toucher de la main toutes les réalités vivantes. Répondez à ceux qui disent que la hardiesse dans les réformes sociales précipite un pays dans la décadence écononomique et financière, qu'un pays n'est jamais en décroissance quand il augmente la valeur morale et la valeur sociale de ses enfants!... Et, tous ensemble, socialistes et républicains, après avoir fait la réserve de notre idéal commun, accomplissons cette œuvre d'affranchissement et de justice en créant sur cette terre où nous aurons passé demain une telle accumulation de richesse humaine que soit rendu sans limites le double patrimoine de la patrie et de l'humanité.

Journal officiel. Débats parlementaires. Chambre des Députés. Compte rendu in extenso (9 novembre 1906)

2. Péguy's attack on governmental *laïcisme*, December 1906.

Les intellectuels modernes, le parti intellectuel moderne a infiniment le droit d'avoir une métaphysique, une philosophie, une religion, une superstition tout aussi grossière et aussi bête qu'il est nécessaire pour leur faire plaisir... Mais ce qui est en cause... c'est de savoir si l'État, moderne, a le droit et si c'est son métier, son devoir, sa fonction, son office, d'adopter cette métaphysique, de se l'assimiler, de l'imposer au monde en mettant à son service tous les énormes moyens de la gouvernementale force...

Quand donc aurons-nous enfin la séparation de la Métaphysique et de l'État...

Nous avons le désétablissement des Églises — Quand aurons-nous le désétablissement de la Métaphysique?...

Faudra-t-il .. que ce *Monde sans Dieu*... devienne à son tour *un nouveau catéchisme* gouvernemental, enseigné par les gendarmes, avec la bienveillante collaboration de messieurs les gardiens de la paix?

C. PÉGUY, *De la Situation faite au parti intellectuel dans le monde moderne, Cahiers de la Quinzaine*, VIII, 5 (2 décembre 1906), pp. 67–68; 70–72

ACT GOVERNING RELIGIOUS SERVICES 1907

[*2nd January.*]

Article premier. Dès la promulgation de la présente loi, l'État, les départements et les communes recouvreront à titre définitif la libre disposition des archevêchés, évêchés, presbytères et séminaires qui sont leur propriété et dont la jouissance n'a pas été réclamée par une association constituée dans l'année qui a suivi la promulgation de la loi du 9 décembre 1905, conformément aux dispositions de ladite loi.

Cesseront de même, s'il n'a pas été établi d'associations de cette nature les indemnités de logement incombant aux communes, à défaut de presbytère.

La location des édifices ci-dessus dont les départements ou les communes sont propriétaires devra être approuvée par l'administration préfectorale...

Art. 2. Les biens des établissements ecclésiastiques qui n'ont pas été réclamés par des associations constituées dans l'année qui a suivi la promulgation de la loi du 9 décembre 1905, conformément aux dispositions de ladite loi, seront attribués à titre définitif, dès la promulgation de la présente loi, aux établissements communaux d'assistance ou de bienfaisance dans les conditions déterminées par l'article 9, premier paragraphe, de ladite loi,[1] sans préjudice des attributions à opérer par application des articles 7 et 8, en ce qui concerne les biens grevés d'une affectation étrangère à l'exercice du culte.

Art. 3. A l'expiration du délai d'un mois à partir de la promulgation de la présente loi, seront de plein droit supprimées les allocations concédées, par application de l'article 11 de la loi du 9 décembre 1905, aux ministres du culte qui continueront à exercer leurs fonctions dans les circonscriptions ecclésiastiques où n'auront pas été remplies les conditions prévues, soit par la loi du 9 décembre 1905, soit par la présente loi, pour l'exercice public du culte, après infraction dûment réprimée...

Art. 4. Indépendamment des associations soumises aux dispositions du titre IV de la loi du 9 décembre 1905, l'exercice public d'un culte peut être assuré tant au moyen d'associations régies par la loi du 1ᵉʳ juillet 1901 (articles 1, 2, 3, 4, 5, 6, 7, 8, 9, 12 et 17) que par voie de réunions tenues sur initiatives individuelles en vertu de la loi du 30 juin 1881 et selon les prescriptions de l'article 25 de la loi du 9 décembre 1905.

Art. 5. A défaut d'associations cultuelles, les édifices affectés à l'exercice du culte, ainsi que les meubles les garnissant, continueront, sauf désaffectation dans les cas prévus par la loi du 9 décembre 1905, à être laissés à la disposition des fidèles et des ministres du culte pour la pratique de leur religion.

La jouissance gratuite en pourra être accordée soit à des associations cultuelles constituées conformément aux articles 18 et 19 de la loi du 9 décembre 1905, soit à des associations formées en vertu des dispositions précitées de la loi du 1ᵉʳ juillet 1901 pour assurer la continuation de l'exercice public du culte dont les noms devront être indiqués dans les déclarations prescrites par l'article 25 de la loi du 9 décembre 1905.

Journal officiel (3 janvier 1907)

ACT GOVERNING PUBLIC MEETINGS   1907

[*28th March.*]

Article premier. Les réunions publiques, quel qu'en soit l'objet, pourront être tenues sans déclaration préalable.

Art. 2. Sont abrogées en ce qu'elles ont de contraire à la présente loi, les dispositions des lois des 30 juin 1881, 9 décembre 1905 et 2 janvier 1907.

Journal officiel (29 mars 1907)

---

[1] Which provided that the Church property would be handed over to the charitable bodies mentioned in this article within the ecclesiastical district.

PAPAL CONDEMNATION OF *LE SILLON* 1910

En premier lieu, il convient de relever sévèrement la prétention du Sillon d'échapper à la direction de l'autorité ecclésiastique. Les chefs du Sillon, en effet, allèguent qu'ils évoluent sur un terrain qui n'est pas celui de l'Église; qu'ils ne poursuivent que des intérêts de l'ordre temporel et non de l'ordre spirituel; que le sillonniste est tout simplement un catholique voué à la cause des classes laborieuses, aux œuvres démocratiques, et puisant dans les pratiques de sa foi l'énergie de son dévouement; que, ni plus ni moins que les artisans, les laboureurs, les économistes et les politiciens catholiques, il demeure soumis aux règles de la morale communes à tous, sans relever, ni plus ni moins qu'eux, d'une façon spéciale, de l'autorité ecclésiastique.

....

... La vérité est que les chefs du Sillon se proclament des idéalistes irréductibles, qu'ils prétendent relever les classes laborieuses en relevant d'abord la conscience humaine, qu'ils ont une doctrine sociale et des principes philosophiques et religieux pour reconstruire la société sur un plan nouveau, qu'ils ont une conception spéciale de la dignité humaine, de la liberté, de la justice et de la fraternité, et que, pour justifier leurs rêves sociaux, ils en appellent à l'Évangile, interprété à leur manière, et, ce qui est plus grave encore, à un Christ défiguré et diminué. De plus, ces idées, ils les enseignent dans leurs cercles d'études, ils les inculquent à leurs camarades, ils les font passer dans leurs œuvres.

Le Sillon place primordialement l'autorité publique dans le peuple, de qui elle dérive ensuite aux gouvernants, de telle façon cependant qu'elle continue à résider en lui. Or, Léon XIII a formellement condamné cette doctrine dans son Encyclique *Diuturnum illud* du Principat politique, où il dit: «Des modernes en grand nombre, marchant sur les traces de ceux qui, au siècle dernier, se donnèrent le nom de philosophes, déclarent que toute puissance vient du peuple; qu'en conséquence ceux qui exercent le pouvoir dans la société ne l'exercent pas comme leur autorité propre, mais comme une autorité à eux déléguée par le peuple et sous la condition qu'elle puisse être révoquée par la volonté du peuple de qui ils la tiennent. Tout contraire est le sentiment des catholiques, qui font dériver le droit de commander de Dieu, comme de son principe naturel et nécessaire». Sans doute le Sillon fait descendre de Dieu cette autorité qu'il place d'abord dans le peuple, mais de telle sorte qu' «elle remonte d'en bas pour aller en haut, tandis que, dans l'organisation de l'Église, le pouvoir descend d'en haut pour aller en bas». (*Marc Sangnier*, discours de Rouen, 1907). Mais, outre qu'il est anormal que la délégation monte, puisqu'il est de sa nature de descendre, Léon XIII a réfuté par avance cette tentative de conciliation de la doctrine catholique avec l'erreur du philosophisme. Car il poursuit: «Il importe de le remarquer ici: ceux qui président au gouvernement de la chose publique peuvent bien, en certains cas, être élus par la volonté et le jugement de la multitude, sans répugnance ni opposition avec la doctrine catholique. Mais si ce choix désigne le gouvernant, il ne lui confère pas l'autorité de gouverner, il ne délègue pas le pouvoir, il désigne la personne qui en sera investie».

Au reste, si le peuple demeure le détenteur du pouvoir, que devient l'autorité? Une ombre, un mythe; il n'y a plus de loi proprement dite, il n'y a plus d'obéissance. Le Sillon l'a reconnu; puisqu'en effet il réclame, au nom de la dignité humaine, la triple émancipation politique, économique et intellectuelle, la cité future à laquelle il travaille n'aura plus de maîtres ni de serviteurs; les citoyens y seront tous libres, tous camarades, tous rois. Un ordre, un précepte, serait un attentat à la liberté; la subordination à une supériorité quelconque serait une diminution de l'homme, l'obéissance une déchéance.

. . . .

Et l'Encyclique sur la condition des ouvriers n'affirme-t-elle pas claire-ment la possibilité de restaurer la justice dans les organisations actuelles de la société, puisqu'elle en indique les moyens? Or, sans aucun doute, Léon XIII entendait parler non pas d'une justice quelconque, mais de la justice parfaite. En enseignant donc que la justice est compatible avec les trois formes de gouvernement qu'on sait, il enseignait que, sous ce rapport, la démo-cratie ne jouit pas d'un privilège spécial. Les sillonnistes, qui prétendent le contraire, ou bien refusent d'écouter l'Église, ou se forment de la justice et de l'égalité un concept qui n'est pas catholique.

Lettre à l'épiscopat français sur le Sillon, in A. Deroo, ed., *Encycliques, messages et discours... sur les questions civiques et politiques* (chez l'auteur, 1961), pp. 170–177

THE CHURCH CONDEMNS THE *ACTION FRANÇAISE:* THE *RÉQUISITOIRE DE BORDEAUX* OF CARDINAL ANDRIEU   1926

Si les dirigeants de l'Action française ne s'occupaient que de politique pure, s'ils se contentaient de rechercher la forme de pouvoir la mieux adaptée au tempérament de leur pays, je vous dirais tout de suite: Vous êtes libres de suivre l'enseignement que donnent, de vive voix ou par écrit, les maîtres de l'Action française. L'Église, interprète des volontés divines, permet à ses fils d'avoir des préférences au sujet de la forme du gouverne-ment. Il suffit, pour s'en convaincre, de lire ce passage de l'Encyclique de Léon XIII, sur le ralliement:

«Dans cet ordre d'idées, les catholiques, comme tout citoyen, ont pleine liberté de préférer une forme de gouvernement à l'autre, précisément en vertu de ce qu'aucune de ces formes ne s'oppose, par elle-même, aux don-nées de la saine raison et aux maximes de la doctrine chrétienne.»[1]

Vous pourriez encore suivre l'enseignement donné par les dirigeants de l'Action française, si, sans abandonner leurs préférences pour telle forme de pouvoir, ils se renfermaient dans le travail de la politique qui n'est pas indépendante de la loi morale, étudiant, avec leurs élèves, le moyen de faire

---

[1] *Au Milieu des Sollicitudes.*

voter de bonnes lois et d'obtenir le redressement de celles qui sont mauvaises et qui attentent, comme les lois de laïcité, aux droits imprescriptibles de Dieu, de Jésus-Christ, de l'Église, des Congrégations religieuses, de la famille et des âmes. Le Pape Léon XIII reconnaît la légitimité d'un pareil enseignement dans cet autre passage de la même Encyclique: «Et voilà précisément le terrain sur lequel — tout dissentiment politique mis à part — les gens de bien doivent s'unir pour combattre, par tous les moyens légaux et honnêtes, les abus progressifs de la législation. Le respect que l'on doit aux pouvoirs constitués ne saurait l'interdire. Il ne suppose ni le respect, ni beaucoup moins l'obéissance sans limite à toute mesure législative quelconque édictée par ces mêmes pouvoirs.»

Mais les dirigeants de l'Action française ne s'occupent pas seulement de la politique qui discute sur la forme du pouvoir et de la politique qui en règle l'exercice. Ils étudient, devant leurs élèves, bien d'autres problèmes qui relèvent directement du magistère ecclésiastique et dont les membres de l'Église enseignée — seraient-ils prêtres, princes ou dirigeants de l'Action française, — ne peuvent traiter, si l'Église enseignante, représentée par le Pape et les Évêques, ne les y autorise par une délégation délivrée à la suite d'un examen constatant leur capacité et leur orthodoxie.

Les dirigeants de l'Action française n'ont pas jugé à propos de solliciter cette licence d'enseignement que l'Autorité ecclésiastique leur aurait d'ailleurs refusée, à cause des multiples et graves erreurs qu'ils ont commises en exposant leur système religieux, moral et social.

Les dirigeants de l'Action française se sont occupés de Dieu. Quelle idée en ont-ils? Ils le regardent comme inexistant ou inconnaissable, et ils se déclarent, de ce chef, athées ou agnostiques. L'oracle des dirigeants de l'Action française[1] publia, dans sa jeunesse, un ouvrage intitulé: *Le chemin du paradis* qu'il a fait rééditer en 1920, après quelques suppressions et corrections de pure forme. Or, *Le chemin du paradis* est un recueil de contes licencieux dont l'athéisme rivalise avec celui de nos contemporains les plus réfractaires à l'idée religieuse.

Les dirigeants de l'Action française se sont occupés du Verbe de Dieu incarné dans le sein d'une Vierge. Quelle idée en ont-ils? On peut s'en rendre compte en parcourant un autre ouvrage du même chef de l'Action française: *Anthinéa*, dont le premier titre fut *Promenades païennes*. Dans l'édition de 1923, l'auteur a supprimé, pour raison de convenance, quatre pages blasphématoires sur le Nazaréen et la Nuit du christianisme, mais il n'y a aucune rétractation, et bien d'autres impiétés ont été maintenues.

Les dirigeants de l'Action française se sont occupés de l'Église. Quelle idée en ont-ils? Ils repoussent tous les dogmes qu'elle enseigne. Elle enseigne l'existence de Dieu et ils la nient, car ils sont athées. Elle enseigne la divinité de Jésus-Christ, et ils la nient, car ils sont antichrétiens. Elle enseigne qu'elle a été fondée elle-même par le Christ, Dieu et Homme, et ils nient son institution divine, car ils sont anticatholiques, malgré les éloges parfois très éloquents qu'ils décernent à l'Église, dans un but qui n'est peut-être pas tout à fait désintéressé. Selon le mot d'un célèbre théologien

[1] Maurras.

placé naguère sur les autels, l'Église est une «monarchie tempérée d'aristo-cratie», et cette organisation dans l'ordre religieux peut attirer des partisans à l'organisation de même nature que les dirigeants de l'Action française cherchent à établir dans l'ordre politique. Catholiques par calcul et non par conviction, les dirigeants de l'Action française se servent de l'Église, ou du moins ils espèrent s'en servir, mais ils ne la servent pas, puisqu'ils repoussent l'enseignement divin, qu'elle a mission de propager.

Quand on renie Dieu, son Christ et son Église, il est difficile, pour ne pas dire impossible, de construire une morale, la morale vraie, la morale tradi-tionnelle, la morale à base religieuse, la morale du devoir, expression d'une volonté divine. Aussi, les dirigeants de l'Action française, en particulier leur chef, celui qu'ils appellent le Maître, ont dû se réfugier dans l'amoralisme. Ils ont fait table rase de la distinction du bien et du mal, et ils ont remplacé la recherche de la vertu par l'esthétisme, ou le culte de la beauté, et par l'épicurisme, ou l'amour du plaisir. Le chef de l'Action française réprouve tout système qui, comme le christianisme, fait de l'effort à la vertu la règle des actes volontaires, la base des institutions sociales et le principe du progrès social de l'humanité. Faut-il s'étonner qu'il se montre si prodigue de mépris et de sarcasmes contre ce qu'il appelle les doctrines «vertuistes»?

D'après les dirigeants de l'Action française, la société est affranchie comme l'individu de toutes les prescriptions de la loi morale et ils essaient de justifier cette indépendance à l'aide de deux sophismes: la stabilité du type de l'homme et l'immutabilité foncière de la société régie comme l'homme par des lois physiques qui excluent la moralité, puisqu'elles empêchent l'exercice de la liberté.

Les dirigeants de l'Action française invoquent à l'appui de leur thèse cet autre argument fantaisiste: l'humanité est divisée en deux classes ou plutôt deux règnes: l'homme non lettré, que le maître de cette école appelle l'imbécile dégénéré, et l'élite des hommes instruits. Or l'humanité doit se conserver telle que la nature l'organise. Elle est donc finalement condamnée à n'avoir d'autre règle de conduite que l'immobilisme.

Et pour combler le vide causé par l'absence complète de la loi morale, les dirigeants de l'Action française nous présentent une organisation sociale toute païenne où l'État, formé par quelques privilégiés, est tout, et le reste du monde rien.

Aussi osent-ils nous proposer de rétablir l'esclavage! Et qu'on ne leur parle pas d'une revendication quelconque de l'individu à l'encontre du pouvoir. La raison d'État sera supérieure à toute considération de justice et de moralité; car, dit le chef de l'Action française, la «morale naturelle prêche la seule vertu qui est la force», et selon le mot d'un autre maître de la même école, «toute force est bonne, en tant qu'elle est belle et qu'elle triomphe».

Du reste, les prétendues lois physiques dont la société relève exclusive-ment fonctionnent avec une exactitude sidérale. C'est ce qui fait dire au chef de l'Action française: «Défense à Dieu d'entrer dans nos observatoires».

Les sociologues qui prononcent cet ostracisme si outrageant pour la majesté divine prétendent faire respecter ce qu'ils appellent l'*équilibre du monde*. Mais ils oublient cette grave leçon du psalmiste royal tant de fois confirmée par l'histoire: «Si le Seigneur ne garde pas la cité, c'est en vain que ceux qui la gardent exercent autour d'elle une surveillance attentive.»

Athéisme, agnosticisme, antichristianisme, anticatholicisme, amoralisme de l'individu et de la société, nécessité, pour maintenir l'ordre, en dépit de ces négations subversives, de restaurer le paganisme avec toutes ses injustices et toutes ses violences, voilà, mes chers amis, ce que les dirigeants de l'Action française enseignent à leurs disciples et que vous devez éviter d'entendre.

POPE PIUS XI ON THE CHURCH AND SOCIALISM   1931

42. Non moins profonde que celle du régime économique est la transformation subie depuis Léon XIII par le socialisme, le principal adversaire visé par Notre prédécesseur. Alors, en effet, le socialisme pouvait être considéré comme sensiblement un; il défendait des doctrines bien définies et formant un tout organique; depuis, il s'est divisé en deux partis principaux le plus souvent opposés entre eux et même ennemis acharnés, sans que toutefois ni l'un ni l'autre ait renoncé au fondement antichrétien qui caractérisait le socialisme.

(a) *Le parti de la violence ou communisme.*

43. Une partie, en effet, du socialisme a subi un changement semblable à celui que nous venons plus haut de faire constater dans l'économie capitaliste, et a versé dans le communisme...

(b) *Le parti plus modéré qui a gardé le nom de socialisme.*

44. Plus modéré sans doute est l'autre parti, qui a conservé le nom de socialisme: non seulement il repousse le recours à la force, mais, sans rejeter complètement — d'ordinaire du moins — la lutte des classes et la disparition de la propriété privée, il y apporte certaines atténuations et certains tempéraments.

On dirait que le socialisme, effrayé par ses propres principes et par les conséquences qu'en tire le communisme, se tourne vers les doctrines de la tradition chrétienne et, pour ainsi dire, se rapproche d'elles: on ne peut nier, en effet, que parfois ses revendications ressemblent étonnamment à ce que demandent ceux qui veulent réformer la société selon les principes chrétiens.

Il est moins intransigeant touchant la lutte des classes et la suppression de la propriété

45. La lutte des classes, en effet, si elle renonce aux actes d'hostilité et à la haine mutuelle, se change peu à peu en une légitime discussion d'intérêts, fondée sur la recherche de la justice, et qui, si elle n'est pas cette heureuse paix sociale que nous désirons tous, peut cependant et doit être un point de départ pour arriver à une coopération mutuelle des professions. La guerre déclarée à la propriété privée se calme elle aussi de plus en plus et se restreint de telle sorte que, en définitive, ce n'est plus la propriété même des moyens de production qui est attaquée, mais une certaine prépotence sociale que cette propriété, comme tout droit, s'est arrogée et a usurpée. Et de fait, une

telle puissance appartient en propre, non à celui qui simplement possède, mais à l'autorité publique. De la sorte, les choses peuvent en arriver insensiblement à ce que les idées de ce socialisme mitigé ne diffèrent plus de ce que souhaitent et demandent ceux qui cherchent à réformer la société sur la base des principes chrétiens. Car il y a certaines catégories de biens pour lesquels on peut soutenir avec raison qu'ils doivent être réservés à la collectivité, lorsqu'ils en viennent à conférer une puissance économique telle qu'elle ne peut, sans danger pour le bien public, être laissée entre les mains de personnes privées.

Des demandes et des réclamations de ce genre sont justes et n'ont rien qui s'écarte de la vérité chrétienne; encore bien moins peut-on dire qu'elles appartiennent en propre au socialisme. Ceux donc qui ne veulent pas autre chose, n'ont aucune raison pour s'inscrire parmi les socialistes.

Il ne faudrait cependant pas croire que les partis ou groupements socialistes qui ne sont pas communistes, en sont tous, sans exception, revenus jusquelà, soit en fait, soit dans leurs programmes. En général, ils ne rejettent ni la lutte des classes, ni la suppression de la propriété; ils se contentent d'y apporter quelques atténuations.

Peut-on trouver un compromis avec lui?

46. Mais alors, si ces faux principes sont aussi mitigés et en quelque sorte estompés, une question se pose, ou plutôt est soulevée à tort de divers côtés: ne pourrait-on peut-être pas apporter aussi aux principes de la vérité chrétienne quelque adoucissement, quelque tempérament, afin d'aller au-devant du socialisme et de pouvoir se rencontrer avec lui sur une voie moyenne? Il y en a qui nourrissent le fol espoir de pouvoir ainsi attirer à nous les socialistes. Vaine attente cependant! Ceux qui veulent faire parmi les socialistes œuvre d'apôtres doivent professer les vérités du christianisme dans leur plénitude et leur intégrité, ouvertement et sincèrement, sans aucune complaisance pour l'erreur. Qu'ils s'attachent avant tout, si vraiment ils ne veulent annoncer l'Évangile, à faire voir aux socialistes que leurs réclamations, dans ce qu'elles ont de juste, trouvent un appui bien plus fort dans les principes de la foi chrétienne, et une force de réalisation bien plus efficace dans la charité chrétienne.

Mais que dire, si, pour ce qui est de la lutte des classes et de la propriété privée, le socialisme s'est véritablement atténué et corrigé au point que, sur ces deux questions, on n'ait plus rien à lui reprocher? S'est-il par là débarrassé instantanément de sa nature antichrétienne? Telle est la question devant laquelle beaucoup d'esprits restent hésitants. Nombreux sont les catholiques qui, voyant bien que les principes chrétiens ne peuvent être ni laissés de côté, ni supprimés, semblent tourner les regards vers le Saint-Siège et Nous demander avec instance de décider si ce socialisme est suffisamment revenu de ses fausses doctrines pour pouvoir, sans sacrifier aucun principe chrétien, être admis, et en quelque sorte baptisé. Voulant, dans Notre sollicitude paternelle, répondre à leur attente, Nous décidons ce qui suit: qu'on le considère soit comme doctrine, soit comme fait historique, soit comme «action», le socialisme s'il demeure vraiment socialisme, même après avoir concédé à la vérité et à la justice ce que nous venons de dire, ne peut pas se concilier avec les principes de l'Église catholique : car sa conception de la société est on ne peut plus contraire à la vérité chrétienne.

Sa conception de la société et du caractère social de l'homme est très contraire à la vérité chrétienne

47. Selon la doctrine chrétienne, en effet, le but pour lequel l'homme, doué d'une nature sociale, se trouve placé sur cette terre, est que, vivant en société et sous une autorité émanée de Dieu,[1] il cultive et développe pleinement toutes ses facultés à la louange et à la gloire de son Créateur, et que, remplissant fidèlement les devoirs de sa profession ou de sa vocation, quelle qu'elle soit, il assure son bonheur à la fois temporel et éternel. Le socialisme, au contraire, ignorant complètement cette sublime fin de l'homme et de la société, ou n'en tenant aucun compte, suppose que la communauté humaine n'a été constituée qu'en vue du seul bien-être.

En effet, de ce qu'une division appropriée du travail assure la production plus efficacement que des efforts individuels dispersés, les socialistes concluent que l'activité économique — dont les buts matériels retiennent seuls leur attention — doit de toute nécessité être menée socialement. Et de cette nécessité il suit, selon eux, que les hommes sont astreints, pour ce qui touche à la production, à se livrer et se soumettre totalement à la société. Bien plus, une telle importance est donnée à la possession de la plus grande quantité possible des objets pouvant procurer les avantages de cette vie, que les biens les plus élevés de l'homme, sans excepter la liberté, seront subordonnés, et même sacrifiés, aux exigences de la production la plus rationnelle. Celle atteinte portée à la dignité humaine dans l'organisation «socialisée» de la production, sera largement compensée, assurent-ils, par l'abondance des biens qui, socialement produits, seront prodigués aux individus et que ceux-ci pourront, à leur gré, appliquer aux commodités et aux agréments de cette vie. La société donc, telle que la rêve le socialisme, d'un côté ne peut exister, ni même se concevoir, sans un emploi de la contrainte manifestement excessif, et de l'autre jouit d'une licence non moins fausse, puisqu'en elle disparaît toute vraie autorité sociale : celle-ci, en effet, ne peut se fonder sur les intérêts temporels et matériels, mais ne peut venir que de Dieu, Créateur et fin dernière de toutes choses.

Catholique et socialiste sont des termes contradictoires

48. Que si le socialisme, comme toutes les erreurs, contient une part de vérité (ce que d'ailleurs les Souverains Pontifes n'ont jamais nié), il n'en reste pas moins qu'il repose sur une théorie de la société qui lui est propre et qui est inconciliable avec le christianisme authentique. Socialisme religieux, socialisme chrétien, sont des contradictions : personne ne peut être en même temps bon catholique et vrai socialiste.

Encyclical *Quadragesimo Anno*

[1] *Rom.*, XIII, 1.

THE FRENCH CATHOLICS AND THE SPANISH CIVIL WAR   1937

... On a écrit que «la guerre nationale espagnole est une guerre sainte, et la plus sainte que l'histoire ait connue».

Par son essence la guerre fait partie des choses qui sont à César, elle est par excellence quelque chose de temporel, puisqu'elle émeut jusqu'au fond, — jusqu'au sacrifice des hommes, — la cité temporelle; toute guerre comporte des intérêts politiques et économiques, des convoitises de la chair et du sang. Toutefois, dans une civilisation de type sacral, cette charge terrestre elle-même pouvait jouer un rôle *instrumental* à l'égard de fins spirituelles ayant réellement, je ne dis pas seulement dans les intentions des cœurs, je dis dans le mouvement objectif de l'histoire, la primauté. Quand les croisés ambitieux et avides se mettaient en route pour délivrer le tombeau du Christ, ce but religieux attirait réellement à lui tout le reste et le qualifiait réellement. (Même alors une telle guerre, étant donné la façon dont elle se réalisait, et toutes les impuretés qu'elle drainait, plaisait-elle à Dieu autant qu'on le pensait?...)

Mais à l'égard de formes de civilisation comme les nôtres, où (comme cela ressort des enseignements de Léon XIII en cette matière) le temporel est plus parfaitement différencié du spirituel et, désormais bien autonome, n'a plus de rôle instrumental à l'égard du sacré, dans ces civilisations de type profane, la notion de guerre sainte perd toute signification. Juste ou injuste, une guerre contre une puissance étrangère ou une guerre contre des concitoyens reste dès lors nécessairement ce qu'elle est de soi et par essence, quelque chose de profane et de séculier, non de sacré... Et si, défendues par les uns, combattues par les autres, des valeurs sacrées s'y trouvent engagées, elles ne rendent pas saint ni sacré ce complexe profane; c'est elles qui, au regard du mouvement objectif de l'histoire, sont sécularisées par lui, entraînées dans ses finalités temporelles. La guerre n'en devient pas sainte: elle risque de faire blasphémer ce qui est saint...

J. MARITAIN, in 'De la guerre sainte', *Nouvelle Revue Française*, 25ᵉ année, Nᵒ 286 (1ᵉʳ juillet 1937), pp. 24–27

THE FRENCH HIERARCHY AND PÉTAIN   1941

[*Statement of 24th July.*]

Nous voulons que, sans inféodation, soit pratiqué un loyalisme sincère et complet envers le pouvoir établi.

Nous vénérons le chef de l'État, et nous demandons instamment que se réalise autour de lui l'union de tous les Français. L'union, toujours, est principe de force.

Nous encourageons nos fidèles à se placer à ses côtés dans l'œuvre de redressement qu'il a entreprise sur les trois terrains de la famille, du travail, de la patrie, en vue de réaliser une France forte, unie, cohérente. Pour ce grand œuvre, nous leur demandons d'unir leurs efforts à ceux de leurs concitoyens.

Nous renouvelons à ce sujet l'assurance déjà plusieurs fois donnée de demeurer, en tant qu'Église, aujourd'hui plus que jamais, sur le seul plan religieux, en dehors de toute politique de parti, malgré les appels qui pourraient nous être adressés de quelque côté que ce soit.

J. DUQUESNE, *Les catholiques français sous l'occupation* (Grasset, 1966), p. 51

THE CHURCH AND DE-CHRISTIANISATION: *LA FRANCE, PAYS DE MISSION?* 1943

Du point de vue missionnaire, nous diviserions volontiers la France... en trois catégories de pays:

1° *Les pays chrétiens de mentalité et de culture, et de plus pratiquants.*
....

2° *Pays non-pratiquants, mais de culture et de civilisation chrétiennes.*

La seconde catégorie nous paraît formée de toutes ces régions qui restent de culture et de civilisation chrétiennes, quoique la pratique religieuse n'y soit plus que le fait de petites communautés plus ou moins ferventes, qui tendent à se refermer sur elles-mêmes.

3° *Les pays païens. Les pays de mission.*
....

H. GODIN and Y. DANIEL, *La France, pays de mission?* (Éditions du Cerf, 1950), pp. 15–19

Devant ce paganisme déferlant de toutes parts, les chrétiens se sont resserrés les uns contre les autres. Ils se sont rassemblés en communautés séparées et isolées, comme les hommes le font dans les forêts infestées de bêtes sauvages, ou comme les étrangers pauvres qui se réunissent au milieu d'un pays hostile.

....
... *cette communauté chrétienne n'est pas dans le milieu,*... *elle vit à part.*
....

Elle s'est renfermée sur elle-même, et son grand souci est de se préserver et de se garantir.

Les enfants chrétiens fréquentent l'école chrétienne, ils ne fréquentent pas la rue où sont les autres enfants.

Les jeunes chrétiens sont au patronage; ils font de la gymnastique entre eux, ils jouent au football ou au basket entre eux, mais ils ignorent les camarades avec qui ils prennent chaque jour le métro...

....

Que faudrait-il alors pour que les chrétiens atteignent et «noyautent» ce milieu païen étranger auquel ils s'opposent trop souvent? Ce qu'il faudrait, ce serait une petite communauté chrétienne vraiment dans le milieu et rayonnante. Ce n'est pas le fait des paroisses.

ibid., pp. 45–48

... pourquoi poser comme un postulat cette nécessité pour le prolétaire converti d'abandonner son milieu?

Nous répondons: le milieu paroissial, tel que nous l'avons en fait, et le **milieu populaire ne sont pas seulement séparés, ils sont aussi très différents.**

En effet, la chrétienté paroissiale, reconstituée chez nous au temps de la bourgeoisie naissante, possède une culture, chrétienne évidemment, mais toute imprégnée de la mentalité bourgeoise dont elle prend les qualités et les défauts. Grande préoccupation de la respectabilité, souci de la «délicatesse» pour la tenue, les paroles, sens de l'ordre, de l'administration correcte, d'une économie bien réglée, d'un certain goût... autant de vertus moyennes, utiles peut-être pour asseoir, installer une famille, mais qui, transposées dans le domaine chrétien et apostolique, risquent de paraître fades et peu généreuses.

... Est-ce qu'en fait nous ne faisons pas tout simplement comme le missionnaire qui voudrait commencer par enseigner la langue française, par donner le costume européen, par inculquer les mœurs et les coutumes de chez nous aux païens qu'il doit évangéliser?

On comprend le prétexte: il est plus facile pour le missionnaire de prêcher la religion du Christ dans ce contexte, c'est plus sûr et plus glorieux pour lui.

Mais il faut se poser la question: pourquoi vouloir convertir d'abord à une culture et faire de l'adhésion à cette culture comme une condition de l'adhésion à la foi? On s'étonne de ce que nos païens hésitent à venir à l'église, ou refusent. Est-ce bien ainsi qu'il faut envisager le problème? N'y a-t-il pas une église à fonder parmi eux? N'ont-ils pas à «faire», à «vivre» une communauté chrétienne, une Église? Certaines de nos erreurs viennent peut-être de ce que nous oublions le vrai sens de l'appartenance à l'Église...

En tout cas, on doit le dire courageusement: *en 1943, la foi n'est pas prêchée dans tout un milieu, des millions d'hommes ne sont pas évangélisés en France.*

ibid., pp. 57–59

Il n'y a pas que les anarchistes, ou les filles tombées, ou les boxeurs qui ne peuvent s'intégrer à la communauté paroissiale.

C'est tout le peuple parisien même éduqué quand il n'a plus rien de chrétien. Ce sont les ouvrières de la haute couture. C'est tel chef d'équipe de chez Renault. C'est M. Dupuy, vivant très convenablement dans son foyer sans enfant, lequel est avenant et représente le type d'un honnête foyer païen. C'est tel artisan qui ne manque ni de quelques réserves pécuniaires ni de quelque culture, mais qui a, une bonne fois, «jugé l'Église» comme il dit, et qui ne reviendra pas sur son jugement. C'est le monteur électricien qui est venu réparer mon appareil téléphonique et qui, curieux, a parlé un moment avec moi, mais qui se sent si loin de cette institution installée et vieillie que lui paraît être la communauté chrétienne de son riche quartier. Ce sont presque tous nos camarades de régiment et ceux de beaucoup de nos confrères, qui n'arriveront jamais à entrer dans le christianisme par l'adhésion à un groupe qu'invinciblement ils regardent comme un «parti» différent. C'est toute la masse ouvrière presque avec ses éléments extrêmes... mais aussi avec toute sa masse intermédiaire.

ibid., p. 68

...on peut dire qu'il y a en France 18 millions de population ouvrière *et qu'un peu plus de la moitié de la population ouvrière appartient à cette condition prolétarienne dont nous parlons. Ainsi nous n'avons pas en face de nous le problème angoissant d'une minorité de gens tarés, nous avons toute une classe sociale qui représente le quart de la France.*

. . . .

Nous avons donc dans nos paroisses très populaires de grandes villes 15 à 20% de personnes sympathiques au christianisme, dont 5 à 10% touchées par la communauté chrétienne et plus ou moins pratiquantes (au moins les pâques). *Mais si on excepte de ce nombre les éléments non-populaires le pourcentage dépasse rarement 2% et va en diminuant dès qu'on descend vers des couches inférieures.* On a défié l'un d'entre nous de trouver douze vrais ouvriers manuels bons chrétiens dans la paroisse populaire de 40 000 habitants où il était vicaire, et il n'a jamais pu relever le défi. Est-ce un fait absolument inouï?

ibid., pp. 78–79

De plus, que nous le voulions ou non, notre christianisme est lié à une culture. Nous apprécions ses richesses, nous apprécions aussi les richesses de cette culture : elles nous aident puissamment à faire épanouir celles de la religion. Alors, instinctivement, nous lions religion et culture, nous les enlaçons, nous les mêlons ensemble, au point qu'il semble impossible de les séparer. Lorsque nous voulons transmettre la religion, il nous faut aussi, semble-t-il, transmettre la culture ; pourtant, avons-nous le droit de refuser le Christ à ceux qui ne peuvent pas ou qui ne veulent pas recevoir notre culture ?

Si nous agissions ainsi, nous ressemblerions aux missionnaires qui voudraient européaniser leurs indigènes avant de les convertir...

Donnons l'Évangile tout pur à nos prolétaires païens ; il entrera dans leurs âmes, puis avec le temps il s'épanouira en une culture merveilleusement adaptée ; elle ne sera pas semblable à la nôtre, elle sera vraisemblablement plus simple, mais ce sera une culture chrétienne.

Pour faire abstraction, en prêchant le Christ, de toutes les richesses humaines que nous en avons tirées, pour nous faire « Juif avec les Juifs, païen avec les païens » et peuple avec le peuple, il faut beaucoup d'abnégation, car cette richesse de la culture est bien la plus grande que nous possédions, et c'est celle-là que nous hésitons à sacrifier alors que nous avons déjà immolé toutes les autres sur l'autel de Dieu.

Saint Paul, là encore, n'a-t-il pas agi ainsi ? Quand on sait ce qu'étaient les esclaves dans l'ancienne Rome (ils n'avaient aucun droit personnel, aucun droit familial, aucune personnalité, rien !) et quand on pense au grand nombre d'esclaves qui se trouvaient dans les premières communautés chrétiennes, on devine combien saint Paul a dû leur prêcher le Christ et le Christ crucifié.

Or cette prédication de Jésus crucifié, les masses sont prêtes à l'entendre, pourvu qu'on la leur donne sans mélange.

ibid., pp. 116–117

CATHOLIC RESISTANCE TO DEPORTATION
1943

Nous sommes de ceux qui croient que la France est d'essence et de vocation chrétienne, qu'elle ne peut être elle-même sans le Christ. C'est pourquoi nous pensons que le Français ne saurait être un résigné. C'est lorsqu'il a oublié sa raison d'être qu'il se replie dans la déroute et que, devant l'ennemi qui n'en croit pas ses yeux, qui n'aurait pas compté sur une telle dose de lâcheté, il n'a plus qu'un mot à la bouche: «*On part*». On subit une peur panique, on ne l'explique pas: on s'en tire comme d'un mauvais rêve — on en pleure, on a droit au pardon. Mais une récidive aussi immédiate serait incompréhensible, elle serait le signe qu'on s'est installé dans la panique, qu'on s'y est acclimaté, qu'on la trouve naturelle, qu'on s'y est résigné.

Nous ne voulons pas croire que la France ait dit son dernier mot. Nous ne voulons pas croire que la petite fille Espérance ait déserté son jardin préféré pour n'y laisser que des êtres en proie au désespoir. Nous ne voulons pas croire que les «Soldats de la Vérité» puissent accepter de prêter leurs bras à des besognes démoniaques.

Nous ne serons pas des résignés, et, s'il ne nous est pas permis de faire plus, nous saurons au moins avoir le courage de dire «NON».

Editorial by Mandouze, *Cahiers de Notre Jeunesse*,
Nº 18 (juin 1943) in J.-M. DOMENACH, *Gilbert Dru*,
celui qui croyait au ciel (ELF, 1947), pp. 52–53

THE FRENCH BISHOPS, *LAÏCITÉ* AND *LAÏCISME*
1945

Il est temps de dissiper une équivoque qui risque de nuire gravement à l'unité nationale. Cette équivoque s'attache à une expression, qui est employée couramment dans plusieurs sens très différents: «*la laïcité de l'État*».

1º Si, par ces mots, on entend proclamer *la souveraine autonomie de l'État dans son domaine de l'ordre temporel*, son droit de régir seul toute l'organisation politique, judiciaire, administrative, fiscale, militaire de la société temporelle, et, d'une manière générale, tout ce qui relève de la technique politique et économique, nous déclarons nettement que cette doctrine est pleinement conforme à la doctrine de l'Église.

Les Souverains Pontifes ont affirmé à maintes reprises que l'Église ne songeait nullement à s'immiscer dans les affaires politiques de l'État. Ils ont enseigné que l'État était souverain dans son domaine propre. Ils ont rejeté comme une calomnie l'ambition qu'une propagande perfide prête à l'Église de vouloir s'emparer du pouvoir politique et dominer l'État. Ils ont rappelé aux fidèles le devoir de soumission aux pouvoirs établis.

Malgré toutes ces précisions, on continue à brandir devant les masses le spectre usé du «cléricalisme». Si le cléricalisme est l'immixtion du clergé dans le domaine politique de l'État, ou cette tendance que pourrait avoir une société spirituelle à se servir des pouvoirs publics pour satisfaire sa volonté de domination, nous déclarons bien haut que nous condamnons le cléricalisme comme contraire à l'authentique doctrine de l'Église.

2° La «laïcité de l'État» peut aussi être entendue en ce sens que, *dans un pays divisé de croyances*, l'État doit laisser chaque citoyen pratiquer librement sa religion.

Ce second sens, s'il est bien compris, est, lui aussi, conforme à la pensée de l'Église. Certes, l'Église est loin de considérer que cette division des croyances soit, en thèse, l'idéal, car, nous qui aimons le Christ, nous voudrions que tous le connaissent, l'aiment et trouvent en lui et dans son Église leur lumière et leur force. Mais l'Église, qui veut que l'acte de foi soit fait librement, sans être imposé par aucune contrainte extérieure, prend acte du fait de la division des croyances; elle demande alors simplement sa liberté pour remplir la mission spirituelle et sociale que lui a confiée son divin Fondateur.

3° Par contre, si la «laïcité de l'État» est *une doctrine philosophique qui contient toute une conception matérialiste et athée de la vie humaine et de la société*, si ces mots veulent définir *un système de gouvernement politique, qui impose cette conception* aux fonctionnaires jusque dans leur vie privée, aux écoles de l'État, à la nation tout entière, nous nous élevons de toutes nos forces contre cette doctrine: nous la condamnons au nom même de la vraie mission de l'État et de la mission de l'Église.

L'État a pour mission d'assurer le bien commun temporel. Or, parmi les éléments qui constituent ce bien commun, il faut compter l'influence bienfaisante de la religion sur les consciences individuelles pour les aider à pratiquer les vertus morales et civiques, sur les familles pour les rendre plus fécondes, plus ardentes au travail et plus unies, sur la société tout entière pour y faire régner plus de justice et de charité entre les hommes, en même temps qu'un respect plus grand de l'autorité même de l'État. Un État qui s'acharnerait à paralyser ou ruiner cette action de la religion travaillerait contre lui-même et contre le bien de la cité.

Au surplus, des exemples trop récents, soit en France, de 1903 à 1910, soit dans d'autres pays où régnait une doctrine d'État, nous prouvent que, lorsqu'un État trahit ainsi sa vraie mission pour se faire l'instrument d'un système philosophique,[1] il devient vite totalitaire et persécuteur. Au lendemain d'une guerre, qui coûta tant de sacrifices pour libérer les peuples des doctrines totalitaires, il n'est plus possible de prôner, en France, une conception de la laïcité, qui violenterait les consciences et briserait tout espoir d'unité nationale.

Cette erreur funeste, nous la condamnons aussi au nom de la vérité et de la divine mission de l'Église. Ce n'est pas de l'État que l'Église tient sa constitution et son droit à l'existence: c'est de son divin Fondateur. Elle a reçu de lui son triple pouvoir d'enseignement de la vérité, de gouvernement spirituel et de sanctification des âmes. «En vertu d'un droit originel qu'elle ne peut abdiquer» (Pie XI), elle revendique son indépendance absolue et sa souveraineté dans son domaine propre.

---

[1] In this case neo-positivism or *laïcisme, see* p. 377.

4° Enfin, si la «laïcité de l'État» signifie *la volonté de l'État de ne se soumettre à aucune morale supérieure et de ne reconnaître que son intérêt* comme règle de son action, nous affirmons que cette thèse est extrêmement dangereuse, rétrograde et fausse.

Elle est *dangereuse*, parce qu'elle justifie tous les excès du despotisme et provoque, chez les détenteurs du pouvoir, quel qu'il soit — personnel ou collectif, — les tentations naturelles de l'absolutisme: elle conduit tout droit à la dictature.

De plus, bien loin de constituer un progrès, comme le croient ses adeptes, cette thèse est *rétrograde*, parce qu'elle nous ramène à la conception de l'État païen, dont le christianisme nous avait libérés: l'empereur, maître absolu des consciences et des vies. Le progrès du droit moderne s'est fait dans le sens d'une limitation de l'absolutisme de l'État: du droit public interne, puisque l'État lui-même admet le recours pour excès de pouvoir contre les actes abusifs de ses représentants et de son autorité; du droit international, car, de plus en plus, il apparaît évident qu'un ordre de justice et de paix ne pourra être établi entre les nations que si chacune consent à abandonner une part de sa souveraineté. C'était cette vérité que nous rappelions, dans notre déclaration de février 1944, lorsque, face à l'occupant, nous affirmions comme un des principes essentiels de la civilisation chrétienne *la fidélité à une règle de droit, supérieure à l'autorité de l'État et aux intérêts immédiats de chaque nation.*

Enfin, la thèse est radicalement *fausse*. Rien ne peut l'emporter sur la morale et le droit. L'État, comme les individus, doit les reconnaître et s'y soumettre. Il fait des lois, mais la légalité n'est pas, par elle-même, le droit. Ce n'est pas parce qu'une loi est votée par une majorité, même à l'unanimité, qu'elle est nécessairement juste et s'impose à l'obéissance des citoyens: il faut qu'elle soit conforme au droit et ne contienne rien de contraire à la loi naturelle.

La loi naturelle n'est pas une invention des hommes: elle se fonde sur la nature même de l'homme, et c'est là que la raison la découvre. Les grands philosophes de l'antiquité la reconnaissaient, et elle s'impose à tous les hommes, quelles que soient leurs croyances religieuses. Finalement, cette loi est de Dieu, auteur de la nature.

> 'Déclaration de l'épiscopat français sur la personne
> humaine, la famille, la société' (13 novembre 1945),
> *La Documentation catholique* N° 955 (6 janvier 1946),
> cc. 6–8

THE ENDING OF THE WORKER-PRIEST EXPERIMENT   1954

1. Reasons given by the hierarchy for the decision.

Ce sont des prêtres que l'Église veut donner au monde ouvrier. Elle les lui envoie pour qu'ils exercent en son sein leur mission de prêtre, pour qu'ils y établissent le Royaume de Dieu.

Elle ne les lui envoie pas pour qu'ils fassent un travail d'usine ou qu'ils mènent une action de militant ouvrier. Elle les avait autorisés à prendre un travail d'ouvrier, dans la mesure où cela pouvait les aider à vivre en partie la condition ouvrière, et à accomplir dans le monde ouvrier leur travail de prêtre. On avait même pensé au début que, après un certain temps, ces prêtres pourraient être dégagés en partie du travail manuel pour être plus libres de se livrer à des activités proprement apostoliques.

Cette conception peu à peu s'est modifiée. Il n'entre pas dans mon dessein d'expliquer les raisons de cette évolution. Mais je note deux dangers de déviations qui se sont manifestés.

Bientôt (je crois pouvoir dire contre les directives de leurs évêques) des prêtres-ouvriers ont estimé devoir prendre des engagements temporels dans les syndicats et autres mouvements. Peu à peu, plusieurs se sont laissé accaparer par ces engagements, au point que leur mission sacerdotale semblait passer au second plan, ou tout au moins que son efficacité pouvait en être compromise. Certains risquaient de confondre en partie leur action apostolique avec leur engagement temporel; ils n'apparaissaient plus assez comme les permanents de l'Évangile; ils semblaient être les hommes d'une classe, alors que le prêtre reste l'homme de tous, même quand il a été envoyé spécialement à quelques-uns...

En même temps, la vie de prière de nombreux prêtres-ouvriers paraissait compromise. Ils étaient amenés à supprimer la récitation du bréviaire en grande partie, souvent même en totalité, et ceci d'une façon habituelle.

. . . .

Par ailleurs, il y a une manière de concevoir le combat ouvrier qui est interdite au chrétien. Celui-ci a le droit de mener «la lutte pour la défense des intérêts du travailleur», pourvu que cette lutte soit loyale, qu'elle ne tende pas à susciter les haines de classes, mais vise à assurer à la classe ouvrière la sécurité dont jouissent les autres classes de la société (cf. discours de S. Em. Mgr Montini à la Semaine sociale de Gênes. D. C., 1951, col. 1629). Le chrétien, au contraire, ne peut accepter une lutte conçue dans un esprit de violence et attisant les haines. Une telle lutte va à l'encontre de la loi évangélique de la charité, elle contredit le christianisme dans son essence même. Interdite à tout chrétien, elle est à plus forte raison interdite au prêtre qui est, par vocation, l'homme de la paix, celui qui, au-dessus des barrières de classes et de races, doit s'efforcer de rapprocher les hommes, de les aider à se comprendre pour les rassembler dans le Christ.

Enfin, certains ont pensé que tout apostolat sacerdotal en milieu ouvrier est inefficace tant que ne sera pas renversée la société capitaliste. Il faut donc d'abord se consacrer à cette action révolutionnaire; on évangélisera ensuite. Cette thèse a été exposée par M. Montuclard.[1] Au contraire, pour l'Église, la mission d'évangélisation doit être, en elle-même, indépendante des régimes économiques et politiques; elle porte en elle-même «la démonstration de la puissance de l'Esprit» (I Cor., II, 5). L'Église ne

_____

[1] The *Jeunesse de l'Église* movement, of which he was the chief figure, became identified with Marxism and had been condemned by the hierarchy in 1953.

22

peut consacrer ses apôtres à une action temporelle très éloignée de l'action missionnaire.

Les prêtres ouvriers (Éditions de Minuit, 1954),
pp. 215–219

2. The dissidents' reply.

Par fidélité missionnaire donc, nous sommes devenus ouvriers peu à peu. Maintenant, pour l'ensemble d'entre nous, c'est fait. Comme l'écrit l'un de nous: «Vous m'avez permis de devenir ouvrier; maintenant, c'est fait: je ne peux rien y changer, ni vous non plus.» Et un autre: «On est d'un monde, ou on n'en est pas. Il ne s'agit pas de solidarité avec le monde ouvrier; nous en sommes, ou nous n'en sommes pas.»

Dès lors, nous ne pouvions faire autrement que d'opter pour la libération active de ce monde ouvrier dont nous étions devenus membres, en collaboration avec ses éléments les plus conscients et les plus organisés, auxquels chaque jour la classe ouvrière fait confiance. Nous ne l'avons pas cherché au départ. Nous le devons simplement à nos conditions de travail et d'existence, au partage de toute notre vie avec nos camarades, à la rencontre à tous les échelons avec des militants conscients, en particulier avec ceux de la C.G.T. et du Parti Communiste, et à l'analyse de la situation ouvrière que le mouvement ouvrier nous offrait.

Nous avons appris bien des choses. Il est difficile à nos supérieurs de les comprendre de l'extérieur.

— Nous avons appris que l'action organisée et consciente de la classe ouvrière est nécessaire pour faire surgir un peu de liberté là où la liberté individuelle, à cause des conditions d'exploitation, n'est qu'un leurre. Nous savons maintenant que le prolétariat laissé à lui-même, sans conscience de classe, sans organisation, ne réussira jamais à vaincre un ennemi qui l'assaille de toutes parts et qui est cent fois supérieur, sinon en nombre et en qualité, du moins en moyens d'oppression et de répression, qui vont de la lutte ouverte et brutale jusqu'à la bienveillance hypocrite et au narcotique religieux. Et nous pensons qu'il est de notre devoir de participer à cette conscience de classe et à cette action organisée, et que c'est une marque de charité aussi nécessaire et aussi exigeante que le dépannage individuel.

— Nous avons appris que la lutte de classe n'est pas une conception morale qu'on peut accepter ou refuser, mais qu'elle est un fait brutal qui est imposé à la classe ouvrière. Elle est la lutte ourdie contre la classe ouvrière par le parti unique des possédants, aidés de toutes parts par ceux qui en sont les pièces maîtresses, et l'Église en est une, aux yeux des travailleurs, pour le moment. Et nous avons appris que c'est le devoir de se dresser contre cette lutte par une lutte égale, aussi intelligente, aussi ardente et aussi forte. Que nous devons donc y être, pour la libération autant spirituelle que matérielle des travailleurs.

— Nous avons appris que la politique n'a pas le même sens pour un bourgeois et pour un ouvrier. En fait, pour le bourgeois qui est assuré de son pain et de son avenir, elle n'est qu'un art libéral. Pour l'ouvrier, elle est la défense même de son pain, de sa peau et de son avenir; et qu'en conséquence, nous devons faire la politique de la classe ouvrière, sous peine de n'être plus un ouvrier honnête.

— Nous avons appris que les doctrines sociales qui se réclament de l'Église conduisent le plus souvent à une trahison de la classe ouvrière et de ses intérêts légitimes. On ne rappelle ici que pour mémoire les récents événements survenus au cours des grèves d'août 1953... D'une façon plus générale, l'attitude de résignation plus ou moins avouée, le respect de l'ordre établi, même injuste, la peur de l'avenir et le manque de liaison aux masses, inspirés par cette doctrine sociale, empêchent en fait la libération des travailleurs.

Sans doute invoque-t-on, pour nous refuser d'être ce que nous sommes, des raisons religieuses. Nous ne les nions pas, et nous en reparlerons plus loin. Mais à notre avis, le conflit est d'abord essentiellement celui-ci:

Nous sommes rejetés, comme la classe ouvrière est rejetée par le régime établi, à cause de notre participation active à la lutte ouvrière, et parce que l'Église, par la majorité de ses membres et ses institutions, défend un régime contre lequel, avec la classe ouvrière, nous luttons de toutes nos forces parce qu'il est oppresseur et injuste.

Il faut être lucide: l'Église tient à ce régime à cause de ses conditions d'existence, parce que, dans ses institutions, elle est liée matériellement à lui, même dans ses initiatives les plus charitables.

La condamnation du capitalisme n'est que théorique dans l'Église. En fait l'Église l'accepte fort bien, et coopère avec lui. Pour un ouvrier, cela ne fait aucun doute. Et, pour nous comme pour les ouvriers, accepter ce régime, c'est l'aider, même si, dans les mots, on se dresse contre l'exploitation qu'il représente: la solidarité de classe a de ces exigences! Et nous ne parlons pas du soutien apporté par bien des enseignements, bien des prises de positions politiques et même par les silences des autorités religieuses... Le prêtre n'y est-il pas naturellement porté par sa formation imprégnée de culture bourgeoise?

ibid., pp. 229–233

STATEMENT BY THE ASSEMBLY OF CARDINALS AND ARCHBISHOPS OF FRANCE ON THE ALGERIAN PROBLEM
1960

L'Assemblée, douloureusement consciente des souffrances de tous genres qu'entraîne la prolongation de la guerre d'Algérie, s'émeut du désarroi qui envahit beaucoup de consciences, spécialement de jeunes. Ceux-ci se demandent, dans l'incertitude et parfois dans l'anxiété, où se trouve le devoir.

Pour répondre à ces perplexités, on ne saurait recourir à l'insoumission militaire et à des actions subversives: ce serait se soustraire aux devoirs que créent la solidarité nationale et l'amour de la patrie, semer l'anarchie, enfreindre la présomption de droit dont jouissent, dans les cas incertains, les décisions de l'autorité légitime...

De quelque côté qu'ils viennent, les actes de terrorisme, les outrages à la personne humaine, les procédés violents pour arracher les aveux, les exécutions sommaires, les mesures de représailles atteignant des innocents, sont condamnés par Dieu. Même pour faire valoir des droits légitimes ou pour assurer le triomphe d'une cause que l'on croit juste, il n'est jamais permis de recourir à des moyens intrinsèquement pervers, dont l'usage, en dégradant les consciences, n'a pour résultat certain que de faire reculer sans cesse l'heure de la paix. Il faut ajouter que de tels actes compromettent l'exercice du commandement responsable et ébranlent dans les consciences la légitimité de l'autorité.

«Aucune instance supérieure n'est habilitée à commander un acte immoral; il n'existe aucun droit, aucune obligation, aucune permission d'accomplir un acte en soi immoral, même s'il est commandé, même si le refus d'agir entraîne les pires dommages personnels.» (PIE XII. *Congrès international de droit pénal.* 3 octobre 1953).

> 'Déclaration de l'A.C.A. Les chrétiens dans la conjoncture présente', *La Documentation catholique* (6 novembre 1960), cc. 1368–1369

PAPAL ENCYCLICAL *MATER ET MAGISTRA* 1961

De plus, avançant sur les traces de Nos Prédécesseurs, Nous estimons légitime l'aspiration des ouvriers à prendre part active à la vie des entreprises où ils sont enrôlés et travaillent. On ne peut déterminer à l'avance le genre et le degré de cette participation, car ils sont en rapport avec la situation concrète de chaque entreprise. Cette situation peut varier d'entreprise à entreprise; à l'intérieur de chacune d'elles elle est sujette à des changements souvent rapides et substantiels. Nous estimons toutefois opportun d'attirer l'attention sur le fait que le problème de la présence active des travailleurs existe toujours dans l'entreprise, soit privée, soit publique. Il faut tendre, en tout cas, à ce que l'entreprise devienne une communauté de personnes, dans les relations, les fonctions et les situations de tout son personnel.

. . . .

De notre temps, le mouvement vers l'association des travailleurs s'est largement développé; il a été généralement reconnu dans les dispositions juridiques des États et sur le plan international, spécialement en vue de la collaboration, surtout grâce au contrat collectif. Nous ne saurions toutefois omettre de dire à quel point il est opportun, voire nécessaire, que la voix des travailleurs ait la possibilité de se faire entendre et écouter hors des limites de chaque organisme de production, à tous les échelons.

La raison en est que les organismes particuliers de production, si larges que soient leurs dimension, si élevées que soient leur efficacité et leur incidence, demeurent toutefois inscrits vitalement dans le contexte économique et social de leur communauté politique, et sont conditionnés par lui.

Néanmoins, les choix qui influent davantage sur ce contexte ne sont pas décidés à l'intérieur de chaque organisme productif, mais bien par les pouvoirs publics, ou des institutions à compétence mondiale, régionale ou nationale, ou bien qui relèvent, soit du secteur économique, soit de la catégorie de production. D'où l'opportunité — la nécessité — de voir présents dans ces pouvoirs ou ces institutions, outre les apporteurs de capitaux et ceux qui représentent leurs intérêts, aussi les travailleurs et ceux qui représentent leurs droits, leurs exigences, leurs aspirations.

Notre pensée affectueuse, Notre encouragement paternel se tournent vers les associations professionnelles et les mouvements syndicaux d'inspiration chrétienne présents et agissant sur plusieurs continents. Malgré des difficultés souvent graves, ils ont su agir, et agissent, pour la poursuite efficace des intérêts des classes laborieuses, pour leur relèvement matériel et moral, aussi bien à l'intérieur de chaque État que sur le plan mondial.

Nous remarquons avec satisfaction que leur action n'est pas mesurée seulement par ses résultats directs et immédiats, faciles à constater, mais aussi par ses répercussions positives sur l'ensemble du monde du travail, où ils répandent des idées correctement orientées et exercent une impulsion chrétiennement novatrice.

. . . .

Durant ces dernières décennies, on le sait, la brèche entre propriété des biens de production et responsabilités de direction dans les grands organismes économiques est allée s'élargissant. Nous savons que cela pose des problèmes difficiles de contrôle aux pouvoirs publics. Comment s'assurer que les objectifs poursuivis par les dirigeants des grandes entreprises, celles surtout qui ont plus grande incidence sur l'ensemble de la vie économique dans la communauté politique, ne s'opposent pas aux exigences du bien commun? Ces problèmes surgissent aussi bien, l'expérience le prouve, quand les capitaux qui alimentent les grandes entreprises sont d'origine privée, et quand ils proviennent d'établissements publics.

. . . .

Ces aspects du monde économique ont certainement contribué à répandre le doute suivant: est-ce que dans la conjoncture présente, un principe d'ordre économique et social, fermement enseigné et défendu par Nos Prédécesseurs, à savoir le principe de droit naturel de la propriété privée, y compris celle des biens de production, n'aurait pas perdu sa force ou ne serait pas de moindre importance?

Ce doute n'est pas fondé. Le droit de propriété, même des biens de production, a valeur permanente, pour cette raison précise qu'il est un droit naturel, fondé sur la priorité, ontologique et téléologique, des individus sur la société. Au reste, il serait vain de revendiquer l'initiative personnelle et autonome en matière économique, si n'était pas reconnue à cette initiative la libre disposition des moyens indispensables à son affirmation. L'histoire et l'expérience attestent, de plus, que sous les régimes politiques qui ne reconnaissent pas le droit de propriété privée des biens de production, les expressions fondamentales de la liberté sont comprimées ou étouffées. Il est, par suite, légitime d'en déduire qu'elles trouvent en ce droit garantie et stimulant.

Cela explique pourquoi des mouvements sociaux et politiques, qui se

22*

proposent de concilier dans la vie commune justice et liberté, hier encore nettement opposés à la propriété privée des biens de production, aujourd'hui mieux instruits de la réalité sociale, reconsidèrent leur position et prennent à l'égard de ce droit une attitude substantiellement positive.

. . . .

Il faut d'autant plus urger cette diffusion de la propriété en notre époque où, Nous l'avons remarqué, les structures économiques de pays de plus en plus nombreux se développent rapidement. C'est pourquoi, si on recourt avec prudence aux techniques qui ont fait preuve d'efficacité, il ne sera pas difficile de susciter des initiatives, de mettre en branle une politique économique et sociale qui encourage et facilite une plus ample accession à la propriété privée des biens durables : une maison, une terre, un outillage artisanal, l'équipement d'une ferme familiale, quelques actions d'entreprises moyennes ou grandes. Certains pays, économiquement développés et socialement avancés, en ont fait l'heureuse expérience.

Ce qui vient d'être exposé n'exclut évidemment pas que l'État et les établissements publics détiennent, eux aussi, en propriété légitime, des biens de production, et spécialement lorsque ceux-ci *«en viennent à conférer une puissance économique telle qu'elle ne peut, sans danger pour le bien public, être laissée entre les mains de personnes privées»*.[1]

Notre temps marque une tendance à l'expansion de la propriété publique : État et collectivités. Le fait s'explique par les attributions plus étendues que le bien commun confère aux pouvoirs publics. Cependant, il convient, ici encore, de se conformer au principe de subsidiarité sus-énoncé. Aussi bien l'État et les établissements de droit public ne doivent étendre leur domaine que dans les limites évidemment exigées par des raisons de bien commun, nullement à seule fin de réduire, pire encore, de supprimer la propriété privée.

'Lettre Encyclique «Mater et Magistra» de S. S. Jean XXIII Pape par la divine Providence Sur les récents développements de la question sociale à la lumière de la doctrine chrétienne', *La Documentation catholique* (6 août 1961), cc. 961–965

POPE JOHN XXIII AND HUMAN RIGHTS
1963

Tout être humain a droit à la vie, à l'intégrité physique et aux moyens nécessaires et suffisants pour une existence décente, notamment en ce qui concerne l'alimentation, le vêtement, l'habitation, le repos, les soins médicaux, les services sociaux. Par conséquent, l'homme a droit à la sécurité en cas de maladie, d'invalidité, de veuvage, de vieillesse, de chômage et chaque fois qu'il est privé de ses moyens de subsistance par suite de circonstances indépendantes de sa volonté.

Tout être humain a droit au respect de sa personne, à sa bonne réputation, à la liberté dans la recherche de la vérité, dans l'expression et la diffusion de

[1] Cf. *Quadragesimo Anno*, p. 644.

la pensée, dans la création artistique, les exigences de l'ordre moral et du bien commun étant sauvegardées; il a droit également à une information objective.

La nature revendique aussi pour l'homme le droit d'accéder aux biens de la culture, et, par conséquent, d'acquérir une instruction de base ainsi qu'une formation technico-professionnelle correspondant au degré de développement de la communauté politique à laquelle il appartient. Il faut faire en sorte que le mérite de chacun lui permette d'accéder aux degrés supérieurs de l'instruction et d'arriver, dans la société, à des postes et à des responsabilités aussi adaptés que possible à ses talents et à sa compétence.

. . . .

Tout homme a droit à la liberté dans le choix de son état de vie. Il a par conséquent le choix de fonder un foyer, où l'époux et l'épouse interviennent à égalité de droit et de devoirs, ou bien celui de suivre la vocation au sacerdoce ou à la vie religieuse.

La famille, fondée sur le mariage librement contracté un et indissoluble, est et doit être tenue pour la cellule première et naturelle de la société. De là, l'obligation de mesures d'ordre économique, social, culturel et moral de nature à en consolider la stabilité et à lui faciliter l'accomplissement du rôle qui lui incombe.

Aux parents, en tout premier lieu, revient le droit d'assurer l'entretien et l'éducation de leurs enfants.

Tout homme a droit au travail et à l'initiative dans le domaine économique.

A ces droits est lié indissolublement le droit à des conditions de travail qui ne compromettent ni la santé ni la moralité et qui n'entravent pas le développement normal de la jeunesse; et, s'il s'agit des femmes, le droit à des conditions de travail en harmonie avec les exigences de leur sexe et avec leurs devoirs d'épouses et de mères.

La dignité humaine fonde également le droit de déployer l'activité économique dans des conditions normales de responsabilité personnelle.

Il en résulte aussi — et il convient de le souligner — qu'à l'ouvrier est dû un salaire à déterminer selon les normes de la justice; compte tenu des possibilités de l'employeur, cette rémunération devra permettre au travailleur et à sa famille un niveau de vie conforme à la dignité humaine. Notre prédécesseur Pie XII le disait: «*A la loi du travail, inscrite dans la nature, répond le droit tout aussi naturel pour l'homme de tirer de son labeur de quoi vivre et faire vivre ses enfants: si profondément est ordonné en vue de la conservation de l'homme l'empire sur la nature*».

De la nature de l'homme dérive également le droit à la propriété privée des biens, y compris les moyens de production. Comme Nous l'avons enseigné ailleurs, ce droit «*est une garantie efficace de la dignité de la personne humaine et une aide pour le libre exercice de ses diverses responsabilités*; il *contribue à la stabilité et à la tranquillité du foyer domestique, non sans profit pour la paix et la prospérité publiques.*»

. . . .

Du fait que l'être humain est ordonné à la vie en société découle le droit de réunion et d'association, celui de donner aux groupements les structures qui paraissent mieux servir leurs buts, le droit d'y assumer librement certaines responsabilités en vue d'atteindre ces mêmes buts.

L'Encyclique *Mater et Magistra* dit à bon droit que la création de bon nombre d'associations ou corps intermédiaires, capables de poursuivre des objectifs que les individus ne peuvent atteindre qu'en s'associant, apparaît comme un moyen absolument indispensable pour l'exercice de la liberté et de la responsabilité de la personne humaine.

. . . .

Trois traits caractérisent notre époque. D'abord la promotion économique et sociale des classes laborieuses. Celles-ci ont, en premier lieu, concentré leur effort dans la revendication de droits surtout économiques et sociaux; puis elles ont élargi cet effort au plan politique; enfin au droit de participer dans les formes appropriées aux biens de la culture. Aujourd'hui, chez les travailleurs de tous les pays, l'exigence est vivement sentie d'être considérés et traités non comme des êtres sans raison ni liberté, dont on use à son gré, mais comme des personnes, dans tous les secteurs de la vie collective: secteur économico-social, culturel et politique.

Une seconde constatation s'impose à tout observateur: l'entrée de la femme dans la vie publique, plus rapide peut-être dans les peuples de civilisation chrétienne; plus lente, mais de façon toujours ample, au sein des autres traditions ou cultures. De plus en plus consciente de sa dignité, la femme n'admet plus d'être considérée comme un instrument; elle exige qu'on la traite comme une personne aussi bien au foyer que dans la vie publique.

Enfin l'humanité, par rapport à un passé récent, présente une organisation sociale et politique profondément transformée. Plus de peuples dominateurs et de peuples dominés: toutes les nations ont constitué ou constituent des communautés politiques indépendantes.

Les hommes de tout pays et continent sont aujourd'hui citoyens d'un État autonome et indépendant, ou ils sont sur le point de l'être. Personne ne veut être soumis à des pouvoirs politiques étrangers à sa communauté ou à son groupe ethnique. On assiste, chez beaucoup, à la disparition du complexe d'infériorité qui a régné pendant des siècles et des millénaires; chez d'autres, s'atténue et tend à disparaître, au contraire, le complexe de supériorité, issu de privilèges économiques et sociaux du sexe ou de la situation politique.

Maintenant, en effet, s'est propagée largement l'idée de l'égalité naturelle de tous les hommes. Aussi, du moins en théorie, ne trouve-t-on plus de justification aux discriminations raciales. Voilà qui représente une étape importante sur la route conduisant à une communauté humaine établie sur la base des principes que Nous avons rappelés. Maintenant, à mesure que l'homme devient conscient de ses droits, germe comme nécessairement en lui la conscience d'obligations correspondantes: ses propres droits, c'est avant tout comme autant d'expressions de sa dignité qu'il devra les faire valoir, et à tous les autres incombera l'obligation de reconnaître ces droits et de les respecter.

Et une fois que les normes de la vie collective se formulent en termes de droits et de devoirs, les hommes s'ouvrent aux valeurs spirituelles et comprennent ce qu'est la vérité, la justice, l'amour, la liberté; ils se rendent compte qu'ils appartiennent à une société de cet ordre. Davantage: ils sont portés à mieux connaître le Dieu véritable, transcendant et personnel. Alors leurs rapports avec Dieu leur apparaissent comme le fond même de la vie, de la vie intime vécue au secret de l'âme et de celle qu'ils mènent en communauté avec les autres.

. . . .

Un des actes les plus importants accomplis par l'O.N.U. a été la *Déclaration universelle des droits de l'homme*, approuvée le 10 décembre 1948 par l'Assemblée générale des Nations Unies. Son préambule proclame comme objectif commun à promouvoir par tous les peuples et toutes les nations la reconnaissance et le respect effectifs de tous les droits et libertés énumérés dans la Déclaration.

Nous n'ignorons pas que certains points de cette Déclaration ont soulevé des objections et fait l'objet de réserves justifiées. Cependant, Nous considérons cette Déclaration comme un pas vers l'établissement d'une organisation juridico-politique de la communauté mondiale. Cette Déclaration reconnaît solennellement à tous les hommes, sans exception, leur dignité de personne; elle affirme pour chaque individu ses droits de rechercher librement la vérité, de suivre les normes de la moralité, de pratiquer les devoirs de justice, d'exiger des conditions de vie conformes à la dignité humaine, ainsi que d'autres droits liés à ceux-ci.

. . . .

Les principes que Nous venons d'exposer ici trouvent leur fondement dans les exigences mêmes de la nature humaine, et sont le plus souvent du domaine du droit naturel. Assez fréquemment, dans la mise en œuvre de tels principes, les catholiques collaborent de multiples manières, soit avec des chrétiens séparés de ce Siège apostolique, soit avec des hommes qui vivent en dehors de toute foi chrétienne, mais qui, guidés par les lumières de la raison, sont fidèles à la morale naturelle. «*Qu'alors les catholiques veillent avec grand soin à rester conséquents avec eux-mêmes et à n'admettre aucun compromis nuisible à l'intégrité de la religion ou de la morale. Mais aussi qu'ils ne considèrent pas leurs seuls intérêts et collaborent loyalement en toute matière bonne en soi ou qui peut mener au bien.*»[1]

. . . .

De même, on ne peut identifier de fausses théories philosophiques sur la nature, l'origine et la finalité du monde et de l'homme, avec les mouvements historiques fondés dans un but économique, social, culturel ou politique, même si ces derniers ont dû leur origine et puisent encore leur inspiration dans ces théories. Une doctrine, une fois fixée et formulée, ne change plus, tandis que des mouvements ayant pour objet les conditions concrètes et changeantes de la vie ne peuvent pas ne pas être largement influencés par cette évolution. Du reste, dans la mesure où ces mouvements sont d'accord avec les sains principes de la raison et répondent aux justes aspirations de la personne humaine, qui refuserait d'y reconnaître des éléments positifs et dignes d'approbation?

Il peut arriver, par conséquent, que certaines rencontres au plan des réalisations pratiques qui jusqu'ici avaient paru inopportunes ou stériles

[1] Pope John XXIII in his encyclical *Mater et Magistra*.

puissent maintenant présenter des avantages réels ou en promettre pour l'avenir.

'Encyclique «Pacem in Terris» de S. S. Jean XXIII Sur la paix entre toutes les nations, fondée sur la vérité, la justice, la charité, la liberté', *La Documentation catholique* (21 avril 1963), cc. 515–521; 538–542

THE *PRÊTRES AU TRAVAIL*   1965

[Communiqué of French episcopate published on 23rd October after its plenary meeting held in Rome.]

L'épiscopat français se propose, avec l'accord du Saint-Siège, d'autoriser un petit nombre de prêtres à travailler à plein temps dans les usines et sur les chantiers, après une préparation appropriée.

Cette autorisation de travail manuel salarié, actuellement très limitée en nombre, est prévue pour une période de trois ans.

C'est une *mission essentiellement sacerdotale* qui sera confiée aux prêtres au travail: comme tous les prêtres, ils sont consacrés à l'annonce de l'Évangile.

C'est pourquoi le choix de ces prêtres devra répondre à des exigences précises: aptitudes, formation adaptée, conditions de vie communautaire, relations étroites avec les autres prêtres et les militants d'Action catholique ouvrière du secteur où ils travailleront.

Le prêtre au travail pourra se syndiquer, mais, sachant que les tâches temporelles reviennent en propre aux militants ouvriers, il s'abstiendra de prendre des responsabilités dans l'action syndicale et politique, à quelque niveau que ce soit.

Cette initiative relèvera de la responsabilité du Comité épiscopal de la «Mission ouvrière», habilité au nom de l'épiscopat à suivre cette première étape.

'Les prêtres au travail. Communiqué de l'épiscopat français', *La Documentation catholique* (21 novembre 1965), c. 1989

LETTER OF 100 PRIESTS   1968

Nous n'avons d'autre titre pour vous écrire que de participer comme vous-mêmes à la recherche qui se fait actuellement un peu partout sur le statut et la fonction du prêtre.

Comme vous, nous sommes prêtres, unis dans un même effort, au nom du même Évangile, pour lequel, les uns et les autres, nous nous sommes un jour levés. Prêtres de qui? Prêtres pourquoi? Prêtres comment?

Ces questions, nous nous les posons et elles nous sont posées sans cesse. Elles révèlent à l'évidence de nombreuses contradictions: entre ce que nous disons dans la foi, au nom de l'Évangile, d'une part, et ce que nous sommes contraints de faire et de vivre, d'autre part, comme membres du clergé; entre la manière dont nous vivons et la manière dont vivent les hommes.

Pourquoi ces CONTRADICTIONS? Pour plusieurs raisons:

— Comme prêtres, nous sommes trop dépendants des structures ecclésiastiques actuelles. Souvent, cette dépendance nous atteint dans notre dignité, dans notre équilibre, parfois même dans notre vie. Trop souvent cette dépendance nous paraît insupportable quand elle nous empêche d'être responsables de notre vie, d'être solidaires d'autres hommes;

— Après le concile, cette situation du prêtre n'a pratiquement pas évolué. Plus soucieux de rénover des formes traditionnelles du christianisme (paroisses, institutions...) que d'innover, le «SYSTÈME» contribue à retarder l'apparition d'un nouveau style de vie sacerdotale. Nous ne pouvons nous résigner à être les témoins d'une cause déjà perdue. Le monde attend.

A ces deux raisons s'en ajoute une troisième, déterminante: ce que nous avons vécu et ce que nous vivons, aux côtés de chrétiens et de non-chrétiens, nous révèle avec plus d'évidence que notre statut de clercs nous conduit à des impasses.

Comment ne pas évoquer à ce sujet le cas de trop de prêtres exilés, rabaissés, privés de la parole et de l'initiative pastorale nécessaire? Trop d'entre eux sont «partis». Ce ne sont pas là des cas particuliers, mais bien la conséquence *d'une situation objective et collective*.

Or, *nous voulons* que notre sacerdoce soit partie prenante de la MISE AU MONDE nécessaire de l'Église d'aujourd'hui et de demain. En d'autres termes, nous voulons affronter et dépasser la crise présente que de petites réformes successives ne réussissent pas à masquer. Nous pensons qu'il nous incombe de redessiner de nouvelles figures du sacerdoce en le réintégrant dans la condition humaine.

Dans cet effort, la diversité de «charismes» et réalisations nous paraît nécessaire.

Le TRAVAIL SALARIÉ, sans être la condition exclusive pour réaliser ce projet, nous apparaît pourtant comme la forme privilégiée parmi les autres. Elle est, de toute évidence, la plus contestée, parce que la plus opposée au statut ancien.

L'expérience nous a prouvé que les décisions dépendent de nous. Nous savons désormais que pour nous affranchir du statut ancien et pour réaliser le nouveau statut du sacerdoce, nous devons avant tout compter sur nous-mêmes, prêtres de la base, en solidarité avec les hommes et les chrétiens de base. Les initiatives de nos amis de Lyon, d'autres diocèses, d'autres pays, nous ouvrent la route.

Quant à nous, appartenant à de nombreux diocèses ou ordres religieux, nous pensons qu'il est temps de PARLER PAR DES ACTES, que nous avons à expliquer. N'est-ce pas, en fidélité au Christ, la manière efficace de vivre l'Évangile?

C'est pourquoi nous vous faisons part de la *décision* prise par certains d'entre nous — qui, nous le savons, rejoint celle de beaucoup d'entre vous —

de travailler normalement. Ce passage dans la condition salariale, ils le font en accord avec beaucoup d'autres et avec leur soutien. Ils le font, comme tout homme, de manière naturelle, sans autorisation extérieure.

— *CET ACTE* se veut d'abord une décision d'hommes *responsables*. C'est-à-dire que, dans la société actuelle où la grande majorité des travailleurs est objet d'exploitation et de manipulations, cette décision conduit à rejoindre le mouvement pour la libération et la reconnaissance de la dignité de tous et de chacun.

— *CET ACTE* se veut à la fois une rupture avec l'ancien statut de dépendance du prêtre et un premier pas vers de nouvelles formes de sacerdoce dans l'Église.

— *CET ACTE* n'a rien d'original. D'autres, avant nous, l'ont accompli dans les mêmes conditions de liberté. Pourtant, ce qui nous paraît capital et nouveau, c'est *l'aspect collectif* que résolument nous lui voulons.

— *CET ACTE* est un geste de solidarité et de soutien à l'égard de tous les prêtres qui cherchent à redéfinir, avec plus de liberté, leur propre tâche, *là où ils sont*.

Nous savons que des évêques, à leur niveau, se posent aussi, bien qu'en d'autres termes, des questions rejoignant les nôtres. Mais, dans l'état actuel des choses, les conditions de dialogue dans l'Église ne sont pas réalisées. Certes, nous tenons profondément à dialoguer, mais en rapport de communion et non de subordination. Il est bien entendu que nous ne rejetons en aucune manière la succession apostolique voulue par le Christ, ni la dépendance qu'elle implique. Nous remettons seulement en question les *formes* prises par la succession apostolique et par cette dépendance. Et cela, nous tenons à le faire *dans* l'Église.

Enfin, *CET ACTE* est indissociable de beaucoup d'autres. Cela veut dire en clair que *dans les faits* nous voulons:

Rompre avec la condition de «fonctionnaire du culte», payé par le culte;

Nous exprimer librement par écrit ou par oral;

Prendre selon les cas des options ou engagements politiques, syndicaux ou autres;

Accueillir sérieusement, avec franchise et liberté, l'éventualité de prêtres mariés;

Exercer collectivement le droit à la délibération et à la décision dans la vie de l'Église;

Intervenir directement dans les nominations et déplacements des prêtres et des évêques;

Soutenir ceux qui remettent en cause le choix et la formation des futurs prêtres.

Les problèmes que nous posons et que l'on nous pose sont complexes.

Nous souhaitons vivement que de nombreuses réponses permettent de jeter les bases d'une ASSEMBLÉE PERMANENTE (sans être à la remorque de Paris), où nous pourrions travailler ensemble, prêtres et évêques — sans préjudice du laïcat, — les problèmes de fond que nous ne pouvons pas aborder ici.

Nous souhaitons que vous diffusiez vous-mêmes cette lettre aussi largement que possible parmi vos amis prêtres.

Nous sommes — et vous êtes — conscients de l'enjeu de ce que nous fai-sons. LA RÉPONSE VOUS APPARTIENT.

Duplicated circular letter, dated November 1968

MOTION ON AUTHORITY PASSED BY
ÉCHANGES ET DIALOGUE MEETING   1969

[*11th and 12th January.*]

Notre mise en cause de toute autorité dominatrice nous vient, aujourd'hui comme hier, de l'Évangile. Notre état clérical nous «domestique» au nom d'un antique «principe d'autorité», hérité du droit romain impérial, principe selon lequel l'autorité se suffit à elle-même.

Rien n'est plus immoral que ce «principe d'autorité». Le Christ montre, dans l'épisode du lavement des pieds, que l'autorité traditionnelle est renversée: elle ne s'appuie plus sur la force, mais sur le service; désormais, pour avoir autorité réelle (et non légale, c'est autre chose), il faut d'abord être reconnu comme serviteur.

Cela a été redit au Concile par Jean XXIII, mais cela n'est pas passé dans les faits. Il aurait fallu que l'Église quitte ses attaches avec les classes diri-geantes et ait l'audace de devenir, d'abord, le peuple des opprimés.

Nous ne nous réunissons ni pour régler nos comptes, ni pour juger de la nature du sacerdoce, ni pour rejeter toute autorité dans l'Église: si nous refusons un certain type d'autorité, c'est pour que puissent s'y instaurer de nouvelles formes de relations entre évêques, prêtres, et laïcs, indispensables à l'annonce du Christ au monde d'aujourd'hui.

CONSIDÉRANT que l'autorité exercée par le Christ, et communiquée à ses apôtres, est tout entière définie et limitée par l'annonce de la Bonne Nouvelle aux pauvres, qu'elle exclut donc toute forme de domination et d'embrigadement qui exige puissance, richesse et un très fort appareil administratif (cf. son opposition aux scribes, pharisiens, grands prêtres).

CONSIDÉRANT que depuis des siècles et aujourd'hui encore malgré les rappels pressants du Concile nous donnant un critère: l'Évangile, et un but: son annonce à tous les hommes, l'autorité dans l'Église s'exerce trop souvent sous forme de *domination des consciences* et de dirigisme des actes pastoraux, au détriment des droits fondamentaux de l'homme, de la libre adhésion à la foi, et des indispensables initiatives apostoliques, un tel exercice de l'autorité engendrant la passivité du Peuple de Dieu.

CONSIDÉRANT qu'historiquement, au-dessus du pouvoir exercé dans l'Église, il règne une autorité supérieure, constituée par la formulation archaïque, immobiliste et non créative de la foi;

Que la hiérarchie ne parvient pas, de fait, à se libérer de cette expression d'un temps, d'une époque, qui pèse sur l'ensemble du Peuple de Dieu.

CONSIDÉRANT donc qu'une distinction claire doit être faite, d'une part entre *l'autorité apostolique* donnée par le Christ à son Église, pour servir la communion des croyants et l'unité de la foi (autorité que nous voulons redécouvrir et promouvoir avec tous les chrétiens), et, d'autre part *l'autorité calquée* sur celle des classes dominantes, successivement conquise au cours des siècles par le corps sacerdotal, devenant la caste privilégiée des clercs (autorité que nous voulons supprimer).

NOUS RÉCUSONS comme caduque et nuisible au témoignage évangélique l'autorité de type clérical, tant celle que nous pouvons exercer, prêtres de la base, sur les chrétiens, que celle qui s'exerce sur nous de la part des évêques et de leur administration, à savoir:

(1) La bureaucratie ecclésiastique, qui fait du prêtre le simple exécutant d'une administration et trop souvent le nomme d'autorité à des fonctions fausses dans des communautés artificielles;

(2) Le paternalisme de l'autorité qui règne dans trop de relations interpersonnelles entre évêques et prêtres, paternalisme qui ne laisse aucune place à une coresponsabilité;

(3) La démission et l'autocensure qui en sont les conséquences pour les prêtres;

(4) Le mode d'insertion et le style d'existence d'abord imposés d'office et non définis en priorité par la mission (habitat, vêtement, statut financier, etc.);

(5) Le quadrillage par des structures paralysantes (organismes dits de recherche, de coordination, de programmation ou de planification) qui déterminent *a priori* le statut du prêtre et barrent la route à toute recherche ou initiative;

(6) L'existence d'un appareil ecclésiastique qui permet à des hommes de faire carrière dans l'institution et de devenir des professionnels de l'autorité.

NOUS APPROUVONS par avance tous les actes adaptés que pourront poser des laïcs pour nous dépouiller de cette autorité abusive, et nous récusons tous les actes qui, de la part d'autres laïcs, viseraient à la renforcer.

La Documentation catholique (2 mars 1969) pp. 219–220

STATEMENT BY FRENCH HIERARCHY   1969

(3) Nous savons, évêques et prêtres que l'autorité n'est pas un privilège qui nous mettrait à part ou au-dessus de ceux qui attendent de nous l'annonce incessante de l'Évangile, l'indication ferme de la vérité de la foi, l'impulsion nécessaire vers la sainteté. Nous savons qu'elle est une charge qui requiert, pour assurer la conformité du peuple de Dieu à l'Évangile, fidélité, lucidité, invention, courage.

(4) Mais nous avons en même temps conscience du caractère inaliénable de la tâche épiscopale: promouvoir, avec le successeur de Pierre, la transmission actuelle de la foi catholique, discerner ce qui s'écarte de cette foi, exprimer ce qui en est témoignage authentique, juger de l'incorporation à l'Église par les sacrements, conduire le peuple de Dieu vers l'unité.

(5) Aujourd'hui plus qu'hier, prêtres et évêques, nous nous interrogeons sur les conditions d'exercice de notre ministère et sur les formes que peut

revêtir notre présence au monde. Avec le peuple de Dieu, nous voulons tout examiner ensemble, ne rien laisser dans l'ombre.

(6) Mais, nous l'avons déjà dit, on n'invente pas le sacerdoce. Le sacerdoce ministériel n'est pas une fonction accidentelle; il prend l'homme tout entier. Les recherches pastorales et les transformations concernant le ministère sacerdotal se feront à la lumière de la mission de l'Église du Christ. C'est en sachant bien de qui nous sommes prêtres et pour qui nous sommes prêtres que nous pourrons mieux découvrir comment être prêtres aujourd'hui.

(7) Parmi les questions qui se posent, il y a celle du célibat. Comme l'ont dit récemment les évêques allemands: «il n'est pas possible qu'un manque de clarté sur cette question demeure dans la communauté ecclésiale et qu'ainsi se développe une atmosphère qui rend plus difficile la vie dans le célibat.»

(8) Le célibat est un don de Dieu que seuls la foi et l'amour peuvent accueillir pleinement. Nous demandons aux prêtres d'approfondir les raisons pour lesquelles l'Église lie le célibat à leur mission. Nous demandons aux jeunes gens qui se préparent au sacerdoce de se décider librement et sans réticence pour le célibat. Aux prêtres qui sont déliés par le pape de l'engagement du célibat, nous ne confierons pas les tâches qui sont réservées au prêtre.

(9) La réflexion commune exige beaucoup de ceux qui en sont les guides, les partenaires ou les témoins; elle n'exclut pas la confrontation, mais elle implique la confiance réciproque bien plus, la communion dans la doctrine de Vatican II[1] et dans l'action apostolique.

'Déclaration du Conseil permanent de l'épiscopat français à l'occasion de la préparation des prochaines Assemblées plénières de l'épiscopat', *La Documentation catholique* (2 mars 1969), p. 217

[1] The Second Vatican Council.

INDEX

Abortion legislation, 449.
Accidents, industrial: act on (1898), 477–478; legislation on, 297, 497.
Accountancy, proposed teaching of in *classes terminales*, 585.
A.C.J.F.: see *Association Catholique de la Jeunesse Française.*
A.C.O.: see *Action Catholique Ouvrière.*
Action Catholique Ouvrière (A.C.O.), 611, 615, 662.
Action de classe, socialist, 256, 262.
Action Française, 19, 124, 338, 604, 608; condemnation by Cardinal Andrieu, archbishop of Bordeaux (*réquisitoire de Bordeaux*) (1926), 640–643; condemnation by Pope (1926), 608.
Action populaire, 373.
Action Républicaine et Sociale (A.R.S.), 309.
Adjoint, rôle of, 41.
Administration, Napoleon I and French, 9, 40–42.
Administrative apparatus, of R.C. Church, 666.
Aestheticism, of *Action Française*, 642.
Africa, North, war in: see Algerian problem.
Aged, care of, 85, 87.
Aggrandisement, national, Louis XIV on, 5.
Agricultural insurance, Radical party on (1907), 279.
Agricultural policy, C.N.I. on, 315; Communist party on, 244; of Radical party, 361.
Agriculture, 176, 359–373, 411, 443, 449, 450, 459, 485; C.N.R. demands, 492; elements, teaching of, 545, 551; Gaullists on, 337; organisation of peasants' work, 366–368; Popular Front on, 293.

Alain (pseud., Chartier, E. A.), 98, 376–377; on *grande bourgeoisie* in 1914, 394–395; and Radical ideology of 3rd Republic, 123, 155–157; and Radicalism, 271–272.
Alcoholism, Radical party on (1907), 279.
Algeria, use of torture in (1957), 177–179.
Algerian problem, 129, 134, 177–179, 189–194, 257, 297, 309, 318, 333, 339–340, 350–351.
Algérie française, 297, 309, 318, 339–340, 350–351.
Allard, M., 601, 632–633.
Alleg, H., *La Question* (1958), 134–135.
Allemane, J., 447.
Alliance, Atlantic, de Gaulle on, 334–336.
Alliance Démocratique, 19, 308.
Alliance Républicaine, 340.
Allowances, family, 452, 455, 485–487, 491, 501–502.
Alsace-Lorraine, M. Barrès on, 338, 345–346; S.F.I.O. in, 254.
Ambassadors, political rôle of, Alain on, 377.
Amnesty (1814), 53.
Amsterdam Congress, 2nd International, 253.
Anarchists, 232.
Anarcho-syndicalism, 415, 446–448, 462, 467, 478–479, 510–512.
Ancien Régime, 5–8, 157, 597; bourgeoisie under, 374; conceptions of economic organisation, 606; fear of, 100; moral ideas of, 12; the Right and, 9, 46–50; society of, 9, 520.
Andrieux, A., and Lignon, J., *L'Ouvrier d'aujourd'hui* (1960), 427–432, 434.
Anticlericalism, 9, 13, 14, 16, 75–77, 82, 85, 87, 93–94, 98–100, 155, 205, 257, 270, 277, 292, 376, 377, 412, 520–525, 547–556, 557–558, 560–562,

566–567, 598, 599, 600–601, 607, 622, 631–637, 648, 651–652, 655, 663–666.

Anti-colonialism, 111–112, 234, 257, 264, 280, 292, 491.

Anti-constitutional parties, 123–124.

Anti-Dreyfusards, 17–18, 600.

Antier, C., 361.

Antimilitarism, 110–111, 235, 236, 264, 280–281, 292.

Anti-patriotism, 414.

Anti-semitism, 17, 90–91, 93–94, 108, 343, 394, 489.

Anti-tuberculosis work, Radical party on (1907), 279.

Apparentements, 129, 173; act introducing (1951), 167–169.

Apprenticeships: control of by workers' organisation, demand for, 85; organisation of, by *convention collective*, 482.

Aragon, L., *La rose et le réséda*, 609.

Arbiter, national: *see* Republic, President of the.

Arbitrage national, 330.

Arbitration, compulsory, in labour disputes, 349, 449.

Archbishops: *see* Assembly of Cardinals and Archbishops.

Aristocracy, defence of by Right, 48–50; industrial, 61–63.

Aristotle, ethic of, 550.

Arithmetic, teaching of, 540, 542, 543, 545.

Armaments factories, nationalisation (1936), 453.

Armies, standing, demand for abolition, 82, 85, 87, 111.

Army, 74, 93–94; against the Republic, 94–95; and Algeria, 192–194, 333; in 1958 constitution, 183; De Gaulle's appeal to (1940), 326, 327; High Command, 17, 18, 338, 522; — denounced by Zola, 91–93; need for, *Fédération Républicaine* on, 312; Right on, 111, 338, 343, 346.

Arrondissements (*loi du 28 pluviôse an VIII*), 41.

A.R.S.: *see Action Républicaine et Sociale*.

Artisanal traditions, 398, 413, 414.

Artisans, 61–62, 98, 100, 271, 283, 350, 371, 410, 414, 625, 648.

Arts, Faculties of, 540, 541; teaching of, 539, 558–560, 564, 574, 584; in universities, 584.

Assemblies, Constituent (1945–46), 126–128.

Assemblies, local government, control by bourgeoisie, 379.

Assembly, National, Communist party on (1945), 127; (1967), 205; in 1875 constitution, 120–121, 125, 129, 149–150; in 1946 constitution, 128, 164–167; De Gaulle on, 330–331, 332–335; Radical party and presidency of, 273; 5th Republic, 131–132, 134, 135, 182–188, 199–200, 202–204.

Assembly of French Church, General, demand of 100 priests, 664.

Assembly of Cardinals and Archbishops, statement on Algeria (1960), 602, 655–656; *see also* Hierarchy of R.C. Church.

Assembly, violent or illegal (*loi "anti-casseurs"* (1970)), 209.

Assistance, communal bodies, 638; mutual, working-class (1840), 420, (*see also* Friendly Societies); public, 33.

Assistants, university, 581.

Association Catholique, 606.

Association Catholique de la Jeunesse Française (A.C.J.F.), 373.

Association, freedom of: *see* Freedom of association.

Associations cultuelles, 601, 632, 634–635, 637–638.

Associations, rights of, 312; to supervise Church services under 1901 act (1907), 638

Assumptionist order, 18, 600; against Dreyfus, 93–94.

Asylum, right of, in France, 163.

Ateliers sociaux, L. Blanc on, 72.

Atheism, 606, 636–637, 651; French cardinals on (1936), 608–609; and political parties, R. Garaudy on, 229.

L'Aurore, 91–93.

Authoritarianism, of R.C. Church, 603–604, 608, 614–615, 664–667.

Authorities, social: *see Autorités sociales, les*.

Authority, 5–6, 9, 17, 19, 98–99, 108, 315, 320, 338–339, 343, 344, 348, 374–382, 394–398, 400–401, 403, 427–429, 603, 604, 605, 639–640;

apostolic, 666–667; of *cadres*, 380–382, 403, 404–409; of Church, 604, 612–615, 639–640, 642, 664–667; distribution of, 20, 104–105, 466–468, 510–512, 639–640; managerial, 380–382, 400, 403, 404–409, 416, 462–468; in peasant family, 368–369; social, 13, 272, 374–382; State, and presidency of Republic, 136, 138, 196, 199–200.

Autodétermination, 190–192, 351.

Autogestion: see Self-management, workers'.

Automation, 399, 432, 458.

Autorités sociales, les, 98–99, 101, 377, 394–395, 396.

L'Avenir (1830), 295, 604, 622–625.

Babeuf, G., 8, 412.

Baccalauréat, 541; and class-barriers, 375, 385–386, 559–560.

Bachotage, 586.

Badinter, R. and Bredin, J. D., 'Un exorcisme collectif', *Le Monde* (4 novembre 1970), 231.

Balance of power, between legislative, executive and judiciary, 330; between legislative and executive, 122, 127, 128, 131–133.

Ballot, secret, 150; in university elections, 590.

Bankers, Alain on social importance, 377; Thiers on, 385.

Banking, Alain on, 394; H. Germain on accumulation of capital in, 387; nationalisation of major banks, C.N.R. demand, 491; reforms, Popular Front demand, 293.

Banque de France, 81, 293, 379, 453, 454.

Barbé, H., 220.

Bargaining, collective, 103, 449, 450, 451, 452, 479–480, 483–484. *See also* *Contract collectif*.

Barrès, M., 17, 98, 338; *Scènes et doctrines du nationalisme* (1902), 344–346.

Bayeux, speech of General de Gaulle (1946), 127, 131, 132, 327–331.

Beauty, cult of, in *Action Française*, 642.

Belleville manifesto (1869), 15, 82–83, 88, 270.

Berthoin, J., educational reform (1959), 529–530, 568–574.

Bidault, G., 296, 297, 340.

Biens dits de mainmorte, demand for return to nation, 85, 87.

Billères, R., 529; on *loi Debré*, 525.

Billot, General, 92.

Billy, J., *Les techniciens et le pouvoir*, 380.

Birth, rights acquired by, 6–7, 288, 374, 376.

Birth-control, 484; legislation, 449; R.C. Church and, 612, 614, 615; for working class, liberal view (1836), 474.

Birth-rate, 402, 443, 453, 459; and economic stagnation, 484–485.

Bishops, 641, 664, 666; announcement on *prêtres au travail* (1965), 613, 662; appointment by Pope, 601; charter for worker-priests, 610; and Church-school subsidies, 523; control of seminary education, 540; election, Civil Constitution of the Clergy, 598; German, and celibacy, 667; on *laïcité* and *laïcisme* (1945), 650–652; rôle of under *Concordat*, 598, 621; purge under *Concordat*, 598, 621; rules on worker-priests, 610–611, 613–614, 662; *see* also Hierarchy of R.C. Church.

Black Market, 493.

Blanc, L., 13; *Organisation du Travail* (1839), 71–72.

Blanqui, A., 13, 263; *Critique Sociale* (1885), 599.

Bleton, P., *Les hommes des temps qui viennent* (1956), 401–404.

Bloc des gauches, 270, 600.

Bloc historique, R. Garaudy on, 227–228, 248–249.

Bloc National, 270.

Bloc, R. C., M. Allard on, 632.

Bloch, M., 125–126, 378; *L'Étrange Défaite* (1949), 395–396.

Bloch-Lainé, F., *Pour une réforme de l'entreprise* (1963), 462.

Blum, L., 254–256, 453, 528; break with communism at Tours congress of 1920, 265–266; Communist party support (1936), 220; *A l'Échelle humaine* (1945), 397–398.

Boisdeffre, Général de, 92.

Bolshevisation, Communist party, 220.

Bonapartism, 9, 10–11, 65–66; and Gaullism, 319–320.

Bon ton, le, 386.

Boom, economic (*c.* 1960), 322, 459.

Bordeaux: by-election (1970), 274; Cardinal-archbishop of, 640–643; speech of Napoleon III at (1852), 65–66.

Bossuet, J.-B., 343.

Boulanger Affair, 123; and electoral system, 121.

Bourgeois, L., 98.

Bourgeoisie, 6, 11–15, 19, 55–65, 68, 79, 107, 110, 126, 271–272, 283, 374–404, 435, 437, 443, 448, 452, 521, 527, 558–560, 624, 626–627, 628–629, 648, 654; and *cadres*, differences, 400, 402–404; changes in, since 1945, 398–401; Communist party on, 218, 234; decline in 1930s, 397–398; Maoists on, 252; and 3rd Republic, 68; Tocqueville on, 63; wealthy, 6, 7–8, 394; *see also Grande bourgeoisie, Moyenne bourgeoisie, Petite bourgeoisie.*

Bourses du Travail, 446.

Brevet de capacité, primary teacher's, 544, 545, 546.

Briand, A., 395, 601.

Bruno, G., *Le Tour de la France par deux enfants* (*c.* 1882), 522, 553–554.

Budget, 286; 1946 constitution, 165; Socialist party and (1905), 264.

Budget des cultes, demand for suppression, Blanqui on, 599; in Belleville manifesto, 82; in Le Havre socialist programme, 85; in Radical party programme, 87; provisions of Separation Act (1905), 601, 632–634.

Buisson, F., 600.

Burdeau, A., 98.

Bureaucracy, in Communist party, 259; ecclesiastical, 666.

Business, power of, 114, 379.

Businessmen, and Communist party, 222; medium and small, 105, 376, 398; small, 176, 348, 378, 380, 414, 455; *see* Tradespeople.

Cadres, 20, 354, 380–382, 400–409, 416, 436; divisions after May 1968, 404–409; way of life (*c.* 1956), 401–404.

Cadres moyens, 380.

Cadres subalternes, 380, 436.

Cadres supérieurs, 380.

Cahm, E., 258, note.

Caisses de secours mutuel, 475.

Camelots du Roi, 338.

Candidatures, multiple, act banning (1889), 121.

Capital, accumulation of, 375; in banking, 387; lack of accumulation, 443; fixed, French loss of in 2nd World War, 455.

Capitalism, 655; Catholic trade unionists on, 451, 454; C.F.D.T. on, 468, 503; Communist party on, 218, 226, 236, 238, 240; *gauchistes* and, 511; Gaullists on reform of, 319–321, 332; Jaurès on, 262–263; Jews and, 91; M.R.P. on, 302; A. Miller and on, 89; *Parti socialiste,* 259, 268; P.D.P. and, 295; Radical manifesto (1970), 274, 284–285, 286; productivism and, 467; trade unions and, 487–488.

Capitant, R., 319, 321.

Cardinal-archbishop of Bordeaux, condemnation of *Action Française,* 640–643.

Cardinals, French, on Popular Front, 609; *see also* Assembly of Cardinals and Archbishops.

Cartel des gauches, 270.

Cartel des Non (1962), 257, 333.

Castes, society based on, 285.

Cataclysm, social, rejected by Jaurès, 263–264.

Catholicism, 14, 16, 18, 99–100, 101, 295, 301, 376–378, 384, 597–667; and communism, 610–611, 653–655, 661–662; Conservative Republicans and, 19, 312–313, 315; dissemination, bishops' task, 666; and education, 519, 520–525, 541, 543–546, 547–558, 560–562, 566–568, 575–577; left- and right-wing, 604–605, 608; liberal, 604, 622–625; religion of majority of Frenchmen, 598, 621; social, 606; Pope Leo XIII on, 626–630; and socialism, 605, 608, 612, 643–645; social concerns of, 606, 608, 610.

Catholics, 344; antisemitism (Dreyfus Affair), 93–94; and Dreyfus Affair, 18; left-wing, 604, 608, 609, 650, 654–655; and Republic, 18, 521, 522, 549, 599, 600, 606–609, 630–638, 646, 650–652; and Spanish Civil War, 608, 646; resistance to deportation (1943), 650; *see also* Democracy, Christian, Roman Catholic Church.

Celibacy, of clergy, 614–615, 664, 667.

Célor, P., 219.

Cemeteries, "neutralisation" of, 599.

Censors, rôle of (1814), 54.

Censorship, 5–6, 54–55, 134, 250; abolition (1881), 153–154; during Algerian War (1960), 134–135, 194.

Censure, motion of, 132; in 1946 constitution, 167; in 1958 constitution, 186.

Centralisation, of political power, 250.

Centralisation, democratic: see below.

Centralism, democratic, in communism, 219, 229, 234, 251–252.

Centre, the, 9–13, 16, 18–19, 21–22, 51–70, 226, 252, 270, 296–298, 304–307, 319–321; Communist party on, 218; 3rd International on, 233; M.R.P. and, 297–298; Radical party and, 270, 274; *Républicains Indépendants* on, 315–316.

Centre Démocrate, 298; J. Lecanuet, and beginnings of, 305–307.

Centre Démocratie et Progrès, 298.

Centre Démocratique, 297.

Centre des Jeunes Patrons, 612.

Centre National des Indépendants (et Paysans) (C.N.I.(P.)), 19, 308–310, 361; first congress, A. Pinay's speech and motions passed (1954), 313–315.

Centre National des Jeunes Agriculteurs (C.N.J.A.), 362, 372.

Centriste programme of *Républicains Indépendants*, 315–316.

Centristes, and Gaullist majority (1969–70), 297.

Certificat d'études primaires, 551.

Certificat de stage, 545, 546.

C.E.S.: see *Collèges d'enseignement secondaire*.

C.F.D.T.: see *Confédération Française Démocratique du Travail*.

C.F.T.C.: see *Confédération Française des Travailleurs Chrétiens*.

C.G.T.: see *Confédération Générale du Travail*.

C.G.T.-F.O.: see *Confédération Générale du Travail — Force Ouvrière*.

C.G.T.U.: see *Confédération Générale du Travail Unitaire*.

Chaban-Delmas, J., and Bordeaux by-election (1970), 274; on *domaine réservé* (1959), 134; government policy statement (1969), 321; on majority, 322; on President and prime minister, 141.

Chairs, *collèges* and *lycées*, 541.

Chamber of Deputies: see *Chambre des Députés*.

Chambord, comte de, 119.

Chambre des Députés, 53–54, 120, 121, 122, 125, 149–153, 158–160.

Chambre des Pairs, 53, 54.

Chambres syndicales, 445; working-class demands (1864), 80; see also Trade Unionism.

Champigny manifesto, Communist party (1968), 227, 228, 230, 243–247.

Chaplaincy, military, abolition, 599.

Chaplains, in State schools, Vichy legislation, 566.

Charity, 80, 605, 629–630, 654; legal, 473.

Charte d'Amiens (1906), 446–447, 451, 478–479.

Charte of 1814, 10, 12, note 1, 51–54; and press, 53.

Charte of 1830, 12, note 1.

Charte du Travail (1941), 303, note 1, 490; see Professional organisation.

Children: bourgeoisie and financial provision for, 391; *cadres* and financial provision for, 402.

Chombart de Lauwe, J., 366.

Christ, 641, 642, 648, 650, 664.

Christianity, bourgeoisie and, 384, 648, 655; Conservative Republicans and, 19, 312–313, 315; and Dreyfusism, C. Péguy on, 96–97; M.R.P. and, 295, 296, 301; nationalism and, 343, 344, 608, 640–643; see also Catholicism.

Church: see Roman Catholic Church.

Cicero, ethic of, 550.

C.I.D.: see *Comité d'Information et de Défense*.

Circular, education ministry (1883), 522, 550.

Citroën, motor firm, 378, 450, 465.

Civic instruction, 522, 553–554.

Civil Code: see *Code Civil*.

Civil Constitution of the Clergy (1790), 598, 603.

Civil power, independence in temporal affairs, 541, note 1, 597.

Civil servants, and 1793 constitution, 33; in May 1968, 436; minor, 101,

248, 271; middle-grade and junior, 380; responsibility, demand for, 82.

Civil service, 205; higher, 375, 376–377, 380, 394–395, 396; *laïcisme* and, 651.

Class, duties of each, Pope Leo XIII on, 626–627.

Class, productive, Le Havre socialist programme on, 84; Saint-Simon on, 14.

Class, ruling, 11; political, 126.

Class, social, and political attitudes (1955), 112–114; Marx on, quoted by R. Garaudy, 241.

Class-conflict, 7–8, 9–10, 11–16, 19–21, 57–58, 60–65, 79, 83, 85, 88–89, 101, 103–105, 109–110, 112, 218, 227, 233, 235–236, 238, 240–246, 248, 252, 253, 256, 262, 264, 268, 276, 288, 291, 295, 319, 348, 361, 375–382, 386, 394–395, 396–400, 404–409, 410, 413–414, 415–417, 427, 428, 431–432, 435–436, 444–448, 450, 452–453, 456, 457, 461–467, 468, 479, 487, 503, 510, 512, 606, 608, 624, 626–629, 643–644, 654–655; C.F.D.T. and, 468, 503; Christian democrats on, 295, 300, 302; Gaullism and, 319; Maoists on, 252; Marxian conception, 218, 233, 235–236, 238, 240–246, 248, 252; Radicals and, 276, 288.

Class-consciousness, 413–414, 427, 428, 431–432, 448; students, 240–242.

Class co-operation, 13, 83, 276, 288, 295, 300, 302, 447, 451, 457, 468, 626, 643; *see* also Harmony, between forces in industry.

Class distinction, 6, 13, 14, 55–56, 89, 111–117, 285, 374–375, 380, 384–386.

Class division, between bourgeoisie and working class (19th cent.), 14, 61–65; Liberal Catholics on, 624.

Classe d'accueil, 573.

Classe moyenne, 60–61, 102; new, 399–400.

Classes enfantines, 554.

Classes moyennes, 176, 240, 248, 254, 396, 402; P. Mendès France on, 283, 492; modern, 117; myth of, 400; working class on (1864), 79.

Classes, ruling, and Church, 665.

Classes terminales, 529, 584.

Classes, underprivileged, 72, 77–82, 109–110, 222, 493, 502, 626–627;

Guizot on, 57; Ledru-Rollin on, 73–75.

Class hatred, 606, 608, 643.

Classless society, L. Blanc on, 72; Communist party on, 247.

Class-struggle, Communist party on, 218, 227, 228, 235–236, 238, 242–246; R. Garaudy on, 240–242, 248; A. Jeanson on, 468; Maoists on, 252; 3rd International on, 233; G. Mollet on, 256.

Clemenceau, 15; election programme (1881), 86–88; grants eight-hour day (1919), 450.

Clergy, 662–667; education act of 1882, 551; act of 1907, 638; allowances, 638; *Ancien Régime*, 5, 6, 98; appointment by bishops (*Concordat*) 622; bourgeois culture, 655; celibacy, 614, 615, 664, 667; clandestine, sent to Germany (1942), 609; control of education, 544, 545, 546, 548, 551; democratic rights, 664; election (Civil Constitution of the Clergy), 598; expulsion, demand for, 599; Ferry on, 548; under *loi Falloux*, 545, 546; leaving ministry, 615; marriage, 614, 664; oath of loyalty to State, 598, 621–622; payment of salary by State, 598, 622, 638;—demand for suppression, 85, 87, 599;—Lamennais on, 623–624; suppression (1905), 600, 633–634; Quinet on, 75–76; "little man" and, 271; *see* also *Prêtres au travail*, Priests, circular letter of 100, Priests, worker-.

Clericalism, 9, 11, 339, 599, 650–651.

Clubs, political, 137, 258.

C.N.A.L.: *see Comité National d'Action Laïque*.

C.N.I.(P.): *see Centre National des Indépendants* (*et Paysans*).

C.N.J.A.: *see Centre National des Jeunes Agriculteurs*.

C.N.R.: *see Conseil National de la Résistance*.

Coal: industry, decline of, 460; production, 449, 456; shortage (19th cent.), 443; *see* also Mines.

Coalition, of moderate Left and Right, Gaullism as, 319.

Code Civil, 8, 54; art. 1781, 78, note 2; principles of, 42–45.

Code de la Famille (1939), 449, 453, 484–485.
Code Pénal: art. 291, demand for abrogation, 12, 82, note 2; arts. 414–416, 12, 13, 78, note 1, 624.
Cogestion, 406, 465, 586.
Cogniot, G., 227.
Cohn-Bendit, D., 231.
Cold War, 220, 221, 222, 256, 456, 524; revival of, 137.
Collaboration, with Germany, 308, 454; international, of workers, 88, 444, 490.
Collective bargaining: *see* Bargaining, collective.
Collective labour agreements: *see* Bargaining, collective.
Collectivism, 85, 89, 235, 244, 262, 264, 266–267, 268, 271, 285–286, 303.
College, electoral, 181–182, 196.
Collèges, 527, note 1; decree of 1808, 540; *d'enseignement secondaire* (C.E.S.) 530; *municipaux*, 527, note 1.
Collinet, M., *Essai sur la condition ouvrière 1900–1950* (1951), 420–427.
Colonialism: *see* Anticolonialism.
Colonies: C.N.R. on, 491; Popular Front on, 292.
Combes, E., 395.
Combination, by workers, 78, note 1.
Comité d'Action pour la Ve République, Manifeste pour le progrès, l'indépendance et la paix avec le Général de Gaulle (1966), 337.
Comité de base, revolutionary students', 511.
Comité de conciliation (*loi Debré*), 576–577.
Comité consultatif, on 1958 constitution, 131.
Comité des Forges, 378.
Comité d'Information et de Défense (C.I.D.), 340, 382.
Comité National d'Action Laïque (C.N.A.L.), 524.
Comités d'enterprise, 296; ordinance of 1945, 454–455, 495–497; act of 1966, 462–463, 508–510.
Comités d'organisation, 453.
Commissaire de police, rôle of, 41.
Commission inter-disciplines (May 1968), 531, 577–578.
Commission des Trente (1875), 119–120, 149.

Committee, local, for *école communale* (1833), 544; (1850), 546.
Common Market, European, 306, 337, 460; Great Britain and, 310, 320.
Communal autonomy, demand for, 85, 87.
Communal rights, 289, 304.
Commune, Paris, 235, 251, 445.
Communes, duty to set up *école primaire élémentaire* (1833), 544; (1850), 546; primary schools run by, 554; subsidies for Church secondary schools, 546; to religion, abolition (1905), 634.
Communism, 105, 218–252, 257, 259, 262, 265–266, 283, 285–286, 304, 314–315, 320, 433, 693; and Catholicism, 610–611, 653–655, 661–662; M.R.P. and, 296; right-wing phobia of, 109, 207, 314–315, 409; Radical party and (1970), 274; Soviet, 218, 229, 233–234, 266; and trade unions, 234, 450, 451, 454, 456, 463; traditional doctrine re-stated (1964), 235–236.
Communist party, 18, 22, 174, 176–177, 218–252, 255, 258, 265–266, 290, 416, 436, 455; of China, 230; of U.S.S.R., 218, 229, 238; *see also* Communists.
Communists, 22, 124, 127, 128, 136, 137, 205, 218–252, 254, 260, 274, 298, 415, 454, 456, 524, 532, 610–611, 612, 653–655; Champigny manifesto (1968), 227, 228, 230, 243–247; coexistence with Socialist party (1967), 237; 19th party congress (1970), 228–230; Garaudy's speech, 247–252; peaceful changeover to socialism (1967), 237–240; Radical party and, 274, 283, 285–286; on 5th Republic, 205, 231; talks with Socialist party, 230, 260.
Compensation, for victims of Fascism, 491.
Compensations, for monotony of work, 425–427.
Competition, economic, 72, 286, 313, 384–385, 606, 626; in education, 287.
Comprehensive, principle in education, 528; schools, 530.
Compromise, between *Ancien Régime* and Revolution: in *Code Civil*, 44–45; by Napoleon I, 9; by Napoleon III, 10; by Liberals, 10.
Comte, A., 58–59.

Concentration, industrial, 322, 380, 460, 491, 562.

Concerns, industrial, small, 176, 378, 414, 443, 455.

Concordat, of Napoleon I, 8, 9, 598–599, 601, 621–622, 633.

Concorde, Franco-British collaboration, De Gaulle on, 336.

Condorcet, Marquis, M.J.A.N.C. de, 526, 528, 529; educational ideal (*Rapport . . . sur l'organisation générale de l'instruction publique* (1792)), 539.

Confédération Française Démocratique du Travail (C.F.D.T.), 22, 231, 382, 405–406, 416, 417, 462–466, 468; C.F.-D.T.C.G.T. joint appeal (1968), 464; in May 1968, 463–466; statement in support of revolutionary students (1968), 510–511; statutes (1964), 502–503.

Confédération Française des Travailleurs Chrétiens (C.F.T.C.), 446, 451–452, 453, 454, 457, 458, 462.

Confédération Générale des Cadres (C.G.C.), 382, 400, 404–407.

Confédération Générale de la Production Française (C.G.P.F.), 379.

Confédération Générale du Travail (C.G.T.), 290, 405–406, 416, 446–447, 448–449, 450, 451, 452–453, 454, 456, 462, 463–466; *cadres* and, after May 1968, 382, 406; C.G.T.–C.F.D.T. joint appeal (1968), 464; *Charte d'Amiens* (1906), 478–479.

Confédération Générale du Travail — Force Ouvrière (C.G.T.-F.O.), 456–457, 458.

Confédération Générale du Travail Unitaire (C.G.T.U.), 450, 451.

Confidence, vote of, 1946 constitution, 128, 166, 167; 1958 constitution, 132, 186.

Conflict, industrial, 288, 417, 467.

Conformism, social, capitalism and, 284.

Congrégations missionnaires, 312.

Congrégations, religious, 277, 313; act of 1901, 155, 313; *see* also Orders, religious.

Conquête du pouvoir, L. Blum on, 254.

Conscience, freedom of: *see* Freedom.

Consciences, domination by Church, 665.

Consciousness, revolutionary, 251.

Conscription, 53.

Conseil d'administration, of secondary schools, 532, 533.

Conseil d'arrondissement, rôle of, 41.

Conseil Économique, 166; — *et Social*, 138, 186, 506.

Conseil des ministres, 1946 constitution, 167.

Conseil National du Patronat Français (C.N.P.F.), statement (1965), 462.

Conseil National de la Résistance (C.N.R.), 296; programme (1944), 126, 255, 454, 491–492.

Conseil d'orientation, 573.

Conseil de préfecture, rôle of, 40.

Conseil de la République, 1946 constitution, 128, 164, 165, 166, 167; Radicals and, 273; *see* Senate.

Conseils généraux, 40–41, 272, 330.

Conseils municipaux, 42, 84, 272, 330, 633.

Conseil Supérieur de la Guerre, 377.

Conservatism, 16, 19, 20, 106, 108, 109, 156, 270, 308, 313–314, 379; and Catholicism, 99, 296; rural, 11, 69, 361–362; of S.F.I.O., 256–258; of working class, 416, 434; *see* also Republicans, conservative.

Constituencies, balancing size of, 312.

Constitution de l'an VIII, art. 75, demand for abrogation, 82.

Constitution: demand for revision of, 86, 276, 312; of 1793, 8, 32–38, 127, 444; of 1875, 119–125, 127, 128, 148–150; — Déroulède on, 94; of 1946, 127–129, 131, 163–167; — De Gaulle on, 127, 180, 332, 333; — M.R.P. and, 296; of 1958, 130–142, 180–187, 189–192, 195–197, 199–204, 207–209, 258; — J. Lecanuet on, 306–307; — opposition parties and, 205–206; — revision of, 135–136, 187, 195–199, 307; *see* also *Charte constitutionnelle*, Republic, President of, etc.

Constitutional acts (1940), 125, 159–160.

Consul, First (Napoleon I), 621; power of nomination of administrative officials, 41.

Consumer, 314, 315; and capitalism, 284; peasant as, 367; worker as, 430.

Consumption, ideal of *cadres*, 402–403.

Contestation, 381, 577–578.

Continuity, national, 17, 95–97; social, 44–45.
Contrat d'association (loi Debré), 524–525, 575–577.
Contrat collectif, 656.
Contrat simple (loi Debré), 524–525, 575–577.
Convention, the, 90.
Conventions collectives, 103.
Co-operatives: rôle in social movement, 263; producer, distributor and consumer, C.N.R. demand for development, 490.
Corporations: Ancien Régime, 626; *loi Le Chapelier*, 39.
Corporatism, 490 and note.
Cotton workers (1835), 475–476.
Coty, R., 130.
Couche nouvelle, la, 19, 84, 376.
Councils, workers', demand by Sorbonne students (1968), 512.
Counter-revolution, 17.
Counter-revolutionary spirit, 102.
Counter-signature: of prime minister and minister, for acts of President of Republic (1946 constitution), 133, 166; — (1958 constitution), 133, 183, 203; of minister only (1875 constitution), 133, 149.
Cour Suprême de Justice, demand for, 312.
Cours complémentaires, 527, 554, 569.
Cours magistral, 586.
Cousin, V., 12.
Craftsmen, 339.
Crédit Foncier, 444.
Crédit Industriel, 444.
Crédit Lyonnais, 444.
Crisis: economic, 506; — (of 1930s), 450; (of 1967), 460; financial (1968), 466.
Croix, La, 18, 93–94.
Cros, L., 526, 531.
Crown, French, Louis XIV on supremacy of, 5.
Crucifixes, removal from hospitals, 599.
Cruelty in society, due to economic penury, 284.
Culture: Christian, working class and, 648, 649; equality of opportunity in respect of, 503, 563, 588; working class right to, Pope John XXIII on, 660.
Cybele, 364.

23

Cycle d'observation, 529, 530, 571, 572–573.
Cycle terminal, 572.
Czechoslovakia, 259; Soviet invasion (1968), Communist party on, 226–227, 229, 250.

Déat, M., 338.
Death penalty: demand for abolition, 87; Left and Right on, 108.
Debate, parliamentary, M. Giscard d'Estaing on importance of, 316.
Debatisse, M., 362; *La Révolution silencieuse* (1963), 370–373.
Debré, M., 130, note 1, 131–133, 199, 320, 459; and P. Mendès France, *Le Grand Débat* (1966), 504–507.
Debt, public, demand for suppression of, 85.
Decentralisation, Maurras on, 343; of political power, 289.
De-Christianisation, 598, 599, 600, 609.
Déclaration des Droits de l'Homme (1789), 6–8, 13, 29–30, 163, 181, 271, 597, 603.
Déclaration de Paix au Monde (1790), 6, 8, 30–32.
Declaration of the Rights of Man, Universal, 661.
Decolonisation, 333.
Decree, against religious orders (1880), 522.
Décrets-lois, 125, 132.
Defamation, 54, 92, 153–154, 291.
Défense républicaine, 270.
Defferre, G.: *Grande Fédération*, 258, 297; *Petite Fédération*, 258; presidential candidate (1965), 136; — (1969), 259.
Délégué: of Jewish consistory, right of inspection of primary schools, 544.
Délégués: cantonaux, right of inspection of primary schools, 544; *ouvriers*, 479, *du personnel*, 483, 513; *syndicaux*, 513–515.
Democracies, people's, 285.
Democracy, 5, 7, 9, 11, 21, 29–38, 57, 59–60, 67, 69, 73–74, 77–83, 84, 85, 87–88, 90, 98, 102, 120–141, 149–209, 223, 253, 270, 276, 289, 295, 300, 304, 305, 502–504, 603, 604, 612, 614, 639–640; Christian, 18, 295–307, 446, 608; and Communist party, 223, 273;

Communist party on, 205, 221, 222, 223–224, 225, 229, 231, 236, 239, 245, 250–251; Gambetta on, 84, 85; R. Garaudy on, 251; De Gaulle on, 317, 330; *grande bourgeoisie* on, 394–395; industrial, 72, 205, 207–208, 227, 244, 259–260, 268, 288, 303, 305, 454–455, 458, 462, 504, 511–513; Jaurès on socialism and, 264; Montesquieu on, quoted, 175; *moyenne bourgeoisie* on, 396; Socialist party on, 268–269; plebiscitary, 319; G. Pompidou on, 203–204; Pope accepts, 296; Royer-Collard on, 57.

Demonstration: 13th May 1968, 510; joint C.G.T. and C.F.D.T. appeal, 464.

Demonstrations: against General Ridgway (1952), 610; against taking of Church inventories (1906), 601.

Départements: division of France into, 40; schools run by, 544, 554; subsidies for Church schools, 546; subsidies for religion, 634.

Depersonalisation, effect of industry on worker, 424, 426, 450, 502.

Déplanification, 506.

Depolitisation, 136.

Depopulation, rural, 450, 484.

Deportation, 609; Catholic resistance to, 650.

Depression, Great, 452.

Deputies: constitutional rôle of, 53–54, 87, 122, 151, 165, 167, 183–184; corruption of, Alain on, 395; payment, demand for, 87; reduction in numbers, demand for, 312; *see also Chambre des Députés*.

Déqualification, of workers, 222 note, 223 note.

Déroulède, P., 17, 343; speech to *Ligue des Patriotes* (1899), 94–95.

Descamps, E., 463, 468.

Destitution, undeserved, 80.

Determinism, 344.

Deterrent, nuclear, 335.

Deviationism, Communist party, 218–219, 224.

Deville, G., 90.

Devoirs envers Dieu, in French education, 522, 550.

Dialogue, within R.C. Church, priests' demand for, 664.

Dictatorship, 303, 313; De Gaulle on, 207, 329; Socialist party, 266; of the proletariat, 236, 238–240, 246, 266.

Diet, adequate, human right, Pope John XXIII on, 658.

Dieu, deletion of references in school text-books, 522, 553–554.

Differential, in salaries, 382.

Dignity, human, 315, 452, 489, 503, 504, 582, 608, 626, 639, 645, 660.

Dioceses, drawing of boundaries, (*Concordat*), 621.

Diplomacy, 376; repudiation of secret, by Popular Front, 292.

Diplôme de bachelier, teaching qualification, 545, 546.

Diplôme de fin d'études obligatoires, 572.

Directeur général de la librairie, and press control (1814), 54.

Directeurs, 380; *des finances*, 377.

Directors, company, Radical party on new modes of appointment, 288.

Disablement, industrial, 87.

Discipline, party: absence of (4th Republic), 173–174; in Communist party, 219, 229–230; R. Garaudy on, 251–252; — 3rd International on, 234; Radical party, 272–273.

Discrimination, racial, Pope John XXIII on, 660.

Dismissal, of workers, 479, 496, 501, 508, 510, 514.

Disorder, social, Pope Leo XIII on socialism as fomenter of, 606.

Dissolution of *Assemblée Nationale*: see Parliament, dissolution of.

Distinction, aristocratic, 5; bourgeois, 375, 384–385, 386–387, 402, 648.

Distinctions, social, 29, 375, 380, 384–385, 403, 427–432, 433–434, 489.

Distribution, modernisation of, 456.

Division, "demon of", among French, De Gaulle on, 317, 329.

Divisions, French, Barrès on, 345.

Divorce: demand for re-introduction, 87; law on, secularisation, 599; — teaching of, 585.

Doctorat, 541, 591.

Doctors, 376, 380.

Domaine mixte, 597–598, 599, 602, 625–626, 635–636.

Domaine réservé, of President of Republic, 134, 203.

Domenach, J.-M., *Gilbert Dru, celui qui croyait en Dieu* (1947), 650.

Doriot, J., 338.

Doumic, R., 384–385.

Dowries, 391, 402.

Drawing, teaching of, in primary education, 551.

Dreyfus Affair, 16, 17–18, 19, 90–97, 123, 338, 345, 522–523, 600, 608.

Dreyfusards, 17.

Droit à l'insoumission, Le (1961), 192–194.

Dru, G., 296.

Drumont, E., *La France Juive* (1886), 17, 90–91.

Drunkenness, working-class (1840), 419–420.

Dubois, J., 381; 'Depuis un an la cassure s'est accentuée à l'intérieur du groupe des cadres', *Le Monde* (27 mai 1969), 404–409.

Duchatel M. T., *Considérations d'économie politique* (1836), 473.

Duchet, R., 308–309.

Duclos, J., 228.

Dues, seigneurial, under *Ancien Régime*, 6–7.

Duhamel, J., 298.

Duverger, M., on presidential system after de Gaulle, 141; 'Les institutions après de Gaulle', *Le Monde* (26 novembre 1969), *ibid.*; *Institutions politiques et droit constitutionnel*, 11th ed. (1970), *ibid.*

Échanges et dialogue movement, 614, 615; motion passed at meeting (1969), 665–666.

Écho de Paris, l', 92.

Éclair, l', 92.

Eclecticism, 12, 377–378, 520, 522.

École catholique, 647.

École communale, 287, 544, 546.

École laïque, 525, 566.

École libre, 545; conditions for opening (1850), 546; R.C. Church hierarchy and, 556–557.

École Polytechnique, 527, note 2.

École primaire élémentaire, duty of *communes* to set up, 544, 555.

École primaire supérieure, duty of *communes* to set up, 544, 555.

École Unique, l', 270, 312, 528, 529, 566.

Écoles libres, 544.

Écoles manuelles d'apprentissage, 554.

Écoles maternelles, 554.

Écoles secondaires communales, 540.

Economic Council (1946 constitution): *see Conseil Économique*.

Economic and Social Council (1958 constitution): *see Conseil Économique et Social*.

Economics: in *enseignement général long*, 574; in primary education, 551; in secondary education, 584.

Économie et Humanisme, 373.

Economy, French, debate on (1965), 504–507; modernisation, 222, 305; mixed, socialism and, 258, 259, 267; and man, 286–287.

Education: acts and decrees (1802), 539–540; — (1806), 540; — (1808), 540–541; — (1833), 520, 527, 528, 542–544, 547; — (1850), 521, 544–546, 547, 551; — (1881–2), 521–522, 549–550, 550–552; — (1886), 522, 554–555; — (1904), 555; — (1905), 556; — (1940–41), 523, 561–562; — (1959), 529–530, 568–577; — (1968), 531–532, 582, 587–592; adult, Radical party and (1907), 278; — (1970), 287–288; *cadres* and, 403–404, 562, 577, 588; Catholic: *see* Education, private sector; centralisation, 519–520, 529, 531, 532, 542, 578; and class barriers, 103, 287–288, 385–386, 391–392, 395, 519, 526–527, 528, 530, 543, 558–560, 562–564; classical, 528, 540, 558–560, 574, 585; — defence of, 313, 527, 558–559; — Pétain on, 347; C.N.R. and, 492; compulsory, 521, 526, 528, 551, 564, 566, 575; democratisation, 563, 568–569; — Communist party and, 224–225, 244; — C.F.D.T. on (1968), 511; — J. Ferry on, 547; diversity in, 563; economic and social problems, 526–533, 562–564, 568–570, 577–588; and French economy, 508, 530–531, 562, 568–570, 577; equality in, 563; *Fédération Républicaine* on, 312–313; free (non fee-paying), 81, 82, 85, 87, 521, 527–528, 545, 546, 549, 566; freedom of, 300, 303, 312, 343, 520, 522, 544–546, 554–555, 556–557, 562, 575, 604, 623; freedom of conscience in, Popular Front on, 292; higher, 526–527, 530–533, 577–583, 586–592; — abolition of fees proposed, 565; — technical, 565; *laïcité*, 520–525, 547–554, 557–558, 566–567; — Radical party and, 277 note; levels of, 564–565; mass-media, rôle of in, 581; maximum provision, 529, 539, 563; minimum provision, 526, 527, 542; mixed, religious and non-religious, 560; modern, 574; monopoly of, 312, 519–520, 540–542, 566; M.R.P. and, 303; naturalism in, condemned by Pope Pius XI (1929), 560; and national unity: *see* France, national unity; three phases, 564–565; political problem, 4th Republic, 174, 524; political rôle, Napoleon I on, 519, 541; Popular Front on, 292; post-primary, 527, 528, 542–543, 544; primary, 520, 521–522, 526, 527, 528, 539, 540, 542–544, 545–546, 547–555, 564, 565, 567–568, 569, 572, 575; — abolition of fee-paying, 527–528, 549; — R.C. Church and, 13, 522, 524, 526, 544, 554–555; — compulsory, 521; principle of justice in, 563; private sector, 13, 76, 295, 298, 521, 544–546, 554–555, 556–557, 566–568; 575–577; — Christian democrats and, 295, 300; — integration with State sector, 524, 575–577; — State subsidies for, 523–525, 546, 561–562, 566–568, 575–577; Radical party on (1907), 277–278; — (1970), 287–288; reforms, 520, 526, 527–533, 542–556, 562–566, 568–577; right to, 33, 82, 87, 164, 303, 412, 503, 519–592; right of all men, Pope John XXIII on, 660; revolution (1968), 530–533, 577–592; rural, 360, 362, 371–372; secondary, 524, 526–530, 532, 533, 539, 540–541, 542, 546, 558–560, 564–566, 568–574, 575, 583–586; — abolition of fee-paying, 527; — Catholic, 14, 524, 546; — *conseils d'administration*, 532; — E. Faure on (1968), 583–586; — fear of extension, 526, 543; secular, 520–525, 547–554, 557–558, 566–567; secularisation of, 377–378, 520–525, 547–554, 555; selection in: rejection of by Langevin-Wallon commission, 563; — for second phase (from 15 to 18 years of age), 528; — for university, 579–580; specialisation (in secondary education), 584–585; State, duty to provide, 519, 526, 539; State sector, 520, 521, 544, 546, 556, 557–558, 560, 566; *see* also State control; subsidies, for Church schools, 523, 524, 546, 561–562, 566–568, 575–577; system, administrative structure, 8, 519, 531; state, 8, 12, 287, 519–592; — M.R.P. and, 303, 524; — Quinet on, 75–76; Radical party and (1907), 277–278; — unity, efforts towards, 528; technical, 313, 570, 574, 585; teaching methods, 581, 584, 586; total, Radical party demand, 87, 278; working-class demands (19th cent.): 412; (1864), 78; (1880), 85.

Educational guidance: *see* Guidance, educational; — opportunity, 78, 85, 303, 492, 526, 527, 529, 539, 542–543, 563, 586.

Eight-hour day, demand for, 85, 450; granted by Clemenceau, 451.

Elections, 283, 322–323; (1863, 1864), 77; (1876), 121; (1877), 121, 152; (1902), 600; (1936), 220, 452; (1945), 328, 454; (1956), 273, 339; — Radical party and, 283; (1958), 257, 273, 297, 309, 322, 339; (1962), 257, 273, 297, 309, 322, 323; (1965), 136–137, 258, 297–298, 305–307, 322, 339, 459; (1967), 137, 273, 298, 310, 323; (1968), 138, 206, 226, 258, 273, 310, 319, 323, 340; (1969), 139, 228, 259, 322; — University (1969, 1970), 533.

Electoral fortunes: *Centre démocrate*, 298; Communist party, 220, 226, 227; conservative Republicans, 308–310; *Fédération de la Gauche*, 258; Gaullists, 322–323; M.R.P., 296–297; Poujadists, 339; Radical party, 273–274, S.F.I.O., 256, 257, 258, 259; Tixier-Vignancour, J. L., 340.

Electoral reform: Ledru-Rollin on, 74; Radical party on (1907), 276–277.

Electoral systems, 34–35, 121, 128–129, 134, 150–151, 158–159, 160–163, 164–165, 175–176, 181–182, 187–188, 195–199, 204–205, 312; in university elections, 589–590.

Electors, 73, 164, 175, 395; J. Ferry and, 69.

Electricity industry, 457; nationalisation of, 454.

Élite: Alain on, 394–395; based on merit, C.N.R. on, 492; bourgeoisie as, national, De Gaulle on, 328; working-class: see Working class.

Élites, political and social, 20–21, 114, 380–381; Pétain on, 348.

Emancipation: see Liberation.

Empire: British, 326; French, 326.

Employers, 453, 462, 479–481, 483, 484, 502, 624, 626–628; Maoists on, 252; P.O.F. demands, 85–86; responsibility in cases of industrial accident, 476–477.

Employés, 248, 271.

Employment: full, C.F.D.T. demand, 511; loss of, State compensation, 286; right to, 163, 337.

Encyclicals, Papal: Au milieu des sollicitudes (1892), 18, 522, 600, 606, 630–632; Diuturnum Illud, 639; Divini Illius Magistri (1929), 523, 560–561; Humanæ Vitæ (1968), 614, 615; Mater et Magistra (1961), 612, 656–658, 660; Mirari Vos (1832), 604; Nobilissima Gallorum Genus (1884), 557; Pacem in Terris (1963), 612, 658–662; Quadragesimo Anno (1931), 608, 643–645; Quanta Cura (1864), 604; Rerum Novarum, (1891), 451, 606, 626–630; Vehementer Nos (1906), 601, 602, 635–636.

Engagement, of workers, 479, 501.

Engels, F., 239, 241.

Engineers: need for, 570; R. Garaudy on, 227, 248.

England, C. Maurras on, 343.

Enrichment, bourgeoisie and, 375, 384–385; national, 467.

Enseignements courts, 570.

Enseignement(s) long(s), 570, 574.

Epicureanism, of Action Française, 642.

Equality, 5, 7, 8, 32, 98, 267, 285; before the law, 7, 29, 32, 52, 55, 78, 125, 126; — 1958 constitution, 181; — working class on (1864), 78; economic, 7, 8; Pétain on, 348; Pope John XXIII on, 660; Pope Leo XIII on, 627; social, 539; of rights, women, 163, see also, Pay, equal, for women.

Esprit nouveau (1894), 18, 604, 607.

États-généraux de la France laïque (1949), 524, 566–567.

Ethic, bourgeois, 384–385.

Ethics: see Morality.

Être Suprême, l', 29.

Eurodollars, 289.

Europe, United States of, 289.

Europeanism: of cadres, 400; of C.N.I.P., 315; of De Gaulle, 335; hostility to small businessmen, 400; of J. Lecanuet, 297, 305–306; of M.R.P., 297; of Républicains Indépendants, 316.

Évian agreements, 339.

Examinations, 519, 583, 585–586, 587, 591; entrance, for various types of education, 573; national standards, 583; reform, 532–533.

Executive, the, 122, 129, 130, 131, 133, 156, 166–167, 181–186, 316, 330; strengthening, 125, 130, 131, 132, 133, 136, 159–160, 181–186, 338, 343, 401.

Exercice du pouvoir, l', L. Blum on, 254.

Expansion, economic, 450, 457, 459, 505–508, 569; Gaullists and, 322, 337, 505–506; J. Monnet on, 498; P. Mendès France on, 459, 505–508; see also Growth, economic.

Exploitation, C.G.T. on, 479; Communist party on, 235–236; R. Garaudy on, 249; M.R.P. on, 302.

Exploitation familiale: see Family holding.

Expropriation, of capitalist class, 85, 479.

Extreme Left, 123, 230–231.

Extreme Right, 19, 105, 343–350, 608.

Factory workers, 414–416; see also Worker(s).

Faculties, 540–542, 588.

Falsehood, 285.

Family, 646; allowances (act of 1932), 452; — (1939), 453, 485–487; — (legislation of 1946), 455, 497, 500–502; — peasants and, 371, 486–487; basic cell of society, Pope John XXIII on, 659; — M.R.P. on, 304; French Church hierarchy on, 556; holding (agriculture), 359, 366–372; — C.N.I. on, 315; — Pétain on, 349; peasant, organisation of, 366–369, 370–372; rights of, 304, 312, 315, 502; rights of head of, 302.

Farming, capitalist, 359; subsistence, 360, 361.

Fascism, 19, 105, 126, 290–292, 338, 339–340, 378, 398, 452, 491, 492, 493; Communist party on, 221, 236.

Faure, E., appointed as minister of education (1968), 138, 531; educational reform, 320, 531–532, 579–592; Poujadist attack (1955), 350; speech on educational reform (1968), 579–587.

Faure, M., 273.

February 6th riots (1934), 338, 346.

Federalism, European, 289.

Fédération des Bourses du Travail, 446.

Fédération de l'Éducation Nationale (F.E.N.), 510.

Fédération des Employés, 457.

Fédération de la Gauche Démocrate et Socialiste (F.G.D.S.), 137, 258–259, 270, 271, 273; on 1958 constitution, 205–206.

Fédération du Livre, 448.

Fédération Nationale des Syndicats d'Exploitants Agricoles (F.N.S.E.A.), 362.

Fédération Républicaine, 19, 308, 605; 1932 programme, 312–313.

Feltin, Cardinal, 610, 611.

F.E.N.: *see Fédération de l'Éducation Nationale*.

Fermiers, 359.

Féodalité capitaliste, 278.

Féodalités economiques et financières, 491.

Féodalités industrielles et financières, 291.

Ferry, J., 15, 308, 446, 521–522, 528; letter to primary teachers (1883), 552; speeches (13th July 1880), 547; — (23rd December 1880), 547–549; — (10th June 1881), 549; — (2nd July 1881), 549–550; — (16th March 1882), 550–551, 558; — (30th August 1885), 69–70.

Feudal: classes, 11; dues, 6; orders, 6; system, 6.

Feudalism, 7, 8.

F.G.D.S.: *see Fédération de la Gauche Démocrate et Socialiste*.

Figaro, Le, 342.

Finance, 379, 387, 455; and Jews, 93; minister of, 492.

Financial reforms, Popular Front demands, 294.

Financiers, 374.

Firms: large, social options of, 289; new modes of appointment of directors, Radical party on (1970), 288; unproductive, social cost of, 286.

Flaubert, G., *Dictionnaire des idées reçues* (1910), 386.

Flins, strike (1968), 231.

F.L.N.: *see Front de Libération Nationale*.

F.N.S.E.A.: *see Fédération Nationale des Syndicats d'Exploitants Agricoles*.

Force Ouvrière: see *Confédération Générale du Travail–Force Ouvrière*.

Forces, military, 201, 202–203, 484.

Foreign policy, French: *Alliance Démocratique* on, 308; Communist party and, 221–222; conservative Republicans on, 308, 312; De Gaulle on, 334–337; Gaullist, 320; J. Lecanuet on, 305–306; M.R.P. on, 300, 301; P.D.P. on, 300; Pétain on, 347–348; Popular Front on, 292.

Foreign residents in France, family allowance eligibility, 501.

Forty-hour week, act of 1936, 482–483.

Four Articles of 1682, 541.

Fourier, C., 13; ideas on diversification of tasks in industry, 425.

Franc, the, 333; loss of value, 449, 494; C.N.R. demand for stability, 491.

France: *une certaine idée de la France*, 325–326; Christian vocation, 650; defeat by Prussia (1870), 17; Eastern, 322, 359, 460; De Gaulle as representative of, 317, 327; *grandeur* of, De Gaulle on, 325; higher national interest of, 319, 328; honour of, 96; Left and Right on, 17, 95–97; love of, 553–554; material interests, 95–96; national independence, De Gaulle on, 320, 334–337; national unity, Barrès on, 345; — Church hierarchy on, 646; — and educational system, 521–522, 542, 547; De Gaulle and—, 317, 319, 327, 328, 332; Pétain on, 347; Northern, 459; Pétain on defeat, 346–347; *religion de la déesse France*, 343; Southern, 359, 459; South-Western, 339; spiritual values, 96–97, 300, 523; Western, 322.

Franchises municipales, working-class demand (1864), 81; *see also Libertés municipales*.

Franchises universitaires, 532.

Franco, General, 329, note.

Franklin, B., bourgeois principles of, 384.

Fraternity, 5, 8, 267; *Le Sillon* and, 639.

Freedom, 5, 7, 29, 32, 46, 78, 87, 97, 109, 125–126, 301, 303, 313–314, 348, 603, 608, 612, 615, 622–623, 640, 657–658, 659–660; artistic, right of all men, Pope John XXIII on, 658; of association, 12, 32, 78, 80–81, 82, 87, 122, 126, 154, 239, 300, 303, 304, 489, 502, 604, 624–625; — act of 1901, 122, 154–155, 449, 638; — *loi Le Chapelier* restricts, 8–9, 39–40, 73; — right of all men, Pope John XXIII on, 659–660; of conscience: *see* Freedom, religious, below; economic, 7, 12, 33, 39, 286, 308, 312, 313–314, 337, 365–366, 502–503, 604, 624–625, 657, 659; — working class and, 78–79, 376; of education, 300, 303, 308, 312, 343, 520, 544–546, 554–555, 556–557, 575–577, 604; of expression, 30, 32, 53, 66–67, 81, 82, 85, 87, 122, 126, 134, 153–154, 194, 205–206, 290, 503, 511, 604, 664; in S.F.I.O., 264–265; *see also* Freedom of the press; of the individual, 7, 267, 302, 308, 337; Left on, 109; of marital status, right of all men, Pope John XXIII on, 659; Pétain on, 348; of the press, 30, 32, 53, 66–67, 81, 82, 85, 87, 122, 126, 138, 194, 300, 604, 623; act of 1881, 122, 153–154; — Communist party on, 233; socialist, S.F.I.O. on, 264; — Ledru-Rollin on lack of (1841), 73; in pursuit of truth, right of all men, Pope John XXIII on, 658; religious (freedom of conscience), 7, 12, 30, 52, 122, 163, 181, 277, 300, 597, 602, 603, 604, 623, 624, 633, 651; social, 12, 29, 623; socialism and, L. Blanc on, 72; syndical, 290, 503; of thought and opinion, 30, 67, 126, 239, 266, 344, 502; under the law, 29, 32, 52, 82, 303; *see also* Liberty.

Freemasonry, 93, 346.

Freethinkers: and Dreyfus Affair, 94; teachers accused of training, 558.

Free Trade, 306.

French language, teaching of, 542, 543, 545, 551, 585.

French literature, 551.

French Revolution: *see* Revolution of 1789.

Frères des Écoles Chrétiennes, 520, 542.

Frey, R., 319.

Friendly societies, 412, 444; Pope Leo XIII and, 629–630; P.O.F. and, 85–86; Radical party and (1907), 279.

Front de Libération Nationale (F.L.N.), 351.

Fuel industry, nationalisation, 454; C.N.R. demand for, 490.

Functions, social, diversification by virtue of ability, 563.

Gaillard, F., 274.

Galvaire, Mᵉ, 340.

Gambetta, L., 15, 376; Belleville programme (1869), 15, 82–83; on clericalism, 599; and electoral reform, 121; speeches, at Grenoble on '*la couche nouvelle*' (1872), 84, 376; — at Le Neubourg (1881), 15, 67–68.

Garaudy, R., 225, 226–230; 'La révolte et la révolution', *Démocratie Nouvelle* (avril-mai 1968), 240–243; *Le Grand tournant du socialisme* (1969), 227–228, 248; speech at 19th party congress (1970), 247–252.

Garçon, M., report to Commission on Rights and Freedoms of the Individual (1957), 177–179.

Gas Industry, nationalisation, 454.

Gas, natural, 457.

Gauche prolétarienne, 230.

Gauchistes, 406.

Gauchistes, 22, 223 note, 224–226, 231, 252, 340; *see* Students, revolutionary.

Gaulle, C. de, 21, 129–141, 208, 257, 259, 296, 297, 298, 306, 317–337, 455, 492–493, 511; Bayeux speech (16th June 1946), 127, 131, 132, 133, 327–331; *Une certaine idée de la France*, 325; and C.N.I.P., 309, 310; and 1958 constitution, 127, 130–141, 179–180, 189–192, 195–207; and election of President by universal suffrage, 135–136, 195–197; hostility to parties, 332–334; and M.R.P., 296, 298, 301; and national independence, ideal of, 334–337; on participation (9th September 1968), 138, 207–208; and presidential election (1965), 136–137;

and Republican tradition, 179–180; revolutionary students and (1968), 511; resignation (1945), 328; — (1969), 139; speech (4th September 1958), 179–180; as spokesman for France, 327; television and radio broadcasts (and press-conferences), 134; — (18th June 1940), 317, 326; — (19th June 1940), 327; — London poster proclamation (July 1940), 317; — (13th June 1958), 332–333; — (16th September 1959), 134, 189–192; — (20th September 1962), 195–197; — (7th November 1962), 333–334; — (31st January 1964), 136, 199–201; — (27th April 1965), 334–337; — (30th May 1968), 138, 206–207; — (9th September 1968), 207–208; unlimited State authority, 136.

Gaullism, 19, 21–22, 138, 317–337, 436, 458, 459, 531; and Church-school problem, 524, 575–577; conservative Republicans and, 310; economic programme (1966), 337; M.R.P. and, 304; opposition to, 273.

Gaullist majority, 134, 135, 137, 141, 274, 298, 310.

Gaullists, 134, 227, 298, 532; Communist party on, 225; left-wing, 319–321; *Républicains Indépendants* and, 310.

Geography, teaching of, 543, 545.

Geometry, teaching of, 543.

Gerlier, Cardinal, 610.

Germain, H., on accumulation of capital in banking (1874), 387.

Germany: defeat of France by (1940), 326, 346–347; industrial and population growth, 449; military threat, 312, 338, 346; relations with, Pétain on, 347–348; resistance to (1940), 221, 317–318, 326–328.

Gide, C.: *A History of Economic Doctrines* (1915), 605, note; on nationalisation, 451.

Giscard d'Estaing, V., 137, 309–310; and programme of *Républicains Indépendants* (1966), 315–316.

Giscardiens, see above.

Goblot, E., *La Barrière et le niveau* (1925), 375, 385–386, 558–560.

God, *Action Française* on, 641–642; eclectic idea of, 520, 522; of Jews, 633; people of, 665, 667; source of kings'
power, 5; source of natural law, 652; teaching about, 522, 550, 553–554; transcendental and personal, 661.

Godin, H., and Daniel, Y., *La France, pays de mission?* (1943), 609, 647–649.

Gonse, General, 92.

Gortais, A., *Démocratie et libération* (1947), 304.

Gospel, the, 649, 665.

Gouvernement d'assemblée, 122, 127, 271.

Gouvernement du peuple, par le peuple et pour le peuple, 181.

Government: Catholics and legitimate, 599–600, 604, 631, 646; collapse of (1940), 132, 317; 1958 constitution, 131, 133, 135, 141, 182–186, 199–200, 201–204; Gaullist, 225, 460; hostility to, 155–157, 271; motion of censure on, 132, 167, 186; O.A.S. and, 351; responsibility to Head of State, 131, 330–331; responsibility to Parliament, 121, 131, 132, 141, 183, 200, 204, 205, 245, 307, 316; and socialism (1839), 71–72; supervision of, by Parliament, 67, 156–157; vote of confidence, 1958 constitution, 132, 186; weakness, under 3rd Republic, 123, 271.

Governments, coalition, 134.

Gracchus, Tiberius, 71.

Grades, university, 541.

Gramsci, A., 249.

Grande bourgeoisie, 7, 11–13, 14, 19, 20, 55–62, 101, 375–378, 380, 394, 395, 396; Communist party on, 243; Guizot on, 11; leading rôle, 11, 60–61, 394–395; political ideology (19th cent.), 58–61; and Radicalism, 272; social ideology (19th cent.), 56–58; Tocqueville's verdict, 61.

Grandes Écoles, 527.

Grandes surfaces, 382.

Grandeur, national, De Gaulle on, 317, 325.

Grand-maître, of *Université*, 541–542.

Great Britain, growth of industrial production and trade unionism, 449.

Greek, teaching of, in *lycée* education, 528.

Grenelle, rue de, agreements (1968), 466.

Grenoble, 382.

Gros d'Avilliers, industrialist, 14.

Groupuscule(s), revolutionary, 224, 468.

Growth: economic, 258, 274, 302, 443–444, 452; industrial, 411, 443–444, 450, 452, 456; opposition to (1930s), 450; Radical party manifesto on (1970), 284; rate of, 443, 444, 457, 459; *see* also Expansion, economic.

Gueno, Cardinal, 613.

Guesde, J., 16, 124, 235, 253.

Guesdists, 16, 447.

Guichard, O., 320.

Guidance: educational, 152, 563, 564–565, 571, 572–573; vocational, 563, 565, 570, 588.

Guizot, F., 60; *De la Démocratie en France* (1849), 55–56; education act (1833), 520–521, 527, 528, 542–544, 547–548; *Mémoires* (1858–67), 56–58; speeches (5th October 1831), 59–60; — (5th May 1837), 60–61.

Gymnastics, teaching of, in primary education, 551.

Hackett, J. and A.-M., 456, note.

Halévy, D., *Visites aux paysans du Centre* (1910), 364–366.

"Halo effect", 113.

Happiness, human, 7, 32.

Harmel, L., 606.

Harmony, between forces in industry, 14, 288; *see* also Class co-operation; — social, 447, 606.

Haussonville, Comte G. d', 606; *Socialisme et charité* (1885), 605.

Haut-Commissaire du Plan, 499–500.

Hero, Vichy educational ideal, 523.

Herriot, E., 282; governments of, 270.

Hervé, G., 447; Hervéism, 414.

Hervé, P., 220.

Hierarchy, 5, 6, 9, 13, 20, 101, 103, 285, 339, 348, 380–382, 386, 396, 624; of R.C. Church, 523, 602, 605, 608, 612, 614, 615, 632, 666; — on Algerian problem, 655–656; — ending of worker-priest experiment, 652–654; — on *laïcité* and *laïcisme* (1945), 650–652; — pastoral letter on secular education (1909), 556–558; — and Pétain (1941), 646–647; — renewal (*Concordat*), 598, 621.

High Command: *see* Army.

Hilferding, R., 234.

History, in *collège* education, 540; teaching of, 543, 545, 551, 585.

Hitler, A., 220, 255, 329, note, 397.

Holidays with pay (act of 1936), 453, 480–481.

Home, inviolability of, 126.

Honour, of France, 96.

Hope, 650.

Hospices cantonaux, Radical party and, 279.

Housing: Radical party on choice of types (1970), 289; standards, 459, 507; working class, 449, 475–476.

Hugo, V., 411.

Huguenots, 6.

Humanism, M.R.P. on, 304.

Human nature: Christian conception, 6, 604; perfectibility, 107–108; Right on, 6, 7, 108.

Hydro-electricity, 457.

Hygiene, teaching of, 545.

Ibsen, H., 342.

Idealism, and political parties, R. Garaudy on, 228.

Illegality, Communist party, 3rd International on, 233.

Imperialism: American, Communist party on, 221; Communist party on, 236; 3rd International on, 234.

Impôt du sang: Alain on, 377; Ledru-Rollin on, 74.

Income differentials, 20, 104, 380–382, 406.

Income tax, 86, 87, 278, 294.

Incomes, bourgeois (1873–1913), 388–394.

Incompatibility: act of (1875), 151; *Fédération Républicaine* demand for, 312; (1958 constitution), 132, 183.

Independence: economic, 398, 399; — liberal ideal, 473; of French foreign policy, M.R.P. on, 301; national, De Gaulle on, 320, 327, 334–337; — J. Lecanuet on, 306; — R.P.F. on, 331; of working-class, P.-J. Proudhon on, 14.

Independents, 270, 297, 308–310, 339, 400.

Individual, freedom of: *see* Freedom.

Individualism, economic, 97, 271, 399–400, 411, 444; of peasants, 360, 361, 362, 364–366.

Industrialisation, 375, 411, 445; American type of, 450; ill-effects on working class denounced by Pope Leo XIII, 606.

Industrial Revolution, 10, 97, 375, 443.

Industriels, les, Saint-Simon on, 14.

Industry, 176, 284, 337, 380, 394, 410, 437–438, 443–515; domestic, 414; elements, teaching of, 545; three forces in, 288; modernisation, 457, 460, 498; — Gaullists on, 337; re-grouping, 456, 460; working condi-tions, 61–63, 74–75, 78, 413, 420–435, 444, 457–458, 475, 476–484, 489, 491, 495–497, 503, 512–515; — Radical demands (1881), 87; — Radical party and (1907), 279; — satisfactory, right of all men, Pope John XXIII on, 660.

Inequality, 13, 98, 106, 382, 396; social, persistence of, 55–56; political, 13, 59–60.

Infancy, need for social investment in, 287.

Inflation: after 1945, 455; C.N.I. on, 315; M. Debré on, 506; P. Mendès France on, 492–494, 506; A. Pinay and, 309.

Information: objective, right of all men, Pope John XXIII on, 659; objectivity, 205, 503; policy, *Républicains Indé-pendants* on, 316; of workers, about affairs of firm, 462, 495, 509, 511.

Information radicale-socialiste, L', (28 mai 1955), 281–284.

Inheritance, 285; abolition of, in control of means of production, Radical party on (1970), 288; family, 288.

Initiative, parliamentary, in financial matters, 312.

Innocence, of accused, 30, 33.

Insecurity, economic, of property, 380, 391.

Inspecteurs de l'enseignement primaire, 545.

Inspecteurs généraux, 545.

Instability: constitutional, J. Lecanuet on, 307; ministerial (governmental), 122, 172–176, 203, 307.

Institut Maurice Thorez, 228.

Institution canonique, 621.

Insurance, health, 450, 452, 460, 503; — act of 1928, 452; — C.G.T. demand for (1919), 450, 452; industrial,

Radical party demand (1907), 279; nationalisation of, C.N.R. demand, 491; social, 450, 452, 497; unemploy-ment, 453, 460.

Integration: of Communist party into bourgeois society, 222–223, 225–226; of Socialist party into bourgeois society, 253–254; social and economic, of peasants, 362, 373; of students into bourgeois society, rejection of, 461–462, 511–513; of workers into bourge-ois society, 415, 463, 466; — into firm, 432–433.

Intellectuals: Communist party and, 223, 227; R. Garaudy on, 242, 248; and military service (1960), 135, 192–194; Péguy on, 637; Right, hostility to, 344–345.

Interest: higher national, De Gaulle on, 319, 328; higher, of mankind, De Gaulle on, 335; national, Barrès on, 345;—C. Maurras on, 342–343.

Interests, coalition of, Pétain on, 347.

International, First, 444; demand for abrogation of law against, 85, 87.

International, Fourth, 232.

International, Second, Amsterdam Con-gress (1904), 253.

International, Third, twenty-one con-ditions for entry (1920), 218–219, 233–234.

Internationalism, 8, 505.

International organisation, M.R.P. on, 301.

Intuition, idea of God arrived at by, 520, 522.

Inventories, of Church premises (1906), 601, 634.

Investment: bourgeoisie and (1873–1913), 392–394; *cadres* and, 403; policy, Communist party on, 245; — M. Debré on, 506.

Investments, foreign, of bourgeoisie (1873–1913), 393.

Iron and steel production, 449; *see also* Mines.

Iron ore: industry, 460; shortage of, 443.

Irreligion, Viviani on, 636.

Isolation, social and economic, of peasants, 360, 372.

Issy-les-Moulineaux, socialist congress (1969), 260.

J.A.C.: *see Jeunesse Agricole Chrétienne.*

Jacobins, attitude to property, 8, 270, 271, 320.

Jaurès, J., 16, 93, 123, 235, 253–254, 262–264, 447.

Jeanne d'Arc, 97.

Jeanson, A., 468.

Jeune République League, 295, 454.

Jeunesse Agricole Chrétienne (J.A.C.), 372–373, 608.

Jeunesse de l'Église movement, 653.

Jeunesse Ouvrière Chrétienne (J.O.C.), 608.

Jews, under *Concordat*, 598.

John XXIII, Pope, 611, 612, 665; encyclicals, *Mater et Magistra* (1961), 612, 656–658, 660; — *Pacem in Terris* (1963), 612, 658–662.

Jouhaux, L., 452–453, 454, 456; on Matignon agreements (1936), 481.

Journalists, 380.

Jouvenel, R. de, 97.

Judaism, Quinet on, 76.

Judiciary, independence of, 131, 502.

Julian the Apostate, Emperor, 633.

July Monarchy, 9–10, 520.

Juste milieu doctrine, 10.

Justice: demand for, without cost to citizen, 87; none in Heaven, R. Viviani on, 636; Pope John XXIII on, 661; *Le Sillon* and, 639; social, and education, 539, 563.

Kautsky, K., 234, 262.

Keller, E., letter to Pope Leo XIII, 607.

Kerensky, A., 332.

Knowledge, transmission of, 577, 581.

Krivine, A., 22, 227, 230.

Laboratories, management of, 590.

Laboulaye amendment (1875), 120.

Labour: dignity of, 626; division of, 645; — and automation, 432; — degrading effect on workers, 61–62, 420; female, 78, 279, 422, 562; *see* also, Women, rights of; legislation: *see* Legislation, labour; manual, 563, 584; M.R.P. and, 302; Radical party and (1907), 278–279.

Lacordaire, J.-B., 604.

Lagneau, J., 98.

Laïcisme, 272, 377, 560, 600, 602, 632–633, 636–637, 651.

Laïcité, 597–602; *Alliance Démocratique* on, 308; Communist party on, 205; Popular Front on, 290; E. Quinet on, 75–77; Parti Socialiste on, 268; Radical party and, 277–278; S.F.I.O. and, 257.

Laïcité de l'État, 99, 268, 597, 604, 633–636; 1946 constitution, 164; 1958 constitution, 181; R.C. Church hierarchy and (1945), 650–652.

Laissez-faire economics, L. Blanc on, 72; Radical party and (1907), 278–279.

Lamartine, A. de, 71–72.

Lamennais, F. de, 604; articles in *L'Avenir* (1830), 622–624.

La Moricière, Général de, 548.

Lands, Church, sale of, 9, 598.

Langevin-Wallon commission report (1947), 528–529, 562–566.

Language, code of, children of poor and bourgeoisie, 287.

Lassalle, F., 262.

Latin, study of, 528, 532, 574, 585; question (1925), 558–560.

La Tour du Pin, 382; — Marquis de, 606.

Laurens, P., 361.

Lavigerie, Cardinal, 18, 606–607.

Law, the, 29, 33, 53; civil, social rôle of, 42–45; domain of (1958 constitution), 132, 184–185; Faculties of, 540; natural, Catholic view, 602, 652, 661; teaching of, in primary schools, 551; — in *classes terminales*, 585; *see* also *Code Civil, Code Pénal,* Legislation, *Lois organiques, Projet de loi.*

Lay action, Catholic, 608–609, 610, 611–612.

Laymen: and authority of R.C. priests, 666; control of churches through *associations cultuelles*, 635; — Papal condemnation, 601.

Leaders, political, 380.

League of Nations, Popular Front on, 292.

Leagues, Fascist, 291, 338.

Le Bris, M., 231.

Lecanuet, J.; presidential candidate (1965), 136–137, 297–298; and beginnings of *Centre Démocrate* (press-conference of 26th October 1965), 305–307.

Lecœur, A., 220; on Communist party and Nazi-Soviet pact, 126.

Lecturers, 380.

Le Dantec, J.-P., 231.

Ledru-Rollin, A.-A., 13; address to the electors of the Sarthe (1841), 73–75.

Left, the, 7, 9, 11, 13–16, 17, 18, 20, 21, 22, 29–37, 71–90, 98–101, 106–112, 122, 128, 129, 137, 218–294, 295, 297, 298, 319–320, 376, 454, 461, 463, 521, 523, 525, 527, 599, 600; Christian democrats and, 295, 297; Communist party on, 218; moderate, 319; non-communist, 226, 227, 228; political attitudes of (1955), 106–112; Radical party and, 270, 282.

Legality, socialist, Communist party on, 240, 246.

Legislation: anti-trust, 289; on associations, 122, 154–155; educational, 16, 520–521, 522, 523, 524, 525, 528, 529, 532, 539–552, 554–556, 557, 558, 561–562, 567–577, 579–592; electoral, 121, 128–129, 134, 135–136, 150–151, 158–159, 160–163, 167–169, 187–188, 195–199, 204–206; initiative of, 53; — (1958 constitution), 185; labour and trade union, 8–9, 12, 13, 39–40, 446, 448, 453, 454–455, 462, 466, 476–478, 479–481, 481–484, 495–497, 502, 508–510, 513–516; — Radical party and (1907), 278–279; press, 16, 30, 32–33, 53, 54–55, 75, 82, 85, 87, 122, 153–154; secularisation, 155, 543, 547–552, 556, 557, 558, 597–602, 623–624, 631–638, 641, 651–652; social welfare, 446, 450, 452, 454, 455, 460–461, 481–483, 485–487, 497, 500–502; — C.N.R. demands, 490; of 3rd Republic, Pope Leo XIII on, 631–632.

Legislature, the, 35–36, 53, 157; 1875 constitution, 120, 122, 123, 149–150; 1946 constitution, 128–129, 164–167; 1958 constitution, 183–186, 205; De Gaulle on, 330–331.

Legitimacy, national, De Gaulle on, 133, 206, 317, 328.

Le Havre programme, of P.O.F. (1880), 84–86.

Lenin, V. I., 250, 251, 466; and one-party State, Communist party on, 237.

Leo XIII, Pope, 18, 446, 451, 522, 557, 560, 561, 599, 600, 606, 607, 640, 646; encyclicals: see Encyclicals, Papal.

Le Troquer, A., 130.

Levelling, teaching of, 545.

Liard, L., 519.

Libéral, programme of Républicains Indépendants, 309, 316.

Liberal: Catholicism: see Catholics, liberal; view of the worker (1836), 473.

Liberalism, 622; — economic, 308, 309, 313–314, 375, 400, 444, 606; see also Freedom, economic; — political, 10, 66–67, 82.

Liberation, the (1944), 126, 224, 523.

Liberation (emancipation): economic and social, 13, 256, 416, 479, 639, 654; — L. Blum on, 256; brought about by workers themselves, 85, 88, 268, 444; — C.F.D.T. on, 502–504; — Communist party on, 236; — Guizot on, 57; — Left on, 109; — M.R.P. and, 296, 300–303; Socialist party on (1969), 268; — P.O.F. on, 84; — Possibilists on, 89; Tocqueville on, 64; working class on (1864), 77–82; political, Lamennais on, 623.

Libertés communales, 205.

Libertés municipales, 239.

Libertés nécessaires, Thiers on (1864), 66–67.

Liberty: see Freedom.

Licence, 541.

Liénart, Cardinal, 610.

Lignon, J.: see Andrieux, A. and Lignon, J., L'Ouvrier d'aujourd'hui.

Ligue Communiste, 230.

Ligue des Droits de l'Homme, 290.

Ligue de la Patrie Française, 17.

Ligue des Patriotes, 17; Déroulède, speech to (1899), 94–95.

Line drawing, teaching of, 543.

"Little man": and peasantry, 361; Radical party and, 271, 283.

Littré, É., 14.

Living standard: see Standard of living.

Livret ouvrier, 85.

Lock-outs, 349, 453.

Lodges, Masonic, 93, 346.

Loesewitz, J., 606.

Loi(s) agraire(s), 79, 624.

Loi "anti-casseurs" (1970), 209, 231.
Loi Barangé (1951), 257, 297, 524, 567–568, 576.
Loi Debré (1959), 524, 525, 575–577.
Loi Falloux (1850), 14, 521, 522, 544–546, 566, 599.
Loi le Chapelier (1791), 8–9, 39–40.
Loi Marie (1951), 297, 524, 567.
Loi d'orientation: on agriculture (1960), 362; on higher education (1968), 531–533, 579–592.
Loi Pisani (1962), 362.
Loi du 28 pluviôse, an VIII (1800), 9, 40–42.
Loi du Septennat (1873), 119, 149.
Loi de sûreté générale, demand for abolition (1869), 82.
Lois organiques (1958 constitution), 185–186.
London broadcasts of De Gaulle: 18th June 1940, 317, 326; 19th June 1940, 327.
Longuet, J., 234.
Lorraine: cross of, 328; loss to Germany, 338, 345–346, 553, note.
Louis XIV, 5.
Louis-Philippe, 10; period of, 386.
Lüthy, H., 455.
Lycée: attendance, 375, 570; and class-barriers, 385–386, 527; courses, 528, 539, 540.
Lyon: rising of silk weavers (1831), 73; worker-priests, 663.

MacDonald, R., 234.
MacMahon, Marshal, 119, 121, 151–153.
Maeterlinck, M., 342.
Maistre, J. de, 10; *Considérations sur la France* (1796), 46; *Essai sur le principe générateur des constitutions* (1810), 46–48; *Étude sur la souveraineté* (1833), 48–50.
Maîtres (employers), 625, 626.
Maîtres-assistants, rôle in university government, 590.
Maîtres de conférences, rôle in university government, 590.
Majorities, parliamentary, 123, 124, 134, 174, 307, 318, 524.
Majority: in country, 175–176, 333; Gaullist, 141, 274, 298, 310, 322, 333, 460; parliamentary, 307, 310; absence

of, 172–174; introduction of socialism, the work of, 253; rule of, Communist party on, 223.
Mallet, S., *Les Paysans contre le passé* (1963), 362, note; *La nouvelle classe ouvrière* (1963), 432–433.
Malraux, A., 134.
Malthusianism, 306, 313.
Man: Rights of, 7, 29–30, 32–33, 55, 57, 163, 180, 205, 239, 271, 659–660; exploitation, by industry, 284.
Man, Henri de, 254.
Management: *cadres* and, 381–382, 404–409; divine right, 467; force in industry, 288; of France, *Républicains Indépendants* on, 316; *see also* Participation.
Managers, industrial, 20–21, 380, 400–409, 657.
Mandat impératif, banned, 151.
Manifeste de Belleville (1869), 15, 82–83, 88, 270.
Manifeste des Douze (1940), 454, 487–490.
Manifeste des Soixante (1864), 77–82, 412.
Manifeste des 121 (1960), 135, 192–194.
Manifesto: Communist, 236, 242, 245–246; Radical (1970), 274, 284–289.
Manœuvres, 415, 421, 422–423.
Mao Tse-Tung, 252, 466.
Maoist opposition, Communist party, 222 note, 223 note; — groups, 232, 533; — violence, 252.
Marchais, G., 223–224.
Maritain, J., 608; — 'De la guerre sainte', *La Nouvelle Revue française* (1er juillet 1937), 646.
Market, the, and planning, R. Garaudy on, 250.
Market economy, 286, 309.
Marquet, A., 338.
Marriage: civil contract, 547; freely contracted, basis for family, Pope John XXIII on, 659; State's right to legislate, 598; teaching of law on, 585.
Marseillaise, the, 164, 181.
Marshall Plan, 456.
Marty, A., 220.
Marty, Cardinal, 614.
Marx, K., 105, 239, 241, 242, 248, 251, 263, 360, 398, 413.

Marxism, 266, 285, 413, 414, 445, 653 note; and S.F.I.O., 256; revision of, 255; Soviet, 218.

Marxism-Leninism, 235, 240.

Marxist-Leninists, 426.

Masaniello, 71.

Masses, the, 426-427.

Mass-movements, psychology of, industrial origins, 427-428.

Mass-production, 414, 422, 450, 451.

Materialism, Marxist-Leninist, Pope John XXIII on, 661; French cardinals on (1936), 609; and political parties, R. Garaudy on, 229.

Maternity allowance: (1939), 485-486; (1946), 500, 501.

Maternity assistance, Radical party and (1907), 279.

Mathematics: in *enseignement long*, 574; in *lycée* education, 540.

Matignon agreements (1936), 452, 479-481.

Maurras, C., 17, 19, 194, 338, 608, 641, 642; *Anthinéa (Promenades païennes)* (1901), 641; *Le Chemin du paradis* (1894), 641; integral nationalism of (1900), 342-343.

May 16th crisis (1877), 121, 122, 133, 134, 151-153.

May 1968, 21, 22, 137-138, 240-243, 258, 259, 318-319, 320, 340, 380-381, 416-417, 461-467, 511-513, 530-532, 577-578, 580, 614; *cadres* and, 404-409; Communist party on, 224, 226, 243-244, 245; seen by a member of the working class, 435-438; speeches of De Gaulle (30th May 1968), 138, 206-207; — (9th September 1968), 138, 207-208.

Mayer, D., 255.

Mayor, right of inspection of schools, 546; rôle of, 41.

Mayors, socialist, 254.

Means of production: collective ownership, 85, 97; socialisation, 15-16, 89-90, 264, 268, 302-303.

Mechanisation: industrial, opposition to, 450; and social structure, 562.

Medical services, right of all men, Pope John XXIII on, 658.

Medicine, Faculties of, 540.

Méline, J., government of, 16.

Mendès France, P., 257, 274, 381; and constitution of 1946, 129; and M. Debré, *Le Grand Débat* (1966), 505-508; and economic policy (1945), 455, 492-494; — (1960s), 459, 505-508; and electoral programmes, 282; investiture speech (1954), 169-172; letter of resignation (1945), 492-494; and reform of Radical party (1955), 272-273, 281-284.

Mendras, H., *Sociologie de la campagne française* (1959), 366-369.

Merchants, 374.

Mercier, General, 92.

Messieurs de la marine, Alain on, 377.

Metallurgy, 445.

Métayers, 359, 368.

Michelet, J., 11.

Military: budget, S.F.I.O. and, 264; exercises, in primary education, 551; service, demand for compulsory for all citizens, 87; — Ledru-Rollin on, 85; — objection to, during Algerian war (1960), 192-194; *see also Impôt du sang*.

Militia, national, demand for, to replace standing armies, 85, 87.

Millerand, A., 253; labour reforms, 448-449; Saint-Mandé speech (1896), 89-90.

Minces, J., *Un ouvrier parle: enquête* (1969), 435-438.

Mines, nationalisation, C.N.R. demand, 491.

Minister, Radical, Alain on, 272.

Ministerial responsibility, 121, 122, 141, 149-150, 151-152, 331; *Charte* of 1814, 54; 1875 constitution, 149-150, 151-152; 1946 constitution, 166, 167; 1958 constitution, 131-132, 141, 200, 203-204.

Ministers, demand for reduction in numbers, 312; nominated by Head of State, 331.

Ministre des cultes, 16, 607.

Minority, rights of, Communist party on, 230, 239, 246.

Miracle, economic, French, 457.

Mission de France, 609, 611.

Mission ouvrière, 611, 662.

Mission de Paris, 609.

Mitterrand, F., 201-202; presidential candidature (1965), 136, 258, 306.

Mobility, social, 102.

Modelling, teaching of, in primary education, 551.

Modérés, 308, 316, 343.

Modern Languages, in lycée education, 528, 533, 574, 585.

Modigliani, G., 246.

Mollet, G., 129, 256, 257.

Monarchy, 5, 6, 8, 10, 51, 53, 88, 119, 125, 603, 604; defence by Right, 48–49; "industrial", 465; limited, 10, 51, 53; C. Maurras on, 17, 338, 342–343; A. Thiers on (1864), 67; Voltaire on, 5.

Monnerville, G., 135.

Monnet, J., and French economic planning, 456, 497–500.

Monopoles, Communist party on, 244.

Monopolies, Radical party and (1907), 279–280.

Monopoly, religious, R.C. Church, 597, 598, 604.

Monotony of work: attitudes of workers, 423–425; the quest for compensations, 425–427.

Montagnon, B., 339.

Montalembert, Comte de, 521.

Montesquieu, Baron, C. de S., 175.

Montuclard, Father, 653.

Morale laïque, 521–522, 549–551, 552.

Morality: of Action Française, 642; natural, 661; public, duty of government, 627; teaching of, in lycée education, 539; — in primary education, 521–522, 549–551, 552; traditional, 12, 377–378, 550.

Moscow: see U.S.S.R.

Moselle, canalisation of, 336.

Motor-car industry, 422, 423, 450.

Motte textile dynasty, 384.

Motto, of French Republic, 164, 181.

Mouvement Communiste de France (marxiste-léniniste), 223, note.

Mouvement du 22 mars, 232, 461–462.

Mouvement Républicain Populaire (M.R.P.) 18, 21, 255, 258, 296–299, 300–304, 332, 454, 457, 609; and Church schools, 524; on 1946 constitution, 140; first manifesto (Lignes d' action pour la Libération (1944)), 300–303; on presidency (1945), 140.

Mouvement Social, Le, special number, 'La Sorbonne par elle-même' (1968), 511–513.

Moyenne bourgeoisie, 13, 19, 84, 101, 271, 375, 376, 377, 380.

M.R.P.: see Mouvement Républicain Populaire.

Mulhouse, 444, 475–476.

Mun, Comte A. de, 606.

Mury, G., 222 note–223 note, 232; 'Où sont les communistes?', Esprit (janvier 1967), 223, note.

Music, teaching of, in primary education, 551.

Mussolini, B., 329 note.

Mutual credit societies, 14–15, 80–81.

Mutualité, 312.

Myth, social, 447–448.

Nancy, by-election (1970), 274.

Nanterre, 532.

Nantes, 548.

Napoleon I, 8–9; and Concordat, 598–599, 621–622; and French education, 519–520, 526, 539–542.

Napoleon III, 10–11, 15, 133, 444–445; Bordeaux speech (1852), 65–66; and Catholic education, 521.

Naquet, P. Vidal, La Raison d'État (1962) (on torture in Algeria), 177–179.

National income distribution, 258.

Nationalisation, 20, 163, 255, 271, 379, 399, 415, 433, 450, 451, 454, 491; armaments industries, Popular Front on, 292; C.G.T. demand, 450; C.N.R. demand, 491; M.R.P. and, 296, 302–303; Radical party and (1907), 279–280; see also Collectivism, means of production, socialisation.

Nationalism, 8, 10, 11, 17, 95–97, 308, 312, 320, 334–337, 338–346, 347, 350–351; of M. Barrès, 338, 344–346; integral, of C. Maurras, 338, 342–343.

Nationalists, 124.

National supremacy, 5.

Nations, independence of, 660.

Natural history, teaching of, 543.

Navel, G., 425.

Nazi-Soviet pact (1939), 221, 453.

Needlework, in primary education, 551.

Neo-socialists, 254, 338–339.

Neutrality, religious: of schools, 548, 550, 557–558, 560, 575, 633–634; of State, 597, 599, 600, 633–636, 651.

Nicoud, G., 340, 382.

Nobility, 48–50, 52, 53, 61, 62, 79, 98, 101, 271 note, 374–375, 396; constitutional rôle, 53; under *Ancien Régime*, 5, 6.

Non-Catholics, 661.

Nord, department, S.F.I.O. in, 254.

Norre, peasant, 364–366.

Noske, G., 332.

Notables, 272, 314, 322; rural, and Radical party, 271.

Nuncio, Papal (later Pope John XXIII), 611.

Nursery schools, 554.

O.A.S. (*Organisation Armée Secrète*), 19, 339, 350–351; and conservatives, 309.

Observation, of pupils' aptitudes, 564, 571, 572–573, 585.

Occident group, 340.

Occupation, German, 301.

Occupation du pouvoir, l', L. Blum on, 255.

Offences, political, demand for trial by jury, 82.

Office du Blé, 491.

Old: *see* Aged, care of.

Old age, security in, right of all men, Pope John XXIII on, 658.

Oligarchy, Alain on, 377.

One-party State, Communist party on, 237.

Openness (lack of secrecy) in society, 285.

Opinion Nationale, l', 77–82.

Opinion, public: *see* Public opinion.

Opportunism, 67–70.

Opportunists, 15, 308, 521; attacked by Radicals, 86, 88.

Opportunity, equality of, C.N.R. demand, 492.

Opposition, 247; Communist and Gaullist (4th Republic), 124; Liberal (2nd Empire), 77; parliamentary, 134, 298, 310, 318; o. parties and 1958 constitution (1966–67), 205–206.

Oppressed, the R.C. Church and, 665.

Oppression, in society, 286.

Order, 14, 68, 110, 138, 315, 319, 396, 406; divine, 604, 635; spiritual, 623.

Orders: religious, 18, 522, 523, 600, 604; R.C. teaching, 522, 523; — act of 1901, 155, 523; act of 1904, 523, 555; — ban lifted, 523, 561; — demand for re-imposition of ban, 567.

Ordinaire, 560.

Ordinance, rule by (1958 constitution), 185.

Ordinances (1967), 134, 460, 465; C.F.D.T. demand for abrogation, 510.

"*Ordre-autorité-nation*", slogan of neosocialists, 255.

Ordre nouveau, of Pétain, 347; *Ordre Nouveau* (1970), 340.

Orleanism, 51–55, 121, 132.

Orleanists, 10.

Orleans, Duc d', 343.

O.R.T.F. (*Office de Radiodiffusion-Télévision Française*), C.F.D.T. demand for syndical freedom of expression, 510; opposition parties' demands (1966–67), 205, 206.

"*Oui — mais*", of V. Giscard d'Estaing, 137, 310.

Ouvrage bien faite, l', 411, 414.

Ouvrier spécialisé (O.S.) 413–416, 421–423, 424, 425–427, 434, 450; the coming of, 421–423.

Ouvriers agricoles, 359.

Ouvriers professionnels, 414, 421, 422, 423, 450.

Ouvriers qualifiés, 414, 415.

Overheating, of French economy, 506.

Overseas Territories, 1958 constitution, 181, 182.

Pacifism, Pétain on, 347.

Pact, electoral, Communist party–S.F.I.O. (1966), 258.

Pacte d'unité, socialist (1905), 253, 264–265.

Paganism, 647, 648, 649.

Panachage, electoral, 167–168; in university elections, 590.

Parents: duty of teachers towards, in moral education, 552, 558; rights and duties, R.C. religious education, 556; right to opt out of religious instruction for their children, 520, 543, 547–548; rôle in *conseils d'administration* of secondary schools, 532, 533; rôle in management of Church-school subsidies, 567–568.

Paris, 402, 460; de-Christianisation, 648; university, division of into new universities 533.

Parish, de-Christianisation, 648–649.

Parliament, 1875 constitution, 120–125,

149–153, 158–159; 1946 constitution, 127–129, 160–163, 164–177; 1958 constitution, 130–133, 134, 135, 136, 138, 139, 141, 181–188, 200, 201, 204–205, 307, 320, 333; Bayeux speech of De Gaulle, 330–331; dissolution of, 121, 122–123, 128, 149, 167, 182, 206; majorities, 123, 124, 134, 174, 307, 318, 524; — absence of, 172–174, 307, 310; march on (1934), 338, 346; revival of, *Républicians Indépendants'* demand, 320; Right, hostility of, 94–95, 338, 339, 346.

Parodi, D., on eclecticism, 12.

Parti Démocrate Populaire (P.D.P), 18, 295, 297; programme (1924), 300.

Parti Ouvrier Français (P.O.F.), 16; Le Havre programme, 84–86, 445.

Parti Ouvrier Socialiste Révolutionnaire (Possibilist party), 88–89.

Parti Paysan, 308, 361.

Parti Républicain Radical et Radical-Socialiste: see Radical party.

Parti Socialiste (1969–   ), 260, 267–268; talks with Communists, 260.

Parti Socialiste Autonome, 257.

Parti Socialiste de France, 253.

Parti Socialiste Français, 253.

Parti Socialiste Unifié: see P.S.U.

Participation, 138, 319–320; Communist party on, 245; De Gaulle on (9th September 1968), 207–208; *Jeune République* on, 295; J. Lecanuet on, 305; Cardinal Marty on, 614; political, 21, 502; G. Pompidou on, 321; in universities, 207, 319, 531–533, 582, 589–591; workers', in industry, 86, 163, 247, 303, 319, 321, 408, 454, 458, 462–468, 491, 510–511, 612, 656; see also *Cogestion, Comités d'entreprise*, Democracy, industrial.

Parties, political: M. Barrès on, 345; Communist party on freedom for, 205; 1946 constitution, 173–174; 1958 constitution, 181; R. Garaudy on, 229; Gaullist hostility, 317, 318, 319, 331, 332–333; multiplicity, 123, 173; O.A.S. and, 351; peasant, 361; social composition, Communist party, 219, 222–223, 227–228, 235, 240, 243, 246; — Gaullists, 322; — Poujadists, 339; — Radical party, 271, 283; — S.F.I.O., 247, 253, 254, 256, 257, 262–263, 264, 266; see also Party cells, etc.

Party: p. cells (Communist party), 219; p. divisions, 9–22, 29–90, 97–102, 123, 128, 214–351 *passim*, 319, 329, 331, 332, 334, 345; p. congresses, Radical, 272, 276, 282; p. of government, 226, 256, 270, 272, 318, 321; p. line (Communist party), 219, 223, 224, 233–252; p. leaders, social class of, 20, 113–114; p. membership (Communist party), 220; — (Radical party), 272; — (S.F.I.O.), 254; p. militants (Radical party), 281–282; p. organisation, Blum on Communist party, 265–266; — Communist party, 219, 223–224, 233–234; — Gaullists, 323; — Radical party, 272, 281–282; S.F.I.O., 257, 264–265; Social-democratic party, German, 253; p. of working class, 15, 85, 235.

Pas-de-Calais, department, S.F.I.O. in, 254.

Passivity, working-class, 434.

Pasteur, right of inspection of schools, 544.

Paternalism, of R.C. Church, 666.

Patrie, 17, 93, 125, 126, 314, 329, 327, 342–343, 344–345, 523, 541, 554, 646; rights of, 312.

Patriotism: Barrès on, 344–345; of Communist party, 220, 222, 236; Déroulède on, 94; inculcation of, in schools, under Napoleon I, 541; — under 3rd Republic, 522, 553–554; — under Vichy, 523; of *Ligue de la Patrie Française*, 17; Maurras on, 342–343; M.R.P., 301; of working class, 126, 414.

Patronage(s), 630, 647.

Patronat, 462, 511.

Paty de Clam, Lieutenant-colonel, Du, 92.

Paul, Saint, 649.

Paul VI, Pope, 614.

Pauperisation, 218, 222, 222 note–223 note.

Pay, equal for women, demand for, 85.

Pays légal, 61, 317.

Pays réel, 317.

P.D.G.: see *Président-directeur général*.

P.D.P.: see *Parti Démocrate Populaire*.

Peace, *Alliance Démocratique* on, 308; C.F.D.T. on, 503, 505; Communist party on, 221, 235; Popular Front on, 290, 292; social, 302, 447, 451, 457, 468, 606, 609.

Peasants, 6, 7, 100, 101–102, 249, 339, 359–373, 569, 636; C.N.R. on, 491–492; conservatism of, 69–70, 362; and French Revolution, 69, 100; and 3rd Republic, 68–70; and politics, 113; Popular Front and, 293; small, 497.

Péguy C., 17, 120–121, 122, 365, 411–412, 413–414, 601; attack on government *laïcisme* (1906), 637; *Notre Jeunesse* (1910), 17, 157–158; on real issue in Dreyfus Affair, 95–97; Republican idealism, 157–158.

Pelletan, C., 395.

Pellieux, Général de, 92.

Penalties, legal, 30.

Pensions, old-age, 449, 450; C.F.D.T. on, 503; C.N.R. on, 492; P.O.F. on, 85; Popular Front on, 293; Radical programme (1881), 87; Radical party on (1907), 279.

Pensions (educational), 540.

Penury, economic, 284.

People the, De Gaulle's direct appeal to, 317; *see also Peuple*.

Peoples, under-privileged, 502.

Perdiguier, A., 386.

Pernoud, R., *Histoire de la bourgeoisie en France*, vol. II (1962), 384–387.

Perrier, industrialist, 14.

Perrot, M., *Le mode de vie des familles bourgeoises* 1873–1913 (1961), 388–394.

Persecution, religious, acts of, 489.

Personality, development of individual, 256, 268, 503, 504, 539, 563, 645; respect for, right of all men, Pope John XXIII on, 659.

Pessimism, Christian, 6.

Pétain, Marshal, 125, 159–160, 326, note, 339, 346–349, 453, 567, 609; R.C. Church hierarchy and (1941), 646–647; political and social principles, 346–349.

Peter, Saint, 666.

Petit-Clamart, attempt on De Gaulle's life (1962), 135.

Petite bourgeoisie, 13, 81, 101, 240, 375–376, 378, 399–400, 413; Radicalism and, 271, 283.

Petites écoles, 540.

Petites gens: *see* Classes, under-privileged.

Petites et moyennes entreprises: *see* Businessmen, small and medium.

Petition, against *loi Debré* (1960), 524–525; right of, 33.

Petro-chemical industry, 457.

Peuple, 10, 13, 101, 375, 376, 395, 396, 410, 624; *cadres* and, 401; P. Déroulède on, 94, 95; F. Guizot on, 57; Ledru-Rollin on, 73–74; Maoists on, 252; holder of political power, 640.

Philip, A., 259, 380; *Le socialisme trahi* (1957), 102–105, 259, 398–401; *Les Socialistes* (1967), 433–434.

Philosophisme, 639.

Philosophy: of eighteenth century, 622; R. Garaudy rejects, for political parties, 228; of *laïcisme*, 651; teaching of, in *enseignement long*, 574.

Pinay, A., 308–309; speech at first congress of C.N.I., 313–314.

Pius VII, Pope, *Concordat* with Napoleon I, 598, 621–622.

Pius IX, Pope, 560, 604.

Pius X, Pope, 600–602, 635–636; condemnation of *Le Sillon* (1910), 608, 639–640.

Pius XII, Pope, 602, 610, 659.

Pizzardo, Cardinal, 611.

Planners, economic, 380.

Planning, economic, 250, 258, 259, 285, 379, 399, 456, 488, 491, 506–508; Communist party on, 245; "flexible", 459; — Gaullists on, 309–310; J. Lecanuet on, 305; J. Monnet's proposals (1945), 497–500; socialist, S.F.I.O., 267.

Plans, French economic: 1st, 456; 2nd, 456, 457; 4th, 305, 506; 5th, 305, 506–508; 6th, 382.

Platform, electoral, P. Mendès France on, 282.

Pluralism: of C.F.D.T., 502; social, of M.R.P., 296, 303, 304.

Plus forte moyenne, electoral system, 161–162.

P.O.F.: *see Parti Ouvrier Français*.

Poher, A., 139, 298.

Poincaré, R., 124–125, 308, 507; P. government (1926), 270.

Poinso-Chapuis decree (1948), 524, 566.

Polarisation, political (5th Republic), 137, 258, 273.

Police, the, 110; in Algeria, 177–179; in May 1968, 435–436.

Political attitudes, social class and (1955), 112–114.

Politicians, 380; Poujadist hostility towards, 349–350.

Politiciens au rancart, De Gaulle on, 207.

Politics: and socialism, L. Blanc on, 72; teaching of, in *classes terminales*, 585.

Pompidou, G., 141, 139–141, 199, 201–204, 319, 320, 321, 323; on constitution and Presidency, 208–209; election as President (1969), 139; revolutionary students on, 512.

Pope, the, appointment of bishops, 601; representative of *Église enseignante*, 641.

Popes, on R.C. Church and temporal sphere, 650.

Popular Front (1936), 107, 220, 270, 283, 295, 452, 453, 512, 528; programme (1936), 290–294, 452; social legislation, 481–484.

Population, French: changes, 455, 460, 530, 569; growth, 443, 453, 457, 459, 484; losses (1st World War), 449; — (2nd World War), 455; policy favourable to growth, 449, 453, 455; shift to towns, 459.

Positivism, 14, 377–378.

Possibilism (1881–1882), 16, 88–89.

Poujade, P., 339; attack on E. Faure and the parliamentary system, 350.

Poujade, R., 320.

Poujadism, 339, 340, 349–350, 382.

Pouvoir, conquête and *exercice*, L. Blum on, 254; *p. personnel*, Communist party on, 205, 245;—*Fédération de la Gauche* on, 205;—G. Pompidou on, 203–204.

Pouvoirs publics, conquête: see Socialism, democratic.

Power: differentials, 380; economic, 379; economic and political, distribution, 504; — separation, 286; industrial, 104; Maoists on, 252; managerial, 259, 288, 380, 400; political, decentralisation of, 289; private, 288; public, 286; social, 104, 380–381, 394–395.

Powers: special, of President of Republic (1958 constitution), 133, 137, 182, 205; — of government, (1967), 310; two (civil and ecclesiastical), R.C. Church on, 625–626.

Prayer, worker-priests and, 653.

Prefect, rôle of, 40, 42.

Prefects, and control of press (1814), 54.

President of the Republic: see Republic, President of.

Président-directeur général, 248.

Président du Conseil: (1946 constitution), 165, 166, 167, 175; G. Pompidou on, 203; see Prime minister.

Presidential sector (of policy), 134, 135, 140, 189–192, 195, 199–200, 202, 203, 208–209.

Presidential system (1958 constitution), 134, 135–136, 137, 273, 297.

Press, 250, 379; act of 1814, 54–55; — of 1881, 92, 122, 153–154; and Jews, 91, 93; see also Freedom of the press.

Pressure groups, 4th Republic, 103, 175.

Prêtres ouvriers, Les (1954), 611, 652–655.

Prêtres au travail, Vatican communiqué on (1965), 613–614, 662.

Prices: farm, C.N.I. on, 315; increases in (1945), 493–494; — (1960s), 466, 507.

Priesthood, 667.

Priests: see Clergy; circular letter of 100 (1968), 614, 662–665; worker-, 610–611, 613–614, 652–655, 662; — ending of experiment (1954), 652–655; see also *Prêtres au travail*.

Primaire élémentaire, 542–544.

Primaire supérieur, 527, 528, 542–544.

Prime minister, constitutional rôle of: (1946 constitution), 128, 131, 165, 166, 167, 175, 203; (1958 constitution), 131, 132, 134, 136, 140, 141, 182, 183, 187, 195, 199–204, 208; see also *Président du Conseil*.

Printing licences, demand for abolition, 82.

Privacy of correspondence, respect for, 126.

Privilege, 6, 7.

Privileges and monopolies, demand for abolition, 82.

P.R.L. (*Parti Républicain de la Liberté*), 308.

Producer, peasant as, 367.

Production, 400; C.N.R. on, 491; M. Debré on, 506; growth of, 562; increases and improvements, C.N.I.P. on, 313; man educated for, 284, 563.

Productivism, 467; cf. p. 645.

Productivity, *cadres* and, 400; *comités d'entreprise* and, 509; Gaullists on, 337; J. Monnet on, 497, 499.

Professeurs, rôle in university government, 590.

Professional organisation, Pétain on, 349; *see also Charte du Travail*.

Professions, 374, 376, 380, 388; rights of, M.R.P. on, 303.

Profitability, 284, 286.

Profit-motive, 400; M.R.P. on, 302.

Profits, 396; ploughing back as source of wealth, 387.

Profit-sharing: De Gaulle on, 207; *Jeune République* on, 295; J. Lecanuet on, 305; M.R.P. on, 302; U.N.R. on, 320, 321.

Programme du 14 juillet de la Fédération de la Gauche Démocrate et Socialiste (1966), 205–206.

Progrès et Démocratie Moderne, 298.

Progress, 304.

Progressistes, 16, 19, 308.

Projet de loi (1958 constitution), 185.

Prolétaire, le, 88.

Proletariat, the, 79, 85, 176, 218–252, 223, 262–264, 266, 413, 445, 521, 654; L. Blum on, 266; dictatorship of, 124, 236, 239, 266, 378, 413, 445; — Communist party on, 236, 239; Radical party and (1907), 278; *see* Working class.

Proletarisation, 218, 222 note–223 note, 339, 398, 413; *see* Pauperisation.

Propaganda, communist, 3rd International on, 233–234.

Property, bourgeoisie and (19th cent.), 385; collective ownership, 18, 20, 21, 63, 85, 89, 235, 246, 262, 268, 285, 296, 302–303, 312, 314; distribution, 8, 14, 20, 85, 262, 266–267, 268, 271, 278, 296, 302–303, 312, 314, 378, 388, 629, 658; large landed, 98; p. owners, 10, 14, 56, 278, 368, 371, 375, 400, 401, 624, 654, 658; p. ownership,

371, 380, 658; p. owners, small, 70, 113; peasants and, 370–372; private, 278, 312, 371, 606, 612, 657–658; —C.N.I.P. on, 314; — in necessities of life, 502; Radical party and (1907), 278; — (1970), 288; Pope John XXIII on, 657–658, 659; Pope Leo XIII on, 627, 629; Pope Pius XI on, 643; and social conflict, 14, 16, 20, 63–64, 104, 302, 624; p. rights, 8, 18, 19, 30, 33, 53, 63, 64, 270, 271, 627, 658–659.

Propertyless workers, 56, 78, 375.

Proportional representation: *see* Representation, proportional.

Proportionality, in electoral system, Radical party on (1907), 276.

Propriétaires (peasant proprietors), 359.

Prosperity, Gaullists and, 322, 337; Pope Leo XIII on, 627; unevenness, 460.

Protectionism, 313.

Protestantism, E. Quinet on, 76.

Protestants, 613; under *Concordat*, 598; and Dreyfus Affair, 93.

Proudhon, P.-J., 14, 444.

Provinces, *franchises* of, 343.

Prudence, of bourgeoisie in investment, 392–393; in limiting family-size, recommended to working class by liberals, 474.

Prud'hommes, act on, Radical demand for revision, 87.

P.S.U. (*Parti Socialiste Unifié*), 22, 227, 231, 257, 259–260, 273, 405.

Public meetings, act of 1907, 601, 638; p. offices, right of admission to, 29–30, 52; p. opinion, 66, 307, 321; p. works programme, Popular Front demand, 293.

Pupils, rôle in *Conseils d'administration* of secondary schools, 532.

Purchasing power, 244, 258, 293, 511.

Purges, Communist party, 219, 222; 3rd International on, 233.

Quinet, E., 11; *L'Enseignement du Peuple* (1850), 75–77.

Racialism, 108; 1946 constitution rejects, 163; 1958 constitution rejects, 181; Communist party on, 236; of working class, 434.

Racialist measures, German occupation, 609.

Radicalism, 20, 82–83, 123, 270–289, 378; in 1881, 86–88; as ideology of 3rd Republic, 155–157; origins, 73–75; and socialism, 270–271; and working class, 15, 278, 412, 448, 449.

Radical party, 270–289, 525; *Alliance Démocratique* and, 308; manifesto (1970), 284–287; P. Mendès France attempts reform (1955), 272–273, 281–284; and peasants, 361; 1907 programme, 276–281; and S.F.I.O., 254; and small businessmen, 400.

Radicals, 15, 16, 18, 19, 21, 127, 137, 152, 220, 258, 296, 297, 312, 377, 523, 600; *mendésiste*, 257.

Radio: State control, Popular Front demands for reform, 292; — 5th Republic, 134, 205–206, 307; in elections, 198.

Railways, Radical party and nationalisation (1907), 280.

Ralliement, the, 18, 600, 606–607.

Rassemblement Démocratique, 273, 309.

Rassemblement du Peuple Français (R.P.F.), 129, 318, 322, 323, 524; J. Soustelle on (1948), 331–332.

Rassemblement Populaire: see Popular Front.

Rate of growth, economic: see Growth-rate.

Ravary, Commandant, 92.

Reaction, political and social, 9, 46–50, 276.

Reactionaries, 314; M. Duverger on Bonapartism and, 9.

Reading, teaching of, 540, 543, 544, 545, 551.

Reconstruction, after 2nd World War, 455, 497.

Redemption: see Salvation, eternal.

Referendum: (1945), 126; (1946), (May), 127; — (October), 128; (1958), 133; (1962, on constitution), 135, 195–197, 333; — alleged unconstitutionality, 135; — G. Pompidou on, 202; (1962 on Évian agreements), 309, 339; (1968, proposed), 206, 319; (1969), 138–139, 319; under 1958 constitution, 133, 182, 187; Gaullist results, 322; *Jeune République* and, 295.

Reform, economic and social, 83, 278, 286; — Left on, 109–112; social, 7, 605; within the individual, 7, 605.

Reformation, the, 614.

Reformism, and Communist party, 3rd International on, 233.

Reforms, *Parti Socialiste* on, 269.

Regeneration of individual, of society, 605.

Régime des partis, De Gaulle on, 332.

Regions, political rôle of, Radical party on (1970), 289; under-privileged, 503.

Relativism, M. Barrès on, 345.

Religion: Bonapartism and, 66; civilising power of, 47–48; and education, E. Quinet on, 75–77; F. Guizot on, 58–59; and political parties, R. Garaudy on, 229.

Religious instruction, 520, 522, 523, 541, 556–558, 560–561, 575; r. and moral instruction, 520, 521, 542, 543, 545; — parents' right to opt out, 520, 543, 547; r. orders: see Orders, religious; r. services, legislation, 601, 637–638.

Renault, motor-car firm, 378, 450, 454; de-Christianisation, 648.

Rentiers, 374, 375, 378, 388, 393, 394, 396.

Representation: economic, 330; local, 330; professional, 138; proportional, 128, 158–159, 162, 169, 175, 205, 312, 590.

Republic: 1st, 8, 329; 2nd, 329; 3rd, 15, 20, 119–125, 126, 127, 128, 149–159, 273, 329, 376, 636; as means to liberty, 67; and Catholics, 18, 522, 606–608; P. Déroulède's hostility, 94–95; De Gaulle on, 179–180; Gambetta on (1881), 67–68; — (1872), 84; Pétain on, 347; Thiers on conservative, 119; threat during Dreyfus Affair, 17, 123; 4th, 19, 21, 126–130, 131, 132, 135, 160–179, 180, 257, 273, 318; — De Gaulle on, 179–180, 330–331, 332–333; — G. Pompidou on, 203; — G. Vedel on, 129, 172–177; — parliamentary forces hostile to, 123–124; 5th, 21, 130–141, 180–209, 245, 257–258, 273, 297, 309–310, 321; — O.A.S. and, 351.

Republic, President of: 1875 constitution, 119–122, 149–150, 151–153, 346, 600; 1946 constitution, 127–128, 166–167; 1958 constitution, 131–133, 134–138, 181–183, 187, 189–192, 195–204, 205, 208–209; De Gaulle on, 195–197, 199–201; interim (1969), 298; election by universal suffrage, 129, 133, 135–136, 137, 195–198; J. Lecanuet on, 306–307; MacMahon on (1877), 151–153; F. Mitterrand on, 201–202; as "national arbiter" (1958 constitution), 132–133, 134, 135, 181, 318, 331; opposition parties on (1966–67), 205; and national independence (1958 constitution), 181, 182, 195; G. Pompidou on, 202–204, 208–209; and prime minister (1946 constitution), 128, 182; — (1958 constitution), 131–132, 134, 136, 140–141, 182, 183, 187, 199–204, 208–209; and public opinion (1969), 141; special powers under article 16 of constitution of 1958, 133, 182, 205.

Républicains de gauche, 308.

Républicains Indépendants, 137, 309–310, 323; programme (1966), 309–310, 315–316.

Républicains sociaux, 318.

Republican idealism, 123, 125, 157–158.

Republicanism, 8, 11, 14, 57, 82–83, 86–88, 98, 99–100, 101, 119–122, 125–126, 155–158, 164, 179–180, 181, 308, 377–378, 395; Christian Democrats and, 295, 300; conservative, 15, 67–70, 308–316, 361, 604–605; Gambetta on, 67–68, 82–83; of *instituteurs*, 101; nationalists and, 338, 342; peasants and, J. Ferry on, 69–70, 120, 361; Radical party and, 270, 276, 283; of working class, 101, 124, 126, 412–413.

Republicans, 11, 15, 16, 119, 124; conservative, 15, 19, 86, 98, 308–316, 377, 394–395, 396, 599, 604–605; and *scrutin de liste*, 121.

Republics, Spanish and Weimar, 329.

Reputation, personal, right of all men, Pope John XXIII on, 658.

Réquisitoire de Bordeaux (1926), 640–643.

Research: centres, management of, 590; freedom, 588, 591; programmes, 591; r. work, link with teaching, 578; r. workers, 588, 589, 590; — need for, 570.

Resistance: right of, 33; "proletarian" (Maoist), 231, 252.

Resistance, the, 126, 255, 454, 490; Communist party rôle, 220; De Gaulle and, 317–318, 326–327, 328; M.R.P. and, 296, 300; programme of, 126, 491.

Responsibility: ministerial, 131–132, 141, 149–150, 166, 167, 173, 182, 186, 195, 200, 203, 204, 208; — struggle for (1877), 121, 151–153; personal, for economic destiny, 56, 57, 385, 444, 455, 474.

Re-stalinisation, R. Garaudy on, 229.

Rest-day for workers, demand for, 85.

Restoration (1815), 9.

Retirement, age of, reduction, Communist party on, 244.

Rétribution scolaire, 526, 549.

Revanche, La, 17.

Revisionism, socialist, G. Mollet on (1946), 256.

Revolt, against authority, 380–381, 614.

Revolution: (1789), 5–13, 29–40, 44, 46, 63, 74, 78, 83, 88, 90, 97, 98–102, 156, 157, 271, 276, 295, 519, 520, 526, 528, 539, 547, 548, 597, 598, 603, 604, 613, 622, 633, 636; — hatred of, by Right, 46, 89; — and peasants, 69, 100; — resistance to, 8; — R.C. Church and, 597, 598, 603, 604, 613, 633; (1830), 10, 520, 598–599; (1848), 10, 11, 13–15, 410–411; — defeat, 521; — De Gaulle on, 180; — predicted, 64–65; Chinese, 250; National, 339, 346–349; proletarian, 262–264; retreat from, 461; Russian (1905), 251; — (1917), 219, 250, 451; — Communist party on, 237; social, 85, 89–90, 255, 319, 414, 416, 435–436, 445, 451, 462, 465, 466, 479, 512; — M.R.P. and, 302.

Revolutionaries, 416; — (1968–), 22, 224–225, 230–231, 259, 461, 462, 466, 468, 510, 511–513, 525, 530–531, 532–533, 577–578, 614; M. Duverger on Bonapartism and, 9.

Rhetoric, in *lycée* education, 539, 540.

Right, the, 9, 10, 11, 13, 18, 19, 46–50, 90–91, 94–97, 98–99, 100, 101–102,

106–112, 119–120, 129, 296–297, 308–351, 523, 533, 604–605, 608, 640–643, 646; Christian democrats and, 296–297; Communist party on, 218; and Dreyfus Affair, 95–96; political attitudes of (1954), 106–112; Radical party and, 270; R.C. Church and, 9, 10, 11, 13, 18, 19, 47–48, 93–94, 99–101, 296, 308, 313, 315, 339, 343, 344, 520, 521, 523, 524, 544–546, 548, 561–562, 566, 592, 600, 603–605, 607, 608, 609, 640–643, 646, 655; see also Extreme right.

Right, of offensive war, 8, 30–31.

Rights, civil, 6–7, 29–30, 32–33, 52–53, 54–55, 66–67, 82–83, 85, 87, 122, 126, 129, 134–135, 137, 153, 155, 156, 163, 177–179, 180–181, 192–194, 205–206, 268, 277, 291–292, 300, 303, 304, 312–313, 489, 502, 658–659; human, Pope John XXIII on, 658–659; seigneurial, abolition of, 7; trade union: see Trade union rights.

Riots (6th February 1934), 338, 346.

Rocard, M., 259–260.

Rochet, W., 223, 226, 228.

Roman Catholic Church, 5, 6, 9, 11, 13, 52, 94, 99–101, 377, 519, 520–521, 522, 523, 524, 541, 556–558, 560–561, 597–667; and the *Action Française*, 608, 640–643; M. Allard on, 632–633; on authority, 604, 614, 615, 640, 641, 665–666; A. Blanqui on, 599; Church buildings, Separation Act of 1905, 601, 634–635; — Act of 1907, 637–638; Communist party on separation from State, 205; *Concordat* of 1801, 8–9, 598, 599, 601, 604, 621–622; ending of worker-priest experiment (1954), 611, 652–655; general assembly of, demand of French priests, 664; hierarchy and Pétain, 609, 646–647; on *laïcité* and *laïcisme* (1945), 650–652; liberal Catholicism and, 604; maintenance of buildings, 313; in May 1968, 614; pastoral letter on secondary education (1909), 556–558; property, nationalised by French revolution, 534, 598; — provisions of *Concordat*, 622; E. Quinet on, 75–76; Radical party and, (1907), 277; religious monopoly, 597, 598, 604; and Republic, 630–632;

Republicans on, 599; schools: see Education, private sector; Separation from State, 82, 87, 270, 599, 600–602; — act of 1905, 601–602, 633–635; — working-class demand (1864), 81; and the world, 610, 663; services, act of 1907, 601, 637–638; social doctrines, 655.

Rome, French Church and, 598, 600–601, 602, 611; C. Maurras on, 343.

Rousseau, J.-J., 98; *Du Contrat Social*, 5.

Roy, M., *Les Commerçants* (1971), 382.

Royer-Collard, P.-P., 57.

R.P.F.: see *Rassemblement du Peuple Français*.

Ruin, economic, of post-1918 bourgeoisie, 283, 378, 393–394, 395–396, 398, 493.

Russia, 250, 336; see also U.S.S.R.

Saar, the, 330.

Sabotage, industrial, 414.

Saint-Mandé, speech of A. Millerand, 89–90.

Saint-Nazaire, strike (1967), 460.

Saint-Simon, C.H. de, 13–14.

Salan, General, 129, 340.

Salariat, 79, 511; see also Wage-earners.

Salaries of *cadres*, 382.

Salons, 98.

Salvation, eternal, 605.

Sanctions, in case of war, 292.

Sangnier, M., 294, 608, 639.

Sartre, J.-P., 194, 340, 437.

Savard, A. 611, note.

Savary, A., 260.

Saving, bourgeoisie and, 104, 384, 385, 403–404; habits of bourgeoisie (1873–1913), 388–394; Pope Leo XIII on, 629; working class and (1840), 418.

Savings clubs, Radical party and (1907), 279; public, Radical party and defence of, from speculation, 288.

Savoir-vivre, 386.

Schema 13, Second Vatican Council, 612.

Schlumberger family (textile dynasty), 384.

Scholarships: at Church schools, 523, 524, 561, 567; at *lycées*, 526; at State schools, 561, 567.

School-holiday, weekly, for religious instruction, 551.

School-leaving age, 312, 528, 529, 530, 551, 564, 568–569, 571–572.
School maintenance, Catholic schools, 523.
School population, 518, 530, 569; Catholic, 518, 521, 523, 524.
Schools: administrative reforms (1968), 533; boards, 533; Catholic: *see* Education, private sector; inspection (*loi Falloux*), 544–545; teaching methods, reform of (1968), 532–533.
Schuman, R., 306; government of (1948), 524.
Science: in *collège* education, 540; in *enseignement long*, 574; Faculties of, 540; in *lycée* education, 528; in primary education, 545, 551; as productive force, R. Garaudy on, 227, 241, 248; progress of, and education, 580; in secondary education, 584–585; and technology, revolution in, R. Garaudy on, 227, 247.
Scrutin d'arrondissement, 121, 134, 150–151, 175, 187–188.
Scrutin de liste, 121, 158–159, 160–163, 167–169, 175; in university elections, 590; *see* Representation, proportional.
Second Empire, 13, 14, 65–66, 84, 88, 521, 599.
Secrecy, 285; in Communist party, 251; members of *comité d'entreprise* sworn to, 463, 495, 509.
Secularisation, 52, 57, 58–59, 81, 82, 377–378, 520, 521–525, 543, 547–554, 557–558, 566–567, 597–602, 632–638, 650–652; demand for, E. Quinet on, 75–77.
Secularism, *see Laïcisme*.
Secularist philosophy, 600.
Secularists, 523, 524–525.
Security: of the citizen, 29, 33, 66; economic, 57, 85, 87, 163, 371, 380, 390, 395–396, 401–402, 412–413, 435, 458, 628; — lack of, 74–75; economic and social, 278–279, 286, 293, 303, 491–492, 503–504; — right of all men, Pope John XXIII on, 658; of employment, 491; international, 292, 312; social, 279, 286, 293, 303, 449, 450, 452, 453, 454, 455, 460–461, 485–487, 491, 497, 500–502, 503; — act of 1946, 500; — M.R.P. and, 303;

— ordinance of 1945, 497; Poujadist demand for reform, 349; peasants and, 371; *see* also Social security organisation.
See, Holy, 621, 661, 662.
Séguy, G., 405, 463.
Seigneurs, right to levy feudal dues under *Ancien Régime*, 6.
Seignobos, C., on artisans, 414.
Selection: *see* Education, selection.
Self-censorship, R.C. Church, 666.
Self-determination in Algeria, De Gaulle's policy statement (16th September 1959), 189–192.
Self-help, economic, for working class, 444, 448.
Self-management, workers' (*l'autogestion*), 20, 72, 259, 406, 416–417, 448, 451, 462, 465–466, 467, 468, 479, 510, 511–513; C.F.D.T. on, 468; — in State-owned industries, P.O.F. demand (1880), 86; students of Sorbonne on (1968), 511–513; in universities, 578; *see* also Anarchosyndicalism, Participation.
Seminarists, 667.
Senate, the, 120, 122, 127, 128; L. Blum on, 379; 1875 constitution, 120, 149, 150; 1958 constitution, 183, 185, 186; De Gaulle on (1946), 127, 330; 1968–69 proposals, 139; *see* also *Conseil de la République*.
Senators, reduction in numbers, demand for, 312.
Separation, of Church and State, 82, 87, 599, 600–602, 633–635; act of 1905, 601–602, 633–635; — M. Allard on, 632–633; A. Blanqui on, 599; Communist party on, 205; Liberal Catholics on, 604, 623–624; Pope Pius IX on, 604; Pope Pius X on, 601, 602, 635–636; Radical party and, 270, 600–601; Republicans and, 599; working-class demand (1864), 81.
Separation: of political and economic power, 286; of powers, De Gaulle on, 130, 131, 330–331; — incompatibility rule, 1958 constitution, 183; of property and power, 288.
Septennat: *see Loi du Septennat*.
Servan-Schreiber, J.-J., 274–275, 380–381; *Forcer le destin* (1970), 275; Radical manifesto (1970), 284–289.

Services, religious, act of 1907, 601, 637–638.

S.F.I.O., (*Section Française de l'Internationale Ouvrière*), 18, 137, 253–259, 264–267, 271, 273, 290, 415; Communist party and, 219 note–220 note, 220, 221, 222, 237–240, 247; and peasants, 361; *see Parti Socialiste*.

Shareholders, 400.

Shop-floor regulations, P.O.F. demand for workers' control of (1880), 86.

Shopkeepers, small, 339, 340, 349, 376, 398, 456.

Siegfried, A., 120, 271; *Tableau des Partis en France* (1930), 97–102, 414.

Sillon, Le, 608; condemnation by Pope, 295, 608, 639–640.

Simon, J., 151.

Singing, teaching of, 545.

Single-ballot electoral system, 158–159, 160–163, 167–169; (universities), 590; *see Scrutin de liste*.

Single-member constituency system (*scrutin uninominal (majoritaire) à deux tours*), 150–151, 175, 187–188.

Slavery, 624; *Action Française* and, 642.

Slaves, ancient Rome, 649.

Social amelioration, 106; s. Catholicism: *see* Catholicism; s. transformation, 106, 478.

Socialisation: *see* Means of production, collective ownership.

Socialism, 15, 16, 20, 71–72, 84–86, 88–90, 97, 105, 109, 218–269, 270, 271, 273, 296, 378, 434, 643–645; in 1839, 71–72; and *Charte d'Amiens*, 446–447; Communist party on, 246; Communist party on "peaceful changeover to", 221, 227, 229, 237–240; De Gaulle and, 317–318; democratic, 71–72, 89, 90, 253–269, 415, 608, 643–645; humanist, 256; Marxian, 84–86, 378; M.R.P. and, 296; and productivism, 467; Radical party and, 270, 271, 273; reformist, 16, 88–89, 253–254, 256, 259, 262–264, 445; — beginnings of, 88–89; revolutionary, 16, 18, 218–252, 254, 256, 257, 260, 262–264, 414, 446; R.C. Church and, 605–606, 608, 610, 612, 614, 643–645; S.F.I.O. drift from (1962), 266–267; and trade

unions, 234, 262, 269, 445, 451, 447, 468.

Socialist party: *see Parti Socialiste*, P.S.U., S.F.I.O.; — and bourgeois parties, 253; unity pact (1905), 253, 264–265.

Socialists, 13, 16, 18, 22, 227, 274, 308, 524, 637.

Social security organisations, management by workers, C.F.D.T. demand, 511; management by workers and the State, C.N.R. demand, 490; removal of trade union representatives (1967), 461.

Social services: crisis, 460; right of all men, Pope John XXIII on, 658.

Société, nouvelle, of Gaullists, 140, 247, 321.

Sociétés d'aménagement foncier et d'établissement rural (S.A.F.E.R.), 362.

Societies, secret, working-class, 11, 57, 625.

Society, control of economy, 15–16, 645; divine origin, 46–48; industrial, 284.

Socrates, ethic of, 550.

Soil, drift from, 359, 450, 485, 629; and the peasantry, 364, 629; *see also Terre et les Morts, La*.

Soldiers, peasant origins, 70.

Soleil, Le (1900), 342–343.

Sombart, W., *Le Bourgeois,* 384.

Sorbonne, students of, on workers' self management (May 1968), 511–513.

Sorel, G., 447–448.

Souchal, R., 275.

Sous-préfet, rôle of, 41.

Soustelle, J., 318, 331–332.

Soutien sans participation, le, L. Blum on, 254.

Sovereignty, limitations on, 164; national, 29, 31–32, 33–34; — 1946 constitution, 164–167; — 1958 constitution, 181; popular, 57–58, 80, 98–99; — Ledru-Rollin on, 73.

Soviets, theory of, 251.

Special powers, of President of Republic (1958 constitution), 133, 182, 205.

Speculation, 506.

Speculators, P. Mendès France on (1945), 491.

Spending: bourgeoisie (1873–1913), 388–394; *cadres*, 402–404; working class (1840), 418.

Spire, A., *Inventaire des socialismes français contemporains* (1945), 295.

Spuller, E., 16, 18, 607.

Stabilisation policy, economic, 5th Republic, 506–508.

Stability, financial, 336, 508.

Stagnation, economic, 459, 507, 508.

Stalin, J., 220, 255; and one-party State, Communist party on, 237.

Stalinism, 229; *see also* Re-stalinisation.

Standard of living: of bourgeoisie, 390–391; of China, 285; Communism and, 285–286; decent, right of all men, Pope John XXIII on, 658; economic expansion and, 258, 337, 467, 504; *Fédération de la Gauche* on, 258; French, in 1960s, 459; Gaullists on, 337, 504; J. Monnet on (1945), 496; raising, Communist party on, 244; working-class, 452, 453, 457, 474–475.

State, the, 327; autonomy, in temporal sphere, 650; crisis, after 1918, 123–124; S. control, 21; — of education, 519, 524, 540–542, 544, 554, 557, 566–568, 575; — of economy, 451, 487; *see also* Nationalisation; — of economy, M.R.P. and, 303; — of economy, J. Lecanuet and, 305; — of economy, Radical party and (1907), 279; — of radio and television, 134, 138, 140; — hostility to, 205–206, 292, 307; head of, 196, 199, 202, 204, 331; hostility to intervention in economy, 443; *laïcité*: *see Laïcité de l'État*; S. metaphysic, C. Péguy on, 637; payment of allowances, to clergy, 638; payment of clerical salaries (*Concordat*), 598, 622; — demand for suppression, 82, 85, 87, 599; — Lammenais on, 623–624; — suppression (1905), 601, 633–634; S. philosophy, 12, 377–378, 637; — French Church hierarchy on, 651; relations with R.C. Church, 597–602, 604, 606–607, 621–622, 623–624, 625–626, 630–638, 646–647, 650–652; S. religion, 12, 52; — E. Quinet on, 75; rôle in appointment of clergy (*Concordat*), 622; — Liberal Catholicism and, 623–624; subsidies for

Church schools, 523–525, 546, 561–562, 566–568, 575–577; supervision of Church, 604, 621–622, 633–638; — Lamennais on, 623–624; trade unionism, and, 446, 451, 454, 487, 488–489; totalitarian, 481, 651.

Status, hierarchical, 380.

Status quo, 9, 10, 16, 21; Communist party and, 226; Radical party and, 270; S.F.I.O. and, 258; U.D.R. and, 321.

Statut du fermage, 371.

Steel-workers, Saint-Nazaire, 460.

Stratification, social, under *Ancien Régime*, 5–7.

Strike, general, revolutionary, 259, 446–448, 451, 478; — as social myth, 447–448; right to, 109, 239, 445, 481, 504, 511; s. weapon, 79, 107.

Strikes: (1906–10), 448; (1919–20), 450–451; (1936), 452, 481; (1947), 456; (1953), 655; (1965), 460; (1968), 435–436, 438, 464, 466, 510–511; banned by Pétain, 349, 453.

Struggle, life as, 288.

Student representation (universities), 590; s. power, 582.

Students: foreign, representation (universities), 590; revolutionary, 22, 224–225, 230–231, 461, 463, 464–467, 510–512, 530–533, 577–578, 580; *cadres* and, 406; Communist party on, 224–225, 227, 245; and fear of unemployment, 461; R. Garaudy on, 240–243; mature, at *Vincennes*, 533; and workers, 462, 464–466, 511–513, 578; — Communist party on, 224–225; working class on, 435, 436–438; *see Gauchistes*.

Style of life; 114, 374, 380, 386–387, 390, 392, 402–404; R.C. priests, 648, 649, 666.

Subordination, working-class, 427–429.

Subsidies, State: to Church schools, 523–525, 546, 561–562, 566–568, 575–577; to non-productive firms, abolition, 286–287.

Subsistence, right to means for, 628, 658; — Pope Pius XII on, 659.

Succession, apostolic, 664.

Suenens, Cardinal, 612.

Suffrage: female, 126, 312; restricted, 10, 55, 59–60, 375; universal, 8, 11, 33–

35, 57–58, 59, 74, 82, 83, 87, 120, 126, 149, 156, 164, 181, 268, 290, 388, 636; — in Algeria, 191; Communist party on, 205; election of President of Republic by, 129, 133, 135–136, 139, 141, 195–199, 204; — Ledru-Rollin on, 74; — and peasants, 11, 69–70, 361; P.O.F. on, 85; Radical party on, 276; — and socialism, 90; working class on (1864), 78, 80; see Sovereignty, popular.

Suhard, Cardinal, 610; *Essor ou déclin de l'Église?* (1947), 610.

Supervision, of government by Parliament, 67.

Suppléants, 134, 188.

Surveying, teaching of, 543, 545.

Syllabus, 519; common, 528, 529, 565, 570, 572; E. Faure on, 585; freedom in non-State primary schools (1886), 554; — in universities, 591; State control, in schools under *contrat d'association*, 575.

Syndicalism, revolutionary, 446–448, 478–479; of students (1968), 225, 466.

Taine, H., 241.

Tax reductions, 491; t. reforms, 82, 86, 87; — Ledru-Rollin on, 74; Popular Front demands, 294; — Poujadist demand for, 349; — Radical party demands (1907), 278.

Taxation, 54, 86, 399–400, 568; civic obligation, 30, 33, 52; consent to, 30, 33, 53, 150, 165, 184; and the *Conseil de préfecture* and *Conseil général*, 40; drop in revenue, 290; see Income tax.

Taxes, local commodity, demand for suppression, 83, 87.

Taylor, F. W., systems of scientific management, 366, 422.

Teachers, 271, 376, 380; communal, 544; in Church schools, subsidies for raising salaries (1951), 568; division into urban and rural, demand for, 313; peasant origins, 70; primary school, duty of religious neutrality, 550–551, 558; — qualifications (1833), 543–544; — qualifications (1850), 545; — qualifications (1959), 575; — Radical party promise to increase numbers, 287; secondary school, 533; — authority of, 533; — qualifications (1850), 546; — (1959), 575; under *contrat simple* (1959), 575; shortage (1960s), 530, 570; training of, universities' rôle, 588.

Technicians, 248, 562; — need for, 570.

Technocrats, 20, 114, 248, 379–380, 401, 456.

Television, 134, 137, 138, 140, 205, 206, 284, 307; colour, 336; television press-conferences, 134; television journalists in May 1968, 436; television time in presidential elections, 198–199; — in legislative elections, 204–205.

Temps, Le, 394.

Ternaux, industrialist, 14.

Terre et les Morts, La, 338, 344–346.

Terrenoire, L., 135, 194.

Territories, overseas, 330.

Territory, national, division and administration, act of 1800, 40–42.

Terrorism, 339; see Violence.

Textile industry, *patronat* of, 384.

Tharaud, J. and J., 365.

Theology: Faculties of, 540; of human values, 613; of progress, 613; professors of, 541.

Theories, false philosophic, Pope John XXIII on, 661.

Thesis: for arts doctorate (1808), 541; for doctorate (1968), 591.

Thibaudet, A., 98, 271 note.

Thiers, A., 119; *De la Propriété* (1848), 385; speech on *libertés nécessaires* (1864), 66–67.

Third Estate, the, 6, 78, 79, 374.

Third Force, 297, 524.

"Third Way", Gaullist alternative to capitalism and communism, 288, 319–320, 321.

Thomson, D., *Democracy in France*, 379 note.

Thorez, M., 220, 221, 222, 223, 227 note, 453.

Threat, military, from Germany, 312, 338, 346.

Tillon, C., 219.

Tithes, 6.

Tixier-Vignancour, Mᵉ J.-L., 339–340.

Toast, Algiers, of Cardinal Lavigerie (1890), 18, 606–607.

Tocqueville, A. de, 14; on bourgeoisie and working class, 61–63; speech of 29th January 1848 to *Chambre des Députés*, 64–65; verdict on *grande bourgeoisie* before 1848, 61; on working class in 1848 revolution, 410–411.

Toleration: (1946 constitution), 163; (1958 constitution), 181; E. Quinet on, 76; universities, 592.

Tolstoi, L., 342.

Tools, teaching of the use of in primary education, 551.

Torture, judicial, use of in Algeria, 134–135, 177–179.

Totalitarianism, 303.

Toulouse, 532.

Tours: population growth, 459; Socialist party congress (1920), 18, 219, 254; — speech of Léon Blum, 265–266.

Towns, for cars or people, Radical party on (1970), 289.

Tractors, introduction of in agriculture, 362, 368.

Trade unionism, 15, 80, 103, 228, 248, 262, 405–408, 412, 413, 415, 416, 445, 446–449, 450, 451–454, 456–458, 462–468, 491, 502–505, 510–511, 512–515; anti-political character, 445–446, 447, 466, 478–479, 504; of *cadres*, 400–401, 407–408; reformist, 415, 451, 454, 456, 488–490; revolutionary, 451, 461, 478–479; *see* Anarcho-syndicalism.

Trade unions: act of 1884, 446, 476–477; — of 1956, 502; — of 1968, 466, 513–516; Catholic, 451–452, 453–454, 606, 608, 657; as managers of national economy, 479; Maoists on, 252; A. Millerand's legislation, 448–449, mixed, of workers and employers, 606, 630; — Pétain on, 349; political rôle, 446, 458, 463; Popes on, 628, 629–630, 656–657; Popular Front on, 290, 292; Radical party on (1970), 288; rights, 163, 476–477, 480–481, 483–484, 487, 489, 491, 502, 503, 512–515; — Communist party on (1967), 205; — J. Lecanuet on, 305; — Radical demands (1881), 87; — Radical demands (1907), 278; socialism and, 234, 262, 269, 445, 451,

447, 468; — within firm, 462, 465, 467, 502, 510–511, 513–516; and the State, 446, 447, 451, 481, 488–489; Third International on, 234, 451; worker-priests and, 610, 614, 653, 654, 662, 664.

Tradespeople, and Radical party, 271, 283; peasant origins, 70.

Tradition, M. Barrès on, 344–345; bourgeois democratic, 250; democratic and revolutionary, Communist party on, 235; revolutionary, 8; Radical party and, 270.

Traditions, Jacobin, Radical party and, 270, 272, 283.

Training: professional, Radical party and (1907), 278; vocational, 572.

Travailleurs, 256, 656.

Tricolour, 119, 164, 181.

Tripartisme, 255, 296.

Troisième Force, 297, 524.

Tronc commun, 528–529, 532, 563–564, 565, 585; *see* Syllabus, common.

Trotskyist movement, 22, 230, 231.

Truth, J.-J. Servan-Schreiber on, 285; Pope John XXIII on quest for, 661; soldiers of, 650.

Turati, F., 234.

Two-ballot electoral system, 150–151, 175, 187–188; in Presidential elections, 136, 197–199.

U.D.R. (*Union des Démocrates pour la Vᵉ République*), formerly U.N.R., q.v.

U.D.T. (*Union Démocratique du Travail*), 320, 321.

U.D.Vᵉ. (*Union Démocratique Vᵉ République*): *see* U.D.R.

U.E.R.: *see Unités d'enseignement et de recherche.*

Ultras, 10, 11.

Under-employment, 507.

U.N.E.F.: *see Union Nationale des Étudiants de France.*

Unemployment, 78, 306, 413, 450, 452, 453, 455, 460, 465, 488, 503, 507, 508; benefits, 455, 460; Communist party on, 244; national fund, proposed (1937), 453; — set up (1967), 460; Popular Front on, 293; right of all men to security from, Pope John XXIII on, 658.

Union de défense des commerçants et

artisans (U.D.C.A.), 339; programme, 349–350.
Union Française, 330; 1946 constitution, 164; *Grand Conseil de l'*, 330; President of Republic as President of, 331; political problems under 4th Republic, 175.
Union des jeunesses communistes marx-istes-léninistes de France, 230.
Union Nationale des Étudiants de France (U.N.E.F.), 510.
Union pour la Nouvelle République (U.N.R.), now known as U.D.R. (*Union des Démocrates pour la Vᵉ République*), 318–323; 1966 economic programme, 337; *see* also Gaullists.
Unités d'enseignement et de recherche (U.E.R.), 533, 588, 589, 590, 591.
Unités de valeur, 533.
United Nations, 661.
Unity: French national, 317, 319, 327, 328, 332, 345, 521–522, 542, 547, 646; Radical party, 270, 281; socialist, 89, 248, 253, 264, 265; socialist-communist, 237, 255; of action, working-class, 236; *see* also Educational system, unity.
Universalism, 10.
Université Impériale, 540–542.
Universities: autonomy, demand for, 531, 578; C.F.D.T. on, 464; Communist party on democratisation, 224–225; continuous assessment, 533, 587, 591; creation of new, 530; entrance, for mature students, 533, 588; expansion, of student numbers, 518, 530, 579; freedom of political discussion, 531, 532, 578, 583, 592; R. Garaudy on, 241; government policy before 1968, 461; lay participation in government of, 589; *loi d'orientation* (1968), 532, 533, 587–592; participation, De Gaulle and, 207–208, 320, 532; — E. Faure on, 582, 586, 587; pluridisciplinary, 589; "red" bases in, 532; reforms (1969–70), 533; revolt (1968), 530–532, 577–578; self-government, 531, 532–533, 578, 582–583; *unités d'enseignement et de recherche*, 588–592.
University juries act (1880), 522; u. teachers, rôle in university government, 589–590.

U.N.R.: *see Union pour la Nouvelle République*.
Urban growth, 459.
U.S.A., 102, 306, 313, 334.
U.S.S.R., 104, 221, 222, 226, 229, 236, 238, 285, 306; *see* also Russia.
Utopians, French, 605; *see* Saint-Simon Fourier.

Vallon, L., 319, 320, 321; *L'Anti-de Gaulle* (1969), 321.
Varinard, 92.
Variot, J., 157.
Vatican, French diplomatic relations with, 312, 600; embassy to, 312; *see* also Rome.
Vatican Council, Second, 611–613, 614, 663, 667.
Vedel, G., on 4th Republic, 129, 135, 172–177; 'L'instabilité gouvernementale', *Revue Banque et Bourse*, No 130, supplement (mai 1956), 172–177.
Ventavon, 119.
Vermeersch, J., 227.
Vichy, 125, 303 note, 604, 609; constitutional acts, 159–160; educational policy, 523; educational legislation, 561–562, 566; *see* also Pétain.
Victimisation, trade unionists, 462, 479, 501, 509.
Vienna, socialist congress, 262.
Vietnam war, De Gaulle on, 335.
Villermé, L.-R., 413, 444; *Tableau de l'état physique et moral des ouvriers* (1840), 419–420, 475–476.
Vincennes, university of, 533.
Violence: act on, (*loi "anti-casseurs"*) (1970), 209, 231; of bourgeoisie, Communist party on, 240, 247; condemnation by Radical party (1907), 276; of Maoists, 252; O.A.S. and, 339, 352; of Ordre Nouveau, 340; revolutionary, Communist party on, 237; Right and, 106; of small shopkeepers, 382; and socialism, Pope Pius XI on, 643; G. Sorel on, 447–448; worker-priests and, 654; working class and, 625, 627.
Viviani, R., 446, 601; speech of 8th Nov. 1906, 636–637.
Voltaire, F.M.A. de, 374.
Vote, preferential, not applicable in university elections, 590.

Voting, rights: see Suffrage; compulsory demand for, 312.

Wage, just, Pope Leo XIII on, 628; — right of all men, Pope John XXIII on, 659; w. levels, 465, 477, 480, 491, 491, 509, 606, 624, 628; minimum, 458, 462, 466, 503, 628; — C.N.R. on, 491; — working class demand for, 85, 413, 511; w. negotiations, trade unions and, 511.
Wage-earners, 288; see also Salariat.
Wages, Ledru-Rollin on, 74–75; Matignon agreements, 479.
Waldeck-Rousseau, R., 18, 253, 308, 600.
Wallon amendment (1875), 120.
War: against employers, Maoists on, 231, 252; in Algeria, 129; declaration of (1946 constitution), 165; defensive, 31–32; First World War, 270, 450; seen by Left and Right, 106, 110–111; M.R.P. on, 301; offensive, 31, 164; Popular Front on, 292; holy, 608, 646; right to make, 31–32; Second World War, 126, 326–327, 346.
War Office, 92.
Wealth, of Church, 665; F. Guizot on, 56; private, 286; rights of, 377.
Wealthy, duties towards workers, 626–627.
Week, forty-hour, act of 1936, 452, 482–483.
Weights and measures, teaching of, 542, 543, 545.
Welfare, social, 444, 448, 450, 454, 455, 485–487, 497, 500–502, 637; — Liberal hostility to, 57, 474; — M.R.P. on, 303; — new classe moyenne and, 399; — P.O.F. on (1880), 85; — Radicals on (1881), 87; — Radical party and, 15, 279; temporal, 608, 637, 645.
Weygand, General, 326 note.
Widowhood, security in, right of all women, Pope John XXIII on, 658.
Will, the general, 29.
William II, German Emperor, 365.
Williams, P.M., Crisis and Compromise (1964), 524.
Wills, law on, teaching of, 585.
Women, rights of, 163, 660; — Le Havre socialist programme, 85; — Popular Front on, 292; — Radical party and (1907), 279; rôle in public life, Pope John XXIII on, 660; suffrage; see Suffrage; see also Labour, female, Divorce.
Work, 646; duty to, 163, 348, 626, 628; hours of, 413, 475; — reduction, 85, 244, 293, 425, 448, 451, 453, 462, 479, 482–483, 498; — reduction, for young people, 85; — for worker-priests, 611; see also Forty-hour week; love of, 411–412, 414, 425; monotony of, attitudes towards, 423–425; — quest for compensation, 425–427; right to, 163, 490, 503; — prêtres au travail, 662; — priests, 614, 653, 663–664.
Worker-priests: see Priests, worker-.
Worker(s), 12, 13, 14–15, 40, 61–63, 68, 77–82, 84, 85, 89, 100–101, 107, 109–110, 225, 256, 262–263, 376, 377, 398, 400, 403, 444, 492, 504, 512, 513, 563, 569, 624, 625; workers' councils, 259–260; defined, 416, 428, 431–432; industrial, proportion of working population, 410, 414; — proportion of French population as a whole, 450; Liberal view of (1836), 474; low pay for foreign w., demand for banning, 85; manual, 285; peasants compared with, 366; organisations, 12, 411, 426, 447; Right on, 109–110; students and, 462, 464, 465, 510, 578; subordination to employers, demand for abolition of legislation on, 86.
Working class, 13–15, 20, 21, 40, 57, 61–65, 77–82, 84–85, 107, 112–113, 114, 124, 126, 227, 248–249, 375, 378, 396, 410–438, 444, 445–454, 456–458, 462–466, 467–468, 474–476, 481, 483–485, 527; aspiration towards economic independence, 103, 107, 278, 434; cadres, 380, 382; and, 403, 405–406; candidates (1863 and 1864 elections), 77, 80–81; Catholic mission to, 610–612, 613–614; Communist party on, 222–223, 235–236, 243–246; conservatism (1967), A. Philip on, 433–434; conditions (c. 1835), 475–476; and contemporary society (c. 1960), 429–432; continued subordination (c. 1960), 427–429; dress of, 386; electoral demands (1880), 85–86; élite, 14, 77–82, 411–

412, 414, 458; growth of unskilled work in 20th cent., 420–423; habits (1840), 419–420; leading revolutionary rôle, Communist party on, 238, 246, 248; Lyon rising (1831), 73 note; and May 1968, 436–438, 462–468; "new", 227–228, 416, 432–434, 458, 465; party of, 15, 85, 235; political representation of, 15, 80–82; programme of élite, 1864, 77–82; and Radical party, 271, 278–279, 283; and 3rd Republic, 68, 124; Socialist party and growth of, 253; R. Garaudy on students and, 240–243; unity, Communist party on, 236; see Proletariat.

Working conditions: see Industry, working conditions.
Writing, teaching of, 540, 542, 543, 545, 551.

Young people: and French economy, 460, 508; labour, and comités d'entreprise, 509.
Youth and Socialist party, 258, 259; Communist party and, 243.
Yugoslavia, 259.

Zanotti, 47.
Zay, J., 528.
Zola, É., 93, 94; J'accuse. . . ! , 17, 91–93.